AF454531

Eine Kulturgeschichte der Popmusik

Christoph Jürgensen · Gerhard Kaiser
Hrsg.

Eine Kulturgeschichte der Popmusik

METZLER
BÄRENREITER

Hrsg.
Christoph Jürgensen
Institut für Germanistik
Otto-Friedrich-Universität Bamberg
Bamberg, Deutschland

Gerhard Kaiser
Seminar für Deutsche Philologie
Georg-August-Universität Göttingen
Göttingen, Deutschland

ISBN 978-3-662-72523-8   ISBN 978-3-662-72524-5   (eBook)
https://doi.org/10.1007/978-3-662-72524-5

Gemeinschaftsausgabe der Verlage J.B. Metzler, Berlin, und Bärenreiter, Kassel
Bärenreiter-ISBN: 978-3-7618-2095-7

Die Deutsche Nationalbibliothek verzeichnet diese Publikation in der Deutschen Nationalbibliografie; detaillierte bibliografische Daten sind im Internet über https://portal.dnb.de abrufbar.

Umschlagabbildung: Matt Anderson Photography/getty images

Planung/Lektorat: Ferdinand Pöhlmann
J.B. Metzler ist ein Imprint der eingetragenen Gesellschaft Springer-Verlag GmbH, DE und ist ein Teil von Springer Nature.
Die Anschrift der Gesellschaft ist: Heidelberger Platz 3, 14197 Berlin, Germany

Wenn Sie dieses Produkt entsorgen, geben Sie das Papier bitte zum Recycling.

Vorwort

Ein geläufiges Bonmot, dessen Ursprung sich nicht mehr rekonstruieren lässt, will wissen, dass das Schreiben über Musik ein ähnlich eitles, nichtiges und leeres Unterfangen ist wie „dancing about architecture". Dass dieses umfangreiche Buch über Musik, dessen erste Idee vor etwas mehr als zehn Jahren beim gemeinsamen Musikhören an einem Küchentisch in Düsseldorf entstand, nun dennoch vorliegt, verdankt sich einer ganzen Reihe von Mitstreitenden, die sich diesem Fehlbarkeits- und Sinnlosigkeitsverdikt tapfer widersetzten. Ohne deren Engagement und ihre wackere Bereitschaft, die Sinnfrage einfach auszuklammern, wäre ein solches Projekt nicht zu bewältigen gewesen. Wir danken Ingo Irsigler und Antonius Weixler, die nicht lange gefragt haben, ob das Spiel die Mühe wert ist, und zwei für dieses Unterfangen essenzielle Essays beisteuerten; Jörn Glasenapp, der sich auf halber Strecke dazu bereit erklärte, für uns einen das Ganze abrundenden Ausblick ins ‚Gerade. Eben. Jetzt' zu werfen; allen Autorinnen und Autoren der hier versammelten Beiträge, für ihre Bereitschaft, sich ungeachtet aller akademischen Zwänge die Zeit für unser Projekt zu nehmen; Oliver Schütze und Ferdinand Pöhlmann vom Metzler-Verlag, die vom ersten Moment motivierend angezündet waren und deren Interesse am Projekt nie nachgelassen hat; Johanna von der Fecht, Lena Stottele und Felix Hauke Reich, die die unerlässliche Arbeit im Weinberg der Formalisierung auf sich genommen haben, und besonders Merle Gebert, die jedes Detail mit einer Genauigkeit geprüft hat, die auch der Goethe-Philologie zur Ehre gereichen würde.

Ihnen allen sowie den Lesenden dieses Buches gilt jetzt und erst recht unser Zuruf: „Let's Dance!"

Christoph Jürgensen und Gerhard Kaiser
Berlin und Düsseldorf im September 2025

Inhaltsverzeichnis

III.   1975 bis 1990

Vorüberlegungen: Eine Kulturgeschichte der Popmusik oder wie von Popmusik erzählt werden kann

Christoph Jürgensen und Gerhard Kaiser

Von und über Popmusik wird erzählt, seit es sie gibt. Wenn diese Kunstform, wie einer ihrer profundesten deutschsprachigen Theoretiker sie definiert, jenen „Zusammenhang aus Bildern, Performances, (meist populärer) Musik, Texten und an reale Personen geknüpften Erzählungen [meint,] den man ungefähr seit der Mitte des letzten Jahrhunderts beobachten kann",[1] dann lassen sich – grob vereinfachend – drei Wahrnehmungs- und Erzählmodi unterscheiden, in und mit denen Popmusik zur Sprache gebracht worden ist: Alarmismus, emphatische Bejahung und – wir borgen uns hier ein Zitat, das gleich noch erläutert wird – „subtilstes klugscheißen". Der Modus des Alarmismus kennzeichnet vor allem jene Phase des narrativen Erstkontaktes seit der Mitte der 1950er Jahre bis ungefähr Mitte der 1960er Jahre, die der Historiker Bodo Mrozek vor einigen Jahren in seiner umfangreichen Studie *Jugend – Pop – Kultur. Eine transnationale Geschichte* akribisch, umfassend und vorbildlich rekonstruiert hat. In dieser Phase also wird Popmusik erzählerisch eingebettet in ein *emplotment* aus „Massenkonflikten auf Straßen, in Kinos und bei Konzerten, [...] für die sich vor allem Kriminologen und Sozialpsychologen interessierten".[2] Dieses konservative Narrativ von Popmusik als Kennzeichen oder Ursache von jugendlicher Devianz wird – von links – flankiert durch das schon etwas ältere kulturkritisch-adornitische Erzählmodell, in dem Modus 1 und Modus 3 einander die Hand sich reichen:

---

[1] Diedrich Diederichsen: *Über Pop-Musik.* Köln 2015, XI.
[2] Bodo Mrozek: *Jugend – Pop – Kultur. Eine transnationale Geschichte.* Frankfurt/M. 2019, 11.

„Popular music"[3] als kulturindustrielles Massenbespaßungsprodukt, das seine Konsument:innen bei Laune und im Takt der Selbstausbeutungsbereitschaft hält, indem sie über die Entfremdungsverhältnisse in kapitalistischen Gesellschaften die Petersilie des zeitweiligen Vergnügens streut. Oder, kürzer: „Fun ist ein Stahlbad."[4]

Im Modus 2, demjenigen der emphatischen Bejahung, etabliert sich ein langlebiges Gegennarrativ, das seine Heimat nicht zuletzt im literarischen Feld hat. Es reicht – in seinen Mustern gültig vorgeprägt schon durch die fiebrige Jazz- bzw. Bebop-Emphase der amerikanischen *beat poets* der 1950er Jahre[5] – von den frühen, popaffinen Texten einer deutschsprachigen Proto-Popliteratur der 1960er Jahre (Handke, Fichte, Brinkmann, Fauser)[6] über die dokumentaristischen Nachtleben-Epiphanien eines Rainald Goetz der 1980er und frühen 1990er Jahre bis zur zweiten Welle der Popliteratur – man denke etwa an Stuckrad-Barres popreligiöse Oasis-Gesänge – seit der zweiten Hälfte der 1990er.[7]

Wir haben indes den Eindruck, dass der alarmistische Erzählmodus konservativer und linker Provenienz, aber auch jener der Emphase mit Blick auf die gesamtgesellschaftlichen Diskurse der Gegenwart ihre ganz großen Stunden hinter sich haben.[8] Popmusik hat sich gewissermaßen zu Tode gesiegt und ist – um es mit Thomas Steinfeld zu formulieren – zu einem der allgegenwärtigen „Grundgeräusche der Gegenwart" geworden.[9] Entweder nimmt man sie gar nicht mehr recht wahr, weil sie sich rund um die Uhr und fast überall in allen Lebensbereichen der Gesellschaft eingenistet hat, oder – Modus 3 – man analysiert, historisiert, kurz: intellektualisiert sie.

Diesen dritten Erzählmodus, der seinen Gegenstand als kunst-, kultur- und mentalitätsgeschichtliches Phänomen *sui generis* ernst nimmt und ihn somit zugleich akademisiert und kanonisiert, hat etwa der Wiener Avantgar-

---

[3] Theodor W. Adorno: On Popular Music. In: Institute of Social Research (Hg.): *Studies in Philosophy and Social Science.* New York, NY 1941, IX, 17–48.

[4] Max Horkheimer/Theodor W. Adorno: Dialektik der Aufklärung. Philosophische Fragmente. In: Theodor W. Adorno: *Gesammelte Schriften.* Bd. 3. Hg. von Rolf Tiedemann. Frankfurt/M. 1997, 162.

[5] Siehe etwa Lewis MacAdams: *Birth Of The Cool: Beat, Bebop and the American Avant-Garde.* New York, NY 2001; Sean Wilentz: *Bob Dylan und Amerika.* Stuttgart 2012 (zur *Beat Generation und Allen Ginsbergs Amerika* siehe dort vor allem 66–113).

[6] Siehe etwa Rolf Dieter Brinkmann/Ralf-Rainer Rygulla (Hg.): *Acid. Neue amerikanische Szene.* Berlin/Schlechtenwegen 1969. Instruktiv zum Stand der Beziehungen zwischen Literatur und Popmusik in der Bundesrepublik der zweiten Hälfte der 1960-Jahre ist die exemplarische Rekonstruktion der sogenannten Fiedler-Debatte bei: Thomas Wegmann: Postmoderne und Pop-Literatur: Die Fiedler-Debatte. In: Moritz Baßler/Eckhard Schumacher (Hg.): *Handbuch Literatur & Pop.* Tübingen 2020, 31–41.

[7] Zu Goetz siehe Eckard Schumacher: Rainald Goetz: Subito (1983). In: Moritz Baßler/Eckhard Schumacher (Hg.): *Handbuch Literatur & Pop.* Tübingen 2020, 439–451; zu Stuckrad-Barre siehe Moritz Baßler: Soloalbum (1998). In: ebd., 524–537.

[8] Sieht man von gelegentlichen Ausnahmen, wie etwa von Stuckrad-Barres emphatischer Konzeption der Lindenberg-Figur in seinem autofiktionalen Roman *Panikherz* einmal ab. Vgl. Benjamin von Stuckrad-Barre: *Panikherz.* Köln 2016 (dort etwa 360–374).

[9] Thomas Steinfeld: *Riff. Tonspuren des Lebens.* Köln 2000, 7.

deautor H. C. Artmann in der ihm eigenen, erfrischend pietätlosen Weise bereits 1964 vorausgesehen, wenn er im Blick auf den Umgang zwar nicht mit Popmusik, aber doch mit dem ihr verwandten populärkulturellen Phänomen der Comics prognostiziert:

> In einigen zwanzig Jahren wird man über diese „Comics Epoche" tiefgründige abhandlungen schreiben (wir wußten das schon immer &c. &c.) und somit über das, was eben noch ignoriert, aufs subtilste klugscheißen (siehe den gegenwärtigen Dadarummel). Ich aber sage: Pop-literatur ist heute einer der wege (wenn auch nicht der einzige), der gegenwärtigen literaturmisere zu entlaufen. Anzeichen sind bereits überall zu merken...[10]

Initialzündungen dieser von Artmann vorausgeahnten Haltung sind dann die Essays Susan Sontags über die Popkultur, die Mitte der 1960er Jahre erscheinen, sowie Leslie Fiedlers zunächst umstrittene, heute fast sprichwörtliche Forderung, man möge doch den Grenzverkehr zwischen vermeintlicher Hoch- und Populärkultur durchlässig machen: „Cross the border, close the gap."[11] Nach einer sich mittlerweile über siebzig Jahre erstreckenden Geschichte der Popmusik (wenn man die Zeitrechnung aus guten Gründen mit Elvis beginnt), nach sechzig Jahren Intellektualisierung (um nicht auf Artmanns Terminus zurückzugreifen) sowie angesichts der selbstverständlichen popmusikalischen Sozialisation der Folgegenerationen gehört ein gewisses Maß an Wissen über Popmusik gleichsam zum selbstverständlichen Bildungskanon. Denn die einst als anrüchig oder irgendwie subversiv geltende Angelegenheit jugendlicher Minderheiten ist längst zu einem allgegenwärtigen Lebensbegleitmedium geworden: immer verfügbar, kulturell akzeptiert und ökonomisch gewichtig, ist sie in den vergangenen Jahrzehnten in alle Gesellschaftsbereiche und -milieus vorgedrungen. Während kulturpessimistisch eingedunkelte Stimmen damit das ‚Ende der Popkunst' (wie sie sie kannten) als Leit- und Orientierungsmedium jugendlicher Selbstverständigung gekommen sehen – nicht zuletzt auch, da die Held:innen der „Pop I"- und „Pop II"-Ära (Diedrich Diederichsen) nach und nach den Weg alles Irdischen gehen (werden) –, diagnostizieren zukunftsoffenere Kommentare lediglich einen weiteren der für die Geschichte der Popmusik ohnehin kennzeichnenden Medien- und Generationenwechsel. Letztere Stimmen verweisen zudem auf die gerade in der Gegenwart stärker denn je identitätsstiftende Funktion vor allem weiblicher Akteurinnen.

---

[10] H. C. Artmann: *Das suchen nach dem gestrigen tag* [1964]. München 1978, 44.

[11] Zu Sontags *Notes On „Camp"* (1964) siehe Moritz Baßler: Camp: Susan Sontag. In: Ders./Eckhard Schumacher: *Handbuch Literatur & Pop*. Tübingen 2020, 84-95; zur von Fiedlers Essay *Cross the Border - Close the Gap* (1969) initiierten Debatte siehe Thomas Wegmann: Postmoderne und Pop-Literatur: Die Fiedler-Debatte.

In jedem Fall gibt es also Gründe genug, um innezuhalten und einen archäologischen Rückblick zu wagen auf eine gut 70-jährige Geschichte jener Popmusik, die wohl wie keine zweite Kunstform die Mentalitäten der vergangenen Jahrzehnte geprägt hat. Von Nostalgie frei, aber voller Staunen und Interesse folgt unser gemeinsames Projekt deshalb der Leitfrage: Was (und wie) ist eigentlich Popmusik bisher gewesen?

*

Die Popgeschichte ist zu einem viel diskutierten Phänomenbereich in nahezu allen kulturwissenschaftlichen Fächern geworden: sowohl in den verschiedenen Literaturwissenschaften, in der Soziologie wie der Geschichts-, Medien- und Kunstwissenschaft, als auch naturgemäß in der Musikwissenschaft. Trotz (oder gerade wegen) dieses allgemeinen Interesses fehlt bislang eine zusammenhängende Gesamtdarstellung der Geschichte des Gegenstands ‚Popmusik‘, die die unterschiedlichen Fachperspektiven anschlussfähig bündelt. Ausgehend von dieser Einsicht richtet sich unsere Kulturgeschichte der Popmusik einerseits an alle sich mit Popmusik in Forschung und Lehre beschäftigenden Kolleginnen und Kollegen – andererseits an alle an Popkultur Interessierte überhaupt, weshalb eine leserfreundliche, d.h. nicht terminologisch überfrachtete Schreibweise angestrebt wurde, die das Buch auch für möglichst viele interessant macht. Diesem Zielpublikum entsprechend wollen wir die Geschichte auf mittlerer Synthese-Ebene erzählen. Mittlere Synthese-Ebene, das meint ‚unterhalb‘ einer Gesamttheorie der Popmusik à la Diedrich Diederichsen, die die Kenntnisse der historischen Einzelphänomene immer schon voraussetzt, und ‚oberhalb‘ von fachwissenschaftlichen Detailstudien oder feuilletonistischen Einzelbetrachtungen, denen der kulturgeschichtliche Gesamtzusammenhang aufgrund der je spezifischen Fachinteressen oder zeitbedingter, ökonomischer Zwänge nicht immer in den Blick geraten kann.

Wie eingangs angedeutet verstehen wir dabei Popmusik als eine Kunstform, die zwar auch, aber eben nicht nur Musik beinhaltet. Die produktions- wie rezeptionsästhetische Praxis, in die Popmusik immer schon eingebunden ist, gilt es stets zu berücksichtigen. Seit Mitte der 1950er Jahre lässt sich dieser in seiner Verdichtung neue, die Lebenspraxis der Produzent:innen wie Rezipient:innen prägende Zusammenhang aus musikalischen (Rock ’n’ Roll), performativen (Körperlichkeit), stilbezogenen (Mode, Haartracht etc.), akteurszentrierten (Elvis Presley, Frank Sinatra) und medienbedingten (Single, Live-Konzerte, verstärkte Instrumente, Radio und vor allem Fernsehen) Dimensionen beobachten. Er ist in seiner globalen Wahrnehmung vor allem dominant anglofon und bis heute virulent.

Aus dieser Vielschichtigkeit und -gestaltigkeit des Phänomenbereichs resultiert unsere Zugriffsweise, die sich als ‚reflektierter Synkretismus‘ bezeichnen lässt. Gemeint ist damit eine Betrachtungs- und Darstellungsweise, die die Zu-griffs- und Beschreibungsweisen unterschiedlicher theoretischer Ansätze bzw. Disziplinen gegenstandsbezogen integriert. Demzufolge berücksichtigt die Darstellung die dichte Beschreibung von Einzelphänomenen (Song, Album, Akteur:in, Konzert, mediengeschichtliche Ereignisse und Umbrüche) ebenso wie jene umfassenderen sozial-, medien-, politik- und diskursgeschichtlichen Entwicklungsprozesse, die diese Einzelphänomene bedingen und ermöglichen.

Aus der skizzierten Betrachtungsweise wiederum erwächst der grundsätzliche Aufbau des vorliegenden Buches, in dem vier umfangreichere Kapitel sowie ein weiter ausholender Ausblick und 68, an diese angelagerte Einzelartikel einander ergänzen. In den vier größeren Essays ebenso wie im Schluss-Stück sollen die zentralen popmusik-, politik-, sozial-, medien- sowie diskursgeschichtlichen Linien rekonstruiert und analysiert werden, die für die jeweiligen Entwicklungsphasen der Geschichte der Popmusik konstitutiv sind. Uns erscheint es angemessen, die vergangenen siebzig Jahre der Popmusikgeschichte in vier größere, voneinander unterscheidbare Phasen zu unterteilen: Eine erste, konstitutive Phase (ca. 1954 bis 1965), die von bestimmten, räumlichen Verdichtungszentren (Memphis, Nashville, New York, London, Liverpool) sowie von einer neuartigen, medialen Selbst- und Fremdinszenierung bestimmter Akteure (Little Richard, Chuck Berry, Elvis, Johnny Cash, die frühen Beatles) geprägt wird, nimmt der Beitrag Ingo Irsiglers in den Blick. Diese formative Phase geht über in jenen von Gerhard Kaiser porträtierten Zeitabschnitt (ca. 1965 bis 1975), den wir – mit einem vom Geschichtstheoretiker Reinhart Koselleck geborgten Begriff – als Sattelzeit der Popmusik charakterisieren. Mit dem Begriff der ‚Sattelzeit' heben wir darauf ab, dass sich in den zehn Jahren zwischen 1965 und 1975 die vergleichsweise ohnehin kurze Geschichte der Popmusik in außerordentlicher, weil zukunftsprägender Weise beschleunigt, verdichtet und ausdifferenziert: Was 1965 mit Bob Dylans *Like a Rolling Stone*[12] und dem Album *Rubber Soul*[13] der Beatles beginnt und 1966 mit *Pet Sounds*[14] von den Beach Boys seine Fortsetzung findet, kulminiert und verdichtet sich in den folgenden Jahren dies- wie jenseits des Atlantiks in einer ganzen Reihe von Alben und Pop-Phänomenen, die in ihrer Gesamtheit die Popmusik in einer Weise neu definieren, die über einen langen Zeitraum hinweg (für manche bis heute) unsere Vorstellungen davon prägen, was Popmusik ist, wie sie sein könnte oder sollte. Auch in der nächsten, von Christoph Jürgensen betrachteten Phase, die wir von 1975 bis 1990 ansetzen, blieb das Tempo der popmusikalischen wie -performativen Innovationen hoch, die Stile von Disco über Punk und Postpunk oder Hip-Hop wechselten nun so rasch wie die Ismen während

---

[12] Bob Dylan: *Like a Rolling Stone*. Columbia 1965.
[13] The Beatles: *Rubber Soul*. Parlophone 1965.
[14] The Beach Boys: *Pet Sounds*. Capitol 1966.

der (nicht nur) literarischen Moderne. Das popmusikalische Feld entwickelte sich damit hin zu einer Unübersichtlichkeit, die alle ,klassischen' Kunstfelder kennzeichnet, und weil sich dabei das popkulturelle Archiv immer weiter füllte, wurde in dieser Phase auch in neuer Weise kompilierend eingegriffen, postmodern, könnte man sagen. Und mehr noch: Von heute aus wirkt der damals taufrische Walkman zwar wie ein technisches Gerät aus der Steinzeit des Hörens, aber mit ihm begann mit der Individualisierung der Poprezeption eine Entwicklung, die sich bis in die Gegenwart immer weiter verstärkt und die nachfolgende nächste Phase prägt. Am Beginn des anschließenden Abschnitts der Popgeschichte, von Antonius Weixler porträtiert, steht 1990 mit den Ereignissen rund um den Mauerfall ein Aufbruch in ein Jahrzehnt nie gekannter Freiheit, das politisch mit den Anschlägen von 9/11 schon wieder endet. Gleichsam gegen diese Geschichte setzen wir als Ende dieser Phase indes das Jahr 2006: Denn, nachdem die 1990er die Hochzeit der CD sind, um die Jahrtausendwende kurz die MP3 und Napster ein paar Sommer der Anarchie ermöglichten, beginnt 2006 mit dem Streamingzeitalter eine neue Phase der Popgeschichte. Der Besitz eines physischen Datenträgers verliert seine Wertigkeit, Musik wird zum immer verfügbaren Stream. Damit ändert sich der jugendkulturelle Status von Popmusik. Musikalisch ist diese Zeit zudem geprägt von bislang unbekannten Crossoverstilen, statt großer Innovationen entstehen Impulse nun durch immer neue Mischformen. Beschlossen wird unser Gang durch die Popgeschichte von einem Ausblick Jörn Glasenapps auf die unmittelbare Gegenwart der Popmusik der 2020er Jahre, die wahrscheinlich wie kein zweites Jahrzehnt der hier dargestellten Geschichte von einer neuen Dominanz weiblicher Popstars (Taylor Swift, Beyoncé, Billie Eilish u. a.) geprägt wird.

Flankiert, ergänzt und unterstützt werden diese Essays jeweils durch eine Reihe von Vertiefungsartikeln, die einzelne Phänomene (Akteur:innen, Werke, Ereignisse) ausführlicher, als dies in den überblicksartig angelegten Essays möglich ist, betrachten.

Eine solche Darstellung sieht sich mit mindestens zwei grundlegenden, letztlich nicht zu entkräftenden Einwänden konfrontiert. Der erste betrifft die Phasierung selbst, der zweite die Selektion der historischen Phänomene. Dass es sich schon bei der für unsere Darstellung strukturkonstitutiven Annahme voneinander unterscheidbarer Phasen um eine nachträgliche, und damit immer auch diskutierbare, historiografische Setzung handelt, ist uns natürlich bewusst. Dieses geschichtstheoretische Grundproblem teilt die Geschichtsschreibung der Popmusik mit jeder anderen Form der Geschichtsschreibung. Gleichwohl handelt es sich – wie wir hoffen – nicht um eine völlig willkürliche Setzung von unterscheidbaren Phasen, und wir gehen davon aus, dass die Essays selbst dazu beitragen, die Tragfähigkeit unserer Einteilung zu plausibilisieren. Anders formuliert: Über die Anfänge und Enden von (pop-)historischen Phasen lässt sich *ad infinitum* diskutieren und die sprachlich nicht abbildbare und einzuhegende Gesamtheit der Phänomene in ihrer Dichte, Komplexität und Vielgestaltigkeit bringt jede historiografische Darstellung notwendigerweise an ihre Grenzen. Dieses Umstandes sich bewusst, ihn in den Essays selbst auch zum Thema machend, versteht sich unsere Kulturgeschichte der Popmusik als ein Angebot und ein Beitrag in und zu einer Diskussion, deren Ende unabsehbar ist.

Gleiches gilt selbstverständlich auch für unsere Selektion von Akteur:innen, Alben, Songs und Ereignissen. Auch in dieser Hinsicht ist der Handelnde, wie es bei Goethe heißt, „immer gewissenlos“.[15] Was allerdings nicht bedeutet, dass es ihm am Bewusstsein der eigenen ‚Gewissenlosigkeit‘ mangelt. Zwar wurden wir geleitet von der Maxime, wesentliche, weil über sich hinausweisende, popgeschichtliche Phänomene zu integrieren. Dass unsere hier vorgelegte Auswahl dennoch in höchstem Maße diskutabel ist, unterliegt auch von unserer Seite aus keinerlei Zweifel. In dieser Hinsicht ist das vorliegende Buch – wie der Titel es in vollem Bewusstsein formuliert – nicht nur *eine* Kulturgeschichte der Popmusik, sondern natürlich auch *unsere* Kulturgeschichte der Popmusik. Als solche ist sie freilich immer schon mitkonfiguriert auch durch unsere jeweiligen Geschmacksvorlieben und begrenzt durch unsere jeweiligen Wissenshorizonte. Schon die eigene, flüchtige und selbstkritische ‚Nachsichtung‘ unserer Auswahl ergibt eine Liste mit dringend ergänzungsbedürftigen Bands, Ereignissen, Songs und Alben, die den Umfang des Buches mehr als verdoppelt hätten. Getreu dem Motto „Wie kann man nur eine Geschichte der Popmusik schreiben, und dabei XY (nach Belieben ergänzen) außer Acht lassen“, möge jede/r Lesende diese Liste für sich oder auch für kommende Projekte ähnlicher Art erweitern. Uns mögen derweil die mildernden Umstände zumindest ein wenig in Schutz nehmen, die der große Absurde in Aussicht stellt: „Ever tried. Ever failed. No matter. Try again. Fail again. Fail better.“[16]

---

[15] Johann Wolfgang von Goethe: *Goethes Werke. Hamburger Ausgabe in 14 Bänden.* Bd. 12: Schriften zur Kunst, Schriften zur Literatur, Maximen und Reflexionen. 7., überarbeitete Auflage. Hg. von Erich Trunz. München 1973, 399.
[16] Samuel Beckett: *Worstward Ho.* New York, NY 1983, 7.

I. 1954 bis 1965

Panorama:
„Hardly Been Born": Die Anfangsjahre der Popmusik 1954–1965

Ingo Irsigler

Prolog: *Rubber Soul* (1965)

There are places I'll remember
All my life, though some have changed
Some forever, not for better
Some have gone and some remain
(Lennon/McCartney)[1]

Als am 3. Dezember 1965 das sechste Studioalbum der Beatles erschien, war die Popmusik ungefähr im zwölften Jahr ihres Bestehens. Das Album *Rubber Soul* lässt sich deshalb als ein erster Höhepunkt dieser kurzen Entwicklung verstehen, weil es nicht nur das erste Jahrzehnt musikalisch reflektiert, sondern auch die rasante Entwicklung der Popmusik zur komplexen ‚Kunstform', wie sie nur wenig später die Konzeptalben *Sgt. Pepper's Lonely Hearts Club Band* (1967) oder *Pet Sounds* (1966) in idealtypischer Weise repräsentieren werden, gleichsam vorwegnimmt.[2] Zwar ist Pop- bzw. Rockmusik[3] im Jahre 1965 (und danach) noch immer Unterhaltungsmedium; jedoch schält sich in diesen Jahren sowohl musikalisch wie auch textlich eine ‚reifere' Form

---

[1] The Beatles: In My Life. Auf: *Rubber Soul*. Parlophone 1965.

[2] The Beatles: *Sgt. Pepper's Lonely Hearts Club Band*. Parlophone 1967; The Beach Boys: *Pet Sounds*. Capitol 1966.

[3] Zum Begriff der Popmusik s. die Einleitung des vorliegenden Bandes. Zur Bestimmung (und Abgrenzung) der Begriffe Pop- und Rockmusik siehe Thomas Hecken/Thomas S. Kleiner (Hg.): *Handbuch Popkultur*. Stuttgart 2017, 35–36 und 44–45. Rockmusik als Bestandteil der Popkultur hat sich in den 1950er Jahren entwickelt und seitdem diverse Stile/Genres ausgeprägt.

heraus: Popmusik ist vielschichtiger, lyrisch ambitionierter und, nimmt man paratextuelle Elemente wie die Plattenhüllen oder die in den 1960er Jahren entstehenden Musikvideos dazu,[4] zum mehrdimensionalen Kunstwerk geworden.

In *Rubber Soul* wird künstlerisch auf die Spitze getrieben, was von Beginn an Popmusik ausmachte: ein Hang zur ästhetischen Grenzüberschreitung, die Verarbeitung unterschiedlicher regional-kultureller Einflüsse, man könnte auch sagen: die Tendenz zur kulturellen ‚Appropriation',[5] zum ‚Ideenklau', *Mashup*, zur Verarbeitung von Stilen, Motiven oder Rhythmen, die sich in diesen Jahren in immens beschleunigter Form zeigt, der Rock- und Popmusik ihre Gegenwärtigkeit und ihre überregionale Wirkung verleiht. Diese globale Strahlkraft hat freilich nicht nur unmittelbar ästhetische Gründe, sondern auch etwas mit den ab Mitte der 1960er Jahre bereits professionellen Distributionsmechanismen zu tun:[6] Mit Musik ließ sich viel Geld verdienen,[7] und namentlich der Aufstieg des Fernsehens verschaffte in diesem Jahrzehnt vielen Musiker:innen und Bands eine überregionale, teilweise internationale Reichweite, die ihre Popularität und Plattenverkäufe um ein Vielfaches steigerte. Der globale Erfolg der Beatles wäre ohne die medialen Inszenierungs- und Vermarktungsmechanismen nicht denkbar gewesen. So war etwa die ‚Invasion' in die USA medial gut vorbereitet und orchestriert: Denn der Ankunft voraus gingen (kontroverse) Berichte über die ekstatische britische Fankultur, die sich im Begriff der ‚Beatlemania' verdichteten und dem eigentlichen Ereignis bereits vor seinem Eintreten große Aufmerksamkeit verschaffte. Der größte Wurf zur Eroberung des US-amerikanischen Marktes waren allerdings die Auftritte der Beatles in der legendären *Ed Sullivan-Show*: In drei Shows waren sie Anfang 1964 zu sehen, wobei die Show insgesamt rund 70 Millionen Zuschauer in den gesamten USA erreichte.

Aber zurück zur Ästhetik von *Rubber Soul*: Schon der Titel verweist auf Künstlichkeit. Bezieht sich ‚Soul (= Seele)' auf die afroamerikanische Unterhaltungsmusik, die ihrerseits wiederum im Rhythm and Blues und der Gospelmusik wurzelt, so nimmt ihr der Zusatz ‚rubber' (= Gummi) das Authentisch-Ursprüngliche und spielt stattdessen gerade auf das ästhetisch Vermittelte an. Dazu passt, dass das Cover die vier Bandmitglieder durch

---

[4] Die ersten Musikvideos wurden Mitte der 1960er Jahre produziert. Siehe z. B. Nico: *I'm not Sayin'*. Immediate 1965, Sonny & Cher: *I Got You Babe*. Atco 1965 oder Bob Dylan: *Subterranean Homesick Blues*. Columbia 1965.

[5] Siehe Jens Balzer: *Ethik der Appropriation*. Berlin 2022.

[6] Zur Relevanz der Distributionsebene in der Popmusikanalyse siehe Ole Petras: *Wie Popmusik bedeutet. Eine synchrone Beschreibung popmusikalischer Zeichenverwendung*. Bielefeld 2011, 153–179.

[7] Popmusik ist seit den 1950er Jahren zu einer „Schlüsselbranche jenes ‚Cultural Industries' genannten Wirtschaftszweigs" geworden. Dominik Schrage/Holger Schwetter/Anne-Kathrin Hoklas: Einleitung: Musikalische Eigenzeiten und gesellschaftliche Umbrüche seit den 1960er Jahren. In: Dies. (Hg.): *„Zeiten des Aufbruchs". Populäre Musik als Medium gesellschaftlichen Wandels*. Wiesbaden 2019, 1–29, hier: 6.

den spezifischen Kamerablickwinkel leicht verzerrt abbildet: Sollten die ersten Platten (vgl. z.B. das Cover von *Please Please Me*[8]) die Band noch als homogene Einheit verkaufen, so lässt sie das Cover von *Rubber Soul*, wenn auch noch nicht in so radikaler Weise wie die Folgealben, als ‚Kunstprodukt‘ erscheinen.[9]

Dieser paratextuelle Rahmen findet eine Entsprechung im Musikalischen. Die Lieder auf *Rubber Soul* bieten ein Geflecht unterschiedlicher Referenzen: *Run for Your Life* – ein recht klassisches Rock-’n’-Roll-Stück – kopiert die Textzeile „I’d rather see you dead, little girl, than to be with another man“ aus dem Elvis Presley-Hit *Baby, Let’s Play House* (1955).[10] Diese Rockabilly-Nummer hatte Elvis vom Blues-Musiker Arthur Gunter gecovert, dessen „playful shuffling country blues“[11] aus dem Jahre 1954 wiederum vom Country-Song *I Wanna Play House With You* (gesungen von Eddy Arnold, 1951)[12] inspiriert wurde. Interessant ist die Rekonstruktion dieser Linie deshalb, weil sie sichtbar macht, wie die Grundidee eines Liedes binnen weniger Jahre zahlreiche Transformationen durchläuft, die nicht nur demonstrieren, in welcher Geschwindigkeit sich lokal begrenzte Musiksysteme wechselseitig beeinflussen und sich zu neuen Musikgenres formieren; sondern sie zeugt auch textuell vom Erwachsenwerden der Popmusik, von ihrer Emanzipation zur selbstreferentiellen Kunst: Schon in der Elvis-Version wird aus der larmoyanten Klage „eines sitzengelassenen Mannes“ eine selbstironische Bitte nach Sex, die sich im „wortlos-aufgeregten Stottern, mit dem Elvis das Lied einleitet“, artikuliert.[13] Das Lachen des Sprechers am Ende zeigt die „groteske Übertreibung, die durch eine entwaffnende Selbstironie den Zuhörer zum Mitwisser, ja Komplizen macht“.[14] In John Lennons Variation des Songs schlägt die Selbstironie um in eine männlich-pathologische Gewaltfantasie: „You better run for your life if you can, little girl / Hide your head in the sand, little girl / Catch you with another man / That’s the end, little girl.“ In dieser Ausprägung steht der Song auch konträr zu den (naiven), den Anschein authentisch-romantischen Sprechens erweckenden Liebesliedern wie *I Want to Hold Your Hand* (1963)[15] aus der Frühphase der Beatles.[16]

---

[8] The Beatles: *Please Please Me.* Parlophone 1963.

[9] Zur Genese des Covers vgl. Rob Sheffield: *Dreaming The Beatles. The Love Story of One Band and the Whole World.* New York, NY 2017, 97.

[10] Elvis Presley: *Baby, Let’s Play House.* Sun 1955.

[11] Glen Jeansonne/David Luhrssen/Dan Sokolovic: *Elvis Presley, Reluctant Rebel. His Life and our Times.* Santa Barbara, CA 2011, 96.

[12] Eddy Arnold: *I Wanna Play House With You.* RCA Victor 1951.

[13] Alan Posener/Maria Posener: *Elvis Presley. Mit Selbstzeugnissen und Bilddokumenten dargestellt.* Reinbek bei Hamburg 1993, 39.

[14] Ebd.

[15] The Beatles: *I Want to Hold Your Hand.* Parlophone 1963.

[16] Überdies deutet die Femizid-Fantasie insofern zurück auf den Blues, als sie jenseits gängiger Coming-of-Age-Konstellationen dessen Präferenz für ‚erwachsene‘ Themen aufgreift.

Führt *Run for Your Life* zurück zu den Gründerjahren des Rock 'n' Roll, so lassen sich auf *Rubber Soul* auch unmittelbare Einflüsse finden, die grundsätzlich zeigen, wie vernetzt die Musikszenen diesseits und jenseits des Atlantiks in diesen Jahren schon waren: Der Opener der Platte *Drive My Car* präsentiert eine Rhythmuslinie, „inspired by the bass-heavy sound generated in [Otis] Redding's Memphis studio."[17] Das Lied greift hörbar den ‚Memphis-Soul'-Sound des Songs *Respect* (Otis Redding)[18] auf, der im gleichen Jahr wie *Rubber Soul* veröffentlicht wurde. Ähnlich wie bei *Run for Your Life* lässt sich auch in diesem Lied ein auf die Popmusik selbst referierendes Moment ausmachen: Der Text verkehrt nämlich die klassisch männlich-dominante Geste vieler Rock-, Blues- oder Soulstücke in ihr Gegenteil. Hier spricht die Frau mit der selbstbewusst-dominanten Geste eines angehenden Stars:

> Asked a girl what she wanted to be
> She said, „Baby, can't you see?
> I wanna be famous, a star of the screen
> But you can do something in between
> Baby, you can drive my car
> Yes, I'm gonna be a star
> Baby, you can drive my car
> And maybe I'll love you."

Das Album *Rubber Soul* zeigt *in nuce*, woraus und wohin sich die populäre Musik im ersten Jahrzehnt ihrer Existenz entwickelt hat. Das Album bietet eine Synthese unterschiedlicher Stile, wobei das Gravitationszentrum die USA bildeten, präziser: die Mitte der 1960er Jahre bereits etablierten musikalischen Zentren Nordamerikas. Der Country-Western-Stil (Nashville/Memphis), der das Lied *What Goes On* prägt, die gesellschaftsreflexive Folk-Attitüde von *Nowhere Man* und *Think for Yourself* (New York) oder der Motown Einschlag von *You Won't See Me* (Detroit). *If I Needed Someone* wiederum erinnert an den Los Angeles-Sound der Byrds (oder andersherum), insbesondere an das Eingangsriff ihrer elektrifizierten Interpretation des Pete Seeger-Ostküsten-Folk-Klassikers *The Bells of Rhymney* (1965).[19] Überdies ist *If I Needed Someone* „beeinflusst [...] durch das neue Interesse des Autors an klassischer indischer Musik, das wie Lennons *Norwegian Wood* auf einem Bordun basiert – einem Grundton A, der unter dem Wechsel zu G-Dur in der Refrainzeile weiterklingt."[20] Neben Einflüssen der klassischen indischen Musik enthält das Lied *In My Life* ein *electric piano*-Solo, das von der euro-

---

[17] Ian MacDonald: *Revolution in the Head. The Beatles' Records and the Sixties*. London 2008, 166.
[18] Otis Redding: *Respect*. Volt 1965.
[19] The Byrds: The Bells of Rhymney. Auf: *Mr. Tambourine Man*. Columbia 1965.
[20] Macdonald: *Revolution*, 169 [Übers. II].

päischen Klassik beeinflusst ist, während *Michelle* und *Girl* von Elementen europäischer ‚Volksmusik‘ geprägt sind.

Popmusik – dies demonstriert das Album – war Mitte der 1960er Jahre bereits zu einer in räumlicher, kreativer und medialer Hinsicht Grenzen überschreitenden Kunst geworden, die beginnt, ihre eigene Geschichte reflexiv zu verarbeiten und die durch Bezugnahme auf koexistierende Stile in den Folgejahren eine enorme Innovationskraft entfalten sollte: „*Rubber Soul* is probably the greatest record ever",[21] so urteilt Brian Wilson rückblickend in seiner Autobiografie, der das Album zeitlebens als zentrale Motivation dafür bezeichnet hat, das *Beach Boys*-Album *Pet Sounds* (1966) aufzunehmen.

„Birth of the Cool": Mythen & Legenden vom Anfang

Doch kehren wir zu den Anfängen zurück: Mitte der 1950er Jahre war die Popmusik noch kein globales Phänomen, gleichwohl sich in dieser Zeit in künstlerischer und marktstrategischer Hinsicht wichtige Zentren herausbildeten, die als Magnete für Musiker:innen fungierten und für die Distribution diverser Musikstile über die lokalen Grenzen hinaus eine entscheidende Rolle spielen sollten.[22] Diese Zentren waren zum einen wichtige Echokammern: In ihnen hallten (regionale) Musiktraditionen nach und vermischten sich mit Stilen anderer Traditionen. Popmusik war, das konnte man bereits Mitte der 1950er Jahre in den USA hören, von Beginn an hybrid. Diese Hybridität war es wiederum, die nicht nur ästhetische, sondern auch soziale Strategien eröffnen sollte: Traditionsbildung und Distinktion, Konservatismus und Innovation, Mainstream und subkultureller Protest.[23] Nicht nur künstlerisch wuchsen die Möglichkeiten, sich im Feld zu positionieren. Vielmehr wuchsen mit der Diversifizierung des popmusikalischen Marktes auch die Möglichkeiten der sozialen Positionierung seitens der Rezipientinnen und Rezipienten. Bis heute ist Popmusik insofern Identifikationsfläche für Generationen, Milieus oder Individuen geblieben, als sie wesentlich zur personellen oder gruppenbezogenen Identitätsbildung beiträgt. Schon in ihren Anfangsjahren prägte die Popmusik auf diese Weise eine Vielzahl ästhetischer und habitueller Praktiken aus und es entstand seitdem ein beinahe unendliches ‚Archiv‘ musikalischer und performativer Zeichen. Aus diesem Arsenal werden bis heute Elemente und Strategien aufgegriffen, perpetuiert oder rekombiniert, sodass teilweise die ur-

---

[21]Brian Wilson: *Ich bin Brian Wilson. Autobiografie.* Köln 2017, 110.

[22]„Es gab Legionen von Freizeit-Musikern und -Bands, die Anfang der 1950er Jahre in die aus dem Boden schießenden Studios strömten, um hier ihr Glück zu versuchen." Peter Wicke: *Rock und Pop. Von Elvis Presley bis Lady Gaga.* Nördlingen ²2017, 14.

[23]Vgl. Anna Daniel/Frank Hillebrandt: Die multiple Formation der Popmusik. Eine praxissoziologische Perspektive. In: Dies.: (Hg.): *Die Praxis der Popmusik, soziologische Perspektiven.* Wiesbaden 2019, 1–42, hier besonders 21–42.

sprünglichen historisch-medialen Kontexte oder Ursprünge nur noch mittelbar sichtbar sind: Sichtbar ist heute ohnehin weniger ihr ‚authentischer' Kern als vielmehr ihre medialen, narrativen oder mythisierenden Vermittlungsformen.

Dieser Sachverhalt lässt sich an zahlreichen Musiker-Biopics belegen: Baz Luhrmanns Film ELVIS (2022)[24] weicht z. B. von den Fakten ab, wenn er die Synthese der Schwarzen Kultur des Blues (bzw. des Rhythm and Blues) und der weißen Hillbilly/Country-Kultur in Szene setzt und entgegen der Fakten die afroamerikanische R-'n'-B-Sängerin Big Mama Thornton und Elvis Presley in der legendären Beale Street aufeinandertreffen lässt. Bild- und tongewaltig schildert der Film in diesen Szenen die Verwurzelung von Elvis in der erregenden Bluesszene von Memphis, in der sich der junge Musiker vor und zu Beginn seiner Karriere bewegte. Auf diese Weise möchte der Film nachzeichnen, dass die Blues- und Gospeltradition des Schwarzen Amerikas wegweisend sowohl für die Etablierung der Kunstfigur ‚Elvis' als auch für die Entwicklung des Rock 'n' Roll gewesen ist: Diese Entwicklung wird in diesen Sequenzen des Films nicht als Geschichte der Ausbeutung Schwarzer Musik erzählt, sondern als wechselseitige Inspiration, die eine starke Innovationskraft entfachte.

Filme wie ELVIS demonstrieren, dass die (historische) Rekonstruktion popmusikalischer Initiation zum einen topografisch erfolgt: Es sind Orte bzw. Zentren, durch die sich die Anfangsphase der Popgeschichte annäherungsweise ordnen lässt. Zum anderen haben sich, besonders was die Ursprünge bestimmter Stile und Entwicklungen betrifft, zahlreiche Narrative, Mythen, Legenden und Anekdoten etabliert, die für eine kulturhistorische Betrachtung deshalb wichtig sind, weil sie durch ihre Zeichenhaftigkeit das Archiv strukturieren. Denn oft sind es Ereignisse, die zu Erzählungen werden, anschließend mündlich (oder in Medien) tradiert werden und auf diese Weise exemplarisch Strukturen des popmusikalischen Feldes sichtbar machen. Für die Popmusikgeschichte ist diese medial-narrative Distribution bis heute essentiell geblieben: Sie speist das popkulturelle Archiv, auf das die Kunst selbst, aber auch das Schreiben über Kunst beständig zugreifen. Besonders bedeutend sind dabei jene Elemente des popmusikalischen Gedächtnisses, die künstlerische Strategien und habituelle Praktiken als untrennbaren Zusammenhang inszenieren und auf eine Erzählung vom Ursprung zurückführen. So gilt etwa der Country-Sänger Hank Williams als Pionier des Rock 'n' Rolls. Im Gedächtnis geblieben sind dabei nicht nur Songs wie *Move It On Over* (1941),[25] den man mit Fug und Recht als Vorgänger des Bill Haley-Klassikers *(We're Gonna) Rock Around the Clock* (1954)[26] bezeichnen könnte;[27] vielmehr ist es die Erzählung vom rastlosen Trinker, der posthum zum ersten Opfer des Rock-'n'-Roll-Lifestyles verklärt wurde, die seinen Nach-

---

[24] Baz Luhrmann (Regie): ELVIS. Australien/USA 2022.
[25] Hank Williams With His Drifting Cowboys: *Move It On Over*. MGM 10033 1941.
[26] Bill Haley and His Comets: *(We're Gonna) Rock Around the Clock*. Decca 1955.
[27] Vgl. Wicke: *Rock und Pop*, 16.

ruhm bestimmt.[28] Sein Sohn Hank Williams Jr. schreibt diese Legendenbildung im Song *Family Tradition* (1979)[29] fort – und sich selbst in die Tradition jener ästhetischen Praxis ein, die Lebens- und Kunstradikalität gleichsetzt:

> They get on me and want to know
> Hank, why do you drink?
> Hank, why do you roll smoke?
> Why must you live out the songs that you wrote?
> Over and over
> Everybody makes my prediction
> So if I get stoned, I'm just carrying on
> An old family tradition.

In Teilen erzählt sich die Geschichte des Pop buchstäblich in der Musik selbst, wie etwa auch die ‚Kanonisierung' des R-'n'-B-Sängers Johnny Ace durch Paul Simon zeigt: Im Jahre 1983 veröffentlicht er auf dem Album *Hearts and Bones* das Lied *The Late Great Johnny Ace*.[30] Johnny Ace hatte sich Ende 1954 auf einer Tournee (wohl versehentlich) mit seinem Revolver erschossen, woraufhin die posthum erschienene Single *Pledging my Love*[31] zu seinem größten Erfolg und Ace (bzw. die Geschichte seines Todes) zur Legende wurde. Erkennbar bezieht sich Paul Simons Lied weniger auf diesen biografisch-faktischen Hintergrund als vielmehr auf die mediale Berichterstattung. Das biografische Datum wird in dreifacher Hinsicht („magazine", „radio" und der Song selbst) als medial vermittelte Konstruktion ausgewiesen:

> I was reading a magazine
> And thinking of a rock and roll song
> The year was 1954
> And I hadn't been playing that long
> When a man came on the radio
> And this is what he said
> He said, "I hate to break it to his fans
> But Johnny Ace is dead.

Der R-'n'-B-Sänger wird hier in einem mehrstufigen medialen ‚Übersetzungsprozess' zum Rock-'n'-Roll-Star erklärt. In der letzten Strophe wird dieses frühe Ereignis der Rock-Geschichte schließlich mit der Ermordung von John

---

28 „Only the Good Die Young" (Billy Joel) ist seitdem ein stehender Ausdruck sowohl für den nonkonformistischen, hedonistischen Lebensstil des Rock-Animals geworden als auch zur abgrenzenden Parole von Jugendkulturen, die sich gegen die Elterngeneration richtet.

29 Hank Williams Jr.: *Family Tradition*. Elektra/Curb 1979.

30 Paul Simon: The Late Great Johnny Ace. Auf: *Hearts and Bones*. Warner Bros 1983.

31 Johnny Ace: *Pledging My Love*. Duke 1954.

Lennon kurzgeschlossen, womit Johnny Ace schließlich in die Ahnengalerie der Größen des Rock 'n' Rolls aufgenommen ist.

> On a cold December evening
> I was walking through the Christmastide
> When a stranger came up and asked me
> If I'd heard John Lennon died
> And the two of us went to this bar
> And we stayed to close the place
> And every song we played was
> For the late great Johnny Ace.

Im Mittelteil werden noch die Beatles und die Rolling Stones als Wegmarken der eigenen Popsozialisation genannt, in die sich der Sprecher, der sich selbst im Lied als Sänger (‚Paul Simon') ausweist, mühelos einreiht. Die Traditionsbildung läuft also in letzter Konsequenz auf Paul Simon selbst zu.

Diesen starken Hang zur Selbstreferenz weist die populäre Musik von jeher auf, einer Selbstbezüglichkeit, die sich immer wieder auf die Ursprünge der Popmusikgeschichte als einen authentischen Kern bezieht: auf den Mythos vom ‚naiven' Künstler (und einer noch unverdorbenen, vermeintlich ‚interessenlosen' Kunst).[32] Ein solcher Nukleus, in Form eines in räumlicher und/oder ästhetischer Hinsicht klar definierten Ausgangspunktes, lässt sich freilich faktisch nicht finden. Die folgende historische Rekonstruktion der Entstehungsjahre der Popmusik orientiert sich deshalb an der gängigen Rezeptionspraxis von Popmusik selbst: Sie folgt sowohl den räumlichen Koordinaten[33] als auch den medial-narrativen Spuren, stellt Verknüpfungen zwischen Orten und Ereignissen her, spürt Referenzen nach und versucht auf diese Weise ästhetische und habituelle Praktiken zu identifizieren, die die Musikgeschichte der nächsten Jahrzehnte mitprägen sollten.

Memphis, Tennessee: Die ‚Geburt' des Rock and Roll

> Put on my blue suede shoes
> And I boarded the plane
> Touched down in the land of the Delta Blues
> In the middle of the pouring rain
> (Marc Cohn)[34]

---

[32] Vgl. Pierre Bourdieu: *Die Regeln der Kunst. Genese und Struktur des literarischen Feldes.* Frankfurt/M. 2001 (frz. 1992), 342.

[33] Vgl. Philipp Krohn/Ole Löding: *Sound of the Cities. Eine popmusikalische Entdeckungsreise.* Zürich/Berlin 2015.

[34] Marc Cohn: Walking in Memphis. Auf: *Marc Cohn*. Atlantic 1991.

Wo man das, was gemeinhin als Rock 'n' Roll bezeichnet wird, auch immer verortet: Früher oder später landet man in Memphis bei Sam Phillips. 1950 gründet Phillips den „Memphis Recording Service", woraus sich später das unabhängige Label Sun Records entwickelte, „auf dem Elvis, Jerry Lee Lewis, Roy Orbison und Carl Perkins schwarzen Rhythm and Blues und weißen Country zum massentauglichen Rock 'n' Roll verschmelzen."[35] Phillips war ein Musikproduzent mit Geschäftssinn, der sowohl Rhythm and Blues- als auch Country-Musik verlegte und förderte. 1951 nahm er in jenen Räumen, die schon bald als ‚Sun Studios' berühmt werden sollten, das Lied *Rocket 88* von Jackie Brenston and His Delta Cats[36] auf, das heute vielen als erste Rock-'n'-Roll-Platte gilt. Es handelt sich um eine klassische (im Tempo beschleunigte) Rhythm-and-Blues-Nummer (mit Boogie-Woogie-Piano).[37] Als Nukleus (oder zumindest als unmittelbarer Vorläufer) des Rock 'n' Rolls gilt der Song auch deshalb, weil Bill Haley and The Saddlemen ihn im Jahre 1951 aufnahmen und dabei entscheidend transformierten: Die für den Rhythm and Blues typische Instrumentierung, die in den Instrumentalparts Klavier und Saxofon in den Vordergrund stellten, verschob sich hörbar in Richtung Gitarre. Die Aufnahme behielt zwar das griffige Piano-Intro bei (das einige Jahre später Little Richard für *Good Golly, Miss Molly* (1958)[38] übernahm), verwendete in den Soloparts aber ausschließlich die Gitarre als Leadinstrument. Noch stärker als in *Rocket 88* zeigt sich die amalgamierte Form des Rock 'n' Rolls in Haleys Coverversion von *Rock the Joint*,[39] die er im Jahre 1952 aufgenommen hat. Hier mischen sich die Boogie-Wurzeln des Liedes mit Rhythm-and-Blues- und Country-Elementen, wobei sich im ersten Gitarrensolo des Stücks bereits der typische Rockabilly-Sound abzeichnet.[40] Zum Rock-'n'-Roll-Vorläufer wird das Stück über die musikalische Textur hinaus durch seinen rebellischen Gestus: Die Zeilen „Tear down the mailbox, rip up the floor / Smash out the windows and knock down the door" begründen jenen Mythos vom *appetite for destruction*, der die Rock-Kultur seitdem stetig begleitet.

Spätestens hier wird klar, dass der Begriff des Rock 'n' Rolls, dessen „afroamerikanischer Gebrauch" sowohl „religiös konnotiert" als auch eine „Umschreibung für Sex" ist,[41] nicht auf das Musikalische reduziert werden kann.

---

[35] Crohn/Löding: *Sound of the Cities*, 28.

[36] Jackie Brenston and His Delta Cats: *Rocket 88*. Holiday 1951.

[37] Die Autoren des Songs waren Ike Turner und Jackie Brenston. Der Song orientierte sich hörbar an Vorläufern wie z.B. Jimmy Liggins & His Drops of Joy: *Cadillac Boogie*. Specialty 1948.

[38] Little Richard: *Good Golly, Miss Molly*. Specialty 1958.

[39] Bill Haley and the Saddlemen: *Rock the Joint*. Essex 1952.

[40] Der Begriff Rockabilly meint hier die Adaption des Rhythm and Blues durch (in der Regel) weiße Musiker:innen, die ihn mit Country-Elementen mischten.

[41] Christian Bielefeldt: Rock 'n' Roll. In: Thomas Hecken/Thomas S. Kleiner (Hg.): *Handbuch Popkultur*, 25–30, hier 25.

Er beschreibt vielmehr ein (sich in diesen Jahren medienübergreifend abbildendes) emphatisches Lebensgefühl, das sich aus den sozialen Verhältnissen der Nachkriegszeit heraus begreifen lässt. Teile der Jugend strebten nach Emanzipation und Freiheit, sie versuchten, der ‚Enge' der von sozialem Aufstieg und ökonomischer Zufriedenheit geprägten Nachkriegsgesellschaft zu entkommen. Zur kulturellen Repräsentationsfigur der Subkultur wird in dieser Zeit u. a. der ‚Halbstarke', der auf der Ebene der Celebritys durch Künstler wie Elvis Presley, James Dean und Marlon Brando verkörpert wird.[42] Rock 'n' Roll ist in diesem Sinne der Sammelbegriff für ein erlebnisaffines kulturelles Konsumverhalten der Jugend, das sich über eine ‚andere' Praxis vom bürgerlichen Erwachsenenmilieu absetzte.

Wie durch ein Brennglas werden die gesellschaftlichen Verhältnisse jener Zeit in Richard Brooks Filmklassiker BLACKBOARD JUNGLE (1955) sichtbar, in dem der Weltkriegsveteran Richard Dadier (gespielt von Glenn Ford) an einer Schule als Englischlehrer anheuert.[43] Dort begehrt eine Gruppe Jugendlicher gegen die Erwachsenengeneration auf, womit der Film einen generativen Konflikt abbildet, der insbesondere über je verschiedene ästhetische Präferenzen (z. B. Frisur, Kleidung und Musik) inszeniert wird. Gleich zu Beginn verknüpft der Film die Jugendkultur mit Bill Haleys *(We're Gonna) Rock Around the Clock*, wenn die Musik, die den Vorspann untermalt, sich in den ersten Szenen des Films fortsetzt: Gezeigt wird die Ankunft Dadiers an der Schule, wo Teenager zu Haleys Musik tanzen. Das räumliche Setting ist dabei bezeichnend: Die Jugendkultur ist auf dem (mit Gitterstäben) umzäunten Gelände des Schulhofs beheimatet, womit eine klare Grenze gezogen wird zwischen dem idyllischen Straßenleben (zu sehen sind spielende Kleinkinder mit ihren Müttern) und den wie Insassen eines Gefängnisses anmutenden Jugendlichen. Die räumliche Struktur der Szenerie deutet bereits auf diejenige Konfliktstruktur, von der der Film im weiteren Verlauf erzählen wird: Die Jugendkultur (musikalisch repräsentiert durch Bill Haleys Lied) wird mit Aufruhr, Rebellion, Normverstoß und moralisch illegitimen Handlungen in Verbindung gebracht. Der Film stellt auf diese Weise einerseits den Generationendissens aus, andererseits ist er Teil einer crossmedial vermittelten Subkultur, die sich auch in ökonomischer Hinsicht auszahlte. Bill Haleys Karriere wurde durch den Film BLACKBOARD JUNGLE (1955) jedenfalls in bis dahin unbekannte Sphären katapultiert: Der bereits 1954 von Haley veröffentlichte (aber nicht sonderlich beachtete) Song wurde 1955, nach Erscheinen des Films, wiederveröffentlicht und die Single eroberte sogleich die Spitze der amerikanischen Billboard-Charts.

---

[42] David Bebnowski: *Generation und Geltung. Von den ‚45ern' zur ‚Generation Praktikum' - übersehene und etablierte Generationen im Vergleich.* Bielefeld 2012, 57–61.
[43] Richard Brooks (Regie): BLACKBOARD JUNGLE. USA 1955.

Doch zurück nach Memphis, wo Mitte der 1950er Jahre jene Repräsentationsfigur des Rock 'n' Rolls seine ersten Platten aufnimmt, die als eine Initialzündung der Popmusikgeschichte betrachtet werden kann: ‚King' Elvis Presley. Das musikalische Schlüsselereignis findet in Sam Phillips' Memphis Recording Service am Rande einer Aufnahmesession statt, als Elvis *That's All Right (Mama)*, einen Song des afroamerikanischen R-'n'-B-Musikers Arthur „Big Boy" Crudup (1905–1974), intoniert.[44] Im Unterschied zu Crudups im Jahr 1949 veröffentlichter Version[45] verwendet „Presleys Einspielung [...] weder Schlagzeug noch Stopchoruse. Die Akzente werden hier vom Slapbass (mit dem countryesken ‚Boom-chika-boom'-Rhythmus) und von der präzise ausgefeilten Leadgitarrenarbeit Moores gesetzt und sind ohne Einsatz eines Schlagzeugs in rhythmischer Hinsicht treibender als das Original, obwohl Tempo und Tonart nahezu identisch sind."[46] Noch wichtiger war allerdings die energiegeladene Stimme, die durch die spärliche Instrumentierung deutlich in den Vordergrund tritt. Diese Stimme war zum einen gleichsam ethnisch unbestimmt, zum anderen arbeitet sie, anders als bei der eher ‚coolen' Attitüde des Originals, dem gleichmäßigen Country-Rhythmus entgegen, wodurch der Song seine besondere Expressivität und rhythmische Spannung erhält. Die Cover-Version erweist sich als musikalische Neuinterpretation, die in ästhetischer Hinsicht die kulturell-gesellschaftliche Grenze zwischen der Schwarzen Kultur des (Rhythm and) Blues und der weißen Hillbilly- bzw. Country-Kultur überwand und in den hybriden Sound des Rockabilly überführte.

Die Entstehungsgeschichte des Songs ist auch deshalb erzählenswert, weil sie veranschaulicht, wie schmal der Grat zwischen künstlerisch-transformativer Praxis und einer problematischen Aneignung afroamerikanischer Musik sein kann. Dass Elvis den Song überhaupt kannte und in sein Repertoire integrierte, zeugt von seiner musikalischen Hochachtung vor der afroamerikanischen Musiktradition. Allerdings unterlag diese Tradition im (durch weiße Positionen geprägten) kulturellen Diskurs in weiten Teilen in den 1950er Jahren noch einer rassistischen Stereotypisierung. Die afrikanischen Wurzeln rhythmisch geprägter Musik wurden gemeinhin „mit den Attributen ‚wild', ‚direkt' und ‚körperlich' [assoziiert] und damit an einen Diskurs über das ‚Primitive' und das ‚Exotische'" angeknüpft. „Das Fremde, das aus den neuen Klängen und Rhythmen des Rock 'n' Roll herausgehört wurde [...], war

---

[44]Elvis Presley: *That's All Right (Mama)*. Sun 1954. Vgl. zur Entstehung des Songs Scotty Moore/James Dickerson: *That's Alright Elvis: The Untold Story of Elvis's first Guitarist and Manager, Scotty Moore.* New York, NY 1997, 58, 59.

[45]Arthur Crudup: *That's All Right (Mama)*. RCA Victor 1946.

[46]Dennis Schütze: *Spieltraditionen, Personalstile und Signature-Licks der Rock and Roll-Gitarre: Auf der Suche nach den stilprägendsten und einflussreichsten Instrumentalparts einer Ära.* [Digitale Originalausgabe], 2012, 77.

[...] Ergebnis einer ethnischen Codierung."[47] Im konservativen Kulturbetrieb rief diese Übernahme zunächst Widerstände hervor, erst mit der Zeit wurden die afroamerikanischen Einflüsse dann durch die alles überstrahlende Aura des Rock-'n'-Roll-Königs gleichsam „weiß gewaschen".[48]

Stieg folglich ein Repräsentant des weißen Amerikas durch Komponisten wie Arthur Crudup zum King of Rock 'n' Roll auf, so sollte sich die Sache für „Big Boy" (wie Crudup auch genannt wurde) aufgrund der strukturell fest verankerten Diskriminierungsmechanismen erst sehr viel später auszahlen. Heute ist er ein kanonisierter Klassiker, der 1994 in die Blues Hall of Fame aufgenommen wurde.

Die mediale Distributionsgeschichte von *Hound Dog*,[49] eines weiteren Elvis-Klassikers aus der Memphis-Zeit, zeigt exemplarisch, wie in den 1950er Jahren das musikalisch revolutionär-exotische Potenzial des Rock 'n' Roll systemisch eingehegt wird: In ästhetischer Hinsicht demonstriert der Song eine für populäre Musik generell konstitutive Praxis der stilistischen Grenzüberschreitung, die der sozial-politischen, auf die Fixierung konservativer Werte abzielenden Praxis, die den Musikbetrieb weithin bestimmte, entgegenstand: Während sich einerseits künstlerische Kooperationen und ästhetische Synthesen herausbildeten – im August 1952 hat die Schwarze R-'n'-B-Sängerin Big Mama Thornton das Lied bei Peacock Records erstmalig aufgenommen, das von zwei weißen jungen Männern (Jerry Leiber und Mike Stoller aus Los Angeles) komponiert wurde –, folgte der kulturpolitische Diskurs innerhalb der USA in Teilen noch der (auch in kreativer Hinsicht) widersinnigen Logik einer ‚Stilreinheit', die strikt zwischen Schwarzer und weißer Musik unterschied.[50] Die musikalische Transformation des Blues-Songs zur Rockabilly-Nummer und seine mediale Aufführungspraktiken durch Elvis zeigen zwar, wie sich in Musik und Musikmarkt in den 1950er Jahren auf unterschiedlichen Ebenen Strukturveränderungen vollziehen; sie verdeutlichen aber auch, wie das ‚konservativ-weiße' Amerika um den Erhalt seiner kulturpolitischen Hegemonie kämpfte.

Ästhetisch betrachtet überführt Elvis den klassischen Rhythm-and-Blues-Song mit zweideutigem (sexuell konnotiertem) Text, wie er für den Blues der 1940er Jahre nicht untypisch war, in eine Crossover-Ästhetik: Nicht nur weist er die für viele Rock-'n'-Roll-Nummern der Zeit typische Verbindung von Rhythm and Blues und Country auf, die durch Modifikationen des Originals „den Normen des Pop-Mainstreams" nun voll und ganz entsprach;[51] sondern

---

[47]Bodo Mrozek: *Jugend – Pop – Kultur. Eine transnationale Geschichte.* Frankfurt/M. 2019, 189.

[48]Ebd., 190.

[49]Elvis Presley: *Hound Dog.* RCA Victor 1956.

[50]Diese Logik manifestierte sich in den unterschiedlichen Chartsystemen, die die afroamerikanische Musik von der als ‚weiß' deklarierten Musik trennte. Die Struktur der US-Charts war lange Zeit Ausdruck rassistischer Vorbehalte.

[51]Peter Wicke: Elvis Presley: Hound Dog. In: Michael Fischer/Fernand Hörner/Christofer Jost (Hg.): *Songlexikon. Encyclopedia of Songs* (2011), songlexikon.de/songs/hounddog (6.9.2025).

auch textuell lässt sich eine Glättung beobachten, die in Richtung Mainstream deutet: So wurde „die ursprüngliche Ausrichtung des Textes nicht nur dem Geschlecht des Sängers angepasst, sondern in pure Nonsense-Komik transformiert [...], die den Gender-Stereotypen im weißen Mittelklasse-Amerika der 1950er Jahre eher entsprach als eine sich über ihren nichtsnutzigen Ehemann echauffierende Frau, wie sie der Originaltext verkörpert."[52] All diese Elemente haben dazu beigetragen, den expressiven Gestus des Songs einzuhegen, sodass die Single die Grenze zwischen den Chart-Segmenten Country, Rhythm and Blues, Pop überwinden konnte und in allen Bereichen sogar an die Spitze der Charts gelangte. Dass das System der damaligen Zeit solche Entgrenzungen noch bis in die 1960er Jahre hinein in der Regel allerdings nur in eine Richtung zuließ, zeigt sich an Ray Charles' LP *Modern Sounds in Country and Western Music*[53] aus dem Jahre 1962: „Sein Album vereinte Arrangements mit Streichern und Hörnern und war ein Versuch, die streng nach Hautfarbe segregierten Märkte zu überschreiten. Die Platte war ein Riesenerfolg. Nur eine Hitparade ignorierte das Album, obwohl ihr Genre im Titel stand: die Countrycharts."[54]

Um wieder auf Elvis zurückzukommen: Das polarisierende Element des Phänomens Presley lag nicht in der textuellen Form und nur teilweise in der stilistischen Innovation begründet; stattdessen materialisierte es sich primär im performativ-theatralischen Akt. Die Aufwertung der Performances geht mit der Etablierung einer auratischen Künstler-Persona einher, die in positiver wie negativer Hinsicht zur Projektionsfläche für *Identifikation* oder *Abgrenzung* wird. Mit Elvis beginnt die Krönungsgeschichte der Pophelden, die Identifikation der Kunst mit dem Künstler, der Aufstieg des Artisten zum Superstar.

Wichtiges Element der Distribution sowie der Kreation von Images sind dabei die Medien, allen voran das Fernsehen. Legendär ist Elvis' Fernsehauftritt in der berühmten *Milton Berle Show* am 5. Juni 1956. Die TV-Unterhaltungsshow des Senders NBC war seit den späten 1940er Jahren eine Institution im Nachkriegsamerika und hatte eine enorme Reichweite. Schon die Tatsache, dass der junge ‚Stürmer und Dränger' in der Show auftrat, indiziert das Bestreben des etablierten Medienbetriebs, das revolutionäre Potential des jungen Amerikas zu kanalisieren und damit massentauglich zu machen. Die visuelle Kraft des Mediums Fernsehen setzte allerdings gegen diese Absicht gerade jene performativen Qualitäten in Szene, die den revolutionären Kern der Jugendbewegung ausmachte: eine auf das Ich zentrierte expressive Körperlichkeit, die den bisherigen Konventionen der Unterhaltungsindustrie widersprach. Der Auftritt von Elvis (ohne Gitarre, sodass die Kamera den

---

[52] Ebd.

[53] Ray Charles: *Modern Sounds in Country and Western Music*. ABC-Paramount 1962.

[54] Tobi Müller: Pop und kulturelle Aneignung. Als Techno plötzlich hessisch war. In: *Die Zeit* (2022), zeit.de/kultur/musik/2022-04/kulturelle-aneignung-musik-popkultur/komplettansicht (6.9.2025).

Körper Presleys und die exaltierte, von vielen als aufreizend wahrgenommene Performance gänzlich ins Bild setzte) geriet, trotz des Versuchs des Moderators die energetischen Tanzeinlagen von Elvis humoristisch abzumoderieren, zum vieldiskutierten Skandal.[55] Die mediale Diskussion des Auftritts ließ die generativen Verwerfungen sichtbar werden. Für Teile der Jugend galt er als eine Verheißung, weil er (beinahe) alles verkörperte, was die (musikalische) Jugendkultur in den Folgejahrzehnten ausmachen und von der Erwachsenenkultur abheben wird: Rebellion, Körperlichkeit, Leidenschaft und Hedonismus. Der gegenkulturelle Gestus wurde (nicht zum letzten Mal in der noch jungen Geschichte der Popkultur) hier augenscheinlich zum Distinktionsmerkmal einer emanzipativen Jugendkultur.

Das Medium Fernsehen war aber gleichzeitig auch ein Ort der sozialen Integration bzw. Kontrolle: In der *Ed Sullivan Show* (September 1956) – ihr Moderator wollte Presley aufgrund seiner vermeintlich obszönen Bühnenshow zunächst nicht einladen – sieht man eine *Hound-Dog*-Performance, die vergleichsweise ‚blutleer' daherkommt. Auffallend häufig zeigt die Kamera Presleys Oberkörper, und seine Hüfte ist größtenteils von der Gitarre verdeckt. Im Unterschied zur *Milton Berle Show*, die im Gegenschnitt die euphorischen Reaktionen des Publikums einfängt, bleibt die Kamera auf das Bühnengeschehen gerichtet. Elvis selbst inszeniert sich in seinem Schlussstatement als Integrationsfigur, insofern er die Millionen von Zuschauenden als *friends* anspricht und mit den Worten schließt: „May god bless you."

Das Pendel zwischen Autonomie und Kontrolle schlägt hier, pointiert gesprochen, in Richtung einer (Selbst-)Beschneidung des Kunstwerks aus; es entblößt sich die Logik einer (konservativen) Industrie, die die jungen Häretiker den Mechanismen eines regelbasierten Marktes und deren gesellschaftlichen Normen und Moralvorstellungen zu unterwerfen versucht. Im Falle von Elvis blieb die ‚Revolution' tatsächlich aus: Sein nonkonformistischer Habitus der Anfangszeit verlor sich spätestens, als er seinen Eintritt in den Militärdienst medial inszenierte; später wird er Teil der kapitalistischen Verwertungsmaschinerie Hollywoods, wobei (schon) der noch vom Geist der Gegenkultur inspirierte Film KING CREOLE von Michael Curtiz (1958)[56] eine Doppelstrategie popmusikalischer Inszenierung darstellt, nämlich Abgrenzung *und* Integration gleichzeitig zu repräsentieren. „Einerseits ist er [der Rock 'n' Roll] das entscheidende Moment, das die junge Generation von ihren Eltern trennt. Andererseits begründet er eine neue Form der ökonomischen Grundsicherung, ist also ein

---

[55] Vgl. Martin Lilkendey: *100 Jahre Musikvideo. Eine Genregeschichte vom frühen Kino bis YouTube.* Bielefeld 2017, 73. Skandale können im strategischen Sinne nicht nur dem (aus der Sicht der Kultur abweichenden) Künstler nützen, sondern sie schaffen auch für das Mainstream-Format, in dem der Auftritt stattfindet, Aufmerksamkeit.

[56] Michael Curtiz (Regie): KING CREOLE. USA 1958. Auch JAILHOUSE ROCK (USA, 1957) lässt sich als Film lesen, der den rebellischen Gestus der Jugend mit der neuen Musikrichtung in Verbindung setzt. Richard Thorpe (Regie): JAILHOUSE ROCK. USA 1957.

Alternativjob, der, wenn auch deutlich von der Arbeit der vorangegangenen Generation unterschieden, demselben Ziel dient; sich über das verdiente Geld in die Gesellschaft zu integrieren."[57] Die Kinokarriere ab 1960 folgt nurmehr einer transmedialen Vermarktungslogik. Die Filme wurden zu einer intergenerativ konsumierbaren Unterhaltungskunst, was Elvis' symbolischen Nimbus als Repräsentant der Gegenkultur schmälerte. Gleichzeitig zeigte sich paradigmatisch (wenn auch zeitlich verknappt), wie schnell der Weg von der randständigen Subkultur in die Mitte des kulturellen Feldes führen kann.

Auch andere Vertreter des Rock-'n'-Roll-Hypes taugten auf lange Sicht (wenn auch aus anderen Gründen) nicht als revolutionäre Repräsentanten der Gegenkultur. Jerry Lee Lewis, dessen größter Hit *Great Balls of Fire* (1957)[58] jene sexuell aufgeladene Dynamik repräsentiert, die die Stilrichtung des Rock 'n' Roll prägte, war in vielerlei Hinsicht radikaler als Elvis, der die Doppeldeutigkeit bei *Hound Dog* ja durch ‚Sprachkomik' abmilderte. Jerry Lee Lewis' Vortrag ist wenig subtil, er feiert das Sexuelle als quasireligiöses Erlebnis, wenn angesichts des angebeteten Du von ‚Güte' und ‚Gnade' die Rede ist.

> You shake my nerves and you rattle my brain
> Too much love drives a man insane
> You broke my will, but what a thrill
> Goodness gracious, great balls of fire.

Gleichzeitig hat diese Liebe etwas Destruktives und in psychischer Hinsicht Destabilisierendes: Die Nerven und das Gehirn werden durchgeschüttelt, die Liebe macht das Ich verrückt und bricht seinen Willen, wodurch eine (fatale) Abhängigkeit des Subjekts artikuliert wird, das nicht mehr Herr seiner Sinne ist. Diese Ambivalenz aus einer positiv konnotierten, befreienden Ekstase einerseits und dem bedrohlichen Wirklichkeitsverlust andererseits prägte schon die Produktionsgeschichte des Liedes: Eine Tonbandaufnahme, die das Gespräch zwischen Sam Phillips und Lewis bei der Aufnahme des Songs dokumentiert, zeugt davon, dass der Sänger seinen Song als ‚sinful' und sich als besessen vom Teufel bezeichnete. Die Tonaufnahme verweist nicht nur auf die psychologische Disposition von Lewis, der immer wieder Skandale produzierte: Insbesondere die Heirat der Minderjährigen Myra Gale Brown führte 1958 zur Diskreditierung des Künstlers. Sondern sie verweist zudem auf den generationellen Zwischenstatus der damaligen Pioniere des Rock 'n' Rolls. In einem konservativen Kulturklima aufgewachsen, die Einflüsse einer an traditionellen Werten ausgerichteten Gospel- und Count-

---

[57] Christian Jooß-Bernau: *Das Pop-Konzert als para-theatrale Form. Seine Varianten und Bedingungen im kulturell-öffentlichen Raum.* Berlin/New York, NY 2010, 175.
[58] Jerry Lee Lewis: *Great Balls of Fire.* Sun 1957.

ry-Musik aufnehmend, entstand eine recht ambivalente Positionierung zwischen revolutionärem Aufbegehren und regressiver Anpassung.

Diese habituelle Ambivalenz prägt auch die Karriere von Little Richard, der sich ebenfalls in den Südstaaten musikalisch sozialisiert hat. Aus seiner durch Gospelmusik geprägten religiösen Erziehung entwickelt er einen ‚irdischen' Rock-'n'-Roll-Sound sowie eine Bühnenshow, die einen stark theatralen Charakter hatte. Little Richard agierte als Kunstfigur, wenn er „auf der Bühne Frauenkleider trägt [...], zeigt dies, dass eine Rock 'n' Roll-Show schon in ihren Anfangstagen einen [...] fiktionalen Charakter haben konnte."[59] Richard war „one of the first openly gay figures in mainstream music, his flamboyant performances and bold self-expression challenged assumptions about masculinity in a cultural landscape that was hostile to such expressions."[60] Was Musikern wie David Bowie oder Freddie Mercury später gelingen sollte, nämlich eine Bühnenfigur zu erfinden, die sich von der ‚authentischen Person' unterschied, nimmt hier zwar einen Anfang, allerdings war es für Richard oder Lewis offensichtlich unmöglich, Teile ihrer Persönlichkeit auf diese Weise abzuspalten. Beide „alternated between secular ecstasy and religious guilt and repantance",[61] was bei Little Richard gleich zweimal zur Abkehr vom vermeintlich ‚sündhaften' Rock 'n' Roll führte. Schon 1957 wird er auf einer Australien-Tour spirituell erleuchtet, beginnt eine Predigerausbildung und wendet sich der Gospelmusik zu, die ihn bereits in der Jugendzeit stark geprägt hatte. Jerry Lee Lewis erweist sich als ebenso zerrissene Figur, die seine Dämonen mit der Hinwendung zur Country-Musik seiner Jugend bezwingen möchte.

Der Rock-'n'-Roll-Hype der 1950er Jahre bleibt daher eine Episode: Nachfolger wie Buddy Holly und Eddie Cochran, die zwar eine Transformation des Rock 'n' Roll initiierten, sterben durch Unfälle, sodass um 1960 die Zeit des Rock 'n' Roll schon wieder Geschichte ist. Die Einflüsse jener Jahre wirken allerdings nach: Zum Beispiel gibt Little Richard durch seine Art der Rock-'n'-Roll-Performance der späteren Entwicklung der Stile Funk und Soul entscheidende Impulse. Den nachhaltigsten Einfluss auf die Entwicklung der Popmusik in den 1960er Jahren sollte aber Chuck Berry haben:[62] Wie kein anderer steht Berry für ein musikalisches Selbstbewusstsein, insofern er die Chance ergriff, „eine Musik von Jugendlichen für Jugendliche" zu kreieren und sich vom bisherigen „Patriarchat" der (konservativen) Musikverleger zu emanzipieren.[63] Er schrieb, für die damalige Zeit unüblich, die meisten Songs, die er aufnahm, selbst. Zudem war

---

[59] Jooß-Bernau: *Das Pop-Konzert*, 175.

[60] Sam Morgan: *Biography of Little Richard*. LibriHouse 2024 [E-Book], 6.

[61] Pamela Clarke Keogh: *Elvis Presley. The Man. The Life. The Legend*. New York, NY 2004, 34.

[62] Zur Relevanz Berrys für die englische Popmusik der 1960er Jahre siehe unten.

[63] Eckhart Höfig: *Heimat in der Popmusik. Identität oder Kulisse in der deutschsprachigen Popmusikszene vor der Jahrtausendwende*. Gelnhausen 2000, 295.

sein Stück *Maybellene* (1955),[64] das stilistisch zwischen Country und Rhythm and Blues angesiedelt ist, das erste Lied eines afroamerikanischen Künstlers, das in den Billboard Pop Charts erfolgreich war (Platz 5). So repräsentiert Berry (im Vergleich zu Elvis in entgegengesetzter Richtung) eine Diversifizierung und stärkere Durchlässigkeit des popmusikalischen Feldes, das nun, auch wenn der strukturelle Rassismus noch lange Zeit Teil der Musikindustrie bleiben wird, vermehrt Positionierungen jenseits der Zweiteilung des Marktes in ein ‚Schwarzes' und ein ‚weißes' Segment zuließ. Der immense Einfluss von Chuck Berry auf den Fortgang der Musikgeschichte manifestiert sich z.B. in seiner Würdigung durch Bob Dylan, der die lyrische Qualität seines Vorbildes anlässlich der Verleihung des Pen Award for Song Lyrics in einem Grußwort pries: „To Chuck, the Shakespeare of rock and roll."[65] Nicht nur seine Texte, sondern auch sein auf Gitarrenriffs und -licks basierender Rock sollten zudem stilprägend für die Entwicklung der populären Musik der 1960er Jahre werden. So haben sich nicht nur zahlreiche britische Bands (The Beatles oder The Rolling Stones) auf ihn berufen, sondern er beeinflusste (hörbar) z.B. auch den Sound der frühen Beach Boys. So weist der Song *Surfin' U.S.A.* (1963)[66] sehr starke Ähnlichkeiten zu Berrys *Sweet Little Sixteen* (1962)[67] auf, weshalb die Beach Boys von Berrys Anwälten verklagt wurden. Als Folge der Klage wurden Berry teilweise die Rechte des Songs zugesprochen, weshalb das Lied heute die Autoren Wilson/ Berry als Urheber nennt. Dieser Vorgang verdeutlicht, wie Anfang der 1960er kaschiert wurde, dass Schwarze Musik eine wichtige Inspirationsquelle für scheinbar weiße Musik darstellte.

Nashville/Memphis: „Hello, I'm Johnny Cash"

> Well Nashville had country music but Memphis had the soul
> Lord, the white boy had the rhythm and that started rock and roll
> [...] I watched Memphis give birth to rock and roll, Lord, lord yeah
> (Carl & Greg Perkins)[68]

Für die Country-Musik,[69] die nach 1945 ein „goldenes Zeitalter" erlebt hatte,[70] und als deren (sowohl kreatives wie geschäftliches) Zentrum sich Nash-

---

[64] Chuck Berry and His Combo: *Maybellene*. Chess 1955. Das Stück basiert auf dem Song *Ida Red*.

[65] Heinrich Detering: *Die Stimmen aus der Unterwelt. Bob Dylans Mysterienspiele*. München 2016, 89.

[66] The Beach Boys: *Surfin' U.S.A.* Capitol 1963.

[67] Chuck Berry: *Sweet Little Sixteen*. Chess 1958.

[68] Carl Perkins: *Birth of Rock and Roll*. Smash/America 1986.

[69] Freilich ist die Rede von ‚der' traditionellen Country-Musik problematisch, da sie keinen homogenen Stil bildet, sondern sich regional ganz unterschiedlich ausgeprägt hat und schon in den 1940er Jahren deutliche Einflüsse von Blues, Boogie, Bluegrass hörbar waren.

[70] Walter Fuchs: *Die Geschichte der Country-Music. Zentren, Stile, Lebensläufe*. Bergisch-Gladbach 1980, 63.

ville (das Grand Ole Opry House) etablierte, stellte die neue Jugendkultur der 1950er Jahre freilich eine Bedrohung dar. Die Szene reagierte zunächst mit einer Abkehr vom klassischen Country-Line-Up (mit Instrumenten wie Fiddle, Banjo, Steel-Guitar) und einer Hinwendung zur (industriellen) Unterhaltungsmusik mit Streicher-Arrangements und Chören:[71] Der Country-Pop (Nashville Sound) war geboren und damit die Grenze zwischen der klassischen Hillbilly-Musik und dem Mainstream-Pop durchlässig geworden. Ein Indikator solcher Auflösungserscheinungen sind die Chartplatzierungen in den verschiedenen Segmenten. Seit 1956 schafften es immer mehr Titel sowohl in den Country Charts als auch den Pop-Charts zu reüssieren, Marty Robbins *A White Sport Coat* (Columbia 1957) etwa erreichte Platz 1 der Country-Charts und Platz 2 der Pop-Charts; der Nashville-Sound als Ausdruck einer konservativen Unterhaltungsmusik – Repräsentanten waren z. B. Porter Wagoner, Hank Snow, Webb Pierce, Jim Reeves oder Patsy Cline – sollte einen erwachsenen Gegenentwurf zum rebellischen Rock-'n'-Roll-Sound der Jugend bilden. Das technisch saubere Sounddesign vermarktete die Country-Musik nun als ‚leichte' Unterhaltung (in der Tradition) der Tin Pan Alley. Teil dieser ‚Modernisierung' war überdies, dass nun vermehrt auch Sängerinnen ins Rampenlicht traten, die zwar grundsätzlich „als Gegenpol zum Nachkriegsmachismo in der Country Music fungierten",[72] jedoch in ihren textuellen Aussagen weitgehend konservativen Rollenbildern verhaftet blieben. So entwirft z. B. Patsy Clines Country-Hit *I Fall to Pieces* (1961)[73] das Bild einer Frau, deren Identität ohne den Geliebten regelrecht zerfällt: „You walk by and I fall to pieces."

Zeitgleich zur Kommerzialisierung der Country-Kultur[74] Nashvilles entwickelten Johnny Cash und sein ‚Erfinder' Sam Phillips in Memphis ein alternatives Klangbild mit ‚schwereren' Texten, das auf vielfältige Weise den Dialog mit diversen Volksliedtraditionen suchte. Cash hatte den kreativen Anspruch, die Natürlichkeit des ländlichen Amerikas musikalisch zu simulieren, sie gleichsam auf eine Art neu zu erschaffen, die sich aus den prägenden Musiktraditionen seiner Jugend (Folk, Country, Gospel, Blues) speist. Kreisen die Geschichten des Erzählers Cash immer wieder um mythische Themen wie Liebe, Tod, Schuld, Vergebung, Erlösung oder Verdammnis,

---

[71] Ebd., 66.

[72] Katrin Horn: It Wasn't God Who Made Konkey Tonk Angles. Geschlechterrollen und Klassenzugehörigkeit in Country Music, 1927–1963. In: Martin Pfleiderer u. a. (Hg.): *Stimme, Kultur, Identität. Vokaler Ausdruck in der populären Musik der USA, 1900–1960*, 303–332, hier 303.

[73] Patsy Cline: *I Fall To Pieces*. Decca 1961.

[74] Im Jahre 1960 „flossen allein [...] mit Hilfe der Verleger und Schallplattenfirmen ca. 35 Millionen Dollar nach Nashville, wenn auch nicht allein durch die Country Music." (Fuchs: *Geschichte der Country-Music*, 69) Daneben formierte sich 1958 die CMA (Country Music Association), eine Interessensvertretung, deren Gründung zeigt, wie stark sich die weiße Country Musik (in ökonomisch/marktstrategischer sowie ideologischer) Hinsicht in ihrer Existenz bedroht sah. Als Reflex wurden die finanziellen Ressourcen gebündelt. Die finanzielle Stärke sicherte den Akteuren der Countryszene wiederum ihre kulturelle Dominanz.

so kreiert er musikalisch (gemeinsam mit den *Tennessee Two*) einen ganz eigenen Stil ‚zwischen den Linien‘. „Es war ein steter, rhythmischer Sound mit sparsamer Instrumentierung, der wegen seiner schlichten Akkordfolgen und des abgedämpften Anschlags häufig als Boom-chicka-boom-Sound bezeichnet“ wird.[75] Ähnlich wie bei Elvis tritt durch die reduzierte musikalische Form die ‚erdige‘ Stimme Cashs in den Vordergrund: Durch die Art und Weise, *wie* er singt, rückt dasjenige, *was* er singt, unverkennbar ins Zentrum der musikalischen Ästhetik. Das im Vergleich zum glatten Nashville-Sound raue, minimalistische Klangbild ging mit der Stilisierung der Künstler-Persona ‚Johnny Cash‘ einher, der sich zwar in der Tradition einer (anonym gedachten) Volksliedkultur versteht, diese aber musikalisch, textlich und vor allem habituell in Richtung Rock transformiert: So eignete sich Cash den Song *I Got Stripes* (1959)[76] – Charlie Williams und Johnny Cash werden offiziell als Autoren genannt, obwohl das Lied eigentlich von Lead Belly (1939) stammt und ursprünglich *On A Monday (I'm almost Done)* hieß – im wahrsten Sinne des Wortes an: Das autobiografisch inspirierte, die Erfahrung von Bellys Gefängnisaufenthalt reflektierende Lied nutzt Johnny Cash, um seinem Künstler-Ich die Aura des ‚Prisoners‘ zu verleihen:

> I got stripes, stripes around my shoulders
> I got chains, chains around my feet
> I got stripes, stripes around my shoulders
> And them chains, them chains
> They‘re ’bout to drag me down

Der Text entwirft das Sänger-Ich als Außenseiter, „them chains“ symbolisieren Gefangenschaft und die Erkenntnis, dass ‚sie‘ ihn schließlich in die Knie zwingen werden. Die Inbesitznahme des Textes durch Cash verschiebt die biografisch verbürgte Konstellation ins Existentielle. Von Cash gesungen, lässt sich das Lied auf ganz verschiedene soziale Konstellationen übertragen. Durch die robuste, rockaffine Performance wird das (freie) Künstler-Ich zum trotzigen Sprecher der sozial Deklassierten – eine Position, die Cash, auch wenn er in den 1960er und 1970er Jahre im Zentrum der Unterhaltungsindustrie agierte, bis zu seinem Tod immer wieder für sich reklamierte. So wird er Ende der 1960er Jahre seine berühmten Live-Platten *At Folsom Prisom* (1968) und *At San Quentin* (1969) in Gefängnissen aufnehmen.[77]

Eine Transformation in Richtung kerniger Rockgesten lässt sich beim jungen Cash auch in der Neuformierung von Genres wie z.B. des Liebesliedes erkennen, was ein Abgleich der frühen Cash-Songs mit traditionellen Songs

---

[75] Rolling Stone (Hg.): *Cash*. München 2005, 32.
[76] Johnny Cash: *I Got Stripes*. Columbia 1959.
[77] Johnny Cash: *At Folsom Prison*. Columbia 1968; *At San Quentin*. Columbia 1969.

der Country-Kultur wie *Wildwood Flower*[78] zeigt: Im Carter-Family-Klassiker, der vom Verlust der Liebe handelt, bezeichnet sich die Sprecherin selbst als eine Wildblume, assoziiert sich demnach mit der ursprünglichen Schönheit des Landes. Nachdem der im Lied besungene Mann ihr beigebracht hat, ihn zu lieben, verlässt er sie plötzlich.

> Oh, he taught me to love him and called me his flower
> That was blooming to cheer him through life's dreary hour
> Oh, I long to see him and regret the dark hour
> He's gone and neglected this pale wildwood flower.

Markiert der Anfang des Liedes noch den Traum, aus dem die Liebende herausgerissen wird („When I woke from my dreaming, my idol was clay / All portion of love had all flown away"), erweist sich der vergötterte, traumhaft belebte Liebhaber in der Realität des Erwachens schließlich nur noch als bloße Illusion.

Auf ganz andere Art vom Ende einer Liebe erzählt *Wide Open Road*,[79] der erste Song, den Cash bei Phillips aufnimmt: „You said that you were leavin? / I said, ‚Shove off honey, baby, I ain't grievin' / Pack your bags and pull out this evenin' / There's a wide open road'." Auch wenn der männliche Sprecher es bereut und die weite Straße im Folgenden Schauplatz seiner Suche nach der Liebenden wird, beharrt er trotzig auf seiner dominanten Rolle. Dieses Rollenmodell prägt auch den Text des (larmoyanten) Liebesliedes *Big River*[80]: Im Unterschied zur Sprecherinstanz in *Wildwood Flower*, die sich, wie der Titel aussagt, mit der Natur identifiziert, inszeniert sich der Sprecher in *Big River* als eine Instanz, die die Natur zu ‚unterrichten' versteht und sich ihr also überlegen fühlt: „Now I taught the weeping willow how to cry, / And I showed the clouds how to cover up a clear blue sky." Die Tränen, die das Ich vergießt, werden den ‚Big River' fluten und ihn noch mächtiger machen. Zwar ist der Kampf vergebens - die Geliebte liebt den Fluss, auf dem das Ich ihr hinterherreist, mehr als ihn –, sodass er schließlich nur noch seinen (freiwilligen) Tod erwartet, jedoch artikuliert sich im Sprechakt eine trotzig-autonome, tendenziell narzisstische Männlichkeit, die die Country-Musik von Cash mit der Inszenierungspraxis des Rock 'n' Rolls jener Jahre verbindet. Auch musikalisch ist eine Verbindung zum Rock 'n' Roll hörbar: Zeigt die frühe Musik Elvis' Country-Elemente, die in Richtung Rock 'n' Roll transformiert werden (vgl. die Rock-Adaption

---

[78] Die erste Aufnahme des Songs durch die Carter Family stammt aus dem Jahre 1928, im Folgenden zit. nach The Carter Family: *Wildwood Flower*. Victor 1928.

[79] Johnny Cash: *Wide Open Road*. Sun 1964.

[80] Johnny Cash & The Tennessee Two: *Big River*. Sun 1957.

von Bill Monroes Bluegrass-Klassiker *Blue Moon of Kentucky*[81]), so orientiert sich Cashs zweite Single, sein *signature song Folsom Prison Blues*,[82] an den musikalischen Traditionen der Blues-Musik, die für den Rockabilly-Stil prägend waren. Bemerkenswert ist der Dialog des Liedes mit seiner Inspirationsquelle: Es handelt sich um eine Adaption des Liedes *Crescent City Blues* (1953 von Gordon Jenkins geschrieben),[83] das dem traditionellen 12-Bar-Blues folgt, in der Instrumentierung ursprünglich allerdings eher ein eingängiges, reich orchestriertes Jazzblues-Stück darstellt. Cash beschleunigt das Original um ein Vielfaches, reduziert die Instrumentierung auf das Wesentliche (E-Gitarre, Bass und die abgedämpfte Rhythmusgitarre) und erfindet seinen rhythmischen ‚Boom-Chicka-Boom-Sound‘, der entgegen der aufwendigen Produktionen des Nashville-Sounds schlicht und ‚authentisch‘ klingt. Ähnlich wie Songs späterer Re-Naivisierungstendenzen (z. B. im Folk und Country-Revival Ende der 1960er Jahre oder im Punk Mitte der 1970er Jahre) wird der *Folsom Prison Blues* hier gleichsam zum ursprünglichen Naturprodukt zurückgebaut und damit zur Essenz der amerikanischen Kultur stilisiert. Dieser musikalische Repräsentationsanspruch eines ursprünglichen Amerikas findet sich auch im Text wieder, in dem die Motive ‚Gefangenschaft‘, ‚Freiheitsdrang‘ sowie die Reise als Überschreitung gängiger Grenzen, die sich im klassischen, episch-mythischen Motiv des Zuges artikuliert, intoniert werden. Provokant erscheint das Lamento des Ich-Erzählers freilich vor dem Hintergrund seiner Schuld („I shot a man in Reno, just to watch him die“): Die abgründige Textpassage bricht mit jeglichen moralischen Standards, was wiederum einen Kontrapunkt zur ‚naiven‘ Country-Musik der Zeit setzt. Die Geschichte des vagabundierenden Außenseiters ist überdies über den Sprechakt mit dem Sänger/Künstler verknüpft, was dem Text eine den Musikmarkt reflektierende Dimension verleiht: Das Distinktionsmerkmal des ‚Außenseiters‘ wird nicht nur die Karriere Cashs, sondern auch die Geschichte der Country-Musik (und die Popmusikgeschichte insgesamt) begleiten:[84] Es wird sich als künstlerische Strategieoption behaupten, die immer wieder den Ausverkauf der Musik angesichts eines nach Gewinnmaximierung strebenden Musikmarktes beklagt und ein vermeintlich authentisches, die Essenz der Musik repräsentierendes Gegenangebot in Aussicht stellt.

---

[81] Elvis Presley: *Blue Moon of Kentucky*. Sun 1954; Bill Monroe & His Blue Grass Boys: *Blue Moon of Kentucky*. Columbia 1946.

[82] Johnny Cash: *Folsom Prison Blues*. Sun 1955.

[83] Gordon Jenkins feat. Beverly Mahr: Crescent City Blues. Auf: *Seven Dreams*. Decca 1953.

[84] Vgl. die Outlaw-Bewegung der 1970er Jahre, für die Künstler wie Johnny Cash oder Kris Kristofferson Wegbereiter waren, und in deren Zentrum Artisten wie Willie Nelson, Waylon Jennings oder Guy Clark standen. Insgesamt wird Cash als prägende Figur für die Entwicklung des sogenannten ‚Alternative Country‘ bezeichnet.

New York, New York: Brill Building Pop und New Folk

> Hey, hey Woody Guthrie, I wrote you a song
> 'Bout a funny ol' world that's a-comin' along
> Seems sick and it's hungry, it's tired and it's torn
> It looks like it's a-dyin' and it's hardly been born
> (Bob Dylan)

Im Rückspiegel betrachtet erscheint die Rock-Revolution der 1950er Jahre wie ein kurzes, energiegeladenes Aufbegehren gegen ein gesellschaftliches Zentrum, das auf wirtschaftlichen Aufschwung aus ist, ansonsten aber soziale Grenzen bewahren möchte. Der Aufstand wird demnach nur geprobt, allerdings noch nicht wirklich zur Aufführung gebracht.

An der Ostküste der USA formieren sich unterdessen zwei Musikkulturen, die parallel zum Abebben der Rock-'n'-Roll-Welle einen rasanten (kommerziellen und symbolischen) Aufschwung erleben: Zum einen entsteht im Brill Building in New York ein Kollektiv (junger) Komponist:innen und Produzent:innen (meist sind es Duos), die gemessen am Rock-'n'-Roll-Stil von Memphis einen melodiösen Pop-Sound entwickeln, der für die ästhetische Entwicklung der Popmusik sowie ihre konsequente kommerzielle Vermarktung in mindestens vierfacher Hinsicht stilbildend sein sollte.

Hörbar ist erstens eine neue Qualität der hybriden Verschmelzung unterschiedlicher populärer Musikstile, die das Melodiöse (vielfach einen mehrstimmigen Harmoniegesang) ins Zentrum stellt. Wie aus traditionellem Songwriting ein Popsong neuer Art entsteht, zeigt z. B. das von Carole King und Gerry Goffin komponierte *Will You Love Me Tomorrow* (1961).[85] Den vom Country-Stil beeinflussten Piano-Song – zu hören in den Versionen, die Carole King selbst zur Aufführung gebracht hat – verwandelt der Produzent Luther Dixon in eine reich orchestrierte, vom Harmoniegesang der Gesangsformation The Shirelles getragene Pop-Nummer.

Zweitens steht das Brill Building für den Aufstieg des Produzenten zum Künstler sowie für eine Professionalisierung des Produktionsprozesses. So begann im Brill Building etwa die Karriere von Phil Spector, dessen ‚Wall of Sound' zahlreiche Produzent:innen prägen und in den 1960er und 1970er Jahren zu Kollaborationen des exzentrischen Produzenten mit den Beatles (*Let It Be*), John Lennon (*Imagine, Some Time in New York City, Rock 'n' Roll*), George Harrison (*All Things Must Pass, The Concert of Bangladesh*) oder Leonard Cohen (*Death of a Ladies' Man*) führen wird.[86] Die Produktion seines

---

[85] The Shirelles: *Will You Love Me Tomorrow*. Scepter 1961.
[86] The Beatles: *Let It Be*. Apple 1970; John Lennon: *Imagine*. Apple 1971; John Lennon & Yoko/Plastic Ono Band: *Some Time in New York City*. Apple 1972; John Lennon: *Rock 'n' Roll*. Apple 1975; George Harrison: *All Things Must Pass*. Apple 1970; George Harrison & Friends: *The Concert for Bangladesh*. Apple 1971; Leonard Cohen: *Death of a Ladies' Man*. Warner Bros. 1977.

signature songs Be My Baby (The Ronettes, 1963)[87] war dermaßen elaboriert, dass Spector als Mitautor (neben den eigentlichen Songschreibern Jeff Barry and Ellie Greenwich) genannt wurde. Durch ‚Künstler‘ wie Spector wird den Musiker:innen zunehmend bewusst, welch großen Einfluss die Produktion auf den kreativen Gesamtprozess nimmt. Sie wird nicht mehr als bloße technische Aufnahme begriffen, sondern sie rückt als ästhetischer Prozess immer stärker in den Fokus. Damit wächst bei vielen Künstler:innen das Bedürfnis, die LPs selbst zu produzieren, um ihren eigenen Sound definieren zu können.

Im Brill Building vollzieht sich drittens insofern eine arbeitsteilige Professionalisierung des Songwritings, als eine Aufgabenverteilung zwischen Musik- und Textproduktion stattfindet. So arbeiteten dort in der Regel Autor:innen-Duos an Songs, so etwa Burt Bacharach/Hal David, Gerry Goffin/Carole King, Barry Mann/Cynthia Weil, Doc Pomus/Mort Shuman oder Neil Sedaka/Howard Greenfield, womit neben der Hybridität des Sounds (zumindest rückblickend) die Sichtbarkeit von Popmusik als kollaborative Kunstform in den Vordergrund rückt. Neben einem kreativen Austausch steht das Gebäude aber auch für den (künstlerischen und ökonomischen) Wettbewerb zwischen den Autor:innen-Teams. Beide Dimensionen der Musikproduktion (Kollaboration und Wettbewerb) werden für die Entwicklung der Popmusik treibende Kräfte bleiben

Schließlich entstehen viertens im Brill Building zahlreiche Boy- und Girl-Groups (z. B. The Shirelles oder The Drifters), die nicht nur musikalisch, sondern auch habituell medial anders vermarktet werden konnten als Solo-Acts: Die Bands verkörperten zum einen ein funktionales Kollektiv, repräsentierten gleichzeitig aber auch unterschiedliche Identitäten. Für die Zuhörer:innen waren auf diese Weise verschiedene Projektionsflächen verfügbar, wodurch (ökonomisch gedacht) eine breitere Käuferschicht angesprochen werden konnte.[88]

Geradezu als Gegenpol zum Brill-Building-Pop-Sound lässt sich jene Politisierung der Musikszene verstehen, die sich zeitgleich an der Ostküste der USA formierte und gemeinhin als ‚New Folk‘ bezeichnet wird. Im Gegensatz zu der emotiv gesteuerten und körperlichen Rebellion des Rock ’n’ Roll steht die „Renaissance des *American Folksong*“[89] für eine links-intellektuelle Ausdruckskunst, die sich selbst als puristisch, kritisch und glaubwürdig inszenierte. Sie verband den sozialen Protest der ‚Underdogs‘ mit traditionellem Folk und opponierte damit gegen jegliche Form der Ausbeutung. Zentrum

---

[87] The Ronettes: *Be My Baby*. Philles 1963.

[88] Dieses Prinzip werden die Beatles perfektionieren, die einerseits als verschworene Gemeinschaft präsentiert wurden; andererseits verkörperte jeder Beatle ein eigenes Image (z. B. galt George Harrison als der stille oder Paul McCartney als der schöne Beatle, während Ringo Starr für seinen Humor geliebt wurde).

[89] Winfried Ferchhoff: Musikalische Jugendkulturen in den letzten 65 Jahren. 1945–2010. In: Robert Heyer/Sebastian Wachs/Christian Palentien (Hg.): *Handbuch Jugend – Musik – Sozialisation*. Wiesbaden 2013, 19–123, hier 54.

dieser Bewegung war seit Ende der 1950er Jahre das New Yorker Greenwich Village, in dem eine Reihe junger Musiker:innen in Cafés und Bars traditionelle und neukomponierte Folkmusik darboten.

Um die New Folk-Bewegung der frühen 1960er Jahre gesellschaftspolitisch verorten zu können, lohnt ein Seitenblick auf die künstlerische Praxis ihrer Gallionsfigur Woody Guthrie, die die New Yorker Folkmusikszene der 1940er Jahre wie kein anderer geprägt hat.[90] Mit der Literatur dieser Jahre teilte Guthrie einen Hang zu sozial-dokumentarischen Erzählverfahren mit gesellschaftskritischem Impetus (vgl. etwa John Steinbecks Roman *The Grapes of Wrath*). Viele Texte Guthries beziehen sich auf historische Daten wie die Wirtschaftskrise, den Krieg oder den Nationalsozialismus sowie auf sozial-historische Strukturen des gegenwärtigen Amerikas, die in vielen Liedern von ihm als kapitalistisch bzw. faschistisch geprägt kritisiert werden. Als Gegenspieler des Faschismus erscheint in den Songs häufig das Kollektiv der ‚Unions' (Gewerkschaftsbewegung), als deren Sprecher z.B. der Sänger in *All You Fascists*[91] (der Text stammt aus dem Jahre 1942) in den Kampf zieht:

I'm going into this battle
And take my union gun
We'll end this world of slavery
Before this battle's won
You're bound to lose
You're fascists bound to lose.

Guthrie subsumiert unter dem Begriff des Faschismus jede Form der diskriminierenden Ausbeutung sozialer Gruppen. Faschistische Strukturen basieren für ihn auf dem Prinzip der Ungleichheit: Die ausbeutende Gruppe erkennt das Gleichheitsprinzip und damit die Würde des Menschen nicht an, stattdessen nutzt sie ihre machtpolitische und wirtschaftliche Stellung zur Unterdrückung der anderen. Ist dieses Denken bei Guthrie grundsätzlich von einer kommunistischen Ideologie geprägt, die sich im Laufe der 1950er Jahre bei seinen Nachfolgern mehr und mehr abschliff,[92] so zeigt das Lied *She Came Along to Me* (1942)[93] zwei Diskriminierungsaspekte, die auf das künstlerische Engagement von Musiker:innen in den Bürgerrechtsbewegungen der 1960er Jahre vorausdeuten: „But I'm sure the women are equal / and they may be ahead of the men" beschwört die Gleichheit der Geschlechter, für die sich die Frauenrechts-

---

[90]Vgl. Barbara Mürdter: *Woody Guthrie. Die Stimme des anderen Amerika.* Berlin 2012, 119–144.

[91]Zit. nach Billy Bragg & Wilco: All You Fascists. Auf: *Mermaid Avenue: The Complete Sessions.* Nonesuch 2012.

[92]Mürdter: *Woody Guthrie*, 225: „Für die nachwachsende Generation war Guthries Image wichtiger als seine Politik."

[93]Zit. nach Billy Bragg & Wilco: She Came Along to Me. Auf: *Mermaid Avenue: The Complete Sessions.* Nonesuch 2012.

bewegung einsetzen wird. In der letzten Strophe wird schließlich die Utopie einer Gemeinschaft beschworen, die frei von Rassendiskriminierung ist:

> And all creeds and kinds and colors
> Of us are blending
> Till I suppose ten million years from now
> We'll all be just alike
> Same color [...] working together
> And maybe we'll have all the fascists
> Out the way by then.

Auch in dieser Hinsicht treten die Söhne Guthries (befreit vom ideologischen Furor ihres Vorbilds) das Erbe des politischen Liedes an; sie werden Teil der „intellektuelle[n] Emanzipationsbewegung für mehr Demokratie bzw. Gleichberechtigung afroamerikanischer US-Bürger",[94] die generell unter dem Begriff des ‚Civil Rights Movement' rubriziert wird.

Von Anfang der 1960er Jahre an wird die Popmusik zunehmend den gesellschaftlichen Protest flankieren und sich auf diese Weise als politische Kraft der Gegenkultur etablieren. Zentralfigur des Widerstands ist dabei immer wieder das in der amerikanischen Kultur fest verankerte starke Individuum, das schon bei Guthrie in unterschiedlichen Outlaw-Erzählungen glorifiziert wird. Eine der populärsten Volksliederzählungen ist diejenige von Jesse James, dessen (fiktional gestaltetes) Schicksal in Bentley Balls Cowboy Song *Jesse James* (1919)[95] zum ersten Mal aufgenommen wird. Wie es in der Volksliedtradition üblich ist, folgen zahlreiche Adaptionen dieser stilbildenden Fassung, wobei sich die Darstellung von James in den meisten Varianten mit der wirkmächtigen Jesse-James-Verfilmung[96] aus dem Jahr 1939 decken. Lied und Film stilisieren James zum edlen Verbrecher, der wie Robin Hood eine soziale Umverteilung organisiert: „Jesse was a man, a friend of the poor, / He'd never rob a mother or a child."[97] Jesse James steht auf der Seite der ‚einfachen Menschen' („mother or a child"), die gegen jene opponieren, die das Recht auf ihrer Seite wähnen: „There was no man with the law in his hand, / Who could take Jesse-James when alive." Weil die vermeintlichen Rechtsvertreter aus Sicht der Sprecherinstanz Unrecht begehen, wird der Rechtsbruch romantisiert und zum legitimen Mittel des Widerstands erklärt: „It was on a Saturday night and the moon was shining bright, / They robbed the Glendale train."

---

[94] Thomas Mania: Das rock‘n‘popmuseum in Gronau – umweht vom Hauch der Zeit. In: Dietmar Schiller (Hg.): *A Change is gonna come: Popmusik und Politik. Empirische Beiträge zu einer politikwissenschaftlichen Popmusikforschung.* Berlin 2012, 303–320, hier 310.

[95] Bentley Ball: *Jesse James.* Columbia 1919.

[96] Henry King (Regie): JESSE JAMES. USA 1939.

[97] Das Volkslied liegt in unzähligen textuellen Varianten vor. Die Zitate hier stammen aus der Version, die u. a. Pete Seeger populär gemacht hat.

Im Jahre 1940 schreibt Guthrie das Lied *Jesus Christ*[98] zur Melodie des Jesse-James-Liedes, womit er den Outlaw James gleichsam in eine Reihe mit der biblischen Erlöserfigur stellt. Jesus wird darin der Arbeiterschicht zugeordnet („a hard working man"), und er habe den Mut, es mit den Reichen aufzunehmen: „He said to the rich, 'Give your goods to the poor,' / But they laid Jesus Christ in His grave." Und wie im Jesse-James-Lied ist es ein „coward", der den Helden schließlich zur Strecke bringt: „But that dirty little coward / That shot Mr. Howard / Has laid poor Jesse in his grave." In *Jesus Christ* heißt es: „One dirty little coward called Judas [...] laid Jesus Christ in His grave."[99] Damit aber noch nicht genug: Das selbstreferentielle Ende des Songs thematisiert die Jetzt-Zeit und bezieht schließlich den Sprecher (also den Folk-Sänger ‚Guthrie') mit ein: „This song was written in New York City, / Of rich man, preacher and slave, / But if Jesus was to preach like he preached in Galilee, / They would lay Jesus Christ in his Grave."[100] Der Sänger wird zu einer modernen Variante von Jesus bzw. Jesse, er stilisiert sich selbst, so lassen sich diese Verse deuten, zum Widergänger des ‚Outlaws', der die Wahrheit ausspricht und dem dafür wie Jesse James oder Jesus Christus gesellschaftliche Sanktionen drohen.

Von Guthrie aus lassen sich mindestens zwei Entwicklungen beobachten, die für das New Yorker Folk-Revival der frühen 1960er Jahre sowie die Inkorporation des Folks in die Popmusik prägend sind: erstens eine zunehmende Entideologisierung in der politisch geprägten Folkszene. Zwar ist diese Musik gesellschaftspolitisch engagiert, allerdings entfernen sich die textuellen Formen des Protests vom Konkreten immer weiter ins Universelle; gleichzeitig bezieht sich der Nonkonformismus immer stärker auf das Selbstbild des Künstlers: Die Outlaw-Erzählung reflektiert seit den 1960er Jahren nun auch verstärkt seinen Status in einem vermeintlich vom Kommerz bedrohten popmusikalischen Betrieb.

Universalität und *Selbstbezüglichkeit* finden sich beispielsweise in Bob Dylans *Maggies Farm* (1965),[101] das sich als Ausdruck der Gegenkultur schlechthin verstehen lässt. Ganz im Sinne Guthries lässt sich das Lied als sozialkritisches Statement lesen, das sich gegen die Ausbeutung des Landarbeiters richtet: „I ain't gonna work on Maggie's farm no more." Gleichzeitig könnte es aber auch als Ausruf des Künstlers gegenüber einer ausbeuterisch-kapitalistischen Musikindustrie gedeutet werden. Wie sehr die Interpretation des Liedes an den performativen Rahmen seiner Inszenierung gekoppelt ist, zeigt seine Aufführung beim Newport Folk Festival im Jahre 1965: Dylan signalisiert mit

---

[98] Woody Guthrie: Jesus Christ. Auf: *The Asch Recordings, Vol. 4: Buffalo Skinners.* Smithsonian Folkways 1999, im Folgenden zit. nach Michael Kleff (Hg.): *Hard Travelin'. Das Woody Guthrie Buch. Songtexte und Essays.* Aus dem Amerikanischen von Harry Rowohlt. Heidelberg 2002.

[99] Ebd., 28.

[100] Ebd., 30.

[101] Bob Dylan: Maggie's Farm. Auf: *Bringing It All Back Home.* Columbia 1965.

der umstrittenen Performance seiner elektrifizierten Blues-Nummer, dass er von nun an auf eigene Rechnung arbeitet, sich also nicht von der Folk-Bewegung instrumentalisieren lässt, die bekanntermaßen wenig begeistert von der künstlerischen Emanzipation ihrer Galionsfigur war: „They sing while you slave and I just get bored / I ain't gonna work on Maggie's farm no more."

Damit angesprochen ist zweitens eine Entwicklung von einer *heteronomen* Folk-Song-Kultur zum *autonomen* Kunstlied, wie sie sich am Werdegang Bob Dylans exemplarisch nachzeichnen lässt. Dylan, von der Sängerin Joan Baez in die Folk-Szene New Yorks eingeführt, zählte zunächst zu den Aushängeschildern der Bewegung, deren politische Protestkultur Anfang der 1960er Jahre einen Boom erlebte:

> Zum dritten Newport Folk Festival [...] kamen 1963 über 37000 Menschen. Im Mittelpunkt stand die neue Generation junger Protestsänger – im Programmheft wurden sie ‚Woody's Children' genannt. Joan Baez, Bob Dylan, Odetta und andere waren einen Monat später beim March on Washington dabei, bei dem Martin Luther King Jr. seine berühmte ‚I Have a Dream-Rede' vor dem Lincoln Memorial hielt. Dylans *Blowing in the Wind* wurde zur Hymne der Bürgerrechtsbewegung.[102]

Von heute aus betrachtet, erweist sich die Wahrnehmung Dylans als politischer Protestsänger als bloßes Wunschdenken der New Yorker Folkbewegung. Ein Blick auf seine ersten Platten lässt zwar durchaus Anklänge an die auf Woody Guthrie oder Pete Seeger basierende Protestkultur erkennen, allerdings zeigt sich bereits sehr früh, dass die Frontlinie in Dylans Musik weniger zwischen sozialen Schichten oder politischen Ideologien verläuft; vielmehr knüpft Dylan (wie auch andere Künstler und Bands seiner Generation) zum einen an den Generationenkonflikt an, der sich in der Rock-'n'-Roll-Kultur der 1950er Jahre angekündigt hatte. In kaum zu überbietender Klarheit zieht er im Opener *The Times They Are A-Changin'* des gleichnamigen Albums (1964)[103] einen Strich („the line it is drawn") zwischen den Generationen:

> Come mothers and fathers throughout the land
> And don't criticize what you can't understand
> Your sons and your daughters are beyond your command
> Your old road is rapidly agin'
> Please get out of the new one if you can't lend your hand
> For the times, they are a-changin'

Zum anderen dreht Dylan auch dort, wo er vermeintlich die Bedürfnisse der Protestbewegung befriedigt, die Schraube vom Politischen ins Literarisch-

---

[102] Mürdter: *Woody Guthrie*, 226–227.
[103] Bob Dylan: The Times They Are A-Changin'. Auf: *The Times They Are A-Changin'*. Columbia 1964.

Ästhetische. So weist etwa das in musikalischer Hinsicht schlichte Folk-Lied *The Lonesome Death of Hattie Caroll*[104] ästhetische Parallelen zu gesellschaftskritischen Gedichten von Bertolt Brecht auf, wie sie beispielsweise in der *Hauspostille* (1927) vorkommen.[105] Gerade den gesellschaftskritischen Texten dieser Sammlung ist ein moralisch-didaktischer Gestus eigen, wie z. B. der Ballade *Von der Kindermörderin Marie Farrar*. Die Kindsmordballade und Dylans *Hattie Caroll* weisen (bei allen Unterschieden der dort abgebildeten Fallgeschichten) gattungsstrukturell frappierende Ähnlichkeiten auf: Beide ‚Texte' sind durch einen Rechtsfall (bzw. der Berichterstattung über den Fall) inspiriert und beklagen den Umgang der Justiz bzw. der Gesellschaft mit den jeweils geschilderten Opfern bzw. Tätern. Die Texte erzählen die jeweiligen Geschichten dabei in einer radikalen Brutalität, wobei sich der Erzähler in beiden Fällen in einer Art Refrain direkt an seine Zuhörerschaft wendet: Im Falle von Dylans Song, der den brutalen Mord des Tabakplantagenbesitzers William Zanzingers an ‚poor Hattie Carroll' schildert und in einer skandalösen Pseudo-Verurteilung des Verbrechers („six-month sentence") endet, schließt jede Strophe mit der Aussage: „But you who philosophize disgrace and criticize all fears / Take the rag away from your face / Now ain't the time for your fears". Muss Bertolt Brechts Sprecher noch um die Empathie des Publikums für die Tat des Kindsmordes werben – „Doch ihr, ich bitte euch, wollt nicht in Zorn verfallen, / Denn alle Kreatur braucht Hilf von allen –",[106] so setzt Dylans Sprecher die Empathie der Zuhörer mit Hattie Caroll voraus und fordert auf dieser Grundlage die Wehrhaftigkeit der Gesellschaft gegenüber einem korrupten Rechtssystem ein.

Insgesamt zeigt sich bereits im Frühwerk Dylans ein Hang zu literarischen Referenzsystemen, die er zunehmend in virtuoser Weise miteinander kombinieren wird. Die klare sozial-politische Aussage, bei Dylan ohnehin nur selten in Songs zu finden, wich insofern schnell einer Form der Selbstbezüglichkeit, als die Referenzsysteme Literatur sowie Pop/Rock selbst zum Maßstab und Motor der künstlerischen Innovation wurden. Die Folkbewegung aber war Mitte der 1960er Jahre keinesfalls am Ende, sie hatte sich nur entscheidend verändert: Durch die Kombination mit den Rock-Einflüssen aus Europa formierte sich der sogenannte Folk-Rock (der Byrds), der gleichsam die Folkmusik Dylans mit der britischen Beatmusik kombinierte und damit auch topografisch Europa mit den USA, die Ostküste mit der Westküste verband.

---

[104]Bob Dylan: The Lonesome Death of Hattie Caroll. Auf: Ders.: *The Times They are A-changin'*. Columbia 1964.

[105]Bertolt Brecht: *Bertolt Brechts Hauspostille*. Frankfurt/M. 1999. Die Hauspostille enthält bekanntermaßen eine „Anleitung", die die Gedichtsammlung als Gebrauchsliteratur deklariert.

[106]Bertolt Brecht: *Von der Kindsmörderin Marie Farrar*. In: Ders.: *Gesammelte Werke 8. Gedichte I.* Frankfurt/M. 1967, 176–179.

Liverpool/London: Der Beat und die ‚britische Invasion'

„Buddy Holly was the first one that we were really aware of in England who could play and sing at the same time – not just strum, but actually play the licks."[107]
(John Lennon)

Am 13. September 1969 fand das legendäre Toronto Rock and Roll Revival statt, ein zwölf-Stunden-Konzert, das nicht wegen des damaligen Hauptacts The Doors in die Geschichtsbücher einging, sondern wegen des Last-Minute-Auftritts von John Lennon, der buchstäblich in einer Nacht-und-Nebel-Aktion die Plastic Ono Band formierte (Yoko Ono, Eric Clapton, Klaus Voormann und Alan White) und nach Kanada reiste. Dass The Doors heute nicht mehr mit diesem Konzert in Verbindung gebracht werden, liegt hauptsächlich an dem Filmregisseur D. A. Pennebaker, der in seiner Dokumentation SWEET TORONTO (PEACE FESTIVAL) kurzerhand (und musikgeschichtlich durchaus plausibel) John Lennon zum Protagonisten der Veranstaltung machte.[108] Ein Abgleich zwischen den tatsächlich am Konzert beteiligten Bands bzw. Künstlern (u. a. trat eine damals noch weitegehend unbekannte Band namens Alice Cooper auf)[109] und der von Pennebaker im Film verwendeten Tracklist zeigt den Megastar Lennon gerahmt von den Vorbildern der klassischen Rock-'n'-Roll-Ära: Jerry Lee Lewis, Chuck Berry, Little Richard. Dass Lennon neben den erdigen Bluesnummern *Yer Blues* und *Cold Turkey*[110] die Standards *Blue Suede Shoes* (Carl Perkins), *Money (That's What I Want)* (Janie Bradford/Berry Gordy) und *Dizzy, Miss Lizzy* (Larry Williams) spielte, passt ins Bild.[111] Lennon wurde in diesem Line Up als friedensbewegter, durch die Performanceeinlagen seiner Frau Yoko Ono avantgardistisch aufgehübschter Rockstar präsentiert, der, nostalgisch und befreit vom Ballast ein Beatle zu sein, zu seinen Wurzeln zurückkehrt; die ‚alten' Musiker stellten dabei keine Konkurrenz dar, waren sie doch zu dieser Zeit schon kanonisierte Klassiker des Rock-'n'-Roll-Zeitalters geworden.

Bereits zehn Jahre vor dem legendären Revival in Toronto war diese Ära (vorläufig) an ihr Ende gekommen, allerdings war ihr Nachhall in England An-

---

[107] The Beatles: *Anthology*. San Francisco, CA 2000, 11.

[108] Donn Alan Pennebaker: SWEET TORONTO. (PEACE FESTIVAL). Kanada 1971.

[109] Der Auftritt wurde zur Legende, da Cooper ein lebendes Huhn ins Publikum warf. Später wurde in der Presse kolportiert, Cooper habe dem Tier den Kopf abgebissen.

[110] *Cold Turkey* beginnt mit einer Reminiszenz an Chuck Berrys *Roll Over Beethoven*: „Temperature's rising".

[111] The Beatles: Yer Blues. Auf: *The Beatles*. Apple 1968; Plastic Ono Band: *Cold Turkey*. Apple 1969; Carl Perkins: *Blue Suede Shoes*. Sun 1956; Barrett Strong: *Money (That's What I Want)*. Tamla 1959; Larry Williams: *Dizzy, Miss Lizzy*. Specialty 1958.

fang der 1960er Jahre deutlich zu vernehmen. Am Hafen von Liverpool trafen nicht nur materielle Güter aus Übersee ein: „Die Musik aus den USA schwappt in die Hafenstadt: Country & Western, Rock 'n' Roll, Eddie Cochran, Little Richard, Elvis Presley, Buddy Holly"[112] und sie mischte sich mit dem Skiffle (einer Mischung aus Blues, Jazz, Country und Folk) sowie dem Jazz, der in den kleinen Clubs der Stadt gespielt wurde, wodurch schließlich jener (glattere) Liverpooler Beat-Sound entstanden ist, den Bands wie Rory Storm and The Hurricanes, Gerry and The Pacemakers, The 4 Jays, The Searchers, The Mersey Beats oder The Beatles erschufen.[113] Anders als der vom Rhythm and Blues beeinflusste Rock 'n' Roll, der mit hohem Tempo und einer Offbeat-Betonung daherkam, war die Beatmusik durch die regelmäßige Betonung der Eins im 4/4-Takt gleichförmiger, was die Charakteristik des mehrstimmigen Harmoniegesangs noch zusätzlich unterstrich. Der neue Sound aus England war dadurch gefälliger als der für ihn stilprägende ungeschliffene Sound eines Chuck Berry – und ähnliches galt für die Texte: Chuck Berrys im Jahre 1956 aufgenommener und veröffentlichter Song *Roll Over Beethoven*[114] verwendet den vermeintlichen Gegensatz zwischen E- und U-Musik als textuelles Strukturprinzip und stellt darin die populäre Kultur des Rock 'n' Rolls auf eine Stufe mit der Hochkultur, und: Er hebt die sinnliche, körperliche Kraft der Rockmusik hervor („temperature's rising", „heart's beating rhythm"; „soul keep a-singing the blues") und behauptet sie als eine der ‚kalten' Klassik überlegene fiebrige Kunstform. Diese Kunst ist, wie sich an vielen Berry-Songs zeigen ließe, von einem selbstreferentiellen Verfahren bestimmt, das die massenmediale Distribution populärer Musik strategisch geschickt mitreflektiert: „Well, I'm write a little letter / I'm gonna mail it to my local DJ / Yeah, it's a jumping little record / I want my jockey to play." Entspricht die provokante Geste des Songs (sich auf eine Stufe mit Beethoven oder Tschaikowski zu stellen) dem häretischen Ansatz der US-amerikanischen Jugendkultur Mitte der 1950er Jahre, so lassen sich solch drastische Inszenierungsformen in der Beatszene Englands um 1960 kaum ausmachen. Ganz im Gegenteil sind die Lyrics, die in jenen Jahren zu Hits wurden, von einer in Teilen geradezu kindlich-unschuldigen Naivität geprägt. Mit Blick auf das Thema Körperlichkeit und Sexualität fehlt z. B. jene doppelte Ebene des amerikanischen Rhythm and Blues, die in den Rock 'n' Roll der 1950er Jahre diffundierte. Der erste Hit der Liverpooler Mersey-Beat-Band The Searchers war z. B. eine Beatversion des Songs *Sweets for My Sweet*,[115] einem Pomus/Shuman-Song aus dem Brill-Building-Kontext, mit dem bereits The Drifters einen veritablen Hit landeten:

---

[112] Krohn/Löding: *Sound of the Cities*, 139.

[113] Vgl. ebd.

[114] Chuck Berry and His Combo: *Roll Over Beethoven*. Chess 1956.

[115] The Searchers: *Sweets for My Sweet*. Atlantic 1961.

> Sweets for my sweet, sugar for my honey
> Your first sweet kiss thrilled me so
> Sweets for my sweet, sugar for my honey
> I'll never ever let you go
>
> If you wanted that star that shines so brightly
> To match the stardust in your eye
> Darling, I would chase that bright star nightly
> And try to steal it from the sky
> And I would bring ...

Später ist noch vom ‚Sandmann‘ und von Träumen die Rede, die in Erfüllung gehen sollen, womit der Song eine jugendliche Unschuld zur Schau stellt, die (regressiv) den Status des Kindlichen zu reaktivieren versucht.

Offensichtlich galt die Faszination für die ‚Gründerväter‘ aus den USA weniger deren rebellischem Gestus: dem Streben nach Abgrenzung sowie der Neigung zu körperlich-sinnlicher Expressivität, wie sie die Bühnenshows von Elvis, Little Richard oder Jerry Lee Lewis verkörperten. Das Interesse an den Vorbildern galt vielmehr einerseits ihrer Musik (im engeren Sinne), andererseits ist es aber auch der Tatsache geschuldet, dass Chuck Berry, Elvis Presley oder Carl Perkins die ersten *role models* der noch jungen Popmusikgeschichte waren, an denen sich das attraktive Berufsbild des ‚Popstars‘ studieren ließ. Jedenfalls weist die Liste der Beatles-Coverversionen zu Beginn ihrer Karriere nicht nur Rock-’n’-Roll-Klassiker, sondern eine größere musikalische Bandbreite auf, die auch den Hang der Band zur Mainstream-Unterhaltung erkennen lässt. Zum Standardrepertoire der Shows gehörten z. B. die Jazznummer *A Taste of Honey* (Bobby Scott, Ric Marlow, 1960), der Schlagerklassiker *Bésame Mucho* (Consuelo Velázquez, 1941) oder das orchestral-theatralische *Till There Was You* (Meredith Wilson, erstmals veröffentlicht 1950 unter dem Titel *Till I Met You*), das einige Jahre später von Peggy Lee in eine Latin-Music-Nummer transformiert wurde. Die Bezugnahme auf unterschiedliche Stiltraditionen werden die Beatles zum ästhetischen Markenkern entwickeln. Sie wird sich in hybriden Texturen artikulieren, in Formen des Pastiche oder der Parodie, wie z. B. in den vom Rock ’n’ Roll inspirierten Stücken *Back in the USSR* oder *Birthday* (1968):[116] Während der erstgenannte Song gleichsam das Gegenstück zu Chuck Berrys *Back in the U.S.A.* (1959)[117] bildet, enthält *Birthday*, „a conceptional joke about arbitrariness“,[118] ein Standardriff des Rock ’n’ Rolls, das von Little Richards *Lucille* (1957)[119] abstammt, in leicht

---

[116] The Beatles: Back in the U.S.S.R. Auf: *The Beatles*; Birthday. Auf: *The Beatles*. Apple 1968.

[117] Chuck Berry: *Back in the U.S.A.* Chess 1959.

[118] Vgl. MacDonald: *Revolution*, 317.

[119] Little Richard: *Lucille*. Specialty 1957.

variierter Form aber auch schon in Roy Orbisons *Oh, Pretty Woman* (1964) zu hören war.[120]

Alles in allem unterschied sich die habituelle Praxis der englischen Beatszene in mehrfacher Hinsicht vom provozierenden US-Rock-Lifestyle der 1950er Jahre. „Nach dem ‚aggressiv-männlichen' Rock 'n' Roll stehen die Beatles für die erste Pop-/Jugendkultur ein, die stärker feminine Züge trägt", sie repräsentieren zudem im Unterschied zum starken, autonomen Individuum, das Künstler wie Chuck Berry verkörperten, ein kollektives, buchstäblich uniformiertes ‚Wir' - modisch sichtbar an den adretten Anzügen der Frühphase – und überhaupt: Sie repräsentierten nicht Rebellion und Revolution, lehnten sich nicht gegen die kapitalistischen Regeln des Musikgeschäfts auf, sondern ordneten sich vielmehr mit (selbst-)ironischen Gesten seinen Regularien unter.[121] Deutlich wird diese am Unterhaltungsmarkt orientierte Inszenierungspraxis am Auftritt der Beatles bei der sogenannten ‚Royal Show' (im Prince of Wales Theatre in London) am 4. November 1963. Die Gruppe war zu dieser Zeit bereits etabliert, sie hatte mit *Please Please me*, *From Me To You* und *She Loves You*[122] erste Hits gelandet. Der von der BBC aufgezeichnete und am 10. November 1963 ausgestrahlte Auftritt wurde von ca. 20 Millionen Zuschauer:innen verfolgt. Das Medienereignis potenzierte nicht nur schlagartig den Bekanntheitsgrad der Gruppe, sondern die Beatles wurden durch die Einladung in die Show geradezu vom Establishment geadelt. Anders als die Rolling Stones, die lange Zeit das Image des antibürgerlichen ‚Street Fighting Man' pflegten, waren sie demnach schon früh Teil des britischen Unterhaltungsmainstreams und wurden als solcher transmedial vermarktet: Das Line-Up des musikalischen Abends, der im Beisein von Queen Elisabeth und ihrer Mutter stattfand, verdeutlicht diese Zugehörigkeit par excellence: Neben Marlene Dietrich traten u. a. die Kapelle Joe Loss and His Orchestra auf, zudem die steppenden Clark Brothers sowie der damals in England populäre Unterhaltungskünstler Charlie Drake. Insgesamt fand kein Rock-Konzert statt, sondern ein bunter Abend, der in der Tradition britischer *Variety Shows* stand. Typisch für die Karriere der Beatles ist, dass ihre Bereitschaft zur Anpassung schon früh ironisch gebrochen war, was John Lennons doppelbödige Ansage des Songs *Twist And Shout*[123] illustriert: „Those in the cheap seats should clap their hands; while the rest could just rattle their jewellery!"

Auch die paratextuelle Vermarktung der LPs deutet nicht auf Rebellion hin, sondern stellt vielmehr Homogenität und Anpassung zur Schau: Die LP-Titel

---

[120] Roy Orbison: *Oh, Pretty Woman*. Monument 1964. Vgl. Paul McCartney: *Lyrics. 1956 bis heute*. Hg. mit einer Einleitung von Paul Muldoon. München 2021, 43.

[121] Pointiert ließe sich behaupten, dass die Beatles sich nicht von den Eltern abgrenzen wollten, sondern vielmehr vor den eigenen Fans fliehen mussten. So präsentiert z. B. der Film A HARD DAYS NIGHT (1964) die Band als ‚Verfolgte', die sich den eigenen „Anhängerinnen" erwehren müssen. Laura Patrizia Fleischer/Thomas Hecken: Beat. In: Hecken/Kleiner (Hg.): *Handbuch Popkultur*, 30–35, hier 33.

[122] The Beatles: *She Loves You*. Parlophone 1963. The Beatles: *Please Please, Me*. Parlophone 1963. *From Me To You*. Parlophone 1963.

[123] The Beatles: Twist and Shout. Auf: *Please Please Me*. Parlophone 1963.

der führenden Beatbands sind einladend (*Stay With The Hollies*, *Meet The Searchers*, *With The Beatles*),[124] die Abbildungen auf den LPs zeigen, wie z.B. die Debüt-LP der Beatles *Please, Please Me* (1963), freundliche, bürgerlich gekleidete junge Menschen, die sich offensichtlich als Einheit verstehen. Die vier ‚Jungs‘ tragen dieselben Anzüge und Frisuren, sie blicken dem Zuschauer zugewandt entgegen und vermitteln den Fans dadurch eine authentisch anmutende Nahbarkeit. Diese Bildgestaltung findet sich in der Musik wieder. Die Einzelstimmen lösen sich in beinahe jedem Stück in den Harmonien auf, der Chorgesang unterstreicht das visuell vermittelte Zusammengehörigkeitsgefühl. Auch textlich stellen viele der frühen Songs eine direkte Verbindung zwischen dem Sprecher und seinem ‚Publikum‘ her, sie erwecken den Eindruck einer unmittelbaren Kommunikation mit den Zuhörer:innen (*I Want to Hold Your Hand*, *From Me to You*, *I Wanna Be Your Man*).[125] Diese inszenierte Authentizität des Sprechens bzw. Sprechers manifestiert sich besonders deutlich in Liedern, in denen sich Lennon/McCartney auf das Medium Brief beziehen: „Just call on me and I'll send it along / With love from me to you" (*From Me To You*, 1963); „And then while I'm away / I'll write home every day / And I'll send all my loving to you." (*All My Loving*, 1963)[126] Die Motive von Abwesenheit und brieflicher Kontaktaufnahme gehörten Anfang der 1960er Jahre zum gängigen Repertoire der Unterhaltungsmusik (z.B. The Flamingos: *I'll Be Home*; The Marvelettes: *Please Mr. Postman*; Elvis Presley: *Return To Sender*).[127] Wie die genannten Songs weisen auch die Beatles-Brief-Lieder eine doppelte Adressierung auf, die die Überwindung von Distanz zwischen Sänger und Hörer in Analogie zur Sprechsituation eines Briefes setzt: Das im Lied angesprochene Du lässt sich im medialen Akt des Hörens gleichsam auf den ‚Empfänger‘ übertragen – und vor allem die (weiblichen) Fans, die Protagonistinnen der sogenannten ‚Beatlemania‘, fühlten sich auf diese Weise direkt adressiert.

Neben dieser Kommunikationsstrategie war sicherlich die Wucht der crossmedialen Vermarktung ein entscheidender Faktor für den Erfolg der Beatles, die diverse Medien gleichzeitig bespielten: TV-Auftritte und Kinofilme wie die ironisch-selbstbezügliche Mockumentary A HARD DAYS NIGHT[128] ließen ihre Popularität wachsen, festigten das öffentliche Image der ‚Fab

---

[124] The Hollies: *Stay with the Hollies*. Parlophone 1964; The Searchers: *Meet the Searchers*. Pye 1963; The Beatles: *With the Beatles*. Parlophone 1963.

[125] The Beatles: *I Want to Hold Your Hand*. Parlophone 1963; *From Me to You*. Parlophone 1963; I Wanna Be Your Man. Auf: *With the Beatles*. Parlophone 1963.

[126] The Beatles: All My Loving. Auf: *With the Beatles*. Parlophone 1963. Vgl. überdies *PS I Love You* vom Album *Please Please Me*: „As I write this letter, send my love to you [...]".

[127] The Flamingos: *I'll Be Home*. Checker 1956; The Marvelettes: *Please Mr. Postman*. Tamla 1961; Elvis Presley: *Return to Sender*. RCA Victor 1962.

[128] Teil der crossmedialen Vermarktungsoffensive waren z.B. die Filme A HARD DAYS NIGHT und der Film HELP (Richard Lester [Regie]: A HARD DAYS NIGHT. Großbritannien 1964; Richard Lester [Regie]: HELP! Großbritannien 1965). Daneben gab es zahlreiche TV-Auftritte, unter anderem das international ausgestrahlte Special *Around the Beatles* (1964).

Four' und garantierten hohe Plattenverkäufe. Die Vermarktung der Band, in deren Fahrwasser zahlreiche englische Musikgruppen mitschwammen, schuf für die Musikindustrie ein neues Absatzsegment: Mit dem Erfolg der Beatles verengt sich bis Mitte der 1960er Jahre „Popmusik [...] erneut auf eine Jugendkultur, die über eine genügend große Zahl an Leuten verfügt, um starke Präsenz im Straßenbild zu erzielen, über genügend Kaufkraft [...] und über genügend Attraktionen, um für eine publizistische Öffentlichkeit einen hohen Nachrichtenwert zu besitzen [...]."[129]

Die britischen Beatbands (und in ähnlicher Weise die vom amerikanischen Blues inspirierten britischen Gruppen wie The Rolling Stones, John Mayall and The Bluesbreakers oder The Animals) sind aus dieser Perspektive betrachtet Medienphänomene, deren provokativer Gestus nicht primär im Musikalischen liegt, sondern vor allem in der Art und Weise, wie das jugendliche Publikum auf ihre Musik reagierte. So ist das Massenphänomen ‚Beatles' am Beginn der 1960er Jahre Ausdruck einer jugendlichen Aneignungsstrategie von Popmusik, die die kulturelle Kluft zwischen den Generationen in Großbritannien (und insgesamt Europa) deutlich sichtbar machte. Die Beatles wurden auch deshalb zum umstrittenen Politikum, weil die mediale Öffentlichkeit die Hysterie der ‚Beatlemania' effektvoll in Szene setzte. Für das kulturkonservative Feuilleton repräsentierten die Fans nämlich eine Jugend, die als sozial destabilisierend eingestuft wurde. „Jugendliche brachen aus den tradierten Verhaltensmustern aus, sichtbar insbesondere an den kulturellen Verhaltensweisen, die sie ausbildeten."[130] Der typische Beatles-Fan wurde zum pathologischen Fall erklärt, der als „Resultat von gesellschaftlich produzierter Vereinsamung, Entfremdung und Ich-Schwäche durch diese Musik und ihre Stars zu hysterischen Reaktionen animiert werde."[131] Für die Jugendlichen selbst stellte sich die Sache freilich anders dar: Die zunehmende Identifikation mit *ihrer* Musik und *ihren* Stars machte den musikalischen Geschmack zum Distinktionsmerkmal: Die Jugendlichen begannen, „sich [...] selbst mit Bezug auf ‚ihre' Musik zu definieren, ihren gesellschaftlichen Status darin zu reflektieren, ihre Probleme mit einer herausfordernden Deutlichkeit zu thematisieren."[132]

Das (je nach Blickwinkel) disruptive oder transformative Potenzial ging, so ließe sich aus rein soziologischer Perspektive schlussfolgern, nicht primär von der Musik aus. Vielmehr entstand – katalysiert durch die extensive mediale Berichterstattung bzw. Vermarktung – eine jugendliche Fankultur, für die die Musik (und die Musiker:innen bzw. Bands) soziale Projektionsflächen waren, die jenseits der bürgerlichen Wertevorstellungen neue Erlebnis- und

---

[129] Fleischer/Hecken: *Beat*, 33.
[130] Peter Wicke: *Vom Umgang mit Popmusik*. Berlin 1993, 29.
[131] Ebd.
[132] Ebd.

Sinnangebote bereitstellten und eine Emanzipation von der Elterngeneration ermöglichten. Auf diese Weise formierte sich zwar ein gegenkulturelles Angebot, das aber nach den gängigen Regeln der (medialen) Aufmerksamkeitsökonomie und kapitalistischen Steuerung funktionierte.

Der transatlantische (und im Anschluss weltweite) Erfolg dieses Angebots lässt sich freilich nicht ohne Berücksichtigung der musikalischen und kompositorischen Qualitäten der Beatles (oder anderer britischer Acts) erklären: Die Band erschuf Anfang der 1960er Jahre einen charakteristischen Sound, der schon bald eine immense Bandbreite aufwies. Schon auf ihrem fünften Studioalbum *Help!* (1965)[133] zeigten sich die Mitglieder erstmalig als Multiinstrumentalisten (Klavier, Orgel, Maracas, Kuhglocke) und integrierten Instrumente, die vom üblichen Line-Up abwichen. George Harrison trat zudem gleich zweimal als Komponist in Erscheinung (*I Need You* und *You Like Me Too Much*), womit die Band über gleich drei talentierte Songwriter verfügte. Und stilistisch changiert das Album bereits virtuos zwischen Pop (*Yesterday*), Rock 'n' Roll, Country (*I've Just Seen A Face*) und (akustischem) Folk (*You've Got To Hide Your Love Away*). Zudem deutet die Single *Help! / I'm Down* (1965)[134] schon früh auf die kompositorisch-konzeptionelle Versiertheit der Band: Lässt sich *Help!* als Song verstehen, der nicht (mehr) dem Schema jugendlich-naiver Liebeslieder folgt, sondern dem eine beinahe depressive, den Verlust der Vergangenheit beklagende Stimmung zugrunde liegt („When I was younger, so much younger than today / I never needed anybody's help in any way / But now these days are gone and I'm not so self assured"), so bildet die B-Seite *I'm Down* gleichsam das ironische Pendant zum Hilfeschrei der A-Seite:

> Man buys ring, woman throws it away
> Same old thing happen every day
> I'm down (I'm really down)
> I'm down (Down on the ground)
> I'm down (I'm really down)
> How can you laugh when you know I'm down?
> (How can you laugh) When you know I'm down?

In Summe lässt sich die Wucht der sogenannten britischen Invasion, die 1964 mit dem ‚Export' der Beatles in die USA einsetzte, nur aus dem Zusammenspiel ästhetischer, marktstrategischer und sozialer Faktoren erklären: Die musikalische Qualität wuchs ähnlich exponentiell wie die strategischen Optionen zur Vermarktung. Beides traf auf eine amerikanische Jugend, die sich (ähnlich wie die europäische Jugend) offensichtlich nach neuen Im-

---

[133] The Beatles: *Help!* Parlophone 1965.
[134] The Beatles: *Help! / I'm Down*. Parlophone 1965.

pulsen sehnte. Ihr erster Auftritt in der *Ed Sullivan Show* im Jahre 1964, wochenlang von den US-amerikanischen Radiostationen angekündigt, entfaltete jedenfalls in zweifacher Hinsicht eine enorme Durchschlagskraft: Zum einen eroberte die Band den Musikmarkt in den USA gleichsam über Nacht – in den ersten Wochen nach der Ausstrahlung wurden ca. 2,5 Millionen LPs in Amerika verkauft. Zum anderen boten die Kulturkonservativen in zahlreichen Kritiken, die wiederum nicht die Musik, sondern vielmehr die hysterischen Fans und die Pilzkopffrisuren zum Thema machten, eine Folie zur Abgrenzung. Das Phänomen ‚Beatles' polarisierte, was es für jenen Teil der Jugend der USA attraktiv machte, für die die dominanten Formen der kulturellen Praxis keine Angebote bereitstellte.

Diese Doppelstruktur aus Inklusion und Exklusion materialisiert sich im medial erfundenen und breit gestreuten Begriff der ‚British Invasion': Der aus dem Kriegsjargon stammende Begriff markiert zum einen das aus Sicht der US-amerikanischen Kultur ‚bedrohliche' Potenzial. Als medial initiierte und weit verbreitete Zuschreibung ist er zum anderen ein strategisches Marketinginstrument, um Aufmerksamkeit bzw. neue Absatzmärkte für britische Bands in den USA zu generieren. Die ‚Invasion' aus Großbritannien hatte entsprechend dieser Doppelstruktur zwei konträre Ausprägungen: eine eher im Mainstream-Bereich anzusiedelnde ‚Invasion' von Pop-Artisten wie The Dave Clark Five oder Herman's Hermits.[135] Die zweite Ausprägung schwelte zunächst im Untergrund, wo sich die ungeschliffene, düstere Seite der britischen Popkultur im Garagensound der Vorstädte sammelte und eine jugendliche, vom Mainstream zunächst nicht sonderlich goutierte Subkultur ausprägte. So wuchsen Bands wie The Yardbirds, Them, The Rolling Stones, The Animals oder The Who zu neuen Stars der amerikanischen Subkultur heran. Im Untergrund formierte sich ein von diesem Soundtrack inspiriertes emphatisches, gegenbürgerliches Lebensgefühl, wie es der Rolling Stones-Klassiker *(I Can't Get No) Satisfaction* (1965)[136] zum Ausdruck bringt. Die Stones, selbst aus dem bürgerlichen Milieu stammend, inszenieren sich als Bürgerschreck, The Who lehnen sich mit *My Generation* (1965)[137] laut und klar gegen die ‚Alten' auf. Auf beiden Seiten des Atlantiks formiert sich eine Gegenkultur, die sich im Laufe der 1960er Jahre musikalisch und performativ radikalisieren wird.

---

[135] Die Band konnte es zeitweise, was die Verkaufszahlen in den USA angeht, mit den Beatles aufnehmen. Ihre Popularität war auch ein Erfolg ihrer crossmedialen Vermarktung: So drehten sie ähnlich wie die Beatles Kinofilme, in denen sie sich selbst spielten (z. B. Alvin Ganzer: WHEN THE BOYS MEET THE GIRLS. Metro-Goldwyn-Mayer 1965 oder Arthur Lubin: HOLD ON! Metro-Goldwyn-Mayer 1966).

[136] The Rolling Stones: *(I Can't Get No) Satisfaction*. Decca 1965.

[137] The Who: *My Generation*. Brunswick 1965.

Back in The U.S.A./Epilog

It's been a long
A long time coming, but I know
A change gon' come
Oh yes, it will
(Sam Cooke)[138]

Am 4. November 1965 nehmen die Beatles in der Abbey Road 2 ein Instrumentalstück mit dem Titel *12-Bar Original*[139] auf, das wohl als möglicher Fade-out-Track der LP *Rubber Soul* gedacht war. Das Stück hätte das im Titel anklingende ‚Konzept' des Albums (und damit auch die öffentliche Wahrnehmung) womöglich stärker in Richtung ‚Soul' gedreht, erweist es sich doch als Pastiche von Booker T. and the M.G.'s Soulhit *Green Onions* (1962).[140] Das ‚Instrumental' hat es (zurecht) nicht auf die Platte geschafft, es hätte nämlich gezeigt, dass die Kopie schlechter ist als das Original: Die Beatles waren beeinflusst (oder begeistert) von der Kraft der zeitgenössischen Soulmusik Amerikas, und sie konnten diese Musik zwar adaptieren, aber, wie man erst auf der *Anthology 2* (1995/1996) hören wird, nicht ‚authentisch' reproduzieren. Ihre Stärke – gerade in der mittleren Phase der Karriere – war hingegen eine Form der ästhetischen Transformation: die Dekonstruktion und Rekombination, die Parodie verschiedener Stile und Richtungen. Auch wenn *12-Bar Original* in dieser Hinsicht wenig innovativ ist, verweist das Instrumentalstück auf eine selbstreferentielle Prägung der Popmusik: Popmusik wird hier als eine Kunstform erkennbar, deren primäres Referenzsystem die Popmusik selbst ist.[141]

Anders als der ‚Gummisoul' der Beatles ist das Original von Booker T. and the M.G.'s eng an seinen sozialen Entstehungsraum Memphis gekoppelt, eine Stadt, in der Musik- und Sozialgeschichte schon immer eng miteinander verflochten waren. Topographisch sichtbar wird diese Verflechtung z. B. in der Beale Street: Diese legendäre Straße wurde in den 1920er Jahren eines der kreativen Zentren afroamerikanischer Musik. Hier konnte sich dasjenige formieren, was als ‚Memphis Blues' in die Musikgeschichtsbücher eingegangen ist. Der Straßenname selbst führt bezeichnenderweise zurück zu einem Musikstück: Nachdem der afroamerikanische Komponist W.C. Handy 1916 den *Beale Street Blues*[142] schrieb, wurde die Straße von *Beal Avenue* in *Beale Street* umbenannt. Das Stück entwirft das Bild einer in kultureller Hinsicht

---

[138] Sam Cooke: A Change Is Gonna Come. Auf: *Ain't That Good News*. RCA Victor 1964.

[139] The Beatles: 12-Bar Original. Auf: *Anthology 2*. Apple 1996.

[140] Booker T. & the M.G.'s: *Green Onions*. Stax 1962.

[141] Zugespitzt ließe sich diese Prägung von Popmusik als *poésie pure* verstehen. Musik ist in dieser Konzeption ein selbstbezügliches Spiel und keine Kommentierung von Wirklichkeit.

[142] Zit. nach Prince's Band: *Beale Street Blues*. Columbia 1917.

prosperierend-pulsierenden Straße, die zwar als „honest" und „pretty" bezeichnet wird, deren ‚Charme' aber eigentlich von Glücksspiel, Prostitution und Kriminalität ausgeht: „You'll meet honest men and pick-pockets skilled / You'll find that bus'ness never closes till somebody gets killed."

Jenseits einer solch romantischen Verklärung des Verbrechens ist die (Musik-)Geschichte von Memphis von einer brutalen Diskriminierung geprägt: von rassistischer Gewalt gegenüber den afroamerikanischen Bürger:innen, die spätestens seit der Ermordung von Martin Luther King im Jahre 1968 im kollektiven Gedächtnis über die USA hinaus mit der Stadt Memphis verknüpft ist. Das Attentat auf King war nicht nur ein Schlag für die Bürgerrechtsbewegung des Landes, sondern auch eine Zäsur in der Musikgeschichte der Stadt: Teil dieser bewegten Geschichte ist der Aufstieg des Soul-Labels Stax, das Estelle Axton und Jim Stewart 1957 unter dem Namen Satellite Records gründeten. Ab 1961 wurde es unter dem Namen Stax Records legendär und Otis Redding als Repräsentant des Labels zum Aushängeschild des ‚Memphis Soul', der in der Tradition von Ray Charles, Little Richard oder James Brown Gospel und Rhythm and Blues miteinander verband. Stax war inmitten einer von Rassensegregation geprägten Umgebung ein durch und durch liberales Projekt: Die Studios stellten einen gemessen an der Realität beinahe utopischen, autonomen Kreativraum bereit, der ein freies, kooperatives Arbeiten ermöglichte. Die Bands, die sich in diesem Rahmen formierten, bestanden wie Booker T. and the M.G.'s (die Hausband des Labels) aus weißen und Schwarzen Musikern, entsprechend ‚unique' war der Sound der Band, die nicht nur namhaften Stax-Künstlern wie Wilson Pickett oder Otis Redding als Backing-Band diente, sondern auch selbst einige Hits landen konnte. Obgleich die Musik, die in diesem Raum produziert wurde, auf den ersten Blick unpolitisch war, steht Stax inmitten einer rassistisch-repressiven Umgebung für ein ‚anderes Amerika'.[143] Das Label symbolisiert den ‚Dream' der Bürgerrechtsbewegung, den Martin Luther King beim legendären Marsch auf Washington wie folgt formulierte: „I have a dream that one day this nation will rise up and live out the true meaning of its creed: ‚We hold these truths to be self-evident, that all men are created equal.'"[144]

Zwar enthielten die bei Stax aufgenommenen Songs keine explizit politischen Botschaften, in der Geschichte des Independent-Labels und in den dort produzierten Songs artikulierte sich jedoch eine afroamerikanische Identität, die ein neues Selbstbewusstsein hörbar machte. Ausdruck dieses Selbstverständnisses ist z. B. der Song *Soul Man* (1967),[145] der von Isaac Hayes und

---

[143] Das ‚Soulsville' der USA war entgegen dem Konkurrenzlabel Motown (dem ‚Hitsville') deutlich weniger organisiert und auf Marktgewinne im Popsegment ausgerichtet.

[144] Martin Luther King: I Have a Dream (1963), https://www.usconstitution.net/dream-html/ (6.9.2025).

[145] Sam & Dave: *Soul Man*. Stax 1967.

David Porter geschrieben und produziert und vom Gesangsduo Sam & Dave gesungen wurde. Das Lied reagiert auf die sogenannten ‚12th Street Riots‘ in Detroit, in deren Verlauf die afroamerikanische Bevölkerung ihre Geschäfte mit dem Begriff ‚Soul‘ markierte, um sie vor Zerstörung und Plünderung zu beschützen. Unter diesem Label bündelte sich in der Folge ein umfassenderes Inventar an kulturellen Zeichen, dessen „inhaltliche[] Codierungen [...] über den Musikstil hinaus die Wahrnehmung von afroamerikanischer Kultur“ bestimmt.[146] In diesem Sinne lassen sich Lieder wie *Soul Man* als kulturelle Selbstbeschreibungen der afroamerikanischen Identität lesen. Der Text des vom Genre der Gospelmusik inspirierten Stücks hat es dabei allerdings nicht auf eine radikale Grenzziehung zur weißen Kultur Amerikas abgesehen. Vielmehr „postuliert“ der Song durch seine (die afroamerikanische Kultur seit jeher prägende) Call-and-Response-Struktur[147] im Refrain eine „Einheit von Ethik und Ästhetik“,[148] wenn er auf ‚coole‘ Art und Weise jenes Gemeinschaftsgefühl beschwört, das in den liberalen Produktionsbedingungen eine Entsprechung findet. „Comin’ to you on a dusty road / Good lovin’, I’ve got a truckload / And when you get it, uh, you got something / So, don’t worry, ’cause I’m coming / I’m a soul man (oh).“ Tatsächlich gelang es dem Song, jene Gemeinschaft, von der er erzählt, herzustellen: Er wurde zum Crossover Hit und erreichte Platz 2 der US-amerikanischen Pop Charts.[149]

Der wohl (historisch) einflussreichste Song aus dem Soul-Genre, der eine ausdrücklich politische Dimension aufweist, ist Sam Cookes Protest-Song *A Change Is Gonna Come*, erschienen auf seinem letzten Album *Ain’ That Good News*. Das Lied ist nicht nur deshalb bemerkenswert, weil es das ‚emotional-soulige‘ Pendant zu Dylans verkopften Folkliedern *Blowin’ in the Wind*[150] und *The Times They’re A-Changin’* darstellt. Sondern auch, weil es wie ein Solitär aus dem bis dato eher kommerziell-gefühlig ausgerichteten Oeuvre des Sängers heraussticht.[151]

A Change Is Gonna Come wurde am 22. Dezember 1964 veröffentlicht, nur elf Tage nachdem Sam Cooke im Hacienda Motel in Los Angelas erschossen wurde. In den Folgejahren avancierte das Lied zu *dem* Protestsong der (afroamerikanischen) Bürgerrechtsbewegung schlechthin. Der nachhaltige Einfluss des Liedes lässt sich daran bemessen, dass es in der Präsidentschaftskampagne Barack Obamas als eine zentrale Aussage des Kandidaten übernommen wurde. Am 4. November, als bereits feststand, dass er Präsi-

---

[146] Moritz Ege: *Schwarz werden. ‚Afroamerikanophilie‘ in den 1960er und 1970er Jahren.* Bielefeld 2007, 58.

[147] Ebd.: „‚Call-and-response‘ meint in erster Linie einen formelhaften, zugleich aber improvisierten Dialog zwischen Priester und Gemeinde, Sänger(n) und Publikum, gelegentlich auch zwischen Instrumenten.“

[148] Ebd.

[149] Vgl. Thomas Wilke: Soul/Funk. In: Hecken/Kleiner (Hg.): *Handbuch Popkultur*, 53–57, hier 55.

[150] Bob Dylan: Blowin’ in the Wind. Auf: *The Freewheelin’ Bob Dylan*. Columbia 1963.

[151] Sam Cooke: *Wonderful World*. Keen 1960.

dent der Vereinigten Staaten von Amerika werden würde, spricht Obama in Chicago folgende Sätze ins Mikrofon: „*It's been a long time coming*, but tonight, because of what we did on this date, in this election, at this defining moment: *A Change Is Gonna Come*."[152]

Das Lied von Sam Cooke bietet sich als Referenzpunkt der politischen Rede an, weil es den in den 1960er Jahren omnipräsenten, institutionalisierten und gewalttätigen Rassismus auf eine für die Popmusik charakteristische, universell-überzeitliche Art und Weise thematisierte:

> I was born by the river
> In a little tent
> Oh, and just like the river, I've been running
> Ever since
>
> It's been a long
> A long time coming, but I know
> A change gon' come
> Oh yes, it will[153]

Die Geburt im Zelt an der Biegung des Flusses stellt einerseits eine Verbindung zur Bibel, andererseits einen Bezug zu kollektiven Vorstellungen über die nordamerikanische Urbevölkerung her: Im biblischen Sinne bezieht sich der Verweis auf die Wanderschaft der Israeliten vor dem Betreten des ‚gelobten Landes'. Angespielt wird auf die biblische Erzählung von der Unterdrückung der Israeliten durch die Ägypter, die im Song mit der indigenen Bevölkerung sowie (über das Ich) mit der Diskriminierungsgeschichte der Afroamerikaner in Beziehung gesetzt wird; das besungene ‚zu Fuß gehen' korreliert mit der Hoffnung auf einen Wandel, der in der Zukunft für die Emanzipation der Afroamerikaner (und aller unterdrückten Bevölkerungsgruppen) erwartet wird.

Die Referenz Obamas auf den Protestsong Cookes schlägt so „die Brücke [...] zwischen dem jahrzehntelangen Kampf um Gleichheit und Freiheit und dem historischen Augenblick als erster schwarzer Präsident der USA in die Geschichte einzugehen."[154] Die eigentliche Botschaft, die der Popsong stellvertretend und zeichenhaft ausdrückt, ist, dass die Gesellschaft den Rassismus noch immer nicht gänzlich überwunden habe. Seine Verwendung in der Kampagne sollte also verdeutlichen, „welche Rolle Rasse auch heute noch bei der Chancenverteilung in der amerikanischen Gesellschaft spielt."[155]

---

[152] Dietmar Schiller: „It's been a long time coming": Popmusik und Politik aus dem Blickwinkel der Politikwissenschaft. In: Ders. (Hg.): *A Change Is Gonna Come: Popmusik und Politik. Empirische Beiträge zu einer politikwissenschaftlichen Popmusikforschung*. Berlin 2012, 7-26, hier 7.

[153] Sam Cooke: *A Change Is Gonna Come*.

[154] Schiller: „*It's been a long time coming*", 7-8.

[155] Ebd., 8.

Der Cooke-Song und seine Geschichte machen darauf aufmerksam, dass es neben der Produktion, Distribution und Rezeption von Popmusik als (schöner) Unterhaltungskunst einen heteronomen Pol gibt, der sie je nach Vermarktungslogik, Betrachtungswinkel oder Aufführungskontext zu einer die Wirklichkeit kommentierenden Tendenzkunst werden lassen kann. Die Möglichkeit einer ‚Instrumentalisierung' von Popmusik liegt wesentlich in der oft abstrakten und universell-lesbaren Thematisierung ihrer Gegenstände begründet, die mit Blick auf spezifische Anlässe flexible Bezugnahmen ermöglicht: Der konkret-historische oder soziale Zusammenhang, dies scheint jedenfalls ein Geheimnis von vielen Popklassikern zu sein, verschwindet gleichsam hinter einer allgemeiner gefassten ‚Botschaft'.

Häufig sind diese ‚Botschaften' positiv konnotiert, und insgesamt steht die Popmusik, wie für die ‚Gründerzeit' 1954 bis 1965 offensichtlich charakteristisch ist, für Werte wie Wandel, Autonomie, Emanzipation, für Grenzverschiebungen und -sprengungen und ein reflexives Infragestellen ästhetischer Werte und Normen. Die Popmusikgeschichte jener Jahre ist aber zugleich eine Geschichte von Ausgrenzung, Diskriminierung und Ausbeutung, wobei zwischen der Musik (als ästhetischer Praxis) und ihren sozialkulturellen, gesellschaftspolitischen Rahmenbedingungen zu unterscheiden ist: Führen heterogene und diverse Gesellschaften immer zu künstlerischen Symbiosen, so waren es in der Gründerzeit des Pop vor allem Kritiker, Teile der Plattenindustrie sowie die Radiostationen, die zwischen Schwarzer und weißer Musik aus ideologischen Gründen unterschieden. In den 1950er/1960er Jahren, als die Bürgerrechtsbewegung für die Aufhebung der Rassengrenzen stritt, formulierte Asa Earl Carter z.B. seinen faschistoiden ‚Traum' einer reinen weißen Kultur, in dem er gegen die kulturelle ‚Vermischung' wetterte und die Rassentrennung im Kulturbetrieb zu zementieren versuchte.

Ein Verdienst der Popmusik war es sicherlich, solche Barrieren zu problematisieren oder gar im künstlerischen Raum zu überwinden, um jene Autonomie zu bewahren, die Anfang des 20. Jahrhunderts vielerorts vorhanden war, wo sich z.B. Blues und Gospel auf ganz ungezwungene Art und Weise mit Folk oder Polka vermischten. Popmusik etablierte sich hier als identitätsstiftende und integrative Kraft, als ein Medium, das Gemeinschaft zu stiften in der Lage war, manchmal sogar der ‚Soundtrack' von ganzen Bewegungen wurde. Unabhängig von ihrer gesellschaftspolitischen Wirkung ist die Entwicklung der Pop- und Rockmusik ohne Kollaboration, Austausch und Kombinatorik nicht denkbar; jeder Versuch, einen ‚authentischen Nukleus' zu behaupten, wäre eine ideologisierende, vereinfachende und deshalb unzulässige Konstruktion. Die Entwicklung von Stilen aus den Wurzeln des Blues, der Countrymusik oder des Gospels basiert vielmehr auf den Echos, die nachhallten, künstlerisch aufgenommen, teilweise mit anderen Einflüssen kombiniert und weiterentwickelt wurden. Die Wurzeln der Popmusik finden sich im Blues, Rhythm and Blues, Jazz, Gospel oder der ‚Volksmusik', Stile und Genres, die, wie heute deutlich hörbar ist, einen prägenden Einfluss auf die gegenwärtigen Formen der Popmusik haben. Der Einfluss dieser frühen Jahre zeigt sich in der Liste der ersten Mitglieder der *Hall of Fame*, die im Jahre 1986 aufgenommen und damit nobilitiert und kanonisiert wurden: Chuck Berry, James Brown, Ray Charles, Sam Cooke, Fats Domino, The Everly Brothers, Buddy Holly, Jerry Lee Lewis, Little Richard, Elvis Presley.

Little Richard

Christian Bielefeldt

Little Richard brach Mitte der 1950er Jahre mit Crossover-Hits wie *Tutti Frutti* (1955), *Long Tall Sally* (1956) und *Lucille* (1957)[1] zunächst über die US-amerikanische, kurz darauf dann auch die europäische Kultur herein. Seitdem verkörpert der am 5. Dezember 1932 in Macon im US-Bundesstaat Georgia geborene Sänger, Pianist und Songwriter (bürgerlich Richard Wayne Penniman) wie kaum ein zweiter den Typus des mutwillig chaotischen, seine Sinnlichkeit ohne jeden Gedanken an ein Morgen auslebenden Rockmusikers.[2] Wenn die an ein Teenagerpublikum adressierten Images und Bühnenpersonae der frühen US-Rock-'n'-Roll-Stars weitgehend Cartoon-Charaktere darstellten, die Stereotype von Männlichkeit, Jugendlichkeit und ethnischer Zugehörigkeit herausforderten, war das nicht zuletzt Richards Verdienst.[3] Pennimans Biografie selbst kennzeichnen mehrere abrupte Wechsel zwischen dem exzessiven Lebensstil des globalen Musikstars und fundamentalistischer Religiosität: Zweimal unterbrach er für längere Zeit seine Rock-'n'-Roll-Karriere, um Theologie zu studieren bzw. sich evangelikalen Predigern anzuschließen.

Musikalisch orientierte sich Richard anfangs am gleichaltrigen Jump-Blues-Sänger Billy Wright, der dem 19-Jährigen den ersten Plattenvertrag

---

[1]Little Richard: *Tutti Frutti*. Specialty 1955; Litte Richard: *Long Tall Sally*. Specialty 1956; Little Richard: *Lucille*. Specialty 1957.

[2]Vgl. Robert Palmer: *Blues & Chaos. The Music Writing of Robert Palmer*. Hg. von Anthony DeCurtis. New York, NY 2009, 101–162.

[3]Joe S. Harrington: *Sonic Cool. The Life & Death of Rock 'n' Roll*. New York, NY 2002.

© Der/die Autor(en), exklusiv lizenziert an
Springer-Verlag GmbH, DE, ein Teil von Springer Nature 2026
C. Jürgensen und G. Kaiser (Hrsg.), *Eine Kulturgeschichte der Popmusik*,
https://doi.org/10.1007/978-3-662-72524-5_3

vermittelte.[4] Aufnahmen für RCA Victor (Oktober 1951) und später auch Peacock (Februar/Oktober 1953) blieben allerdings erfolglos. Erst 1955 gelang Richard der Durchbruch – mit *Tutti Frutti*, einem der ersten großen Crossover-Erfolge schwarzer Acts in den USA und einem der wichtigsten frühen Rock-'n'-Roll-Songs überhaupt. An Richards erster Single für Specialty Records, produziert von Robert ‚Bumps‘ Blackwell am 14. September 1955 im legendären J&M-Studio in New Orleans, waren renommierte Musiker wie Earl Palmer, Alvin ‚Red‘ Tyler und Lee Allen beteiligt, die zum Kern der Band von Fats Domino gehörten. Anfang November 1955 veröffentlicht, wurde sie wegen des als anstößig empfundenen Texts zuerst kaum im US-Radio gespielt. Die Plattenverkäufe allerdings waren überwältigend und machten Little Richard in der Folgezeit zu einem der erfolgreichsten Rock-'n'-Roll-Musiker der 1950er Jahre. Im Januar 1956 erreichte die Single Platz 2 der Rhythm-and-Blues-Charts, schaffte es in die Popcharts (Nr. 18) und anschließend auch in die britischen Charts (Nr. 29).

Tutti Frutti gehörte zu Richards Live-Repertoire für Clubs mit überwiegend angloamerikanischem Publikum.[5] Dieser Umstand verweist darauf, dass eine der Groß-Erzählungen der Rock-'n'-Roll-Historiografie – die ‚weiße‘ US-Musikindustrie und ihre Stars profitierten von der kulturellen Aneignung ‚schwarzer‘ Musik, die sie imitierten und zugleich ‚verwässerten‘ – nicht immer den Punkt trifft. *Tutti Frutti* war alles andere als handelsübliche Musik für Afroamerikaner:innen.[6] Von der für Richards frühe Aufnahmen charakteristischen, auf das erwachsene afroamerikanische Publikum von Specialty zugeschnittenen Gospel-Stilistik wich *Tutti Frutti* vielmehr deutlich ab – textlich im ersten Anlauf sogar so weitgehend,[7] dass Blackwell einer Veröffentlichung erst zustimmte, als zu explizit eingeschätzte Stellen entschärft waren. „Aw rootie“, der lautmalerische Nonsense-Reim zu „Tutti frutti“, hieß in der ursprünglichen Version noch „good booty“, die ersten, der Selbstzensur zum Opfer gefallenen Zeilen lauteten „Tutti frutti, good booty / If it don't fit, don't force it / You can grease it, make it easy“.[8]

Als ‚White Cover‘ war der Song darum auch nur bedingt geeignet. Zwar wurde *Tutti Frutti*, wie damals im US-Musikgeschäft üblich, schon bald nach Erscheinen von mehreren angloamerikanischen Sängern gecovert, darunter Buddy Holly, Elvis Presley, Bill Haley, Jerry Lee Lewis, Gene Vincent und

---

[4] Charles White: *The Life and Times of Little Richard. The Authorised Biography* [1988]. London/New York, NY 2003.

[5] White: *The Life and Times of Little Richard.*

[6] Christian Bielefeldt: ‚Kiss Me Ting-A-Ling‘. Rock'n'Roll-Gesang bei Little Richard, Chuck Berry und Elvis Presley. In: Martin Pfleiderer (Hg.): *Stimme, Kultur, Identität. Vokaler Ausdruck in der populären Musik der USA, 1900–1960.* Bielefeld 2015, 335–369.

[7] Bob Gulla: *Icons of R&B and Soul. An Encyclopedia of the Artists who Revolutionized Rhythm.* Westport 2008.

[8] Leerom Medovoi: *Rebels. Youth and the Cold War Origins of Identity.* Durham 2005.

auch White-Cover-Spezialist Pat Boone. Dessen im Dezember 1955 publizierte Version ist ein Musterbeispiel für die ‚weiße‘, musikalisch geglättete Coverversion eines R-’n’-B-Stücks, die das afroamerikanische Original in den US-Hitparaden zunächst überflügelte (Pop-Charts Nr. 12). Ohne dass dessen Urheber dafür finanziell entschädigt worden wäre, wurde sie weltweit vertrieben (Releases 1955–56 u. a. in England, Deutschland, Australien, Neuseeland und Kanada). Dennoch überholte Richards Aufnahme Boones heute weitgehend vergessene Aufnahme bald wieder in der Publikumsgunst, obwohl keineswegs Chancengleichheit hinsichtlich Vermarktung und Medienpräsenz bestand.

Von den typischerweise mit triolischer Begleitung versehenen, Gospel-beeinflussten Rhythm-and-Blues-Songs der 1950er Jahre unterscheiden sich *Tutti Frutti* und die Nachfolge-Hits von Richard wie *Long Tall Sally* (1956) vor allem durch die annähernd gerade (binäre) Gestaltung der treibenden Achtel in Bass, Schlagzeug und Klavier, das schnelle Tempo und den gleichsam anarchistischen Vokalstil. Mit seiner Stimme betreibt Richard ein andauerndes Spiel mit dem Kontrollverlust; wegbrechende oder sich überschlagende Töne stehen neben plötzlichen Registerwechseln und diversen Übergängen zwischen Shouting und Screaming. Der Einsatz der Stimme ist fast durchgehend perkussiv und der Vokalklang oft sehr rau, verursacht durch das Mitschwingen der Taschenfalten im Kehlkopf. Die Intonation ist der Tendenz nach stufenlos steigend oder fallend, in *Long Tall Sally* existieren kaum noch stabile Tonhöhen, vielmehr erzeugt der Gesang eine Folge akzentuierter Aufwärtsglissandi, deren rhythmische Energie im Mittelpunkt steht. Zu einem Signature-Element seines Rock-’n’-Roll-Gesangs entwickelte Richard absurd hohe, stark vibrierte Falsetttöne („woo!“) und gepresste Schreie, die als Intensitätshöhepunkte oft gleichzeitig Formteile markieren. Schließlich gehören auch Melismen (meist mit Abwärtskontur) zu seinem Repertoire, die als mikromelodische Variationen ein zuvor gesungenes Wort wiederholen und bekräftigen – ein aus der Gospelmusik stammendes Stilmittel, das Ende der 1950er Jahre in den Soulgesang übergeht und Little Richards musikalische Herkunft offenlegt.

In den Songtexten sind sinnfreie Silben- und Wortkombinationen wie „Tutti frutti, aw rootie“ insgesamt die Ausnahme. Der Unterschied zu obsessiv wiederholten Textbausteinen wie „slippin’ and a-slidin’“, „oh baby, yes baby, woo baby“ (*Long Tall Sally*), „oooh – she’s got it, oooh – she’s got it“ (*She’s Got It*) und „shake it, baby, shake it“ (*A Whole Lotta Shakin’ Goin’ On*) oder verknappten Reimformeln (*Good Golly, Miss Molly*),[9] ist allerdings nicht besonders groß. Durch das hohe Tempo, mit dem diese gesungen werden, und die zahlreichen Alliterationen bewegen sich die Song-

---

[9] Little Richard: *She’s Got It*. Specialty 1956; Little Richard: *A Whole Lotta Shakin’ Goin’ On*. Vee Jay 1964; Litte Richard: *Good Golly, Miss Molly*. Specialty 1958.

texte zudem immer wieder an der Grenze zur Unverständlichkeit. Mit Blick auf Richards religiöse Erweckungserfahrungen wurde dies von Ian Ellis als Spiel mit jugendlich verwirrter, ‚sprechender‘ Zungenrede (Glossolalie) interpretiert: „'Little' sense was made, and the sonic speed of the words signified movement, abandon, and craziness – states of mind youth could viscerally fell, if not fully comprehend."[10] Für Ellis stellte sich Richard damit in die Tradition des tranceartigen Aus-sich-Heraustretens des Predigers, wie es die US-amerikanischen Pfingstgemeinden in den 1950er Jahren propagierten. Auch das Entgleiten und Wegbrechen der Stimme Richards lässt sich so deuten.

In den auf *Tutti Frutti* folgenden zweieinhalb Jahren veröffentlichte Richard in schneller Folge weitere dreizehn Top-Ten-Hits. *Long Tall Sally*, *Rip It Up* (1956) und *Lucille* erreichten jeweils die Spitze der R-'n'-B-Charts (Pop-Charts Nr. 6/17/21), *Jenny, Jenny* und *Keep A-Knockin'* (beide 1957) platzierten sich auf Nr. 2. Als mit *Good Golly, Miss Molly* im Januar 1958 die letzte Top-Ten-Single seiner Karriere erschien, hatte Richard bereits seinen Rückzug aus dem Showgeschäft erklärt. Bei den folgenden Specialty-Veröffentlichungen handelt es sich um frühe Aufnahmen mit R-'n'-B- und Gospel-Stilistik, die auf dem Single-Markt der späten 1950er Jahre keine Chance mehr hatten. Von Richards Alben erreichte nur der Erstling *Here's Little Richard* (1957) eine relevante Platzierung in den US-Album-Charts (Nr. 13).

Penniman versuchte in den 1960er und 1970er Jahren mehrere Comebacks, konnte aber nie wieder an die Erfolge der ersten Karrierejahre anknüpfen. In seine erste religiöse Phase 1957 bis 1962 fallen die sogenannten New Yorker ‚Goldner Sessions‘, aus der sakrales Material hervorging, das der Verleger George Goldner über unterschiedliche Labels vertrieb, sowie weitere Sessions u. a. für Atlantic, Little Star und Mercury. Die 1961–62 von Quincy Jones und Blackwell für Mercury produzierten Gospel-Aufnahmen gelten als gelungen, zwei Singles aus dem Mercury-Album *The King of the Gospel Singers* (1961) schafften es in die Charts. Einer Europareise, auf der Richard im selben Jahr gemeinsam mit Sam Cooke und teilweise auch mit den Beatles als Vorgruppe auftrat, folgte 1964 das Comeback als Rock-'n'-Roll-Act. Das Album *Little Richard Is Back* (Vee-Jay Records)[11] aus demselben Jahr fand retrospektiv vor allem wegen der Mitwirkung des jungen Jimi Hendrix größere Beachtung. Aus den Jahren bis 1977, die von Richards wachsendem Drogenkonsum überschattet waren und mit dem erneuten Abbruch seiner Karriere endeten, resultierten verstreute Produktionen bei wechselnden Labels (Modern, Okeh, Brunswick, Reprise). Nach dem Comeback 1984 agierte er über-

---

[10] Ian Ellis: *Rebels with Attitude. Subversive Rock Humorists.* Berkeley 2008, 32.
[11] Little Richard: *Rip It Up.* Specialty 1956; Little Richard: *Jenny, Jenny.* Specialty 1957; Little Richard: *Keep A-Knockin'.* Specialty 1957; Little Richard: *Here's Litte Richard.* Specialty 1957; Little Richard: *The King of the Gospel Singers.* Mercury 1961; Little Richard: *Little Richard Is Back.* Vee Jay 1964.

wiegend als Verwalter seines frühen Ruhms. Bis in die 2010er Jahre hinein absolvierte er diverse Gastauftritte bei Konzerten und in Dokumentationen.

Little Richard stand aufgrund seines charismatischen Auftrittsstils, seiner vieldeutigen Texte und diverser, teilweise mit Haftstrafen geahndeter Skandale im Zusammenhang mit sexuellen Delikten Mitte der 1950er Jahre im Fokus konservativer Kritik an der moralischen Verworfenheit des Rock 'n' Roll. Schwer hinnehmbar für die zeitgenössische Wahrnehmung war darüber hinaus, dass sich in seiner Starperson der infantile Chaot mit dem androgynen Anarchisten mischte. Richard nannte sich selbst „King and Queen of Rock 'n' Roll",[12] schon zu Beginn seiner Karriere Anfang der 1950er Jahre sind Auftritte in der Drag-Szene Georgias unter dem Pseudonym Princess LaVonne verbürgt.[13] Die ikonische Bühnenfigur mit dickem Pancake-Make-up und Lippenstift, aufwändiger ca. 20 Zentimeter hoher Pompadour-Frisur und glitzernden Kostümen entwickelte er aus den Erfahrungen mit diesen Shows.[14] Interessanterweise erklärte Richard diesen Auftrittsstil rückblickend als taktisches Mittel: „We decided that my image should be crazy und way out, so that the adults would think I was harmless".[15] Auch die Mitglieder seiner Band verpflichtete er aus diesem Grund zum Tragen von Cross-Gender-Outfits. Damit folgte er einem Muster afroamerikanischer Selbstrealisierung, das seinerseits auf ein altes rassistisches, euroamerikanische Überlegenheit behauptendes Stereotyp verweist: den gedankenlosen, letzten Endes aber harmlosen Quatschmacher Sambo, eine US-Kinderbuchfigur des 19. Jahrhunderts.[16] Als Sambo inszeniert, hoffte Richard seine Shows spielen zu können, ohne das erwachsene angloamerikanische Publikum wirklich zu beunruhigen – und damit nicht nur das ökonomische Überleben zu sichern, sondern auch Übergriffen vorzubeugen, die ein afroamerikanischer Musikstar mit ethnisch diverser weiblicher Anhängerschaft in der segregierten Gesellschaft des US-amerikanischen Südens Mitte der 1950er Jahre immer zu befürchten hatte.

Das Signal, das seine sensationellen Crossover-Erfolge setzten, ließ sich dann allerdings nicht mehr mit dieser Strategie auffangen. Zwar ging der rebellische Grundton des Rock 'n' Roll, der im Mittelpunkt seiner zeitgenössischen Rezeption stand, auch auf mediale Zuschreibungen und Abwehrreflexe konservativer Institutionen zurück.[17] Richards spezifische Mischung aus *blackness*, effeminiertem Auftreten und auftrumpfender *foolery* geriet

---

[12] W. T. Lhamon: *Deliberate Speed. The Origins of a Cultural Style in the American 1950's*. Boston, MA 2002, 93.

[13] Lhamon: *Deliberate Speed*, 93.

[14] Charlie Gillett: *The Sound of the City*. New York, NY 1970.

[15] Zit. nach Ellis: *Rebels with Attitude*, 33.

[16] Lhamon: *Deliberate Speed*, 2002.

[17] Brian Ward: *Just My Soul Responding. Rhythm and Blues, Black Consciousness, and Race Relations*. Los Angeles, CA 1998.

dennoch zur Attacke auf zentrale Leitvorstellungen der US-amerikanischen Gesellschaft.[18] Richard Wayne Penniman starb am 9. Mai 2020 in Tullahoma, Tennessee. Die Pop-Historiografie stuft ihn als wichtigsten afroamerikanischen Rock-'n'-Roll-Pionier neben Chuck Berry und „archetypal rock 'n' roll screamer and sexual striptease artist"[19] ein, dessen Bedeutung für die Popmusik insbesondere der 1960er Jahre u. a. von Paul McCartney und Rolling Stones-Gitarrist Keith Richards mehrfach unterstrichen worden ist.

---

[18] Tom Waldman: *We All Want to Change the World. Rock and Politics from Elvis to Eminem.* Lanham, MD 2003.

[19] Palmer: *Blues & Chaos,* 209.

Elvis Presley

Heinrich Detering

Was der Neunzehnjährige mit dem hinterwäldlerisch klingenden Vornamen 1954 und 1955 auf den Bühnen der Südstaaten vollführt, mit auffallender Kleidung, gestylter Pomadefrisur und exzentrischen Tanzbewegungen, begeistert das Publikum und bringt die Veranstalter in Verlegenheit. Frank Page zum Beispiel, Moderator der auch im regionalen Radio populären Country-konzerte namens Louisiana Hayride, sucht jedes Mal ein besseres Wort für den „new, distinctive style" des Elvis Presley: eine Art *folk music* mit Beat, ein „Western Bop", aus dem Hinterland der Hillbillys, „Folk-Beat-Music" (zu hören auf der dritten CD von *A Boy from Tupelo*, 2012).[1] Beim Jimmie-Rodgers-Country-Festival in Mississippi im Sommer 1955 fragt sich ein anderer Moderator, ob das, was Elvis veranstalte, überhaupt noch Countrymusik sei: „We never have definitely settled exactly what kind of music he sings." (Ebd.) Auch das drei Jahre zuvor vom Radio-Discjockey Alan Freed eingeführte Wort ‚Rock 'n' Roll' war auf Hits wie Bill Haleys *Rock Around the Clock*[2] gemünzt und passte nicht hierher.

In einem Holzschuppen aus nur zwei Zimmern kommt Elvis am 8. Januar 1935 zur Welt, als überlebender Bruder eines tot geborenen Zwillings, im Armenviertel der Stadt Tupelo, Mississippi.[3] Sein Vater Vernon ist Gelegenheits-

---

[1] Elvis Presley: *A Boy from Tupelo. The Complete 1953–55 Recordings*. Drei CDs, mit Begleitbuch hg. von Mikael Jørgensen. Follow That Dream 2012.

[2] Bill Haley: *Rock Around the Clock*. Decca 1954.

[3] Biografische Daten werden im Folgenden zit. nach Peter Guralnick: *Last Train to Memphis. The Rise of Elvis Presley*. Boston, MA/New York, NY/London 1994 und nach Peter Guralnick: *Careless Love. The Unmaking of Elvis Presley*. Boston, MA 1999.

arbeiter, seine Mutter Gladys arbeitet saisonweise als Baumwollpflückerin. Als Elvis drei Jahre alt ist, fälscht sein Vater aus Hunger einen Scheck, wird erwischt und von einer kalten Klassenjustiz zu dreijähriger Gefängnisstrafe mit Zwangsarbeit verurteilt. Nach seiner vorzeitigen Entlassung zieht die Familie an den Rand des Schwarzenviertels Shake Rag. Elvis' Eltern wohnen nicht nur in nächster Nähe zur Schwarzen Unterschicht, sie arbeiten auch Seite an Seite mit Schwarzen und verarmten Weißen.[4] So sehr auch die Gesetze auf strikter Segregation beharren, in dieser Welt, in der innerhalb der Unterschicht allein die Hautfarbe als letztes Distinktionsmerkmal gelten kann, sind *race* und *class* unauflöslich ineinander verschränkt.[5]

Als Elf- und Zwölfjähriger läuft Elvis in den Kaufmannsladen eines Schwarzen Nachbarn und lauscht Jamsessions; in Kirchen erlebt er afroamerikanische Gospel-Performances; bei Partys und an den Straßenecken des Shake Rag-Viertels sind Bluesgitarristen wie Willie C. Jones, Charlie Reese und Lonnie Williams zu hören. Über Mitschüler lernt er lokale Countrysänger kennen, Leute, die das Schmähwort ,Hillbilly' positiv umdeuten.

In Memphis, Tennessee findet Vernon Arbeit in der Rüstungsindustrie. Hier pulsiert die Schwarze Musikkultur wie an nur wenigen Orten in den USA. Entlang der Beale Street artikuliert sich in Musikclubs wie dem Club Handy, in Kneipen und Modeläden eine selbstbewusste Schwarze Gegenkultur. Sie zieht den heranwachsenden Elvis magisch an. Der mittelmäßige Schulabsolvent sieht jetzt im Modeladen der Lansky Brothers zum ersten Mal die flamboyante Kleidung in Schwarz und Pink, die er später auf der Bühne tragen wird, kleidet und frisiert sich, wie es die Schwarzen Stars in den Clubs tun. Mit seinen Schwächen auffällig zu sein, mit Selbstbewusstsein zu provozieren: Der Einzelgänger aus dem Subproletariat von Tupelo lernt von den Schwarzen Musikern in Memphis, wie man ein Stigma in eine Auszeichnung verwandelt.

Hier begegnet Elvis zugleich neuen Vorbildern aus der glitzernden urbanen Welt des weißen Show Business: Tony Curtis, Marlon Brando, Dean Martin. Aus alldem und aus Comic-Strip-Helden wie Captain Marvel setzt der Heranwachsende allmählich das Bild zusammen, nach dem er sich – Kompensation seiner Schüchternheit und Isolation – selbst stilisiert. Dazu gehören die schwarz gefärbten und gegelten Haare, die Koteletten und das Blitz-Emblem als Abzeichen sowie die bunten Kostüme.

Während auch in Memphis Radiostationen und Plattenfirmen strikt nach Hautfarben getrennt sind, verdient *ein* weißer Plattenproduzent sein Geld damit, diese musikalische Apartheid programmatisch zu ignorieren. Sam Phillips betreibt sein kleines Sun-Label für Musik Schwarzer und weißer

---

[4]Hier und im Folgenden übernehme ich zur Vermeidung rassistischer Stereotype die mittlerweile etablierte Schreibweise des Adjektivs ,Schwarz' mit Großbuchstaben.
[5]Vgl. dazu Elaine Dundy: *Elvis und Gladys*. Mississippi, MS 1986.

Künstler. Er hat 1951 Ike Turner entdeckt, die ersten Singles von Howlin'
Wolf und Rufus Thomas und die meisten der frühen Songs von B. B. King
aufgenommen; bei ihm hat Little Junior Parker zum ersten Mal *Mystery
Train*[6] eingespielt. Später, nach Elvis, nimmt er auch den jungen Roy Orbison unter Vertrag, dann Carl Perkins, Jerry Lee Lewis und Johnny Cash. Er
habe während all dieser frühen Jahre immer nur einen – unmöglichen – Gedanken obsessiv verfolgt, hat Sam Phillips später oft erzählt: einen Weißen in
sein Studio zu holen, der singt wie ein Schwarzer und mit dessen Hilfe sich
die Rassenschranken wenigstens in der Musik aufheben ließen. Am 4. Juli
1954 probiert der probeweise ins Studio geholte Sun-Fan Elvis zunächst ein
paar Schnulzen aus. In einer Aufnahmepause albert er dann mit dem Gitarristen Scotty Moore und dem Bassisten Bill Black herum und improvisiert
Arthur Crudups Bluesnummer *That's All Right*.[7] In diesem Augenblick erweist sich der weiße Junge aus dem Shake Rag als das gesuchte Wunderkind.

Sein Sound beruht von diesem Anfang an auf Country-, Blues- und Go-
spelidiomen zugleich. Schon in den ersten veröffentlichten Sun-Aufnahmen
balancieren die akrobatischen Bewegungen seiner Stimme zwischen Blues-
Manierismen, Dean Martins Gentleman-Tenor und dem Gospel von Tupelo. Elvis mit seiner akustischen Rhythmusgitarre, Scotty Moores elektrische
Leadgitarre und Bill Blacks akustischer Stand-up-Bass; das ist alles. Anstelle
des Schlagzeugs, das mit D. J. Fontana erst später dazukommt, wird der
Bass in solcher Weise geschlagen, dass die Saiten hörbar vom Klangkörper
zurückprallen: *slap-bass*. Diese Technik hat einen genau bestimmbaren kulturellen und sozialen Ort. So musizieren die Afroamerikaner, zum Beispiel
beim Barbier, der auch Drinks ausschenkt. Das *barrelhouse* hat dieser Spielweise den populären Namen gegeben; der *slap-bass* ist ihr akustisches Signal.
Manchmal führt Elvis' Gesang einen Dialog mit diesem Bass; dann löst sich
der Text in rhythmische Dynamik auf, im virtuosen „B-b-b-baby"-Scat.[8]

That's All Right ist die A-Seite der ersten Single, die Elvis bei Sun veröffentlicht.[9] Die B-Seite ist Bill Monroes *Blue Moon of Kentucky*, zerlegt
im Rhythmus des *slap-bass*. Elvis stößt zu Beginn die Wörter „blue moon"
dreimal atemlos hervor, dann entstellt er den romantischen *country waltz*
zu einem rockenden Rhythm-and-Blues-Song. Hier wie dort singt er gegen
alles an, was den Song zuvor ausgemacht hat. Crudups robusten Bluesgesang
ersetzt er durch eine einschmeichelnde Melodielinie, im lyrischen Tenor,
abwechselnd gutturaal-gaumig, volltönend maskulin und *raunchy*, intim nah
am Mikrophon und pathetisch raumfüllend. In den Live-Konzerten werden
diese Spannungen explodieren.

---

[6]Little Junior Parker: *Mystery Train*. Sun 1953.
[7]Arthur Crudup: *That's All Right*. RCA Victor 1947.
[8]Vgl. z.B. Elvis Presley: *Baby, Let's Play House*. Sun 1955.
[9]Elvis Presley: *That's All Right*. Sun 1954.

In einer klassischen Analyse hat der Musikwissenschaftler Richard Middleton 1979 Elvis' frühen Gesang beschrieben.[10] Er unterscheidet zwischen dem „romantic lyricism"[11] des weißen Tenors und dem, was es in den Gospel-Gottesdiensten oder bei den Hauspartys der Schwarzen Unterschicht zu hören gab, *gospelization* und *boogification*. Die volle, warme Bruststimme zielt auf sanfte Gleichmäßigkeit der Melodielinie, des Atems, der Phrasierung, auf die Klarheit eines vom Körper möglichst gelösten Gesangs. *Boogification* und *gospelization* hingegen unterlaufen das in synkopierten „cross-rhythm[s]".[12] In *Fool*[13] etwa verdoppelt und zerdehnt Elvis die Wörter, stößt einzelne Silben heftig hervor, lässt die Bruststimme ins Falsett kippen, umtanzt die Melodielinie und singt wie im Duett mit sich selbst; Middleton nennt das „vocal orchestration",[14] bei asketischster Instrumentierung. Dabei wird nicht nur der Song hörbar, sondern auch der Körper, der ihn hervorbringt: atmend und schnalzend, kieksend, keuchend und seufzend. Als dies später zum Merkmal der *soul music* wurde und Elvis selbst Aufnahmen in den Stax-Studios machte, nannte James Brown ihn „my soul brother".[15]

Seit es den Begriff der *cultural appropriation* gibt, wird er auf Elvis angewandt. Elvis habe, so der Vorwurf, den Afroamerikanern ihre Musik weggenommen, sie kommerziell angepasst und an die weiße Mittelklasse verkauft. Das scheint unmittelbar plausibel. Aber Elvis kommt nicht von der einen Seite, um sich der anderen zu bemächtigen; er lebt von Kindheit an zwischen den Seiten, in einer Zwischenwelt der Rassen und der Klassen, in der er einerseits der Lebenswelt der Schwarzen bis an den Rand der Identifikation nahekommt, andererseits aber dank seiner Hautfarbe dem Rassismus, den er täglich miterlebt, selbst entgeht. *Hound Dog*[16] etwa, von Big Mama Thornton 1953 unvergleichlich bluesiger gesungen als von Elvis 1956, stammte von dem weißen Songwriter-Duo Leiber und Stoller in New York; Elvis' Vorlage war nicht Big Mamas Version, sondern die Popversion einer weißen Combo namens Freddie and the Bellboys. Allerdings verdiente Elvis mit seiner Version erheblich mehr als alle Vorgänger zusammen; und weder er selbst noch seine Plattenfirma zeigten sonderliche Lust, diesen Profit zu teilen. Das änderte sich später. Elvis' kometenhaften Aufstieg zum Superstar aber hat es dauerhaft überschattet.

Unter den jungen Schwarzen Musikern, für die genau dieser Elvis zum Idol wird, sind Little Richard und der junge Jimi Hendrix – weil Elvis, so der

---

[10]Vgl. Richard Middleton: All Shook Up? Innovation and Continuity in Elvis Presley's Vocal Style (1979). In: Ders.: *Musical Belongings. Selected Essays.* Farnham 2009, 1–11.

[11]Ebd., 3.

[12]Ebd.

[13]Elvis Presley: *Fool.* RCA Victor 1973.

[14]Richard Middleton: All Shook Up?, 4.

[15]Adam Victor: *The Elvis Encyclopedia.* New York, NY 2008, 56.

[16]Big Mama Thornton: *Hound Dog.* Peacock 1953.

Hendrix-Biograf Philip Norman, „der erste weiße Sänger war, der mit einer Körpersprache auftrat, wie man sie nur von Schwarzen Performern kannte."[17] B. B. King hat Elvis' Sound als „blackish" bezeichnet: In einer Welt der Segregation, in der alles entweder schwarz oder weiß ist, artikuliert er das ausgeschlossene Dritte. Es ist für Elvis das Vertraute. In dieser Zwielichtzone ist er aufgewachsen.

Binnen kürzester Zeit wird Elvis zu einem nationalen Phänomen, bei weißen wie bei Schwarzen Hörern. Als die Fachzeitschrift *Cashbox* die Rhythm-and-Blues-Hitparaden von 1949 bis 1971 untersuchte, fand sie, dass Elvis in der Beliebtheit afroamerikanischer Hörer in den USA den neunzehnten Platz einnahm – aber er ist in diesen zweiundzwanzig Jahren der einzige weiße Musiker, der überhaupt auf der Liste erscheint.

Die großen Fernseh-*Variety*-Shows von Ed Sullivan, Milton Berle, den Dorsey Brothers machen den Außenseiter zum Star und zum Skandal. In diesen ungemein populären Familienshows erscheint Elvis wie ein Tiger im Streichelzoo. Seine extravagante Kostümierung visualisiert die Überschreitungen, die seinen Gesang ausmachen; seine improvisierten Tanzbewegungen übertragen die rhythmischen Impulse der Musik in Bewegung: eine Verselbständigung des Körpers, lasziv und so offensiv sexy wie ein Tabledance, eine Verwirrung der Geschlechtergrenzen wie der Grenzen von *class* und *race*. Je ekstatischer das jugendliche Publikum in den Studios und vor den Bildschirmen reagiert, desto eindringlicher warnen konservative Kritiker vor dem ‚wilden Mann'. Mit dem nationalen Ruhm geht der Wechsel von Sun zu RCA Victor einher – mit neuen künstlerischen Entfaltungsmöglichkeiten und einem popmedialen Vertriebssystem, dessen vollendeter Beherrscher sein neuer Manager Tom Parker sein wird, *The Colonel*. Er entwickelt um Elvis herum ein ausgeklügeltes System von Marktstrategien und Merchandisingprodukten und macht ihn zum Gegenstand eines bis dahin beispiellosen Starkults für ein weißes Teenagerpublikum.

1956 erscheint bei RCA Victor Elvis' erstes Album: *Elvis Presley*. Es wird, nicht zuletzt dank seines ikonischen, bis in den Punk fortwirkenden Covers (The Clash zitieren es mit *London Calling* 1979)[18] ein internationaler Erfolg wie die gleichzeitige Single *Heartbreak Hotel*,[19] eine existenzialistisch düstere Einladung in die Unterwelt. Noch im selben Jahr kommt der erste Spielfilm mit Elvis in der Hauptrolle in die Kinos, LOVE ME TENDER.[20] Der Einzug des Millionärs in das Anwesen Graceland in Memphis, dieses durch Fleiß und Erwählung erreichte ‚Gnadenland' des Popweltruhms, erscheint wie die

---

¹⁷Philip Norman: *Jimi. Die Hendrix-Biografie*. Übers. von Stefan Rohmig. München 2020 (engl. 2020), 67–69.

¹⁸The Clash: *London Calling*. CBS 1979.

¹⁹Elvis Presley: *Heartbreak Hotel*. RCA Victor 1956.

²⁰Robert D. Webb (Regie): LOVE ME TENDER. USA 1956.

Erfüllung eines amerikanischen Traums aus Calvinismus und Hollywood. Selbst die brüske Unterbrechung durch die Einberufung in die Army 1958, sinnfälliges Anzeichen der Integration des Rebellen in den Mainstream der Mittelklasse, kann diese Etablierung des ultimativen amerikanischen Weltstars nicht verhindern.

Der Vertrag mit RCA Victor eröffnet nicht nur neue kommerzielle, sondern auch musikalische Möglichkeiten. Die avancierten Aufnahmetechniken, die Zusammenarbeit mit Vokalensembles wie den Jordanaires, neue Formate wie die Langspielplatte stimulieren und erweitern Elvis' Ausdrucksformen ebenso wie den Umgang mit neuen Genres. In seinem Horizont erscheinen nun Popsongs, populäre Opernarien und der Jazz. *Elvis is Back!*,[21] aufgenommen nach der Rückkehr von der Army, wird sein erstes perfektes, weil unterschiedlichste Ausdrucksformen in makellosen Performances integrierende Album – von Peggy Lees *Fever*[22] zurück bis an jene Weggabelung, an der sich Jazz und Rock getrennt haben, mit Elvis' Version von Lowell Fulsons Blues *Reconsider Baby*.[23] 1954 hatte er Fulson in Memphis mit diesem Song live erlebt. Jetzt beendet er sein elegant popfreundliches Album demonstrativ mit dieser Rootsmusik, als Bluessänger und Gitarrist wie von Anfang an.

Den musikalischen Mainstream lernt er in dieser Zeit zugleich zu bedienen und provokativ zu unterlaufen. Das *Elvis' Christmas Album*[24] etwa übernimmt Bing Crosbys *White Christmas*[25] in der Version des Schwarzen Gesangsquartetts The Drifters und treibt deren Manierismen dekonstruierend auf die Spitze: eine Pop-Art-Provokation, über die der Komponist Irving Berlin sich so empörte, dass er die Radiosender der USA zum Boykott der Aufnahme aufforderte. Solche Eskapaden sind riskant, und je weiter Elvis unter die Kuratel des Marktes gerät, desto energischer werden sie unterbunden. Am drastischsten vollzieht sich dieser Wechsel im Kino. Dass Elvis Vorbildern wie James Dean und Marlon Brando nacheifern will, weiß der Colonel zu unterbinden, nach anfänglichen Versuchen etwa mit dem CASABLANCA-Regisseur Michael Curtiz; stattdessen vermarktet er seinen Star zunehmend als Marketingprodukt für Teenager mit einer jahrelangen Serie billiger Filme und banaler Soundtrackalben.

Elvis' Befreiungsschlag aus dem Gefängnis des schlagersingenden Teenie-Stars bereitet sich ab 1966 mit Aufnahmen vor, die abermals bei den Americana-Wurzeln ansetzen. Das Gospelalbum *How Great Thou Art*[26] spielt

---

[21] Elvis Presley: *Elvis is Back!* RCA Victor 1960.

[22] Peggy Lee: *Fever*. Capitol 1958.

[23] Lowell Fulson: *Reconsider Baby*. Checker 1954.

[24] Elvis Presley: *Elvis' Christmas Album*. RCA Victor 1957.

[25] Bing Crosby: *White Christmas*. Decca 1942.

[26] Elvis Presley: *How Great Thou Art*. RCA Victor 1967.

weiße und Schwarze Ausdrucksformen ineinander; die *Guitar-Man*-Sessions experimentieren mit rauem Countryrock. Gleichzeitig entdeckt Elvis die Beatles und Bob Dylan für sich. Das Ergebnis ist eine einzige Fernsehsendung, die nicht nur sein Image, sondern die Popkultur verändert: das am 3. Dezember 1968 ausgestrahlte ELVIS '68 COMEBACK SPECIAL,[27] das von beinahe der Hälfte aller amerikanischen Fernsehzuschauer gesehen wird.[28] Anstelle der verlangten sentimentalen Weihnachtssendung für die weiße Mittelschicht hat Elvis mit dem Regisseur Steve Binder minutiös eine Show geplant, die in Spielszenen und Liveauftritten seine Geschichte als die Geschichte seiner Musik präsentiert. Sie zeigt einen souverän zwischen den Sounds und Formaten wechselnden Elvis für Erwachsene.

Das Rückgrat der Sendung bilden Ausschnitte aus halb improvisierten Konzerten im Studio und Jamsessions mit den Mitspielern der ersten Jahre, Anfang aller Unplugged-Aufnahmen. Elvis im schwarzen Lederanzug lässt sich mitreißen von den Songs, mit einer Blues-Intensität, wie sein Publikum sie seit Jahren nicht mehr erlebt hat. „Can't stop it now", ruft er in Lloyd Prices *Lawdy Miss Clawdy*[29] aus, bevor er mit Jimmy Reeds *Baby What You Want Me to Do*[30] die Show fortsetzt. Bei dem programmatischen Bekenntnis „Rock 'n' Roll music is basically gospel or rhythm-and-blues" lässt dann die Kamera sein Gesicht übergehen in dasjenige des Schwarzen Tänzers Claude Thompson, der einen schmerzvollen Solotanz zum Klagelied der Sklaven aufführt; da geht die Solidarisierung bis zur Identifikation. Dann tritt Elvis mit einem Trio Schwarzer Sängerinnen auf, die schon mit Marvin Gaye und Ray Charles musiziert haben, The Blossoms; auch darauf hat er gegen den Willen des Colonel bestanden. Als während der ersten Proben die Schüsse fallen, die Robert Kennedy töten, kurz nachdem Martin Luther King in Elvis' Heimatstadt Memphis ermordet wurde, ändert Elvis das Konzept noch einmal und singt nun als Schlusssong das eigens für diesen Anlass geschriebene *If I Can Dream*,[31] eine Adaptation von Martin Luther Kings „I Have a Dream".[32]

Das ELVIS '68 COMEBACK SPECIAL war das politische und künstlerische Statement eines Sängers, von dem niemand politische Statements erwartet hatte. Mit diesen fünfzig Minuten schüttelte Elvis die Lasten der Kinojahre ab; von nun an erscheint er in einer Überlebensgröße, die ihn noch einmal

---

[27] Steve Binder (Regie): ELVIS '68 COMEBACK SPECIAL. USA 1968.

[28] Vgl. dazu Ken Sharp: *Elvis. Vegas '69. The Story of the King's Return to the Concert Stage.* Chicago, IL 2009.

[29] Lloyd Price: *Lawdy Miss Clawdy.* Specialty 1952; Elvis Presley: *Lawdy, Miss Clawdy.* RCA Victor 1956.

[30] Jimmy Reed: *Baby What You Want Me to Do.* Vee-Jay 1959; Elvis Presley: Baby What You Want Me to Do. Auf: *Elvis.* RCA Victor 1968.

[31] Elvis Presley: *If I Can Dream.* RCA Victor 1968.

[32] Martin Luther King: I Have a Dream. In: Martin Luther King Jr./James Melvin Washington (Hg.): *I Have a Dream. Writings and Speeches that Changed the World.* New York, NY 1992, 101–106.

zu Höchstleistungen antreibt, ihn zur Heilandsgestalt des Pop verklärt und ihn zunehmend unter einen Druck setzt, unter dem er schließlich zusammenbricht.

Beflügelt von der öffentlichen Begeisterung beginnt Elvis im Januar 1969 Aufnahmen für ein neues Album im American Sound Studio in Memphis mit dem Ziel, Country- und Soulmusik zu verbinden. Der Produzent Chips Moman hat zuvor bei Stax Records mit Aretha Franklin und Wilson Pickett und mit Tammy Wynette gearbeitet; in ihm findet Elvis den idealen Begleiter. Wie Elvis nun auf dem Album *From Elvis in Memphis* (1969)[33] seine Stimme einsetzt, im Wechsel zwischen geschmeidigem Belcanto, rauer Aggression und rhythmischem Scat-Ächzen, erinnert an die frühen Aufnahmen bei Sun. Nur beherrscht er jetzt bewusst, was damals intuitiv geschah, zu oft Jazz- und Soul-affiner Begleitung. *Elvis is Back*, zum zweiten Mal.

Ebenfalls 1969 steht Elvis erstmals wieder auf der großen Bühne, im Las Vegas International Hotel, dem damals größten Hotel der Welt. In den zwei folgenden Wochen drängen mehr als hunderttausend Menschen in seine Konzerte. Es ist die größte musikalische Erfolgsserie, die Las Vegas erlebt hat, und der Anfang einer Konzertserie, die bis zu Elvis' Tod 1977 andauert, zunächst in Las Vegas, dann in Tourneen kreuz und quer durch die USA, einschließlich des weltweit ausgestrahlten *Aloha from Hawaii* 1973.

Fast auf den Tag genau acht Jahre nach der Aufnahme des Elvis '68 Comeback Special, am 17. August 1977, wird Elvis, schon jahrelang tablettensüchtig, tot im Badezimmer von Graceland aufgefunden. Was sich zwischen diesen beiden Daten ereignet, ist oft als ein *Rise-and-Fall*-Drama erzählt worden, eine Geschichte von Hybris und Untergang. Doch nichts an den Entwicklungen, die Elvis in diesen acht Jahren durchläuft, passt in ein einfaches Schema. Gerade die von Elvis immer weiter verfeinerte Choreografie, die aus den Konzerten spirituelle Massenerfahrungen machen sollte, inszeniert ihn mit allen Stärken und offensichtlichen Schwächen als einen – mit allen erforderlichen Accessoires ausgestatteten – Popschamanen, der in *An American Trilogy*[34] ein zerrissenes Amerika musikalisch heilen will.[35] Noch der sterbenskranke Mann, der in den späten Konzerten aufgedunsen und benebelt über die Bühne wankt, kann sich in Songs wie *Burning Love*[36] oder *Unchained Melody*[37] selbstvergessen zu eindringlichen Performances aufschwingen, mit einer Stimme, deren Volumen und Modulationsfähigkeiten so reich entfaltet sind wie nie zuvor.

---

[33] Elvis Presley: *From Elvis in Memphis*. RCA Victor 1969.
[34] Elvis Presley: *An American Trilogy*. RCA Victor 1972.
[35] Vgl. dazu Heinrich Detering: Der Schamane in Las Vegas: Elvis als Serienheld (1969–1977). In: Frank Kelleter (Hg.): *Populäre Serialität. Narration – Evolution – Distinktion*. Paderborn 2012, 75–96.
[36] Elvis Presley: *Burning Love*. RCA Victor 1972.
[37] Elvis Presley: *Unchained Melody*. RCA 1978.

Wenn der vom Verfall gezeichnete Sänger, der schon einmal im letzten Augenblick reanimiert wurde, mit vollem Körpereinsatz singt „And now, the end is near / And so I face the final curtain",[38] dann verwandelt sich die Sentimentalität des Songs in ein Pathos, das nur in den ersten Sekunden etwas Makabres hat. In Elvis' voluminösem Gesang gewinnt es eine schwer zu beschreibende Würde – als entwerfe er, gelassen und konzentriert, kurz vor dem Ende noch eine Inschrift für seinen eigenen Grabstein. Als er am 16. August 1977 stirbt, erklärt Präsident Jimmy Carter: „The death of Elvis deprives the country of a part of itself."[39]

[38] Hier zit. nach Elvis Presley: *My Way*. RCA 1977.
[39] Jimmy Carter: Statement by the President on the Death of Elvis Presley (1977). The American Presidents Project, presidency.ucsb.edu/documents/statement-the-president-the-death-elvis-presley (25.5.2025).

Frank Sinatra: *In the Wee Small Hours* (1955)

Gerhard Kaiser

Auch mit Frank Sinatra kann man die Popgeschichte beginnen lassen. Oder präziser: mit der Art und Weise, in der er das Mikrofon nutzt, um seine Stimme einzusetzen. An die Stelle des in der ersten Hälfte des 20. Jahrhunderts noch dominierenden, oft demagogischen Schreiens und Brüllens setzt er als einer der ersten eine Technik des leiseren und wärmeren Tonfalls, des *croonings*, die es ihm erlaubt, „auch vokale Artikulationen unterhalb des Gesungenen hörbar zu machen. [...] [E]r war der erste, der das Flüstern zu Musik zu einer genrefähigen Routine vervollständigte."[1] Aber nicht nur das. Mit dem von Voyle Gilmore produzierten, am 25. April 1955 auf Capitol Records veröffentlichten, neunten Studioalbum Sinatras scheint – zehn Jahre vor *Rubber Soul*[2] und gleich am ‚Beginn' des Popzeitalters – medien- wie inszenierungsgeschichtlich zum ersten Mal ein Phänomen auf, das man in der Rückschau als frühen Vorläufer der eigentlichen Albumphase der Popgeschichte bezeichnen kann. Mediengeschichtlich, weil mit Sinatras drittem Album für Capitol zunächst eher „unbemerkt das Zeitalter der Langspielplatte eingeläutet wurde"[3]: *In the Wee Small Hours*[4] ist Sinatras erste *Lang*-spielplatte im engeren Sinne, d.h. sein erstes Album, das unter anderem auch im damals noch eher exotischen, später dann etablierten 12-Inch- (30,5-cm-) Format erscheint. Ein Format, das es – anders als die bis dahin präferierten

---

[1] Diedrich Diederichsen: *Über Pop-Musik.* Köln 2014, 282.

[2] The Beatles: *Rubber Soul.* Parlophone 1965.

[3] Will Fulford-Jones: Frank Sinatra. In the Wee Small Hours (1955). In: Robert Dimery (Hg.): *1001 Alben. Musik, die Sie hören sollten, bevor das Leben vorbei ist.* 5., aktualisierte Aufl. Zürich 2010, 22.

[4] Alle Songs des Albums zit. nach Frank Sinatra: *In the Wee Small Hours* [Capitol 1955]. WaxTime 2012.

© Der/die Autor(en), exklusiv lizenziert an
Springer-Verlag GmbH, DE, ein Teil von Springer Nature 2026
C. Jürgensen und G. Kaiser (Hrsg.), *Eine Kulturgeschichte der Popmusik,*
https://doi.org/10.1007/978-3-662-72524-5_5

10-Inch- (25-cm-) und Singles-Kompilations-Alben[5] – ermöglicht, popmusikalische Ideen in einem größeren Zusammenhang und über eine längere Spieldauer hinweg zu entfalten. Die sechzehn Songs des Albums bringen es immerhin auf eine Spielzeit von knapp fünfzig Minuten. Aber es soll hier nicht vorrangig um Zahlen gehen. Denn jenseits solcher immer auch ermüdenden Zähl- und Messbarkeiten gilt Sinatras elegischer Songzyklus über die und aus den nachmitternächtlichen „frühen Morgenstunden"[6] als ein „amazingly integrated piece of work";[7] anders und inszenierungsgeschichtlich formuliert also als ein früher Prototyp des Konzeptalbums. Dessen Hauptmerkmal, eine erkennbare und beabsichtigte Grundidee, die die Songs eines Albums verbindet, zusammenhält und zu etwas anderem macht, als die volatile Abfolge von potenziellen oder tatsächlichen Hitsingles, lässt sich hier jedenfalls in allen Aspekten ‚durchbuchstabieren': Die themenzentrierte Auswahl, die Abfolge wie auch die Arrangements der Songs (hauptsächlich traditionelle Stücke oder Standards aus dem „Great American Songbook" u. a. von Richard Rodgers/Lorenz Hart, Duke Ellington, Hoagy Carmichael und Cole Porter) entwickelt Sinatra, nach seiner Rückkehr von einer erfolgreichen Australientournee Anfang des Jahres 1955, in einer akribischen Vorbereitungsphase. In enger Zusammenarbeit mit seinem Pianisten und Bandleader Bill Miller sowie dem werdenden Großmeister orchestraler Jazzarrangements, Nelson Riddle, entworfen – „often at night at Sinatra's house – working out every note, phrase and nuance"[8] –, befördern und illustrieren die vom Grundton einer zurückhaltend, aber effizient arrangierten „tender sadness"[9] getragenen Songs das zentrale Motiv des Albums: die Einsamkeit, die Trauer und die Sehnsucht des verlassenen Liebhabers. Die Gesamtstimmung des Albums wird gleich vom Eröffnungssong, wie in einem Motto, vorgegeben: „When your lonely heart has learned its lesson / You'd be hers if only she would call / In the wee small hours of the morning / That's the time you miss her most of all". Das Thema der Einsamkeit und Sehnsucht wird wie ein roter Faden weitergeführt in Duke Ellingtons *Mood Indigo* und in Hoagy Carmichaels ironisch-sardonischem *I Get Along Without You Very Well* („except when soft rains fall / and drip from leaves that I recall / The thrill of being sheltered in your arms") und gipfelt dann in Sinatras existenziell aufgeladener Interpretation des Cole Porter-Standards *What Is This Thing Called Love?*, mit dem die zweite LP-Seite eröffnet. Von Riddles mit dunkler Eleganz

---

[5] Auch *In the Wee Small Hours* erscheint zunächst noch als 10-Inch-Doppelplatte sowie in einer 45-rpm-Version mit vier Tonträgern.

[6] *In the Wee Small Hours of the Morning* lautet der vollständige Titel des im wahren Sinne des Wortes den Ton angebenden Eröffnungssongs.

[7] James Kaplan: *Sinatra. The Chairman*. London 2017, 41.

[8] Ebd., 40.

[9] Ebd., 41.

und verhaltener Opulenz arrangierten Orchesterparts (Klarinette, Streicher, Celesta) getragen, streift Sinatras Stimme hier nicht nur das für ihn eher ungewöhnliche Bassregister, sondern er improvisiert an entscheidender Stelle eine die Botschaft intensivierende Textänderung herbei: Statt wie im Original „You took my heart and threw it away" heißt es bei ihm im 21. und schließlich für das Album ausgewählten *take* des Songs syntaktisch redundant, semantisch indes effektiv: „You took my heart und threw *my heart* away". Dass es sich hier um ein Album handelt, das von emotionaler Kapitulation mehr als von dem Drang nach Vergeltung zeugt, verdeutlicht schließlich noch einmal mit Nachdruck dessen letzter Song, in dem der Hochwertbegriff des (geschundenen) Herzens erneut eine zentrale Rolle spielt: „I cry my heart out, it's bound to break / Since nothing matters, let it break."

Mit der auf Albumlänge gleichsam narzisstisch ausgestellten Verletzlichkeit des verlassenen Mannes – *Glad to Be Unhappy* heißt bezeichnenderweise der dritte Song auf der ersten Seite – inszeniert Sinatras Songzyklus auch ein verändertes Männerbild, das mit den Stereotypen des von ihm selbst zuvor gerne bedienten *tough-guy*-Images bricht und durch das nicht minder stereotype Bild des *loners* ersetzt. Visuell fügt sich in diesen konzeptuellen Zusammenhang auch die nach einer fotografischen Vorlage von William Claxton gestaltete, mittlerweile ikonische Coverzeichnung. Sie zeigt am rechten Bildrand einen im *medium shot* und in Profilansicht porträtierten, sinnierenden Sinatra, der – den Fedora leicht aus der Stirn geschoben, eine glimmende Zigarette in der Hand – einsam in einer von Laternen nur schwach beleuchteten Gasse steht. Der *film noir* wird gegrüßt. In seiner Authentizität gesteigert werden das Albumkonzept wie das Konzeptalbum des verlassenen Mannes nur noch durch dessen autobiografische Beglaubigung: Sinatra hat *In the Wee Small Hours* als sein „Ava-Album"[10] bezeichnet, mithin als jenes Kunstwerk, in und mit dem er die Trennung von seiner zweiten Ehefrau, der Filmschauspielerin Ava Gardner, die ihn kurz zuvor verlassen hatte, verarbeitet hat. Natürlich hat er keinen dieser Songs selbst geschrieben.[11] Sinatra ist, darin Elvis ähnlich, kein Songwriter, sondern ein kongenialer Sänger, Verkörperer und Darsteller von Songs. Allerdings verleiht die öffentlich rezipierte Aura des Selbsterlebten, die diese ausgewählten Songs umgibt, dieser Verkörperung eine autobiografisch grundierte Dignität. Im Moment der Darbietung sind es *seine* Songs.[12]

---

[10]Ebd., 42.

[11]Lediglich beim letzten Song des Albums, *This Love of Mine*, ist eine Mitautorschaft Sinatras verzeichnet.

[12]Fast eine pophistorische Gesetzmäßigkeit, könnte man meinen. So erzeugt etwa auch Johnny Cashs Version von Trent Reznors *Hurt* vor dem Hintergrund (besser: *nur* vor dem Hintergrund) von Cashs autobiografischer Beglaubigungsszenerie den Eindruck, als sei dies eigentlich *sein* Song und nicht derjenige des Nine-Inch-Nails-Frontmannes (Johnny Cash: *Hurt*. American Recordings/Lost Highway 2003; Nine Inch Nails: *Hurt*. TVT/Interscope/Nothing 1995).

Cover von Frank Sinatras *In the Wee Small Hours,* Imusic / Alamy

Die Befürchtungen der Plattenfirma, das eingedunkelte Sujet des Albums könne die an einen beschwingteren Sinatra gewohnte Käuferschaft abschrecken, erwiesen sich als unbegründet: *In the Wee Small Hours* landet rasch auf Platz 2 der Billboard Charts, hält sich dort 18 Wochen und wird 1984 in die Grammy Hall of Fame aufgenommen.[13] Bis zur Jahrtausendwende sollten sich mehr als eine halbe Million Exemplare verkaufen. In einem engeren Sinne wird so das Fazit des Sinatra-Biografen James Kaplan, mit diesem Album habe der Sänger „his sadness into gold"[14] verwandelt, noch einmal bestätigt. Doch nicht nur aus merkantiler Perspektive ist Sinatras neuntes Album ein Wurf für die Pop-Ewigkeit. In ästhetischer Hinsicht gilt es mittlerweile als Blaupause aller noch folgenden Trennungs- und Sehnsuchtsverarbeitungs-Großtaten geschundener Männerseelen, deren Spektrum von Dylans *Blood on the Tracks*[15] über Claptons *Layla*[16] bis hin zu Richard und Linda Thompsons *Shoot Out The Lights*[17] reicht. Blut, bzw. Tränen waren schon in die Rillen von Sinatras Trennungsalbum geflossen. Und das Gefühl, dass es mit diesem Album auch in künstlerischer Hinsicht etwas Besonderes auf sich hat, scheint den Besitzer eines gebrochenen Herzens schon während der Arbeiten an den Songs beschlichen zu haben. Nach dem finalen *take* von *What Is This Thing Called Love?*, einem der interpretatorischen und musikalischen Höhepunkte des Albums, soll er sich zu Nelson Riddle umgedreht

---

[13] So nachzulesen in den anonymen *liner notes* auf dem Back-Cover der 2012 bei WaxTime Records erschienenen Ausgabe des Albums.

[14] James Kaplan: *Sinatra*, 41.

[15] Bob Dylan: *Blood on the Tracks*. Columbia 1975.

[16] Derek and the Dominoes: Layla. Auf: *Layla and Other Assorted Love Songs*. RSO 1970.

[17] Richard and Linda Thompson: *Shoot Out The Lights*. Hannibal 1982.

und, begeistert von dessen luzidem Arrangement, gesagt haben: „Nelson, you're a gas." Der ernsthafte, eher wortkarge und scheue Riddle soll geantwortet haben: „Likewise."[18]

---

[18] James Kaplan: *Sinatra*, 43.

Buddy Holly: *Peggy Sue* (1957)

David-Christopher Assmann

Buddy Hollys *Peggy Sue* gilt heute als eine der vitalsten Artikulationen erotischen Begehrens – eine Rezeption, die die Geschichte des Songs eigentlich gar nicht hergibt. *Peggy Sue* erscheint am 20. September 1957 bei Coral Records als Single mit der B-Seite *Everyday*. Der Song folgt auf *That'll Be the Day* (veröffentlicht am 27. Mai 1957)[1] und festigt Hollys Status als Rockabilly-Newcomer. In den US-Billboard-Charts erreicht *Peggy Sue* Platz 3.[2] Die knapp zweieinhalb Minuten lange Aufnahme ist auch auf Hollys Debütalbum *Buddy Holly* zu finden, das am 20. Februar 1958 erscheint.[3] Der Song fehlt auf so gut wie keiner popmusikgeschichtlichen Bestenliste und zählt laut einer Ausgabe des *Rolling Stone* von 2010 zu den „500 Greatest Songs of All Time".[4]

Zusammen mit *Listen to Me, Oh, Boy!* und *I'm Gonna Love You Too*[5] wird *Peggy Sue* zwischen dem 29. Juni und 1. Juli 1957 im Studio von Norman Petty im kalifornischen Clovis eingespielt. Auf der Single ist nur Hollys Name angegeben. Beteiligt sind darüber hinaus The Crickets: Jerry

---

[1] Buddy Holly and the Three Tunes: *That'll Be the Day*. Decca 1957. Erfolgreicher war die spätere Aufnahme, aber frühere Veröffentlichung von The Crickets: *That'll Be the Day*. Brunswick 1957 (Vgl. en.wikipedia.org/wiki/That%27ll_Be_the_Day, 25.3.2025).

[2] Vgl. tsort.info/music/3mfe7w.htm (5.12.2022).

[3] Buddy Holly: *Buddy Holly*. Coral 1958.

[4] Vgl. Rolling Stone's 500 Greatest Songs of all time (2010 Edition). Hier zit. nach web.archive.org/web/20130706024325/http://www.last.fm/user/RadioKaKa/journal/2013/05/10/5tkd33_rolling_stone's_500_greatest_songs_of_all_time_(2010_edition) (5.12.2022).

[5] Buddy Holly: *Listen to Me*. Coral 1958; The Crickets: Oh, Boy! Auf: *The "Chirping" Crickets*. Brunswick 1957; Buddy Holly: *I'm Gonna Love You Too*. Coral 1957.

© Der/die Autor(en), exklusiv lizenziert an
Springer-Verlag GmbH, DE, ein Teil von Springer Nature 2026
C. Jürgensen und G. Kaiser (Hrsg.), *Eine Kulturgeschichte der Popmusik*,
https://doi.org/10.1007/978-3-662-72524-5_6

I. Allison am Schlagzeug, Joe B. Mauldin am Kontrabass und Niki Sullivan, der eigentlich Rhythmus-Gitarre spielt, in diesem Fall aber nur eine Holly unterstützende Rolle übernimmt. Zum Zeitpunkt der Aufnahme haben Buddy Holly & The Crickets auf ihren Konzerten bereits eine frühe Fassung des Songs gespielt, allerdings in einem Latino-Beat und unter dem Titel *Cindy Lou*. Als Drummer Allison sich für die Aufnahme mit einem Paradiddle-Beat aus Sechzehntelnoten ohne Snare Drum aufwärmt, gefällt Holly der ebenso stampfend-monotone wie vitale Rhythmus, bei dem es sich um eine Standardübung für Schlaginstrumente handelt, so sehr, dass er vorschlägt, ihn für den Song zu verwenden. Allison regt an, den Titel *Cindy Lou* – eine Anspielung auf die Tochter von Hollys Schwester Patricia Lou Holly Kaiter – durch den Namen seiner Freundin Peggy Sue Gerron zu ersetzen.[6] Mit dem veränderten Rhythmus und dem Wechsel der Angesprochenen „from toddler in pigtails to svelte high school majorette"[7] ist die Basis von *Peggy Sue* gelegt.

Um Allisons Schlagzeug, dessen Sound so laut ist, dass es aus dem Studio in den Rezeptionsbereich verlegt wird,[8] aufzunehmen, wechselt Petty den Kontrollschalter seiner Echo Chamber kontinuierlich und schnell zwischen ‚Aus' und ‚Ein', sodass sich die Paradiddles klanglich verdoppeln und der Song seine „recotic throbbing sensation"[9] erhält. Es entsteht der Eindruck, als hämmerten gleich zwei Schlagzeuger einen dunklen Voodoo-Beat gegen Hollys nicht weniger unerbittlichen Gitarrenanschlag.[10] Der rhythmisch völlig veränderte Song verunmöglicht es Holly, für das Lead-Break den Schalter seiner Fender Stratocaster von der Rhythmus-Position in die Lead-Position umzulegen. Er bittet deshalb Sullivan, vor seinen Füßen zu knien und den Switch umzustellen, sobald er ein Zeichen gibt.[11] Auch wenn oder gerade weil Hollys Gitarrenspiel in seiner Struktur und Ausführung einfach erscheint, ist es als „the greatest rhythm guitar solo in all rock 'n' roll"[12] beschrieben worden.

Der Trance-Effekt, den das kongeniale Zusammenspiel von Holly und Allison erzeugt,[13] wird durch die gesangliche Performance der nur rudimentär entwickelten Lyrics verstärkt. In ihrer Einfachheit und Wiederholungs-

---

[6] Vgl. Richard Crouse: *Big Bang, Baby. Rock Trivia*. Toronto/Oxford 2000, 25.

[7] Philip Norman: *Buddy. The Definitive Biography of Buddy Holly*. London 2009, 142.

[8] Vgl. ebd., 141.

[9] Steve Sullivan: *Encyclopedia of Great Popular Song Recordings*. Bd. 1. Lanham, MD 2013, 543–544, hier 544.

[10] Vgl. Norman: *Buddy,* 142.

[11] Vgl. Ellis Amburn: *Buddy Holly. A Biography*. New York, NY 1995, 78f.; in der *Ed Sullivan Show* vom 1. Dezember 1957 spielen Buddy Holly & The Crickets *Peggy Sue* zu viert, allerdings wird Holly im Lead-Break abgeblendet. Vgl. youtube.com/watch?v=_qQzuvfvBdE (5.12.2022).

[12] Zit. nach Amburn: *Buddy Holly*, 79, Fn. 176.

[13] Vgl. Thomas Ryan: *American Hit Radio. A History of Popular Singles From 1955 to the Present*. Rocklin, CA 1996, 27.

struktur sind die Lyrics zunächst durchaus „childlike"[14] zu nennen. In ihrem Zentrum steht ein „gal", über das das Publikum nicht mehr erfährt, als dass es ihrem launischen Geliebten das Gefühl gibt, „blue" zu sein. Das Song-Ich gibt an, das Mädchen trotzdem noch zu lieben, „with a love so rare 'n' true". Holly singt mit einer solchen Überzeugung, dass keine Zweifel an der Aufrichtigkeit der Gefühle des Song-Ichs aufkommen können: „I love you gal, and I need you, Peggy Sue". Das Ich wiederholt den Namen immer wieder in Variationen: mal im Modus eines verzückten Seufzers, mal als eine Art Schluckauf („Uh-oh, Peg-gy!"), mal in sprachloser Schüchternheit nur gemurmelt, mal in einem sechssilbigen Schulhof-Ruf („Sue-oo -oo- oo-oo-oo"), mal verwandelt als eingehende Lobrede.[15] David Dalton und Lenny Kaye hören Hollys *phrasing* als derart mit dem Gitarrenspiel verstrickt, „it almost sounds as if his heart strings are literally being plucked."[16] Auch Paul Williams erkennt ein Verlangen „in the vocal, and Buddy goes into his lead guitar break, which is entirely and unforgettably a celebration of wanting".[17]

Peggy Sue ist vielfach gecovert worden, unter anderem von den Beach Boys, die den Song auf ihrer LP *M.I.U. Album* von 1978 unterbringen.[18] Kurz vor seinem unerwarteten Tod[19] nimmt Holly im Dezember 1958 eine Fortsetzung von *Peggy Sue* mit dem Titel *Peggy Sue Got Married* auf.[20] Unter Verwendung des Demotapes, auf dem nur Hollys Gesang und Gitarre zu hören sind, spielen die Crickets 1959 eine Version des Songs ein.[21] Unter der Regie von Francis Ford Coppola erscheint 1986 die Spielfilm-Komödie PEGGY SUE GOT MARRIED.[22]

---

[14] Sullivan: *Encyclopedia of Great Popular Song Recordings*, 543.

[15] Norman: *Buddy*, 142.

[16] David Dalton/Lenny Kaye: *Rock 100. The Greatest Stars of Rock's Golden Age*. New York, NY 1999, 28.

[17] Paul Williams: *Rock and Roll. The 100 Best Singles*. New York, NY 1993, 35f.

[18] Vgl. The Beach Boys: *M.I.U. Album*. Reprise 1978.

[19] Holly kommt am 3. Februar 1959 bei einem Flugzeugabsturz nahe Mason City ums Leben. Auch die Musiker Ritchie Valens und The Big Bopper (Jiles Perry Richardson), die wie Holly auf dem Weg zu einem Auftritt in Moorhead sind, sterben bei dem Absturz.

[20] Buddy Holly: *Peggy Sue Got Married*. Coral 1959.

[21] The Crickets: *Peggy Sue Got Married*. Coral 1960; Vgl. auch https://en.wikipedia.org/wiki/Peggy_Sue_Got_Married_(song) (31.3.2025).

[22] Francis Ford Coppola (Regie): PEGGY SUE GOT MARRIED. USA 1986.

Chuck Berry: *Johnny B. Goode* (1958)

Christian Bielefeldt

Aus dem Blickwinkel des Nachruhms betrachtet, erreicht die Karriere des Singer-Songwriters und Gitarristen Chuck Berry (1926–2017) mit *Johnny B. Goode* (1958)[1] ihren Zenit. Eine Welle von Crossover-Hits hatte in den drei Jahren zuvor die Ausdifferenzierung des US-Musikgeschäfts ausgelöst, kleine Labels und Radiosender ließen eine ethnisch diverse, mit den Erfolgen von Bill Haley und Elvis Presley international verbreitete Jugendkultur entstehen. *Johnny B. Goode* schwamm auf dieser Welle zunächst eher unauffällig mit, anders als Berrys *Sweet Little Sixteen* (1958)[2] verfehlte der Song die Spitze der R-'n'-B-Charts (Nr. 73 Year-End US-Billboard Hot 100). Der hohe Stellenwert des Songs für die Beat- und Rockbands der 1960er Jahre lässt diese Zahlen allerdings schnell vergessen.[3] Nicht zuletzt die Häufung von Coverversionen (Beatles, Rolling Stones, Bon Jovi, B.B. King, Sex Pistols, Carlos Santana u. a.) machten aus ihm einen der meistgespielten Rock-'n'-Roll-Klassiker überhaupt. *Johnny B. Goode* wird als Nr. 33 in den 500 Greatest Songs of All Time des *Rolling Stone Magazine* geführt[4] und ist auf dem Datenträger enthalten, mit dem die Voyager I-Raumsonde seit 1977 durch das All reist.[5]

---

[1] Chuck Berry: *Johnny B. Goode*. Chess 1958.

[2] Chuck Berry: *Sweet Little Sixteen*. Chess 1958.

[3] Robynn Stilwell: Music of the Youth Revolution. Rock Through the 1960's. In: Nicholas Cook/ Anthony Pople (Hg.): *The Cambridge History of Twentieth Century Music*. Cambridge 2004, 418–452.

[4] Jonathan Bernstein et al.: The 500 Greatest Songs of All Time. In: *Rolling Stone*, 16.2.2024, rollingstone. com/music/music-lists/best-songs-of-all-time-1224767/daddy-yankee-feat-glory-gasolina-1225288/ (8.4.2025).

[5] NASA: Golden Records Sounds and Music, science.nasa.gov/mission/voyager/golden-record-contents/ sounds/ (8.4.2025).

© Der/die Autor(en), exklusiv lizenziert an
Springer-Verlag GmbH, DE, ein Teil von Springer Nature 2026
C. Jürgensen und G. Kaiser (Hrsg.), *Eine Kulturgeschichte der Popmusik*,
https://doi.org/10.1007/978-3-662-72524-5_7

Berry schrieb *Johnny B. Goode* im selben Jahr wie *Maybellene* (1955),[6] den ersten Song eines Afroamerikaners, der in drei US-Chart-Segmenten gleichzeitig Erfolg hatte (R 'n' B, Pop, Country & Western). Zur Aufnahme kam es jedoch erst am 31. März 1958, im Studio der Label-Eigentümer und Produzenten Leonard und Phil Chess in Chicago. Neben Berry (Gitarre, Vocals) spielten Lafayette Leake (Piano), Willie Dixon (Bass) und Fred Below (Drums).

Musikalisch lässt sich der Song als beschleunigter Blues beschreiben, der auf dem leicht variierten 12-taktigen Schema basiert (I-IV-I-V-IV-I im Intro, anschließend I-IV-I-V-I bzw. IV-IV-I-V-I). Die betonten Backbeats und überwiegend geraden (binären) Achtel gehören ursprünglich eher dem Country & Western an, von wo aus sie durch Songs wie Berrys *Maybellene* in den Rock 'n' Roll übergingen. Von Carl Hogan, Lead-Gitarrist von Louis Jordan und ein wichtiges Vorbild für Berry, stammt das berühmte Intro, das auch *Roll Over Beethoven* (1956)[7] und *Let It Rock* (1960)[8] einleitet. Berry spielt Hogans Solo aus *Ain't that just like a woman* (1946)[9] nahezu Note für Note nach, allerdings in anderer Phrasierung: In *Johnny B. Goode* ergeben die Anfangstöne der Gitarre ein polyrhythmisches *pattern* aus binären Achteln (3/3/2), während Hogan durchgängig (ternäre) Shuffle-Achtel spielt und damit innerhalb der Stilistik afroamerikanischer Genres wie Rhythm & Blues und Jump Blues verbleibt. In seinem Vokalstil verbindet Berry seinen Midwestern-Akzent mit viel *twang*, dem typischen Stimmklang in der Countrymusik. Im Mittelpunkt steht der rhythmisch-perkussive Einsatz der Stimme, wie er viele schnelle Rock-'n'-Roll-Songs der 1950er Jahre kennzeichnet. Auf Blues und Rhythm & Blues verweisen die charakteristisch absteigenden Melodiekonturen am Phrasenanfang und die flexible Behandlung der Terz.[10]

Die Aufstiegs-Story im Songtext von *Johnny B. Goode* greift zentrale Aspekte des *American dream* auf, die sie mit Orten und Topoi des US-amerikanischen Südens verknüpft („deep down", „Louisiana", „New Orleans", „railroad track").[11] Gleichzeitig gilt der Song als teil-autobiografisch. Schon der Titel verweist mit seiner speziellen Schreibweise sowohl auf Berrys Geburtsort, 2520 Goode Avenue, St. Louis, Missouri, als auch auf seinen langjährigen Pianisten, Johnny Johnson. Berry zufolge trank dieser nach Gigs gern bis zum frühen Morgen, was ihn des Öfteren zu dem Ausruf „Why can't you just be

---

[6] Chuck Berry and His Combo: *Maybellene*. Chess 1955.

[7] Chuck Berry and His Combo: *Roll Over Beetoven*. Chess 1956.

[8] Chuck Berry: *Let It Rock*. London Records/London American Recordings 1960.

[9] Louis Jordan and His Tympany Five: *Ain't That Just Like a Woman*. Decca 1946.

[10] Christian Bielefeldt: Rock'n'Roll-Gesang bei Little Richard, Chuck Berry und Elvis Presley. In: Martin Pfleiderer et. al. (Hg.): *Stimme Kultur Identität. Vokaler Ausdruck in der populären Musik der USA, 1900–1960*. Bielefeld 2015, 335–370, hier 351–54.

[11] Timothy D. Taylor: His Name Was in Lights: Chuck Berry's 'Johnny B. Goode'. In: *Popular Music* 11/1 (1992), 27–40, hier 30.

good, Johnnie?"[12] verleitet haben soll. In diesem Sinne können Titel und Refrain („Go, Johnny, go!") als Imperative verstanden werden, eine Lesart, die Berry selbst intendierte: „Will the name and the lights [...] come to you? No! You have to ‚Go!'". Die ‚*rags-to-riches*'-Karriere des „country boy" aus den Wäldern, wie sie der Song entfaltet, stimmt vor allem vom Ende her – 1958 gehörte Berry zu den Star-Acts des Rock 'n' Roll und drehte seinen zweiten Film ab (GO, JOHNNY, GO).[13] Anders als der mittellose Gitarrist in *Johnny B. Goode* stammte er allerdings nicht aus einer „log cabin out of earth and wood", sondern aus der afroamerikanischen Mittelschicht – die Blockhütte überschreibt Berrys eigene Lebensgeschichte mit einem kollektiv verankerten Herkunftsort.[14]

Aufschlussreich ist, dass Berry die afroamerikanische Herkunft des Protagonisten offenbar aus karrieretaktischen Gründen aus dem Song strich. Die erste Strophe sollte anfangs von einem „colored boy" erzählen, den Berry mit Blick auf mehr Radio-Play durch einen Landjungen ohne ausdrückliche ethnische Identität ersetzte.[15] Dieses Detail verweist auf die Karrierebedingungen für Afroamerikaner:innen in den 1950er Jahren: Berry sah sich damals genötigt, einen Gesangsstil für nichtsegregierte Clubs zu entwickeln, mit dem er sich bis in Timbre, Intonation und Aussprache hinein euroamerikanischen Vorstellungen von Schwarzer Musik entzog.[16] Für *Johnny B. Goode* und andere Rock-'n'-Roll-Songs behielt er diese Attitüde bei. Berrys Starpersona entwickelte dadurch eine ethnische Mehrdeutigkeit,[17] die ein Symbol für die Diversität des Rock 'n' Roll aus ihm machte.

In *Johnny B. Goode* erscheint diese Ambiguität allerdings selbst mehrdeutig. Einerseits entspricht die Streichung des „colored boy" einem Leitnarrativ der Rock-'n'-Roll-Historiografie, der ‚Glättung' ‚Schwarzer' Musik durch die Machtverhältnisse in der US-Musikindustrie.[18] Berry verwendete selbst das Wort „anglopinionated", wenn es um die Anpassung ging, die ihm abverlangt wurde, um im Popmarkt wahrgenommen zu werden.[19] Auf der anderen Seite gelang es den Chess-Brüdern, mit Berry gewissermaßen ein Gegenstück zu Elvis Presley zu etablieren, einen ‚schwarzen' Popstar, der ‚weiß' sang und erfolgreich über ethnische Grenzen hinweg den *All American Dream* in Musik setzte.

---

[12] Chuck Berry: *The Autobiography*. New York, NY 1987, 158.

[13] Paul Landres/Piero Vivarelli (Regie): GO, JOHNNY, GO. USA 1959.

[14] Taylor: *His Name Was in Lights*, 28.

[15] Peter Savio: A Conversation with Chuck Berry. In: *Rolling Stone* 42 (1972).

[16] Berry war sich dieser Anpassungen an ein ethnisch diverses Publikum sehr bewusst: „All in all it was my intention to hold both the black and the white clientele by voicing the different kinds of songs in their customary tongues." (Berry: *The Autobiography*, 90–91).

[17] Peter Narváez: Chuck Berry as Postmodern Composer-Performer. In: Cathy Lynn Preston (Hg.): *Folklore, Literature, and Cultural Theory. Collected Essays*. New York, NY 1995, 169–186.

[18] Robert Miklitsch: *Roll Over Adorno. Critical Theory, Popular Culture, Audiovisual Media*. New York, NY 2006, 130.

[19] Taylor: *His Name Was in Lights*, 31.

Die Gründung von Motown (1959)

Julia Ingold

Das Detroiter Plattenlabel Motown hat den modernen Popmusikbetrieb erfunden. Die Berichte über Berry Gordys Unternehmung sind gepflastert von Superlativen. Im entscheidenden Jahrzehnt, den 1960er Jahren, gingen aus dem Hause Motown, um nur ein paar einschlägige Namen zu nennen, folgende Acts hervor: The Contours, The Jackson 5, Martha & the Vandellas, Marvin Gaye, The Marvelettes, Diana Ross und The Supremes, The Temptations, Mary Wells und Stevie Wonder. Gegründet 1959 unter dem Namen Tamla Record Company, erhielt die Firma 1960 den legendären Namen Motown, ein Kofferwort aus ‚motor' und ‚town' als Verweis auf Detroit, den damals gerade noch blühenden Standtort der Automobilindustrie. Die Gründung hatte tiefgreifende Auswirkungen auf die kulturelle Landschaft der USA sowie weltweit und sie ist zudem ein perfektes Beispiel für die enge Wechselbeziehung zwischen Großbritannien und den USA in der Entwicklung der Popmusik seit ihren Anfängen. Motown katapultierte Schwarze Musik in den Mainstream und unterstützte die Bürgerrechtsbewegung. Doch das Ende dieses essenziellen Kapitels in der Kulturgeschichte der Popmusik ist bitter, weil Rockmusik seit etwa 1970 trotz der Verdienste und prägenden Rolle Motowns als Weiß gilt. Das liegt an einer Diskursstruktur, in der Weiße Musiker als herausragende Genies die Entwicklung des Genres vorantreiben, während Schwarze Musiker:innen als Teil eines Kollektivs gesehen werden, die höchstens Anteil an einem zum Allgemeingut gehörigen Repertoire an Folksongs und -musik haben.[1]

---

[1] Vgl. Jack Hamilton: *Just around Midnight. Rock and Roll and the Racial Imagination.* Cambridge/London 2016, 13.

Seit den 1940er Jahren waren aufgrund der Expansion des Industriestandortes massenhaft Schwarzer Arbeiter:innen aus den Südstaaten in die liberalere Stadt im Norden umgesiedelt, in der die Rassentrennung der Jim-Crow-Gesetze nicht ganz so schwer wog. Allerdings wurden auch dort wie überall Afroamerikaner:innen als billige und benachteiligte Arbeitskräfte ausgebeutet und in allen Lebensbereichen diskriminiert und ausgegrenzt. Erst im Laufe der 1960er Jahre, beginnend mit dem Civil Rights Act von 1964, wurde die Schwarze Bevölkerung der USA, zumindest juristisch, der Weißen Bevölkerung gleichgestellt und die *racial segregation* gesetzlich beendet, wenn auch noch lange nicht in der Alltagspraxis. Unter den sogenannten *riots*, die 1967 in den gesamten USA ausbrachen, weil die Weiße Bevölkerung unterstützt von der Polizei mit Ausschreitungen auf die rechtliche Gleichstellung ihrer Schwarzen Mitbürger:innen reagierte, gelten die Unruhen in Detroit als die verheerendsten. Von den etwa 1,5 Millionen Einwohner:innen der Stadt waren damals rund ein Drittel Schwarz. Die Ausschreitungen waren der Gipfel der anhaltenden rassistischen Diskriminierung, Gewalt und brutalen, willkürlichen Polizeimaßnahmen gegen die Schwarze Bevölkerung.

Zu dieser Zeit waren Radiosender und Plattenfirmen, der ganze Popmusikbetrieb, Künstler:innen und das Publikum – in den Südstaaten bei Konzerten sogar räumlich getrennt durch Absperrungen – selbstverständlich in Schwarz und Weiß aufgeteilt.[2] Neben den übergreifenden ‚Hot 100‘, den 100 erfolgreichsten Singles einer Woche, führte das *Billboard Magazine* extra Listen für ‚R&B‘ und ‚Pop‘. Vorgeblich ging es dabei um Stilzugehörigkeit, doch faktisch wurde unabhängig vom Sound in Schwarze und Weiße Musik unterteilt.[3] Motown hatte das *crossover* zwischen diesen rassistischen Kategorien zum Ziel, wollte es also ermöglichen, dass R-’n’-B-Künstler:innen die Überquerung der Grenze zu den Pop-Charts schaffen.[4] Die Gründung von Motown war damit ein emanzipatorisches Unternehmen, das in der Musikindustrie eine Infrastruktur für afroamerikanische Künstler:innen aufbaute, die bis dahin wenige Möglichkeiten hatten, großen kommerziellen Erfolg zu erzielen. Die Politik des Labels war dazu angetan, im Sektor der Unterhaltungsmusik endlich denen den angemessenen Profit zukommen zu lassen, durch deren künstlerische Verdienste qualitativ perfekter Rock ’n’ Roll, Blues, Soul und später auch Pop überhaupt möglich wurde. Die ‚Hitfabrik‘ wurde schnell zu einem Symbol der afroamerikanischen Emanzipation, erstens weil sie Schwarze Stimmen hörbar machte, zweitens weil sie ganz im Sinne des kapitalistischen *American dream* das erste afroamerikanische Label

---

[2]Vgl. David Barnett: A Racial Divide, Diminished: What Was On The Radio In 1963. In: *National Public Radio* (10.7.2013), npr.org/2013/07/10/200465359/a-racial-divide-diminished-what-was-on-the-radio-in-1963 (30.8.2024).

[3]Vgl. Suzanne E. Smith: *Dancing in the Street. Motown and the Cultural Politics of Detroit*. Cambridge/London 1999, 163.

[4]Vgl. Hamilton: *Just around Midnight*, 15, 43.

war, das global wirtschaftete und große Gewinne erzielte – unter konsequenter Ausbeutung und Enteignung der kreativen Leistungen der beteiligten Künstler:innen.[5] Zugleich nutzten die Künstler:innen die Plattform, um sich politisch gegen soziale Ungerechtigkeit, rassistische Gesetze, Armut, Polizeigewalt oder den Vietnamkrieg zu äußern.[6] Das Label spielte damit eine zentrale Rolle im Rahmen des Civil Rights Movement,[7] und Martha & the Vandellas' Partysong *Dancing in the Street* (1964)[8] mit den Versen: „Callin' out around the world / [...] the time is right / For dancing in the street" wurde beispielsweise als Aufruf zu Freiheitskampf und Protesten bis zu militantem Widerstand verstanden.[9]

Der typische Motown-Sound ist eine Fusion der damals verfügbaren populären Stile, ob Blues, Rock 'n' Roll oder Soul. Gordy legte Wert darauf, dass (Weiße) musikalische ‚Analphabet:innen' den Groove der Tracks verstanden.[10] Er förderte deshalb tanzbare Nummern mit klar erkennbaren Beatmustern, eingängigen Melodien und hohem Wiedererkennungswert von radiotauglicher Qualität.[11] Damals war die Plattenfirma vieles in einem: Motown managte die Acts, baute selbst ein Aufnahmestudio auf, ließ die Songs schreiben, performen und produzieren und regelte Vertrieb sowie Marketing.[12] Der Fokus lag auf Gesangssolist:innen oder -ensembles, die als Stimmen und Gesichter der Songs fungierten, während die Instrumentalist:innen unbekannt blieben.[13] Das Label hatte eine eigens für seine Aufnahmen geschaffene Band, die Funk Brothers, die im Hintergrund den Motown-Sound erarbeitete.[14] In der stilprägenden Phase lagen Songwriting und Produktion unter anderen in den Händen ‚Holland-Dozier-Holland' genannten Dreigespanns, mit dessen Weggang Ende der 1960er Jahre auch Motowns goldene Ära zu Ende ging.[15]

Das Motown-Jahrzehnt sind die 1960er Jahre, die formative Phase der Popmusik, in der sich die bis heute gültigen Formen herausbilden. In diesem

---

[5]Vgl. Smith: *Dancing in the Street*, 5f., 16, 18, 76f.; Sean MacLeod: *Leaders of the Pack. Girl Groups of the 1960s and Their Influence on Popular Culture in Britain and America*. Lanham, MD et al. 2015, 39f.

[6]Vgl. Barnett: A Racial Divide.

[7]Vgl. Smith: *Dancing in the Street*, 17f., 21–25.

[8]Martha & the Vandellas: *Dancing in the Street*. Stateside/Gordy 1964.

[9]Vgl. Smith: *Dancing in the Street*, 1f., 19; Jacqueline Warwick: *Girl Groups, Girl Culture. Popular Music and Identity in the 1960s*. New York, NY/London 2007, 162.

[10]Vgl. ebd., 153.

[11]Vgl. Smith: *Dancing in the Street*, 14f., 154–162; Warwick: *Girl Groups, Girl Culture*, 153.

[12]Vgl. Smith: *Dancing in the Street*, 106.

[13]Vgl. Hamilton: *Just around Midnight*, 142.

[14]Vgl. Smith: *Dancing in the Street*, 14f.; Warwick: *Girl Groups, Girl Culture*, 154. Die Funk Brothers waren Motowns „house band" (Smith: *Dancing in the Street*, 15) mit einer variablen Besetzung von bis zu zwölf (auch Weißen) Musiker:innen (vgl. Smith: *Dancing in the Street*, 119; Hamilton: *Just around Midnight*, 142).

[15]Vgl. Smith: *Dancing in the Street*, 7, 155, 224–226. Dem Songwriter- und Producer-Trio, das die Brüder Brian und Eddie Holland mit Lamont Dozier bildeten, wird nachgesagt, maßgeblich den typischen Motown-Sound mit seinen großen Hits der frühen 1960er Jahre erschaffen zu haben (vgl. ebd., 224).

Zeitraum gibt es kein erfolgreicheres Plattenlabel. Das Erfolgsrezept von Motown begründet das, was der moderne Popbetrieb werden sollte: Nicht mehr handwerklich geschickte Musiker:innen interpretierten danach Songs aus dem allgemeinen Repertoire des Folk und des Blues, wie es zunächst auch noch die Künstler der sogenannten British Invasion (die als Beatlemania über den Atlantik schwappte) häufig getan hatten, sondern Popstars mit individuellem Style und Image performten eigens für sie geschriebene Hits. Dieses Modell wurde später von vielen anderen Plattenfirmen übernommen und hatte einen tiefgreifenden Einfluss auf die Musikindustrie insgesamt.[16] Motown platzierte einzelne herausragende Stars, ganz anders als der oben genannte Mythos von einer eher kollektiven Schwarzen Musik es wissen will. Gordy hatte verstanden, dass der Erfolg von Künstlerin:innen nicht nur von ihrer musikalischen Begabung, sondern auch von ihrem Image und ihrer Präsenz auf der Bühne abhing. Daher legte Motown großen Wert auf die Ausbildung seiner Acts in Bereichen wie Tanz, Bühnenpräsenz und Etikette, Letzteres um bei öffentlichen Auftritten dem Weißen Publikum keine Angriffsfläche mit einem als zu derb verstandenen Benehmen Schwarzer Künstler:innen zu bieten.[17] Die Kehrseite dieser Strategie war, dass diejenigen gnadenlos aussortiert wurden, die nicht perfekt ins Bild passten.[18] Dies galt besonders für Frauen. Die Künstler:innen hatten also einen distinkten visuellen Stil, der mit modischer Eleganz assoziiert wurde, man denke an die aus dieser Zeit überlieferten Schwarzen Bands, seien es The Marvelettes, The Supremes oder The Temptations, von Frauen oder Männern in aufeinander abgestimmten Kostümen bzw. Anzügen kombiniert mit hochwertigen Accessoires.[19] Auffällig ist dabei, dass alle Frauen geglättete Haare haben. Auch hier reicht der Einfluss weit über die USA und weit über die 1960er Jahre hinaus, wenn Weiße Rockbands von den Rolling Stones bis zu den Hives mit Anzug und Krawatte auf die Bühne treten - und anders als die Schwarzen Künstler:innen die *credits* als Modeikonen einstreichen.[20] Zunächst sah es folglich danach aus, als erfahre afroamerikanische Kultur eine breitere gesellschaftliche Akzeptanz - bis der Stil von Weißen Labels und Künstler:innen übernommen und so erfolgreich angeeignet wurde, dass die Schwarzen Wurzeln der Rockmusik bei vielen in Vergessenheit gerieten oder der Weiße Rock 'n' Roll sogar als elaborierte Form der angeblich ‚rohen' Schwarzen Musik galt.[21]

---

[16]Vgl. Hamilton: *Just around Midnight*, 167.

[17]Vgl. Smith: *Dancing in the Street*, 119-121; Warwick: *Girl Groups, Girl Culture*, 158-162.

[18]Vgl. ebd., 158-160.

[19]Vgl. ebd., 158-162.

[20]Vgl. ebd., 162.

[21]Vgl. Hamilton: *Just around Midnight*, 217-224; Jefferson: *Ripping off Black Music*, 45.

Motown erreichte es zum ersten Mal, dass Schwarze Musik – von Schwarzen selbst produziert und vermarktet – ein großes Weißes Publikum fand. Diese Entwicklung verlief parallel zur Beatlemania. Die Beziehung zwischen Beatbands der British Invasion und Motown war stilistisch reziprok:[22] Der frühe Motown-Sound beeinflusste die britischen Bands und diese beeinflussten ihrerseits wiederum den Motown-Sound der späteren 1960er Jahre. Auf dem zweiten Studioalbum der Beatles, *With The Beatles* (1963),[23] zum Beispiel finden sich neben einer Version von Chuck Berrys *Roll Over Beethoven*[24] drei Cover von Motown-Hits, darunter *Please Mister Postman*[25] der Marvelettes, während Marvin Gaye 1969 *Yesterday*[26] und Stevie Wonder 1970 *We Can Work it Out*[27] von den Beatles covern.[28] Dennoch stand im Popmusikdiskurs Ende der 1960er Jahre fest, dass ausgerechnet Rockmusik Weiß sei und eine Figur wie Jimi Hendrix, der schon hinter Little Richard und den Supremes auf der Bühne gestanden hatte, eher als Exot in diesem Bereich galt.[29] Von da an ist, beginnend mit Punk, Rockmusik ein vollkommen Weiß dominiertes Genre.[30] Schwarze Musiker:innen sind seitdem und bis heute in den Bereichen Soul und R 'n' B, Hip-Hop und Pop präsent. Dabei bezogen sich die Akteure der Beatmusik, wie die Beatles und die Rolling Stones, und ebenso die des frühen Punk – prototypisch: die Ramones, die Punk erfinden, indem sie sehr schnellen Rock 'n' Roll spielen – emphatisch auf klassischen Schwarzen Rock 'n' Roll.[31] Die Hits von Motown lieferten den Soundtrack einer ganzen Ära und ihre Geschichte bleibt ein Lehrstück über Politik und Popmusik. Emanzipatorische Ambitionen und rassistische kulturelle Aneignung gehören zu diesem Label ebenso wie sein unverwechselbarer Sound und seine legendären Stars. 1988 wurde Motown an Universal verkauft.

---

[22] Vgl. Hamilton: *Just around Midnight*, 21, 121–168.

[23] The Beatles: *With The Beatles.* Parlophone 1963.

[24] Chuck Berry and His Combo: *Roll Over Beethoven.* Chess 1956.

[25] The Marvelettes: *Please Mr. Postman.* Tamla 1961; The Beatles: Please Mister Postman. Auf: *With The Beatles.*

[26] The Beatles: Yesterday. Auf: *Help!* Parlophone 1965; Marvin Gaye: Yesterday. Auf: *That's the Way Love Is.* Tamla 1969.

[27] The Bealtes: *We Can Work It Out.* Odeon 1965; Stevie Wonder: *We Can Work It Out.* Tamla Motown 1970.

[28] Vgl. Hamilton: *Just around Midnight*, 129.

[29] Vgl. ebd., 2–4, 213–240; zur Schwarzen Geschichte der Rockmusik und ihre Aneignung durch Weiße Musiker:innen vgl. Jefferson: *Ripping off Black Music.*

[30] Vgl. Hamilton: *Just around Midnight*, 1–8, 12, 246–276.

[31] Vgl. ebd., 3, 21, 121–168; Warwick: *Girl Groups, Girl Culture*, 162.

Die Erfindung des Lipsi (1959):
Popmusik in der DDR

Denise Dumschat-Rehfeldt

Im Januar 1959 wurde auf der ersten Tanzmusikkonferenz im brandenburgischen Lauchhammer der Lipsi präsentiert. René Dubianski hatte mit dem *Lipsi Nr. 1* ein Instrumentalstück im 6/4-Takt komponiert und das Tanzlehrer-Ehepaar Christa und Helmut Seifert einen Tanz dazu entwickelt. Der Lipsi als „von Kulturfunktionären der SED in Auftrag gegebener Modetanz"[1] sollte westlichen Tänzen wie Rock 'n' Roll und Boogie-Woogie, die in den 50er Jahren auch in der DDR immer populärer wurden, Konkurrenz machen und die Jugendlichen von einer dem Sozialismus angemessenen Art des Tanzens überzeugen. Seit der Gründungsphase der DDR waren kulturtheoretische und -politische Diskussionen darüber geführt worden, wie eine der kommunistischen Gesellschaftsordnung und den Bedürfnissen der Arbeiterklasse zuträgliche Massenkultur und damit auch die Unterhaltungs- sowie insbesondere Tanzmusik beschaffen sein sollte: nicht westlich dekadent, nicht formalistisch, unkommerziell, als Teil einer ‚neuen deutschen Nationalkultur'.[2] Gesellschaftstänze wurden als Variationen ursprünglicher Volkstänze angesehen, weswegen man sich in der Entwicklung neuer Tänze auch an solchen orientieren sollte.[3] Der Lipsi wurde bereits durch seinen, wie

---

[1] Wiebke Janssen: „Heute, tanzen alle jungen Leute, im Lipsi-Schritt, nur noch im Lipsi-Schritt..." – SED und Jugend in den fünfziger Jahren. In: *Hallesche Beiträge zur Zeitgeschichte* 6 (1999), 58–74, hier 58.

[2] Vgl. Hans-Georg Hofmann: „Die Tanzmusik muss neue Wege gehen." Bemerkungen zur kulturtheoretischen Diskussion der Tanz- und Unterhaltungsmusik in der DDR in den 1950er und 60er Jahren und zu ihrem Einfluss auf die Musikpraxis. In: Mathias Spohr (Hg.): *Geschichte und Medien der „gehobenen Unterhaltungsmusik"*. Zürich 1999, 147–163, hier 148–150.

[3] Vgl. u. a. die Programmschrift von Aenne Goldschmidt/Rosemarie Lettow/Albin Fritsch: *Der Tanz in der Laienkunst*. Halle (Saale) 1952.

Dubianski befand, „kurz[en] und spritzig[en]"[4] Namen, der von lateinisch *Lipsia* für seinen Entstehungsort Leipzig abgeleitet ist, als hiesig ausgewiesen. Zugleich mutete die Endung auf /i/ klanglich amerikanisiert an.[5] Seine Schrittfolge umfasste dem damaligen Kulturprogramm entsprechend neben Walzerschritten auch Wechsel- und Drehelemente aus Volkstänzen wie dem Ländler und Spinnradl; rhythmisch verknüpfte er deutsche Tradition und lateinamerikanische Impulse.[6]

Trotz einer groß angelegten Kampagne konnte sich der Lipsi nicht in der Jugendkultur etablieren. Ebenso wenig gelang es, langfristig – weder durch angebotene Alternativen noch durch Restriktionen – das Land effektiv gegen popkulturelle Einflüsse aus dem Westen abzuschotten oder die Entwicklung einer (subversiven) Popkultur in der DDR zu verhindern. Der Fall Lipsi liefert somit ein bemerkenswertes Beispiel dafür, wie sich die Popmusik und ihre Kultur gegenüber dem staatlich verordneten, reglementierten Musikbetrieb und Unterhaltungswesen als Teil eines geschlossenen, repressiven Erziehungs- und Freizeitprogramms durchsetzten.

* * *

In der Mitte der 1950er Jahre eroberte der Rock 'n' Roll zunehmend die deutsche Musikwelt – in der BRD wie in der DDR. Das war keineswegs eine Selbstverständlichkeit, gab es doch in beiden deutschen Staaten seinerzeit reichlich Vorurteile und Widerstand gegen die kulturellen Einflüsse aus dem anglophonen Raum, insbesondere aus den USA. Abgesehen von antiamerikanischen und rassistischen, dezidiert antiafroamerikanischen Ressentiments in Teilen der Politik und Gesellschaft bestanden Befürchtungen, die moderne Musik mit ihren Tänzen könnte die Jugend allzu sehr sexualisieren und zu einem Verfall der Sitten führen[7] – Ängste, die auch bereits in den USA selbst grassierten. Solche Auffassungen erfuhren scheinbare Bestätigung durch Vorfälle im Zusammenhang mit Rock-'n'-Roll-Konzerten und ähnlichen Veranstaltungen: So gab es etwa 1956 Krawalle im West-Berliner Sportpalast[8] oder 1958 bei Konzerten von Bill Haley in mehreren bundesrepublikanischen

---

[4] Hofmann: Die Tanzmusik muss neue Wege gehen, 156.

[5] Vgl. Uta G. Poiger: Rock 'n' Roll, Kalter Krieg und deutsche Identität. In: Konrad Jarausch/Hannes Siegrist (Hg.): *Amerikanisierung und Sowjetisierung in Deutschland 1945–1970*. Frankfurt/M. 1997, 275–290, hier 281.

[6] Vgl. Jens Richard Giersdorf: *Volkseigene Körper. Ostdeutscher Tanz seit 1945*. Bielefeld 2014 (engl. 2013), 59.

[7] Vgl. Bernd Lindner: Jugendkultur in der DDR zwischen Staatsgründung und Mauerbau. In: *bpb – Deutschland Archiv* (2011) 5: Kultur, bpb.de/themen/deutschlandarchiv/53890/jugendkultur-in-der-ddr-zwischen-staatsgruendung-und-mauerbau/ (31.3.2025); Hofmann: Die Tanzmusik muss neue Wege gehen, 150.

[8] Vgl. u. a. K.K.: Appell an den Urmenschen. Eine Trümmerschau von der neuen USA-Kulturwoge im Sportpalast. In: *Berliner Zeitung*, 13.12.1956, 3; Roland Gröschel: Als Bill Haley noch Klassenfeind war. In: *taz*, 19.6.1990, 23.

Großstädten während seiner Europatournee.[9] Auch Vorführungen des Films *AUSSER RAND UND BAND* (orig. *ROCK AROUND THE CLOCK*)[10] lösten Randale aus. Solche Ereignisse in der BRD wurden vonseiten der DDR durchaus registriert und intensiv beobachtet, zumal es auch dort immer wieder Aufruhr gab: Für das Jahr 1958 sind Tumulte mit Schlägereien und Ausschreitungen gegen Passanten und die Polizei bei inoffiziellen Tanztreffen von Gruppen Jugendlicher in Dessau und Halle dokumentiert, in deren Folge es zu Verhaftungen, Hausdurchsuchungen und Gerichtsprozessen kam. Im Kampf um den ‚neuen Menschen‘, der aus der jungen, namentlich der ersten in der DDR aufgewachsenen Generation hervorgehen sollte, wurde vehement gegen das sogenannte ‚Rowdytum‘ vorgegangen. Im Politapparat bestand ferner die These, dass über die Musik Propaganda gegen den Sozialismus betrieben werde und die Krawalle „vom politischen Gegner gesteuert worden" seien.[11]

Die kapitalismusfeindliche Kulturpolitik und -presse in der DDR nahm zudem Anstoß an der kommerziellen Seite des Rock ’n’ Roll. So war Ende 1956 in einem Artikel in der *Berliner Zeitung* über das Phänomen Elvis Presley zu lesen: „Selbstredend sind die Leute vom Kultur-Business eingestiegen: Presley-Hollywood-Filme, Presley-Schallplatten, Presley-Plaketten, Presley-Porträts [...], Kleeblätter von Presleys Garten, alles bringt Geld."[12]

Aussehen, Auftreten, Lebensstil und Welthaltung von Popidolen und ihren Fans, die als ‚Halbstarke‘, ‚Rowdys‘ oder ‚Eckensteher‘ diffamiert wurden, passten nicht in das staatlich vorgegebene Werte- und Erziehungssystem.[13] Dieses fand sich beispielsweise definiert in dem Beschlussdokument des Politbüros mit dem Titel *Der Jugend unser Herz und unsere Hilfe* vom 24. Januar 1956[14] oder im ‚Jugendkommuniqué‘ von 1963[15] und sah arbeitsame, verantwortungsbewusste, leistungsorientierte, disziplinierte bescheidene junge Menschen vor.[16] Durch die englischsprachige Musik, die viele Jugendliche in der DDR über westliche Radiosender wie RIAS und Radio Luxemburg, auf Rummelplätzen und gelegentlich bei Tanzveranstaltungen hören

---

[9]Vgl. dazu ausführlich Thomas Grotum: Die Bill-Haley-Tournee 1958. „Rock ’n’ Roll Panic" in der Bundesrepublik Deutschland. In: Bodo Mrozek/Alexa Geisthövel/Jürgen Danyel (Hg.): *Popgeschichte. Bd. 2: Zeithistorische Fallstudien 1958-1988*. Bielefeld 2014, 19-38; Wiebke Janssen: *Halbstarke in der DDR: Verfolgung und Kriminalisierung einer Jugendkultur.* Berlin 2010, 103-104.

[10]Fred F. Sears (Regie): *AUSSER RAND UND BAND*. USA 1956.

[11]Vgl. Janssen: Heute, tanzen alle jungen Leute, 60-66, 72; Jürn Kruse: Leute, tanzt den Lipsi. In: *taz*, 7.5.2009, taz.de/!5163551 (25.6.2025).

[12]K.: Appell an den Urmenschen, 3.

[13]Vgl. Janssen: Heute, tanzen alle jungen Leute, 66.

[14]Vgl. ebd.

[15]Vgl. Politbüro des Zentralkomitees der Sozialistischen Einheitspartei Deutschlands Der Jugend Vertrauen und Verantwortung. Kommuniqué zu Problemen der Jugend in der Deutschen Demokratischen Republik. In: *Neues Deutschland*, 21.9.1963, 1-3.

[16]Vgl. ebd., 2.

konnten,[17] würden, so eine auch noch 1964 im DDR-Fernsehen geäußerte Befürchtung, „junge Menschen [...] dazu provoziert, in ihrem körperlichen Gebaren, in ihrer Haltung und manchmal auch in ihrem Charakter sich dem lässigen Ausdruck solcher Titel anzupassen"; man halte es „deshalb nicht nur für albern, sondern auch für nicht ungefährlich, dieses Radebrechen mit ‚boy' und ‚Baby', ‚love' und ‚Darling', ‚Kiss me!' und ‚Nevermind!'"[18]

Die Rock-'n'-Roll-Kultur aus dem ‚imperialistischen' Westen mit Liedern in der Sprache des ideologischen Feindes über Themen wie ausgelassenes Tanzen und Feiern, Unterwegssein oder Sexualität, mit einer Energie, die zu Hysterie und Krawallen anstachelte, ihren allzu körperbetonten Tänzen, ihrer Mode (u. a. eng sitzenden Jeans – „Niethosen") und ihrem Styling wurde als bürgerlich-dekadenter Affront gegen den Sozialismus im Allgemeinen und den Arbeiter-und-Bauern-Staat im Besonderen gewertet.[19]

Hinzu kamen allerdings ganz handfeste monetäre Aspekte, denn angesichts der Devisenknappheit waren die Tantiemen für allzu viel Musik aus dem Westen nicht finanzierbar. Das Schallplattenunternehmen Lied der Zeit/AMIGA brachte beispielsweise sehr erfolgreich viele Bearbeitungen amerikanischer Jazz- und Swingmusik heraus, die von Rundfunkstationen in der SBZ bzw. jungen DDR gespielt wurden. Weil die Rechte jedoch oft von westdeutschen Verlagen gehalten wurden, entstand ein hohes Defizit durch Gebühren an eben jene und die GEMA.[20]

Deshalb schrieb schließlich die durch das Ministerium für Kultur „im Einvernehmen mit dem Minister der Justiz und dem Minister der Finanzen" ergangene „Anordnung über die Programmgestaltung bei Unterhaltungs- und Tanzmusik vom 2. Januar 1958" vor, dass „bei allen Veranstaltungen von Unterhaltungs- und Tanzmusik [...] mindestens 60 Prozent aller aufgeführten Werke von Komponisten [mit] Wohnsitz in der Deutschen Demokratischen Republik, der Sowjetunion oder den Volksdemokratien" stammen sollten und diese „Werke [...] auch nicht in Verlagen außerhalb der angeführten Gebiete erstmalig erschienen sein" durften.[21] Nur noch 40 Prozent der aufgeführten Unterhaltungsmusik – ob im Rundfunk oder kleinen Tanzlokal – durfte aus dem devisenpflichtigen Ausland stammen. Für die Durchsetzung dieser 60/40-Regel war die 1951 durch das Ministerium für Volksbildung gegründete Anstalt zur Wahrung der Aufführungs- und Vervielfältigungsrechte (AWA) zuständig, bei der Musikveranstalter ihre Aufführungsprogramme detailliert vorlegen mussten.

---

[17] Vgl. Janssen: Heute, tanzen alle jungen Leute, 67–68.

[18] Siehe youtube.com/watch?v=csCBmRZOrmQ, 2:12–2:52 (31.3.2025).

[19] Vgl. Janssen: Heute, tanzen alle jungen Leute, 69.

[20] Vgl. Hofmann: Die Tanzmusik muss neue Wege gehen, 151–152.

[21] Büro des Präsidiums des Ministerrates der DDR (Hg.): Anordnung über die Programmgestaltung bei Unterhaltungs- und Tanzmusik. In: *Gesetzblatt der Deutschen Demokratischen Republik*, Teil I, Nr. 4, 1958. Berlin 1958, 38–39, hier 38.

Die AWA gehörte – wie der Verband deutscher Komponisten und Musikwissenschaftler (VDK), das Staatliche Rundfunkkomitee, das dem Ministerium für Kultur unterstellte Plattenlabel AMIGA und andere mehr – zu dem komplexen und wenig agilen System von Institutionen, in dem die Entwicklung ideologisch passender neuer populärer Musik umfassend staatlich gefördert, aber eben auch planwirtschaftlich reguliert, ideologisch kontrolliert und zensiert wurde. Die Auftritte für Unterhaltungs- und Tanzmusiker wurden auf Grundlage der „Anordnung über die Befugnis zur Ausübung von Unterhaltungs- und Tanzmusik" (1953 und in den folgenden Jahren, ab 1957 auch für Laienmusiker) durch die Hürde der Spielerlaubnis reglementiert, die durch die Kulturabteilungen der Kreis- und Bezirksräte nach fachlichen, gesellschaftlichen und moralischen Kriterien erteilt werden musste und entzogen werden konnte.

Dem großen Bedarf an Unterhaltungs- und Tanzmusik begegnete die DDR-Politik mit einer gezielten Ausweitung der Nachwuchsausbildung, etwa durch die Gründung des Nachwuchsstudios beim Berliner Rundfunk 1957 und zunehmende Lehrangebote in populärer Musik an Musikschulen sowie an Hochschulen ab den frühen 1960er Jahren. Außerdem wurden entsprechende Wettbewerbe ausgerichtet, und die Zahl von Tanzmusiksendungen in Radio und Fernsehen wuchs.[22]

Für die Gestaltung der Unterhaltungs- und Tanzmusik sowie neuer Tänze gab es rigide Vorgaben: Der VDK legte beispielsweise fest, dass für ‚neue deutsche Tanzmusik' prinzipiell deutsche Tanzarten zugrunde gelegt und mit fremden nur kombiniert werden sollten, „soweit [...] eine Verschmelzung mit dem deutschen Empfinden möglich ist"; außerdem galt es, „extreme[] und von der natürlichen Linie abweichende[] Auswüchse einer meist amerikanischen Unkultur" zu vermeiden. In den Texten zu Tanzliedern durfte es um Themen wie „Jahreszeiten, Liebe, Schaffensfreude, Bejahung unseres Lebens, Wandern, Reisen, Urlaub, Geselligkeit, Schönheit der Heimat" gehen.[23] Vor dem Hintergrund der Kunstdoktrin des sozialistischen Realismus hatte auch die Unterhaltungsmusik von Optimismus und Zugewandtheit zur sozialistischen Lebenswelt zu zeugen.

Aber: Das, was in Gremien und auf Konferenzen, wie sie schon 1950 Hermann Axen, seinerzeit für Massenagitation zuständiger Sekretär des ZK der SED, angesetzt hatte,[24] von Kulturfunktionären und staatlich bestellten Komponisten, Textern, Musikern, Tanzlehrern und mitunter sogar hinzugezogenen Werktätigen konzipiert wurde, verfehlte den Nerv der Zielgruppen. Der Lipsi lieferte dafür ein prominentes Beispiel.

---

[22]Vgl. Gerd Dietrich: *Kulturgeschichte der DDR. Bd. 2: Kultur in der Bildungsgesellschaft 1958–1976.* 2., überarb. Aufl. Göttingen 2019, 910–911.

[23]Arnold Bormann: Tanzmusik in Theorie und Praxis. In: *Musik und Gesellschaft* (1954), H. 9, 336.

[24]Vgl. Hofmann: Die Tanzmusik muss neue Wege gehen, 149.

Er war ein entsexualisierter Ersatz für Tänze aus dem ‚depravierten' Westen, ein Paartanz, bei dem man sowohl eng aneinander als auch immer wieder auseinander tanzte, aber eben nicht zu wild, dabei wie in ‚klassischen' Tänzen unter der Führung des Mannes und gesittet. Im Vergleich zum Rock 'n' Roll wirkte der Lipsi entsprechend eher steif. An ihm manifestierte sich eine ‚Körperpolitik',[25] die das „heterosexistische[] Paradigma" bestätigte und an der Etablierung einer spezifischen sozialistischen Nationalität der DDR mitwirken sollte.[26]

Der staatliche Kulturapparat unternahm große Anstrengungen, um den Lipsi bekannt und beliebt zu machen: Die Seiferts wurden für den von ihnen choreografierten Tanz mit dem Kunstpreis der DDR ausgezeichnet. Es wurden Artikel über das Kulturereignis der Erfindung dieses Tanzes, Drucke mit den Schrittfolgen und Lehrfilme veröffentlicht. Für den Tanz wurde in einer realitätsfern anmutenden Hoffnung auf durchschlagenden Erfolg sogar ein weltweites Patent angemeldet.[27] Neben Dubianskis *Lipsi Nr. 1*, der vom Rundfunktanzorchester Leipzig für AMIGA aufgenommen wurde, entstanden zudem zwischen 1958 und 1960 mehrere weitere Instrumentalstücke im Lipsi-Takt, darunter *Willibalds Lipsi* (Martin-Möhle-Combo, Komposition: Willibald Winkler), *Fräulein Li* (RTO Berlin, Komposition: Helmut Nier), *6 aus 49* (RTO Leipzig, Komposition: Walter Eichenberg) und der *Messe-Lipsi* (RTO Leipzig, Komposition: Horst Reipsch)[28] – dieses Stück gab es 1962 sogar als Tonpostkarte.

Außerdem wurden Schlagerlieder über den Lipsi geschrieben und veröffentlicht. Das bekannteste ist das von Helga Brauer und den Flamingos mit dem RTO Leipzig aufgenommene *Heute tanzen alle jungen Leute*[29] – komponiert von Klaus Hugo, getextet von Dieter Schneider:

> Heute tanzen alle jungen Leute / Im Lipsi-Schritt, nur noch im Lipsi-Schritt / Heute haben alle jungen Leute / Den Lipsi gern, er ist modern! // Wir geh'n heute Abend ins Tanzlokal / Da war es jedes Mal so schön / Weil mir dieser Tanz so viel Freude macht / Tanz' ich die ganze Nacht, aber nur mit dir // [...] / Allen hat der Takt sofort gefallen / Sie tanzen mit, im Lipsi-Schritt // Rumba, Boogie und Cha-Cha-Cha / Davon war'n schon so viele da / Darum

---

[25]Vgl. Patrick Primavesi et al.: Körperpolitik in der DDR. Tanzinstitutionen zwischen Eliteförderung, Volkskunst und Massenkultur. In: *Denkströme. Journal der Sächsischen Akademie der Wissenschaften*, H. 14 (2015), 9–44, hier 11–12, denkstroeme.de/heft-14/s_9-44_primavesi-raschel-jacobs-wehren (31.3.2025).

[26]Vgl. Giersdorf: *Volkseigene Körper*, 60–61.

[27]Vgl. Michael Rauhut: *Beat in der Grauzone. DDR-Rock 1964 bis 1972 – Politik und Alltag*. Berlin 1993, 40.

[28]Martin-Möhle-Combo: *Willibalds Lipsi*. Amiga 1959; Rundfunktanzorchester Berlin: *Fräulein Li*. Amiga 1959; Rundfunktanzorchester Leipzig: *6 aus 49*. Amiga 1959; Rundfunktanzorchester Leipzig: *Messe-Lipsi*. Amiga 1959.

[29]Helga Brauer und Die Flamingos/Rundfunktanzorchester Leipzig: *Heute tanzen alle jungen Leute*. Amiga 1959.

hatte sich auch ein Mann so einfach über Nacht / Diesen neuen Rhythmus erdacht [...]

Der Liedtext behauptet einfach den mit dem Lipsi angestrebten Erfolg bereits als Realität: Die Jugend tanzt einzig den Lipsi, was bedeutet, dass Rock 'n' Roll und dergleichen abgemeldet sind. Auch wird der Tanz werbend als „modern" bezeichnet, wohingegen andere Tänze sich überlebt hätten. „[E]in Mann" – also René Dubianski – schaffte kurzerhand Abhilfe mit seiner neuartigen Komposition. Das ist ein Lied über ein staatliches Kulturprojekt und alles andere als Pop. Zwar wird die ganze Nacht getanzt, aber brav nur mit einer einzigen Person und zur „Freude", nicht zum Ausflippen. Die dezidierte Verortung im „Tanzlokal" beugt jeder sexuell konnotierbaren Doppeldeutigkeit vor, wie sie durch die räumliche Unspezifik beispielsweise in ROCK AROUND THE CLOCK möglich ist.

Bereits Ende 1958 spielten die Flamingos mit der Martin-Möhle-Combo das von Alo Koll komponierte und von Helmut Kießling betextete Lied *Alle tanzen Lipsi*[30] ein. Noch bevor also der Tanz überhaupt vorgestellt ist, wird hier bereits in fröhlicher Repetition davon gesungen, dass die gesamte Jugend freudig diesen neuen mitreißenden Tanz tanzt: „Alle tanzen Lipsi, / immer wieder Lipsi. / Das ist so ein Rhythmus, / bei dem jeder mit muss. [...] Lala lalalala".

Noch einen Schritt weiter in den Erfolgserwartungen ging Dieter Lietz' Text zum von Willibald Winkler komponierten Siegertitel des Schlagerwettbewerbs Die Goldene Note, der 1959 live aus dem Kulturpalast Bitterfeld gesendet wurde:[31]

Mister Brown aus USA war bei uns zur Messe da. / Doch was ihn am meisten packt, ja das ist der Lipsi-Takt! / Als er dann nach Hause kam, rief die ganze Kinderschar: / ‚Hast du uns was mitgebracht?'/ Da hat er, hat er nur gelacht. / ‚Daddy bringt was Feines mit, / Daddy bringt den Lipsi-Schritt. / Lipsi ist der neueste Tanz, / Daddy zeigts euch, Daddy kanns.' / Kinder riefen ‚Einfach toll! / Dieser Tanz ist wonderful!' / Und sie tanzten Lipsi wie noch nie, / made in Germany [...]

Helga Brauer und das Hemmann-Quintett sangen hier unter musikalischer Begleitung des RTO Leipzig vom erfolgreichen Export des Lipsi selbst in das Herz der kapitalistischen Finsternis. Zu dem Lied tanzten 1960 dann auch noch Puppen in einem Stop-motion-Werbefilm für die Leipziger Messe und die Deutsche Lufthansa.

---

[30] Die Flamingos/Martin-Möhle-Combo: *Alle tanzen Lipsi*. Amiga 1959.
[31] Helga Brauer/Hemmann-Quintett: *Mister Brown aus USA*. Amiga 1959.

Aber es half alles nichts: Tanzen wollten den Lipsi die meisten Jugendlichen in der DDR nicht. Manche taten diese Haltung auch laut kund durch Ausrufe in der Art „Wir tanzen keinen Lipsi und auch nicht nach Alo Koll, wir sind für Bill Haley und tanzen Rock 'n' Roll".[32] Der Lipsi wurde also ein großer kulturpolitischer Flop. Kaum überraschend kam es auch in anderen Ländern zu keinem Lipsi-Hype, auch wenn die Kulturverantwortlichen bisweilen anderes behaupteten und bei AMIGA gesonderte Platten beispielsweise für das sowjetische Publikum erschienen. Einige instrumentale Lipsi-Variationen gab es in der ČSSR: *Alfa-Lipsi*, *Pražske-Lipsi* („Prager Lipsi'), *Dobrý den, Lipsi, Podzimní-Lipsi* („Herbst-Lipsi'),[33] und in Estland sang Heli Lääts mit dem Männerquartett des dortigen Rundfunks *Meie Lipsi*. Auf das historische Kuriosum Lipsi folgten deutlich später parodistische Reaktionen: so in den 1980er Jahren ein Song des comedyhaften Kuldne Trios aus Estland[34] mit einem eigenen Text zur Melodie von *Heute tanzen alle jungen Leute* und 2014 Bürger Lars Dietrichs Cover dieses Lieds für sein Album *D.D.R. - Dietrichs Demokratische Republik* (Single 2015).[35] Die Kulturoberen der DDR versuchten nach der Lipsi-Pleite noch andere neue Tänze zu etablieren, zum Beispiel den Pertutti (1960) und den Orion (1963) als Alternativen zum Twist, aber auch das ging schief.

Nach dem Mauerbau 1961 wurde kurzzeitig verstärkt gegen westliche oder westlich orientierte Musik vorgegangen – bis zur Einführung der Wehrpflicht Anfang 1962. Danach zeigte sich eine gewisse Lockerung: Twist und Beat beispielsweise konnten vermehrt gespielt werden. Viele Beat-Gruppen wurden um 1960 herum gegründet, darunter die Theo Schumann Combo, die Sputniks, die Butlers (hervorgegangen aus der 1962 mit Auftrittsverbot belegten Klaus Renft Combo) oder Team 4. Wichtige Einflüsse auf Musik, Styling und die Selbstwahrnehmung einer spezifischen Jugendkultur kamen von den Beatles.[36] Bei AMIGA konnten 1965 drei Singles der Band aus Liverpool und die DDR-spezifische Kompilation *The Beatles* erscheinen.[37] Zum Deutschlandtreffen der Jugend 1964 entstand das Radio-Jugendprogramm DT64, das ein wichtiges Medium für die Verbreitung und Rezeption von Beatmusik wurde.

---

[32] Janssen: *Halbstarke in der DDR*, 108.

[33] Ota Čermák: *Alfa-Lipsi*. Supraphon 1960; Karel Vlach und Orchester: *Pražske-Lipsi*. Supraphon 1960; Karel Vlach und Orchester: *Dobrý den, Lipsi*. Supraphon 1960; Miroslav Kefurt und Gruppe: *Podzimní-Lipsi*. Supraphon 1960.

[34] Kuldne Trio: Lipsi. Auf: *74 Parimat Laulu*. Hitivabrik 2002.

[35] Bürger Lars Dietrich: Heute tanzen alle jungen Leute. Auf: *D.D.R. - Dietrichs Demokratische Republik*. Amiga/Sony Music 2014.

[36] Vgl. Dietrich: *Kulturgeschichte der DDR 2*, 915–918.

[37] The Beatles: *Ain't She Sweet/Cry for a Shadow, Sweet Georgia Brown/Why, It Won't Be Long/Devil in Her Heart*. Alle von Amiga 1965; The Beatles: *The Beatles*. Amiga 1965.

Den nächsten großen Einschnitt in der Popmusikgeschichte der DDR brachte aber das Jahr 1965. Damals initiierte u. a. Erich Honecker, der als ZK-Sekretär für Fragen der Sicherheit zuständig war, die monatelange Registrierung von Ereignissen wie übermäßigem Alkoholkonsum, sexuellen Ausschweifungen und Randalen rund um Musikveranstaltungen, um die Beatszene in Misskredit zu bringen.[38] Befeuert wurde die wieder zunehmend feindliche Haltung der Politik gegenüber diesem Zweig der Jugendkultur durch die Berichte von Krawallen nach einem Konzert der Rolling Stones in West-Berlin im September 1965. Daraufhin startete in den DDR-Medien ein massiver Feldzug gegen die Beat-Szene. Die meisten Beat-Gruppen erhielten Auftrittsverbote. Die für die Erteilung einer Spielerlaubnis nötigen Anforderungen ebenso wie mögliche Sanktionen bei Verstößen gegen Auflagen wurden verschärft. Außerdem wurde versucht, Beat-Musiker als asozial und staatsfeindlich zu diskreditieren oder auch in Steuerhinterziehungsverfahren zu kriminalisieren.[39] Dagegen demonstrierten in Leipzig Hunderte Jugendliche. Viele wurden festgenommen, kamen teilweise in Arrest oder mussten Zwangsarbeit leisten.[40] Auf dem sogenannten ‚Kahlschlagplenum‘, dem 11. Plenum des ZK der SED Mitte Dezember 1965, wurde der Kurs gegen die Beat-Kultur bestätigt. Walter Ulbrichts Diktum in dieser Sache ist bekannt: „Ist es denn wirklich so, dass wir jeden Dreck, der vom Westen kommt, nu kopieren müssen? Ich denke, Genossen, mit der Monotonie des Je-Je-Je, und wie das alles heißt, ja, sollte man doch Schluss machen."[41]

Natürlich spielte Popmusik weiterhin eine wichtige Rolle in der DDR, auch wenn fortan Polizei und Staatssicherheit auf die Musikszenen angesetzt waren.[42] Zum einen blieb die Kulturpolitik in ihrer Abwehrhaltung gegen Pop (und Rock) aus dem Westen letztlich doch immer auf diesen bezogen, was sich etwa an Imitationen oder Eindeutschungen[43] und staatlich angeordneter und kontrollierter Eigenproduktion zeigte, die entweder Alternativen zu schaffen oder die potenzielle Gegenkultur zu domestizieren und zu vereinnahmen[44] suchte. In gewissem Umfang wurde offiziell auch westliche

---

[38]Vgl. Dietrich: *Kulturgeschichte der DDR 2*, 922–923; Rauhut: *Beat in der Grauzone*, 107–137.

[39]Vgl. ebd.; John Littlejohn: Wenn eine Band lange Zeit lebt. Puhdys, Politics, and Popularity. In: *German Politics & Society* 35 (2017), H. 2: Sounds German? Popular Music in Postwar Germany at the Crossroads of the National and Transnational, 80–98, hier 82; Gerrit-Jan Berendse: „And the Beat Goes On": Die Beat Generation und der neue Realismus in der DDR. In: *GDR Bulletin* 21 (1994), H. 2, 1–6, hier 3.

[40]Vgl. Dietrich: *Kulturgeschichte der DDR 2*, 924; Rauhut: *Beat in der Grauzone*, 144–155.

[41]O-Ton unter youtube.com/watch?v=Q55mQpAGNMc (31.3.2025).

[42]Vgl. Michael Rauhut: Raus aus der Spur. Brachte Rockmusik die Mauer ins Wanken? In: Dominik Schrage/Holger Schwetter/Anne-Kathrin Hoklas (Hg.): *„Zeiten des Aufbruchs" – Populäre Musik als Medium gesellschaftlichen Wandels*. Wiesbaden 2019, 183–202, hier 188.

[43]Vgl. Berendse: And the Beat Goes On, 4; Heiner Stahl: Agit-Pop. Das Jugendradio DT 64 in den swingenden 60er Jahren. In: Klaus Arnold/Christoph Classen (Hg.): *Zwischen Pop und Propaganda. Radio in der DDR*. Berlin 2004, 229–247, hier 240.

[44]Vgl. Rauhut: Raus aus der Spur, 189.

Musik in der DDR verbreitet und traten dort Musiker:innen aus dem westlichen Ausland auf, u.a. im Zuge einer Aufgeschlossenheit der Kulturpolitik gegenüber Musik von afroamerikanischen Künstler:innen und aus dem Umfeld der amerikanischen Bürgerrechts- und Antivietnamkriegsbewegung (das ‚andere Amerika‘), wobei der darin liegende Protestimpetus zum Teil von Rezipierenden wiederum gegen das SED-Regime gekehrt wurde.[45] Das junge Publikum verschaffte sich nach wie vor auch selbst Zugang zu westlicher Popmusik – über Radiosender wie RIAS, Radio Luxemburg und AFN (American Forces Network), zunehmend auch durch Musiksendungen im Fernsehen der BRD, durch eingeschmuggelte Schallplatten oder auf illegalen Konzerten.[46]

Pop bzw. Popmusik passte nicht ohne Weiteres – also nicht ohne regulierende und domestizierende Eingriffe – zur Jugendkultur der DDR, zumindest nicht zu jener, die sich die kulturpolitischen Entscheidungstragenden vorstellten. Die Popmusik und mit ihr verbundene kulturelle Versatzstücke, ausgestattet mit dem Nimbus von Freiheit, Devianz und Subversion, fanden aber – auch in den späteren Jahren – ihren Weg zur Jugend der DDR, die der sozialistischen Gesellschaft wohl u.a. auch deshalb mehr und mehr verloren ging.

---

[45]Vgl. Maria Schubert: „Oh Freedom!" Afroamerikanische Freiheitsklänge in der DDR. In: Michael Fischer/Christofer Jost (Hg.): *Amerika-Euphorie – Amerika-Hysterie. Populäre Musik made in USA in der Wahrnehmung der Deutschen 1914–2014.* Münster/New York, NY 2017, 257–275, hier 262–267, 274–275.

[46]Vgl. ebd., 262; Dietrich: *Kulturgeschichte der DDR 2,* 911–912, Littlejohn: Wenn eine Band lange Zeit lebt, 82–83; Thomas Lietz/Rebekka Honeit/Stefan Rauhut: Die Rundfunknutzung Jugendlicher in der DDR. In: *Jahrbuch für Kommunikationsgeschichte* 8 (2006), 194–219, hier 204–206; Stahl: *Agit-Pop,* 243.

Johnny Cash: *Johnny Cash Sings Hank Williams* (1960)

David-Christopher Assmann

Wie unter einem Brennglas zeigen sich mit *Johnny Cash Sings Hank Williams*[1] die Aporien des im Entstehen begriffenen popmusikalischen Feldes in den Vereinigten Staaten der späten 1950er und frühen 1960er Jahre. Durch das Album präsentieren sich ein Musiker und seine Plattenfirma als in einen sozialen Zusammenhang miteinander verwickelt, der Popmusik zwischen künstlerischer Selbstbehauptung und strategischem Marketing, unverhofft verlaufenden Aufnahmesessions und einzuhaltenden Vertragsklauseln, musikalischem Traditionsbewusstsein und Zugeständnissen an den Publikumsgeschmack konstituiert. *Johnny Cash Sings Hank Williams* erscheint im September 1960 bei Sun Records, obwohl Cash zu diesem Zeitpunkt seine Musik eigentlich längst bei Columbia Records veröffentlicht.[2] Nach vier Jahren Vertrag mit Sam Phillips' Label in Memphis, wo er mit Songs wie *I Walk The Line*[3] neben Elvis Presley, Jerry Lee Lewis und Carl Perkins zum Erfolg des Unternehmens beiträgt, kündigt der Songwriter, Sänger und Gitarrist zum August 1958 und unterschreibt bei der größeren Plattenfirma. *Johnny Cash Sings Hank Williams* fällt aus der Reihe. Das betrifft aber nicht nur den Erscheinungsort der LP.

In einem Brief an die „Members" seines Fanclubs bezeichnet Cash das Album als „a sort of tribute to Hank".[4] Gleichwohl und anders, als es der Albumtitel verspricht, stammen jedoch nur vier der insgesamt zwölf Songs, die

---

[1] Johnny Cash: *Johnny Cash Sings Hank Williams*. Sun 1960.
[2] Holger Hanowell: *Johnny Cash. 100 Seiten*. Stuttgart 2022, 20–21.
[3] Johnny Cash: *I Walk the Line*. Sun 1956.
[4] Zit. nach Bill Miller: *Cash. An American Man*. Hg. von Mark Vancil/Jakob Joye. New York, NY 2004, 35.

© Der/die Autor(en), exklusiv lizenziert an
Springer-Verlag GmbH, DE, ein Teil von Springer Nature 2026
C. Jürgensen und G. Kaiser (Hrsg.), *Eine Kulturgeschichte der Popmusik*,
https://doi.org/10.1007/978-3-662-72524-5_10

auf der LP zu hören sind, von dem 1953 im Alter von 29 Jahren gestorbenen „major star"[5] der Countryszene: *I Can't Help It (If I'm Still In Love With You)*, *You Win Again*, *Hey, Good Lookin'* und *I Could Never Be Ashamed of You*. Hinzu kommen acht weitere Songs, die mit Ausnahme des Leon-Payne-Stücks *I Love You Because* alle von Cash selbst geschrieben wurden: *Next In Line*, *Folsom Prison Blues*, *Give My Love To Rose* und *I Walk The Line*, die wie die Hank-Williams-Cover schon bei Sun Records erschienen sind. Mit *Straight A's in Love*, *I Love You Because*, *Come In Stranger* und *Mean Eyed Cat* präsentiert das Album darüber hinaus vier neue Cash-Songs, die allerdings historisch zu nennen sind, weil sie auf Aufnahmen basieren, die bei Erscheinen des Albums schon gut zwei Jahre zurückliegen.

Die heterogene Zusammenstellung des Songmaterials erschwert es, das Genre von *Johnny Cash Sings Hank Williams* zu bestimmen und die LP werkgeschichtlich einzuordnen. Das Album ist weder ganz Tribut- noch ganz Greatest-Hits-LP. Es präsentiert weder allein unveröffentlichtes Cash-Material noch allein Coverversionen. Und es besteht weder aus aktuellen Stücken noch ausschließlich aus bekannten Songs. Wohl am ehesten lässt sich *Johnny Cash Sings Hank Williams* negativ bestimmen. Unterschieden werden kann das hybride Album einerseits von Cashs aktuellen Konzeptalben bei Columbia, die sich als Genre gegen die den Musikmarkt bisher dominierenden Singles durchzusetzen beginnen; gerade erst erschien im August 1960 Cashs *Ride this Train*,[6] ein als Zugreise durch Amerika angelegtes Album, dessen Songs jeweils durch einen kurzen Sprechtext von Cash eingeleitet werden. Andererseits hebt sich *Johnny Cash Sings Hank Williams* von den bereits veröffentlichten drei Sun-Kompilationen ab.[7] Cashs erste LP *Johnny Cash with His Hot and Blue Guitar*[8] erscheint im Oktober 1957 und bringt Hits, unter anderen die erste Single *Cry! Cry! Cry!* vom Juni 1955, und einige Cover, darunter *(I Heard That) Lonesome Whistle* von Hank Williams (geschrieben zusammen mit Jimmie Davis).[9] *Johnny Cash Sings the Songs that Made Him Famous*,[10] im Dezember 1958 und damit bereits nach Cashs Wechsel zu Columbia veröffentlicht, enthält ebenfalls einen Song von Williams (*I Can't Help It*[11]). Auf der Kompilation *Greatest!*[12] vom Oktober 1959

[5] Susan Masino: *Family Tradition. Three Generations of Hank Williams*. Milwaukee, WI 2011, 36.
[6] Johnny Cash: *Ride this Train*. Columbia 1960.
[7] Vgl. Martin Schäfer: *Johnny Cash*. Frankfurt/M. 2008, 84.
[8] Johnny Cash: *Johnny Cash with His Hot an Blue Guitar*. Sun 1957.
[9] Hank Williams with His Drifting Cowboys: *(I Heard That) Lonesome Whistle*. MGM 1951.
[10] Johnny Cash: *Johnny Cash Sings the Songs that Made Him Famous*. Sun 1958.
[11] Hank Williams And His Drifting Cowboys: *I Can't Hel It (If I'm Still in Love with You)*. MGM 1951.
[12] Johnny Cash: *Greatest!* Sun 1959.

finden sich neben Cashs Erfolgen die drei anderen Hank-Williams-Songs, die dann erneut auf *Johnny Cash Sings Hank Williams* zu hören sind.[13]

Eine der Spuren der LP führt zu einer Session im Sun Studio in Memphis am 15. Mai 1958. Weil er in absehbarer Zeit zu Columbia wechselt, muss Cash noch einige Songs aufnehmen, um die vertraglich mit Sun Records vereinbarten 65 Stücke abliefern zu können.[14] Nachdem Phillips ihn mehrmals vergeblich aufgefordert hat, wieder ins Studio zu gehen, schafft es Phillips' Produzent und Toningenieur Jack Clement schließlich, den Musiker zu einer Session zu motivieren. Cash stimmt unter der Bedingung zu, alles an einem Tag einspielen zu können. Ergänzt um Drummer James Van Eaton und Pianist Jimmy Wilson geht es deshalb mit Cashs beiden Begleitmusikern – den Tennessee Two: Marshall Grant am Kontrabass und Luther Perkins an der E-Gitarre – schon morgens ins Studio. Die Band spielt zunächst zwei Eigenkompositionen ein, darunter *You're the Nearest Thing to Heaven*,[15] einen Song, den Cash zusammen mit Hoyt Johnson und Jimmy Atkins geschrieben hat und den Clement als Single einplant, sollte Cash noch einen annehmbaren Song für die B-Seite aufnehmen. Nachmittags folgt eine weitere Session, die aber wenig ergiebig verläuft. Als er nach Songmaterial sucht, das er und die Band aufnehmen könnten, stößt Cash im Studio zufällig auf ein Hank-Williams-Songbook. Daraus werden insgesamt fünf Songs aufgenommen. Unerwartet inspiriert, lässt sich Cash von Clement sogar dazu bewegen, noch weitere Stücke einzuspielen. Am Ende des Tages sind es insgesamt zwölf.[16]

Cashs intuitive Entscheidung, eine Auswahl an Hank-Williams-Songs aufzunehmen, ist keineswegs nur eine Verlegenheitslösung. Sie lässt sich lesen als Ausdruck einer programmatischen Hinwendung des Musikers zur „Ur- und Frühgeschichte der Folk- und Country-Musik"[17] und damit nicht zuletzt als unwillkürliche Abgrenzung von den stärker an einem breiten Publikum orientierten Arrangements, für die Clement sich bei Sun Records einsetzt. Die von Barbara Burns geschriebenen *liner notes* von *Johnny Cash Sings Hank Williams* betonen diesen Traditionszusammenhang. Burns schreibt dort unter anderem: „Johnny Cash is a singer who makes the same type of appeal which Hank Williams did. Audiences like not only his singing and

---

[13] Wie die drei Kompilationen taucht *Johnny Cash Sings Hank Williams* in Zählungen der LPs von Cash mitunter gar nicht auf.

[14] Vgl. Johnny Cash: *Cash. The Autobiography. With Patrick Carr*. London 2006, 91–92. Die Gründe für den Wechsel zu Columbia lassen sich nicht genau rekonstruieren. Cash selbst gibt in seiner Autobiografie an, er sei gewechselt, weil er bei Sun Records keine Gospelmusik hätte aufnehmen dürfen (vgl. ebd., 90–91). Tatsächlich erscheint bereits 1959 bei Columbia Records das Gospelalbum *Hymns*. Vermutlich spielen aber auch finanzielle Aspekte eine Rolle. Vgl. Hanowell: *Johnny Cash*, 20–21.

[15] Johnny Cash and the Tennessee Two: *You're the Nearest Thing to Heaven*. Sun 1958.

[16] Vgl. Robert Hilburn: *Johnny Cash. The Life*. London 2013, 149–150.

[17] Schäfer: *Johnny Cash*, 84.

playing – they like him as a person. They trust him and they sense that Johnny is their friend. [...] Hank Williams fans are almost sure to be Johnny Cash
fans, and vice versa. The numbers recorded here are representative of the
best of Hank Williams as a songwriter and the best of Johnny Cash as an artist."[18] Mit der Marke ‚Cash‘ wird dem Publikum hier nicht nur ein Musiker
vorgestellt, der durch sein besonderes „singing and playing" Aufmerksamkeit verdient habe. Cash sei vielmehr ein nahbarer „friend", der mit seinen
„fans" in einem Vertrauensverhältnis stehe. Der Fokus liegt nicht allein auf
den einzelnen Songs, sondern auf der „person"; und als solche stehe Cash in
einer musikgeschichtlichen und habituellen Reihe mit Hank Williams („the
same type of appeal"). Die *liner notes* lassen sich als ein Sprechakt verstehen,
der einerseits das symbolische Kapital, das der verstorbene „country music
star"[19] angereichert hat, auf den jüngeren, aufstrebenden Musiker übertragen
will. Andererseits arbeitet Burns' Text wie Cashs Coverversionen mit an der
Transformation der Persona Hank Williams' vom einfachen Countrymusiker
in eine „seminal figure in twentieth-century American music".[20] In dieser
Hinsicht stehen die *liner notes* schon im Zeichen dessen, was man als My-
thisierung von Williams als Ikone nicht nur der Countryszene, sondern eines
beträchtlichen (weißen) Teils des Landes bezeichnen kann.

   Der Rückwendung zur Countrytradition stehen auf *Johnny Cash Sings
Hank Williams* die Songs entgegen, die von Cash selbst stammen. Diese Stücke bilden allerdings keinen homogenen Block. Während die alten Aufnahmen durch den Sound einer reduzierten Band geprägt werden, sind Cashs
neue Songs – wie auch die Hank-Williams-Cover – zum einen um Schlagzeug
und Klavier erweitert. Zum anderen lässt Phillips nachträglich durch die
Gene Lowery Singers noch einen Chor hinzufügen.[21] Damit stellt sich ein
unüberhörbarer Bruch in den Eigenkompositionen ein. Cashs frühe Aufnahmen sind gekennzeichnet durch den Klang einer minimalistischen Gruppe,
die weder mit Pedal-Steel-Gitarre und Fiddle, die im Country eigentlich üblich sind, noch mit Schlagzeug aufwartet. In ihrem Zentrum steht Cashs
Gesang, der im Studio den typischen Halleffekt erhält. Mit einem Streifen
Papier, der zwischen Saiten und Griffbrett der Gitarre klemmt, imitiert Cash
die Snare Drum.[22] Johnny Cash & The Tennessee Two treten auf als eine

---

[18]Barbara Burns: *Johnny Cash Sings Hank Williams and other favourite tunes.* Hier zit. nach der Abbildung des Backcovers auf johnnycash.com/music/sings-hank-williams-and-other-favorite-tunes-definitive-
expanded-remastered-edition/ (30.11.2024).

[19]o.A.: Introduction. In: Patrick Huber/Steve Goodson/David M. Anderson (Hg.): *The Hank Williams
Reader.* Oxford/New York, NY 2014, 3–15, hier 3.

[20]Ebd., 4.

[21]Vgl. die Abbildung des Backcovers auf johnnycash.com/music/sings-hank-williams-and-other-favor-
ite-tunes-definitive-expanded-remastered-edition/ (30.11.2024). Von den alten Songs erhält nur *Next In
Line* die Chorstimmen.

[22]Vgl. Hanowell: *Johnny Cash,* 15.

Cover *Johnny Cash Sings Hank Williams*, Discogs

„schnörkellose Rhythmus-Combo mit straffem Beat und einem Sänger mit ungewohnt tiefer, markanter Stimme."[23] Zusammen erzeugen die drei Musiker einen zwar recht simplen, dafür aber umso eingehenderen Rhythmus, der nicht zuletzt durch Perkins' Wechsel-Bass-Technik bestimmt wird.[24] Die neueren, instrumentell und gesanglich erweiterten und in gewissen Hinsichten pop-orientierten Arrangements haben mit dem Sound der frühen Jahre nur noch bedingt etwas gemeinsam.

Das auf *Johnny Cash Sings Hank Williams* zusammengestellte Song-Konglomerat lässt sich nicht zuletzt als das Produkt einer Verwertungsstrategie von Phillips verstehen. Der Produzent hält die Songs, die Cash vor seinem Wechsel zu Columbia einspielt, gezielt zurück, um sie im Hinblick auf Publikumserwartungen zu bearbeiten und erst nach und nach als LPs zu veröffentlichen.[25] Im Fall von *Johnny Cash Sings Hank Williams* lässt sich die daraus mitunter resultierende hybride Form bis in die paratextuelle Präsentation der LP verfolgen. Das Frontcover ist in zwei Bereiche differenziert. Der untere, gut drei Viertel einnehmende Teil zeigt einen Musiker mit seiner Gitarre, der, vom Publikum abgewandt, an dem Pfeiler eines Maschendrahtzauns lehnt und vom Ufer aus auf einen See Richtung leicht bewölktem Sonnenuntergang schaut – ein romantisiertes, um nicht zu sagen: verkitschtes Countrysetting mit einem stereotypen einsam-melancholischen Cowboy im Zentrum, der nicht mit Sicherheit als Cash selbst identifiziert werden

---

[23] Ebd., 15–16.

[24] Vgl. ebd., 16.

[25] Vgl. ebd., 20–21. Zählt man alle Aufnahmen zusammen, sind in Cashs Sun-Sessions zwischen Ende 1954 und Sommer 1958 insgesamt 116 Aufnahmen von 70 verschiedenen Songs entstanden, darunter gut 30 Songs, die von Cash geschrieben wurden. Vgl. Schäfer: *Johnny Cash*, 86.

kann. Das obere, dunkelrot grundierte Viertel ist nicht weniger irritierend gestaltet. Während das Album in Cashs Werk (wie auch in der vorliegenden Popgeschichte) gewöhnlich unter „Sings Hank Williams" katalogisiert wird, differenziert das Cover den Titel schriftbildlich durch die Farbwahl (weiß/blau) und die Anordnung der Wörter (oben linksbündig/unten eingezogen) zwischen „Johnny Cash Sings" (weiß) und „Hank Williams" (blau), setzt den ‚Schnitt' also erst nach dem Prädikat. Die hintere Seite der Hülle präsentiert darüber hinaus neben der Songliste und den *liner notes* einen um den Zusatz „and other favourite tunes"[26] erweiterten Titel, der die hybride Kompilation explizit als solche markiert. Noch etwas heterogener fällt die 2003 von Varèse Sarabande herausgebrachte erweiterte CD-Fassung aus. Neben den bereits veröffentlichten Aufnahmen finden sich dort fünf Bonustracks: Aufnahmen der Hank-Williams-Songs *Cold, Cold Heart* und *(I Heard That) Lonesome Whistle*, *I Love You Because* von Leon Payne in einer Fassung mit den Gene Lowery Singers und alternative Aufnahmen von *Come in Stranger* und *Wide Open Road*.[27]

---

[26] Auf der Rückseite der LP findet sich der Titel *Johnny Cash Sings Hank Williams and other favourite tunes*. Hier zit. nach der Abbildung auf johnnycash.com/music/sings-hank-williams-and-other-favorite-tunes-definitive-expanded-remastered-edition/ (30.11.2024).

[27] Alle Songs des Albums zit. nach Johnny Cash: *Sings Hank Williams and Other Favorite Tunes*. Varèse Sarabande 2003.

James Brown: Live at the Apollo (1962)

Christian Bielefeldt

James Browns Auftritt am Abend des 24. Oktober 1962 im Saal des Apollo Theater in Harlem, New York, mündete in eines der spektakulärsten Live-Alben der Popgeschichte. *The James Brown Show – Live at the Apollo*[1] wurde im Frühjahr 1963 zu einem Chart-Hit, der den Sänger und Bandleader über sein Stammpublikum hinaus auch für viele Popfans interessant machte. Den zeitgenössischen Erfolg der gut 31 Minuten Musik, aufgenommen in den heißesten Stunden der Kubakrise, überstrahlt noch einmal ihre historische Wirkung. Eher unerheblich dafür, indes umso typischer für quasi-mythische Legendenbildungen scheint zu sein, dass sich der Diskurs in Teilen von den historischen Quellen gelöst hat und ein Komplex von Zuschreibungen, Überhöhungen und im Detail auch strategischen Irreführungen entstanden ist, der offenlässt, wie gut man dem Album tatsächlich im Einzelnen zugehört hat. In der Wissenschaft fehlen jenseits von Handbucheinträgen, die den Diskurs seit den 1980er Jahren eher abbilden als vorantreiben, auch sechzig Jahre nach der mythischen Nacht in Harlem genauere Studien.

Das Apollo Theater ist mehr als nur der Aufführungs- und Aufnahmeort des Albums, es ist der eigentliche Star – nicht zufällig zeigt das ikonische Aquarell-Cover nicht James Brown, sondern den schimmernden Eingang des Theaters. 1962 blickte das Apollo auf fast dreißig Jahre als wohl wichtigste Spielstätte des Chitlin Circuit zurück, dem legendären Verbund von Clubs und Theatern im Osten und Süden der USA, an dem afroamerikanische Kultur gelebt und zelebriert werden konnte (auf den viele R-'n'-B-Acts aber

---

[1] James Brown: *James Brown Show – Live at the Apollo*. King 1963.

C. Jürgensen und G. Kaiser (Hrsg.), *Eine Kulturgeschichte der Popmusik*,
https://doi.org/10.1007/978-3-662-72524-5_11

auch festgelegt waren). Die 1500 Zuschauer:innen, die sich bei ausverkauftem Haus in dem mit schwarzem Samt ausgehängten Saal versammelten, galten als das härteste, aber auch enthusiastischste Publikum auf dieser Tour.[2] James Brown trat seit 1959 regelmäßig im Apollo auf, vom 19. bis 25. Oktober 1962 spielte der ‚Hardest Working Man in Showbusiness‘ mit seiner Band und der Vokalgruppe The Famous Flames in vier bis fünf Shows täglich einen etwa 40-minütigen Set als Haupt-Act. Die Late Show am 24. Oktober war also mindestens seine 24. Show innerhalb dieser Woche.

Die Entstehungsgeschichte von *Live at the Apollo* passt in das Bild des um Selbstbestimmung kämpfenden US-Afroamerikaners, das Brown später, in seiner erfolgreichsten Zeit um 1970, wie kein anderer verkörperte. 1962 konnte sich Brown noch nicht mit der Popularität von Crossover-Acts wie Ray Charles, Sam Cooke oder Jackie Wilson messen, nach dem erfolgreichen Debüt (*Please, Please, Please*, 1956)[3] trat seine Karriere mehrere Jahre auf der Stelle. Aber mit spektakulären Bühnenshows hatte sich Brown einen besonderen Ruf als Live-Act erarbeitet, den er für ein Live-Album nutzen wollte. Er folgte damit dem Beispiel von Charles (*Ray Charles in Person*, 1960)[4] und ließ sich auch vom anfänglichen Widerstand seines Produzenten nicht aufhalten. Syd Nathan, Inhaber von King Records, stand einem Album ohne neue Songs skeptisch gegenüber. Als sich Brown entschloss, die Produktion auf eigenes Risiko zu finanzieren, stellte er ihm dann aber doch seinen Aufnahmeleiter zur Verfügung.[5]

Die Famous Flames bestanden im Herbst 1962 aus den Tenören Bobby Bennett und ‚Baby‘ Lloyd Stallworth sowie Browns langjährigem Bassisten Bobby Byrd, der in je einem Song auch Bariton-Saxofon und Keyboard übernahm. In der Band spielten Lewis Hamlin, Roscoe Patrick und Teddy Washington (Trompete), William Burgess, Clifford MacMillan, St. Clair Pinckney und Al ‚Brisco‘ Clark (Saxofon), Dickie Wells (Posaune), Les Buie (Gitarre), Hubert Perry (Bass), Clayton Fillyau (Drums) und Lucas ‚Fats‘ Gonder (Orgel, MC). Bei einem zweiten Drummer handelt es sich wahrscheinlich um George Sims. An der Show beteiligt war außerdem die Tanzgruppe The 5 Brownies.

Der Ablauf der Apollo-Show am 24. Oktober lässt sich weitgehend rekonstruieren[6]: Brown entschied sich für den Mittwochabend wahrscheinlich wegen der vorher stattfindenden Amateur Night mit ihrem bekannt lautstarken

---

[2] John Michael Runowicz: *Forever Doo-Wop. Race, Nostalgia, and Vocal Harmony.* Massachusetts, MA 2010.

[3] James Brown with the Famous Flames: *Please, Please, Please.* Federal 1956.

[4] Ray Charles: *Ray Charles in Person.* Atlantic 1960.

[5] Peter Guralnick: *Sweet Soul Music. Rhythm and Blues and the Southern Dream of Freedom.* New York, NY 1986, 256.

[6] Douglas Wolk: *33 1/3. Live at the Apollo.* New York, NY 2004, 8ff.; Alan Leeds: Liner notes zu *Live at the Apollo,* CD, Polydor 2004.

Publikum. Die eigentliche Late Show begann mit einem Tanzwettbewerb, für den Brown und Band im Hintergrund bereits die Musik lieferten (die letzten Stücke mit Brown an Schlagzeug und Keyboard). Es folgte ein sogenanntes R-'n'-B-*package*, eine Reihe von Kurz-Aufritten mehr oder weniger namhafter Acts, darunter The Valentinos (mit Curtis und Bobby Womack), Solomon Burke und Pigmeat Markham, der wenige Tage zuvor selbst ein Live-Album im Apollo aufgenommen hatte. Wenn Drummer ‚Fats' Gonder in den ersten Sekunden das Albums den Höhepunkt des Abends ankündigt, die „Star Time", ist die Show also schon mehr als eine Stunde alt.

„Star Time" lautete der Titel der Show, mit der Brown 1962 auf Tournee war. Das Set am 24. Oktober 1962 ist ein Ausschnitt daraus, eine strikt durchchoreografierte Abfolge von Best-Of-Songs und aktuellen Hits, eigenen Kompositionen und Material aus den 1920er, 30er, 40er und 50er Jahren, das Brown sich zu eigen gemacht hat. Spontaneität ist kaum vorgesehen, auch eine Botschaft wie Browns „You gotta live for yourself, and nobody else!" vor *Try Me* gehört zu den Show-Routinen. Die eine, große Ausnahme bildet die exzessive Performance von *Lost Someone* (1961). Die Gospel-orientierte Ballade erstreckt sich über 10:43 Minuten, ist also fast so lang wie der komplette erste Teil mit seinen vier auf ca. 2 Minuten heruntergebrochenen Songs (*I'll Go Crazy*, 1960, *Try Me*, 1958, *Think* und *I Don't Mind*, beide 1960) und drei kurzen instrumentalen Bridges (*Hold It*), die ‚Mr. Dynamite' vermutlich für Tanz-Moves nutzte.

Mit *Lost Someone* verabschiedet sich auch der R-'n'-B-Crooner der ersten elf Minuten. Brown beginnt den Song noch mit wenigen gecroonten Tönen – Sekunden, in denen weibliche Rufe im Publikum die Führung übernehmen – und wechselt dann in den *Preacher*- bzw. *Cry Singer*-Modus. Den mit afroamerikanischer Musik und Kultur um 1960 assoziierten *Cry Singer*-Typus zeichnet ein schreiend-weinender Vokalstil aus, *Cry Singer* sanken auf dem Höhepunkt ihrer Shows auf die Knie, wendeten sich an das Publikum und teilten ihr Leiden mit ihm.[7] Brown war für solche Momente bekannt, es ist daher anzunehmen, dass es sie auch in der Apollo-Version von *Lost Someone* gegeben hat. Das anschließende Medley präsentiert acht Songs innerhalb von 6½ Minuten. *Please, Please, Please, You've Got the Power* (1960), *I Found Someone* (1959), *Why Do You Do Me* (1956), *I Want You So Bad* (1959), *I Love You, Yes I Do* (1961), *Who Does Everything Happen to Me* (1961), *Bewildered* (1959) und wieder *Please, Please, Please*. Den Schlusspunkt setzen 3:26 Minuten *Night Train* (1961).

---

[7]Charles Keil: *Urban Blues.* Chicago, IL 1966; Richard J. Ripani: *The New Blue Music. Changes in Rhythm & Blues, 1950–1999.* Mississippi, MS 2006; Vgl. Christian Bielefeldt: "Bring It On Home to Me". Anfänge des Soulgesangs. In: Martin Pfleiderer et. al. (Hg.): *Stimme Kultur Identität. Vokaler Ausdruck in der populären Musik der USA, 1900–1960.* Bielefeld 2015, 371–423.

Als wichtiger Grund für die positive zeitgenössische Reaktion auf das Album gilt der innovative Einsatz von Aufnahmetechnik, mit *close-mike-settings* für die Bläser und zwei Mikrofonen nur für das Publikum. Die Produktionsleitung lag in den Händen von Gene Redd (Editing) und dem Chef-Ingenieur von King Records, Chuck Seitz (Mastering), aufgenommen wurde mit einer 2-Band-Ampex-Maschine. Den Mix steuerte Aufnahmeleiter Tom Nola live hinter der Bühne über Kopfhörer aus. Durch eine sorgfältige Platzierung der vermutlich acht Mikrofone und die Positionierung des Bläsersatzes auf dem linken Kanal erzeugte er einen außerordentlich klaren, trockenen Sound, in dem noch die kleinsten Details zu hören sind.[8]

Anders, als oft zu lesen ist (und als das Albumcover versprach), handelt es sich bei dem, was man auf *Live at the Apollo* hört, allerdings keineswegs um einen vollständigen Mitschnitt der Midnight Show (die es mittwochs im Apollo gar nicht gab, es gab vielmehr eine Late Show um 23 Uhr). Von den auf dem Cover annoncierten 40 sind nur 31 Minuten zu hören, Douglas Wolk vermutet, dass ein Song komplett gestrichen wurde und weitere kleinere Schnitte existieren. Bei dem fehlenden Song könnte es sich um *Shout and Shimmy* handeln, den Gonder zu Beginn ankündigt, denn Brown begann seine Shows Anfang der 1960er Jahre gewöhnlich mit der aktuellen Single. Die Performance von *Please, Please, Please* wiederum war normalerweise mit Browns berühmter Cape-Routine verbunden, während der er mehrmals zu Boden sank und mit einem roten Umhang bedeckt wurde, sich wieder daraus befreite und den nächsten Chorus umso ekstatischer performte. Diese Routine fand wahrscheinlich auch am 24. Oktober 1962 statt, wurde aber später herausgeschnitten. Die LP setzt sich zudem aus mehreren Takes zusammen, die Nola im Laufe der vier Apollo-Shows am selben Tag aufnahm. Über diese für den behaupteten Charakter des Albums als ‚Live-Mitschnitt‘ durchaus nicht nebensächlichen Eingriffe hinaus können auch die enthusiastischen Publikumsreaktionen, die den Album-Mythos wesentlich mitbegründet haben, nur teilweise als authentisch gelten. Wie Seitz später berichtete, mischte er den Aufnahmebändern nachträglich Publikumsreaktionen einer anderen Veranstaltung bei, um die zu schwache Aussteuerung der Saal-Mikrofone auszugleichen.[9] In der Remastered-Edition fehlen diese Overdubbings, das Publikum wirkt daher stellenweise verhaltener. Die ikonische Live-Energie des Albums ist damit in mehrfacher Hinsicht als konstruiert zu betrachten, auch wenn die Rezeptionsgeschichte das bis heute vielfach ignoriert.

Auf der King Records LP K-826, veröffentlicht im Frühjahr 1963, verteilte sich die Show auf beide Seiten, mit einem Fade-out mitten in *Lost Someone*. Ein Songindex fehlte, die Tracks gingen bruchlos ineinander über. Das Album stieß schnell auf positive Resonanz in führenden Popmagazinen (*Cash-*

---

[8]Wolk: *33 1/3. Live at the Apollo*, 105.
[9]Zit. nach ebd.

box, *Billboard*), während afroamerikanische Zeitschriften wie *Jet* und *Ebony* erst spät reagierten. Trotz der völlig unüblichen Länge wurde die LP auch im Radio häufig gespielt, mit Werbung zwischen den beiden Seiten. *Live at the Apollo* blieb 66 Wochen in den Billboard Top Pop Albums Charts (höchste Platzierung Nr. 2, erstes R-'n'-B-Album unter den Top 5 überhaupt) und löste die Produktion zahlreicher *Live at the Apollo*-Alben anderer R-'n'-B-Acts aus. Auch Brown selbst produzierte drei weitere, allerdings weniger erfolgreiche Alben mit Apollo-Auftritten.[10] Bis 1964 blieb *Live at the Apollo* Browns größter Erfolg. Das *Rolling Stone Magazine* führte das Album 2015 als „Greatest Live Album[] of all time".[11]

Nach 1965 veränderte James Brown seine Musik hin zu einem polyrhythmischen Zusammenspiel kurzer Riffs und Patterns – diese Entwicklung lässt sich in *Live at the Apollo* allenfalls in Details wie der Gitarrenfigur von *Hold It* erahnen oder in den minutenlangen Akkord-Loops von *Lost Someone*. Erst Funk-Tracks wie *Out of Sight* (1964),[12] *Cold Sweat* (1967)[13] oder *Hot Pants* (1971)[14] machten Brown zum einflussreichsten schwarzen US-Musiker der 1960er und 1970er Jahre, mit über sechzig aufeinanderfolgenden Chart-Hits zwischen 1964 und 1975. Seine Auftrittskonzeption und die Bühnenpersona des Selbstbewusstsein predigenden Athleten, die auf eine Realisierung jener *soul experience* zielten, mit der afroamerikanische Identität bestätigt werden sollte, sind 1962 hingegen schon voll entwickelt.

---

[10] James Brown: *Live at the Apollo Vol. II*. King 1968; James Brown: *Revolution of the Mind. Recorded live at the Apollo Vol. III*. Polydor 1971; James Brown: *Live at the Apollo 1995*. Scotti Bros. 1995.

[11] rollingstone.com/music/music-lists/50-greatest-live-albums-of-all-time-173246/the-replacements-the-shit-hits-the-fans-1985-154247/ (26.1.2024).

[12] James Brown: *Out of Sight*. Smash 1964.

[13] James Brown & The Famous Flames: *Cold Sweat*. King 1967.

[14] James Brown: *Hot Pants*. Polydor 1971.

Nina Simone: *Mississippi Goddam* (1963)

Anke Detken

Nina Simone verfasste *Mississippi Goddam* als Reaktion auf das Bombenattentat, das am 15. September 1963 auf die Baptistenkirche in der 16th Street in Birmingham, Alabama ausgeübt wurde und bei dem vier schwarze Mädchen starben. Während der Unruhen, die folgten, erschoss die Polizei einen schwarzen Jungen und ein weißer Mob prügelte einen Schwarzen zu Tode. Die Baptistenkirche wurde daraufhin zu einem symbolischen Ort des Civil Rights Movement.[1] Der kurz zuvor am 12. Juli 1963 verübte Mord an dem schwarzen Bürgerrechtsaktivisten Medgar Evers in Jackson, Mississippi und das von Mitgliedern des Ku-Klux-Klan verübte Bombenattentat in Birmingham führten Simone zu der Aussage: „I suddenly realized what it was to be black in America in 1963 [...]. I had in my mind to go out and kill someone, I didn't know who, but someone I could identify as being in the way of my people getting some justice for the first time in three hundred years."[2] Ihr Ehemann und Manager Andy Stroud, ein ehemaliger Polizist, erwiderte: „„Nina, you don't know anything about killing. The only thing you've got is music.""[3] Daraufhin setzte sie sich ans Klavier und komponierte ihren ersten Bürgerrechtssong, der nach ihren eigenen Worten schneller aus ihr herausbrach, als sie ihn niederschreiben konnte, in weniger als einer Stunde.[4]

---

[1] Vgl. Jens Balzer: Vor 60 Jahren erschien Nina Simones Protestsong *Mississippi Goddam*. In: *Rolling Stone*, Februar 2024, 57–61.

[2] Nina Simone/Stephen Cleary: *I put a spell on you. The autobiography of Nina Simone, with Stephen Cleary*. New York, NY 2003, 89.

[3] Simone/Cleary: *I put a spell on you*, 89.

[4] Ebd.

Zunächst war es gar nicht ihre Absicht, mit Protestliedern oder auch Jazz- und Soulmusik auf die Bühne zu treten. Als Eunice Waymon am 21. Februar 1933 in Tyron, North Carolina geboren, strebte sie eine Karriere als erste schwarze Konzertpianistin an, die ihr aber vermutlich aufgrund der Hautfarbe verwehrt wurde. Als sie 1954 aus Geldnot begann, als Barpianistin in Atlantic City zu arbeiten, gab sie sich den Bühnennamen Nina Simone. Mit diesem Namen wurde sie berühmt, und mit *Mississippi Goddam* begann ihr musikalisches Engagement für das Civil Rights Movement.

Simone spielte das Lied kurze Zeit, nachdem sie es komponiert hatte, in verschiedenen Nachtklubs und am 21. März 1964 in der Carnegie Hall in New York vor einem fast ausschließlich weißen Publikum. Diese Aufführung wurde im Anschluss sowohl auf einer LP als auch auf einer Single als Promo-Veröffentlichung lanciert.[5] Dass es nur diesen Livemitschnitt und keine Studioaufnahme gibt,[6] unterstützt gewissermaßen die aktivistische Aura des Songs.

„Alabama's gotten me so upset / Tennessee made me lose my rest / And everybody knows about Mississippi Goddam" - so lauten die ersten Zeilen des Liedes. Es positioniert sich auf diese Weise gleich zu Beginn als Reaktion auf die eingangs erwähnten rassistisch motivierten Morde, und schon die Nennung realer Orte derartiger Anschläge in einem Lied war zu dieser Zeit ein Novum. Die ernste Absicht und die politisch-aktivistische Tendenz deuten sich auch in Simones Kommentar an, mit dem sie das Lied in der Carnegie Hall ankündigt: „The name of this tune is *Mississippi Goddam*, and I mean every word of it".[7] Das Publikum hingegen ist sich der politischen Tragweite des Gesungenen zunächst kaum bewusst, wie die durchweg heiteren Reaktionen auf der Aufnahme belegen. Weder der seriöse Rahmen des Aufführungsortes noch die bisherigen Kompositionen von Simone, die als Hohepriesterin des Soul und als Jazzgröße gefeiert wurde, ließen ein politisches Protestlied erwarten.

Die Zeilen des Liedes sprechen allerdings eine klare Sprache. Simone kritisiert die unerträgliche Situation und ausweglose Lage der schwarzen Bevölkerung - „my people" -, die sich wegen fehlender Einsicht auf Seiten der Weißen nicht ändert: „Hound dogs on my trail / Schoolchildren sitting in jail". In einer direkten und fast aggressiven Haltung - „Don't tell me, so I'll tell you" - singt sie vom Verdruss der schwarzen Bevölkerung, der immer noch die elementaren Rechte des Menschseins verweigert werden: „Me and my people just about due / I've been there, so I know / They keep on saying: ‚Go slow.'" Es sei also schon lange überfällig - „just about due" -, dass für Weiße und Schwarze dieselben Menschenrechte gelten sollten, aber die

---

[5]Nina Simone: *In Concert. New York City, live in der Carnegie Hall.* Philips Records 1964. Produzent: Hal Mooney.

[6]Vgl. Dorian Lynskey: *33 Revolutions per minute. A History of Protest Songs.* London 2012, 100.

[7]Nina Simone: *In Concert*, 0:04-0:16.

Weißen, die nicht die täglichen Erfahrungen der Diskriminierung machen, sagen den Schwarzen immer noch, sie sollten es nicht überstürzen, nicht zu fordernd sein: „They keep on saying: ‚Go slow'". Als Antwort auf diese Aussage des imaginierten weißen Gegenübers äußern die Schwarzen zentrale Forderungen wie etwa die Aufhebung der Rassentrennung, die zu langsam realisiert werden: „Desegregation (too slow)". Diese sind als Parallele zur vorherigen Bridge aufgebaut, in der die Weißen den Schwarzen unter anderem vorwerfen, angeblich zu langsam zu arbeiten – „Picking the cotton (too slow)" –, sodass ein berechtigter Vorwurf wie die zu langsamen politischen Bemühungen, die Rassentrennung abzuschaffen, mit stereotypen Vorwürfen der Weißen gegenüber den Schwarzen kontrastiert wird.

Wenn sich Simone während der Performance in der Carnegie Hall mit „I bet you thought I was kidding, didn't you?" in einer Form von dunklem Humor erneut an das Publikum wendet,[8] dann spricht der Liedtext zwar eine klare Sprache, musikalisch aber wird man in einem *show-tune-feeling* gehalten.[9] Zudem stellt Simone den Bezug des Liedes mit seiner lebhaften und schnellen Melodie und seinen Up-tempo Refrains zum *show tune* selbst her, wenn sie dem Publikum mitten im Lied wiederum mit sarkastischen Worten entgegenruft: „This is a show tune, but the show hasn't been written for it, yet".[10] Damit umschreibt sie das Widersprüchliche ihres Liedes, das zwar musikalisch leichtfüßig daherkommt, aber zugleich die ganze Wut über die gesellschaftliche Lage der Schwarzen enthält.[11] Eine weitere bemerkenswerte Eigenschaft des Liedes ist sein widersprüchliches Verhältnis zu Gott. Zwar wird zunächst – dem Gospel und einem kirchlichen Kontext entsprechend – durchaus zum Gebet aufgerufen, „Somebody say a prayer", und Gott um Gnade gebeten: „Lord have mercy on this land of mine". Das Lied ist aber der Form nach keine Hymne, und auch von einer Wehklage in Moll ist es weit entfernt.[12] Außerdem wird der Glaube im Anschluss ausdrücklich verworfen: „I've even stopped believing in prayer." Dafür, dass Gott keine Erlösung bringen kann, setzt zudem schon der Songtitel ein eindeutiges Zeichen. Gott wird hier zwar genannt, gleichzeitig aber mit dem Fluch in „Mississippi Goddam" – also „gottverdammtes Mississippi" – sozusagen im Modus eines Antigospels aufs Heftigste verflucht.

---

[8] Simone: *In Concert*, 2:54.

[9] Vgl. Adam Chandler: What Happened to Nina Simone? A new documentary explores the High Priestess of Soul's inimitable voice in song and activism. In: *The Atlantic*, 27.6.2015, theatlantic.com/entertainment/archive/2015/06/nina-simone-and-mississippi-goddam/396923/ (15.3.2025).

[10] Simone: *In Concert*, 1:09–1:13.

[11] Vgl. Emily Bootle: *Prom 45: Mississippi Goddam: A Portrait of Nina Simone is a thrilling celebration of a musical icon*, 22.8.2019, newstatesman.com/culture/music/2019/08/prom-45-mississippi-goddam-portrait-nina-simone-thrilling-celebration (15.3.2025); Chandler: *What Happened*.

[12] Vgl. Nadine Cohodas: *Princess Noire. The Tumultuous Reign of Nina Simone*. New York, NY 2010, 145.

Für das Verbot des Liedes gerade dort, wo es politische Dringlichkeit besaß, nämlich in den besonders von der Rassentrennung betroffenen Südstaaten, war ironischerweise nicht der in den Lyrics kritisierte Rassismus ausschlaggebend, sondern ebenfalls das den Refrain beschließende „Mississippi Goddam". Dieser Fluch wurde nicht nur auf dem Single-Cover ersetzt durch „*%??**&%",[13] vielmehr wurde der Vertrieb der Single und die Verbreitung über Radiosender nachhaltig unterbunden. Ganze Plattenlieferungen wurden zerbrochen und mit entsprechenden Kommentaren an das Plattenlabel zurückgeschickt.[14] Simone stellte daraufhin enttäuscht fest: „They missed the whole point."[15]

Die politische Notwendigkeit des Liedes unterstrich Simone aber auch in der Folge. Im Sinne realer Bezugnahmen änderte sie die genannten Staaten und passte sie jeweils dem realpolitischen Anlass an, der so wichtiger wurde als das künstlerisch geschaffene Werk in seiner Einmaligkeit. Die Orte der Attentate auf Schwarze sowie der Bürgerrechtsbewegung, die am Beginn des Liedes genannt werden – Alabama, Tennessee, Mississippi – ersetzte sie etwa durch St. Augustine, Selma und Memphis, sodass der jeweils aktuelle rassistische Vorfall beim Hören des Liedes den Ausgangspunkt des Nachdenkens und den Anstoß zur Aktion bildet. So hieß es im März 1965 mit Bezug auf den kurz zuvor erfolgten Bürgerrechtsprotest in St. Augustin, Florida nicht „Tennessee", sondern „St. Augustine made me lose my rest". Als Simone nach einer gewaltvollen Auseinandersetzung in Selma einen Demonstrationszug unterstützte, sang sie von „Selma", ein Jahr später beim Newport Jazz Festival mit Bezug auf die damals aktuellen Unruhen in der Nachbarschaft von Los Angeles von „Watts" und schließlich, im Jahr 1968 mit Bezug auf die Ermordung von Martin Luther King, von „Memphis", ehe sie 1980 in Montreal improvisierte „The whole damn world's made me lose my rest".[16] Zwar hat sie nicht tatsächlich zur Waffe gegriffen, wie sie es zunächst als Reaktion auf den Anschlag in Birmingham, Alabama vorhatte, aber ihr Song wurde durchaus zu einem kämpferischen Medium der Gegenwehr und des Protestes, das sie an die jeweiligen politischen Ereignisse anzupassen verstand.

Simone positioniert sich über ihre Musik anders, als dies etwa Joan Baez mit *We Shall Overcome*[17] oder Sam Cooke mit *A Change Is Gonna*

---

[13] Vgl. z. B. discogs.com/de/release/3479391-Nina-Simone-Mississippi- (18.5.2025).

[14] Vgl. Balzer: *Mississippi Goddam*, 60.

[15] Zu Simones Äußerung während des Interviews in der Steve Allen Show im Jahr 1964 vgl. Nadine Cohodas: *Mississippi Goddam* – Nina Simone 1964. Added to the National Registry: 2018, loc.gov/static/programs/national-recording-preservation-board/documents/MississippiGoddam.pdf (15.3.2025); Chandler: *What Happened*.

[16] Vgl. Cohodas: *Mississippi Goddam*.

[17] Joan Baez: *We Shall Overcome*. Vanguard 1963.

Come[18] taten, die ihre Protestlieder mit einem Ausdruck der unerschütterlichen Hoffnung verbanden. Diese Zeit der Zuversicht ist, Dorian Lynskey zufolge, für Nina Simone vorbei.[19] In ihrem Lied macht sich eine Frustration und eine Wut über die brutalen Ereignisse bemerkbar, die ihre Art des Protestes inhaltlich und in der Performance bestimmen. Gerade für diesen Song wurde ihr großer Mut attestiert. So stellte der Schauspieler und Aktivist Dick Gregory fest: „If you look at all the suffering that black folks went through, not one black man would dare say ‚Mississippi Goddam'. [...] We all wanted to say it. She said it."[20]

---

[18] Sam Cooke: *A Change Is Gonna Come*. RCA Victor 1964.

[19] Vgl. Lynskey: *33 Revolutions*, 106 [über das Jahr 1965]: „Attorney General Ramsey Clark wailed: ‚The days of ‚We Shall Overcome' were over.' It was the boiling frustration of ‚Mississippi Goddam', rather than the steady dignity of ‚A Change Is Gonna Come', which had the tang of prophecy in the Year of Fire.".

[20] So im Dokumentarfilm von Liz Garbus (Regie): WHAT HAPPENED, MISS SIMONE? HER STORY. HER VOICE. USA 2015, 0:41:48–0:42:03.

The Who: *My Generation* (1965)

Albert Meier

Mit *I Can't Explain*[1] haben The Who im Januar 1965 noch ganz wie The Kinks geklungen,[2] diese damals ‚härteste' Band aber schon wenige Monate später mit *My Generation* (am 29.10.1965 veröffentlicht)[3] weit hinter sich gelassen. Der offenbar an Pete(r) Townshends zwanzigstem Geburtstag bei einer Zugfahrt entstandene Song verändert die Musikszene mit einem Schlag und setzt einen neuen Standard für Jugendlichkeit, indem *My Generation* in unerhörter Direktheit von Musik und Text die „aggressive hysteria"[4] der Mods[5] inszeniert: kaum Melodie, weil der Bass die Gitarre übertrumpft (durch das unübliche Solo nach der zweiten Strophe hervorgehoben) und ohnehin das aufnahmetechnisch forcierte Schlagzeug den Gesamtklang dominiert; kaum Gesang, weil die wenigen, im *shout and fall*-Gestus[6] repetierten Worte gestottert werden[7] und zuletzt alles in einer Kakophonie von Geschrei, Rückkoppelung und Verzerrung untergeht. Diese Primitivität ist Resultat eines langwierigen Arbeitsprozesses[8] im Studio (wesentlich durch den Band-Manager Kit Lambert vorangetrieben), der den als *talking blues number*[9] entworfenen

---

[1] The Who: *I Can't Explain*. Decca 1964; in den USA erschien die Single im Dezember 1964, im UK dann im Januar 1965.

[2] Vgl. Ray Davies: *X-Ray. The Unauthorized Autobiography*. Woodstock/New York, NY 1995, 225.

[3] The Who: *My Generation*. Brunswick 1965.

[4] Richard Middleton: *Studying popular music*. Milton Keynes/Philadelphia, PA 1990, 163.

[5] Vgl. Terry Rawlings: *Mod – A Very British Phenomenon*. London 2000.

[6] Vgl. Middleton: *Studying popular music*, 207.

[7] Vgl. Ben Marshall/Pete Townshend/Roger Daltrey: *The Who. The Official History*. London 2015, 94.

[8] Vgl. ebd., 91.

[9] Vgl. ebd., 93.

Song in Heavy Rock verwandelt und so die Entwicklung vom britischen Skiffle über den afroamerikanischen Rhythm & Blues kulminieren lässt. Danach hat es auf anderen Wegen weitergehen müssen: The Kinks stilisieren sich zur „Village Green Preservation Society", The Who widmen sich der Rock-Oper.

An der Tatsache, dass *My Generation* trotz monotoner Ruppigkeit an den Formen des Rhythm & Blues festhält (Strophen, *call and response*, Tonartwechsel), kommt musikalisch die gleiche Selbstreflexivität zur Geltung wie im Text, wo ein unbestimmt bleibendes „we" sich in der Differenz zu den ebenso wenig konkretisierten „people" der eigenen Identität vergewissern will und doch nur die eigene Unbeholfenheit manifestiert (vorgebildet namentlich in Mose Allisons *Young Man Blues* von 1957,[10] von The Who seit 1964 live gecovert, aber auch in John Lee Hookers *Stuttering Blues* von 1953[11]).[12] Im Mittelpunkt steht laut Pete Townshend „some pilled-up mod dancing around, trying to explain to you why he's such a groovy guy, but he can't because he's so stoned he can hardly talk".[13] Alles dreht sich insofern um den stets neuen Anspruch Jugendlicher, ihren ‚Platz in der Gesellschaft' zu finden.[14]

Dass *My Generation* als „classic mod record"[15] auch außerhalb von Großbritannien hohe Positionen in den Charts erreichte (GB: 2, hinter The Seekers: *The Carnival Is Over*;[16] BRD: 6; in den USA nur 74), belegt, dass der Song nicht allein den Provokationsgestus der Mods spiegelt,[17] sondern ein weiteres Mal die überzeitliche Rivalität von Jung gegen Alt austrägt. Der ominöse Schlussvers der ersten Strophe (am Ende der vierten und letzten Strophe mit bestätigendem „Yeah" wiederholt) ist daher nicht beim Wort zu nehmen: „I hope I die before I get old". Das gefürchtete Altwerden steht vielmehr metonymisch für all das, was die spießigen „people" charakterisiert („Things they do look awful c-c-cold"), die doch immer nur aus Neid die vitalere Jugend beschimpfen: „People try to put us d-down, / Just because we get around".

The Who haben *My Generation* schnell zum *signature song* in Konzerten gemacht. Ihre eigene Zweitversion (1966 für die EP *Ready Steady Who* geplant, jedoch erst 1995 im Rahmen einer Wiederauflage von *A Quick One*[18] veröffentlicht) begnügt sich mit der ersten Strophe und mündet in

---

[10] Mose Allison: Young Man Blues. Auf: *Back Country Suite for Piano, Bass and Drums*. Prestige 1957 (der Song trägt hier den Titel *Back Country Suite for Piano, Bass and Drums: Blues*).

[11] John Lee Hooker: *Stuttering Blues*. Rockin' 1953.

[12] Vgl. Marshall/Townshend/Daltrey: *The Who. The Official History*, 93.

[13] Siehe songfacts.com/facts/the-who/my-generation (16.1.2022).

[14] Vgl. Marshall/Townshend/Daltrey: *The Who. The Official History*, 93.

[15] Middleton: *Studying popular music*, 163.

[16] The Seekers: *The Carnival Is Over*. Columbia 1965.

[17] Vgl. Middleton: *Studying popular music*, 162–169.

[18] The Who: *A Quick One*. Reaction 1966.

eine sarkastische Demontage von Edward Elgars pathetischer Hymne *Land of Hope and Glory* (1901/02), die auf das vorausdeutet, was Jimi Hendrix in Woodstock (18.8.1969) der US-Hymne *Star Spangled Banner* antun sollte. Demgegenüber gelingt es den zahllosen Cover-Versionen etwa von Patti Smith, Green Day und Oasis bis hin zu den Böhsen Onkelz oder Lyre Le Temps kaum, das Original zu überbieten (die Eindeutschung der NDW-Band Zoff, *Es wär' so schön gewesen*,[19] verharmlost 1981 nicht allein das chaotische Outro beträchtlich). Offenbar hat allein die Nu-Metal-Band Limp Bizkit ebenso bewusst wie entschieden versucht, anhand von *My Generation* ernstlich über The Who hinauszugehen: Deren Adaption (2000 auf *Chocolate Starfish and the Hot Dog Flavored Water*[20] veröffentlicht) greift in Musik und Text zentrale Motive der Vorlage auf, reichert sie mit aktuelleren Referenzen der Popkultur an und agiert den Generationenkonflikt noch weit rüpelhafter aus: „So go ahead and talk shit / Talk shit about me / And go ahead and talk shit / About my g-g-generation / 'Cause we don't, don't give a fuck, and / We won't ever give a fuck until you / You give a fuck about me / And my generation".

---

[19] Zoff: *Es wär' so schön gewesen*. Jupiter 1981.
[20] Limp Bizkit: *Chocolate Starfish and the Hot Dog Flavored Water*. Flip/Interscope/Universal 2000.

Little Richard (1960)

Chuck Berry (1968)

Elvis Presley (1957)

The Supremes (1964)

Der Lipsi

Johnny Cash (1965)

James Brown (1964)

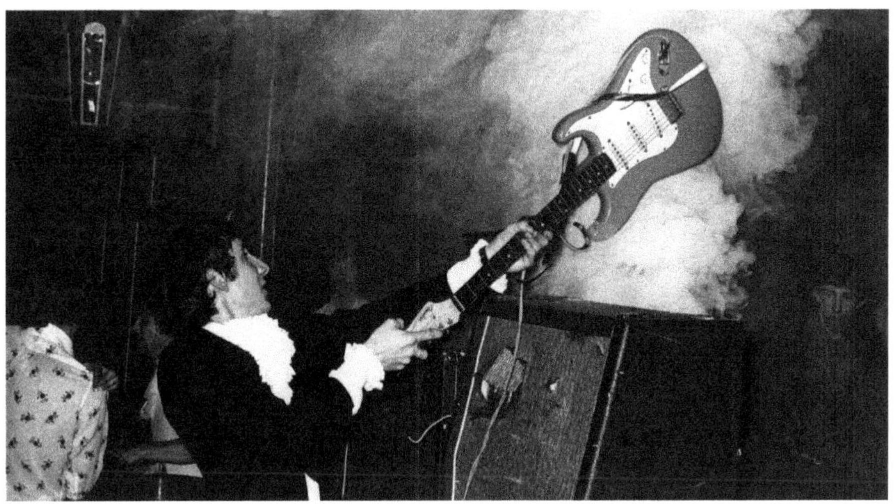

Nina Simone (1969)

Pete Townshend (The Who, 1965)

II. 1965 bis 1975

Panorama:
Between a Bang and a Whimper: Versuch über die Sattelzeit der Popmusik 1965–1975

Gerhard Kaiser

...oder vielleicht so:

Intro: Fade-Out 1975 – Von Schweinekoteletts und Weingläsern

Am 5. Juni 1975, irgendwann nachmittags zwischen halb drei und halb fünf, enden im Control Room 2 (oder 3?) der EMI Studios in der Londoner Abbey Road, unweit der berühmtesten Zebrastreifen der Popgeschichte, noch einmal die 1960er Jahre. Nicht mit einem Knall, sondern mit einem Wimmern. Mit einem Wimmern - allem Ende wohnt ein Schaudern inne - im Angesicht des Unheimlichen, das Freud zufolge als Stimmung immer dann sich einstellt, wenn das eigentlich und einst Vertraute, das man gut verdrängt und weggeordnet glaubte, in entfremdeter und deshalb verstörender Gestalt wiederkehrt.[1] Ein eher unheimliches und eingetrübtes Endspiel also wird an diesem Tag für jene gemeinhin mit Kunterbuntheit assoziierte Phase der Popmusik ‚aufgeführt‘, die man in der Rückschau als ihre Sattelzeit bezeichnen könnte.[2] Die britische Band Pink Floyd, seit ihrem zwei Jahre zuvor veröffentlichten Mega-

---

[1] Vgl. Sigmund Freud: *Das Unheimliche* [1919]. Ditzingen 2020.

[2] Mit dem von dem Geschichtstheoretiker Reinhart Koselleck geborgten Begriff der Sattelzeit wird hier darauf abgehoben, dass sich in den zehn Jahren zwischen 1965 und 1975 nahezu alle maßgeblichen, zukunftsträchtigen Stile, Artikulations- und Inszenierungsweisen des Pop entwickeln und etablieren. Koselleck selbst bezeichnet mit dem Begriff eine im „heuristische[n] Vorgriff" eingeführte Phase, „in der sich die Herkunft zu unserer Präsenz wandelt." (Reinhart Koselleck: Einleitung. In: Otto Brunner u. a. (Hg.): *Geschichtliche Grundbegriffe*. Bd. 1, Stuttgart 1972, XIII-XXVII, hier XV).

© Der/die Autor(en), exklusiv lizenziert an
Springer-Verlag GmbH, DE, ein Teil von Springer Nature 2026
C. Jürgensen und G. Kaiser (Hrsg.), *Eine Kulturgeschichte der Popmusik*,
https://doi.org/10.1007/978-3-662-72524-5_14

und späteren *long-*, ach was: *all time-seller The Dark Side of the Moon*[3] mit quadrophonischem Überwältigungssound und (nicht immer ganz zuverlässigen) aufblasbaren Pyramiden auf dem Weg zur Etablierung des Arena-Rocks und zum Weltkulturerbe, überprüfen an jenem Tag gerade die Rohabmischungen ihres neuen, *Wish You Were Here*[4] betitelten, neunten Studioalbums, als sie unerwarteten Besuch erhalten. In Control Room 2 (oder 3?)[5] erscheint ihnen das Gespenst ihrer eigenen Vergangenheit. Dies jedoch nicht nur als ein selbst heraufbeschworenes, weil sie an diesem Nachmittag auch den Mix von *Shine On You Crazy Diamond*[6] abhören – jenes insgesamt mehr als zwanzig Minuten langen, über weite Strecken instrumentalen Tracks, der, das Album eröffnend und beschließend, auch als eine Elegie auf den einstigen Mitbegründer und eigentlichen kreativen Kopf der Band, Syd Barrett, gehört werden soll.[7] Entwickelt hatte sich das Stück aus einem Vier-Noten-Gitarrenmotiv David Gilmours, das in Roger Waters Ohren Ausdruck einer „profound melancholy" war, „that brought the specter [das Gespenst; G.K.] of Syd Barrett inescapably to mind."[8] In einer durchaus gespenstischen Variation ihrer selbst wird eine solche Vergangenheit an diesem Nachmittag in den Räumen der Abbey Road Studios allerdings auch körperlich präsent. Doch der Reihe nach.

„Remember when you were young / You shone like the sun / [...] / Now there's a look in your eyes / Like black holes in the sky", heißt es in den Eröffnungsversen der von Roger Waters verfassten Lyrics, die den Glanz und das Elend der eigenen Bandgeschichte rund um ihren ‚verlorenen' Begründer bündig in eine biographische Legende transformieren. Barrett, der das 1967 erschienene Debütalbum der Band, *The Piper at the Gates of Dawn,*[9] noch fast im Alleingang komponiert und sämtliche Texte beigesteuert hatte,[10] gilt als *der* frühe Prototyp des popmusikalischen Leistungsverweigerers und Sin-

---

[3] Pink Floyd: *The Dark Side of the Moon.* Harvest 1973.

[4] Pink Floyd: *Wish You Were Here.* Harvest 1975.

[5] Für biographische Legenden sind solche Ungewissheiten konstitutiv. Sie können als empirischer Keim künftiger Deutungsstreitigkeiten fungieren. Das heißt, sie haben in jeder Hinsicht mythenstabilisierendes Potential. Während der chronistisch gestrenge Ultimativ-Komplettist Glenn Povey (*The Complete Pink Floyd. The Ultimative Reference.* New York, NY 2016, 239) Room 2 anführt (und im Blick auf den 5. Juni lediglich als „purported [behauptetem; GK] date" von Barretts Besuch spricht), verortet Nick Mason (*Inside Out. Mein persönliches Porträt von Pink Floyd.* Schlüchtern 2005, 212) die unheimliche Stippvisite des einstigen Bandleaders in „Studio 3". Wir verkneifen uns an dieser Stelle jede Sottise über den Zusammenhang zwischen wilden Zeiten und der Erinnerung an sie.

[6] Pink Floyd: Shine On You Crazy Diamond (Parts 1–5). Auf: *Wish You Were Here.*

[7] Dies gilt nicht nur für die Lyrics des Tracks. An dessen Ende zitiert Keyboarder Rick Wright fragmentarisch ein wehmütiges, melodisches Motiv des 1967 veröffentlichten, von Barrett geschriebenen Top-10-Hits *See Emily Play* (Pink Floyd: *See Emily Play.* EMI Columbia 1967).

[8] Nicholas Schaffner: *Saucerful of Secrets. The Pink Floyd Odyssey.* New York, NY 1991, 197.

[9] Pink Floyd: *The Piper at the Gates of Dawn.* EMI Columbia 1967.

[10] Siehe dazu Gerhard Kaiser: English Wildness. Pink Floyd: The Piper at the Gates of Dawn. In: Ders./ Christoph Jürgensen/Antonius Weixler (Hg.): *Younger Than Yesterday. 1967 als Schaltjahr des Pop.* Berlin 2017, 52–69.

gularisierungsopfers,[11] mutiert er doch nach seinen quasi-genialischen Anfängen wohl nicht zuletzt angesichts konsequenter LSD-Einnahme zu einer Art Bartleby der Popgeschichte. Den Minimal-Anforderungen des Popbetriebes (halbwegs konzises, zumindest aber im weitesten Sinne pünktliches Konzertieren, passende Mundbewegungen bei TV-Playback-Aufnahmen) erteilt er jedenfalls ein dergestalt nachdrückliches „I would prefer not to", dass er vom Rest der für den einsetzenden Erfolg und dessen Anforderungen ziemlich aufgeschlossenen Band seiner Pflichten enthoben und durch den Gitarristen David Gilmour ersetzt wird. „Sie schlossen", so formuliert es der Romancier Lukas Bärfuss treffend, „den Verrückten aus und heilten ihre Gewissensbisse mit der Erfindung einer Mythologie, in deren Zentrum der verlorene Sohn stand, der Pfeifer, der Seher, der Gefangene, wie er in diesem Lied [gemeint ist *Shine On*; G.K.] genannt wurde."[12] Was aber, wenn der ‚verlorene Sohn' unerwartet, uneingeladen und zunächst auch unerkannt wieder im Raume steht? Denn just in dem Moment – um die historische Faktizität *dieser* Koinzidenz mag man freilich fürchten,[13] nicht aber um ihre innere Wahrheit im Sinne der biographischen Legende – als Pink Floyd den Mix jenes Songs abhören, der vom Aufstieg und Fall ihres Mitbegründers handelt, erscheint eben dieser als unheimlicher Gast in den Studios. „Als ich in den Regieraum schlenderte", so erinnert sich Nick Mason, der Schlagzeuger der Band,

> bemerkte ich dort [Barrett zunächst nicht wiedererkennend; G.K.] einen großen, fetten Kerl mit kahl rasiertem Kopf, der einen alten abgerissenen Regenmantel trug, eine Plastiktüte in der Hand hielt und mich mit einem im Grunde freundlichen, aber geistesabwesenden Gesichtsausdruck ansah [...] Syds körperliche Verfassung traf mich wie ein Schlag. Ich hatte immer noch das Bild des Mannes vor Augen, den ich sieben Jahre zuvor zum letzten Mal gesehen hatte – fast vierzig Kilo leichter, mit dunklen Locken und einem überschäumenden Temperament [...], der gerade von Cambridge nach London gezogen war und diese unverwechselbare Fender Esquire mit den reflektierenden Abziehfolien spielte, dessen Kleiderschrank mit Thea-Porter-Hemden voll hing und der eine wunderschöne blonde Freundin hatte. [...] Wir hatten alle dazu beigetragen, dass sich Syd nun in diesem Zustand befand, durch Ablehnung, Mangel an Verantwortung, Rücksichtslosigkeit oder schlichtweg durch puren Egoismus.[14]

---

[11] Zum Begriff der Singularisierung siehe die Schlussbetrachtung. Mit Barretts Abdriften beginnt jedenfalls die prominent besetzte Reihe jener tragischen Pop-Akteure, die sich dem kreativen wie kapitalistischen Hochdruck des Pop-Systems, der schon bald nach der juvenilen Anfangseuphorie Mitte der 1960er Jahre einsetzt und dessen dunkle Kehrseite markiert, auf die ein oder andere Weise entziehen: Brian Jones, Janis Joplin, Jimi Hendrix, Jim Morrison, Brian Wilson ... you name them.

[12] Lukas Bärfuss: *Koala*. Göttingen 2014, 175–176.

[13] Nick Mason (*Inside*, 212) selbst räumt ein, dass er sich „nicht ganz sicher" sei, „ob das stimmt."

[14] Mason: *Inside*, 212.

Kurzum: Man muss sich die Stimmung, die dieses unerwartete, wohl auch unerwünschte Wiedersehen prägt, als beklemmend und unheimlich vorstellen. Wie sollte es auch anders sein, wenn der einstige, ikonische Mitrepräsentant eines jugendbewegten, stilbewussten *Swinging London*, das sich an seinen ästhetischen Aufbruchsenergien in der zweiten Hälfte der 1960er Jahre selbst berauschte, nicht nur als ein sediert-verwirrter Revenant seiner selbst, sondern auch als nunmehr raumgreifendes Menetekel der eigenen Schuld erscheint. An der gegenwärtigen Musik der Band scheint Barrett, auch wenn sie – was er wohl nicht wahrnimmt – von ihm handelt, kaum interessiert. „Why bother? You've heard it once already",[15] kommentiert er das Ansinnen der Bandmitglieder, den Mix von *Shine On* erneut hören zu wollen. Auch was das Aufnahmeprozedere betrifft, sind die euphorisierten Zeiten des fröhlichen Dilettantismus, in denen man nach ein paar Tagen ein ganzes Album im Kasten hat, zumindest für den Rest von Barretts ehemaliger Band längst vorbei. Von kaum stimmungsaufhellenderer Substanz soll auch das anschließende Gespräch in der Cafeteria der Studios gewesen sein, das die Begegnung ausläutet. Gefragt, was er als nächstes vorhabe, erwidert Barrett: „Also [...] ich habe einen Farbfernseher und einen Kühlschrank. Und ich habe ein paar Schweinekoteletts im Kühlschrank, aber die sind ständig aufgebraucht, so dass ich jetzt noch welche kaufen muss."[16] Danach verschwindet er einfach im wahrsten Sinne des Wortes so sang- und klanglos wieder, wie er erschienen ist. Ein Geist muss tun, was ein Geist tun muss.

***

Aber nicht nur Barrett, auch Pink Floyd selbst waren in diesen Tagen alles andere als in guter Form. Künstlerisch orientierungslos und zugleich massiv unter Druck nach dem weltweiten, für kaum wiederholbar gehaltenen Erfolg mit *The Dark Side*, aufgerieben von heftigen, in Ehescheidungen mündenden Beziehungsproblemen sowie ausgelaugt vom monatelangen, quälend langsam vorangehenden und von zwei Nordamerika-Tourneen unterbrochenen Arbeitsprozess am Nachfolge-Album, war die Gesamtverfassung der Band bestenfalls *comfortably numb*. Eher schon lässt sich von einem Ermüdungsbruch angesichts einer seit zehn Jahren anhaltenden Tour-Album-Tour-Routine sprechen. Das Touren selbst hatte sich mittlerweile, mit dreißig Tonnen zu transportierender Ausrüstung (das quadrophonische Soundsystem, die kreisförmige Leinwand, die Pyrotechnik, das Flugzeug-Modell, das allabendlich über die Köpfe der Zuschauer hinwegfliegen sollte), einer Armada von Trucks, einem Privatjet, der die Band zwischen den Shows hin- und herfliegen sollte, zu einem logistisch herausfordernden und stra-

---

[15] Schaffner: *Odyssey*, 203.
[16] Mason: *Inside*, 212.

paziösen Mammutunternehmen verselbständigt.[17] Auch in dieser Hinsicht waren die 1960er Jahre, in denen eine vielleicht dilettantische, aber auch kreativitätsfördernde Unbekümmertheit noch möglich war, endgültig vorbei. Kurzum: Eine „overwhelming mood of inertia"[18] lähmt die Band. Nick Mason spricht gar von einer „alarming despondency [which] manifested itself in a complete, well, rigor mortis."[19] Erste Risse, die auf das bald obligatorische Floyd-Bashing in punkaffinen Kreisen vorausdeuten, zeigen sich zu allem Überfluss auch in der öffentlichen Wahrnehmung. Der *New Musical Express* etwa moniert im November 1974 angesichts der Shows im Empire Pool, Wembley, die neuen Songs seien doppelt so lang wie nötig, „rather low on melodic inventiveness" und zeigten die Band „at their most uninspired." Für Nick Kent – Repräsentant einer nachfolgenden, jüngeren Generation von Musikkritikern – erscheint das Ganze schlicht wie „a pallid excuse for creative music".[20] Als das Album Mitte September 1975 in Großbritannien schließlich veröffentlicht wird, ist zumindest für den *Melody Maker*, der sichtlich genervt ist von der „ponderous sincerety" und dem „critical lack of imagination in all departments", die Sache klar: „*Wish You Were Here* sucks. It's as simple as that."[21]

Gewiss, man muss(te) das Album nicht mögen, aber ganz so einfach ist es nicht. Und dies nicht nur, weil es offensichtlich durchaus von recht vielen gemocht wurde (und wird). Dies- wie jenseits des Atlantiks steigt es jedenfalls unmittelbar bis auf den ersten Platz der Albumcharts und allein in den nächsten dreißig Jahren sollte es sich mehr als 10 Millionen mal verkaufen. Aber es geht ja nicht nur um die Zahlen. Für nicht wenige verhält es sich mit Pink Floyd denn wohl doch so, wie Adorno es im Blick auf Eichendorff einmal festhielt: Dieser sei „allen Einwänden preisgegeben" und „dennoch gefeit gegen jeglichen."[22] Anders gesagt: Es bleibt eines der schönen Rätsel der Popmusikgeschichte, wie eine dergestalt ausgelaugte Band ein so formvollendetes, in sich stimmiges Kunstwerk hervorbringen konnte.

Blickt man auf das Album aus einer (freilich immer schon) privilegierten Perspektive der historischen Distanz zurück, dann wird klar, dass einer der Hauptgründe für die vehemente Ablehnung wie auch für die langfristige Wertschätzung ein- und derselbe ist: *Wish You Were Here* ist nicht nur eine Elegie auf Syd Barrett, sondern auch eine Elegie auf die Popmusik der Sattelzeit, die die frühen Pink Floyd nachhaltig mitprägten. Als ein solcher

---

[17]Zur Tour 1975 siehe Povey: *The Complete*, 227.

[18]Mark Blake: Wish You Were Here. In: *Pink Floyd. Their Mortal Remains*. London 2017, 228–237, hier 230.

[19]Zit. nach Schaffner: *Odyssey*, 198.

[20]Zit. nach Povey: *The Complete*, 231 und 224.

[21]Zit. nach ebd., 247.

[22]Theodor W. Adorno: *Noten zur Literatur*. Frankfurt/M. 1974, 71.

‚Trauergesang' zeugt das Album der britischen Band zwar auch von „some nostalgia for an earlier, less complicated era in their story, before world domination and all it entailed muddied the enjoyment of pure music-making".[23] Als ästhetisches Gesamtphänomen indes ist es noch mehr. *Wish You Were Here* lässt sich hören, ‚lesen' und ansehen als ein letzter Ausdruck, als Schwanengesang jenes Verkunstungs- und Sentimentalisierungsschubes, der die Geschichte der Popmusik zwischen 1965 und 1975 nachhaltig prägt. Verkunstungs- und Sentimentalisierungsschub, das meint hier, dass sich in einigen urbanen Zentren der anglophonen Welt, vor allem in London, New York und an der Westküste der USA. eine popmusikalische Subkultur entwickelt, die auf musikalischer, textlicher, und performativer Ebene sowie auf der Ebene des Coverdesigns die Grenzen dessen, was als Popsong gilt, nachdrücklich verschiebt. Diese Entwicklung wird nachhaltig getragen von jungen, bildungsnahen Mittelschicht-Akteuren – die *art schools* in London etwa sind für die Popmusik in dieser Zeit ungefähr das, was das evangelische Pfarrhaus für die deutsche Literatur um 1800 war (man denke etwa, um hier nur einige Akteure zu nennen, an Ray Davies, Keith Richards, Pete Townshend, John Lennon oder eben Syd Barrett) –, und sie wird mit ermöglicht – wenn auch nicht zwingend bedingt – durch den gesteigerten Konsum diverser Halluzinogene.

Im Gestus der wehmütigen Verabschiedung und zum Teil nur noch in homöopathisch dosierten (und deshalb relativ barrierefrei goutierbaren) Spurenelementen weist *Wish You Were Here* auf musikalischer, textlicher und verpackungsstrategischer Ebene noch einmal fast alle strukturkonstitutiven Aspekte dieses Schubes – gleichsam kurz vor dessen Stillstand und Umkehr im Punk – auf:

Es mag auf den ersten Blick banal erscheinen, aber die bloße Dauer der fünf Albumtracks – keiner unterschreitet die Fünf-Minuten-Grenze, das in Eröffnungs- und Abschlusstrack auseinander dividierte *Shine On* erstreckt sich in seiner Gesamtheit auf knapp 26 Minuten – ist 1975 grundsätzlich nicht mehr legitimationsbedürftig, wenn sie auch, wie oben gesehen, bisweilen durchaus wieder kritisiert wird. Es ist durchaus symptomatisch, dass und wie schon der dreizehnminütige Eröffnungssong des Albums kaum von der Stelle zu kommen scheint: Das minimalistisch konfigurierte (der erste Akkordwechsel setzt nach zwei Minuten ein), rein instrumentale Intro mündet erst nach knapp vier Minuten in die vier Noten des *signature*-Motivs. Dass sich Popmusik derartig ausdehnt und das für Singles handelsübliche Drei-Minuten-Format überschreitet, ist – so wird am Beispiel von Dylans *Like a Rolling Stone* zu zeigen sein – am Beginn der Phase, um die es hier gehen soll, noch alles andere als selbstverständlich. Ähnlich verhält es sich mit der

---

[23] Howard Goodall: 'Painters, Pipers, Prisoners'. The Musical Legacy of Pink Floyd. In: *Pink Floyd. Their Mortal Remains,* 81–112, hier 105–106.

von Ferne an die Strategien der *musique concrète* erinnernde Integration von Alltags-Geräuschen (der Aufzug samt Partylärm auf *Welcome to the Machine,* die Suche von Radiosendern auf dem Titelstück) sowie von ausgedehnten instrumentalen Solo-Passagen, wie etwa Gilmours epischem Gitarren-Solo am Beginn von *Shine On,* das zwar über weite Strecken gängige Bluesmuster aufruft, gleichwohl in seiner Mischung aus Emotionalität und schierer Eleganz beeindruckt. Geräusche wie auch Solo-Passagen – letztere bei Konzerten gleichsam improvisiert, seit der Studioaufnahme aber mehr oder weniger festgelegt – werden hier in den musikalischen Gesamtzusammenhang so ‚organisch‘ eingefügt, dass keine harten Brüche entstehen. Sie erscheinen mithin als Schwundstufen jenes Genregrenzen transzendierenden Experimentalismus, der seit Mitte der 1960er Jahre sowohl bei den stilprägenden kalifornischen Psychedelic-Bands (etwa Grateful Dead, Jefferson Airplane oder Quicksilver Messenger Service) und bei Avantgarde-Akteuren wie Frank Zappa und Captain Beefheart als auch im britischen Progressive-, Art- und Jazz-Rock (u. a. King Crimson, Yes, Van der Graaf Generator, Henry Cow, Soft Machine, Colosseum) und bei den späten Beatles zu beobachten ist. Auch davon wird exemplarisch zu erzählen sein. Am Eröffnungsstück des Albums zeigt sich beispielhaft, wie ein solcher Sinn für das musikalische Experiment, der etwa frühere Aufnahmen der Band noch ganz nachhaltig prägt,[24] ins kaum noch Wahrnehmbare abgedämpft und marginalisiert wird: Der Soundteppich im Hintergrund von *Shine On* resultiert aus den Klängen von Weingläsern, die zunächst mit unterschiedlichen Wassermengen gefüllt und deren Ränder dann mit angefeuchteten Fingern gerieben wurden. Das Wimmern der Weingläser wurde dann, so Nick Mason, „auf ein Sechzehnspur-Band überspielt und zu Akkordclustern gemischt.“[25] Zugleich – und dies ist hier der eigentlich bedeutsame Aspekt – ist dieser kaum noch in seinen Ursprüngen zu identifizierende Klang das „einzige Überbleibsel“ eines ursprünglich umfassender angelegten Experimentes: Unter dem Arbeitstitel *Household Objects* – nicht nur Syd Barrett pflegt seine *kitchen issues* – hatte die Band in der orientierungslosen Phase nach *The Dark Side* zunächst den Plan gefasst (und dann wieder fallen gelassen), eine Platte ausschließlich mit Geräuschen, die von Haushaltsgegenständen stammen sollten, aufzunehmen. „Dieses Projekt“, so Mason in der Rückschau lakonisch, „bot uns die einzigartige Möglichkeit, auf unbestimmte Zeit nicht kreativ sein zu müs-

---

[24] Man denke etwa an die Fahrradklingeln in *Bike* vom Debütalbum der Band *The Piper at the Gates of Dawn* oder an das komplett aus Natur- und Tier-Geräuschen sowie Stimmen collagierte *Several Species* (Several Species of Small Furry Animals Gathered Together in a Cave and Grooving with a Pict. Auf: *Ummagumma.* Harvest 1969).

[25] Mason: *Inside,* 208.

sen – denn anstatt wirklich Musik zu machen, beschäftigten wir uns einfach mit den technischen Aspekten von Klängen.“[26]

Neben Ausdehnung und Experimentalismus ruft *Wish You Were Here* noch ein drittes musikalisches Strukturmerkmal auf, das die Popmusik der Sattelzeit prägt. Inmitten aller sound-architektonischen Überwältigungsgesten finden sich auf den meisten Floyd-Alben auch klanglich reduzierte Stücke, wie etwa das folkballadeske, mit dezentem Country-Flair inszenierte Titelstück der LP. Es lässt sich hier sozusagen eine Re-Naivisierung der musikalischen Ausdrucksmittel beobachten. Als solche steht sie in der Tradition jenes bewusst inszenierten (und insofern immer schon sentimentalischen), Authentizität insinuierenden Rückbezugs auf traditionellere, zum Teil auch nationalspezifische Musikkulturen. Eine reduktionistische Gegenbewegung gegen die Überbietungsgesten der Ausdehnung und des Experimentalismus, die sich sowohl in der US-amerikanischen Popmusik seit Dylans *John Wesley Harding* (1967), dem Debütalbum *Music from Big Pink* von The Band (1968) oder *American Beauty* von Grateful Dead (1970) als auch im Zuge des englischen Folk-Rocks etwa auf den Alben *Liege & Lief* oder *Unhalfbricking* von Fairport Convention, auf *Basket of Light* von Pentangle (alle 1969) oder auf *No Roses* von Shirley Collins and the Albion Country Band (1971) manifestiert.[27]

Dass auf der Innenhülle von *Wish You Were Here* sämtliche Lyrics abgedruckt sind, mag für Popmusik-Konsumenten Mitte der 1970er Jahre wie auch für deren Autor, Roger Waters, nichts Besonderes mehr gewesen sein. Schließlich hatte er sich Mühe gegeben. Mit den Texten. Es habe außerordentlicher Strapazen bedurft, die richtigen Worte zu finden und zu setzen, so versichert Waters in einem Interview 1976, „because I wanted to get as close as possible to what I felt [...] that sort of indefinable, inevitable melancholy about the disappearance of Syd.“[28] Zugleich sei ihm jedoch schnell klar geworden, dass in und hinter der Geschichte Barretts mehr stecke, eine symbolische Dimension „of twentieth-century alienation generally“, die – in textlicher Hinsicht – dann den konzeptuellen Rahmen des gesamten Albums absteckt. Als konzeptstiftenden Kerngedanken macht Waters jenen der Abwesenheit aus, „all the extremes of absence some people have to indulge in because it’s the only way they can cope with how fucking sad modern life is – to withdraw completely.“[29]

---

[26] Mason: *Inside*, 194.

[27] Bob Dylan: *John Wesley Harding*. Columbia 1967; The Band: *Music from Big Pink*. Capitol 1968; Grateful Dead: *American Beauty*. Warner Bros. 1970; Fairport Convention: *Liege & Lief*. Island/A&M 1969; Fairport Convention: *Unhalfbricking*. Island 1969; Pentangle: *Basket of Light*. Transatlantic 1969; Shirley Collins and the Albion Country Band: *No Roses*. Pegasus 1971.

[28] Zit. nach Schaffner: *Odyssey*, 198.

[29] Zit. nach ebd., 199.

Wie immer man die konkrete Umsetzung dieser Idee auch einschätzen mag, der gleichsam dichterische Anspruch, der sich in den Worten Waters ganz selbstverständlich artikuliert, wie auch die introspektive Psychologisierung und der konzeptualisierende, gesellschaftskritische Impetus, aus denen dieser Anspruch resultiert, wären vor der Sattelzeit im popmusikalischen Feld kaum denkbar gewesen. Dominierten hier doch bis zur Mitte der 1960er Jahre relativ übersichtliche, narrative Strukturen im Stile von ‚A liebt/vermisst/verlässt B (bzw. ist von B verlassen worden) oder will mit B oder anderen eine gute Zeit haben‘. In den Äußerungen Waters' hallt jene Verkomplizierung und Reflexionssteigerung der popmusikalischen Textlandschaften nach und mit, die sich seit Mitte der 1960er Jahre beobachten lässt. Poptexte intensivieren nunmehr die Beobachtung und die Artikulation von eigenen und fremden Befindlichkeiten, man denke etwa an die Songs des Duos Simon & Garfunkel (siehe das Album *Sounds of Silence* (1966)), das zweite Soloalbum Van Morrisons *Astral Weeks* (1968), Joni Mitchells *Blue* (1971) oder die Rollenlyrik eines Randy Newman (z. B. auf dem 1972 erschienenen Album *Sail Away*).[30] Poptexte werden aber nicht nur – wenn man so sagen darf – psychologischer, sondern auch radikaler, d.h. es werden explizit Sujets aufgerufen, die in dieser Weise – anders als in den Traditionen des Blues und des Folk – bisher nicht zum Standardrepertoire popmusikalischer Textlandschaften gehören. Solche semantischen Grenzüberschreitungen lassen sich mit Blick vor allem auf rausch- und drogenbezogene (etwa *Heroin* von The Velvet Underground (1967) oder *White Rabbit* von Jefferson Airplane (1967)), sexuelle (*Light My Fire* von den Doors (1967) oder *The Lemon Song* von Led Zeppelin (1969)) und politische (*For What It's Worth* von Buffalo Springfield (1966) oder *The Revolution Will Not Be Televised* von Gil Scott-Heron (1971)) Sujets beobachten.[31] Manche Lyrics untermauern ihren Kunstanspruch durch regelrechte Verrätselungsstrategien, indem sie, statt unmittelbar zugängliche Aussagen oder Botschaften zu artikulieren, auf surrealistische Verfremdungsverfahren setzen: „We skipped the light fandango", wenn man nicht gerade ein ‚Walroß‘ ist oder darüber nachdenkt, wie vieler Löcher es bedarf, um die Royal Albert Hall zu füllen. Oder, um die Reihe der Strategien und Beispiele abzuschließen, die Lyrics einzelner Songs erscheinen nunmehr als integrative Bestandteile von sogenannten Konzeptalben, d.h., sie sind eingebettet in einen den je einzelnen Song übersteigenden, umfassenderen narrativen Zusammenhang. Diese Spur reicht, auch wenn dessen Konzeptstatus nach wie vor umstritten bleibt, von

---

[30] Simon & Garfunkel: *Sounds of Silence*. Columbia 1966; Van Morrison: *Astral Weeks*. Warner Bros. 1968; Joni Mitchell: *Blue*. Reprise 1971; Randy Newman: *Sail Away*. Reprise 1972.

[31] The Velvet Underground: Heroin. Auf: *The Velvet Underground & Nico*. Verve 1967; Jefferson Airplane: *White Rabbit*. RCA Victor 1967; The Doors: *Light My Fire*. Elektra 1967; Led Zeppelin: The Lemon Song. Auf: *Led Zeppelin II*. Atlantic 1969; Buffalo Springsfield: *For What It's Worth*. Atco 1966; Gil Scott-Heron: *The Revolution Will Not Be Televised*. Flying Dutchman 1971.

Sgt. Pepper's Lonely Hearts Club Band der Beatles (1967), *S.F. Sorrow* der Pretty Things (1968) und der Rockoper *Tommy* von The Who (1969) über Marvin Gayes *What's Going On* (1971), Curtis Mayfields Soundtrackalbum *Super Fly* (1972) bis hin zu *Tales from Topographic Oceans* von Yes (1973), *The Lamb Lies Down on Broadway* von Genesis (1974) oder eben auch *Wish You Were Here*.[32]

Zurecht warnt der Poptheoretiker (und -musiker) Brian Eno davor, die Aspekte der Verpackung und des mit ihr erzeugten Images zu unterschätzen als bloße Zugaben zu einer wie auch immer als authentisch gedachten Substanz: „[O]ne of the messages of pop culture is that you can't usually separate them: *image* is constantly turning into *substance*, and vice versa. The package is part of the contents."[33] Letzteres gilt für die Verpackungen der Popmusik in der Sattelzeit in besonderem Maße. Waren LP-Cover im Pop, anders als im Jazz (man denke an die ästhetisch oft anspruchsvollen *Blue Note*-Cover), zuvor eher notwendigerweise zu illustrierende Flächen, die man mit mehr oder weniger inspirierten Abbildungen der musizierenden Akteure bestückte, manifestiert sich seit der zweiten Hälfte der 1960er Jahre auch in verpackungsstrategischer Hinsicht ein neuer Verkunstungsanspruch. Dies hängt gewiss auch (aber nicht ausschließlich) damit zusammen, dass just seit 1967 zum ersten Mal „der Tonträger ‚Album', sowohl was die Verkaufszahlen als auch was die allgemeine Wertschätzung betrifft, der Single den Rang abläuft."[34] Andy Warhol etwa verpasst dem Debütalbum ‚seiner' Band Velvet Underground das nachmals berühmte Bananencover, das in seiner *tongue in cheek*-Schlüpfrigkeit – „Peel slowly and see" war als Aufforderung neben dem Stiel der Banane zu lesen – kongenial das bis dato im Pop eher unübliche, radikale Besingen sexueller Spezialfantasien („Shiny shiny, shiny boots of leather"[35]) illustriert. Das sah der Sänger, Texter und Gitarrist der Band, Lou Reed, ganz genauso: „It's an extremely pretty sexy banana, and the album cover peels, which is nice, to reveal the inside of a very sexy, groovy banana."[36] Popmusik und Kunst fungieren hier wechselseitig als Ressourcen füreinander, die ihr jeweiliges symbolisches Kapital aneinander steigern. So auch im Falle der Beatles, die mit Peter Blake und Richard Hamilton gleich

---

[32] The Beatles: *Sgt. Pepper's Lonely Hearts Club Band.* Parlophone 1967; Pretty Things: *S.F. Sorrow.* EMI Columbia 1968; The Who: *Tommy.* Polydor/Decca/Track 1969; Marvin Gaye: *What's Going On.* Tamla 1971; Curtis Mayfield: *Super Fly.* Curtom 1972; Yes: *Tales from Topographic Oceans.* Atlantic 1973; Genesis: *The Lamb Lies Down on Broadway.* Charisma 1974.

[33] Brian Eno: Edges and Center. In: Anton Corbijn (Hg.): *Everybody Hurts.* München 2003, 212–224, hier 212.

[34] Gerhard Kaiser/Christoph Jürgensen/Antonius Weixler: Younger Than Yesterday. 1967 als Schaltjahr des Pop. In: Dies. (Hg.): *Younger*, 7–10, hier 9.

[35] So der Eröffnungsvers von The Velvet Underground: Venus in Furs. Auf: *The Velvet Underground & Nico.* Verve 1967.

[36] Zit. nach Jim DeRogatis: *The Velvet Underground. An Illustrated History of a Walk on the Wild Side.* Minneapolis, MN 2009, 99.

zweimal renommierte Pop-Art-Akteure damit beauftragen, für ihre Alben (ersterer 1967 für *Sgt. Peppers*, letzterer 1968 für das bezeichnenderweise als „White Album" in die Popgeschichte eingehende *The Beatles*[37]) ebenso ikonische wie interpretationsträchtige Hüllen zu gestalten.[38] Langlebiger, aber ähnlich erfolgreich verläuft die intermediale Kooperation zwischen Pink Floyd und der 1968 von Aubrey Powell und Storm Thorgerson gegründeten Londoner Grafikdesign-Agentur Hipgnosis, die seit ihrem Gründungsjahr für die Gestaltung der Floyd'schen Albencover verantwortlich zeichnet.[39] Auch in diesem Fall gehen Verkunstungsanspruch und wechselseitige Ressourcensteigerung Hand in Hand: Die Band ermöglicht der Agentur erste Erfolge und schließlich weltweiten Ruhm, während Hipgnosis für Pink Floyd Cover kreiert, die, eine neue Bedeutsamkeit anzeigend, nicht nur mit den pop-üblichen Usancen brechen (seit 1970 keine Bandfotos mehr auf den *outer sleeves*), sondern auch ebenso ikonischen wie merchandising-trächtigen Status erlangen sollten: die Kuh auf *Atom Heart Mother* (1970), das Prisma von *The Dark Side* (1973), später dann noch das fliegende Schwein, das das Cover von *Animals* (1977) ziert.[40] In den für *Wish You Were Here* von Waters erhobenen, konzeptualistischen Anspruch fügt sich denn auch die Cover-Gestaltung des Albums nahtlos ein: Alle Motive – vom Handschlag der beiden Geschäftsleute, von denen einer in Brand steht, auf der Frontseite, über den mit Melone und Anzug ausstaffierten *record dealer*, eine „unschwer zu erkennende Hommage an René Magritte",[41] auf der Rückseite, bis zu dem zwischen Bäumen dahinschwebenden roten Tuch und dem sich im völlig unbewegten Wasser spiegelnden, eintauchenden Körper – sind nach Thorgerson als „studies in absence"[42] konzipiert. In einem letzten, ultimativen optischen Überbietungsgestus wird dann das von Waters vorgegebene, gesellschafts- und kapitalismuskritische Konzept des Albums noch einmal bestätigt: Das ‚eigentliche' Cover wird dadurch unsichtbar (sprich: abwesend) gemacht, dass das Album in einer schwarzen Plastikfolie ausgeliefert wird und über die Ladentische geht. Zwei graphisch gestaltete Roboterhände (*Welcome To The Machine* lautet schließlich der Titel des zweiten Albumtracks) wiederholen auf dieser Plastikhülle den geschäftlich anmutenden Handschlag der

---

[37] The Beatles: *The Beatles*. Apple 1968.

[38] Zur kunstgeschichtlichen Exegese des *Pepper*-Cover siehe Walter Grasskamp: *Das Cover von Sgt. Pepper. Eine Momentaufnahme der Popkultur*. Berlin 2004. Zum Cover des „Weißen Albums" siehe Christoph Jürgensen/Gerhard Kaiser: White Album/Blackbox – Popkulturelle Inszenierungsstrategien bei den Beatles und Stuckrad-Barre. In: *LiU (Literatur im Unterricht)*, 1 (2011), 17–39.

[39] Der Name der Agentur geht, wie Mitbegründer Powell versichert, auf „de[n] Einfall eines verrückten Genies [zurück], den wir für uns und die Firma übernahmen" – auf einen Einfall Syd Barretts, den er mit Kugelschreiber „auf die noch jungfräuliche weiße Wohnungstür geschrieben" hatte (Aubrey Powell (Hg.): *Vinyl. Album. Cover. Art. Hipgnosis – Das Gesamtwerk*. Hamburg 2018, 19).

[40] Pink Floyd: *Atom Heart Mother*. Harvest 1970; *Animals*. Harvest 1977.

[41] Powell: *Vinyl*, 167.

[42] Schaffner: *Saucerful*, 205.

beiden Männer auf dem nunmehr zunächst verborgenen Frontcover. Mehr gesamtkunstwerkhafte In-Sich-Stimmigkeit und werkästhetische Geschlossenheit geht dann vielleicht wirklich nicht mehr. Ästhetische Plansollübererfüllung im elegischen Moll. Kein Wunder wohl, dass man 1975 in punkigeren Kreisen allergisch reagiert.

Dabei hatte alles ganz anders angefangen, *once upon a time*.

Bang! 1965 – Dylan goes eclectic

Wie das Wimmern der Weingläser auf Pink Floyds *Shine On* im Studio an der Abbey Road die Sound-Kulisse für das Endspiel des Sattelzeit-Pop liefert, so (ent)steht auch an dessen Beginn[43] – knapp zehn Jahre früher, jenseits des Atlantiks, im Studio A der Columbia Records in New York – ein spezifisches Geräusch. Mit einem Knall, nicht mit einem Wimmern, wird Mitte 1965 die Geburt einer neuen Phase der Popmusik eingeleitet. Jener Knall, mit dem der Session-Drummer Bobby Gregg am 16. Juni, am ohnehin moderneträchtigen Bloomsday also, seinen Trommelstock auf die Snare-Drum krachen lässt und mit dem er den vierten Take das Tages[44] von Dylans *Like a Rolling Stone*[45] eröffnet. Danach entsteht eine ganz kurze Pause, ein millisekundenlanges Innehalten gleichsam, bevor die mittlerweile berühmte Fanfare aus Orgel-, Klavier- und Gitarrensound einsetzt und Dylan mit dem scheinbar noch Altvertraut-Märchenhaftes insinuierenden „Once upon a time" eine ganz neue Art der Pop-Erzählung ins Werk setzt. „Ein Trommelschlag wie ein Pistolenschuss",[46] so der Pop-Historiograph Greil Marcus, wie die Ankündigung und Verheißung, dass hier und jetzt sofort etwas Neues und Anderes beginnt. „[T]hat snare shot [...] sounded like somebody's kicked open the door to your mind", so erinnert sich Bruce Springsteen an den Moment,

---

[43] Über den ‚Beginn' der Sattelzeit lässt sich – wie freilich über Anfänge immer – trefflich diskutieren. Zur Diskussion stehen neben der im Folgenden präsentierten Variante auch die Jahre 1966 und 1967. Für Jon Savage (*1966 – The Year The Decade Exploded*. London 2015) und Frank Schäfer (*1966 – Das Jahr, in dem die Welt ihr Bewusstsein erweiterte*. Wien 2016) firmiert 1966 als *annus mirabilis*. Ernst Hofacker (*1967. Als Pop Unsere Welt Für Immer Veränderte*. Stuttgart 2016) sowie Gerhard Kaiser/ Christoph Jürgensen/Antonius Weixler (*Younger Than Yesterday. 1967 als Schaltjahr des Pop*. Berlin 2017) optieren ebenfalls mit guten Gründen für das Jahr 1967 als Zäsur. Meines Erachtens stellen die Jahre 1965–67 einen Zeitraum enormer Beschleunigung und Verdichtung *innerhalb* der Sattelzeit dar. Die Entscheidung für ein bestimmtes Jahr bleibt also letztlich volatil. Ich hoffe aber, dass die folgenden Ausführungen plausibilisieren können, dass die Lunte für alle ‚Explosionen' in den Jahren 1966/67 bereits ein Jahr zuvor gelegt wurde.

[44] Dies wird – da der einzige, zur Gänze überzeugende Take bleibend – die spätere Single-Version des Songs sein, die am 20. Juli 1965 auf Columbia erscheint. Die Details der am 15. Juni begonnenen, zweitägigen Aufnahme-Sessions mit insgesamt 20 Takes liefert protokollartig Greil Marcus: *Bob Dylans Like a Rolling Stone. Die Biographie eines Songs*. Köln 2005, 227–246.

[45] Bob Dylan: *Like a Rolling Stone*. Columbia 1965.

[46] Marcus: *Bob Dylans*, 19.

als er den Song zum ersten Mal im Autoradio hört.[47] Schon klar, alte weiße Männer fangen irgendwann immer an, von Dylan zu erzählen.[48] Wenn es aber stimmt, dass man – wie wiederum Springsteen behauptet – schon von einer Drei-Minuten-Single mehr lernen kann als je in der Schule,[49] wie viel dann erst von einer, die mehr als doppelt so lange dauert.[50] Im Blick auf den Beginn der Sattelzeit der Popmusik zumindest einiges.

1965, zwei Jahre nach der Ermordung Kennedys, befindet sich die ‚westliche Welt‘, vor allem in den Vereinigten Staaten, in einem Zustand der Disruption. Nicht, als wäre das je anders gewesen (oder als würde es je anders sein), aber in diesem Jahr verdichten sich die erschütternden Ereignisse: Die USA stationieren erste Bodentruppen in Vietnam und leiten damit eine weitere Etappe jenes Krieges ein, der bis 1975 andauern und zur Initialzündung weltweiter Studentenproteste werden sollte, im Februar wird Malcolm X, abtrünniges Sprachrohr der Black Muslims, von einem Attentäter der Nation of Islam erschossen, rund um die Märsche von Selma (Alabama) werden Bürgerrechtler von Polizeieinheiten mit Knüppeln und Tränengas attackiert und im August brechen im Schwarzen Ghetto von Watts (Los Angeles) Aufstände aus, bei denen sich Randalierende, politische Aktivisten und Polizei gegenseitig in Gewaltexzesse hineinmanövrieren. Wie ein dunkles Zeichen schon über dem Beginn des Jahres mag es wirken, dass, als Sam Cookes *A Change Is Gonna Come*,[51] ein majestätisch-elegischer Song über die Hoffnung auf Freiheit, im Januar in die Charts einsteigt und sich zur Hymne des Civil Rights Movement entwickelt, der Sänger bereits tot ist. Er wurde Ende 1964 in Watts von einer Motel-Managerin erschossen. Vor diesem Hintergrund von politisch eingedunkelten *bad vibrations* verschiebt Dylans *Like a Rolling Stone* in mehrfacher Hinsicht und nachhaltig die Grenzen dessen, was bis dahin als Popsong galt. Und dies nicht nur im Blick auf die für eine Single ungewöhnliche Länge. Die Plattenfirma weigert sich zunächst, den Song überhaupt als Single zu veröffentlichen, lässt dich dann aber dazu

---

[47] Zit. nach Clinton Heylin: *Bob Dylan: Behind The Shades. The 20th Anniversary Edition.* London 2011, 205.

[48] So die Beobachtung, die Sibylle Berg einer ihrer weiblichen Protagonisten in den Mund legt, die angewidert über die patriarchalen Strukturen des Kulturbetriebs im Allgemeinen und männliches Pop-Geschwafel im Besonderen zu dem Schluss kommt: „und dann landeten sie immer, immer auch bei Bob Dylan" (Sibylle Berg: *GRM. Brainfuck.* Köln 2019, 322). Das ist zweifellos wahr. So, let's move on then, anyway.

[49] „We learned more from a three-minute record, baby / Than we ever learned in school", heißt es auf Springsteens 1984 veröffentlichtem Song *No Surrender* (Bruce Springsteen: No Surrender. Auf: *Born in the U.S.A.* Columbia 1984).

[50] Nämlich sechs Minuten und sechs Sekunden (und nicht, wie Dylans Plattenfirma zunächst noch, das scheinbar Unerhörte bemäntelnd, auf das Label der ersten Pressungen drucken ließ, 5:59).

[51] Sam Cooke: *A Change Is Gonna Come.* RCA Victor 1964.

breitschlagen, das Stück auf die A- und B-Seite der 45er zu verteilen.[52] Dylans Song ist das *pièce de résistance* einer zweifachen Neuerfindung, mit der er nicht nur sich selbst als öffentliche Figur und Künstler innerhalb des popmusikalischen Feldes neu positioniert, sondern auch die Regeln dieses Feldes selbst verändert. Beide sind danach nicht mehr dieselben.

Dylans Re-Modeling der eigenen Figur um die Mitte der 1960er Jahre ist nicht nur das Herzstück seiner biographischen Legende, es gehört mittlerweile auch zur mythischen Folklore der Popgeschichtsschreibung (inklusive Hollywood-Gen-Z-*reenactment* mit Timothée Chalamet). Wir können uns deshalb hier auf einige wesentliche Aspekte konzentrieren. Überdrüssig der ästhetischen Einschränkungen, die das Image als Protestsänger und politisches ‚Sprachrohr' einer Generation für ihn zeitigte, ermüdet auch von den Authentizitätsdogmen, mit denen er sich seitens einer politisch links ausgerichteten Folk-Szene konfrontiert sieht, beginnt Dylan, seine *persona* auf allen Ebenen umzukrempeln. Die erste Seite des im April 1965 veröffentlichten Albums, *Bringing It All Back Home*,[53] ist bereits – anders als bei seinen vier akustischen Vorgänger-Alben – komplett elektrisch instrumentiert. Das Album startet gleich mit einer Provokation: Auf *Subterranean Homesick Blues*, in einem von Chuck Berry inspirierten *right in your face*-Sound, schnell, hart und proto-punkig aggressiv aufgenommen, sprechsingt Dylan in höhnischem Tonfall alliterierende, surrealistisch anmutende Slang- und Jargon-Wortkaskaden („the pump don't work 'cause the vandals took the handles"), als ginge es darum, den „erste[n] Rap der Rockgeschichte"[54] auf's Vinyl zu rotzen. Die zweite Seite liefert in musikalischer Hinsicht mit vier akustischen Songs dann zwar scheinbar Erwartetes, unterläuft diese folkorientierte ‚Dienstleistung' aber zugleich mit einer gehörigen Portion surrealistischer Rätseltexte (*Gates of Eden*; *It's Alright, Ma*). Immerhin, so viel war klar: *Mr. Tambourine Man*, der Eröffnungstrack der zweiten Seite, feiert den Aufbruch in eine von Grenzen und Engstirnigkeiten befreite Offenheit, in der der Himmel noch voller Diamanten hängt: „It's the dance beneath the diamond sky / with one hand waving free." Der das Album beschließende Track ist dann – „strike another match / go start anew" – bezeichnenderweise *It's All Over Now, Baby Blue*. Auch so kann man sich verabschieden. Verabschiedungsgesten dominieren auch Dylans Interviews, die immer mehr para-ästhetischen Feldzügen gleichen und in und mit denen er Mitte der 1960er Jahre eine ganz eigene, polemische Kunstform kreiert. Zynisch und

---

[52] Es ist allerdings nicht – wie man bisweilen lesen kann – das erste Mal, dass dergleichen in der Popgeschichte geschieht: Schon *What'd I Say* von Ray Charles und *Shout* von den Isley Brothers waren so lang, dass sie auf zwei Seiten einer 45er gepresst wurden (Ray Charles: *What'd I Say*. Atlantic 1959; The Isley Brothers: *Shout*. RCA Victor 1959). Aber, wie Greil Marcus zurecht betont, beide waren – anders als Dylans Song – „Tanzplatten, keine Platten, die eine Geschichte erzählen." (Marcus: *Bob Dylans*, 141).

[53] Bob Dylan: *Bringing It All Back Home*. Columbia 1965.

[54] Heinrich Detering: *Bob Dylan*. Stuttgart 2016, 52.

mit strategischer Coolness unterläuft er vor allem Fragen, die auf seine Rolle als Protestsänger zielen. Hören wir eine der dümmsten: „How many people who labor in the same musical vineyards in which you toil, how many are protest singers?", will ein Reporter während einer Pressekonferenz im Dezember 1965 wissen. Dylan feixend: „How many? One hundred thirty-six. It's either one hundred thirty-six or one hundred thirty-two."[55] Ketterauchend, mit dunkler Sonnenbrille, wahlweise – wie beim legendären Newport Folk Festival am 24. und 25. Juli 1965 – erst im gepunkteten Blouson, dann in schwarzer Lederjacke oder, wie während der nicht minder legendären England-Tour im Mai 1966, in harlekineskem Carnaby-Streetstyle-Anzug, kultiviert Dylan einen Proto- und Provo-Glam-Habitus, der die Baumwollhemd-Fraktion der Verrat skandierenden Folkies auf die Palme treibt und zugleich auf folgenreiche Weise Hipster-Proselyten macht. „Electric Bob oder Folk Bob", so erinnert sich jedenfalls der andere Bob (Geldof) an ein Konzert, das er als Dreizehnjähriger 1965 in Dublin sah, „das war mir scheißegal, und meine Freunde sahen das genauso. Es waren die Worte, die Stimme, das Hemd. Da ich so ein Hemd nirgendwo auftreiben konnte, schnappte ich mir ein blaues Hemd, malte kreisrunde Tupfen auf den Kragen, die Schultern und die Vorderseite, und behielt dazu meine Jacke an."[56]

Die Botschaft Dylans ist klar: „Ich ist ein anderer." Und das gilt auch für die ‚andere‘ Musik, die er nunmehr zu spielen bevorzugt; einer Musik, die in *Like a Rolling Stone* ihren ersten, verdichteten Höhepunkt findet und die nicht nur die Verächter unter seinen Zuhörenden zunächst vor allem als eines empfinden: als zu laut. Viel zu laut. Wenn es zutrifft, dass die ursprünglich in militärischen Kontexten entwickelten, akustischen wie visuellen Medien der Moderne – wie es Friedrich A. Kittler einmal zugespitzt formuliert – eine „Unterhaltungsindustrie" bedingen, die letztlich ein „Missbrauch von Heeresgerät"[57] ist, dann führen Dylan und seine Bands in den Jahren 1965/66 diese Geräte wieder ihrer eigentlichen Zweckbestimmung zu: In dem „Kulturkrieg",[58] in dem er sich seit seiner Kehre mit seiner ehemaligen Anhängerschaft befindet, werden die bis zum Anschlag aufgedrehten Instrumente und Verstärker jedenfalls wieder zu taktisch eigesetzten Elementen der Abwehr, des Angriffs und der Überwältigung. Während die Beatles nach einem Konzert im Shea-Stadium im folgenden Jahr ihre Karriere als Live-Band auch deshalb beenden sollten, weil sie sich vor lauter Publikum selbst nicht mehr hören konnten, sorgen Dylan und seine musikalischen Mitstreiter auf den nachmals legendären *battle grounds* des Newport Folk Festivals und der Manchester Free Trade Hall rund um die vermeintlichen

---

[55] Robert Shelton: *No Direction Home. The Life and Music of Bob Dylan*. London 1986, 284.

[56] Zit. nach Marcus: *Bob Dylans*, 199.

[57] Friedrich A. Kittler: *Grammophon. Film. Typewriter*. Berlin 1986, 149.

[58] Marcus: *Bob Dylans*, 183.

(Pete Seeger und die Axt) oder tatsächlichen („Judas!') Auseinandersetzungen nun umgekehrt dafür, dass ihrem Publikum Hören und Sehen vergeht. Über die grenzwertige Lautstärke, die Dylan mit seiner Band aus mehr oder weniger zusammengewürfelten Session-Musikern beim Newport Folk Festival entfacht, wurde viel geschrieben. Dylan und die Hawks (später The Band) sollen dann auf der folgenden Tour, wie Marlon Brando sich zu erinnern glaubt, den „lautesten Krach" veranstalten, den er, „abgesehen von einem herandonnernden Güterzug, jemals gehört hatte."[59] Man muss allerdings einräumen, dass man Mitte der 1960er Jahre, bedingt durch den damaligen Stand der Verstärkungstechnologie, in Sachen immersiver Lautstärke noch nicht viel gewohnt war. „Ausgerechnet die Sechziger", so argumentiert eine Studie über „Pop und seine Geräte", „die im kollektiven Popgedächtnis schrill klingen, waren vergleichsweise leise. Zumindest auf den Konzertbühnen."[60] Zumindest meistens. Nicht aber am 17. Mai 1966. „I don't believe you. You're a liar!" hatte Dylan an diesem Abend in der Manchester Free Trade Hall auf den „Judas"-Zuruf eines der zahlreichen Fans zunächst reagiert, die ihm seine Abkehr vom akustischen Protestsong verübelten. Bevor die Hawks dann zu einer beeindruckend lautstarken, aggressiv rumpelnden und äußerst intensiven Version von *Like a Rolling Stone* anheben, instruiert der in einen seiner Dandy-Anzüge gewandete Sänger seine Band: „Play fucking loud!"[61]

Eine solche Lautstärke hat aber gewiss auch damals schon nicht nur abgeschreckt, sondern auch positive Immersionseffekte erzeugt. Leiser wird Popmusik jedenfalls seitdem nicht mehr. Und, davon abgesehen, Dylans neue Musik will gar nicht nur und vor allen Dingen laut sein. Sie ist es, zunächst zumindest, mehr aus Gründen der Selbstverteidigung. Dylans neue Musik will vor allem eins: *Popmusik sein*. Schlaglichtartig wird dies deutlich, wenn er nach ersten Probedurchläufen im eigenen Zuhause den jungen Gitarristen Michael Bloomfield, selbst ein hoffnungsvoller und äußerst talentierter Stern am Gitarristen-Himmel und Mitglied der Butterfield Blues Band, zurechtweist: „I don't want you to play any of that B.B. King shit, none of that fucking blues. I want you to play something else."[62] Etwas anderes. Also weder Folk, noch Blues, sondern eben Popmusik schwebt Dylan als vage Idee vor. Und, wie Popmusik in ihren besten Momenten immer, ist sie eben nicht auf Genres festgelegt, keinesfalls puristisch, sondern hybrid.

---

[59] Ebd., 69.

[60] Tobi Müller: *Play. Pause. Repeat. Was Pop und seine Geräte über uns erzählen.* Berlin 2021, 32.

[61] Das vollständige, vom Klatschen der Begeisterten ebenso wie von feindlichen Zwischen- und Buhrufen durchzogene Konzert ist am besten nachzuhören auf Bob Dylan: *The Bootleg Series Vol. 4: Bob Dylan Live 1966: The 'Royal Albert Hall' Concert.* Columbia 1998. Zu sehen ist die oben angesprochene Szene in dem von Martin Scorsese zusammengestellten Film NO DIRECTION HOME. BOB DYLAN (Großbritannien/USA 2005).

[62] Zit. nach Heylin: *Bob Dylan*, 203.

„„Love and Theft"", das gilt als Motto bei Dylan ja von seiner ersten LP an[63] und es ist – darüber hinaus – auch nicht die schlechteste Kurzdefinition von Pop überhaupt. Wiederholt ist denn auch auf das eklektische Echo anderer Songs in *Like a Rolling Stone* hingewiesen worden, auf Phil Spectors mit den Righteous Brothers aufgenommenes *You've Lost That Lovin' Feelin'* (Anfang 1965), Richie Valens' *La Bamba* (1958, der Akkordwechsel!), Hank Williams' *Lost Highway* (1949) oder, natürlich, Muddy Waters *Rollin' Stone* (1950).[64] Kurzum: „an amalgamation of every strand in American popular music from ‚Gypsy Davey' [einem Song von Woody Guthrie; GK] to the Philly Sound", wie es der Dylan-Biograph Clinton Heylin formuliert.[65]

Dieser Wille zum Pop ist freilich für sich genommen noch nichts Revolutionäres, die Grenzen des Feldes Verschiebendes, sieht man einmal davon ab, dass es sich hier um einen abtrünnigen Folk-Troubadour und *topical song-writer* unter Selbstkommerzialisierungsverdacht handelt. Entscheidend ist, dass diese Popmusik *zugleich* den Anspruch erhebt, *Kunst* zu sein. Dieser Anspruch manifestiert sich – schon Geldof spricht ja nicht nur vom Hemd, sondern von den Worten und der Stimme – im Text des Songs und in der einzigartigen, tatsächlich unnachahmlichen Art und Weise, in der Dylan diesen Text performt. Erst Dylans genuine Phrasierung, im Ton zwischen Qual, Hohn und Triumph oszillierend, verleiht den Worten ihre dramatische Dringlichkeit und Unbedingtheit: Die „Kontraktionen mehrerer Zeilen zu einer einzigen, die Zeilenbrüche und das Zerreißen einer Langzeile in kurze Bruchstücke, mit den abrupten Betonungswechseln und dem Geheul am Anfang der letzten Strophe"[66] („Ahhhhhhh – / Princess on the steeple and all the / Pretty people they're all drinkin' thinkin' that they / Got it made"[67]) machen hörbar, dass der Song nicht nur ein Drama beschreibt, sondern dass er selbst dieses Drama sein will. Sein Autor hat *Like a Rolling Stone*, verfasst während der Arbeit am Romanprojekt *Tarantula*, ein Jahr später als eigentlichen, gleichsam epiphanischen Entstehungsmoment seiner Song-Kunst beschrieben: „I found myself writing this song, this story, this long piece of vomit about twenty pages long, and out of it I took 'Like a Rolling Stone' [...] After writing that, I wasn't inte-

---

[63] Dylans erstes, 1962 erschienenes Album enthält neben zwei selbstverfassten Songs lediglich aus der Blues- und Folk-Tradition übernommenes Material (Bob Dylan: *Bob Dylan*. Columbia 1962). *„Love and Theft"* ist der Titel von Dylans 2001 erschienenem Album, das gleich in dem in Anführungszeichen gesetzten Titel jene von ihm ausgeflaggte Praxis vorführt (*„Love and Theft"*. Columbia 2001): Es handelt sich dabei um ein Zitat einer Studie über den Rassismus in den USA, die Eric Lott 1993 unter eben diesem Titel vorgelegt hatte.

[64] The Righteous Brothers: *You've Lost That Lovin' Feelin'*. Philles 1965; Richie Valens: *La Bamba*. Del-Fi 1958; Hank Williams: *Lost Highway*. MGM 1949; Muddy Waters: *Rollin' Stone*. Chess 1950.

[65] Heylin: *Bob Dylan*, 221.

[66] Detering: *Bob Dylan*, 62.

[67] Marcus liefert eine vierseitige ‚Transkription' des gesamten Textes, die versucht, möglichst genau – „[w]ie von Bob Dylan gesungen" (12) – den Besonderheiten der konkreten Vocal-Performance gerecht zu werden (Marcus: *Bob Dylans*, 9–12).

rested in writing a novel, or a play."[68] Warum auch noch in den traditionell als hochliterarisch geltenden Gattungen dilettieren, wenn der Song selbst schon Kunst (genug) war. Ästhetisch anspruchsvoll sind die Lyrics des Songs vor allem in ihrer Mehrfachadressiertheit: Lässt sich die Song gewordene Suada an der Oberfläche als die vitriolische Abrechnung mit einer blasierten Upper-Class-Ex („Once upon a time you dressed so fine / Threw the bums a dime, in your prime / Didn't you?") verstehen, eröffnen einige gezielt eingesetzte Poetisierungsverfahren einen umfassenderen Konnotationsraum. Metapho-risch aufgeladene Passagen wie die vom „mystery tramp", bei dessen Anblick („As you stare into the vacuum / Of his eyes") der Verhöhnten klar wird, dass „he's not selling any / Alibis", oder vom „Napoleon in rags / And the language that he used" insinuieren, dass es hier unter der Oberfläche eines über weite Strecken mit umgangssprachlichen Wendungen operierenden *hate song*[69] an eine verflossene Geliebte um mehr und anderes geht. Dieser Eindruck wird durch den mit leichten Abwandlungen viermal wiederholten Refrain bestä-tigt: „How does it feel? / How does it feel / To be on your own / With no direction home / A complete unknown / Like a rolling stone". Damit mag auch die ehemalige Liebhaberin gemeint sein, es kann zugleich aber auch als „Selbstadressierung"[70] oder, mehr noch, als Frage an alle, die den Song hören, verstanden werden. In diesem Zusammenhang klingt die abschließende Ver-sicherung, „When you ain't got nothing / You got nothing to lose", nicht mehr nur wie eine höhnische Schlussvolte, sondern auch wie die unter Qualen geborene Verheißung eines völlig neuen, von alten Zwängen befreiten Anfangs. Ein solches im Song in Szene gesetztes, straßengelehrtes Sehertum mag *Like a Rolling Stone* durchaus in eine Traditionsreihe mit Allen Ginsbergs 1955 erschienenem Epos *Howl* rücken,[71] neu indes ist es, dass der *poeta vates* hier zum Mitsingen einlädt. Man konnte, so Marcus, „bei ‚No direction home' mitsingen, wie man bei ‚Satisfaction' mitsang."[72] Und die Leute sangen mit. Sie tun es, beim Refrain, bis heute.

Diese Moderne zum Mitsingen, dieses Zugleich von Pop und Poesie, die Dylan hier einleitet, ändert nachhaltig die Spielregeln des gesamten pop-musikalischen Feldes. Nicht, dass es von Stund' an keine seichte Unter-haltungsmusik mehr gegeben hätte. Aber wer nach *Like a Rolling Stone* im ästhetischen Überbietungswettbewerb, der nun das popmusikalische Feld ergreift, noch mithalten will, musste einfach mehr und anderes zu bieten

---

[68] Zit. nach Heylin: *Bob Dylan*, 198.

[69] Ironischerweise hatte Dylan im oben bereits zitierten Interview auf die Frage des Reporters, was er denn dann singe, wenn er keine Protestballaden mehr möge, geantwortet: „I sing all love songs" (Shelton: *No Direction*, 284).

[70] Detering: *Bob Dylan*, 62.

[71] Vgl. Marcus: *Bob Dylans*, 144-145.

[72] Marcus: *Bob Dylans*, 173.

haben als *catchy tunes to sing along to*. Dylans Zeitgenossen scheint dies unmittelbar klar gewesen zu sein. „Wirkliche Kunst", so deklariert Susan Sontag ein Jahr vor dem Erscheinen von Dylans Single in ihrem Manifest *Against Interpretation*, „hat die Eigenschaft, uns nervös zu machen."[73] Was immer auch „wirkliche" Kunst sein mag, nervös jedenfalls machte der Erfolg von Dylans neuem Manifest eines popmusikalischen Eklektizismus nicht nur die Folkies mit ihren Authentizitätssehnsüchteleien, sondern auch die professionelle Pop-Konkurrenz. Al Kooper vergleicht die Wirkung Dylans auf die bisherige, von professionellen Songschreiber-Teams wie Carole King/ Gerry Goffin oder Barry Mann/Cynthia Weil dominierte Popmusik mit dem Wandel vom Stumm- zum Tonfilm: „[U]nd mit einem Mal gab es Filme, die einen Ton hatten. *Aaaah!* Und das machte dann eine Menge Leute arbeitslos. Diese schönen Menschen, die alle *so* sprechen. Sie waren arbeitslos."[74] „Dylan schaffte etwas, das keiner von uns konnte", räumt etwa Gerry Goffin selbst ein: „Poesie und Rock 'n' Roll zu verschmelzen, und dann dazustehen wie ein wirklicher Mensch und diese Sachen zu singen."[75] In einer dramatischen Geste, so Goffin weiter, hätten er und Carole King alle „Demo-Scheiben mit den Songs, für die wir noch keine Abnehmer gefunden hatten", zerstört. „Wir sagten uns, wir müssten endlich erwachsen werden und damit beginnen, bessere Songs zu schreiben."[76]

Man mag um die Wahrheit dieser Anekdote fürchten, gleichwohl macht sie deutlich, dass Dylans disruptiver Akt einen Überbietungswettbewerb einläutet, in dessen Zuge jene Verkunstungsenergien freigesetzt werden, die das popmusikalische Geschehen der folgenden Dekade prägen sollten. Es gibt – dies zeigen die mittlerweile veröffentlichten Studioaufnahmen rund um die Entstehung von *Like a Rolling Stone* – nur einen einzigen gelungenen Take des Songs. Jenen vierten vom 16. Juni. Alle vorangegangenen und noch nachfolgenden Versuche waren mehr oder weniger misslungen. So zufällig, wie der eigentlich nur als Gast im Studio anwesende Gitarrist Al Kooper schließlich an der Orgel landet und mit seinem spontanen Spiel den Sound des Songs prägt, so zufällig ist auch der Umstand, dass es diesen Song, so, wie wir ihn kennen, überhaupt gibt. Das Ganze hätte auch scheitern und abgeblasen werden können. Nichts daran ist historisch notwendig. Aber dass es den Song gibt, ändert – zumindest für die Geschichte der Popmusik – alles. *Like a Rolling Stone* öffnet die Tür, einen Spalt breit, für jenen Raum der Möglichkeiten, die sich in den kommenden zehn Jahren verwirklichen sollten.

---

[73] Susan Sontag: Gegen Interpretation. In: *Kunst und Antikunst*. Frankfurt/M. 1991, 11–22, hier 13.
[74] Zit. nach Marcus: *Bob Dylans*, 159 (verkleinerte Schriftgröße im Original).
[75] Ebd., 160.
[76] Ebd.

Mëkanïk Dëstruktïẅ Kömmandöh:
Pop und Experiment oder Was ist Popmusik?

Nicht einmal Frank Zappa hatte immer recht. *Like a Rolling Stone* habe in ihm zwar zunächst den Impuls ausgelöst, dem Musikbusiness den Rücken zu kehren. Denn, wenn die von Dylan initiierten Grenzverschiebungen sich durchsetzen würden, dann, so seine erste Befürchtung, bleibe für ihn mit seiner eigenen Arbeit an einer „new free music",[77] die die Grenzen zwischen der *low culture* des Rock 'n' Roll und der *high culture* orchestraler Kompositionen auflöst, nichts mehr zu tun übrig. „But it didn't do anything. It sold, but nobody responded to it in the way that they should have."[78] Letzterem muss man entschieden widersprechen. Es tut sich einiges. Gewiss, nicht alles, was sich im Echoraum von Dylans Vorstoß in den kommenden Jahren entwickeln sollte, stellt so radikal die bzw. in Frage, was Popmusik überhaupt ist, wie Zappas musikalisches Schaffen. Mit seinem Projekt einer ultra-gewitzten Meta-Popmusik und ihrem Ansinnen, „to turn the history of popular music into a kaleidoscope farce",[79] mag Zappa tatsächlich in der Champions League des Experimentalismus ganz allein mit und gegen sich selbst spielen. Zumindest der genialisch sich inszenierende Verschmelzungsfuror und irrwitzige Esprit, mit dem Zappa und die Mothers of Invention etwa auf ihren ersten beiden Alben – *nomen est omen*: *Freak Out!* (1966) und *Absolutely Free* (1967)[80] – Doo-Wop-Parodien, Rhythm-'n'-Blues-Arrangements und dissonanten Rock mit Ballettpartitur und Oratorium zusammenbringen, suchen sicherlich ihresgleichen. Gleichwohl gewinnt man im Rückblick auf die zweite Hälfte der 1960er Jahre, anders als der gewiss auch *pro domo* sprechende Komponist, den Eindruck, dass – wenn Dylan die Tür aufgestoßen hatte – nunmehr und für ein paar Jahre gilt: *All Gates Open.* Gewichtige Relaisstationen für eine fortschreitende Experimentalisierung des Pop sind vor allem die kreativen Ballungszentren einer rasch globale Dimensionen entwickelnden *counter culture*: London, San Francisco (bzw. die Westküste der USA) und New York. Gut, auch in Deutschland entwickeln sich in Köln, Hamburg, Berlin und München rund um Can, Faust, Cluster, Tangerine Dream oder Amon Düül bereits Formen einer experimentellen, „nicht-teleologische[n] Musik",[81] die dann aber später erst als ‚Krautrock'

---

[77] So Zappa das zweite Album mit den Mothers of Invention, *Absolutely Free*, aber gewiss auch das ästhetische Programm seiner Musik überhaupt charakterisierend. Hier zit. nach Kevin Courrier: *Trout Mask Replica*. London 2007, 62.

[78] Zit. nach Heylin: *Bob Dylan*, 205.

[79] Kevin Courrier: *Trout Mask*, 31.

[80] The Mothers of Invention: *Freak Out!* Verve 1966; The Mothers of Invention: *Absolutely Free.* Verve 1967.

[81] Diedrich Diederichsen: 3 × Deutschland: Ausland, Kosmos, Nichtdrüben. In: Markus Joch/Christoph Jürgensen/Gerhard Kaiser (Hg.): *Protestpop und Krautrock*. Berlin 2024, 11–24, hier 17.

über die Republik hinaus wahrgenommen und einflussreich werden. Aber, selbst im ‚Swinging London‘ mag, nicht einmal im nachmals als ‚Summer of Love‘ etikettierten 1967, immer alles gut gewesen sein. „Beneath the surface", so Joe Boyd, allgegenwärtiger Impressario, Clubbesitzer (UFO!), Produzent und einer der klügsten und witzigsten Biographen dieser Phase, „the progressive sixties hid all manners of unpleasantness: sexism, reaction, racism and factionalism [...]. The idea that drugs, sex and music could transform the world was always a pretty naïve dream. As the counter-culture's effect on the mainstream grew, its own values and aesthetics decayed."[82] Ja, schon. Aber solche neuen ästhetischen Standards mussten, dies immerhin doch, auch erst einmal gesetzt werden, bevor sie dann wieder im Mainstream verwässert werden konnten. Etwa von den Beatles, die spätestens seit *Revolver* (1966)[83] einen LSD-grundierten Transformationsprozess der Selbstverkunstung durchlaufen. Lennon arbeitet sich textlich an den Surrealismen Dylans ab (*Strawberry Fields Forever, I Am the Walrus*[84]) und musikalisch schmuggeln die Beatles – Paul McCartney beginnt für Stockhausen zu schwärmen, George Harrison für indische Musik – experimentelle Elemente in das Format des Popsongs ein: etwa die atonalen Orchester-Crescendi auf *A Day in the Life*[85] oder, vorher schon, jene Tape-Loops samt den herabgestimmten und hallverstärkten Drums auf *Tomorrow Never Knows*,[86] die einen *indian drone*-artigen Sound erzeugen, über den John Lennon mit einer technisch verzerrten Stimme singt. Nach seinen eigenen Wünschen sollte sie klingen „like the Dalai Lama and thousands of Tibetan monks chanting on a mountain top."[87] Wenn Dylan die Strukturen und die Textwelten des Popsongs nachhaltig verändert, dann kreieren die Beatles (mit der gar nicht so kleinen Hilfe von Produzent George Martin und Toningenieur Geoff Emerick) mit *Tomorrow Never Knows* ein „sound event",[88] das neu definiert, wie ein Popsong *klingen* kann.

Apropos Klang: Ein Wahl-Londoner und Ex-GI sollte ab 1967 – nach den Vorarbeiten von Eric Clapton, Pete Townshend und Jeff Beck – neu definieren, wie *das* Instrument der Sattelzeit, die elektrische Gitarre, klingt: Mit welcher nuancenreichen Leidenschaft, technischer und soundstrategischer Raffinesse und Experimentierfreude Jimi Hendrix sein Instrument etwa in den

---

[82] Joe Boyd: *White Bicycles. Making Music in the 60s.* London 2006, 164.

[83] The Beatles: *Revolver.* Parlophone 1966.

[84] Beide 1967 als Single veröffentlicht. *Strawberry Fields* als Doppel-A-Single mit *Penny Lane* im Februar, *I Am the Walrus* als B-Seite von *Hello, Goodbye* im November des Jahres (The Beatles: *Strawberry Fields Forever.* Parlophone 1967; *I Am the Walrus.* Parlophone 1967). Beide Songs finden sich auch auf The Beatles: *Magical Mystery Tour.* Parlophone 1967.

[85] The Beatles: A Day in the Life. Auf: *Sgt. Peppers Lonely Hearts Club Band.*

[86] The Beatles: Tomorrow Never Knows. Auf: *Revolver.*

[87] Ian MacDonald: *Revolution in the Head. The Beatles' Records and the Sixties.* London ³2008, 191.

[88] Ebd.

beiden Versionen von *Voodoo Child* auf seiner 1968 erschienenen, dritten LP, *Electric Ladyland*, erklingen lässt, liefert die in gewisser Weise bis heutige gültige Grammatik und Semantik für die Kunst des elektrisch verstärkten Gitarrenspiels.[89] Es mag schon sein, dass in Hendrix' erhaben anmutendem Sound jenes breitbeinige Muckertum der rockistischen Epigonenlegionen nach ihm schon angelegt ist. Die New Wave sollte sich ja auch nicht von ungefähr mit ihrem spezifischen, bewusst höhenlastigen, in der Regel auf Solos verzichtenden Quengeldengelgitarren-Sound seit dem letzten Drittel der 1970er Jahre unter anderem daran abarbeiten, diesen Klang wieder zurückzunehmen. Aber auch in Hendrix' Performance selbst liegt schon die fiese Frische des selbstbewussten Anfangs. Wie rasant sich Singularisierung, Überbietungsgestus und Selbstbezüglichkeit der ästhetischen Popakteure in dieser Phase beschleunigen, zeigt sich symptomatisch an einem seiner Konzertauftritte auf dem Höhepunkt des ‚Summer of Love': Als er mit seiner Band am 4. Juni 1967 vor den Augen der im Publikum anwesenden Beatles im Londoner Saville Theatre die Bühne betritt, eröffnet er sein Programm mit einem Song, der erst drei Tage zuvor das Licht der musikhörenden Öffentlichkeit erblickt hat: dem Titelsong des *Sgt. Pepper's*-Album. Das mag man – wie etwa Paul McCartney – auch als Hommage an die Beatles verstehen; es ist zugleich aber auch, in der rasanten Aneignung des neuen und fremden Materials, eine Geste der Überbietung. Nicht von ungefähr hatte Hendrix die Darbietung mit dem Ausruf „Watch out for your ears" eingeleitet.[90] Er wird damit nicht nur die Lautstärke gemeint haben.

Auch in den USA werden, jenseits von Zappa, die Grenzen der Popmusik an der West- wie an der Ostküste nachhaltig auf die Probe gestellt. Während die Doors in ihren besten Momenten – wie auf dem elfminütigen *The End*,[91] das ihre selbstbetitelte Debüt-LP beschließt – mit dionysischem Aplomb den Popsong in ein apokalyptisch dräuendes, ödipal grundiertes Epos transformieren, entgrenzen die Grateful Dead ihn (in ihren besten Momenten) auf den Schwingen von Jerry Garcias apollinischen Gitarrensoli zu knapp oder mehr als zwanzigminütigen, vom Jazz inspirierten, luziden Kollektivimprovisationen. Einer ihrer *signature tracks* mag *Dark Star* heißen, er kündet indes in seinem lässigen, in improvisatorischen Schleifen sich steigernden Tripstertum von einem lichten, psychedelisch gestimmten und entgrenzten Hippie-Spirit. Gerade von einem solchen will man, gleichzeitig an der Ost-

---

[89] *Voodoo Chile* beschließt in einer knapp fünfzehnminütigen Jam-Version (mit Steve Winwood an der Orgel) die A-Seite und als stärker strukturierte, fünfminütige ‚Kurz'-Version – *Voodoo Child (slight return)* – die D-Seite des Doppelalbums. Die letztere Version wird Hendrix' Plattenfirma anlässlich seines Todes 1970 als Single veröffentlichen (The Jimi Hendrix Experience: *Electric Ladyland*. Polydor 1968). Beide Versionen sind essentiell. Absolut.

[90] Frieder von Ammon: Nie wieder Surfmusik. Jimi Hendrix: Are You Experienced. In: Kaiser/Jürgensen/Weixler (Hg.): *Younger*, 70–87, hier 72.

[91] The Doors: The End. Auf: *The Doors*. Elektra 1967.

küste, eher nichts wissen. Zumindest Lou Reed in New York nicht: „I don't make records for fucking flower children",[92] so seine apodiktische Absage. Und das ist ganz gewiss nicht gelogen. Aber, auch in New York arbeiten The Velvet Underground, wenn auch in anderer Weise als die Konkurrenz an der Westküste, seit 1966 konsequent an der Verschiebung ästhetischer Grenzen: an ihrem ganz eigenen, zunächst von Andy Warhol begleiteten Projekt einer primitivistischen Publikumsüberwältigung und -verstörung. Die Band legt, sich selbst und das zunächst wenig beachtete Bananenalbum noch einmal an publikumsverachtender Radikalität überbietend, Ende des Jahres 1968 mit *White Light/White Heat* eine zweite LP nach, die vor allem mit der siebzehnminütigen Lärmoffensive *Sister Ray*[93] alle bisher gültigen Grenzen des im Pop Zumutbaren ebenso souverän wie aggressiv überschreitet: „Our aim was to upset people, make them feel uncomfortable, make them vomit",[94] so formuliert es der klassisch ausgebildete Keyboarder und Bratschist der Band, John Cale. Und tatsächlich hat man beim Hören den Eindruck, dass Lou Reed an der Gitarre und Cale an der Orgel in diesem auf großartige Weise furchteinflößenden Stück Proto-Industrial, das sich wie ein giftiger Lavastrom voran bewegt, mehr gegen- als miteinanderspielen.

Mit dem ‚Sommer der Liebe' haben The Velvet Underground jedenfalls erkennbar nichts am Hut. Aber der – darin muss man Joe Boyd zustimmen – ist ohnehin schnell wieder vorbei. Die Welt außerhalb des kurzzeitigen, Lysergsäure-geschwängerten London-Berkeley-Utopias scheint zudem insgesamt wenig gestimmt, mit Blumen im Haar ins Zeitalter des Wassermanns einzutreten: Der Krieg in Vietnam eskaliert weiter, 1968 werden Martin Luther King und Robert Kennedy erschossen, die sowjetische Armee beendet gewaltsam den „Prager Frühling", Richard Nixon eröffnet 1969 seine dunkle Präsidentschaftsperiode und auch Charles Manson und seine mörderische Hippie-Kommune sind nur noch „a shot away". Und auch für die Geschichte der Popmusik gilt: Die Avantgarden und ihre Experimente altern schlecht. Sie erzeugen bisweilen noch irrlichternde Solitäre, institutionalisieren und normalisieren sich in der Regel jedoch in eigenen, nach gewissen Regeln funktionierenden Genres. Beides, Solitarisierung und Genrefizierung, geschieht allerdings gegen Ende des Jahrzehnts, 1969, noch einmal in solch beispielhafter und spektakulärer Weise, dass hier unbedingt die Rede davon sein muss. Im Umfeld der Mondlandung vom 21. Juli 1969 (so viel menschheitsgeschichtliches Tremolo muss sein), deren BBC-Übertragung musikalisch u. a. von Pink Floyd untermalt werden, erscheinen bzw. entstehen zwei Alben, die den Experimentalismus im Pop noch einmal und vielleicht zum

---

[92] Zit. nach Nick Johnstone: *Lou Reed. In His Own Words*. London 2005, 66.

[93] The Velvet Underground: Sister Ray. Auf: *White Light/White Heat*. Verve 1968. Wiederum produziert vom scheinbar allgegenwärtigen Geist des Experimentalismus, Tom Wilson.

[94] Zit. nach DeRogatis: *The Velvet*, 5.

letzten Mal auf ganz unterschiedliche Weise in andere Umlaufbahnen katapultieren. Zum einen veröffentlichen Captain Beefheart & His Magic Band Mitte Juni 1969 in den USA die Doppel-LP *Trout Mask Replica*, ein Album, das, wie es der Beefheart-Biograph Kevin Courrier treffend formuliert, „could just as easily have come from Mars."[95] Doch dazu später.

Zum anderen: Am 5. Juli des gleichen Jahres findet im Londoner Hyde Park ein gewaltiges *free concert event* mit den Rolling Stones als Hauptact statt. Ungeplant wird dieses Konzert zugleich zu einer Massengedenkfeier für den zwei Tage zuvor in seinem Pool ertrunkenen Ex-Gitarristen der Band, Brian Jones. Mick Jagger wird vor dem Beginn des Stones-Konzertes Verse aus Percy Shelleys Gedicht *Adonaïs* rezitieren, das dieser seinem verstorbenen Dichter-Kollegen John Keats gewidmet hatte, bevor tausend weiße Schmetterlinge aus Kartons freigelassen werden und über den Köpfen der Zuschauer davon schweben.[96] Zuvor schon allerdings konnten die Zuschauer, mindestens eine Viertelmillion Menschen waren gekommen,[97] ebenso erstaunt wie begeistert, einer Freisetzung ganz anderer Art beiwohnen. Fünf „[e]nglish eccentrics"[98] rund um einen Gitarristen, der sein Instrument auf einem Stuhl sitzend spielt, präsentieren eine, nein: ihre neue Erfindung: King Crimson – so der „auch eine gewisse Arroganz und Überheblichkeit"[99] insinuierende Name der Band um den Komponisten und Gitarristen Robert Fripp – eröffnen ihren vierzigminütigen Auftritt (einen ihrer ersten überhaupt) mit einer brachialen[100] Version von *21st Century Schizoid Man*, jenes Tracks mithin, der dann in einer länger als siebenminütigen Version auch am Beginn ihres im Oktober des Jahres erscheinenden Debütalbums, *In The Court Of The Crimson King*, zu hören sein sollte.[101] Das Publikum im Hyde Park jedenfalls wohnt der Geburt des Progressive Rock bei. King Crimson präsentieren mit *21st Century Schizoid Man* dessen in Variationen bis heute gültige Formel und Blaupause. Die vom Texter der Band, Peter Sinfield, geschriebenen Lyrics mögen noch kritisch jene Gewalterfahrungen der Gegenwart im Allgemeinen, wie die des Vietnam-Krieges im Besonderen

---

[95] Courrier: *Trout Mask*, 144.

[96] Zu sehen auf The Rolling Stones: THE STONES IN THE PARK [1969]. Blackhill Pictures 2021.

[97] In sämtlichen Quellen schwanken die Angaben zwischen 250.000 und 500.000 Zuschauern.

[98] Als „[e]nglish eccentrics but very stylized" charakterisiert July Dyble, erste Sängerin von Fairport Convention, die Gruppe. „It felt like they could have stepped out of the pages of *Country Life*." (zit. nach Mike Barnes: *A New Day Yesterday. UK Progressive Rock & The 70s*. London 2024, 48).

[99] So der Mitbegründer und Texter der Band, Peter Sinfield (zit. nach David Weigel: *Progressive Rock. Pomp, Bombast und Tausend Takte*. Höfen 2018, 58).

[100] David Weigel spricht von einem „Klangbild, das einer geballten Faust glich." (ebd., 63) Die Tonaufnahmen des Konzertes (King Crimson: *Live in Hyde Park*. Discipline Global Mobile 2002) wie auch das Filmmaterial, das lediglich den Konzertauftakt dokumentiert (*King Crimson - 21st Century Schizoid Man [Live at Hyde Park 1969]* auf youtube.com/watch?v=MM_G0IRLEx4 [21.03.25]), bestätigen diesen Eindruck.

[101] King Crimson: 21st Century Schizoid Man. Auf: *In the Court of the Crimson King. An Observation by King Crimson* [1969]. Universal Music 2019.

zum Thema machen: „Politicians' funeral pyre / Innocents raped with napalm fire", heißt es etwa in der zweiten Strophe des Songs. Die eigentliche Gewalt- und Überwältigungserfahrung geht indes von der Musik selbst aus. Sie spricht, die politische Botschaft des Songs marginalisierend, in jeder Hinsicht die Sprache autonomer Kunst. Gleich die Eröffnungssequenz mit ihrem dräuenden, zwei-akkordigen Proto-Sabbath-Riff erzeugt, wie ein Kritiker des *Melody Maker's* konstatiert, „an almost overpowering atmosphere of power and evil."[102] Diese Stimmung grundiert den gesamten Track von Fripps Stakkato-Akkorden und Greg Lakes mehr herausgebellten als gesungenen (und auf der Studioaufnahme verzerrten) Lyrics angefangen, über den wie in einem bösartigen Bebop swingenden Zwischenteil, der in einer Hochgeschwindigkeits-Unisono-Passage im 6/8-Takt mündet bis schließlich zum kakophonischen Finale. King Crimson machen hier – „to the silent, but significant, reaction of jaws dropping en masse"[103] – keine Gefangenen. Nick Kent bringt es später im *New Musical Express* auf den Punkt: „They blew the Rolling Stones off the stage. King Crimson came on and they were just fucking amazing. They were seriously good at what they did."[104] Die Stones ließen zwar die Schmetterlinge tanzen, King Crimson indes stachen wie eine Biene. Nicht zuletzt das virtuose Zusammenspiel zwischen Ian McDonalds Saxofon, Greg Lakes Bass und – vor allem – dem ungemein versatilen, virtuosen und präzisen Schlagzeug von Michael Giles lassen keinerlei Zweifel daran aufkommen, dass hier gerade Kunst gemacht wird.[105] „We were just exploring", so Giles, „and finding out what could be done that was different from what everybody else was doing."[106] Von diesem entschiedenen Gestus einer kunstanzeigenden Distinktion ist dann auch das im Herbst des gleichen Jahres erscheinende, im dritten Anlauf selbst produzierte Debütalbum, „arguably the first prog rock record",[107] durchgängig geprägt: Das nachmals berühmte, von Barry Godber gezeichnete Cover zeigt das vor Furcht verzerrte Gesicht eines Mannes mit weit aufgerissenen Augen und Mund und erinnert an Edvard Munchs *Der Schrei*; der Untertitel des Albums (*An Observation by King Crimson*) indiziert intellektuelle Distanz; und den Gesamtspirit der

---

[102] Zit. nach Mike Barnes: *A New*, 51.

[103] Zit. nach ebd., 52.

[104] Zit. nach ebd., 46.

[105] Während der Sattelzeit lässt sich im popmusikalischen Bereich, neben dem Aufschwung der E-Gitarre und (später) des Synthesizers, auch eine signifikante Aufwertung der einst lediglich als rhythmische ‚Wasserträger' fungierenden Bass- und Schlagzeugfraktion beobachten. Man denke etwa an Bassisten wie Jack Bruce (Cream), John Entwistle (The Who) oder John Paul Jones (Led Zeppelin) oder an das ebenso innovative wie verhaltensoriginelle Triumvirat des britischen Rockschlagzeugs aus Ginger Baker, Keith Moon und John Bonham. Von Robert Wyatt und Bill Bruford dann ganz zu schweigen. Zum (geräte-)technischen Ermöglichungszusammenhang einer solchen „Emanzipation von Bass und Schlagzeug" siehe Tobi Müller: *Play*, 43.

[106] Zit. nach Barnes: *A New*, 45.

[107] Charles Snider: *The Strawberry Bricks Guide to Progressive Rock*. o.O. ³2020, 79.

fünf Tracks des Albums – neben *Schizoid Man* eine kunstliedhafte Ballade mit virtuosem Querflötensolo (*I Talk to the Wind*), zwei vom Sound des späteren Prog Rock-Signature-Instruments, dem Mellotron, getragenen epischen Balladen (*Epitaph* und *In the Court of the Crimson King*) und einer zwölfminütigen, frei hingetupften Klang-Improvisation (*Moonchild*) – fasst Robert Fripp angemessen so zusammen: „something else was going on."[108] Angesichts so viel bildungsbürgerlicher Kunstemphase überrascht es dann auch nicht mehr, wenn Fripp die Entstehung des Albums in *poeta vates*-Motive einkleidet, indem er die Band gleichsam als Mundstück eines transzendenteren Zusammenhangs inszeniert: „So, something like the young players in 1969 didn't come together and form a band in order to make *In The Court* [...]; *In The Court* [...] reached back and pulled those young players towards it in order that it could be made."[109] Die bildungsbürgerliche Semantik ist durchaus bezeichnend, teilen Fripp und seine Bandmitglieder doch jene in ökonomischer wie bildungsbezogener Hinsicht hintergrunderfüllten Mittelklasse-Mentalität, der die meisten fast ausschließlich männlichen Akteure des Progressive Rock kennzeichnet.[110]

Ihr Durchbruchskonzert im Hyde-Park beenden King Crimson mit einer vom Mellotron dominierten, repetitiven Version von Gustav Holsts *Mars, The Bringer of War* aus dessen *Planets Suite*. Das dissonante Chaos, in das die Band sich am Ende hineinspielt, wird untermalt vom Sound von Luftschutzsirenen, die von einem Band eingespielt werden. Welch eine treffende Schlussgeste für die Mischung aus bildungsbürgerlicher Kunstsinnigkeit und untergründiger Gewaltaffinität, die die Ästhetik King Crimsons kennzeichnet.

Aber nicht nur King Crimson schlagen in diesen Tagen Alarm. Alarmierendes scheint auch in einem alten Holzhaus am Encenada Drive in den Santa Monica Mountains in Südkalifornien vor sich zu gehen. „What's he building in there?",[111] heißt es in einem düster-paranoischen Song des Beefheart-Epigonen Tom Waits. Eben dies mag sich auch die lärmempfindliche Nachbarin - was wäre die Geschichte der Popmusik ohne lärmempfindliche Nachbarn! - gefragt haben, die regelmäßig die Polizei bemüht, weil aus eben diesem Haus seit dem Spätherbst 1968 über Monate hinweg die verstörendsten Klänge

---

[108] Zit. nach Barnes: *A New*, 50.

[109] Zit. nach ebd., 49–50.

[110] Aufschlussreich dazu ist die generationsbezogene Statistik bei Snider: *The Strawberry*, 16. Zum ökonomischen Hintergrund als Bedingung der Möglichkeit für die Kreativitätsexplosion in der Sattelzeit wiederum klug Joe Boyd: „The atmosphere in which music flourished then had a lot to do with economics. It was a time of unprecedented prosperity [...] In the sixties, we had surpluses of both money and time [...] The economics of the Sixties cut us a lot of slack, leaving time to travel, take drugs, write songs and rethink the universe." (Boyd: *White*, 267).

[111] „What's he building in there? / What the hell is he building in there? / He has subscriptions to those magazines / He never waves when he goes by / He's hiding something from the rest of us." (Tom Waits: What's he building. Auf: *Mule Variations*. Epitaph 1999).

herüberschallen. Man kann die Nachbarin verstehen. Denn in der Tat wird sie Zeugin der Entstehung von Sound-Skulpturen, die so befremdlich und jedweden unmittelbaren Zugang abweisend sind wie Kubricks schwarzer, von Primaten umtanzter Monolith in dessen *Space Odyssey*. Hier nämlich probt Don Vliet (so der bürgerliche Name Captain Beefhearts[112]) mit seiner runderneuerten Magic Band für die Aufnahmen eines Albums, das sein alter Jugendfreund Frank Zappa produzieren und unter dem Titel *Trout Mask Replica*[113] auf seinem eigenen Label Straight Records veröffentlichen sollte. „Straight" allerdings war an den 28 Tracks dieses Albums gar nichts: Man hört Delta-Blues-Versatzstücke, gespielt in scharfkantigen Gitarrensounds, polytonalen und -rhythmischen Free Jazz im Geiste Ornette Colemans und Roland Kirks, einmontierte Gesprächsfetzen und Geräusche[114] sowie expressionistische und dadaistische Lyrics, die Beefheart mit einer stimmlichen Intensität performt, die sogar sein Blues-Vorbild Howlin' Wolf lammfromm erscheinen lässt. In dieser Mischung brechen die Songs von *Trout Mask Replica*, den Mitsingfaktor der Popmoderne radikal wieder streichend, mit allen Konventionen der bisherigen (und späteren) Popmusik. Das Album, das, so der Magic-Band-Gitarrist Bill Harkleroad, klingt wie „Jackson Pollock trying to play like John Lee Hooker",[115] stellt radikal die Frage neu, was eigentlich (noch) Popmusik ist. In jeder Hinsicht angelegt wie ein Experiment, das auf allen Ebenen – von seiner Entstehung über seine musikalische und textliche Gestaltung bis hin zu seiner Produktion – auf die Entautomatisierung üblicher Hörgewohnheiten zielt, gleicht schon der neunmonatige Probeprozess einer experimentellen Laborsituation: Die aus überwiegend jungen Musikern rekrutierte Magic Band lebt mit Vliet in zwei Zimmern des Hauses (er in einem, der Rest der Band in dem anderen) und werden von ihrem Anführer zunächst mit neuen Phantasienamen versehen: Aus dem Gitarristen Bill Harkleroad wird Zoot Horn Rollo, Jeff Cotton, ebenfalls Gitarrist, mutiert zu Antennae Jimmy Semens, Beefhearts Cousin, der an der Bassklarinette debütiert, wird The Mascara Snake getauft, der Bassist Mark Boston wird zu Rockette Morton und aus John French wird Drumbo. Der trägt zwar den prosaischsten Moniker, hat aber die herausfordernde Aufgabe, das Summen, Singen und Klavierimprovisieren des notenunkundigen, intuitiv ,komponierenden' Bandleaders aufzunehmen, in ,Partituren' zu übersetzen und dem Rest der Band beizubringen. Bei kargster Verpflegung (Sojabohnen!), mit Schlafentzug (die Proben ziehen sich bisweilen bis zu vierzehn Stunden) und

---

[112] Aus purer Angeberei hat er sich dann noch ein aus der Luft gegriffenes „Van" vor den Nachnamen gesetzt.

[113] Alle Songs des Albums im Folgenden zit. nach Captain Beefheart & His Magic Band: *Trout Mask Replica*. Straight 1969.

[114] Bei der A-cappella-Rezitation *The Dust Blows Forward 'n the Dust Blows Back* ist etwa immer wieder das Klicken der Aufnahmetaste des Kassettenrecorders hörbar. Der Produktionsprozess selbst findet somit – wie es sich für ein modernes Kunstwerk gehört – hörbaren Eingang in die Werkästhetik.

[115] Courrier: *Trout Mask*, 17.

psychologischen Manipulationstricks schafft Vliet eine gleichsam sektenartig anmutende Produktionsatmosphäre.[116] Unter diesen tyrannischen Bedingungen soll allerdings, so die dunkle Dialektik des Prozesses, ein Höchstmaß an ästhetischer Freiheit entstehen. Das gilt zunächst für die Befreiung des Songs aus dem Korsett melodischer und harmonischer Erwartungen: „People like to hear music in tune because they hear it in tune all the time", so Beefheart in einem Interview. „I tried to break that all down on *Trout Mask Replica*."[117] Alle Instrumente spielen, darin an Ornette Colemans *Free Jazz*-Experiment von 1960 erinnernd, im polytonalen Klangkosmos des Albums eine gleichberechtigte Rolle, weshalb Harkleroad es auch als „the most democratic record ever made" bezeichnet.[118] Rhythmische Restriktionen gibt es keine. Auch textlich scheint es keine Grenzen zu geben: Das Themenspektrum reicht von der inbrünstig vorgetragenen Programmatik des Openers *Frownland*, der von der nonkonformistischen Verabschiedung des Althergebrachten kündet („My smile is stuck / I cannot go back t' yer Frownland"), über den apokalyptischen Gospel des *Dachau Blues*, dionysische Naturbeschwörungen (*Moonlight on Vermont*), sexuelle Anzüglichkeiten und zappaeske Zotigkeiten (*Hair Pie: Bake 1* und *2*), dadaistische Sprachzertrümmerungen im Stile Hugo Balls mit erotischen Untertönen (*Neon Meate Dream of a Octafish*) bis hin zu Reflektionen über das komplexe Verhältnis zwischen Mensch und Natur (*Ant Man Bee*). Von Zappa wird das Ganze schließlich in bewusst inszenierter Lo-Fi-Ästhetik produziert. Einige Songs nimmt er gleich vor Ort auf, seiner Maxime folgend, das Album „as an anthropological field recording"[119] anzugehen. Die meisten Tracks werden dann aber – wenn nicht, wie *The Blimp*, per Telefon aufgenommen – im Studio innerhalb einer einzigen Doppelsitzung von der durch ihre monatelangen Proben bestens vorbereiteten Band eingespielt. Das von Cal Schenkel gestaltete, unheimliche Cover des Albums zeigt Beefheart in einem *head and shoulder close-up*, das Gesicht hinter einer Fischmaske (es handelt sich dabei um den Kopf einer echten Forelle[120]) verborgen, die an das Gesicht gelegte Hand wie zu einem Ruf oder einem Gruß geöffnet. Als riefe oder grüße er zu uns allen, die das Album im von ihm nunmehr verlassenen ‚Frownland' hören sollten, hinüber. Als grüße er hinüber mit seiner von ihm selbst so bezeichneten „music from the other side of the fence."[121]

---

[116] Ry Cooder, der kurzzeitig Mitglied der Magic Band war, sie dann aber noch vor den Proben zu *Trout* rasch wieder verlässt, sieht es so: „He's a Nazi. It makes you feel like Anne Frank to be around him." (Zit. nach ebd., 55).

[117] Zit. nach ebd., 16.

[118] Zit. nach ebd., 38.

[119] Zit. nach ebd., 94.

[120] Siehe Courrier: *Trout Mask*, 7.

[121] Ebd., 8.

Dieser Ruf einer völlig freien Anti-Popmusik wird zwar bis heute immer wieder wohlwollend vernommen: Die Armada der *Trout Mask*-Aficionados reicht von Lester Bangs, Matt Groening (dem Erfinder der *Simpsons*), David Lynch, über Joe Strummer, Mark Mothersbaugh von Devo bis zu PJ Harvey und Tom Waits.[122] Aber nicht wenigen geht es mit dem Album wie dem *Rolling Stone*-Kritiker Ed Ward beim ersten Hören: „When I first heard *Trout Mask Replica*, I about puked [...] What *is* this shit, I thought."[123] Nun, wirkliche Kunst, wie Susan Sontag weiß, macht uns nervös. Beefhearts Mars-Musik wird ein bedeutender Solitär bleiben. In ihrer ultimativen Singularität konnte sie indes – anders als King Crimsons Vorstoß an die Grenzen der Popmusik – keine genrebildende Wirkung entfalten. Aber auch der im Gefolge von Crimsons Formel ökonomisch durchaus florierende Progressive Rock rund um Bands wie Yes, Genesis, Henry Cow, Gentle Giant, Van der Graaf Generator, zeigt nach einer halben Dekade ernsthafte, ästhetische Ermüdungs- oder Überspanntheitssymptome. Die ‚Songs' werden immer öfter so lang wie eine Fußballhalbzeit, aber es fehlt ihnen auch immer öfter der für Popmusik unerlässliche Zug zum Tor. Nehmen wir etwa Yes' 1973 erschienenes Doppelalbum *Tales from Topographic Oceans*.[124] Sänger und Komponist Jon Anderson beschreibt im Paratext des Albums die Initialinspiration für die vier jeweils LP-Seiten-füllenden Tracks: In einer Fußnote auf Seite 83 von Paramhansa Yoganandas *Autobiography of a Yogi* habe er die Beschreibung der „four part shastric scriptures" entdeckt, „which cover all aspects of religion and social life as well as fields like medicine and music, art and architecture." Das ist nicht wenig. Aber mehr noch: Dergestalt habe er das lange gesuchte „theme for a large scale composition"[125] – eben das vorgelegte Album – gefunden. Groß gedacht. Und für die *beati cognoscendi* einer eingefleischten Yes-Anhängerschaft vielleicht sogar das Größte. Für die uneingeweihte Mehrheit aber doch das ermüdende, achtzigminütige Auswalzen einer einst erfrischenden (und auch von der Band selbst mitunter virtuos und energetisch umgesetzten[126]) Formel. Selbst Charles Snider stellt in seiner ‚Bibel' des Progressive Rock zur Debatte, ob dieses Album „the mother lode or motherf&#ker of all prog rock albums"[127] sei. Ebenfalls Ende 1973 erscheint das Album *Mëkanïk Dëstruktïẁ Kömmandöh*[128] der französischen,

---

[122] Siehe ebd., 128–138.

[123] Zit. nach ebd., 130.

[124] Yes: *Tales from Topographic Oceans*. Warner 1973.

[125] So auf dem Innen-Cover von Yes: *Tales from Topographic Oceans*. Dass Doppelalben mit vier plattenseitenlangen Stücken nicht notwendigerweise scheitern müssen, ist nachzuhören auf dem formidablen, dritten Album von Soft Machine (Soft Machine: *Third*. CBS 1970).

[126] Man höre nur das ebenso wunderschöne wie Respekt gebietende Zusammenspiel der Band auf Tracks wie *Heart of the Sunrise* (Yes: Heart of the Sunrise. Auf: *Fragile*. Atlantic 1971).

[127] Snider: *The Strawberry*, 259.

[128] Magma: *Mëkanïk Dëstruktïẁ Kömmandöh* [1973]. Seventh 2017.

vom Drummer und Komponisten Christian Vander geleiteten Band Magma. Das Album erzählt die Geschichte des apokalyptischen Propheten Nebëhr Gudahtt, „moved and inspired by The Spirit Of The Universe, in its infinite wisdom",[129] vom Planeten Kobaïa und ist komplett in der (natürlich erfundenen) Kunstsprache dieses Planeten, eben in Kobaïanisch, gehalten. Man mag das originell finden (*Kreühn Köhrmahn Ïss Dë Hündïn* lautet etwa der Titel des Schluss-Tracks; well...), aber es zeugt natürlich auch von einem Gestus dezidiert sektiererischer Zugänglichkeitsverweigerung. Musikalisch absolviert die Band eine atemlose Tour de Force aus rhythmisch vertracktesten, jazz-nahen Schlagzeug-Bass- und Keyboard-Interaktionen, über die an Strawinsky und Orff gemahnende Bläser- und Chor-Passagen sich bis zur Hysterie empor-schaukeln. Das alles hat in seiner Intensität, seiner Wucht und seinem spät-coltraneeskem, spirituellem Furor freilich ein beeindruckendes Über-wältigungspotential, lässt jedoch nicht wenige Hörende angesichts der os-tentativ ausgestellten, esoterischen *difficult listening*-Ästhetik erschöpft und ratlos zurück. Möglicherweise hat mit den beiden letztgenannten Alben das experimentelle Zerstörungskommando, das seit 1965 unterwegs ist, um die Grenzen der Popmusik neu zu erkunden und zu vermessen, den vorläufigen Außenposten seiner ästhetischen Mission erreicht. „Zeuhl!"[130] mögen die einen, die Flagge in den Boden rammend, in kobaïanischer Zunge ausrufen. Andere wohl eher: „Ground Control to Major Tom..."

People Get Ready! Pop, Politik und Introspektion

Am Sonntagnachmittag des 6. September 1970 brennt auf der Ostseeinsel Fehmarn die Hütte. Und das darf man durchaus wörtlich verstehen. Eigent-lich war das bereits seit drei Tagen laufende Festival, an dem Jimi Hendrix als Headliner mittags eher lustlos und routiniert den letzten Open-Air-Auftritt seines kurzen Lebens absolviert hatte, als „Love-and-Peace-Festival" ausge-flaggt worden. Aber es sollte – da halfen auch die von der Sex-Unterneh-merin Beate Uhse unter der 25.000-köpfigen Menge verteilten Kondome nichts – anders kommen: Das Wetter war miserabel, die hygienischen Be-gleitumstände deplorabel, die Stimmung durch eine Rockergruppe, die die Festivalleiter gezwungen hatte, sie als Ordner einzusetzen, gereizt und ge-waltträchtig.[131] Und zu allem Überfluss hatten sich die Veranstalter des Fes-tivals schon vor dem Ende der Veranstaltung mit der Kasse aus dem Staub gemacht. Wenig liebevoll und friedlich ist also die Gesamtstimmung, als am

---

[129] So auf dem Back-Cover von Magma: *Mëkanïk Dëstruktïẁ Kömmandöh.*

[130] Kobaïanisch für „himmlische Musik".

[131] Siehe Kai Sichtermann/Jens Johler/Christian Stahl: *Keine Macht für Niemand. Die Geschichte der Ton Steine Scherben.* Berlin 2000, 25–29.

Nachmittag dann die Berliner Agitrock-Gruppe Ton Steine Scherben (damals noch die Roten Steine) vor den noch verbliebenen knapp 4.000 Zuschauern ihr erstes Konzert gibt. Sie spielen, so erinnert sich 2016 der *Rolling Stone*, ihren kurze Zeit später als erste Single veröffentlichten Song „*Macht kaputt, was euch kaputt macht*, und die durch Dauerregen, Bierknappheit und Konzertabsagen mürbe gemachte Menge zündete die Bühne an."[132] Vielleicht war es am Ende doch nur – wie man in anderen Darstellungen lesen kann[133] – das Zentrum der Konzertveranstalter, das in Brand gesetzt wurde, aber die popgeschichtliche Erzählwürdigkeit dieses ‚Burning Down The House' wird dadurch kaum beeinträchtigt. Sie resultiert aus jener legendenstiftenden Schlüssigkeit, die wiederum von einer in seltenen Fällen dergestalt offensichtlichen, performativen Selbstbestätigung getragen wird: Scheint doch das Publikum auf Fehmarn genau jenes antikapitalistische Handlungsschema in die Tat umzusetzen, das der Song *Macht kaputt* einfordert: „Radios laufen / Platten laufen / Filme laufen / TVs laufen / Reisen kaufen / Autos kaufen / Häuser kaufen / Möbel kaufen / wofür? / MACHT KAPUTT, WAS EUCH KAPUTT MACHT!"[134] Man kann hier sozusagen der (Pop-)Kunst dabei zusehen und -hören, wie sie – ein alter Intellektuellentraum – unmittelbar ins Leben umschlägt. Zwischen Zeichen und Referenz passt kein Blatt Papier mehr: Die Berliner Band um Rio Reiser mit dem narrativ-agitatorischen Namen[135] singt sozusagen jene befreiende Zerstörung herbei, die dann sogleich vom Publikum verwirklicht wird. Mehr Agitrock geht nicht. Über ihr künstlerisches Selbstverständnis wird die Band Ende des Jahres in einer „Musik ist eine Waffe!" betitelten, programmatischen Selbstdarstellung, die in der Untergrundzeitung *Agit 883* abgedruckt wird, Auskunft gegeben:

> Wenn du mit deinen Texten etwas sagst und eine Situation nennst, die zwar alle kennen, die aber jeder vereinzelt in sich hineingefressen hat, dann werden alle hören, daß sie nicht die einzigen sind, die damit noch nicht fertig geworden sind, und du kannst ihnen eine Möglichkeit zur Veränderung zeigen. [...] Wir brauchen keine Ästhetik; unsere Ästhetik ist die politische Effektivität. Unser Publikum ist der Maßstab und nicht irgendwelche ausgeflippten

---

[132] Sebastian Zabel: König und Anarchist. In: *Rolling Stone*, August 2016, 13.

[133] So etwa zu lesen im Wikipedia-Eintrag zum Festival: de.wikipedia.org/wiki/Love-and-Peace-Festival (28.03.2025).

[134] Ton Steine Scherben: Macht kaputt was euch kaputt macht. Auf: *Warum geht es mir so dreckig*. David Volksmund Produktion 1971.

[135] Narrativ wird er, wenn man ihn als schlagwortartige Verkürzung einer dreigliedrigen Erzählung liest, in der die Musik (der Ton) zur Handlung (dem Ergreifen von Steinen) agitiert, die dann wiederum zur (heilsamen) Zerstörung (Scherben) führt.

Dichter. Von unserem Publikum haben wir gelernt, Lieder zu machen, nur von ihnen können wir in Zukunft lernen, Lieder für das Volk zu schreiben.[136]

Von der auf Fehmarn epiphanisch aufscheinenden, gesellschaftlichen Wirkmächtigkeit einer politisierten Popmusik ist man um 1970 auch jenseits des Atlantiks noch ziemlich überzeugt. „We can change the world / Rearrange the world", heißt es etwa in Graham Nashs 1971 veröffentlichtem Song *Chicago,*[137] der an die gewaltsame und blutige Niederschlagung der Anti-Vietnamkrieg-Proteste während der Democratic National Convention im August 1968 erinnert und der sich zugleich auf das anschließende Gerichtsverfahren gegen einige der zunächst verprügelten und dann inhaftierten Aktivisten bezieht. Gegen die 10.000 Protestierenden hatten die Ordnungshüter in Chicago immerhin 23.000 Polizisten und Angehörige der National Guard in Stellung gebracht. In der Tat: „There was a riot going on" im Jahr 1968. Was man damals vielleicht tatsächlich noch glaubte, hoffen zu dürfen: nämlich, dass wenn nur genug Gleichgesinnte an den Ort des geschehenen Unrechts kämen – „won't you please come to Chicago" – und laut genug miteinander gegen das Unrecht ansängen („just to sing"), dann könne die Welt eine andere, bessere werden; eine solche Hoffnung mag im zynisch eingedunkelten und abgeklärten Rückblick aus der heutigen Gegenwart als rettungslos naiv erscheinen. Und vielleicht sollte ja – wir stellen uns bei diesem Satz Helmut Schmidt beidhändig rauchend vor – wer Visionen hat, tatsächlich zum Arzt gehen. Da aber Zynismus, andererseits, die selbst wiederum ein wenig fantasie- und denkfaule Haltung derjenigen ist, die mit ihren dunklen Diagnosen über den Zustand der Welt immer schon Recht behalten haben werden, wenn sie nur lange genug abwarten, lohnt sich ein Blick auf die Politisierung der Lyrics und das mit ihr einhergehende Protest*potential*. Beide Aspekte, Politisierung wie Protest, prägen nämlich die Popmusik der Sattelzeit auf der Ebene der Texte wie auf der des künstlerischen Ethos ebenso nachhaltig wie der Experimentalismus sie in musikalischer Hinsicht formt. Tatsächlich lässt sich die Entwicklung der Popmusik spätestens seit Mitte der 1960er Jahre auch hören, sehen und lesen als die Geschichte eines anschwellenden Bockigkeitsgesanges, in dem mit großer öffentlicher Resonanz und Vorbildwirkung Strategien und Verhaltenslehren des Trotzes, der Verweigerung und des Protestes eingeübt und in Umlauf gebracht werden. Ein wenig zugespitzt könnte

---

[136] Zit. nach Sichtermann/Johler/Stahl: *Keine Macht,* 53–54. Reiser selbst hat dieses Manifest später als „[e]ine Sache [...] von unschätzbarem Promotion-Wert" bezeichnet (Rio Reiser: *König von Deutschland. Erinnerungen an TON STEINE SCHERBEN und mehr.* Köln 2016, 215). Und es ist ein großes Glück für die Geschichte der Künste im Allgemeinen, dass sich ihre Akteure nicht immer allzu sklavisch an die eigenen programmatischen Vorgaben halten. Das gilt, im Besonderen, auch für das Schaffen der Scherben, das weitaus differenzierter und vielgestaltiger ist, als es das zitierte Manifest befürchten lässt.

[137] Graham Nash: *Chicago.* Atlantic 1971. In einer enthusiastisch beklatschten Live-Version vom Juni 1970 auch zu hören auf Crosby, Stills, Nash & Young: *4 Way Street.* Atlantic 1973.

man sagen: Popmusik stellt den Protest auf Dauer. Die Adressaten dieser jugendkulturellen Protest-Kommunikation sind zunächst allgemeinerer Natur: Sie reichen, wie in *My Generation* von The Who, von der Elterngeneration überhaupt[138] über die von der kapitalistischen Werbeindustrie erzeugten Illusionen und Befriedigungsrituale eben dieser älteren Generation, von deren Unzulänglichkeit etwa in *Satisfaction* von den Rolling Stones die Rede ist,[139] bis hin zur nietzscheanisch inspirierten Absage an jedwedes transzendente Obdach bei den Doors: „Cancel my subscription to the resurrection", heißt es in deren 1967 veröffentlichtem Song *When The Music's Over.*[140] So klingt das „Bedecke deinen Himmel, Zeus" des Popzeitalters.

Man mag dergleichen als vorübergehende Gewolltheit, als Zugeständnisse weißer Mittelschicht-Kids an den politisierten Zeitgeist abtun. Und tatsächlich waren sich Mick Jagger wie auch John Lennon schon 1968 gar nicht mehr so sicher, ob sie wirklich Teil einer revolutionären Jugendbewegung sein wollten.[141] Oder man mag sich gleich in jenen erschreckend visionären, satirischen Ton flüchten, den Randy Newman in seinem 1972 veröffentlichten Song *Political Science* anschlägt. In unkommentierter Rollenprosa präsentiert Newman die bräsig-borniertе Weltsicht eines Nationalisten, der darüber raisonniert, wie Amerika wieder groß werden könne: „We give them money / but are they grateful? / No, they're spiteful and they're hateful / They don't respect us, so let's surprise them / We'll drop the big one and pulverize them. / Asia's crowded, Europe's too old / Africa is far too hot and Canada's too cold / And South America stole our name / Let's drop the big one, there'll be no one left to blame us."[142]

Doch nicht für alle ist die Politisierung des eigenen Schaffens als distanziertes Rollenspiel möglich. Dringlicher, authentischer und schließlich auch konkreter artikuliert sich der politische Protest dort, wo rassistische Ausgrenzung, Demütigung und Unterdrückung den Alltag bestimmen. Vor allem im Soul entwickelt sich seit Mitte der 1960er Jahre eine Schwarze Kunst

---

[138] „People try to put us down / just because we get around / Why don't you all fade away / I hope I die before I get old" (The Who: *My Generation*. Brunswick 1965). Siehe dazu den Beitrag von Albert Meier in diesem Band.

[139] „When I'm watchin' my tv and a man comes on and tells me / How white my shirts can be / But, he can't be a man 'cause he doesn't smoke / The same cigarettes as me / I can't get no satisfaction" (The Rolling Stones: *(I can't get no) Satisfaction*. Decca 1965).

[140] The Doors: When the Music's Over. Auf: *Strange Days*. Electra 1967.

[141] Ersterer räumt in *Street Fighting Man* resignativ ein: „Well, now, what can a poor boy do / Except to sing for a rock and roll band?" (The Rolling Stones: Street Fighting Man. Auf: *Beggars Banquet*. Decca 1968) Und auch Lennons Position ist durchaus zwiespältig. Auf dem Song *Revolution*, der die vierte Seite des „Weißen Albums" eröffnet, stellt er die Gretchenfrage der linksbewegten Jahrzehnte und seine Antwort ist alles andere als eindeutig: „If you're talkin' about destruction / don't you know that you can count me out", singt er zunächst, um dann sogleich noch ein „in" anzufügen.

[142] Randy Newman: Political Science. Auf: *Sail Away*. Reprise 1972. Das Rettende wächst in Newmans Satire freilich auch: „We'll save Australia", versichert der Erstschlagexperte, „Don't want to hurt no kangooroo / We'll build an all-American amusement park there / They got surfing too".

der politisierten Popmusik, die mit ihren expressiven Lyrics, aber auch in popmusikalischer Hinsicht neue Maßstäbe setzt. Während die großen, hymnischen, vor allem im Kontext der Bürgerrechtsbewegung rezipierten Songs wie Sam Cookes *A Change Is Gonna Come* (1964) oder das von Curtis Mayfield für die Impressions komponierte *People Get Ready* (1965)[143] ihre politischen Botschaften noch in allgemeinere, von der Gospel-Tradition inspirierte Textlandschaften gleichsam kassiberhaft einkleiden, entwickelt sich seit dem letzten Drittel der 1960er Jahre mit den Songs und Alben von Aretha Franklin, Gil Scott Heron, Marvin Gaye, Sly and The Family Stone,[144] Curtis Mayfield und Stevie Wonder eine textlich radikalere wie musikalisch facettenreiche Kunst der kritischen Gesellschaftsbeobachtung, die den Diskriminierungs- und Entfremdungserfahrungen der Schwarzen Bevölkerung wie, damit einhergehend, den „realities of urban life"[145] insgesamt Ausdruck verleiht. In den großen Soul-Alben der frühen 1970er Jahre amalgamieren experimentierfreudiger Verkunstungsanspruch, *pop appeal* und Politisierung in einzigartiger Weise. Isaac Hayes leitet auf seinem zweiten Album, *Hot Buttered Soul*,[146] das lediglich vier Kompositionen auf zwei Seiten verteilt, die radikale Überschreitung des radiotauglichen Single-Formats ein. Der epische Schluss-Track, ein repetitiv groovendes, atmosphärisch orchestriertes Remake von Jimmy Webbs *By The Time I Get To Phoenix*, sprengt nicht nur mit seiner mehr als achtzehnminütigen Spieldauer die genreüblichen Grenzen. Marvin Gaye legt 1971 mit *What's Going On* das erste Konzeptalbum des Soul vor. Gil Scott-Heron unterlegt im gleichen Jahr die „aggressive, no-nonsense street poetry"[147] seines medienkritischen, im Sprechgesang gehaltenen Langgedichtes *The Revolution Will Not Be Televised*, dem Eröffnungssong seines zweiten Albums *Pieces Of A Man*,[148] mit einer coolen Basslinie und noch cooleren, funkigen Drum-Patterns und liefert so gleichsam nebenbei die Blaupause für Generationen von Rappern und Hip-Hoppern.[149] Der Song geißelt – voller ironischer Anspielungen auf zeitgenössische (Werbe-)Slogans, Fernsehserien, Politiker und andere medienöffentlich präsente Akteure – die medien- wie drogeninduzierte Lethargie, in der die Schwarze Bevölkerung gehalten wird, um die Entwicklung eines politischen Bewusst-

---

143 The Impressions: *People Get Ready*. ABC-Paramount 1965.

144 Siehe zu Aretha Franklin, zu Sly and the Family Stone sowie zu Marvin Gaye die Beiträge von Anna Bers, Jörg Meili und Judith Preiß im vorliegenden Band.

145 Craig Werner: *Higher Ground. Stevie Wonder, Aretha Franklin, Curtis Mayfield and the Rise and Fall of American Soul*. New York, NY 2004, 161.

146 Isaac Hayes: *Hot Buttered Soul*. Universal 1969.

147 John Bush: Gil Scott-Heron. In: Bogdanov u. a. (Hg.): *All Music*, 603.

148 Gil Scott-Heron: The Revolution Will Not Be Televised. Auf: *Pieces of a Man*. Flying Dutchman 1971.

149 Der Song war bereits auf Scott-Herons erstem Album, *Small Talk at 125th & Lennox* (Flying Dutchman 1970), erschienen. Dort noch ohne Bass und Drums, sondern lediglich von Congas untermalt (und definitiv weniger zwingend).

seins für ihre Lage zu verhindern: „You will not stay at home, brother", so eröffnet der Song, um dann gleich mit einer Spitze gegen das narkotisierende Mantra des LSD-Gurus Timothy Leary („Turn on, tune in, drop out") und des *psychedelic movements* fortzufahren: „You will not be able to plug in, turn on and cop out / You will not be able to loose yourself on skag [slang für Heroin; G.K.] and / Skip out for beer during commercials / Because the revolution will not be televised." *The Revolution* wird zum *signature track* Scott-Herons, was dieser durchaus mit gemischten Gefühlen registriert, da er den Song im Kontext des *gesamten* Albums, *Pieces of a Man*, verortet wissen will: „When people picked 'The Revolution [...]' to decide what kind of artists we were, they overlooked what the hell the whole album said. We didn't just do one tune and let it stand, we did albums and ideas [...]."[150] Um auf Albenlänge entfaltete Ideen geht es auch Stevie Wonder und Curtis Mayfield und beide veröffentlichen in der ersten Hälfte der 1970er Jahre das Genre neu definierende Exempel künstlerisch anspruchsvoller, kritischer Gesellschaftsbeobachtungen: Wonder mutiert spätestens mit *Innervisions* (1973)[151] vom außerordentlich talentierten Komponisten und Sänger eingängiger *love songs* mit Motown-Appeal zum musikalisch avancierten Seismographen gesellschaftlicher Erschütterungen. Zwar verspricht das poppige *Don't You Worry 'Bout A Thing* noch Trost und Hoffnung via freundschaftlicher Hilfe („Cause I'll be standing on the side"). Aber Caritas alleine hilft nicht immer. Das achtminütige Mini-Epos *Living for the City* etwa zeichnet „a southern migrant's odyssey from hopeful arrival to a ten-year jail sentence"[152] nach und wirft einen ernüchterten Blick auf den schalen, die Entwicklung einer eigenen Identität unterdrückenden Materialismus und die gesellschaftlichen Institutionen, in denen er sich manifestiert. Die Coverzeichnung des Albums inszeniert Wonder passenderweise als blinden Seher, als *poeta vates*, mit Visionen, die aus seinem Inneren emanieren.

Ästhetische und politische Visionen prägen auch das Schaffen Curtis Mayfields in dieser Phase. Seine auf dem eigenen Label Curtom veröffentlichten Solo-Alben der frühen 1970er Jahre – vor allem das Debüt *Curtis* (1970) wie dann auch der Blaxploitation-Score *Super Fly* (1972) – stehen im Zeichen einer reflektierten Coolness und eines neuen Schwarzen Selbstbewusstseins, das mit bis dato zirkulierenden Klischees von ekstatischer *Blackness* dezidiert bricht. Im Rahmen eines *Beat Club*-Workshops 1972 im deutschen Fernsehen vom Moderator auf diese Haltung angesprochen, erläutert Mayfield seine Ästhetik:

---

[150] Gil Scott-Heron: *The Last Holiday. A Memoir*. Edinburgh 2017, 159.

[151] Stevie Wonder: *Innervisions*. Tamla Motown 1973.

[152] Werner: *Higher,* 194.

Ich bin froh, dass ich zumindest in meinen Konzerten dazu beitragen kann, dass die Weißen besser verstehen, dass wir als Entertainer nicht nur Leute sind, die Saltos schlagen und ‚Shake your shaggy shaggy' und ‚Do your thing' brüllen, sondern dass wir auch Menschen sind, die denken und vorankommen wollen und auch Kultur und Identität haben. Warum das nicht in meiner Musik verkaufen?[153]

Und wie er vorankommt! Und dabei verkauft. Möglicherweise ist Mayfield der perfekten Umsetzung einer Horaz'schen Ästhetik mit doppelter Optik – „[o]ur purpose is to educate as well as to entertain"[154] – nie nähergekommen, als auf den beiden oben genannten Alben. Die Debüt-LP, für nicht wenige das „‚Sgt. Pepper's' album of '70s soul",[155] entfaltet auf der Sound-Grundlage des punktgenau groovenden, versatilen Bass-Schlagzeug-Zusammenspiels, Mayfields facettenreicher Rhythmusgitarre und dem von Johnny Pate nuanciert orchestrierten Bläser- und Streicher-Arrangements das Panorama einer von Metaphern entkleideten *musique verité*. „[J]ust basically telling like it is",[156] so charakterisiert Mayfield während eines Konzertes sein poetologisches Anliegen, das er – getragen von seiner unverwechselbaren Falsett-Stimme – auf *Curtis* konsequent umsetzt. Während *The Other Side of Town*, wie ein „report from an urban war zone", das deprimierende Bild einer von der „white supremacy"[157] in Kauf genommenen (wenn nicht gar gezielt beförderten) ökonomischen wie moralischen Verwahrlosung in den Schwarzen *inner city-communities* zeichnet, ruft *We the People Who are Darker Than Blue* zur Selbstbesinnung und Eigenverantwortung auf, derer es bedarf, um der Abwärtsspirale aus Armut, Drogen und Gewalt möglicherweise noch zu entkommen: „Get yourself together, learn to know your side / Shall we commit our own genocide? / Before you check out your mind." Das fast neunminütige *Move On Up*, mit dem die zweite Seite der LP eröffnet, lässt dann mit seinem pulsierend-perkussiven Rhythmus und seinen frenetisch-optimistischen Bläsern, aber auch textlich zumindest im Aufforderungsmodus einen Hoffnungsschimmer in die dunklen Hinterhöfe der urbanen Hölle einfallen: „Just move on up towards your destination / Though you may find from time to time complications." Den Verdacht, dass das Licht am Ende des Tunnels vielleicht doch nur eine Panoramatapete gewesen sein mag, nährt

---

[153] Zit. nach Todd Mayfield/Travis Atria: *Traveling Soul. Die Curtis-Mayfield-Biographie*. Frankfurt/M. 2021, 278.

[154] Zit. nach Werner: *Higher*, 141. „Painless preaching", so Mayfield weiter, „is as good a term as any for what we do. If you're going to come away from a party singing the lyrics of a song, it is better that you sing of self-pride like 'We're a winner' instead of 'Do the boogaloo'!"

[155] Bruce Eder: Curtis. In: Bogdanov u. a. (Hg.): *All Music*, 452.

[156] Zit. nach Werner: *Higher*, 2.

[157] Werner: *Higher*, 154 und 155.

dann allerdings Mayfields dritte Solo-LP, *Super Fly*.[158] Entstanden als Score für den titelgebenden Blaxploitation-Film von *Shaft*-Regisseur Gordon Parks Jr.,[159] entwerfen die neun Songs des Konzeptalbums aus unterschiedlichen Perspektiven das „düstere Bild der Ghettorealität, wie Schwarze sie erlebten – Drogen, Zuhälter, Dealer, Depression, Verzweiflung, Zerstörung."[160] Die „lyrical finesse"[161] der Songs – gruppiert um Figuren wie den drogendealenden *Pusherman*, den tragisch endenden Junkie Freddie (*Freddie's Dead*) sowie den titelgebenden, extrem straßensmarten Zuhälter Youngblood Priest (*Superfly*) – entfaltet sich auf der Grundlage des erneut von Johnny Pate superb und mit ökonomischer Grandezza orchestrierten Scores.[162] Tranceartige Grooves vermischen sich hier mit Hendrix-inspirierten Wah-Wah-Gitarrenlicks, psychedelisch verflirrenden Streicher-Arrangements, *tighten* Bläsersätzen und Mayfields melancholisch ernüchtertem Falsett zu einem organisch geschlossenen Gesamt-Sound. Jeder Song ist angelegt wie ein „eigene[r] Film im Kleinformat"[163] und nichts unterstreicht die ästhetische Autonomie von Mayfields vielleicht ambitioniertestem Album besser, als der Umstand, dass die LP auch ohne jegliche Kenntnis des Films ihre Wirkung entfalten kann. Mayfield selbst sieht den Film ohnehin eher kritisch, wirke er doch auf ihn über weite Strecken wie „a cocaine infomercial",[164] und das drei Monate vor dem Film veröffentlichte Album lässt sich bisweilen hören und ‚lesen' wie ein eigenständiger, kritisch warnender Kommentar zur Ermächtigungsgeschichte, die der Film durchaus mit gewissen drogen- und gewaltverherrlichenden Tendenzen erzählt. Gerade deshalb habe er die Chance eines sol-

---

[158] Curtis Mayfield: *Super Fly*. Curtom 1972.

[159] Das Blaxploitation-Genre, das erste, das „[S]chwarze Schauspieler – meist Männer – als Helden, Hauptfiguren und schließlich als Sieger zeig[t]" (Mayfield/Atria: *Traveling*, 256–257), nimmt am Beginn der 1970er Jahre mit Melvin van Peebles SWEET SWEETBACK'S BAADASSSSS SONG (USA 1971) Fahrt auf und liefert noch im selben Jahr mit Gordon Parks Jr.s SHAFT (USA 1971) rund um den von Richard Roundtree verkörperten Privatermittler John Shaft eine gleich doppelte Blaupause: zum einen für die Darstellung einer virilen, Schwarzen Coolness, zum anderen für die erfolgreiche Kooperation von Film und Musik, wurde SHAFT doch nicht zuletzt ikonisch wegen Isaac Hayes' gleichnamigem Soundtrack (Isaac Hayes: *Shaft*. Stax 1971). Am Black Coolio-Style arbeitet auch Mayfield selbst mit: Das ikonische Cover seiner ersten Solo-LP zeigt ihn – aus der Froschperspektive aufgenommen – im zitronengelben Anzug sitzend und mit Fernblick sinnierend. Das Blümchenhemd samt Halskette sowie die Brille verschieben die eher machistische *Shaft*-Coolness indes ein wenig ins Hippiesk-Intellektuelle.

[160] Mayfield/Atria: *Traveling*, 298.

[161] So John Bush, der betont: „Mayfield wisely avoids celebrating the wheeling-and-dealing-themes present in the movie, or exploiting them, instead using each song to focus on a different aspect of what he saw as a plague on America's streets. [...] He also steers away from explicit moralizing." (John Bush: Superfly. In: Bogdanov u. a. (Hg.): *All Music*, 452).

[162] Dass politisch sich artikulierende Künstler nicht automatisch und in jeder Hinsicht auch moralisch vorbildlich agieren müssen, zeigt sich an den fiesen Rechtsstreitigkeiten rund um den *Superfly*-Score, die sich zwischen Pate und Mayfield entspinnen. Letzterer weigert sich, Pate die von diesem eingeforderte Anerkennung als Co-Autor zuzugestehen (siehe Mayfield/Atria: *Traveling*, 286–288). Auf dem *inner sleeve* des Albums heißt es – nicht frei von Egomanie – lediglich: „Succesfully arranged & orchestrated from the original dictations of CURTIS MAYFIELD by JOHNNY PATE". Nun ja.

[163] Mayfield/Atria: *Traveling*, 280.

[164] Werner: *Higher*, 161.

chen Soundtracks nutzen wollen, so Mayfield: „It allowed me to get past the glitter of the drug scene and go to the depth of it - allowing a little bit of the sparkle and the highlights lyrically, but always with a moral."[165] Auch in ökonomischer Hinsicht funktioniert Mayfields Konzept. Im Herbst erreicht das Album die Spitze der Popcharts und hält sich dort immerhin vier Wochen. *Super Fly* verzichtet mit Nachdruck auf Gesten der Hoffnung und der ethnischen Versöhnung - will man die mehrfach wiederholte Zeile „trying to get over" am Ende des Titelsongs, der das Album beschließt, nicht als solche hören. „Als Gegenleistung dafür", so konstatieren seine Biographen nüchtern den paradoxalen Effekt, „verlieh ihm das Publikum - sowohl die Schwarzen als auch die Weißen - den höchsten Status in der populären Musik."[166] Soulhistoriker wie Craig Werner machen sich über die Erfolgsgeschichte des politisierten Soul denn auch keine Illusionen. Der Erfolg - dies zeigen die hier exemplarisch gewürdigten Künstler und Alben wie die weitere, politische Entwicklung in den USA bis heute - bleibt ein ästhetischer und ökonomischer. Kein politischer: „The movement won the cultural battle but lost the political war."[167]

***

„Was geht mich denn Vietnam an - ich habe Orgasmusschwierigkeiten."[168] Es gibt Sätze (wie diesen), um deren historische Belegbarkeit man fürchten muss. Mal dem linken SDS-Aktivisten und Mitbegründer des Zentralrats der Berliner „Umherschweifenden Haschrebellen", Dieter Kunzelmann, mal dem Poster-Kommunarden Rainer Langhans zugeschrieben,[169] soll er jedenfalls im Mai 1967 in einem Interview mit der Springer-Presse gefallen sein. Wer auch immer ihn letztlich geäußert haben mag, in mentalitätsgeschichtlicher Hinsicht bringt die Abkehr vom Politischen im Zeichen intensivierter Selbstfürsorge, die sich hier artikuliert, eine Stimmungslage, eine kollektive Befindlichkeit auf den Punkt, die in den späten 1960er und frühen 1970er Jahren auch im popmusikalischen Feld prägend wird. Die Einsicht, dass - wie es in einem Scherben-Song heißt - der „Schritt für Schritt" zu vollziehende „lange Weg ins Paradies"[170] in der Realität, in der sich die Dinge „hart im Raume stoßen", eher einer Echternacher Springprozession gleicht, führt auch in der Popmusik zu politischer Ernüchterung und einer Verlagerung der Gewichte. Gewiss, politischen Protestpop gibt es auch hier weiterhin

---

[165] Zit. nach ebd., 161.

[166] Mayfield/Atria: *Traveling*, 298.

[167] Werner: *Higher*, 10.

[168] Zit. nach Sven Reichardt: *Authentizität und Gemeinschaft. Linksalternatives Leben in den siebziger und frühen achtziger Jahren*. Berlin 2014, 99.

[169] Siehe zu den Unstimmigkeiten hinsichtlich der Zuschreibung ebd., 99–100.

[170] Ton Steine Scherben: Schritt für Schritt ins Paradies. Auf: *Keine Macht für Niemand*. David Volksmund Produktion 1972.

und bis heute, allerdings werden Gesellschaftsbeobachtung und politischer Protest in der Popmusik seit dem Ende der 1960er Jahre zunehmend von einem ästhetischen Habitus flankiert, wenn nicht gar verdrängt, der – zentriert um die Leitannahme eines authentischen Gefühlsausdrucks[171] – eher auf die subjektiv-psychologisierende Erkundung von Innen- und Beziehungswelten setzt. Anders gesagt: Was professionelle Brill Building-*tunesmiths* wie Carole King[172] und Gerry Goffin mit dem Aufstieg Dylans hatten kommen sehen, tritt nunmehr ein: Es schlägt die große Stunde der Figur des Singer-Songwriters. Jener Figur mithin, die in selbstgeschriebenen und -komponierten Songs ihrer eigenen Innenwelt möglichst authentischen Ausdruck verleiht. Und es mag zunächst wie ein Klischee aus der misogynen Mottenkiste Otto Weiningers klingen, dass es vor allem zwei Künstler*innen* sind, die im Blick auf die Gestaltungs- und Artikulationsmöglichkeiten einer solchen Figur radikal neue Maßstäbe setzen: Laura Nyro und Joni Mitchell. Zweifellos entstehen in dieser Phase auch ‚männliche Klassiker‘ introspektiver Popmusik wie Van Morrisons zwischen Folk, Jazz, Soul und *stream of consciousness* oszillierender Solitär *Astral Weeks* (1968),[173] John Martyns nicht minder eigenwilliger, Folk-, Jazz-, Funk- und Country-Elemente verschmelzender Songreigen *Solid Air* (1973), Jackson Brownes melancholisches Selbstbeobachtungsepos *Late for the Sky* (1974) sowie schließlich (er nun wieder) von Dylan selbst, der 1975 mit dem perspektiven-gesättigten Trennungsalbum *Blood On The Tracks* gegen Ende der Sattelzeit wieder neue Form gewinnt.[174] Aber, darin ist der Nyro-Biographin Michelle Kort unbedingt zuzustimmen, Nyro und Mitchell mutieren um die Wende zu den 1970er Jahren nicht nur zu den „primary goddesses of the singer-songwriter pantheon“, sondern damit zugleich auch zu jenen Vorreiterinnen, die rasch als „beacons of permission for other women musicians“ begriffen werden.[175] Denn Popmusik ist bis zum Ende der Dekade (und weit darüber hinaus) ein in jeder Hinsicht patriar-

---

[171] Zur Virulenz und der semantischen Konfiguration des diffusen Hochwertbegriffes „Authentizität“ siehe Reichardt: *Authentizität*, 57–71.

[172] Es zeugt von einer feinen pop-historischen Ironie, dass ausgerechnet Carole King selbst 1971 mit *Tapestry* einen der stilbildenden Klassiker des introspektiven Singer-Songwriter-Genres vorlegen sollte. Allerdings – so viel Brill Building musste schon noch sein – mit deutlich mehr Hits (*I Feel the Earth Move, You've Got a Friend, (You Make Me Feel Like) A Natural Woman*) als die Konkurrenz (Carole King: *Tapestry*. Ode 1971).

[173] Exemplarisch lässt sich etwa am *signature tune* des Albums, *Sweet Thing*, die subjektivierende Selbstbezüglichkeit des Genres beobachten: Zwar handelt der Song in den letzten Versen auch von der titelspendenden, angebeteten Geliebten mit den „champagne eyes“ und dem „saint-like smile“. Im Zentrum stehen indes die Befindlichkeiten des Liebenden selbst. Immerhin verdankt sich dieser Selbstbeobachtung die ultimative Versifizierung frühadoleszenter Befindlichkeit: „Hey, it's me, I'm dynamite and I don't know why“ (Van Morrison: Sweet Thing. Auf: *Astral Weeks*).

[174] John Martyn: *Solid Air*. Island 1973; Jackson Browne: *Late for the Sky*. Asylum 1974; Bob Dylan: *Blood on the Tracks*. Columbia 1975.

[175] Michelle Kort: *Soul Picnic. The Music and Passion of Laura Nyro*. New York, NY 2002, 98. „Mitchell's and Nyro's work“, so Kort weiter, „thus became part and parcel of second-wave feminism, which craved personal expression as a tool to break down decades of the feminine mystique.“

chal strukturiertes Feld. Daran ändern auch die hit-sicheren Girlgroups der frühen 1960er Jahre, die durch die Beatles und die British Invasion marginalisiert werden, und enorm ausdrucksstarke Künstlerinnen wie die (allerdings im wahren Sinne des Wortes) zunächst männlich dominierte Tina Turner oder die Respekt einfordernde und gebietende Aretha Franklin, wenig. Sie sind bestenfalls die Ausnahmen, die die männlich gemachten und kontrollierten Regeln des Feldes bestätigen. Erst mit Nyro und Mitchell wird sich im Pop das Modell selbstbewusster, weiblicher Autorinnenschaft zu etablieren beginnen. Dabei ist Laura Nyros Song-Kunst in höchstem Maße und in vielerlei Hinsicht idiosynkratisch – auch wenn die Spuren ihres Einflusses von Joni Mitchell selbst und von Carole King über Rickie Lee Jones, Stevie Nicks und Kate Bush bis hin zu PJ Harvey, Joanna Newsom und Lana Del Rey reichen. Ganz eigenwillig ist nicht nur Nyros Neigung zu einer gewissen theatralischen Inszenierung ihrer selbst, die sich in ihrer Proto-Goth-Optik aus wallenden Kleidern und Seidenschals ebenso niederschlägt wie in der Gewohnheit, sich zu den abendlichen Terminen im Rahmen der Aufnahmen zu *New York Tendaberry* von einer Pferdekutsche durch den Central Park fahren zu lassen.[176] Singulär ist zunächst und vor allem auch die musikalische Gestaltung ihrer vom Piano beherrschten, meist nur sparsam orchestrierten Songs, in denen balladeske Elemente mit „Brill Building pop, girl-group sensuality and 1950s rhythm and blues"[177] amalgamieren. Die Sparsamkeit der Arrangements geht nicht zuletzt auch auf Nyros extrem synkopiertes Klavierspiel zurück. Vor allem auf und seit ihren beiden End-Sechziger-Alben *Eli and the Thirteenth Confession* (1968) und *New York Tendaberry* (1969),[178] die nicht wenige für ihre gelungensten und bedeutendsten halten, entwickelt sich Nyro zur regelrechten Rubato-Virtuosin. Sie rhythmisiert ihren Vortrag mit ständigen Tempobeschleunigungen und -verlangsamungen sowie Pausen in so unvorhersehbarer Weise, dass es für die professionellen Studiomusiker nicht leicht ist, ihr zu folgen. Der Produzent und Toningenieur Roy Halee erinnert sich an die knapp sechs Monate dauernden Aufnahmen zu *New York Tendaberry*: „[T]here was no straight time [...] She would slow down and speed up, totally by feel [...] Later, however, bringing in musicians for overdubs was tough. We had the best New York cats come in. But I remember afterwards, one of them said to me, ‚Man. Don't ever do this to me again.'"[179] Jimmie Haskell, der mit Nyro an der Umsetzung ihrer Arrangement-Ideen arbeitet, wird von ihr mit synästhetischen Metaphern instruiert, da sie Noten weder schreiben noch lesen kann,: „She would say", so Haskell,

---

[176] Kort: *Soul*, 77.
[177] David Fricke im CD-Booklet zu Laura Nyro: *New York Tendaberry* [1969]. Sony Music 2002, 5.
[178] Laura Nyro: *Eli and the Thirteenth Confession*. Columbia 1968; Laura Nyro: *New York Tendaberry*. Columbia 1969.
[179] Fricke: *New York*, 4–5.

„„Here I would like some light blue, then go more pink over here.‘“[180] Auch ihre *Stimmführung*, die von einem einschmeichelnden, mittigen Timbre unversehens in Kate Bush vorwegnehmende Höhen umschlagen kann, ist von ähnlicher Spontaneität geprägt. Nichtsdestoweniger insistiert Nyro auf der Konsistenz ihrer künstlerischen Vision. Mit Blick auf *Tendaberry* betont sie: „With this album, at the beginning nobody knew what I was doing. Nobody. *I* knew what I was doing…To have something really good, you have to pay dues for it. [...] When I record, that's all I do. I'm not a human being, I'm not a woman. I don't have to take Benzedrine or anything, I'm on natural ‚speed'.“[181]

Ungewöhnlich sind schließlich auch Nyros „highly personal lyrics",[182] deren Ursprünge sie in Interviews mit Nachdruck in der eigenen Biographie verortet: „'Cause like sometimes, if I meet a man or something that's very groovy, I say, ‚Oh, good material!'“[183] Leben, um darüber zu schreiben, so die hier formulierte, sämtliche Formen des *life writing* bis heute prägende Poetologie einer immer schon sentimentalischen Naivität. „When this album is finished", so Nyro während der Produktion von *Eli*, „my mother is going to know exactly where I've been.“[184] Das ist nicht einmal maßlos übertrieben. Gegen bis dahin popübliche Usancen verstoßend, thematisieren Nyros Songs etwa ganz unterschiedliche Varianten weiblichen Begehrens. Im Song *Emmie* vom *Eli*-Album schwärmen die Lyrics von der titelgebenden Angebeteten („Move me / Oh sway me / Emmily you ornament the earth / For me, for me [...] She got the way to move me, Emmie") und es bleibt durchaus offen, ob Nyro hier einen männlichen Liebhaber (s)eine Emmie anhimmeln lässt oder ob es sich um ein homosexuelles Liebesszenario handelt. Während Nyro selbst betont, der Song sei „about ‚the eternal feminine'", haben viele Hörerinnen es wohl vor allem im letzteren, konkreteren Sinne gedeutet.[185] Patricia Romanowski verweist auf die erotischen Abgründe in Nyros Texten, wenn sie diagnostiziert: „She brought to the late-sixties false utopia of guilt-free fucking a scalding dose of scintillating shame and delicious submission.“[186] Und sie mag damit auch einen Song wie *Captain For Dark Mornings* vom *Tendaberry*-Album im Sinn gehabt haben. „I am

---

[180] Ebd., 5 und Kort: *Soul*, 76.

[181] Kort: *Soul*, 74.

[182] Ebd., 97.

[183] Ebd., 68.

[184] Zit. nach ebd., 62.

[185] Kort: *Soul*, 60. Das Back-Cover des Albums zeigt Nyro, wie sie die Stirn einer im ¾-Profil aufgenommenen Frau küsst. Nur bei genauer Betrachtung lässt sich erkennen, „that this photo was actually a multiple exposure" (ebd., 57), denn auch bei der Geküssten handelt es sich um Laura Nyro. Der Konnotationsraum der Fotografie ist mithin ein doppelter, insinuiert er doch die Möglichkeit gleichgeschlechtlicher Zugewandtheit wie auch die autoerotischen Züge des Genres gleichermaßen.

[186] Patricia Romanowski: Laura Nyro. In: Barbara O'Dair (Hg.): *Trouble Girls. The Rolling Stone Book of Women in Rock*. New York, NY 1997, 137–142, hier 138.

soft and silly", so eröffnet die hier singende, lautmalerisch „Lillianaloo" Genannte den Song, um gleich danach zu bekennen: „and sir / you're grace in action / to my satisfaction oo." Der Song endet in Gesten der absoluten Hingabe und Unterwerfung, die von Ferne bereits auf die postfeministischen *Ultraviolence*-Rollenspiele einer Lana Del Rey vorausweisen: „I'll be your woman / if you'll be my fearless captain / Die I would lay me down and die / for my captain / captain say yes."[187] Der ganz große Publikumserfolg mag Laura Nyro – anders als der sie in dieser Hinsicht dann überflügelnden Joni Mitchell – versagt geblieben sein. Gleichwohl kreiert sie mit ihrer performativ, musikalisch und textlich gleichermaßen eigenwilligen Popästhetik ein bis heute wirkmächtiges *role model* weiblicher Pop-Inszenierung. Dazu bekennt sich übrigens auch die sonst mit kollegialen Referenzen nicht eben verschwenderische Joni Mitchell. Nyro, so räumt die kanadische Künstlerin ein, „opened the ‚piano door'". In der Popmusik überhaupt, aber auch für Mitchell selbst: „On account of her I started playing piano again."[188] Dies wiederum ist durchaus von einiger Bedeutung. Denn eines der gewichtigsten Exempel (wenn nicht gar *das* bedeutendste) eines hyper-introspektiven Singer-Songwritertums sollte das, mehr als auf den vorangegangenen LPs auch vom Klavier getragene, Album *Blue*[189] werden, das Mitchell 1971 veröffentlicht.

Blue, bis heute Mitchells „best-selling and most canonized album",[190] gilt (der Begriff sei hier noch ein einziges Mal – versprochen! – erlaubt) als *die* Blaupause für ein radikal introspektives, autobiographisches Songwritertum. Das Album liefert zweifellos die Grammatik für einen künstlerischen Artikulationsmodus, dessen Hauptlegitimationsressource seine nachdrücklich in Szene gesetzte Authentizität ist. Mitchell hat selbst einiges dazu beigetragen, die Rezeption des Albums vor allem in diese Richtung zu lenken. Dies zum einen in den Songs selbst: „[D]o you see / how you hurt me baby / so I hurt you too / then we both get so blue", heißt es gleich im Opener *All I Want*. In ihrer von bemäntelnden Metaphern weitestgehend befreiten Ungeschütztheit erzählen Mitchells Songs von Liebesleiden, die bleibend unter die Haut gehen: „Blue, songs are like tattoos", so die programmatische Eröffnung des Titelsongs. Zum anderen auch in Interviews: Sie habe sich während der Aufnahmen zu dem Album gefühlt wie „a cellophane wrapper on a pack of cigarettes. I felt like I had absolutely no secrets from the world,

---

[187] Kort (*Soul*, 80) verortet das von Nyro lang gezogene, geflüsterte „s" im finalen „yes" als Allusion auf die sexuelle Suggestivität eines anderen, literarisch kanonisierten Ja-Wortes: das „yes", mit dem der innere Monolog Molly Blooms und somit auch James Joyces *Ulysses* endet. Warum nicht.

[188] Kort: *Soul*, 102.

[189] Joni Mitchell: *Blue*. Reprise 1971.

[190] David Yaffe: *Reckless Daughter. A Portrait of Joni Mitchell*. New York, NY 2017, 141.

and I couldn't pretend in my life to be strong. Or to be happy."[191] Die Offenheit und Verletzlichkeit, in der sie ihre gescheiterten Liebesbeziehungen mit Graham Nash, James Taylor und Leonard Cohen (*My Old Man*, *Blue*, *A Case Of You*) oder die Situation ihrer zur Adoption freigegebenen Tochter (*Little Green*) zum Material ihrer Kunst werden lässt, lassen die Songs, wie Mitchell es selbst formuliert, wie „private letters that were published"[192] erscheinen. Die Zeitgenossen (vor allem die männlichen) hat dies mitunter durchaus irritiert: Mit dem Ausruf „Oh, Joni. Save something for yourself", soll Mitchell zufolge etwa Kris Kristofferson reagiert haben.[193] Eine solche biographistische ‚Lesart' des Albums ist also gewiss nicht unbegründet. Sie verstellt allerdings den Blick auf die *künstlerische* Originalität des Albums. *Blue* ist – und das macht seine Qualität als Artefakt aus – eher Bergman als Knausgard. Anders gesagt: Die Annahme, dass Schlüsselromane nur dann auch künstlerisch überzeugende Romane sind, wenn sie den Zeitläuften so lange standhalten, dass es schließlich völlig unerheblich wird, durch wessen Schlüssellöcher dort einst gespäht wurde – diese Annahme gilt im übertragenen Sinne auch für *Blue*. Wenn alle (in den Texten ohnehin nicht explizit genannten) Liebhaber Joni Mitchells längst vergessen sind, wird der eigentliche Kern des Albums immer noch (oder: erst recht) erkennbar sein: *Blue* ist die konzeptuell durchgeformte Artikulation eines generationsspezifischen „Weltschmerzes",[194] eine in zehn, karg aber effektiv instrumentierten Kunstliedern[195] sich entfaltende Elegie auf die langsam verblassenden Träume der 1960er Jahre. Deren ästhetische Energie speist sich aus der geistreichen Trauer über das an der Wirklichkeit gescheiterte Hippie-Projekt eines von allen Zwängen befreiten, gewaltlosen Zusammenlebens. Das Album macht die entmythologisierende Beschreibung dieses „death of the collective dream"[196] zu einem seiner zentralen Anliegen. „Reading the news and it sure looks bad / They won't give peace a chance", heißt es in *California* mit beiläufiger, intertextuell gesättigter Lakonie. Das Biographistisch-Konfessionelle ist,

---

[191] Ebd., 148.

[192] Ebd., 143.

[193] Zit. nach ebd., 141.

[194] Ebd., 144, Deutsch im Original. Die konzeptuelle Formung betrifft sowohl das von Gary Burden gestaltete, ganz in Dunkelblau gehaltene Cover mit dem von Tim Considine aufgenommenen Close-Up Mitchells, die mit geschlossenen Augen singt, als auch die motivischen Zusammenhänge zwischen den Songs und deren Anordnung (siehe zu letzterem Sean Nelson: *Court and Spark*. London 2007, 26–33).

[195] Die meist spärliche Instrumentierung kann über die musikalische ‚Gewieftheit' der Kompositionen nicht hinwegtäuschen: Das betrifft sowohl die jazzinformierten, rhythmisch enorm vielseitigen und im für Mitchell typischen *open tuning* gespielten Arrangements der Akustikgitarre, ihren melodischen Einfallsreichtum am Klavier, als auch das breite Modulationsspektrum ihrer Stimme. Auf *Carey* etwa begleitet Mitchell sich zweistimmig selbst.

[196] Nelson: *Court*, 25–26.

wie Sean Nelson es treffend formuliert, gleichsam der „great magic trick“,[197] mit dessen Hilfe Mitchell die Beobachtung des gesellschaftlichen „free love hangover“ ins scheinbar nur Private transformiert. So erzählt das die erste LP-Seite beschließende Titelstück zwar, wie es zunächst scheint, vor allem von der Sorge um einen offensichtlich in die Drogensucht abgleitenden Liebhaber, darüber hinaus wirft es aber auch einen umfassenderen, desillusionierten Blick auf die dionysischen Versprechen eines entgrenzten Hippietums: „Acid, booze, and ass / Needles, guns and grass / Lots of laughs, lots of laughs / Well everybody’s saying / that hell’s the hippest way to go / Well I don’t think so / But I’m gonna take a look around it though.“ Im finalen Song des Albums, *The Last Time I Saw Richard*, wird die Frage nach der Resilienz romantischer Ideale wie in einem um zwei Akteure gruppierten Mini-Drama noch einmal abschließend verhandelt. Aus der Perspektive der Erzählerin rekonstruiert der Song das Treffen mit einem alten Freund in einem „dark cafe“ in Detroit „in ’68“ sowie das unversöhnliche Aufeinanderprallen konträrer Lebenshaltungen: Auf der einen Seite steht der ungebrochene Romantizismus der Erzählerin („Oh and love can be so sweet“) und ihr Glaube daran, dass die misslichen Aspekte des Lebens nur wie ein „dark cocoon“ seien, „before I get my gourgeous wings / and fly away“. Auf der anderen Seite dominiert der desillusionierte Zynismus Richards, der zwar mittlerweile mit einer Eiskunstläuferin verheiratet und mit allen haushaltstechnischen Segnungen der Moderne ausgestattet, aber todunglücklich ist. „[H]e bought her a dishwasher and a coffee perculator / and he drinks at home now most nights with the T.V. on / and all the house lights left up bright“, so das hopperesk-melancholische Schlusstableaux. Die Erzählerin mag die Hoffnung auf ihrer Seite wissen, Richard hat dafür definitiv die zwingenderen *cutting edge*-Sentenzen: „[A]ll romantics meet the same fate someday / cynical and drunk and boring someone in some dark cafe.“ Man kann es sich, in all seiner abgeklärten und *punch line*-artigen Menschenkenntnis, als T-Shirt-Aufdruck vorstellen. Offen bleibt allerdings, welche Haltung der Song selbst, als Ganzer, zum Ausdruck bringen will. Möglicherweise - auch wenn mancher vor so viel indiskretem Charme Hegel’scher Dialektik zusammenzucken mag - diejenige einer (Lied-)Kunst, die in ihren besten Momenten, wie auf Joni Mitchells *Blue*, solche gegensätzlichen Haltungen noch in sich aufheben kann. Die Schlussverse des Titelsongs jedenfalls mögen zwar auch an den strauchelnden Liebhaber gerichtet sein, nicht weniger indes adressieren sie jeden, der Mitchells Album hört: „Blue, here is a shell for you / Inside you’ll hear a sigh / A foggy lullaby / There is your song from me.“

---

[197] Ebd., 27. Mitchell selbst vergleicht ihre Herangehensweise nicht von Ungefähr mit der ein Höchstmaß an Authentizität inszenierenden Schauspielkunst Marlon Brandos: „I’m a Method actor. The Method is that you deliver the lines like you never heard them before.“ (Yaffe: *Reckless*, 141).

Im Planwagen, auf Plateauschuhen:
Pop, Re-Naivisierung und Glam

Für einen kurzen Moment weht Ende der 1960er Jahre auf den Äußeren Hebriden vor Schottlands Küste der popmusikalische Weltgeist. Zu Pferde, einen Planwagen hinter sich herziehend, hatte sich die mit ihren bisherigen Aufnahmen erfolglose Folksängerin Vashti Bunyan im Juli 1968 mit ihrem Künstlerfreund Robert Lewis und ihrem Hund Blue von London aus auf den Weg zu einer „grand tour of Britain"[198] gemacht. Sie wollten in den Norden nach Schottland, um mit ihrem Freund, dem erfolgreichen Singer-Songwriter und Dylan-Pastiche (*Universal Soldier*), Donovan, eine Künstlerkommune zu gründen. Der Windfänger hatte in der Nähe von Skye drei kleinere Inseln erworben. Nach anderthalb Jahren nomadischer Pilgerreise unter nicht immer leichten Bedingungen landet das Paar schließlich auf der kleinen, dünn besiedelten Hebrideninsel Berneray, wo sie ein schmuckloses Stein-Cottage erstehen und – kritisch beäugt von der einheimischen Bevölkerung – für einige Monate den Traum einer von den Zwängen und Zumutungen der Moderne sich befreienden Selbstversorger-Existenz zu realisieren versuchen. Donovan selbst hatte sich, zum psychedelisch aufgerüsteten *Sunshine Superman*[199] mutiert, mittlerweile ins klimatisch gefälligere Los Angeles verflüchtigt. Das von dem idealistischen und, wie die Sängerin später einräumt, „naive dream of a perfect life at the other end"[200] getriebene Experiment eines „new ultra-rural life"[201] sollte, man ahnt es, scheitern. Es gibt Rechtsstreitigkeiten um den Besitzstatus des Cottage mit den Nachbarn, die – der Vormoderne keine Träne nachweinend – vielmehr froh sind, dass moderne Segnungen wie Elektrizität und Fernsehen endlich auch ihre Insel erreicht haben. Alles in allem nicht leichter wird die Situation auch dadurch, dass ihr Pferd Bess nicht auf die Insel transportiert werden kann, weil es zu schwer für die Überfahrt ist und dass Bunyan schließlich ein Kind erwartet. Im April 1970 verlässt das Paar die Insel wieder. Man muss dergleichen – auch wenn die Geschichten rund um scheiternde Pastoralisierungen der eigenen Existenz ganze Bände füllen – nicht hämisch kommentieren. Von einiger Bedeutung ist vielmehr, dass Vashti Bunyan im Rahmen dieses *pilgrim progress* jene vierzehn Songs schreibt, die ihr nächstes Album, *Just Another Diamond Day*,[202] bestücken. Ende 1969 während eines sechswöchigen Intermezzos in London aufgenommen und vom ebenso allgegenwärtigen wie geschmackssicheren Joe Boyd produziert, ist die zunächst völlig erfolglose, Jahrzehnte

---

[198] Rob Young: *Electric Eden. Unearthing Britain's Visionary Music*. London 2011, 24.

[199] Donovan: *Sunshine Superman*. Epic 1966.

[200] Young: *Electric*, 32.

[201] Boyd: *White*, 234.

[202] Vashti Bunyan: *Just Another Diamond Day*. Philips 1970.

später indes Kultstatus genießende LP von erheblicher popgeschichtlicher Signifikanz: Ungefiltert und unmittelbar wie wohl auf keinem zweiten Album nimmt auf *Diamond Day* ein pop- wie mentalitätsgeschichtlicher Entwicklungsstrang klangliche Gestalt an, der die späten 1960er Jahre nachhaltig prägt. „Vashti's songs", so warnt Joe Boyd in den *liner notes* des Albums, „may seem unreal to urbanized listeners". Und in der Tat brechen die vierzehn, spartanisch instrumentierten, selten die Dreiminutengrenze touchierenden Stücke, die – von Bunyan mit elfenhafter Flüsterstimme intoniert – bisweilen an alte Wiegen- und Kinderlieder erinnern, mit den gerade erst neu justierten Hörgewohnheiten eines städtisch sozialisierten Pop-Hipstertums. Vom programmatischen Eröffnungstrack *Diamond Day*, der in simpler Sprache von den Herausforderungen und Schönheiten ländlicher Existenz kündet,[203] über die Miniatur-Oden an die *Hebridean Sun* und an das eigene Pferd (*Jog Along Bess*) bis zu *Iris' Song For Us*, der – zwischen Englisch und Gälisch changierend und mit keltischen Fiddle-Tönen – das Album beschließt und den Bunyan von einer Nachbarin in Berneray lernt: In popgeschichtlicher Hinsicht zeugen die Songs auf *Just Another Diamond Day* von einer traditionsbewussten Re-Naivisierung und Re-Archaisierung der Ausdrucksmittel,[204] die die sound- wie spieltechnischen Hochleistungsaspirationen der experimentierenden Konkurrenz ebenso vermeidet wie deren politisch oder psychologisch ambitionierte Volten und Finessen auf Textebene. Im wahren Sinne des Wortes in ‚Rein'form inszeniert sich in Bunyans Album somit ein von folkloristischen Traditionen geprägtes *understatement*, das zugleich auch als eine Absage an die Hochtourigkeit der von Dylan miteingeleiteten Moderne im Pop verstanden werden kann. In mentalitätsgeschichtlicher Hinsicht schließlich verdichten sich in Bunyans Album und dessen Ermöglichungszusammenhang die Motive eines kollektiven ‚Projektes', das der Fairport-Convention-Gitarrist Richard Thompson treffend als „indigenous reconnection"[205] charakterisiert und das einen nicht geringen Teil der britischen, aber auch der US-amerikanischen Popmusik gegen Ende des Jahrzehnts beflügelt. Man fahndet nach den Wurzeln des eigenen Tuns. Es geht – hüben wie drüben – um kulturelle Selbstvergewisserung und -verortung. Im Vergleich zu Bunyan weniger rigorose und von anti-modernistischer Naivität weitestgehend freie, dafür umso resonanzstärkere Versuche lassen sich etwa seit dem Ende der 1960er Jahre in der englischen Popmusik beobachten, gleichsam mit den Mitteln der Popmoderne (und nicht gegen sie) den *spirit*

---

[203] „Just another field to plough / Just a grain of wheat / Just a sack of seed to sow / And the children eat. // Just another life to live / Just a word to say / Just another love to give / And a diamond day."
[204] Beide, Re-Archaisierung und Re-Naivisierung, prägen auch die rustikale Atmosphäre des Covers, das Bunyan in Schürze und mit Kopftuch in der Tür ihres Steinhauses zeigt. Neben ihr – hineingemalt in die Fotografie wie von Kinderhand (tatsächlich aber von ihrem befreundeten Mitmusiker John James) – steht eine Gruppe von Tieren (Hunde, Schaf, Kuh und Pferd).
[205] Zit. nach Young: *Electric*, 264.

und die Narrative einer überlieferten, britischen Folk-Tradition mit der elektrischen Energie des Rock kurzzuschließen. Neben dem surrealen Psychedelic-Folk der Incredible String Band, den jazzinspirierten Folkexkursionen der Band Pentangle um den Ausnahmegitarristen Bert Jansch, dem schmalen, aber nachhaltig wirksamen Oeuvre des Solitärs Nick Drake[206] oder puristischer angelegten Sammlungen von neu arrangierten Traditionals wie *No Roses* (1971) von Shirley Collins and (*nomen est omen*) the Albion Country Band, sind es vor allem die beiden 1969 veröffentlichten Alben von Fairport Covention, *Unhalfbricking* und *Liege & Lief*, die dem britischen Folk bis dato ungehörte Impulse verleihen. Mit *A Sailor's Life* etwa, einem seit dem 18. Jahrhundert zirkulierenden Klagelied, in dem die trauernde „fair maiden" den Tod ihres geliebten Seemannes besingt, beschließt die Band die erste Seite von *Unhalfbricking* und leitet zugleich eine neue Phase des Folk-Rock ein: Verantwortlich dafür sind neben der kristallinen Gesangskunst Sandy Dennys und (ein absolutes Novum im Folk-Genre bis dahin!) den tribalistisch pulsierenden Drums Martin Lambles, vor allem die sich wechselseitig aneinander emporsteigernden Improvisationen von Richard Thompson (Gitarre) und David Swarbrick, der seine Geige mit einem Telefonmikrofon elektrisch verstärkt. Aus dem traditionellen Song wird so das elfminütige, furiose Fanal einer mit modernen Mitteln rekonstituierten Tradition, ein musikalisches Paradebeispiel sentimentalischer Naivität. „We are coming from different worlds", so Richard Thompson über die musikalische Kooperation mit dem ursprünglich traditionell orientierten Folk-Musiker Swarbrick räsonnierend, „and attempting to meet in the middle. On 'A Sailor's Life', you hear us listening to each other and looking for common ground – inventing a middle language as we go. I think it worked because Swarb was ready for something else, and I was ready for something else."[207] Den auf *A Sailor's Life* eingeschlagenen Kurs sollte die Band dann auf ihrem nächsten Album, dessen Titel, *Liege & Lief*, Rob Young als „a voluntary surrender to the spirit of old Britain"[208] interpretiert, fortsetzen und perfektionieren. Entworfen, komponiert und eingeübt wurden die Songs des Albums während eines dreimonatigen Sommer-Retreats, den die Band in einem alten Landhaus, dem

---

[206] Das zunächst kaum wahrgenommene, zwischen 1969 und 1972 veröffentlichte Werk Nick Drakes (1948–1974) umfasst lediglich drei LPs. Mittlerweile gilt der früh aus dem Leben geschiedene Gitarrist, Sänger und Komponist, dessen traumwandlerisch-idiosynkratischer Kammerfolkpop von seiner „Weigerung zeugt, sich von amerikanischen Musikmoden beeinflussen zu lassen", als „musikalische[] Ikone der Englishness" (Jürgen Goldstein: *Nick Drake. Eine Annäherung.* Berlin 2025, 46 und 49). Paradoxerweise sind es die Inszenierungskünste eines deutschen Mobilitätsunternehmens, die für einen späten, nachhaltigen Resonanzschub des zu Lebzeiten scheu Zurückgezogenen sorgen: VW untermalt 1999 einen Cabrio-Werbespot mit dem Titelsong von Drakes letzter LP, *Pink Moon* (Island 1972). Das Ganze ist auf so unwiderstehliche Weise ‚romantisch' gemacht, dass die Pop-Jugend der Welt den aus der Zeit Gefallenen für sich wiederentdeckt und Drake von da an, wie man so sagt, ‚durch die Decke geht'. Bisweilen kommt poetische Gerechtigkeit auch ironisch daher.

[207] Zit. nach Young: *Electric*, 248f.

[208] Ebd., 260.

Fairley House, tief im ländlichen Hampshire gelegen, verbringt. Solche mentalen wie musikalischen ‚Landfluchten‘ ins Archaische sollten für die Geschichte der britischen Popmusik in den frühen 1970er Jahren durchaus üblich werden. Die McCartneys ziehen nach Kintyre, Donovan – wie gesagt – nach Skye, die Incredible String Band nach Glen Row, Robert Plant und Jimmy Page ins walisische Bron-Yr-Aur.[209] Ihr popgeschichtliches Vorbild finden sie allerdings alle nicht in Vashti Bunyans Rückzug auf die Hebriden (dafür war sie nicht bekannt genug), sondern in einem berühmteren „rural ‚cultural detox‘“[210] auf der anderen Seite des Atlantiks, in dessen Zuge in einem pink gestrichenen Haus die sepiafarbene Gründungsurkunde für jenes Genre gezeichnet wird, das man später ‚Americana‘ nennen wird.

In diesem Haus, im zwei Stunden nördlich von New York entfernten, in die Catskill Mountains eingebetteten Woodstock, hatte sich im Frühsommer 1967 eine fünfköpfige, zunächst noch namenlose Band eingemietet. Die Kanadier Robbie Robertson (Gitarre, Gesang), Rick Danko (Bass, Mandoline, Violine, Gesang), Richard Manuel (Klavier, Mundharmonika, Gesang), Garth Hudson (Orgel, Akkordeon, Saxofon) und der aus den Südstaaten stammende Schlagzeuger und Sänger Levon Helm waren dem Ruf Dylans (jaja) gefolgt, den sie auf der spektakulären und unheilschwangeren Elektrik-Tour 1965/66 noch als Backing-Band begleitet hatten. Dylan hatte sich hier nach einem Motorradunfall komplett aus der Öffentlichkeit zurückgezogen und startete den Versuch, ein einfaches, geordnetes Familienleben zu führen. Zwischen Mai und November 1967 sollte er sich fast täglich mit den Musikern seiner ehemaligen Band im Keller des ‚Big Pink‘ genannten Hauses treffen, um dort in entspannter Stimmung und ohne jeden Veröffentlichungsdruck jenes amerikanische Wunderhorn von mehr als hundert Songs aufzunehmen, die später als die *Basement Tapes* berühmt werden und die Greil Marcus als ebenso zeitlosen wie mysteriösen Ausdruck eines „unheimlichen“,

---

[209] Siehe zu weiteren britischen Landfluchten Young: *Electric*, 45. Auch in der deutschen Popmusik gibt es – auch wenn der Wiederanschluss an nationale, folkloristische Traditionen hier angesichts der nationalsozialistisch überschatteten Vergangenheit freilich schwierig ist – solche Rückzüge ins Rurale: Die Scherben ziehen 1975 – ermüdet und ausgelaugt nicht zuletzt von den Anforderungen einer eskalierenden, politischen Linken und ‚Land in Sicht‘ erhoffend – auf einen Hof in das nordfriesische Fresenhagen und komponieren dort ihr viertes Album. Die aus Joachim Roedelius und Dieter Moebius bestehenden Cluster nehmen ihren pastoralen Ambient-Klassiker *Sowiesoso* 1976 im Alten Weserhof in Forst auf (Cluster: *Sowieso*. Sky 1976). Sie sind ganz unter sich, bis irgendwann Brain Eno vor der Tür steht.

[210] Young: *Electric*, 252.

vor-industriellen Amerika charakterisieren sollte.[211] Der Geist der Reduktion und der Re-Archaisierung, den diese Songs atmen, und der sich freilich auch als eine bewusste Absage an den zeitgenössischen *psychedelic overdrive* hören lässt, liegt im letzten Drittel der 1960er Jahre auch in der amerikanischen Popmusik in der Luft: Dylan selbst hatte mit den protestantisch instrumentierten, alttestamentarisch inspirierten Songs von *John Wesley Harding* (1967) eine knopfmündige *no nonsense*-Kontrafaktur jener grenzüberschreitenden Pop-Moderne geliefert, die er zwei Jahre zuvor mit großem Aplomb initiiert und mit dem „thin [...] wild mercury sound"[212] seines Doppelalbums *Blonde On Blonde* (1966)[213] noch einmal mächtig befeuert hatte; die Byrds veröffentlichen 1968 das Country-Rock-Album *Sweetheart of the Rodeo*[214] und dürfen plötzlich – wenn auch skeptisch beäugt – im heiligen Gral der Countrymusik, in der Grand Ole Opry in Nashville auftreten; die Ex-Byrds Gram Parsons und Chris Hillman gründen die Flying Burrito Brothers und legen 1969 mit *The Gilded Palace of Sin*[215] einen Klassiker des Genres vor; und selbst die Marathon-Jammer von Grateful Dead drosseln zumindest im Studio ihre Lautstärke, reduzieren die Spieldauer ihrer Songs und erweitern dafür ihren Resonanzradius erheblich, indem sie 1970 mit dem *tongue-in-cheek* betitelten *Workingman's Dead*[216] und mit *American Beauty* gleich zwei countryfizierte Sammlungen kompakter Songs veröffentlichen, die in ihrer Zeitenthobenheit ihre vielleicht besten Studioalben ausmachen.[217] Die ‚Mutter‘ aller Re-Archaisierungsprojekte kreieren allerdings – nur ganz kurz waren sie etwas aus dem Blickfeld gerückt! – die fünf Männer im pinkfarbenen Haus mit ihrem 1968 veröffentlichten Debütalbum *Music from Big Pink*. In einer für die Bandchemie bezeichnenden Mischung aus Bescheidenheit und Arroganz haben sie sich mittlerweile dazu entschieden, sich The Band zu nennen. Das klingt anonymisierend und – *The* Band – angeberhaft zugleich. Man sollte freilich den mythologisierenden Bogen biographischer

---

[211] Greil Marcus: *Basement Blues. Bob Dylan und das alte, unheimliche Amerika.* Hamburg 1998. Das Spektrum der Songs reicht von angetäuschten Country-Balladen und Seemannsliedern über surreale Nonsens-Songs und Blues Jams bis zu späteren Dylan- und The Band-Klassikern wie *Tears of Rage* und *I Shall Be Released*. Erste Bootlegs der Aufnahmen zirkulieren bereits 1969 unter dem albernen Titel *Great White Wonder*, 1975 erscheint das von Robbie Robertson kuratierte, 24 Songs umfassende Doppelalbum *The Basement Tapes* (Bob Dylan and The Band: *The Basement Tapes*. Columbia 1975). 2014 schließlich erscheint im Rahmen der *Bootleg Series* eine auf sechs CDs verteilte Sammlung von 139 Songs unter dem Titel *The Basement Tapes Complete* (Bob Dylan: *The Bootleg Series Vol. 11: The Basement Tapes Complete*. Columbia 2014).

[212] So Dylans eigene Beschreibung. Zit. nach Heylin: *Bob Dylan*, 239.

[213] Bob Dylan: *Blonde on Blonde*. Columbia 1966.

[214] The Byrds: *Sweetheart of the Rodeo*. Columbia 1968.

[215] The Flying Burrito Brothers: *The Gilded Palace of Sin*. A & M 1969.

[216] Grateful Dead: *Workingman's Dead*. Warner Bros. 1970.

[217] Die Zeitenthobenheit von *Workingman's Dead* ist - ähnlich wie bei seinem Vorläufer *Music from Big Bink* - auch das Resultat einer gezielten, gesamtästhetischen Inszenierung. Siehe etwa zur „antique looking patina" des Covers Buzz Poole: *Workingman's Dead*. London 2016, 16.

Legendenbildung nicht überspannen: Aufgenommen werden die elf Songs dieses Albums *nicht* im Keller des Hauses, sondern in den Capitol Studios in New York und Los Angeles.[218] Davon einmal abgesehen atmet das Album in jeder Hinsicht aber *keine* Stadtluft. Die Gesamtästhetik von *Music from Big Pink* ist ganz nachdrücklich auf Archaisierung angelegt. Die Frontseite des Albums zeigt, ohne Titel- und Band-Nennung, eine von Dylan stammende, im naiven Stil eines Kinderbildes gehaltene Zeichnung einer im Freien musizierenden, sechsköpfigen Band samt Elefanten. Während dies bereits auf die Spielfreude wie auch auf den Geist der Reduktion, dem sich die Songs verdanken, vorausweist, setzen die drei Fotographien auf den Innenseiten des Gatefolds noch deutlichere Zeichen der Rückbesinnung. Unter dem Bild des titelgebenden Hauses sieht man das nachmals ikonische, von Elliott Landy aufgenommene Schwarz-Weiß-Foto der vor dem Hintergrund der Catskill Mountains abgelichteten Bandmitglieder. Dicht nebeneinander gereiht stehen sie dort, vier von ihnen in schlichten, dunklen Anzügen und (mit Ausnahme von Garth Hudson, der dafür einen biblischen Rauschebart trägt) mit seltsamen Hüten. Die Inspiration für dieses Foto, so Landy, „came from a book of nineteenth-century photographs of the American West: fuzzy, haunting portraits of miners and prospectors holding stiff poses and shy expressions.“[219] Und so wirken die Bandmitglieder auch eher wie „five desperadoes on the loose during the Gold Rush“,[220] als wie künftige Rockstars. Mehr Anti-Psychedelik und weniger Glamour geht kaum. Die komplette rechte Seite widmet die Band ihren – wie es im eingefügten Bildtitel heißt – „Next of Kin“ und es zeigt die Fünf im großen Kreise ihrer Familien vor einer roten Scheune, die Rick Dankos Urgroßvater gehört. Während 1968 also auf den Straßen der amerikanischen und europäischen Metropolen die Jugend gegen die politischen und mentalen Restriktionen der älteren Generation Sturm läuft und Jim Morrison mit dem ihm eigenen Pathos den Vatermord besingt,[221] verorten sich die Band-Mitglieder nachdrücklich im generationenübergreifenden und -verbindenden Kosmos ihrer Familien. Es fügt sich in dieses Bild, das gleich der Auftaktsong des Albums, das von Dylan und Richard Manuel gemeinsam verfasste *Tears of Rage*, zumindest an der Oberfläche auch die Klage eines Vaters über seine missratene Tochter verhandelt: „We carried you in our arms on Independence Day / And now you'd throw us all aside and put us all away / Oh, what dear daughter 'neath the sun

---

[218] Das haben auch die Musiker so nie behauptet. Das Innencover des Gatefold-Albums zeigt zwar eine Fotographie des Hauses, in den *liner notes* wird die Ursprungsmythologie jedoch nur halb und dem Wortlaut nach historisch korrekt bedient: „Big Pink bore this music and these songs along ist way. It's the first witness of this album that's been thought and composed right here inside its wall.“

[219] Barney Hoskyns: *Across the Great Divide. The Band and America*. London 2003, 166.

[220] Zit. nach ebd., 167.

[221] „'Father.' 'Yes, son?' 'I want to kill you.'“, heißt es in *The End* (The Doors: The End. Auf: *The Doors*).

could treat a father so?"[222] In gewisser Weise die Americana-Variante und Zurücknahme der Beatles-Elegie *She's Leaving Home*. „We were rebelling against the rebellion", so kommentiert Robertson die Haltung der Band. „If everybody else was going east, then we were going west."[223] Als ebenso west- und rückwärts gewandt wie – in einem idealeren Sinne – familiär erweist sich auch das facettenreiche Zusammenspiel der Musiker, dem das Debüt der Band seine singuläre Signatur verdankt. Die stilistische Mixtur aus traditionellen Country-, Gospel-, Rock-, Soul-, Funk- und Vaudeville-Elementen klingt fast nie eklektisch,[224] sondern wird zusammengehalten von den kompakten Songstrukturen und dem – einmal muss die Phrase hier fallen – organischen Zusammenspiel der Akteure. Organisch deshalb, weil sich in einer Art familiär organisierter Songdienlichkeit keiner der fünf Akteure solierend, mit *showing off*-Virtuosität in den Vordergrund spielt, Klavier-, Orgel-, Gitarren-, Bläser- und Violinensounds fein ineinander verwoben sind und die oft dreistimmigen, gleichwohl im Duktus zurückgenommenen Vocal-Arrangements von einem beeindruckenden Gespür für Harmonien zeugen.[225] Kurzum: Sie sind einfach, wenn man das so altbacken sagen darf, wahnsinnig gute Musikanten. Oder, wie es der eigens wegen der Band nach Woodstock gepilgerte Violonist Larry Packer voller Bewunderung formuliert: „There was no bullshit in this music."[226] Diese Rezeption durch einen Musiker ist durchaus bezeichnend für die Erfolgsgeschichte des Albums: In ökonomischer Hinsicht zunächst von durchaus überschaubarer Resonanz – das Album steigt nicht höher als Platz 30 in den Billboard-Charts, das später vielfach, u. a. von Aretha Franklin gecoverte *The Weight* erreicht immerhin in Großbritannien Platz 21[227] –, entwickelt sich *Music from Big Pink* rasch zu einem einflussreichen Klassiker vor allem auch in der sich ebenfalls re-archaisierenden, britischen Musiklandschaft. Eric Clapton schildert seine Begegnung mit dem Album als ein regelrechtes Pfingsterlebnis, nach dem ihm die zur Schau

---

[222] The Band: Tears of Rage. Auf: *Music from Big Pink*. Capitol 1968.

[223] Zit. nach Hoskyns: *Across*, 165.

[224] Man sollte es mit dem Mythos der Abständigkeit des Albums von allem und jedem allerdings auch nicht übertreiben. *Chest Fever* etwa wird von einem durchaus pompösen Orgel-Intro eingeleitet, dass Motive aus Bachs *Toccata und Fuge in d-Moll* aufgreift. Dergleichen hätte auch Keith Emerson, Rick Wakeman oder Gary Brooker gefallen. A propos Brooker: Überhaupt ist ja das relativ prog-freie, erste, ein Jahr zuvor (noch ohne *A Whiter Shade Of Pale*) veröffentlichte Album von Procol Harum, was Song- und Soundgestaltung betrifft, gar nicht so weit weg von *Big Pink* (nachzuhören auf Procol Harum: *Procol Harum*. Deram 1967). Aber, das führt jetzt zu weit, und am Ende landen wir noch bei Dylan. Also weiter im (Fließ-)Text.

[225] The Band, mit ihrer mehr als zehn Jahren umspannenden Erfahrung als im Hintergrund agierende Begleitmusiker, „consistently refrained from overplaying. [...] Robbie was especially concerned to downplay the guitar heroics, rejecting the fuzzboxes and wah-wah gadgets that were becoming ubiquituos in rock." (Hoskyns: *Across*, 151).

[226] Zit. nach ebd., 172.

[227] The Band: *The Weight*. Capitol 1968. Mit einer superben Doppelperformance von Levon Helm, der über weite Strecken gleichzeitig Schlagzeug spielt und singt. Schwierige Sache; können nicht viele.

gestellte Virtuosität seiner ausufernden Improvisationen bei und mit Cream plötzlich schal und lächerlich erschienen sei: „The album wasn't publicly exposed in the same way as it was to musicians", so erinnert er sich, aber „it had a shocking effect on more people you can actually ever realize. The sound of music changed drastically after that first album – everywhere."[228]

***

Überall? Natürlich nicht. Für einen eingefleischten ‚New York City Man' etwa wie Lou Reed, der – ohnehin der unheilige Bimbam der Popgeschichte – mit seiner Band ja bereits eine ganz eigene, urbane Variante des Primitivismus ‚erfunden' hatte, waren solche pastoralen Authentizitätssehnsüchteleien natürlich nichts. Weder in der psychedelisch-bukolischen noch in der anti-psychedelisch-ruralen Variante. In dem Song *Train Round the Bend*[229] von seinem vierten und vorerst letzten Album mit Velvet Underground macht er sich vielmehr über das Scheitern der Stadt-Hippies im Rustikalen lustig: „Been in the country Oh much too long", lautet die Klage des Song-Ichs, „Trying to be a farmer / But nothing that I planted ever seems to grow / [...] / Hey I am just a city boy / And really not a country kid." Es ist bezeichnend, dass eine solche Absage an Re-Naivisierungstendenzen gerade von einem Künstler stammt, der dann in der ersten Hälfte der 1970er Jahre nachhaltig an der Entwicklung einer genreübergreifenden Haltung mitbeteiligt sein wird, in der sich in vielerlei Hinsicht das genaue Gegenteil der oben skizzierten Tendenzen artikuliert. Die Rede ist hier von Glam und damit von einer – sagen wir zunächst einmal behelfsweise: – ‚Spielweise' der Popmusik, die sich vor allem im England der frühen 1970er Jahre entfaltet (sieht man einmal von Reeds eigenem Beitrag und den theatralischen Schockrock-Extravaganzen

---

228 Zit. nach Hoskyns: *Across*, 171–172. Auf Claptons diätetischem Reduktions-Radar sollte nur wenig später noch ein weiterer Musiker erscheinen, der die Haltung des Ex-Gottes zum Songwriting und zum Gitarrenspiel nachhaltig verändern sollte: J.J. Cale. Cale veröffentlicht Anfang 1972 sein Debütalbum *Naturally* und wenigstens eine Fußnote soll, nein: muss ihm hier gewidmet werden (J.J. Cale: *Naturally*. A & M 1971). Denn von den ersten Tönen des Eröffnungssongs, *Call Me The Breeze*, der von einer Beat-Box im Lo-Fi-Modus, Cales unnachahmlich fließendem Gitarren-*twang* und seinem heiser-flüsternden Gesang eingeleitet wird, bis zur Auslaufrille ist Cales Album *das* Manifest einer sich selbst zurücknehmenden Von-Mir-Ganz-Zu-Schweigen-Coolness. „I ain't hidin' from nobody / Ain't nobody hidin' from me", heißt es im Auftaktsong nahezu programmatisch, denn in seiner reduzierten Songkunst entpuppt sich der Gitarrist aus Tulsa als ein Zen-Maestro der Lässigkeit. In Zeiten breitmundigster, allgegenwärtiger Aufgeregtheit sind Cales Songs wie die beiläufige, ganz und gar unaufdringliche Berührung eines Freundes, einer Freundin (you choose). Nachdem man etwa einen sehr langen Tag mit hyperventilierenden Menschen verbracht hat oder gerade eben eine Magma-LP gehört hat, signalisiert diese Berührung vielleicht nicht, dass alles gut wird (das wäre zu viel), aber immerhin doch, dass es, wenn schon nicht immer schön, so doch immerhin okay ist, auf der Welt zu sein. Das ist nicht wenig (und Cale natürlich weit mehr als eine Fußnote der Popgeschichte).

229 The Velvet Underground: Train Round the Bend. Auf: *Loaded*. Polydor 1970.

Alice Coopers und KISS' ab[230]). Behelfsweise nur funktioniert die Rede von der ‚Spielweise', da es sich bei Glam (als Kurzform für „Glamour"[231]), wie Simon Reynolds in seiner umfassenden Monographie betont, um einen äußerst „dehnbare[n] Begriff"[232] handelt; um einen Begriff, der in musikalischer Hinsicht ein, gelinde gesagt, diverses stilistisches Spektrum abdeckt, das von so unterschiedlichen Akteuren wie Marc – „I drive a Rolls-Royce / 'cos it's good for my voice"[233] – Bolan und dessen Band T. Rex, über Gary Glitter, The Sweet, Slade (manchmal auch Elton John und Queen) bis hin zu David Bowie und Roxy Music reicht. Kurz gesagt: Die Art der Musik allein macht noch keinen Glam. Es scheint eher eine spezifische ästhetische Haltung zum eigenen popmusikalischen Tun zu sein, die die genannten Glam-Akteure verbindet und – das vor allem – die sie nachdrücklich von den musikalischen, textlichen oder inszenatorischen Authentizitätsbestrebungen der vorangegangenen Pop-Phänomene unterscheidet. In dieser Haltung manifestiert sich ein „unerschütterliches Selbstbewusstsein, mit dem Glam-Künstler Kostüme, Theatralität und die Verwendung von Requisiten zelebrierten, denn das geschah oft nah an der Grenze zur Parodie. Glam Rock lenkte die Aufmerksamkeit auf seinen eigenen Täuschungscharakter, inszenierte sich offen als Fake."[234] Anders formuliert: Glam lässt den Planwagen in der Scheune, zieht dem Pop die Jeans und Landjoppen aus, schneidet ihm die Bärte ab und holt stattdessen Plateauschuhe sowie Federboas aus dem Schrank und trägt vor allem mächtig Make-up auf. Glam zelebriert performativ den Überfluss und kommuniziert sozusagen im gleichen Atemzug das Wissen um die Künstlichkeit des eigenen Tuns offensiv und ironisch immer schon mit. Der Natürlichkeitsmaxime, die sowohl den feenartigen, superreduktionistischen *folk verité* einer Vashti Bunyan als auch das bärtige Modell der Proto-Americana à la The Band konfiguriert, wird eine radikale Absage erteilt. David Bowie, der wohl wie kein zweiter Pop-Akteur der 1970er Jahre eine sich ständig wandelnde, eklektizistische Mischung aus „Pantomime, Meta-Ebenen, Varieté, Overacting"[235] zu seinem eigentlichen Markenkern entwickelt, bringt in

---

[230] Lou Reeds durch und durch glamouröses *Transformer*-Album (RCA 1972), nach dessen Selbsteinschätzung „easily my best produced album" (zit. nach Nicholas Pegg: *The Complete David Bowie*. London 2016, 482), wird in London von Mick Ronson und David Bowie produziert. Wie groß auch immer Bowies Einfluss auf die Konzeption des Albums tatsächlich gewesen sein mag, mit *Perfect Day, Satellite of Love* sowie der Transgender-Hymne *Walk on the Wild Side* enthält es mindestens drei unverwüstliche Klassiker des Glam. Simon Reynolds betont, wie „sehr man Alice Cooper" angesichts der Mischung aus theatralischem Rock, schwarzem Humor, Crossdressing und inszenierten Skandalen „für eine britische Band halten konnte." (Simon Reynolds: *Glam. Glitter Rock und Art Pop von den Siebzigern bis ins 21. Jahrhundert*. Mainz 2017, 128).

[231] In den USA firmierte die Strömung auch unter der Bezeichnung Glitter (siehe Reynolds: *Glam*, 10).

[232] Reynolds: *Glam*, 11.

[233] So heißt es in *Children of the Revolution*, der paradigmatischen Glam-Hymne von T. Rex (EMI 1972).

[234] Reynolds: *Glam*, 11.

[235] Ebd., 87. Siehe zu Bowie den Beitrag von Martin Rehfeldt im vorliegenden Band.

einem Interview diese Absage an ein auf Konsistenz und Stabilität setzendes Persönlichkeits- und Innerlichkeits-Konzept auf den Punkt: „Für mich ist es viel realistischer anzunehmen, dass all das hier (Kleidung, Haare, Gestik) ich bin, dass sich dahinter nicht mehr verbirgt. Alles ist an der Oberfläche und ich bevorzuge es so."[236] Aus diesem identitätstorpedierenden „desire to change"[237] resultiert dann bei Bowie auch die herkömmliche Geschlechtergrenzen infrage stellende Koketterie mit Androgynität und Homosexualität. Die Reihe der kulturgeschichtlichen Stichwortgeber einer solchen ‚Nur der Schein ist wirklich rein'-Philosophie reicht von den frühen Repräsentanten eines Dandytums wie Beau Brummel, Charles Baudelaire und vor allem Oscar Wilde über die provozierende Oberflächen- und Konsumbejahung der Pop-Artisten der späten 1950er und 1960er Jahre (Peter Blake und Richard Hamilton in England, Andy Warhol in den USA) bis zu den Vertretern jener hyperästhetizistischen Weltwahrnehmungsweise, die Susan Sontag 1964 in ihrem berühmten Essay auf den Begriff des ‚Camp' bringen sollte: „Camp", so Sontag, „sieht alles in Anführungsstrichen [...]. Camp in Personen oder Sachen wahrnehmen heißt die Existenz als das Spielen einer Rolle begreifen. Damit hat die Metapher des Lebens als Theater in der Erlebnisweise ihre größte Erweiterung erfahren."[238]

Auch wenn Glam performativ durch theatralische Exaltation und als Haltung durch eine ironisch gebrochene Selbstreflexivität gekennzeichnet ist – in musikalischer Hinsicht entpuppt auch er sich, zumindest im direkten Vergleich mit den Grenzüberschreitungen des experimentellen Pop der späten 1960er Jahre, in der Regel als ein Reduktionsprogramm: Glam ist vor allem eine Song-Kunst im Singles-Format, d.h., in seinen populärsten Varianten setzt er auf chartkompatible Formen und die einfacheren musikalischen Strophe-Refrain-Strophe-Strukturen des Rock 'n' Rolls der 1950er Jahre und der Beatgruppen der frühen 1960er, die allerdings durch die seit den späten 1960er Jahren avanciertere Aufnahmetechnik auf den gegenwärtigen Stand der Dinge gebracht werden. Die Drums klingen einfach noch gewaltiger, die Gitarren-Riffs ungleich fetter als etwa bei den frühen Who. Überhaupt *My Generation*: Große Glam-Hits wie *Children of the Revolution* von T. Rex (1972), *School's Out* von Alice Cooper (1972) oder *Teenage Rampage* von The Sweet (1974) adressieren zudem auch in ihren Lyrics augenzwinkernd den *spirit* jener versenkungsbefreiten und wieder tanzbereiten Jugend, die ihre Songs hört und kaufen soll.[239] Während Marc Bolan nach einem

---

[236] Zit. nach ebd., 111.

[237] „I don't keep changing just for the sake of it, but there is a desire to change", so Bowie in einem Interview 2003 (zit. nach Pegg: *The Complete*, 8).

[238] Susan Sontag: Anmerkungen zu ‚Camp' [1964]. In: Charis Goer/Stefan Greif/Christoph Jacke (Hg.): *Texte zur Theorie des Pop*. Stuttgart 2013, 41–60, hier: 46.

[239] Alice Cooper: *School's Out*. Warner Bros. 1972; The Sweet: *Teenage Rampage*. RCA Victor 1974.

imagestrategischen, feminisierenden re-modelling sein ohnehin androgynes Aussehen weiter forciert – er trägt bei seinen öffentlichen Auftritten nun Satin-Jacken, Federboa-Schals und die Pelzmäntel der Mutter einer Freundin – und in seinen „boogie mind poems"[240] mit Grandezza und unwiderstehlichen *hook lines* die Gewissheit verbreitet, dass sich die „children of the revolution" ungeachtet aller hedonistischen Verführungsangebote nicht zum Narren halten lassen,[241] rufen The Sweet gleich eine komplett neue Jugendbewegung aus: „Come and join the revolution, get yourself a constitution", fordern sie in ihrem Hit *Teenage Rampage*,[242] „and join the revolution now / And recognise your age, it's a teenage rampage / Turn another page on the teenage rampage now." Allerdings ist damit keine Revolution politischer Art gemeint. Gleich eingangs macht der Song klar, worauf das „revolutionäre" Begehren der Kids zielt: Bevor die Band mit dem Song einsetzt, hört man das einmontierte Kreischen von Teenagern, die „We want Sweet!" skandieren. Diese Revolution bekommen sie dann ja auch.

Gleichwohl gibt es Glam-Akteure, denen, musikalisch wie textlich deutlich komplexer operierend als die auf Singles konzentrierte Konkurrenz, auch auf Albumstrecke nicht die Luft ausgeht. In diese mitunter auch als „„high glam""[243] bezeichnete Kategorie, gehören neben Bowies gesamtkunstwerkhafter Glam-Trilogie aus den frühen Siebzigern – *Hunky Dory*, *Ziggy Stardust* und *Aladdin Sane*[244] – vor allem die beiden ersten Alben der britischen Band Roxy Music. Man muss vielleicht nicht ganz so weit gehen wie Simon Reynolds, der mit sympathischer Emphase das zweite, 1973 erschienene Album *For Your Pleasure*[245] als „eine[s] der besten Alben aller Zeiten"[246] bezeichnet. Indes, eine konzeptuell konsistentere Verschränkung von Covergestaltung, textlicher und musikalischer Kunst auf der Höhe glam-philosophischer Selbstreflexion wird man kaum finden. Nicht von ungefähr charakterisiert Diederichsen die beiden Vordenker der Band, Bryan Ferry (Gesang, Komposition) und Brian Eno (Synthesizer, Tapes) als „Künstler und Kunst-Analytiker"[247] in

---

[240] So Bolans Selbstcharakterisierung seiner Lyrics (zit. nach Reynolds: *Glam*, 63). Über die Bedeutsamkeit seiner androgynen Oberflächengestaltung hat sich Bolan indes keine Illusionen gemacht: „95 Prozent meines Erfolgs", so der Sänger in einem Interview, „kommen durch mein Aussehen. [...] Die Musik ist sekundär. Man muss zwar auch gute Musik machen [...], aber letzten Endes hat es nichts mit Musik zu tun." (zit. nach Reynolds: *Glam*, 62).

[241] „Well you can bump and grind / If it's good for your mind / Well you can twist and shout / Let it all hang out / But you won't fool the children of the revolution", heißt es am Beginn der Hit-Single *Children of the Revolution*.

[242] The Sweet: *Teenage Rampage*. RCA Victor 1974.

[243] Reynolds: *Glam*, 254.

[244] *Hunky Dory*. RCA Victor 1971; *The Rise and Fall of Ziggy Stardust and The Spiders from Mars*. RCA Victor 1972; *Aladdin Sane*. RCA Victor 1973.

[245] Roxy Music: *For Your Pleasure*. Island 1973.

[246] Reynolds: *Glam*, 322.

[247] Diedrich Diederichsen: *Pop – deskriptiv, normativ, emphatisch*. In: Charis Goer/Stefan Greif/Christoph Jacke (Hg.): *Texte*, 185–195, hier 191.

Personalunion. Dass es sich bei dem ‚Vergnügen‘, das der Albumtitel (auf der Innenseite des Gatefolds bezeichnenderweise mit drei Auslassungspunkten versehen) in Aussicht stellt, um eine ambivalente und abgründige Angelegenheit handelt, insinuiert schon die sich über das gesamte *outer sleeve* erstreckende Covergestaltung. Das Gatefold-Cover zeigt vor dem Hintergrund eines urban illuminierten Hintergrunds die nächtliche Szene einer ultraglamourösen (von Amanda Lear verkörperten) Frau in dunkel glitzerndem Kleid mit High Heels, über die Ellenbogen reichenden Handschuhen und breitem Diamantenarmband. Einen Arm in die Hüfte gestemmt, anscheinend in einer unnatürlichen Drehbewegung den Kopf einem potentiellen Betrachter des Bildes herausfordernd-abschätzig zuwendend, führt sie zugleich einen schwarzen Panther an der Leine. Dieser starrt den Betrachter mit leuchtenden Augen und gebleckten Zähnen unmittelbar an, während auf der gegenüberliegenden Seite Bryan Ferry als Chauffeur vor einer Limousine steht und die Frau bewundernd lächelnd betrachtet. Das gesamte Bildarrangement zeugt von äußerster Künstlichkeit und wirkt – Assoziationen von mondänem Luxus, von Dekadenz,[248] von emotionaler Kälte, von Gefahr und erotisch konnotierter Unterwerfungsbereitschaft gleichermaßen und gleichzeitig hervorrufend – wie eine dunkle Kooperation von Helmut Newton und David Lynch. „For your pleasure / In our present state / Part false part true / Like anything / We present ourselves", heißt es programmatisch in dem das Album beschließenden Titelsong – und solche Eindrücke von Zwiespältigkeit, Abgründigkeit und rollenhafter Künstlichkeit evozieren leitmotivisch auch die übrigen Songs des Albums. Zwar scheint der Opener, *Do The Strand*, zunächst – ähnlich wie etwa Chubby Checkers *The Twist* (1960)[249] – das Manifest eines neuen Tanzes (eben des Strands) zu sein, textlich wie auch musikalisch ist er indes meilenweit entfernt von der ungebrochenen Partyseligkeit, die sich im „Let's do the twist" des Vorläufers artikuliert. Wie viele Spiralen der Selbstreflexion die Popmusik in den vergangenen zwölf Jahren schon gedreht hat, lässt sich an Roxy Musics „Meta-Tanzlied"[250] sehr schön beobachten. Schon der Auftakt unterläuft ironisch jene seit Mitte der 1960er Jahre virulente gängige Revolutionsromantik, die einen unmittelbaren Konnex zwischen Popmusik, politischem Bewusstsein und jugendlichem Aufbegehren glaubt herstellen zu können, wenn es ebenso marktschreierisch wie süffisant heißt: „There's a new sensation / A fabulous creation / A danceable solution / To teenage revolution". Die Revolution, hehrer Hochwertbegriff politisch progressiver Mentalitäten, wird hier vom Politischen in einen dem

---

[248]Urbaner Luxus, Dekadenz und Illusionskunst schwingen natürlich bereits im Bandnamen mit, der sich Ferry zufolge vom Namen amerikanischer Kinopaläste der 1930er und -40er Jahre herleitet: „Ich erstellte eine lange Liste mit Kinonamen", so Ferry in einem Interview 1973, „Roxy, Ritz, Granada, Odeon, Regal, Astoria. [...] Sie hörten sich alle ganz schön an. Ich war schon immer von Stars fasziniert. Hollywood war schon immer mein Mekka." (zit. nach Reynolds: *Glam*, 327).

[249]Chubby Checker: *The Twist*. Parkway 1960.

[250]Reynolds: *Glam*, 333.

ständigen Wandel der Moden ausgesetzten Tanzstil verlegt, der zudem vor allem deshalb angepriesen wird, weil man all der andern Tänze mittlerweile überdrüssig ist. Der Strand ist der Tanz nach allen anderen (und somit auch jener vor all denen, die noch kommen mögen): „Tired of the tango / fed up with fandango / [...] / Bored with the beguine / The samba isn't your scene?“. Zudem scheint die diesen Tanz begleitende Musik – „All styles served here“, heißt es im Song – so eklektisch und mithin künstlich aus pophistorischen Versatzstücken zusammengesetzt zu sein, wie die Songs des gesamten Albums selbst. Andy Mackay, Saxofonist und Oboeist der Band, umreißt diesen Eklektizismus in einem Interview lakonisch folgendermaßen: „Es ist unvermeidbar, dass wir von vielen Dingen, Menschen und Ideen beeinflusst werden. Die Kombinationsmöglichkeiten haben kein Ende.“[251] *Do The Strand* klingt denn auch in seinem Stop-and-Go-Stakkato wie eine elegantere, zugleich koksbeschleunigte Version von Velvet Undergrounds *I'm Waiting for the Man*,[252] die mit Synthesizer-Störgeräuschen und Saxofon-Eruptionen garniert wird. *Editions Of You* flankiert den im Text besungenen Identitätswandel mit einer Mischung aus Rhythmusgitarren, die auf die Velvets zurück- und auf den Britpop vorausweisen, 1950er-Jahre-Rock-'n'-Roll-Saxofon und breitbeinigstem 1970er Jahre-Rockgitarrensolo. Mit reggaefiziertem Beat und in krautigen Sphären, fast so, als würden Peter Gabriel und Genesis einen Song von Can interpretieren, mäandert das neunminütige *Bogus Man* vor sich hin. ‚Art Rock‘. Das elektronisch grundierte, melancholisch-psalmodierend startende *In Every Dream Home A Heartache* explodiert nach mehr als der Hälfte des viereinhalbminütigen Songs in einem emphatischen, zwischen Gilmour und Hendrix oszillierenden Gitarrensolo-Part Phil Manzaneras und zitiert mit seinem Fade-out-/Fade-in-Finale die Studiomanierismen der Spät-60er-Psychedelik. *Dream Home* ist, am Ende, ein psychedelischer Song, oder, um noch einmal Susan Sontag zu bemühen, ein ‚psychedelischer‘. Sowohl musikalisch als auch textlich ist er zudem – die erste Seite der LP beschließend – tatsächlich so etwas wie das Herzstück des Albums. In seiner ebenso euphorischen wie abgründigen Sichtung des *modern lifestyle* mit seinen „standards of living [...] rising daily“, der „penthouse perfection“ und dem „open plan living / bungalow-ranch-style“ erscheint er wie eine dunkle Kontrafaktur von Richard Hamiltons 1956 erstmals gezeigter Popart-Collage *Just What Is It That Makes Today's Homes So Different, So Appealing?*. Denn einerseits feiert der Song die perfektionierten Oberflächen und die architektonischen Annehmlichkeiten des modernen Lebens, stellt aber zugleich auch die durch Ferrys einzigartige Stimme in pathetische Melancholie getauchten Fragen nach existenzieller Orientierung und transzendentem Obdach. Diese drängen sich, ist man erst einmal im perfekten Komfort angekom-

---

[251] Reynolds: *Glam*, 332.
[252] The Velvet Underground: I'm Waiting for the Man. Auf: *The Velvet Underground & Nico*. Verve 1967.

men, umso nachdrücklicher auf: „But what goes on? / What to do there? / Better pray there." Und, schlimmer noch: „Is there a heaven? / I'd like to think so". Aber religiöse Bekehrung ist dann doch die Sache des Song-Protagonisten so wenig wie die des strikt diesseitigen Glam überhaupt. Ersterer erweitert vielmehr – darin ähnelt er eher dem haltlosen Ästhetizisten Des Esseintes aus Huysmans Dekadenz-Bibel *À rebours* (1884) – seine libidinös besetzte Dingwelt um ein weiteres, ultimatives Objekt des Begehrens: eine „inflatable doll", der er fortan dient, deren künstliche Haut „like vinyl" schimmert, die ihm ein „perfect companion" zu sein scheint und der er verfällt. Allerdings kann selbst die perfekte Künstlichkeit kein Garant für ein Vergnügen auf Dauer sein, wie das lakonische Ende des Songs verdeutlicht: „Inflatable doll / Lover ungrateful / I blew up your body / But you blew my mind."

Dass die Haut der Kunstpuppe ausgerechnet „wie Vinyl" schimmert, macht sie natürlich rückbeziehbar auf die LP selbst. Und so, wie die gefährliche Liebschaft mit den schönen Dingen nach ihrem scheinbaren, äußersten Höhepunkt in einem eher deprimierenden Finale endet, so markiert auch Roxy Musics *For Your Pleasure* zumindest in ästhetischer Hinsicht den Höhe- wie auch den Endpunkt der kurzen Glam-Ära. ‚A glam record to end all glam', wäre man fast versucht zu sagen. Für Eno und Ferry, der das ebenso flamboyante wie intellektuell vereinnahmende öffentliche Auftreten seines Bandkollegen zunehmend neidisch beäugt, ist es jedenfalls das Ende ihrer kreativen Zusammenarbeit. Roxy Music nehmen ihre folgenden Alben ohne Eno auf. In ökonomischer Hinsicht sollten die größten Erfolge der Band erst noch kommen...

Dass sich nach einer kurzen, drei bis vier Jahre währenden Blütephase auch die Ära potenzierter Theatralität und selbstreflexiver Künstlichkeit auf einen pophistorischen Wendepunkt zubewegte, scheint auch der hellsichtige David Bowie vorausgeahnt zu haben. Journalisten gegenüber bekennt er jedenfalls im Zuge der Interviews rund um seine Glam-*Transformer*-Kooperation mit Lou Reed freimütig und in aller dekadenz-analytischen Schärfe: „People like Lou and I are probably predicting the end of an era. Any society that allows people like Lou and me to become rampant is pretty well lost. We're both very mixed-up, paranoid people – absolute walking messes."[253]

Nach den Outriertheiten und hyperreflexiven Volten des Glam waren zumindest Ironie und Verschwendung erst einmal wieder vorbei. Mit dem Punk sollte sich, wiederum für eine kurze Zeit, eine ganz andere Haltung verbreiten. Aber das ist dann schon wieder ein neues Kapitel in der Geschichte der Popmusik.

---

[253] Zit. nach Pegg: *The Complete*, 484.

Outro: Bleibt was? Drei Varianten

Der zweite Track auf Pink Floyds *Wish You Were Here* trägt den Titel *Welcome to the Machine*. Getragen von einem kalten, maschinell dahinstampfenden Synthesizer-Sound zeichnen die sardonischen Lyrics von Roger Waters das Bild eines unauflöslichen Verblendungszusammenhanges, von dem die einst neue Freiheiten verheißende Popwelt beherrscht wird. ‚Willkommen‘ geheißen wird hier der nächste junge Wilde („You brought a guitar to punish your ma"), der den falschen Versprechungen einer Popstar-Karriere folgt. Während sich der herablassend als „my son" angesungene Proselyt auf einem befreienden Weg ins wilde Außen wähnt („And you didn't like school / And you know you're nobody's fool"), ist er tatsächlich, so die Insinuation des Songs, auf dem Weg in eine vom puren ökonomischen Kalkül durchgetaktete Maschinerie, die – Orwell wird gegrüßt – sogar seine Träume überwacht: „What did you dream? / It's alright we told you what to dream [...] So welcome to the machine." Indirekt stellt der Song natürlich auch die Frage, was von den fulminanten Aufbruchsenergien, den hochfliegenden Visionen und dem *frontier spirit* der Popmusik der Sattelzeit geblieben ist. War da (überhaupt) was? Gab es, zumindest vorübergehend, ein richtiges Leben im falschen? Aus kulturpessimistischer Perspektive – der man Waters zurechnen darf – gewiss nicht. Oder zumindest: nicht viel. „It's all downhill after the first kiss",[254] lautete die historiographische *subscriptio* einer solchen Haltung unter jedes Bild aus der Popgeschichte. Und sie fände gewiss bis heute immer wieder reichlich Nahrung und Selbstbestätigung für ihre Annahme, dass Popmusik sich in der durchkulturalisierten Spätmoderne gleichsam zu Tode gesiegt hat und ihr rebellischer Gestus völlig obsolet geworden ist. Nehmen wir etwa eine Maiausgabe aus dem Jahre 2018 des mittlerweile dem Springerkonzern angehörigen Zentralorgans des popmusikalischen Feldes, dem *Rolling Stone*. Dort inszeniert sich die bisher in Sachen Pop eher unverdächtige Supermarktkette Lidl anlässlich der Eröffnung der alljährlichen Popfestival-Saison als „[i]hre Survival-Station bei Rock am Ring & Rock im Park" und garantiert in einer ganzseitigen Anzeige die „Vollversorgung" der Festivalbesucher mit „Melonen, Bananen und anderen leckeren Obstsorten [sowie mit] Hygiene-Essentials wie Toilettenpapier und Kondomen [und] Frühstücksbrötchen". Dies, so die Versicherung der Anzeige, die als „Fun Facts" gleich noch die Liter- und Kilomengen der bisher verkauften Produkte präsentiert, sei „[a]lles für die ‚Crew‘", wie Lidl die „Besucher und ihre Freunde nennt."[255] Man muss dergleichen gar nicht ausführlicher kommentieren, um zu dem Schluss zu kommen, dass die Brennstäbe der Sattelzeit nun viel-

---

[254] So der späte Lou Reed, allerdings nur noch vorübergehend skeptisch gegenüber den Versprechungen eines erfüllten Lebens. Lou Reed: Modern Dance. Auf: *Ecstasy*. Reprise 2000.

[255] Lidl: Lidl-Rockshop. In: *Rolling Stone*, Mai 2018, 7.

leicht endgültig ausgeglüht sind und von den ‚high hopes' dieser Jahre nicht viel, eben bestenfalls ‚just a lidl bit' geblieben ist.

Nüchterner und in einem weniger anklagenden Duktus könnte man auch aus der sicheren Distanz soziologischer Flughöhe feststellen, dass die Popmusik in der Sattelzeit zu einem historischen Experimentallabor jenes gesellschaftlichen Prozesses geworden ist, den der Soziologe Andreas Reckwitz als den Weg in die „Gesellschaft der Singularitäten" bezeichnet.[256] In seiner vielbeachteten Studie entfaltet Reckwitz den Leitgedanken, dass in der Spätmoderne, d.h. ungefähr seit den letzten dreißig Jahren des 20. Jahrhunderts, ein alle Gesellschaftsbereiche durchdringender Strukturwandel stattgefunden habe. Ein Strukturwandel, „der darin besteht, dass die soziale Logik des Allgemeinen", die das Leben in der industriellen Moderne das 20. Jahrhundert über weite Strecken noch geprägt habe, „ihre Vorherrschaft verliert an die soziale Logik des Besonderen."[257] Der Aufstieg des Kulturkapitalismus, der Siegeszug der digitalen Medientechnologien sowie die postromantische Selbstverwirklichungsrevolution seien die drei wesentlichen spätmodernen Strukturmomente, die – angestoßen nicht zuletzt durch die wirkungsmächtige *counter culture* der 1960er und 1970er Jahre – mit einem postmaterialistischen Wertewandel in der neuen Mittelklasse einhergehen, einem Wertewandel, der um die Ideen von Selbstverwirklichung und Selbstentfaltung kreist. Die historische Ironie dieses Strukturwandels, so kann Reckwitz zeigen, liegt nun gerade darin, dass diese gesellschaftsgeschichtlich neue Kulturalisierung und Singularisierung der Mentalitäten, der Lebens- und Arbeitsverhältnisse sich zugleich mit einer nachdrücklichen Steigerung der gesamtgesellschaftlichen Vermarktlichungstendenzen kreuzt. Als singulär kann nur gelten, wer (oder was) sich permanent auf einem hochkompetitiven Markt einem Publikum, einer Öffentlichkeit präsentiert. Motoren dieses Singularisierungsschubes sind nun gerade jene *creative industries* wie die Werbung, die Kunst, die Popmusik oder die Mode, deren Inszenierungen des Einzigartigen, Besonderen, Originellen und Authentischen zum Leitmodell für die Kommunikation in allen anderen gesellschaftlichen Teilbereichen (bis hinein in die Gestaltung der Privatsphären) werden. Aus dieser Perspektive erscheint die Popmusik der Sattelzeit wie ein Trainingscamp der Singularisierung. Der große Alltagsphänomenologe und hauptberufliche Sänger Francis Albert Sinatra mag schon ganz Ähnliches im Sinne gehabt haben, als er am 25. November 1968 in einem von ihm moderierten TV-Special, *Francis Albert Sinatra Does His Thing*, halb ironisch, halb anerkennend seine Wertschätzung jener ökonomisch potenten Boomer-Generation artikulierte, deren Repräsentant er schon längst nicht mehr war (und sein wollte): „The young people are doing

---

[256]Vgl. Andreas Reckwitz: *Die Gesellschaft der Singularitäten. Zum Strukturwandel der Moderne.* Frankfurt/M. 2017.

[257]Reckwitz: *Die Gesellschaft*, 11.

wonderful things today...They're becoming a force in politics, they're protesting poverty, they're demonstrating for civil rights – but most important, they are buying records."[258]

Aber – so könnte man schließlich aus einer dritten Perspektive gegen solche kulturpessimistischen und soziologischen Ernüchterungsnarrative einwenden: Warum sollte man ausgerechnet und immer wieder der Popmusik schmallippig einen Frankfurter Strick aus ihrer Warenförmigkeit drehen. Schließlich teilt sie diese mit allen anderen Kunstformen. Und dies vielleicht sogar, wie ja vor allem der Blick auf den Glam zeigt, in der am wenigsten bigotten, weil offen zur Schau gestellten Weise. Dass die jungen Leute, wie Sinatra lakonisch feststellt, Platten (und Konzerttickets) kaufen (sollen), mag zutreffen. Es sagt indes noch nichts darüber aus, was diese Alben, die Songs auf ihnen, und die Konzerte mit ihnen *machen*. Für eher empathisch und emphatisch gestimmte pop-historiographische Temperamente wie etwa Greil Marcus jedenfalls nicht wenig. Für ihn bleibt die Popmusik in ihren besten Momenten immer auch ein „Griff nach dem Moment, wo die Ansprüche an das Leben erhöht werden."[259] Aus dieser Perspektive wären all die Platten- und Fernsehstudios, all die Blockhütten und Landhäuser und all die Konzert- und Festivalbühnen, in und auf denen die Popgeschichte der Sattelzeit geschrieben wurde, zumindest auch dies: ästhetische Ermöglichungsräume, in denen, für einen vorübergehenden Moment vielleicht nur, die Möglichkeiten eines anderen Lebens aufscheinen. So könnte man die Geschichte der Popmusik in der Sattelzeit auch erzählen...

---

[258] Kort: *Soul*, 67. Später sollte er in der gleichen Show dann zusammen mit den 5th Dimension eine etwas lauwarme Coverversion von Laura Nyros *Sweet Blindness* abliefern. Ausgerechnet.
[259] Marcus: *Bob Dylans*, 50.

The Beach Boys: *Pet Sounds* (1966)

Christoph Jürgensen

„Don't fuck with the formula", schimpfte Mike Love, als die Band Ende Januar 1966 von einer Asien-Tour zurück in Kalifornien bei ihrem Mastermind war und sich die zwischenzeitlich entstandenen Songskizzen anhörte.[1] Man kann seinen Ärger verstehen. Sicher, es gab zuvor schon erste neutönerische Ansätze in der Werkbiografie der Beach Boys, etwa die kaskadenhaften, rasant wechselnden Harmoniefolgen in Songs wie *California Girls*[2] oder nachträglich eingefügte Stimmen und Partygeräusche auf der Sammlung *Beach Boys' Party!*[3] – zwei Jahre, bevor „Sgt. Pepper told the band to play".[4] Mit dem neuen Material aber entfernte sich Brian Wilson musikalisch wie textlich radikal von den Anfängen der Band im Zeichen von *fun-in-the-sun-tunes*. Wesentlich angetrieben war er dabei von der Konkurrenz zu den Beatles, namentlich die Veröffentlichung der amerikanischen Fassung von *Rubber Soul* (mit *I've Just Seen a Face* als Auftakt)[5] hatte Wilson in eine künstlerische Krise gestürzt. „When I heard *Rubber Soul*", erinnert er sich später, habe er resigniert gedacht: „„That's it. That's all, folks.""[6] Aber das war natürlich keineswegs alles, vielmehr schlug die Resignation schnell in den

---

[1] So wird es immer wieder erzählt, Love selbst allerdings dementiert diese Äußerung in Mike Love: *Good Vibrations: My Life as a Beach Boy*. New York, NY 2016, 164f.

[2] The Beach Boys: California Girls. Auf: *Summer Days (And Summer Nights!!)*. Capitol 1965.

[3] The Beach Boys: *Beach Boys' Party!* Capitol 1965.

[4] The Beatles: Sgt. Pepper's Lonely Hearts Club Band. Auf: *Sgt. Pepper's Lonely Hearts Club Band*. Parlophone u. a. 1967.

[5] The Beatles: *Rubber Soul*. Capitol 1965.

[6] Zit. nach einem Interview in den Album-Linernotes zur *Pet Sounds*-Box von 1997.

Willen um, die ästhetische Herausforderung zu kontern und sich die Popkrone zurückzuholen. Spätestens jetzt war eine popkünstlerische Überbietungslogik in Gang, ein Streben nach immer avancierteren Ausdrucksformen, wie wir es aus den ‚klassischen‘ Kunstformen kennen.[7]

Aber von dieser allgemeinen Ebene zurück zur Rolle der Beach Boys in diesem sehr ernsten Spiel. Mit der Formel gebrochen hatte Wilson in doppelter Hinsicht. Zum einen hatte er mit dem Werbetexter Tony Asher einen neuen Partner verpflichtet, um das Songwriting weiterzuentwickeln, und Asher hatte geliefert, was von ihm erwartet wurde: Lyrics der Verletzlichkeit angesichts der emotionalen Krisen post-adoleszenter Liebe, reflektiert, melancholisch und gereinigt von allen Spuren jugendlicher Euphorie. Die restliche Band konnte mit dieser Ton- und Stillage wenig anfangen, wie eine Basslinie lief daher die Frage durch die Sessions: „What the fuck do these words mean“?[8] Zum anderen weitete sich der produktionsästhetische Rahmen enorm aus, in diesem Fall lässt sich wirklich einmal sagen: *Size matters*. Wilson konnte ein 8-Spur-Gerät verwenden, während die Beatles sich noch mit vier Spuren begnügen mussten, aufgenommen wurde in gleich vier Studios und es kamen insgesamt 67 Musiker:innen zum Einsatz. Zu ihnen zählte die Wrecking Crew, eine Art Super-Group der Studiomusiker, gleichermaßen im Pop bewanderte wie klassisch ausgebildete Musiker.[9] So kamen Kosten von 70.000 Dollar zusammen, inflationsbereinigt über eine halbe Millionen Dollar, für damalige Verhältnisse unerhört.

So hoch die Zahl der Beteiligten an den Aufnahmesessions war, so unverkennbar wurde der produktive Prozess von Wilson dominiert. Man könnte in seinem Fall daher von einem Pop-Auteur sprechen, um François Truffaut zu beleihen, insofern er als zentrale Produktionsinstanz eines organischen, multi-dimensionalen Gesamtkunstwerks agiert und alles seine ästhetische Handschrift trägt.

Werfen wir also einen Blick ins Studio und schauen ihm bei der Arbeit zu: Wie häufig ist es spät, fast Nacht schon, und die Musiker:innen witzeln untereinander, dass es wohl bis zum Morgengrauen dauern wird, bis sie fertig sind. Brian Wilson gibt aus dem Regieraum unermüdlich Anweisungen, seit Stunden verfeinern sie ihre Parts und werden von Wilson doch immer wieder verbessert, so geduldig wie beharrlich. Erschwert wird die gemeinsame Arbeit dadurch, dass Wilson keine Notenblätter austeilen konnte, weil der auto-

---

[7]Zur Stellung der Beach Boys in dieser formativen Phase der Popgeschichte siehe Christoph Jürgensen: Die ich rief, die Geister. The Beach Boys *Smiley Smile / Smile Sessions*. In: Gerhard Kaiser/Christoph Jürgensen/Antonius Weixler (Hg.): *Younger than yesterday – 1967 als ‚Schaltjahr‘ des Pop*. Berlin 2017, 200–217.

[8]Peter Ames Carlin: *Catch a Wave. The Rise, Fall & Redemption of the Beach Boys' Brian Wilson*. New York, NY 2006, 83.

[9]Zur Geschichte dieser in wechselnden Zusammensetzungen spielenden Gruppe siehe Kent Hartman: *The Wrecking Crew: The Inside Story of Rock & Roll's Best-Kept Secret*. New York, NY 2013.

didaktische Arrangeur das Notationssystem nicht gelernt hat. Daher singt und summt er ihnen vor, was in seinem Kopf klingt, er gestikuliert, lässt einspielen, hört den Take auf dem Kopfhörer, spult zurück und lässt von vorne beginnen, weil ein Detail nicht stimmt. In den meisten Fällen braucht es mehr als 20 Takes, bis er zufrieden ist. Mehr noch, das alles wiederholt sich wenig später anlässlich der Gesangsparts. Mike Love etwa haben sich die Aufnahmen zu *Wouldn't It Be Nice*[10] eingeprägt, bei denen sie Passagen drei-ßigmal wiederholten – „und dabei waren einige der Versuche fast perfekt! Für Brian waren jedoch die Töne allein oder ihr Zusammenhang nicht genug: Er strebte nach etwas Mystischem, außerhalb des menschlichen Hörbereichs."[11]

So entstand ein Zyklus von Songs, die zwar kein Konzeptalbum im strengen Sinne ergeben, d.h. keine narrativ ‚strenge' Abfolge bieten, aber doch einen starken inneren Zusammenhang erkennen lassen. Auftakt und Finale der Platte bilden einen Bogen: Sie setzt ein mit der jugendlichen, hoffnungsvollen Euphorie von „Wouldn't it be nice, to live together / in the kind of world where we belong", und „maybe if we think and wish and hope and pray it might come true". Am Ende wird von dieser Hochstimmung nichts übriggeblieben sein: „Where did your long hair go / Where is the girl I used to know", fragt *Caroline, No*. Die Antwort muss nicht direkt gegeben werden, von der sentimentalischen Haltung gibt es kein Zurück in die naive: „Could I ever find in you again / Things that made me love you so much then / Could we ever bring them back once they had gone." Zwischen die Pole von juveniler Emphase und erwachsener Ernüchterung eingefügt sind Songs, die jugendliche Unsicherheit und Selbstfindungsprobleme (*That's Not Me*) thematisieren oder nonverbale Körperkommunikation, wie in *Don't Talk (Put Your Head on My Shoulder)*. Dazu geht es um den Versuch, ein frisch verlassenes Mädchen über den Verlust hinwegzutrösten (*I'm Waiting for the Day*) oder um den Zustand der Entfremdung (*I Just Wasn't Made for These Times*, legendär durch den Einsatz des Elektrotheremins, flankiert u.a. von Cembalo, Flöten, Klanghölzern, Pauken, Banjo und Mundharmonika). Das alles ist ergänzt durch zwei instrumentale Nummern (*Let's Go Away for a While* und den Titeltrack), die sich atmosphärisch in die *bittersweet symphony* fügen. Nur *Sloop John B* fällt aus dem Rahmen, rhythmisch und vor allem textlich. Al Jardine hatte die Idee, diesen aus dem frühen 20. Jahrhundert stammenden karibischen Shanty zu covern, der durch eine Version des Kingston Trio populär geworden war. Die Beach Boys aktualisierten ihn mit einer besonders vertrackten Variante ihres Satzgesangs, instrumentiert neben Bass, Gitarre und Schlagzeug mit Klarinette, Flöten, Glockenspiel und Orgel – das ergab eine eminent erfolgreiche Single-Auskoppelung, viel-

---

[10]Im Folgenden sind alle Songs des Albums zit. nach The Beach Boys: *Pet Sounds*. Capitol 1966.

[11]Charles L. Granata: *Brian Wilson und die Beach Boys. Die Entstehung von Pet Sounds*. Höfen 2003, 141.

leicht gerade deshalb, weil die exotistische Fröhlichkeit des Songs von der dominanten Innerlichkeit der Platte abweicht.

Wollte man einen Song aus dieser Reihe von Kunstliedern herausheben, dann müsste es wohl *God Only Knows* sein, einer der ersten Songs der Popgeschichte, der sich traut, Gott zu erwähnen. Aber um Gott geht es darin überhaupt nicht. Er ist am Beginn der zweiten Seite platziert und mit seiner Balance aus Ewigkeitsversprechen und Vergänglichkeitswissen das Kippmoment des gesamten Albums. „I will not always love you", setzt er irritierend ein, um die Perspektive dann zu drehen, „so long as there are stars above you" – also auf ewig, verstehen wir Hörer. Aber zu einer ewigen Liebe gehören zwei Seiten, wie die zweite Strophe weiß, die die Helligkeit der ersten in Sepia taucht: „If you should ever leave me / Though life would still go on believe me / The world could show nothing to me / So what good would living do me." Gesungen ist die Ode an die Liebe von Carl Wilson, der die Anweisung befolgt, so ‚gerade' wie möglich zu singen, er sollte nur einatmen und lossingen. Das Arrangement wiederum ist schlicht und trickreich zugleich, zunächst ertönt ein Waldhorn, das unterlegt ist von einem Percussion-Part auf Plastik-Kanistern, mit dem Text setzen Cembalo, Streicher und Schlittenschellen ein. Nach der zweiten Strophe bricht die Struktur in ein synkopiertes *fill-in* aus, und der Song mündet in einen mehr barock- als poptypischen Kanon, der dem Gesangsquartett alles abverlangt.

Das Album erschien am 16. Mai 1966, und die Befürchtungen von Mike Love bewahrheiteten sich. Ein veritabler Flop war *Pet Sounds* zwar nicht, Resonanz und Verkaufszahlen fielen gegenüber den vorherigen Alben aber deutlich ab. Es erreichte gerade einmal Rang 10 in den Billboard-Charts (im Vereinigten Königreich allerdings immerhin Platz 2) und wurde als erstes Studioalbum der Band nicht mit einer Goldenen Schallplatte ausgezeichnet. Offenkundig hatten die Beach Boys bzw. hatte Wilson an der Erwartungshaltung der Fans vorbei komponiert, zu weit weg von ihrer spezifischen Form der Popkunst hin zu einer Spielart des Kunstpop. Resonanzstrategisch wenig hilfreich waren dabei sowohl das ratlos machende Cover als auch der hermetische Titel: Während die Konkurrenz mit arrivierten Popkünstler:innen zusammenarbeitete und Kunstwerke für die Ewigkeit schuf (der Umschlag von *Sgt. Pepper* etwa wurde von der *Sunday Times* zu den „Millenium Masterworks" gezählt[12]), präsentiert das *sleeve* von *Pet Sounds* die Band im Zoo von San Diego beim Füttern von Ziegen. Und was, fragten sich Betrachter:innen von damals bis heute, sind eigentlich ‚pet sounds'? Laute von Haustieren oder Klänge für Tiere? Selbst das unmittelbare Umfeld der Band war irritiert, Asher etwa „hielt es für einen dümmlichen Namen für

---

[12] Siehe hierzu generell Walter Grasskamp: *Das Cover von Sgt. Pepper. Eine Momentaufnahme der Popkultur.* Berlin 2004.

Cover The Beach Boys' Album *Pet Sounds,* Vinyls / Alamy

ein Album – ich dachte, es würde unsere Leistung trivialisieren."[13] Ebenfalls kontraproduktiv war die Reaktion der Plattenfirma auf die enttäuschenden Chartplatzierungen, die ohnehin nur halbherzig für *Pet Sounds* geworben hatte und nun schnell die Kompilation *Best of the Beach Boys*[14] nachschob und damit dem eigenen Produkt erfolgreich Konkurrenz machte (das Best-of erreichte Platz 8 der Charts und hielt sich dort über ein Jahr).

Aber wie es sich für Hochkunst gehört, galt in diesem Fall letztlich nicht der massenmediale Produktionszyklus, der auf einen schnellen (und sich schnell verbrauchenden) Erfolg beim Publikum setzt, sondern vielmehr derjenige Zyklus, der zunächst für die Eingeweihten produziert und erst auf die Langdistanz zu weiterem Ruhm führt. Längst ist das Album in allen relevanten Rankings vertreten, die die Bedeutung von Popkunst in Listenform zu messen versuchen, mal ganz vorne, mal knapp dahinter – aber immer prominent platziert. Um nur ein Beispiel anzuführen: Das Album rangiert auch nach einer umfassenden Neuordnung direkt hinter Marvin Gayes *What's goin on*[15] auf Platz 2 der *500 Greatest Albums of All Time* des *Rolling Stone*, drei Positionen vor dem höchstnotierten Album der Beatles (*Abbey Road*[16]).[17] Diese sämtliche Kanonrevisionen überdauernde Kontinuität mag einen gewissen Grad von Objektivität markieren. Einen noch höheren Wert hat aber vielleicht eine ganz subjektive Einschätzung, eine jedoch von un-

---

[13] Granata, *Brian Wilson und die Beach Boys*, 152.

[14] The Beach Boys: *Best of the Beach Boys*. Capitol 1966.

[15] Marvin Gaye: *What's Going On*. Tamla 1971.

[16] The Beatles: *Abbey Road*. Apple 1969.

[17] Jonathan Bernstein et al: The 500 Greatest Albums of All Time. The Classics are still the classics, but the canon keeps getting bigger and better. In: *Rolling Stone*, 31.12.2023, rollingstone.com/music/music-lists/best-albums-of-all-time-1062063/the-beach-boys-pet-sounds-2-1063231/ (2.8.2025).

überbietbarer Autorität: Paul McCartney nämlich hat einmal eingestanden, dass es den Beatles unmöglich schien, *Pet Sounds* zu übertreffen, allenfalls gleichziehen wollten sie. Speziell *God Only Knows* habe ihn zum Weinen gebracht.[18]

Folgerichtig für den (gelegentlichen) Wandel von Popkunst zu Hochkultur ist schließlich, dass sie auch so behandelt wird: Immer häufiger erleben wir das Bestreben um eine kontrollierte Nachlassverwaltung, insofern Alben mit geradezu editionsphilologischer Akribie aufbereitet werden, als lege man historisch-kritische Ausgaben der eigenen Werke vor. Auf unseren Fall gewendet: 1995 erschien als Auftakt zu dieser Phase der Selbsthistorisierung eine digital remasterte Fassung der Platte,[19] zwei Jahre später gefolgt von dem Vier-CD-Set *The Pet Sounds Sessions*,[20] das neben den fertigen Songs halbfertige Instrumentalaufnahmen, isolierte Gesangsspuren, alternative und verworfene Takes bietet – ein Literatur- oder Kunstarchiv hätte nicht gründlicher arbeiten können. Damit nicht genug unternahm Brian Wilson auch noch eine *Pet-Sounds*-Symphonie-Tournee, zum 35. Jahrestag des Erscheinens, auf der das Album vollständig (und mit einem 55-köpfigen Orchester) gespielt wurde. Die einst verfehlte Goldene Schallplatte wurde dann doch noch verliehen, am 11. Februar 2002. Auch wenn Kulturwissenschaft keine Prognostik ist, lässt sich voraussehen, dass damit sicher kein Schlusspunkt der Wirkungsgeschichte von *Pet Sounds* gesetzt ist.

---

[18]Zit. nach dem Begleitheft zur *Pet Sounds*-Box von 1997.
[19]The Beach Boys: *Pet Sounds*. DCC Compact Classics 1995.
[20]The Beach Boys: *The Pet Sound Sessions*. Capitol 1996.

The Beatles: *Sgt. Peppers Lonely Hearts Club Band* (1967)

Gerhard Kaiser

Ah, c'mon, wirklich noch einmal die Beatles und *Sgt. Peppers*[1] jetzt? Muss das sein? Schon klar, dass das 1966 erschienene *Revolver*[2] in heutigen, Britpop-sozialisierten Ohren irgendwie frischer, innovativer (*Tomorrow Never Knows*!) klingt, sein Pop-Appeal zeitloser ist; dass das ‚Weiße Album' (*The Beatles*, 1968)[3] in seiner inkohärenten, zwischen Genialität und Gaga oszillierenden Vielgestaltigkeit recht eigentlich die Postmoderne im Pop vorwegnimmt; und dass schließlich mit *Abbey Road* (1969),[4] was die Sound- und Songgestaltung betrifft, das beginnt, was man später einmal ‚Classic Rock' nennen wird.[5] Und trotzdem: Mit Blick auf die Bandgeschichte, auf die Covergestaltung, wie auch textlich und musikalisch bleibt das achte Album der Beatles *das* Dokument eines vollendeten popgeschichtlichen Überganges. Nie zuvor (und nachher ohnehin nicht mehr) war das Menschheitsbeglückungsunternehmen, das die Beatles waren und sind, so *right in tune* mit dem Zeitgeist, so sehr in gleichem

---

[1] So, ohne Genitiv-Apostroph, findet sich der Titel auf der Frontseite des Covers (The Beatles: *Sgt. Peppers Lonely Hearts Club Band* [1967]. Parlophone/E.M.I. 2017).

[2] The Beatles: *Revolver*. Parlophone 1966.

[3] The Beatles: *The Beatles*. Apple 1968.

[4] The Beatles: *Abbey Road*. Apple 1969.

[5] Auch wenn die Kanonisierung der Beatles selbst nahezu unwiderruflich erscheinen mag, im Blick auf die einzelnen Alben der Band bleibt sie beweglich: Während etwa *Sgt. Peppers* 1987 vom amerikanischen *Rolling Stone* noch zum besten Album der letzten 20 Jahre gewählt wird (o.A.: The 100 Best Albums of the Last Twenty Years. In: *Rolling Stone*, August 1987), landet es in der 2023 vom deutschen *Rolling Stone* veröffentlichten Liste der 500 besten Alben aller Zeiten hinter *Revolver* (Platz 3), *The Beatles* (Platz 7), *Abbey Road* (Platz 11) nur noch auf Platz 12 (Markus Brandstetter: Rolling Stone hat gewählt: Die 500 besten Alben aller Zeiten. In: *Rolling* Stone, 12.3.2024, rollingstone.de/rolling-stone-hat-gewaehlt-die-500-besten-alben-aller-zeiten-2-2681047/26/ [6.8.2025]).

© Der/die Autor(en), exklusiv lizenziert an
Springer-Verlag GmbH, DE, ein Teil von Springer Nature 2026
C. Jürgensen und G. Kaiser (Hrsg.), *Eine Kulturgeschichte der Popmusik*,
https://doi.org/10.1007/978-3-662-72524-5_16

Maße Indikator wie Faktor des westlichen Weltjugendgeistes wie mit diesem Album, das sie am 1. Juni 1967, nach sechs Monaten Aufnahmezeit in den Abbey Road Studios,[6] gleichsam an den Toren des *summer of love*, veröffentlichten. *Sgt. Peppers* ist der ultimative Ausdruck und zugleich Beschleuniger jenes Verkunstungs- und Sentimentalisierungsschubes, von dem die Popmusik in der zweiten Hälfte der 1960er Jahre ergriffen wird.

Dass Popmusik überhaupt zu einem legitimationsfähigen Bestandteil dessen, was man so Kultur nennt, avancieren würde, war noch drei Jahre zuvor kaum abzusehen. Schon gar nicht für die Beatles selbst. Von einem Journalisten zwei Tage nach ihrem triumphalen Auftritt in der *Ed Sullivan Show* vom 9. Februar 1964 befragt, welcher Stellenwert den Beatles im Rahmen der westlichen Kulturgeschichte zukomme, antwortet McCartney jedenfalls noch: „You must be kidding me with that question. Culture! It's not culture, it's a good laugh."[7] Was in den nächsten drei Jahren mit der Band und um sie herum geschieht, gehört mittlerweile zum festen Bestandteil des kollektiven Pop-Gedächtnisses: Ermüdet und verschlissen von der massenmedial erzeugten und nahezu weltweit wirksamen *Beatlemania* mit den ritualartigen Versatzstücken aus kreischenden, hysterischen Fanmassen und kaum noch hörbaren Musikeinlagen, ermüdet auch von ihrem eigenen *moptop*-Image, beschließt die Gruppe Ende August 1966, ihre Karriere als Live-Band zu beenden und diesen Teil der Akkordarbeit einzustellen. Spätestens mit *Revolver* (5. August 1966) – dessen Songs die Beatles schon nicht mehr live spielen werden – setzt jene massiv forcierte Verkunstung und Sentimentalisierung der Beatles ein, d.h. ihre Transformation „von einer untypisch einfallsreichen Schlagercombo zu einer ästhetisch reflektierten und anspruchsvollen Gruppe von Komponisten, Textern und Musikern",[8] die sich in *Sgt. Pepper* vollendet.[9] Wenn man die *Revolver*-Songs *Eleanor Rigby*, den McCartney als seinen „poetische[n] Durchbruch"[10] bezeichnet, und *Tomorrow Never Knows* sowie die noch 1966 aufgenommene, im Februar 1967 veröffentlichte Doppel-A-Seiten-Single *Strawberry Fields/Penny Lane*[11] als die Präludien die-

---

[6] Eine geradezu aberwitzig lange Zeit für damalige Standards. Die Beatles investierten vom November 1966 bis zum April 1967 insgesamt um die 400 Stunden in die Fertigstellung des Albums (s. Sgt. Pepper's Lonely Hearts Club Band – Recording Notes (Beiheft der CD-Ausgabe). In: The Beatles: *Sgt. Peppers Lonely Hearts Club Band* [1967]. Parlophone/E.M.I. 2009, o.S.).

[7] Ron Howard (Regie): Eight Days A Week. The Touring Years. 2 Disc Special Edition. Großbritannien/USA 2016. Disc 1: 00:22:52–00:23:03.

[8] Walter Grasskamp: *Das Cover von Sgt. Pepper. Eine Momentaufnahme der Popkultur.* Berlin 2004, 20.

[9] Zur Rolle des Konkurrenz- und Überbietungsdrucks mit den Beach Boys und deren epochalem *Pet Sounds*-Album im Rahmen dieser Transformation s. den Beitrag von Christoph Jürgensen zu letztgenanntem Album in diesem Band.

[10] Paul McCartney: *Lyrics. 1956 bis heute.* Bd. 1, 2. Aufl., München 2022, 163. Ebd. auch die im Blick auf die eigene Verkunstung beredte Versicherung McCartneys, dass auch Allen Ginsberg und William S. Burroughs *Eleanor Rigby* für ein „großartiges Gedicht" hielten.

[11] The Beatles: *Strawberry Fields/Penny Lane*. Parlophone 1967.

ses öffentlich inszenierten Übergangsritus hören kann, dann ist *Sgt. Peppers* sein eigentliches Kern- und Vollendungsstück.[12]

Von einem solchen Übergang zeugt und kündet bereits das Albumcover. Auf der Rückseite sind – für zeitgenössische Popgewohnheiten und auch für die Beatles bis dahin unüblich – sämtliche Texte des Albums abgedruckt. Die ‚neuen‘ Beatles, so die kunstanzeigende Insinuation, wollen nicht nur gehört, sondern auch *gelesen* werden. Die vom britischen Pop-Art-Künstler Peter Blake gestaltete Vorderseite wiederum macht den Imagewandel der Band selbst zum Thema und sie ist zugleich lesbar als Pastiche von Max Ernsts Surrealistenversammlung *Au rendez-vous des amis* (1922).[13] Auch dieses Gemälde fungiert als das programmatische Bildnis einer neuen Bewegung. Blakes Installation illustriert wie in einer Momentaufnahme die doppelte Optik der gereiften Version der Band, ihren Anspruch auf eine Selbstverkunstung, die zugleich im Bereich des Populären verbleibt: In historischen Fantasieuniformen posieren die Beatles als Sgt. Peppers Lonely Hearts Club Band, neben ihnen stehen noch einmal sie selbst in der in Madame Tussauds Wachsfigurenkabinett eingegangenen, 1967 also schon historisch gewordenen *moptop*-Variante. Beide Varianten der Beatles sind eingefügt in eine Gruppe scheinbar wahllos zusammengestellter Größen aus Wissenschaft, Musik, Literatur, Sport und Film. Deren Spektrum reicht von Albert Einstein und Karl Marx über Bob Dylan, Karlheinz Stockhausen, Oscar Wilde, Edgar Allan Poe und Dylan Thomas bis zu dem Boxer Sonny Liston und den Schauspielern Marlon Brando, Laurel und Hardy, Fred Astaire und Marilyn Monroe. Illustriert wird so zum einen die Neuerfindung der Beatles, die sich als Band der ‚einsamen Herzen‘ von den alten Erwartungen der Fans und der Industrie ironisch distanziert und befreit, um künstlerisch neue und innovativere Wege beschreiten zu können. „It was a very liberating thing to do“,[14] so McCartney in der Rückschau auf diesen *alter-ego-move*. Zum anderen vollzieht sich dieser Befreiungsakt von den Zumutungen der Popindustrie durchaus *innerhalb* von deren Grenzen, indem sich die Beatles in einen Kanon von Vorbildern einordnen, deren Spektrum die Grenzen zwischen Hoch- und Massenkultur dezidiert missachtet. Sie inszenieren damit gleichsam vorab auch jene Grenzen überschreitende Revision des kulturellen Kanons, die Leslie Fiedler wenig später auf die Begriffe bringen sollte.[15] In und mit den Beatles nimmt eine Moderne zum Mitsingen Gestalt an.

---

[12] Zur Idee des Übergangsritus s. Frank Witzel: The Inner Groove of Sgt. Pepper. Die Beatles und ihr Übergangsritus. In: Gerhard Kaiser/Christoph Jürgensen/Antonius Weixler (Hg.): *Younger Than Yesterday. 1967 als Schaltjahr des Pop*. Berlin 2017, 11–28.

[13] Siehe hierzu und zum Folgenden Grasskamp: *Das Cover von Sgt. Pepper*.

[14] Zit. nach Rolling Stone: *The 100 Best Albums of the Last Twenty Years*, 46.

[15] Leslie Fiedler: *Cross the Border, Close the Gap*. In: *Playboy*, Dezember 1969, 151, 230 und 252–258.

Cover *Sgt. Pepper's Loneley Hearts Club Band* von den Beatles, Michael Ochs Archives / Getty Images

Wovon aber wird gesungen auf *Sgt. Pepper*? Um eine immergrüne Debatte weiterzuführen: Das Album hat ein Konzept. Wir hören schließlich durchgängig einem knapp 40-minütigen, dreizehn Songs umfassenden, fiktiven Konzert zu, das mit einem die fiktive Band vorstellenden Titelstück eröffnet und mit der Zugabe *A Day in the Life* beschlossen wird.[16] Aber es ist kein Konzeptalbum im engeren Sinn: Eine kohärente, stringente ‚Geschichte‘ wird in den Stücken nicht erzählt. Und doch, man könnte fast von einem Zufallskonzeptalbum sprechen, gibt es doch ungeachtet der dreifachen Autorschaft und der divergierenden ‚Erzählstimmen‘ (ein Song stammt von Harrison, drei von Lennon, acht von McCartney, die Zugabe montieren sie aus Texten von Lennon und McCartney) so etwas wie ein untergründiges Narrativ, das die einzelnen Texte miteinander verbindet. Wie ein roter Faden zieht sich der generationenbedingte, historische Abgrund zwischen einer älteren, traditionellen, im weitesten Sinne bürgerlichen, und einer neuen, auf immaterielle Werte und Selbstverwirklichung gleichermaßen setzenden Lebensweise durch die Texte. Der für dieses *us-and-them*-Narrativ zentrale, weil programmatischste Song ist George Harrisons *Within You Without You*, der, an dramaturgisch gewichtiger Position, die zweite Seite des Albums eröffnet: Er entwirft das Szenario einer nicht näher charakterisierten Gesprächsrunde, deren Fragen um das Thema der Vereinzelung und Einsamkeit kreisen: „We were talking – about the space / between us all / [...] We were talking about the love that's / gone so cold“. In gewisser Weise greift der Song also McCartneys Frage aus *Eleanor Rigby* wieder auf, woher nur all diese einsamen Leute kommen. Diese Einsamkeit, so die Diagnose, sei das Resultat

---

[16] Alle Songs des Albums zit. nach The Beatles: *Sgt. Peppers Lonely Hearts Club Band*. Parlophone 1967.

des Verhaltens jener Leute (hier kommen die ‚anderen‘ ins Spiel), „who hide themselves / behind a wall of illusion / Never glimpse the truth – then it's far / too late – when they pass away" und „who gain the world and lose their soul". „[A]re / you one of them?", wendet sich Harrison, gleichsam aus dem Szenario heraustretend, unmittelbar an den Hörer. Oder gehörst du zu uns, könnte man diese Frage auch fortschreiben, das heißt zu jenen, die nicht nur dieser Diagnose zustimmen, sondern auch über das entsprechende Therapeutikum verfügen: nämlich das die Weltwahrnehmung erweiternde und vertiefende, die Vereinzelung auflösende Medium der Liebe: „With our love – we could save the world". Einziges Problem (hier greift wieder das oppositionelle Narrativ): „– if they only knew." Das textliche Pepper-Universum wird konfiguriert von dieser Kritik der trostlosen Welt diesseits der Pforten einer durch Musik, Liebe oder Drogen erweiterten Wahrnehmung, in dem die philiströsen Anderen ihr Dasein im Modus der Uneigentlichkeit fristen. Eine solche Welt wird in den Texten schemenhaft aufgerufen und anhand der üblichen gesellschaftlichen Repräsentanten der alten Lebensweise illustriert: der Lehrer in *Getting Better* („I used to get mad at my school / The teachers that taught me weren't cool / You're holding me down, turning me / round / Filling me up with your rules"); der schockierten Eltern, deren Tochter, „after living alone / for so many years", im Teenager-Minidrama *She's Leaving Home* von zu Hause wegläuft („We gave her most of our lives / [...] Sacrificed most of our lives / We gave her everything money could buy"); der Ordnungshüterin in Gestalt einer Strafzettel schreibenden Politesse, *Lovely Rita*, deren Schultertasche „made her look a little like a military man"; der pedantisch-kleinbürgerlichen Bürokraten, die, wenn sie nicht gerade die 4.000 sehr kleinen Straßenlöcher in Blackburn, Lancashire (*A Day in the Life*) zählen, von ihrer Partnerin eine präzise formulierte, schriftliche Bestätigung verlangen, dass sie sie auch mit 64 noch brauchen und füttern werden (*When I'm Sixty-Four*). Allerdings wächst das Rettende doch auch. Denn neben die eingedunkelte Diagnose einer abzulehnenden Lebensweise tritt ein Spektrum von Therapieangeboten, deren wahrnehmungserweiternde Medien zumindest der Möglichkeit nach einen Sprung in eine neue, authentischere Lebensweise erlauben: von der Musik selbst, über ein durch Drogen erweitertes Bewusstsein bis hin zur Liebe in ihrer transzendenten, uneigennützigen Gestalt (*Within You Without You*), der freundschaftlichen Liebe (*With a Little Help From My Friends*) und schließlich der Liebe in ihrer erotischen Spielart: „I'd love to turn you on", heißt es in *A Day in the Life* und dieses Zuwendung signalisierende Schlusswort des gesamten Albums war für die BBC immerhin anzüglich genug (man vermutete Drogen), um dann wiederum den Beatles eine generationenbedingte Abfuhr zu erteilen und den Song auf den Index zu setzen.

Dies ändert indes nichts daran, dass die Musik selbst auf *Sgt. Peppers* als *das* Medium der gelingenden Übergänge firmiert. Der Umstand, dass die Musik des Jahres 1967 angeblich – so ja der fiktionale Pakt, den das Album mit seinen Hörern schließt – von einer Kapelle gespielt wird, deren Wurzeln in der unmittelbaren Nachkriegszeit („It was twenty years ago today / Sgt. Pepper taught the band to play") liegen, ist weder Zufall noch Nebensache. In ihm offenbart sich vielmehr das eigentliche Konzept, das die dreizehn Songs des Albums miteinander verbindet: Die Musik von *Sgt. Pepper* ist vom ersten bis zum letzten Ton konzipiert als das Medium, in dem die generations-, mentalitäts- und lebensstilbedingten Oppositionen, die die Songtexte noch verhandeln, als überbrückbar inszeniert werden. Die gesellschaftsutopische Überschüssigkeit des Albums resultiert aus dem Umstand, dass die musikalischen Brüche zwischen *high and low*, zwischen Psychedelic Rock, Schlager, Kunstlied, Zirkusmusik, indischem Raga, Music-Hall-Jazz, *musique-concrète*-Einschüben und avantgardistischen Cluster-Experimenten permanent als mögliche Übergänge inszeniert werden, die diese Brüche überwinden. *Sgt. Pepper* zelebriert die Kunst des nivellierten Übergangs, die Kunst einer scheinbar leichthändigen, studiotechnisch indes extrem voraussetzungsreichen Nahtlosigkeit, die deren Produzenten – die Beatles selbst, das Aufnahmeteam um George Martin und den Toningenieur Geoff Emerick und schließlich (so viel Latour muss sein) das Abbey Road Studio 2 – als Pioniere „of a new ‚simultaneous' popular art"[17] erscheinen lassen. Lennon charakterisiert die Songs seiner Band als „Volkslieder für das elektronische Zeitalter",[18] was man mit dem gleichen Recht umkehren könnte in: elektronisch generierte Experimentalmusik mit Massenappeal. Schon in den ersten 55 Sekunden des Albums zeigen sich jene Strategien der Inszenierung nahtloser Übergänge zwischen *high und low*, des Ineinanderblendens von unterschiedlichen Sound-Designs, die das gesamte Album prägen. In den ersten Sekunden mit ihrer Mischung aus Instrumentenstimmen und Publikumsgeräuschen wähnt sich der Hörer noch in einem Konzertsaal kurz vor Beginn eines klassischen Konzertes. Bereits diese Live-Atmosphäre ist freilich das Ergebnis einer artifiziellen Studiooperation, denn George Martin hat diese Geräuschkulisse aus zwei anderen Aufnahmen montiert. Schon hier wird deutlich: Was echt klingt, ist das Ergebnis einer elektronischen Zubereitung, einer Montage, deren Ränder sozusagen abgeschliffen und damit unkenntlich gemacht werden. Nach zwölf Sekunden wird man in eine andere, unerwartete Hörlandschaft versetzt: Die Sgt.-Peppers-Band beginnt mit einem bluesrockartigen Song, um dann eine halbe Minute später in einen erstaunlichen, gleichwohl organisch wirkenden Übergang zu münden: in ein

---

[17]Ian MacDonald: *Revolution In The Head. The Beatles Records And The Sixties*. Third Revised Edition. London 2008, 23.
[18]Zit. nach Mark Hertsgaard: *The Beatles. Die Geschichte ihrer Musik*. München 1996, 349.

zwölf-sekündiges, kontrapunktisches Zwischenspiel, das von vier Waldhörnern bestritten wird, deren Sound uns nicht nur von Amerika nach Europa, sondern auch aus der Gegenwart zurück in eine klassisch eingefärbte 18.-Jahrhundert-Atmosphäre zurück katapultiert. Fulminanter noch fällt diese Montagekunst im letzten Song des Albums aus. Unsicher mag bleiben, wie vieler Löcher es tatsächlich bedarf, um die ehrwürdige Royal Albert Hall zu füllen; wie viel Zeit und wie vieler klassisch ausgebildeter Musiker es – neben den Beatles – indes bedarf, um ein Sound-Amalgam aus popsongorientierter Mitsingbarkeit, surrealistischer Textambition und avantgardistischem Esprit zu kreieren, kann man mit Blick auf den finalen Track des Albums ziemlich genau sagen: 34 Aufnahmestunden und 41 Orchestermusiker in – wie die Beatles verlangten – Frack und Partyverkleidung.[19] Letztere finden sich am Abend des 10. Februar 1967 in den Abbey Road Studios ein, um zwei Lücken von je 24 Takten zu schließen und jenen Song fertigzustellen, der in der Logik des fiktiven Konzerts als Zugabe fungiert – „an encore to end all encores", wie es der Beatles-Historiker Mark Hertsgaard anspielungsreich formuliert.[20] Für deren endgültige Gestalt sind vor allem drei studiotechnische Modulationen verantwortlich, die den Sound der Stimmen, den der Drums und den der einmontierten orchestralen Partien betreffen. Passend zu den im Text verhandelten und für das ganze Album zentralen Themen der Einsamkeit und der gesellschaftlichen Entfremdung hatte Lennon den Wunsch geäußert, seine Stimme möge ähnlich verhallt klingen wie diejenige von Elvis auf der berühmten *Heartbreak-Hotel*-Aufnahme („I'll be so lonely, I could die").[21] Emerick moduliert den Aufnahmeprozess so, dass Lennon gleichsam gegen sein eigenes Echo ansingt, wodurch der Eindruck jener weltmüden Entrücktheit entsteht, der die Grundstimmung des Songs ausmacht.[22] Ungewöhnlich sind auch der Stil und der Sound von Ringos Schlagzeugspiel. Die Drums fungieren hier kaum noch als takthaltendes Hintergrundinstrument, sondern Ringo spielt melodiöse *fills* auf den Toms, deren massiver, paukenähnlicher Sound dadurch erreicht wird, dass die Spannung der oberen Felle gelockert wurde, während die unteren entfernt wurden, um Mikrofone direkt unterhalb der Drums zu positionieren.[23] Aus dieser Konstellation resultiert der einzigartige, zugleich dräuende und elegante Sound von Ringos Spiel. Apropos dräuend: Die eigentliche klangliche und experimentelle Signatur erhält das Stück natürlich durch seine beiden orchestralen Übergangspassagen, die Lennons und McCartneys Songteile miteinander auf eine bis dahin

---

[19] Hertsgaard: *The Beatles*, 19.

[20] Mark Hertsgaard: *A Day In The Life. The Music and Artistry of The Beatles*. New York, NY 1995, 220.

[21] Elvis Presley: *Heartbreak Hotel*. RCA Victor 1956.

[22] Siehe MacDonald: *Revolution In The Head*, 231–32.

[23] Siehe Jean-Michel Guesdon/Philippe Margotin: *Beatles Total. Die Geschichten hinter den Songs*. 2. Aufl. Bielefeld 2014, 406.

im Pop unerhörte Weise ‚vernähen‘. Es handelt sich dabei um ein aleatorisches Orchester-crescendo, dessen Umsetzung George Martin in die Wege leitet: Er – keiner der Beatles war des Notenlesens kundig – notiert das Glissando für jede einzelne Stimme, um sozusagen den *richtigen* Zufallseffekt zu gewährleisten. Jedes Instrument soll sich innerhalb der 24 Takte von der tiefstmöglichen zur höchstmöglichen Note in der Nähe eines E-Dur-Akkordes heraufspielen, ohne dabei auf das Spiel des Nebenmannes zu achten.[24] Die Orchester-Passage wird auf einer Vier-Spur-Maschine mehrfach aufgenommen und am Ende zu einem einzigen, monströsen Sound-Cluster zusammengemischt.[25] Das „letzte Wort“ des Songs bleibt dieser auratisch-infernalische „sound like the end of the world“[26] (Lennon) indes nicht: *A Day in the Life*, der vielleicht beeindruckendste Song in der an großartigen Songs nicht gerade armen Geschichte der Beatles, ein vollendeter Höhepunkt der Popkunst und das dritte surrealistische Manifest, endet im Wohlklang mit einem auf drei Klavieren gespielten (wiederum mehrfach aufgenommenen) E-Dur-Akkord, den die Beatles eigentlich in Beach-Boys-Manier hatten summen wollen, was sich aber als zu leise und als zu wenig eindrucksvoll erwies. Schließlich wollte man ja auch *Pet Sounds* überbieten. Dass die allerletzten Worte auf *Sgt. Peppers*, die die Beatles in die Auslaufrille (den ‚inner groove‘) pressen lassen und damit – zumindest bei den damaligen handbetriebenen Plattenspielern – auf Dauer stellen, dann ein Ausschnitt von zufällig zusammengestückeltem und rückwärts abgespieltem Gelächter und Gekreische, kurz Nonsens, ist, ist so bezeichnend wie – ja, doch – absolut liebenswert. Der innerste Antrieb (der ‚inner groove‘) der Beatles ist ihr Humor, ihre Selbstironie, ihr Wissen darum, auch „a good laugh“ zu sein, in denen sich eine Fähigkeit zur Selbstdistanzierung artikuliert, die noch die kunstverdächtigsten Experimente der Band gegen jede Form prätentiöser Andächtigkeit und Kunstreligiosität imprägniert und bis heute überdauern lässt.

---

[24] Hertsgaard: *The Beatles*, 19.
[25] Siehe MacDonald: *Revolution In The Head*, 231.
[26] Zit. nach ebd., 230.

Aretha Franklin: *Respect* (1967)

Anna Bers

Der Song *Respect*,[1] interpretiert von Aretha Franklin (1942–2018), ist – laut der aktualisierten, 2021 veröffentlichten Liste des *Rolling Stone* – der beste Song aller Zeiten.[2] Vielleicht ist diese Ehrung schon alles, was man über das Lied wissen muss. Denn so glamourös wie sie ist: Wen überrascht, dass ausgerechnet die Queen of Soul mit ihren zeitlos-universellen „unapologetic demands"[3] den ersten Platz unter den 500 besten Liedern erringen würde?

Wie aber wurde der Song zu dem, was er heute nicht nur für die Sängerin, nicht nur für die Soulmusik, nicht allein für Frauen und Afroamerikaner:innen, sondern für die globale Musik- und Emanzipationsgeschichte bedeutet?

Respect erscheint 1967 als zweite Single des Albums *I Never Loved a Man the Way I Love You*,[4] das für Franklin einen künstlerischen Um- und Chartdurchbruch bedeutete. Der Song basiert auf einem Lied von Otis Redding (vom Album *Otis Blue/Otis Redding Sings Soul*, 1965)[5] und erreicht erst in der Version von Aretha Franklin sowohl den ersten Platz der amerikanischen R-'n'-B- als auch – deutlich unwahrscheinlicher – der dortigen Pop-Charts. Die erfolgreiche Neuerfindung Franklins hängt mit mehreren Faktoren zusammen: Erstens wechselt Franklin in diesem Jahr von Columbia zu Atlantic

---

[1] Aretha Franklin: *Respect*. Atlantic 1967.

[2] Jonathan Bernstein et al.: *The 500 Greatest Songs of All Time*. In: *Rolling Stone*, 16.9.2021, au.rollingstone. com/music/music-lists/best-songs-of-all-time-30065/blue-oyster-cult-dont-fear-the-reaper-30118/ (26.10.2022).

[3] Bernstein et al.: *The 500 Greatest Songs of All Time*.

[4] Aretha Franklin: *I Never Loved a Man the Way I Love You*. Atlantic 1967.

[5] Otis Redding: *Otis Blue/Otis Redding Sings Soul*. Volt 1965.

© Der/die Autor(en), exklusiv lizenziert an
Springer-Verlag GmbH, DE, ein Teil von Springer Nature 2026
C. Jürgensen und G. Kaiser (Hrsg.), *Eine Kulturgeschichte der Popmusik*,
https://doi.org/10.1007/978-3-662-72524-5_17

Records und dem hellsichtigen Produzenten Jerry Wexler. Damit geht zweitens auch eine bedeutende musikalische Veränderung einher: Franklin lässt broadway-tauglichen Jazz und Pop sowie die Rolle „eine[r] Art schwarze[n] Barbra Streisand"[6] bzw. eines „weibliche[n] Pendant[s] zu Ray Charles"[7] hinter sich und wendet sich einer dynamischen Gospel-Ästhetik zu. Diese Musik entspricht deutlich mehr ihrer fünf Oktaven umfassenden Stimme und ist ihr aus der Jugend als performende Tochter eines erfolgreichen Baptistenpredigers vertraut. Drittens wandelt sich gleichzeitig auch Franklins Inszenierung vom Braven zum Glamourösen und damit zu hochtoupierten Perücken und Pailletten.[8] Dass (viertens) Franklins psychische Situation innerhalb einer sie kleinhaltenden Ehe für die Authentizität ihres Blues verantwortlich gewesen sei, ist ein tradiertes Begründungsmuster.[9] Franklin selbst hat sich bewusst nicht öffentlich zu ihrer Ehe und einem entsprechenden Zusammenhang positioniert.

„One of the changes Aretha Franklin made [...] was to spell out the word ‚respect' [...], which Otis Redding did not do in the original. Why do you think Franklin did this?", fragt ein Übungsbuch zu *American Identities*, das Lernenden anhand einzelner Textbeispiele und Quellen historische Zusammenhänge der amerikanischen Kulturgeschichte vermitteln möchte.[10] Tatsächlich hat Franklin das Original von Redding sowohl musikalisch als auch textlich so verändert, dass heute ihr Name und nicht seiner mit dem Song verknüpft ist. Das ausbuchstabierte Wort ‚Respect' sowie die wiederholte Silbe „re, re, re, re" erzeugen nicht nur eine sprechrhythmische Dynamik, die in Reddings „schweißstampfendem Original"[11] nicht zu hören ist, sondern verfremden und betonen das Schlüsselwort besonders stark. „Re" steht dabei auch für ‚Aretha' (und ihren familiären Kosenamen ‚Ree'), die hier vom Background performativ bereits mit zigfach wiederholtem Respekt bedacht wird.[12] Franklin fügt dem Song überdies eine Bridge mit Akkordwechsel hinzu, die auch eine andere rasant reimende und hochgradig appellative Buchstabenfolge enthält: „R-E-S-P-E-C-T / Take care, TCB" (‚Taking care of business'). Sich im Rahmen ihrer musikalischen Neuerfindung dem Gospelschema von *Call and Response* annähernd, verschiebt Franklins Version den Song im Spiel mit

---

[6] Mark Bego: *Aretha Franklin. Queen of Soul.* Übers. von Ronit Jariv. Hamburg 2012 (amer. 1989), 76.

[7] Peter Wicke: Franklin, Aretha. In: Ludwig Finscher (Hg.): *Die Musik in Geschichte und Gegenwart. Allgemeine Enzyklopädie der Musik.* Bd. 7. Zweite, neubearbeitete Ausgabe. Kassel u. a. 2002, 17–18, hier 17.

[8] Vgl. Bego: *Aretha Franklin*, 88.

[9] Vgl. ebd. und prominent die Beschreibung „I think of Aretha as Our Lady of Mysterious Sorrows" bei Franklins Produzent Jerry Wexler/David Ritz: *Rhythm and the blues. A life in American music.* New York, NY 1993, 212.

[10] Lois Palken Rudnick et al. (Hg.): *American Identities: An Introductory Textbook.* Malden, MA 2006, 167.

[11] Ernst Hofacker: *1967. Als Pop unsere Welt für immer veränderte.* Stuttgart 2016, 93.

[12] Vgl. dazu Vea Kaiser: Himmlischer Sex. Aretha Franklin: *I Never Loved a Man the Way I Love You.* In: Gerhard Kaiser/Christoph Jürgensen/Antonius Weixler (Hg.): *Younger than yesterday. 1967 als Schaltjahr des Pop.* Berlin 2017, 167–181, hier 176.

dem Background hin zu einer mündlich-dialogischen Gestaltung. Ausrufe, rhetorische Fragen und Wiederholungen erzeugen eine stärkere Präsenz der fingierten fordernden Gesprächssituation und verabschieden die klare und übersichtliche Monologansprache, „Hey little girl", die Redding vorgelegt hatte. Mit diesen Verschiebungen zum Gospel und damit zu Gegenwärtigkeit und Dialog geht auch eine doppelte Veränderung in Bezug auf Gender-Konstruktionen einher: Das weibliche Ich, das hier spricht, ist nicht das simple Spiegelbild-Du, das Redding in seiner vermeintlich ehrerbietigen, dennoch aber asymmetrischen Version (dem „Männersong ohne Subtext"[13]) skizziert und die den heimkehrenden Ernährer vorführt, der nichts als Respekt erwartet. Franklins Ich ist einerseits gerade nicht auf ökonomische Zuwendung angewiesen („Ooh, your kisses, sweeter than honey / And guess what? So is my money") und so jederzeit frei zu gehen: „when you come home [...] And find out I'm gone...". Das Ich kann andererseits genau deshalb mit seiner Forderung nach Respekt eine Bandbreite von möglichen Ausdrucksweisen seines Erweises evozieren, die sexuelle Bedeutungen von „give it to me" im Spiel mit expressiv eingesetzten Synonymen mehr ein- als ausschließen:[14] „Whip it to me", „sock it to me" (letztere Wendung ist übrigens eine lexikalische Erfindung der Franklin-Schwestern beim Neu-Arrangieren[15]). Franklins Ich hat sich also aus einem Vertragsverhältnis ökonomischer Absicherung, die zugleich Abhängigkeit ist, befreit und kann so zur Folie für berechtigte Forderungen nach Anerkennung jeder Art werden.

Das 1967er-Album und mit ihm die Single *Respect* haben Franklins Leben verändert und Musikgeschichte geschrieben. Vea Kaiser zufolge geht seine Wirkung aber noch erheblich darüber hinaus: *I Never Loved a Man the Way I Love You* sei „jenes Album, das auch irgendwie dazu beitrug, dass Barack Obama Präsident wurde und Frauen all das tun können, was sie heute so tun."[16] Diese schillernde These lässt sich vermutlich weder be- noch widerlegen. Allerdings verweist sie auf die Rolle, die *Respect* im Rahmen der Frauen- und Bürgerrechtsbewegung gespielt hat. Und diese könnte in der Tat größer nicht sein. „The song's lyrical message [...] addressed the contemporary struggle over the inherent equality of all people, regardless of race or gender, and it was adopted as an anthem by the Civil Rights and women's movements."[17]

---

[13] Kaiser: *Himmlischer Sex*, 176.

[14] Vgl. dazu ebd.

[15] Vgl. Bego: *Aretha Franklin*, 84.

[16] Kaiser: *Himmlischer Sex*, 168.

[17] Danielle M. Kuntz: Aretha Franklin. In: Carl L. Bankston III (Hg.): *Great lives from history. African Americans*. Bd. 2. Pasadena, CA/Hackensack, NJ 2011, 614–617, hier 616.

The Velvet Underground: *Heroin* (1967)

Gerhard Kaiser

Wenn böse Menschen doch Lieder hätten, eines davon klänge wie *Heroin*.[1] Aber, und das gilt auch für die Kanonisierungseffekte des Pop, Adel vernichtet: Unter all den Lorbeerkränzen, die die Popgeschichte dem Song wie auch dem Album mit Warhols berühmtem Bananen-Cover mittlerweile geflochten hat, verflüchtigen sich die Unwahrscheinlichkeit, der Wille zur Grenzüberschreitung und die Geste des gereckten Mittelfingers, denen sich beide – der Song wie das Album – einst verdankten. Zunächst zu den Lorbeeren und Listen: Im amerikanischen *Rolling Stone* schafft es *Heroin* 2004 unter die *500 Greatest Songs of All Time*, das Debütalbum wird 2006 in die National Recording Registry der Library of Congress aufgenommen und die deutsche Ausgabe des *Rolling Stone* wählt es noch 2024 zum besten Album aller Zeiten überhaupt.[2] Weltkulturerbe also. Und, zugegeben, auch das Thema ‚Drogen und wie man (nicht) mit ihnen umgehen sollte' hat sich im Gefolge von *Heroin* mit Songs wie *Lucy in the Sky with Diamonds*[3] (doch doch!)

---

[1] *Heroin* eröffnet die B-Seite des Albums. Im Folgenden zit. nach The Velvet Underground: Heroin. Auf: *The Velvet Underground & Nico*. Verve 1967.

[2] o.A.: 500 Greatest Songs of All Time. In: *Rolling Stone*, 11.12.2003, rollingstone.com/music/music-lists/500-greatest-songs-of-all-time-151127/the-velvet-underground-heroin-160472/ (4.9.24); de.wikipedia.org/wiki/National_Recording_Registry#Auswahl_2006 (4.9.24); Markus Brandstetter: Rolling Stone hat gewählt: Die 500 besten Alben aller Zeiten. In: *Rolling Stone*, 12.3.2024, rollingstone.de/rolling-stone-hat-gewaehlt-die-500-besten-alben-aller-zeiten-2-2681047/ (7.8.2025).

[3] The Beatles: Lucy in the Sky with Diamonds. Auf: *Sgt. Peppers Lonely Hearts Club Band*. Parlophone 1967.

© Der/die Autor(en), exklusiv lizenziert an
Springer-Verlag GmbH, DE, ein Teil von Springer Nature 2026
C. Jürgensen und G. Kaiser (Hrsg.), *Eine Kulturgeschichte der Popmusik*,
https://doi.org/10.1007/978-3-662-72524-5_18

von den Beatles, *White Rabbit*[4] von den Airplane, *Sister Morphine*[5] von den Stones oder J.J. Cales *Cocaine*[6] – um hier nur einige zu nennen – rasch als ein stabiles Subgenre des Pop etabliert.[7] Gewiss gilt also: Häresien lassen sich nicht auf Dauer stellen und überhaupt altert die Avantgarde oft schneller und wirkt dann meist knittriger als die Orthodoxien, gegen die sie anlärmte. Aber in manchen Fällen bewahrt sie eben doch, ungeachtet aller Lorbeeren, die geradezu fiese und unappetitliche Frische ihrer schockierenden Anfänge: Das bereits 1964 von Lou Reed geschriebene, im November 1966 eingespielte *Heroin* jedenfalls klingt bis heute wie kein anderer Drogensong.

Eigentlich klingt überhaupt kein Song wie *Heroin*. Das hat zunächst zu tun mit dem künstlerischen Ethos der 1965 in New York gegründeten, schon in ihrer Zusammensetzung und Entstehungsgeschichte im höchsten Maße unwahrscheinlichen Band: Neben Lou Reed (Gesang, Gitarre), der sein Literaturstudium als professioneller Poptexter bei Pickwick Records finanziert, vereinigen sich der im Rock 'n' Roll völlig unbewanderte, weil in klassischer Komposition ausgebildete, avantgardistisch gestimmte Waliser John Cale (Bratsche, Tasteninstrumente und, wenn nötig: Bass), Sterling Morrison (Gitarre), ein Kommilitone Reeds, sowie schließlich Maureen Tucker (eine Frau! am Schlagzeug!! Mitte der 1960er Jahre!!!) zur Kernbesetzung von The Velvet Underground.[8] Ein Ethos der Publikumsverstörung, das kollabierende Teenager und kollektive Saalfluchten einkalkuliert,[9] dominiert von Beginn an die Auftrittspraxis der Band, eine ,right-in-your-face'- und ,fuck you'-Attitüde (freilich künstlerisch sich verstehend), die Cale – um den Gedanken der Unappetitlichkeit hier wieder aufzugreifen – folgendermaßen charakterisiert: „Our aim was to upset people, make them feel uncomfortable, make them vomit."[10] Dem Paten der Pop-Art, Andy Warhol, muss gerade dies im Rahmen seines eigenen Konzeptes einer „Pop-Idea"[11] verwertbar erschienen sein, denn er ,engagierte' die Band Ende 1965, nach einem Konzert, vom Fleck weg, was heißt: Er kaufte der Band Verstärker, ließ sie in seiner Factory proben und schickte sie im April 1966 mit dem gesamten Factory-Tross im Rahmen einer irritierend lauten, grellen und schockierenden Multimedia-Show (The Exploding Plastic Inevitable) auf US-Tour. Auf sein Drängen (und

---

[4] Jefferson Airplane: *White Rabbit*. RCA Victor 1967.

[5] The Rolling Stones: Sister Morphine. Auf: *Sticky Fingers*. Rolling Stones 1971.

[6] J.J. Cale: *Cocaine*. Shelter 1977.

[7] Zur Rolle der Drogen in der psychedelischen Ära Alexander Kupfer: *Göttliche Gifte. Kleine Kulturgeschichte des Rausches seit dem Garten Eden*. Stuttgart/Weimar 1996, 201–245.

[8] Zur wechselvollen Besetzungsgeschichte der Band s. Victor Bockris/Gerard Malanga: *up-tight. The Velvet Underground Story*. London u. a. 2002.

[9] Siehe Peter Hogan: *The Rough Guide to the Velvet Underground*. London 2007, 19.

[10] Zit. nach Jim DeRogatis: *The Velvet Underground. An Illustrated History of a Walk On The Wild Side*. Minneapolis, MN 2009, 5.

[11] Andy Warhol/Pat Hackett: *POPism. The Warhol '60s*. New York, NY/London 1980, 134.

sehr zum Ungemach des äußerst konkurrenzbewussten Reed) wird die Band für das erste Album noch um die bisher als Model tätige deutsche Sängerin Nico (Christa Päffgen) erweitert, mit der Velvet Underground in drei von Warhol finanzierten Sessions im Frühjahr und im Oktober 1966 jenes Album aufnimmt, das als *The Velvet Underground & Nico (Produced by Andy Warhol*, so heißt es auf der Rückseite des Albums) mit dem vom Popartisten eindeutig zweideutig gestalteten Bananencover („Peel slowly and see") in die Popgeschichte eingehen wird.[12]

Doch zurück zum vomitiven Potenzial der Popkunst der Velvets im Allgemeinen und von *Heroin* im Besonderen. Nachhaltig attackiert der über siebenminütige Song die handelsüblichen Hörgewohnheiten, textlich wie musikalisch. „He was writing about things other people weren't",[13] so beschreibt John Cale seinen Eindruck, als Reed ihm im Frühjahr 1965 neben einem Song über eine sadomasochistische Beziehung (*Venus in Furs*) und einem über die Imponderabilien bei der Drogenbeschaffung (*I'm Waiting for the Man*) zum ersten Mal auch *Heroin* vorspielt. Dass in einem Popsong dergestalt ausführlich, vom Titel an ausdrücklich, dann über 48 Verse hinweg und ohne jede semantische Bemäntelung die bewusste Entscheidung zur heroininduzierten Entselbstung und Erhebung beschrieben wird, ist neu und darf als häretischer Akt bezeichnet werden. Reed selbst hat gelegentlich versucht, das herunterzuspielen, der song sei „just about taking heroin, from the point of view of someone taking it."[14] Das genau ist natürlich der Punkt: Die Lyrics sind als Rollenpoem angelegt und halten stringent die Perspektive des *users* durch. Der Song bricht so mit jenen moralischen Konventionen, die angesichts des Sujets erwartbar wären. Weder wird hier vor der Drogenerfahrung gewarnt (à la *The Needle and the Damage Done*[15]), noch wird an irgendeiner Stelle zu ihr aufgefordert (kein finales „Feed your head" wie in *White Rabbit*). Diese Abstinenz in moralischen Dingen wird dadurch noch verstärkt, dass sich das Ich der Lyrics zwar als durchaus wortmächtig, aber eben auch als orientierungslos präsentiert, als ein Ich, das ungeachtet der Drogenerfahrungen am Ende des Songs („and I guess that I just don't know") genauso klug ist wie an dessen Anfang („I don't know just where I'm going"). Zudem – und auch dies entspricht durchaus nicht den zeitgenössischen Pop-Konventionen – greifen die Rauschbeschreibungen nicht auf die üblichen Blues- und Folkquellen, sondern auf literarische Ressourcen zurück, die von den *poète maudits* des 19. Jahrhunderts über Melvilles *Billy*

---

[12] Zum Cover s. Gerhard Kaiser: „Make them vomit". *Heroin* von *The Velvet Underground*. In: *LiLi - Zeitschrift für Literaturwissenschaft und Linguistik* 46.2 (2016), 186–190; Zur Rolle Warhols s. Frank Kelleter: Aus der schönen Pophölle. The Velvet Underground & Nico. In: Gerhard Kaiser/Christoph Jürgensen/Antonius Weixler: *Younger Than Yesterday. 1967 als Schaltjahr des Pop*. Berlin 2017, 30–35.

[13] Mick Wall: *Lou Reed. The Life*. London 2013, 22.

[14] Zit. nach Hogan: *The Rough Guide to the Velvet Underground*, 244f.

[15] Neil Young: *The Needle and the Damage Done*. Reprise 1972.

Budd[16] bis zu den *beat poets* in Reeds Gegenwart reichen. So reiht sich etwa die „big decision" des Ichs, „to nullify my life", in die traditionsreiche Reihe jener *poète maudits* und Hipster ein, die von Baudelaire und Rimbaud bis zu Burroughs und Ginsberg aus Gründen des *ennui* zu Drogen griffen und die den Akt der dionysischen Selbstberauschung mit den verbotenen Giften zugleich als ein anti-bürgerliches Statement verstanden wissen wollten. Wichtiger erscheint in *Heroin* aber noch die Entscheidung selbst, das eigene Leben vollständig ins Zeichen der Droge zu stellen: „Heroin, it's my wife and it's my life". Diese Nüchternheit und ostentative Reuelosigkeit, mit der die gesamte Existenz der Droge überantwortet wird, findet ihre literarische Vorprägung vor allem in William S. Burroughs 1953 veröffentlichtem, ebenso erfolgreichem wie skandalträchtigem Roman *Junkie*,[17] dessen ursprünglicher Untertitel bezeichnenderweise *Confessions of an unredeemed Drug Addict* lautet.[18] Literarisch vorgeprägt sind auch jene Erfahrungen, die durch das Heroin ermöglicht werden: eine Art religiös konnotierte Selbstübersteigerung zunächst („feel just like Jesus' son") und dann ein allumfassender, erhebender Zustand von Betäubung und Bewusst- und Sorglosigkeit („I'm not aware / I just don't care"), der besser sei als der Tod („And then I'm better off than dead"). Die Verbindung von Rausch und quasi-religiösem Enthobensein, wie sie in *Heroin* ironisch-blasphemisch durch die lakonische Rede von „Jesus' son" in die Popgrammatik eingeschrieben wird, ist freilich ein kulturgeschichtlich ehrwürdiger, bis zu den Dionysien und Bacchanalien der Antike zurückreichender Topos, der dann aber im 19. Jahrhundert durch die Schriften eines Thomas De Quincey – *The Confessions of an English Opium Eater* (1821)[19] – oder eines Baudelaire und dessen *künstlicher Paradiese* (1860)[20] literarisch neu befeuert wird.

Wie aber klingt *Heroin*? Nun, als Begleitsound eines Drogenrausches will man es sich, obwohl es vom Drogenkonsum handelt, lieber nicht vorstellen. „I don't make records for fucking flower children",[21] so Reeds anti-psychedelische Grundstimmung. Ein Freund des Hippietums war er gewiss nicht. Und, *Heroin* klingt nicht nur nicht psychedelisch, sondern bricht auch in anderer Hinsicht bewusst mit einigen Konventionen des damaligen Pop. Das liegt nicht an Reeds Gesangsstil, der hier noch recht nah am leicht das

---

[16] Herman Melville: Billy Budd. In: Ders.: *The Works of Herman Melville. Standard Edition Vol. VIII: Billy Budd and Other Prose Pieces*. Hg. von Raymond W. Weaver. London/Bombay/Sydney 1924, 1–114.

[17] William S. Burroughs: *Junky*. New York, NY 1977. Zuerst veröffentlicht als William Lee (Pseudonym): *Junkie*. New York, NY 1953.

[18] Siehe Kaiser: „Make them vomit", 192.

[19] Thomas De Quincey: *The Works of Thomas De Quincey. Vol. 2: Confessions of an English Opium Eater 1921–1856*. Hg. von Grevel Lindop. London 2000.

[20] Charles Baudelaire: Die künstlichen Paradiese. In: Ders.: *Charles Baudelaire. Sämtliche Werke/Briefe. In acht Bänden. Bd. 6: Les Paradis artificiels. Die künstlichen Paradiese*. Hg. von Friedhelm Kemp/ Claude Pichois. München/Wien 1991, 53–187.

[21] Zit. nach Nick Johnstone: *Lou Reed. In His Own Words*. London 2005, 66.

Gedehnt-Nölige touchierenden Dylan der Mittsechziger ist (den brummig-coolen *talking style* sollte Reed erst später entwickeln);[22] auch nicht am eher konventionellen, lediglich zwischen den Akkorden D und G wechselnden Gitarrenspiel. „Ein Akkord", so Reeds immer wieder zitierter Ausspruch, „reicht völlig, zwei sind Angeberei, mit dreien ist man schon beim Jazz."[23] Das eigentliche Distinktionspotenzial des Songs macht zweierlei aus: zum einen das Bratschenspiel John Cales, das hier für den entscheidenden Verfremdungs- und Verkunstungseffekt sorgt. Cale entdeckt während seiner Ausbildung zum Musiklehrer (die er dann abbricht) mit der Musik von John Cage und Stockhausen die experimentelle Avantgarde für sich. 1963 gewinnt er ein Bernstein-Stipendium, das ihn nach Massachusetts führt. Von dort zieht es ihn nach New York, wo er Mitglied des Theater of Eternal Music des Avantgarde-Komponisten La Monte Young wird. Bei Velvet Underground bespannt Cale seine Bratsche mit den Stahlseiten einer E-Gitarre, verstärkt sie elektrisch und importiert in die Musik seiner neuen Band jene nun ihrem rein avantgardistischen Umfeld enthobenen, klangmächtigen *drones*, mit denen er zuvor im Ensemble La Monte Youngs experimentiert hatte. Ein solcher drone durchzieht auch *Heroin*. Er setzt nach 35 Sekunden ein und Cale hält ihn ca. fünf Minuten, wodurch eine schwebende, bedrohliche Atmosphäre erzeugt wird, bis er - bezeichnenderweise nach der Zeile „And then I'm better off than dead" - in eine kontrollierte Kakophonie ausbricht. Hinzu kommt, zum anderen, das unkonventionelle Schlagzeugspiel Maureen Tuckers. Wenn Cale der Band sozusagen einen Schuss *highbrow*-Exzentrik verleiht, dann bringt Tucker jenes Maß an Dilettantismus ins Spiel, den später vor allem die Punkaffinen unter den Velvet-Underground-Fans und -Nachfolgebands goutieren sollten. Denn: Maureen Tucker hat vor den Velvet Underground noch nie in einer Rockband gespielt und ist eine völlig unausgebildete Schlagzeugerin. Ihr Set besteht in der Regel nur aus den beiden Standtoms, die sie im Stehen spielt. Dies alles führt dazu, dass sie ebenfalls - wenn auch aus anderen Gründen als Cale - gängige Rockklischees gar nicht erst ins Spiel bringt. Auch dies hört man auf *Heroin*: Tucker spielt nicht den für Rocksongs üblichen *backbeat* (mit der Betonung auf der 2 und 4), sondern einen durchgängigen, pulsierenden, *tribal*-artigen Achtelrhythmus, der dem Stück einen gleichsam schamanischen Charakter verleiht. Vor allem durch das Zusammenspiel dieser beiden Klischeevermeidungsartisten entsteht nun gegen Ende der Aufnahme einer jener raren Momente in der Popmusik, die der Poptheoretiker Diedrich Diederichsen in Anlehnung an

---

[22] Frühere Fassungen des Songs - dies lässt sich am Bonusmaterial auf der 45th Anniversary Edition des Albums nachhören - sind gesanglich wie auch vom Gesamtsound her noch viel näher bei Dylan als die schließlich veröffentlichte Version.

[23] Siehe etwa den Nachruf des *Rolling Stone* zum Tod von Lou Reed: Jon Dolan: Lou Reed, Sänger von The Velvet Underground und Rock-Pionier, ist tot. In: *Rolling Stone*, 28.20.2013, rollingstone.de/lou-reed-saenger-von-the-velvet-underground-und-rock-pionier-ist-tot-361225/ (6.2.2016).

Roland Barthes als *punctum* bezeichnet. Das *punctum* ist nach Diederichsen ein Detail, das die Kontingenz und Unwiederbringlichkeit des phonographisch aufgezeichneten Moments freilegt.[24] Einen solchen Moment kann man auf *Heroin* entdecken. Kurz nachdem Cales kalkulierter Violaausbruch seinen Höhepunkt erreicht (6:20) geschieht zweierlei: Tuckers Schlagzeugspiel setzt aus und verleiht gerade dadurch, dass es wegfällt, dem zu Hörenden eine besondere Prägnanz. Dies geschieht aber – wie auch ein Vergleich mit anderen Versionen zeigt – keineswegs absichtlich, sondern weil die Schlagzeugerin die anderen aufgrund des Lärms im Studio (das Stück wurde live eingespielt) nicht mehr hören kann: „It just became this mountain of drum noise in front of me", so erinnert sich Tucker an die Aufnahme, „I couldn't hear shit. So I stopped, and being a little whacky, they just kept going, and that's the one we took."[25] Gleichzeitig, zwei Sekunden nachdem Tucker aussetzt, hört man ein kurzes Lachen Lou Reeds bei dem Wort „heroin", ein Lachen, das sich nicht auf den Text, den er singt, zu beziehen scheint. Es klingt vielmehr wie das Lachen eines, der fast ungläubig erstaunt über die schiere Klanggewalt, die brutale Energie und den *wall of sound*, den gerade in diesem Augenblick seine Bandkollegen, allen voran John Cale, entfalten. Dies aber ist zugleich der kurze Moment, in dem der gesamte Verkunstungsaufwand, der rund um und mit *Heroin* betrieben wird, umschlägt in eine unmittelbarere Weise des Ausdrucks, eines Ausdrucks, der dann doch wieder fast etwas Naives, zumindest aber etwas Anrührendes hat. Nach diesem Fehlmoment, der zugleich ein Höhepunkt des Songs ist, nimmt Tucker ihr Spiel wieder auf und die Band mündet für die letzte halbe Minute in das Outro des Songs ein, der endet, wie er begann.

Der Rest ist schnell erzählt: Kurz nach dem Erscheinen des Debütalbums wird es aufgrund von Rechtsstreitigkeiten wegen eines Fotos auf der Cover-Rückseite wieder vom Markt genommen und erscheint erst wieder ein halbes Jahr später. Es steht für eine Woche auf Platz 171 der amerikanischen Billboard-Charts, verkauft in den ersten 5 Jahren lediglich knapp 3.000 Kopien und verschwindet aus dem Fokus der Popgeschichte, bis es ab Mitte der 1970er Jahre erneut auftaucht, um seitdem nicht mehr zu verschwinden. Velvet Underground veröffentlichen ein zweites Album, das noch extremer und geräuschintensiver (*Sister Ray!*[26]) und noch erfolgloser ist. Danach feuert Lou Reed John Cale aus der Band, die noch zwei weitere Alben mit wunderschönen, meist sehr eingängigen Popsongs aufnimmt, die aber ebenfalls weitestgehend ohne Resonanz bleiben. Am 28. August 1970 spielt Lou Reed ein letztes Konzert mit Velvet Underground und verlässt danach die Band, um wieder zurück zu seinen Eltern zu ziehen. So unwahrscheinlich wie der

---

[24] Diedrich Diederichsen: *Über Pop-Musik.* Köln 2014, XXf.
[25] Hogan: *The Rough Guide to the Velvet Underground*, 245.
[26] The Velvet Underground: Sister Ray. Auf: *White Light/White Heat.* Verve 1968.

Anfang der Band ist: Ein bezahlter Fließbandsongschreiber aus New York, ein walisischer Avantgardemusiker, eine Schlagzeugerin, die noch nie in einer Rockband gespielt hat, gründen unter erzwungener Hinzunahme eines deutschen Models eine Band unter der Protektion eines der erfolgreichsten Gegenwartskünstlers der Zeit; so unwahrscheinlich ist auch ihr vorläufiges Ende[27]: Gerade, als sie eines ihrer poppigsten und erfolgsträchtigsten Alben veröffentlicht haben, verlässt Lou Reed, der härteste Hund, der größte Stinkstiefel, die coolste Sau des Popbusiness, seine Band, um vorerst wieder bei seinen Eltern zu wohnen.

---

[27] Zu einer kurzen Reunion der Band kommt es 1992/93.

Jimi Hendrix: Monterey Pop Festival (1967)

Frieder von Ammon

Ohne jeden Zweifel gehört der Auftritt der Jimi Hendrix Experience beim Monterey Pop Festival zu den zentralen Ereignissen in der Geschichte der Popmusik, und das nicht nur wegen seines skandalösen, schon bald zur Legende gewordenen und heute von einer geradezu mythischen Aura umgebenen Höhepunkts: Vor einem so faszinierten wie verstörten Publikum setzte Jimi Hendrix seine Gitarre in Brand und zerschlug sie anschließend, und zwar, ohne die Flammen vorher gelöscht und das Verbindungskabel zum Verstärker herausgezogen zu haben, sodass die brennende Gitarre oder das, was noch von ihr übrig war, bis zuletzt Töne von sich gab – kaputte, verzweifelte, mitleiderregende Töne, die so vorher noch niemals zu hören gewesen sein dürften, zumindest nicht auf einer Bühne vor rund 30.000 Zuschauern. Doch diese ikonische Szene ist eben nicht der einzige Grund: Der Auftritt gehört vor allem auch deshalb zu den Schlüsselmomenten der Popgeschichte, weil er in musikalischer Hinsicht – ungeachtet einiger Schwierigkeiten mit der Stimmung der Instrumente und anderer kleinerer Schwächen – insgesamt nicht anders als herausragend eingestuft werden kann. Das musikalische Können, das Jimi Hendrix als Gitarrist und Sänger, aber auch Noel Redding als Bassist und Mitch Mitchell als Schlagzeuger an jenem 18. Juni 1967 an den Tag legten, einzeln wie als Band, ist überwältigend, auch heute noch, mehr als ein halbes Jahrhundert danach. Da der Auftritt glücklicherweise nicht nur auf Tonträger, sondern auch filmisch gut dokumentiert ist, kann man genau rekonstruieren, was damals geschehen ist, ohne sich dabei von der Mythenbildung der Popliteratur in die Irre führen zu lassen.

Zunächst aber zu den Hintergründen des Auftritts, sie sind schnell erläutert. Nachdem Chas Chandler, der Bassist der Animals, Jimi Hendrix im Juli

C. Jürgensen und G. Kaiser (Hrsg.), *Eine Kulturgeschichte der Popmusik*,
https://doi.org/10.1007/978-3-662-72524-5_19

1966 zum ersten Mal im Café Wha? im New Yorker Stadtteil Greenwich Village gehört hatte, fasste er den Plan, diesen damals noch völlig unbekannten Ausnahmemusiker berühmt zu machen und überredete ihn, mit ihm nach London zu kommen, weil die Aussicht auf Erfolg für einen Musiker wie ihn dort viel größer sei. Hendrix war leicht zu überzeugen und bestieg im September 1966 ein Flugzeug nach London, wo er, unterstützt von Chandler, sofort eine Band zusammenstellte und ihr den Namen The Jimi Hendrix Experience gab. Durch spektakuläre Konzerte eroberte diese neue Band die Londoner Popmusikszene im Sturm, parallel dazu begannen die drei Musiker mit der Arbeit an ihrer ersten, von Chandler produzierten LP, die unter dem Titel *Are You Experienced*[1] im Mai 1967 erschien. Sie war ein großer Erfolg und machte Jimi Hendrix und seine Band schlagartig bekannt, auch über London hinaus. Alle sprachen über den amerikanischen Gitarristen, der wie aus dem Nichts in London aufgetaucht war und innerhalb kürzester Zeit den *state of the art* nicht nur in Sachen E-Gitarre vollkommen neu definiert hatte. Allerdings blieb dieser Erfolg vorerst auf Europa beschränkt. Es musste Hendrix und Chandler also darum gehen, in einem nächsten Schritt den Durchbruch auch in den Vereinigten Staaten zu erzielen. In dieser Situation kam die Einladung, beim Monterey Pop Festival aufzutreten, dem ersten der großen Musikfestivals der Hippie-Ära, sehr gelegen. Eine bessere Gelegenheit hätte es eigentlich kaum geben können. Die Einladung nach Monterey hatte Hendrix Paul McCartney zu verdanken, der als Mitglied des Organisationskomitees das Recht hatte, Bands vorzuschlagen. Er schlug The Who vor – und eben The Jimi Hendrix Experience, also zwei aufstrebende Londoner Bands, die beide gleichermaßen auf den amerikanischen Markt schielten. In London waren sie auch schon gemeinsam aufgetreten. Die Musiker kannten sich also und wussten um die Qualitäten der jeweils anderen. Ein Konkurrenzverhältnis war demnach nicht zu vermeiden. Insofern ist es auch nicht überraschend, dass über die Frage, wer zuerst auftreten dürfe – beide Bands waren für den dritten und letzten Tag des Festivals vorgesehen –, zunächst keine Einigung erzielt werden konnte. Niemand wollte nachgeben, sodass die Frage schließlich per Münzwurf entschieden werden musste. The Who gewann – und das scheint Hendrix geradezu angestachelt zu haben. Zu Pete Townshend, dem Gitarristen von The Who, soll er damals gesagt haben, er würde „alle Register ziehen" („pull out all the stops").[2] Das aber heißt, dass er seinen Auftritt von vornherein bewusst als Versuch einer Überbietung des Auftritts von The Who anlegte. Und tatsächlich zeigt sich diese Überbietungslogik auf allen Ebenen, angefangen bei seinem extravaganten Outfit mit Federboa und Rüschenhemd bis hin zur stellenweise schier unglaubli-

---

[1] The Jimi Hendrix Experience: *Are You Experienced*. Track 1966.
[2] Zit. nach Charles R. Cross: *Room Full of Mirrors. A Biography of Jimi Hendrix*. New York, NY 2005, 193.

chen Virtuosität seines Gitarrenspiels. Und nicht nur Hendrix konkurrierte mit Townshend, auch Mitch Mitchell maß sich erkennbar mit Keith Moon, dem Schlagzeuger von The Who, ebenso Noel Redding mit John Entwistle, dem Bassisten. Selbst die Verbrennung der Gitarre kann man als einen Überbietungsversuch interpretieren: Der Auftritt von The Who hatte in einer rituellen Zerstörung des Equipments geendet, die die Band häufig am Ende ihrer Auftritte vollzog. Im Zuge dieses Rituals hatte Townshend auch seine Gitarre zerschlagen. Hendrix konnte sich damit also nicht begnügen, er musste weiter gehen – und hat das auch getan, indem er gleichsam alle Register der Zerstörung zog.

Doch der Reihe nach. Die Ankündigung der Jimi Hendrix Experience übernahm Brian Jones, der Leadgitarrist der Rolling Stones (die selbst nicht auftraten). Als „brillant performer, the most exciting guitarist I've ever heard", als brillanten Bühnenkünstler und aufregendsten Gitarristen, den er jemals gehört habe, stellte Jones Hendrix vor,[3] und dieser setzte alles daran, der Ankündigung gerecht zu werden. Entsprechend hatte er das Eröffnungsstück gewählt: *Killing Floor*,[4] einen Bluessong von Howlin' Wolf alias Chester Burnett von 1964. Hendrix begann also nicht mit einem eigenen Stück, sondern mit einer Coverversion, die – anders als es bei einem seiner eigenen Songs gewesen wäre – dem Publikum bekannt war und es ihm somit erlaubte, sich programmatisch in die Bluestradition zu stellen, diese zugleich aber, man kann es nicht anders sagen: in eine neue Umlaufbahn zu schießen. Denn seine Version von *Killing Floor* hatte nicht mehr viel mit dem Original zu tun, einem typischen Chicago-Blues-Stück. Hendrix machte daraus ein Showcase für sein virtuoses Spiel auf der „orchestralen Gitarre",[5] die alles zu integrieren vermochte, was im Original von zwei Gitarren gespielt wurde, und noch darüber hinaus zu gehen in der Lage war. Sein Intro versetzt einen heute noch ins Staunen, genauso wie das (im Original fehlende) Solo, das er hinzufügte und das Howlin' Wolf alt aussehen ließ. Und am Ende gab er auch noch eine erste Kostprobe seines Umgangs mit dem Feedback, das von den meisten Musikern damals noch als unerwünschtes Störgeräusch betrachtet wurde, das Hendrix aber auf innovative Weise in sein Spiel mit einbezog. Musikalisch zog er also schon im ersten Stück alle Register und verwies Townshend und auch alle anderen anwesenden Gitarristen so auf ihre Plätze. Darüber, wer „the most exciting guitarist" war, konnte von Anfang an kein Zweifel bestehen, und auch in den folgenden rund vierzig Minuten änderte sich daran nichts mehr. Im Gegenteil: Der Eindruck vertiefte sich von Minute zu Minute, und dies weniger der Showeffekte wegen, die Hendrix einsetz-

---

[3]Zit. nach ebd.

[4]Howlin' Wolf: *Killing Floor*. Chess 1965; The Jimi Hendrix Experience: Killing Floor. Auf: *On the Killing Floor*. The Swingin' Pig 1989.

[5]Vgl. dazu Lothar Trampert: *Jimi Hendrix. Der Musiker hinter dem Mythos*. Augsburg ²1998, 133–143.

te, indem er etwa hinter dem Kopf oder mit den Zähnen spielte. Dies alles war nebensächlich angesichts seiner Virtuosität und Kreativität, die alles weit hinter sich ließ, was bisher auf der E-Gitarre möglich zu sein schien.

Das weitere Programm setzte sich aus eigenen Songs von *Are You Experienced* zusammen sowie aus wiederum geschickt gewählten Coverversionen: *Hey Joe*,[6] ein Folksong, den auch einige andere Bands bereits gecovert hatten, darunter The Leaves, The Byrds und Tim Rose, *Like a Rolling Stone*[7] von Bob Dylan aus dem Jahr 1965, *Rock Me Baby*, ein alter Bluessong, den 1964 zuletzt B.B. King[8] aufgenommen hatte, sowie *Wild Thing*, ein ebenfalls schon häufig gecoverter Song, der vor allem in der Version von The Troggs[9] von 1966 bekannt geworden war. In allen vier Fällen hat aber die Version der Jimi Hendrix Experience eine entscheidende Rolle in der weiteren Wirkungsgeschichte der Songs gespielt: Insbesondere *Hey Joe*, einen *signature song* der Experience, dürften viele für ein Hendrix-Original halten. Allen voran gilt dies aber für *Wild Thing*: Heute ist es nahezu unmöglich, diesen Song zu hören, ohne dabei an die Version zu denken, die Hendrix am Ende seines Auftritts beim Monterey Pop Festival gespielt hat. Denn im Zuge dieser Version kam es zu der ikonischen Szene der Gitarrenverbrennung, die auch an dieser Stelle nicht unerwähnt bleiben darf.

Nur wenige von den Vielen, die diese Szene erzählt haben, haben dabei allerdings ausreichend ernst genommen, dass Hendrix die Verbrennung seiner Gitarre (einer Fender Stratocaster, die er selbst bemalt hatte) als einen religiösen Akt inszeniert hat, indem er zu Beginn von *Wild Thing* ankündigte, an dieser Stelle etwas „opfern" zu wollen, was er wirklich liebe: „I'm going to sacrifice something right here that I really love."[10] Auf diese Semantik hinzuweisen, ist nicht überflüssig, weil sich die ‚Opferung' eines Musikinstrumentes strukturell unterscheidet von dem vandalistischen (durchaus aber konzeptionell durchdachten) *Smashing of Amps*, wie es zuvor von The Who praktiziert worden war. Hendrix wollte sich also auch in dieser Hinsicht von seinen Konkurrenten absetzen. Und auch in dieser Hinsicht ist es ihm gelungen: An die Stelle der Zerstörung des Equipments aus scheinbar purer Destruktionslust setzte er mit dem Brandopfer ein archaisches religiöses Ritual, das er in den kulturellen Kontext des ersten nachhaltig öffentlichkeitswirksamen, großen Festivals in der Geschichte der Popmusik versetzte, was einen starken Verfremdungseffekt zur Folge hatte, nicht zuletzt deshalb,

---

[6] The Jimi Hendrix Experience: Hey Joe. Auf: *Are You Experienced?* Reprise 1967. Der Titel ist auf der ersten Veröffentlichung vom Mai nicht enthalten.

[7] Bob Dylan: *Like a Rolling Stone*. Columbia 1965.

[8] B.B. King: *Rock Me Baby*. Kent 1964.

[9] The Troggs: *Wild Thing*. Fontana 1966.

[10] Zit. nach: Cross: *Room Full of Mirrors*, 194.

weil die Frage offenblieb, wem er dieses Opfer eigentlich darbrachte – dem Zeitgeist? Der Musik? Einem Voodoo-Geist? Oder einfach dem Publikum?

In jedem Fall wurde das Ritual musikalisch eingeleitet, und zwar durch eine – wie Hendrix selbst es nannte – „Kombination" der englischen und der amerikanischen Nationalhymnen, womit er, von heute aus gesehen, bereits auf seine berühmte Version des *Star Spangled Banner*[11] vorausdeutete, die er zwei Jahre später beim Woodstock Festival spielen sollte. Anders als in Woodstock verzichtete er in Monterey allerdings auf jede Melodie. Seine Kombination von *God Save the Queen* und *The Star Spangled Banner* bestand ausschließlich aus Geräuschen: aus Feedback sowie aus den Klängen, die bei einem exzessiven Gebrauch des Vibratohebels entstehen. Die auf diese Weise erzeugte parodistisch-psychedelische Klanglandschaft bildete die Ouvertüre zu dem großen Finale des Auftritts – *Wild Thing* in einer Version, die sich anfangs vor allem durch eine aggressive Spielweise und die starke Verzerrung des Gitarrensounds auszeichnete. Im weiteren Verlauf drehte Hendrix (und mit ihm Noel Redding und Mitch Mitchell) dann sowohl musikalisch als auch performativ immer weiter auf: Er zitierte – nur mit der linken Hand spielend – die Melodie von Frank Sinatras *Strangers in the Night*,[12] er machte einen Purzelbaum mit Gitarre, er spielte auf den Knien und hinter dem Rücken. Zugleich verstärkte Hendrix die bereits zuvor nicht zu übersehenden, sich mit den religiösen auf irritierende Weise verbindenden sexuellen Konnotationen seiner Bühnenshow, indem er den Hals seiner Gitarre behandelte wie einen Penis, indem er seinen Marshall-Verstärker mit ihr zu penetrieren schien, sie dann auf den Boden legte, sich vor sie hinkniete und sie küsste. Erst daraufhin setzte er sie in Brand, wobei eine Tube mit Brandbeschleuniger zum Einsatz kam. Auch das war wie eine sexuelle Handlung inszeniert, genauer: wie eine Ejakulation. Ein Musiker, der im Rahmen eines quasi-religiösen Rituals auf sein brennendes Instrument ejakuliert und dessen Zerstörung damit weiter vorantreibt – kein Wunder, dass der indische Sitarvirtuose Ravi Shankar, der am Nachmittag aufgetreten war, zutiefst befremdet war: „Mir gefiel seine Musik, aber als er anfing, mit seiner Gitarre obszöne Sachen zu machen, und sie verbrannte, wurde ich traurig. In unserer Kultur begegnen wir Musikinstrumenten mit Respekt. Jimi Hendrix hat deshalb in meinen Augen ein Sakrileg begangen."[13] Zweifellos war genau diese Reaktion aber von Hendrix intendiert gewesen: Auch ein Sakrileg ist ja ein religiöser Akt.

Dazu passt auch der Gesichtsausdruck einiger junger Menschen im Publikum, den D. A. Pennebaker filmisch festgehalten hat[14]: Angesichts des

---

[11] The Jimi Hendrix Experience: Star Spangled Banner. Auf: *Experience*. Inoffizieller Release 1969.

[12] Frank Sinatra: *Strangers in the Night*. Reprise 1966.

[13] Zit. nach Peter Kemper: *Jimi Hendrix. Leben – Werk – Wirkung*. Frankfurt/M. 2009, 45.

[14] Vgl. Donn Alan Pennebaker (Regie): Monterey Pop. USA 1967.

gleichermaßen Unglaublichen wie Unerlaubten, das sie gerade miterlebten, mischt sich dort Verstörung mit Begeisterung, Irritation mit Faszination.

Die Wirkung, auf die Hendrix wohl spekuliert hatte, blieb nicht aus: Der Konzertveranstalter Bill Graham, der den Auftritt aufmerksam verfolgt hatte, versuchte auf der Stelle, ihn für ein Konzert zu engagieren, das bereits zwei Tage später im Fillmore in San Francisco stattfinden sollte. Hendrix ließ sich nicht lange bitten. Der Rest ist Geschichte.

Jefferson Airplane: *White Rabbit* (1967)

Jörn Glasenapp

Für das erste Album hat man Jahre Zeit, für das zweite nur wenige Monate. Deswegen, so heißt es, sei das zweite Album stets ein Kraftakt und im Vergleich zum ersten doppelt schwer. Das mag sein. Dennoch gibt es nicht wenige Bands und Musiker, deren ‚schwieriger‘ Zweitling das jeweilige Debüt deutlich, ja mitunter fast vollständig in den Schatten stellt. Oder wer will zugunsten von Nirvanas *Bleach* (1989) auf *Nevermind* (1991) verzichten, wer zieht *Definitely Maybe* (1994) von Oasis deren *(What's the Story) Morning Glory* (1995) vor, wer glaubt allen Ernstes, Madonnas gleichnamiges Debüt (1983) sei besser als *Like a Virgin* (1984), oder wer hört lieber *David Bowie* (1967) als *Space Oddity* (1969)?[1] Und schließlich, mit Blick auf den hier vorzustellenden Song: Wer hält Jefferson Airplanes *Surrealistic Pillow* (1967)[2] gegenüber deren nur gut fünf Monate vorher erschienenem Erstling *Jefferson Airplane Takes Off* (1966)[3] nicht für einen großen Schritt nach vorn?

Mag es einem bei den anderen genannten Acts schwerfallen, den Qualitätszuwachs gegenüber dem Debüt zu erklären, so ist dies bei Jefferson Airplane nicht der Fall. In aller Kürze: Nach *Jefferson Airplane Takes Off*, genauer: Mitte Oktober 1966, wurde deren Leadsängerin, Signe Toly Anderson,

---

[1] Nirvana: *Bleach*. Tupelo/Sub Pop 1989; Nirvana: *Nevermind*. DGC/Sub Pop 1991; Oasis: *Definitely Maybe*. Creation 1994; Oasis: *(What's the Story) Morning Glory*. Creation 1995; Madonna: *Madonna*. Sire 1983; Madonna: *Like a Virgin*. Sire 1984; David Bowie: *David Bowie*. Deram 1967; David Bowie: *Space Oddity*. Philips/Mercury 1969.

[2] Jefferson Airplane: *Surrealistic Pillow*. RCA Victor 1967.

[3] Jefferson Airplane: *Jefferson Airplane Takes Off*. RCA Victor 1966.

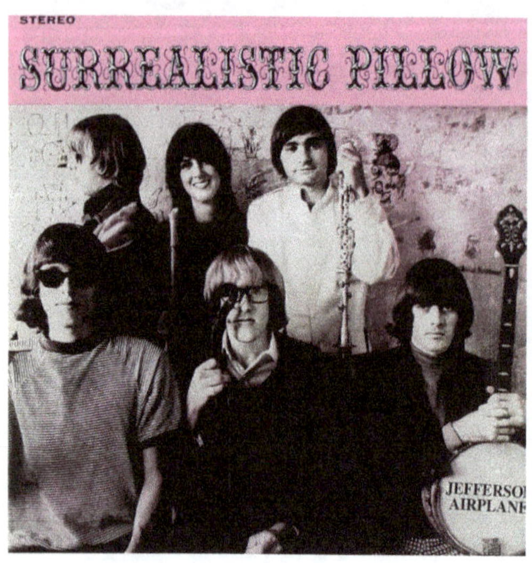

Cover von Jefferson Airplanes Album *Surrealistic Pillow*, Records / Alamy

durch Grace Slick ersetzt.[4] Und die drückte der mit Marty Balin (Gesang), Jack Casady (Bass), Spencer Dryden (Drums), Paul Kantner (Gitarre, Gesang) und Jorma Kaukonen (Gitarre) exzellent besetzten Band in jeder Hinsicht ihren Stempel auf – als große, eigenwillige Sängerin, als charismatische Performerin und als Songwriterin von erheblichem Talent. Zuvor hatte Slick bei The Great Society gespielt, einer längst und völlig zu Recht vergessenen Band. Wie Jefferson Airplane stand sie für eine mit Folk- und Blueselementen versetzte Form des Psychedelic Rock, auch sie stammte aus San Francisco und gehörte ebenfalls zum musikalischen Inventar von Haight-Ashbury, dem seit Mitte der 1960er Jahre zum Epizentrum der alternativen Kreativ- und Hippie-Szene avancierten Stadtteil östlich des Golden Gate Parks.[5] Zwei Great Society-Songs, *Somebody to Love* und den von ihr selbst geschriebenen *White Rabbit*,[6] brachte Slick mit, als sie bei Jefferson Airplane einstieg. Beide erschienen auf *Surrealistic Pillow*, beide wurden als Singles ausgekoppelt, beide gerieten zu Welthits. Es sollten die einzigen der Band bleiben, die man

---

[4]Vgl. Jeff Tamarkin: *Got a Revolution! The Turbulent Flight of Jefferson Airplane*. New York, NY 2003, 106.

[5]Zu Mythos und Realität von Haight-Ashbury vgl. Ernst Hofacker: *1967. Als Pop unsere Welt für immer veränderte*. Ditzingen 2016, 34–55, aber auch Joel Selvin: *San Francisco. The Musical History Tour: A Guide to Over 200 of the Bay Area's Most Memorable Music Sites*. San Francisco, CA 1996, 44–60. Spektakuläre, teilweise ikonisch gewordene Fotos bietet der Bildband von Joel Selvin et al. (Hg.): *The Haight. Love, Rock, and Revolution: The Photography of Jim Marshall*. San Rafael, CA 2014.

[6]Jefferson Airplane: *Somebody to love*. RCA Victor 1967; *White Rabbit*. RCA Victor 1967.

deswegen auch, natürlich etwas boshaft und ohne ihr gerecht zu werden, als das „Two-Hit-Wonder der großen Hippie-Hymnen"[7] bezeichnen könnte.

Gehörten Jefferson Airplane bereits vorher neben The Grateful Dead, Quicksilver Messenger Service und Big Brother & The Holding Company zu den musikalischen Big Four des Haight, so sorgte die Veröffentlichung von *Surrealistic Pillow* und ihrer beiden Singles rasch dafür, dass der Name der – auch und vor allem als hervorragender Live-Act geschätzten – Band weit über die Bay Area hinaus bekannt wurde. Ob vielen Hörern bewusst war, dass in Hippie-Kreisen der Begriff ‚Jefferson Airplane' eine aus Streichhölzern bzw. den Resten einer Streichholzschachtel gebastelte Joint-Halterung bezeichnete,[8] sei dahingestellt. Fest steht in jedem Fall, dass Slicks Ende 1965 angeblich in nur knapp einer Stunde entstandener *White Rabbit* bestens zu einer Band passte, die ihr intimes Verhältnis zu Drogen bereits durch ihren Namen implizit zu erkennen gab. Denn *White Rabbit* ist – wer auch sonst nichts über den Song weiß, weiß dies – *der* Drogensong der 1960er Jahre, eine liedgewordene Verherrlichung bewusstseinserweiternder Substanzen, eine Feier des Trips, die sich noch dazu erfolgreich darum bemüht, wie ein solcher zu klingen. Letzteres allerdings wird man allein der Version der Airplane konzedieren dürfen, nicht jedoch jener der Great Society, die in endlos wirkenden gut sechs Minuten reizlosen Psychedelic Rock von der Stange liefert.[9] Wer sie hört, wird denn auch vieles vermissen, was den mit zweieinhalb Minuten Spielzeit äußerst kompakten Airplane-*White Rabbit* so grandios macht, allem voran natürlich seinen markanten Bolero-Rhythmus. Dieser wird anfangs durch Kaukonens spanisch klingende Sologitarre trefflich flankiert und empfindet über ein fortlaufendes Crescendo à la Maurice Ravel die allmähliche Steigerung der halluzinogenen Wirkung klanglich nach. Seinen Höhepunkt erreicht er, wenn Slick, die mit der Zeile „One pill makes you larger / And one pill makes you small" ruhig und verhalten gestartet war, den Song mit der schrill und vibratolastig intonierten Losung „Feed your head / Feed your head" beschließt.

Schenkt man Slick Glauben, so habe sie mit ihrem berühmten End-Zweizeiler nicht nur zum bewusstseinserweiternden Drogenkonsum aufrufen wol-

---

[7] Antonius Weixler: Fly sein. Jefferson Airplane: „Surrealistic Pillow". In: Gerhard Kaiser/Christoph Jürgensen/Antonius Weixler (Hg.): *Younger Than Yesterday. 1967 als Schaltjahr des Pop.* Berlin 2017, 182–199, hier 183. Analog hierzu wären Nirvana und Oasis mit ihren einzigen wirklich großen, interessanterweise ebenfalls auf ihren jeweiligen zweiten Alben zu findenden Hits *Smells Like Teen Spirit* und *Come As You Are* bzw. *Wonderwall* und *Don't Look Back in Anger* die Two-Hit-Wonders des Grunge respektive Britpop (Nirvana: *Smells Like Teen Spirit.* DGC/Sub Pop 1991; Nirvana: *Come As You Are.* DGC/Sub Pop 1992; Oasis: *Wonderwall.* Helter Skelter/Creation/Epic 1995; Oasis: *Don't Look Back in Anger.* Creation 1995).

[8] Vgl. ebd., 189.

[9] Veröffentlicht wurde der u. a. auf Spotify leicht zu findende Song auf einem Live-Album von The Great Society, das erst nach Auflösung der Band veröffentlicht wurde (The Great Society: *Conspicuous Only in Its Absence.* Columbia 1968).

len, sondern auch – „feed" reimt sich auf *read* – zum horizonterweiternden Lesen.[10] Das wiederum gäbe dem Song eine geradezu (bildungs-)bürgerliche Note. Es passt aber insofern, als dass sich die Lyrics von *White Rabbit* fast Zeile für Zeile als das Produkt einer Lektüre präsentieren: und zwar von Lewis Carrolls (Nicht-nur-für-Kinder-)Buch *Alice's Adventures in Wonderland* (1865).[11] So wird z. B. vielfach angenommen, der von Paradoxa und Abstrusitäten nur so strotzende Text sei unter dem Einfluss von Rauschmitteln verfasst worden. Sollte das stimmen, hätten wir es mit einer bemerkenswerten Abfolge zu tun: Ein Autor konsumiert Drogen und schreibt dabei ein Buch, das ein knappes Jahrhundert später von einer Musikerin gelesen wird, die, von dem Buch zutiefst fasziniert, einen Song komponiert, der passend zu ihrem Spitznamen ‚The Acid Queen' den Drogenkonsum predigt. Beide, Buch und Song, werden zu Klassikern. Freilich gibt es keinerlei Belege dafür, dass Carroll, von dem wir wissen, dass er sich gern mal ein Glas Sherry gönnte, jemals zu Drogen gegriffen hätte. Doch immerhin: Als *Alice's Adventures in Wonderland* entstand, war Opium in England noch legal, so wie es LSD in Kalifornien war, als Slick *White Rabbit* schrieb.

Letzteres änderte sich erst im Oktober 1966. Von da an standen Besitz und Einnahme von LSD unter Strafe,[12] sodass man sich in der Tat darüber wundern darf, dass Jefferson Airplane mit *White Rabbit* zumindest anfangs keine Probleme mit der Zensur bekamen.[13] Zur Erinnerung: Die Plattenfirma der ebenfalls aus Kalifornien stammenden Doors hatte sich, weil man Boykotte seitens der Radiostationen befürchtete, nur wenige Wochen zuvor zur Selbstzensur entschlossen und das viermal wiederholte „She get high" in *Break on Through (to the Other Side)*[14] zu einem unverfänglichen „She gets…" zusammengestutzt. Ein möglicher Grund dafür, dass *White Rabbit* den Weg an der Sittenwacht vorbei so reibungslos fand, könnte gewesen sein, dass der Song seine Drogen-Apotheose, und zwar von Anfang bis Ende, in ein Carroll'sches Gewand kleidet. Das wiederum soll nicht bedeuten, er würde sich beim Camouflieren seines ‚eigentlichen' Themas sonderlich ins Zeug legen. Eher ist das genaue Gegenteil der Fall. Die Drogenreferenzen springen sogleich ins Auge, und das natürlich auch demjenigen, der Carrolls Text nie gelesen hat und somit auch nicht weiß, dass es keine Pillen, sondern ein Trank sowie ein kleiner Kuchen sind, die Carrolls Alice, kaum dass sie in

---

[10] David Jesudason: Grace Slick and Jack Casady of Jefferson Airplane: How We Made „White Rabbit". In: *The Guardian*, 23.8.2021, theguardian.com/music/2021/aug/23/grace-slick-and-jack-casady-of-jefferson-airplane-how-we-made-white-rabbit (6.9.2023).

[11] Lewis Carroll: *Alice's Adventures in Wonderland* [1865]. In: Ders.: *Alice in Wonderland Collection. All Four Book*, Los Angeles, CA 2016, 7–83.

[12] Vgl. Hofacker: *1967*, 43.

[13] Vgl. Weixler: *Fly sein*, 196.

[14] The Doors: *Break on Through (to the Other Side)*. Elektra 1967.

den Kaninchenbau gefallen ist, zunächst schrumpfen und sodann zur Riesin werden lassen.[15]

Wer sich über die Herkunft der eigentümlichen Bildwelt von *White Rabbit* Klarheit verschaffen will, ist also gut beraten, *Alice's Adventures in Wonderland* zu lesen. Allerdings wird Carrolls Text keine Auskunft darüber geben, was es mit den Songzeilen drei und vier auf sich hat, in denen von den Pillen der Mutter („And the ones that mother gives you") und deren Wirkungslosigkeit („Don't do anything at all") die Rede ist. Hier sollte man stattdessen *Mother's Little Helper*[16] zu Rate ziehen, ein anderes Anthologie-Stück der Drogensong-Geschichte. Der Mitte 1966 von den Rolling Stones veröffentlichte Song macht zum Thema, was zur damaligen Zeit nicht nur in England gang und gäbe war: dass den von ihren alltäglichen Pflichten gestressten Hausfrauen völlig bedenkenlos stimmungsaufhellende, rasch abhängig machende Valium-Tabletten verschrieben wurden. Da diese aber nur ruhigstellen, sich mit ihnen die gewünschte Bewusstseinserweiterung also nicht erzielen lässt, wird ihnen in *White Rabbit* eine unmissverständliche Abfuhr erteilt.[17] Dass diese Absage zugleich mit einer Zurückweisung als überkommen wahrgenommener weiblicher Rollenmuster einhergeht, ist kaum zu überhören, und das wiederum verträgt sich gut mit Slicks Eintreten in die schillernde Musikwelt San Franciscos Anfang der 1960er Jahre bzw. damit, wie sie diesen entscheidenden Wendepunkt in ihrem Leben retrospektiv im Zeichen ihres berühmtesten Songs deutet: „I identified with Alice. I was a product of '50s America in Palo Alto, California, where women were housewives with short hair and everything was highly regulated. I went from the planned, bland '50s to the world of being in a rock band without looking back. It was my Alice moment, heading down the hole. 'White Rabbit' seemed like an appropriate title."[18]

Ende der 1980er Jahre hing Slick ihre musikalische Karriere an den Nagel – und nicht jeder wird dies bedauert haben. Der Grund: Die einstmals sowohl künstlerisch als auch anderweitig provozierend unangepasste Ikone des Psychedelic Rock Slick spielte mittlerweile in der Band Starship, welche mit glatt poliertem Synthie-Pop und Songs wie *We Built This City* (1985)[19] und *Nothing's Gonna Stop Us Now* (1987)[20] so manchen Charterfolg feierte. Seit Mitte der 1990er Jahre ist Slick als Malerin tätig. Sieht man sich ihre Gemälde und Zeichnungen an – u. a. die Website des San Francisco Art Ex-

---

[15] Vgl. Carroll: *Alice's Adventures in Wonderland*, 11–12.

[16] The Rolling Stones: *Mother's Little Helper*. London Records 1966.

[17] Vgl. Weixler: *Fly sein*, 187.

[18] Zit. nach Marc Myers: How Jefferson Airplane's Grace Slick Wrote 'White Rabbit'. In: *Wall Street Journal*, 31.5.2016, wsj.com/articles/how-jefferson-airplanes-grace-slick-wrote-white-rabbit-1464712102 (6.9.2023).

[19] Starship: *We Built This City*. Grunt 1985.

[20] Starship: *Nothing's Gonna Stop Us Now*. Grunt 1987.

change bietet eine recht breite Auswahl[21] –, so gewinnt man den Eindruck, dass sich auch die betagte Künstlerin noch mit Carrolls berühmtester Figur zu identifizieren vermag. Wo man hinsieht, begegnen einem Alice und der weiße Hase.

Dass uns Jefferson Airplanes *White Rabbit* noch lange begleiten wird, darf man getrost annehmen. Dafür Sorge tragen wird nicht zuletzt Hollywood, das Slicks Meisterwerk bereits in so manchem Film, u.a. in PLATOON (Oliver Stone, 1986),[22] THE GAME (David Fincher, 1997)[23] und FEAR AND LOATHING IN LAS VEGAS (Terry Gilliam, 1998)[24] oder – in der wenig subtilen, bombastischen Version von Emilíana Torrini – in SUCKER PUNCH (Zack Snyder, 2011),[25] eine Bühne bot.

---

[21] Vgl. sfae.com/Special-Pages/Search?searchtext=Grace+Slick&searchmode=allwords (17.7.2025).
[22] Oliver Stone (Regie): PLATOON. USA 1986.
[23] David Fincher (Regie): THE GAME. USA 1997.
[24] Terry Gilliam (Regie): FEAR AND LOATHING IN LAS VEGAS. USA 1998.
[25] Zack Snyder (Regie): SUCKER PUNCH. USA/Kanada 2011.

Harlem Cultural Festival, Summer of Soul (1969)

Jürg Martin Meili

Wer kennt das Harlem Cultural Festival von 1969, den Summer of Soul? Wer kennt das Woodstock-Festival aus demselben Jahr? Warum kennen das Woodstock-Festival so viele, das Harlem Cultural Festival so wenige? Dabei spielten nicht nur in Woodstock, sondern auch in Harlem illustre Musiker:innen wie Stevie Wonder, B. B. King, Mahalia Jackson, Nina Simone, Max Roach oder Sly and the Family Stone und viele mehr. Nun: Was war das Harlem Cultural Festival?

Die Fakten sind schnell erzählt. Das Harlem Cultural Festival, heute auch als Black Woodstock bekannt, fand an sechs Sonntagen zwischen dem 29. Juni und dem 24. August 1969 statt und die Konzerte begannen jeweils um 15.00 Uhr im Mount Morris Park, Manhattan, New York.[1] Organisiert wurde das Festival vom Sänger Tony Lawrence mit großer Unterstützung des New Yorker Bürgermeisters John Lindsay.[2] Speziell war, dass das Festival zum Ziel hatte, die afroamerikanische Musik und Kultur zu feiern. Mit anderen Worten: Es war ein Festival von Afroamerikaner:innen für Afroamerikaner:innen. Somit traten fast ausschließlich Schwarze Musiker:innen auf. Jimi Hendrix beispielsweise spielte zwar in Woodstock, nicht aber in Harlem, da seine beiden Mitmusiker weiß waren. Sicherlich, es gab auch einige

---

[1] LeRoi Jones: *Blues People – Schwarze und Ihre Musik im weissen Amerika.* Übers. von einem Berliner Studentenkollektiv. Darmstadt 1969 (engl. 1963), 154. Der Park ist heute nach dem Politiker und radikalen Panafrikanisten Marcus Garvey benannt, der die Universal Negro Improvement Association gründete, welche die Auswanderung der Schwarzen Amerikaner nach Afrika propagierte.

[2] Questlove (Regie): SUMMER OF SOUL (...OR, WHEN THE REVOLUTION COULD NOT BE TELEVISED). USA 2021, Min. 1–7, 22–23.

weiße Besucher:innen sowie einige weiße Musiker:innen, beispielsweise in der Band von Sly and the Family Stone. Aber grundsätzlich wurde das Harlem Cultural Festival von Afroamerikaner:innen bestritten und war ein weiterer Beweis, dass die Popjugend Amerikas selbst in einer ethnopolitisch hochgradig aufgeladenen Situation gut ein friedliches und fröhliches Großevent von insgesamt 300.000 Besucher:innen organisieren konnte – entgegen den gängigen Vorurteilen des konservativen Amerikas.[3]

Es hatte angesichts des geplanten Festivals einige Befürchtungen gegeben, weil es nach der Ermordung von Martin Luther King Jr. im April 1968 zahlreiche heftige Unruhen gegeben hatte, bei denen es zu Toten und Verletzten sowie vielen Verhaftungen kam und große Sachschäden entstanden. Diese Befürchtungen erwiesen sich allerdings als unbegründet, und die Jugend tanzte und sang friedlich zu ihrer Musik. Popmusik funktionierte hier erfolgreich als Ventil für angestaute Frustration und Trauer, namentlich bei den afroamerikanischen Besucher:innen.[4]

So wurde dann auch explizit mehrere Male auf den Tod von Martin Luther King Jr. und seinen friedlichen Kampf für Gleichberechtigung verwiesen. Insbesondere Mahalia Jackson, die mit der Familie King befreundet war, erreichte mit dem Spiritual *Take My Hand Precious Lord*[5] eine besondere Wirkung. Bezeugt ist dies etwa von Kings Frau, Coretta, die die folgende letzte Szene vor Kings Tod überliefert hat:

> Nachdem sich Martin [Luther King Jr.] angezogen hatte, trat er auf den kleinen Balkon zur Straße hin, von dem man auf eine heruntergekommene Pension etwa siebzig Meter entfernt blickte. Ben Branch, der abends auf der Versammlung [in Memphis, Tennessee] spielen sollte, stand unter dem Balkon, und Martin rief hinunter: ‚Vergiss nicht ‚Precious Lord Take My Hand' heute Abend für mich zu singen. Sing es schön.' Lachend versprach es Branch. [...] Es war fast Zeit zu gehen. [...] In diesem Augenblick ertönte der Schuss. Er soll wie ein Feuerwerkskörper geklungen haben [...].[6]

Der Pfarrer und Bürgerrechtler Jesse Jackson betonte auf der Bühne zu vibrierenden Orgelklängen, dass Martin Luther King Jr. nicht ängstlich oder weinend gestorben sei, sondern mit der Bitte, dass Gott ihn an der Hand nehmen und bei der Erfüllung seiner Aufgabe führen solle. Daraufhin sangen Mahalia Jackson und Mavis Staples *Precious Lord* mit tiefster Inbrunst

---

[3] Ebd., Min. 1–7, 22–23.

[4] Ebd., Min. 12–13.

[5] Mahalia Jackson and the Falls-Jones Ensemble: Take My Hand Precious Lord. Auf: *Bless This House.* Columbia 1956.

[6] Coretta Scott King: *Mein Leben mit Martin Luther King.* Übers. von Christa Wegen. Stuttgart 1970 (engl. 1969), 252–253. Martin Luther King Jr. wurde auf dem Balkon des Lorraine Motels (Memphis, Tennessee) um 18.01 Uhr erschossen. Das Attentat ist bis heute nicht restlos aufgeklärt.

und die Zuhörenden waren zutiefst ergriffen oder tanzten wie im Rausch – vielleicht, um dadurch die Trauer und die Wut zu überwinden.[7]

Auf dem Harlem Cultural Festival waren alle damals gängigen afroamerikanischen Stile vertreten. So gab es Gospel von Mahalia Jackson oder den Edwin Hawkins Singers, die mit ihrem Hit *Oh Happy Day*[8] und Rhythmen, die damals in der Kirche nicht zu hören waren, junge Menschen zu Jesus führen wollten, was ihnen in ihrer kirchlichen Gemeinschaft viel Kritik einbrachte, da diese Art von Gospel zu weltlich klang. Man hörte aber auch Blues von B. B. King, der seine Gitarre swingen ließ, oder Motown-Music von David Ruffin, der kurz zuvor die Temptations verlassen hatte, an diesem Festival als Solo-Künstler auftrat und *My Girl*[9] mit herzzerreißendem Falsetto sang. Sly and the Family Stone zogen das Publikum mit dem damals neuartigen Funk und ausgefallenen Kleidern in ihren Bann. Zu diesem Zeitpunkt – im Gegensatz zu den 1970er Jahren – repräsentierte Sly and the Family Stone als interkulturelle Band noch die Werte der Integration im Sinne Martin Luther Kings. Auch der 19-Jährige Stevie Wonder, der vorschlug, den Geburtstag von King zu einem nationalen Feiertag zu machen, spielte auf dem Festival damals neuartigen Funk und ließ die Luft mit dem schrillen Funk von beispielsweise *Shoo-Be-Doo-Be-Doo-Da-Day*[10] vibrieren.[11]

Doch das Harlem Cultural Festival stand nicht nur im Zeichen von Martin Luther King Jr. und seinem gewaltlosen Widerstand. Viele Afroamerikaner:innen fühlten sich von einem Staat, der von Richard Nixon geführt wurde, nicht vertreten und wollten sich nicht zwingend in die weiße Gesellschaft integrieren, sondern ein eigenständiges Leben in einer afroamerikanischen Gesellschaft führen oder sogar nach Afrika auswandern. Sie drückten dies mit ihrer Haartracht (z. B. Afro) oder der Kleidung (z. B. Dashiki) aus und übernahmen die Ideen der Black Panther Party, die für bewaffneten Widerstand plädierte, um die Rechte der Afroamerikaner:innen durchzusetzen. Oder sie folgten dem Credo von Malcolm X, der wenig von Integration hielt, sondern einen eigenen afroamerikanischen Weg propagierte.[12]

Die Festivalveranstalter:innen und -besucher:innen solidarisierten sich mit allen ‚Verdammten dieser Erde‘ und folgerichtig waren auch US-Puerto-Ricaner:innen (z. B. Ray Barretto) oder US-Kubaner (z. B. Mongo Santamaría) mit ihren karibischen Rhythmen vertreten, die zugleich einen Teil der Bevölkerung Harlems vertraten. Zudem wurde mit der Einladung des Südafrikaners Hugh Masekela, der vor der Apartheid ins Exil geflohen war, die Verbunden-

---

[7] Questlove (Regie): SUMMER OF SOUL, Min. 44–52.

[8] Edwin Hawkins Singers: *Oh Happy Day*. Buddha/Pavilion 1969.

[9] The Temptations: My Girl. Auf: *The Temptations Sing Smokey*. Gordy 1965.

[10] Stevie Wonder: *Shoo-Be-Doo-Be-Doo-Da-Day*. Tamla 1968.

[11] Questlove (Regie): SUMMER OF SOUL, Min. 4–66.

[12] Ebd., Min. 75–80.

heit des Festivals mit Afrika bezeugt. Selbst unterprivilegierte Weiße wurden miteinbezogen, und gemeinsam witzelte man über die Mondlandung, die an einem der Sonntage – dem 20. Juli 1969 – des Festivals stattfand, oder kritisierte sie scharf, da das aufgewendete Geld in den Augen vieler Besucher:innen für Besseres, etwa für die Unterstützung von Menschen in Not hätte aufgewendet werden können.[13]

Der Drang nach Freiheit wurde vielleicht am deutlichsten von Max Roach und Abbey Lincoln sowie Sonny Sharrock und ihrem Free-Jazz ausgedrückt. Deren Free-Jazz soll ja nicht nur musikalische, sondern auch gesellschaftliche, wirtschaftliche und vor allem ideologische Freiheit implizieren.[14] Deshalb spielte Max Roach *It's Time*,[15] denn die Zeit war reif für Befreiung, und deshalb sang Abbey Lincoln *Africa*,[16] denn Afrika galt als das verheißene Land, nach dem sie sich sehnte. Der Schwarze Avantgarde-Free-Jazzer Archie Shepp, der zwar nicht auf dem Festival auftrat, aber die politische Energie des Free-Jazz wie kaum ein zweiter verkörperte, drückte den produktionsästhetischen, aus Leid erwachsenen Impuls folgendermaßen aus: „Wenn drei Kinder und eine Kirche in die Luft gesprengt werden, dann bleibt etwas in deiner kulturellen Erfahrung hängen."[17] Und tatsächlich ist ja gerade der Free-Jazz ein musikalisches Medium, in dem sich Wut und Protest sowie Schmerz und Trauer ausdrücken und geradezu kathartisch verarbeiten lassen, wie neuerdings in Peter Kempers Studie zur politischen Ästhetik des Jazz nachzulesen ist.[18]

Nina Simone schließlich bezog sich besonders konkret auf die unmittelbaren Verhältnisse. In *Backlash Blues*[19] etwa beklagte sie den *Backlash* der Bürgerrechtsbewegung, und mit dem Song *To Be Young, Gifted and Black*[20] machte sie ihren afroamerikanischen Brüdern und Schwestern Mut, für ihre Rechte zu kämpfen. Einen Beleg für die Wirkung des Songs wie gleichermaßen Bestätigung seiner Haltung liefert die Erinnerung der ersten Schwarzen Studentin im Bundesstaat Georgia, Charlayne Hunter-Gault, dass sie bereits vor dem Festival Simones Lieder hörte, wenn ihre weißen Mitstudierenden sie einschüchtern wollten – und dass die Songs ihr tatsächlich Mut gespendet haben; sie war zu der Zeit Journalistin bei der *New York Times* und setzte durch, dass die Afroamerikaner:innen von der *Times* nicht mehr als ‚Negro',

---

[13] Ebd., Min. 70–81, 93–95.

[14] Philippe Carles/Jean-Louis Comolli: *Free Jazz – Black Power*. Übers. von Frederica und Hansjörg Pauli. Frankfurt/M. 1973 (frz. 1971), 15–17.

[15] Max Roach His Chorus and Orchestra: It's Time. Auf: *It's Time*. Impulse! 1962.

[16] Abbey Lincoln: Africa. Auf: *People in Me*. Philips 1973.

[17] Archie Shepp zit. nach Carles/Comolli: *Free Jazz – Black Power*, 234.

[18] Questlove (Regie): SUMMER OF SOUL, Min. 90–93; s. hierzu Peter Kemper: *The Sound of Rebellion. Zur politischen Ästhetik des Jazz*. Ditzingen 2023, zu Archie Shepp 348–397.

[19] Nina Simone: Backlash Blues. Auf: *Nina Simone Sings the Blues*. RCA Victor 1967.

[20] Nina Simone: *To Be Young, Gifted and Black*. RCA Victor 1969.

sondern als ‚Black' bezeichnet wurden. Noch expliziter wurde Nina Simone mit dem Gedicht *Are You Ready?*[21] Darin fragt sie zu aufpeitschenden Rhythmen: „Are you ready to smash things and burn buildings?" Und das Publikum antwortet mit einem lauten „Yeah". Aber Nina Simone fragte auch: „Are you ready to listen to all the beautiful Black voices, the beautiful Black feelings, the beautiful Black waves moving in beautiful air? Are you ready Black people? Are you ready?" Und wiederum ertönte ein lautes „Yeah".[22] War das vielleicht der Grund, weshalb für so viele Jahre niemand etwas vom Harlem Cultural Festival wusste – wissen wollte? Im Jahr 2021 – 32 Jahre nach dem Woodstock-Festival, welches für Friede und ein ‚anderes' Amerika stand – schaffte es das Harlem Cultural Festival immerhin unter dem Filmtitel SUMMER OF SOUL in die Kinos respektive auf die Streaming-Plattformen. Vielleicht dank der Black Lives Matter-Bewegung, vielleicht, weil die Gesellschaft generell offener gegenüber Schwarzen ist. Vielleicht.

---

[21] Im Folgenden zit. nach Nina Simone: Are You Ready? Auf: *Summer of Soul (...Or, When the Revolution Could Not Be Televised) - Original Motion Picture Soundtrack.* Legacy/Sony Music 2022.
[22] Questlove (Regie): SUMMER OF SOUL, Min. 95–105.

Led Zeppelin: *Whole Lotta Love* (1969)

Katerina Kroucheva

Whole Lotta Love[1] war eine unwahrscheinliche Erfolgsstory. Der Auftakt von *Led Zeppelin II* (1969)[2] war die erste und meistverkaufte Single der Band in den USA und ihre einzige Single überhaupt in Großbritannien.[3] Er gilt als exemplarisch für diejenige Ausprägung des Bluesrock, die am Anfang des Hard Rock steht und den Heavy Metal mitgeprägt hat.[4] Das berühmte Gitarrenriff wurde 2014 von den Hörer:innen von BBC Radio 2 zum „greatest of all time" gewählt,[5] im Juni 2021 stimmten die Leser:innen von *Total Guitar* und *Guitar World* genauso ab. „It wasn't the first great riff, but it is the defining one", schrieb *Total Guitar*.[6]

Stimmt man den Historiker:innen des Heavy Metal zu, die meinen, dass dieser Stil sich aus einer Verbindung von Bluesrock mit psychedelischen Ele-

---

[1] Led Zeppelin: *Whole Lotta Love*. Atlantic 1969. Im Folgenden zit. nach Neil Priddey: *Led Zeppelin. The Complete UK Vinyl Discography*, 2015, 33.

[2] Led Zeppelin: *Led Zeppelin II*. Atlantic 1969.

[3] Der Song erschien in drei Versionen (alle bei Atlantic Records): Die Albumversion mit einer Länge von 5:33 Minuten wurde in den USA auch als Single veröffentlicht; zusätzlich erschien 1969 zum Gebrauch in den Medien eine weitere amerikanische Single-Version mit 3:10 Minuten, in der der Mittelteil und das Ende stark gekürzt sind. Und schließlich gab es 1997 eine zweite Bearbeitung der ursprünglichen Version mit 4:50 Minuten als Single in Großbritannien.

[4] Zur Genealogie des Heavy Metal vgl. Deena Weinstein: *Heavy Metal: A Cultural Sociology*. New York, NY 1991, 14–18; die Tendenz, Led Zeppelin als Vorläufer des Heavy Metal zu nennen, betrachtet Weinstein als typisch vor allem für die amerikanische Popgeschichtsschreibung.

[5] o.A.: Led Zeppelin's Whole Lotta Love voted best guitar riff. In: *BBC online*, 25.8.2014, bbc.com/news/entertainment-arts-28929167 (10.8.2025).

[6] Amit Sharma et al.: The 50 Greatest Riffs of All Time. In: *Total Guitar*, 4.6.2021, guitarworld.com/features/greatest-guitar-riffs-of-all-time/6 (10.8.2025).

© Der/die Autor(en), exklusiv lizenziert an
Springer-Verlag GmbH, DE, ein Teil von Springer Nature 2026
C. Jürgensen und G. Kaiser (Hrsg.), *Eine Kulturgeschichte der Popmusik*,
https://doi.org/10.1007/978-3-662-72524-5_22

menten formiert hat,[7] so ist dies tatsächlich ein besonders typisches, frühes Beispiel für Heavy Metal. Dass jedes der beiden konstitutiven Elemente – Bluesrock und Psychedelik – deutlich genderbezogene Zuweisungen erhält, erweist sich als stilprägend. Doch warum nimmt ausgerechnet *Whole Lotta Love* die Rolle als erfolgreichster Led-Zeppelin-Song ein?

Naheliegend erscheint dieser Erfolg im Rückblick nicht. Denn erstens ist dies kein Originalsong, vielmehr handelt es sich um eine weitgehende textliche und musikalische Übernahme eines von Willie Dixon geschriebenen und zunächst von Muddy Waters performten Songs aus dem Jahr 1962, der 1966 bereits von den Small Faces gecovert worden war;[8] Plants Gesangslinie ist dabei von Steve Marriott, dem Sänger der Small Faces, stark inspiriert.[9] Dass ein Cover, dessen Gesang einer anderen Coverversion folgt, zur Sensation wird, ist nicht unbedingt selbstverständlich. Zweitens hat Led Zeppelin musikalisch weit komplexere Songs produziert, in denen Elemente des frühen Rock 'n' Roll und des Blues mit keltischer, indischer und arabischer Musik kombiniert werden; *Whole Lotta Love* hingegen kommt mit nur zwei Akkorden aus. Drittens findet man in diesem Song nicht die „amalgamation of Anglo-Saxon pastoralism, Tolkien mythology, an exotic East, hippie culture and the American South",[10] also jenen nostalgischen Eklektizismus, den Robert Plant mit *Ramble On*[11] und dem *Immigrant Song*[12] einführt und mit dem Led Zeppelin Heavy-Metal-Bands wie Manowar und Iron Maiden beeinflussen wird. Viertens schließlich fehlt die für Robert Plants Songlyrik charakteristische Verknüpfung von nervenzermürbendem Liebeselend und sozialem Abgrund, die etwa in *The Lemon Song*[13] zu finden ist; *Whole Lotta Love* ist ein eher unempathischer Song, dessen herablassende Männlichkeit auch keine Empathie beim angesprochenen Gegenüber sucht („You need coolin', baby I'm not foolin' / I'm gonna send you back to schoolin' / Way down inside, honey you need it / I'm gonna give you my love").

Was macht den Song dennoch zum „defining one"? Zunächst einmal ist der Provokationsgestus durch die Vereindeutigung der sexuellen Aufforderung da, die unmissverständliche Direktheit des Texts („I'm gonna give you every inch of my love"), untermalt von der monotonen Ruppigkeit des Riffs,

---

[7] Vgl. Weinstein: *Heavy Metal*, 16.

[8] Muddy Waters: *You Need Love*. Chess 1962. Im Folgenden zit. nach Mitsutoshi Inaba: *Willie Dixon: Preacher of the Blues*, Lanham, MD/Toronto/Plymouth, MA 2011, 192f.; The Small Faces: You Need Loving. Auf: *Small Faces*. Decca 1966.

[9] Vgl. Dietmar Elflein: *Schwermetallanalysen. Die musikalische Sprache des Heavy Metal*. Bielefeld 2010, 217.

[10] Erin Sweeney Smith: Post-imperialism, imaginary geography and the women of Led Zeppelin's IV. In: *Popular Music*, Vol. 36, No. 3 (October 2017), 410–426.

[11] Led Zeppelin: Ramble On. Auf: *Led Zeppelin II*.

[12] Led Zeppelin: Immigrant Song. Auf: *Led Zeppelin III*. Atlantic 1970.

[13] Led Zeppelin: The Lemon Song. Auf: *Led Zeppelin II*.

des kraftvollen Bass-Einsatzes, des rauen Gesangs und des massiven Sounds des Schlagzeugs, das ab dem Refrain um 0:33 einsetzt. Diese Direktheit unterscheidet sich von der im Vergleich dazu beinah diskreten Ausdrucksweise von Muddy Waters („You are frettin' and I am pettin'") und auch von der lasziven Verspieltheit der Small Faces, bei denen der Abzählreim *Eeny, meeny, miny, moe* mit sexuellen Inhalten versehen wird.

Dem Eindruck der fordernden Männlichkeit wirken in Led Zeppelins Variante jedoch eine Reihe von Elementen entgegen, von denen Plants androgynes Aussehen und sein exaltierter Performance-Stil die offensichtlichsten sind; letzteren wird er in einer späten Selbsteinschätzung einschränkend als seine „exaggerated personality" bezeichnen.[14] Die von ihm vorgeführte Imitation weiblicher Sexgeräusche trägt dazu unmittelbar bei. In der sogenannten „freakout sequence"[15] ab 1:22, in der das erwähnte Stöhnen Plants zu hören ist, wird der Hard-Rock-Klang des Anfangsteils von psychedelischen Klängen ersetzt. Damit entfernt sich *Whole Lotta Love* endgültig von Muddy Waters' Blues-Variante und auch von der im Vergleich zu ihr dramatischeren Hard-Rock-Version der Small Faces. Entscheidend für das Gelingen des sorgfältig produzierten Songs ist der markante Einsatz der Perkussion. Der schwere Drum-Sound schweigt im mittleren Teil, dafür setzt John Bonham hier die Hi-Hat und die Congas ein, John Paul Jones ist an den Bongos zu hören. Page spielt auf dem Theremin, dem elektronischen Instrument, das unter anderem die Beach Boys 1966 in *Good Vibrations*[16] verwendet hatten. Der dritte Teil des Songs ist schließlich als eine Art Synthese der ersten beiden Teile konzipiert. Im Gitarrensolo nach dem Ende des mittleren Teils um 3:06 wird das Wah-wah-Pedal verwendet und ab 4:02 kommt das „reverse echo" zum Einsatz, bei dem der Nachhall von Plants Stimme vor dem Beginn einer kurzen A-cappella-Sequenz zu hören ist. Bonham setzt nach dem Gitarren-Solo, das er an der Snare und am Tom begleitet, sowie nach der A-cappella-Sequenz erneut den schweren Drum-Sound ein, er spielt hier aber auch die Maracas und Plant spielt das Tamburin.[17]

Whole Lotta Love verbindet damit auf schillernde Weise die Energie des Cock-Rock mit weiblich kodierter Lust und Irrationalität, eine Kombination, die Schule gemacht hat. Das Spiel mit androgynen Elementen wird später zu den festen Attributen der Metal-Kultur gehören.[18] Neben der Heteronormati-

---

[14] Dale Maplethorpe: The Led Zeppelin vocal performance Robert Plant called „exaggerated". In: *Far Out*, 19.1.2024, faroutmagazine.co.uk/the-led-zeppelin-vocal-performance-robert-plant-called-exaggerated (10.8.2025).

[15] Jean-Michel Guesdon/Philippe Margotin: *Led Zeppelin. All the Songs – The Story Behind Every Track* [frz. 2018]. New York, NY 2018, 112.

[16] The Beach Boys: *Good Vibrations*. Capitol 1966.

[17] Zur Perkussion in *Whole Lotta Love* vgl. Guesdon/Margotin: *All the Songs*, 113f.

[18] Vgl. dazu etwa Hartmut Rosa: *When Monsters Roar and Angels Sing. Eine kleine Soziologie des Heavy Metal*. Stuttgart 2023, 47f.

vität von Bands wie Manowar oder Slayer ist Androgynie für große Teile des Metal konstitutiv, etwa bei Sängern wie Rob Halford und David Lee Roth, bei Sologitarristen wie Steve Vai, Randy Rhoads und Nuno Bettencourt oder bei Bassisten wie Billy Sheehan und Rudy Sarzo.

Die Betonung des irrationalen und androgynen Moments bei einem schlichten textuellen und musikalischen Gerüst ist wahrscheinlich der Grund dafür, dass die Band *Whole Lotta Love* in späteren Konzerten als Rahmen für Medleys aus eigenen und fremden Songs verwendete. Dass der Song 2008 für die Abschlusszeremonie der Olympischen Spiele in Peking (aufgeführt von Leona Lewis und Jimmy Page) ausgewählt wurde, zeugt ebenfalls vom Vertrauen, das in seine integrative Kraft gesetzt wird.

Woodstock (1969)

Christoph Jürgensen

Vielleicht hat niemand Woodstock so gut verstanden wie eine Künstlerin, die überhaupt nicht dabei war. Die aufstrebende Folkmusikerin Joni Mitchell nämlich hätte sicher gut in das Line-up des Festivals gepasst, ließ sich aber von ihrem Manager überreden, stattdessen in der *Dick Cavett Show* aufzutreten. So saß sie in einem New Yorker Hotelzimmer vor dem Fernseher und sah die Berichte über das Festival – und will unter den Eindrücken *Woodstock*[1] geschrieben haben. Der Song imaginiert die Reise eines ‚Gotteskindes‘ zum Konzert als Pilgerfahrt („I'm going to camp out on the land / I'm going to try an' get my soul free") und der Refrain blickt entsprechend auf eine Art von Paradies voraus („We are stardust / We are golden / And we've got to get ourselves / Back to the garden"). Aber was wiedergewonnen werden soll (der paradiesische Garten), muss erst verloren gegangen sein, so legt auch diese Aktualisierung des unverwüstlichen romantischen Geschichtsdenkens nahe. Der Traum ist sentimentalisch, nicht naiv, und wenn man so will, ist die Stimme von Mitchell ohnehin klüger als ihr Text: Requiemhaft klagt sie das paradiesische Szenario heraus, der Song klingt nicht fröhlich, wie es die frohe Botschaft nahelegen würde, sondern tönt vielmehr ziemlich elegisch.

Um die Wahrheit der produktionsästhetischen Legende müssen wir zwar fürchten, aber die Wirklichkeit spielt für ein popmythologisches Denken ja eine untergeordnete Rolle. Offenkundig verwandelt sich hier das Ereignis zum Mythos, noch während es stattfindet. Dennoch gibt es natürlich Fakten und Abläufe, die sich jenseits der sofort einsetzenden Mythologisierung re-

---

[1] Joni Mitchell: Woodstock. Auf: *Ladies of the Canyon*. Reprise 1970.

konstruieren lassen. Eine ironische Volte der Popgeschichte ist, dass sich die Geburt dieses zugleich pazifistischen wie anti-merkantilen Mythos aus dem Geist des Geschäftssinns vollzieht. Profan formuliert: Zwei Freundespaare Mitte Zwanzig wollen Geld machen. Auf der einen Seite planen die gegenkulturell geschulten, szene-erfahrenen Michael Lang und Artie Kornfeld ein Tonstudio in der Kleinstadt Woodstock, auch deshalb, weil Bob Dylan sich dorthin nach seinem legendären Motorradunfall zurückgezogen hatte. Weitere Acts wie The Band oder Janis Joplin waren ihm gefolgt, der Ort versprach folglich Vernetzung und Aura in einem. Auf der anderen Seite suchen der vermögende John Roberts und der ebenfalls betuchte Anwalt Joel Rosenmann, nachdem sie sich passenderweise auf einem Golfplatz kennengelernt haben, mittels einer Annonce im *Wall Street Journal* nach einer Anlage für ihr Geld: „Junge Leute mit unbeschränktem Kapital suchen interessante, gesetzlich zulässige Geschäftsideen."[2]

Schnell treffen einige Zuschriften ein, die mehrheitlich die Finanzierung abstruser Ideen vorschlagen (die Produktion essbarer Golfbälle etwa); es finden sich darunter jedoch auch einige plausible Vorschläge.[3] So knüpfen Roberts und Rosenmann erste Kontakte in die Musikindustrie und richten im Sommer 1967 ein Musikstudio ein, bevor sich die beiden Business-Hippies bei ihnen melden. Die Gründung eines weiteren Studios, wie es Lang und Kornfeld zunächst vorschlagen, ergibt für die Geldgeber wenig Sinn, daher einigt sich die Gruppe auf die Ausrichtung eines großen Konzertes, gründet dafür die Firma Woodstock Ventures und macht sich unverzüglich an die Planung.

Bald gefunden ist der Titel für das Event: Als Woodstock Music & Art Fair presents An Aquarian Exposition – 3 Days of Peace & Music wird es in allen Szene-Magazinen beworben und will offensichtlich viel mehr sein als ‚nur' ein Live-Konzert. Schnell steht auch der Termin, schwierig gestaltet sich hingegen die Suche nach einem geeigneten Veranstaltungsort. Als die Zeit knapp wird und die Suche zunehmend hektischer, findet sich doch noch ein Gelände, das alle infrastrukturellen Bedingungen erfüllt, von der Größe bis zu den nötigen Zufahrtsstraßen: das vierzehn Hektar große Anwesen von Max Yasgur, ein „natürliches Amphitheater"[4] in White Lake, Town of Bethel, Sullivan County. Woodstock findet damit gleichsam siebzig Meilen von sich selbst entfernt statt, man sollte es wohl in Anführungsstrichen nennen, insofern es mehr Geschichtszeichen als ein realer Ort ist.

In der Folge verlaufen die Planungen in zwei Strängen: Einerseits muss das ‚natürliche Amphitheater' allererst für die Besucher vorbereitet werden, d.h.,

---

[2] Zit. nach Joel Makower: *Woodstock. The Oral History*. New York, NY 1989, 24.

[3] Dies erinnert Joel Rosenmann im Dokumentarfilm von Donn Allan Pennebaker (REGIE): WOODSTOCK DIARY. USA 1994.

[4] So der Leiter des Organisationsstabs Mel Lawrence, zit. nach Makower: *Woodstock*, 115.

es müssen Verkehrswege geplant, die Essens- und Wasserversorgung gesichert, Toiletten aufgestellt werden, und das alles in ungeheurem Umfang, weil allein im Vorverkauf insgesamt 186.000 Tickets abgesetzt werden konnten. Zudem gilt es eine Bühne zu konstruieren, die diesen Dimensionen genügt, ebenso wie ein maximal leistungsfähiges Soundsystem zu installieren ist. Gebaut werden gleich zwei Bühnen, eine gigantische Hauptbühne, auf der das offizielle Programm stattfindet, dazu eine deutlich kleinere ‚freie Bühne‘, auf der jeder und jede spielen kann, der bereit ist, sich anzustellen. Zugleich wird eine für damalige Verhältnisse imposante P.A.-Anlage aufgebaut, von einem Team rund um Bill Hanley, der zu den „Pionieren der Beschallungstechnik"[5] zählt. Zu den gerne aufgerufenen Topoi der Woodstock-Spötter gehörte später die Rede davon, dass letztlich nichts von der Musik zu hören gewesen sei, aber viele Zeitzeugen erzählen das Gegenteil.

Andererseits muss das Booking der Künstler:innen vorangetrieben werden, und die Wunschliste von John Morris (dem Produktionskoordinator und stage MC) und Michael Lang ist prominent besetzt. Aber nicht alle Anfragen sind erfolgreich. Jim Morrison etwa durchlebt gerade eine paranoide Phase und fürchtet, in Woodstock umgebracht zu werden, später bedauert er sein Fernbleiben und kompensiert die Enttäuschung mit Beleidigungen der ‚Woodstock Nation‘ als Ansammlung von „Babys, die noch mit dem Löffel gefüttert werden müssen".[6] Die Beatles sind derweilen schon zu zerstritten und ohnehin längst keine Live-Band mehr, John Lennon wäre allerdings gerne mit der Plastic Ono Band aufgetreten, was jedoch den Veranstaltern nicht ins Konzept passt. Mick Jagger dreht währenddessen in Australien einen heute weitgehend vergessenen Film (KELLY, DER BANDIT[7]), und vor allem ist ausgerechnet Bob Dylan nicht mit dabei. In seiner Autobiografie *Chronicles* (2004) ist er noch gut drei Jahrzehnte später enerviert von der damaligen Zumutung, das „Sprachrohr einer Generation" sein zu sollen, er habe „sehr wenig mit der Generation gemein, deren Stimme ich sein sollte, ich wusste auch nichts über diese Generation."[8]

Trotz dieser Absagen konnte ein durchaus prominentes Line-Up zusammengestellt werden, alles in allem sind schließlich 32 Auftritte geplant, in eher lockerer Dramaturgie über die drei Tage verteilt. „Der erste Tag sollte soft sein", erinnert sich Morris später, „mit der Incredible String Band, Joan Baez, Richie Havens, Ravi Shankar und solchen Sachen. Am folgenden Tag sollte gewissermaßen Amerika drankommen, und dann wollten wir rüber nach England gehen".[9] Doch das Programm lässt sich nicht einhalten, denn

---

[5] Frank Schäfer: *Woodstock '69. Die Legende.* St. Pölten/Salzburg 2009, 28.

[6] So zitiert in Wolfgang Tilgner: *Open Air. Monterey, Woodstock, Altamont.* Berlin 1988, 167.

[7] Tony Richardson (Regie): KELLY, DER BANDIT. Großbritannien 1970.

[8] Bob Dylan: *Chronicles. Volume One.* Hamburg 2004, 118f.

[9] Zit. nach Makower: *Woodstock*, 126.

so emsig geplant wird, so früh läuft die Organisation aus dem Ruder. Schon zwei Wochen vor dem offiziellen Beginn campieren ca. 30.000 Menschen auf dem Gelände, mit dem Freitag machen sich dann schätzungsweise eine Millionen Pop-Erlebnishungrige auf den Weg, die Straßen verstopfen schnell, und nur etwa die Hälfte erreicht das Areal überhaupt.

Aber natürlich muss es losgehen, der Hügel ist schließlich überfüllt mit einem erwartungsvollen und mit Rauschmitteln eher überversorgten Publikum. Die eingeplanten Opener Sweetwater sind allerdings noch nicht eingetroffen, Country Joe McDonald ist zwar anwesend, aber seine Band nicht, und Tim Hardin macht keinen guten Eindruck, sein Trip scheint schlecht. Daher wird der weitgehend unbekannte Folkmusiker Richie Havens auf die Bühne geschoben. Um 17.07 Uhr beginnt er sein Set und spielt eine Dreiviertelstunde eine Form der Folkmusik, die die Tradition des „rhythmisierten Agitationsgedichts"[10] mit einer Gospel-Phrasierung verbindet. Dieser Stilmix kommt im Auditorium gut an, für Begeisterung sorgt jedoch vor allem der letzte Song, den Havens anstimmt, als ihm das Material ausgeht: *Freedom*,[11] eine perkussiv und stimmlich energetische Adaption des Spirituals *Motherless Child*, die improvisiert und eingeübt zugleich wirkt.

Nicht jeder der folgenden Auftritte ist vergleichbar erinnerungswürdig, und nicht mal jeder ist vollständig oder verwertbar überliefert. Sweetwater beispielsweise werden zwar verspätet mit dem Hubschrauber eingeflogen und spielen, sind mit ihrem Auftritt aber unzufrieden und verschwinden danach auch bald wieder im Schlamm der Popgeschichte, das Material von Quill ist weitgehend unbrauchbar, weil Ton- und Bildspur nicht synchron liefen, und von der Performance der Keef Hartley Band existiert wohl nur eine private Tonaufnahme. Gut dokumentiert ist dagegen,[12] wie Country Joe McDonald mit Akustik-Gitarre auf der Bühne erscheint, auch wenn seine Band weiterhin auf sich warten lässt, das Publikum zunächst nicht richtig erreicht, bis er mit der Menge Buchstabe für Buchstabe im Call-and-Response ein „F.U.C.K." intoniert, und dann den *I-Feel-Like-I'm-Fixin'-To-Die Rag*[13] anstimmt, mit Versen, die nur auf dieses Festival gewartet zu haben scheinen: „And it's 1, 2, 3 what are we fighting for? / Don't ask me I don't give a damn / The next stop is Vietnam / And its 5, 6, 7 open up the pearly gates / Well there ain't no time to wonder why / WHOOPEE we're all gonna die."[14]

---

[10] Diedrich Diederichsen: Breakfast for Children – Produktive Missverständnisse – Woodstock. In: Ders.: *Freiheit macht arm. Das Leben nach Rock'n'Roll 1990-93*. Köln 1995, 45.

[11] Richie Havens: Freedom. Auf: *Richie Havens on Stage*. Stormy Forest 1972.

[12] Zur umstrittenen Frage nach der historisch richtigen Reihenfolge der Auftritte siehe Schäfer: *Woodstock '69*, 198 (Fußnote 67).

[13] Im Folgenden zit. nach Country Joe and the Fish/Pete Krug: I-Feel-Like-I'm-Fixin'-To-Die Rag. Auf: *Songs of Opposition (Rag Baby Talking Issue, Vol. 1, Issue A)*. Rag Baby 1965.

[14] So zu sehen in Michael Wadleigh (Regie): WOODSTOCK – 3 DAYS OF PEACE & MUSIC. USA 1970.

Danach schwankt die Qualität der Aufritte. Tim Hardin ist mittlerweile zumindest halbwegs auf der Höhe, Arlo Guthrie aber (Sohn der Folk-Legende Woody, auf die sich nicht nur Dylan immer wieder beruft) legt einen reichlich verstrahlten Auftritt hin, der sich vor allem mit einem Ausruf in die Erinnerungskultur einträgt: „New York State Thruway is closed, man. Yes, far out. A lot of Freaks.“[15] Ausgerechnet der Auftritt der als Headlinerin des ersten Tages gebuchten Joan Baez gerät dann zur Enttäuschung, für sie wie das Auditorium. Als sie beginnt, ist es Nacht und es regnet, sie widmet einen Song ihrem wegen Kriegsdienstverweigerung inhaftierten Mann und streicht sich symbolisch für ihre Schwangerschaft über den Bauch, das alles wirkt deplatziert privat und wird kaum beklatscht, auch der Ton ihres (wie einmal böse formuliert wurde) „Heulbojen-Wimmer-Kitsch[es]“[16] trifft nicht den Festival-Sound und überhaupt spielt sie ihre Protesthymnen wohl schon zu lange, um es noch mit der nötigen Verve zu machen. Mit Bourdieu gesagt: Sie hat gewissermaßen Epoche gemacht und ist zur ‚Klassizität‘ erstarrt, das steht wirkungsästhetisch quer zur Gegenwärtigkeit von Woodstock, passt weder im unmittelbaren Augenblick noch in der nachgelagerten Historisierung.

Auch der zweite Tag bietet einen gut gefüllten musikalischen Gemischtwarenladen, ansonsten fehlt es aber langsam an allem. Der Matsch ist nach dem nächtlichen Regen allgegenwärtig, 600 Toiletten sind viel zu knapp kalkuliert, selbst die dreifache Menge wäre wohl zu wenig gewesen, zudem geht das Trinkwasser aus und soll Gerüchten zufolge ohnehin mit Acid verseucht sein, auch reicht die Verpflegung nicht und Kostbarkeiten wie Burger werden minütlich teurer. Um die vielen Drogenversehrten wiederum kümmern sich die als Unterstützung verpflichteten Mitglieder der Hippie-Kommune Hog Farm, damit kennen sie sich aus. Und als wäre die Situation nicht angespannt genug, strömen immer noch mehr Menschen in das ‚Theater‘, von keinen Checkpoints aufgehalten, und die wenigen Kassenhäuschen sind bereits verwaist. Unvermeidlich scheint daher rückblickend derjenige Satz, der wie kein anderer für den ‚Geist von Woodstock‘ steht, ja der die Ermöglichungsbedingung für die Mythenbildung darstellt: „it's a free concert from now on!“, ruft Morris am Samstagmittag von der Bühne. Eine organisatorische Kapitulation, aber eine unüberbietbar starke gegenkulturelle Geste. Wie logisch wirkt angesichts der chaotischen Zustände der konfuse Auftritt von John Sebastian, der nicht gebucht ist, sondern als Zuschauer im Publikum entdeckt wird und sich direkt nach einem instrumental virtuosen, ja hypnotischen und den Latin Rock erfindenden Set von Santana (mit noch heute energetisch wirkender Grandezza von Songs wie *Evil Ways*[17]) zum Auf-

---

[15] Ebd.

[16] Thomas Haemmerli: Trau keinem über sechzig. Entrüstung eines Nachgeborenen. In: *NZZ Folio*, 1.7.1993.

[17] Santana: Evil Ways. Auf: *Santana*. CBS/Columbia 1969.

tritt überreden lässt. Er ist mindestens so ‚drauf‘ wie Tim Hardin, und redet eine Dreiviertelstunde mehr oder minder vor sich hin, bis er unter anderem *Younger Generation*[18] spielt und dabei das Publikum um Hilfe bitten muss, weil er den Text vergessen hat.

In anderer Weise programmatisch ist dann Canned Heat, namentlich *Going Up the Country*[19] avanciert bald danach geradezu zum *signature track* von Woodstock, weil er auf der Bühne besingt, was sich vor ihr abspielt (zumindest im Selbstgefühl der Beteiligten): „I'm going, I'm going / Where the water tastes like wine / I'm going where the water tastes like wine / We can jump in the water / Stay drunk all the time." Eigentlich war eine solche Hymne eher von den Grateful Dead zu erwarten gewesen, denn keine Band verkörperte den neuen psychedelischen Geist und seine musikalische Entsprechung wie die Dead, sie hatten die längsten Gitarrensoli und die längsten Kollektivimprovisationen und jeder durfte alles frei mitschneiden. Aber der Aufritt war nicht gut, in den Dokumentationen kommt er nicht einmal vor, weil die Band wohl dagegen war. Pragmatiker mögen als Begründung für die mangelnde Qualität auf den Regen verweisen, der alle Instrumente verstimmt und elektrisch aufgeladen hat. Komplizierter gestimmte Geister wie Diedrich Diederichsen hingegen erkennen, dass die Dead nicht mehr funktionieren konnten, als „sie in ein neues Medienformat, das mit ‚Woodstock‘ geboren wurde, eingehen sollten, den Medienverbund."[20] Die gesamte Geschichte der Dead favorisiert das Improvisierte, Flüchtige, insofern gründet ihre Legende auch weniger auf epochemachenden Alben und mehr auf ihrer Live-Praxis – im medial fixierten Mythos musste, folgt man Diederichsen, diese Lebendigkeit oder Flüchtigkeit gleichsam sterben.

Janis Joplin danach ist zwar nicht schlecht, aber wir können ihren Auftritt mit dem Finger auf der Vorspultaste ansehen, weil Schnaps und Heroin sie wie eine gedämpfte Version ihrer selbst wirken lassen. Viel besser ist dagegen Sly and the Family Stone, energetisch, froh und bunt, sie passen gut ins Konzept. Erkenntnisreicher für den Chronisten ist aber nicht dieser passgenaue Aufritt, sondern das sozusagen verhaltensauffällige Set von The Who. Legendär ist es weniger wegen der eigentlichen Performance, auch wenn sie beeindruckend ist, sehr druckvoll und destruktiv, mit dem frischen Material der Rock-Oper *Tommy*.[21] Aber sie wollen nicht in der allgemeinen Seligkeit aufgehen, sondern einfach ihre Arbeit machen wie sonst auch, darum trägt Townshend zeichenhaft einen gegen den Hippie-Dresscode gerichteten weißen Monteuranzug und ist ansonsten ziemlich genervt von allem. Die Situation eskaliert, als der Aktivist Abbie Hoffmann während des Sets von

---

[18] The Lovin' Spoonful: Younger Generation. Auf: *Everything Playing*. Kama Sutra 1967.

[19] Canned Heat: *Going Up the Country*. Liberty 1968.

[20] Diederichsen: *Breakfast für Children*, 195.

[21] The Who: *Tommy*. Polydor/Decca/Track 1969.

The Who die Bühne entert, um die Woodstock-Nation über den inhaftierten John Sinclair aufzuklären, denn Townshend hat keinen Sinn für diese Form der Agitation, schreit Sinclair ein „Fuck off my fucking stage" entgegen und schlägt ihn mit seiner roten Gibson nieder – und das Publikum applaudiert. So gewaltlos, wie die Geschichtsschreibung wissen will, war das Festival eben doch nicht, und vor allem gingen offenkundig die Interessen der Beteiligten weit auseinander, homogenisiert wurden die verschiedenen künstlerischen Kalküle und ökonomischen Interessen erst im Nachhinein.

Am Morgen von Tag drei sieht das Festivalgelände dann endgültig wie ein überdimensioniertes Survivalcamp aus, die Mitglieder der Hog Farm verteilen Müsli an die Menge und Joe Cocker singt seine gequälte Version von *With a Little Help from My Friends*,[22] die dem Song alle von Ringo Starr gestiftete Gemütlichkeit austreibt. Noch legendärer als sein Auftritt ist, was danach passiert, gleichsam eine kollektive Performance: Denn unmittelbar nach seinem Abgang setzt ein apokalyptisch anmutendes Gewitter ein, kurz droht der Abbruch, aber das Publikum hat seinen Spaß und will den Regen qua kollektiver Anstrengung vertreiben. Kaum ein Moment dieser drei Tage von Liebe, Frieden und Glück ist häufiger zitiert worden als derjenige, in dem der Leadgitarrist von Country Joe and the Fish, Barry Meltron, zusammen mit Joe Macdonald die Beschwörungsformel „No rain! No rain! No rain!" anstimmt, Santana perkussiv auf Cola-Flaschen den Rhythmus aufnimmt und die Menge mit einstimmt. Und der Regen hört tatsächlich auf, selbst das Wetter will anscheinend der Mythenbildung nicht im Weg stehen. Von hier aus versteht sich, dass Max Yasgur auf die Bühne gebeten wird, gewissermaßen als Spiritus Rector des Festivals, und zur Menge wie ein Patriarch der Vorzeit spricht: „A half a million young people can get together and have three days of fun and music, and have nothing but fun and music, and I God bless you for it!"

Damit ist fast alles gesagt, der Höhepunkt fehlt aber noch, er ist ganz an das Ende gesetzt. Als Jimi Hendrix schließlich die Bühne betritt, Headliner und Schlusspunkt des Festivals zugleich, sind nur noch etwa 40.000 Zuschauer:innen übrig, es ist gegen halb neun am Montagmorgen, und selbst Hippies müssen arbeiten oder zur Schule gehen. Hendrix spielt sich nach einer durchwachten Nacht im ungeheizten Musiker-Pavillon langsam warm, mit mehr oder minder konzentrierten Fassungen etwa von *Red House*[23] oder Curtis Mayfields *Gypsy Woman*.[24] Ikonisch ist jedoch vor allem seine Performance von *Star Spangled Banner*,[25] sie bildet in der Rezeptionsgeschichte

---

[22] Joe Cocker: With a Little Help from My Friends. Auf: *With a Little Help from My Friends*. A&M 1969.

[23] Jimi Hendrix: Red House. Auf: *Are You Experienced*. Reprise 1967.

[24] The Impressions: *Gypsy Woman*. ABC-Paramount 1961.

[25] The Jimi Hendrix Experience: Star Spangled Banner. Auf: *Experience*. Inoffizieller Release 1969.

geradezu den ästhetischen und ideellen Kern des Festivals. Hendrix hatte diese Interpretation der Nationalhymne schon mehrfach zuvor gespielt, und niemandem war aufgefallen, dass seine Gitarre den Lärm des Krieges nachzubilden schien, dass sich die Feedback- und Tremolo-Orgie wie ein Klang gewordenes Guernica redivivus hören lässt – und Hendrix selbst, der keineswegs ein Army- oder Vietnam-Gegner war, vielleicht auch nicht. Erst der besondere Aufführungsrahmen ließ diese Bedeutung entstehen, ja innerhalb des „Woodstock-Koordinatensystems (Love, Drogen, Hipness, Spiritualität, Protest – Vietnam)"[26] musste die Parodie der Hymne fast unvermeidlich als Teil des subkulturellen Gegenentwurfs eines besseren Amerika verstanden werden.

Damit war das offizielle Programm beendet, die Mythifizierung aber offenkundig längst in Gang, und den Protagonist:innen war ohnehin durchaus bewusst, (Pop-)Geschichte zu schreiben. Insofern stiftete der im folgenden Jahr erschienene (und 1971 mit dem Oscar für den besten Dokumentarfilm prämierte) Film WOODSTOCK – 3 DAYS OF PEACE & MUSIC[27] die Legende nicht, er hatte aber einen großen Anteil an ihrer Struktur und Reichweite. Die Organisatoren hatten diese Anschlussverwertung schon früh geplant, entsprechend waren die Kameras immer dabei und nahmen etwa hundert Stunden Material auf. Prägend sind besonders die Bilder in den ersten Passagen des Filmes von archaisch wirkenden Zimmermännern, die die Bühne bauen, als wären sie Farmer einer neuen Welt. Und auch sonst wirkt alles idyllisch, selbst die Organisatoren, die sich gerade (für den Moment) finanziell ruinieren, erscheinen trotz des ökonomischen Desasters entrückt vor Glückseligkeit angesichts der allgemeinen Euphorie – und Kasse wurde später übrigens doch noch gemacht, durch den Film ebenso wie ein bis heute florierendes Merchandising.

Aber wenn ein Mythos zelebriert wird, dann ist der emphatische Augenblick ja schon vergangen. Der Film weiß darum, und vielleicht ist wiederum eine historische Ungleichzeitigkeit besonders bezeichnend für seine Faktur bzw. sein Geschichtsbewusstsein: Eingerahmt ist er nämlich von der Crosby, Stills and Nash-Version von Mitchells *Woodstock*, jeweils aus dem Off eingespielt. So war Woodstock wohl beides zugleich, emphatische Feier von Hippieglückseligkeit wie melancholischer Abgesang auf die säkulare Trias aus Love, Peace und Happiness. Oder mit Blick auf die anderen beiden prägenden Festivals dieser Zeit gewendet: Gewissermaßen nimmt Woodstock eine Mittelstellung ein zwischen dem euphorischen Aufbruch von Monterey und dem schnellen Tod der (vorgeblichen) allgemeinen Glückseligkeit im Zynismus von Altamont.

---

[26] Harry Shapiro/Caesar Glebbek: *Jimi Hendrix – Electric Gypsy. Die Biographie.* Köln 1993, 418.
[27] Wadleigh (Regie): WOODSTOCK – 3 DAYS OF PEACE & MUSIC.

The Rolling Stones: *Gimme Shelter* (1969)

Judith Preiß

Müsste Mick Jagger eine Playlist zum Weltuntergang zusammenstellen, dann dürfte ein Titel wohl nicht fehlen: *Gimme Shelter*.[1] Das jedenfalls lässt seine Antwort auf die Frage nach der zentralen Botschaft des Stücks vermuten: „That's a kind of end-of-the-world song, really. It's apocalypse; the whole record's like that."[2] Das ganze Album – gemeint ist das 1969 veröffentlichte *Let It Bleed*,[3] das von *Gimme Shelter* eröffnet wird – fange die Weltuntergangsstimmung der späten 1960er Jahre ein, zu der vor allem die Erfahrungen des Vietnamkriegs und sich zuspitzende soziale Konflikte in den USA führten.[4] So endzeitlich *Gimme Shelter* ist, so erfolgreich ist der Titel auch: Der *Rolling Stone* führt ihn unter den „500 Greatest Songs of All Time" auf Platz 13 und als Nummer 1 der „100 besten Stones-Songs" an, und *Let It Bleed* findet sich immerhin auf Platz 41 der „500 Greatest Albums of All Time" wieder.[5]

Die Untergangsstimmung, die der Song einfängt, hatte zunächst einen sehr konkreten inneren und äußeren Anlass. Der Initialgedanke, über Angst und

---

[1] The Rolling Stones: Gimme Shelter. Auf: *Let It Bleed*. London Records/Decca 1969.

[2] Jann S. Wenner: Jagger Remembers. In: *Rolling Stone* (1995), Nr. 723.

[3] The Rolling Stones: *Let It Bleed*. London Records/Decca 1969.

[4] Wenner: Jagger Remembers.

[5] Jonathan Bernstein et al.: The 500 Greatest Songs of All Time. In: *Rolling Stone*, 16.2.2024, rollingstone.com/music/music-lists/best-songs-of-all-time-1224767/the-kinks-waterloo-sunset-2-1225324/ (16.9.2024); o.A.: Die 100 besten Songs der Rolling Stones. In: *Rolling Stone*, 7.9.2023, rollingstone.de/die-100-besten-songs-der-rolling-stones-617018/ (17.9.2024); Jonathan Bernstein et al.: The 500 Greatest Albums of All Time. In: *Rolling Stone*, 31.12.2023, rollingstone.com/music/music-lists/best-albums-of-all-time-1062063/the-rolling-stones-let-it-bleed-2-1063192/ (17.9.2024).

© Der/die Autor(en), exklusiv lizenziert an
Springer-Verlag GmbH, DE, ein Teil von Springer Nature 2026
C. Jürgensen und G. Kaiser (Hrsg.), *Eine Kulturgeschichte der Popmusik*,
https://doi.org/10.1007/978-3-662-72524-5_24

Bedrohung zu schreiben, war Keith Richards – gerade äußerst missgestimmt über die (ihm vor allem physisch zu) enge Zusammenarbeit zwischen seiner Partnerin Anita Pallenberg und Mick Jagger an einem Filmprojekt – im Angesicht eines schweren Unwetters gekommen, das über London hereinbrach. Doch nicht nur Richards, sondern vielmehr die gesamte Band befand sich gegen Ende der 1960er Jahre in einer schweren Krise. Zwar entstanden in dieser Phase einige ihrer erfolgreichsten Hits (darunter *Sympathy for the Devil*, *You Can't Always Get What You Want* und *Honky Tonk Women*[6]). Jedoch machten Probleme mit dem Management, zu viele Drogen (darunter auch Heroin), das Ausscheiden und der ungeklärte Tod des Stones-Gründungsmitglieds Brian Jones am 3. Juli 1969 sowie ein seit *Beggars Banquet* (1968)[7] wachsender musikalischer Erfolgsdruck den Stones schwer zu schaffen.

Während Richards angeschlagen und stoned Gitarre spielte („It was just a terrible fucking day [...].“[8]), beobachtete er von seinem Fenster aus, wie die Leute auf der Straße vor einem heftigen Sturm und sintflutartigem Regen davonliefen. Mit dieser apokalyptisch anmutenden Szene vor Augen war der spätere Eröffnungsvers von *Gimme Shelter* geboren: „I feel the storm is threatening my very life today.“[9] Und der Rest? Für Richards nichts als glückliche Fügung: „You get lucky sometimes.“[10] Das leitmotivische Riff und die ungewöhnlich absteigende Akkordfolge des Stücks (cis-Moll, H-Dur, A-Dur) sind angeblich eher zufällig entstanden, als er mit einer offen gestimmten E-Gitarre und den *sliding*-Techniken von Bluesgitarrist Jimmy Reed experimentierte, um den Sound der Band weiterzuentwickeln. Und auch die metaphorische Bedeutung hinter dem Bild der Schutzsuchenden ging dem Stones-Gitarristen nicht sofort auf.[11]

Zum echten Weltuntergangssong wird *Gimme Shelter* nämlich erst am 6. Dezember 1969, als die Band ihn beim Altamont Free Concert spielte. Nur einen Tag zuvor war *Let It Bleed* in den USA erschienen. Anlässlich der Veröffentlichung des neuen Albums und um den Abschluss ihrer US-Tour zu feiern, sollten die Stones ein Gratiskonzert im Golden Gate Park von San Francisco ausrichten, zu dessen Line-up auch The Grateful Dead, Jefferson Airplane und Crosby, Stills, Nash and Young gehörten. Nachdem Probleme mit den städtischen Behörden und andere organisatorische Hürden zu eiligen Umplanungen gezwungen hatten, fand das als ‚Woodstock West‘ angedachte Konzert schließlich auf einer stillgelegten Autorennbahn,

---

[6]The Rolling Stones: Sympathy for the Devil. Auf: *Beggars Banquet*. Decca 1968; *You Can't Always Get What You Want*. Decca 1969; *Honky Tonk Women*. Decca 1969.

[7]The Rolling Stones: *Beggars Banquet*. Decca 1968.

[8]Keith Richards: *Life*. London 2010, 287.

[9]Ebd.

[10]Ebd.

[11]Ebd., 287f.

dem Altamont Speedway, statt.[12] Um die hastig errichtete Soundanlage und den Bühnenbereich vor den rund 300.000 Besuchern zu sichern, hatten die Organisatoren kurzerhand Mitglieder des Motorradclubs Hells Angels angeheuert. Nachdem es schon im Vorfeld immer wieder zu Provokationen und einzelnen gewaltsamen Auseinandersetzungen zwischen dem ‚Sicherheitspersonal' und einzelnen Konzertgästen gekommen war - hierbei wurde unter anderem Marty Balin, Sänger von Jefferson Airplane, durch einen der Biker auf der Bühne niedergeschlagen -, geriet die Situation beim Auftritt der Rolling Stones vollends außer Kontrolle. Während die Band *Under My Thumb*[13] spielte, wurde der erst 18-Jährige Meredith Hunter, nachdem er in der ersten Reihe eine Pistole gezogen hatte, von einem Mitglied der Hells Angels erstochen.[14] Ohne zunächst zu wissen, dass der Schwarze Jugendliche neben der Bühne gerade seinen Verletzungen erlag, setzten die Stones ihr Konzert fort und spielten u. a. *Gimme Shelter*.

Seit dem tragischen Ausgang von Altamont wird das Stück als musikalische Signatur des „schwärzesten Tages der Rock- und Popgeschichte" und Grablied der Hippie-Ära betrachtet.[15] Die Bilder existenzieller Bedrohungen, die der Songtext als unkontrollierbar ausbrechende Naturkatastrophen („storm", „fire", „flood") und menschenverursachten Terror („war", „rape", „murder") beschreibt, erscheinen beinahe als prophetische Visionen, wenn die Schrecken eskalierender Gewalt für die Rolling Stones und die Konzertbesucher schockierende Wirklichkeit werden. Nach Altamont ist der Song gewissermaßen ein anderer:

Denn setzt *Gimme Shelter* den Schreckensbildern aus Vietnam, den politischen Unruhen und sozialen Spannungen der ausklingenden 1960er Jahre nicht eigentlich das Hippiemantra „Make Love, Not War!" noch einmal ganz vehement entgegen? Dass das lyrische Ich am Ende verkündet: „I tell you love, sister, it's just a kiss away", lässt sich jedenfalls als eindringlicher und hoffnungsgestützter Appell an die individuelle und kollektive Verantwortung verstehen, sich für die versöhnliche Kraft der Liebe zu entscheiden und das Schlimmste in letzter Sekunde abzuwenden.[16]

---

[12] Saul Austerlitz: *Just A Shot Away. Peace, Love, and Tragedy with the Rolling Stones at Altamont.* New York, NY 2018, 23.

[13] The Rolling Stones: Under My Thumb. Auf: *Aftermath*. Decca 1966.

[14] Austerlitz' Perspektive auf die Ereignisse von Altamont sticht vor allem durch ihren starken Fokus auf das Leben und den sozialen Hintergrund von Meredith Hunter hervor.

[15] So etwa von Joel Selvin: *Altamont. The Rolling Stones, the Hells Angels and the Inside Story of Rock's Darkest Day.* New York, NY 2016. Dazu beigetragen hat sicher auch der Umstand, dass der 1970 veröffentlichte Dokumentarfilm von David und Albert Maysles und Charlotte Zwerin, der die Stones auf ihrer Tour und in Altamont zeigt, nach dem Song mit *Gimme Shelter* betitelt wurde David Maysles/ Albert Maysles/Charlotte Zwerin [Regie]: Gimme Shelter. USA 1971).

[16] Christofer Jost jedenfalls versteht den Songschluss als „affirmative Wendung" der drohenden Katastrophe. Christofer Jost: Gimme Shelter (The Rolling Stones). In: Michael Fischer/Fernand Hörner/Christofer Jost (Hg.): *Songlexikon. Encyclopedia of Songs*, songlexikon.de/songs/gimmeshelter, 07/2012 (17.9.2024).

Die Frage, ob das noch möglich ist, ob das zentrale Flehen („Gimme, gimme shelter!" bei Minute 3:24) erhört wird oder der Moment existenzieller Not in die Katastrophe kippt, bildet den Kern des Songs. Um diesen herum baut er auf seiner Länge von rund viereinhalb Minuten eine für Popsongs nicht ganz gewöhnliche dramatische Spannung auf. Das mit fünfzig Sekunden relativ lange Intro führt zunächst nur das leitmotivische Gitarrenriff ein, das dann nach und nach durch Schlagzeug und Guiro, dann einen im Falsett von Mick Jagger gesungenen Melodiebogen und zuletzt durch Bass und Lead-Gitarre ergänzt wird. Mit dem einsetzenden Gesang der ersten Strophe („Uh, a storm is threatening / My very life today") entlädt sich erstmals der Druck dieser Klangwelle, die durch die immer stärker instrumentierten Wiederholungen sukzessive an Kraft gewonnen hat. Die Dringlichkeit des Rettungsgesuchs und die Angst, die in der ersten Strophe deutlich werden („If I don't get some shelter / Oh, yeah, I'm gonna fade away!") wird weiter gesteigert und verstärkt, wenn Jagger und die für die Studioaufnahmen engagierte Backgroundsängerin Merry Clayton wie Getriebene zum Refrain ansetzen: „War, children / is just a shot away!" und auch die zweite Strophe im Duett singen. Dem bedrohten und schutzsuchenden Song-Ich tritt hier eine weitere Stimme zur Seite, die den Ausdruck der Angst verdoppelt und sie als Gemeinschaftsgefühl ausstellt. Bevor der Song, etwa in der Mitte, in einem Solopart Merry Claytons seinen dramatischen Höhepunkt erreicht, wirken ein düster verzerrtes Blues-Harp-Spiel Jaggers, Richards klagendes Gitarrensolo und Watts treibende Drums noch einmal affekt- und spannungssteigernd. Wenn Clayton den Refrain („rape, murder") dreimal wiederholt und ihr gegen Ende (Minute 3:00) fast die Stimme zu kippen droht, wird hör- und fühlbar, dass die Warnung „it's just a shot away!" nicht nur den entscheidenden Moment meint, in dem die Waffe noch zu senken und der Finger vom Abzug zu nehmen wäre. Vielmehr ist dieser gerade eben („just") verstrichen. Das Flehen entspringt dem Augenblick, in dem der erste Schuss bereits in unmittelbarer Nähe gefallen ist. Das spiegelt sich auch textlich wider, wenn am Ende der dritten Strophe - das einzige Mal im Song - die titelgebende Aufforderung „Gimme, gimme shelter! / Or I'm gonna fade away" in imperativischer Drastik steht. Das nicht mehr abwendbare Verschwinden („fade away") wird am Ende von *Gimme Shelter* dann unter verhallender Klage („kiss away / kiss away") und Jaggers greinendem Harmonika-Spiel betrauert, bevor der Song langsam im Fade-out untergeht. Ließ sich die Schlusssequenz des Songs vor Altamont durchaus noch als optimistische Bekräftigung des ‚Make Love!' verstehen, dürften der blutige Ausgang des letzten Festivals, mit dem die rauschhafte Feier eines langen ‚Summer of Love'[17] tragisch endete, der Hoffnung auf Menschlichkeit und Schutz vorerst den Boden entzogen haben. Der entscheidende Moment, in dem die Liebe noch rettende Zuflucht hätte gewähren können, ist im Song nicht nur, sondern bereits einen Kuss weit entfernt.[18]

---

[17] Der „Summer of Love" meint eigentlich den pophistorisch folgenreichen Sommer des Jahres 1967, in dem die alternative Protestbewegung der Hippies u. a. mit dem Monterey Pop Festival ihren Höhepunkt erreicht. Auch in den Folgejahren, die von wachsenden politischen Spannungen geprägt sind, gibt es ähnliche Konzerte und Festivals; das größte davon in Woodstock, das im Sommer 1969, nur wenige Monate vor Altamont, stattfand und zum musik- und zeitgeschichtlichen Denkmal wurde. Dazu u. a. Frank Schäfer: *Woodstock '69. Die Legende*. St. Pölten/Salzburg 2009.

[18] Ähnlich sieht das bereits Greil Marcus in seiner Rezension von *Let It Bleed*, die am 27. Dezember 1969, also unmittelbar nach Altamont, im *Rolling Stone* erscheint: „You know a kiss won't be enough."

Miles Davis: *Bitches Brew* (1970)

Frieder von Ammon

Ende der 1960er Jahre folgten die Ereignisse in der Popmusik geradezu schlagartig aufeinander. Kaum ein Tag verging, an dem nicht etwas geschah, das später in die Musikgeschichte eingegangen ist. So auch in diesem Fall: Einen Tag, nachdem am Morgen des 18. August 1969 mit dem Auftritt von Jimi Hendrix das Woodstock Festival zu Ende gegangen war, begab sich Miles Davis mit einer Gruppe von Jazzmusikern ins Studio B von Columbia Records in New York City, also gar nicht weit von Woodstock entfernt, um dort mit der Arbeit an *Bitches Brew*[1] zu beginnen – einem Album, das Geschichte schreiben sollte und heute, mehr als ein halbes Jahrhundert nach seinem Erscheinen am 30. März 1970, Kultstatus genießt. Vieles hat zu diesem Status geführt, vor allem hängt er aber wohl mit einem zentralen Aspekt dieses Albums zusammen: dass sein Ort in der Musikgeschichte nämlich alles andere als leicht zu bestimmen ist. Denn *Bitches Brew* ist nicht nur ein Beitrag zur Geschichte des Jazz. Zugleich ist es eben auch ein Beitrag zur Geschichte der Popmusik und darüber hinaus zur Geschichte der elektronischen sowie der Neuen Musik. Allem Anschein nach ist es gerade dieses vieldeutige Schillern, das den Kult um das Album bewirkt hat: Für alle war und ist es ‚anschlussfähig'. Für alle war und ist es aber auch eine Herausforderung. Und niemand konnte und kann von sich behaupten, er habe das Wesen der Musik von *Bitches Brew* vollständig erfasst.

---

[1] Alle Songs des Albums zit. nach Miles Davis: *Bitches Brew. Directions in Music by Miles Davis.* Columbia 1970.

© Der/die Autor(en), exklusiv lizenziert an
Springer-Verlag GmbH, DE, ein Teil von Springer Nature 2026
C. Jürgensen und G. Kaiser (Hrsg.), *Eine Kulturgeschichte der Popmusik,*
https://doi.org/10.1007/978-3-662-72524-5_25

Schon in den Paratexten des Albums – das mit Bob Dylans *Blonde on Blonde*[2] und *Electric Ladyland*[3] von Jimi Hendrix in die Reihe der epochalen Doppelalben dieser Jahre gehört – wird dieser Aspekt einer unauflösbaren Vieldeutigkeit hervorgehoben. Das gilt nicht nur für den (wegen des Wortspiels mit ‚Witches Brew') mindestens doppeldeutigen Haupttitel, sondern vor allem auch für den Untertitel: *Directions in Music by Miles Davis*. Miles Davis hatte diesen Untertitel bereits bei seinen beiden vorherigen Alben – *Filles de Kilimanjaro* und *In a Silent Way* (beide 1969 erschienen)[4] – verwendet, sodass er geradezu den Status einer Gattungsbezeichnung gewann: einer Bezeichnung freilich, die programmatisch alle Festlegungen vermied und stattdessen Bewegungen ins Offene ankündigte. Eindeutig war dabei nur der Anspruch, dass diese Bewegungen unter der Führung von Miles Davis vollzogen werden sollten. Das Selbstbewusstsein, mit dem Miles Davis hier auftrat, ist leichter einzuordnen, wenn man weiß, dass seine Präsenz in der Öffentlichkeit damals größer war als je zuvor: Er gab (anders als in den vorherigen Jahrzehnten) zahlreiche Interviews, 1969 widmete ihm der *Rolling Stone* sogar eine Coverstory. Als anmaßend kann man seinen Anspruch, nicht nur dem Jazz, sondern der Musik insgesamt Richtungen vorgeben zu wollen, aber dennoch empfinden.

Die im Untertitel des Albums signalisierte Offenheit der Musik zeigt sich auch in den *liner notes* des renommierten Jazz- und Popkritikers Ralph J. Gleason (der, nebenbei bemerkt, 1967 zu den Gründern des *Rolling Stone* gehört hatte), denn man kann sich des Eindrucks nicht erwehren, dass der wortgewandte Kritiker beim Schreiben über *Bitches Brew* an die Grenzen seiner Ausdrucksmöglichkeiten geraten war: „there is so much to say about this music. i don't mean so much to explain about it because that's stupid, the music speaks for itself. what i mean is that so much flashes through my mind when i hear the tapes of this album that if i could i would write a novel about it full of life and scenes and people and blood and sweat and love." Dass dem ansonsten niemals um eine treffende Charakterisierung verlegenen Gleason angesichts dieser Musik offenbar die Worte fehlten und er statt der üblichen *liner notes* einen großen, von vornherein aber als unschreibbar markierten Roman über das Album in Aussicht stellte, spricht jedenfalls für sich.

Das Prinzip der Offenheit hatte bereits die Auswahl der Musiker bestimmt, die Miles Davis ins Studio bestellte: Neben den Mitgliedern seines damaligen Quintetts – des sogenannten ‚Lost Quintet', bestehend aus Wayne Shorter (Sopransaxofon), Chick Corea (E-Piano), Dave Holland (Bass) und Jack DeJohnette (Schlagzeug) – waren das Bennie Maupin (Bassklarinette),

---

[2] Bob Dylan: *Blonde on Blonde*. Columbia 1966.
[3] The Jimi Hendrix Experience: *Electric Ladyland*. Reprise/Track 1968.
[4] Miles Davis: *Filles de Kilimanjaro*. CBS 1969; *In a Silent Way*. CBS/Columbia 1969.

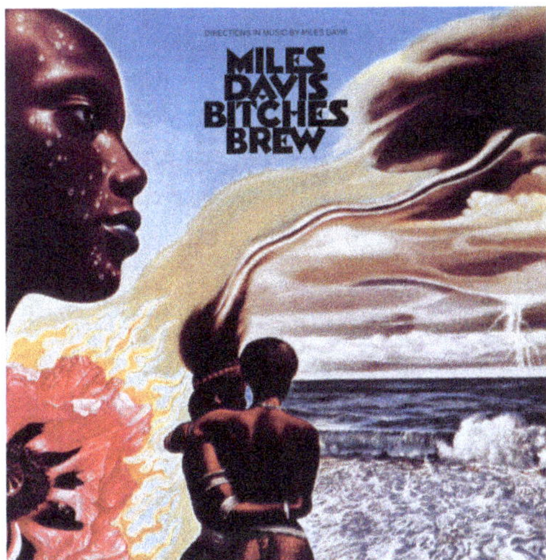

Cover von Miles Davis' *Bitches Brew*, f8 archive / Alamy

Joe Zawinul und Larry Young (beide E-Piano), John McLaughlin (E-Gitarre), Harvey Brooks (Bass), Lenny White (Schlagzeug) und einige weitere – insgesamt mehr als ein Dutzend Musiker, wobei einige Instrumente doppelt oder sogar dreifach besetzt waren. Eine solche Besetzung hatte es im Jazz niemals zuvor gegeben. Entsprechend herrschte bei den meisten Beteiligten zunächst auch Unklarheit darüber, was von ihnen erwartet wurde. Anders als bei den gängigen Jazz-Formationen gab es in diesem Fall keine standardisierte Rollenverteilung, an der sie sich hätten orientieren können. Umso mehr kam es auf Miles Davis an, der seine Rolle als Bandleader oder – wie er selbst sich in diesem Fall nannte – ,*conductor*' (,Dirigent') bezeichnenderweise aber erst im Studio übernahm, sodass die Arbeit am Album so lange wie möglich durch maximale Spontaneität geprägt war.[5]

Wenn man zu verstehen versucht, welches Konzept Miles Davis bei *Bitches Brew* verfolgte, ist es hilfreich, neben der Offenheit von einem Begriff auszugehen, den er selbst (rückblickend) verwendet hat: In seiner Autobiografie von 1989 bezeichnet er die Musik des Albums als eine „living composition" – eine „lebende Komposition".[6] Was war damit gemeint? Offenbar sah er das Album auf der einen Seite als ein emphatisches musikalisches Kunstwerk im Sinn der europäischen Tradition. Dazu passt auch seine von ihm selbst zum Ausdruck gebrachte Bewunderung für Komponisten wie Karlheinz Stockhausen und andere. Auf der anderen Seite war diese „Komposition" aber nicht tot, wie sie es in seinen Augen gewesen wäre, wenn sie, wie eben ein Werk der europäischen Kunstmusik, vorab in einer Partitur fixiert gewesen und von den Musikern dann nur noch ausgeführt worden wäre. Stattdessen

---

[5] Miles Davis/Quincy Troupe: *The Autobiography*. New York, NY 2011, 299.
[6] Ebd.

lebte sie, weil sie im Moment entstand, ohne vorher festgelegt zu sein, als emphatische Improvisation im Sinn des Jazz.

Dem Begriff der „lebenden Komposition" liegt demnach ein Widerspruch zugrunde. Dieser Widerspruch aber ist konstitutiv für das Album: Er zeigt sich nicht nur in der berühmten, von dem 1933 zunächst ins Exil nach Palästina gegangenen deutschen Juden Mati Klarwein eigens für das Album angefertigten psychedelischen Cover Art mit ihrer Synthese von Oppositionen wie Tag-Nacht, Himmel-Erde, Feuer-Wasser, Mann-Frau und Schwarz-Weiß, sondern bestimmte auch die weitere Entstehungsgeschichte des Albums. Denn bei *Bitches Brew* spielte der Prozess der Postproduktion eine zentrale Rolle, zentraler noch als bei dem Vorgängeralbum *In a Silent Way*. Im Bereich des Jazz war das ein Novum: Hatten Jazzalben zuvor in der Regel weitgehend unbearbeitete Aufnahmen dessen enthalten, was die jeweiligen Musiker im Studio gespielt hatten, war *Bitches Brew* das erste Beispiel für eine Aufnahme, die im Nachhinein so stark bearbeitet wurde, dass das Ergebnis teilweise nur noch wenig mit dem zu tun hatte, was im Studio gespielt worden war. Nirgendwo kommt das besser zum Ausdruck als in einer Anekdote, die Joe Zawinul erzählt hat, der während der Aufnahmen von *Bitches Brew* offenbar noch unzufrieden gewesen war: „And then, much later on, I go to CBS and the lady working there was playing this incredible music in her office. I said, ‚What the hell is this?' She said, ‚What do you mean, what the hell is this? This is you and Miles and John and everybody on *Bitches Brew*.' And the way it was put together then, it was really, really nice, you know."[7] Auch hier kommt also das widersprüchliche Prinzip der „lebenden Komposition" zum Tragen: Lebendig war in diesem Fall das Spiel der Musiker im Studio, zur „Komposition" wurde es dann im Prozess der Nachbearbeitung, ohne dass dies freilich den Tod der Musik zur Folge gehabt hätte.

Für diesen Prozess war eine weitere Figur von entscheidender Bedeutung: der Produzent Teo Macero, mit dem Miles Davis schon seit langem erfolgreich zusammengearbeitet hatte. Macero war selbst ein hochbegabter Musiker, der (wie Davis) an der renommierten Juilliard School in New York studiert hatte, unter anderem bei dem aus Frankreich stammenden Komponisten Edgar Varèse, den er während der Komposition seines *Poème électronique*[8] von 1958 begleitet hatte. Macero kannte sich also nicht nur im Tonstudio bestens aus. Entsprechend ließ ihm Miles Davis bei der Nachbearbeitung freie Hand, und Macero nutzte diese Möglichkeit nach Kräften: Sein Anteil an dem Album ist bei einigen Stücken so groß, dass man ihn eigentlich als Co-Autor anführen müsste.

---

[7] Zit. nach Ian Carr: *Miles Davis. The Definitive Biography* [1982]. Revised Edition. London 1998, 264.
[8] Edgar Varèse: Poème électronique [1958]. Auf: *Music of Edgar Varèse*. Columbia 1960.

Wenn man nun versucht, die insgesamt gut 94 Minuten Musik, die auf den vier Plattenseiten von *Bitches Brew* enthalten sind, zu beschreiben, gelangt man ebenso schnell an seine Grenzen wie Gleason und zahllose andere Kritiker und Wissenschaftler nach ihm. Insofern empfiehlt es sich, von einigen grundlegenden Informationen auszugehen: Die Musik des Albums ist in sechs Stücke wechselnder, mit nur einer Ausnahme aber jeweils überdurchschnittlich langer Dauer unterteilt, für die, mit Ausnahme der beiden Rahmenstücke, Miles Davis selbst als Autor angegeben ist (was, wie gesagt, den tatsächlichen Verhältnissen nicht in jeder Hinsicht gerecht wird). In Form einer Übersicht:

LP 1, Seite 1: *Pharao's Dance* (Joe Zawinul) (20:07)
Seite 2: *Bitches Brew* (Miles Davis) (27:01)
LP 2, Seite 1: *Spanish Key* (Miles Davis) (17:35) – *John McLaughlin* (Miles Davis) (4:23)
Seite 2: *Miles Runs the Voodoo Down* (Miles Davis) (14:04) – *Sanctuary* (Wayne Shorter) (10:59)

Dass es auch heute noch schwierig ist, diese Musik über solche äußerlichen Angaben hinaus zu charakterisieren, liegt unter anderem daran, dass die Form der Stücke in keiner Hinsicht mehr der konventionellen Abfolge von Thema – Soli – Thema in früheren Jazzstücken entspricht. Schon die Themen selbst sind kaum mehr als solche zu bezeichnen, es handelt sich meist eher um kurze, teilweise sehr prägnante Motive (wie das fanfarenartige Hauptmotiv in *Spanish Key*). An manchen Stellen basiert die Musik auch lediglich auf einem Groove, über den die Band kollektiv improvisiert (wie etwa im Titelstück *Bitches Brew*). Am ehesten an die Tradition erinnert das Stück *Miles Runs the Voodoo Down*, in dem man bei näherem Hinhören noch die Umrisse der Bluesform (auf die ja auch der Titel anspielt) erkennen kann. An den modalen Jazz, wie Miles Davis selbst ihn geprägt hatte, lässt die – ähnlich wie in dem Stück *Flamenco Sketches* von dem berühmten Album *Kind of Blue* von 1959[9] – auf wechselnden Skalen basierende zirkuläre Grundstruktur von *Spanish Key* denken (nicht zufällig wird eine „spanische" Tonart im Titel aufgerufen). All diese und weitere auf ältere Formen des Jazz verweisenden Elemente sind aber verwoben in eine neuartige musikalische Textur, die durch andere Prinzipien bestimmt ist. Neben der bereits genannten Offenheit und dem Changieren zwischen Improvisation und Komposition ist es vor allem – und dafür ist dieses Album zu Recht berühmt geworden – die Integration von Elementen, die aus der Popmusik stammen. Dazu gehören Instrumente wie E-Gitarre und E-Piano, Rhythmen aus Funk und Rock sowie der Prozess der Postproduktion im Allgemeinen und elek-

---

[9] Miles Davis: Flamenco Sketches. Auf: *Kind of Blue*. Columbia 1959.

tronische Effekte wie Delay, Loop und Reverb im Besonderen. In dieselbe Richtung weisen nach dem Erscheinen des Albums dann auch die im Jazz ungewöhnlichen hohen Verkaufszahlen (für *Bitches Brew* erhielt Miles Davis eine Goldene Schallplatte, was angesichts der Schwierigkeit der Musik umso erstaunlicher ist), ebenso wie seine Auftritte bei Rockkonzerten wie dem Isle of Wight Festival im August 1970, bei denen sich auch das Outfit der Band verändert hatte: An die Stelle der schwarzen Anzüge des klassischen Jazz war nunmehr ein extravaganter, eher an Jimi Hendrix orientierter Kleidungsstil getreten.

Allerdings – und das ist entscheidend – hat Miles Davis diese Popelemente nicht imitiert, sondern sie mit den Elementen des Jazz amalgamiert, wobei beide einer tiefgreifenden Transformation unterzogen wurden, sodass die Musik von *Bitches Brew* zwar auf Jazz und Pop verweist, aber weder in der einen noch der anderen Musikrichtung aufgeht. Diese Musik ist nicht Jazz und nicht Pop, sie ist etwas Anderes, Drittes. Manche haben es ‚Fusion‘ genannt, manche ‚Jazzrock‘. Wichtiger als solche Etikettierungen ist aber, dass diese Musik sich letztlich allen Kategorisierungsversuchen entzieht und wahrscheinlich gerade deshalb eine derart inspirierende Kraft entwickeln konnte.

Black Sabbath: *Paranoid* (1970)

Niels Penke

Der Heavy Metal begann, darin sind sich alle einig, um das Jahr 1970.[1] Mit Deep Purple und Led Zeppelin bildeten Black Sabbath das ‚unheilige Dreigestirn' der britischen Rockmusik, das sich von den bis dahin dominanten Spielarten erfolgreich abzusetzen versuchte. Sabbath-emphatische Stimmen plädieren im Hinblick auf die Entstehung des Metals für den Spätwinter 1970, und zwar genau den 13. Februar: einen Freitag, an dem das selbstbetitelte Debütalbum[2] der vier Birminghamer von Black Sabbath erschien, dessen wiederum selbstbetitelter Opener mit Glockenschlägen und dem charakteristischen Tritonus, der als sogenanntes „Teufelsintervall" (prominent auch in Richard Wagners *Siegfried*[3] oder Jimi Hendrix' *Purple Haze*[4]) die neue Spielart des Metal initiierte. Die nachfolgenden Songs konnten allerdings kaum verdecken, wie stark die Band noch im Bluesrock beheimatet war; die Düsternis und Schwere des ersten Songs wurden zunächst nicht weiter bestätigt. Aber nur vier Monate später befand sich die Band erneut im Studio – und knapp sieben Monate nach dem Debüt erschien bereits das zweite Album *Paranoid*,[5] mit dem Black Sabbath ihr musikalisches Spektrum

---

[1]Ob der Metal bereits mit Blue Cheer, Creams *Sunshine of Your Love* (ATCO 1968) oder den verzerrten Gitarren von The Who begann, dafür mögen andere argumentieren, ich sehe die Kombination relevanter musikalischer, lyrischer und ästhetischer Charakteristika zuerst bei Black Sabbath gegeben.

[2]Black Sabbath: *Black Sabbath*. Vertigo 1970.

[3]Richard Wagner: Siegfried. Auf: *Der Ring des Nibelungen*. Interpretiert von den Wiener Philharmonikern. London Records 1967.

[4]Jimi Hendrix Experience: *Purple Haze*. Track 1967.

[5]Black Sabbath: *Paranoid*. Vertigo 1970.

deutlich erweiterten, einige ihrer größten Hits vorlegten, den Weg in die Diskotheken fanden und dennoch weiter Pionierarbeit am Metal leisteten.

Im Widerspruch zu ihrem unheilschwangeren Namen (der auf einen Horrorfilm von Mario Bava aus dem Jahr 1963 zurückgeht[6] – den allerdings damals noch kein Bandmitglied gesehen hatte[7]) stellt sich die Erfolgsgeschichte der Band als eine Reihe von glücklichen Koinzidenzen dar, die besonders im Fall ihres zweiten Albums durchschlagend waren. In nur sechs Tagen wurde das Album (wie bereits das Debüt) unter Live-Bedingungen mit dem Produzenten Rodger Bain aufgenommen. Zuerst sollte es *Walpurgis* heißen, dann *War Pigs*, aber beide Titel wurden verworfen – der eine klang zu satanisch und hätte den Vorwurf weiter befeuern können,[8] Black Sabbath sei eine antichristliche Band, der andere ließ allzu konkrete Bezüge zum Vietnamkrieg vermuten, was das Label Warner ebenfalls vermeiden wollte. Der Titel *Paranoid* hingegen schien bedeutungsoffener, vielleicht gerade weil er ebenso aus der Not geboren war wie der gleichnamige Song. Zunächst war das erst im Studio entstandene Stück *Paranoid* nur als Füller gedacht, um die 40-Minuten-Album-Marke zu erreichen; ein Song, von dem dazu befürchtet wurde, dass er zu stark nach Led Zeppelins *Communication Breakdown* (1969)[9] klingen und gar nicht für die Veröffentlichung taugen würde. Der Song wurde entgegen diesen Befürchtungen zum größten Hit der Band und zu einem der Rockklassiker schlechthin.

Als *Paranoid* am 18. September 1970 erschien, umfasste das Album acht Songs, die von allen Bandmitgliedern – Gitarrist Tony Iommi, Bassist Geezer Butler, Schlagzeuger Bill Ward und Sänger Ozzy Osbourne – gemeinsam geschrieben wurden. Der Opener *War Pigs* („Generals gathered in their masses / just like witches at black masses.") wurde – und wird bis heute – als Anti-Kriegs-Song rezipiert. Der Titeltrack *Paranoid* bescherte der Band als Single-Auskopplung ihren größten Erfolg, weil die Bekenntnisse einer gequälten Seele („And so as you hear these words, / telling you now of my state. / I tell you to enjoy life and I wish / I could but it's too late."), zu denen tatsächlich getanzt wurde, den Weg in die Diskotheken fanden. Dazu eignete sich das sphärische *Planet Caravan*, das einen drogeninduzierten Trip („We travel the universe") imaginierte, weit weniger als die Vision des zeitreisenden *Iron Man* (die zweite Single-Auskopplung des Albums im Sommer 1971), der seine Rache an der Menschheit nimmt. Das ebenfalls experimentelle *Electric Funeral* entwirft das Szenario nuklearer Verwüstung („atomic rage") in einer sterbenden Welt („Dying world of radiation"), *Hand Of Doom* stellt abermals Bezüge zum Vietnamkrieg her, indem es heroinsüchtige Soldaten

---

[6] Mario Bava (Regie): Black Sabbath. Die drei Gesichter der Furcht. Italien/Frankreich 1963.

[7] Tony Iommi: *Iron Man. My Journey Through Heaven and Hell with Black Sabbath*. London 2012, 54.

[8] Ebd., 73.

[9] Led Zeppelin: Communication Breakdown. Auf: *Led Zeppelin*. Atlantic 1968.

thematisiert, die aus dem Krieg heimgekehrt sind. Der Song gab den Textwelten einen Oberbegriff, der später zur Bezeichnung für ein ganzes Subgenre des Metals werden sollte: Doom. Schicksal, Verhängnis, die Schilderung individueller wie kollektiver Problemszenarien, die rettungs- wie ausweglos erscheinen und keine Aussicht auf positive Wendungen verraten, eine Haltung, die der klagende Gesang Ozzy Osbournes zusätzlich unterstreicht. Das instrumentale *Rat Salad* und *Fairies Wear Boots* beschließen ein Album, das zur Hälfte aus *signature songs* besteht, die bis zum letzten Konzert der Band am 5. Juli 2025 zum festen Bestand ihrer Setlist gehörten; 17 Tage nach dem Abschiedskonzert starb Osbourne.

Die Erfolge bilden sich nicht allein in den Verkaufszahlen (12 Millionen)[10] und den Auszeichnungen (Goldstatus bereits im Mai 1971, Platin allerdings erst 15 Jahre später)[11] ab. Die Bedeutung des Albums *Paranoid* lässt sich an vielen Spitzenplätzen in Rankings und Umfragen ablesen, die ihm eine wegweisende Rolle in der Weiterentwicklung der härteren Rockmusik zuweisen: 2017 wurde *Paranoid* im *Rolling Stone* zum „greatest metal album ever" gekürt.[12] Vor allem aber bestätigen die zahllosen Cover-Versionen diese Stellung (allein die *Encyclopedia Metallum* verzeichnet über 500, u. a. von Metallica, Slayer, Type 0 Negative, Danzig und Pantera). Nicht nur im Rock und Metal, sondern auch in vielen weiteren Genres haben die Songs Spuren hinterlassen, wie zum Beispiel *Paranoid* in der (nicht zuletzt bei YouTube sehr beliebten) Version als *Der Hund von Baskerville* (1971)[13] des Schlagerduos Cindy & Bert.

Auch die insgesamt rund 650 Versionen[14] (Quelle: Discogs, Stand November 2025) auf LP, Cartridge, MC, CD, und in digitalen Formaten – nur einige Alben von Pink Floyd und den Beatles kommen auf mehr Varianten – zeugen von der anhaltenden Beliebtheit, die weit über Rock und Metal hinausweist. Mögen Diskotheken mittlerweile auch andere Stile bevorzugen, Black Sabbath und ihre Musik sind unwiderruflich ins Archiv der Popkultur eingewandert. Ein Indikator dafür mag die Simpsons-Folge *The President Wore Pearls* (S15E03/Episode 316)[15] sein, in der Störenfried Nelson mit einer Interpretation von *Iron Man* seinen Bühnenauftritt bei der Wahl zum Schülersprecher (wenn auch erfolglos) zu retten versucht.

---

[10] Siehe bestsellingalbums.org/album/5462? (19.8.2025).

[11] Siehe riffipedia.fandom.com/wiki/Paranoid (19.8.2025).

[12] Kory Grow: 100 Greatest Metal Albums of All Time. In: *Rolling Stone*, 21.6.2017.

[13] Cindy & Bert: *Der Hund von Baskerville*. Cornet 1971.

[14] Siehe discogs.com/de/master/302-Black-Sabbath-Paranoid (4.10.2023).

[15] Mike B. Anderson (Regie): The President Wore Pearls (S15/E03). In: The Simpsons. USA 2003.

Joni Mitchell

Claus Telge

Um verbale Spitzen gegen Bob Dylan war Joni Mitchell nie verlegen. In die Schublade des ‚weiblichen Dylans‘, die das Patriarchat im Musikgeschäft für sie vorgesehen hatte, konnte und wollte sie nicht passen.[1] Dennoch eröffnet ihre Haltung zu Dylan einen tiefgreifenden Zugang zu ihrem Werk mit vielen Verzweigungen. Vorausgesetzt, man betrachtet die beiden nicht als antipodisch, sondern als einander gleichsam anziehende und abstoßende Pole.[2] Eine Aufnahme in Martin Scorseses semifiktionalem Dokumentarfilm ROLLING THUNDER REVUE (2019) um eine Dylan-Nordamerika-Tournee in den Mittsiebzigern zeigt Mitchell, wie sie im Dezember 1975 im Haus des kanadischen Folksängers Gordon Lightfoot ihren Song *Coyote*[3] improvisiert.

---

[1] Vgl. u. a. die Polemik von Katherine Monk: Bob Dylan: ‚The Male Joni Michell‘. In: Dies.: *Joni: The Creative Odyssey of Joni Mitchell*. Vancouver/Berkeley, CA 2012, 149–162, Mitchells Interview mit Morrissey: David Wild: Melancholy Meets the Infinite Sadness. In: *Rolling Stone*, 6.3.1997, rolling-stone.com/music/music-features/morrissey-interviews-joni-mitchell-melancholy-meets-the-infinite-sadness-91681/ (21.8.2024) und weiterführend die Studie von Anne Karppinen: *The Songs of Joni Mitchell. Gender, Performance and Agency*. London/New York, NY 2016.

[2] Vgl. dazu Howard Wile: Tangled up in *Blue*: The Shadow of Dylan and Stylistic Swerves in Early-Seventies Joni Mitchell. In: Ruth Charnock (Hg.): *Joni Mitchell. New Critical Readings*. New York, NY et al. 2019, 141–163. Unerwähnt lässt Wile, dass Mitchell die Selbsttitulierung als „anti-Dylan" sogleich selbst relativiert, vgl. besagtes Interview von Sankey Phillips/Dave Wilson: Joni Mitchell: Interview-shy songstress overcomes phobia and ruminates. In: *zigzag*, (Feb. 1977), jonimitchell.com/library/originals/jmOriginal_657.pdf (21.8.2024). In diesem Sinne verstehe ich das Anti-Dylaneske in Mitchells Werk als eine für sie spezifische, künstlerische Praktik.

[3] Joni Mitchell: *Coyote*. Asylum 1976.

© Der/die Autor(en), exklusiv lizenziert an Springer-Verlag GmbH, DE, ein Teil von Springer Nature 2026
C. Jürgensen und G. Kaiser (Hrsg.), *Eine Kulturgeschichte der Popmusik*,
https://doi.org/10.1007/978-3-662-72524-5_27

Dylan begleitet sie auf der Gitarre.[4] Zu diesem Zeitpunkt sind die zwei Gegenkultur-Ikonen längst fest im Pop-Establishment verankert: Die The-Band-Reunion hatte Dylan 1974 die lukrativsten Sportarena-Konzerte aller Zeiten beschert, und für Mitchell hatte eine Reihe von sowohl künstlerisch als auch kommerziell überwältigenden Erfolgen – wie die Hippie-Hymne *Woodstock*, der erste Umwelthit *Big Yellow Taxi* (beide 1970 erschienen)[5] und das schnell zu einem Klassiker avancierte Album *Blue* (1971)[6] – mit dem Jazzfolk-Experiment *Court and Spark* (1974)[7] ihren Höhepunkt gefunden.[8] Den aufreibenden Spagat zwischen Massenappeal und Undergroundkultur verarbeitete Mitchell auf dem Nachfolger *The Hissing of Summer Lawns* (1975) im Song *The Boho Dance*.[9] Der Titel ist Tom Wolfs Buch *The Painted Word* (1975)[10] entlehnt, einer Satire über den New Yorker Kunstbetrieb, die nicht zuletzt wegen Wolfs Fundamentalkritik am Minimalismus und Abstraktem Expressionismus einen Nerv bei der Musikerin und Malerin Mitchell traf.[11]

Die Anfangdreißigjährige steht also an einem Wendepunkt. *Coyote* wird später ihr achtes Album *Hejira* (1976)[12] eröffnen, das wohl am deutlichsten vorwegnimmt, wie sich ihr Werk mehr und mehr einer geradlinigen Erzählung verweigern wird. Vom arabischen ‚hijra‘ bzw. der Hidschra, d.h. die ‚Auswanderung‘ Mohammeds von Mekka nach Medina, eignet sich Mitchell die Leit- und Lebensmotive des Reisens, Pilgerns und Wanderns an.[13] Doch bei allem Wandel ist *Coyote* vor allem eins: ein Joni-Mitchell-Song par excellence. Da sind die erkennbar autobiografischen Züge, sei es die Affäre mit dem Dramatiker Sam Shepard („No regrets, Coyote"), ihr Kokainkonsum

---

[4]Und, ebenfalls im Bild zu sehen und an der Gitarre, der Byrds-Frontmann Roger McGuinn, der sich durch die Teilnahme an Dylans Revue-Projekt einen Schub für seine Solokarriere verspricht: Martin Scorsese (Regie): ROLLING THUNDER REVUE: A BOB DYLAN STORY. USA 2019. Joni Mitchell – Coyote (Live at Gordon Lightfoot's Home with Bob Dylan & Roger McGuinn, 1975), 01:49:18.

[5]Joni Mitchell: *Big Yellow Taxi/Woodstock*. Resprise 1970; Mitchell trat 1969 nicht in Woodstock auf, da sie parallel für die *Dick Cavett Show* gebucht war, an der dann aber auch David Crosby, Stephen Stills und Jefferson Airplane teilnahmen, die sich von Woodstock aus mit einem Helikopter einfliegen ließen, hier einsehbar: youtube.com/watch?v=y-yzV5gKvGg (30.8.2024).

[6]Joni Mitchell: *Blue*. Reprise 1971.

[7]Joni Mitchell: *Court and Spark*. Asylum 1974.

[8]Zum Deutungsvorschlag, Mitchells Werk in eine Periode vor und nach 1975 einzuteilen, deren Transitionspunkt *Court and Spark* markiert vgl. das in der viel rezipierten 33 1/3 Serie erschienene: Sean Nelson: *Court and Spark* [2007]. New York, NY/London/Oxford 2022 (*33 1/3*, Nr. 40), 10–19.

[9]Vgl. ebd., 12–13; Joni Mitchell: The Boho Dance. Auf: *The Hissing of Summer Lawns*. Asylum 1975.

[10]Schuldt Ullstein übersetzt die informelle Kurzform für *Bohemien* inhaltlich mit: „Der Boheme Tanz", vgl. Tom Wolf: *Das gemalte Wort. Moderne Kunst am Wendepunkt*. Frankfurt/M./München 1975 (engl. 1975), 23.

[11]Vgl. David Yaffe: *Joni Mitchell. Ein Porträt*. Berlin ²2020 (engl. 2017), 52. Wie viele der Musiker:innen ihrer Generation brach sie ihr Kunststudium ab (Keith Richards, Jeff Beck, John Lennon, Pete Townshend).

[12]Joni Mitchell: *Hejira*. Asylum 1976.

[13]Auch im Sinne romantischer *Wanderlust*, vgl. Ann Powers Biografie: *Travelling: On the Path of Joni Mitchell*. London 2024, 235–237.

(„A prisoner of the white lines on the freeway")[14] oder der Rockklischees entlarvende Blick auf Dylans *Rolling-Thunder*-Entourage: „temporary lovers and their pills and powders to get them through this passion play".[15] Vorgetragen wird der Text in einem Wechsel aus Sprech- und Harmoniegesang, der die für Mitchell so typische gesprächshafte „Rede und Widerrede" oder „Rede und imaginierte Widerrede" von zwei Liebenden, die sich offenen Auges auf einen Abgrund zu bewegen, intoniert.[16] Türöffner für diese Art Lieder war Dylans „personell narrative",[17] der die thematischen Möglichkeiten ihres Schreibens erweiterte,[18] wobei sich Mitchells dialogische Phrasierungen – wie etwa in ihrem meist gecoverten Song *A Case of You*[19] – vom Hang zum Monologischen ihres Vorbilds unterscheiden.[20] Sie unterscheidet sich überhaupt in vielem von Dylan, insbesondere in ihren komplexen Harmonieführungen und expressiven Melodielinien.[21] Charakteristisch für diese Aufwertung der musikalischen Form ist zunächst die Bandbreite ihrer Stimme. Darüber hinaus verfügt Mitchell über ein unerschöpfliches Repertoire an offenen Gitarrenstimmungen.[22] Die daraus resultierenden Klangschöpfungen nennt sie „chords of inquiry".[23] Durch die analytische Brille des Jazzsaxofonisten Wayne Shorter betrachtet, lassen sich ihre Kompositionen als ein Wechselspiel von lang gehaltenen und aufeinanderfolgenden Sus-Akkorden (engl. *suspended chords*) decodieren: Durch die fehlende Terz kommt es zu keiner erlösenden Auflösung in Dur- oder Moll-Akkorde.[24] Form und Inhalt durchdringen sich in ständiger Selbstbefragung. Für dieses Songideal steht

---

[14]Vgl. Yaffe: *Joni Mitchell*, 297.

[15]Vgl. Jenn Pelly: Hejira (4.12.2022), pitchfork.com/reviews/albums/joni-mitchell-hejira/ (17.8.2024).

[16]Thomas Steinfeld: Nachwort. In: Yaffe: *Joni Mitchell*, 553–562, hier 554.

[17]Aus dem 1973er-Interview mit der kanadischen Schriftstellerin und Mitchells Freundin Malka Marom: *Joni Mitchell. In Her Own Words*. Toronto 2014, 101.

[18]Interview in der CBC-Dokumentation von Susan Lacy (Regie): WOMAN OF THE HEART AND MIND. Großbritannien/USA 2003, zit. nach Yaffe, *Joni Mitchell*, 77. Zum besseren Verständnis der Fußnote: Yaffe erwähnt das Marom-Interview von 1973 an dieser Stelle nicht (siehe oben), sodass der Eindruck entsteht, dass es sich um ein und dasselbe Interview handelt. Vielmehr handelt es sich aber um eine korrespondierende Interview-Montage.

[19]Joni Mitchell: A Case of You. Auf: *Blue*.

[20]Vgl. Wile: Tangled up in *Blue*, 149–150.

[21]Vgl. Lacy: WOMAN OF THE HEART AND MIND, zit. nach Yaffe, *Joni Mitchell*, 77.

[22]Abweichend von der Standardstimmung kann das sogenannte *alternate tuning* – wie etwa die Dropped-D-Stimmung, bei der die tiefe E-Seite um einen Ganzton tiefer gestimmt ist – und das sogenannte *open tuning* – bei dem die Seiten einen Akkord bilden, ohne dass dieser gegriffen wird, wie etwa die ‚offene' G-Stimmung – unterschieden werden. Blues, Folk, Country und Rockmusik sind ohne den *drone*-Sound von *alternate* und *open tuning* nicht zu denken. Mitchells Erfindungs- und Variationsreichtum bleibt aber bis heute unerreicht. Hier findet sich ein Überblick: jonimitchell.com/music/viewalltranscriptions.cfm?sortby=by%20Tuning%20Pattern (21.8.2024).

[23]Marom: *Joni Mitchell. In Her Own Words*, 74.

[24]Ebd. 74f. Wayne Shorter ist ein langer Begleiter Mitchells und erstmals auf dem orchestralen Album *Don Juan's Reckless Daughter* (Asylum 1977) Bestandteil ihrer Band. Zur Problematisierung von Mitchells Blackfacing auf dem Cover und der Heraufbeschwörung indigener Stereotype im Song *Paprika Plains* vgl. Powers: *Travelling*, 281–287, 257–259.

der ambivalente Möglichkeitsraum des *freeway* im Song *Coyote*. Im Unterwegssein spiegelt sich die stetige Dynamisierung von Schreiben und Leben.[25] Und für die Musikkritikerin Jenn Pelly markiert die Szene im Dezember 1975 im Haus von Gordon Lightfoot jenen Moment, in dem Mitchell ihre Generation und Dylan überholt und hinter sich lässt: „[T]he look in Dylan's eyes confirms what all knew, that at this moment Mitchell is the towering genius."[26]

Mitchell wurde nicht nur von ihren unmittelbaren Zeitgenoss:innen bewundert, sondern übte auch einen prägenden Einfluss auf Künstler:innen von Prince über Björk bis zu Taylor Swift aus. Allerdings dauerte es lange, bis Mitchell im Kanon der Popgeschichte die gebührende Anerkennung erhielt. Den Grund dafür sieht der Musikkritiker Carl Wilson darin, dass ihr künstlerisches Credo im Gegensatz zu Dylan, der ein Mysterium um seine Person kreierte und so reichlich Stoff für Spekulationen bot, auf „radical honesty" beruhte, „no matter how enhanced by metaphor."[27] Begriffe wie ,Echtheit' und ,Authentizität' gelten in der diskursbestimmenden Popkritik (nicht zu Unrecht) als problematisch, denn, so etwa Diedrich Diederichsen, „die enge Beziehung zwischen erlebtem Inhalt und künstlerischer Form" sei „die zentrale ideologische Idee der besonderen Authentizität".[28] Gleichwohl bemüht sich Diederichsen darum, Mitchell als ,Jazz Modernistin' individualästhetisch abzuschirmen, vor allem im Hinblick auf ihre Kollaboration mit Charles Mingus (1979).[29] Ihrem umfangreichen Werkkosmos kann er damit freilich nicht gerecht werden. Da ist zum Beispiel ihr Textverständnis, das sich von dem Dylans oder dem ihrer Greenwich-Village-Beziehung Leonard Cohen darin grundlegend unterscheidet, dass Texte - entgegen T. S. Eliots Diktum: „immature poets imitate; mature poets steal"[30] - für sie keine Zitatmosaike sind, sondern originärer Ausdruck der Persönlichkeit zu einer bestimmten Zeit, an einem bestimmten Ort.[31] Das bedeutet nicht, dass es keine

---

[25] Auf der *Hejira*-Aufnahme zusätzlich akzentuiert durch die gesetzten Kontrapunkte des Bassisten Jaco Pastorius, vgl. Steinfeld: Nachwort, 560 und weiterführend zum Motiv des Unterwegsseins Gustavus Stadler: In Search of Lost Chords: Joni Mitchell, The Last Waltz, and the Refuge of the Road. In: Ruth Charnock (Hg.): *New Critical Readings*, 104–119, hier 111.

[26] Pelly: Hejira, o.S.

[27] Vgl. Carl Wilson: Chords of Inquiry. How Joni Mitchell created her own tradition (2017), bookforum. com/print/2403/how-joni-mitchell-created-her-own-tradition-18474 (17.8.2024).

[28] Diedrich Diederichsen: *Über Pop-Musik*. Köln 2014, 296.

[29] Ebd.

[30] T. S. Eliot: Philip Massinger [1920]. In: Ders.: *The Complete Prose of T. S. Eliot*. Hg. von Anthony Cuda/Ronald Schuchard. Kritische Ausgabe Bd. 2: *The Perfect Critic (1919–1926)*. Baltimore, MD/ London 2021, 244–259, hier 245.

[31] Vgl. dazu das Kapitel zu Mitchell und Cohen, vor allem ihre Eindrücke von seiner Rilke-, Lorca- und Camus- Rezeption in Yaffe: *Joni Mitchell*, 84–99. Gewohnt harsch wie öffentlichkeitswirksam urteilt Mitchell abschließend zu Dylan: „Bob is not authentic at all. He's a plagiarist, and his name and voice are fake. Everything about Bob is a deception. We are like night and day, he and I." im Interview mit Matt Diehl: It's a Joni Mitchell Concert, Sans Joni. In: *Los Angeles Times*, 22.4.2010, latimes.com/ archives/la-xpm-2010-apr-22-la-et-jonimitchell-20100422-story.html (17.8.2024).

literarischen Referenzen[32] oder Distanz zu sich selbst in ihren Songtexten gibt.[33] Primär geht es aber darum, Zuhörer:innen für biografische Lesarten im Stile amerikanischer *confessional poetry* zu öffnen,[34] verbunden mit der Einladung über den Entstehungsprozess ihrer Songs zu reflektieren.[35]

In früher Vollendung tritt dieses Schreib- und Kompositionsverfahren auf Mitchells viertem Album *Blue* in Erscheinung. Anfang der 1970er Jahre verstand sie sich bereits mehr als ‚singing playwright' denn als Singer-Songwriterin.[36] Und was Mitchell mit *Blue* kongenial zur Aufführung brachte, ist die Verschränkung von radikaler Selbstthematisierung und gleichzeitigem Abgesang auf die kollektiven Träume ihrer Generation.[37] Zwar umspielen das liebende Ich und das liebende Du noch die existenzielle Frage danach, wie sie leben wollen, beispielsweise im ersten Stück *All I Want*, dessen Intro den Klängen einer Appalachian dulcimer[38] gehört, die neben Piano und Akustikgitarre die Instrumentierung des Albums bildet. Es überwiegen jedoch immer wieder Momente der Desillusionierung: Der Titelsong *Blue* verarbeitet ihre Beziehung zum heroinabhängigen James Taylor, ist aber mehr noch als das ein Porträt einer selbstgenügsamen Kulturszene: „Acid, booze, and ass / Needles, guns, and grass / Lots of laughs / Lots of laughs". Der exemplarische Streit mit einem angepassten und zynisch gewordenen Nonkonformisten im letzten Stück *The Last Time I Saw Richard* endet mit vager Hoffnung für die Zukunft: „I get my gorgeous wings and fly away / Only a phase, these dark cafe days". Was bleibt, ist ein zeitlos melancholischer Popmonolith der Intro- und Retrospektion.

Biografisch am weitesten zurück auf *Blue* reicht der Song *Little Green*, den Mitchell 1966 als Brief an ihre Tochter konzipiert, die sie - vom Vater des Kindes alleingelassen und nicht bereit für ein Kind - ein Jahr zuvor nach ihrer Geburt zur Adoption freigeben hatte.[39] Das ist kein ungewöhnliches Frauenschicksal dieser Zeit. Um so mehr wird Mitchells turbulenter Werdegang als Musikerin davon bestimmt sein, ein Leben zu entdecken, für

---

[32]Zum Beispiel die Paraphrase aus Albert Camus Tagebüchern im Song *Hejira*, vgl. Wile: Tangled up in *Blue*, 160.

[33]Vgl. Steinfeld: Nachwort, 555.

[34]Vgl. weiterführend David R. Shumway: Joni Mitchell and the Literature of Confession. In: Ryan Hibbett (Hg.): *Lit-Rock: Literary Capital in Popular Music*. New York, NY et al. 2022, 65–77.

[35]Vgl. dazu die Anmerkung ihres Biografen David Yaffe, zit. und kommentiert in Jack Hamilton: The Unknowable Joni Mitchell (Nov. 2017), theatlantic.com/magazine/archive/2017/11/the-unknowable-joni-mitchell/540618/ (26.8.2024).

[36]Zit. nach Pelly: Hejira, o.S.

[37]Vgl. Nelson: *Court and Spark*, 25–26.

[38]Ein zitherartiges Folkinstrument, das man zum Spielen auf den Schoß legt.

[39]Bisweilen hilflos und infantil wirkt angesichts dieses Ereignisses das im Lied thematisierte Schreiben von Gedichten sowie der symbolisch chiffrierte Umzug des Vaters, dem Kunststudenten Brad Mac-Math, nach San Francisco („he's a non-conformer"). Die Tochter taucht in vielen ihrer Songs auf. Mitchell macht ihre Elternschaft erst Anfang der 1990er Jahre publik, vgl. dazu Yaffe: *Joni Mitchell*, 68–69, auch die Interviews mit Malka Marom, die Primärquelle für alle Bezugnahmen.

das es noch keine weiblichen Rollenvorbilder gab. Geboren wurde sie am 7. November 1943 in Fort Macleod, Alberta als Roberta Joan Anderson. Mit ihrem Freund Neil Young verbindet sie die traumatische Erfahrung, in ihrer Kindheit im Kanada der 1950er Jahre an Kinderlähmung zu erkranken. Ihre Isolationszeit in der Polio-Kolonie dokumentieren ihre Biograf:innen im übertragenen Sinn als Transformationserlebnis: Die Überwindung der Lähmung formt ihren Willen und ihre Stimme. Zudem hat die bleibende Schwäche der Muskulatur in der linken Hand Einfluss auf Mitchells Gitarrenspiel, dessen Einzigartigkeit, ähnlich wie bei Young, aus einer körperlichen Einschränkung entsteht.[40] Die Andersons zogen nach Jonis Genesung weiter nach Saskatoon, wo sie ihr Lehrer Arthur Kratzmann, dem ihr Debütalbum *Song to a Seagull* (1968)[41] gewidmet ist, für die Literatur und das literarische Schreiben begeisterte. Doch bevor David Crosby sie in einem Club in Florida entdecken und Mitchell im Februar 1969 ihr Durchbruch-Konzert in der Carnegie Hall in New York spielen konnte, musste sie sich noch von Chuck Mitchell scheiden lassen, einem mittelmäßigen und manipulativen Folkgitarristen, mit dem sie als Duo durch die Caféhäuser tingelte. So wurde aus Joan Anderson Joni Mitchell: zusammengesetzt aus ihrem Kosenamen, Joni, und dem Namen ihres Ex-Ehemanns Chuck.

Die Geschichte Mitchells und ihr Wirken lässt sich auch durch ihre Albumcover erzählen, denn fast alle zeigen Selbstporträts. Das Cover ihres dritten Albums *Ladies of the Canyon* (1970)[42] ziert eine Zeichnung, die ihre Verbundenheit mit Laurel Canyon ausdrückt, dem wichtigsten und lebendigsten Ort der kreativen Szene in Kalifornien in der Übergangszeit von den 1960ern in die 1970er Jahre. Es war eine Art arkadischer Lorbeerhang in den Hollywood Hills, den Mitchell im gesellschaftlich und politisch aufgewühlten Klima des Jahres 1968 mitbegründet hatte und der viel Stoff für Mythen und Legenden bot.[43] In die Rockfalten, die auf dem *Canyon*-Cover zu sehen sind, ist ein colorierter Ausschnitt des Fensterblicks aus dem Bungalow eingefügt, den sie mit Graham Nash bewohnte. Mitchell war mit ihrem Förderer, dem Musikmanager David Geffen nach Los Angeles gereist. Nash hatte The Hollies und England verlassen und wurde an Mitchells Seite ein Teil von Crosby, Stills and Nash. Vieles drehte sich um Cass Elliot bzw. ,Mama Cass' von The Mamas & the Papas. Von Jim Morrison bis Frank Zappa: Alle kamen. Doch diese besondere Zeit war nur von kurzer Dauer.

---

[40] Vgl. u. a. Yaffe, *Joni Mitchell*: 42, 53 sowie Steinfelds Nachwort (558) und Powers: *Travelling*, 76–78.

[41] Joni Mitchell: *Song to a Seagull*. Reprise 1968.

[42] Joni Mitchell: *Ladies of the Canyon*. Reprise 1970; *Ladies of the Canyon* spielt auf Mitchells utopischen Pakt mit Trina Robbins, Annie Burden und Estrella Berosini an, vgl. Yaffe: Joni Mitchell, 174–176. Zum Zugriff auf Mitchells Werk durch eine überblickshafte Analyse ihrer Albumcover: Monk: *The Creative Odyssey of Joni Mitchell*, 10–13.

[43] Zur Einführung: Michael Walker: *Laurel Canyon: The Inside Story of Rock-and-Roll's Legendary Neighborhood*. New York, NY 2006.

Cover *Ladies of the Canyon* von Joni Mitchell, Imusic / Alamy

Mit dem Song *Both Sides, Now* hat die nachlassbewusste Mitchell bereits früh in ihrer Werkbiografie (erstmals veröffentlicht 1969, auf dem mit ihrem ersten Grammy ausgezeichneten Album *Clouds*[44]) eine eigene Synopsis ihres Lebens ins Werk gesetzt. Hitstatus erlangte er allerdings nur in der Version von Judy Collins (1968).[45] Von hoher Reflexivität, Dichte und Brillanz ist die drei Jahrzehnte später neu eingespielte Orchesterfassung (2000).[46] Auch auf dem zuletzt erschienenen Live-Album *Joni Mitchell at Newport* (2023),[47] ihr erster Auftritt nach dem 2015 erlittenen Gehirnaneurysma, nimmt *Both Sides, Now* eine dramaturgische Schlüsselposition ein. Wie alle große Kunst schrammt dieses ätherische Kunstlied in allen drei Versionen knapp am Kitsch vorbei. Es schlägt einen metaphorischen Bogen von den Wolken zur Liebe und zum Leben, wie nur Mitchell ihn schlagen kann, um Form und Inhalt untrennbar in die Schwebe zu bringen und daraus Offenheit entstehen zu lassen: „It's life's illusions that I recall / I really don't know life at all".

---

[44]Joni Mitchell: Both Sides Now. Auf: *Clouds*. Reprise 1969.

[45]Judy Collins: *Both Sides Now*. Elektra 1968.

[46]Joni Mitchell: Both Sides Now. Auf: *Both Sides Now* [Als Promo 1999]. Reprise 2000.

[47]Joni Mitchell (featuring the Joni Jam): *At Newport*. Rhino 2023.

Sly and the Family Stone: *There's a Riot Goin' On* (1971)

Jürg Martin Meili

In den 1960er Jahren war Sly and the Family Stone eine der gefragtesten Bands, die zusammen mit James Brown den Funk verkörperte und ihm zum Durchbruch verhalf. Zudem war die multiethnische Besetzung der Band Ausdruck einer neuen amerikanischen Gesellschaft im Sinne von Martin Luther King Jr. und der Bürgerrechtsbewegung. Im Jahr 1969 feierte Sly and the Family Stone mit dem Album *Stand!*[1] in den Charts sowie Live-Auftritten beim Woodstock-Festival und beim Harlem Cultural Festival große Erfolge.[2] Doch sowohl der Traum des Civil Rights Movements als auch die Ideale der Hippie-Bewegung platzten mit dem Attentat auf King und der tödlichen Messerattacke gegen den afroamerikanischen Zuschauer Meredith Hunter auf dem Altamont-Festival während des Auftritts der Rolling Stones, die als Headliner fungierten. Die Hippies waren durch den Vietnam-Krieg und die Politik von Präsident Richard Nixon desillusioniert und viele Afroamerikaner wandten sich der Black Panther Party zu, die sich nach der Ermordung von Malcolm X formierte. Die Panther stellten gemäß Malcolm X radikalere Forderungen und waren auch bereit, diese, wenn nötig, mit Waffengewalt durchzusetzen, denn viele zweifelten zunehmend an Martin Luther Kings Konzept des gewaltlosen Widerstands.[3]

All dies wirkte sich auch auf das Schaffen von Sly and the Family Stone aus. Mit dem neuen Jahrzehnt verloren sowohl die Texte als auch die Mu-

---

[1] Sly and the Family Stone: *Stand!* Epic 1969.
[2] Miles Marshall Lewis: *There's a Riot Goin' On* [2006]. New York, NY/London/Dublin ⁶2021, 60–68.
[3] Stokley Carmichael/Charles V. Hamilton: *Black Power – Die Politik der Befreiung in Amerika*. Übers. von Ingrid Grüninger. Frankfurt/M./Hamburg 1969 (engl. 1967).

C. Jürgensen und G. Kaiser (Hrsg.), *Eine Kulturgeschichte der Popmusik*,
https://doi.org/10.1007/978-3-662-72524-5_28

sik ihre positive Unschuld, die Lyrics wurden nachdenklicher, die Grooves schwermütiger. Angesichts dieses Wandels erstaunt es nicht, dass das Album *There's a Riot Goin' On*,[4] als es 1971 erschien, von Kritikern wie Fans mit gemischten Gefühlen aufgenommen wurde. Heute aber gilt das Album aus mehreren Gründen als Meilenstein in der Musikgeschichte. Zunächst war die Arbeit zu den Aufnahmen bahnbrechend. Der Multiinstrumentalist Sly nahm seine Songideen ohne fremde Hilfe in einer gemieteten Villa im noblen Stadtteil Bel Air von Los Angeles mittels Overdubbing auf, bevor das Album in den Record Plant Studios fertiggestellt wurde. Das heißt, er spielte alle Instrumente selbst ein, wodurch es keine Interaktion zwischen Musikern mehr gab. Diese Methode – zur selben Zeit auch von Paul McCartney für sein erstes Soloalbum nach dem Bruch der Beatles angewendet – wurde in der Folge von vielen anderen Musikern übernommen, u. a. von Stevie Wonder oder Prince.[5]

Neu war zudem, dass Sly eine Electronic Drum, die Maestro Rhythm King MRK-2 Drum Machine, verwendete, um die Perkussionsinstrumente zu imitieren. Vielleicht tat er dies anfänglich nur, um einen konstanten Groove zu realisieren. Letztlich aber gilt *There's a Riot Goin' On* als eines der ersten Alben, auf denen künstlich erzeugte Rhythmen zu hören sind. Jedoch blieb es nicht dabei, es spielten unzählige Musiker wie Bobby Womack, Billy Preston oder Ike Turner u.v.a. auf *Riot* mit. Auch die Drum Machine wurde von den Schlagzeugern Gerry Gibson oder Greg Errico ersetzt oder zumindest ergänzt.

Inwiefern diese Arbeitsweise aus den Spannungen unter den Bandmitgliedern hervorging und/oder andersherum die Spannungen verursachte, ist nicht sicher zu klären. Sicher ist aber, dass es diese Spannungen aus unterschiedlichen Gründen gab. So wurden beispielsweise nicht mehr weiche Hippie-Drogen konsumiert, sondern harte wie Kokain.[6] Aber nicht nur die Drogen waren Grund für die Reibereien in der Band. Ein weiteres Problem war, dass die Black Panther Party großen Druck auf Sly ausübte und ihn drängte, nur noch mit Afroamerikanern zusammen zu spielen; ähnlich erging es übrigens Jimi Hendrix, der mit seinen weißen Mitmusikern Mitch Michell (Schlagzeug) und Noel Redding (Bass) legendär wurde. Und Sly ließ sich beeinflussen – vielleicht auch deshalb, weil er selbst desillusioniert davon war, was die Bürgerrechtsbewegung erreicht hatte.[7]

Diese Desillusionierung scheint sich auch in den Texten des Albums widerzuspiegeln. In der Hit-Single *Family Affair* beispielsweise sinniert Sly darüber, dass es noch so schlecht in einer Familie zugehen kann: Am Ende sei es eine

---

[4] Alle Songs des Albums zit. nach Sly and the Family Stone: *There's a Riot Goin' On*. Epic 1971.
[5] Lewis: *There's a Riot Goin' On*, 74–76.
[6] Ebd., 82–83.
[7] Ebd., 85–86.

Familienangelegenheit, und niemand solle sich einmischen. Er wolle in Ruhe gelassen werden, die Familie solle in Ruhe gelassen werden. Damit postuliert er, dass die afroamerikanische Gemeinschaft ihre Probleme allein lösen, sich selbständig organisieren und letztlich damit auch ihre eigene Trauer und Wut sowie ihre eigenen Freuden ausleben möchte.[8] *Family Affair* drückte nicht nur die neuen Ansichten und Forderungen der Panther aus, die übrigens zeitweise in Teilen der USA mehr hilfsbedürftigen Kindern ein kostenloses Frühstück ausgaben als der Staat. Vielmehr entspricht der Song auch den Überlegungen von Malcolm X, der betonte, dass die Afroamerikaner sich durchaus selbständig organisieren können, wie sie dies schon immer mit der Musik bezeugten, die sie eigenständig und selbstorganisiert kreierten und weiterentwickelten, so wie den Jazz und den Blues oder eben den Funk.[9] Und der prominente afroamerikanische Schriftsteller James Baldwin - auch er desillusioniert nach der Ermordung von Malcolm X und Martin Luther King Jr. - betonte immer wieder, wie wichtig die Schwarze Gemeinschaft sei, wie frei und beschwingt und glücklich er sich unter seinesgleichen - ohne Weiße - fühle.[10]

Luv n' Haight, der Opener des Albums, erscheint textlich zumindest auf den ersten Blick wie ein positiver Song, den die unablässig wiederholte Zeile „Feel so good" dominiert. Doch der Groove ist rauer, experimenteller als in den früheren Songs. Der mehrdeutige Begriff ‚*Haight*' kann sich auf das Quartier und Hippie-Zentrum Ende der 1960er Jahre in San Francisco, Haight-Ashbury, beziehen, oder - homophon zu *hate*- als Hass verstanden werden. Dadurch wird der Song ambivalent. Warum Liebe und Hass? Warum dieser raue Groove? Oder ist es eine Hassliebe zur vergangenen Hippie-Zeit, in der alles möglich schien, und die letztlich doch so viel Enttäuschung mit sich brachte? Im Filmklassiker Do the Right Thing von 1989,[11] einem Standardwerk des *New Black Cinemas*, greift der Regisseur Spike Lee das Thema ebenfalls auf, und zwar mit den beiden Messingringen an den Händen der Filmfigur Radio Raheem, auf denen Love bzw. Hate geschrieben steht.[12] Gleichzeitig setzt er im Film eine gemeinsame Fotografie von Martin Luther King Jr. und Malcolm X prominent ein, um auf ein zentrales Dilemma des Widerstands aufmerksam zu machen, die Frage nach den angemessenen Mitteln: gewaltloser Widerstand oder kampfbereite Selbstverteidigung?[13]

---

[8] Ebd., 85.

[9] Rede von Malcolm X bei der Gründungskundgebung der OAAU in New York am 28. Juni 1964, zit. nach Georg Breitman (Hg.): *By Any Means Necessary - Speeches, Interviews and a Letter by Malcolm X*. New York, NY ⁴1971, 63-64.

[10] James Baldwin: *The Fire Next Time*. New York, NY ³1963, 51-52.

[11] Spike Lee (Regie): Do the Right Thing. USA 1989.

[12] Diese Tätowierung hat eine filmgeschichtliche Dimension: Robert Mitchum trägt die beiden Wörter in The Night of the Hunter (1955, Regie Charles Laughton) auf den Fingerknöcheln.

[13] Guthrie P. Ramsey: *Race Music - Black Cultures from Bebop to Hip-Hop*. Berkley, CA/Los Angeles, CA/London 2003, 173.

Auch Sly scheint Anfang 1970er Jahre im Dilemma zu stecken, für welche Seite er einstehen soll. Sollte er sich von seinen weißen Bandkollegen und dem weißen Manager David Kapralik trennen, wie das die Black Panther Party forderte? Oder sollte er an seiner ursprünglichen Überzeugung eines friedlichen Zusammenlebens von Weiß und Schwarz festhalten?[14] Dass Sly auf *There's a Riot Goin' On* mit seinen Songs mehr ausdrücken möchte, als dies in üblichen Popsongs oder auch mit seinen früheren Texten der Fall war, beteuert er mit dem Stück *Poet*.[15] Darin erklärt er, dass seine einzige Waffe die Feder sei, mit der er beschreibe, was er rund um sich herum beobachte. Und so sind immer wieder Textzeilen zu hören wie „But who's believing who?" im Song *Africa Talks to You „The Asphalt Jungle"*[16] oder „Frightened faces to the wall" in *Brave and Strong*.[17] Die Frage „But who's believing who?" verdeutlicht, dass er und viele mit ihm nicht mehr alles glauben, was während der hoffnungsvollen Bürgerrechtsbewegung versprochen wurde. Die rechtliche Gleichstellung wurde zwar auch in den Südstaaten erreicht, das Leben der Afroamerikaner verbesserte sich jedoch nicht wesentlich. Struktureller Rassismus existierte auch nach der Unterzeichnung des *Civil Rights Acts*, dem Bürgerrechtsgesetz, weiterhin – sowohl im Norden wie im Süden der USA, was sich besonders in der gewaltvollen Behandlung durch die Polizei zeigte: „Frightened faces to the wall".

Im letzten Song, *Thank You for Talkin' to Me Africa*,[18] gesteht der (bzw. gestehen die) Sänger, dass ihm viele Dinge im Kopf herumschwirren wie beispielsweise „Dyin' young is hard to take": Vielleicht eine Anspielung auf den frühen Tod von Jimi Hendrix, Martin Luther King Jr., Malcolm X oder sogar der Brüder John F. und Robert F. Kennedy? Die Zeiten haben sich definitiv geändert. Dies zeigt sich auch dadurch, dass er lyrisch mit den Songtiteln seiner Hits spielt – wie beispielsweise *Dance to the Music*[19] – und sie in den Text einbaut: Es wird dadurch nur umso deutlicher, dass diese Hits der Vergangenheit, den 1960er Jahren angehören. Das neue Jahrzehnt ist kälter und härter. Der Song *There's a Riot Goin' On*, nach dem auch das Album benannt wurde und der eine Antwort auf Marvin Gayes *What's Goin' On?*[20] ist, tönt nach Widerstand, Gewalt und Chaos. Der Gedanke liegt nahe, dass hier zum Aufstand aufgerufen oder zumindest ein Aufstand thematisiert werden soll, so wie in unzähligen Songs nach der Ermordung Martin Luther Kings Jr. Aber nichts von all dem. Vielmehr wird der Song mit der Zeitangabe 0:00

---

[14] Lewis: *There's a Riot Goin' On*, 85–86.
[15] Ebd., 123.
[16] Ebd., 125.
[17] Ebd., 126–127.
[18] Ebd., 130–132.
[19] Sly and the Family Stone. Dance to the Music. Auf: *Dance to the Music*. Epic 1968.
[20] Marvin Gaye: *What's Goin' On?* Tamla 1971.

angegeben. Es gibt also nichts zu hören. Sly erklärte, dass er damit ausdrücken wolle, dass es keine Aufstände geben sollte.[21]

Ist also *There's a Riot Goin' On* letztlich doch ein versöhnliches, positives Album, wie gelegentlich gegen den Anschein interpretiert wurde? Wohl kaum. Sly nahm die Dinge, die sich um ihn herum ereigneten, mit sensiblem Gespür auf, beschönigte nichts, verhehlte seine Enttäuschung nicht und machte damit klar, dass sich nach wie vor vieles ändern müsste. Damit inspirierte er nicht nur viele Rapper,[22] sich mit ihren Beats und Sprechgesängen zu aktuellen (unangenehmen) Themen zu äußern und auf Missstände aufmerksam zu machen – bis hin zur Black-Lives-Matter-Bewegung und darüber hinaus. Mit seiner Musik beeinflusste Sly zudem auch Jazzmusiker wie Miles Davis (*Bitches Brew*[23]), der ihn explizit als Inspirationsquelle angab, und Herbie Hancock (*Head Hunters*[24]), der ihm gar den Song *Sly*[25] widmete.[26] *There's a Riot Goin' On* wirkte sich demnach in ganz unterschiedlichen Richtungen aus und inspirierte unzählige Menschen auf lyrischer, musikalischer, gesellschaftlicher oder gar politischer Ebene und darf somit zurecht als Meilenstein der Musikgeschichte bezeichnet werden.

Cover *There's a Riot Goin' On* von Sly and the Family Stone, Records / Alamy

---

[21] Sly Stone im Interview mit Jonathan Dakss (1997) zit. nach en.wikipedia.org/wiki/There%27s_a_Riot_Goin%27_On#cite_note-41 (17.10.2023).

[22] Lewis: *There's a Riot Goin' On*, 92.

[23] Miles Davis: *Bitches Brew*. Columbia 1970.

[24] Herbie Hancock: *Head Hunters*. Columbia 1973.

[25] Herbie Hancock: Sly. Auf: Ebd.

[26] Lewis: *There's a Riot Goin' On*, 109.

Marvin Gaye: *What's Going On* (1971)

Judith Preiß

Als Berry Gordy, Chef der Hitfabrik Motown, im Sommer 1970 die Demoaufnahme von Marvin Gayes Song *What's Going On* hörte, fiel sein Urteil vernichtend aus: Der Titel sei stilistisch veraltet und zu jazzig, um den Publikumsgeschmack zu treffen. Erst nach dem enormen Erfolg der Single, die letztlich ohne Gordys Wissen veröffentlicht wurde, und einem monatelangen Disput, der in Gayes Drohung, die Plattenfirma zu verlassen, gipfelte, gewährte man dem ‚Prince of Soul' genannten Hitgaranten die gestalterische Freiheit, die er für die Produktion seines elften Studioalbums forderte.[1] *What's Going On*[2] erschien schließlich am 21. Mai 1971 und ging als eine der einflussreichsten Soul-Platten und als erstes Schwarzes Konzeptalbum in die Geschichte der Popmusik ein. Nach ihrer Veröffentlichung hielt sich die LP neun Wochen lang auf Platz 1 der amerikanischen R-'n'-B-Charts und rangiert heute in den meisten internationalen Rankings unter den 100 besten Alben aller Zeiten; auf einer im Jahr 2023 vom US-Musikmagazin *Rolling Stone* aktualisierten Liste der 500 besten Alben belegt es Platz 1.[3]

---

[1] Ben Edmonds: *What's Going On? Marvin Gaye and the Last Days of the Motown Sound.* Edinburgh 2001, 146f.

[2] Marvin Gaye: *What's Going On.* Tamla 1971.

[3] Jonathan Bernstein et al.: The 500 Greatest Albums of All Time. In: *Rolling Stone*, 31.12.2023, rollingstone. com/music/music-lists/best-albums-of-all-time-1062063/jay-z-the-blueprint-3-1063183/ (26.8.2025); innerhalb des ersten Jahres nach seiner Veröffentlichung verkaufte sich das Album über zwei Millionen Mal. Die drei Singleauskopplungen *What's Going On*, *Mercy Mercy Me* und *Inner City Blues* landeten ihrerseits auf Platz 1 der amerikanischen R-'n'-B-Charts und rangierten jeweils unter den Top Ten der US-Pop-Charts.

© Der/die Autor(en), exklusiv lizenziert an
Springer-Verlag GmbH, DE, ein Teil von Springer Nature 2026
C. Jürgensen und G. Kaiser (Hrsg.), *Eine Kulturgeschichte der Popmusik*,
https://doi.org/10.1007/978-3-662-72524-5_29

Als ein von „sozialer Unzufriedenheit angetriebenes, spirituelles Werk"[4] verarbeitet *What's Going On* die kollektiven Krisenerfahrungen in Nordamerika zu Beginn der 1970er Jahre und bildet die Frustration ab, die vor allem die jüngere Generation angesichts gesellschaftlicher Spannungen, wachsender Militarisierung und Rassismus verspürte. Vor dem Hintergrund politischer Unruhen, die die USA im Zusammenhang mit schweren Protesten gegen den Vietnamkrieg erschütterten, erschien es vielen Musiker:innen, darunter auch Marvin Gaye, nicht länger möglich, unbeschwerte Chart-Hits zu produzieren. Die Enttäuschung über Armut und politische Ausgrenzung der Schwarzen Bevölkerung in den USA, die erschütternden Kriegsberichte seines Bruders Frankie, der als Funker für drei Jahre in Vietnam stationiert war, der Tod seiner Duettpartnerin Tammi Terrell[5] und anhaltende Ehekonflikte hatten Gaye trotz seines Erfolgs in eine tiefe Krise gestürzt und führten zu einer radikalen Wende in seinem musikalischen Schaffen, die *What's Going On* dokumentiert.

Der initiale Funke für die Arbeit am Album war zunächst die Koproduktion der gleichnamigen Single mit Renaldo Benson. Der Four Tops-Sänger hatte den Song nach einem gewaltsamen Polizeieinsatz während einer Demonstration geschrieben und ihn Gaye später zur Fertigstellung angeboten. Unter Mitarbeit von Arrangeur David Van De Pitte, zahlreicher Motown-Musiker:innen (wie dem Bassisten James Jamerson) und dem Detroit Symphony Orchestra entstand wenig später ein politisches Konzeptalbum, das sich durch seinen Crossover-Sound aus Soul, Jazz, Gospel und R 'n' B sowie durch seine innovativen Arrangements auszeichnet: Vor allem der mehrspurig aufgenommene Gesang und die spannungsvollen Übergänge zwischen den Tracks weichen stark vom klassischen Motown-Hitrezept wiederholter Refrains ab. Als eine Art trojanisches Pferd, das seinem gesellschaftskritischen Anliegen im Gewand eines eingängigen Soul-Grooves Gehör verschaffte, repräsentiert *What's Going On* ein verändertes Schwarzes Selbstbewusstsein, das spätestens seit dem Harlem Cultural Festival[6] einen integralen Teil der Popkultur bildete.

Als zentrales thematisches Kompositionsmerkmal des Albums lässt sich der Wechsel zwischen düsterer Gegenwartsdiagnose und hoffnungsvollem Gebet ausmachen. Heißt es in *Right On* etwa: „Some of us feel the icy wind of poverty blowing in the air", entgegnet *God Is Love* mit der Gewissheit göttlichen Beistands: „And when we call on Him for mercy, mercy father /

---

[4] Emiliy J. Lordi: *The Meaning of Soul. Black Music and Resilience since the 1960s.* Durham 2020, 142.

[5] Gaye und Terrell landeten mit ihrer 1967 veröffentlichten Single *Ain't No Mountain High Enough* einen Chart-Hit in den USA (Marvin Gaye/Tammi Terrell: *Ain't No Mountain High Enough.* Tamla 1967).

[6] Das Harlem Cultural Festival war eine Konzertreihe, die im Sommer 1969 an sechs Sonntagen im New Yorker Stadtteil Harlem stattfand, und bei der vorwiegend Schwarze Künstlerinnen und Künstler auftraten, darunter Nina Simone, Stevie Wonder sowie Sly & The Family stone (siehe zum Harlem Cultural Festival den Artikel von Jürg Martin Meili in diesem Band).

Cover von Marvin Gayes Album *What's Going On*, Records / Alamy

He'll be merciful". So werden der Klage über die gesellschaftlichen Miss-stände immer wieder Momente der Hoffnung entgegengesetzt, die aus einem tiefen Glauben an Gott und die christliche Gemeinschaft erwachsen.

Der spirituelle Gestus der Platte deutet sich bereits durch das ikonische Plattencover an: Die Vorderseite zeigt eine Nahaufnahme Gayes, der mit dem hochgeklappten Kragen seines schwarzen Lack-Trenchcoats Kälte und Schneeregen trotzt. Der himmelwärts gerichtete, nachdenkliche Blick wird durch die von Fotograf Jim Hendin gewählte Untersicht verstärkt. Die Rück-seite zeigt Gaye vor einem braunen Metallgestänge in einem Hinterhof mit Garten stehend. Sein Blick ist leicht nach unten gerichtet, die Stirn sor-genvoll in Falten gelegt, die Hände sind in den Manteltaschen vergraben. Die Halbtotale rückt Gayes aufwendige Bekleidung in den Blick, wobei der schwarze Dreiteiler mit gelbem Hemd und Krawatte an Anlässe wie den sonntäglichen Kirchgang denken lässt. Nicht nur hebt sich der formelle Stil stark von der schmucklosen Kulisse einer urbanen Nachbarschaft ab, die den thematischen Schauplatz des Albums bildet, vielmehr visualisiert der Kon-trast die Grundspannung der Platte zwischen Wirklichkeitserfahrung und der Hinwendung zu Gott.[7]

Die narrative Einheit des Albums ergibt sich sowohl aus der thematischen Verbindung der insgesamt neun Stücke als auch aus der Erzählperspektive: Erzählt wird aus Sicht eines fiktionalen Kriegsheimkehrers, der als lyrischer Sprecher durch das gesamte Album führt: „I'm just getting back, [...] / War is hell, when will it end?", heißt es in *What's Happening Brother*. Ein zen-trales rhetorisches Element bildet das Spiel mit Frageformeln, das schon die beiden Eröffnungsstücke bestimmt. Die Songtitel *What's Going On* und

---

[7]David Ritz: *Divided Soul: The Life of Marvin Gaye.* New York, NY 1985, 149.

What's Happening Brother sind aufgrund der fehlenden Interpunktion gleichermaßen als Fragen und Aussagen zu verstehen und lassen sich zum einen als Ausdruck von Ratlosigkeit und Desorientierung und zum anderen als Aufruf zum Dialog deuten. Letzteren führen die einzelnen Stücke immer wieder als Gegengewicht zu Krieg und Gewalt an. So setzt *What's Going On* mit der Soundkulisse einer Party ein, bei der die versammelte Gemeinschaft miteinander ins Gespräch kommt. Einzelne Aussagen des Intros werden im Verlauf des Albums als Songtitel oder Verse wieder aufgenommen („What's Happening Brother", „Right On", „Everything Is Everything" – Letzteres aus *What's Going On*) und verstärken so die narrative Einheit. Zudem entfaltet der titelgebende Track den komplexen Sound des Albums und führt die musikalischen Leitmotive ein. Charakteristisch sind dabei die zwischen R 'n' B und Jazz variierenden Bassläufe, der von Congas dominierte Rhythmus sowie orchestral gestaltete Klangflächen und ein vielschichtiger harmonischer Gesang. Schon in den ersten beiden Stücken tritt der Kontrast zwischen der deprimierenden Gegenwartsbeschreibung auf der textlichen Ebene und der musikalischen Gestaltung hervor. Während Gayes Gesang Fremdheitserfahrung und prekäre Zustände beschreibt: „Can't find no work, can't find no job, [...] / Say, man, I just don't understand / What's going on across this land" (*What's Happening Brother*), erzeugen der sphärische Hintergrundgesang, die hellen Schlaginstrumente und Streicher sowie der treibende Rhythmus eine gewisse Leichtigkeit.

Die Stücke *Flyin' High (In The Friendly Sky)* und *Save the Children* sind als retardierendes Moment der A-Seite angelegt. Der in diesen Songs vollzogene Übergang zu einem dunkleren, spannungsreichen und vom Bass dominierten Sound geht mit einer Reduktion des Tempos und einem thematischen Wechsel einher, denn nach der Schilderung des Heimkommens und der Orientierungslosigkeit rücken nun konkretere gesellschaftliche Probleme in den Blick, namentlich Drogenabhängigkeit und Zukunftsangst. *Save the Children,* das mit etwa vier Minuten längste Stück der A-Seite, offenbart eine bedrückende Sicht auf eine dem Untergang geweihte Welt: „To save a world / That's destined to die". Gayes bewegender Gesang, der nach dem gospelhaften Prinzip von Call-and-Response zwischen Sprechgesang und dramatischem Falsett wechselt, unterstreicht die Mahnung zur Rettung der Kinder ebenso wie das sich kraftvoll steigernde Wechselspiel von Bass und Saxofon. Der Entmutigung, die sich erneut in rhetorischen Fragen des lyrischen Sprechers ausdrückt, „Who really cares? / Who's willing to try?", werden dann mit *God Is Love* und *Mercy Mercy Me (The Ecology)* musikalische Gebete entgegengesetzt. Die Spannung zwischen der im Text vermittelten Trauer über die Zerstörung der Natur und dem leichtgängigen Soul-Arrangement tritt besonders ausgeprägt hervor, insofern *Mercy Mercy Me* der einzige

Song mit der klassischen Struktur eines Popsongs ist, was ihn zum melodisch eingängigsten Stück der Platte macht.[8]

Den Auftakt der B-Seite bildet *Right On*. Der Titel erweitert das klangliche Spektrum des Albums stärker in Richtung Jazz – die Stilrichtung, mit der sich Gaye als Musiker am stärksten identifizierte. Neben den von Querflöte und Klavier bestimmten Instrumentalpartien fällt der von Latin- und Funkelementen getragene Rhythmus auf, der die appellative Ermutigung des „Right On" verstärkt. Mit *Wholy Holy* setzt sich der für die narrative Spannung des Albums charakteristische Wechsel zwischen Extroversion und Kontemplation fort. Das orchestral geprägte Stück schafft durch Streicher, Flöten und Saxofon eine meditativ-religiöse Atmosphäre und beschwört Liebe und Gemeinschaft als einzige Rettung. Marvin Gayes Stimmregister und die charakteristische Weichheit seines Gesangs lassen die Gospel-Hymne, die Aretha Franklin 1972 auf ihrem Album *Amazing Grace*[9] neu interpretierte, hervorstechen. Dass das Album mit dem *Inner City Blues (Make Me Wanna Holler)* endet, verleiht seiner sozialkritischen Attitüde abschließend noch einmal Gewicht. Die dritte Single-Auskopplung zeichnet ein finsteres Bild des städtischen Lebens zwischen Armut und Desillusionierung. Die lakonisch in Bluesversen vermittelten Eindrücke: „Bills pile up sky high / Send that boy off to die", kulminieren in der Aussage „This ain't livin'". Textlich, harmonisch und melodisch kehrt der Song am Ende zum Eröffnungsstück zurück und legt damit eine zirkuläre Struktur zwischen Verzweiflung und Hoffnung frei, die paradigmatisch für das Selbstverständnis des Souls ist.[10] Denn Soul verweist nicht nur durch seine musikalische und lyrische Formensprache auf seine Wurzeln in einem Schwarzen christlichen Glauben, er folgt auch dessen wiederkehrendem Grundmuster, nach der das Leiden an der widrigen Gegenwart den Glauben an Gott festigt und die kollektive Resistenz gegen Not und Ungerechtigkeit stärkt.[11] Indem *What's Going On* diese Dynamik zum Kompositionsprinzip erhebt, repräsentiert das Album einen Soul, der sich als genuin religiös und politisch begreift und als kommerziell erfolgreiche Form des aktiven Protests wesentlich zur Selbstgewissheit Schwarzer Gemeinschaften in den USA beitrug.

---

[8] Die zweite und erfolgreichste Singleauskopplung der Platte stieg nach einer Coverversion Robert Palmers (Robert Palmer: *Mercy Mercy Me*. EMI 1990) und der Veröffentlichung eines Musikvideos durch die Plattenfirma Motown zu Beginn der 1990er Jahre noch einmal in die internationalen Charts ein.

[9] Aretha Franklin with James Cleveland & The Southern California Community Choir: *Amazing Grace*. Atlantic 1972.

[10] Lordi: *Meaning of Soul*, 141.

[11] Ebd., 22.

Can: *Tago Mago* (1971)

Hendrik Otremba

Eigentlich ist schon nach den ersten zwei Minuten alles klar. *Paperhouse*, das Eröffnungsstück auf Cans 1971er-Album *Tago Mago*,[1] versammelt programmatisch bereits all jene Bestandteile, die die epische Doppel-LP zum Opus magnum der Kölner Gruppe machen, ja, es als konserviertes Momentum dessen in die Musikgeschichte einspeisen, was seit jeher unter dem Begriff ‚Krautrock‘ kategorisiert wird. Rockmusik aus Deutschland, im Geiste von '68. Oder: ein Spannungsverhältnis aus Avantgarde und Pop, Kunstmusik und Rock, klassischer Musikausbildung und universalem Dilettantismus, angloamerikanischem Einfluss und eigensinniger Innovation, Aufbruch und *bad trip*.

Nach dem Weggang des ersten Sängers, Malcom Mooney, bringt der Straßensänger Damo Suzuki frischen Wind in die Gruppe. Mit ihrem Debüt *Monster Movie* (1969)[2] und mehreren Soundtrack-Arbeiten[3] in den zwei Jahren zuvor haben Can zu diesem Zeitpunkt bereits einige Erfahrungen sammeln und jüngst mit *Spoon*,[4] dem *signature theme* zum extrem populären Durbridge-Krimi Das Messer,[5] einen ersten Hit landen können. Ein Selbstbewusstsein ist gewachsen – und die große Experimentierfreude, die auch Cans Musik kennzeichnet, ist ohnehin Zeitgeist einer aufbrechenden

---

[1] Can: *Tago Mago*. United Artists 1971.

[2] Can: *Monster Movie. (Made in a Castle with Better Equipment)*. Music Factory 1969.

[3] Kompiliert auf der Platte *Soundtracks*, die insbesondere mit den Songs zu Roland Klicks Kunstwestern Deadlock drei der besten Stücke der Band versammelt (Can: *Soundtracks*. Liberty 1970; Roland Klick [Regie]: Deadlock. Deutschland 1970).

[4] Can: *Spoon*. United Artists 1971.

[5] Rolf von Sydow (Regie): Das Messer. BRD 1971; nach Drehbüchern von Francis Durbridge wurden in den 1960ern und 1970ern eine Reihe von erfolgreichen Filmen produziert.

© Der/die Autor(en), exklusiv lizenziert an
Springer-Verlag GmbH, DE, ein Teil von Springer Nature 2026
C. Jürgensen und G. Kaiser (Hrsg.), *Eine Kulturgeschichte der Popmusik*,
https://doi.org/10.1007/978-3-662-72524-5_30

Generation von Nachkriegskindern. So zeugt bereits der Auftakt von der überschäumenden Qualität einer einzigartigen Band und kündigt dem Hörer ein besonderes Album an: Minimale Gitarrenslides, *drones* und undefinierbare Geräusche, die als Versatzstücke in den Mix integriert sind, eröffnen das Stück, in dem die klassischen Elemente der Rockgruppe (Gesang, Gitarre, Schlagzeug, Bass) schon im ersten Takt gleichberechtigt auftreten, um in eine hervorstechende Rhythmusarbeit überzuleiten, die für Can stets zentral bleiben soll. Im instrumentalen Refrain - oder wahlweise: der Bridge (auf klar definierte Strukturen gibt die Band wenig, arbeitet vielmehr wie bei einer Montage von Bildern) - wird eine zarte Orgel hörbar, die in ihrer Zurückhaltung zudem bezeugt, dass sich die Musiker vom egoistischen Gestus narzisstischer Soloexkursionen befreien. Hier dient alles dem gemeinsamen Song - und nicht dem Geltungsdrang des einzelnen Spielers. Can, und das haben alle Mitglieder der Gruppe immer ausdrücklich betont, folgt vielmehr einer Philosophie des Hörens, des einander Zuhörens, des aufeinander Reagierens. Auch der eindrückliche Gesang ordnet sich ein, bleibt weitestgehend unverständlich, verhält sich eher wie ein Instrument und orientiert sich in repetitiven, englischen Phrasen nah an der Melodieführung der Saiteninstrumente. Derart ad hoc in Bewegung gebracht, schwingt sich *Paperhouse* auf in eine scharf gespielte und trotzdem lässige Gitarre, die dann immer deutlicher hervortritt und nach der zweiten Strophe ein kurzes Solo aufblitzen lässt.

Dann geschieht etwas Merkwürdiges: Der Song legt sich ab, drängt zusammen, um Tempo zu machen, getrieben vom reduzierten und deutlich identifizierbaren Stil Jaki Liebezeits, einem der besten Schlagzeuger der Musikgeschichte. Die Musik kippt, verlässt die zunächst angedeuteten Rock-Strukturen, geht über in ein progressives Traben. Die Synästhesie, die beim Hören entsteht, evoziert einen dunklen Fluss, eine Leitung musikalischer Energie, glatt, opak. Wir hören: Kommunikation, beobachten: vertraute Zusammenarbeit, wohnen spürbarer Spielfreude bei, folgen in Abgründe, die aus der (erlebten) deutschen Geschichte stammen und sonisch die Gegenwart der BRD (1971) reflektieren - und das, auch zur audiophilen Freude, in einem Soundgewand, das die feingezeichneten, sinnlichen Karten des Quintetts nicht besser aufs Tableau werfen könnte. So beginnt eines der beachtlichsten Alben der Popgeschichte. In der internationalen Rezeption gehört es einem Kanon an, wenn auch streitbar bleibt, ob es dadurch als bestes Can-Album gelten muss. In jedem Fall ist es ihre wichtigste Platte. Ihre Manifestation, ihr Monolith, ihr Dimensionstor. Das Artwork von Ulrich Eichberger, der in den 1970er Jahren Cover für internationale Musikgrößen wie Cher, Bill Evans, Shirley Bassey, Fats Domino oder Canned Heat gestaltete, passt zu diesem Status: Simpel zeigt sich der orange-rote Scherenschnitt eines stilisierten menschlichen Kopfes, dessen Denkprozess als eine Art Gehirn verbildlicht und dann vor weißem Hintergrund durch den Mund ausgestoßen

Cover von Cans *Tago Mago*, Records / Alamy

wird. Das Gemälde bleibt trotz dieses Narrativs uneindeutig und entspricht ästhetisch stark dem Zeitgeist der späten 1960er/frühen 1970er Jahre: *Turn on, tune in, drop out!* Die Innenseite des Gatefoldcovers zeigt links Fotos der Band beim Aufnahmeprozess, auf Tour und Konzerten, rechts ist der Kopf in grüner Einfärbung abgebildet, ebenso auf der Rückseite. Das, was dieses Cover sagt, folgt dem bereits erwähnten, wesentlichen Bestandteil des Bandgefüges: Hier geht es um Kommunikation!

Als sich Irmin Schmidt, Jaki Liebezeit, Holger Czukay und Michael Karoli, die für zehn Jahre den Kern der Band bilden, im Jahr 1968 in Köln zunächst als The Can zusammentun - der Name ist inspiriert von einer Blechdose, in welche sie in Kommunenmanier ihr erwirtschaftetes Geld stecken (und somit auch deutliches Artefakt des sozialen Experiments, das ein kollektives Musikschaffen in dieser Zeit nicht selten bedeutet) -, bringen sie vier reiche Erfahrungsschätze mit, gehoben aus ganz unterschiedlichen Tiefen.[6] Irmin Schmidt, der sich bislang als Dirigent und Pianist verdingt und zum Kapellmeister ausgebildet ist, trifft den Musiklehrer Holger Czukay in den von Karlheinz Stockhausen geleiteten, die beiden Freigeister konzeptuell prägenden ‚Kursen für neue Musik‘. Czukay wiederum teilt sich eine, zumindest kurze, Vergangenheit im Jazz mit Jaki Liebezeit, der gerade dem nicht zuletzt auch von ihm mitinitiierten (deutschen) Freejazz um Manfred Schoof den Rücken kehrt und auf der Suche nach einer neuen, kompromisslosen Formsprache ist. Die drei Musiker eint ein Interesse an neuesten Spielarten der Rockmusik, in denen sie ihre Erfahrung vergessen und mit etwas Neuem beginnen möchten. In Michael Karoli, dem jüngsten Mitglied der

---

[6] Vgl.: Robert von Zahn: *Can und der musikalisch-elektronische Aufbruch ab 1968.* Köln 2008, 83ff.

Band, finden sie einen der vielversprechendsten Beat-Protagonisten, der zu jener Zeit bereits als Gitarrist einen Namen hat und als Musikschüler von Czukay entdeckt und rekrutiert wird. Er stammt direkt aus eben jener jungen Rockmusik, in die Can nun einen Sound einbringen, der sie um ihre wichtigsten Impulse erweitert: Reduktion, Repetition, geduldige Steigerung und ein abstraktes Spannungsverhältnis aus Lärm und Schönheit. Damo Suzuki, der nach dem schon 1973 veröffentlichten Album *Future Days*[7] sein kurzes Intermezzo bei Can nach 3½ Platten (*Soundtracks*, *Ege Bamyasi*[8]) beenden wird, kommt ihnen da mit seinem bis heute gepflegten improvisatorischen Gesangsansatz gerade richtig.

Bevor Can Ende 1971 in einem ehemaligen Kleinstadtkino in Weilerswist das legendäre Inner Space Studio gründen, in dem Czukay bis zu seinem Tod 2017 leben und walten wird, arbeiten sie im Schloss Nörvenich südwestlich von Köln. Hier nehmen sie zunächst nur mit sparsamer Mikrofonierung ausufernde Improvisationen auf, live, gemeinsam in einem Raum - nicht selten dem Treppenhaus, was schließlich ihren Rauswurf provoziert -, aus denen sie dann editieren, die Spuren in einen Fluss bringen, den Groove perfektionieren, dann wieder mit Brüchen konfrontieren, mit *overdubs* versehen. Can musizieren in einem Dialog aus Improvisation und Konstruktion im Sinne eines Mosaiks, das in seiner Abstraktion zu neuen Bildern führt. Wichtig dabei ist, und spätestens hier lässt sich die Prägung durch die Komponisten-Avantgarde der 1950er Jahre und den frühen Freejazz ablesen, das gemeinsame Grundverständnis, im Prozess noch nicht wissen zu wollen, was das Resultat sein wird. Keine Konvention, keine Hierarchie - stattdessen freier Fluss, zunächst aus dem Moment heraus, der konserviert und dann bearbeitet wird, verdichtet, verbreitert, verändert. Czukay, der zu einem wahren Schnittmeister avanciert, geht mit einem derart ausgeprägten Feingefühl zu Werke, dass die Nachbearbeitung, das wichtigste Prinzip der Gruppe *nach* der verfolgten Grundidee, auf dem finalen Artefakt nicht hörbar wird. Eine große Leistung, verfügt die Band doch in ihren ersten Jahren lediglich über zwei zweispurige Aufnahmegeräte, sodass sie technisch einer Limitierung ausgesetzt ist, die den Schnitt gar notwendig macht, um aus dem Jam-Charakter auszubrechen. Die Not also wird zur Tugend, führt zu einer Frühform heute standardisierter Sampletechnik, in der immer in Einzeltakten gedacht wird. Cans Rhythmusbetonung - Liebezeits Spiel ist das akustische Signal, das insbesondere im vollen und dynamischen Einsatz der Bassdrum einen Can-Song bereits nach kurzem Hören identifizierbar macht - mag also auch darin ihren Ursprung gefunden haben, dass die strenge Orientierung am minimalistisch gespielten Schlagzeug aufnahmetechnisch notwendig war, um

---

[7] Can: *Future Days*. United Artists 1973.
[8] Can: *Ege Bamyasi*. United Artists 1972.

die Songs darauf immer weiter aufzubauen. So schafft das Trommeln, wie man es hier nennen möchte, die größte Konstante im Werk Cans. Gerade Liebezeit ist es auch, der, vom reinen Spiel her denkend, den Anspruch festlegt und im Schnitt das Groove-Potenzial zum höchsten Kriterium macht. Liebezeit, so Irmin Schmidt, fungierte als „Groove-Wächter, erst beim Spielen und dann bei der Endabnahme."[9]

So sind die Stücke auf *Tago Mago* letztlich Collagen eines Prozesses aus improvisatorischer Explosion und editierendem Feinschliff. Schmidt, der in der Rückschau auch für die Band als eine Art Kapellmeister fungierte, sieht hier das Paradebeispiel des ‚Prinzips Can': „Jeder einzelne Track auf dem Album hat eine völlig andere Entstehungsgeschichte. Und in seiner Gesamtheit zeigt das Album fast jeden Aspekt dessen, worum es bei diesem ganzen Abenteuer ging [...] Unsere Struktur war die Collage. Die Collage ist eines der zentralen Stilprinzipien des 20. Jahrhunderts – vor allem in der Literatur, im Film und in der bildenden Kunst."[10]

Hier zeigt sich die kulturelle Informiertheit einer Band, die es schafft, Schnittprinzipien etwa aus dem Kino in die Musikproduktion zu übersetzen und sich darin als eine Avantgarde des transmedialen Wandels zu offenbaren. Schmidt weiter: „Wir waren Filmliebhaber. Wenn man häufig Filme sieht, gewöhnt man sich früher oder später an das Konzept von Schnitt, Gegenschnitt und harten, narrativen Schnitten."[11]

Dieser Ansatz führt auf *Tago Mago* zu einem Wechselspiel aus eingängigen, kürzeren Stücken (*Paperhouse, Mushroom, Oh Yeah, Bring Me Coffee or Tea*), die, wenn auch jeweils eher jenseits der 7-Minutenmarke angesiedelt, bekannte Songstrukturen zumindest lose assoziieren, und solchen Tracks, die eher als Klangcollagen daherkommen: *Halleluwah*, das 18-minütige, die erste LP des Doppelalbums beschließende Kernstück des Albums (vielleicht auch das Kernstück der gesamten Can-Diskografie), erschafft in seinem ununterbrochenen Durchtackern eine Mantra-artige Struktur, bedeutet Klimax und gleichzeitigen Übergang des Albums, treibt es doch Groove und Repetition auf eine meditative Spitze, wonach dann, auf der zweiten LP, die beiden Langstücke *Aumgn* und *Peking O.* tatsächlich eher Collagen im Sinne reiner Soundlandschaften sind, die mit ganz unterschiedlichen Bildern zu akustischen Trips werden. Neunzehn und elf Minuten lang erzeugen sie meditative Bilderfolgen, in denen sich das Songhafte einer Lichtung oder beschienenen Bergspitze gleich ins Bewusstsein zu rücken pflegt. Das Wechselspiel aus der durchaus popinformierten Eingängigkeit bei den kürzeren Stücken und den ausufernden, sonischen Reisen der epischen Tracks machen *Tago*

---

[9] Christoph Dallach: *Future Sounds. Wie ein paar Krautrocker die Popwelt revolutionierten.* Berlin 2021, 340.

[10] Irmin Schmidt: *Aber ich darf die zerstörten Gebäude nicht betreten.* Berlin 2022, 77.

[11] Ebd.

Mago zu einem Werk, das nicht nur das Prinzip des Zusammenspiels aus den gegensätzlichen musikalischen Welten illustriert, die für Can relevant sind, sondern auch im Hinblick auf den Diskurs von E- und U-Kultur in Deutschland überhaupt ein Brennglas liefert. Dass im Geist der deutschen Musikrezeption in Musik mit Anspruch und Unterhaltungsmusik differenziert wird, ist bis heute eine fragwürdige Annahme, deren Konsequenz sich auch in der Einzigartigkeit dieses Ausnahmealbums spiegelt. So erfährt *Tago Mago*, eine Verschmelzung von Groove und Pop-Appeal mit Klängen und Methoden der klassischen Avantgarde, das international als Meisterwerk rezipiert wird, in Deutschland erst verspätet seine Anerkennung. Ist es in Amerika und England in namhafte Auflistungen der besten und wichtigsten Alben der Musikgeschichte aufgenommen und als Einfluss etwa von John Lydon, Sonic Youth, Pavement, The Fall oder Radiohead genannt worden, die ihrerseits und auch ausgehend von Cans progressivem Impetus wiederum Meisterwerke erschaffen haben, bleibt es in Deutschland unerreicht. *Tago Mago* war der Höhepunkt der Krautrock-Ära. Nebenher macht es deutlich, wie dürftig die musikalischen Aufbrüche in der deutschen Musikgeschichte seit seinem Erscheinen doch geblieben sind.

Ton Steine Scherben: *Keine Macht für Niemand* (1972)

Markus Joch

Ralph Möbius alias Rio Reiser konnte seine Fans selig machen. „Reißen wir die Mauern ein, die uns trennen / Kommt zusammen, Leute, lernt euch kennen / Du bist nicht besser, als der neben dir / Keiner hat das Recht, Menschen zu regier'n."[1] Wie von selbst gleitet die Beschwörung des Wir-Gefühls zum anarchistischen Glaubenssatz. Und der kämpferische Slogan „Keine Macht für Niemand", den der Sänger und Texter der Scherben in der Anarcho-Zeitung *Germania* entdeckt hatte, missfiel 1972 zwar der Kommandoebene der RAF, so wie der ganze Song („Blödsinn, irrelevant und für den antiimperialistischen Kampf unbrauchbar").[2] Dafür wurde der Titeltrack der zweiten Ton-Steine-Scherben-Platte dank seiner legendären Parole zur Hymne anti-autoritärer Linker. Sie brachte die Sehnsüchte der verschiedensten Strömungen auf den gemeinsamen Nenner der Herrschaftsfreiheit und funktioniert als Soundtrack für Demonstrationen bis heute, trotz der notorischen Berliner Probleme mit dem ‚ch' („Kann nur wählen / Welsche Diebe mich bestehlen / Welsche Mörder mir befehlen").

Systemkritischen Protest ganz ohne marxistischen Jargon vorzubringen, hob Ton Steine Scherben von Floh des Cologne ab, der anderen populären Politband Deutschlands, wobei der Unterschied über das Ideologische hinausging. Während die DKP-nahen Kölner pamphletistische Texte in einen ‚Rock' übersetzten, dem vor Vridolin Enxings Einstieg 1974 noch anzumer-

---

[1]Ton Steine Scherben: Keine Macht für Niemand. Auf: *Keine Macht für Niemand*. David Volksmund Produktion 1972. Alle Songs des Albums werden im Folgenden danach zitiert.
[2]Zit. nach Kai Sichtermann et al.: *Keine Macht für Niemand. Die Geschichte der Ton Steine Scherben.* Berlin 2000, 87.

ken war, dass sich Agitprop-Kabarettisten an Instrumenten versuchten, bestand der Kern der Kreuzberger Formation aus gestandenen Musikern. Reiser am Piano, R.P.S. Lanrue, der die Lyrics seines Jugendfreundes meistens vertonte und aggressive Gitarrenriffs lieferte, die spätestens beim Einsatz des Wah-Wah-Pedals dem Vorbild Keith Richards nahe kamen, wie auch Kai Sichtermann mit seinem melodiös dynamischen Bassspiel á la John Entwistle verstanden sich auf respektablen „Agitrock".[3] Überdies fiel er mit dem Einsatz von Querflöte, Conga und Saxofon reicher aus als auf der ersten LP *Warum geht es mir so dreckig?*.[4] Dass *Keine Macht für Niemand* 68er wie Hausbesetzer zum Tanzen brachte, verdankte sich der Verbindung von aufpeitschendem Klang und ebensolchen Lyrics, die unzählige Möglichkeiten zur Identifikation boten.

So steckte in *Die letzte Schlacht gewinnen wir* bei aller revolutionären Großspreche – „Aus dem Weg, Kapitalisten" – eine sympathische Kurskorrektur. „Schmeißt die Knarre weg, Polizisten" entsprach der Formel „Gewalt gegen Sachen ja – Gewalt gegen Menschen nein"; mit der zweiten Uptempo-Nummer des Albums wollte Reiser die für den Linksterrorismus anschlussfähige Debütsingle *Macht kaputt, was euch kaputt macht*[5] (1970) ersetzen. „Dieses Werk war uns nämlich mittlerweile unheimlich geworden."[6] Der *Rauch-Haus-Song* wiederum, das auf eine Razzia im besetzten Bethanien-Krankenhaus reagierende Lied mit der munteren Banjo-Begleitung, bezog seine Anziehungskraft daraus, von widerständiger Gemeinschaft nicht nur zu handeln. Für die westdeutschen Gymnasiasten an ihren Plattenspielern wurde sie auch performativ erfahrbar, durften doch die Besetzer selbst den Refrain „Ihr kriegt uns hier nicht raus" im Chor mitgrölen. Und der Protest gegen eine Fahrpreiserhöhung der Berliner Verkehrsbetriebe mag heute thematisch banal wirken, doch clever war, dass Reiser ihn von einem *Mensch Meier* artikulieren ließ. Die Kunstfigur stand für den namenlosen, schon etwas älteren Unterprivilegierten, der die Renitenz der jungen Leute im Schwarzfahr- wie im Häuserkampf teilt. Hoch die intergenerationelle Solidarität!

Dennoch waren Reisers Texte keine Vehikel für politische Programme, vielmehr verwandelten sie Agitation in persönlich gefärbte Emanzipationslyrik.[7] Sei es mit der präzisen Schilderung von Alltagsmisere (*Wir müssen hier raus*), sei es mit einem entfesselten Utopismus, der sich auf der zweiten Scheibe der Doppel-LP Bahn brach und der Bibel folgte statt Bakunin: „Ich hab' geträumt / Der Winter wär' vorbei / Du warst hier und wir waren frei /

---

[3] Ein Wortspiel aus Agitprop und Acidrock. Vgl. Rio Reiser: *König von Deutschland. Erinnerungen an TON STEINE SCHERBEN und mehr.* Köln 1994, 239.

[4] Ton Steine Scherben: *Warum geht es mir so dreckig?* David Volksmund Produktion 1971.

[5] Ton Steine Scherben: *Macht kaputt, was euch kaputt macht.* Self-released 1970.

[6] Reiser: *König von Deutschland*, 248.

[7] Vgl. Jens Balzer: *Schmalz und Rebellion. Der deutsche Pop und seine Sprache.* Berlin 2022, 14, 117 f.

Keine Macht
für Niemand

TON
STEINE
SCHERBEN

Cover *Keine Macht für Niemand* von Ton Steine Scherben, tonspion.de

[...] Es war Frieden bei den Menschen und unter den Tieren / Das war das Paradies",[8] ein neuer Garten Eden. Bei „Wenn wir suchen, finden wir das neue Land"[9] hatte der erklärte Bibelforscher Reiser das Gelobte Land im Sinn. Als neuer Moses führte er der Gemeinde beispielhaften Durchhaltewillen vor – „Der Traum ist aus / aber ich werde alles geben, dass er Wirklichkeit wird"[10] – und verhieß den Seinen nicht weniger als einen Weg „Schritt für Schritt ins Paradies".[11]

Im Ergebnis war für alle etwas dabei: Christlichen Gemütern kamen die beiden pathetischen Nummern entgegen, zumal deren eingängig repetitive Rede vom Zusammenhalt von Ich und Du Galater 6 aktualisierte: Einer trage des anderen Last.[12] Spontis und Besetzer legten die Nadel lieber auf die militanteren Stücke und überhörten die Tendenz zur Kreuzbergpredigt schon deshalb gern, weil ihnen eine alttestamentarische Anspielung auf dem Cover zusagte. Das Logo des bandeigenen Labels David Volksmund Produktion zierte eine Zwille, zudem lag das Sinnbild des Kampfes gegen den Goliat Kapitalismus jeder Platte praktischerweise bei. Dass der biblische David eine Schleuder benutzte, kein Katapult, konnten nur Intellektuelle bekritteln, die Reiser zeitlebens verhassten „Schriftgelehrten und Pharisäer".[13]

Die in mehr als einer Hinsicht ideale Coda des Albums bildete *Komm schlaf bei mir*. Sie verdichtete den Zug der Gegenkultur, sexuelle Befreiung mindestens so wichtig zu nehmen wie Politik – im Lauf der Siebziger eher

---

[8] Ton Steine Scherben: Der Traum ist aus. Auf: *Keine Macht für Niemand.*

[9] Ton Steine Scherben: Schritt für Schritt ins Paradies. Auf: Ebd.

[10] Ton Steine Scherben: Der Traum ist aus. Auf: Ebd.

[11] Ton Steine Scherben: Schritt für Schritt ins Paradies. Auf: Ebd.

[12] Vgl. Reiser: *König von Deutschland*, 74, 206.

[13] Ebd., 257.

wichtiger –; zugleich sang Reiser mit „Ich bin nicht unter dir / Ich bin nicht über dir / Ich bin neben dir" für alle, die das eine vom anderen gar nicht trennen mochten. Im Verein mit seiner singulär eindringlichen Stimme und einem anheimelnden Glockenspiel wirkten Zeilen wie „Ich hab Kraft / denn ich liebe dich!", die bei jedem anderen Künstler unter Kitschverdacht stünden, hoch emotionalisierend. „Die Scherben spielen und singen nicht über Liebe, sie spielen und singen Liebe",[14] ein Kommentar von 1976, brachte es auf den Punkt und benannte nebenbei die Fundamentaldifferenz zum Punk. Auch war, wenn man der Legende Glauben schenken darf, der Gebrauchswert des Stücks beachtlich: „Revoluzzer-Frauen, die ihren Auserwählten ins Bett kriegen wollten, legten einfach dieses Lied auf, und alles war gesagt."[15] Wobei die meisten Männer wie Frauen angenommen haben werden, Reiser selbst meine mit seinem nicht näher spezifizierten Du eine Frau. Begünstigt wurde das gründliche Missverständnis dadurch, dass er nach seinem Coming-out von 1970 – im Kreis der Genossen und Genossinnen beiläufig vonstatten gegangen[16] – „sein Schwul-sein nie verheimlicht, es aber auch nicht an die große Glocke gehängt [hat]".[17] So ließ sein Liebeslied, ganz unbeabsichtigt, weite Teile des Publikums in die Falle heteronormativer Hörerwartungen gehen, wie man heute sagen würde. Letztlich aber hat es die Richtung sexuellen Begehrens bagatellisiert, darin lag die wahre Progressivität.

[14] Thommi Herrwerth: Ton Steine Scherben: Liebe singen und Revolution. In: *Sounds* (Feb. 1976). Zit. nach Sichtermann et al.: *Keine Macht für Niemand*, 83.

[15] Sichtermann et al.: *Keine Macht für Niemand*, 83.

[16] Vgl. Reiser: *König von Deutschland*, 206 f.

[17] Sichtermann et al.: *Keine Macht für Niemand*, 100.

Genesis: *Supper's Ready* (1972)

Torsten Hoffmann

Auch beim (vermutlich) letzten Genesis-Konzert am 26. März 2022 in London gab es einen Zwischenruf aus dem Publikum, der die Band über 50 Jahre begleitete: Es wurde der Song *Supper's Ready*[1] verlangt. Dabei handelt es sich um einen *running gag*, denn der Song erstreckt sich über 23 Minuten und ist damit einer der längsten Titel der Rock- und Popgeschichte; komplett gespielt wurde er von der Band zuletzt 1982, danach nur noch in Ausschnitten. *Supper's Ready* gilt als das Hauptwerk aus der ersten Genesis-Phase (die bis zum Ausstieg des Sängers Peter Gabriel 1975 dauerte) und als ein Höhepunkt des Art bzw. Progressive Rock. Im Anschluss u. a. an die späten Beatles ging es Bands wie King Crimson, Yes, Pink Floyd oder Genesis darum, die Grenzen der Popmusik im Hinblick auf Aufnahmetechnik, Musik, Text, Albumcover und Bühnenshow zu erweitern.

In *Supper's Ready* treten das Mellotron, die von Gabriel gespielte Querflöte und ein Kinderchor neben die klassische Rockinstrumentierung, zudem werden auf experimentelle Weise Alltagsgeräusche (darunter eine Trillerpfeife und Bahnhofsansagen) integriert bzw. imitiert. Das musikalische Spektrum reicht von liedhaften Komponenten bis zu polymetrischen Passagen mit Tonartwechseln und komplexen Akkordstrukturen, von rockigen E-Gitarren-Klängen bis zu Einflüssen des Jazz und der klassischen Musik. Die kryptisch-surrealen Lyrics gehen nach Angaben des Sängers auf eine übernatürliche Erfahrung zurück, die er gemeinsam mit seiner Partnerin durchlebte, und

---

[1] Genesis: Supper's Ready. Auf: *Foxtrot*. Charisma 1972.

vereinen bedeutungsschwere Bibelreferenzen mit klamaukigen Wortspielen („butterflies, flutterbyes, gutterflies").

Supper's Ready erschien 1972 auf *Foxtrot*, dem vierten, womöglich „vielfältigste[n] und stimmigste[n]"[2] Album der 1967 gegründeten Band. Die Musik entstand in Koproduktion der fünf Bandmitglieder, die zu dieser Zeit 21 bzw. 22 Jahre alt waren, während der Text - im Unterschied zu anderen Lyrics des Albums - ausschließlich von Gabriel verfasst wurde. Die sieben Teile des Songs tragen eigene Titel, die im Album zusammen mit dem Text abgedruckt sind. Auf dem von Paul Whitehead als surrealistisches Gemälde gestalteten Albumcover finden sich mehrere Anspielungen auf den Song, darunter die im Anfangsteil *Lover's Leap* (bis 3:47) erwähnten sieben mönchähnlichen Gestalten.

Ausgangspunkt des allegorischen Songs ist eine zeitgenössische Wohnzimmerszene: Das Ich schaltet den Fernseher aus, um seiner Geliebten in die Augen zu schauen - und bemerkt eine Veränderung in ihrem Gesicht (die Verdoppelung ihrer Persönlichkeit spiegelt sich in der Gesangsstimme, die man gleichzeitig in Bariton und Tenor hört). Der irritierende Augen-Blick dient als Einfallstor für visionäre Ereignisse, die wie in einem Stationendrama durchlaufen werden: Man begegnet einem aus Mythen, Märchen und Geschichte entnommenen eklektischen Personal, das bis zum Frauenkleider tragenden Politiker Winston Churchill reicht - eine sehr britische „combination of Lewis Carroll and Monty Python".[3]

Zum zentralen Bezugspunkt entwickelt sich im Verlauf des Songs die Offenbarung des Johannes (die bereits im Titel des ersten Genesis-Albums genannt wird und auch das 1975 veröffentlichte Konzeptalbum *The Lamb Lies Down on Broadway*[4] inspirierte).[5] In einem karnevalesken Pastiche der Apokalypse kämpft das Gute gegen das Böse, die Posaunen der Engel werden zu Instrumenten einer Rockband („And the seven trumpets blowing sweet rock and roll"), die - anstatt die Menschheit zu zerstören - letztlich erfolgreich mit dem von der Zahl 666 symbolisierten Antichristen um die Seele der Menschen ringen. Den musikalischen Höhepunkt bildet der Teil *Apocalypse in 9/8* (15:36–20:50), dessen Titel auf das ungewöhnliche 9/8-Metrum verweist, das von Schlagzeug (Phil Collins), Bass (Michael Rutherford) und Gitarre (Steve Hackett) eingehalten wird, während Tony Banks - den besungenen Kampf musikalisch aufnehmend - an der Orgel in zunehmend ekstatischer Manier dagegen ein 4/4- und 7/8-Muster spielt.

---

[2]Sascha Seiler et al.: Genesis: Foxtrot. In: *Rock. Das Gesamtwerk der größten Rock-Acts im Check*. Bd. 2. Aschaffenburg 2014, 82.

[3]Durrell Bowman: *Experiencing Peter Gabriel. A Listener's Companion*. Lanham, MD 2016, 31.

[4]Genesis: *The Lamb Lies Down on Broadway*. Charisma 1974.

[5]Ausführlich dazu: Sarah Hill: Ending it all. Genesis and Revelation. In: *Popular Music* 32 (16.5.2013), 197–221.

Am kathartischen Ende begegnet sich das Liebespaar des Anfangs auf einer höheren spirituellen Ebene wieder (nach einer Erklärung Gabriels sind die Liebenden nun „nicht länger der Spezies Homo Sapiens zugehörig"[6]). Das im Songtitel genannte Abendessen ist zum „Abendmahl des großen Gottes" (aus Offenbarung 19,17) geworden, das dort verheißene „neue Lied" entpuppt sich als der zur Rahmung wieder aufgenommene – und von orchestralen Röhrenglocken eingeläutete – Anfangsteil von *Supper's Ready*. Indem die Schlussverse (mit Referenzen auf William Blakes Gedicht *And did those feet in ancient time*[7]) das erlösende Neue Jerusalem in Aussicht stellen, kulminiert der Song in einer irritierenden Verbindung von Blasphemie und kunstreligiöser Emphase.

Zum Kultstatus trugen auch die theatralen Live-Performances bei. Auf Konzerten wurden Programmzettel verteilt, die den Song als eine „Pantomime mit Orchester" ankündigten und kurze, allerdings oft selbst rätselhafte Verständnishilfen anboten.[8] In minutenlangen Einführungen erzählte Gabriel märchenhafte Geschichten mit kleinen Songeinlagen. Seine zahlreichen Kostüm- und Bewegungswechsel waren in strikter Choreografie den Lyrics angepasst (u. a. trat er als Blume auf und nutzte einen an den Monty-Python-Sketch *The Ministry of Silly Walks*[9] erinnernden kauzigen Gang), die androgyne Selbstinszenierung brach – wie zeitgleich David Bowie – mit den maskulinen Gesten der Rockmusik. Im Ganzen stellt *Supper's Ready* den ambitionierten Versuch dar, das Konzept des Gesamtkunstwerks auf eine selbstironisch gebrochene Weise in die Popmusik zu übertragen.

---

[6] Zit. nach Daryl Easlea: *Das Leben und die Musik von Peter Gabriel.* Höfen 2014, 129.

[7] William Blake: And did those feet in ancient time. In: Ders.: *The Complete Poems* [1971]. Hg. von W. H. Stevenson. London/New York, NY 1989, 491.

[8] Komplett zitiert wird der Programmzettel bei Mark Spicer: Large-Scale Strategy and Compositional Design in the Early Music of Genesis. In: Walter Everett (Hg.): *Expression in Pop-Rock Music. Critical and Analytical Essays.* New York, NY ²2008, 313–344, hier 315–319.

[9] Siehe youtube.com/watch?v=iV2ViNJFZC8&msockid=04b06ae188d011f0ae80b4caa7d023dc (3.9.2925).

Pink Floyd: *The Dark Side of the Moon* (1973)

Tom Kindt und Victor Lindblom

The Dark Side of the Moon (fortan: *DSM*)[1] ist 1973 als achtes Studioalbum der Band Pink Floyd erschienen. Schon durch die ersten Alben, die die 1965 gegründete Gruppe seit 1967 im Jahresrhythmus veröffentlicht hatte,[2] war sie zu einer tonangebenden Stimme im neuen, schnell florierenden Psychedelic Rock der Zeit geworden. Spätestens seit *Meddle* (1971),[3] das auf den 3. Platz der britischen Charts gelangte, trat zur musikalischen Beachtung auch größerer kommerzieller Erfolg. Auf *Meddle*, vor allem in dem Stück *Echoes*, kündigte sich zudem in vielen Hinsichten an, was künftig den Stil der Band ausmachen sollte. „Thematically, lyrically and musically, and in terms of construction" sei der Song, der die gesamte B-Seite des Albums einnimmt, „a foretaste of what's to come",[4] so Roger Waters, der Bassist, Sänger und, nach Syd Barretts Ausscheiden im Jahr 1968, auch alleiniger Texter und künstlerischer Kopf von Pink Floyd.

Die Arbeit an den Stücken von *DSM* begann Ende 1971 bei Proben für eine Tour. Zeitgleich setzten Überlegungen zu einem rahmenden Konzept für das Album ein. Die Grundidee stammte von Waters: Das Album sollte sich dem Leben in modernen, akzelerierten Wettbewerbsgesellschaften wid-

---

[1] Pink Floyd: *The Dark Side of the Moon*. Harvest 1973.

[2] Pink Floyd: *The Piper at the Gates of Dawn*. Columbia 1967; *A Saucerful of Secrets*. Columbia 1968; *Soundtrack from the Film ‚More'*. Columbia 1969; *Ummagumma*. Harvest 1969; *Atom Heart Mother*. Harvest 1970.

[3] Pink Floyd: *Meddle*. Harvest 1971.

[4] Vgl. John Harris: *The Dark Side of the Moon. The Making of the Pink Floyd Masterpiece*. London u. a. 2005, 65.

men und den psychischen, oft pathologischen Folgen, die aus ihm resultieren. Ausgehend von diesem Vorschlag hatte die Band, wie sich ihr Schlagzeuger Nick Mason erinnerte, Stichworte für die Lyrics zusammengetragen: „Deadlines, travel, the stress of flying, the lure of money, a fear of dying, and the problems of mental instability spilling over into madness... Armed with this list Roger went off to continue working on the lyrics."[5] Das Konzept von *DSM* ergab sich freilich nicht allein aus der Wahrnehmung eines beschleunigten, zunehmend bedrängten Lebens, das im Großbritannien der Zeit durch soziale und nationale Konflikte, Wirtschaftskrise und Terroranschläge, die höchste Arbeitslosigkeit seit den 1930er Jahren und eine erkennbare Zunahme an Stresserkrankungen geprägt war; die Ausrichtung des Albums erklärte sich auch aus der Konfrontation mit dem psychischen Zusammenbruch von Barrett, dem ursprünglichen Bandleader, der Pink Floyd während der Vorbereitungen ihres zweiten Albums verlassen musste.[6] Noch auf *Wish You Were Here* (1975),[7] dem Nachfolgealbum von *DSM*, sollten Barretts Probleme eines der zentralen Themen sein.

Das Jahr 1972 nutzte die Band für die Weiterentwicklung und Erprobung des Songmaterials bei rund 90 Konzerten in Großbritannien, den USA, Europa und Australien.[8] Die Studioarbeit für *DSM* begann im Mai, nachdem Pink Floyd zahlreiche Auftritte und die Aufnahme von *Obscured by Clouds*[9] hinter sich gebracht hatte, dem Soundtrack für Barbet Schroeders Film La Vallée.[10] Unterstützt von Toningenieur Alan Parsons arbeitete die Band bis November in den Londoner Abbey Road Studios, wo Pink Floyd bereits zentrale Teile ihrer ersten Alben produziert hatte und nun erstmals ein 16-Spur-Gerät verwenden konnte; um noch mehr Tonspuren zur Verfügung zu haben, wurde freilich bald dazu übergegangen, die bereits genutzten zusammenzuführen. Auf die sieben Monate, in denen das Album eingespielt wurde, verteilen sich insgesamt nur etwa 40 Aufnahmetage - denn die Studiosessions wurden immer wieder für Folgen von Live-Auftritten ausgesetzt, was die Bandmitglieder als willkommene Abwechslung erlebten.

Die Arbeit im Studio erfolgte in vier Phasen: In den ersten beiden, unterbrochen von einer Sommerpause und einer Tour in den USA, wurden wesentliche Teile der Songs aufgenommen. Anders als bei früheren Alben hatte die Band alle Stücke - mit Ausnahme von *Eclipse* - bereits detailliert ausgearbeitet und in der Abfolge, in der sie dann auf *DSM* erschienen, vielfach live erprobt.

---

[5] Nick Mason: *Inside Out. A Personal History of Pink Floyd*. London 2017, 166.
[6] Harris: *The Dark Side of the Moon*, 81.
[7] Pink Floyd: *Wish You Were Here*. Harvest 1975.
[8] Bill Kopp: *Reinventing Pink Floyd. From Syd Barrett to the Dark Side of the Moon*. Lanham, MD u. a. 2018, 175-184.
[9] Pink Floyd: *Obscured by Clouds*. Harvest 1972.
[10] Barbet Schroeder (Regie): La Vallée. Frankreich 1972.

Schon vor Aufnahmebeginn war das Album, so Parsons, ein „*fait accompli*".[11] Die einzigen improvisierten Parts waren David Gilmours Gitarrensoli. Die Reihenfolge, in der die Songs eingespielt wurden, entsprach weitgehend derjenigen, in der sie auf dem Album angeordnet sind. Vor der Sommerpause nahm die Band große Teile der A-Seite und die ersten Tracks der B-Seite auf; zurück in London von der US-Tour widmete sie sich den letzten Stücken und zog Gäste hinzu für die Saxofon-Parts, die Background Vocals, etc.

In der dritten Phase der Studioarbeit integrierte die Band Monolog- und Dialogschnipsel in die Songs, zusammengestellt aus Antworten, die Roadies der Gruppe, das Personal in den Abbey Road Studios u. a. auf einen von Waters entworfenen Fragenkatalog gegeben hatten: „When had they last hit someone? Were they afraid of dying? Of going insane?"[12] Die vierte und letzte Phase der Studioarbeit war den Übergängen zwischen den Songs gewidmet und der federführend von Chris Thomas besorgten Abmischung des Albums. Während des Mix-Prozesses wurden noch bis Januar 1973 ergänzende Aufnahmen gemacht, etwa die der Vocals in *The Great Gig in the Sky*,[13] bevor *DSM* dann wenige Wochen später erschien. Für den Albumnamen hatte sich Pink Floyd im Sommer 1972 endgültig entschieden. Vorübergehend war der Songzyklus *Eclipse* betitelt, weil die Band Medicine Head eine Platte namens *Dark Side of the Moon*[14] veröffentlicht hatte.[15]

Die Wirkung von *DSM* war seit der Veröffentlichung am 1. März 1973 außerordentlich. Unterstützt durch die Publikation radiotauglicher Kurzversionen von *Money* und *Us and Them* sowie durch eine Tour, auf der Pink Floyd in Sachen Soundtechnik und Lichtshow eine neue Form des Stadionkonzerts begründete,[16] wurde das Album ein weltweiter Verkaufserfolg. In Großbritannien und der Bundesrepublik erreichte es Platz 2 der Charts, in den USA sogar Platz 1; *Money* wurde hier zudem ein Single-Hit.

Gab es im Erscheinungsjahr auch vergleichbar erfolgreiche Alben – insbesondere Mike Oldfields *Tubular Bells*[17] oder Elton Johns *Goodbye Yellow Brick Road*[18] –, so erwies sich *DSM* in der Folgezeit doch als nahezu konkurrenzloser Steadyseller: Bis heute wurden zwischen 45 und 50 Millionen

---

[11] Vgl. Harris: *The Dark Side of the Moon*, 100.
[12] Vgl. Mason: *Inside Out*, 174.
[13] Harris: *The Dark Side of the Moon*, 134–141.
[14] Medicine Head: *Dark Side of the Moon*. Dandelion/Polydor 1972.
[15] Nicholas Schaffner: *Saucerful of Secrets. The Pink Floyd Odyssey*. London 1991, 162.
[16] Kimi Kärki: 'Matter of Fact it's all Dark': Audiovisual Stadium Rock Aesthetics in Pink Floyd's The Dark Side of the Moon Tour, 1973. In: Russell Reising (Hg.): *'Speak to Me': The Legacy of Pink Floyd's The Dark Side of the Moon*. Hampshire/Burlington, VT 2005, 27–42, hier 28–30.
[17] Mike Oldfield: *Tubular Bells*. Virgin 1973.
[18] Elton John: *Goodbye Yellow Brick Road*. MCA/DJM 1973.

Exemplare des Albums verkauft.[19] Im vergangenen halben Jahrhundert ist *DSM* immer wieder in die Charts zurückgekehrt, mehrfach neu aufgelegt und überdies in Form von Coverversionen oder Dokumentationen eingehend gewürdigt worden.

Einigen Anteil am Erfolg von *DSM* hat zweifellos dessen Cover, „one of the most visibly recognizable and familiar album covers ever produced".[20] Das vom Hipgnosis-Grafiker George Hadie gestaltete Cover zeigt auf der Vorderseite ein Prisma, das einen Lichtstrahl in die Spektralfarben zerlegt; über die Innenseiten des *gatefolds* laufen die Farben weiter bis zur Rückseite, wo sie wieder gebündelt werden und zurück zum Frontcover laufen. Auf den Innenseiten nimmt der grüne Strahl des Spektrums die Gestalt einer Herz-Rhythmus-Kurve an, unter der – erstmals bei Pink Floyd – die gesamten Lyrics des Albums abgedruckt sind.[21]

Zur Wirkungsgeschichte von *DSM* gehören schließlich auch die Folgen, die dessen internationale Resonanz für die weitere künstlerische Entwicklung von Pink Floyd hatte. Nach Waters lässt sich alles Interessante, das die Band nach 1973 geschaffen hat, letztlich aus den Erfahrungen erklären, die durch die große Beachtung und die immensen Verkaufszahlen des Albums entstanden sind.[22] Die ‚Explosion des Erfolgs' habe „wounded creatures" hervorgebracht, „that had their own story to tell"[23] – und genau dies sollte dann geschehen, vor allem auf *Wish You Were Here* und dem Doppelalbum *The Wall* (1979).[24]

DSM ist in zehn Tracks untergliedert, die in ihrer thematischen Ausgestaltung und sequenziellen Abfolge auf das Albumkonzept bezogen sind. Eröffnet wird das Album durch *Speak to Me*, ein als Klangcollage angelegtes Instrumentalstück, das aber über Sound-Effekte und Spoken-word-Segmente, wie in einer Ouvertüre, bereits leitende Motive und Themen des Albums einführt. In den Klängen sind Geräusche wie Herzschlag, Uhrenticken, Kassenrattern oder Gelächter zu hören und zwei kurze Äußerungen, in denen es um „madness" geht.[25] Die Wiederaufnahme der Motive und Themen erfolgt vom anschließenden *Breathe* an im Rahmen eines losen narrativen Zusammenhangs, der von diesem zunächst „Eclipse Part 1"[26] betitelten Song bis zum abschließenden

---

[19] Philippe Margotin/Jean-Michel Guesdon: *Pink Floyd – alle Songs: Die Geschichten hinter den Tracks.* Bielefeld 2018, 291.

[20] James F. Harris: *Philosophy at 33 1/3 rpm. Themes of Classic Rock Music.* Chicago, IL 1993, 71.

[21] Mason: *Inside Out*, 167.

[22] Russel Reising: Introduction: Life on the Dark Side of the Moon. In: Ders. (Hg.): *'Speak to Me'*, 1–11, hier 4.

[23] Vgl. Simon Hilton (Regie): PINK FLOYD – THE MAKING OF THE DARK SIDE OF THE MOON. Vereinigtes Königreich 2003, youtube.com/watch?v=jUBnS5G34IM (13.41–13.55; 9.8.2025).

[24] Pink Floyd: *The Wall*. Harvest 1979.

[25] Margotin/Guesdon: *Pink Floyd – alle Songs*, 300.

[26] Ebd., 303.

Track *Eclipse* reicht. Der angedeutete Erzählbogen führt von der ‚Geburt‘ („Breathe, breathe in the air") und dem ‚Augenaufschlagen‘ („Look around") bis zur ‚Dunkelheit‘, von der die letzte Zeile der Lyrics spricht („but the sun is eclipsed by the moon"). Das Bild der Sonnenfinsternis steht dabei einerseits für das Ende des Lebens, auf das zuvor schon sechs Mal ausdrücklich Bezug genommen wird, und andererseits für die ‚Verdunkelung‘ des Verstandes, die der Song *Brain Damage* mit deutlichen Referenzen auf Syd Barrett darstellt („if your head explodes with dark forebodings too"), und schließlich allgemein für die verborgene, ‚dunkle‘ Seite von Menschen, im Sinne der Mark-Twain-Sentenz, die im Titel und Text von *DSM* aufgegriffen wird: „Everyone is a moon, and has a dark side which he never shows to anybody".[27]

Die einzelnen Tracks des Albums stellen allerdings im engeren Sinne keine Stationen auf dem Weg zwischen ‚Geburt‘ und ‚Dunkelheit‘ dar; sie nähern sich vielmehr Phänomenen und Problemen des Lebens, uralten und neuartigen wie Gruppenbildung, Gewalt, Krieg, Stress, Wahnsinn, Egoismus, Konsumstreben oder Empathiemangel. Wie die Songs musikalisch Formen des Psychedelic Rock und Art Rock mit Elementen des Blues und Jazz verbinden und vielfach Klang- und Geräusch-Effekte der elektronischen Musik einbeziehen, so nutzen die Texte des Albums ein breites Spektrum an Redeweisen und Sprechhaltungen: Neben Songs, die in Form exerzitienartiger Anleitungen (*Breathe*) und ironisch gebrochener Selbstbespiegelungen (*Time*) Lebensläufe skizzieren, finden sich Stücke mit satirischer Rollenlyrik (*Money*), empathische Betrachtungen von Einzelschicksalen (*Brain Damage*) oder distanzierte Beschreibungen der Weltläufte (*Us and Them, Eclipse*).

Aus der Vielfalt der Blickwinkel sticht auf *DSM* freilich eine bestimmende Perspektive hervor: Die Einzelstücke und ihr Zusammenspiel vermitteln eine existenzialistische Haltung, die nahelegt, in einer Welt ohne Gott und metaphysische Gewissheiten das eigene Dasein anzunehmen und im Sinne humaner Werte auszurichten. Die Texte der Songs weisen in diese Richtung, indem sie immer wieder *sub specie aeternitatis* auf das menschliche Treiben schauen und vorführen, dass ihm ein übergeordneter Sinn fehlt - musterhaft in *Us and Them*: „Up and down. / But in the end it's only round and round." Passend zu einer solchen Betrachtungsweise werden christliche Glaubenspraktiken in *Breathe Reprise* im ethnologischen Stil wie fremdartige Kulthandlungen beschrieben: „Far away across the field / The tolling of the iron bell / Calls the faithful to their knees / To hear the softly spoken magic spells". In vielfältiger Form entwickeln die Songs den Gedanken, dass im Dasein allein der Kreislauf von Geburt, Leben und Tod eine Gewissheit darstellt. ‚Leben‘ heißt letztlich, wie der Song *Time* durch kakophone Uhrengeräusche und eine kondensierte Lebensgeschichte veranschaulicht: Vergehen

---

[27] Vgl. Harris: *Philosophy at 33 1/3 rpm*, 71.

Cover von Pink Floyds *The Dark Side of the Moon*, Bloomberg / Getty Images

von Zeit und Annäherung an den Tod: „The sun is the same in a relative way but you're older / Shorter of breath and one day closer to death.“

Als zentral erweist sich mithin eine Sichtweise, die dem Album in *Breathe* wie ein Motto vorangestellt ist: „And all you touch and all you see / Is all your life will ever be". Diese rocklyrische Version von Jean-Paul Sartres existenzialistischem Diktum „Du bist nichts andres als dein Leben"[28] dient im Kontext des Albums allerdings weniger der Entzauberung metaphysischer Vorstellungen als vielmehr dem Anstoß zu humanem Handeln: „Don't be afraid to care [...] / Look around, choose your own ground". In einer Welt ohne übersinnliche Eingriffe und Vorgaben kann Veränderung und Sinn nur vom Menschen kommen, hilft gegen Krieg und Wahnsinn nur Kommunikation und Empathie.

Es passt zur existenzialistischen Haltung, die auf *DSM* Gestalt gewinnt, dass sie in den Stücken nicht verkündet, sondern nur angedeutet und durch Selbstbezüglichkeiten zugleich ironisch gebrochen wird. In den letzten Klängen des Albums ist bezeichnenderweise der Satz zu hören: „There is no dark side of the moon really. Matter of fact it's all dark."

---

[28] Jean-Paul Sartre: *Geschlossene Gesellschaft. Stück in einem Akt* [frz. 1944]. Reinbek bei Hamburg 1986, 56.

David Bowie

Martin Rehfeldt

Als David Bowie bei seinem Auftritt mit dem Song *Starman*[1] im britischen Lagerfeuerfernsehformat *Top of the Pops* am 6. Juli 1972 beim Vers „I had to phone someone, so I picked on you"[2] lächelnd mit einer gleichermaßen präzisen wie verspielten, ja grazilen Bewegung in die Kamera und damit direkt auf Millionen britischer Jugendlicher vor den Fernsehgeräten zeigte, kam das für viele einem Erweckungserlebnis gleich – darunter Robert Smith, Boy George, Siouxsie Sioux und andere, die wenige Jahre später selbst die Musikgeschichte prägen sollten. Auch und insbesondere für queere Heranwachsende hatte der Auftritt, bei dem Bowie den Arm um seinen Gitarristen Mick Ronson legte, eine kaum zu überschätzende Bedeutung. Für Bowie selbst erwies sich die massenmediale Präsentation seiner androgynen und bisexuellen Figur Ziggy Stardust aus dem kurz zuvor erschienenen Album *The Rise and Fall of Ziggy Stardust and the Spiders from Mars*[3] als Beginn seines Weltruhms.

Der damals 25-Jährige konnte bereits auf eine Dekade einer recht erfolgreichen Musikerkarriere zurückblicken: Nach dem Engagement in mehreren eher erfolglosen Bands (u. a. The Kon-Rads, Manish Boys, Lower Third, Feathers, Davie Jones and The King Bees) hatte er als David Bowie, wie er sich seit 1966 in Anlehnung an Jim Bowie nannte, vier Studioalben veröffentlicht, von denen in Großbritannien zwei Goldstatus erreicht hatten

---

[1] David Bowie: *Starman*. RCA Victor 1972.

[2] YouTube: David Bowie – Starman (Top of the Pops, 1972), youtu.be/oOKWF3IHu0I (6.4.2025).

[3] David Bowie: *The Rise and Fall of Ziggy Stardust and the Spiders from Mars*. RCA Victor 1972.

und eines Platinstatus; sein Song *Space Oddity*[4] war im Jahr der Mondlandung sogar zu einem Nummer-eins-Hit im Vereinigten Königreich geworden. Neben seinen musikalischen Projekten hatte Bowie bei Lindsay Kemp Tanz- und Pantomimeunterricht genommen und gemeinsam mit ihm 1967 das Pantomimestück *Pierrot in Turquoise* aufgeführt, wozu Bowie vier Songs beisteuerte und das 1970 als THE LOOKING GLASS MURDERS[5] im schottischen Fernsehen gezeigt wurde. Auch mit Geschlechterrollen hatte Bowie bereits öffentlich experimentiert, indem er für das Cover der UK-Veröffentlichung des Albums *The Man Who Sold the World* (1970)[6] mit offenem, gelocktem langem Haar in einem Männerkleid von Michael Fish auf einer Chaiselongue posierte; 1971 entstanden Fotos, die ihn mit seiner damaligen Frau Angela und dem gemeinsamen Sohn Duncan zeigen und auf denen David nicht nur weiblich lesbare Mode (sehr weit geschnittene Marlene-Dietrich-Hosen, Bluse, breitkrempigen Hut) trägt, sondern auch im Verständnis der Zeit klassisch mütterliche Posen einnimmt (Kinderwagen schiebend, Kind auf dem Arm haltend), wohingegen Angela burschikos gekleidet ist; und das Cover von *Hunky Dory* (1971)[7] zeigt ihn in einer an Marlene-Dietrich-Aufnahmen orientierten Pose. In der Musikpresse wurde er als kommender Star gehandelt. Doch nach den mäßigen Verkaufszahlen von *Hunky Dory* drohte ihm die Rolle als One-Hit-Wonder und ewiges Talent.

Dass es anders kam, hatte seinen Grund weniger in der genialen Konzeptidee eines Einzelnen als vielmehr im Zusammenwirken vieler Personen. Die Voraussetzung dafür geschaffen hatten Angela und David Bowie, indem sie mit dem Beckenham Arts Lab, vor allem aber mit ihrer Villa in Haddon Hall eine Art Londoner ‚Factory' (Bowie traf Andy Warhol 1971 und produzierte 1972 zusammen mit Mick Ronson Lou Reeds Solo-Debüt *Transformer*[8]) etabliert hatten, in der ein Austausch mit vielen anderen Kreativen stattfand.

Auf musikalischer Ebene unterstützte Bowie bei der Aufnahme von *Ziggy Stardust* eine eingespielte Band, deren Musiker auch schon vor der Kooperation mit ihm zusammengespielt hatten. Gitarrist Mick Ronson prägte den Sound des Albums auch als Arrangeur; außerdem wechselte Bowie, anders als oft in seiner Karriere, den Musikstil im Verhältnis zum Vorgängeralbum nicht grundsätzlich – die Band begann mit der Einspielung von neuen Songs bereits kurz nach dem Abschluss der Aufnahmen für *Hunky Dory*. Auch der Produzent Ken Scott war der gleiche geblieben, zeigte sich aber offen für die Wünsche der Musiker – so klingt der Schlagzeugsound auf dem neuen

---

[4] David Bowie: *Space Oddity*. Philips/Mercury 1969.
[5] Brian Mahoney (Regie): THE LOOKING GLASS MURDERS. Großbritannien 1970, faroutmagazine.co.uk/david-bowie-the-looking-glass-murders-watch-1970/ (29.8.2025).
[6] David Bowie: *The Man Who Sold the World*. Mercury 1970.
[7] David Bowie: *Hunky Dory*. RCA Victor 1971.
[8] Lou Reed: *Transformer*. RCA Victor 1972.

Album deutlich prägnanter als in der zeittypisch eher zurückgenommenen Abmischung des Vorgängers. Und nicht zuletzt hatte auch das Label RCA Records seinen Anteil daran, dass das Album zu dem Meilenstein der Musikgeschichte wurde, als der es heute gilt: In der Hoffnung, an den Single-Erfolg von *Space Oddity* anknüpfen zu können, erbat man sich von Bowie einen thematisch verwandten Song. Daraufhin schrieb er, melodisch angelehnt an *Somewhere Over the Rainbow*,[9] das die von ihm als sein Idol bezeichnete Judy Garland[10] berühmt gemacht hatte, *Starman*, dessen titelgebende Figur – laut Bowie fälschlicherweise – mit Ziggy Stardust identifiziert wurde.

Doch war es nicht primär die Musik, die Bowie seinen herausgehobenen Platz in der Popgeschichtsschreibung sicherte. Zum Weltstar machte ihn sein Styling. Auch dies war ein Gemeinschaftskunstwerk: Ebenso wenig, wie es sich bei dem Album um ein durchkomponiertes Konzeptalbum handelte, stand die Figur Ziggy Stardust in all ihren Details von vornherein fest. Das zeigt bereits ein Blick auf das Plattencover, auf dem Bowie als Ziggy Stardust anstelle der ikonischen, von seiner Stylistin Suzi Fussey kreierten Frisur mit roten aufgestellten Haaren noch mit anliegenden Haaren, die auf dem Cover gelb koloriert sind, zu sehen ist.

Der homosexuelle Modedesigner Freddie Buretti, den Bowie aufgrund seines Aussehens zunächst als Frontman des Bandprojekts Arnold Corns vorgesehen hatte, entwarf Outfits für Bowie und die Bandmitglieder, die sich trotz anfänglicher Bedenken so umstylen ließen, dass sie an eine Fantasiegang wie die Droogs aus Stanley Kubricks A CLOCKWORK ORANGE[11] erinnerten – einen Bezug zu diesem Film markierte auch die zu Beginn der Konzerte eingespielte elektronische Version der *Ode an die Freude* von Wendy Carlos' Soundtrack zu Kubricks Film.[12] Später trug Bowie auch Kreationen des japanischen Designers Kansai Yamamoto, von dessen Models Bowie die abrasierten Augenbrauen übernahm.

Seine Bühnenpräsenz war geprägt von seiner Ausbildung bei Lindsay Kemp, durch den er auch das japanische Kabuki-Theater, in dem Männer Frauenrollen spielen und ihre Bewegungen in dramatischen Posen einfrieren, kennengelernt hatte. Für diejenigen, die Bowie nicht live sehen konnten, fing der Fotograf Mick Rock diese Posen ein – von ihm stammt auch das berühmte Gitarrenfellatio-Foto mit Mick Ronson, das zu Bowies Status als queerer Ikone beitrug.

---

[9] Judy Garland: Over the Rainbow. Auf: *Musical and Dramatic Selections Recorded Directly from the Track of M-G-M's Technicolor Film "The Wizard of Oz"*. MGM 1956.

[10] Vgl. Sassan Niasseri: David Bowie: „Ziggy Stardust" – die Rolling-Stone-Titelstory. In: *Rolling Stone*, 9.1.2025, rollingstone.de/david-bowie-50-jahre-ziggy-stardust-die-rolling-stone-story-2470453/ (6.4.2025).

[11] Stanley Kubrick (Regie): A CLOCKWORK ORANGE. Großbritannien 1971.

[12] Wendy Carlos/Rachel Elkind: Theme from A Clockwork Orange (Beethovania). Auf: *Music from the Soundtrack. Stanley Kubrick's "A Clockwork Orange"*. Warner Bros. 1971.

Sein Auftreten außerhalb der Bühne wurde derweilen maßgeblich von seinem Manager Tony Defries beeinflusst, der auch den Auftritt bei *Top of the Pops* organisiert hatte. Um ein Rockstar zu werden, so dessen Strategie, müsse sich Bowie auch wie ein solcher verhalten. Zudem beschränkte Defries' Firma MainMan den Zugang von Journalisten und Journalistinnen zu Bowie, um die öffentliche Wahrnehmung zu steuern.

Als mindestens ebenso wichtig für Bowies Erfolg wie seine eigenen kreativen Fähigkeiten als Songwriter erwies sich seine Fähigkeit zur Auswahl äußerer Einflüsse. Das betraf zum einen Personen, deren Fähigkeiten zu einer bestimmten Schaffensphase passten und von denen er sich anschließend trennte: So geschehen mit den Spiders from Mars, die er beim letzten Konzert der Ziggy-Stardust-Tournee auflöste, mit Tony Defries, von dem sich Bowie 1975 trennte, und 1976 schließlich auch mit seiner Frau Angela, deren Ehe mit Bowie auch eine Partnerschaft mit dem Ziel war, ihn (und, so laut Angela der ursprüngliche Plan, danach sie) zum Star zu machen; in manchen Fällen arbeitete Bowie zu einem späteren Zeitpunkt auch wieder mit Personen zusammen, so etwa mit Toni Visconti, der nicht nur Bowies zweites und drittes Album produzierte, sondern nach dessen vier Alben umfassender Zusammenarbeit mit Ken Scott auch noch diverse spätere Alben bis hin zu seinem letzten, *Blackstar*.[13] Zum anderen hatte Bowie ein breit gefächertes Interesse an verschiedenen ästhetischen Ausdrucksformen (Musik, Kunst, Literatur, Theater, Tanz, Mode) und unterhielt ein regelrechtes Informantennetzwerk, um auf neue Trends und Phänomene aufmerksam gemacht zu werden. War er auf etwas gestoßen, das ihn faszinierte, adaptierte er es oft schneller und konsequenter als seine Zeitgenossen. Dies zeigt sich etwa an einem Vergleich seines *Top of the Pops*-Auftritts mit dem von T. Rex ein halbes Jahr zuvor: Marc Bolan trug zwar Glitter im Gesicht, weshalb dieser Auftritt zuweilen auch als Beginn des Glamrocks gesehen wird, dazu eine rosafarbene Schlaghose und ein silbernes Jackett; jedoch konterkarierte er diese androgynen Elemente durch klassisch-männliche Rockstarposen, und die Outfits des Rests der Band nahmen das Glam-Moment nicht auf.

Bowie hingegen kreierte mit Ziggy Stardust einen kompletten Avatar. Ein solcher ist abzugrenzen auf der einen Seite gegen die Bühnenpersona in Berufskleidung, bei der die reale Person (bzw. die dafür gehaltene Persona) zu keinem Zeitpunkt hinter einer Rolle verschwindet. Dass ein Avatar sich nicht allein über das Outfit beschreiben lässt, zeigt sich nicht zuletzt darin, dass Bowie auch bzw. gerade als Ziggy Stardust verschiedene Outfits trug. Auf der anderen Seite muss zwischen einem Avatar und einer reinen Rolle im theatralen Sinn unterschieden werden: Die Beziehung zwischen dem Avatar und der Person ist nicht beliebig, er kann interpretiert werden als die Ver-

---

[13] David Bowie: *Blackstar*. ISO/Columbia/Sony Music 2016.

körperung bestimmter Persönlichkeitsaspekte dieser Person. Auch wurde der jeweilige Avatar von Bowie öffentlich nie ganz abgelegt (anders als etwa bei Alice Cooper oder KISS). So zeigten sich in Bowies (öffentlichem) Leben abseits der Konzertbühne durchaus Parallelen zur biografischen Legende des jeweiligen Avatars: In der Zeit, in der er den promiskuitiven und Drogen konsumierenden Rockstar Ziggy Stardust verkörperte, führte Bowie selbst einen entsprechenden Lebensstil und gab, die homoerotische Komponente der Ziggy-Stardust-Auftritte flankierend, in einem Interview an, dass er homosexuell sei: „I'm gay, and always have been, even when I was David Jones."[14] Die genaue Formulierung ist dabei deshalb besonders bemerkenswert, weil sie nicht nur eine ausgestellte Eigenschaft des Avatars Ziggy Stardust auf die Künstlerpersona David Bowie, sondern durch die Verwendung von Bowies bürgerlichem Namen David Jones explizit auch auf die empirische Person abseits der Bühne überträgt (allerdings vermerkte der Interviewer, dass bei diesen Worten ein Lächeln Bowies Mundwinkel umspielt habe).

Als Bowie dann später den Thin White Duke verkörperte, kokettierte er in Interviews und bei öffentlichen Auftritten mit faschistoiden Elementen. Dieser Avatar wurde ebenfalls nicht als fertiges Konzept erfunden, sondern von Bowie nach und nach entwickelt: Auch wenn er erst im Titelstück des Albums *Station to Station* (1976)[15] namentlich erwähnt wird, trat Bowie bereits in der zweiten Hälfte der *Young Americans*[16]-Tour Ende 1974 in einem entsprechenden Outfit auf. Zudem übernahm er Elemente der Figur, die er in Nicolas Roegs Film THE MAN WHO FELL TO EARTH[17] (1975) spielte, für diesen Avatar. Zwischen Ziggy Stardust und dem Thin White Duke hatte Bowie Aladdin Sane, der optisch noch stark an Ziggy Stardust erinnerte, und danach Halloween Jack - mit Augenklappe, aber immer noch Ziggy-Stardust-Frisur - verkörpert, gefolgt, passend zum Musikstilwechsel auf *Young Americans*, von The Soul Man, dem zwar immer noch wie den vorangegangenen Avataren die Augenbrauen fehlten, der aber bereits wieder eine irdische Gestalt war und Herrenmode trug, was den Thin White Duke mit ihm verband. Diesen Avataren folgten im Laufe von Bowies langer Karriere noch weitere - in einem selbstironischen Werbespot für Vittel bewohnt Bowie mit ihnen eine WG.

Kurzum: David Bowie brachte die Postmoderne in den Pop, indem er Einflüsse aus Kunstavantgarden, Traditionen verschiedener Kulturen und der Unterhaltungskultur verband und zugleich ein Gespür dafür hatte, was dem Publikum jeweils zuzumuten war. Er verwendete alles, was er für interessant befand, als Material, das er mit anderen Einflüssen kombinierte, blieb dabei

---

[14]Michael Watts: Oh You Pretty Thing. In: *Melody Maker*, 22.1.1972, 19.

[15]David Bowie: *Station to Station*. RCA Victor 1976.

[16]David Bowie: *Young Americans*. RCA/RCA Victor 1975.

[17]Nicolas Roeg (Regie): THE MAN WHO FELL TO EARTH. Großbritannien 1976.

aber stets ein Popsänger, der sein Publikum unterhalten wollte. Er ersetzte das Konzept der Authentizität, schon lange bevor es als ‚Rockismus' kritisiert wurde, durch eine Haltung der radikalen Zeitgenossenschaft, die sich dabei jederzeit ihrer historischen Wurzeln bewusst war. Das hieß im Idealfall, als Erster mit etwas erfolgreich zu sein und, bevor es anderen (und ihm selbst) langweilig werden konnte, etwas Neues zu beginnen. Das gelang ihm spektakulär insbesondere mit der Erschaffung von Ziggy Stardust und später mit dem von Brian Eno produzierten stark elektronisch geprägten Album *Low*,[18] auf dem Iggy Pop, dessen erste beiden Soloalben Bowie produzierte, die Background-Vocals übernahm. Es kam aber auch vor, dass seine Beiträge zu einem Trend zu spät kamen, um ihn mitzuprägen, wie bei seinem Drum-'n'-Bass-Album *Earthling*[19] von 1997.

Die Menge der Künstler und Künstlerinnen, die Bowie beeinflussten, wird noch übertroffen von der Anzahl derer, für die Bowie eine zentrale Inspiration darstellte und deren musikalisches Spektrum ebenso breit ist wie der Fundus, aus dem Bowie sich bediente. Dazu zählen Punks wie Sid Vicious, Indiebands wie The Smiths und später The Smashing Pumpkins, Popstars wie Prince, Madonna und Lady Gaga, Britpopbands wie Pulp, queere Bands wie The Scissor Sisters und Industrialrocker wie Trent Reznor und Marylin Manson.

Hits haben auch andere hinterlassen, und Bowie war weder der erste noch der letzte Musiker, der ikonische Bühnenoutfits trug. Was ihm aber für alle Zeiten seinen Platz in der Popgeschichte sichert, ist, dass er nachfolgenden Musikerinnen und Musikern ein ganzes Universum an Möglichkeiten eröffnet hat, indem er im Pop radikal umgesetzt hat, was ein anderer großer britischer Dandy gut einhundert Jahre zuvor formuliert haben soll: „Talent borrows, genius steals.“

---

[18] David Bowie: *Low*. RCA /RCA Victor 1977.
[19] David Bowie: *Earthling*. Virgin 1997.

Udo Lindenberg: *Cello* (1973)

Matthias Schaffrick

Warum nicht Bratsche? Warum nicht Geige? Auch nicht Gitarre und nicht Schlagzeug, sondern Cello. Die Auswahl, die Udo Lindenberg für den Song trifft, der zu einem seiner berühmtesten geworden ist, geschieht (natürlich!) nicht zufällig, sondern sie ist dem Klang geschuldet. Und zwar nicht allein dem Klang des titelgebenden Streichinstruments, sondern auch und ganz besonders dem Klang des Wortes „Cello". Das (langgezogene) „Cello-o" durchklingt das Lied, verleiht ihm seinen Sound und seine poetische Ausstrahlung. Es hallt wider im gedanklichen „Mann oh Mann" des jungen Ichs, wenn es vom Blick und vom Anblick sowie von der Musik der bewunderten Cellospielerin überwältigt ist. Von dieser Bewunderung handelt *Cello*, vom frühen, überwältigenden Verliebtsein und einer zwar vergangenen, aber nie erloschenen Liebe (zur Cellistin und zur Kunst), die im Lied wiederauflebt („Und spiel so schön wie früher").

Cello ist 1973 auf Lindenbergs drittem Album *Alles klar auf der Andrea Doria*[1] erschienen. Das Album ist ein Lindenberg-Klassiker und nicht ohne Grund sein erster großer Erfolg. Für den Erfolg ist unter anderem Lindenbergs Hinwendung zum Pop ausschlaggebend, den er in einer spezifisch deutschen, ,verkrampft-schönen' Variante verkörpert.[2] Das Albumcover macht die Pop-Affinität sichtbar. Es zeigt eine Fischaugenaufnahme aus dem Tourbus

---

[1] Udo Lindenberg & das Panikorchester: *Alles klar auf der Andrea Doria*. Telefunken 1973.
[2] Vgl. Moritz Baßler: Das Böse im System des Pop? Ästhetische und politische Urteile am Beispiel des Schlagers und Neoschlagers. In: Immanuel Nover/Kerstin Wilhelms (Hg.): *The Sound of Germany. Textpraxis. Digitales Journal für Philologie,* Sonderausgabe 5 (2021), dx.doi.org/10.17879/36029758144 (17.5.2023).

des offenbar durchgeknallten Panikorchesters. Die für den deutschsprachigen Pop konstitutive, aber stets prekäre Differenz zum Schlager wird besonders im Vergleich mit dem ein Jahr zuvor erschienenen Album *Daumen im Wind* (1972)[3] augenfällig. Auf dessen Cover, das ein seitlich aufgenommenes Porträt zeigt, blickt Lindenberg mit weißem Hemdkragen nachdenklich-melancholisch in die Kamera, alles im gediegenen Sepia der Schlagermusikoptik. Ein Jahr später, auf der *Andrea Doria*, sitzt Lindenberg vorne im Tourbus, liest die russische Prawda, raucht Zigarre und schenkt sich Champagner nach. Lindenberg wirkt abgeklärt-cool im Tourbus-Arrangement, das einen abenteuerlich-chaotischen Roadtrip verheißt. Auch das Cello (in einem weißen Koffer) ist hinten im Bus mit dabei und markiert, dass die Inszenierung der Band in den hochkulturellen Rahmen der klassischen (Panik-)Orchestermusik eingespannt wird (bis hin zum wagnerianisch-strengen Cover des 1975 erscheinenden Albums *Votan Wahnwitz*,[4] auf dessen Rückseite wiederum ein Cello sexuell konnotiert in Szene gesetzt wird). Kurzum: Pop ist anspruchsvoll.

Man hört auf dem Album eine leicht leiernde, recht hohe und entrückte Stimme. Die Sprache der Lieder ist am Alltagsjargon geschult, betont einfach, aber zugleich spielerisch und zuweilen ausgefallen in der Wortwahl. Lindenbergs Kunstsprache gelingt es, eine paradoxe Form zu erzeugen, die man als reflektierte Naivität bezeichnen könnte. Musikalisch orientieren sich die Lieder an den großen angloamerikanischen Vorbildern der Popmusik (Elvis Presley, die Beatles, Mick Jagger und David Bowie werden im Song *Ganz egal* explizit genannt), erweitert um je nach Bedarf Orgel- oder Streicher-(Cello!)Elemente. Die Liedtexte sind zumeist erzählerisch-anekdotisch gestaltet („Neulich...", „Letzte Nacht...", „Bei Onkel Pö...", „Als wir das letzte Mal..."). Sie erzählen von abenteuerlichen Geschichten, wie man sie aus der Kinder- und Jugendliteratur kennt, von Seefahrern (*Nichts haut einen Seemann um*) oder von unerwarteten Begegnungen mit dem Übernatürlichen, zum Beispiel einem Engel (*Du heißt jetzt Jeremias*), sind durchzogen von jugendlicher Desorientierung (*Er wollte nach London*) und natürlich von Liebe (*Wir wollen doch einfach nur zusammen sein, Cello*).[5]

Cello sticht unter allen Songs des Albums mit seinem Streicher-Intro hervor und beginnt mit den Versen: „Getrampt oder mit'm Moped / Oder schwarz mit der Bahn / Immer bin ich dir irgendwie hinterher gefahr'n". Das jugendliche Ich (noch ohne Auto-Führerschein) ist ein Fan und fährt dem Ziel seiner Sehnsucht hinterher. Es handelt sich um eine Musikerin, eine Cellistin, die ihm wechselweise schlaflose Nächte beschert oder Inhalt seiner

---

[3] Udo Lindenberg: *Daumen im Wind*. Telefunken 1972.
[4] Udo Lindenberg & das Panikorchester: *Votan Wahnwitz*. Telefunken 1975.
[5] Vgl. die Einordnung der Lindenberg'schen Lyrik zwischen Kinderhörspiel und Pop bei Benjamin von Stuckrad-Barre: *Panikherz*. Köln ²2016, 21.

Träume ist. Liebe und Musik, oder allgemeiner gesprochen: Liebe und Kunst nähern sich an. Das Ich hat „kein Konzert [...] versäumt", sitzt „immer in der ersten Reihe" und findet sie „so erregend". In der darauffolgenden, direkten Anrede („Cello") findet eine Verschmelzung von Künstlerin („Du") und Instrument statt: „Cello / Du warst eine Göttin für mich / Und manchmal sahst du mich an / Und ich dachte: Mann oh Mann". Das Instrument rückt an die Stelle der Angesprochenen. Dadurch entsteht eine Doppelstruktur von Liebe und Kunst. Die verliebte Bewunderung der Musikerin wird zur Liebe zum Instrument, zur Musik, zur Kunst überhaupt. Und das Instrument schaut zurück, was das überforderte Ich „völlig fertig" macht.

Das Ich berichtet von „damals". Das Geschehen liegt in der Vergangenheit („Du spieltest", „Ich saß"). Die große Liebe war für das ganze Leben gedacht: „Wir wollten immer zusammenbleiben", aber dieser Wunsch bleibt unerfüllt, wie man in der letzten Strophe erfährt, die in die Gegenwart springt: „Und heute wohnst du irgendwo / Und dein Cello steht im Keller". Im Hier und Jetzt gewinnt das „Cello-o" an Kraft im „wohnst" und „irgendwo". Die unbestimmte Ortsangabe („irgendwo") steht in auffälliger Spannung dazu, dass das Ich genau zu wissen scheint, wo das Cello steht. Darauf folgt eine doppelte Aufforderung, die ebenfalls mehrere o-Assonanzen enthält: „Komm pack das Ding doch noch mal aus / Und spiel so schön wie früher", was sich im folgenden Cellosolo unmittelbar performativ erfüllt. Das Cello erklingt, während die unerfüllte lebenslange Liebe verklingt.

Der Song findet sich auf vielen von Lindenbergs Best-of-Alben und Kompilationen wieder und wird auf diesem Weg immer neu aktualisiert (u. a. *{Belcanto}* [1997], *Das Beste ... Mit und ohne Hut* [2000], *Panikpräsident* [2003]).[6] Auch auf dem Live-Album *Stark wie Zwei* (2008)[7] ist er vertreten. Den ganz großen Durchbruch schaffte das Lied aber erst als Duettversion mit dem aus Erfurt stammenden Singer-Songwriter Clueso, die bei den Aufnahmen zu *MTV Unplugged – Live aus dem Hotel Atlantic* (2011)[8] entstanden ist. Das *unplugged*-Album schaffte es auf Platz 1 der Album Charts und war dort insgesamt 122 Wochen vertreten. Zum Vergleich: *Andrea Doria* stand 24 Wochen mit einer Höchstplatzierung auf Platz 23 in den Charts. Die Single *Cello* gelangte auf Platz 4 und erreichte damit die für Lindenberg bis dahin höchste Single-Platzierung.

Der Song gewinnt mit der *unplugged*-Version zwar an Popularität, verliert aber an künstlerischer Substanz. Die melodietragenden Cello-Parts sind weniger markant und weniger basslastig, dafür aber aufgeweicht in einen

---

[6] Udo Lindenberg & das deutsche Filmorchester Babelsberg: *{Belcanto}*. Polydor. 1997; Udo Lindenberg: *Das Beste ... Mit und ohne Hut.* Telefunken 2000; Udo Lindenberg: *Panikpräsident.* Hansa 2003.

[7] Udo Lindenberg: *Stark wie zwei – Live.* Starwatch Music 2008.

[8] Udo Lindenberg: *MTV Unplugged – Live aus dem Hotel Atlantic (Doppelzimmer Edition).* Starwatch Music/Warner Music Group Central/Warner Music Entertainment 2011.

gefällig-sanften Streicherklang wie in *My Heart Will Go On* (1997)[9] von Céline Dion. Der Rhythmus wird beschleunigt und der Sound sehr stark von Cluesos Singer-Songwriter-Attitüde affiziert. Man muss wohl sagen: In der *unplugged*-Version tendiert *Cello* zum Neoschlager.[10] Lediglich das „Cello-o" erfährt im Outro eine dem Original angemessene Verlängerung zu einem „oh-oh-oh" und taucht dann wieder auf im gegenüber dem Original ergänzten Vers „Egal, auch in Chicago". Einerseits verweist Chicago auf Cluesos gleichnamigen Erfolgshit von 2006[11] (mit dem die *unplugged*-Version von *Cello* viel gemeinsam hat). Andererseits ist Chicago aber auch ein Lindenberg-Wort. Es taucht auf in der „Chicago-Bar" aus dem Mafia-Song *Jonny Controlletti* (1974).[12] Und es ist titelgebend für das Rock-'n'-Roll-Instrumentalstück *Dr. Chicago*, das auf der *Andrea Doria* direkt überleitet zu *Cello*.

---

[9] Céline Dion: *My Heart Will Go On (Love Theme From 'Titanic')*. Columbia 1997.

[10] Vgl. Baßler: Das Böse im System des Pop?, 14–18.

[11] Clueso: *Chicago*. Four Music 2006.

[12] Udo Lindenberg & das Panikorchester: Jonny Controlletti. Auf: *Ball Pompös*. Telefunken 1974.

The Beatles (1963)

Aretha Franklin (1968)

The Velvet Underground (1969)

Jimi Hendrix (1967)

Vashti Bunyan (1965)

Joe Cocker / Woodstock (1969)

The Rolling Stones (1968)

Led Zeppelin

Captain Beefheart (1973)

David Bowie (1971)

Marvin Gaye (1980)

III. 1975 bis 1990

Panorama:
Born to run, born to dance, born to rhyme.
Die neue Unübersichtlichkeit 1975–1990

Christoph Jürgensen

Born to run or born to dance?

Anfang des Jahres 1975 scheint der Rock 'n' Roll einen schleichenden Tod zu sterben. An der Spitze der Billboard Hot 100 vom 11. Januar thront Elton John mit einem Cover von *Lucy in the Sky with Diamonds*,[1] auf Platz 3 rangiert Paul McCartney mit seinen Wings und dem Song *Junior's Farm*,[2] an sechster Stelle findet sich Ringo Starr mit *Only you*,[3] die Carpenters belegen Platz 8 mit *Please Mr. Postman*,[4] einem Song, den die Beatles schon ein gutes Jahrzehnt zuvor gecovert hatten – und dazwischen reihen sich u. a. Barry Manilow (*Mandy*)[5] und Neil Sedaka (*Laughter in the Rain*)[6] ein.[7] Fun ist manchmal wirklich ein Stahlbad. Ein ähnlich restauratives Bild geben die Album-Charts ab, auch hier steht Elton John an der Spitze, mit *Greatest Hits*,[8] anscheinend ist er kurz nach seinen ersten Erfolgen schon in der ersten Phase der Selbsthistorisierung angekommen. Ringo Starr kann sich über Platz 8 für *Goodnight Vienna*[9] freuen, der alte Kollege George Harrison

---

[1] Elton John: *Lucy in the Sky with Diamonds*. DJM 1974.

[2] Paul McCartney/Wings: *Junior's Farm/Sally G*. Apple 1974.

[3] Ringo Starr: *Only You*. Apple 1974.

[4] Carpenter: *Please Mr. Postman*. A&M 1974.

[5] Barry Manilow: *Mandy*. Bell 1974.

[6] Neil Sedaka: *Laughter in the Rain*. Polydor 1974.

[7] Siehe billboard.com/charts/hot-100/1975-01-11/ (6.6.2025).

[8] Elton John: *Greatest Hits*. DJM 1974.

[9] Ringo Starr: *Goodnight Vienna*. Apple 1974.

© Der/die Autor(en), exklusiv lizenziert an
Springer-Verlag GmbH, DE, ein Teil von Springer Nature 2026
C. Jürgensen und G. Kaiser (Hrsg.), *Eine Kulturgeschichte der Popmusik*,
https://doi.org/10.1007/978-3-662-72524-5_36

findet sich mit *Dark Horse*[10] (Platz 13) nicht weit dahinter. Joni Mitchells erstes Live-Album *Misles of Aisles*[11] auf Platz 4 bietet naturgemäß ebenfalls keinen neuen ‚Stoff‘ und John Denver ist bezeichnenderweise *Back Home Again*[12] (Platz 5). Und wenig verwundert sicher bei einem Seitenblick auf die deutschen Charts, dass auch dort die Popmusik nicht neuerfunden wird: Die meistverkaufte Single des Jahres wird *Paloma Blanca*[13] von der George Baker Selection sein und keine Alben verkaufen sich so gut wie die ‚Blaue‘[14] und die ‚Rote‘,[15] die beiden bis heute einschlägigsten Beatles-Kompilationen, in Fan-Kreisen nach ihren Coverfarben benannt.[16]

Auch jenseits der Charts wirkt der ‚klassische‘ Rock erschöpft, formal durchgespielt und seine Protagonisten orientierungslos. Neil Young etwa, drei Jahre zuvor mit *Harvest*[17] und dem harmonisch schimmernden *Heart of Gold*[18] auf der Höhe seines (kommerziellen) Erfolges, vollendet mit *Tonight's the Night*[19] seine sogenannte ‚Ditch Trilogy‘ (nach *Time Fades Away*,[20] 1973, und *On the Beach*,[21] 1974), mit der er den Drogentod seiner musikalischen Begleiter Danny Whitten und Bruce Berry betrauert und mit dem Ruhm fremdelt. Der irrlichternde Titeltrack klingt so wenig nach Party, wie man es sich nur vorstellen kann, das also soll die Nacht der Nächte sein? Und *Borrowed Tune*[22] kommt sogar fast zum Stillstand und klagt mit brüchiger Stimme über einem verhallenden Piano: „I'm singin' this borrowed tune / I took from the Rolling Stones / Alone in this empty room / Too wasted to write my own." John Lennon wiederum veröffentlicht reichlich ratlos das Cover-Album ‚Rock 'n' Roll,[23] eine Zusammenstellung von Songs der späten 1950er und frühen 1960er Jahre. Die Songs mögen für Lennon zwar auch eine Herzensangelegenheit gewesen sein, vor allem ist das Album aber Teilstück eines Deals im Rechtsstreit über hörbare Ähnlichkeiten zwischen *Come Together*[24] vom Beatles-Album *Abbey Road*[25] und Chuck Berrys *You Can't Catch Me*,[26]

---

[10] George Harrison: *Dark Horse*. Apple 1974.

[11] Joni Mitchell: *Miles of Aisles*. Asylum 1974.

[12] John Denver: *Back Home Again*. RCA Victor 1974.

[13] George Baker Selection: *Paloma Blanca*. Warner Bros. 1975.

[14] The Beatles: *1967–1970*. Apple 1973.

[15] The Beatles: *1962–1966*. Apple 1973.

[16] Günter Ehnert: *Hit Bilanz: Deutsche Chart Singles 1956–1980*. Hamburg 1990, 374.

[17] Neil Young: *Harvest*. Reprise 1972.

[18] Neil Young: *Heart of Gold*. Reprise 1972.

[19] Neil Young: *Tonight's the Night*. Reprise 1975.

[20] Neil Young: *Time Fades Away*. Reprise 1973.

[21] Neil Young: *On the Beach*. Reprise 1974.

[22] Neil Young: Borrowed Tune. Auf: *Tonight's the Night*. Reprise 1975.

[23] John Lennon: *Rock 'n' Roll*. Apple 1975.

[24] The Beatles: *Come Together*. Apple 1969.

[25] The Beatles: *Abbey Road*. Apple 1969.

[26] Chuck Berry: *You Can't Catch Me*. Chess 1956.

in dessen Folge sich Lennon verpflichtete, drei Songs aus dem Katalog des Rechteinhabers Morris Levy einzuspielen.[27] Mit einem Cover von *Just Because*[28] klingt das Album aus, und in so ironischen wie sentimentalischen *spoken word lyrics* verabschiedet er sich (was er freilich noch nicht wissen kann) in eine fünfjährige Elternzeit: „This is Dr. Winston O' Boogie saying goodnight / From Record Plant East, New York / We hope you had a swell time / Everybody here says ‚Hi' ... goodbye." Lou Reed schließlich, dem David Bowie gerade noch zur erstmaligen Charttauglichkeit verholfen hatte (wer kann *Walk on the Wild Side*[29] nicht mitsummen?), kontert sich nun geradezu selbstdestruktiv aus, kommerziell wie ästhetisch, mit dem vielleicht unhörbarsten Album der Popgeschichte (wenn ‚Pop' hier noch passt): *Metal Machine Music*,[30] ein über ein Doppelalbum gestrecktes Feedbackgewitter ohne Songstrukturen, Melodien oder überhaupt eine Konzeption, die über die technische Versuchsanordnung hinausgehen würde. Spötter werden sagen, dass sich Reed in Sachen musikalischer Geschmacksverirrung nur selbst übertroffen hat, mit *Lulu* (2011),[31] seiner Kollaboration mit Metallica, die die Dramen *Erdgeist* und *Die Büchse der Pandora* von Frank Wedekind in ein schwer erträgliches Blut- und Tränen-Spektakel überführt – als Erfolg mag hier allenfalls zählen, dass Lou Reed die hartgesottenen Männer um Lars Ulrich und James Hetfield mit seinen Lyrics zum Weinen gebracht haben soll.[32]

Ganz bei sich und auf der Höhe seiner Kunst ist immerhin Bruce Springsteen. Zu den berühmtesten Sentenzen der Rock-Geschichte gehört wohl der enthusiasmierte Ausspruch von Jon Landau, nachdem er Springsteen im Vorprogramm von Bonnie Raitt gesehen hat: „I saw rock and roll future and its name is Bruce Springsteen."[33] Mit *Born to Run*[34] erfüllt sich dieses Versprechen nun vollgültig, mit einer nie zuvor gehörten Mischung aus Akribie und Hemdsärmeligkeit, alleine die Arbeit am Titeltrack dauert ein halbes Jahr und der Song wirkt dennoch, als wäre er in einem Take aufgenommen. Insgesamt klingt die Platte, als wenn Roy Orbison Bob Dylan singen würde, produziert von Phil Spector. Vielleicht gibt es keinen genuin amerikanischeren Ausdruck von Rock, insofern Springsteen Rock 'n' Roll, Blues, Pop und Folk vereint – und in dieser Form von denjenigen erzählt, denen sich der amerikanische Traum nicht erfüllt. Und was macht Bob Dylan währenddessen, mit dem der frühe Springsteen verglichen wird, bis er mit *Born to Run*

[27] Vgl. Stan Soocher: *Baby You're a Rich Man: Suing the Beatles for Fun & Profit*. Lebanon, NH 2015, 129–130.

[28] John Lennon: Just Because. Auf: *Rock 'n' Roll*. Apple 1975.

[29] Lou Reed: *Walk on the Wild Side*. RCA Victor 1972.

[30] Lou Reed: *Metal Machine Music*. RCA Victor 1972.

[31] Lou Reed/Metallica: *Lulu*. Warner Bros. 2011.

[32] Vgl. Keith Cameron: Anger Management. In: *Mojo the Music Magazine*, Oktober 2011, 77.

[33] Jon Landau: Growing Young with Rock and Roll. In: *The Real Paper*, Mai 1974, 22.

[34] Bruce Springsteen: *Born to Run*. Columbia 1975.

seinen eigenen Stil findet? Dylan ist auf Tour, oder besser gesagt, er ist mit einer Art Wanderzirkus unterwegs auf der Rolling Thunder Tour, das Gesicht weiß geschminkt wie der Pantomime Baptiste in Marcel Carnés LES ENFANTS DU PARADIS,[35] auf dem Kopf ein Hut mit Feder und „flankiert von der mysteriösen Violinistin Scarlet Rivera, die er der Legende nach auf der Straße in Manhattans Lower East Side entdeckt"[36] hatte sowie Musikern wie Joan Baez, Joni Mitchell, Bowie-Gitarrist Mick Ronson oder Byrds-Kopf Roger McGuinn; Martin Scorsese hat daraus viel später einen Fakten und Fiktion durcheinanderwirbelnden Film für Netflix gemacht.[37]

Aber Geschichte beginnt ja, bevor sie anfängt. So ist die viel spätere Wirkung von *Metal Machine Music* etwa für die verstörten Zeitgenossen nicht absehbar gewesen, Spuren der Soundarchitektur lassen sich bis zu Noise und Industrial verfolgen. Auch sind manche Ereignisse unscheinbar und bleiben von der Öffentlichkeit fast unbeobachtet. Fast ungehört versendet sich etwa die erste Single der New Yorker Proto-Punker Television, *Little Johnny Jewel*,[38] und abgesehen von der Länge (sieben Minuten lang und daher auf zwei Seiten aufgeteilt) lässt hier nichts die formative Kraft des Debütalbums *Marquee Moon*[39] von 1977 erahnen, mit seinem gut zehnminütigen Titelsong im Zentrum – die aus der Nachbarschaft stammenden Ramones hätten in dieser Zeit ein halbes Dutzend Songs untergebracht. Auf der anderen Seite des großen Teichs wird derweilen erstmals eine besondere Art von Schwermetall geklopft, oder weniger metaphorisch gesagt: Am 20. Juli beginnen Motörhead mit ihrem ersten Konzert den langen Weg zur angeblich lautesten Band der Welt[40] (manche Messungen sehen allerdings Deep Purple vorne).[41] Ziemlich laut (und sehr erfolgreich) wird in den nächsten Jahren auch Iron Maiden sein, die der Bassist Steve Harris am ersten Weihnachtstag noch schnell gründet, als wollte er in diesen Überblick aufgenommen werden.[42]

Aber man muss nur die Blickrichtung ändern, weg von der Musik, die die 1960er Jahre dominiert hat, und sieht auch 1975 unmittelbar wirksame ästhetische Großtaten. Diese ereignen sich an eher unvermuteter Stelle, es sind also in ‚unserem' Jahr 1975 gerade nicht die üblichen Verdächtigen, die epochale Grenzüberschreitungen vollziehen. Vielmehr reüssiert Disco zu der prägenden Kunstform, genuiner musikalischer Ausdruck der Zeit und Motor

---

[35] Marcel Carné (Regie): LES ENFANTS DU PARADIS. Frankreich 1945.

[36] Andreas Borcholte: Döntjes mit Bob Dylan (2019), spiegel.de/kultur/tv/rolling-thunder-revue-von-martin-scorsese-doentjes-mit-bob-dylan-a-1272447.html (20.6.2025).

[37] Martin Scorsese (Regie): ROLLING THUNDER REVUE: A BOB DYLAN STORY BY MARTIN SCORSESE. USA 2019.

[38] Televison: *Little Johnny Jewel*. Ork 1975.

[39] Televison: *Marquee Moon*. Elektra 1977.

[40] Scott Cohen: Motorhead is the Loudest Band on Earth. In: *Spin*, 10.2.1986.

[41] Vgl. Jürgen Roth/Michael Seiler: *Deep Purple: Die Geschichte einer Band*. Höfen ²2007, 186–187.

[42] Vgl. Mick Wall: *Run to the Hills: Die offizielle Biographie von Iron Maiden*. Berlin 2005 (engl. 1999), 20.

für Entwicklunge prägenden Kunstform n eines popbezogenen Lebensstils, dessen Wirkung bis heute reicht.[43] Natürlich wird Disco nicht 1975 erfunden, weder die Kunstform noch der Begriff. In Deutschland etwa moderiert Ilja Richter seit 1971 eine Fernsehsendung, die Disco benannt ist – allerdings keine Discosongs spielt. Im emphatischen Sinne wird Disco, wie könnte es anders sein, im gelobten Land der Popmusik geboren, als Geburt aus der Konkursmasse der Hippiebewegung. Die Formel von Love & Peace wird gewissermaßen mitgenommen von San Francisco nach New York, ebenso der Geist des Happenings. So entsteht eine neue Subkultur, in urbanen Schutzräumen, aus Schwulen und Lesben, Latinos, Schwarzen und Asiaten, die es ansonsten im öffentlichen Raum weiter schwer hatten.[44] Bezeichnend ist, dass eine Figur zum Godfather der neuen Partykultur wird, die in den 1960er Jahren Timothy-Leary-Jünger war, eifrig LSD konsumierte und überhaupt als ‚vorbildlicher‘ Hippie agierte: David Mancuso. Am Valentinstag 1970 veranstaltet er in seinem Manhattaner Loft eine offene Party, jeder sollte kommen können – Startschuss für eine Reihe legendärer Partys (unter dem Titel „Love Saves the Day“), die namentlich für die sich etablierende LGBTQ-Bewegung zum zentralen Szene-Ort wurden.[45] Das ist zwar auch sozialgeschichtlich bedeutsam, musikhistorisch ist aber vor allem wichtig, dass Mancuso nicht nur Gastgeber, sondern zugleich DJ war, ein DJ neuer Form. Als vielleicht erster Akteur der Popkultur legte er nicht einfach Platten auf, sondern versuchte, eine Lösung für das rezeptionsästhetische Problem zu finden, dass die 3-Minuten-Single auf der Tanzfläche ständig zum Unterbrechen der Ekstase führte. Daher schnitt er zwischen die Singles selbst aufgenommene Klangeffekte, um den Rausch auf Dauer zu stellen, and the music never stops. Mehr oder minder zeitgleich verfolgt der junge DJ Tom Moulton auf Fire Island eine ähnliche Idee: Er schneidet die Tanzmusik aus winzigen Tonbandschnipseln zusammen und stimmt die Rhythmen der unterschiedlichen Songs aufeinander ab, bis die Übergänge so fließend sind, dass die Stücke letztlich weder Anfang noch Ende haben. Zudem kopiert er musikalische Motive und setzt sie hintereinander, eine Technik, die man später *loop* nennen sollte. Und wie nebenbei erfindet er auf diesem Weg die Maxi-Single, weil er seine Masterbänder auf 12-Zoll-Singles mit 45 Umdrehungen pressen lässt.

Damit sind wir kurz zurückgesprungen in den Anfang des Jahrzehnts, was aber macht das Jahr 1975 ausgerechnet für Disco so prägend? Wenn man so will, schaffen es Geist und Gestalt der Bewegung von der Subkultur in den Mainstream und werden damit weit über das New Yorker Partyleben hinaus wirksam – und bleiben dabei doch für einen glücklichen Moment

---

[43]Vgl. Jens Balzer: *Das entfesselte Jahrzehnt: Sound und Geist der 70er*. Berlin 2019, 288–305.

[44]Vgl. Ernst Hofacker: *Die 70er: Der Sound eines Jahrzehnts*. Ditzingen 2020, 257–258.

[45]Vgl. Tim Lawrence: *Love Saves the Day: A History of American Dance Music Culture, 1970–1979*. New York, NY 2003, 75–81.

fortschrittlich. Zwei Ereignisse sind es besonders, die sich hier nennen lassen: Zum einen produziert Moulton sein erstes Album, *Never Can Say Good-bye*[46] von Gloria Gaynor, dessen erste Seite aus drei Songs besteht (*Honey Bee*, *Never Can Say Goodbye* und *Reach Out I'll Be There*), die ohne Pause bruchlos ineinanderfließen. Zum anderen wird in München Discogeschichte geschrieben, dort finden der Produzent Giorgio Moroder und die Sängerin Donna Summer zusammen, für eine faszinierende Mischung aus kühler Klanggestalt und ‚heißer' Performance. *Love to Love You Baby*[47] heißt der Song, der die Charts erobert, mehr noch aber die Tanzflächen, gewissermaßen ein 17 Minuten langer, gesanglicher Orgasmus, Summer stöhnt und gurrt die Titelzeile über einen supersmoothen, entspannten Discobeat. 17 Minuten lang ist ja auch das gewalttätige *Sister Ray*[48] vom zweiten Velvet-Underground-Album, eine zufällige Parallele, die den Abstand zwischen zwei Formen der popmusikalischen Avantgarde anschaulich macht. Der bald so genannte Munich Sound ist entstanden, mit einer bei allen Unterschieden erstaunlichen Nähe zu Krautrock und Progrock, insofern sie in „der Liebe zur Repetition und zur endlosen Dauer des musikalischen Flusses insgeheim verschwistert sind."[49]

Schicksal solcher Großtaten ist, dass sie sich durch die Geschichte ihrer Kopien gleichsam normalisieren. Dies gilt besonders für Disco, gerade weil Summer bzw. Moroder eine Blaupause für alles geliefert haben, was seither Clubkultur und Elektronik ausmachen. Und so legen sie noch einmal nach, im Jahr 1977, mit *I Feel Love*,[50] weniger lang als der erste Hit, dafür durch den zentralen Einsatz eines Sequenzers stilbildend, durch die Verbindung eines monotonen Rhythmus mit der Sinnlichkeit von Summers Stimme. Brian Eno soll, als er mit David Bowie auf der Suche nach einem neuen Sound war, nach dem ersten Höreindruck ausgerufen haben: „Look no further, because Giorgio has found it!"[51] Eno sollte Recht behalten, im Guten wie im Schlechten. Auf welche Seite SATURDAY NIGHT FEVER (1977)[52], dieser tanzgewordene Disco-Film mit John Travolta in der Rolle seines Lebens und dem unverwechselbaren Falsett-Gesang der Bee Gees, gehört, darüber kann man streiten. Nicht streiten lässt sich darüber, dass der Siegeszug von Disco durch die Clubs begonnen hatte, am sichtbarsten vielleicht dadurch, dass selbst die unverwüstlichen Rock 'n' Blueser von den Rolling Stones dem Genre mit

---

[46] Gloria Gaynor: *Never Can Say Goodbye*. MGM 1975.

[47] Donna Summer: *Love to Love You Baby*. Atlantic 1975.

[48] The Velvet Underground: Sister Ray. Auf: *White Light/White Heat*. Verve 1968.

[49] Jens Balzer: *Das entfesselte Jahrzehnt: Sound und Geist der 70er*. Berlin 2019, 303.

[50] Donna Summer: *I Feel Love*. Atlantic 1977.

[51] Vgl. Giorgio Moroder: *The Making of 'I Feel Love'* (2017), port-magazine.com/music/the-making-of-i-feel-love/ (30.7.2025).

[52] John Badham (Regie): SATURDAY NIGHT FEVER. USA 1977.

Miss You[53] ebenso ihre Reverenz erwiesen wie die Glam-Rocker von KISS mit *I Was Made for Lovin' You.*[54]

Punk oder Verschwende deine Jugend

Made for loving you war Punk hingegen nun wirklich nicht, und miss-you-Gesäusel hat er auch nicht im Gepäck, stattdessen singt oder schreit er direkt das große ‚Nein' der Popgeschichte. Aber so einfach Punk auf der einen Seite musikalisch erscheint, so komplex ist seine Geschichte. Wo bzw. wann fängt beispielsweise seine Vorgeschichte an? Ist es sinnvoll und nötig, historisch tief bis in die frühen 1960er Jahre zurückzugehen, um seine Wurzeln zu finden, bei Bands wie The Sonics, die sich schon 1960 gründen und ein musikalisches Programm auflegen, das trotz oder gerade wegen seiner Lärmigkeit zunächst ungehört verhallt, aber viel später seine Wirksamkeit entfaltet? Der Sänger schreit Songs wie *Have Love Will Travel*[55] oder *Strychnine*[56] mehr, als dass er sie singt, Feedbacks heulen dazwischen, und überhaupt ist der Sound von einer für seine Zeit verstörenden Rohheit. Fast zeitgleich finden Ray Davis' The Kinks das gleichermaßen schlichte wie wirkungsvolle Riff von *You Really Got Me* (1965),[57] ein paar Jahre, bevor die Detroiter MC5 ihren Hörern „Kick out the jams, motherfuckers"[58] entgegenschreien, wofür sie in den Sozialen Netzwerken von heute von den Sex Pistols ein Like bekämen. Auch die Modern Lovers um ihren Frontmann Jonathan Richman müssten in dieser popgeschichtlichen Rekonstruktion wohl vorkommen, deren Zwei-Akkorde-Minimalisums von *Roadrunner*[59] etwa wenig später von den Sex Pistols gecovert wurde. Dass die ebenfalls aus der harten Autostadt Detroit stammenden Iggy Pop and The Stooges hierher gehören, würde derweilen sicher niemand bezweifeln, in Haltung und Sound, der Sänger mit nacktem Oberkörper und alles von einer bluesgesättigten *Raw Power*[60] angetrieben (so der Titel ihres zweiten Albums von 1973). An der Produktion ihres De-bütalbums (*The Stooges*, 1969)[61] war übrigens John Cale beteiligt, der sich dabei am Sound der dritten Velvet Underground-LP orientierte. Und ja, auch die New Yorker Avantgardisten waren gewissermaßen Punk *avant la lettre*, thematisch, musikalisch wie habituell; mehr innerer Punk als Lou

---

[53] The Rolling Stones: *Miss You*. Rolling Stones 1978.

[54] KISS: *I Was Made for Lovin' You*. Casablanca 1979.

[55] The Sonics: Have Love Will Travel. Auf: *Here Are The Sonics!!!* Etiquette 1965.

[56] The Sonics: Strychnine. Auf: *Here Are The Sonics!!!* Etiquette 1965.

[57] The Kinks: *You Really Got Me*. Pye 1964.

[58] MC5: Kick Out the Jams. Auf: *Kick Out the Jams*. Elektra 1969.

[59] The Modern Lovers: Roadrunner. Auf: *The Modern Lovers*. Home Of The Hits 1976.

[60] Iggy and The Stooges: *Raw Power*. Columbia 1973.

[61] The Stooges: *The Stooges*. Elektra 1969.

Reed ist schwer vorstellbar, und mit Songs wie dem verstörenden *Heroin*[62] etwa ließen sich Säle effektiver leerspielen, als es den nachfolgenden ‚echten‘ Punkbands später gelang.

Und nicht nur die Vorgeschichte ist schwer zu überschauen, auch die Hochphase des ‚eigentlichen‘ Punks ist schwer auf eine Linie zu bringen. Denn gab es Punk nicht (mindestens) zweimal? Einmal auf der einen Seite des Atlantiks und einmal auf der anderen? Denn die US-amerikanische und die britische Spielart weisen zwar einige Gemeinsamkeiten auf: Man kann sich auf dieselben (musikalischen) Feinde einigen, Supertramp, Genesis und Pink Floyd beispielsweise, deren immer artifiziellere Song- und Albenstrukturen fast schon Hass auslösten; „I hate Pink Floyd" stand wie ein Bewerbungsschreiben auf dem T-Shirt von John Lydon, als er das erste Mal die Boutique von Malcolm McLaren enterte und als Sänger der Pistols gecastet wurde.[63] Ebenso einig sind sich die beiden Szenen in der entschiedenen Ablehnung der ‚weichen‘ Hippies und von deren strukturell ähnlich ‚weichen‘ Performances, wie den stundenlang ausufernden Improvisations-Konzerten der Grateful Dead[64], maximal weit entfernt von den neunzig Sekunden, die viele Punksongs gerade einmal brauchen. Stattdessen war es Punk-Protagonisten beiderseits des Ozeans um Härte und Grobheit zu tun, in Habitus und Klanggewand, die bürgerliche Mehrheitsgesellschaft sollte unmittelbar attackiert und der Rock im DIY-Modus auf seinen Ursprung zurückgeführt werden.

Aber Ähnliches ist nicht dasselbe. So hatte die Bewegung in den USA letztlich keine politischen Absichten und entsprang entsprechend – bei allem antibürgerlichen Anstrich – weniger einer radikalen Ablehnung der bestehenden Verhältnisse als vielmehr einem romantischen Kunstverständnis. Besonders deutlich artikuliert sich diese ästhetische Signatur durch Patti Smith, insofern sie zwar bald zur ‚Godmother of Punk‘ ausgerufen wurde, aber mehr als Übergangsfigur denn als radikale Neuerfindung erscheinen muss. Denn die mit dem Fotografen Robert Mapplethorpe liierte Smith mochte die Stones und Bob Dylan (für den sie dann übrigens viel später den Nobelpreis in Empfang genommen hat), zudem hatte sie viel Rimbaud gelesen, erste Lyrik veröffentlicht und gemalt, als sie eher nebenbei zur Rockmusik kam. Im CBGBs sah sie einen Auftritt von Television, hatte dabei erst Tom Verlaine kennengelernt, dann Richard Hell seinen Bass für gerade mal 40 Dollar abgekauft, sich vom Gitarristen Lenny Kaye ein ‚E‘ zeigen lassen und versuchsweise ihre bis heute wohl berühmteste Zeile gespielt: „Jesus died for

---

[62] Lou Reed: Heroin. Auf: *Rock N Roll Animal*. RCA Victor 1974.

[63] Vgl. Jon Savage: *England's Dreaming: Anarchy, Sex Pistols, Punk Rock and Beyond*. New York, NY ²1993, 114.

[64] Vgl. David Fricke: *20 Essential Grateful Dead Shows* (2020), rollingstone.com/feature/grateful-dead-shows-david-fricke-247878/ (19.8.2025).

somebody's sins but not mine." Ein kurzer Moment nur, doch von erheblicher popgeschichtlicher Reichweite: Aus dem ersten Vers entwickelte sich eine furiose Version des Them-Klassikers *Gloria*[65] – die kurz danach Smith's Debütalbum *Horses*[66] eröffnete. Der rohe Artrock der Platte, die literarische Einflüsse von Autoren wie William Blake, Emily Dickinson oder William S. Burroughs mit einem hypnotischen drei-Akkorde-Minimalismus verband, machte Smith geradezu über Nacht zum Star der sich schnell entwickelnden Punk-Szene. Kaum zu überschätzen für diese Wirkung ist dabei auch das von Mapplethorpe aufgenommene Porträtfoto auf der vorderen Seite der Umschlaghülle: Smith trägt ein schlichtes weißes Hemd, das sie in einem Laden der Heilsarmee in der Bowery gekauft hatte, eine schwarze Jacke über die Schulter geworfen und ihr schwarzes Lieblingsband um den Kragen – eine Mischung aus Charles Baudelaire und Frank Sinatra, wie Smith selber fand. Die unangestrengte Androgynität des Fotos und das Blickregime – Smith schaut den Betrachter an, anstatt angeschaut zu werden – lassen sich als wichtige Wegmarke hin zu weiblicher Popautonomie sehen. Und mitverantwortlich für die Ausstrahlung des Albums weit über den Punk hinaus ist zudem, dass auch dieses Album von John Cale produziert wurde, dessen avantgardistisches Popkonzept kongenial zu Smith' Vorstellungen passte. Einen hörbaren Einfluss hatte schließlich Tom Verlaine, mit dem Smith *Break It Up*[67] von der B-Seite schrieb – offenkundig etablierte sich ein enges künstlerisches Netzwerk, das seinen ideellen Ursprung bei Velvet Underground hatte. Television wiederum avancierten schnell zur zweiten Hausband des CBGBs neben der Patti Smith Group und verfolgten einen Punk-Ansatz, ohne dabei auf eine Rückabwicklung von Komplexität gegenüber dem verhassten Prog-Rock zu setzen. Der knapp elf Minuten lange Titelsong des Debütalbums *Marquee Moon* ist der anschaulichste Ausdruck dieser Verbindung von punkiger Straigthness mit instrumentaler Virtuosität. „In a year's time, when all the current three-chord golden boys have fallen from grace right into the pit to become a parody of *Private Eye*'s apeing of moron rock bands – Spiggy Topes and The Turds Live at the Roxy – Tom Verlaine and Television will be out there hanging fire, cruising meteorite-like with their fretboards pointed directly at the music of the sphere",[68] urteilte der *New Musical Express* in einer Rezension des Albums, und die Popgeschichte hat dieses Urteil gegen den ersten Misserfolg in den Charts bestätigt.

Weniger als popmusikalische Verbündete denn vielmehr als habituelle Antagonistin figurierte derweilen Debby Harry. Nach wenig erfolgreichen Anfängen im Folk Ende der 1960er Jahre und einigen Jahren des Bohemien-

---

[65] Them: Gloria. Auf: *Baby, Please Don't Go*. Decca 1964.
[66] Patti Smith: *Horses*. Arista 1975.
[67] Patti Smith: Break It Up. Auf: *Horses*. Arista 1975.
[68] Nick Kent: Televison: Marquee Moon (Elektra/Asylum). In: *New Musical Express*, Februar 1977.

lebens im New Yorker Greenwich Village, wo Harry Shows von Velvet Underground sah, fand sie sich erst mit dem Gitarristen Chris Stein zusammen, der für über ein Jahrzehnt ihr Producer und Partner in Personalunion werden sollte. Das Paar gründete zunächst einige kurzlebige Bands, bis es die passende Formation für Harrys Typus fand: Blondie. Im CBGBs bot sie nun das inszenatorische Kontrastprogramm zu Smith, indem sie deren intellektueller Düsternis eine überzeichnete, grelle Sinnlichkeit entgegenstellte, eine comicartige Punk-Barbie-Domina-Mischung mit Schmollmund, gleichzeitig offensiv weiblich und (hierin Smith doch nah) von neuer Autonomie in einem männerdominierten Popkunstbetrieb. Die erste Single *X-Offender*[69] zündete so wenig wie das Debütalbum *Blondie*[70] (beides 1976), auf das zweite Album *Plastic Letters*[71] von 1977 reagierte aber die Pop-Presse wie das Publikum, nun funktionierte die Bühnenformel auch auf Platte gepresst: „aufgedrehter Garagenrock mit 60'er Referenzen, schrille Kirmesorgel, hyperaktive Rhythmusgruppe, infektiöse Poprefrains, all dies glasiert mit Harrys keineswegs unschuldigem Lolita-Charme."[72]

In gewisser Weise künstlich wirkten auch die Ramones. Mit ihren bis in die Augen hängenden Beatles-Frisuren und dem uniformen Style aus abgeschabten Lederjacken und zerrissenen Jeans hätten sie „direkt aus einem Robert-Crumb-Comic entsprungen sein"[73] können. Im Gegensatz zu den anderen Künstler:innen im Umfeld des CBGBs spielte ‚Kunst' für sie aber keine Rolle, stattdessen war es der Band (deren Name sich auf ein Pseudonym von Paul McCartney bezieht) um eine maximale Reduktion auf die Essenz des ursprünglichen Rock zu tun. Legendär ist das Einzählen – one, two, three, four –, nach dem es in voller Geschwindigkeit und hoher Laustärke ‚geradeaus' durch Songs ging, die auf Firlefanz wie Intros, Soli oder Bridges verzichteten und häufig die Zwei-Minuten-Grenze nicht erreichten. Wenn es so etwas wie prototypischen Punk gibt, dann findet er sich hier, in Songs wie *Blitzkrieg Bop*[74] („Hey, ho, let's go" ruft letztlich jeder Ramones-Song sich und den Zuhörer:innen zu), *Judy Is a Punk*[75] oder *Now I Wanna Sniff Some Glue.*[76]

Politisch liest sich dieses Hochgeschwindigkeitsprogramm zwar nicht, war in seiner gleichsam ‚unkünstlerischen' Konzentration auf die Grundformel

---

[69] Blondie: *X-Offender*. Private Stock 1976.

[70] Blondie: *Blondie*. Private Stock 1976.

[71] Blondie: *Plastic Letters*. Chrysalis 1977.

[72] Hofacker: *Die 70er*, 233.

[73] Balzer: *Das entfesselte Jahrzehnt*, 331.

[74] Ramones: Blitzkrieg Bop. Auf: *Ramones*. Sire 1976.

[75] Ramones: Judy Is a Punk. Auf: *Ramones*. Sire 1976.

[76] Ramones: Now I Wanna Sniff Some Glue. Auf: *Ramones*. Sire 1976.

des Rock aber prädestiniert dafür, „Geburtshelfer"[77] des aus sozialhistorisch ganz anderen Quellen entspringenden britischen Punk zu werden. Vor dieser ‚Geburt' war in Großbritannien allerdings schon einiges passiert: Vor allem hatte der Zeitgeist-Genius Malcolm McLaren sich in New York Anschauungs-unterricht in Stil und Haltung geholt und nach seiner Rückkehr zusammen mit der Designerin Vivienne Westwood einen „Sex" benannten Modeladen eröffnet, der schnell zum Szenetreffpunkt der jungen Londoner wurde, die anders sein wollten. Einige von ihnen, erinnert sich McLaren später, „wollten eine Band gründen".[78] Kurzerhand stellte McLaren eine solche Band aus den jugendlichen Kunden selbst zusammen, mit John Lydon als Frontmann, der zuvor mit einem Duschkopf als Mikrofon-Imitat eine erbarmungswürdige Probevorstellung von Alice Coopers *I'm Eigtheen*[79] abgeliefert hatte.[80]

Bald gaben die Sex Pistols – denn um niemand anderen handelt es sich hier natürlich – erste Konzerte, wobei dem *New Musical Express* zufolge das Konzert am 4. Juni 1976 von besonderer Bedeutung innerhalb der Ent-wicklung hin zum kurzen Sommer der Anarchie war, gespielt in der Free Trade Hall, ausgerechnet dort also, wo Bob Dylan zehn Jahre zuvor als Judas beschimpft worden war, weil er eine elektrische Gitarre um dem Hals gehängt hatte. Der NME sprach gar vom „bedeutendsten Musikereignis aller Zeiten."[81] Das muss übertrieben erscheinen, aber was sich an diesem tristen Sommertag im immergrauen Manchester ereignete, schrieb zweifellos Punk-Geschichte. Für 50 Penny Eintritt machten ein paar abgerissene junge Kerle auf der Bühne einen scheußlichen Lärm, der Sänger konnte nicht singen, die Instrumente wurden mehr geprügelt als gespielt, und die unverstellte Aggressivität beeindruckte nachhaltig. Im Nachhinein wollte jeder dabei ge-wesen sein, als der nordenglische Punk Fahrt aufnahm, aber es werden wohl kaum 30 oder 40 Personen gewesen sein – darunter allerdings, wie an diesem Abend noch nicht abzusehen war, ein Who's who des kommenden briti-schen Punk. So waren Pete Shelley und Howard Devoto Augen- und Ohren-zeugen, die solcherart inspiriert die Buzzcocks gründen sollten, der künftige The Smiths-Vorsänger Morrissey, der spätere The Fall-Kopf Mark E. Smith, der nachmalige Factory-Gründer Tony Wilson und mit Ian Curtis und Peter Hook immerhin die Hälfte der zukünftigen Joy Division.

Vom 4. bis 6. Juli 1976 veränderten drei Tage die (Pop-)Welt dann end-gültig. Am 4. Juli spielten die Pistols ein Konzert mit The Clash um Joe

---

[77] Hofacker: *Die 70er*, 235.

[78] Joachim Hiller: New York Dolls: Dancing Naked Monkeys (2006), ox-fanzine.de/interview/new-york-dolls-2224 (1.8.2025).

[79] Alice Cooper: *I'm Eighteen*. Warner Bros. 1974.

[80] Vgl. Savage: *England's Dreaming*, 120.

[81] NME zit. nach David Nolan: *I Swear I Was There. Sex Pistols, Manchester and the Gig That Changed the World*. London 2016, 3.

Strummer als Vorband, am 6. Juli wurde ein weiteres Live-Ereignis von The Damned eröffnet. Und am freien Abend dazwischen? Da spielten die Ramones in Digwall, mit mehr oder weniger der gesamten Londoner Punk-Szene inklusive der Pistols und ihrer Vorbands im Publikum; am 20. Juli stießen gewissermaßen noch die Buzzcocks zu der musikbündischen ,Vereinigung' dazu, indem sie als dritte Vorband der Sex Pistols figurierten. Damit war zusammen, was zusammengehörte, und der letzte Kickstart für den britischen Punk gegeben.

So wenig der Punk in die Zukunft blicken wollte, so stark trieb die Bewegung offensichtlich ein genealogisches Prinzip an. The Damned sicherten sich den Ruhm, mit der Single *New Rose*[82] noch im Herbst 1976 die erste Plattenveröffentlichung des UK-Punks vorweisen zu können, aber der ultimative ästhetische (wenn der vornehme Ausdruck hier passt) und (anti)politische Ausdruck erschien erst am 28. Oktober 1977: *Never Mind the Bollocks. Here's the Sex Pistols.*[83] Nirgendwo sonst artikulierte sich unversöhnlicher und aggressiver die Ablehnung der bestehenden Verhältnisse, nirgendwo sonst wurde der Geist des United Kingdom direkter attackiert. Die erste Singleauskopplung *Anarchy in the U.K.*[84] gab die Richtung vor, mit dem nihilistischen Finale: „I wanna be anarchy / And I wanna be anarchy / And I wanna be anarchist / I get pissed, destroy." Und in *God Save the Queen*[85] wurde die Monarchin unmittelbar ins Visier genommen: „God save the queen / The fascist regime / They made you a moron / A potential H bomb", spricht der Song der Queen gleich eingangs die Menschlichkeit ab, nimmt sie als Allegorie für den allgegenwärtigen Faschismus der Nation und will von dieser Einsicht aus keine Perspektive erkennen: „God save the queen / We mean it man / There's no future / In England's dreaming"[86] – und wiederholt die Formel „No Future" zum Ausklang noch neunmal. Mehr Skandal ging nicht: Polizisten beschlagnahmten Plakate, die in Plattenläden aushingen, und besorgte Bürger machten buchstäblich Jagd auf die Pistols, wenn sie auf Konzertreise waren. Ein voller Erfolg, wird sich MacLaren gedacht haben.

Der wirkungsästhetische Höhepunkt der Bewegung ist damit benannt, und Vollständigkeit kann eine Popgeschichte ja nicht anstreben, sie muss sich auf die exemplarischen Ereignisse konzentrieren. Ohne einen Hinweis auf das selbstbetitelte Debütalbum[87] von The Clash geht es aber nicht, es bildet zusammen mit der ersten Ramones-LP und *Never Mind the Bollocks*

---

[82] The Damned: *New Rose*. Stiff 1976.
[83] Sex Pistols: *Never Mind the Bollocks. Here's the Sex Pistols*. Virgin/Warner Bros. 1977.
[84] Sex Pistols: *Anarchy in the U.K.* EMI 1976.
[85] Sex Pistols: *God Save the Queen*. Virgin 1977.
[86] Ebd.
[87] The Clash: *The Clash*. CBS 1977.

so etwas wie die ewige Dreifaltigkeit der Punk-Musik: musikalisch auf den ersten Höreindruck so direkt wie die Ramones, politisch auf den ersten Blick so unerbittlich wie die Pistols, mit Songs wie *White Riot*[88] und *London Burning*,[89] deren Titel bereits die Richtung markieren, in der durch die Institutionen marschiert wird. Aber beim zweiten Hören und der zweiten ‚Lektüre‘ ist schon zu ahnen, dass die Musik weniger formelhaft als diejenige der Ramones ist und die politische Signatur weniger eindimensional als diejenige der Pistols. Mehr noch, Songs wie die Coverversion von *Police & Thieves*[90] geben mit ihrer Länge von über sechs Minuten und dem charakteristischen Reggae-Rhythmus mehr als eine Vorahnung davon, dass die generischen Beschränkungen des Punk für The Clash bald zu eng sein werden.

Natürlich schwappte der Punk-Sound von Pistols, Clash & Co auch über den Kanal, Deutschland erwies sich jedoch selbst in dieser Hinsicht als notorisch verspätete Nation. Erst 1977 entstand in Ansätzen so etwas wie eine Punk-Szene, etwa im Umkreis des Künstlertreffs Ratinger Hof und mit Bands wie Charley's Girls.[91] Benannt war die Gruppe nach einem Reed-Song, gegründet wurde sie, bevor es überhaupt Songs gab, und wieder aufgelöst, bevor es zu Plattenaufnahmen kommen konnte. Immerhin wandelte sich Charley's Girls mit dem letzten Konzert noch schnell zu Mittagspause, die Kontinuität sicherte u. a. Songschreiber Peter Hein. Mittagspause brauchte im Gegensatz zur Vorgängerband zumindest Singles heraus, im Sommer 1979 erschien die erste Doppelsingle mit den Songs *Militürk*[92] und *Ernstfall*.[93] Erst die nächste Transformation, nun von Mittagspause zu Fehlfarben und wieder mit Peter Hein als Motor, führte zu einer künstlerischen Großtat, ja vielleicht zum wichtigsten deutschsprachigen Pop-Album überhaupt: *Monarchie und Alltag* (1980).[94]

Die Fehlfarben sind allerdings kein Punk mehr, sondern zeitlich und stilistisch Post-Punk. In England war die Bewegung aber ohnehin schon wieder vorbei, als Punk in Deutschland kurz lebendig war. No future ist keine Parole, die sich beliebig häufig ausrufen lässt, in ihrer nihilistischen Totalität musste sie sich schnell erschöpfen. Nach zwei hochexplosiven Jahren war THE GREAT ROCK 'N' ROLL SWINDLE[95] (so der Titel einer Mockumentary über

---

[88]The Clash: *White Riot*. Auf: The Clash. CBS 1977.

[89]The Clash: *London Burning*. Auf: The Clash. CBS 1977.

[90]The Clash: *Police & Thieves*. Auf: The Clash. CBS 1977.

[91]Vgl. Barbara Hornberger: *Geschichte wird gemacht: Die Neue Deutsche Welle. Eine Epoche deutscher Popmusik*. Würzburg 2011, 103.

[92]Mittagspause: Militürk. Auf: *Mittagspause*. Pure Freude 1979.

[93]Mittagspause: Ernstfall. Auf: *Mittagspause*. Pure Freude 1979.

[94]Fehlfarben: *Monarchie und Alltag*. EMI Electrola/Welt 1980. Ausführlich erzählt wird der deutsche Punk und seine Folgen als Oral History bei Jürgen Teipel: *Verschwende deine Jugend. Ein Doku-Roman über den deutschen Punk und New-Wave*. Erweiterte Fassung. Frankfurt/M. 2012.

[95]Julien Temple (Regie): THE GREAT ROCK 'N' ROLL SWINDLE. Vereinigtes Königreich 1980.

die Pistols von 1980) folglich schon wieder vorbei. Oder um noch einmal auf den Gegensatz zwischen der US-amerikanischen und der britischen Version von Punk zurückzukommen: Während Smith mit Bruce Springsteen den Welthit *Because the Night*[96] schrieb und sich später wieder (auch) der Literatur zuwendete und Blondie ab dem dritten Album *Parallel Lines*[97] (1978) mit dem Überhit *Heart of Glass*[98] in den Mainstream wechselte, lösten sich die Pistols nach nur einem Album auf. Die Idee war offenkundig auserzählt. Wie eine tragische Veranschaulichung muss von hier aus wirken, dass der Bassist Sid Vicious (der zwar nicht spielen, aber Punk habituell idealtypisch performen konnte) erst seine Freundin Nancy Spungen erstach (wobei die genaueren Umstände bis heute ungeklärt sind) und sich kurz nach der Entlassung aus der Untersuchungshaft eine Überdosis Heroin spritzte. The Clash brachten derweilen ein Doppelalbum[99] heraus, stilistisch fast so vielfältig wie das weiße Album[100] der Beatles. Aber damit sind wir eigentlich schon nicht mehr beim Punk, sondern bei Post-Punk oder der sogenannten New Wave, von der das nächste Kapitel erzählen will.

Goin' underground

Punk und Kunstmusik haben wenig miteinander zu tun, ja vielleicht bilden sie entlang der Skala von ‚einfach' am einen und ‚komplex' am anderen Ende von Pop sogar Gegensätze. Aber in einer Hinsicht unterscheiden sie sich nicht: Wer Epoche gemacht bzw. Geschichte geschrieben hat, wird historisch und erstarrt zur Klassizität. Vor diesem misslichen ‚Problem' also standen The Clash nach ihrem zweiten Album *Give 'Em Enough Rope*[101] von 1978, mit dem sie dem Punk gegeben hatten, was sie zu geben hatten. Der typische Ausweg für eine Band ist in einer solchen Situation, auf Tour zu gehen und die Krise buchstäblich zu überspielen. Im Jahr 1979 tourten The Clash daher durch die Vereinigten Staaten, und der aufmerksame Beobachter konnte anhand der supporting acts schon erahnen, dass sich etwas geändert hatte: Im Vorprogramm des Hauptacts spielten nämlich keine Punkbands, wie es im formativen Jahr 1976 typisch und genealogisch wirksam war, sondern auf den ersten Blick eher überraschende Wahlverwandte – Rhythm & Blues

---

[96] Patti Smith Group: *Because the Night*. Arista 1978.
[97] Blondie: *Parallel Lines*. Chrysalis 1978.
[98] Blondie: Heart of Glass. Auf: *Parallel Lines*. Chrysalis 1978.
[99] The Clash: *London Calling*. CBS 1979.
[100] The Beatles: *The Beatles*. Apple 1968.
[101] The Clash: *Give 'Em Enough Rope*. CBS 1978.

Künstler wie Bo Diddley, Sam & Dave, Lee Dorsey oder Screamin' Jay Hawkins, zudem Vertreter eines neuen Country-Stils wie Joe Ely.[102]

Mit neuen Songs kam The Clash zwar nicht von dieser Tour zurück, aber immerhin mit einem neuen Geist. Jetzt musste nur noch die Schreibblockade von Mick Jones und Joe Strummer gelöst werden. Dies gelang durch zwei therapeutische Maßnahmen, die beide reichlich punk-untypisch waren: Zum einen spielte sich die Band gewissermaßen durch Sessions mit Coverversionen von Rockabilly-, Rhythm & Blues- und Reggae-Klassikern in Form. Zum anderen exerzierten sie einen fast schon bürgerlich geordneten Tagesablauf: Auf tägliche Proben am Nachmittag folgte erst ein gemeinschaftliches Fußballspiel, danach Drinks in einer lokalen Kneipe, gefolgt von einem zweiten Probedurchgang. Putting the Band back together, wie es bei den BLUES BROTHERS[103] nur wenige Monate später heißen sollte. Das Resultat dieser Disziplin war ein Doppelalbum, das den Punk-Impetus mit der Rock-'n'-Roll-Mythologie zusammenbringt: *London Calling*. Mit Reggae hatten The Clash ja schon zuvor experimentiert, aber nun binden sie auch Rockabilly, Ska, New Orleans R 'n' B, Pop, Lounge Jazz und Hard Rock ins Programm ein, und ziemlich ‚reinen' Pop, mit anschmiegsamen Basslinien und verführerisch groovigen Riffs – man höre nur *Lost in the Supermarket*.[104] Das ikonische Cover bringt diese Balance aus Punk-Emphase und Post-Punk-Aufbruch auf ein passenderweise doppelt belichtetes Bild: Einem popgeschichtlich unschuldigen Blick zeigt er, wie Paul Simonon auf der Bühne in New York einen Bass zerschlägt, weil die Sicherheitsleute die Zuschauer nicht von ihren Sitzen aufstehen lassen wollten. Der pophistorisch informierte Betrachter erkennt allerdings die Hommage an das selbstbetitelte erste Album[105] von Elvis Presley von 1956, mit rosafarbenen Buchstaben auf der linken Seite und grünem Text auf der unteren Seite.

Von einer ‚New Wave' war zwar schon eine Weile vor *London Calling* die Rede, ja ab Mitte der 1970er war der Begriff mehr oder minder synonym mit Punk verwendet worden. Jedoch erst mit diesem Album und artverwandten Popästhetiken verdiente sich das Label vollgültig seine Berechtigung. Es fungierte nun zunehmend als Oberbegriff für ganz unterschiedliche Stile, denen nur gemeinsam war, dass sie die innere Haltung des Punk bewahrten, seine engen Grenzen aber in alle möglichen Richtungen überschritten, musikalisch, intellektuell, emotional – und häufig alles zugleich. Während durch die Charts Ende der 1970er Jahre eine ziemlich konservative Welle rollte, gradliniger Rock versetzt mit Synthesizern von Boston, Toto oder Foreigner, für die sich die entlarvende Bezeichnung ‚Adult oriented Rock' (AOR) durchset-

---

102 Pat Gilbert: *Passion Is a Fashion. The Real Story of The Clash*. London 2004, 248–249, 254.
103 John Landis (Regie): THE BLUES BROTHERS. USA 1980.
104 The Clash: Lost in the Supermarket. Auf: *London Calling*. CBS 1979.
105 Elvis Presley: *Elvis Presley*. RCA Victor 1956.

zen sollte, gingen die wesentlichen Impulse des Pop für ein paar aufregende Jahre erneut von der britischen Musik aus.[106] Eine zweite Blütephase nach der British Invasion brach an, deren Folgen bis heute reichen.

Zu diesen progressiven Kräften, die die Grundformel des Punk durch die Integration von weiteren musikalischen Einflüssen transformierten, gehörten The Police. Der Groove des Trios um den Sänger und Bassisten Sting, den Gitarristen Andy Summers und Drummer Stewart Copeland war vertrackt und dynamisch zugleich, die Energie dieser Jahre unverkennbar, doch mit einer spezifischen ästhetischen Signatur, einer eigenständigen Mischung aus Rock und Reggae. Das *Outlandos d'Amour*[107] betitelte Debütalbum von 1978 brachte Songs wie *So Lonely* oder *Roxanne* und war kein unmittelbarer Erfolg, aber hatte einen neuen Ton gesetzt, den The Police auch in der Folge in immer neuen Variationen anstimmten, mit steigender Virtuosität, poly-rhythmisch, fingerfertig, traditionsreich. Mit *Regatta de Blanc*,[108] das schon im Titel ihre eklektische Reggae-Neuerfindung programmatisch feiert, und der Hitsingle *Message in a Bottle*[109] erreichte die Band dann die Spitzenposition der UK-Charts und einen Verkaufserfolg im gesamten Europa. Wie weit sich The Police dabei auch musikalisch vom DIY-Gestus des Punk entfernt hatten, zeigt sich vielleicht am deutlichsten daran, dass sie für das Album mit einem Grammy für die „Best Rock Instrumental Performance" ausgezeichnet wurden. „One chord is fine. Two chords are pushing it. Three chords and you're into jazz",[110] hatte Lou Reed, der Godfather of reduction, einst gesagt. Und nur folgerichtig muss erscheinen, dass The Police sich sogar für den Jazz öffneten, die höchste Kunstform der Populärmusik. Schwer zu sagen ist, ob das Publikum diese Wendungen überhaupt noch verstehen konnte, in jedem Fall hat es sie geliebt – und damit die nach Oscar Wilde höchste Form des Erfolgs erzielt, nach der ein Künstler streben kann.

Für instrumentalen Dilettantismus hatten auch The Jam nichts übrig: „Fire and Skill", prangte ein Aufkleber auf dem Verstärker vom Mastermind Paul Weller, Leidenschaft ja, aber mit Können – und mit Stil. Denn The Jam verbanden nicht nur enormen Drive mit musikalischer Finesse und intelligent-sarkastischen Texten, sondern avancierten zugleich (oder damit verbunden) zu Stilikonen einer neuen Modness, mit Fred Perry-Jacken, Jeans, Turnschuhen kombiniert mit beatlesken Frisuren. In Kooperation mit dem Produzenten Vic Coppersmith-Heaven, der gleichsam ihr ‚vierter' Jam war wie einst George Martin der ‚fünfte Beatle', brachten sie in nur sechs Jahren

---

[106]Vgl. Andreas Hinners: *Progressive Rock: Musik zwischen Kunstanspruch und Kommerz*. Marburg 2005, 21–32.

[107]The Police: *Outland d'Armour*. A&M 1978.

[108]The Police: *Regatta de Blanc*. A&M 1979.

[109]The Police: *Message in a Bottle*. A&M 1979.

[110]Lou Reed zit. nach Aidan Levy: *Dirty Blvd.: The Life and Music of Lou Reed*. Chicago, IL, 2016, 193.

18 Singles in die britischen Charts. Aus all diesen Hits ragt *Going Underground*[111] heraus, rasant, catchy und sarkastisch-subversiv zugleich: „And I'm so happy and you're so kind / You want more money, of course I don't mind / To buy nuclear textbooks for atomic crimes / And the public gets what the public wants / But I want nothing this society's got / I'm going underground (going underground).“ Beim Modfather Weller haben Vertreter einer späteren britischen Welle fast alles gelernt, was ihren Erfolg ausmacht, Blur, Oasis, Franz Ferdinand.

Elvis Costello wiederum hat sich in Interviews einige Jahrzehnte nach seinem Eintritt ins popmusikalische Feld verwundert gezeigt, dass als Ausgangspunkt seiner Alben grundsätzlich ein theoretisches Konzept angenommen wird.[112] Eine Rolle bei dieser öffentlichen Wirkung als Pop-Intellektueller mag sein Habit gespielt haben: Selbst John Lennon kann man sich ohne die ikonische Nickelbrille denken, aber Costello ohne Hornbrille? Das ist nicht vorstellbar. Dazu kamen in der Frühphase Teddyboy-Jeans und überdimensionierte Sakkos sowie seine distinktive Gitarre, eine Fender Jazzmaster. Als 1977 mit *My Aim is True*[113] sein erstes Album herauskam, konnten freilich weder er noch sein Publikum wissen, dass hier ein halbes Jahrhundert vorbildloser stilistischer Vielfältigkeit begann, mit Alben, die von New Wave über Country, Brillbuilding-Pop, Jazz, Ska und klassischem Kunstlied alles abdecken, was die Populärmusik als Stile ausgebildet hat – und darüber hinaus. Der Rolling Stone hat ihn daher als „Universalgelehrten des Rock 'n' Roll“[114] tituliert. Aber schon auf den ersten Alben deutete sich die textliche Brillanz an, die lyrisch präzise und politisch wache Bissigkeit, mit der Costello die zeitgenössische Gesellschaft seziert. Gleich die erste Single *Less Than Zero*[115] reagiert darauf, dass Costello den berüchtigten Faschisten Oswald Mosley in der BBC gesehen hat. „The former leader of the British Union of Fascists seemed unrepentant about his poisonous actions of the 1930s. The song was more of a slandering fantasy than a reasoned argument“,[116] hat Costello dazu später seinen poetischen Standpunkt erläutert. Und mit *Night Rally* von der zweiten LP *This Years Model*[117] eröffneten Elvis Costello and the Attractions ihr Set am 30. September 1978 vor 150.000 Menschen auf dem Karneval der

---

[111] The Jam: *Going Underground*. Polydor 1980.

[112] Vgl. Rüdiger Sturm: Elvis Costello: „I Didn't Have Some Big Blueprint" (2022), the-talks.com/interview/elvis-costello/ (5.8.2025).

[113] Elvis Costello: *My Aim Is True*. Stiff 1977.

[114] Vgl. Arne Willander: Der Universalgelehrte des Rock'n'Roll: Zum 70. Geburtstag des fabelhaften Elvis Costello (2024), rollingstone.de/der-universalgelehrte-des-rocknroll-zum-geburtstag-des-fabelhaften-elvis-costello-369909/ (5.8.2025).

[115] Elvis Costello: *Less Than Zero*. Stiff 1977.

[116] Elvis Costello zit. nach Tom Taylor: The Story Behind the Song: Elvis Costello's genre-defying debut 'Less Than Zero' (2021), faroutmagazine.co.uk/the-story-behind-the-song-elvis-costellos-genre-defying-debut-less-than-zero/ (14.8.2025).

[117] Elvis Costello & The Attractions: *This Years Model*. Radar 1978.

Anti-Nazi-Liga im Brockwell Park im Süden Londons: „You think they're so dumb, you think they're so funny / Wait until they've got you running to the / Night rally, night rally, night rally."

Noch dezidierter intellektuell waren Gang of Four aus Leeds, Kunststudenten mit Hang zu Dekonstruktion und Trotzkismus, die sozialisationsgemäß kein Interesse an einer souligen Lockerheit oder rockistischen Straightness hatten, sondern vielmehr für eine Form des *Entertainment!*[118] (so der Titel ihres eminent wirkmächtigen Debütalbums) optierten, die mit den Wassern der Theorie gewaschen war. Inhaltlich drehte sich die LP u. a. um Fragen der Ausbeutung der Dritten Welt oder des Kolonialismus, und klanglich drückte sich die Haltung der Band in einer Soundstruktur aus, die allen Instrumenten genug Raum gab, gewissermaßen das Gegenteil zum Spector'schen Wall of Sound. „Das ist demokratische Musik, wir machen da kein Starding draus",[119] erklärte Jon King dem Magazin *Sounds* dazu, und Dave Allen ergänzte gegenüber dem *NME*: „Gang of Four glauben nicht an das Individuum, und wir glauben, dass alles, was man macht, politisch ist, mit kleinem P."[120]

So offensiv intellektuell bzw. politisch wollten die Talking Heads auf der anderen Seite des Ozeans nicht sein, mehr noch, sie versuchten abzustreiten, überhaupt etwas mit Kunst zu tun zu haben. „Ich wehre mich dagegen, dass man uns als Künstler, die sich Musik als Medium ausgesucht haben, bezeichnet",[121] formulierte Keyboarder Jerry Harrison einen entschiedenen Kunstvorbehalt. Und David Byrne lehnte das Etikett ‚Art Rock' kategorisch ab, weil es ihm auf eine sozusagen apollinische Musik zu passen schien, die Talking Heads allerdings durchaus Sinn für die dionysische Seite des Pop zu haben meinten. Aber ein Kunstbezug war eigentlich schwer zu leugnen, insofern die Band sich aus ehemaligen Kunststudenten zusammensetzte, sie eine Vergangenheit in der zeitgenössischen Performance- und Konzeptkunst hatte, der erste Bandname ‚The Artistics' lautete und der Name ‚Talking Heads' offenkundig auch eher den Kopf als das Herz avisierte. Diese Prägung also wurde nun in Klang, Rhythmus und Habitus überführt. Viel weniger rockistisch als Byrne konnte sich ein Popstar nicht kleiden, mit Stoffhose, Anzügen und einem ‚ordentlichen' Haarschnitt. Dazu passte der ‚magere', wie skelettierte Sound, viel Höhen, wenig Bässe, ein holperiger Rhythmus, bloß kein Groove – ‚weiße Musik'.[122] Auch thematisch nahm die Band großen Abstand von den topischen Themenkreisen des Pop, Liebe, Sex und Revolte, und

---

[118] Gang of Four: *Entertainment!* EMI 1979.

[119] Jon King zit. nach Simon Reynolds: *Rip It Up and Start Again: Schmeiß Alles Hin und Fang Neu An: Post-Punk 1978-1984.* Höfen 2007 (engl. 2005), 138.

[120] Dave Allen zit. nach Reynolds: *Rip It Up and Start Again,* 138.

[121] Jerry Harrison zit. nach Reynolds: *Rip It Up and Start Again,* 151.

[122] Vgl. Reynolds: *Rip It Up and Start Again,* 151.

schrieb stattdessen in schwer durchschaubarer Perspektivierung von Alltagswelten. *Don't Worry About the Government* vom Debütalbum *Talking Heads: 77*[123] beispielsweise versetzt sich in einen Büroarbeiter, der zufrieden mit seiner Situation ist: „It's over there, it's over there / My building has every convenience / It's gonna make life easy for me / It's gonna be easy to get things done / I will relax alone with my loved ones." Keine Emotion, sondern Dekonstruktion lautete die produktionsästhetische Selbstanweisung von Byrne zu solchen lyrischen Versuchsanordnungen, es ist ihm um das Spiel mit Sprache und Struktur zu tun, nicht um einen irgendwie authentischen Ausdruck. Eine solche Haltung kennen wir aus den ‚alten' Künsten, und wir kennen sie mittlerweile aus den auf ständige ästhetische Überbietung abonnierten 1960er Jahren der Popmusik, vor allem aber aus dem Glam der frühen 1970er. Nur logisch muss daher erscheinen, dass die Talking Heads ihr Ausgangskonzept derart rasant immer wieder modifizierten, wie es sonst vielleicht nur bei David Bowie zu beobachten war. Einen wesentlichen Einfluss auf diese Weiter- oder Höherentwicklung hatte dabei, dass Brian Eno als Produzent zur Band stieß und für eine Trilogie verantwortlich war. Das erste Ergebnis dieser Zusammenarbeit war *More Songs About Buildings and Food*[124] (1978), komplexer Psychedelic Funk und nun sehr groovy, darauf folgte das mindestens ebenso groovende *Fear of Music*[125] (1979), deutlich geprägt von afrikanischen Rhythmen wie im Auftaktsong *I Zimbra*, das ein Lautgedicht des Dadaisten Hugo Ball vertont, und experimentellen Montagen wie im Schlussstück *Drugs*, einem dekonstruktivistischen Mosaik aus Liveaufnahme und Soundcollage. Der Schriftsteller Jonathan Lethem hat ein ganzes Buch über diese Platte geschrieben, von der er sich als jugendlicher Hörer gewünscht habe, es anstelle seines Kopfes zu tragen.[126] *Remain in Light*[127] (1980) schließlich ist dann endgültig mehr Klangwelt als Songstruktur, der Einfluss von afrikanischen Musikern wie Fela Kuti unüberhörbar, eine Melange aus perkussivem und instrumentalem Gewebe, über das Byrne rätselhafte Texte wie in ihrem größten Hit *Once in a Lifetime*[128] intoniert: „You may find yourself living in a shotgun shack / And you may find yourself in another part of the world / [...] / And you may ask yourself – Well ... how did I get here?" Stop Making Sense,[129] wird ein paar Jahre später ein Konzertfilm ihr Programm auf eine griffige Formel bringen.

---

[123] Talking Heads: *Talking Heads: 77*. Sire 1977.

[124] Talking Heads: *More Songs About Buildings and Food*. Sire 1978.

[125] Talking Heads: *Fear of Music*. Sire 1979.

[126] Jonathan Lethem: *Talking Heads: Fear of Music. Ein Album anstelle meines Kopfes*. Stuttgart 2014.

[127] Talking Heads: *Remain in Light*. Sire 1980.

[128] Im Folgenden zit. nach Talking Heads: Once in a Lifetime. Auf: *Remain in Light*. Sire 1980.

[129] Jonathan Demme (Regie): Stop Making Sense. USA 1984.

Diese sich auch habituell ausdrückende Intellektualisierung kontrastierte auffällig mit dem Hang zur Emotionalisierung innerhalb einer anderen Unterströmung der Welle. Zu dieser Tendenz gehören Wärme wie Kälte gleichermaßen, beide (musikalischen wie textuellen) Aggregatzustände wurden sozusagen nachfühlbar in Szene gesetzt. Als genrestiftende Figur wirkte Siouxsie mit ihrer Band The Banshees, ihre „Eisköniginnenstimme"[130] durchdrang in schneidender Kälte karg instrumentierte Alben wie *The Scream*,[131] der klingen sollte wie eine „Mischung aus Velvet Underground und der Duschvorhangszene in Psycho".[132] Und auch anderen Songs war jede Romantik radikal ausgetrieben, „Love in a void / It's so numb / Avoid in love / It's so dumb"[133] sang Siouxie von ihrem dunklen Thron auf eine schnell wachsende Anhängerschaft von Goths. Viele Acts beriefen sich in der Folge ausdrücklich auf Siouxie, darunter The Cure, die das grelle Vorbild in eine maximal heruntergedimmte Variante übersetzten, in eine Musik wie einen „wehmütigen Nebel",[134] der eine Schar von Gothic-Jüngern hervorbringen sollte. Auch Joy Division knüpfte hier an, rezeptionsgeschichtlich wohl noch folgenreicher als The Cure. Die provokativ benannte Band – Joy Division soll die Bezeichnung für diejenigen Gefangenen gewesen sein, die sich in den Nazi-Konzentrationslagern prostituieren mussten – erwies sich dabei als das vielleicht konsequenteste Kältetechniker-Ensemble der Popgeschichte. Aus ihren Songs ist gleichsam jede Wärme gewichen, der Sound verhallt in der Ferne, der Rhythmus ist von seelenquälender Langsamkeit, digitale Verzögerungen irritieren das Hörerlebnis, rückwärts gespielte Gitarren und das Geräusch zerbrechender Flaschen verhindern jeglichen Wohlklang, und ein Song (*Insight*)[135] ist sogar zu noch stärkerer Distanzierung durch eine Telefonleitung gesungen. Dazu singt Curtis Lyrics, bar jeder Hoffnung, über Einsamkeit, Depressionen und Epilepsie. Nach Ian Curtis' Freitod im Mai 1980 (auf den wir gleich in anderem Zusammenhang genauer zu sprechen kommen) erschien postum noch ein zweites Album, *Closer*,[136] trostloser sogar als das Debüt, auf dem Cover ein italienisches Grabmal aus dem frühen 20. Jahrhundert und mit Klage-Versen wie „Mother, I tried please believe me / I'm doing the best that I can / I'm ashamed of the things I've been put through / I'm ashamed of the person I am" aus dem Song *Isolation*,[137] der auf eine mehrfache Wiederholung des Titels zuläuft.

---

130 Reynolds: *Rip It Up and Start Again,* 435.

131 Siouxsie and the Banshees: *The Scream*. Polydor 1978.

132 Reynolds: *Rip It Up and Start Again*, 435.

133 Siouxsie and the Banshees: *Love in a Void*. Polydor 1979.

134 Reynolds: *Rip It Up and Start Again*, 438.

135 Joy Division: Insight. Auf: *Unkown Pleasures*. Factory 1979.

136 Joy Division: *Closer*. Factory 1980.

137 Joy Division: Isolation. Auf: *Closer*. Factory 1980.

Sentimental gaben sich hingegen die Wärmetechniker von Ultravox, und vor allem kam bei dieser Band, die zu Anfang ihrer Karriere noch ein Ausrufezeichen als Reverenz an die Krautrockband Neu! im Bandnamen führte, der Synthesizer zu seinem vollen Recht. Ab dem zweiten Album (*Ha!-Ha!-Ha!*, 1977)[138] wurde der ARP Odyssey zum dominierenden Klangmerkmal, mit der dritten, von Krautrock-Legende Conny Plank produzierten LP (*Systems of Romance*, 1978)[139] hatten sie dann endgültig ihr Soundgewand gefunden, das den folgenden Synthiepop und die New-Romantic-Bewegung der 1980er Jahre nachhaltig prägen sollte: mit einem menschlichen Schlagzeuger, dessen Drumset durch einen Gitarrenverzerrer gejagt wurde und daher wie eine Maschine klang, und einem neuen Gitarrenton, der Echo, Verzerrer, Flanger, Delay, Sustain zu *dem* Klang des Jahrzehnts machte. Die Lyrics wateten dazu, mit Blumfeld gesprochen, tausend Tränen tief durch emotional erschütterte Gefühlswelten, wie in ihrem größten Hit: *Dancing With Tears in My Eyes*[140] aus dem Orwell-Jahr 1984. Angesichts einer drohenden nuklearen Katastrophe – einem in den 1980ern allgegenwärtigen Szenario – fragt sich der Sänger, was sich in den letzten Minuten des Lebens noch machen ließe: „Dancing with tears in my eyes / Weeping for the memory of a life gone by / Dancing with tears in my eyes / Living out a memory of a love that died." In diesen elegischen wie tanzbaren Popton stimmten auch die frühen Depeche Mode ein, mit New-Romantic-Pop wie der Single *Just Can't Get Enough*[141] (1981). Aber zu ihrer eigenen Variante des Neoromantischen fanden sie erst, als Keyboarder Alan Wilder zu der Band stieß, Verfahren wie das Sampling ‚mitbrachte' und überhaupt die Klanggestalt durch die Produktion deutlich veränderte, hin zum typischen Mix aus Schwermut und Härte, metallischem Geklopfe und warm klagendem Bariton. Dieses frühe Industrial erklingt etwa auf *Some Great Reward*[142] (1984), aufgenommen in den Berliner Hansa Studios und bösen Gerüchten zufolge von Klängen geprägt, die eigentlich für die Einstürzenden Neubauten gedacht waren, von Blixa Bargeld aber abgelehnt wurden. Wie es um die Wahrheit dieses Gerüchts auch bestellt ist: Der sozusagen industrielle Klang und Rhythmus, das Schlagen von Metall auf Metall, das Zischen und Keuchen der Maschinen war so neutönerisch wie popaffin, und mit der Single *People are People*[143] landeten sie ihren bis dahin größten Erfolg.

Vielleicht keine Band aber verkörpert diese neue Welle mehr als The Fall, das epochencharakteristische Zusammenspiel aus avantgardistischem Appeal

---

[138] Ultravox: *Ha!-Ha!-Ha!* Island 1977.

[139] Ultravox: *Systems of Romance*. Island 1978.

[140] Ultravox: Dancing With Tears in My Eyes. Auf: *Lament*. Chrysalis 1984.

[141] Depeche Mode: *Just Can't Get Enough*. Mute 1981.

[142] Depeche Mode: *Some Great Reward*. Mute 1984.

[143] Depeche Mode: *People Are People*. Mute 1984.

und rebellischem Habitus, das Zugleich aus Traditionsbezügen und Aktualisierung der generischen Muster. Die Bezeichnung ‚Band‘ will dabei aber nicht recht passen: Denn es gibt zwar eine legendäre Ur-Formation von The Fall, zu der neben Mark E. Smith Martin Bramah (Gitarre), Tony Friel (Bass), Una Baines (Piano) und Karl Burns (Schlagzeug) zählten. Dieses Line-Up hielt es jedoch nicht lange miteinander aus, ebenso wie einige der folgenden Konstellationen. Bis zum Ende der Band tauschte ihr ‚Kopf‘ Mark E. Smith die Musiker nach Belieben und mit den Jahren immer schneller aus, und Konzertbeobachter konnten berichten, dass die musikalischen Laien immer ängstlicher um ihren Chef herumstanden und auf seine Anweisungen warteten. „If it's me and your granny on bongo, then it's a Fall gig",[144] beschied er entsprechend einem Interviewer. Als Smith starb (und mit ihm sozusagen naturgemäß die Band), verzeichnete die Band-Historie immerhin 66 Musiker, mit denen Smith 88 Alben eingespielt hatte, davon 32 Studio-LPs, mit Höhepunkten wie *Grotesque (After the Gramme)*[145] von 1980, oder *This Nation's Saving Grace*[146] von 1985, sowie eine Vielzahl von Live-Aufnahmen. Das Innovationsprinzip war jedoch nicht die treibende Kraft dieser Produktivität, sondern vielmehr die stoisch verfolgte Modifikation des Grundprogramms. Im Rückgriff auf die repetitiven Muster von Velvet Underground und benannt nach Albert Camus' Roman *La Chute* (engl. The Fall) nuschelte sich Smith vier Jahrzehnte lang durch mal sozialrealistische, mal surreale lyrische Miniaturen und inszenierte dazu musikalisch einen gleichermaßen dem Drei-Akkord-Punk wie Krautrock-Avantgardismen verpflichteten „sphärischen Primitivismus".[147] „We dig repetition in the music / And we're never going to lose it",[148] heißt es gleich auf der B-Seite der ersten Single von 1978, „This is the three Rs: repetition, repetition, repetition."[149] Und der Blick auf die Welt war und blieb dabei pessimistisch, denn in schlechter Laune und Ablehnung der Welt konnte ihm in der Popgeschichte wohl allenfalls Lou Reed das Wasser (oder besser: das Whiskey-Glas) reichen. „Ich hab' geträumt, ich wäre Pizza essen mit Mark E. Smith / Natürlich hat er mir erzählt, wie scheußlich alles ist",[150] setzt bezeichnenderweise die liebevolle Würdigung der Diskursrockband Tocotronic ein. Insofern war Mark E. Smith wohl Prä- oder Protopunk wie Punk und Postpunk in einer Person.

---

[144]John Robertson: Narky Mark. In: *New Musical Express*, Februar 1998, 50–52.

[145]The Fall: *Grotesque (After the Gramme)*. Rough Trade 1980.

[146]The Fall: *This Nation's Saving Grace*. Baggers Banquet 1985.

[147]Jens Balzer: Meister des Neinsagens. In: *Die Zeit*, 25.1.2018.

[148]The Fall: Repetition. Auf: *Bingo-Master's Break-Out!* Step-Forward 1978.

[149]Ebd.

[150]Tocotronic: Ich habe geträumt, Ich wäre Pizza essen mit Mark E. Smith. Auf: *Wir kommen um uns zu beschweren*. L'Age D'Or 1996.

Todesarten 1980

Es gibt keine Statistiken darüber, ob die Halbgötter der Popwelt früher als wir gewöhnlichen Menschen sterben. Zumindest reisen sie naturgemäß überdurchschnittlich viel, und Reisen ist gefährlich, wie der Flugzeugabsturz von Buddy Holly zeigt, mit dem die Musik das erste Mal gestorben ist, oder derjenige von Otis Redding und seiner Band sowie von Lynyrd Skynyrd, aber auch Autofahren hat seine Tücken, Marc Bolan oder Falco beispielsweise wurde es zum Verhängnis. Selbst Fahrradfahren kann tödlich enden, wie das tragische Ende der früheren Velvet Underground-Diseuse Nico traurig veranschaulicht.[151] Aber sind diese Unfälle wirklich statistisch auffällig, und mehr noch, sind sie in besonderer Weise für eine Kulturgeschichte der Popmusik interpretationsbedürftig? Wichtiger als diese alltagspragmatischen Überlegungen scheint zu sein, dass die Popmusik einen besonderen Akteurstypus anzieht, der charaktergemäß auf der Rasierklinge balanciert. Hinzukommen mag, dass von der Erwartungshaltung des Publikums an das Leben eines Popstars eine gewisse Drift ausgeht, einen gefährlichen, dionysischen Lebensstil öffentlichkeitswirksam zu führen. Sicher ist in jedem Fall, dass die Todesfälle von Holly bis Amy Winehouse mehr oder minder allesamt unmittelbar mythenbildend geworden sind – je jünger der Protagonist diese Welt verlassen musste, desto stärker. Wen die Götter lieben, den rufen sie früh zu sich, das wissen wir seit Plautus.

Erklären lässt sich diese mythenbildende Kraft mit der Unterscheidung des russischen Literaturwissenschaftlers und Linguisten Boris Tomaševski zwischen amtlicher Biographie des Künstlers auf der einen und der biographischen Legende über sein Leben auf der anderen Seite. Die amtliche Biographie, so Tomaševski, müsse uns Interpreten nicht interessieren, die biographische Legende aber sehr wohl, insofern sie die „literarische Konzeption des Lebens des Dichters [darstellt], eine Konzeption, die notwendig ist als wahrnehmbarer Hintergrund des literarischen Werks, als die Voraussetzung, die der Autor selbst einkalkulierte, als er seine Werke schuf."[152] Gemünzt sind diese Überlegungen freilich nicht auf die Popmusik und ihre Akteure, aber sie lassen sich in besonderer Weise auf ‚unseren' Bereich übertragen. Biographismus mag in der Literaturwissenschaft ein aus guten Gründen diskreditiertes Konzept sein, in der Popmusik treibt sie die Prozesse an – allerdings wiederum nicht einsinnig, sondern auf vertrackte Weise. Denn die inszenierte Identität von Künstlern ist eben genau das: inszeniert. Popmusiker sind, wie Diederichsen verdeutlicht, „weder reine Darsteller noch reine

---

[151] Eine anschaulich erzählte Zusammenstellung der Rock-'n'-Roll-Tode vorgelegt hat Ernst Hofacker: *„Live fast, love hard and die young." Tragische Geschichten aus Rock und Pop.* Ditzingen 2019.

[152] Boris Tomaševskij: Literatur und Biographie. In: *Texte zur Theorie der Autorschaft.* Hg. und komm. von Fotis Jannidis et al. Stuttgart 2003, 49–61, hier 57.

Sprech-Akteure, die in eigener Sache als reale Personen sprechen. Es ist konstitutiv für alle Popmusik, dass in keinem performativen Moment klar sein darf, ob eine Rolle oder eine reale Person spricht. Das ist eine entscheidende Spielregel. An der Ideologie des Authentizitismus – der das Nicht-Darstellen, Nicht-Lügen zum maßgeblichen Kriterium für gute Pop-Musik erhebt – wie an seinem zutiefst verwandten Gegenteil, Rock-Theater, scheitert Pop-Musik [...] regelmäßig."[153] Anders gesagt: Pop ist nie mehr bei sich, als wenn er zugleich existentiell und künstlich ist.

Das Leben als (so kurzen wie maximal intensiven) Roman gelebt, das hat etwa der legendäre ‚Club 27‘, der Kreis derjenigen Popstars also, die bereits mit 27 gestorben sind: Brian Jones von den Rolling Stones (ertrunken in einem Pool), Jim Morrison (durch Herzversagen in einer Badewanne), Jimi Hendrix (erstickt an Erbrochenem nach Barbiturat-Überdosis), Janis Joplin (Überdosis Heroin), Kurt Cobain (Suizid) und Amy Winehouse (Alkoholvergiftung). Aber 1980 verdichtete sich die Ereignisfolge erheblich, mit so unterschiedlichen Todesarten, als wollte das Jahr zeigen, dass die Popmusik auch in dieser Hinsicht längst historisch ist und geschichtsträchtige Typen ausgebildet hat – in diesem Fall ist die ansonsten ja zufällige Jahrzehntgrenze also tatsächlich mehr als ein Datum, sie markiert eine Schwelle.

Gleich vier Todesfälle sind in diesem Jahr zu beklagen: Einen so typischen wie unglamourösen Tod stirbt am 19. Februar 1980 Bon Scott, Sänger der Hardrock-Band AC/DC. Scott, quadratisch, tätowiert und mit notorisch präsentierter Brustbehaarung, hat gerade erst den heiseren Shouter erfunden, energetisch besingt er den *Highway to Hell*,[154] auf dem er längst ist, während die Band ikonische Riffs von stilbildender Direktheit spielt. Er ist als LKW-Fahrer bei der Band gelandet, ein einfacher Kerl, der die Freuden des Lebens als Rock ’n’ Roll Star auskosten will. „Es hält dich fit – Alkohol, Groupies, Schweiß auf der Bühne, schlechtes Essen, all das ist sehr gut für dich",[155] hat er dazu in einem Interview während der US-Tour im Jahr 1978 programmatisch verkündet. Aber natürlich ist dieser Lebensstil zugleich so gut für den Mythos wie schlecht für die Gesundheit. „Don’t stop me", brüllt er in *Highway to hell* direkt vor dem Gitarren-Solo von Angus Young, und zu stoppen war Scott tatsächlich nicht mehr, die abschüssige Lebensfahrt endete nach einer letzten Sauftour. Als sein Trinkkumpan Alistair Kinnear ihn nicht wecken kann, nimmt er ihn in seinem grünen R5 mit in die Overhill Road 67 in Dulwich und lässt ihn sich auf der Rückbank des Autos über Nacht ausschlafen. Erst am Nachmittag des nächsten Tages sieht er nach seinem ‚Fahrgast‘ – und findet ihn tot auf dem vollgekotzten Rücksitz, gerade einmal 33 Jahre alt. Fast mit dem Moment dieses eigentlich fürchterlich

---

[153] Diedrich Diederichsen: *Über Pop-Musik*. Köln 2014, 24.
[154] AC/DC: *Highway to Hell*. Atlantic 1977.
[155] David Fricke: AC/DC: wired for success. In: *Circus*, Januar 1979, 16–27, hier 27.

banalen Todes entstehen zwei wirkmächtige, weit über ihn hinaus weisende Mythen, die beide den Produktions- und Rezeptionsregeln der Popmusik folgen. Während Scott sich in die Ahnengalerie derjenigen Rock-'n'-Roll-Märtyrer einreiht, die ihre Musik durch das Leben maximal beglaubigt haben, aktualisiert seine Band den altehrwürdigen Topos von der Kunst, die aus Schmerz geboren ist. Statt sich aufzulösen, spielt sie mit dem neuen Sänger Brian Johnson ein neues Album ein, das nur fünf Monate nach Scotts Tod erscheint: passend *Back in Black*[156] betitelt, mit den drohenden Glocken von *Hells Bells* einsetzend avanciert es in der Folge zum meistverkauften Hard-Rock-Album der Geschichte.

Ein halbes Jahr später und nur gerade einmal gut acht Meilen entfernt, im neugotischen Kensingtoner Tower House von Led Zeppelin-Gitarrist Jimmy Page, stirbt deren Drummer John Bonham wie ein Seelenverwandter von Bon Scott. Auch er trinkt sich tot, während der Proben zur ersten Amerika-Tournee seit 1977: Am 24. September beginnt er im Probenraum mit einem selbstzerstörerischen Trinkgelage, über 40 Wodka-Shots sollen es gewesen sein, Bonham wird daher in Pages Haus gebracht und dort vorgeblich sicher gelagert. Aber die Lagerung geht schief, eine Aspiration der Atemwege tritt ein und Bonham kann nur noch tot aufgefunden werden. Ein Tod wie derjenige von Scott, und doch auch wieder ganz anders. Ironie der Popgeschichte ist, dass ausgerechnet der wohl beste Drummer der Historie aus Selbstzweifeln an seiner Kunst zu trinken beginnt, anders auch als der wilde Keith Moon, der vielleicht einzige ernsthafte Konkurrent auf den Schlagzeug-Thron. Mehr kunsttypischer Zweifel an Talent und Fähigkeiten ist es mithin, was zum Unfall führt, und weniger der Rock-'n'-Roll-Lifestyle. Dazu passt, dass die auch hier unmittelbar entstehende Legende gegenläufig zu der von AC/DC verläuft, hier hört gewissermaßen mit ihrem Taktgeber das Herz der Band auf zu schlagen. So veröffentlicht die Band einige Wochen nach dem Tod Bonhams eine Erklärung, mit der sie die Bandgeschichte für beendet erklären: „Wir möchten, dass bekannt wird, dass der Verlust unseres lieben Freundes und der tiefe Respekt, den wir für seine Familie empfinden, zusammen mit dem tiefen Gefühl ungeteilter Harmonie, das wir und unser Manager empfinden, uns zu der Entscheidung veranlasst haben, dass wir nicht so weitermachen können, wie wir waren."[157] Was bleibt von Bonham? „Er war der Groove-Meister", sagte Black-Sabbath-Schlagzeuger Bill Ward. „Er schrieb die Bibel über das Rock-Schlagzeugspiel."[158]

Von hier aus müssen wir im Geschichtsfilm noch einmal ein paar Monate zurückspulen, in den Mai 1980. Die Inszenierung von Joy Division im All-

---

[156] AC/DC: *Back in Black*. Atlantic 1980.

[157] Led Zeppelin zit. nach Chris Welch: *Led Zeppelin: Dazed and Confused*. Glasgow 1998, 122.

[158] Bill Ward zit. nach Chris Welch/Geoff Nicholls: *John Bonham. A Thunder Of Drums*. London 2001, 56.

gemeinen und ihres Leaders Ian Curtis im Besonderen muss im Nachhinein wie die Chronik eines angekündigten Todes erscheinen, eine Chronik, die am 18. Mai in einem tristen Reihenhaus auf der Barton Street in Macclesfield, Cheshire, ihr Ende findet. Düsterer als die Cover der beiden Alben *Unknown Pleasures*[159] und *Closer*[160] war nichts Ende der 1970er Jahre, wie aus dem dramatisch verfallenden Manchester war jede Farbe aus den Sleeves gewichen. Genauso kalt und distanziert klang die Musik, kongenialer Ausdruck des Zeitgeists, und auf keinem Foto der Band lächelt Curtis, obwohl er durchaus heiter sein konnte, wie Zeitzeugen zu Protokoll gegeben haben. Ein Lächeln hätte aber nicht gepasst, denn Inszenierungen wollen konsequent sein – und zu Songs wie *Digital*[161] („feel it closing in, day in, day out") und *Dead Souls*[162] („a dual of personality, that stretch all true realities") lässt sich nur düster blicken.

Damit soll allerdings nicht gesagt sein, dass Curtis ein Sonnenschein war, den die Imagestrategien auf düster getrimmt haben. Vielmehr setzt ihm neben einer depressiven, von der üblichen Lektüre (Dostojewski, Nietzsche, Hesse und Ballard) befeuerten Disposition eine sich verstärkende Epilepsie zu, mit der Angst verbunden, sich auf der Bühne zu blamieren. Und das erotische Hin und Her zwischen seiner Frau und der Affäre mit der belgischen Journalistin Annik Honoré hilft auch nicht dabei, seelisch stabil zu werden. Die toxische Mischung führt schließlich ins Desaster: Ian Curtis hatte Kaffee und Schnaps getrunken, dazu Iggy Pops Album *The Idiot*[163] gehört, mit dem Song *Tiny Girls* darauf, der folgendermaßen beginnt: „Well the day begins, you don't want to live / cause you can't believe in the one you're with." In der Nacht zuvor hatte Curtis außerdem Werner Herzogs Film STROSZEK[164] gesehen, einen Film über einen Musiker, der nach Amerika zieht, von seiner Freundin betrogen wird und sich am Ende das Leben nimmt. So findet ihn seine Noch-Ehefrau Debbie Curtis morgens erhängt in der Küche, und so banal die Umstände, so weitreichend ist der Mythos, der von diesem Schlussbild ausging. Er wirkt bis heute, Curtis ist für die Popwelt der Prototyp des an Leben und Kunst leidenden Anti-Stars geblieben, ein Bild, das von Anton Corbijns Biopic CONTROL[165] (2007, auf Grundlage der bezeichnend betitelten Biografie *Touching From a Distance* von Deborah Curtis) gefestigt wurde.

Wenn man so will, endet das Jahr mit einem Todesfall, der maximal weit entfernt ist, sowohl von der Legende der Rock-'n'-Roll-Inkarnation Scott wie

---

[159] Joy Division: *Unknown Pleasures*. Factory 1979.
[160] Joy Division: *Closer*. Factory 1980.
[161] Joy Divison: Digital. Auf: *Factory Sample*. Factory 1979.
[162] Joy Divison: Dead Souls. Auf: *Licht und Blindheit*. Sordide Sentimental 1980.
[163] Iggy Pop: *The Idiot*. RCA Victor 1977.
[164] Werner Herzog (Regie): STROSZEK. Deutschland 1977.
[165] Anton Corbijin (Regie): CONTROL. Vereinigtes Königreich 2007.

der zerquälten Künstlerpersona Curtis gleichermaßen. Und doch gehorcht dieser Tod (wenn man das so technisch formulieren darf) unbedingt den Strukturbedingungen der Popmusik, weil mit ihm das Phänomen Fantum auf schreckliche Weise anschaulich gemacht wird, d.h. die Übersteigerung der Projektionen auf das adorierte ‚Objekt', wie sie charakteristisch für den Pop ist. Auf den Namen gebracht: John Lennon ist Anfang 1980 gerade erst wieder aus seiner Elternzeit zurückgekehrt und hat mit *Double Fantasy*[166] ein Album veröffentlicht, das eine im Business seltene Zufriedenheit mit seiner Rolle ausstrahlte, seiner Rolle als Mann und Vater, weniger als Popstar. Es setzt ein mit der Beschwingtheit von *(Just like) Starting Over*, bringt mit *Beautiful Boy* eine optimistische Ode an seinen zweiten Sohn Sean und gibt in *Watching the Wheels* den Kritikern seines mittlerweile popuntypischen, leidensfreien Lebensstils zu verstehen: „I'm just sitting here watching the wheels go round and round / I really love to watch them roll / No longer riding on the merry-go-round / I just had to let it go."

Am 8. Dezember ist er mit der unvermeidlichen Yoko Ono auf dem Weg zurück vom Studio, wo bereits Aufnahmen für die nächste Platte gemacht wurden, um 22.48 Uhr rollt er vor das Portal des Dakota House und lässt den Fahrer ausnahmsweise vor dem imposanten Gebäude anhalten. Dort wartet Mark Chapman, dem Lennon nachmittags, vor dem Aufbruch ins Studio, noch ein Exemplar von *Double Fantasy* signiert hatte. Was genau im geistig verwirrten Chapman vorgeht, wird sich nie abschließend klären lassen, in jedem Fall hat er neben Lennons Platte noch Salingers Adoleszenz-Bibel *The Catcher in the Rye* bei sich – und einen 38-Revolver. Nun, abends, bei der zweiten Begegnung mit seinem Idol ruft er nur noch „Mr. John Lennon?" und feuert aus kurzer Entfernung fünf Mal auf Lennon, vier Kugeln treffen ihn. Kurz darauf kann im nahegelegenen Roosevelt Hospital Center nur noch ‚dead on arrival' festgestellt werden.[167] Gewissermaßen enden die 1960er damit nochmals bzw. endgültig – weil mit Lennon auch die Hoffnung auf ein Revival der Beatles stirbt. Chapman ist bis heute in Haft, trotz der Einreichung von zwölf Gnadengesuchen kann es offenkundig keine Rehabilitation für denjenigen Mann geben, der den vielleicht beliebtesten Popstar der Geschichte getötet hat.

---

[166] John Lennon/Yoko Ono: *Double Fantasy*. Geffen 1980.

[167] Vgl. Les Ledbetter: John Lennon of Beatles Is Killed; Suspect Held in Shooting at Dakota. In: *The New York Times*, 9.12.1980, 1.

Walkman, Mixtapes und die neue Unübersichtlichkeit

Wenn es stimmt, dass im Pop die Geräte bestimmen, was und wie wir hören, dann beginnen die 1980er schon am 1. Juli 1979.[168] An diesem Tag brachte Sony den TPS-L2 auf den Markt, ein mobiles Kassettenabspielgerät, violett-blau, 14 Zentimeter hoch, 9,5 Zentimeter breit, 3,5 Zentimeter dick und 390 Gramm schwer, mit einem Wort: den ersten Walkman. Es war zwar nicht der erste Versuch, ein handliches bzw. tragbares Wiedergabegerät zu konstruieren, das anders als der schwere Ghettoblaster nicht seine Umgebung beschallte, sondern nur für den einzelnen Hörer bestimmt war. So hatte der deutsch-brasilianische Philosoph und Erfinder Andreas Pavel schon 1977 den „Stereobelt" zum Patent angemeldet, eine „körpergebundene Kleinanlage für die hochwertige Wiedergabe von Hörereignissen". Diese Erfindung, bei der die einzelnen Elemente an einem Gürtel befestigt waren, der mit den Kopfhörern verbunden wurde, setzte sich aber nicht durch, vielleicht war die Technik zu umständlich oder der Name nicht zugkräftig genug (oder beides). Erst als Sony-Gründer Masaru Ibuka auf seinen Reisen Musik hören wollte, wurde Mediengeschichte geschrieben. Sonys zwei Kilogramm schweres Diktiergerät TC-D 5 war dafür zu unhandlich, also entwickelten die Ingenieure ein Gadget, das sich in der Hand oder der Hosentasche tragen ließ; eine Ironie der Pophistorie ist, dass Ibuka Opern liebte, ausgerechnet die höchste Form der Kunstmusik war in diesem Fall also Treiber der (aus der Perspektive eines Klassikfans gesehen) niederen Trivialmusik.

Dabei war der Walkman allerdings nicht sofort ein durchschlagender Erfolg, gerade einmal 3.000 Exemplare wurden zunächst abgesetzt. Dann begann (forciert von einer aggressiven Werbestrategie) allerdings der beispiellose ökonomische wie medienstrategische Siegeszug des Walkman – ein Siegeszug, der die Produktion wie die Rezeption nicht nur, aber vor allem von Popmusik kategorial und unumkehrbar verändert hat. Es ist wohl nicht übertrieben, mit dem Walkman den Beginn einer Entwicklung anzusetzen, die bis heute reicht: Er ist gewissermaßen das Smartphone der 1980er Jahre. Mediennutzungshistorisch gewendet: Ab jetzt individualisieren sich die Geschmäcker in kategorial anderer Weise als zuvor.

Wenig verwunderlich ist, dass nicht alle von der Erfindung begeistert waren, vielmehr rief sie in geradezu klassischer Weise den Popkonflikt zwischen Alt und Jung auf den Plan. Unhöflich sei die Abschottung von der Umwelt durch Kopfhörer, wurde genörgelt, die Jugendlichen würden sich dergestalt einer Teilnahme am gesellschaftlichen Leben verweigern, und außerdem drohten dauerhafte Hörschäden. Selbst der Deutsche Bundestag widmete sich auf Antrag eines CDU-Abgeordneten dieser Gefahr, und in einem *Handbuch der*

---

[168]Ausführlich rekonstruiert und reflektiert findet sich dieser Zusammenhang bei Tobi Müller: *Play. Pause. Repeat. Was Pop und seine Geräte über uns erzählen.* Berlin 2021.

Musikpsychologie von 1985 wird er als materialer Ausdruck eines generellen „soziale[n] und psychische[n] Elends" diagnostiziert: „Eines der Hauptprobleme, mit denen die junge Generation zu kämpfen hat, ist ihre Unfähigkeit zur Sozialisation, ihre Einsamkeit."[169] Und ganz falsch sind diese Vorwürfe auch gar nicht: Richtig ist, dass die Bügelkopfhörer mit Schaumstoffüberzug tatsächlich sehr viel Schall abgaben und für die Umwelt der jeweiligen Hörer nervtötend sein konnten. Zutreffend ist ebenfalls, dass der Walkman durchaus einen Abschottungs- und Vereinzelungsschub motiviert hat, mit ihm geht der geheimnisvolle Weg jugendlicher Hörer noch stärker nach innen, tiefer in die Isolation von einer erwachsenen Gesellschaft, die sie ohnehin nicht versteht. Weniger romantisch und eher medienpsychologisch gewendet: Wer sich mit dem Walkman durch den öffentlichen Raum bewegt – *walk, man!* – formt sich die Umwelt zur Kulisse des eigenen Soundtracks.

Übersehen wird bei dieser Kritik jedoch, dass der Walkman nicht nur der Abgrenzung und Selbstermächtigung dient, sondern zugleich Ausdruck des Leistungsimperativs seiner Zeit ist. Er ist ja nicht dafür gedacht, kontemplativ in Kissen zu versinken und lange Improvisationen von (sagen wir mal) den Grateful Dead zu hören. Vielmehr fordert er zur Mobilität und Agilität auf, er kommt erst in der Bewegung zu seiner Bestimmung. Insofern ist der Walkman idealtypischer Ausdruck seiner generell von Ambivalenz charakterisierten Zeit, namentlich einer neuen Form der Urbanität. In seinem vielzitierten Essay *Der Walkman-Effekt* hat der Kulturtheoretiker Shuhei Hosokawa über diesen Zusammenhang von Mentalitäts- und Technikgeschichte reflektiert: „Es ist kein reiner Zufall, daß der Walkman im ersten Frühling dieses Jahrzehnts in Erscheinung trat. Der Walkman ist weder Ursache noch Wirkung dieser Autonomie, er ruft sie weder hervor, noch verwirklicht er sie. Er ist die Autonomie, oder vielmehr die Autonomie-des-laufenden-Ich."[170] Über den Walkman nachzudenken, heiße daher, „über das Urbane zu reflektieren: Der Walkman als urbane Strategie, als urbane Klang-/Musik-Vorrichtung."[171]

Schnell fand sich auch die passende Musik für diesen neuen Typus von Rezeptionserlebnis. Denn mit dem Walkman lässt sich zwar jede Musik hören (selbst Opern), aber nicht jede ist gleich gut geeignet für das in der Öffentlichkeit vollzogene und dabei ostentativ intime Hörerlebnis. „Musik für außen coole, innen lodernde Herzen"[172] kommt nun nämlich von Bands wie Human League, Depeche Mode oder den Eurythmics, die melancholische, synthesizer-dominierte Klanglandschaften anbieten. Vor allem Annie Lennox avanciert zum Role Model dieser ambivalenten Ausstrahlung, hart und zart

---

[169] Helga de la Motte-Haber: *Handbuch der Musikpsychologie mit 85 Abbildungen, 19 Notenbeispielen und 39 Tabellen.* Bremen 1985.

[170] Shuhei Hosokawa: *Der Walkman-Effekt.* Berlin 1987, 8f.

[171] Ebd., 9.

[172] Müller: *Play Pause Repeat*, 84.

zugleich, ja fast wie eine androgyne Statue erscheint Lennox, wenn sie den Welthit *Sweet Dreams*[173] mit souliger Kühle anstimmt. Und wer benutzt und missbraucht hier eigentlich wen? „Some of them want to use you / Some of them want to get used by you / Some of them want to abuse you / Some of them want to be abused"- wenn schon Ambivalenz, dann richtig. Mindestens ebenso anschaulich ins Bild gesetzt wird diese Dialektik zwischen Innen und Außen in einem der erfolgreichsten Kinofilme der frühen 1980er Jahre: La Boum - Die Fete[174] (wobei der biedere Untertitel eine deutsche Zutat ist) mit der 13-jährigen Sophie Marceau in der Hauptrolle. Zentral in dieser Teenager-Komödie über die Irrungen und Wirrungen der ersten Verliebtheitsjahre ist eine Szene, in der die von Marceau gespielte Protagonisten Vic in der Disco steht, es läuft ein herkömmlicher Discobeat, als ein Junge sich ihr von hinten nähert, ihr Kopfhörer aufsetzt - und plötzlich *Reality*[175] von Richard Sanderson die Partygeräusche löscht oder überspielt, die Tonspur wird ersetzt von der nur für Vic (und uns Zuschauer) bestimmten Musik aus dem Off, in der es bezeichnenderweise sanft gehaucht heißt: „Dreams are my reality / The only kind of real fantasy / Illusions are a common thing / I try to live in dreams." Und Vic? Dreht sich um und ist in einer Bewegung im Engtanz mit dem Walkmanbesitzer. Aber die produktionsseitigen Folgen der technischen Revolution waren keineswegs auf diese Anpassung der Mainstreammusik an die neuen Hörbedingungen beschränkt. Vielmehr korrespondiert die Individualisierung des Rezeptionserlebnisses mit einer Lösung von der vorgängigen Produktionsinstanz, d.h. von den festen Vorgaben der Künstler und Plattenfirmen durch Alben. Auf einen Begriff gebracht: Das Mixtape wird zu der „am häufigsten ausgeübten amerikanische Kunstform"[176] - und sicher nicht nur Amerikas. Zwar hatten solche Tapes schon früher in der Musikgeschichte eine Rolle gespielt, besonders in Disco und Hip-Hop. Aber erst mit dem Walkman wurde das Zusammenstellen je individueller Playlists für je individuelle Personen und Hörsituationen jenseits des Jugendzimmers zu einer dominanten Form des Musikgenusses. Medialer Träger dieser Entwicklung war die überspielbare Kassette, auf der jeweils eine idealiter singuläre Reihenfolge von aus dem Radio, dem Fernsehen oder von den eigenen Platten überspielten Songs arrangiert werden konnte.

Untrennbar gehört zu dieser Durchsetzungsgeschichte des Mixtapes eine Kassette, die 1981 anlässlich des fünfjährigen ‚Dienstjubiläums‘ des Labels Rough Trade beim *New Musical Express* bestellt werden konnte, eine Kassette mit 25 Songs von Scritti Politti über Deutsch Amerikanische Freundschaft bis

---

[173] Eurythmics: Sweet Dreams (Are Made of This). Auf: *Sweet Dreams (Are Made of This)*. RCA 1983.

[174] Claude Pinoteau (Regie): La Boum - Die Fete. Frankreich 1980.

[175] Richard Sanderson: *Reality*. Barclay 1980.

[176] Geoffrey O'Brien: *Sonata For Jukebox. Pop Music, Memory, and the Imagined Life*. New York, NY 2004, 108.

zu den Buzzcocks und Ian Dury. Immerhin wurden 15.000 Exemplare von der *C81*[177] (so der Name der Kompilation) verkauft, formativ in medialer wie generischer Hinsicht geriet aber erst der fünf Jahre später veröffentlichte Nachfolger, konsequent *C86*[178] benannt. Auf der *C86* finden sich ausschließlich Bands von sogenannten „Independent Labels", etwa von Factory Records, Creation und erneut Rough Trade. „Die Aufnahmen waren fürchterlich produziert", erinnert sich Nicky Wire von den Manic Street Preachers, „aber das Ganze hörte sich menschlich an."[179] So hatte die „Geburtsstunde des britischen Indie-Sound-Phänomens"[180] geschlagen: Die Musik blieb zwar strukturell ‚Indie', wurde dabei aber so populär wie diejenige von Major-Labels, die Zahl der *happy few*, die ‚Indie' hört, widerspricht seither der Idee einer randständigen Subkultur. Weniger kulturkritisch formuliert: Das Analoge und Handgemachte der Mixtapes korrespondierte gleichsam kongenial mit der DIY-Ästhetik alternativer Musik, und so erscheint nur logisch, dass ausgerechnet Thurston Moore von den Noise-Vorreitern Sonic Youth ein Fan des Formats Kassette im Allgemeinen und der Mixkassette im Besonderen wurde. Im Jahr 2006 kuratierte er das aufwändig gestaltete Kunstbuch *Mix Tape: The Art of Cassette Culture* und erinnert sich im Vorwort, wie (für ihn) alles anfing:

> The Dean of Rock Critics, Robert Christgau, was writing in the Village Voice about his favourite Clash record, which just happened to be one he made himself: a tape of all the none-LP B-sides by the band. The Clash made great singles. Anyway, this was a great idea to my rock critic-reading mind. And one aspect really struck me: Mr. Christgau said it was a tape he made to give his friends. He had made his own personalized Clash record and was handing it out as a memento of his rock 'n' roll devotion.[181]

Mit der Mixkassette *C86* begann also die Liebe zum Indiepop, und mit einer Mixcassette begannen in der Folge überhaupt Liebesgeschichten, die Autonomie-Geste des *NME* wurde sozusagen ins Individuelle weitergereicht, in alle möglichen Popformen. „Wenn du dir von einem Mann eine Kassette aufnehmen lässt, erfährst Du mehr über ihn, als wenn du mit ihm schläfst",[182] konstatiert die Ich-Erzählerin von Karen Duves Roman *Dies ist kein Liebeslied*, und tatsächlich fungierte die Mixkassette häufig als Musik gewordener Liebesbrief. Im besten Fall geht es dann so aus wie in Nick Hornbys Pop-

---

[177] Various Artists: *NME / Rough Trade C81*. New Musical Express/Rough Tapes 1981.

[178] Various Artists: *C86*. New Musical Express/Rough Trade 1986.

[179] Alexis Petridis: The birth of uncool (2006), theguardian.com/music/2006/oct/25/popandrock (14.08.2025).

[180] Siehe nme.com/news/music/the-magic-numbers-11-1350557 (16.8.2025).

[181] Thurston Moore: Introduction. In: *Mix Tape. The Art of Cassette Culture*. New York, NY 2004, 9–13, hier 9.

[182] Karen Duve: *Dies ist kein Liebeslid*. Berlin 2002, 45.

Roman *High Fidelity* über den Platten-Nerd Rob, der auf ein Happy Ending im Zeichen des Mixtapes zuläuft: Ganz am Ende steht Rob am DJ-Pult eines Clubs und legt vordergründig für die tanzende Menge auf, im emphatischen Sinne aber nur für Laura, die sich zu Beginn des Romans von ihm getrennt hat: „Ich spiele ‚Got To Get You Off My Mind‘ von Salomon Burke, und alle wagen sich auf die Tanzfläche [...] Als Laura die ersten Takte hört, fährt sie herum und grinst und winkt mir ein paarmal mit erhobenem Daumen, und ich beginne im Kopf eine Kassette für sie zusammenzustellen, eine mit lauter Zeug, von dem sie gehört hat, und lauter Zeug, das sie sich anhören würde. ‚Heute Abend sehe ich, zum ersten Mal in meinem Leben, wie das geht.‘“[183] Wenn diese Szene keinen Einzelfall bietet, sondern über sich hinaus ins Exemplarische weist, wie es sich für Literatur gehört, dann bringt sie die mit dem Mixtape einziehende Individualisierung der privaten Archive auf ein romantisches Schlussbild. Spätestens jetzt setzt folglich ein, was die popmusikalische Öffentlichkeit wie das intime Hören bis heute kennzeichnet: das Nebeneinander der Stile und (nicht nur) musikalischen Moden, die nun häufig nicht mehr aufeinander bezogen sind, also aus dem Gegeneinander keine Distinktionsgewinne mehr erzielen, sondern je für sich existieren. Eine neue Unübersichtlichkeit ließ sich konstatieren, um ein Schlagwort von Habermas aus dieser Zeit zu leihen, das freilich nicht auf diesen Kontext gemünzt war, ihn aber treffend charakterisiert.

Rhyme pays

Bleiben wir noch für einen Moment am DJ-Pult, aber gehen von *High Fidelity* aus noch einmal kurz zwei Jahrzehnte zurück. Nichts am 11. August 1973 lässt erahnen, dass an diesem Tag eine neue Popzeitrechnung beginnt: Im von einer Finanzkrise geschüttelten New York feiert der DJ Kool Herc in der besonders heruntergekommenen Bronx eine sogenannte Blockparty, steht an zwei Turntables und verlängert mithilfe eines Mischpultes die Instrumentalpassagen von Funk- und Soulhits zu einem ununterbrochenen musikalischen bzw. rhythmischen Fluss. Vor allem achtet er dabei auf die Drumbreaks, weil die Tänzer zu ihnen noch mehr ‚abgehen‘ als ohnehin schon – von hier leitet sich der Name ‚Breakdance‘ für einen neuen Tanzstil ab. Über diese instrumentale Spur spricht der Rapper (der in diesem Moment allerdings noch nicht so genannt wird) Coke La Rock Reime, Satzfetzen, sich wiederholende Phrasen, um das Publikum noch weiter anzufeuern. Hip-Hop ist geboren. Fünfzig Jahre nach diesem generischen Initialereignis ist Hip-Hop die wohl meist gehörte, meist verkaufte und überhaupt einflussreichste Form des Pop,

---

[183] Nick Hornby: *High Fidelity*. Köln 2016 (engl. 1995), 315.

ästhetisch stilprägend und kommerziell beherrschend. Die großen Stars der Szene haben eigene Modelabels, kaufen sich Sportvereine und kandidieren als US-Präsident – wie Kanye West, der dem Popfeld längst in alle anderen gesellschaftlichen Felder entwachsen ist. Nicht zu schweigen davon, dass er unter starkem Größenwahnsinnsverdacht steht.

Wie konnte es zu dieser Entwicklung des Hip-Hop kommen? Wie und warum wird eine Subkultur zum dominierenden Pop-Player? Es gibt sicher nicht den *einen* Grund, der diese HIP-HOP EVOLUTION[184] zu erklären vermag (so lautet der passende Titel einer mehrteiligen Netflix-Doku, die die Geschichte von den Quellen bis heute bild- und soundstark rekonstruiert). Zumindest mitverantwortlich ist wohl, dass die Einsicht von Diederichsen, dass Pop viel mehr als Musik ist, nämlich ein Zusammenhang aus Sounds, Medien, Geräten, Lebensstilen und Rezeptionssituationen, für Hip-Hop mehr als für alle anderen popmusikalischen Stilformen gilt. Ebenso einrechnen müssen wir, dass die Gattung historisch von Beginn an gewissermaßen in zwei Richtungen orientiert ist, wie wir eben bei Kool Herc gesehen haben, der auf das Soul- und Funkarchiv zugreift, um etwas Neues zu schaffen. Freilich gehen letztlich alle Popgattungen auf afroamerikanische Einflüsse zurück, aber keine Gattung so entschieden wie der Hip-Hop, der sich auf die Geschichte bezieht, um Geschichte zu schreiben – Gegengeschichte, genauer gesagt, um die dominierenden weißen Popgeschichten zu delegitimieren und ihnen eine eigene Historie entgegenzusetzen.

In den 1970er Jahren verlief der Prozess noch im doppelten Sinne eher untergründig, Hip-Hop entwickelt seine Formsprache als Subkultur an den Rändern der Gesellschaft, in den urbanen afroamerikanischen Zentren der amerikanischen Gesellschaft, erst in New York, bald auch in Los Angeles, und weitgehend abseits der Charts. Der Grenzübertritt von diesem Rand ins Zentrum des popkulturellen Diskurses, von der Nische in den Mainstream, lässt sich genau datieren: Am 16. September erscheint *Rapper's Delight*[185] von der Sugarhill Gang, zwölf Minuten lang, dominiert von der Basslinie aus dem Song *Good Times*[186] der Disco-Formation Chic und mit der Wendung einsetzend: „A with a hip-hop / The hippie to the hippie / The hip, hip-hop and you don't stop the rockin' / To the bang-bang boogie, say up jump the boogie / To the rhythm of the boogie, the beat."[187] Der Song verband erstmals in der Gattungsgeschichte „das Beliebte (den Disco-Sound) mit dem Neuen (dem Rap)",[188] vermittelte also zwischen dem zuvor stark distinktiven Gestus des Hip-Hop und einer neuen Form des Populären, die

---

[184] Darby Wheeler/Rodrigo Bascunan (Regie): HIP-HOP EVOLUTION. Kanada 2016.
[185] Sugarhill Gang: *Rappers's Delight*. Sugar Hill 1979.
[186] Chic: *Good Times*. Atlantic 1979.
[187] Sugarhill Gang: *Rappers's Delight*. Sugar Hill 1979.
[188] Dustin Breitenwischer: *Die Geschichte des Hip-Hop. 111 Alben*. Ditzingen 2021, 11.

alle angeht, auch diejenigen, die nicht unmittelbar dem sozialen Milieu der Künstler:innen entstammen. Und Bedingung der Möglichkeit für einen die soziokulturellen Sphären maximal transzendierenden Erfolg ist ja, dass mehr oder minder alle Popinteressierten herkunftsunabhängig gleichermaßen adressiert werden – und sich auch tatsächlich angesprochen fühlen. Mit diesem Song sowie dem im folgenden Jahr nachgelieferten Album (*Sugarhill Gang*, 1980)[189] hatte die Band andere Pioniere des Hip-Hop gewissermaßen überholt, diejenigen nämlich, die zwar Blockpartys veranstalteten und dabei das Formen- bzw. Technikrepertoire erweiterten, aber keine LP-Aufnahmen machten; Kool Herc ist erst in den 1990ern mit Gastauftritten gelegentlich auf Platte gepresst worden, so auf *Terminator X and the Godfathers of Threatt/ Super Bad*[190] mit Public-Enemy-DJ Terminator X (1994).

Kurz nach dem Debüt der Sugarhill Gang zog allerdings Grandmaster Flash nach, der den frühen Hip-Hop mit Kool Herc und Afrika Bambaata entwickelt hatte, ja der das Patent auf fast alle technischen Innovationen des Hip-Hop hat (wie das Backspinning, bei dem die Platte immer wieder schnell rückwärts gedreht wird, oder das Phasing, bei dem die beiden Turntables in unterschiedlicher Geschwindigkeit gespielt werden). Die richtige Endgültigkeitsform fanden Grandmaster Flash und seine Band The Furious Five mit dem Album *The Message*[191] im Jahr 1982, ebenfalls beim Label Sugar Hill veröffentlicht und von der performativen Inszenierung einer spezifischen ‚Realness' über den schepperig groovenden Straßensound bis hin zur sozialkritischen ‚Message' der Songs „ein völlig neues ästhetisches Großereignis".[192] Vor allem der Titelsong avancierte sofort zum Genre-Klassiker, und seine Botschaft an die (weiße) Mehrheitsgesellschaft ist deutlich, in den Lyrics wie in dem direkt auf den Straßen der Bronx gefilmten Video: „It's like a jungle sometimes / It makes me wonder how I keep from goin' under" – aber der Kopf bleibt oben, denn so funktioniert Realness, diese inszenierte wie authentische Mischung aus habitueller Streetcredibility, aus Härte und Glamour. ‚Keeping it real' bedeutet seither, den Bezug auf die Hip-Hop-Tradition als einer dem Ghetto entsprungenen Kulturform ethnischer Minderheiten wach zu halten, „das Akzeptieren und Beherrschen der Konventionen bei Hip-Hop-spezifischen Events, die eigenen Fähigkeiten und Fertigkeiten als *DJ, Rapper, Breakdancer* oder *Graffiti-Maler* sowie die Glaubwürdigkeit ihrer Darstellung."[193]

---

[189] Sugarhill Gang: *Sugarhill Gang*. Sugar Hill 1980.

[190] The Godfathers of Threatt: *Terminator X and the Godfathers of Threatt/Super Bad*. P.R.O. Divison 1994.

[191] Grandmaster Flash and The Furious Five: *The Message*. Sugar Hill 1982.

[192] Breitenwischer: *Geschichte des Hip-Hop*, 14.

[193] Gabriele Klein/Malte Friedrich: *Is this real? Die Kultur des Hip-Hop*. Frankfurt/M. 2003, 8; kursiv im Original.

Der vom Hip-Hop stark beeinflusste Falco war übrigens ein großer Verehrer des Songs, hat eine deutsche (oder eher: wienerische) Version angefertigt und als Gastkritiker für das Jugendmagazin *Rennbahn-Express* geurteilt: „Wie viel Polizisten braucht man, um einen jungen Schwarzen abzuführen? Drei, davon zwei für das Kassettenportable. Die New Yorker Rap-Szene unterscheidet sich von der Wiener also nicht nur dadurch, dass man dem Grandmaster dort den Mercedes nicht übelnimmt. Eine Szene wie am Cover von ‚The Message' zeigt ein Lebensgefühl, das für uns nicht nachvollziehbar ist. Der große Meister [...] avancierte vom Disc-Jockey zum situierten Mittelständler und verkauft dennoch glaubwürdig seinen Alltag in der Bronx."[194]

Wir können Falco zustimmen: Mit der Platte von Grandmaster Flash war letztlich alles zusammen, was Hip-Hop bis heute ausmacht. Die 1980er lassen sich von hier aus als Phase der Ausweitungstendenz von Hip-Hop in politischer, ästhetischer und habitueller Richtung begreifen – wobei sich Formgebung, Politik- und Lebensstil nur aus analytischen Gründen trennen lassen. Eine deutlich politisch kalibriertes (Kunst-)Konzept inszenierte vor allem Afrika Bambaata, ausgehend von der grundlegenden Einsicht, dass eine Revolution nichts nützt, zu der man nicht tanzen kann. In diesem Sinne war Bambaata als DJ neben Kool Herc und Grandmaster Flash treibende Kraft der subkulturellen Partykultur, überschritt die Grenzen des popmusikalischen Feldes aber zeitgleich, indem er schon 1975 die Universal Zulu Nation gründete, eine diffus religiös orientierte, politische Gemeinschaft, zu deren Oberhaupt sich Bambaata selbst ernannte. Den Soundtrack zu dieser Bewegung lieferte er natürlich selbst, vor allem mit dem Song *Planet Rock* von 1982, der die getanzte Revolution in Verse bringt: „Party people, party people, can y'all get funky? / Soul Sonic Force, can y'll get funky? / The Zulu Nation, can y'll get funky? / Yah, just hit me."[195] Und klanglich übersetzt sich der politische Gestaltungswille hier in die Verbindung generisch mittlerweile etablierter Breakbeats mit elektronischen Rhythmen, komponiert mit dem gerade erst auf den Markt gebrachten Composer Roland TR-808 – ein Gerät, das in der Folge auf zahlreichen Hip-Hop-Platten zum Einsatz kam. Der in die Zukunft weisende Sound von *Planet Rock* entstand dabei übrigens durch ein Melodie-Zitat aus Kraftwerks *Trans Europa Express*[196] und weitere Übernahmen aus deren Song *Numbers*,[197] nicht gesampelt allerdings, sondern nachgespielt. Dieses Produktionsverfahren schützte Bambaata allerdings nicht vor einem Urheberrechtsstreit, der mit einem außergerichtlichen

---

[194] Rennbahn-Express 1982 - Michael Rager: The Message (2023), falco-compendium.at/musik/miscellaneous/the-message/ (7.8.2025).

[195] Afrika Bambaataa and The Soul Sonic Force: *Planet Rock*. Tommy Boy 1982.

[196] Kraftwerk: *Trans Europa Express*. Kling Klang/Emi Electronica 1977.

[197] Kraftwerk: Numbers. Auf: *Computerworld*. Warner Bros. 1981. Im Original 1977 mit abweichendem deutschen Songtitel - *Nummern*, sowie Albumtitel - *Computerwelt* erschienen.

Vergleich endete – so oder so ein Beleg dafür, dass die *counter appropriation* eingesetzt hatte.

Auf andere Weise offensiv konfrontierten N.W.A um Ice Cube und Dr. Dre die Popwelt (und nicht nur diese) mit einem neuen schwarzen Selbstbewusstsein. *Straight Outta Compton*[198] (so der Titel ihres Debütalbums von 1988) provozierten die Niggaz Wit Attitudes (dafür steht das Akronym) mit nervös und hart pumpenden Songs mit unmissverständlichen Titeln wie *Fuck tha Police*, *Gangsta Gangsta* oder *Parental Discretion Iz Advised* und begründeten damit ein neues Genre: den Gangsta Rap. Zu den ironischen Volten der Popgeschichte gehört, dass ausgerechnet Dr. Dre durch den Verkauf von Kopfhörern zum Milliardär wurde – aber das gehört letztlich zur Logik der Formel *crime pays* (in der Inszenierung, wohlgemerkt). Und natürlich muss hier Public Enemy genannt werden, die der (Musik-)Nation selbstbewusst *It Takes a Nation of Millions to Hold Us Back*[199] (1988) entgegenschleudern und auf die soziale Kälte während der Reagan-Jahre mit sozialkritischen Lyrics reagieren. Das ist eminent politisch, aber für Public Enemy wie für mehr oder weniger alle Acts des Hip-Hop gilt: Resonanzstark sind die politischen Positionsnahmen nur, wenn der Beat stimmt – wie idealtypisch auf der wenig später veröffentlichten Single *Fight The Power*,[200] dem Titeltrack für Spike Lees Apartheitsdrama DO THE RIGHT THING.[201]

In diesem Zusammenhang einer die Machtstrukturen des Popbusiness im Besonderen wie der Gesellschaft im Allgemeinen attackierenden Inszenierungsstrategie lässt sich zudem eine Form der Selbstermächtigung gegen eine doppelte Marginalisierung verorten: diejenige nämlich von Schwarzen Künstlerinnen, die sich einerseits (wie ihre männlichen Kollegen) gegen eine von weißen dominierte (Pop-)Welt in Stellung bringen, andererseits und zugleich jedoch gegen den grassierenden Machismus des Hip-Hop behaupten müssen. Mit hoher provokativer Kraft gehen Salt 'n' Pepa diesen doppelten Kampf an, mit dem Album *Hot Cool & Vicious*[202] (1986) und Tracks wie dem selbstbewussten *Push it*,[203] das zum Tanzen wie Sex gleichermaßen auffordert („push it good / (Ah, push it) / push it real good / (Ah, push it) push it good / (Ah, push it) p-push it real good)" oder dem sexuell noch aggressiveren *I'll Take Your Man*[204]: „Salt and Pepa's back / And we came to out rap you / So get out my face before I smack you / Ho, don't you know? Can't you understand? / If you mess with me I'll take you man / Well I'll

---

[198] N.W.A: *Straight Outta Compton*. Ruthless/Priority 1989.

[199] Public Enemy: *It Takes a Nation of Millions to Hold Us Back*. Def Jam 1988.

[200] Public Enemy: *Fight the Power (Extended Version)*. Motown 1989.

[201] Spike Lee (Regie): DO THE RIGHT THING. USA 1989.

[202] Salt 'n' Pepa: *Hot Cool & Vicious*. Next Plateau 1987.

[203] Salt 'n' Pepa: Push It. Auf: *Hot Cool & Vicious*. Next Plateau 1986.

[204] Salt 'n' Pepa: I'll Take Your Man. Auf: *Hot Cool & Vicious*. Next Plateau 1986.

take your man right out the box / And put him under my padlocks." Bei dieser genderpolitischen Pionierarbeit konnten sich in der Folge unzählige Hip-Hop-Acts bedanken. Schwer vorstellbar etwa, dass MC Lyte ohne das Vorbild von Salt 'n' Pepa als erste weibliche Rapperin ein Soloalbum hätte veröffentlichen können, *Lyte as a Rock*[205] (1988), partytauglich, selbstbewusst und mit einem der meistzitierten Diss-Tracks darauf: *10 % Dis.* Dort wirft MC Lyte ihrer Konkurrentin Antoinette vor, einen Beat gestohlen zu haben, ein deftiger Wortstrom, der vom Refrain zusammengehalten wird. „Beat biter, dope style taker / Tell you to your face you ain't nothing but a faker."

Run-D.M.C. wiederum verkörpern die Neigung des Hip-Hop zu einer weniger politischen als vielmehr marktorientierten Professionalisierung, zu einer Positionierung der Künstler als je eigenes Label, das anschlussfähig ist für allerlei Geschäftsmodelle. Entsprechend zeigten sie sich in einem wiedererkennbaren und vor allem leicht kopierbaren Straßen-Ornat, mit Sneakern und offenen Schnürsenkeln, Trainingsanzügen und Goldketten. Im Track *My Adidas*[206] wird diese Einheit von Innen und Außen programmatisch gefeiert: „My Adidas and me close as can be / We make a mean team, my Adidas and me / We get around together, we're down forever." Und nur folgerichtig muss erscheinen, dass die Band einen Kooperationsvertrag mit Adidas schloss, der mit einer Million Dollar dotiert war, und die Firma sogar eine Modelinie mit dem Run-D.M.C.-Logo auf den Markt brachte. Dieser Kommerzialisierungsschub hat viele Nachahmer gefunden, aber wenn Hip-Hop ein generischer Allesfresser ist, dann liegt die entscheidende Leistung von Run-D.M.C. vielleicht doch eher auf dem Feld der Ästhetik: Denn auf dem Album *Raising Hell*[207] (1986) findet sich die erste Crossover-Produktion des Hip-Hop, *Walk this Way*, zusammen mit der Hardrockband Aerosmith eingespielt. Das Video zum Song zeigt Aerosmith links von einer Wand, Run-D.M.C. rechts, links wird ein Riff gespielt, rechts gerappt, beide Seiten fühlen sich gestört und wollen sich gegenseitig übertönen – bis die Wand durchbrochen wird und die Bands vereinigt sind.[208] Anschaulicher lässt sich eine grenzüberschreitende Ästhetik nicht ins Bild setzen. Damit war dem Hip-Hop ein neues Publikum gewonnen, oder zur Produktionsseite hingewendet, Nachfolgern der Weg geebnet. Noch im selben Jahr wie *Raising Hell* erschien etwa *Licensed to Ill*[209] von den Beastie Boys, ebenfalls von der späteren Produzentenlegende Rick Rubin abgemischt, und brachten den Punk in die Gattung, mit übersteuerten Sounds aus dem 808-Drumcomputer, fast gebrüllten Lyrics und verzerrten Gitarren, wie wir sie aus dem Punkrock

---

[205] MC Lyte: *Lyte as a Rock*. First Priority Music/Atlantic 1988.

[206] Run-D.M.C.: My Adidas. Auf: *Raising Hell*. Profile 1986.

[207] Run-D.M.C.: *Raising Hell*. Profile 1986.

[208] Vgl. youtube.com/watch?v=4B_UYYPb-Gk (8.8.25).

[209] Beastie Boys: *Licensed to Ill*. Def Jam/Columbia 1986.

kennen. Ohne diese drei weißen Jungs sind spätere Erfolgsgeschichten wie diejenige von Eminem kaum denkbar.

So offenkundig Ästhetik, Politik und Habitus im Hip-Hop eine besonders enge Verbindung eingehen, so gibt es doch einen Typus, der sich dominant über die Darstellung, ja die Feier eines Lebensstils definiert: der Pimp. Ein ‚Zuhälter‘, wie der Begriff eigentlich meint, muss es nicht buchstäblich sein, aber es geht doch um die hochgradige Stilisierung bis Glorifizierung einer ‚schmutzigen‘, zwielichtigen Figur, die ihren Reichtum auf der Straße erwirbt und damit protzt. Und damit sind wir bei Ice-T. Dessen Leben ist gefährlich, wie wir aus *6 'N the Mornin'* vom Debütalbum *Rhyme Pays*[210] (1987) lernen, „Six 'n the morning' police at my door / Fresh Adidas squeak across the bathroom floor“, setzt der Song bezeichnend ein. Aber das ist eben nicht authentisch, sondern inszenierte Authentizität, wir haben es hier ja mit keiner faktografischen Darstellung seines Lebens zu tun, sondern mit einer gerappten biographischen Legende. Wie sehr bei diesem Ur-Pimp Kunst und Kriminalität Hand in Hand gehen, artikuliert sich auf dem Intro, das dem Album vorangestellt ist: „A child was born in the East one day / Moved to the West coast after his parents passed away / Never understood his fascination with rhymes or beats / In poetry he was considered elite / Became a young gangster in the streets of L.A. / Lost connections with his true roots far away / But no matter the job or crime / He never lost his hardcore obsession to rhyme.“[211]

Aber so steil die Konjunkturkurve des Gangsta-Rap (und des artverwandten Pimp) zum Ende des Jahrzehnts ansteigt, paradigmatisch für die Gattung im Allgemeinen wie das erste vollgültige Hip-Hop-Jahrzehnt im Besonderen ist ein anderes Album, das sich dem Trend verweigert und stattdessen die historiographische Signatur mit einem genre-transzendierenden Gestus verbindet: *3 Feet High and Rising*[212] von De La Soul (1989). Das Album bezieht sich durchaus auf die Hip-Hop-Tradition und sampelt Disco- und Funkversatzstücke, wie es sich sozusagen gehört, bleibt bei diesen eingespielten Anleihen aber nicht stehen, sondern integriert darüber hinaus Doo-Wop, Psychedelic Rock und Kindermusik. Bezeichnend ist daher, dass der Titel nicht auf das genuine generische Feld referiert, sondern die Country-Legende Johnny Cash beleiht bzw. dessen Song *Five Feet High and Rising*[213] – ein paar Jahre, bevor Rick Rubin dem aus der Zeit gefallenen Cash zu neuer Coolness verhelfen wird. Schließlich positioniert sich das bunte Comic-Cover-Artwork weit entfernt von den Hip-Hop-Moden seiner Zeit. Sein Design, so Toby Mott vom britischen Kunstkollektiv Grey Organisation, soll „neu

---

[210] Ice-T: Rhyme Pays. Sire 1987.
[211] Ice-T: Intro / Rhyme Pays. Auf: *Rhyme Pays*. Sire 1987.
[212] De La Soul: *3* Feet High and Rising. Tommy Boy 1989.
[213] Johnny Cash: Five Feet High and Rising. Auf: *Songs of Our Soil*. Columbia 1959.

und leuchtend sein, wobei die Überlagerung der fluoreszierenden Blumen und des Textes einen synthetischen Pop-Cartoon-Look widerspiegelt [...] Dies ist eine Abkehr von den vorherrschenden visuellen Codes des Macho-Hip-Hop, die bis heute dominieren."[214]

Back to the future oder die Neuen Archivisten

Was haben Prince und Mark Knopfler gemeinsam? Der flamboyante, zugleich Highheels tragende und Brusthaar zeigende, genialische Multi-Instrumentalist auf der einen und der mit Stirnband und Schweißbändern arbeitende Björn Borg der Popgeschichte von den Dire Straits auf der anderen Seite? Und globaler gefragt, was verbindet die vielen unterschiedlichen Stile, die Mitte der 1980er Jahre aus dem Radio, aus Stereoanlangen oder Walkmen und durch Discotheken schallen? Ko-existieren sie einfach nebeneinander, ohne Berührungspunkte, popmusikalische Angebote für ganz unterschiedliche Zielgruppen, die sich nichts mehr zu sagen haben? Das Feld wird nun endgültig unübersichtlich: Michael Jackson und Whitney Houston werden mit Neo-R-'n'-B zu globalen Stars, Heavy Metal-Bands wie Van Halen oder Mötley Crü mischen zur Genre-Formel weitere Ingredienzien wie Glam-Bestandteile und Trash-Elemente dazu und erhöhen mit dem Marschall JCM-800-Verstärker die Laustärke, parallel adaptieren in England Kombos wie Iron Maiden die Ästhetik von Led Zeppelin oder Deep Purple und härten das Metall weiter aus, während der Post-Punk sich immer weitere ausdifferenziert und Hip-Hop zur globalen Marke wird und alle Anregungen in sich aufnimmt.

Damit sind freilich sehr unterschiedliche Ästhetiken benannt, und doch scheinen sie offenkundig ein gemeinsames poetologisches Zentrum zu haben: Allesamt betreiben diese Popkünstler eine Art kultureller Archäologie: Das popkulturelle Archiv ist gut gefüllt, und es wird sich aus ihm bedient, in einer Form des Eklektizismus, der weniger progressiv ist als noch in den 1970er Jahren. Die Zukunft ist angesichts von Waldsterben und Kaltem Krieg unsicher, also geht der Blick zurück. Geradezu allegorisch zeigt sich diese Rückwendung an Madonna, die sich als Marilyn Monroe *redivivus* inszeniert, oder fast schon geschichtsphilosophisch am erfolgreichsten Film des Jahres 1985, BACK TO THE FUTURE.[215] Der Rock 'n' Roll spielt in dieser Sci-Fi-Teenager-Komödie eine erhebliche Rolle, der Quasi-Titelsong *Power of Love*[216] von Huey Lewis and The News, Vintage Rock, wie es kaum boden-

---

[214] Toby Mott: New York City, Hip Hop in the Daisy Age, Summer 1989 (1989), hypergallery.com/blogs/blog/new-york-city-hip-hop-in-the-daisy-age-summer-1989 (8.8.2025).

[215] Robert Zemeckis (Regie): BACK TO THE FUTURE. USA 1985.

[216] Huey Lewis and The News: *The Power of Love*. Chrysalis 1985.

ständiger geht. Noch einmal deutlich wichtiger für unseren Zusammenhang ist allerdings diejenige Szene, die eine neue Mythologie des Rock 'n' Roll erfindet: Der von Michael J. Fox gespielte Marty McFly nimmt sich auf einem lahmen Schulball eine Gitarre und intoniert mit den Worten „Rhythmus B, der Rest kommt von selbst!" eine Version von Chuck Berrys *Johnny B. Goode*[217] – drei Jahre, bevor das Original erscheint, die Zeitstruktur des Films macht es möglich. Hier steigert sich die kulturelle Archäologie gar zum musikhistorischen Revisionismus, und selbst der humoristische Gestus des Films rettet ihn nicht davor, einen Tiefpunkt der kulturellen Aneignung zu verschulden.

Selbst der eben noch so punkistische Indierock zeigt sich rückwärtsgewandt, weniger musikalisch als vielmehr ideell. Geradezu sentimentalisch, mit Schiller gesprochen, kommen The Smiths daher, Mitte des Jahrzehnts vielleicht die wichtigste Band des (zumindest britischen) Popdiskurses, eine Band, die der *NME* noch 2004 als einflussreichste Band der Popgeschichte feiert, vor den Beatles.[218] Gesehen haben wir Morrissey, die Stimme von The Smiths, wie er sich auf Punk-Konzerten erste Anregungen holt. Und die treibenden Gitarren von seinem kongenialen Partner Johnny Marr gehen durchaus so ‚vorwärts', wie es dem Geist des Punk entspricht, ja vielleicht spielt Marr sein Instrument wie niemand, seit Pete Townshend die Windmühlen-Technik erfunden hat. Über diese rhythmische Struktur jedoch crooned Morrissey mit einer Stimme, die den Wehmutsregler maximal aufdreht. Glück ist in seinen Songs nie zu haben, die Chance darauf ist immer schon verspielt, wenn es überhaupt jemals eine gegeben hat. „And it never really began / But in my heart, it was so real", heißt es in *I know It's Over*.[219] Trost bietet in dieser konstitutiven Einsamkeit nicht der Pop, sondern die Literatur. In *Panic*[220] etwa klagt der Sänger daher: „Burn down the disco / Hang the blessed DJ / Because the music that they constantly play / It says nothing to me about my life", und lässt den Song in einen Kinderchor münden, der die radikale Forderung mehrfach skandiert: „Hang the Dj, hang the Dj..." Pop ist also kein Lebensretter, dafür weiß Morrissey die Literatur der Vergangenheit auf seiner Seite, Keats, Yeats oder Oscar Wilde geistern durch die Texte.[221] Zu dieser Haltung passen die sozusagen historistischen Cover. Der Sleeve von *The Queen Is Dead*[222] zeigt das Schlussbild des Films DIE HÖLLE VON ALGIER[223] (1964), den toten Alain Delon, der gerade endgültig die Augen geschlossen

---

[217] Chuck Berry: *Johnny B. Goode*. Chess 1957.

[218] Vgl. nme.com/news/music/the-smiths-100-1382687 (8.8.2025).

[219] The Smiths: I Know It's Over. Auf: *Rank*. Rough Trade 1988.

[220] The Smiths: Panic. Auf: *Rank*. Rough Trade 1988.

[221] Vgl. The Smiths: Cemetery Gates. Auf: *The Queen Is Dead*. Rough Trade 1986.

[222] The Smiths: *The Queen Is Dead*. Rough Trade 1986.

[223] Alain Cavalier (Regie): DIE HÖLLE VON ALGIER. Frankreich 1964.

hat. Und auf dem Cover der letzten gemeinsamen Platte der Band, *Strangeways, Here We Come*[224] von 1987, ist Richard Davalos in einer Szene von JENSEITS VON EDEN[225] zu sehen, in der er auf seinen Co-Star im Film blickt, James Dean – der allerdings aus dem Bild herausgeschnitten ist. Den Abstand zum Punk markiert dabei vielleicht kein Song so anschaulich wie der Titeltrack ihrer wirkmächtigsten Platte, *The Queen Is Dead*. Während die Pistols die Monarchin so böse wie direkt anbellen, sehnen sich The Smiths sechs Minuten lang zu energischen Wah-Wah-Gitarren offenkundig zurück nach früheren, helleren Zeiten, intertextuell verästelt, historisch vielschichtig, semantisch komplex. „Oh! Take me back to dear old Blighty / Put me on the train for London Town / Take me anywhere / Drop me anywhere / Liverpool, Leeds or Birmingham / 'Cause I don't care / I should like to see my... / By land, by sea."[226]

Von diesem offenkundigen Eklektizismus der Epoche aus stehen sich die Dire Straits und Prince vielleicht doch nicht so fremd gegenüber, wie es den Anschein haben mag, sondern verkörpern vielmehr idealtypisch die beiden Pole des Eklektizismus, der den Pop nun in einer Weise dominiert, die selbst gegenüber den referenzseligen früheren Zeiten noch einmal kategorial gesteigert ist. Zur (popmusikalischen) Definition der 1980er Jahre also trugen einerseits die Dire Straits bei, vor allem mit *Brothers in Arms*,[227] 1985 erschienen und in der Folge auf dem Spitzenplatz aller Charts thronend, von Europa über US-Amerika bis nach Australien. Ein wenig in Vergessenheit geraten ist, dass *Brothers in Arms* in Großbritannien für eine Weile sogar das meistverkaufte Album der Popgeschichte war, noch vor Pink Floyds *Dark Side of the Moon*,[228] von Kritikern wie Publikum geliebt. Vor allem dem Riff von *Money for Nothing*[229] konnte man damals nicht entkommen, einem Riff, das klingt, als wäre es immer schon da gewesen und dennoch jetzt erst gefunden worden. Dabei ist der Song zeitgenössisch und historistisch gleichermaßen: In sarkastischer Weise demontiert er den Traum vom Rockstarleben, indem Knopfler rollenlyrisch aus der Perspektive der ‚kleinen Leute' auf den Mythos blicken lässt: „We got to install microwave ovens / Custom kitchen deliveries / We got to move these refrigerators / We got to move these colour TVs", skizziert das Ich seinen entfremdeten Alltag, während der Rockstar sein Geld für nichts bekomme: „Hah, now look at them yo-yos, that's the way you do it / You play the guitar on the MTV / That

---

[224] The Smiths: *Strangeways, Here We Come*. Rough Trade 1987.

[225] Elia Kazan (Regie): JENSEITS VON EDEN. Deutschland 1955 (engl. 1955).

[226] The Smiths: The Queen Is Dead/Take Me Back to Dear Old Blighty (Medley). Auf: *The Queen Is Dead*. Rough Trade 1986.

[227] Dire Straits: *Brothers in Arms*. Vertigo 1985.

[228] Pink Floyd: *The Dark Side of the Moon*. Harvest 1973.

[229] Dire Straits: Money for Nothing. Auf: *Brothers in Arms*. Vertigo 1985.

ain't workin', that's the way you do it / Money for nothin' and your chicks for free." Dazu summt Gaststar Sting zum Auftakt „I want my MTV", eine Formel, mit der der Song dann auch zwei Minuten lang ausläuft, wiederum von Sting intoniert und erkennbar an *Don't Stand so Close to Me*[230] angelehnt. Zwei Rockstars ridikülisieren aus fremder Perspektive sich selbst bzw. das gesamte Business und landen damit einen maximalen Hit, viel intrikater geht es nicht. Dazu passt, dass MTV wiederum sich darüber freute, im Song erwähnt zu werden, und die Medienkritik ignorierte: Mit *Money for Nothing* eröffnete MTV Europe am 1. August 1987 sein Programm; medial bedeutsam ist auch, dass die Platte direkt für die CD produziert wurde und die Songs daher auf diesem gerade seine Karriere startenden Medium länger sind als die Fassungen für die Schallplatte.

Das Zugleich an musikhistorischer Rollenreflexion charakterisiert aber nicht nur den Titelsong, sondern die eklektische Textur des ganzen Albums. So ruft *Walk of Life* in Sound und Text Springsteens *Glory Days*[231] auf, durch *So Far Away* wiederum erklingt der Einfluss von Willy de Ville (einem Vorbild, das Knopfler kurz darauf produzieren sollte, *Miracle*[232] von 1987), und *Ride Across the River* will die Bewunderung für Dylan nicht verbergen und verbindet sie mit Anklängen an die irische Popgeschichte.

Etwas schwieriger ist es im Fall von Prince, das ultimative Album zu benennen. Mit *1999*[233] (1982) war er in Konkurrenz zu Michael Jacksons *Thriller*[234] getreten, und *Purple Rain*[235] (1984) ist sicher sein bis heute größter Hit – von allen Entwicklungen in den 1990ern zu schweigen, seinem Streit mit der Plattenfirma wie dem Mythos um sein zunächst zurückgehaltenes und im Jahr 1994 doch noch veröffentlichtes *Black Album*,[236] das den ‚weißen' Beatles ein schwarzes Pendant zur Seite stellen wollte.[237] Aber rastlos produktiver als im Jahr 1987 war Prince wohl nie, musikalisch flexibler, historisch weiter ausgreifend, postmodern entschlossener. Das Ergebnis dieser produktionsästhetischen Drangphase ist *Sign „O" The Times*,[238] ein Doppelalbum, das eigentlich ein Dreifachalbum sein sollte und erst auf Druck der Plattenfirma zusammengekürzt wurde. Natürlich spielte Prince wieder die meisten Instrumente selbst, außer Saxofon konnte er ja alles. Von müheloser Virtuosität ist etwa sein Gitarrenspiel auf *I Could Never Take the Place of Your Man*, der

---

[230] The Police: *Don't Stand so Close to Me*. A&M 1980.

[231] Bruce Springsteen: Glory Days. Auf: *Born in the U.S.A.* Columbia 1984.

[232] Willy DeVille: *Miracle*. A&M 1987.

[233] Prince: *1999*. Warner Bros. 1982.

[234] Michael Jackson: *Thriller*. Epic 1982.

[235] Prince and the Revolution: *Purple Rain*. Warner Bros. 1984.

[236] Prince: *The Black Album*. Warner Bros. 1994.

[237] Vgl. Jon Pareles: POP VIEW; Prince Twice Is Still Prince Charming (1988), nytimes.com/1988/05/22/arts/pop-view-prince-twice-is-still-prince-charming.html (9.8.2025).

[238] Prince: *Sign "O" the Times*. Paisley Park 1987.

demonstriert, dass Prince auch Surfmusik aktualisieren kann. Aber während Knopfler vorrangig Gitarrist war, ist Prince eben auch alles andere, innovativer Sänger, energetischer Tänzer, exaltierter Performer – sodass seine Rolle für die Geschichte der E-Gitarre meist unterbelichtet bleibt.

Was aber macht *Sign „O" the Times* so paradigmatisch für ‚seine' Zeit? Der Titelsong rechtfertigt zunächst den Namen der Platte, indem er ein großes Zeitpanorama aufspannt: Themen wie AIDS („A skinny man died of a big disease with a little name"), Drogenkonsum („By chance his girlfriend came across a needle and soon she did the same"), Bandengewalt („There are seventeen-year-old boys and their idea of fun / Is being in a gang called ‚The Disciples' / High on crack and totin' a machine gun"[239]) und Naturkatastrophen werden aufgerufen. Damit hatte Prince sicher ein wichtiges sozialkritisches Statement abgegeben, aber von heute aus muss wichtiger erscheinen, dass Prince auf dem Album die Linien verschiedener Genres souverän zusammenführt, sie zu einem organisch wirkenden neuen Ganzen amalgamiert. Unter Verwendung von Drumcomputern und Synthesizern rappt Prince den Titelsong, er verwandelt sich Funk und Soul an (*Slow Love*), ahnt Grunge vorweg (*The Cross*), ergänzt Jazz und Rockabilly, Literaturanspielungen, Beatbox-Geräusche. Im noch Ende 1987 in den Kinos anlaufenden Konzertfilm zum Album lässt sich besichtigen, wie traumwandlerisch sicher Prince auf der Grenze zwischen direktem musikalischem Ausdruck und theatraler Inszenierung balanciert, durch ein Wechselspiel aus Konzertaufnahmen und Spielszenen in einer künstlichen Bühnenkulisse, in der um die Tänzerin Cat Glover herum eine Dreiecksbeziehung dargestellt wird.

Eine Ironie der Pophistorie ist, dass Prince nervös im Publikum sitzt, als am 2. März 1988 die Grammys verliehen werden. Zwei Jahre zuvor hatte er mit *Purple Rain* gegen *Can't Slow Down*[240] von Lionel Richie verloren, über Geschmack muss wirklich gestritten werden. Und die Geschichte wiederholt sich, wenn auch nicht mit einer derart irritierenden Fehlentscheidung. Nicht Prince triumphiert, sondern die irischen Stadionrocker von U2, mit *The Joshua Tree*,[241] diesem epischen Breitwandkino in Musikform, das mit dem Dreierschlag *Where The Streets Have No Name, I Still Haven't Found What I'm Looking For* und *With or Without You* losgeht und direkt in die Stadien dieser Welt führt. Die ritualgemäß folgende Dankesrede von Bono wirkt, als wäre ihm die Auszeichnung selbst peinlich, mehrfach erwähnt er Prince. Der wiederum äußerte sich nur einmal zu dieser Niederlage, zwei Jahre später in einem Interview mit dem Rolling Stone: „Ich gehe nicht mehr auf Preisverleihungen. Ich sage ja nicht, dass ich besser bin als andere. Aber dann sitzt man bei den Grammys herum und wird von U2 geschlagen. [...] Ich sagte zu

---

[239] Ebd.
[240] Lionel Richie: *Can't Slow Down*. Motown 1983.
[241] U2: *The Joshua Tree*. Island 1987.

mir selbst: *Wait a Minute*. Eure Musik kann ich auch spielen. Aber ihr, ihr werdet niemals ‚Housequake‘ spielen können.“[242]

War damit also das Ende der (Pop-)Geschichte erreicht, in etwa zeitgleich mit der viel zitierten geschichtsphilosophischen These von Francis Fukuyama vom Ende der Geschichte?[243] Werden uns Rezipienten seither nur noch Re-Kombinationen von vormaligen Neutönereien angeboten, wie Simon Reynolds in seinem Buch über den Vergangenheitskult, *Retromania,* mit einer erschlagenden Zahl an Beispielen diagnostiziert hat?[244] Diese Frage ist nicht leicht zu beantworten. Vielleicht hilft hier die Einsicht von Roland Barthes, dass kein Text am Punkt Null ansetzt, sondern durch sie alle vielmehr das Echo der Intertextualität hallt.[245] Auf ‚unseren‘ Gegenstandsbereich gewendet: Der Pop der 1980er Jahre kann nicht so tun, als käme er aus dem Nichts, er muss seine mittlerweile mehrere Jahrzehnte lange Tradition mitführen. Aber neue Mischungsverhältnisse können ja durchaus innovativ sein und neue Traditionen ausbilden. In diesem Sinne beginnt sich Mitte des Jahrzehnts das nächste – und vielleicht letzte – große ‚Ding‘ der Popgeschichte zu entwickeln, das sich dann in den 1990ern zu voller Blüte entfalten sollte, das im Underground wie Mainstream gleichermaßen enorme Resonanz erreichte. Kurz gesagt: Disco hatte sich erledigt, tanzen wollten die Menschen aber immer noch. In der tristen Autostadt Detroit und im immer zugigen Chicago, in leeren Warenhäusern und verlassenen Fabrikhallen, entstand ein neuer Sound und vor allem ein neuer Rhythmus für dieses Bedürfnis. Der Breakbeat der Disco-Songs (d.h. die Betonung auf dem zweiten und vierten Schlag) wird nun abgelöst von einem 4/4-Rhythmus, vom „Bum-Bum des Beats“,[246] wie es in Rainald Goetz’ Roman *Rave* später heißen sollte. Und dieser Beat könnte letztlich endlos weiterlaufen, auch deshalb, weil Songstrukturen vermieden werden, Strophe, Bridge, Refrain, das stört alles nur die Entgrenzung im Tanzerlebnis. *Lyrics* gibt es nur noch in Ausnahmefällen, und überhaupt wird der menschliche Faktor eskamotiert, wie es die Popmusik bei Kraftwerk gelernt hat, der Sound ist vollständig elektronisch, von Maschinen wie den Drummachines Roland TR-808 (ab 1980 auf dem Markt) und TR-909 (ab 1983) sowie dem Bass-Synthesizer Roland TB-303 erzeugt. Nach dem zentralen Szene-Ort Warehouse in Detroit wird diese Stilform zunächst House genannt, und sie verästelt sich schnell in viele

---

[242] Neal Karlen: Prince Talks (1990), rollingstone.com/music/music-news/prince-talks-189956/2/ (9.8.2025).

[243] Vgl. Francis Fukuyama: The End of History? In: *The National Interest* 16 (1989), 3–18.

[244] Simon Reynolds: *Retromania. Warum Pop nicht von seiner Vergangenheit lassen kann.* Mainz 2012 (engl. 2011).

[245] Vgl. Roland Barthes: *Am Nullpunkt der Literatur.* Frankfurt/M. 2006 (frz. 1953), 9–12, hier 11.

[246] Rainald Goetz: *Rave.* Frankfurt/M. 1998, 19.

Unterformen, wie etwa in Acid House, das sich unter dem allgegenwärtigen Smiley-Symbol rasant zu einer Jugendbewegung aufschwingt.

Wann genau beginnt also Techno? Einen genauen Anfangspunkt kann es natürlich nicht geben, aber allemal ein Meilenstein ist die Single *No Ufo's*[247] des Detroiter DJs Juan Atkins, veröffentlicht unter dem technoiden Kampfnamen Model 500. Der Song hat sogar Lyrics, in denen es um Aliens und Entfremdung geht: „Tell me if it's alright / You said I should not fear / Things you haven't seen before / Are coming very near / They analyze and test us / Make sure we're alright / I hope they do not catch us / When we start to fight." Aber dieses lyrische Science-Fiction-Szenario hätte ihm wohl kaum einen Platz in der Pophistorie gesichert. Stilbildend ist hingegen die komplett elektronische Instrumentierung, die Dominanz der Drum-machine-Rhythmen wie auch das offenkundige Desinteresse an herkömmlichen Songstrukturen. Ebenfalls sicher wegweisend für die Genre-Ausbildung ist dann die 1988 erscheinende Kompilation *Techno! (The new Dance Sound of Detroit)*,[248] die wesentlich dazu beitrug, den Begriff ‚Techno' überhaupt erst zu etablieren. Mit genre-definierenden ‚Trax' (wie man nun sagte) wie *It Is What It Is* vom Klangpionier Rythim Is Rythim (i.e. Derrick May) oder *Electronic Dance* von K.S. Experience wurde der Detroiter Klang nun nach Europa überführt, nach England, Belgien und Deutschland vor allem.

Vielleicht passte dieser Sound und gehörte diese Haltung nirgendwo besser hin als in das Berlin der Wendezeit. Die triste Stadt war prädestiniert für eine Underground-Kultur, die sich häufig buchstäblich im Untergrund feierte. Die erste Club-Institution war das UFO in Kreuzberg: „Man kannte das Wohnhaus, in das man gehen musste, man kannte die Tür, an die man klopfen musste, man kannte die Person, die einen empfing, und kletterte durch eine Luke eine schmale Leiter hinunter in einen dunklen, flachen, muffigen Keller",[249] erinnert sich DJ und Techno-Pionier Mijk van Dijk später an diese Frühphase. „Wir waren nicht viele dort, aber es war der Kern einer Szene, die kurz davor stand, in die Welt hinaus zu explodieren."[250] Von diesem illegalen Ort wechselten die Betreiber dann in eine ehemalige Penny-Filiale, wo bis zum 31. Dezember 1990 gefeiert wurde, und von dort wiederum ins Tresor – das bis heute existiert und mehr oder minder alle relevanten DJs am Mischpult gesehen hat.

---

[247] Model 500: *No Ufo's*. Metroplex 1985.
[248] Various Artists: *Techno! (The New Dance Sound of Detroit)*. Virgin/10 1988.
[249] o.A.: Ein Geheimzirkel erobert die Welt (2008), spiegel.de/geschichte/die-pioniertage-des-techno-a-949509.html (9.8.2025).
[250] Ebd.

It might get loud

Die (E-)Gitarre war im emphatischen Sinne gewissermaßen das erste Instrument des Rock 'n' Roll, und sie hat eine glanzvolle Karriere als Fetisch durchlaufen. Ihre Geschichte beginnt schon in den 1840er Jahren, als Christian Frederick Martins seine Akustikgitarre so umbaut, dass sie mit Metallseiten spielbar wird – und damit vor allem lauter. Hier können natürlich nicht fast zweihundert Jahre Instrumentengeschichte rekapituliert werden, eine wichtige Wegmarke war aber gewiss die Gründung von The Gibson Mandolin-Guitar Co. Ltd. im Jahr 1902. Zu dieser Firma konnte nämlich Les Paul gehen, der populärste Gitarrist seiner Zeit, als er sich eine Solid Body wünschte. Über die Idee zu solch einem ‚Besenstiel mit Seiten'[251] soll sich der Gibson-Chef zunächst aufgeregt haben, kurz danach kam dann allerdings doch auf den Markt, was Les Paul sich erhofft hatte: die erste Gibson Les Paul, bis heute über alle Entwicklungen hinweg eine der prägenden Gitarren der Popgeschichte, Neil Youngs Lava-artiger Sound etwa ist ohne die besonderen Tonabnehmer (Humbucker) nicht vorstellbar. Derweilen hatte sich Leo Fender in der Nähe von Los Angeles niedergelassen und bastelte an eigenen Typen. Im Jahr 1950 kam die Fender Telecaster heraus, 1954 dann die Stratocaster, beide werden mit minimalen Modifikationen bis heute gebaut – und alle anderen E-Gitarren beziehen sich letztlich auf diese beiden Ur-Typen. Und sicher, Keith Moon von The Who wird zwar für sein virtuoses Schlagzeugspiel gefeiert, Jack Bruce (nicht nur, aber auch) für seine Bassläufe für Cream, aber zum Gott konnte man nur mit der E-Gitarre werden (Mitte der 1960er Jahre fand sich überall in England der Slogan ‚Clapton is God' auf Hauswänden). Und wer weiß schon, welches Drumset Moon gespielt (und meistens zerschlagen) hat, und wer, welchen Bass Bruce favorisierte? Wohl nur Spezialisten. ‚Blackie', die schwarze Stratocaster von Clapton, kennt hingegen wohl jeder halbwegs pophistorisch Informierte, ebenso wie die von harter Arbeit abgenutzte Fender Esquire fest zum Bild von Bruce Springsteen gehört, die selbstgebaute „Frankenstrat" mit dem ikonischen Tape-Streifen-Design zu Eddie van Halen oder die vollständig in Heimarbeit hergestellte „Red Special" von Brian May. Die Reihe ließe sich lange fortsetzen, sie wäre aber in jedem Fall unvollständig ohne Jimi Hendrix' vom Linkshänder sozusagen umgedreht gespielte Stratocaster, neu bespannt mit dem tiefen E oben. Aber was heißt schon ‚gespielt', Hendrix hat seine Gitarre ja als Instrument wie eine Geliebte behandelt, sie gezupft, geschlagen, mit der Zunge bearbeitet und angezündet – mehr Fetisch war sie wohl nie.

Unvermeidbar machen sowohl diese lange Geschichte der E-Gitarre als auch ihr Einsatz als generisches wie sexuelles Symbol sie anfällig für Kon-

---

[251] Helmuth Lemme: *Elektrogitarren: Technik und Sound.* Aachen 2003, 19.

junkturschwankungen. Mitte der 1980er Jahre ist sie mal wieder out, stattdessen dominieren Synthesizer das Klangbild der Popmusik: Ausgerechnet
die Eurythmics liefern im Orwelljahr den Soundtrack zur Verfilmung des
Romans durch Michael Radford, Alphaville besingt die ewige Jugend, AHA
findet eine der bezwingendsten Keyboard-Lines ever (und macht nebenbei
MTV groß), Wham bewegen sich in Sicht auf die Ohrwurmqualität mit dem
seither zum Jahresende unvermeidlichen *Last Christmas*[252] auf Augenhöhe
und Frankie goes to Hollywood beschwört *The Power of Love*.[253] Selbst Van
Halen räumt dem Keyboard einen dominanten Platz ein. Die ganze Popwelt ist also von Keyboardklängen beherrscht? Nein, ein kleines gallisches
Dorf harter Gitarrenbands leistet erbittert Widerstand gegen die allgemeine
Weichspülerei. 1984 bringt das Hardcore-Trio Hüsker Dü aus Minneapolis
um Sänger und Gitarristen Bob Mould, Bassist Greg Norton und Drummer
und Sänger Grant Hart *Zen Arcade*[254] heraus, in Geschwindigkeit und Härte
eine Überbietung des Punk, jedoch zugleich eine Anknüpfung an die Rock-
oper vergangener Tage, eine besondere Mischung mithin aus musikalischer
Direktheit und narrativer Komplexität. In seiner Rezension des Albums für
den *Rolling Stone* hat David Fricke die passende Formel gefunden, *Zen
Arcade* sei „at the closest hardcore will ever get to an opera [...] a kind of
thrash Quadrophenia.“[255]

Direkte Linien gibt es in der Kunstgeschichte wohl nicht, aber bezeichnend ist, dass sich Songwriter und Gitarrist Thurston Moore der Noise-Band
Sonic Youth bei Mould einen Rat geholt hat, als sie ein Angebot vom dem
Major-Label Warner Brothers bekamen. Hüsker Dü waren selbst mit *Candy
Apple Grey*[256] (1986) zu einem Major gewechselt, auch wenn dieser Schritt
in Independent-Kreisen als Verrat galt und gilt, und hatten bewiesen, dass
auch unter dem Dach eines als kommerziell verschrienen Labels große unabhängige Kunst erscheinen konnte; mit *Goo*[257] (1990) sollte Sonic Youth
diesen Schritt ebenfalls vollziehen, nicht zu Warner allerdings, sondern zu
Geffen. Aber das ist historisch etwas vorgegriffen: Ihr Meisterwerk *Daydream
Nation*[258] erscheint 1988 noch bei dem kleinen Label Enigma Records, ebenfalls ein Doppelalbum, wie könnte es anders sein. Auf dem Cover ist eine
von Gerhard Richter gemalte Kerze zu sehen, „We wanted to use something
that was outwardly conservative looking, just because people wouldn't ex-

---

[252] Wham: *Last Christmas*. Epic 1984.

[253] Frankie Goes to Hollywood: *The Power of Love*. ZTT 1984.

[254] Hüsker Dü: *Zen Arcade*. SST 1984.

[255] David Fricke: Zen Arcade (1985), rollingstone.com/music/music-album-reviews/zen-arcade-205974/
(9.8.2025).

[256] Hüsker Dü: *Candy Apple Grey*. Warner Bros. 1986.

[257] Sonic Youth: *Goo*. DGC 1990.

[258] Sonic Youth: *Daydream Nation*. Enigma/Blast First 1988.

pect that. The most radical things outwardly look very conservative“,[259] hat die Bassistin Kim Gordon dazu erläutert. Sozusagen hinter diesem simplen Cover (das natürlich überhaupt nicht simpel ist) verbirgt sich Musik, die sich anhören sollte, als hätte jemand einen Unfall geplant: ein idiosynkratisches Klangbild aus Obertönen, Harmonien, Drones und Feedback, um gewaltige Klänge und Texturen zu schaffen, die in der Rockmusik bis dahin ungehört waren. Die Pixies wiederum haben bei Sonic Youth (und Hüsker Dü) so genau hingehört, wie bald Nirvana ihren Songs lauschen sollte, dem Spiel mit Laut-Leise-Wechseln, eruptiven Lärm-Ausbrüchen aus lieblichen Melodien, gepaart mit reichlich hermetischen Lyrics über Außerirdische, surrealistisch anmutenden Träumen oder ironisch gebrochener Spiritualität. 1988 erscheint ihr Debütalbum *Surfer Rosa*,[260] auf dem Cover eine nackte Frau in Sepia, auf der Platte 13 Songs in gerade einmal einer halben Stunde, darunter das unnachahmlich klagend von Bassistin Kim Deal gesungene *Where is My Mind?*, das die Apokalypse am Ende von David Finchers Kultfilm Fight Club[261] unterlegen wird. Drei Jahre und drei Alben später war schon wieder Schluss (von der viel späteren Re-Union wollen wir schweigen),[262] ihre Wirkung reicht jedoch bis heute.

Doch nicht nur diese neuen Bands führen ins nächste Jahrzehnt hinüber, auch die alten Heroen, die wir am Anfang unseres Abschnitts desorientiert gesehen haben, geben mittlerweile einen deutlich besseren Eindruck ab, ausgerechnet zum Ende Jahrzehnts, als wollten sie sich für die 1990er in Stellung bringen. Überhaupt ist gegen den vielzierten ‚Club 27‘ ja für die Popgeschichte viel relevanter, wer von den Protagonisten der ‚Sattelzeit‘ Mitte der 1960er Jahre überlebt und immer weitermacht. Mit ihnen ist und bleibt die erste Generation von Popstars auf der Bühne, die das Leben als Popstar einmal komplett durchspielt, vom Früh- bis zum Spätwerk, sozusagen von Sturm und Drang bis zum Faust II, mit allem, was in anderen Kunstsystemen schon immer damit zusammenhängt, zu ‚reifen‘. Wie wird man erwachsen, ohne den Pop zu verraten bzw. das System Pop zu verlassen und Kunstmusik zu machen? Verstummt man oder spielt nur noch seine alten Hits auf Oldie-Tourneen? Schon *Sgt. Pepper*[263] war eine Antwort auf diese Frage, und sie wird mit dem Lauf der Jahre nicht weniger drängend.

Paul McCartney hat in jedem Fall schwere Jahre seit dem Tod von John Lennon hinter sich. Aus Angst vor einem Attentat ging er nicht mehr auf

---

[259] Kim Gordon zit. nach Lee Erica Elder: #328: Sonic Youth, "Daydream Nation" (1988) (2021), thers500.com/albums/328-sonic-youth-daydream-nation-1988 (1.9.2025).
[260] Pixies: *Surfer Rosa*. 4AD/Rough Trade 1988.
[261] David Fincher (Regie): Fight Club. USA 1999.
[262] Vgl. Josh Frank/Caryn Ganz: *Fool the World: The Oral History of a Band Called Pixies*. New York, N.Y. 2006, 247.
[263] The Beatles: *Sgt. Pepper's Lonely Hearts Club Band*.

Tour und begrub damit seine Wings, verwarf ein unausgegorenes Album (*Return to Pepperland*) und kassierte mit *Press to Play*[264] (1986) einen Flop. Mit *Flowers in the Dirt*[265] (1989) zeigt er sich jedoch erholt, Elvis Costello ist als Co-Songwriter mit an Bord und vielleicht näher an Lennon, als jeder andere es sein könnte. Die Songs rufen die Beatles auf (*My Brace Face*) und sehen George Martin am Mischpult (*Put it there*), nicht alles gelingt und ein Hang zu ästhetischer Selbstmythisierung ist erkennbar, aber es ist ein Neustart. Neil Young wiederum, ohnehin nach *Tonights the Night*[266] zum Vorbild des Punk avanciert, spielt sich nach einem halben Jahrzehnt ästhetischer Irrwege (die sogenannten ‚Geffen‘-Jahre bringen fünf mit allem von Elektro bis Rockabilly spielende Versuche hervor, die ausnahmslos bei Publikum wie Kritik durchfallen)[267] mit *Freedom*[268] frei. Dabei kann Young natürlich noch nicht wissen, dass Kurt Cobain ihn in seinem Abschiedsbrief zitieren wird („It's better to burn out / than to fade away"[269]) und er (wirkungsästhetisch deutlich erfreulicher) mit Pearl Jam ein Album aufnehmen (*Mirror Ball*,[270] 1995) und in der Folge wiederholt als Ehrengast auf die Bühne der Grunge-Vorreiter geholt wird, um ekstatische Versionen von *Rockin' in the Free World*[271] zu spielen.[272] Lou Reeds Bio- und Discografie nimmt fast zeitgleich „endgültig die Züge bürgerlich-goethescher Entwicklungsromane an"[273]: Mit *New York*[274] legt er seine Great American Novel in Plattenform vor, ein Alterswerk, textlich und perspektivisch. Die Zeiten der Erlebnislyrik sind vorbei, wenn man so will, nun nimmt der „Dichterbeobachter"[275] eine geradezu naturalistische Distanz zu den Dingen ein, die den Dichter umgeben, ein wiedergekehrter Émile Zola, könnte man mit Diederichsen sagen, der durch den Bauch von New York wandert und dabei die Verlorenen und Ausgestoßenen sieht: „Give me your hungry, your tired, your poor – I'll piss on 'em / That's what the Statue of Bigotry says / Your poor huddled masses, let's club 'em to death / And get it over with and just dump 'em on the boulevard", heißt es programmatisch im Auftaktsong *Dirty Blvd.*[276] Und der

---

[264] Paul McCartney: *Press to Play*. Capitol/Parlophone 1986.

[265] Paul McCartney: *Flowers in the Dirt*. Parlophone 1989.

[266] Neil Young: *Tonight's the Night*. Reprise 1975.

[267] Vgl. Jimmy McDonough: *Shakey: Neil Young's Biography*. New York, 2002, 545–602.

[268] Neil Young: *Freedom*. Reprise 1989.

[269] Kurt Cobain zit. nach Marco Margaritoff: Inside The Text Of Kurt Cobain's Heartwrenching Suicide Note (2024), allthatsinteresting.com/kurt-cobain-suicide-note (3.9.2025).

[270] Neil Young: *Mirror Ball*. Reprise/Epic 1995.

[271] Neil Young: Rockin' in the Free World. Auf: *Freedom*. Reprise 1989.

[272] McDonough: *Shakey*. 649–650.

[273] Diedrich Diederichsen: Lou Reed – Im Bauch von New York. In: *Spex. Magazin für Popkultur*, März 1989, 46–50.

[274] Lou Reed: *New York*. Sire 1989.

[275] Diederichsen: Lou Reed, 46–50.

[276] Lou Reed: Dirty Blvd. Auf: *New York*. Sire 1989.

Sound ist ebenso ‚erwachsen‘ oder klassisch, kristallklarer Rock, der zuhause so klingt, wie die Musiker ihn im Studio gehört haben („Nothing beats two guitars, Bass, Drums", lautet die Formel auf der Rückseite des Sleeves). Bob Dylan schließlich tourt wieder, und diesmal wird er damit nicht mehr aufhören: Während er in die Rock and Roll Hall of Fame aufgenommen wird und mit den Traveling Wilburys eine Supergroup gründet (dazu gehören noch George Harrison, Jeff Lynne, Roy Orbison und Tom Petty), die gut gelaunten, schwungvollen Retro-Rock spielt, beginnt er am Ende des Jahrzehnts seine Never Ending Tour. Geplant ist es nicht, und die Bezeichnung stammt auch nicht von Dylan selbst, sondern wird ihm in den Mund gelegt. „It's the never ending Tour?", fragt der Interviewer vom *Q Magazine*, und Dylan reagiert „(unenthusiastically): Yeah. Yeah."[277] So beginnen Mythen.

---

[277] Bob Dylan zit. nach Michael Gray: *The Bob Dylan Encyclopedia*. London/New York, NY 2006, 174.

Kraftwerk

Florian Völker

Kraftwerk zählen neben Rammstein zu den weltweit bekanntesten und erfolgreichsten deutschsprachigen Gruppen. Die Band beeinflusste nachfolgende Künstler:innen rund um den Globus, indem sie ein innovatives Gesamtkonzept entwickelte und perfektionierte, das die zwei für Popmusik zentralen Elemente vereint: Sound und Image.

Den zeitlichen Rahmen für die entscheidende Phase der Ausgestaltung beider Aspekte bilden die Alben *Autobahn* (1974)[1] und *Computerwelt* (1981).[2] Schritt für Schritt intensivierten Kraftwerk in dieser Zeit ihre Bemühungen zur Entwicklung eines einzigartigen Sounds und einer damit verknüpften Performance, die sich um das Konzept der „Mensch-Maschine"[3] drehte. So fokussierte sich die von Ralf Hütter und Florian Schneider gegründete Gruppe, die 1970 als experimentelle Krautrock-Band begann und anfangs ausschließlich konventionelle, elektronisch verfremdete Instrumente wie Orgel und Querflöte nutzte, seit Mitte der 1970er Jahre ganz auf die Verwendung elektronischer Instrumente. „Computer und die Technik bestimmen unser tägliches Leben immer mehr", betonte Florian Schneider im Oktober 1975 und verwarf konventionelle Musikinstrumente als mittelalterliche Relikte: „In 20 Jahren werden unserer Meinung nach kaum noch Gruppen mit Gitarren und Schlagzeug auftreten. Für uns gehören diese Instrumente heute schon

---

[1] Kraftwerk: *Autobahn*. Philips 1974.

[2] Kraftwerk: *Computerwelt*. Kling Klang/EMI Electrola 1981.

[3] So auch der Titel ihres siebten Studioalbums (Kraftwerk: *Die Mensch·Maschine*. Capitol/Kling Klang/ EMI Electrola 1978).

der Vergangenheit an."[4] Entscheidend für ihr popästhetisches Programm war jedoch nicht der Umfang des Einsatzes der Musikmaschinen allein, sondern ebenso die Art und Weise, in der dies geschah, denn Kraftwerk verfolgten den Anspruch, mit diesen Maschinen auch explizit künstliche und maschinenhafte Sounds zu produzieren. Mit ihrer Ästhetisierung der Maschine und des Maschinellen selbst grenzten sich Kraftwerk sowohl von zeitgenössischen Hard- und Poprock-Bands ab, die mit Synthesizern andere Instrumente nur nachahmen und Akzente in den ansonsten konventionellen Rocksound bringen wollten, als auch von den Soundwelten des elektronischen Krautrock und Space-Rock, die die Hörer:innen zur Erforschung des Weltalls und/oder anderer Bewusstseinszustände einluden.

Bereits in der ersten Hälfte der 1970er Jahre hatten Kraftwerk einen Stil entwickelt, der auf eingängigen Melodien sowie einem minimalistisch-repetitiven Beat baut und charakteristisch für einige Krautrock-Gruppen in und um Düsseldorf wurde. Auf dem 1973 erschienenen Album *Ralf und Florian*[5] kommt neben Drum-Machine und Synthesizer erstmals auch ein Vocoder zum Einsatz, der die Stimme roboterartig verzerrt. Als eigentlicher Startpunkt von Kraftwerks neusachlich-futuristischem Hauptwerk gilt für Fans, Kritiker:innen und die Bandgründer gleichermaßen aber das Album *Autobahn*. Auf ihm prägen statt ausladender Krautrock-Improvisationen nunmehr einfache Melodien und Songstrukturen die Musik. Im Titeltrack präsentieren Kraftwerk einen mechanischen und transparenten Sound, der nicht nur für ihre folgenden Veröffentlichungen charakteristisch wurde, sondern auch die ‚kühlen' Klänge nachfolgender Synth-Pop- und Electro-Musiker:innen vorwegnehmen und inspirieren sollte. Zudem nutzten Kraftwerk auf *Autobahn* erstmals die mit metallenen Drum-Pads ausgestattete, elektronische Percussion, die der neue Schlagzeuger Wolfgang Flür im Eigenbau konstruiert hatte und die auch auf den nächsten Alben repetitiv und monoton per Hand von ihm und Co-Drummer Karl Bartos eingespielt wurde.

Den nächsten, nicht nur für Kraftwerk, sondern auch für die weitere Entwicklung vieler Bereiche der Popmusik entscheidenden Schritt machte das Düsseldorfer Quartett mit dem Album *Trans Europa Express* (1977).[6] Im Gegensatz zu seinen Vorgängern *Autobahn* und *Radio-Aktivität* (1975)[7] zeichnen sich das Album und folgende Veröffentlichungen durch eine Fokussierung auf rhythmische Elemente aus, die in der elektronischen Musik der 1970er Jahre bisher die Ausnahme bildeten. Die Erweiterung der zuvor eher ‚kopflastigen' Sounds um den Faktor der Körperlichkeit lässt sich dabei

---

[4] Schneider zit. nach o.A.: Bald singt bei uns ein Computer. Aus der Hexenküche von Kraftwerk. In: *Bravo*, 9.10.1975, 10f., hier 10.

[5] Kraftwerk: *Ralf und Florian*. Philips 1973.

[6] Kraftwerk: *Trans Europa Express*. Kling Klang/EMI Electrola 1977.

[7] Kraftwerk: *Radio-Aktivität*. Kling Klang et al. 1975.

auf den immensen Einfluss zurückverfolgen, den Funk- und Discomusik auf die Band hatten. In diesem Zusammenhang leisteten Kraftwerk dem Anschluss deutscher Popmusik an das transnationale Wechselspiel von Pop nachhaltig Vorschub, denn während die Gruppe nun rhythmische Figuren ursprünglich Schwarzer Musikstile aufgriff, eroberten Kraftwerks Tracks ab 1978 zugleich die Diskotheken der USA und fanden Eingang in die Musik Schwarzer Hip-Hop- und Electro-Künstler:innen.

Zwar spielten die Bandmitglieder ohnehin bewusst mechanisch und minimalistisch, jedoch verstärkte der erstmals auf *Trans Europa Express* eingesetzte analoge Step-Sequenzer, der speziell für die Band angefertigt worden war, den gewollten Effekt der Maschinenhaftigkeit. Neue Sounds, Spielweisen und Phrasierungen waren eng an die Nutzung der im bandeigenen Kling-Klang-Studio vorhandenen Technik gebunden – und die wurde ständig erweitert, um auf dem neuesten Stand der Entwicklung zu sein. Einen stetig wachsenden Platz in der Musikproduktion nahmen dementsprechend Programmierung und Sequenzierung ein. Dieses Vorgehen hatte ein exaktes Timing der miteinander synchronisierten Musikmaschinen sowie deutlich maschinenartigere Sounds und Rhythmen zur Folge, weit weniger fließend als etwa noch auf dem Album *Autobahn*. Diese weitere Verminderung des Faktors Mensch bei der Musikproduktion wirkte sich nicht nur auf den Sound aus, der durch das Fehlen menschlich-bedingter Schwankungen nun noch maschineller, exakter und künstlicher klang, sondern auch auf die Performance, die kurz darauf ganz im Konzept der „Mensch-Maschine" aufging.

Entscheidender Markstein für die Entwicklung dieses mit *Die Mensch-Maschine* (1978) vollends ausformulierten Konzepts und Kraftwerks internationale Karriere war die im Jahr 1975 absolvierte Tournee durch die USA und Großbritannien, bei der auch erstmals der Begriff „Mensch-Maschine" Verwendung fand. Hütter und Schneider nahmen die Tour zum Anlass, um die Ausgestaltung des Bandimages zu intensivieren. Dafür internalisierten sie populäre Stereotype über Deutsche – emotionslos, kollektivistisch, auf Funktionalität und Perfektion fokussiert, mehr Maschine als Mensch – und entwickelten ein Image, das sich als das international erfolgreichste Popkonzept aus Deutschland erweisen sollte: der ‚kalte Deutsche'. Kraftwerk wurden dadurch zu Pionieren des ‚Kälte-Pop', der Ende der 1970er und zu Beginn der 1980er Jahre im Umfeld der deutschsprachigen New Wave seinen Auftritt hatte, denn die Gruppe baute auf drei Strategien, die zugleich die Grundpfeiler des ‚Kälte-Pop' bilden sollten: Entemotionalisierung, Auto-Dehumanisierung und eine affirmative Haltung zu den Zeichen des technologischen, postindustriellen Zeitalters.[8]

---

[8] Florian Völker: *Kälte-Pop. Die Geschichte des erfolgreichsten deutschen Popmusik-Exports.* Berlin/ Boston, MA 2023.

Die von Kraftwerk eingesetzten ‚Kälte'-Motive waren dabei so vielfältig und multimedial wie plakativ und konsequent: sei es die Präsentation als emotionslose, entpersonalisierte Mensch-Maschinen in einheitlichen Outfits, die zeitweilige Ersetzung der Musiker durch Puppen-Doubles bzw. Roboter, der aus verkabelten Konsolen und Neonröhren bestehende Bühnenaufbau, der zumeist aus sich wiederholenden, leidenschaftslos gesprochenen Schlagworten und verkürzten Sätzen bestehende Gesangspart oder die Lyrics über technologische, massenkulturelle Produkte und deren Verhältnis zum modernen Menschen, etwa in *Radioaktivität* (1975)[9] und *Computerwelt* (1981).[10] Dabei verzichtete die Band auf jede Wertung und beschrieb die thematisierten und im gesellschaftlichen Diskurs zumeist mit Prozessen der Entmenschlichung assoziierten Objekte und Vorgänge sachlich. Oftmals formulierte die Gruppe sogar ein deutliches Ja zu Computern, Robotern, technologischem Fortschritt, Maschinen und Industrie, insbesondere mit ihren Konzeptalben *Trans Europa Express*, *Die Mensch·Maschine* und *Computerwelt*. Passend dazu betonte Hütter wiederholt, dass er die Bandmitglieder nicht als Musiker, sondern als Wissenschaftler und „Musikarbeiter" betrachtet.[11]

Hütter und Schneider verstanden Kraftwerk als Gegenkonzept zum Authentizitäts- und Natürlichkeitsanspruch, der die Gegenkultur der 1960er und 1970er Jahre beherrschte, aus der sie selbst stammten. Offensive Künstlichkeit wurde zum Leitprinzip für die Gruppe. Durch den Einsatz eines die Stimme verzerrenden Vocoders wie im Stück *Die Roboter* (1978)[12] oder einer Computer-generierten Stimme wie bei *Nummern* (1981)[13] verfestigten Kraftwerk das verbreitete Bild der ‚kalten' Maschineningenieure auch klanglich. Anknüpfungspunkte für performative ‚Kälte'-Inszenierungen körperlicher Funktionalität und Disziplin boten auch die strikt durchgehenden Klangabläufe sowie die minimalistischen, maschinell klingenden Beats, etwa durch die Kombination von repetitiven Sequenzer-Rhythmen mit mechanischen Körperbildern. Hütter und Schneider verachteten die körperbetonten Inszenierungen zeitgenössischer Rockstars, das Sich-Verausgaben der Musiker auf der Bühne. Noch heute verharren die Bandmitglieder bei Liveauftritten nahezu regungslos hinter den Maschinen.

Abgerundet wurde diese Maschinenästhetik von wiederholten Verweisen der Band auf das vermeintlich spezifisch ‚Deutsche' ihrer Sounds, Performances und Arbeitsweise. Anfangs orientierte sich Kraftwerks Image eher an den Zeichen der Düsseldorfer Region. Ralf Hütter betonte immer wieder,

---

[9] Kraftwerk: Radioaktivität: Auf: *Radio-Aktivität*. Kling Klang et al. 1975.

[10] Kraftwerk: Computerwelt. Auf: *Computerwelt*. Kling Klang/EMI Electrola 1981.

[11] Hütter zit. nach Ingeborg Schober: Kraftwerk. Die Kinder von Krupp und Grundig. In: *Musikexpress* 4 (1979), 72–78, hier 78.

[12] Kraftwerk: *Die Roboter*. Kling Klang/EMI Electrola 1978.

[13] Kraftwerk: Nummern. Auf: *Computerwelt*. Kling Klang/EMI Electrola 1981.

dass die urbanen und technologischen Themen der Gruppe die lebensweltliche Wirklichkeit in der Rhein-Ruhr-Region widerspiegeln würden, weshalb er Kraftwerks Produktionen auch stets als „industrielle Volksmusik" anpries.[14] Mit dem internationalen Erfolg ab Mitte der 1970er Jahre begann die Band das im Ausland populäre, exotische Bild des ‚Deutschen' zu perfektionieren, das allerdings mehr und mehr mit einer ebenso imaginierten europäischen Identität verflochten wurde. Ästhetische Referenzpunkte blieben dabei hauptsächlich die klassische Moderne sowie die historischen Avantgarden (insbesondere Futurismus/Konstruktivismus und Neue Sachlichkeit) der 1910er bis 1930er Jahre.

Kraftwerks Imagekonstruktion funktionierte nicht zuletzt deshalb so allumfassend und nahezu lückenlos, weil die Bandgründer Ralf Hütter und Florian Schneider die komplette Kontrolle über jeden Aspekt der Gruppe behielten: Sie organisierten die Tourneen selbst, arbeiteten autonom und abgeschottet in ihrem Düsseldorfer Kling-Klang-Studio und bestimmten über Sounds und Grafiken sowie über alle herausgegebenen Informationen, Interviews und Bandfotos. Obwohl Interviewantworten nur in der „wir"-Form gegeben wurden, um jede Form von Persönlichkeit aus der Außenwirkung des uniformen Kollektivs zu tilgen, waren es ausschließlich Hütter und Schneider, später sogar nur noch Hütter, die mit Pressevertreter:innen redeten und dadurch das öffentliche Bild der Band lenkten. Neben der Imagekonstruktion spielten hier aber auch hierarchische Aspekte eine Rolle: Die Schlagzeuger Karl Bartos und Wolfgang Flür, mit denen Hütter und Schneider ihre erfolg- und einflussreichsten Alben produzierten, waren nur Angestellte mit Festgehalt, denen vertraglich keine öffentlichen Äußerungen zur Band zustanden. Mit dem Gemeinschaftskult der ebenfalls aus dem linksalternativen Milieu stammenden Krautrock-Kolleg:innen hatte das ‚Kollektiv' Kraftwerk also nur wenig gemein. Nicht zuletzt funktionierte die von Hütter und Schneider perfektionierte Selbst-Mythologisierung Kraftwerks auch aufgrund der frühzeitig begonnenen Selbst-Historisierung. So blendet die Gruppe ganz bewusst ihre ersten vier (1969–1973), vor *Autobahn* erschienenen Alben (ersteres unter dem Bandnamen Organisation), deren Sounds und visuelle Gestaltungen noch ganz dem Stil zeitgenössischer Krautrock-Bands entsprachen, aus der Bandgeschichte aus: Weder wurden diese jemals wiederveröffentlicht oder in die offizielle Retrospektive *Der Katalog* (2009)[15] aufgenommen, noch wurden Tracks dieser Alben seit den 1980er Jahren live von der Gruppe gespielt.

Kraftwerks ‚Kälte'-Konzept markiert den Bruch zu der zwischen kontinuierlichen Wärmegraden und fortschreitender Erhitzung pendelnden Pop-

---

¹⁴Siehe etwa Hütter zit. nach Chris Bohn: A computer date with a showroom dummy. In: *New Musical Express*, 13.6.1981, 31–33, hier 32.

¹⁵Kraftwerk: *Der Katalog*. Kling Klang/EMI 2009.

musik der 1950er bis 1970er Jahre. Die Band nahm nicht nur eine Vielzahl ästhetischer, thematischer, performativer und klanglicher Aspekte von New Wave, Postpunk und nachfolgenden Acts der Elektronischen Musik vorweg, sondern prägte generell die deutsche wie internationale Popmusik nachhaltig. Der Einfluss, den Kraftwerk auf die Popwelt hatten, lässt sich dabei über mehr als vier Jahrzehnte und in unterschiedlichste Musikströmungen nachzeichnen: von David Bowies sogenannter ‚Berlin-Trilogie' und seinem Song *V-2 Schneider* (1977),[16] über die Kraftwerk-Samples in den frühen Hip-Hop- und Techno-Tracks *Planet Rock* (1982) von Afrika Bambaataa[17] und *Clear* (1983) von Juan Atkins' Cybotron[18], bis hin zu Coldplay (*Talk*, 2005)[19] und den Kraftwerk-Adepten Daft Punk. In diesem Zusammenhang erlangten Kraftwerk sogar juristische Bedeutung, deren Wirkung über die Gruppe hinausgeht und auch in Zukunft die Arbeit vieler Musiker:innen beeinflussen wird, führt Ralf Hütter doch einen seit 1999 andauernden Urheberrechtsstreit mit dem Produzenten Moses Pelham um die Nutzung eines Samples aus *Metall auf Metall* (1977),[20] der zwischenzeitlich auch den Europäischen Gerichtshof beschäftigte.

---

[16] David Bowie: *V-2 Schneider*. RCA 1977.

[17] Bambaataa: *Planet Rock*. Tommy Boy 1982.

[18] Cybotron: *Clear*. Fantasy 1983.

[19] Coldplay: *Talk* [inoffizieller Release ohne Label zuvor im selben Jahr]. Parlophone 2005.

[20] Kraftwerk: Metall auf Metall. Auf: *Trans Europa Express*. Kling Klang/EMI Electrola 1977 sowie der von Pelham produzierte Song für Sabrina Setlur: *Nur mir*. Pelham Power Productions/Epic 1997.

Fela Anikulapo Kuti

Marc Fabian Erdl

Fela Anikulapo (Ransome) Kuti muss man gegen seine Liebhaber verteidigen. Der Sohn der Frauenrechtlerin Funmilayo Ransome-Kuti und eines protestantischen Geistlichen aus musikalischer Familie gilt als Begründer und wesentlicher Protagonist des Afrobeat. Neben seiner Arbeit als musiktheoretisch versierter und ‚tyrannischer' Bandleader und Musiker (Trompete, Orgel, Saxofon, Gesang) sorgt seine Rolle als politischer Aktivist und Provokateur (siehe unten) für eine anhaltende Faszination, die sich seit seinem Tod von ihrem Objekt entfernt und eine eigene Dynamik entwickelt hat. Westliche Unkenntnis bezüglich innerafrikanischer Verhältnisse sowie das Klischee vom ‚rebellischen Star' führen bis heute zu einer verzerrten Wahrnehmung, in Bewunderung und Ablehnung gleichermaßen. Hierbei kann man nicht oft genug betonen, dass der Westen im Grunde nicht zu Felas Adressatenkreis gehörte.

Nach einer von einigem Wohlstand, strenger Erziehung, Religion und Musik geprägten Jugend geht Fela 1958 nach London, um, wie seine Brüder, Medizin zu studieren. Durch die Fürsprache eines seiner Brüder findet sich die Familie damit ab, dass er stattdessen am Trinity College ein Musikstudium aufnimmt. Er gründet die Band Koola Lobitos, mit der er vom damals sehr populären Highlife und vom Jazz beeinflusste Unterhaltungsmusik spielt. 1961 heiratet er Remi Taylor. Als Fela 1962 zurückkehrt, ist Nigeria un-

C. Jürgensen und G. Kaiser (Hrsg.), *Eine Kulturgeschichte der Popmusik*,
https://doi.org/10.1007/978-3-662-72524-5_38

abhängig und in Aufbruchsstimmung, die jedoch nicht lange anhalten soll. Politisch wird das Land nicht zur Ruhe kommen.[1]

Fela arbeitet als Musiker und als Radiomoderator für die Nigerian Broadcasting Company. Diese Arbeit bringt ihn mit dem Schlagzeuger Tony Allen zusammen, mit dem er die zweite Inkarnation der Koola Lobitos gestaltet. Weil Highlife an Popularität verliert und Jùjú, Soul- und Funkmusik aufsteigen, während Jazz westlicher Prägung nicht verfängt, befinden sie sich in einer Sackgasse. Angesichts der Popularität eines James Brown sowie den daran angelehnten Erfolgen z. B. eines Geraldo Pino, wird Fela klar, dass er etwas ändern muss.[2] Er und Allen entwickeln nun die Elemente, die den Afrobeat ausmachen werden (siehe unten). Erste Erfolge stellen sich ein, vor allem auch in Ghana, wo der Begriff ‚Afrobeat' entstanden sein soll.[3]

Eine stümperhaft organisierte Konzertreise in die USA wird 1969 zum Wendepunkt. Die Koola Lobitos stranden mittellos, und Fela lernt Sandra Smith kennen, mit der er eine Affäre anfängt. Sie politisiert ihn, und macht dem Sohn einer christlichen Mittelklassefamilie seine afrikanische Identität bewusst. Als Mitglied der Black Panthers macht sie ihn mit der Autobiografie des ihm unbekannten Malcolm X und den kurrenten politischen Themen vertraut. Neben musikalischen Inspirationen und dem zukunftsweisenden Kontakt mit Marihuana sind es diese gesellschaftskritischen Impulse, die Fela aus den USA mitnimmt. Auch seine Sitten haben sich insgesamt gelockert. Er benennt seine Band in Nigeria 70 um. „Durch Sandra wurde er schwarz", wie sein Freund J.K. Braimah es beschreibt.[4]

Ende 1969 kehrt Fela zurück. Die Verfeinerung des Afrobeat führt zur wachsenden Popularität der nun Africa 70 genannten Band und ihres politisch aufgeladenen Bandleaders. Er gründet 1973 in Lagos bei seinem Club, The Shrine, eine Kommune, die Kalakuta Republic, mit Bibliothek, Aufnahmestudio, etc., die den Machthabern ein Dorn im Auge ist. Konflikte entstehen auch aufgrund Felas rigoroser Ablehnung der Nigeria dominierenden monotheistischen Religionen und der Hinwendung zu als traditionell afrikanisch verstandenen Weltanschauungen, inklusive ostentativer Promiskuität.[5] Der Wechsel von Yoruba zu Pidgin-English erhöht die Reichweite seiner Texte, in denen er die postkoloniale Korruption und die Orientierung am

---

[1] Vgl. hier und im Folgenden: Carlos Moore: *Fela Kuti. This Bitch of a Life. Die autorisierte Biografie.* Berlin/Zürich 2011 (überarb. Neuausgabe engl. 2009, urspr. frz. und engl. 1982); Tejumola Olaniyan: *Arrest the Music! Fela and His Rebel Art and Politics.* Bloomington, IN 2004; Joe Boyd: *And The Roots of Rhythm remain. A Journey through Global Music.* London 2024.

[2] Adeshina Afolayan/Toyin Falola: *Fela Anikulapo-Kuti. Afrobeat, Rebellion and Philosophy.* New York, NY 2022, 76f.

[3] Boyd: *And The Roots of Rhythm remain,* 666.

[4] Ebd., 670 [Übersetzung MFE].

[5] U.a. Olaniyan: *Arrest the Music!,* 159.

Westen geißelt.[6] Diese Gemengelage beunruhigt die stets nervösen Autoritäten. Weite Teile der Presse schreiben Schmähartikel über Felas vermeintliche Unmoral. 1974 muss er das erste Mal in Haft. Zwar gibt es Fans auch in den Reihen der Autoritäten, vor allem in Lagos, doch nach der Ermordung des ihm zugewandten, kurzzeitigen Staatsführers General Muhammed 1976 ist die Eskalation nicht mehr aufzuhalten. Mit dem Regime um General Obasanjo gerät er zunehmend aneinander, auch weil während des Festivals FESTAC 77 sich ausländische Kollegen im Shrine die Klinke in die Hand geben. Stevie Wonder, Miriam Makeba u.v.a., wie einige Jahre zuvor Ginger Baker, James Brown oder Paul McCartney, machen Fela ihre Aufwartung, während er von der Bühne die Regierung mit seinen gefürchteten *yabis*[7] vor aller Welt bloßstellt. Fela ist auf dem Höhepunkt seiner Popularität, er legt den „Sklavennamen" Ransome ab und gibt sich den Namen Anikulapo (etwa: „der den Tod in seiner Tasche trägt").[8]

Im Februar 1977 schließlich stürmt eine Militäreinheit (rekrutiert aus der gläubigen Landbevölkerung) die Kalakuta Republic, misshandelt und vergewaltigt die Bewohner und wirft Felas Mutter aus dem Fenster, die ein Jahr später an den Folgen stirbt. Fela selbst erleidet schwere Kopfverletzungen. 1978 verkompliziert sich die Lage weiter. Am Jahrestag der Razzia heiratet er 27 Frauen nach afrikanischem Ritus, zum Schrecken des politischen und religiösen Establishments. Ein Konzert bei den Berliner Jazztagen wird zu einem spektakulären Fehlschlag vor einem ratlosen Publikum, das die Musik nicht einordnen kann. Auch die als misogyn wahrgenommene Massenhochzeit hat seiner Reputation geschadet, es kommt zu Buhrufen. Fela wird später argumentieren, dass, wenn man schon polygam sei, man sich gefälligst um seine Frauen zu kümmern habe.[9]

Infolge dieses Debakels wird eine in Aussicht gestellte Tournee abgesagt. Auch verlassen Tony Allen und weitere Musiker die Band, u. a. weil Fela sie an den mageren finanziellen Erträgen kaum beteiligt und das Geld in eine noch zu gründende Partei stecken will.[10] Die Chance, Fela in Europa zu Lebzeiten als Star zu etablieren, ist vertan. Zum Horizonte-Festival 1979 in Berlin, bei dem afrikanische Popmusik hoffähig gemacht werden soll, wird er nicht einmal eingeladen. Überdies wird während seines Deutschlandaufenthalts die Kalakuta Republik staatlicherseits dem Erdboden gleichgemacht.[11]

---

[6]Ebd., 46.

[7]Yoruba, meint eine Art ritueller Verspottung.

[8]Christian Adofo: *A Quick Ting on Afrobeats*. London 2022, 17.

[9]Vgl. Stephane Tchai-Gadjieff/Jean-Jacques Flori (Regie): Fela Kuti – Music is the Weapon. Frankreich 1982.

[10]Vgl. ebd.

[11]Vgl. Claus Schreiner: *Schöner fremder Klang – Wie exotische Musik nach Deutschland kam. Band 3: Afrobeat, Salsa, Reggae & Co. (1975–2000)*. Berlin 2022, 281; siehe auch Boyd: *And The Roots of Rhythm remain*, 683.

Fela gründet eine Nachfolgeformation, afrozentrisch Egypt 80 genannt. Politisch ist er ungebrochen auf Konfrontationskurs. Bereits 1979, vor einem von Obasanjo ermöglichten Wahltag, legt er dem scheidenden General in einem aufsehenerregenden Akt eine Replik des Sarges seiner Mutter vor die Tür. In einer Dokumentation bezeichnet er 1982 die Verhältnisse in Nigeria als schlimmer als die in Südafrika, weil dort Weiße Schwarze ausbeuteten, wohingegen in Nigeria die Schwarzen das Ausbeuten ihrer eigenen Leute besorgten. Nigerianische Gefängnisse setzt er, nach einer weiteren Razzia während der Dreharbeiten, mit deutschen Konzentrationslagern gleich.[12] Auf diese Weise eckt er nicht nur bei der Regierung an: Wiewohl stramm anti-imperialistisch, verweigert er den Nigerianern eine schlichte Opferrolle und dem westlichen Publikum den identitätsstiftenden Sündenstolz, den Künstler wie Bob Marley mit ihrer Babylonbeschimpfung dem weißen Mittelstands-publikum frei Haus liefern. Fela ist lebenspraktisch und weltanschaulich in der Popkultur letztlich nicht anschlussfähig.

Die 1980er Jahre sehen trotz hoher Produktivität und zahlreicher Kon-zerte einen schleichenden Rückgang seiner Popularität. An der Qualität der Musik, an der er zeitlebens unermüdlich arbeitet, kann es nicht liegen. Er dürfte zum einen seinen Eigenheiten geschuldet sein, wie z.B. seinem letzt-lich ruinösen, völlig kompromisslosen Lebens- und Arbeitsstil. Zum anderen etabliert sich nun in Europa wie in Afrika eine hedonistische Rezeption afrikanischer Musikstile, die gefälliger und weltläufiger sind, während Felas politischer Fokus auf Nigeria und die auch der Länge wegen wenig radio-taugliche Musik Rezeptionshindernisse darstellen. Vor allem aber tragen zu seinem Niedergang die endlosen Razzien, Verhaftungen, Gefängnisstrafen und die seine Gesundheit zersetzenden Prügelattacken bei, denen er auch in den 1980er Jahren ausgesetzt ist.

Um 1992 entstehen die letzten veröffentlichten Aufnahmen. Der Kampf mit den Behörden setzt sich fort. Nach einer niedergeschlagenen Anklage wegen angeblicher Anstiftung zum Mord 1993 wird er im April 1997 – bereits todkrank – noch einmal verhaftet, jedoch nach wenigen Wochen entlassen. Ein letztes Konzert, heißt es, findet im Juni 1997 ausgerechnet mit Geraldo Pino statt. Die bis fast zuletzt geleugnete HIV-Infektion, der er unter Ablehnung westlicher Medizin versucht, Herr zu werden, führt am 2. August zu seinem frühen Tod. Je nach Quelle kommen 150.000 bis 5 Millionen Trauernde zur Beerdigung.[13]

---

[12]Vgl. Tchai-Gadjieff/Flori (Regie): Fela Kuti – Music is the Weapon, 10:45 bzw. 36:20.
[13]Boyd: *And The Roots of Rhythm remain*, 689 bzw. Adofo: *Afrobeats*, 23.

Felas beeindruckendes Werk lässt sich in drei wesentliche Abschnitte einteilen.[14] Da sind zunächst die Aufnahmen mit Koola Lobitos zwischen 1964 und 1968, mit der Fusion von Funk, Highlife und Jazz (*Highlife Time*). Geprägt ist diese flotte Unterhaltungsmusik von Tony Allens filigraner *percussion,* dem Einsatz von Gitarren mit rhythmischer Funktion, und darüber virtuos gespielter Trompete und/oder Saxofon, mit gelegentlichem Gesang (zunächst meist auf Yoruba, z. B. *Ololufe Mi*). Gelegentlich wird sich auf ein forderndes „Yeah" etc. beschränkt. All das folgt einem bewussten Reduktionsplan des klassisch ausgebildeten Musikers. Dazu gehört auch seine Abkehr von der glänzend beherrschten Trompete und die Hinwendung zum autodidaktisch erlernten Saxofon.

Die *'69 Los Angeles Sessions* deuten die Veränderungen an. Schlüsseltrack ist hier *My Lady Frustration*, den Fela als seinen ersten „afrikanischen Track" ansieht.[15] Die sehr eigene hypnotische Motorik, der Einsatz der Stimme als Instrument, und die Komplexität des Arrangements zeigen, wohin die Musik sich entwickeln wird. Der in der Folgezeit einsetzende Ersatz von Yoruba durch Pidgin - wobei die Tonalität des Yoruba z. B. im Saxofonspiel aufbewahrt bleibt -, und die Politisierung der Texte, im Sinne eines visionären Panafrikanismus, zeigen, dass Fela seine Musik von einer reinen Unterhaltungsfunktion zunehmend löst. Sie wird zum didaktischen Vehikel der gepredigten afrozentrischen Veränderungen. Dieses Ziel verdeutlicht sich ebenso in Felas Präsenz in Schulen und Universitäten.

Sein Kunstschaffen ist ein weitgehend öffentlicher Prozess: Die Stücke werden im stets geöffneten Shrine akribisch komponiert, wochenlang geprobt und monatelang auf der Bühne verfeinert, und wenn sie ihre Form gefunden haben, für die Veröffentlichung eingespielt. Sind sie auf Schallplatte erschienen, werden sie grundsätzlich nicht mehr live gespielt.

Zwischen 1970 und 1978 erscheinen so zahlreiche Stücke auf Schallplatte, die Fela auf dem Höhepunkt seines Schaffens zeigen. Sie sind meist dreiteilig und beginnen oft mit einem längeren Instrumentalteil, dominiert von Blechbläsern und/oder Orgel. Darauf folgt ein Teil mit weltanschaulich und provokant ausgerichtetem Call-and-Response-Gesang und/oder ausführlichen *Yabis*, und dann wieder ein Instrumentalteil, der - wie beim *Soukous* - ekstatisch ausfallen kann oder anti-klimaktisch ausklingt. Unterlegt wird das Ganze durchgehend mit einer polyrhythmischen, zielsicheren, oft getragenen *percussion*, unterstützt von Bass und Gitarren.

Typisch sind Stücke wie *Lady* (1972) und *Yellow Fever* (1976), die die Versuche von Afrikanern, sich habituell am Westen zu orientieren und z. B. ihre

---

[14]Die Datierung der Stücke folgt Olaniyan: *Arrest the Music!*, 229f. Zugrunde liegt bei der Auswahl hier folgende Edition: Fela Anikulapo Kuti: *The Complete Works Of Fela Anikulapo-Kuti*. Knitting Factory 2016.

[15]Vgl. Boyd: *And The Roots of Rhythm remain*, 669ff.

Haut zu bleichen, scharf verurteilen. Andere Stücke greifen Felas Fährnisse mit Polizei und Justiz auf, wie *Alagbon Close* (1974). Zu der Zeit ist auch sarkastischer Humor ein Element der Texte, wie es z. B. in *Expensive Shit* (1975) und *He Miss Road* (1975) zu bemerken ist. Das ändert sich mit *Zombie* (1976), einer Abrechnung mit den „seelenlosen" nigerianischen Soldaten, die dann zur Erstürmung der Kalakuta Republic führt. Diese wiederum ist beeindruckend in *Sorrow, Tears and Blood* (1977) oder später in *Coffin for Head of State* (1981) verarbeitet. Hervorzuheben ist *Shuffering and Shmiling* (1978), ein Angriff auf Christentum und Islam, mit dem Rat an Nigerianer, sich von solchen Religionen abzuwenden; in einem in allen Schichten religiösen Land wie Nigeria ein Vabanque-Spiel.

Die dritte Phase ab ca. 1979/80, mit Egypt 80, ist zunächst durch den Weggang von Tony Allen gekennzeichnet. Fela gelingt es, dabei mehrere Schlagzeuger verschleißend, diesen Ausfall durch noch dichtere Arrangements zu kompensieren.[16] Die Stücke werden druckvoller, bleiben aber im Wesentlichen (bei oft längerer Laufzeit) der etablierten Formel verhaftet. Ein Beispiel dafür ist das halbstündige *Army Arrangement* (1985). Die Angriffe werden identitätspolitisch eher noch schärfer. In *Perambulator* (1983) wendet sich Fela gegen westliche Medizin, in *Teacher Don't Teach Me Nonsense* (1986) gegen eine nicht-afrikanische Erziehung. Bis zuletzt gelingen ihm beeindruckende Werke wie z. B. *Underground System* (1992), die aber vor allem außerhalb Nigerias immer weniger Gehör finden. Durch das Internet geistern unveröffentlichte Aufnahmen aus dieser Phase, die – wenn auch in ernüchternder Tonqualität – zeigen, dass Fela bis zuletzt ein grandioser Musiker bleibt.

Die angemessene Beurteilung der Wirkungsgeschichte Felas ist schwierig, auch weil gängige Maßstäbe zur Beurteilung von Künstlern und ihrer Wirkung nicht greifen. Zunächst einmal war Felas autarke Kunst- und Lebenspraxis weit ungewöhnlicher als im Westen wahrgenommen. Die folgenschwerste Abweichung von den Gepflogenheiten afrikanischer Popmusik war die Abkehr vom Patron-Klient-Verhältnis und die Verweigerung panegyrischer Texte. Ausgehend von Traditionen wie z. B. den Griots waren Lobgesänge auch in den 1970er/1980er Jahren weit verbreitet (King Sunny Ade u.v.a.). In der Forschung wird betont, dass „das Panegyrische für gewöhnlich die Form der erfolgreichsten populären Musik in Nigeria ist."[17] Auch populäre Formationen in anderen Ländern, z. B. die (Super) Rail Band mit Salif Keita aus Mali, waren Staatsorchester, als solche in politische Programme und bestehende Herrschaftsverhältnisse eingebunden. Eine Protestkultur im Pop gab es in den gerade erst unabhängig gewordenen afrikanischen Nationen

---

[16] Ebd., 684.

[17] Olaniyan: *Arrest the Music!*, 91 [Übersetzung MFE].

nicht.[18] Somit konnte bereits die bloße Existenz eines autarken Künstlers von der gesamten Gesellschaft als bedrohlich empfunden werden.

Nach dem Aufstieg mit Africa 70 erlebte er mit Egypt 80, dass die populäre Musik Afrikas ab den 1980er Jahren sich weit von seinen Vorstellungen entfernte. Vom weltweiten Siegeszug eines Mory Kante oder Paul Simon konnte er nicht profitieren, auf europäischen Festivals afrikanischer Musik blieb er Außenseiter. Angesichts der Ahnungslosigkeit des Westens und Felas Unwilligkeit, die Distanz zum nichtafrikanischen Publikum zu überbrücken, blieben sich beide Seiten herzlich fremd. Somit blieb Fela sowohl quer zum Mainstream als auch zu lukrativen Seitenarmen der Popkultur. Dass es King Sunny Ade zumindest in Europa ähnlich erging, ist eine der Pointen der Popgeschichte.

Wirkungsgeschichtlich ist die Sache noch komplexer. Musikalisch hat Fela kaum Nachfolger gefunden, im Wesentlichen ist der Afrobeat eine historische Kunstform. Seine Söhne Femi und vor allem Seun Kuti (mit Egypt 80) halten das Erbe aufrecht. Das ist zwar gekonnt, allerdings hat diese historische Aufführungspraxis immer etwas Museales. Das gilt noch mehr für das Musical *Fela*.[19] Es erhielt drei Tony-Awards, aber letztlich versandete es zu Recht am Broadway. Dass der „born-again pagan" Fela heute ausgerechnet als „Prophet" oder gar „Messias" bezeichnet wird, ist besonders unheimlich und zeigt, dass er zur Projektionsfläche geraten ist, beinahe losgelöst von seinem Werk.[20]

Die postume Vereinnahmung von Leben und Werk hat Joe Boyd sarkastisch zusammengefasst: „With Fela's awkward self out of the way wider and wider circles of listeners came to appreciate the genius of his music".[21] Gewiss, das gelegentliche Sampling im Hip-Hop (z. B. Mos Def, oder Afu Ra) sowie vor allem die Verwendung von Felas Musik in Mixen von z. B. Gilles Peterson haben dazu beigetragen, das Interesse wachzuhalten. Auch Benefiz-*compilations* wie *Red Hot + Riot* (2002) bzw. *Red Hot + Fela* (2013)[22] sind rührende, aber künstlerisch folgenlose Dokumente der Verehrung. Viele Musiker sprechen voller Bewunderung von ihm, und sehen ihn in diffuser Weise als Vorbild, ohne seine Konsequenz zu erreichen. Umfangreiche Werkausgaben, deren Vinylversion in Einzelpaketen erschien, die von Prominenten wie u. a. Erykah Badu oder Idris Elba kuratiert wurden, deuten an, dass der Afrobeat noch ein Publikum hat. Es stellt sich jedoch die Frage, ob Fela nicht doch eher verehrt als noch fleißig gehört wird, und ob nicht die Rezeption zwischen ernsthafter Forschung und frivoler Folklore verendet.

---

[18]Vgl. Schreiner: *Schöner fremder Klang*.
[19]Bill T. Lewis (Regie): FELA. USA 2008.
[20]Fabrice Michelin (Regie): IN NIGERIA: FELA KUTI ERFINDET DEN AFROBEAT. Frankreich 2023., 13:30.
[21]Boyd: *And The Roots of Rhythm remain*, 691.
[22]Various Artists: *Red Hot + Riot*. MCA 2002; Various Artists: *Red Hot + Fela*. Knitting Factory 2013.

So wurde 2012 in Lagos das Kalakuta-Museum eröffnet, inklusive Kleidung und Mobiliar, was zeigt, dass auch der Staat sich zaghaft mit ihm versöhnt. Auf der Homepage des Museums ist dazu programmatisch formuliert: „All that is needed for a fully immersive experience is for the army to burst in and break a few heads. But, happily, those days are gone."[23] Das gilt – hinter dem Rücken der Verfasser dieser geschmackvollen Zeilen – in mehr als einer Hinsicht. Dem musikalischen Solitär, politischen Visionär und furchtlosen, widersprüchlichen Menschen Fela Anikulapo Kuti wird diese Musealisierung nicht gerecht.

---

[23] Siehe felakuti.com/eu/legacy/kalakuta-museum (6.1.2025).

Bob Marley

Michael Eggers

Die Formel, mit der man seinen historischen Rang oft beschrieben hat, ist inzwischen anzupassen an einen neueren, kritischen Sprachgebrauch. Dann aber gilt sie unvermindert: Bob Marley ist der ‚erste Superstar des globalen Südens' (nicht mehr ‚der Dritten Welt'). Und man könnte hinzufügen: Er ist bis heute wohl der größte. Niemand anderem aus den sogenannten Schwellen- und Entwicklungsländern ist es gelungen, in vergleichbare Sphären weltweiter, anhaltender Popularität vorzustoßen, außer ihm wurde kein anderer aus diesen Weltregionen zu *dem* Repräsentanten eines ganzen popmusikalischen Stils und man kann wohl sagen, dass keine zweite, einzelne Person den Einfluss des globalen Südens auf die weltweite Popkultur so verkörpert wie er. Und was die Popmusik angeht, so ist man versucht anzunehmen, er stehe da als leuchtendes Beispiel desjenigen, der diese kommerziell erfolgreichste Kunstform des 20. Jahrhunderts denen zurückgegeben hat, von denen sie einst, als Gospel und Blues, ausgegangen war: an die Benachteiligten und Geknechteten, die Erben der Vertreibung und Versklavung der afrikanischen Völker, die auf einer Insel wie Jamaika ihre erzwungene Exilheimat gefunden haben.

Bei näherem Hinsehen merkt man allerdings schnell, dass dieses Bild schief ist. Das beginnt bereits bei der Geburt: Robert Nesta Marley wird am 6. Februar 1945 als Sohn einer 18-jährigen Afro-Jamaikanerin und eines mindestens 60-jährigen, weißen Briten (man findet unterschiedliche Angaben über sein Geburtsjahr) in einem kleinen Dorf im Norden Jamaikas geboren. Seine Herkunft ist also eine gemischte, und bereits dieser Umstand hat Anlass gegeben, darüber nachzudenken, ob vielleicht gerade darin die Quelle seines immensen Ehrgeizes zu suchen sei, die schwarze Bevölkerung zu re-

C. Jürgensen und G. Kaiser (Hrsg.), *Eine Kulturgeschichte der Popmusik*,
https://doi.org/10.1007/978-3-662-72524-5_39

präsentieren, und ob er mit diesem biografischen Hintergrund besser als viele andere in der Lage gewesen sei, Konflikte zwischen und innerhalb der ethnischen Gemeinschaften zu verstehen.[1] Wobei die Herkunft nur in biologischer Hinsicht eine gemischte war. Was seine Sozialisierung und Erziehung angeht, so war der weiße, zu dieser Zeit als Plantagenaufseher tätige Vater ein Ausfall. Norval Marley unterstützte die Mutter Cedella Malcolm finanziell, war darüber hinaus aber weitgehend abwesend und starb an einem Herzanfall, als Bob zehn Jahre alt war. Seine Mutter zog daraufhin mit ihm nach Trenchtown, eine an die Hauptstadt Kingston grenzende Slumgegend, auf der Suche nach Arbeit und einer besseren Schulbildung für den Sohn. Auf diese Weise wurde der in Songs wie *Trenchtown Rock*[2] oder *No Woman, No Cry*[3] besungene Stadtteil zum Ausgangspunkt der Weltkarriere Marleys und zur Wiege des Reggae, dieses von ihm und zahlreichen anderen Musikern als jamaikanischer Beitrag ins internationale Musikbusiness eingebrachten Stils, den die UNESCO 2018 als Immaterielles Weltkulturerbe anerkannt hat.

Die Erfolgsgeschichte Marleys liest sich aus heutiger Perspektive wie ein Lehrstück über die Frage, ob und wann die seit den 2010er Jahren heftig umstrittene Kategorie der ‚kulturellen Aneignung‘ in der Popmusik Anwendung finden sollte. Denn der Reggae Bob Marleys ist zwar ohne Zweifel zutiefst geprägt von seiner jamaikanischen Herkunft: Sehr bewusst haben Marley und seine Weggefährten Einflüsse aus lokalen Stilrichtungen wie dem populären, folkartigen Mento oder den Rhythmen des religiösen *nyabinghi-drumming* der Rastafari-Kongregationen aufgegriffen, um ihre Musik an die jamaikanische Kultur zu binden. Zur Wahrheit gehört aber auch, dass bereits der Mento nicht frei von westlichen, europäischen Elementen wie etwa der Quadrille ist. Vielleicht entscheidender als diese Hybridität der Reggae-Vorgeschichte ist, dass Marley und die Wailers nicht nur aus ästhetischen, sondern auch aus strategischen und kommerziellen Gründen auf eine Stilmischung setzten, die anschlussfähig war an den angloamerikanisch dominierten popmusikalischen Markt. In den 1960er Jahren, in die die musikalische Findungsphase der Band fiel, war die dynamische Musikszene Jamaikas geprägt von dem bis heute zum Stilrepertoire erfolgreicher Popmusik gehörenden Ska. Dessen aufgekratzter, von Bläsersätzen angetriebener Sound verlangsamte sich mit dem daraus hervorgehenden Rocksteady zu einem weicheren, mehr auf Keyboards setzenden Klang, der den E-Basslinien mehr Raum gab, wie sie sich dann auch durch den Reggae zogen. Marley beteiligte sich an all diesen

---

[1] Kevin Macdonald (Regie): MARLEY. USA/Großbritannien/JAM 2012; Paul Gilroy: „Could You Be Loved?" Bob Marley, Anti-Politics and Universal Sufferation. In: *Critical Quarterly* 47 (2005), H. 1, 226–245; Gregory Stephens: *On Racial Frontiers. The New Culture of Frederick Douglass, Ralph Ellison and Bob Marley*. Cambridge 1999, 148–220.

[2] Bob Marley and the Wailers: *Trenchtown Rock*. Tuff Gong 1971.

[3] Bob Marley and the Wailers: No Woman, No Cry. Auf: *Natty Dread*. Island 1974.

Spielarten, auf der Suche nach den entscheidenden Hitsingles, vor allem aber im Ringen um eine Produktionssituation, die ihm eine kontinuierliche Arbeit als Musiker mit Zugriff auf den internationalen Markt erlauben würde.

Dabei waren die Voraussetzungen auf Jamaika andere als im Westen.[4] Während sich in England und den USA eine auf Auktorialität und Originalität kaprizierte Vorstellung durchsetzte, die das Künstlertum der Bands und Interpreten vermarktete und kontrolliert wurde durch die großen Plattenfirmen und den Musikjournalismus als *gatekeeper*, war Musik auf Jamaika sehr viel weniger hierarchisch organisiert. *Deejays* bzw. *selectors* beschallten mit ihren voluminösen Musikanlagen, den sogenannten *sound systems,* die Straße und die *dance halls*. Die Beliebtheit bestimmter Stücke und Stilrichtungen wurde dabei immer aufs Neue erprobt, sodass die Musiker mit neuen Stilexperimenten reagieren und in den jamaikanischen Studios und Labels laufend neue Singles produzieren konnten, die hier, anders als in dem schon weit früher auf LPs konzentrierten globalen Norden, das gängige Medium waren. Gleichwohl zielte der Ehrgeiz Marleys und der seit 1963 mit ihm als The Wailers auftretenden Peter Tosh und Bunny Wailer bereits früh auf den internationalen Markt, der sich zu dieser Zeit für den Reggae zu interessieren begann. Nach ersten kommerziellen Erfolgen auf der Insel mit dem Produzenten Lee ‚Scratch‘ Perry bedurfte es für den großen Durchbruch dann allerdings des Umwegs über London: Chris Blackwell, der jamaikanisch-britische (und weiße) Betreiber von Island Records, der Anfang der 60er Jahre mit seinem Label von der Insel nach London gewechselt war, gewährt der Band 1972 einen Vorschuss für das nächste Album. *Catch a Fire*[5] wird in Kingston aufgenommen und in London abgemischt, wobei der instrumental karge Reggaesound ergänzt wird durch *overdubs*, die dem entsprechen, was Blackwell für den gängigen Rockmusikgeschmack hält: Rhythmus und Gesang werden ausgiebig eingebettet in Keyboards und E-Gitarrenklänge, für die man zusätzliche Musiker engagiert. Marley akzeptiert diesen musikalischen Kompromiss und die Band behält die Ergänzungen auch während der folgenden Tour durch Großbritannien bei, die den Verkaufserfolg des Albums bekräftigt.[6]

Mit *Catch a Fire*, das in der ersten Pressung in einem inzwischen legendären, als aufklappbares *Zippo*-Feuerzeug gestalteten Cover vertrieben wird, ist die Grundlage für die weitere Karriere gelegt und das Tor zum LP-Markt aufgestoßen. Bob Marley and the Wailers produzieren bis in die frühen 1980er Jahre nicht nur eine Reihe vor allem politisch ausgerichteter Konzeptalben, sondern überzeugen auch das Livepublikum. Noch im selben Jahr 1973

---

[4] Siehe hierzu Jason Toynbee: *Bob Marley: Herald of a Postcolonial World?* Cambridge 2007, 72–113.

[5] The Wailers: *Catch a Fire*. Island 1973.

[6] Toynbee: *Bob Marley: Herald*, 146.

folgt das zweite Album, *Burnin'*,[7] das einen klanglich weniger verwaschenen, reineren Reggae wagt, gleichwohl mit *I Shot the Sheriff* einen Song enthält, der erst in der funkigen Coverversion Eric Claptons durchstartet, die Nr. 1 der US-Charts erreicht und der Band zu einem nicht unerheblichen Bekanntheits- und Popularitätsschub verhilft. Wollte man nun allerdings Claptons Zugriff auf diesen Song problematisieren, so müsste man wohl auch zur Kenntnis nehmen, dass Marley selbst, trotz seiner Orientierung an den ästhetischen und ideologischen Wurzeln der jamaikanischen Kultur, nicht auf musikalischer Reinheit beharrt. Noch unter dem früheren Namen The Wailing Wailers covert die Band Songs, die amerikanische und englische Interpreten zu Hits gemacht hatten, so etwa *What's New Pussycat?* (Tom Jones),[8] *And I Love Her* (The Beatles)[9] oder *Crying in the Chapel* – letzterer Titel, ursprünglich eigentlich eine Countryballade, wird in der Version von Elvis Presley,[10] dem Buhmann kultureller Appropriation im Pop schlechthin, zur Nr. 1 in England. Marley hingegen nimmt das Stück, mit einem Text des Rastafari-Aktivisten Mortimer Planno, als folkige, den äthiopischen Kaiser Haile Selassie I. umschmeichelnde Hymne neu auf: *Selassie is the Chapel* (1968).[11] Erst seine kulturelle und stilistische Hybridität, so mag man – paradox – folgern, macht den Reggae Bob Marleys zu dem nachhaltigsten, tiefgreifendsten und direktesten Einfluss eines Musikers des globalen Südens auf die weltweite Pop- und Rockmusik.

Dieser Einfluss ist umso bedeutender, als es Marley auch in politischer Hinsicht gelingt, der Rockmusik eine besondere Qualität zu verleihen. Das zeigt sich zunächst in den Songtexten, die bis zum letzten, von ihm selbst noch geplanten, schließlich aber posthum von seiner Frau Rita zusammengestellten Album *Confrontation* (1983)[12] der Rastafari-Bewegung verpflichtet sind.[13] Zentral für deren Lehre ist die Idee, die Nachkommen der schwarzen Sklaven würden einst von Ras Tafari (= Fürst Tafari), der als *living god* und Kaiser Haile Selassie I. von 1930–74 in Äthiopien regierte, in dieses ‚gelobte Land' nach Hause geführt. Als eine afrikanisierte Version des Christentums stützt sich der Glaube u. a. auf das Alte Testament und apokryphe Bibeltexte

---

[7] The Wailers: *Burnin'*. Island 1973.

[8] Tom Jones: *What's New Pussycat?* Decca/Parrot 1965.

[9] The Beatles: *And I Love Her*. Parlophone 1964.

[10] Elvis Presley: *Crying in the Chapel*. RCA Victor 1965.

[11] Zwar 1968 aufgenommen, ist der Song erst in den späten 90ern und frühen 2000ern in vereinzelten Ländern veröffentlicht und mit der Streaming-Freigabe von JAD Records 2023 noch einmal vom *Rolling Stone* als „verschollene Single" und nun wiederentdeckt gefeiert worden. Vgl. dazu Discogs: discogs.com/search?sort=year%2Casc&q=Selassie+is+the+chapel&type=release (8.7.2025) und Maxine Schneider: Bob Marley: Unbekannter Song. „Selassie Is the Chapel" (14.12.2023), rollingstone.de/bob-marley-unbekannter-song-selassie-chapel-veroeffentlicht-2680793/ (8.7.2025).

[12] Bob Marley and the Wailers: *Confrontation*. Island/Tuff Gong 1983.

[13] Zum Folgenden: Nathaniel Samuel Murrell: *Chanting Down Babylon. The Rastafari Reader*. Philadelphia, PA 1998.

sowie auf das politische Wirken des Panafrikanisten Marcus Garvey und ist verbunden mit einer scharfen Kritik an der unter dem Stichwort *babylon* zusammengefassten Politik der Kolonialmächte. Marleys pointiertester Ausdruck dieser Position ist der Song *War*:[14] Er ist die wörtliche Vertonung eines Teils der Rede, mit der Selassie die UN-Generalversammlung in New York im Oktober 1963 auf die Abschaffung von Rassismus und Kolonialismus sowie auf den Kampf gegen Hunger einschwört. Viele Texte des frühen, sogenannten Roots Reggae sind zudem sprachlich durchsetzt mit jamaikanischem Patois (Kreolisch), in dem sich die religiösen Überzeugungen des Rastafarianismus zu erkennen geben: So etwa in der Vokabel „I", die in der Formel „I and I" für die Einheit des Kaisers Selassie (auch: Jah) mit dem Selbst des Sängers steht, aber auch flexibel nur als Vokal eingesetzt werden kann und so zur kreativen, ein kollektives Wir bezeichnenden Wortbildung beiträgt: „I'm saying unto thee, I Inite oneself and love Imanity" (im Song *So Jah Seh*).[15] Der darin erkennbaren, humanistisch versöhnlichen Philosophie des Rastafarianismus steht gleichwohl dessen patriarchale Struktur gegenüber, die Frauen in ihren Rechten stark beschränkt, während sie dem Mann Promiskuität gestattet – Bob Marley zeugt elf leibliche Kinder mit acht verschiedenen Frauen...

Bob Marley auf der Bühne, im Hintergrund das Bildnis Haile Selassies I., Chris Walter / Kontributor / Getty Images

---

[14] Bob Marley and the Wailers: War. Auf: *Rastaman Vibration*. Island 1976.
[15] Bob Marley and the Wailers: So Jah Seh. Auf: *Natty Dread*. Island/Tuff Gong 1974.

Marleys politisches Wirken geht aber über die Musik hinaus und erhält, mit wachsendem Erfolg und Einfluss, besondere Brisanz. Durch seine religiös verankerte, gelebte und während der gesamten Karriere musikalisch umgesetzte politische Überzeugung wird er nicht nur in Jamaika, sondern weltweit zum Idol und zur Projektionsfläche antirassistischer und antikolonialer Bewegungen. Dass er seinen selbst verdienten, immensen Reichtum großzügig an Bedürftige verteilt, festigt den überhöhten Status als Heilsbringer, den er schließlich erreicht. Neben der in den Lyrics zum Ausdruck gebrachten, egalitären und emanzipatorischen Haltung sieht er sich vor allem in der politischen Gemengelage seiner Heimat konkret gefordert, seine schon zu Lebzeiten enorme Popularität für den Frieden einzusetzen. Seine Bemühungen zur Versöhnung der beiden immer auch gewaltsam verfeindeten und die Gesellschaft spaltenden politischen Parteien Jamaikas gipfelt 1976 und 1978 in den Smile-Jamaica- und One-Love-Peace-Konzerten in Kingston, die man, in der mit ihnen verbundenen Hoffnung auf ihre unmittelbare, weltverbessernde Wirkung, heute als Vorläufer der Band-Aid-/Live-Aid-Events der 1980er Jahre betrachten muss. Ablauf und Umstände der Auftritte sind dramatisch und geschichtsträchtig: Weder die Versuche seitens der jamaikanischen Politik, die Konzerte propagandistisch zu vereinnahmen, noch ein Attentat, bei dem er selbst, seine Frau Rita und sein Manager kurz vor dem ersten der Konzerte verletzt werden, hindern ihn daran, jeweils vor einer großen Menge

Marley beim One Love Peace-Konzert am 22. April 1978 in Kingston mit Michael Manley von der People's National Party und Edward Seaga von der Jamaica Labour Party, jamaicans.com/bob-marley-one-love-peace-concert/ (10.10.2025).

zu spielen. Im popmusikalischen Gedächtnis bleibt vor allem die ikonische Geste, mit der er 1978 auf der Bühne, während des Songs *Jamming*,[16] die Hände der beiden rivalisierenden Parteiführer über seinem Kopf zusammenführt. Das Ende kommt dann schnell und unerwartet. Nach einem zu spät diagnostizierten und (auch aus religiösen Gründen) unzureichend behandelten Hautkrebs stirbt Marley am 11. Mai 1981.

Unter kapitalistischen Bedingungen hat hat es die viel beschworene Authentizität der Rockmusik wohl nie gegeben. Das gilt auch für den durchaus marktstrategisch agierenden Marley, der sich aus den Slums in Trenchtown zum viel beachteten Weltstar hochgearbeitet hat und dabei das Image des Rebellen pflegte, der er wirklich war. Vielleicht kommt man aber einer authentischen, von einer echten politischen Mission durchdrungenen Rockmusik nirgends so nahe wie hier, bei Bob Marley.

---

[16] Bob Marley and the Wailers: *Jamming*. Island 1977.

Eurovision Song Contest, ABBA (1974)

Nora Leidinger und Melanie Schiller

Mit dem Refrain „Waterloo – I was defeated, you won the war"[1] sangen sich die Musiker:innen der schwedischen Band ABBA beim Eurovision Song Contest (ESC) am 6. April 1974 in die Herzen der internationalen Zuschauer:innen und Juror:innen – und gewannen den Wettbewerb. Mehr noch: *Waterloo* gilt bis heute als einer der geläufigsten Eurovision-Songs überhaupt und ABBA erlangte durch ihn in den 1970er Jahren internationale Berühmtheit. Der Titel erreichte in mehr als zehn Ländern die Spitze der Charts und weltweit wurden mehr als 385.000.000 Alben der Band abgesetzt. Dabei steht *Gold – Greatest Hits* mit über 32.000.000 verkauften Exemplaren an erster Stelle.[2] Damit sind ABBA die erfolgreichste schwedische Band aller Zeiten. Der Sieg beim ESC bedeutete nicht nur den internationalen Durchbruch für ABBA, sondern öffnete auch der schwedischen Musikindustrie die Tür zum weltweiten Musikgeschäft.[3] Die Bedeutung von *Waterloo* beschränkt sich aber nicht nur auf den Impuls für die schwedische Popmusik: Als erster Siegertitel in der Geschichte des ESC, der nicht in der Muttersprache des teilnehmenden Landes gesungen wurde, markiert *Waterloo* vielmehr auch einen wichtigen Moment in der europäischen Musikgeschichte und gilt seitdem als Inbegriff des Europop.[4] Der Auftritt und der ESC-Sieg von ABBA stehen somit auch exemplarisch für Diskurse um die Darstellung nationaler Identi-

---

[1] ABBA: Waterloo. Auf: *Waterloo*. Polar 1974.
[2] ABBA: *Gold – Greatest Hits*. Polydor/Polar 1992; bestsellingalbums.org/artist/150 (16.10.2013).
[3] Ola Johansson: *Songs from Sweden*. Singapur 2020, 7.
[4] Dean Vuletic: *Postwar Europe and the Eurovision Song Contest*. London 2019, 36.

täten sowie für das Spannungsfeld europäischer Popmusik im Verhältnis zur angloamerikanisch dominierten globalen Musikkultur.

Als Mitte des 20. Jahrhunderts in den meisten europäischen Ländern Fernsehanstalten gegründet wurden, schuf die Europäische Rundfunkunion (European Broadcasting Union, EBU) 1954 das Eurovisionsnetzwerk für den Austausch und die Produktion gemeinsamer Fernsehprogramme, um das Angebot der nationalen Rundfunkanstalten kostengünstig zu erweitern. Neben den technischen Erfordernissen und wirtschaftlichen Überlegungen der EBU wurde die Eurovision vor allem auch zur Förderung der europäischen Einheit und Identität ins Leben gerufen.[5] Viele Mitgliedsstaaten waren davon überzeugt, dass das Fernsehen als neues Medium ein kollektives Bewusstsein schaffen und nationale Grenzen und Konflikte durch eine europäische Identität überwinden könnte. Ein gemeinsam produziertes, internationales musikalisches Live-Event sollte das kriegsgebeutelte Europa kulturell einen und den Frieden fördern.[6] So spielte populäre Musik im Nachkriegseuropa nicht nur eine unterhaltende, sondern auch eine politische Rolle. Die Topoi Krieg und Frieden sollten zu den prominentesten in der ESC-Geschichte werden – nicht zuletzt illustriert durch Deutschlands ersten ESC-Sieg mit Nicoles titelgebender Hoffnung auf *Ein bisschen Frieden* (1982).[7]

Am ersten ESC (bis 1992 noch unter dem Namen *Grand Prix Eurovision de la Chanson*) nahmen sieben Länder teil: die Niederlande, die Schweiz, Belgien, Deutschland, Frankreich, Luxemburg und Italien. Seitdem findet der Eurovision Song Contest jährlich statt – nur 2020 wurde die Show wegen der Corona-Pandemie abgesagt. Teilnahmeberechtigt sind aktive EBU-Mitglieder sowie eingeladene Gastmitglieder, bis 2022 haben 52 Länder mindestens einmal teilgenommen. Da der Charakter des Länderwettbewerbs darin besteht, das vermeintlich Beste der nationalen Musikkultur auf der internationalen Bühne zu (re)präsentieren, war es ursprünglich üblich, in der eigenen Landessprache zu performen, bis Schweden mit Ingvar Wixell 1965 erstmals einen Beitrag in englischer Sprache einreichte. Nach diesem Auftritt wurde die Verpflichtung, in der jeweiligen Landessprache aufzutreten, offiziell festgeschrieben und es war damit zunächst nicht mehr zulässig, in anderen Sprachen zu singen. Nachdem diese Regel 1973 wieder aufgehoben wurde (bis 1977), gewann Schweden im folgenden Jahr mit ABBAs *Waterloo* – auf Englisch.

ABBA wurde 1972 in Stockholm von Agnetha Fältskog, Björn Ulvaeus, Benny Andersson und Anni-Frid Lyngstad (A-B-B-A, ein palindromisches Akronym ihrer Vornamen) gegründet. Da ABBA von Beginn an Popmusik

---

[5] Jérôme Bourdon: Unhappy engineers of the European soul: The EBU and the Woes of Pan-European television. In: *International Communication Gazette* 69/3 (2007), 265.

[6] John Kennedy O'Connor: *The Eurovision Song Contest: The Official History*. London 2010, 8.

[7] Nicole: *Ein bisschen Frieden*. Jupiter 1982.

auf Englisch machen wollten,[8] war Stig ‚Stikkan‘ Anderson, Gründer und Betreiber der schwedischen Plattenfirma Polar Music und später ABBAs Manager, entschlossen, mit der Musik von Andersson und Ulvaeus auf dem internationalen Markt Fuß zu fassen. Deshalb ermutigte er die Band, sich beim Melodifestivalen, dem schwedischen Vorentscheidungswettbewerb für den ESC, zu bewerben.[9] Nach einigen Ablehnungen und einer enttäuschenden Drittplatzierung mit *Ring Ring* (1973)[10] bewarb sich die Band 1974 schließlich mit *Waterloo* (damals noch mit schwedischem Text, geschrieben von Stikkan Andersson) – ein Song mit der von Phil Spector entwickelten ‚Wall of Sound‘, die zu ABBAs klanglichem Markenzeichen wurde. Dabei handelt es sich um eine Technik der Musikproduktion, die sich durch den intensiven Einsatz von Audio-Effekten und eine hohe Klangdichte auszeichnet, bei der die musikalischen Tonebenen in einer vielschichtigen Weise angeordnet werden. Trotz dieser Anleihen bei amerikanischen Produktionsweisen bieten ABBA mit *Waterloo* eine idealtypische Form des Europop, einer Musikrichtung, die sich – nicht zuletzt im Rahmen des ESC – seit Mitte der 1960er Jahre entwickelt hat. Europop bezeichnet ein breites Genre der leichten Pop-Rock-Musik mit elektronischen Einflüssen und europäischem Ursprung, das besonders in den 1980er und 1990er Jahren zu einem weltweiten kommerziellen Erfolg wurde.[11] Musikalisch zeichnet sich Europop – wie ABBAs *Waterloo* – durch einen treibenden Beat, einen eingängigen Rhythmus, eine einprägsame Melodie mit starkem Refrain und einfache Texte aus, die leicht mitgesungen werden können.[12] Mit *Waterloo* gelang es ABBA meisterhaft, die wesentlichen Elemente des Europop zu vereinen und einen Song zu schaffen, der nicht nur den zeitgenössischen Geschmack widerspiegelte, sondern auch die Entwicklung dieses genreübergreifenden Musikstils nachhaltig beeinflusste.

Nicht nur musikalisch traf *Waterloo* den Nerv der Zeit, wie der Sieg beweist, auch modisch setzte der ESC-Auftritt von ABBA Trends: Gekleidet in den von der schwedischen Designerin Inger Svenneke entworfenen „glamourösesten, glitzerndsten Kostüme[n] neben The Sweet, Gary Glitter und David Bowie“[13] (wie es die offizielle ABBA-Website zusammenfasst), wurde der extravagante, farbenfrohe Auftritt zu einem weiteren Markenzeichen der

---

[8] Ludovic Hunter-Tilney: How Sweden became a pop music powerhouse. In: *Financial Times*, 1.11.2013, ft.com/content/55f7bdf6-40c4-11e3-ae19-00144feabdc0 (5.12.2022).

[9] Elisabeth Vincentelli: *The Year Abba channeled Phil Spector and conquered the world* (2018), salon.com/2018/03/31/the-year-abba-channeled-phil-spector-and-conquered-the-world/ (5.12.2022).

[10] ABBA: *Ring Ring*. Polar/Epic/Atlantic 1973.

[11] Ivan Raykoff: *Another Song for Europe: Music, Taste, and Values in the Eurovision Song Contest.* London 2020, 108.

[12] Vgl. Sion Frith: Euro pop. In: *Cultural Studies* 3/2 (1989), 168.

[13] ABBAs offizielle Website: *In Focus: Waterloo!*, abbasite.com/articles/waterloo-39-years-since-abbas-breakthrough/ (12.12.2022).

Band. Diese auffällige Stilisierung und bewusste Überzeichnung ihrer Outfits trug dazu bei, dass ABBA nicht nur als musikalisches Phänomen verstanden werden kann, sondern auch als Beispiel für die von Susan Sontag als „camp" bezeichnete Haltung,[14] die dem Europop und insbesondere dem ESC oft zugeschrieben wird: der spielerischen und theatralischen Extravaganz, der Vorliebe zum Kitsch und der künstlichen Überhöhung der eigenen Performance. Mit ihren übertriebenen Kostümen und der dichten Soundkomposition in Verbindung mit einer penibel einstudierten Performance geben ABBA auch einen Vorgeschmack auf die ‚campiness' späterer Eurovisionsbeiträge und Gewinner (man denke an Conchita Wurst 2014) – einige davon nicht zuletzt als Hommage an ABBA.

Der Titel *Waterloo* wurde von Stikkan Andersson gewählt, weil dieser sich durch einen hohen Wiedererkennungswert auszeichnete.[15] „Waterloo" bezieht sich auf die legendäre Niederlage Napoleon Bonapartes gegen britische und preußisch-deutsche Truppen in der Schlacht bei der belgischen Stadt am 18. Juni 1815. Dementsprechend verweist der Titel von ABBAs Siegersong auch auf die Ursprünge und Ideale des Eurovision Song Contest als friedensstiftende und vereinigende Kulturveranstaltung. Der Liedtext bezieht sich jedoch weniger wörtlich auf das historische Ereignis als vielmehr auf die sprichwörtliche Kapitulation der Protagonistin vor den hartnäckigen Avancen eines Verehrers. Auf die (militär-)historischen Anspielungen des *Waterloo*-Textes bezogen sich ABBA neben dem Songtitel auch durch ihre Bühnenoutfits: Der Dirigent des Konzerts, Sven-Olof Walldoff, war als Napoleon verkleidet.

In den Jahren nach ABBAs Erfolg nahmen zahlreiche Künstler:innen und Bands am ESC teil, deren Musik und Stil eindeutig von ABBA inspiriert waren,[16] und auch Jahrzehnte später gilt *Waterloo* noch immer als *der* prototypische Eurovision-Song. Im Jahr 2005 wurde *Waterloo* im Rahmen des 50-jährigen Jubiläums des Eurovision Song Contest außerdem zum besten Song in der Geschichte des Wettbewerbs gewählt. Seit *Waterloo* hat Schweden den Contest sechs weitere Mal gewonnen und ist damit (neben Irland) das erfolgreichste Land in der Geschichte des ESC. Der Sprach- und Kulturwissenschaftler Irving Wolther sprach bereits von einer „„Schwedifizierung""[17] des Wettbewerbs, nicht allein aufgrund der einflussreichen schwedischen Beiträge, sondern auch, weil ein großer Anteil der Beiträge anderer Länder aus der Feder schwedischer Komponist:innen stammt. ABBA sind überdies eine

---

[14] Susan Sontag: *Notes on „Camp"*. London 1964, 3–4.

[15] Vuletic: *Postwar Europe*, 36.

[16] Raykoff: *Another Song for Europe*, 55.

[17] Ulf Mauder: ‚Dr. Eurovision' über den ESC – Massenware statt Markantes. In: *Stern*, 25.5.2012, stern.de/kultur/musik/eurovision-song-contest/-dr–eurovision–ueber–den-esc-massenware-statt-markantes-3672348.html (30.11.2022).

der wenigen Künstler:innen oder Bands, die nach ihrem ESC-Sieg andauernden internationalen Ruhm erlangten. Dieser Erfolg erstreckt sich bis in die
Gegenwart: Ganze 40 Jahre nach der offiziellen Auflösung der Band im Jahr
1982 veröffentlichten ABBA im November 2021 ihr neuntes Studioalbum
Voyage.[18] Und seit Mai 2022 ist ABBA sogar wieder live zu erleben – wenn
auch nur in gewisser Weise: Denn statt der echten Besetzung stehen bei der
ABBA Voyage Konzertresidenz (hochartifizielle, junggebliebene und nach
wie vor extravagante) Hologramme der Bandmitglieder (die ABBAtars) auf
der Bühne und präsentieren in alter Camp-Manier unter anderem zwei der
neuen Songs – vor allem aber die größten Hits, darunter natürlich auch
Waterloo.

---

[18] ABBA: *Voyage*. Polar 2021.

Ramones: Live im CBGB (1974)

Niels Penke

CBGB & OMFUG, der Name eines später legendären New Yorker Clubs im Süden Manhattans, versprach „Country, Bluegrass, and Blues and Other Music for Uplifting Gormandizers".[1] Musik für erbauliche Schlemmer und Fressmaschinen, Menschen, die nicht nur viel, sondern geradezu alles konsumieren, was ihnen vorgesetzt wird. Was für die einen wie eine Drohung klingt, wurde anderen zur Quelle beständiger Inspiration und kreativer Erbauung, denn das Möglichkeitsspektrum war groß, dass sich junge Bands und mit ihnen verschiedene Musikstile der Zukunft unter diesem Dach entfalten konnten. Hillel ‚Hilly' Kristal, dem Gründer des Clubs und seiner DIY-Haltung, die für die Ideen der lokalen *folks* offen war, sei Dank.[2] Vielleicht ist nur so zu begreifen, dass die ebenso rasche wie folgenreiche Entwicklung der Rockmusik an der Ostküste der USA wesentlich in einem einzigen Club stattfand: Punk und New Wave wurden in den 1970er Jahren ebenso maßgeblich hier geprägt wie der Hardcore Punk in den 1980er Jahren. Die Ramones waren eine der ersten Bands, die das Programm des Clubs von Country und Bluegrass weg zu entwickeln begannen – und dies von Anfang an denkbar weit.

Am 16. August 1974 war zum ersten Mal jenes „One! Two! Three! Four!" zu hören, mit dem die Ramones ihre Songs einzählten und in jeweils unter zwei Minuten herunterspielten. Die auf drei oder vier Akkorden basierenden Songs im 4/4-Takt waren allerdings nicht unbedingt kürzer als diejenigen anderer Rockbands, die Ramones spielten einfach bedeutend schneller. „2 mi-

---

[1] Hilly Kristal: What Does CBGB Stand For?, cbgb.com/history-by-hilly (20.8.2025).
[2] Steven Lee Beeber: *The Heebie Jeebies at CBGB's. A Secret History of Jewish Punk*. Chicago, IL 2006, 77–86.

nutes × 3 chords" sollte auch zwanzig Jahre später auf *Hey Ho Let's Go! The Anthology* noch die Selbstbeschreibung der Band lauten.[3] Unter den ersten Songs waren *Now I Wanna Sniff Some Glue, I Don't Wanna Go Down to the Basement* und *Judy Is a Punk*,[4] die Bestandteil aller Shows dieser Zeit waren, auch wenn die vollständigen Setlisten der ersten zehn Auftritte im Dunkel der Musikgeschichte liegen. Sie sind nicht überliefert, lediglich die 12-Minuten-Marke, bei der einige Shows endeten, ist kolportiert.[5] Mitschnitte und Videoaufzeichnungen existieren erst von Auftritten ab dem 15. September, als die Ramones bereits eingespielter, aber noch lange keine routinierten Profis waren. Dass die Darbietung roh und wild war, lässt sich auch über die zeitliche wie mediale Distanz hinweg noch gut nachvollziehen. Und darum ging es, um das Erlebnis einer Show und um die dabei transportierte Energie, für die der Club die ideale Akustik bot und eine intensive Präsenzerfahrung ermöglichte, die andere, immer stärker in Richtung Art Rock driftende Bands nicht mehr zu vermitteln gewillt waren oder überhaupt jemals zu transportieren imstande gewesen wären. Es ging vor allem um Energie und Emotion, weder ein guter Sound noch das fehlerfreie Spiel der Instrumente waren notwendig, wie Johnny Ramone die Maxime der Ramones zwei Jahre später einigen von ihnen inspirierten englischen Punk-Musikern (u.a. The Clash, Sex Pistols und The Damned) bei einem Konzert in London erklärte: „We can't play, we're terrible musicians. But the kids don't care about that; they want a show. So we give them a show, loud and fast. They love that. You guys going to keep rehearsing forever? Nobody's gonna know. They just want to be blown away. So go blow them away, nobody gives a shit about anything else."[6] Diese Maxime wurde im CBGB entwickelt und erprobt. Die Unverblümtheit des genialen Dilettantismus, die Spielgeschwindigkeit und die Energie waren bis dato unerhört. „This was something completely new",[7] resümiert der Musikjournalist und Mitbegründer des *Punk-Magazines* Legs McNeil seine Ersterfahrung mit den Liveauftritten der Band, die mit schrägem Humor und Texten über Klebstoff als Droge und Baseballschläger als Waffen, einen ureigenen Stil kultivierten. Daher wirkten sie trotz des künstlichen, comichaften Familialismus und ihrer Uniformierung authentisch: Die „Authentizität" der „Primitiven" lobte beispielsweise Paul Nelson in einer

---

[3] Ramones: *Hey Ho Let's Go! The Anthology*. Rhino Entertainment/Sire 1999 [Sticker auf Cover des Boxsets, s. Discogs: discogs.com/de/release/1533810-Ramones-Anthology-Hey-Ho-Lets-Go/image/SW1hZ2U6MTcxNDcxOTY= (20.8.2025)].

[4] Ramones: Now I Wanna Sniff Some Glue. Auf: *Ramones*. Sire 1976; I Don't Wanna Go Down to the Basement. Auf: *Ramones*. Sire 1976; Judy Is a Punk. Auf: *Ramones*. Sire 1976.

[5] Bryan Wawzenek: When the Ramones Made Their CBGB Debut. In: *UCR*, 16.8.2014, ultimateclassicrock.com/ramones-cbgb-debut (3.10.2023).

[6] Zit. nach Danny Fields: *My Ramones*. London 2018, 148.

[7] Michael Gramaglia/Jim Fields (Regie): End of the Century. The Story of the Ramones. USA 2005.

Rezension bei Erscheinen des Debütalbums im Jahr 1976.[8] Zur „Familie" wurde die Band durch das Pseudonym Ramone – ein Name, der wiederum auf Paul McCartneys Pseudonym Paul Ramon zur Zeit der Silver Beetles als Begleitband von Johnny Gentle zurückgeht, – und durch ihr weitestgehend einheitliches Auftreten im Stilverbund: Jeder Ramone trägt zerschlissene Jeans, Motorrad-Lederjacke und Converse-Schuhe zu langen Haaren bzw. Topfhaarschnitt. Diese Elemente sind auf einem bis heute aufgelegten Logo-T-Shirt komprimiert, dessen emblematisches Design das Siegel des US-Präsidenten mit den Namen der *family members* der Band kombinierte. „No fashion, only style", resümiert Danny Fields, späterer Manager der Band, die Bedeutung des Stils, „when you see the Ramones, you know it's them."[9]

Den Ramones gelang damit ein evolutiver Sprung in der Entwicklung der Rockmusik. Dass dieser gelang, lag daran, dass die Ramones einiges anders machten als andere Rockbands, von denen es in New York unüberschaubar viele gab. Es war das Zusammenspiel der vier Musiker Joey, Johnny, Dee Dee und Tommy, die jeweils ihren eigenen Stil kultivierten: Johnnys Gitarrenspiel, das ausschließlich auf *downstrokes* basierte, sodass ihm auf diese Weise ein härterer Anschlag gelang als seinen Zeitgenossen (einen ähnlichen Anschlagsstil pflegte James Hetfield mit Metallica und prägte damit den Thrash Metal). Schlagzeuger Tommy, der ursprünglich ebenfalls Gitarrist war und sich mit der neuen Band in das Instrument einfinden musste, setzte insbesondere auf das schnelle Spiel der Hi-Hat, dazu kam Dee Dees Bass, der nicht in den Hintergrund gemischt, sondern meist unisono zur Gitarre ebenso treibend und melodieführend eingesetzt wurde. Schließlich Joeys Gesang, der mit charismatischer und unverwechselbarer Stimme (eine durch Crooning und Interjektionen modulierte Tenorstimmlage) in lakonischer Weise die meist ironischen und mehrdeutigen Texte vortrug, die wiederum immer gut verständlich waren und sich wie *Blitzkrieg Bop* („They're piling in the back seat / They're generating steam heat / Pulsating to the back beat / The blitzkrieg bop")[10] rasch mitsingen ließen. Die Abstimmung der vier vollzog sich in der Hauptsache vor Publikum, dem sie, anders als bei vielen größeren Bands ihrer Zeit, alle direkt zugewendet spielten.[11]

Die Ramones begannen wie viele andere Formationen ihrer Zeit als fest gebuchte Club-Band, die einige Tage am Stück oder mehrmals pro Woche in ein und demselben Club für die musikalische Unterhaltung zuständig waren. Fünfundzwanzig der dreißig Konzerte, die die Band in ihrem Gründungsjahr 1974 absolvierte, fanden im CBGB statt. 1975 waren es erneut über dreißig. Wie die Beatles im Londoner Cavern Club oder die Doors im London Fog

---

[8] Paul Nelson: Ramones. In: *Rolling Stone*, 29.7.1976.

[9] Fields: *My Ramones*, 96.

[10] Ramones: Blitzkrieg Bop. Auf: *Ramones*. Sire 1976.

[11] David Fricke: *Hey Ho Let's Go! The Anthology liner notes*. Rhino Entertainment/Sire 1999 unpag.

und später im prestigeträchtigeren Whisky A Go-Go – das tägliche Spiel war gleichbedeutend mit der beständigen Professionalisierung der Band, die das, was sie von Beginn an auszeichnete, auf ihre Weise perfektionierte, ohne jemals große Experimente zu wagen oder in Routine zu erstarren. Was die Ramones im CBGB kultivierten, behielten sie bis zum Ende bei. Von der stationären Club-Band mauserten sie sich zu einer permanenten Liveband, deren Version der *never ending tour* bis zur Auflösung der Band ohne längere Unterbrechungen fortgesetzt wurde. 2.263 Shows wurden es bis zum Finale im August 1996. 85 Auftritte fanden im CBGB statt, der letzte im April 1979,[12] während das CBGB noch bis 2006 existierte, ehe es Mieterhöhung und Gentrifizierung zum Opfer fiel.

Als die Ramones 1974 dort begannen, waren sie aber nicht allein. Als zweite Band am 16. August standen Angel And The Snake auf dem Programm, Debbie Harrys gerade erst gegründete Band, die bald darauf in Blondie (and the Banzai Babies) umbenannt wurde. Neben den Ramones und Blondie unternahmen auch Television, Patti Smith Group und Talking Heads ihre ersten öffentlichen Bühnenauftritte im CBGB der Jahre 1974 und 1975. Daher ist der Club als Entstehungsort des amerikanischen Punks und seiner vielfältigen musikalischen Erscheinungsformen, die in einer Vielzahl von Konzerten entwickelt wurden, kaum zu überschätzen. Wachsender Zuspruch und Publikumsinteresse führten dazu, dass punkige Bands und ihre Shows Bluegrass und Country bald aus dem Programm drängten.[13] Dabei handelte es sich um Bands und Musiker:innen, die trotz aller musikalischen Verschiedenheit einte, dass sie allesamt mit dem zu brechen versuchten, was sowohl der als allzu hippiesk erachtete Folk Rock wie auch die in die Stadien und in ein überlebensgroßes Rockstartum drängenden Exponenten von Glam, Progressive und Psychedelic Rock Anfang der 1970er Jahre fabrizierten, die ihre Virtuosität mit ausgedehnten Jam- und Solopassagen unter Beweis stellten. Die Gesten des spontanen und nicht-perfekten Musizierens im CBGB hingegen inspirierten unzählige Musiker:innen und Bands weltweit.

Schwerlich zu überschätzen sind diese Anfänge auch vor dem Hintergrund, dass erst deren Rezeption und produktive Anverwandlung in England 1976, dem „year zero",[14] die dortige *punk explosion* befeuerte. Initial dafür waren zwei Konzerte der Ramones in London im Juli 1976, das Mitglieder von The Clash, The Damned, The Pretenders und den Sex Pistols besuchten, die bis dahin allesamt über kaum oder gar keine Live-Erfahrung verfügten. Nicht üben, sondern spielen, diesen Ratschlag hatten die Ramones

---

[12] Siehe en.wikipedia.org/w/index.php?title=List_of_Ramones_concerts&oldid=1112173631 (28.10.2022).

[13] Legs McNeil/Gillian McCain: *Please kill me. The uncensored oral history of punk*, 172.

[14] Pete Dale: *Year zero for British punk was 1976 – but there had long been anarchy in the USA.* In: *The Conversation*, 23.6.2016, theconversation.com/year-zero-for-british-punk-was-1976-but-there-had-long-been-anarchy-in-the-usa-61329 (20.8.2025).

im Gepäck. Die Musik und ihre Performance vor Publikum standen im Vordergrund – und ein simples *doing* gegenüber dem, was der britische Punk mitbringen sollte, der vor allem durch eine Figur wie Malcolm McLaren in künstlerische und intellektuelle Traditionslinien (besonders des Situationismus) gestellt wurde und über das medienwirksame Spektakel mit Provokation und Erregung öffentlichen Ärgernisses arbeitete. Eine solche konzeptuelle Rahmung gab es bei den Ramones nie, was sich auch aus den (nicht zuletzt politisch) gegensätzlichen Persönlichkeiten Johnny und Joey verstehen lässt, die über die Musik hinaus keinen gemeinsamen Nenner fanden. Das Fehlen theoretischer Konzepte und auch textlich plakativer politischer Äußerungen stellt eine wesentliche Differenz zu den englischen Bands der späten 1970er Jahre dar.[15] Anstatt auf Majorlabels und größtmögliche mediale Vermittlung zu vertrauen, setzten die Ramones auf Präsenz und Nähe zu ihren Fans[16] – vielleicht ein Grund, warum sie kommerziell nie den großen Erfolg verbuchen konnten.

Die Ramones leisteten nicht nur eine unerhörte Arbeit am Image des Clubs, sondern auch an den Menschen, die ihn besuchten und Teil von Punk wurden, einer Sache, die mehr war als ein paar Bands und ihr Publikum. Aus den „Gormandizers" wurde eine Szene, deren Impulse die (rock-)musikalischen Avantgarden weltweit inspirierten. Punk war nur die erste Spielart der OMFUG, die vom CBGB ausgehend die (musikalische) Welt verändern sollte, ihr *impact* jedoch blieb unübertroffen. Dass der *New Musical Express* die Ramones als „most influential band ever"[17] titulierte, gewinnt angesichts der langanhaltenden Nachwirkung beständig an argumentativem Gewicht.

---

[15] Vgl. Billy Bragg: The Joe I Knew. In: Antonino D'Ambrosio (Hg.): *Let fury have the hour. Joe Strummer, Punk, and the movement that shook the world*. New York, NY 2012, 223–225, hier 224.

[16] Vgl. Fields: *My Ramones*, 100, 129.

[17] NME: *Ramones: Ramones / Leave Home / Rocket To Russia / Road To Ruin. Four reissues from the original NYC punk kings*. In: NME, 12.9.2005, nme.com/reviews/reviews-nme-5280-330260 (4.10.2023).

Fernsehauftritt der Sex Pistols (1976)

Kerstin Wilhelms

Mitte der 1970er Jahre befindet sich England in einer wirtschaftlichen Krise mit hohen Arbeitslosenzahlen, insbesondere bei Jugendlichen – die Stimmung, die in den Medien verbreitet wird, ist entsprechend apokalyptisch; von Aasgeiern, die den britischen Himmel verdunkeln ist in den englischen Zeitungen die Rede, von einer „fatalen Trägheit" bei den Brit:innen und von „entfernte[m] Donner".[1] In dieser Zeit entwickelt sich in London Punk – der Szenebegriff taucht erstmals 1975 als Name einer Zeitschrift auf[2] – zunächst als Ausdrucksform in Kunst und Design, vorangetrieben von Malcolm McLaren und Vivienne Westwood, die in ihrer Boutique SEX selbstdesignte Punkmode verkaufen. McLaren will aber nicht nur Mode machen, sondern insgesamt die Popkultur revolutionieren und stellt daher 1975 eine Band zusammen, die Sex Pistols, die er von nun an managt.[3] Nachdem die Band innerhalb der noch recht untergründigen Punkszene einige aufsehenerregende Auftritte und ein Demotape vorgelegt hat, ergattern sie einen Vertrag mit EMI, dem größten britischen Plattenlabel.[4] Als am 1. Dezember 1976 die Band Queen kurzfristig einen Auftritt in einer TV-Talkshow absagen muss, schickt EMI als Ersatz die Sex Pistols ins Londoner Nachmittagspro-

---

[1]Jon Savage: *England's Dreaming. Anarchie, Sex Pistols, Punk Rock.* Übers. von Conny Lösch. Berlin [2]2003 (engl. 1992), 97f.

[2]Vgl. ebd., 119f.

[3]Vgl. ebd., 88–111.

[4]Vgl. Phil Strongman: *Pretty Vacant. A History of Punk.* London 2007, 138–141.

Screenshot aus einem Mitschnitt des Interviews (youtube.com/watch?v=OC16gG5Rtzs)

gramm[5] – der Auftritt soll später zum ‚Wendepunkt der Punkgeschichte‘[6] erklärt werden: „As simple and harmless as it seems today, that interview was a pivotal moment that changed everything. Punk became the most important cultural phenomenon of the late 20th century. Its authenticity stands out against the karaoke ersatz culture of today, where everything and everyone is for sale."[7]

Die Sex Pistols kommen wohl bereits angetrunken im Aufnahmestudio des TV-Senders an und trinken dann im Green Room weiter, wo auch Talkmaster Bill Grundy einige alkoholische Getränke zu sich nimmt.[8] In dem Mitschnitt des Interviews sieht man einen sehr entspannt wirkenden Talkmaster, der dann auch wahrheitsgemäß erklärt: „They are punk rockers [...] you see, they are as drunk as I am...".[9] Die Sex Pistols, denen nicht bewusst ist, dass es sich um eine Live-Sendung handelt, sitzen neben Bill Grundy (auf der Abbildung mit dem Rücken zur Kamera): rechts von Grundy sitzt Paul Cook (Schlagzeug), daneben Glen Matlock (Bass), Steve Jones (Gitarre) und Johnny Rotten (Gesang). Hinter Grundy und den Bandmitgliedern stehen weitere ‚punk rockers‘, unter anderem, direkt neben Grundy, die junge Sioux-

---

[5]Vgl. ebd., 150.

[6]Vgl. Mark Duffet: Sworn In: Today, Bill Grundy And The Sex Pistols. In: Ian Inglis (Hg.): *Popular Music and Television in Britain*. Farnham u. a. 2010, 85–104, hier 88.

[7]Malcolm McLaren: Searching for a way to break the rules. In: *The Guardian*, 15.9.2007, theguardian. com/theguardian/2007/sep/15/greatinterviews2 (15.11.2022).

[8]Vgl. Strongman: *Pretty Vacant*, 151.

[9]Vgl. Aufzeichnung des Interviews auf youtube.com/watch?v=OC16gG5Rtzs (15.11.2022). Das legendäre Interview wurde 2007 vom *Guardian* in die Sammlung „Greatest Interviews of the Twentieth Century" aufgenommen und vollständig transkribiert. Alle Zitate aus dem Interview werden nach dieser Transkription zitiert. Vgl. [N.N.]: What a fucking rotter. In: *The Guardian*, 15.9.2007, theguardian.com/ theguardian/2007/sep/15/greatinterviews (7.11.2022).

sie Sioux (in der Abbildung mit einer schwarz-weißen Bluse). Das Interview beginnt mit einem irritierenden Moment für Grundy, wenn Jones dessen Text vom Teleprompter abliest. „JONES:...in action! / GRUNDY: Just let us see the Sex Pistols in action. Come on kids ..." Es folgt ein sehr kurzer Einspieler eines Live-Auftritts der Sex Pistols, danach sieht man wieder Grundy, der die Band nach den 40.000 Pfund fragt, die sie von EMI bekommen haben. „Doesn't that seem, er, to be slightly opposed to their anti-materialistic view of life?" Es ist bemerkenswert, dass Grundy mit einer durchaus konfrontativen Frage eröffnet, und mit dem Hinweis auf seinen eigenen Alkoholkonsum in einen Wettstreit darüber eintritt, ‚wer der größere Rebell ist'.[10] Mark Duffet weist darauf hin, dass sich Grundy damit sowohl vom Publikum als auch von den Sex Pistols distanziert.[11] Die Antwort auf die Frage nach den 40.000 Pfund kommt von Jones: „We've fucking spent it, ain't we". Während dieses ‚fucking' vom Talkmaster nicht weiter zur Kenntnis genommen wird, löst Johnny Rottens „shit" nur einige Sekunden später ein Moment der Irritation aus: „ROTTEN [under his breath]: That's just their tough shit. / GRUNDY: It's what? / ROTTEN: Nothing. A rude word. Next question." Rotten wirkt auf die Nachfrage von Grundy nervös und beschämt, ja geradezu schuljungenhaft schaut er zu Boden, als Grundy ihn dazu bringt, das „rude word" zu wiederholen. Danach wendet sich Grundy den Personen zu, die hinter ihm und den Sex Pistols stehen und sagt zu Sioux: „Are you worried, or are you enjoying yourself? / SIOUX: Enjoying myself. [...] I always wanted to meet you. / [...] GRUNDY: We'll meet afterwards, shall we? [Sioux does a camp pout]." Daraufhin verliert Jones die Contenance: „You dirty sod. You dirty old man!" Anstatt zu deeskalieren, fordert Grundy ihn auf: „Say something outrageous!", woraufhin ihn Jones in ruhiger, beinahe gelangweilt wirkender Weise beschimpft: „dirty bastard", „dirty fucker" und schließlich „fucking rotter". Unterbrochen wird Jones nur von Grundys Anfeuerungsrufen („Go on, again") und unterstützt vom Gelächter der Interviewgäste.

Die sprachliche Eskalation einer von Beginn an einkalkulierten Konfrontation zwischen den *punk rockers* und Grundy wird durch die Körpersprache der Akteure und die Bildsprache der Aufzeichnung unterstützt. Ein Generationenkonflikt wird hier ausgetragen zwischen dem Talkmaster mittleren Alters, der in seiner ausgreifenden, entspannten Sitzhaltung und durch seinen ‚Flirt' mit Sioux wie ein dandyhafter Playboy wirkt.[12] Der Altersunterschied wird von Matlock direkt adressiert, wenn sich Grundy an die hinter ihm stehenden Frauen wendet: „He's like yer dad, innee, this geezer?" Während die Pistols auf den Generationenunterschied anspielen, versucht Grundy diesen zu überspielen und den Wettstreit um das rebelli-

---

[10]Vgl. Duffet: *Sworn In*, 94.

[11]Vgl. ebd.

[12]Die verschiedenen Männlichkeitsfigurationen untersucht Duffet: *Sworn In*, 94–101.

schere Auftreten auch heterosexuell-maskulin als Wettstreit um eine Frau zu inszenieren, was von Seiten der Jüngeren mit sprachlicher Eskalation sanktioniert wird. Die Gemeinsamkeiten im Auftreten, wozu auch die entspannten Körperhaltungen gehören, deuten darauf hin, dass jede Partei die Oberhand über den Verlauf der Auseinandersetzung behalten und möglichst die andere Seite aus der Ruhe bringen will. Es ist ein Wettstreit auch um ‚Coolness‘. Sichtbar wird die Konfrontationslinie nicht nur durch das Alter, sondern auch durch die Kleidung. Während Grundy konventionell in einem grauen Anzug mit schwarzem Hemd und Krawatte gekleidet ist, sieht man die *punk rockers* in Jeans und T-Shirts, Rotten mit großen Sicherheitsnadeln im Ohr, Sioux mit auffälligem schwarz-weißen Make-Up und Steven Severin mit einer Hakenkreuzbinde, die (zumindest aus deutscher Sicht) erstaunlicherweise überhaupt keine Aufmerksamkeit erhält. Letztlich wird die Differenz von *punk rock* und Grundy durch Körperbewegungen inszeniert. Während sich Grundy kaum in seinem Sessel bewegt und auch nach dem skandalösen Ende des Interviews entspannt weiterzuplaudern scheint, bewegen sich die Musiker:innen in ihren Sitzen oder im Stehen hinter den Stühlen. Am Ende tanzen einige von ihnen zur Titelmelodie. Dass sich die Sex Pistols über die Show und ihren Host lustig machen, wird durch eine ausgeprägte Mimik, vor allem bei Matlock, deutlich. Nur Cook sitzt ruhig und fast unbeweglich neben Grundy. Er hat eine ähnliche Körperhaltung eingenommen wie der Talkmaster: einen Fußknöchel auf dem Knie abgelegt und eine Hand am Gesicht. Er lacht zwar mit den anderen über die Schimpftirade, äußert sich sonst aber nicht. Gelangweilt stützt er seinen Kopf auf die Hand und gähnt während der Abmoderation. Er demonstriert, dass ihn das skandalöse Geschehen nicht berührt, dass das Fluchen und Sich-Danebenbenehmen zur langweiligen Normalität seines Punkrocker-Daseins gehört.

Glen Matlock und Steve Jones sind nicht die ersten Personen im britischen Fernsehen, die das Wort ‚Fuck‘ in den Mund nehmen, aber sie sind die ersten ohne einen Oxbridge-Abschluss, wie Nick Hornby feststellt[13] – und sie sind die ersten, die es im Nachmittagsfernsehen tun. Der gesellschaftliche Aufschrei kommt ohne Verzögerung bei der BBC an. Siouxsie Sioux ist es, die die ersten empörten Anrufe im Studio entgegennimmt und sogleich mit „This is Thames TV – piss off“ beendet.[14] Zu der Geschichte um das Interview gehört die Anekdote, dass ein LKW-Fahrer vor Wut in sein nagelneues, teures TV-Gerät tritt[15] und dass Bill Grundy in der Folge für vierzehn Tage

---

[13] Nick Hornby: Say something outrageous. In: *The Guardian*, 15.9.2007, theguardian.com/theguardian/2007/sep/15/greatinterviews1 (7.11.2022).

[14] Vgl. Strongman: *Pretty Vacant*, 154.

[15] Hornby: *Say something outrageous*.

aufgrund von ‚nachlässigem Journalismus‘[16] suspendiert wird, wovon sich seine Karriere nie erholt – ganz im Gegensatz zur Karriere des Punkrocks als kulturellem Phänomen. Das Interview läutete die Punkexplosion ein, die im Jahr 1977 nicht nur Großbritannien und die USA, sondern auch weite Teile Europas inklusive der beiden deutschen Staaten ergreifen sollte: Als eine der ersten westdeutschen Punkbands veröffentlichten Male 1979 ihr erstes Album *Zensur & Zensur*[17] und in der DDR gründeten sich um 1980 herum Bands wie Zwitschermaschine, Schleim-Keim und L'Attentat. Punk wurde zu einem musikalischen und ästhetischen Phänomen, das mit den massenhaften Schlagzeilen über das Grundy-Interview ab dem 2. Dezember 1976 aus den Szenenischen Londons heraus in jedes bürgerliche Wohnzimmer Großbritanniens getragen wird.[18]

Zugleich wird das Interview als Anfang vom Ende des Punkgenres gelesen, das danach weniger als musikalisches Phänomen, sondern als eine jugend- bzw. gegenkulturelle Antwort auf den Abstieg der britischen Wirtschaft wahrgenommen wurde und in dessen Folge die Sex Pistols zum Symbol für ein Bild von Jugendlichen als Unruhestifter wurden.[19] Tatsächlich ist dieses ikonische Interview dezidiert kein musikalisches Moment.[20] Auch die Idee und die Gründung der Sex Pistols ist nicht vorrangig auf musikalische Motive, sondern auf Marketinggründe zurückzuführen. Das Interview ist also weniger ein Meilenstein für Punkmusik als vielmehr für die Haltung, die mit Punk verbunden ist, und auch für den Dresscode, für den Vivienne Westwood und Malcolm McLaren in ihrem SEX-Shop die passenden Requisiten bereithielten. Das nachdrücklich Distinktive, Subkulturelle des frühen Punk verschwand mit dem zunehmenden Interesse der Massenmedien und das Genre wurde eine Spielart des Pop.[21] Auch für die Musikkarriere der Sex Pistols selbst war der Grundy-Auftritt kein Katalysator. Der eingespielte Mitschnitt eines Live-Auftritts der Sex Pistols dauert nur wenige Sekunden und beinhaltet kaum mehr als Rottens langgezogenes „destroy" am Ende von *Anarchy in the U.K.*[22] In der Folge des Interviews wurden diverse Auftritte einer geplanten Europatournee abgesagt. Ganze Städte wurden regelrecht abgeriegelt, so schloss beispielsweise die walisische Stadt Caerphilly angesichts eines Konzerts für 24 Stunden alle Bars und Cafés, und die Band sah sich nach dem dortigen Konzert einer seltsamen Verbrüderung protestierender

---

[16]Vgl. [N.N.]: Grundy banned. In: *The Guardian*, 3.12.1976, theguardian.com/theguardian/1976/dec/03/greatinterviews (7.11.2022).

[17]Male: *Zensur & Zensur*. Modell Musik 1979.

[18]Vgl. Duffet: *Sworn In*, 88.

[19]Vgl. ebd., 88f.

[20]Vgl. ebd., 89.

[21]Vgl. Savage: *England's Dreaming*, 263.

[22]Sex Pistols: *Anarchy in the U.K.* EMI 1976.

Weihnachtssänger:innen mit Hells-Angels-Mitgliedern gegenüber.[23] Die Proteste rund um ihre Konzerte sowie zerstörte Hotelzimmer sorgten zwar für den legendären Status der Sex Pistols, standen aber einem kommerziellen Erfolg zunächst im Weg. EMI zog sich aus dem Plattenvertrag zurück und die Konflikte zwischen den Bandmitgliedern nahmen zu.[24] In der Folge verließ Glen Matlock die Band Anfang 1977 und wurde durch Sid Vicious ersetzt, 1978 trennten sich die Sex Pistols dauerhaft. Während die Bandgeschichte der Sex Pistols also eine eher kurze ist, gehört das einzige Studioalbum *Never Mind the Bullocks, here's the Sex Pistols*[25] fest zum Kanon (nicht nur) des westlichen Punkrocks. Ihr Interview mit Bill Grundy ging ins kollektive Popgedächtnis ein und dient bis heute als Wendepunkt zur Strukturierung der Punkgeschichtsschreibung.[26]

---

[23] Vgl. Strongman: *Pretty Vacant*, 162–166.

[24] Vgl. Savage: *England's Dreaming*, 249–260.

[25] Sex Pistols: *Never Mind the Bullocks. Here's the Sex Pistols*. Virgin/Warner Bros. 1977.

[26] Vgl. Strongman: *Pretty Vacant*, 13; Duffet: *Sworn In*, 93.

Patti Smith

Anna Seidel

Tomboy, Beatnik, Messias – diese ungewöhnliche Klimax beschreibt niemand Geringeren als die Tausendsassarin Patti Smith.[1] Sie kommt am 30. Dezember 1946 als Patricia Lee Smith in Chicago, Illinois zur Welt – und zwar während eines *blizzards*, wie sie verschiedentlich zu Protokoll gibt.[2] Smith wächst mit drei jüngeren Geschwistern in einer religiösen Arbeiterfamilie auf. Mit der Familie zieht sie via Pennsylvania nach New Jersey, wo sie im Alter von sechzehn Jahren ihre Schullaufbahn beendet und in einer Fabrik zu arbeiten beginnt. Die Lyrics zum Song *Piss Factory*, der 1974 auf der B-Seite ihrer ersten Single mit dem Titel *Hey Joe*[3] veröffentlicht wird, entstehen zu dieser Zeit. Darin heißt es unter anderem: „I'm gonna be a big star and I will never return / Never return, no, never return, to burn out in this piss factory".

Mitte der 1960er Jahre studiert Smith am Glassboro State College, wo sie ihre lebenslange Freundin, die Dichterin Janet Hamill, kennenlernt. Es ist ein College, das zu dieser Zeit vor allem Lehrer:innen ausbildet. Smith, schon hier vor allem interessiert an Kunst und Literatur, besteht die naturwissenschaftlichen Prüfungen nicht und verpasst, anders als Hamill, den Abschluss. Ihr werden aber im Laufe ihres Lebens diverse Ehrendoktorwürden für ihr Schaffen verliehen, darunter 2023 der Titel ,Doctor of Humane Letters' der Columbia University.

---

[1] Joy Press/Simon Reynolds: *Sex Revolts. Gender, Rock und Rebellion* [1995]. Mainz 2020, 356.
[2] Etwa hier: Patti Smith: *Just Kids* [2010]. London 2012, 4.
[3] Patti Smith: *Hey Joe (Version)/Piss Factory*. Mer 1974.

Im Jahr 1967 zieht sie, nachdem sie ihre erstgeborene Tochter zur Adoption freigegeben hat, gemeinsam mit Hamill nach Manhattan in New York City, einem Sehnsuchtsort, den sie auch schon in *Piss Factory* mantraartig als solchen ausflaggt: „I'm gonna get out of here, I'm gonna get on that train / I'm gonna go on that train and go to New York City / I'm gonna be somebody, I'm gonna get on that train, go to New York City".

In New York arbeitet Smith unter anderem in Buchläden, darunter dem antiquarischen Titeln verpflichteten Strand Books am Broadway. Umgeben von Literatur fühlt sie sich ohnehin wohl, denn sie ist immer schon passionierte Leserin. Sie wird Autorin für Magazine wie *Rolling Stone* und das New Yorker Rock-Magazin *Creem* und vor allem Dichterin, bevor sie Musikerin wird. Bereits im Jahr 1974 schreibt Smith für *Creem* über Bob Dylan, speziell seine „sexy side".[4] In ihrer Rezension zu seinem Album *Planet Waves*[5] schwärmt sie für ihn, der durchaus Vorbild gewesen ist: „It hit me then. How a guitar rests so completely on a man's cock", schreibt sie dann wenig ehrfürchtig.[6] Jahrzehnte später sind die beiden längst befreundet und er betraut sie mit der Annahme des ihm zugedachten Literaturnobelpreises.

In den frühen 1970er Jahren veröffentlicht Smith bereits mehrere Lyrik-Bände, darin unter anderem Gedichte über Zeitgenossinnen wie Edie Sedgwick oder Marianne Faithfull im Band *Seventh Heaven* (1971)[7] sowie zu weiteren sie prägenden Figuren wie Georgia O'Keefe, Arthur Rimbaud und Pablo Picasso im Band *Witt* (1973).[8] Viele dieser Persönlichkeiten werden auf die eine oder andere Weise zu stetigen Begleiter:innen ihres Lebens und Werks. Das kann bisweilen skurrile Züge annehmen: Das Grundstück in den Ardennen, auf dem Rimbaud aufgewachsen ist, sowie das Haus, das aus den Trümmern des im Ersten Weltkrieg von Deutschen zerstörten Wohnhauses Rimbauds gebaut wurde, kauft Smith im Jahr 2017, um es für die Nachwelt zu erhalten.[9]

In ihren frühen Tagen in New York City lernt Patti Smith Robert Mapplethorpe kennen, mit dem sie eine intensive romantische Beziehung eingeht. Auch künstlerisch tauschen die beiden sich aus. Mapplethorpe entdeckt während der gemeinsamen Zeit sein außergewöhnliches Talent für Fotografie. Viele seiner Fotos zieren Werke Smiths, so etwa das Cover ih-

---

[4] Vgl. Evelyn McDonnell/Ann Powers (Hg.): *Rock she wrote. Women write about Rock, Pop, and Rap.* London 1995, 213.

[5] Bob Dylan: *Planet Waves.* Asylum 1974.

[6] Patti Smith: Masked Ball [Rezension zu Bob Dylans *Planet Waves*] [1974]. In: Evelyn McDonnell/Ann Powers (Hg.): *Rock she wrote. Women write about Rock, Pop, and Rap.* London 1995, 213-215, hier 213.

[7] Patti Smith: *Seventh Heaven.* New York, NY 1971.

[8] Patti Smith: *Witt.* New York, NY 1973.

[9] Vgl. Thomas Bärnthaler/Lars Reichardt: Ich gehe mit den Verstorbenen, die ich liebe, durchs Leben. In: *Süddeutsche Zeitung*, 10.11.2022, 14.

res Debütalbums *Horses* (1975).[10] Es zeigt Smith als Tomboy mit weißem Hemd, offenem Binder und schwarzem, lässig über die Schulter geworfenen Jackett. Es ist ein Zitat der ikonischen Rimbaud-Jugend-Fotografie, das Étienne Carjat 1872 von ihm aufgenommen hat. Auch das ikonische Cover der als Patti Smith Group veröffentlichten LP *Wave* (1979),[11] auf dem Smith in weißem Kleid mit zwei weißen Tauben auf den Händen abgebildet ist, wurde von Mapplethorpe geschossen. Umgekehrt verfasst Smith Texte für seine Kataloge. Auch wenn die Beziehung nicht hält – Grund hierfür dürfte unter anderem Mapplethorpes Homosexualität sein – sind die beiden bis zu seinem Tod im Jahr 1989 eng verbunden. In ihrem autobiografischen Buch *Just Kids* (2010)[12] erzählt Patti Smith von der gemeinsamen Zeit und der großen Liebe, die in ihrem persönlichen „summer of love" beginnt:

> It was the summer Coltrane died. The summer of „Crystal Ship." Flower children raised their empty arms and China exploded the H-bomb. Jimi Hendrix set his guitar in flames in Monterey. AM radio played „Ode to Billie Joe." There were riots in Newark, Milwaukee, and Detroit. It was the summer of Elvira Madigan, the summer of love. And in this shifting, inhospitable atmosphere, a chance encounter changed the course of my life.
> It was the summer I met Robert Mapplethorpe.[13]

Als Sachbuch wird der Titel mit dem National Book Award ausgezeichnet.

Die musikalische Karriere von Patti Smith lässt sich nicht ohne ihre schriftstellerischen Tätigkeiten erzählen, ja die Grenzen zwischen den Kunstformen sind hier fließend, wie es nicht unüblich ist für die Avantgarden. Smith ist Teil des St. Marks Poetry Projects, einer Happening-Reihe in den Räumlichkeiten der Kirche in der Lower Eastside, wo auch Poet:innen der Beatgeneration wie Allen Ginsberg und Experimentaldichterin Anne Waldman die Bühne bespielen.[14] Smith trägt hier ab 1971 ihre Lyrik vor und zwar zu den Sounds der elektrischen Gitarre von Lenny Kaye, einem weiteren ihrer Lebensfreunde. „It was the first time an electric guitar had been played in St Mark's Church, provoking cheers and jeers", hält Smith retrospektiv fest.[15] Für diese Premiere sucht sie sich den Geburtstag von Bertolt Brecht aus. Sind ihre Performances hier bei aller Innovation fast noch harmlos, wachsen sie im Verlauf ihrer Karriere, etwa mit der von ihr, Kaye und an-

---

[10] Patti Smith: *Horses*. Arista 1975.
[11] Patti Smith Group: *Wave*. Arista 1979.
[12] Patti Smith: *Just Kids*. London 2010.
[13] Ebd., 31.
[14] Vgl. Daniel Kane: „Nor did I socialise with their people": Patti Smith, rock heroics and the poetics of sociability. In: *Popular Music* 31/1 (2012), 107–108.
[15] Patti Smith: *Just Kids*. London 2010, 182.

deren gegründeten Patti Smith Group, zu fast schon dionysisch-schamanistischen Spektakeln an.

Mit besagter Patti Smith Group wird die bereits erwähnte erste Single aufgenommen. 1975 tritt die Band gemeinsam mit der Band Television eine zweimonatige Wochenend-Residenz im legendären Club CBGB in Manhattan an – nur wenig später wird hier der amerikanische Punk seinen Ausgangspunkt finden. Im selben Jahr erscheint ihr Debütalbum *Horses*, „gekonnt so unterschiedliche Stillagen wie Jazz, Reggae und Rock 'n' Roll und simple Drei-Akkord-Songs mit gesprochenen vers libres" verbindend.[16] Es wird in den von Hendrix eingerichteten Electric Lady Studios aufgenommen und von John Cale produziert. Die Aufnahmen sind geprägt vom produktiven Streit zwischen Smith und Cale.[17] *Horses* wird von Smith nicht zufällig am Todestag Rimbauds veröffentlicht – es ist wieder einer dieser Grüße an ihre Helden. Das Album ist durchaus als Protopunk zu klassifizieren. Patti Smith gilt als die Godmother of Punk.

Der Eröffnungssong von *Horses* mit dem Titel *Gloria* beginnt mit den Versen: „Jesus died for somebody's sins, but not mine". Es ist ein Vers aus ihrem Gedicht *Oath*,[18] das sie mit Van Morrisons Song *Gloria*[19] verschränkt und damit dessen Macho-Botschaften genderstrategisch dekonstruiert.[20]

Smith hatte die organisierte Kirche bereits als Jugendliche verlassen, was nicht bedeutet, dass ihre Auseinandersetzung mit Religion ein Ende findet. Religiöse Themen durchziehen ihr Werk vielmehr.[21] So nennt sie etwa ihr drittes Album *Easter* (1978).[22] Hierauf findet sich auch der mit Bruce Springsteen geschriebene Hit *Because the Night*, der Smith Chartplatzierungen beschert und breiteren Kreisen bekannt macht.

In den 1980er Jahren widmet sich Smith vor allem ihrer Familie. Sie heiratet 1980 Fred ‚Sonic' Smith, Gründungsmitglied der Detroiter Rockband MC5, und bekommt, inzwischen in Detroit lebend, zwei Kinder mit ihm: Sohn Jackson (*1982) und Tochter Jesse (*1987). Nach dem Tod ihres Mannes und dem nur wenige Wochen darauf folgenden Tod ihres Bruders Todd verlegt Smith ihren Lebensmittelpunkt 1995 wieder zurück nach New York

---

[16]Shantala Hummler: Patti Smith. In: Juliane Streich (Hg.): *These Girls*. Mainz 2019, 81-84, hier 82.

[17]Vgl. Dave Thompson: *Dancing Barefoot. The Patti Smith Story*. Chicago, IL 2011, 109 und Simon Reynolds: ‚Even as a child I felt like an alien'. In: *The Observer*, 22. Mai 2005, theguardian.com/music/2005/may/22/popandrock1 (12.12.2023).

[18]Patti Smith: Oath. In: Dies.: *Early Work*. New York, NY 1994, 7.

[19]Them: *Gloria*. Decca 1964.

[20]Vgl. Kimberly Sawchuck: Towards a Feminist Analysis of „Women in Rock Music": Patti Smith's "Gloria". In: *Atlantis. Critical Studies in Gender, Culture, and Social Justice*. Vol. 14, No 2 (1989), 44-54.

[21]Vgl. Bernd Auerochs: Die blutige Taube. Versuch über Patti Smith. In: Albert Meier/Alessandro Costazza/Gérard Laudin (Hg.): *Kunstreligion. Ein ästhetisches Konzept der Moderne in seiner historischen Entfaltung. Bd. 3: Diversifizierung des Konzepts um 2000*. Berlin/Boston, MA 2014, 203-220, hier v.a. 210-220.

[22]Patti Smith: *Easter*. Arista 1978.

City. Ihre Kinder nimmt sie mit – auch wenn sie wieder mit Band auf Tour geht, wie in der 2009 erschienenen Dokumentation PATTI SMITH: DREAM OF LIFE (Regie: Steven Sebring)[23] zu sehen ist, in der sie nicht nur Protagonistin ist, sondern auch Text und Musik verantwortet. Hatte es zu ihrem *coming of age* noch kaum Vorbilder für Frauen im Rockbusiness gegeben, „so ziemlich alle Vorbilder, die ihnen [den Frauen; AS] zur Verfügung standen, waren Männer",[24] lebt Smith nun vor, dass viele – auch weibliche – Rollen möglich sind. Das Muttersein verhandelt sie musikalisch, etwa auf dem Album *Trampin'* (2004).[25]

Im Verlauf ihrer Karriere covert sie immer wieder Lieder,[26] zitiert in Fotos, Lyrics, in ihren Essays und Memoiren ihre Einflüsse und webt sich so ein in die Arbeiten derjenigen, die sie inspiriert haben. Schon die Debütsingle *Hey Joe* (1974), für die Smith eigens ein Label gegründet hatte – Mer Records – war eine Coverversion eines Songs von Jimi Hendrix. Mit dem Album *Twelve* (2007)[27] widmet sie eine ganze LP den Songs anderer Musiker:innen. So covert sie abermals Hendrix, erweist aber etwa auch den Beatles, den Rolling Stones, Nirvana und R.E.M. die Ehre. Zeitgleich mit R.E.M. wird sie 2007 in die Rock & Roll Hall of Fame in Cleveland, Ohio aufgenommen.

Unter ihren Weggefährt:innen, Kollaborateur:innen und Freund:innen befinden sich neben den bereits Genannten Jahrhundertpersönlichkeiten wie Annie Leibovitz, Michael Stipe, Allen Ginsberg, William S. Burroughs, Werner Herzog und Christof Schlingensief. Letzteren lernt sie anlässlich seiner ersten Parsifal-Inszenierung bei den Wagner-Festspielen 2004 kennen und kooperiert anschließend gelegentlich mit ihm.[28]

Von Bedeutung ist auch Patti Smiths weiteres künstlerisches Schaffen, das regelmäßig durch Ausstellungen gewürdigt wird. Bereits 2002 ist eine Auswahl ihrer Manuskripte, ihrer zeichnerischen, filmischen und fotografischen Arbeiten im Andy Warhol Museum in Pittsburgh zu sehen. 2022 werden Teile des Werks im Pariser Centre Pompidou ausgestellt. Jahrzehntelang fotografiert sie vor allem mit ihrer Polaroid Land 250 mit Zeiss-Entfernungsmesser. Zum Motiv werden meist leblose Objekte. Eine erste reine Fotoausstellung findet 2011 mit dem Titel *Camera Solo* im ältesten öffentlichen Kunstmuseum der Vereinigten Staaten, dem Wadsworth Atheneum Museum of Art in Hartfort, Connecticut statt. Smiths Fotoarbeiten illustrieren immer wieder

---

[23] Steven Sebring (Regie): PATTI SMITH: DREAM OF LIFE. USA 2007.

[24] Press/Reynolds: *Sex Revolts*, 245; vgl. auch Klaus Walter: Patti Smith: Horses. In: Jonas Engelmann (Hg.): *Damaged Goods. 150 Einträge in die Punk-Geschichte*. Mainz 2016, 24–28, hier 27f.

[25] Patti Smith: *Trampin'*. Columbia 2004.

[26] Vgl. Walter: Patti Smith, 27.

[27] Patti Smith: *Twelve*. Columbia 2007.

[28] Vgl. Helene Hegemann: *Patti Smith*. Köln 2021.

ihre Publikationen. In ihrem *Book of Days* (2022),[29] einem Kalender-Projekt, in dem sie zunächst auf Instagram täglich ein Bild mit einer kurzen Notiz veröffentlicht, mischen sich einige ihrer Polaroidaufnahmen mit Originalaufnahmen, die sie mit ihrem Handy gemacht hat und *stock footage*, das sich gut in ihr Projekt einfügt. „Einträge und Bilder sind Schlüssel, um die eigenen Gedanken freizuschalten", hält sie im Vorwort fest.[30] Das gilt freilich für Macherin und Betrachterin gleichermaßen.

Smith wird als visionäre Poetin gefeiert. Sie gilt als Wegbereiterin für andere Frauen im Rock-Business. So sind etwa einige der Protagonistinnen der feministischen Riot-Grrrl-Bewegung von ihr inspiriert.[31] Dezidiert feministisch agiert Smith selbst derweil meist nicht.[32]

---

[29] Patti Smith: *Buch der Tage*. Köln 2022 (engl. 2022).

[30] Ebd., 8.

[31] Anna Seidel: Ein Gewebe aus Ikonen. Patti Smiths „Buch der Tage" (30.5.2023), pop-zeitschrift. de/2023/05/30/ein-gewebe-aus-ikonen-autorvon-anna-seidel-autordatum30-5-2023/ (12.12.2023).

[32] Vgl. etwa Marisa Meltzer: *Girl power. The nineties revolution in music*. New York, NY 2010, 8.

Studio 54 (1977–1980)

Michael Eggers

Knapp drei Jahre lang, genauer: vom 26. April 1977 bis zum 2. Januar 1980 existierte das Studio 54 in Midtown Manhattan. Es wurde in dieser kurzen Zeit nicht nur zum Inbegriff dessen, was ,Disco' sein konnte, sondern auch zu einem in dieser Intensität wohl einzigartigen, sozialen und popkulturellen Hotspot der Lebenslust. Nicht nur in der historischen Rückschau ist das Studio 54 die Diskothek aller Diskotheken. Ihre Erfinder und Betreiber waren sich der Bedeutung des von ihnen aufwendig geplanten und von Beginn an erfolgreich umgesetzten Projekts zu jedem Zeitpunkt sehr bewusst. Sie wollten Geschichte schreiben, und das ist Ihnen eindrucksvoll gelungen – eine wichtige, an den Konjunkturen und Stilwechseln der Popmusik partizipierende Pop- und Partygeschichte, die auch einen musikgeschichtlichen Umbruch markiert. Am Ende der 1970er Jahre in New York waren die Voraussetzungen dafür gegeben:

Die Hochphase der von der Folk-, Rock- und Popmusik maßgeblich vorangetriebenen, gesellschaftlichen Protest- und Liberalisierungsbewegungen ist vorüber, als deren soziales Innovationspotenzial in den Clubs und Discos der Metropolen ein neues Betätigungsfeld findet. In den USA herrscht Ernüchterung und Enttäuschung, nicht nur über die in ihren utopischen Dimensionen nicht eingelösten Versprechen der Flower-Power- und Hippie-Ideale, sondern auch recht konkret nach dem Watergate-Skandal und dem jahrelangen Kampf gegen den Vietnam-Krieg, den die USA schließlich verlieren. So erscheint es zunächst wie ein Prozess der Entpolitisierung, dass sich die popkulturelle Forderung nach einer Befreiung der Körper und Geschlechter, die seit den 1960ern artikuliert und demonstriert worden ist, aus der Öffentlichkeit in den geschützten Raum der Clubs verlagert, wo sie schlicht und einfach gelebt wird.

Dabei ist schon die Frühgeschichte dieser Orte eine politisch widerständige, entsteht doch die zur ‚Bibliothek' analoge Bezeichnung *discothèque* in den 1940er Jahren, im von den Nazis besetzten Paris, für Clubs, die sich den von den Besatzern auferlegten kulturellen Restriktionen entziehen, indem sie Jazzplatten auflegen.[1] Und auch die politische Relevanz der Discos der frühen 1970er Jahre erweist sich gerade darin, dass sie der öffentlichen Wahrnehmung entzogen sind und zu ‚anderen Orten', zu Heterotopoi im Foucault'schen Sinne, werden können: Hier trifft sich die queere Szene, hier feiern Frauen unbehelligt von männlicher Nachstellung und hier entsteht eine zu dieser Zeit noch neuartige Form der Musikrezeption, die zum Vorbild der beiden Erfinder des Studio 54 werden wird: Die von der Platte stammende Musik läuft nicht einfach nur im Hintergrund, sondern wird lautstark aufgedreht und sendet Euphorieschübe in die Körper der Tanzenden. Der *dance floor* rückt auch räumlich ins Zentrum und die Beleuchtung wird rhythmisch auf die Musik abgestimmt. Ian Schrager, Mitbegründer des Studios, betont: „What interested me was the phenomenon that was going on in the gay clubs… a kind of non-stop, intense tribal-like dancing. It looked like the dance floor was some kind of living organism, rolling and pulsating up and down, breathing in and out – all together…as one. It was invigorating."[2]

Steve Rubell und Ian Schrager stammen beide aus Arbeiterfamilien und lernen sich auf dem College kennen. Beide haben bereits erste Erfahrungen als Betreiber von *night clubs* und wittern die Gunst der Stunde, als sie die Möglichkeit erhalten, in einem ehemaligen CBS-Fernsehstudio auf der 54th Street, einem eher verrufenen und als gefährlich geltenden Viertel, eine Disco nach ihren Vorstellungen einzurichten. New York ist zu dieser Zeit wirtschaftlich am Boden, das Preisniveau noch moderat, zudem beteiligt sich der reiche Immobilienbesitzer Jack Dushey mit einem Drittel.[3] Mit einem großen Team bereiten sie unter Hochdruck in gerade einmal sechs Wochen die Eröffnung vor. Es ist einer der vielen glücklichen Zufälle der Entstehungsgeschichte, dass sie auf der Suche nach geeigneten Mitstreitern aus der *gay community* keine Unterstützung bekommen und deshalb für die Inneneinrichtung die Lichtdesigner Jules Fisher und Paul Marantz anwerben, die eigentlich aus dem Theaterbereich stammen. Beide können

---

[1] Steven Blush: *When Rock Met Disco: The Story of How the Rolling Stones, Rod Stewart, Kiss, Queen, Blondie, and More Got Their Groove On in the Me Decade.* Essex, CT 2023, 37; Alan Jones/Jussi Kantonen: *Saturday Night Forever. The Story of Disco.* Edinburgh/London 1999, 17; Anthony Haden-Guest: *The Last Party. Studio 54, Disco & the Culture of the Night.* New York, NY 2009 [1997].

[2] Ian Schrager im Interview: A Conversation with Ian Schrager. In: Ian Schrager/Paul Goldberger/Bob Colacello: *Studio 54.* New York, NY 2017, 31.

[3] Paul Goldberger: New York in the 1970s. In: Ian Schrager/Paul Goldberger/Bob Colacello: *Studio 54.* New York, NY 2017, 11–15.

mit dem bereits vorinstallierten Zugseilsystem, das für die TV-Aufnahmen benötigt worden war, umgehen und entwickeln immer wieder neue, aus damaliger Sicht spektakuläre Hintergrundkulissen. Während der Nächte kommen sie abwechselnd zum Einsatz und heizen die Stimmung an – eine für die Clubszene ungewöhnliche Idee. Insgesamt erweist sich die gesamte Inneneinrichtung als gelungen: Auf dem Weg über einen langen, wie der Eingangsbereich eines Grand Hotels wirkenden Eingangsflur, auf dem nur gedämpfte Bässe zu hören sind, steigt die Spannung, bevor man durch die Tür den Innenraum betritt. In dessen Zentrum befindet sich der weite *dance floor*, im Hintergrund weiche Sitzgelegenheiten, darüber eine Galerie mit Theatersesseln, von der aus man nicht nur das Geschehen überblicken kann, sondern wohin sich auch diejenigen zurückziehen, denen der Körperkontakt auf der Tanzfläche noch nicht eng genug ist. Ein ufo-artiges DJ-Pit, das über der Menge zu schweben scheint, und eine illuminierte Bar dürfen nicht fehlen, dazu junge Männer in nichts als *hot pants* und Sneakers als Bedienungen sowie das für die Legendenbildung entscheidende Moment: die Einlasspolitik an der Tür.

Es beginnt schon mit der aufwendig geplanten Eröffnungsnacht. Die für die Publicity zuständige Carmen d'Alessio verschickt 8.000 Einladungen an alles, was Rang und Namen hat – nur gut ein Viertel davon hat wirklich Platz im Club. Auch New Yorker *gay clubs* betreiben eine Auslese am Eingang, während man dort aber versucht, das heterosexuelle Publikum abzuweisen, steht die Leitlinie des Studio 54 für Diversität: Steve Rubell,

Studio 54, Blick von der Galerie, WWD / Getty Images

selbst schwul (Ian Schrager nicht), entscheidet zu Beginn meist selbst, wer hineindarf und wer nicht. Gutes Aussehen, Glamourösität und Flamboyanz sind von Vorteil, Prominenz sowieso, aber wirklich berechenbar ist das offenbar kaum, was für viele Diskussionen und Ärger sorgt – und die Attraktivität des Studios enorm zu steigern hilft. Der Legende nach schreiben die beiden Mitglieder der Band Chic ihren größten Hit *Le Freak*[4] in der Silvesternacht 1977/78, als sie trotz Einladung durch Grace Jones keinen Einlass erhalten und sich zu Hause frustriert an die Instrumente setzen. Wer hineinkommt, wird zum Teil einer Menge von ganz besonderem Reiz, gebildet durch die gegensätzlichen Prinzipien von Einschluss und Ausschluss, Toleranz und Ignoranz. Hier trifft eine hohe Dichte an Prominenten aus dem Musik- und Showbusiness, der Film- und Kunst-, Sport- und Modeszene auf ein diverses Publikum aller Hautfarben und Geschlechter, das nicht nur jugendlich ist: Auch ältere Gäste wie Vladimir Horowitz, Leonard Bernstein oder die zu dieser Zeit bereits fast achtzigjährige, ehemalige Anwältin Sally Lippman (Disco Sally) erhalten Einlass. Cher, Liza Minelli, Divine, Michael Jackson, Truman Capote, Sylvester Stallone, Björn Borg, Elton John, die Rolling Stones und selbstverständlich Andy Warhol sind Stammgäste. War kurz zuvor noch exorbitanter Reichtum das verlässlichste Kriterium, um zur *celebrity* zu werden, so verschiebt sich der Fokus jetzt auf Pop- und Filmstars, Sportler und Künstler und ihr symbolisches Kapital.

Es gehört zum Konzept, dass in den Clubnächten ausgiebig gefilmt und fotografiert wird, wie die Partyszene sich selbst feiert, lustvoll und ungehemmt. Die Aufmerksamkeitswellen rollen ungehindert vom *dance floor* durch die Medien und zurück – es ist die erste Hochphase der Prominentenpresse.[5] Auch das aber ist kontrolliert: Hinein dürfen nur Fotografen, die bestimmte Regeln befolgen, und Steve Rubell dirigiert die Publicity zusätzlich, indem er Journalisten für gut platzierte Artikel über Promis bezahlt. Sind schon die regelmäßigen Partynächte genauestens inszeniert, so lässt man sich für bestimmte Ereignisse Besonderes einfallen. Liveacts, Tanz- und Akrobatikeinlagen finden statt, theatrale Installationen, spektakuläre Sportwagen als Sitzgelegenheiten rollen ein, ja selbst Zirkustiere kommen zum Einsatz. Ikonisch geworden sind Bilder wie Bianca Jaggers Ritt auf einem weißen Pferd durchs Studio, oder die regelmäßig im Hintergrund gezeigte Grafik eines großen Mondgesichts, das eine funkelnde, pulverige Substanz durch die Nase inhaliert ... Drogen spielen ohnehin eine große Rolle, der Alkoholausschank aber ist zunächst ein Problem: Die Lizenz muss anfangs täglich neu beantragt werden, nach einer Razzia muss man sogar ein halbes Jahr lang mit Fruchtsäften auskommen. Partydrogen wie die damals belieb-

---

[4] Chic: *Le Freak*. Atlantic 1978.

[5] Auf YouTube abrufbar ist etwa ein Privatvideo der Eröffnungsparty des Films GREASE (Randal Kleiser [Regie]: GREASE. USA 1978.): youtube.com/watch?v=MmxEsVit4u8 (7.6.2024).

ten Quaaludes werden hingegen kontinuierlich konsumiert. Das sexuelle Geschehen wird begünstigt durch die erst nach 1972 in den ganzen USA für unverheiratete Frauen erhältliche Antibabypille, die am Ende des Jahrzehnts zum beliebtesten Verhütungsmittel wird.

Der hedonistische Rausch, der geplante Exzess, dem sich die Szene hingibt, mag im Rückblick, kurz vor der durch die Entdeckung von AIDS ausgelösten Zäsur, auch wie eine Phase der Dekadenz erscheinen. Denn was man im Kampf gegen eine sittlich restriktive, sozial segregierende Gesellschaft errungen hat, gerät im zügellosen Genuss schließlich ins Kippen und hört auf, ein soziales Projekt zu sein. Im Dezember 1978 finden die Behörden Kokain und große Mengen Bargeld, die in den Büroräumen und an anderen Stellen versteckt waren. Rubell und Schrager machen daraufhin zunächst ungebremst weiter, aber nehmen mit Hilfe einer Reihe von Anwälten den Kampf gegen die Justiz auf, allen voran Roy Cohn, ehemals involviert in die antikommunistischen Repressionen der McCarthy-Ära und damals bereits Anwalt von Donald Trump und Rupert Murdoch. Die Steuerhinterziehung, die den beiden genialen Köpfen des Studio 54 zur Last gelegt wird, erweist sich in ihren Dimensionen (knapp 3 Millionen Dollar) als eine Mischung aus Größenwahnsinn und dilettantischer Sorglosigkeit. Zuerst bekennt sich Jack Dushey, im November 1979 dann auch Rubell und Schrager als schuldig. Sie erhalten eine Haftstrafe von dreieinhalb Jahren. Der Haftantritt erfolgt am 3. Januar 1980, am Vorabend steigt eine gigantische Abschiedsparty mit

Diana Ross bei der Abschiedsparty, Photo by Richard Corkery/New York Daily News Archive / Getty Images

Liveauftritten von Diana Ross und Liza Minelli. Nach einem Jahr werden sie auf Bewährung entlassen, machen neue Clubs auf, steigen dann aber vor allem erfolgreich ins Hotelbusiness ein. Steve Rubell infiziert sich mit AIDS und stirbt am 25. Juli 1989. Auch musikalisch ist der Niedergang der Discobewegung längst eingeleitet und bricht sich Bahn im Punk, in Slogans wie „death to disco" oder in der spektakulären „Disco Demolition Night" im Juli 1979, bei der in der Pause eines Baseballspiels in Chicago ein mit Discoplatten gefüllter Container in die Luft gesprengt wird.[6]

Die Geschichte des Studio 54 ist durch reichhaltiges Bildmaterial und Augenzeugenberichte sehr gut dokumentiert.[7] Zur Historisierung trägt auch Mark Christophers gleichnamiger Film bei,[8] der 1998 in die Kinos kommt und dessen Schicksal man wohl als eine Art Treppenwitz der Filmgeschichte bezeichnen muss. Die zuerst veröffentlichte Fassung, die bei Kritik und Publikum floppt, ist eine verfälschte: Während Christopher in seiner Originalversion schwulen Sex thematisiert und die Hauptfigur, einen jungen Barkeeper im Studio, bisexuell zeichnet, setzt Produzent Harvey Weinstein, rund dreißig Jahre später *die* Negativgestalt der #MeToo-Bewegung und verurteilter Sexualverbrecher, nicht nur umfangreiche Kürzungen durch, sondern ordnet szenische Ergänzungen an, die auf eine heterosexuelle Reinigung der Handlung hinauslaufen.[9] Erst 2015 erscheint der Director's Cut auf der Biennale in Berlin, was zur Rehabilitation von Film und Regisseur bei der Kritik führt. Doch es ist nicht nur der Film, der mit diesem Schritt späte Gerechtigkeit erfährt. Die Originalität und Neuartigkeit des Studio 54 muss man begreifen als eine gelungene Übersetzung der soziokulturellen, musikalischen und sexuellen Energie der queeren Szene der 1970er Jahre in den Mainstream. „You have to remember", so erinnert sich Schrager 2017, „that this was also a time when the gay community was setting the cultural standard in terms of music, fashion, culture, style, etc. In the 60s, Black American culture was setting the cultural standards and it is again today. But then, it was the gay culture."[10] Eine Übersetzung, die für fast drei ungebremste Partyjahre sorgte und in dieser Form wohl nur zu dieser Zeit und an diesem Ort möglich war.

---

[6] Chris Vognar: The Day Disco Was Demolished. In: *The New York Times*, 29.10.2023, nytimes.com/2023/10/29/arts/television/the-war-on-disco-pbs.html (11.6.2024).

[7] Siehe auch Matthew Yokobosky: *Studio 54. Night Magic*. New York, NY 2020.

[8] Mark Christopher (Regie): Studio 54. USA 1998.

[9] Siehe de.wikipedia.org/w/index.php?title=Studio_54_(Film)&oldid=241331519 (11.6.2024).

[10] Schrager in: A Conversation with Ian Schrager, 32.

The Fall: Peel Session (1978)

Anna Seidel

Allein im Jahr 1978 nimmt die Gruppe The Fall zwei der legendären Peel Sessions auf. Bis zu John Peels Tod im Jahr 2004 sollen es insgesamt 24 Aufnahmen werden. Die englische Post-Punk-Band ist damit unangefochten die meist aufgenommene Band der populären Reihe; kein Wunder, handelt es sich bei der Gruppe aus Prestwich bei Manchester doch um John Peels Lieblingsband.[1]

Für Popfans ist der Radiomoderator und Musik-Connaisseur Peel eine Kultfigur. Er ist Anfang 20, als er 1961 das erste Mal für WRR Radio Dallas *on air* über Musik spricht. Nach Stationen als Radio-DJ in Oklahoma und San Diego geht er 1967 zurück in seine Heimat England und moderiert dort zunächst für den Piratensender Radio London, der außerhalb der britischen Hoheitsgewässer von einem Schiff ausgestrahlt wird. Neben anderen Piratensendern, prominent etwa auch Radio Caroline, stellt Radio London dem eher der ‚Hochkultur‘ verpflichteten öffentlich-rechtlichen Radio ein poppiges Pendant zur Seite, für das die Regeln des Festlandradios nicht gelten. Als der Sender schließen muss, bewirbt Peel sich beim öffentlich-rechtlichen BBC Radio 1, wo er schließlich bis zum Ende seines Lebens arbeitet.[2] Radio 1 ist das 1967 gelaunchte Popkind der BBC. „Als das mit Radio 1 losging, wurde es als ziemlich entwürdigend empfunden, dass sich die BBC

---

[1] Vgl. Ken Garner: *The Peel Sessions. A story of teenage dreams and one man's love of new music.* London 2007, 101.

[2] Vgl. Barbara Mürdter/Kai Bempreiksz: John Peel. „Ich wollte einfach nur DJ sein". In: *Spex. Das Magazin für Popkultur* 283/12 (2004), 42–45, hier 42.

so stark mit Popmusik abgibt“, erklärt Peel kurz vor seinem Tod in einem Interview.[3]

John Peel moderiert schließlich über Jahrzehnte wöchentlich mehrere Abendsendungen – *The Peel Show* –, in denen er hauptsächlich neue Popmusik im weitesten Sinne vorstellt, manches Mal auch Altes, Neuaufgelegtes wiederentdeckt. In seiner Sendung laufen sowohl die Sex Pistols und Wire als auch Fred Astaire oder Status Quo, und er hat mit ihr Erfolg und wird mindestens für das englische Radiopublikum zu einer Institution. Einfluss hat Peel mit seinen Formaten auch international, einige werden dank des BBC World Service auch außerhalb Englands ausgestrahlt. Mit dem Internet erreicht er schließlich ein noch breiteres Publikum. Das deutsche Popdiskursorgan *Spex* widmet John Peel nach seinem plötzlichen Tod an einem Herzinfarkt 2004 sogar die Titelseite.[4]

Bereits ab 1967 werden die sogenannten Peel Sessions aufgenommen. „John Peel did not invent radio sessions. He did not produce or engineer the ones that bear his name.“[5] Und trotzdem leistet Peel mit den nach ihm benannten Aufnahme-Sessions, die für viele Musiker:innen erste überregionale Aufmerksamkeit bedeuten, einen immensen Beitrag für die Musikszene. Über die Jahre spielen Künstler:innen wie David Bowie, PJ Harvey oder Elton John und Bands wie Joy Division, The Sugarcubes und Nirvana Peel Sessions für die BBC ein. Diese Sessions werden schließlich in John Peels Radiosendung erstausgestrahlt und von ihm besprochen. Ab 1986 veröffentlicht John Peel einige der Aufnahmen auch auf seinem eigens dafür gegründeten Plattenlabel Strange Fruit Records. Unter den Veröffentlichungen finden sich so unterschiedliche Acts wie Nico, The Adverts und Napalm Death.

Ein Grund für die Fülle der Sessions ist die sogenannte ‚Needle time‘, die ab den 1950er Jahren bis in die 1980er Jahre hinein greift. Es handelt sich um eine Abmachung zwischen der Musician’s Union, der Phonographic Performance Limited und der BBC, wonach nur ein gewisser Anteil an bereits aufgenommener und auf Schallplatte veröffentlichter Musik im Laufe eines Tages ausgestrahlt werden darf. An die Stelle konservierter Musik treten in der Zeit entsprechend genreübergreifend live in den BBC-Studios aufgenommene Sessions. Als die ‚Needle-time‘-Regelung fällt, sind die Peel Sessions längst Selbstläufer und das Projekt wird entsprechend fortgesetzt. Mit den und in den Sessions konstituiert sich ein kommunikatives, mittlerweile kulturelles Gedächtnis für die Geschichte der Popmusik. Sämtliche neue Strömungen innerhalb des Pop, von Psychedelic über Art und Glam bis zu Punk und New Wave, bekommen mit den Peel Sessions ein wirkmächtiges Forum,

---

[3] Ebd., 44.

[4] Vgl. *Spex. Das Magazin für Popkultur* 283/12 (2004).

[5] Garner: *The Peel Sessions*, 17.

das szeneintern, aber vor allem auch in der Wahrnehmung nach Außen von Bedeutung ist.

Die Band The Fall entdeckt John Walters für seinen Freund und Kollegen Peel, der selbst – so besagt es die Legende – 1978 schon nicht mehr anonym zu Konzerten gehen kann. Bands geben ihm ungefragt ihre Demo-Tapes, denn sie wissen um die Chance, die es allein schon bedeutet, in Peels Radioshow gespielt zu werden, gesteigert nur durch das *booking* einer der legendären Peel Sessions. Walters sieht The Fall erstmals im Mai 1978 als Support-Band von Siousxie and the Banshees in London, die bereits 1977 ihre erste Peel Session aufgenommen und anschließend dank der Unterstützung Peels in seiner Radioshow einen Karriere-Boost erlebt hatten.[6] Es heißt, dass Walters Mark E. Smith, dem Sänger der Band, ein paar Tage nach der Show schreibt: „You don't know me, but I know you... we might be able to work out something to your advantage."[7] Nur kurze Zeit später, am 30. Mai 1978, finden sich The Fall erstmals in den zur BBC gehörenden Maida Vale Studios in West-London ein, um vier ihrer Songs aufzunehmen. Das Gebäude wurde 1909 als Rollschuhbahn errichtet und wird ab 1946 von der BBC mit verschiedenen Studios und Aufnahmehallen bespielt.

The Fall, benannt nach einem Roman von Albert Camus (*La chute*, 1956),[8] gründen sich 1976 in Manchester. Hatten sich die Gründungsmitglieder Mark E. Smith, Martin Bramah, Tony Friel und Una Baines zunächst als Freund:innen gegenseitig ihre lyrischen Versuche vorgetragen, kommt bald die raue Musik auf zum Teil improvisierten Instrumenten sowie – pünktlich zu den ersten Aufnahmen – Drummer Karl Burns dazu.[9] „The Fall waren eine Reaktion auf Punk, aber nie eine Punkband, sie waren Post- und Prä-Punk gleichzeitig, die unzähligen Coverversionen von Rock-Evergreens und teilweise kaum bekannten Songs zeigen dies."[10]

Signifikantes Merkmal für Sound und Texte ist die Wiederholung, was auf dem Debütalbum in den Lyrics poetologisch vorgeführt wird: „This is the three R's / The three R's / Repetition, Repetition, Repetition".[11] Man könnte meinen, die Monotonie des *working-class*-Alltags in der tristen Industriestadt sei Wurzel dieser Stilentscheidung, allerdings sind das wohl gleichermaßen die musikalischen Einflüsse von Avant-Pop-Bands wie Can oder The Velvet

---

[6]Vgl. ebd., 98.

[7]Daryl Easlea: *Booklet von The Fall: The Complete Peel Sessions 1978–2004*. Castle Music 2005, 7 (alle Songs des Box-Sets sind im Folgenden hiernach zitiert); siehe auch Garner: *The Peel Sessions*, 101.

[8]Albert Camus: La Chute [1956]. In: Ders.: *Ouvres complètes*. Bd. 3: 1948–1956. Hg. von Raymond Gay-Crosier et al. Paris 2008, 695–765.

[9]Vgl. Simon Reynolds: *Rip It Up And Start Again. Postpunk 1978–1984*. London 2005, 176.

[10]Jörg Sundermeier: The Fall - Extricate. In: Jonas Engelmann (Hg.): *Damaged Goods. 150 Einträge in die Punk-Geschichte*. Mainz 2016, 231–233, hier 232.

[11]The Fall: Repetition. Auf: *Live at the Witch Trials*. Step-Forward 1979.

Underground und ein eifriger Drogenkonsum.[12] Die bisweilen kryptischen Lyrics speisen sich unter anderem aus der Inspiration von Autoren wie W.B. Yeats, Philip K. Dick und William S. Burroughs sowie – wohl ganz in dessen Sinne – gefundenem Material aus der britischen *yellowpress* gepaart mit Smiths Alltagsbeobachtungen.[13] Was dem Liebhaber innovativer Musik John Peel vor allem gefällt, ist die Varianz, die sich in der bereits erwähnten Repetition dann doch ergibt. Seine Beschreibung der Gruppe als „always different, always the same" wird zum gern zitierten Qualitätsmerkmal.[14]

Die ersten zwei Peel Sessions sind die ersten Aufnahmen als Band überhaupt, und so heißt es retrospektiv über die Band: „[I]t was during these sessions that The Fall came into their own".[15] Aufgenommen werden die Songs *Futures and Pasts*, *Mother-Sister!*, *Rebellious Jukebox* und *Industrial Estate*. Sie gelten als Vorboten für das im Folgejahr erscheinende Debütalbum *Live at the Witch Trials* (1979),[16] auf dem sich alle während der Peel Sessions aufgenommenen Songs neu produziert wiederfinden. Den (neben der Band selbst) für das Album verantwortlichen Produzenten Bob Sargeant hatten sie als Produzenten der Peel Sessions überhaupt erst kennengelernt. Bis zu Mark E. Smiths Tod 2018 nimmt die Band 31 Studioalben auf, dazu zahlreiche Live-Alben und EPs.

John Peel ist ab „1967 niemals persönlich bei einer Peel Session anwesend."[17] Er ist verantwortlich für die Auswahl der aufzunehmenden Bands, übergibt das Projekt dann aber an die jeweilige Band und sein Team. Die Aufnahmen der Peel Sessions laufen immer nach einem ähnlichen Muster ab: Eine Band kommt ins Studio, verbringt einen Tag vor Ort und nimmt meist vier Songs live auf, die dann oft wenige Tage später bereits in Peels Radiosendung laufen. So ist es auch bei The Fall. Nach Peels Tod erklärt Mark E. Smith, er habe den Radio-DJ überhaupt nur wenige Male persönlich getroffen. „Smith and Peel always enjoyed a mutual respect, but not a friendship."[18] Die erste Peel Session von The Fall wird am 15. Juni 1978 ausgestrahlt. Bereits am 27. November desselben Jahres geht die Band ein zweites Mal für Peel ins Studio, die Erstausstrahlung erfolgt am 6. Dezember. Das Ergebnis ist „possibly the most released Peel Session to date", wie es im Booklet der erstmals alle Peel Sessions umfassenden CD-Box *The Complete Peel Sessions. 1978–2004* heißt.[19]

---

[12]Vgl. Reynolds: *Rip It Up And Start Again*, 173, 176–178.

[13]Vgl. ebd., 175, 177, 195.

[14]Zit. nach Garner: *The Peel Sessions*, 282.

[15]Easlea: *The Fall. The Complete Peel Sessions 1978–2004*, 9.

[16]The Fall: *Live at the Witch Trials*. Step-Forward 1979.

[17]Wolfgang Frömberg: Vier Tracks in zwölf Stunden. Eine Session für John Peel (1939–2004). In: *Spex. Das Magazin für Popkultur* 283/12 (2004), 46.

[18]Easlea: *The Fall. The Complete Peel Sessions 1978–2004*, 11.

[19]Ebd., 17.

Über die Jahre nehmen The Fall 22 weitere Peel Sessions in verschiedenen Besetzungen auf. „The Fall [...] were to go on to become the most recorded Peel Session band and remained Peel's favorite group."[20] Die einzige personelle Konstante über all die Jahre ist Mark E. Smith. Die Band spielt in den BBC-Studios hauptsächlich eigenes Material ein, covert aber auch Songs, wie etwa *Black Monk Theme* von der Proto-Punk-Band The Monks, der im Original *I Hate You* hieß[21] (13. Session, 1990) und *Strychnine* von der Garage-Band The Sonics[22] (16. Session, 1993). Für die 18. Session am 17. Dezember 1994 nehmen sie der Jahreszeit entsprechend auch zwei Weihnachtssongs auf: *Jingle Bell Rock* und *Hark The Herald Angels Sing*. „While as a live band they could be the worst act in the world one night, then the greatest thing you had ever heard next, what marks the sessions out is their consistent ability to surprise."[23]

Insgesamt werden über die Jahre um die 4.400 Peel Sessions aufgenommen. Eine der letzten wird posthum von der deutschen Band Freiwillige Selbstkontrolle, kurz F.S.K., eingespielt.[24] Die Session war schon vor dem unvorhersehbaren Tod Peels gebucht worden – es ist die insgesamt siebte der Band um Michaela Melián und Thomas Meinecke,[25] einer weiteren Lieblingsband Peels.

---

[20] Garner: *The Peel Sessions*, 101.

[21] The Monks: I Hate You. Auf: *Black Monk Time*. International Polydor Production 1966.

[22] The Sonics: Strychnine. Auf: *Here Are The Sonics!!!* Etiquette 1965.

[23] Garner: *The Peel Sessions*, 282.

[24] Vgl. Frömberg: *Vier Tracks in zwölf Stunden*, 46.

[25] Vgl. Garner: *The Peel Sessions*, 286.

Joy Division: *Unknown Pleasures* (1979)

Markus Wiegandt

Das Debütalbum von Joy Division wurde an drei Wochenenden im April 1979 in den Strawberry Studios in Stockport aufgenommen und erschien am 15. Juni 1979 auf Factory Records in Manchester. Es gilt als ebenso eigenständiges wie wegweisendes Album der Postpunk-Ära. Tatsächlich in seiner Größe zu erfassen ist es wohl nur als Summe der einzelnen Teile, als eine Art verdichtetes Gesamtkunstwerk, bei dem eine Reihe von relativ unerfahrenen Akteuren zusammenkommen, die sich wechselseitig kreativ befruchten. Obwohl die Musikpresse, etwa Mark Bell in seiner Rezension im *New Musical Express* vom 14. Juni 1979, geradezu euphorisch auf die besondere Qualität von *Unknown Pleasures* abhebt und den Tonträger als „an English rock masterwork"[1] bezeichnet, bleibt der kommerzielle Erfolg zunächst überschaubar. Die 10.000 Einheiten der britischen Startauflage verkaufen sich eher schleppend und erst im Nachgang der Single *Transmission*[2] und der im Juli 1980, kurz nach dem Suizid von Ian Curtis, erschienenen zweiten Platte *Closer*,[3] erhält die Band breitere Aufmerksamkeit. Die einzige Platzierung in den britischen Albumcharts verzeichnet *Unknown Pleasures*, ein ganzes Jahr nach Erscheinen, am 30. August 1980 für eine Woche auf Platz 71.

Der Gründungsmythos von Joy Division datiert wiederum um einiges früher und ist eng verbunden mit dem für Manchesters Musiklandschaft wichtigen Auftritt der Sex Pistols am 4. Juni 1976 in der Lesser Free Trade

[1] Zit. nach Hamish MacBain (Hg.): *The Story of Joy Division and New Order.* NME Special Collectors Magazine. London 2002, 16.

[2] Joy Division: *Transmission.* Factory 1979.

[3] Joy Division: *Closer.* Factory 1980.

Hall.[4] Nach dem Besuch dieses Konzerts beschließen die Schulfreunde Peter Hook (Bass) und Bernard Sumner (Gitarre) selbst eine Band zu gründen und gewinnen wenig später Ian Curtis als Sänger und Stephen Morris als Drummer. Erste Liveauftritte erregen die Aufmerksamkeit von Anthony Wilson, der Joy Division vertraglich an sein neu gegründetes Label Factory Records bindet. So finden sich mit *Digital* und *Glass* bereits zwei Songs der Band auf dem ersten Release des Labels, dem im Januar 1979 unter der Katalognummer Fac 2 auf zwei 7Inch veröffentlichten Sampler *A Factory Sample*.[5] Wichtig ist dieser Zusammenhang aus drei Gründen. Erstens zeigt er, dass vor dem Debütalbum bereits eine Reihe originärer Songs der Band veröffentlicht waren, die dort nicht erneut Eingang finden. Zweitens arbeiten Joy Division bei den Aufnahmen für *A Factory Sample* erstmals mit dem für ihren späteren Sound stilbildenden Produzenten Martin Hannett zusammen und drittens zeigt sich bereits beim Label-Sampler die gestalterische Handschrift von Peter Saville.

Unknown Pleasures wird unter der Katalognummer Fact 10 als erstes Album auf Factory Records veröffentlicht. Das ikonische Cover nimmt den düsteren Sound der Produktion konsequent auf und erscheint in seiner grafischen Gestaltung minimalistisch zurückgenommen als schwarzes Quadrat mit den berühmten Wellenlinien im Zentrum. Kein Titel, kein Bandname, sondern nur die Radiowellen des sterbenden Sterns heben sich als weißes Rechteck von 56 × 70 mm aus der tiefschwarzen Fläche ab. Das wissenschaftliche Diagramm mit den abgebildeten elektromagnetischen Ausschlägen des ersten entdeckten Pulsar CP 1919 hatte Bernard Sumner in der *Cambridge Encyclopedia of Astronomy*[6] gefunden und als Gestaltungsimpuls an Saville weitergereicht.[7] Zusätzlich wird der artifizielle Anspruch des Covers durch die Leinenstruktur des schwarzen Kartons gesteigert. Das Wechselspiel von Schwarz und Weiß, wobei Schwarz das Außen markiert und Weiß das Innen, setzt sich gestalterisch doppelt fort: zunächst auf der weißen Innenhülle, die Impulse der Außenhülle aufnimmt und auf dem Weg zur eigentlichen Musik weitere Informationen preisgibt. Das Diagramm wird hier in gleicher Skalierung ersetzt durch die Schwarz-Weiß-Fotografie einer halbgeöffneten Tür, die Saville ohne Urheberinformationen von der Band zugespielt bekommt und erst Jahre später als *Hand Through a Doorway* des bekannten Fotografen Ralph Gibson identifiziert.[8] Unschwer zu erkennen ist die symbolische Aufladung des fotografisch abgebildeten Transferraums, der dem Rezipienten

---

[4]Vgl. Peter Hook: *Unknown Pleasures. Die Joy Division Story*. Berlin 2013 (engl. 2012), 55–64.

[5]Joy Division: Digital. Auf: *A Factory Sample*. Factory 1979; Joy Division: Glass. Auf: *A Factory Sample*. Factory 1979.

[6]Simon Mitton: *Cambridge Enzyklopädie der Astronomie*. Gütersloh 1978 (engl. 1977), 111.

[7]Vgl. Simon Reynold: *Rip it up and start again. Postpunk 1978–1984*. London 2005, 185.

[8]Vgl. James Nice: *Shadowplayers. The Rise and Fall of Factory Records*. London 2010, 68.

Cover von Joy Divisions *Unknown Pleasures,* Landmark Media / Alamy

erhellenden Zugang zum Kosmos von Joy Division offeriert. Die Rückseite der Innenhülle offenbart dann tatsächlich einen genaueren Einblick, indem hier die Informationen zu Songtiteln und der Produktion gegeben werden. Zehn Songs verteilen sich gleichmäßig auf beide Seiten des Albums, die, ganz dem strengen Gestaltungswillen folgend, nicht einfach A- und B-Seite heißen, sondern ‚Outside' und ‚Inside'. Auch die eigentliche Platte nimmt das Wechselspiel aus Schwarz und Weiß gestalterisch auf, indem das Label der A-Seite (Outside) das Diagramm des Pulsars auf schwarzem Grund zeigt, wogegen das Label der B-Seite (Inside) die Farben invertiert und schwarze Wellen auf weißem Grund abbildet.

Die Klangästhetik von *Unknown Pleasures* verdankt sich zu gleichen Teilen dem markanten Bariton von Ian Curtis, den individuellen Eigenheiten der Einzelinstrumentalisten und der alles verbindenden Produktion von Martin Hannett. Er skelettiert den Sound, nimmt Instrumente und Stimme einzeln auf, komprimiert die Spuren und arbeitet mit Hall- und Echoeffekten. Zusätzlich fügt Hannett in der Postproduktion weitere Spuren ein. So kommen Keyboardsounds und atmosphärisches *field recording* hinzu, wie die Fahrstuhlgeräusche auf *Insight* oder das splitternde Glas auf *I Remember Nothing.* Dass die Einzelsongs sich zu einer homogenen Narration binden, liegt aber auch an der Gesamtdramaturgie des Albums, die den Rezipienten immer tiefer in die Abgründe der lyrisch aufgerufenen Seelenlandschaft schauen lässt. Einzigartig ist *Unknown Pleasures* vor allem als konsequente Vertonung von Depression. Es ist nicht einfach die immer schon zum Themenrepertoire des Pop gehörende Melancholie, die hier klanglich realisiert wird, sondern das „Gefühl einer versperrten Zukunft, der Auflösung aller Gewissheiten – so als liege vor ihnen [der Band und der rezipierenden Jugend;

MW] nur wachsende Düsternis."[9] Vorgegeben ist die Richtung bereits im Eröffnungssong *Disorder*, der den Verlust der sinnlichen Eindrücke zugunsten einer höheren Einsicht herausstellt und die Abwärtsbewegung hinein in ein unkartiertes „no man's land" aufruft. Verstärkt und assoziativ verdichtet wird diese Standortbestimmung in den Folgesongs der A-Seite, die dramaturgisch in der Selbsterkenntnis („It was me, waiting for me") von *New Dawn Fades* mündet und so den Weg für die Wendung hin zur ‚Inside' freigibt. Die B-Seite baut einen zweiten Spannungsbogen, der nur scheinbar mit einer Außenperspektive eröffnet. Das stoisch repetitive *She's Lost Control* reflektiert zwar den von Curtis beobachteten epileptischen Anfall einer Fremden, macht aber gleichzeitig im permanenten Wechsel von „She" und „I" die verzweifelte Auseinandersetzung mit der eigenen Epilepsie-Erkrankung deutlich. *Shadowplay* und *Wilderness* variieren den Kampf mit den inneren Dämonen und der zunehmend isolierten Suche nach Sinnhaftigkeit in der Welt. *Interzone*, bei dem Curtis konsequenterweise zurücktritt und einzig die Backing-Vocals übernimmt, fungiert als ein Interlude bzw. retardierendes Moment. Eine letzte, musikalisch treibend untermalte Suche nach Halt, die ebenso plötzlich abbricht wie sie einsetzt, um die Fallhöhe der Trennungsballade *I Remember Nothing* noch größer erscheinen zu lassen. Sie bildet den Schlusspunkt dieses musikalisch wie gestalterisch perfekt durchkomponierten Albums.

---

[9]Mark Fisher: *Gespenster meines Lebens. Depression, Hauntology und die verlorene Zukunft*. Berlin 2015, 71.

Fehlfarben: *Monarchie und Alltag* (1980)

Markus Joch

Mit *Monarchie und Alltag*[1] tanzte die Generation X zum Herzschlag der besten Musik. Aber in welche Kategorie fiel die erste, im Oktober 1980 erschienene, epochale LP der Fehlfarben? „Die einzige deutsche Platte des Punk, die zählt"[2] (*Rolling Stone*), das ist ein hohes Lob, doch lehnte Gitarrist Thomas Schwebel das P-Wort als Stilbeschreibung stets ab: „Mit Punkrock hat das wenig zu tun".[3] Es waren eher seine Position an der Nahtstelle von Punk und New Wave sowie markante Unterschiede zu beiden Richtungen, die dafür sorgten, dass dieses Album über der 80er-Jahre-Musik „strahlt [...] wie ein kalter, unendlich weit entfernter Stern".[4] Es erlangte den für Klassiker typischen Longseller-Status – Einstieg in die Charts mit zwei Jahren Verspätung, dafür zwei Jahrzehnte danach die Goldene Schallplatte für 250.000 verkaufte Einheiten[5] –, zudem beeinflusste das Debüt der Düsseldorfer wie kein anderes Werk nachfolgende deutsche Musiker, besonders den Hamburger Diskurspop von Blumfeld bis Tocotronic.

Fraglos punkig waren 1980 der ruppige Grundgestus, Stakkato-Rhythmen, die, anders als bei der Nina Hagen Band oder gar BAP, Gitarrensoli komplett

---

[1] Fehlfarben: *Monarchie und Alltag*. EMI Electrola/Welt 1980.

[2] Joe Levy (Hg.): *Rolling Stone. Die 500 besten Alben aller Zeiten*. Wiesbaden 2008, 17.

[3] Markus Brandstätter: 40 Jahre „Monarchie und Alltag": Fehlfarben-Gründungsmitglied Thomas Schwebel im Interview, 1.10.2020, udiscover-music.de/popkultur/40-jahre-monarchie-und-alltag-fehlfarben-interview (1.8.2025).

[4] Jens Balzer: Fehlfarben – „Grauschleier". In: *Rolling Stone*, 30.1.2015, rollingstone.de/111-songs-fehlfarben-grauschleier-360189/ (1.8.2025).

[5] Vgl. Michael Schuh: Die Erfindung einer eigenen deutschen Popkultur. In: *laut.de*, laut.de/Fehlfarben/Alben/Monarchie-und-Alltag-47354 (1.8.2025).

© Der/die Autor(en), exklusiv lizenziert an
Springer-Verlag GmbH, DE, ein Teil von Springer Nature 2026
C. Jürgensen und G. Kaiser (Hrsg.), *Eine Kulturgeschichte der Popmusik*,
https://doi.org/10.1007/978-3-662-72524-5_47

Cover von Fehlfarbens *Monarchie und Alltag,* Discogs

verdrängten, Peter Heins Gesang, der einem Schreien glich, seine ‚Kürzest-sätze' und Satzfragmente: „Roland, Wiesel, Marder, Phantom / Albatros, Wiking, Tornado / Aus den Waffenschmieden der Nation / Tag und Nacht in steter Produktion. / [...] Ernstfall, es ist schon längst soweit / Ernstfall, Normalzustand seit langer Zeit". Punknah war auch eine Weltbeschreibung, nach der die Katastrophe nicht droht, sondern bereits eingetreten ist. (Den Text von *Apokalypse* hatten Hein und Schwebel aus ihrer Zeit bei Mittags-pause herübergerettet.) Punktypisch schließlich war der habituelle Protest gegen Harmoniebedürfnis und Utopismus der Späthippies, „schneid dir die Haare, bevor du verpennst"[6] als Programm.

Andererseits erinnerten die präzise geschliffenen, zu Heins Lakonik perfekt passenden Akkorde von Schwebel und Bassläufe von Michael Kemner viel mehr an New Wave, teilten sie mit Joy Division und The Cure die hypnotische Qualität, der Frank Fenstermachers Saxofon eine zusätzlich fremde, von den englischen Vorbildern abweichende Klangfarbe verlieh. Für Postpunk spricht zuvorderst das selbstreflexive *Das war vor Jahren*, dessen Wehmut gerade daher rührte, dass das Wir zur besten Musik „tanzte", Präteritum, also auf 1977/78 - Punk kommt nach Deutschland - leider schon zurückschauen muss.[7]

Überhaupt die Texte! Mal wütend, mal sarkastisch, mal verzweifelt, immer fabelhaft griffig, beflügelten sie den Glauben an eine eigenständige deutsche Popmusik. Zeilen wie „Es liegt ein Grauschleier über der Stadt / den meine Mutter noch nicht weggewaschen hat"[8] oder „Ich kenne das Leben, ich bin im

---

[6] Fehlfarben: Gottseidank nicht in England. Auf: *Monarchie und Alltag.*
[7] Vgl. Diedrich Diederichsen: *Musikzimmer. Avantgarde und Alltag.* Köln 2005, 141.
[8] Fehlfarben: Grauschleier. Auf: *Monarchie und Alltag.*

Kino gewesen"[9] wurden sprichwörtlich. Ins kollektive Gedächtnis einbrennen konnten sie sich, da Hein/Schwebel modischen Straßenslang und Kunstsprache, wie sie Lindenberg vorexerziert hatte, bewusst vermieden. Über ihre Umgebung schrieben die beiden so ‚normal', klar und deutlich wie möglich, umso schöner der Überhang an Rätselhaftem. Was z.B. hatte es mit der zweiten Hälfte des Himmels auf sich, was mit dem Titel, der analytisch unauflösbaren Begriffskopplung Monarchie und Alltag?[10] Das Unbestimmte lud und lädt zu munterem Projizieren ein. Am schärfsten vom Gros der NDW aber hob sich der existenzielle Ernst ab. So waren Sätze wie „Was ich haben will, das krieg ich nicht / und was ich kriegen kann, das gefällt mir nicht"[11] von den Banalitäten der Trittbrettfahrer seit 1982 um Galaxien entfernt.[12]

Paul ist tot, das Schlussstück mit den Ostinato-Achteln, die wie auslaufende Lebenszeit ticken, gilt vielen als der Höhepunkt. Ein möglicher Gegenkandidat wäre *Militürk*. Zum einen, weil Gabi Delgado-López, der Gastautor von DAF (vorher Mittagspause), den wohl raffiniertesten und langfristig politisch brisantesten Text beisteuerte, wenn er mit seiner Fantasie von der ‚Überfremdung' des Abendlands durch Orientalen „satirisch die mehrheitsdeutsche Perspektive der Angst vor den unheimlichen Fremden ein[nimmt]".[13] Zum ganz anderen, weil der ab Minute 2:57 nur noch von Uwe Bauers Cowbell gejagte, besessen vorantreibende Bass der Wucht und dem Drive des New Wave ein deutsches 20-Sekunden-Denkmal setzte.

Dass *Ein Jahr (Es geht voran)* 1982 gegen den Willen der Band als Single ausgekoppelt und dann ausgerechnet dieses für das Album atypische *funk piece* zum Hit wurde, will einem nicht wirklich bedauernswert vorkommen. Erstens lenkte die Eigenmächtigkeit der EMI in einer List der Popvernunft Aufmerksamkeit auf den Rest der Platte, deren stilistische Differenz mündige Hörer sofort begriffen. Zweitens hellten das euphorisierende, an Chic angelehnte Gitarrenriff und die hoch ironische Zukunftsvertraulichkeit die düstere Grundstimmung der LP schlagartig auf, so wie deren Klasse die ach so triste BRD. Ich bin mir sicher, dass ich auch mit Track acht nichts versäumte.

---

[9] Ebd.

[10] Fragt Frank Witzel in: Gunther Buskies/Jonas Engelmann (Hg.): *Monarchie und Alltag. Ein Fehlfarben-Songcomic*. Mainz 2022, 9.

[11] Fehlfarben: Paul ist tot. Auf: *Monarchie und Alltag*.

[12] Dafür umso näher, und womöglich beabsichtigt, an Thomas Braschs Zerrissenheitsversen „Was ich habe, will ich nicht verlieren, aber / wo ich bin, will ich nicht bleiben, aber [...]". Thomas Brasch: *Kargo*. Frankfurt/M. 1977, 97f.

[13] Ulrich Gutmair: Kebabträume in der Mauerstadt. In: *Merkur* 864/5 (2021), 20.

Musikfernsehen: MTV (1981)

Heiko Reusch

Die Tonträgerindustrie steckt zu Beginn der 1980er Jahre in einer Sinnkrise. Die Absatzzahlen nehmen in den größten Musikmärkten (USA, UK, Deutschland, Frankreich, Japan) seit 1978 kontinuierlich ab, vor allem die bis dahin dominierende Langspielplatte verkauft sich nicht mehr so häufig.[1] Neben der weltweiten Rezession Anfang der 1980er Jahre kämpfen Plattenfirmen auch mit einem veränderten Konsumverhalten. Der Verkauf von Leerkassetten boomt: Statt einen Original-Tonträger zu kaufen, werden massenhaft Kopien sowie individuelle Mixtapes erstellt. Auch der Radiomarkt fragmentiert zunehmend in spezifische Klangwelten und Zielgruppen, wodurch einheitliche Strategien zur Vermarktung von Tonträgern deutlich erschwert werden.[2] Geradezu prophetisch wirkt in diesem Kontext der erste Slogan des US-amerikanischen Fernsehsenders Music Television – kurz MTV – bei seinem Sendestart am 1. August 1981: „You'll never look at music the same way again".[3] MTV wird nicht nur der Musikindustrie aus der Krise helfen, sondern auch die Rezeption von Pop- und Subkultur maßgeblich verändern.

Der Start von MTV verläuft allerdings alles andere als reibungslos. Nachdem vorherige Konzepte eines Musikfernsehsenders zunächst abgelehnt wer-

---

[1] Pekka Gronow: The Record Industry: The Growth of a Mass Medium. In: *Popular Music* 3 (1983), 53–75, hier 71f.

[2] Richard A. Peterson/Russell B. Davis Jr.: The contemporary American radio audience. In: *Popular Music & Society* 6/2 (1978), 169–183.

[3] R. Serge Denisoff: *Inside MTV*. New York, NY 1988, 39f.

© Der/die Autor(en), exklusiv lizenziert an
Springer-Verlag GmbH, DE, ein Teil von Springer Nature 2026
C. Jürgensen und G. Kaiser (Hrsg.), *Eine Kulturgeschichte der Popmusik*,
https://doi.org/10.1007/978-3-662-72524-5_48

den, stimmt der MTV-Mutterkonzern WASEC[4] im Januar 1981 der Idee eines 24-Stunden-Musikvideokanals zu, begegnete dem Projekt jedoch mit Skepsis und stellte dafür nur ein begrenztes Budget bereit. Der Sender soll das bestehende TV-Portfolio des Unternehmens (Nickelodeon, The Movie Channel) kostengünstig erweitern und so Anreize für US-amerikanische Kabelbetreiber schaffen, diese Kanäle gebündelt in ihr Angebot aufzunehmen. Ermöglicht wird dieses Vorhaben durch die kostenlose Bereitstellung der Musikvideos durch die Plattenfirmen, was die Produktionskosten extrem niedrig hält. Nach einer nur siebenmonatigen Planungsphase startet MTV schließlich am 1. August 1981 – allerdings zunächst in nur wenigen Kabelnetzen, fernab der Ost- und Westküstenmetropolen, da kaum ein Kabelbetreiber zu Beginn Interesse zeigt.[5] Darüber hinaus weigern sich Plattenfirmen wie Polygram und MCA Musikvideos zur Verfügung zu stellen bzw. zu produzieren.[6] Das 24-Stunden-Programm ist somit in den ersten Wochen und Monaten auf nur etwa 125 Musikvideos begrenzt, die in einer Rotation von bis zu fünf Einsätzen pro Tag zu sehen sind.[7] Nach dem Eröffnungssong *Video Killed the Radio Star* von The Buggles (1979)[8] dominieren The Pretenders, Styx, Pat Benatar, The Who, Iron Maiden und allen voran Rod Stewart die Playlist.[9] Diese Rock-orientierte Klangfarbe bestimmt auch in den ersten Sendejahren das Musikprogramm, in dem überproportional viele Musikvideos britischer Künstler:innen zu sehen sind, weil in Großbritannien mehr Clips produziert werden. Vorreiter ist hierbei die Band Queen, die 1975 mit *Bohemian Rhapsody*[10] eines der ersten Musikvideos im heutigen Sinne erstellt: Wegen eines Tour-Termins kann die Band den (obligatorischen) Besuch bei der einflussreichen BBC-Sendung *Top of the Pops* nicht wahrnehmen. Stattdessen lässt sie sich bei einer Performance des Songs abfilmen, die wiederum mit einigen Special Effects unterlegt wird.[11] Der fertige Clip wird daraufhin stellvertretend für die Band im Programm gezeigt – ein Vorgehen, das in den Folgejahren in Großbritannien oft kopiert wird.

MTV kann zu Beginn keine große Auswahl treffen und spielt das, was erhältlich ist und im weitesten Sinne zur Klangfarbe passt. Davon profitieren britische New-Wave-Bands wie The Human League, Duran Duran oder auch A Flock of Seagulls, die bisher auf dem US-amerikanischen Musikmarkt

---

[4]Warner Amex Satellite Entertainment Company.

[5]Rob Tannenbaum/Craig Marks: *I want my MTV*. New York, NY 2011, 64 ff.

[6]Denisoff: *Inside MTV*, 56.

[7]Ebd., 57.

[8]The Buggles: *Video Killed the Radio Star*. Island 1979.

[9]Siehe en.wikipedia.org/wiki/List_of_first_music_videos_aired_on_MTV (13.12.2022).

[10]Queen: *Bohemian Rhapsody*. EMI 1975.

[11]Mathias Korsgaard: *Music video after MTV: Audiovisual studies, new media, and popular music*. New York, NY 2017, 24.

kaum eine Rolle spielen.[12] Zur Überraschung der Plattenfirmen verkaufen sich auf einmal Tonträger dieser Bands dort besonders gut, wo auch MTV im Kabelnetz zu empfangen ist.[13] Doch auch US-amerikanische Bands wie die Stray Cats, die mit ihrer Mischung aus New Wave und Rockabilly in den USA eher den Status einer Szene-Band haben, werden durch den Einsatz ihrer Musikvideos einem größeren Publikum bekannt.[14] Die texanische Rockband ZZ Top erlebt dank ihrer Musikvideos einen zweiten Frühling[15] und Bands wie Devo oder die Talking Heads zementieren mithilfe kreativer Musikvideos ihren Status als Art-School-Band und liefern dem Sender eine „avant-garde ‚weirdness‘".[16] Durch Mund-zu-Mund-Propaganda und eine geschickte Werbekampagne („I want my MTV"), bei der MTV unter anderem Mick Jagger und David Bowie dazu aufrufen lässt, bei lokalen Kabelbetreibern die Einspeisung des Senders zu fordern, wächst der Sender ab Mitte 1982 konstant, gewinnt an Reichweite und Werbekunden.[17] Begleitet vom Erfolg der Michael-Jackson-Videoclips *Billie Jean*, *Beat It* und *Thriller* aus dem Album *Thriller*[18] (1982/1983) lässt sich unter US-amerikanischen Musikschaffenden ein Umdenken erkennen: Plattenfirmen stellen Musikvideo-Budgets bereit und Künstler:innen beteiligen sich an den Kosten, sofern sie ausgefallene, kostenexplodierende Vorstellungen haben. Bereits im Herbst 1983 werden 18 der „Top 20"-Songs in den USA von einem Musikvideo begleitet,[19] wodurch MTV immer mehr zum *Gatekeeper* wird, der entscheidet, welche Inhalte überhaupt zu sehen sind.[20] Mit den MTV Video Music Awards krönt der Sender ab 1984 herausragende Musikvideos und somit zugleich sich selbst: Madonnas Auftritt im Hochzeitskleid zum Song *Like A Virgin*[21] etwa wird weit über die Grenzen des Senders rezipiert und diskutiert.[22] Der 24-Stunden-Musikvideosender wird für die Musikbranche zum wichtigen Marketingkanal, auch weil der Sender immer weiter expandiert: Inhaltlich setzt er zwar weiterhin auf das Genre Rock und hofiert Hair Metal Bands wie Mötley Crüe und Twisted Sister,[23] im Programm tauchen jedoch vermehrt auch andere Genres auf – etwa Hip-Hop, der durch Formate wie

---

[12] Denisoff: *Inside MTV*, 86, 117.

[13] Ebd., 117.

[14] Tannenbaum/Marks: *I want my MTV*, 19.

[15] Ebd., 144–149.

[16] K.L. Shonk/D.R. McClure: Waveless: MTV and the „Quiet" Feminism of the 1980s. In: K. L. Shonk/D. R. McClure (Hg.): *Historical Theory and Methods through Popular Music, 1970–2000. Pop Music, Culture and Identity*. London 2017, 171–198, hier 173.

[17] Denisoff: *Inside MTV*, 80–84; 202.

[18] Michael Jackson: *Thriller*. Epic 1982.

[19] Ebd., 121.

[20] Jack Banks: *Monopoly Television: MTV's Quest to Control the Music*. New York, NY 1996. 175 ff.

[21] Madonna: *Like a Virgin*. Sire 1984.

[22] Tannenbaum/Marks: *I want my MTV*, 19.

[23] Ebd., 120 ff.

Yo! MTV Raps[24] gefördert wird, sowie Dance, das insbesondere durch die Sendung *Club MTV*[25] präsent ist. Mit der ab 1989 etablierten Reihe *MTV Unplugged* setzt der Sender zudem einen retro-authentizistischen Akzent: Der Trend zur *handmade music*, der bewusst auf akustische Instrumentierung und eine reduzierte Ästhetik setzt, verschafft nicht nur in den 1980ern ins Straucheln geratenen Größen wie Neil Young, Eric Clapton oder Bob Dylan eine neue Plattform und künstlerische Relevanz. Zugleich wird die Reihe zu einem Wegbereiter und Begleiter des Alternative-Rock-Booms, allen voran für Bands wie R.E.M., und ebnet den Boden für den von MTV maßgeblich befeuerten Grunge-Hype der frühen 1990er Jahre: Nirvana, Pearl Jam und Hole werden nicht nur mit ihren Videoclips auf *heavy rotation* gespielt, sondern auch ihre *MTV Unplugged*-Konzerte selbst werden immer wieder ausgestrahlt und tragen maßgeblich zur ikonischen Strahlkraft der Reihe bei.

Darüber hinaus exportiert MTV seine Kernidee des 24-Stunden-Musikvideoprogramms auch weltweit. MTV Europe startet am 1. August 1987 in London und sendet auf Englisch auch in deutsche Kabelnetze. Weitere Ableger wie MTV Brasil (1990) und MTV Asia (1995) folgen. Im Rahmen seiner Regionalisierungsstrategie sendet MTV Germany ab 1997 vor allem auf Deutsch. MTV nimmt dergestalt für große Teile der 1980er, 1990er und 2000er Jahre die zentrale Rolle einer global erlebten Popkultur ein. War der visuelle Ausdruck künstlerischer Identität abseits von Live-Auftritten vor allem auf Logo und Cover- bzw. Tonträgergestaltung sowie auf Poster beschränkt, so liefert das Musikvideo nun die Möglichkeit eines wesentlich umfangreicheren Gesamteindrucks, bestehend aus Kleidungsstil, Mimik, Gestik und persönlicher Haltung. Dadurch, dass MTV sich erst in den USA und dann international als Plattform für Musikvideos entfaltet, ist der Sender maßgeblich an der Verbreitung von globalen visuellen Pop- und Subkultur-Narrativen beteiligt. Künstler:innen inszenieren sich nicht nur durch Musikvideos, sondern auch anhand ihres Umgangs mit MTV bzw. MTVs Umgang mit ihnen. Insbesondere aus der Punk- und Indie-Subkultur wird MTV daher für die visuelle Kommerzialisierung von Musik und der damit vermeintlich schablonenartigen, oberflächlichen Musikvideos kritisiert. In Szene-Kreisen gilt es als gutes Zeichen, wenn ein Musikvideo nicht in der regulären MTV-Playlist läuft, sondern ausschließlich in der Nischensendung *120 Minutes* gespielt wird.[26] Aber auch Madonna, die jahrelang eine enge Partnerschaft mit dem Sender eingegangen ist, reizt 1990 bewusst die Grenzen des Sendbaren aus: Das für damalige Verhältnisse zu freizügige Musikvideo *Justify My Love* (1990)[27] wird von MTV nicht gespielt, was ihr eine umfangreiche Bericht-

---

[24]Ebd., 381ff.

[25]Ebd., 359ff.

[26]Tannenbaum/Marks: *I want my MTV*, 353.

[27]Madonna: *Justify My Love*. Sire 1990.

erstattung einbringt.[28] Die von ihr im Rahmen der Ablehnung geäußerte Kritik am Programm deckt sich mit den Vorwürfen, mit denen der Sender seit seiner Frühphase zu kämpfen hat: Um eine gute Quote zu erzielen, setze MTV vor allem auf sexistische und gewaltverherrlichende Musikvideos.[29] Während auch wissenschaftliche Untersuchungen in den 1980er Jahren diese Vorwürfe zu bestätigen scheinen,[30] ergibt sich mit etwas zeitlichem Abstand ein differenzierteres Bild. So wird MTV mitunter auch ein ‚ruhiger' Feminismus in der Auswahl der Musikvideos attestiert, der sich dadurch äußert, dass Musikerinnen wie Joan Jett, Pat Benatar, Cyndi Lauper und The Go-Go's durch MTV eine Bühne erhalten, auf der sie selbstbewusst ihre künstlerische Identität zum Ausdruck bringen können.[31] Rückblickend wird MTV auch als Plattform wahrgenommen, auf der es Musiker:innen und Regisseur:innen ermöglicht wird, visuell von standardisierten Narrativen abzuweichen und zu experimentieren.[32] So begleitet MTV Superstars und Subkultur gleichermaßen und ist Verbreiter sämtlicher visueller Identitäten bzw. Images – also auch von Gegenentwürfen zum Mainstream. MTV hat in der Tat dafür gesorgt, dass *Musik nie wieder so betrachtet wurde wie zuvor.*

---

[28] S. Holden: Madonna Video Goes Too Far for MTV. In: *The New York Times*, 28.11.1990, 13.

[29] Richard C. Vincent/Dennis K. Davis/Lilly Ann Boruszkowski: Sexism on MTV: The Portrayal Of Women in Rock Videos. In: *Journalism Quarterly* 64/4 (1987), 750-941, hier: 755f.

[30] Richard L. Baxter et al.: A content analysis of music videos. In: *Journal of Broadcasting & Electronic Media* 29/3 (1985), 333-334.

[31] Shonk/McClure: *Waveless:* MTV and the „Quiet" Feminism of the 1980s, 174.

[32] Tannenbaum/Marks: *I want my MTV,* 564.

Grandmaster Flash (1982)

Immanuel Nover

Das Erscheinen der Single *The Message*[1] von Grandmaster Flash & the Furious Five (1982) bedeutet gleich eine doppelte Zäsur für die Geschichte des Pop: Zum einen setzt das Stück zusammen mit der 1979 veröffentlichten Single *Rapper's Delight*[2] der Sugarhill Gang der Disco-Musik und der Disco-Kultur fulminant die gerade populär werdende Hip-Hop-Kultur entgegen. Zum anderen markiert das Stück aber auch innerhalb des Genres eine Zäsur. Im Gegensatz zu *Rapper's Delight*, das bezeichnenderweise auf einem Sample der Gruppe Chic aus der Disco-Ära fußt, führt *The Message* die Hörer:innen nun explizit in die raue Welt der nicht privilegierten Viertel der Großstadt ein, die auch auf dem Cover der Single abgebildet werden.

Der Song erzählt vom urbanen „jungle", der von Ratten und von „Junkies [...] with a baseball bat" bevölkert wird. Hip-Hop grenzt sich nun deutlich von Disco ab, will aber im Gegensatz zu *Rapper's Delight* auch mehr sein als ein guter Popsong mit Unterhaltungsfunktion und berichtet aus einer „subversiven Gegenkultur [...], die sich aus der Armut und sozialen Ausgrenzung ihrer Protagonist:innen speiste".[3] *The Message* verweist somit bereits sehr früh auf das explizit artikulierbare politische Potenzial von Hip-Hop, das erst später – prominent etwa von Public Enemy – in den Texten und Videos kommuniziert wird.

---

[1] Grandmaster Flash & the Furious Five: *The Message*. PRT/Vogue/Sugar Hill 1982.
[2] Sugarhill Gang: *Rapper's Delight*. Sugar Hill 1979.
[3] Dustin Breitenwischer: *Die Geschichte des Hip-Hop. 111 Alben*. Stuttgart 2021, 13.

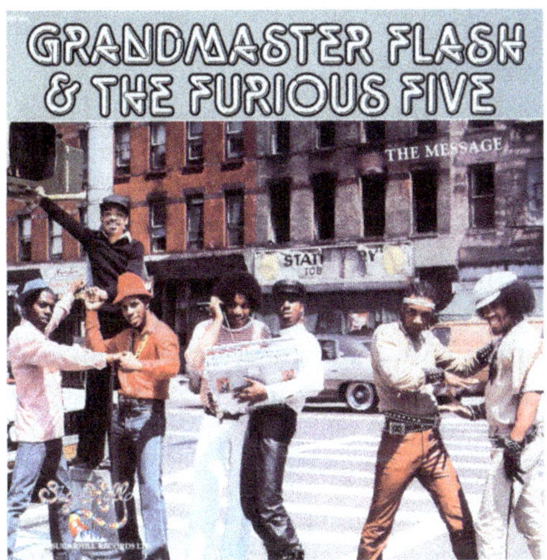

Cover von Grandmaster Flash & The Furious Fives *The Message*, Imusic / Alamy

Federführend für diese Entwicklung von „dem netten, selbst schon als Kon-servenmusik produzierten Song der Sugarhill Gang"[4] zu dem sozialkritischen *The Message* war zumindest hinsichtlich der Technik der DJ Grandmaster Flash. Joseph Saddler, so sein Geburtsname, wird 1958 in New York City, im Stadtteil Bronx geboren und legt bereits als Teenager Platten bei den spontan stattfindenden und subkulturell geprägten *area dances* und *block parties* auf.[5]

Mit 19 Jahren entwickelt er als DJ mehrere innovative Techniken, die bis heute elementar und prägend für den Hip-Hop sind: „'cutting' (moving bet-ween tracks exactly on the beat), 'back-spinning' (manually turning records to repeat brief snippets of sound) and 'phasing' (manipulating turntable speeds)".[6] Jay-Z stellt die technische Revolution anlässlich der Aufnahme von Grandmaster Flash & the Furious Five als erster Hip-Hop-Gruppe in die Rock & Roll Hall of Fame 2007 deutlich heraus: „What Les Paul and Chuck Berry did for the electric guitar, Flash did for the turntable."[7] Mit der in-novativen Nutzung des Plattenspielers ändert sich zum einen der Status des Geräts: Der Plattenspieler wird nicht mehr nur als reines Wiedergabegerät für bereits existierende Musik genutzt, sondern dient zur spontanen Produktion von neuen Stücken, die mittels der u.a. von Grandmaster Flash etablierten Techniken entwickelt werden. Exemplarisch lässt sich dies an der frühen Sin-

---

[4]Gabriele Klein/Malte Friedrich: *Is this real? Die Geschichte des Hip-Hop.* Frankfurt/M. 2003, 19.

[5]Vgl. Jason Ankeny: Grandmaster Flash. In: Vladimir Bogdanov (Hg.): *All Music Guide to Electronica: The Definitive Guide to Electronic Music.* San Francisco, CA 2001, 221f., hier 221.

[6]Ebd.

[7]Siehe rockhall.com/inductees/grandmaster-flash-and-furious-five (10.1.2023).

gle *The Adventures of Grandmaster Flash on the Wheels of Steel* (1981)[8] beobachten, in der Samples aus mindestens zehn Musikstücken (u. a. aus Chics *Good Times*,[9] Queens *Another One Bites the Dust*[10] und Sugarhill Gangs *Rapper's Delight*) und Zitate aus dem Spielfilm FLASH GORDON[11] innovativ zu einem neuen Musikstück gemischt werden. Zum anderen ändert sich der Status des DJs, der nun als eigenständig ‚schaffender' wie kreativer Künstler nicht mehr ‚nur' Platten anderer Künstler:innen auflegt.

Bevor sich Grandmaster Flash & the Furious Five formiert, arbeitet Grandmaster Flash u. a. mit dem Rapper Kurtis Blow zusammen. 1977 finden sich dann neben Grandmaster Flash Melle Mel (Melvin Glover), Keef Cowboy (Robert Keith Wiggins), Kidd Creole (Nathaniel Glover), Mr. Ness/Scorpio (Eddie Morris) und Rahiem (Guy Todd Williams) zu der Gruppe zusammen. Nachdem die Sugarhill Gang mit der Veröffentlichung von *Rapper's Delight* zeigte, dass ein Markt für Hip-Hop existiert, erscheint 1979 das Debüt *Superrappin'* bei dem Label Enjoy. Wenig später wechselt die Gruppe zu dem mittlerweile bekannten Hip-Hop-Label Sugar Hill Records, auf dem auch *The Message* erscheint. Der Track stellt nicht nur einen frühen Erfolg für Grandmaster Flash & the Furious Five und eine der ersten Manifestationen des sozialkritischen wie politischen *conscious rap* dar, sondern kann zugleich als Höhepunkt des Schaffens der Gruppe verstanden werden, an den die Mitglieder nach mehreren Veränderungen der Gruppenstruktur nicht mehr vollständig anknüpfen können.

The Message ist ein bis heute populärer Track, der regelmäßig in den Bestenlisten verzeichnet wird: So wird er etwa 2002 als erste Hip-Hop-Platte in das United States National Archive of Historic Recordings aufgenommen[12] und von der Pop-Zeitschrift *Rolling Stone* auf Platz 51 (2004 und 2010) bzw. auf Platz 59 (2021 und 2024) der 500 besten Songs aller Zeiten geführt.[13] Der Grund für diese Popularität und für den Respekt, der dem Song entgegengebracht wird, liegt sicher an der Kopplung von innovativen Momenten, denn *The Message* erzählt mittels neuer musikalischer Verfahren und Techniken von einem in diesem Kontext neuen Thema und stellt dies im Video mit originellen Bildern dar.

---

[8] Grandmater Flash & the Furious Five: *The Adventures of Grandmaster Flash on the Wheels of Steel.* Sugar Hill 1981.

[9] Chic: *Good Times.* Atlantic 1979.

[10] Queen: *Another One Bites the Dust.* EMI 1980.

[11] Mike Hodges (Regie): FLASH GORDON. Großbritannien 1980.

[12] Library of Congress: Complete National Recording Registry Listing, loc.gov/programs/national-recording-preservation-board/recording-registry/complete-national-recording-registry-listing/ (10.1.2023).

[13] Jonathan Bernstein et al.: The 500 Greatest Songs of All Time. In: *Rolling Stone*, 16.9.2021, au.rollingstone.com/music/music-lists/best-songs-of-all-time-30065/erykah-badu-tyrone-30119/ (10.1.2023); Jonathan Bernstein et al.: The 500 Greatest Songs of All Time. In: *Rolling Stone*, 6.2.2024, rollingstone.com/music/music-lists/best-songs-of-all-time-1224767/bob-dylan-blowin-in-the-wind-3-1225238/ (15.8.2025).

Bereits die ersten Bilder des Videos führen in die Topografie ein: Wir sehen zwei junge Schwarze Männer einen Gehweg in einem unterprivilegierten Viertel einer Großstadt entlanggehen, einer der beiden trägt auf seiner Schulter eine Beatbox, also einen übergroßen tragbaren Kassettenrekorder. Nach einem Schnitt wird auf der Bildebene die später auch auf der Textebene entfaltete Thematik vorgestellt: Man sieht heruntergekommene Mietskasernen, vor denen sich Schutt und Müll auftürmen, zwielichtige Geschäfte und den brausenden Straßenverkehr der Großstadt. Es geht also um die Krise der prekären Großstadtviertel in den 1980er Jahren; die ersten Textzeilen fassen die urbane Dystopie in das Bild des Dschungels, rufen mithin einen durch die Macht des Stärkeren geprägten präkulturellen Ort auf, der die Gefahr des Untergangs stets mit sich bringt: „It's like a jungle sometimes / It makes me wonder how I keep from goin' under". Das Zersplittern einer Glasflasche auf der Bildebene wird auf der Textebene aufgenommen und mit dem allgemeinen Verfall im „Jungle" verbunden: „Broken glass everywhere / People pissin' on the stairs, you know they just don't care". Nach einem weiteren Schnitt sieht man den diese Zeilen rappenden Künstler, der wie die anderen Mitglieder der Gruppe auch kleidungstechnisch für Aufsehen sorgt: „In Lederhosen und Lederkappen, Nietengürteln und -armbändern, Baseballcaps, Paillettenhemden und Cowboystiefeln gekleidet[,] war die Gruppe ein völlig neues ästhetisches Großereignis."[14]

Der prekäre sozioökonomische Status zwingt den Protagonisten, den Verfall der Stadt und die damit verbundene Gewalt weiter zu ertragen: „Got no money to move out, I guess I got no choice / Rats in the front room, roaches in the back / Junkies in the alley with a baseball bat". *The Message* bietet somit nicht nur einen als authentisch ausgeflaggten Blick in die Ghettos der Großstadt – geradezu paradigmatisch werden die „Crazy Lady", die „peepshows" und die „creeps" genannt, sondern zeigt im Sinne des *Conscious Rap* die politische Dimension der skizzierten Auswüchse an: Die schlechte Bildung des Protagonisten („Got a bum education") spiegelt sich in der Schulerfahrung seines Sohn („the teacher's a jerk [...] / And all the kids smoke reefer"), das zweitklassige Leben im Ghetto, „living second rate", führt zu „deep hate" und zur Bewunderung devianter Figuren, der „Thugs, pimps, pushers and the big money makers", die den Weg in die Illegalität als einzigen Ausweg aus der sozioökonomischen Benachteiligung wählen. Der Track stellt aber im Gegensatz zum späteren *Gangsta-Rap* eines Ice-T oder 50 Cent keine Glorifizierung jener Figuren dar. Der Sohn bewundert sie zwar („And you wanna grow up to be just like them"), der rappende Vater stellt aber die Konsequenzen dieser Haltung deutlich heraus: „But then you wind up dropping out of high school / Now you're unemployed, all non-void [...] /

---

[14]Breitenwischer: *Grandmaster Flash & The Furious Five*, 13–14.

Got sent up for a eight year bid / Now your manhood is took and you're a may tag [...] / Till one day you was found hung dead in a cell / It was plain to see that your life was lost".

Das Video endet mit einem Akt der Polizeiwillkür: Die Mitglieder der Gruppe stehen friedlich an einer Straßenkreuzung und werden ohne ersichtlichen Grund von plötzlich auftauchenden Polizisten verhaftet und in einen Polizeiwagen verfrachtet. Die Kombination von Text und Bild führt an dieser Stelle zu einer komplexen Situation: Im Text wird auf die Diskriminierungserfahrung der Schwarzen hingewiesen, die – wie etwa beim Sohn – zur Akzeptanz eines devianten Lebenswandels führen kann, der aber durch den Vater direkt problematisiert und verworfen wird. Das Video zeigt jedoch gleichzeitig, dass die Figuren, also die Mitglieder der Gruppe, die eben noch vor diesem Leben gewarnt haben, nun trotzdem von der Polizei grundlos verhaftet werden. Die Absage an die Illegalität, der Verzicht auf das schnelle Geld der Gangster, Zuhälter und Dealer kann folglich die eigene Rechtssicherheit wie die körperliche Unversehrtheit nicht garantieren; das benachteiligte (Schwarze) Subjekt im Ghetto ist grundsätzlich ein prekäres wie gefährdetes.

Die Ausarbeitung dieses als authentisch markierten Blicks auf die Lebenswelt der Schwarzen – der für Hip-Hop entscheidende Begriff der *realness* wird hier politisch aufgeladen – stellt mit der innovativen musikalischen Fassung die Revolution dar, die *The Message* für Pop im Allgemeinen und für Hip-Hop im Besonderen bedeutet.

Trio/Nena: Auftritte in der ZDF-Hitparade und im Musikladen (1982)

Nora Leidinger und Melanie Schiller

Viele Jahre lang galt die ZDF-Hitparade in (West-)Deutschland als Kult. Dieter Thomas Heck, der erste und bekannteste Moderator der von 1969 bis 2000 ausgestrahlten Hitparade, war maßgeblich für den Erfolg des Deutschen Schlagers verantwortlich.[1] Dabei wurde das Genre bis in die 1960er Jahre hinein als altmodisch oder konservativ angesehen und in der gesellschaftlichen Wahrnehmung, insbesondere der jüngeren Generation, häufig mehr oder weniger explizit mit der deutschen Nazi-Vergangenheit in Verbindung gebracht.[2] Unter anderem diese Assoziation sowie Schlagertexte, die das Thema Heimat in den Mittelpunkt stellten, trugen dazu bei, dass das Genre für die junge Nachkriegsgeneration als Antithese zu einer modernen, kosmopolitischen Identität galt.[3] Grade die deutsche Sprache wurde hierbei als wichtiges Merkmal des problematischen Umgangs mit der deutschen Vergangenheit in der Musik wahrgenommen: Deutsch galt bei der Jugend nicht nur als altmodisch durch den Schlagerbezug und sowieso als unmusikalisch,[4] sondern wurde auch direkt mit der Nazi-Vergangenheit in Verbindung gebracht. Blixa Bargeld von den Einstürzenden Neubauten fasste dies einmal wie folgt zusammen: „There has always been a problem with German music, about singing in our own language. For countries that did not have

---

[1] Julio Mendívil: *Ein musikalisches Stück Heimat*. Bielefeld 2008, 208.

[2] Ebd., 18; Melanie Schiller: Heino, Rammstein and the double-ironic melancholia of Germanness. In: *European Journal of Cultural Studies* 23/2 (2020), 261–280; Melanie Schiller: *Soundtracking Germany*. New York, NY 2020, 40–44.

[3] Melanie Schiller: Heino, Rammstein and the double-ironic melancholia of Germanness, 261–280.

[4] Jürgen Teipel: *Verschwende deine Jugend*. Berlin 2001, 62.

© Der/die Autor(en), exklusiv lizenziert an
Springer-Verlag GmbH, DE, ein Teil von Springer Nature 2026
C. Jürgensen und G. Kaiser (Hrsg.), *Eine Kulturgeschichte der Popmusik*,
https://doi.org/10.1007/978-3-662-72524-5_50

this interruption of the Third Reich, such as France and Italy, it is quite natural for bands to sing in French and Italian. I have learned to construct music around the German language, which is not capable of rock 'n' roll inflections, learned how the music has to be different to accommodate the language."[5]

Obwohl es bereits seit den 1970er Jahren einige erfolgreiche deutschsprachige Künstler:innen in der Rockmusik gab, etablierte sich Deutsch erst mit dem Aufkommen und dem kommerziellen Durchbruch der Neuen Deutschen Welle (NDW) Anfang der 1980er Jahre als Sprache im Pop-Mainstream jenseits des Schlagers und erlangte auch internationale Bekanntheit. Fernsehauftritte von Nena und Trio in Sendungen wie dem Musikladen von Radio Bremen und der ZDF-Hitparade spielten dabei eine zentrale Rolle.

Die NDW entstand in Deutschland als Reaktion auf die internationale Popularität von Punk und New Wave, die neben Elektropop auch Synthie-Pop und Ska-Elemente in den musikalischen Stilmix des Genres einbrachten. Obwohl im deutschen Punkrock anfangs noch auf Englisch gesungen wurde, etablierte sich Deutsch schnell als bevorzugte Sprache. Dies hatte vor allem zwei Gründe: Zum einen ermöglichte sie eine präzisere Ausdrucksweise und eine authentischere Darstellung der eigenen Lebenswelt. Zum anderen diente sie als Mittel zur Abgrenzung von der vorherrschenden angloamerikanischen Dominanz in der Popmusik. Ebenso bot die Verwendung der deutschen Sprache die Möglichkeit, sich explizit mit der oft verdrängten deutschen Vergangenheit auseinanderzusetzen. Robert Görl, Mitbegründer der NDW-Band Deutsch Amerikanische Freundschaft (DAF), betont beispielsweise, wie wichtig die Sprachwahl für ihn war, da es plötzlich möglich wurde, zu progressiver Musik auf Deutsch zu singen: „Die Engländer und Amerikaner hatten bis dahin das Monopol auf moderne Musik. Und deutsche Jugendliche hatten keine andere Wahl, als Englisch zu hören."[6] Demnach stellte die Musik der NDW aus seiner Sicht „den Bruch einer Vorherrschaft" dar.[7] Dazu ergänzt Moritz R® von Der Plan: „Deutschland war nur oberflächlich amerikaorientiert, im Kern jedoch altmodisch und obrigkeitsstaatlich. [...] Eine Gesellschaft, die ihre eigenen kulturellen Wurzeln verdrängte und Importiertes, vor allem aus angelsächsischen Ländern, mehr schlecht als recht imitierte."[8] Stattdessen fragte Moritz R® sich also: „Was ist eigentlich ‚deutsch'?" – eine Frage, die zum zentralen Bestandteil der NDW wurde.[9] Die NDW markierte damit sowohl einen politischen als auch einen ästhetischen Einschnitt, wobei vor allem die kritischen Intentionen der frühen NDW im

---

[5] David Stubbs: *Future Days*. London 2014, 416.
[6] Teipel: *Verschwende deine Jugend*, 177.
[7] Ebd.
[8] Moritz R®: *Der Plan. Glanz und Elend der Neuen Deutschen Welle*. Kassel 1993, 41.
[9] Ebd.

Zuge der Kommerzialisierung durch Künstler:innen wie Nena, Markus u. a. schnell in den Hintergrund traten.

Musikalisch zeichnet sich die NDW durch Synthesizer-Sounds, eine Ska-orientierte Rhythmik, eine dilettantische Attitüde vor allem im Gesang, und eben deutschsprachige, oft naiv oder kindlich anmutende Texte mit Ironie und Witz sowie einer sozialkritisch, jedoch dabei positiven Grundtendenz aus.[10] Zudem bezog sich das Genre sowohl musikalisch als auch textlich kritisch und spielerisch auf die Stilmittel des Schlagers (und damit ebenso auf eine bekannte Ausdrucksform konservativer deutscher Identität). Damit markierte die NDW eine Neuerung in der Identitätsbildung Deutschlands, indem sie sich gleichzeitig vom Schlager nährte und abwandte, und mittels ihrer stilistischen Subversion eine Neuidentifikation des ‚Deutschseins‘ anstrebte.[11] Die Musikwissenschaftlerin und NDW-Expertin Barbara Hornberger bezeichnet diese Strategie als „affirmative Subversion".[12] Man wollte sich selbstreflexiv durch eigene Erfahrungen mit ‚Deutschland‘ auseinandersetzen und identifizieren, aber gleichzeitig von konservativen Traditionen und alten Deutschlandbildern abwenden. Ausgerechnet diese Subversion in Form des satirisch adaptierten Schlagers öffnete der NDW also die Türen zur ZDF-Hitparade, deren ‚Macher‘ zwar teilweise skeptisch waren, aber trotzdem nicht ahnten, dass sie sich gleichsam ein trojanisches Pferd in die Sendungen holten. Denn obwohl die NDW den Schlager (und die mit ihm verbundenen Weltanschauungen) eigentlich ablehnte, war die Grenze zwischen den beiden Genres stilistisch nicht immer eindeutig. Ähnlich zwiespältig waren die Gemeinsamkeiten und Unterschiede der beiden Genres in der Frage nach der nationalen Identifikation. Obwohl Dieter Thomas Heck gelegentlich Schwierigkeiten mit den ironischen und politischen Inhalten der NDW sowie ihren Bezügen zur politischen Gegenwart im Kontext des Kalten Krieges hatte, verteidigte er die Auftritte in der ZDF-Hitparade gegen Kritiker:innen in einem Interview mit der Zeitschrift *Bunte* im Jahr 1982:[13] „Ich weiß gar nicht, was die Leute wollen. Jahrelang haben sie sich beschwert, dass die Jugendlichen keine deutsche Musik mehr hören".[14] Mit der Hinwendung zu deutschen Gruppen, die „wirkliche Gassenhauer" produzierten, würden NDW-Titel „landauf und landab mitgesungen". „Eine bessere Definition von Schlager kann man nicht finden," sagte Heck. Umgekehrt galt die ZDF-Hitparade in

---

[10]Barbara Hornberger: *Geschichte wird gemacht*. Würzburg 2011, 42.

[11]Barbara Hornberger: Neue Deutsche Welle. In: Oliver Seibt/Martin Ringsmut/David-Emil Wickström (Hg.): *Made in Germany. Studies in Popular Music*. Oxfordshire 2020, 135–144.

[12]Ebd.

[13]Jenni Zylka: „Zigarette und Bierglas, zack. Das war schon heavy". In: *Spiegel*, 11.12.2011, spiegel.de/kultur/tv/dieter-thomas-heck-zigarette-und-bierglas-zack-das-war-schon-heavy-a-794195.html (16.10.23).

[14]o.A.: Buhrufe in der „ZDF-Hitparade" - ein Nachthemd mischt die Schlagerwelt auf. In: *Stern*, 3.8.2022, stern.de/kultur/tv/buhrufe-in-der-zdf-hitparade–ein-nachthemd-mischt-die-schlagerwelt-auf-9385784.html (16.10.23).

der NDW-Szene lange als Tabu, bis Trio – als erste Band überhaupt – entgegen der Schlagerkonvention in der Sendung *live* spielte.

Stephan Remmler (Gesang, Keyboard), Kralle Krawinkel (Gitarre, Gesang) und Peter Behrens (Schlagzeug, Gesang) gründeten Trio 1979 und veröffentlichten 1982 ihren größten Hit *Da da da ich lieb dich nicht du liebst mich nicht aha aha aha*[15] (mit Annette Humpe als Hintergrundsängerin im Refrain). Nachdem das minimalistische Lied einige Medienaufmerksamkeit erregt hatte, trat die Band am 3. Mai 1982 als erste NDW-Band in der ZDF-Hitparade auf. Mit einfachen Formen, absurden Anti-Liebeslied-Texten und instrumentalem Minimalismus brach das Trio auf kokette Weise mit den Harmonien und Melodien des Schlagers: *Da da da* kann als eine höhnische Verknappung des Schlagergenres betrachtet werden, wobei die repetitiven Silben „Da da da" ironisch die Leere und Banalität von in Schlagersongs oft verwendeten Phrasen symbolisieren. Gleichzeitig verweist der Titel auf den Dadaismus und seine satirischen und ‚absurden' Ausdrucksformen. Textlich unterscheidet sich das Lied von typischen Schlagern, da es mit der nüchternen Feststellung „ich lieb dich nicht, du liebst mich nicht" einen unkonventionellen Ansatz verfolgt, der dem Lied eine gewisse Doppelbödigkeit verleiht.[16] Die schlichten Dur-Akkordfolgen des Schlagers werden hier nur von einer Gitarre begleitet und die eingängige Melodie auf einem Casio-Keyboard angedeutet. Trios Fernsehauftritte spielten eine wichtige Rolle bei der Verbreitung (und letztlich der Kommerzialisierung) der NDW, und durch die Präsenz in den Hitparaden wurde der Song einem breiten Publikum zugänglich gemacht: *Da da da* erreichte Platz zwei der deutschen Single-Charts und verkaufte sich weltweit über vier Millionen Mal.[17] Nach Trio folgten viele weitere NDW-Bands in der Hitparade, wie u. a. Hubert Kah, Geier Sturzflug, DÖF, Markus und nicht zuletzt: Nena.

Obwohl Nena (bürgerlich: Gabriele Kerner) nur dem Rande der ursprünglichen Szene zuzuordnen ist und vor allem für die Kommerzialisierung des Genres steht, gilt sie nicht zuletzt durch ihren internationalen Erfolg mit *99 Luftballons* (1983)[18] als Aushängeschild der NDW und als eine der erfolgreichsten deutschen Popsängerinnen der deutschen Chartgeschichte.[19] Den großen Durchbruch schaffte Nena dabei, ähnlich wie Trio, durch Fernsehauftritte wie im Musikladen am 21. August 1982 und in der ZDF-Hitparade

---

[15] Trio: *Da da da ich lieb dich nicht du liebst mich nicht aha aha aha*. Mercury 1982.

[16] Mathias Döpfner/Thomas Garms: *Neue Deutsche Welle: Kunst oder Mode*. Frankfurt/M./Berlin/Wien 1984, 56.

[17] Ebd., 55.

[18] Nena: *99 Luftballons*. CBS 1983.

[19] Melanie Schiller: 99 Luftballons/99 Red Balloons (1983). In: Sarah Hill (Hg.): *One-Hit Wonders: An Oblique History of Popular Music*. London/New York, NY 2022, 159–168; Sigrid Herrenbrück: 40 Jahre offizielle deutsche Charts: Eine Musikinstanz feiert Jubiläum, 29.8.2017, musikindustrie.de/presse/presseinformationen/40-jahre-offizielle-deutsche-charts-eine-musikinstanz-feiert-jubilaum (19.12.22).

am 4. Oktober 1982 mit *Nur geträumt*.[20] Wurde Hubert Kah kurz zuvor noch vom biederen Schlagerpublikum ausgebuht, so trugen Nenas Auftritte maßgeblich dazu bei, dass die NDW im öffentlichen Diskurs nicht mehr als alberne Spaßmusik und subversive Jugendkultur wahrgenommen wurde, sondern als erfolgreiche deutsche Popmusik *Made in Germany* (so der Titel eines Nena-Albums aus dem Jahr 2009).[21] Nicht erst mit diesem Album, sondern bereits mit ihrem internationalen Durchbruch mit *99 Luftballons* machte Nena die Bezüge zur deutschen Identität in ihrer Musik deutlich: Das Lied greift vor allem die Ängste und Realitäten der deutschen Gesellschaft während des Kalten Krieges in den 1980er Jahren auf und erzählt die fiktive Geschichte von 99 Luftballons, die im Anflug auf die Berliner Mauer die Paranoia des ostdeutschen Regimes auslösen.[22] Mit der Metapher des harmlosen Luftballons griff Nena die damalige Sorge vor einem möglichen Atomkrieg auf. Obwohl Nena das Lied ein Jahr später auch auf Englisch produzierte, ist die Verwendung der deutschen Sprache in der Popmusik jenseits des Schlagers bezeichnend für das nationale Selbstverständnis, das mit Nenas Erfolg einherging: Nena wurde zum Symbol eines wiedererwachten deutsch-musikalischen Selbstbewusstseins und inszenierte sich fortan gerne als internationale Kulturbotschafterin Deutschlands.[23]

---

[20] Nena: *Nur geträumt*. CBS 1982.

[21] Nena: *Made in Germany*. Laugh + Peas 2009.

[22] Schiller: *99 Luftballons*, 167.

[23] Ebd.

Herbert Grönemeyer: *4630 Bochum* (1984)

Torsten Hoffmann

Herbert Grönemeyers *4630 Bochum* (1984)[1] ist mit knapp drei Millionen verkauften Exemplaren in Deutschland eines der erfolgreichsten Alben aller Zeiten und war bis zu Grönemeyers *Mensch* (2002)[2] das meistverkaufte deutschsprachige Popalbum. Es markiert den kommerziellen und künstlerischen Durchbruch des Musikers und Sängers. Während alle folgenden Studioalben des Künstlers auf Platz 1 der deutschen Charts standen, hatten sich die vier vorangehenden so schlecht verkauft, dass die Plattenfirma Intercord nach *Gemischte Gefühle* (1983)[3] den Vertrag mit Grönemeyer kündigte, den man zu dieser Zeit eher als Theater- und Filmschauspieler kannte, u. a. aus Wolfgang Petersens DAS BOOT (1981)[4] und als Komponist Robert Schumann in FRÜHLINGSSINFONIE (1983).[5]

4630 Bochum – der Titel nutzt die damalige Postleitzahl Bochums – wurde von Januar bis März 1984 eingespielt, von Herbert Grönemeyer (mit Unterstützung der Bandmitglieder Norbert Hamm, Bass, und Gaggy Mrozeck, Gitarre) selbst produziert und erschien im Mai 1984 bei EMI. Wie schon bei den Vorgängeralben hatte Grönemeyer (mit Ausnahme des von Hamm und Mrozeck geschriebenen Songs *Alkohol*) zunächst die Musik mit englischem Nonsens-Gesang aufgenommen, um dazu passende Texte zu finden. Musikalisch lässt das Album die Schlager- und Liedermacheranklänge

---

[1] Herbert Grönemeyer: *4630 Bochum*. EMI 1984.

[2] Herbert Grönemeyer: *Mensch*. Grönland/EMI 2002.

[3] Herbert Grönemeyer: *Gemischte Gefühle*. Intercord 1983.

[4] Wolfgang Petersen (Regie): DAS BOOT. Deutschland 1981.

[5] Peter Schamoni (Regie): FRÜHLINGSSINFONIE. Deutschland 1983.

Cover von Herbert Grönemeyers *4630 Bochum*, Records / Alamy

(etwa in *Musik nur, wenn sie laut ist*[6]) der vorangehenden Jahre weitgehend hinter sich und orientiert sich an Neuer Deutscher Welle und Deutschrock, der in den meisten Songs von Keyboard- und Synthesizerklängen dominiert wird; auf der zweiten LP-Seite finden sich zudem Reggae- und Mambo-Rhythmen. Zu Grönemeyers Markenzeichen wurde sein gepresst-nuscheliger Gesang. Der Ohrwurmcharakter vieler Songs wird von eingängigen Refrains und griffig-elliptischen Sprachbildern begünstigt (z. B. „Schatten im Blick" als Eröffnungsvers von *Flugzeuge im Bauch*).

Das schlichte Cover, das im Unterschied zu seinen Vorgängern kein Foto des Sängers zeigt, spiegelt in Kombination mit dem Eröffnungssong *Bochum* das Image des geerdet-kumpeligen Sängers, der in Bochum aufgewachsen ist und väterlicherseits aus einer Bergarbeiterfamilie stammt. Der Song entwickelte sich zu einer selbstbewussten Hymne des Ruhrgebiets („Hier, wo das Herz noch zählt / nicht das große Geld") und ist bis heute bei den Fußballheimspielen des VfL Bochum zu hören.

Maßgeblich für den Erfolg des Albums war die Singleauskopplung *Männer*, die Grönemeyer einen ersten Hit bescherte. Obwohl musikalisch (es dominiert F-Dur, wie in vielen Songs dieser Jahre enthält der Refrain eine Gegenmelodie zum Gesang) und textlich schlicht gebaut, traf der Song einen Nerv der Zeit. *Neue Männer braucht das Land,*[7] hatte Ina Deter 1982 gesungen, 1985 sahen sechs Millionen Zuschauer:innen den Kinofilm MÄNNER von Doris Dörrie.[8] Grönemeyers ich-loser Song macht sein Titelwort – darin *Alkohol* und *Amerika* vergleichbar – zum Leitmotiv und weist Männern eine Vielzahl von Eigenschaften und Verhaltensweisen zu, ohne diese ex-

---

[6] Herbert Grönemeyer: *Musik nur, wenn sie laut ist*. Intercord 1983.
[7] Ina Deter: *Neue Männer braucht das Land*. Fontana 1982.
[8] Doris Dörrie (Regie): MÄNNER. Deutschland 1985.

plizit zu bewerten. Nachdem in der ersten Strophe eine ‚weiche' Männlichkeit beschworen wird („Männer weinen heimlich / Männer brauchen viel Zärtlichkeit"), greift der Song auch traditionelle Männerbilder auf („Männer sind furchtbar stark") und wendet sie durch Überzeichnung ins Komische („Männer sind schon als Baby blau").

Indem er Geschlechterrollen zum Thema macht und als kulturelle Konstruktionen begreift („werden als Kind schon auf Mann geeicht"), war der Song anschlussfähig an populäre feministische Positionen. In Interviews wurde diese Lesart dadurch forciert, dass Grönemeyer von einem „Lied eher gegen Männer"[9] sprach. Der Erfolg des Songs hat auch mit seinem „Changieren zwischen Erwartungshaltungen"[10] zu tun: *Männer* bietet Identifikations- und Mitsingpotenzial für ein äußerst heterogenes Publikum. „Halb Satire, halb Eloge",[11] urteilte 1984 der *Spiegel*, während in der *FAZ* zu lesen war, dass der Song „hinter dem Rollenspiel des melancholischen Softies die insistierende Härte des Macho-Manns spüren läßt."[12] Indem der Text ein Großkollektiv zum Thema macht (das 2002 im Song *Mensch* um alle Nicht-Männer erweitert wird), ermöglicht er einen emotionalen „con-habitus",[13] der nach Ansicht von Jan Söffner die Grundlage von Grönemeyers Popularität darstellt.

Während einige seiner späteren Balladen die Kitschgrenze überschreiten, gelingt es Grönemeyer im trotzig-melancholischen Song *Flugzeuge im Bauch* verdichtete Bilder für den Liebeskummer zu finden, die sich als haltbar erwiesen haben („Brauch' niemand [...] der nie da ist / Wenn man ihn am nötigsten hat / Wenn man nach Luft schnappt / Auf dem Trocknen schwimmt"). Eine Coverversion von Oli P.[14] erreichte 1998 den ersten Platz der deutschen Single-Charts (was dem Original nicht gelungen war). Wegweisend ist das Album nicht zuletzt für eine zunehmende Politisierung in Grönemeyers Schreiben. Der Song *Amerika* warnt - angeregt von einem Computerspiel - vor einem Nuklearkrieg in Europa. *Jetzt oder nie* ist als Selbstgespräch eines politischen Aktivisten angelegt, der sich ungeachtet persönlicher Nachteile für seine ökologischen Anliegen einsetzt und damit - so lässt sich das „Wir" der letzten Strophen verstehen - auch die Zustimmung des Sängers findet: „Das Fernsehen redet uns tot / Pflanzen sterben an Atemnot / Wir warten immer zu lange / Die Zeit rennt weg / Wir müssen's angehn".

---

[9] Zit. nach Ulrich Hoffmann: *Grönemeyer. Biografie.* Hamburg 2003, 82.

[10] Hans W. Giessen: Eine frühe mediale Beschäftigung mit der Genderproblematik aus der Männerperspektive - zu Herbert Grönemeyers Popsong ‚Männer' und seinen Folgen. In: *Studia theodisca* 19 (2012), 113-129, hier 121.

[11] o.A.: Auch Menschen. Mit seiner letzten Langspielplatte ‚Bochum' hat Herbert Grönemeyer einen Hit gelandet. In: *Der Spiegel* 35 (26.8.1984), 168f.

[12] Peter Kemper: Rockender Ruhrpott-Rebell. In: *FAZ*, 29.10.1984, 21.

[13] Jan Söffner: Non-Representational Mimesis. Grönemeyer with Plato. In: *Etnofoor* 22/1 (2010), 91-102, hier 91.

[14] Oli P.: *Flugzeuge im Bauch*. Hansa/RTL Musikedition/BMG 1998.

Nicht nur Grönemeyer selbst, sondern auch vielen seiner Hörer:innen gilt *4630 Bochum* im Blick auf die Diskografie des Sängers als „die echteste von allen LPs".[15] Sie hat das öffentliche Bild des Künstlers geprägt wie kein anderes seiner Alben und liefert bei Konzerten die bis heute umjubeltsten Songs – auf dem Album *Live in Bochum*[16] von 2016 wird der Song *Bochum* gleich zweimal angespielt.

---

[15] Zit. nach Hoffmann: *Grönemeyer*, 81.

[16] Herbert Grönemeyer: *Live in Bochum*. Universal Music/Grönland 2016.

Michael Jackson: *Thriller* (1983)

Jan-Oliver Decker

Mit der Veröffentlichung seines sechsten Albums *Thriller*[1] am 29. November 1982 befindet sich Michael Jackson auf dem Höhepunkt seiner Karriere: Es ist mit 70 Millionen verkauften Exemplaren bis heute das erfolgreichste Album aller Zeiten, hält sich 37 Wochen ununterbrochen auf Platz 1 in den Billboard LPs and Tapes Charts und alle sieben Singleauskopplungen (u. a. *Beat It*, *Billie Jean* und *Thriller*) erreichen die Top Ten. Das Album vereint Funk, Post-Disco, Rock und Rhythm and Blues. Jackson verwischt damit im Mainstream die Grenze zwischen weißer Rockmusik und schwarzem Rhythm and Blues. Auch mit dem am 25. März 1983 beim 25-jährigen Jubiläum des Labels Motown zur Performance von *Bille Jean* vorgeführten Moonwalk vereint Jackson Gegensätze, nämlich den vorwärts ausgeführten Schritt mit einer rückwärts gleitenden Bewegung. Diese Funktion, als Grenzgänger Gegensätze zu vereinen, zeichnet dann ebenfalls die Konzeption der Person Michael Jackson im Musikvideo THRILLER aus und wird mit ihm bis heute verknüpft.[2]

Mit der Erstausstrahlung des Musikvideos THRILLER (Regie: John Landis) am 2. Dezember 1983 auf MTV wird Michael Jackson zum globalen Popstar, zum selbsternannten King of Pop und damit zu einer Ikone der Popmusik des 20. Jahrhunderts, die er bis zu seinem Tod im Jahr 2009 bleiben sollte.

---

[1] Michael Jackson: *Thriller*. Epic 1982.

[2] Vgl. Jan-Oliver Decker: Starmythen. Mythische Stars als ‚Trickster‘ im 20. und 21. Jahrhundert am Beispiel von Marlene Dietrich, Marilyn Monroe, Madonna und Michael Jackson. In: Stephanie Wodianka/ Juliane Ebert (Hg.): *Inflation der Mythen? Zur Vernetzung und Stabilität eines modernen Phänomens.* Bielefeld 2016, 79–108.

Auch in dieser Hinsicht überschreitet Jackson mit Hilfe des Horrorfilmregisseurs Landis (u. a. *An American Werewolf in London*, USA/UK 1981) Grenzen, insofern sie ein hybrides Format von vierzehn Minuten Länge vorlegen, das zwar ein Musikvideo ist, in dem gesungen und getanzt wird, das aber gleichzeitig virtuos Spielfilmcodes des Horrorfilms adaptiert. Darüber hinaus wird mit dem Video der Fernsehsender MTV als reichweitenstarke pop- und jugendkulturelle Institution überhaupt erst etabliert (Sendestart am 1. August 1981), die den Kanon der Popmusik in ihren Playlists zusammenstellt. Mit *Thriller* wird das Musikvideo als ernstzunehmende Kunstform weiterentwickelt und massenwirksam als solche plötzlich wahrgenommen.

Und auch in der dargestellten Welt des Videos verkörpert Jackson die zentrale, Grenzen überschreitende Figur.[3] Das Video etabliert mehrere Realitätsebenen, zwischen denen zur Überraschung des Publikums gewechselt wird: zu Beginn die erste Ebene eines fingierten Horrorfilms, die in die Erzählung des Musikvideos als Binnengeschichte eingebettet ist. Dann die zweite Ebene der Rahmengeschichte eines Kinobesuchs, die den Hauptteil des Videos ausmacht, und schließlich die dritte Ebene eines Traums, aus dem die Figuren am Ende erwachen.

Zuerst sieht das Publikum Michael Jackson und ein junges Mädchen (gespielt von Ola Ray) in der Collegekleidung der 1950er Jahre bei einem nächtlichen Spaziergang in der Natur, nachdem sein Auto angeblich aufgrund von Benzinmangel stehen geblieben ist. Die Publikumserwartung wird durch das Mädchen, das über die scheinbare Panne nicht verwundert oder verängstigt zu sein scheint, in Richtung einer im Folgenden geplanten und einvernehmlichen erotischen Handlung der beiden Teenager gelenkt. Nach seiner Liebeserklärung und der Übergabe eines Freundschaftsrings offenbart er sich dann als verstörendes Fremdes und verwandelt sich in einen Werwolf: „I'm not like other guys. [...] I mean, I'm different."[4] Gemäß der Genrekonventionen des Horrorfilms jagt der Werwolf das Mädchen anstelle der vollzogenen erotischen Handlung und stellt es schließlich.

Nach einem harten Schnitt sieht das Publikum plötzlich die beiden Personen aus der Binnengeschichte in moderner Kleidung der 1980er Jahre in einem Kino sitzen (sie in Blue Jeans und blauer Jeansjacke und er in einer ikonisch gewordenen roten Lederjacke und roter Lederhose). Das bisher Gezeigte wird rückwirkend als eingebetteter Film auf einer Kinoleinwand erkennbar. Während ihr der Film Angst macht, hat er Spaß. Auf ihr Drängen verlassen beide das Kino, in dem der Film *Thriller* zu sehen sein soll.

---

[3] Vgl. zuletzt Stephan Brössel: ‚The evil of the Thriller': Multimodalität am Beispiel von Michael Jacksons *Thriller*. In: Hans Krah/Romina Seefried (Hg.): *Schriften zur Kultur- und Mediensemiotik Online 12/2023: Multimodalität*, 117–145. https://www.kultursemiotik.com/wp-content/uploads/2023/01/Multimodalitaet_Krah_Seefried.pdf

[4] John Landis (Regie): *Thriller*. USA 1983, Minute 02:00–02:13.

Diese Form der Selbstbezüglichkeit zeigt eine Metalepse, d.h. eine Vermischung der Binnen- und Rahmengeschichte an, die sich auch dadurch ergibt, dass es die beiden Figuren im Kino anscheinend nicht verwundert, sich selbst auf der Kinoleinwand zu sehen. Gesteigert wird diese Vermischung der Erzählebenen dann schließlich, als die beiden Teenager auf dem Nachhauseweg einer Horde Zombies über den Weg laufen, die – *off-screen* begleitet von einem Monolog des Horrorschauspielers Vincent Price – aus ihren Gräbern und dem Untergrund an die Oberfläche drängen. Der Horrorfilm im Stil der 1950er Jahre wird durch die zeitgenössische Zombiegeschichte der 1980er Jahre vollständig ersetzt, als sich auch Michael Jackson in einen Zombie verwandelt, dem die anderen Zombies folgen: Auch hier wieder bedroht ein Monster das Mädchen. Am Ende flieht es in ein leerstehendes Haus und versucht sich vor der Schar Zombies zu retten.

Wieder durch einen harten Schnitt wird die Szenerie radikal verändert. Die Zombies sind weg und ein freundlich lächelnder Michael Jackson weckt das junge Mädchen in einem hell erleuchteten Zimmer. Er nimmt sie in den Arm und will sie nach Hause bringen, sodass er im Grunde die Ausgangssituation des Films auf der Kinoleinwand aus der Binnengeschichte am Ende in der Erzählgegenwart wiederherstellt. Als er sich zur Kamera wendet, sieht die Zuschauerschaft aber seine plötzlich gelben, also dämonischen, Augen in die Kamera blicken, während das Lachen von Vincent Price zu hören ist. Auffällig ist, dass an dieser Stelle die vierte Wand zwischen Fernsehpublikum und Figur im Video durchbrochen wird. Michael Jackson adressiert sich als Figur aus der fiktiven Welt des Videos an die Zuschauerschaft. Er ist die herausgehobene Starpersona, die mit uns durch das Video kommuniziert.

Den Kern der vom Video erzählten Geschichte bildet – wie in der Binnengeschichte deutlich wird – der Gegensatz von ausgelebter Erotik und Horror, einer Grundkonstante des Horrorfilms der 1980er Jahre.[5] Im Hauptteil des Videos sehen wir Michael Jackson in der Erzählgegenwart, wie er auf der Straße tanzt und singt, sein Mädchen nach Hause bringt und sie dabei erotisch umwirbt, bevor er sich selbst in einen Zombie verwandelt. Im Video verklammert dabei der Liedtext die Opposition von Erotik und Horror: Der von Jackson besungene „Thrill" meint sowohl die sexuelle Erregung des angesungenen Mädchens durch die Liebe des singenden Mannes als auch den Grusel vor den Monstern im Video. Damit erklärt sich auch die besondere Stellung Michael Jacksons, die alle Grenzen überschreitet: Er ist auf allen Erzählebenen die Person, die sich genau dann vom Menschen in ein Monster

---

[5]Vgl. Eckhard Pabst: Das Monster als die genrekonstituierende Größe im Horrorfilm. In: Heinrich Wimmer/Norbert Stresau (Hg.): *Enzyklopädie des phantastischen Films*. Meitingen 1995, 1–18.

verwandelt, wenn auf der jeweiligen Erzählebene Sexualität zwischen Mann und Frau thematisiert wird. Das Monströse wird damit zur Metapher.[6]

Im Hauptteil des Videos ersetzt die Choreografie der tanzenden Untoten die erotische Handlung zwischen Mann und Frau. Die herausragende Rolle des Stars Michael Jackson zeigt sich gerade darin, dass der Gegensatz von Erotik und Horror in den verschiedenen Realitätsebenen durch die Erzählsituation des Musikvideos aufgehoben wird: Jackson benutzt als singender und tanzender Autor des Videos in einer Kommunikation mit uns als Publikum die Codes des Horrorfilmes und passt sie dafür an seine Bedürfnisse als Popmusikstar an, um uns seinen Status als popkultureller Grenzgänger zu vermitteln. An die Stelle der expliziten Sexualität in den konventionellen Erzählmustern tritt also nicht mehr der Horror wie im Horrorfilm, sondern die symbolische Show der choreografierten, tanzenden Untoten, die sich dem tanzenden und singenden Michael Jackson unterordnen, sich auf ihn ausrichten und seine Bewegungen nachmachen.

Besonders an THRILLER ist dabei, dass die verdrängte Sexualität in der erzählten Welt in symbolischer, transformierter Form als von Jackson verkörpertes, monströses, bedrohliches Anderes wiederkehrt. THRILLER etabliert damit das Narrativ des monströsen Gestaltwandlers, das von hier an das Starimage Jacksons prägen wird. In der Presseberichterstattung wird Jacksons Körper auf der Basis dieses Narrativs zur Projektionsfläche, die das Merkmal der monströsen Abweichung fortschreibt und mit seiner konkreten Person und ihren fortschreitenden kosmetischen Operationen verbindet.[7]

Michael Jackson versucht später, die Diskursmacht über sein eigenes Image wiederzuerlangen: Auf der Tour zu seinem Best-Of-Album *HIStory*[8] (1995) monumentalisiert er sein eigenes Lebenswerk und rechnet metaphorisch durch die Bühneninszenierung seiner Songs mit seinen Kritikern ab. Durch diesen Rückbezug auf sich als eigenes Denkmal kann Jackson in der Folge allerdings nicht mehr mit neuen Werken an alte Erfolge anknüpfen: Ihm fehlt der Anschluss an die neueren popkulturellen Innovationen. Hinzu kommen die Gerichtsprozesse um seinen möglichen Kindsmissbrauch (nach außergerichtlichem Vergleich eingestelltes Verfahren 1993–1994 und Freispruch in allen Anklagepunkten nach dem Prozess 2003–2005). Michael Jackson wird damit in der Popkultur zum Symbol für bizarre Abweichung.

Seine Fans kümmert das allerdings nicht: In seinem Todesjahr tanzen weltweit Fans, verkleidet als Untote, an seinem 51. Geburtstag am 29. August

---

[6] Vgl. Kobena Mercer: Monster Metaphors. Notes on Michael Jacksons *Thriller*. In: *Screen* 27/1 (1986), 26–43.

[7] Vgl. Miriam Lohr: *Das Fan-Star-Phänomen. Musikstars und ihre Fans im Austausch. Elvis Presley und Michael Jackson zum Beispiel.* Marburg 2008, 65–147.

[8] Michael Jackson: *HIStory*. Epic 1995.

2009 zur Musik von *Thriller* an öffentlichen Orten.[9] Solche Flashmobs weiten sich immer mehr zu Massenevents aus und dienen auch für Weltrekorde.[10] Das Video wurde am 30. Dezember 2009 aufgrund seiner Bedeutung für die Popkulturgeschichte als erstes Musikvideo überhaupt in das US-amerikanische National Film Registry der Library of Congress aufgenommen.[11]

---

[9] Vgl. Daniel Kreps: Michael Jackson's 51st Birthday Celebrated at Global Tributes. In: *Rolling Stone*, 31.8.2009, rollingstone.com/music/music-news/michael-jacksons-51st-birthday-celebrated-at-global-tributes-243743/ (17.8.2023).

[10] Vgl. en.wikipedia.org/wiki/Thrill_the_World (17.8.2023).

[11] So heißt es in der Pressemitteilung der Library of Congress: „The most famous music video of all time, "Thriller" caused such a buzz that it was also released theatrically in 35mm. As a follow-up to his smash 1982 album and single, Michael Jackson revolutionized the music industry with this lavish and expensive production." Vgl. Library of Congress: Michael Jackson, the Muppets and Early Cinema Tapped for Preservation in 2009 Library of Congress National Film Registry (29.12.2009), loc.gov/item/prn-09-250/ (17.8.2023).

Madonna: *Material Girl* (1985)

Jan-Oliver Decker

Als im September 1983 Cyndi Laupers *Girls Just Want to Have Fun*,[1] Pat Benatars *Love Is a Battlefield*[2] und Madonnas *Holiday*[3] erscheinen, scheint klar zu sein, dass die etwas punkigere Cyndi Lauper und die etwas rockigere Pat Benatar die weibliche Zukunft der Popmusik in den 1980er Jahren prägen werden. Lauper und Benatar zeigen in den aufwändigen, narrativen Videos zu ihren Songs junge Frauen, die gegen patriarchale Macht rebellieren und sich autonom selbst verwirklichen wollen. Das offizielle Video zu *Holiday* ist dagegen der Mitschnitt eines Fernsehauftritts, in dem Madonna mit piepsender Stimme auf einer Studiobühne herumhüpft. Blättert man durch die zeitgenössischen Musikmagazine wie den *Rolling Stone*, wird Madonna allenfalls als One-Hit-Wonder abgetan, deren Song für den Dancefloor produziert sei.[4]

Als sich Madonna aber 1984 mit den Songs zum Album *Like a Virgin*[5] in die Hände der Videoregisseurin Mary Lambert begibt (von ihr sind die Videos zu *Like a Virgin*, *La Isla Bonita*, *Like a Prayer* und *Material Girl*), setzt sie sich als der führende weibliche Popstar der 1980er Jahre durch. Ihr Durchbruch erfolgt 1985 bei den MTV-Music-Awards mit ihrer Performance zu *Like a Virgin*, bei der sie sich im weißen Tüllkleid und mit Boy-Toy-Gürtel

---

[1] Cyndi Lauper: *Girls Just Want to Have Fun*. Portrait 1983.

[2] Pat Benatar: *Love Is a Battlefield*. Chrysalis 1983.

[3] Madonna: *Holiday*. Sire 1983.

[4] Vgl. Don Shewey: Madonna. In: *Rolling Stone*, 19.9.1983, rollingstone.com/music/music-album-reviews/madonna-101406/ (11.12.2022).

[5] Madonna: *Like a Virgin*. Sire 1984.

stöhnend auf dem Boden räkelt. Madonna – von Anfang an eine Ausnahme im Popmusikbusiness der 1980er Jahre – professionalisiert dann selbstbestimmt weiter ihre visuelle Inszenierung.

Erklären lässt sich ihr Erfolg vor allem auf der Ebene des Images als Frau und Künstlerin, das Madonna von sich selbst entwirft, weniger durch die Qualität des Gesangs oder den Anspruch ihrer Musik. Madonna produziert von Anfang an Tanzmusik und feiert ihre größten Erfolge mit unterhaltendem Dancefloor. Ihr besonderer Kniff liegt dabei gerade darin, nicht wie Pat Benatar oder Cyndi Lauper eine Übereinstimmung von Person und Künstlerin, von authentischer Person und performter Rolle auf einer Bühne, zu behaupten, sondern die Inszenierung des eigenen Selbst in der Performance auszustellen: „like a virgin", wie eine Jungfrau fühlt sich das singende Ich durch die Liebe des angesungenen Du. Sie ist aber keine Jungfrau mehr. So kann sie ihre erotische Erfahrung als körperliches Zeicheninventar benutzen, um ihre gleichzeitig im weißen Brautkleid kodierte, reine und große Liebe auszudrücken.

Der Star Madonna bindet oppositionelle Bedeutungen (sexuelle Erfahrenheit vs. die reine und große Liebe) in der künstlerischen Inszenierung an ihre Person. Der Aspekt der (selbst-)bewussten Simulation, des So-tun-als-ob, ist es, der Madonna für zahlreiche junge Mädchen, die als Madonna-Wannabes die 1980er Jahre bevölkern, so attraktiv macht.

Denn der Konsum von Madonnas Medienprodukten verspricht den jungen Mädchen als ein spielerisches Probehandeln, sozusagen stellvertretend Macht über die Inszenierung des eigenen Selbst zu bekommen und sich damit virtuell selbst zu ermächtigen. So wie Madonna sich in der Simulation ermächtigt, oppositionelle Zeicheninventare an sich zu binden, so simuliert die Adaption von Madonnas Äußerem die Simulationen Madonnas, mit denen sie sich selbst ermächtigt. Madonna-Wannabes zeigen damit ein Phänomen, dass Jean Baudrillard 1981 als Simulakrum definiert:[6] Madonna simuliert gleichzeitig Jungfräulichkeit und gelebte Erotik. Die Madonna-Wannabes kopieren diese Simulation ohne eine andere Referenz als die von Madonna zuvor geschaffene Medienrealität. Madonna gelingt damit der Aufstieg zum Superzeichen der 1980er Jahre. Doch sie ist nicht nur in der Lage, die kultur- und medientheoretischen Überlegungen ihrer Zeit, sondern auch die Werte der 1980er Jahre zu repräsentieren. Diese Doppelkodierung als Zeichen des Elitären (der Theorie) und zugleich des Populären macht Madonnas Erfolg als weiblicher Megastar bis heute aus.

Insbesondere das Video zu *Material Girl* aus dem Jahr 1985 verdichtet Werte und Normen der 1980er Jahre wie im Brennglas und wird vom *Rolling*

---

[6] Vgl. Jean Baudrillard: *Simulation et simulacres*. Paris 1981.

Stone als „the blueprint for feminist videos for decades to come"[7] bewertet. Auch in diesem Video realisiert Madonna wieder eine Simulation, indem sie in die erzählte Geschichte des Videos als Hauptteil einen Auftritt auf einer Bühne integriert, der die Inszenierung von Marilyn Monroes Gesangsnummer als fiktive Figur Lorelei Lee mit dem Song *Diamonds Are a Girl's Best Friend* aus Howard Hawks Musicalfilm GENTLEMEN PREFER BLONDES (1953)[8] zitiert.[9] Zu sehen ist auf einer roten Bühne mit vielen Stufen Madonna in einem schulterfreien rosa Kleid mit langen rosa Handschuhen umgeben von männlichen Tänzern im Frack, die ihr rote Herzen anbieten, die sie ablehnt, und Diamantenarmbänder, die sie annimmt. Sie steht unter herabregnenden Dollarnoten und greift den Herren auch in die Taschen oder nimmt ihnen Schmuck ab. Dabei werden nur visuelle Merkmale des Kostüms, der Choreografie und des Bühnenbildes im Sinne einer stilistischen Travestie aufgegriffen. Zu hören ist einzig der Song *Material Girl* als Selbstaussage der Sängerin auf der Bühne.

Damit eignet sich Madonna hier sehr deutlich eine Referenz auf den Star Marilyn Monroe an. Sie oder besser die von ihr verkörperte Figur ist sozusagen als Fan zunächst ein Marilyn-Wannabe. Dabei werden auf die Sängerin im Video gerade nicht die negativen Merkmale von Monroes Image (Suchtproblematik, früher Tod, Fremdbestimmung durch das Studiosystem) übertragen, sondern eine Koderefererenz etabliert: Madonna wird als Performerin im Video mit Hilfe der Referenz auf Marilyn als großer (Film-)Star entworfen, der nicht nur mit ähnlichen visuellen Strategien wie Marilyn Monroe inszeniert wird, sondern dem von seinen fiktiven Produzenten im Video auch die Qualität als großer Star sprachlich zuerkannt wird. Die Inszenierung des Vorbildes Marilyn wird also ernsthaft adaptiert, nicht parodiert, und zugleich wird die Differenz zwischen der verkörperten Sängerin im Video und Marilyn deutlich gemacht:[10] Wo Lorelei Lee authentisch ein ‚Material Girl' ist, weil sie im Stereotyp des *gold diggers* versucht, einen reichen Mann mit ihren erotischen Reizen zur Heirat zu bewegen, um materiell abgesichert zu sein, verkörpert die Sängerin in der Geschichte des Videos eine Differenz zwischen der konkreten Person und der von ihr verkörperten Bühnenpersona.

Der Songtext von *Material Girl* wird dabei der Bühnenpersona zugewiesen und vermittelt, dass das singende weibliche Ich genau wie Lorelei Lee nach ihren Erfahrungen mit Männern nur sich selbst vertraut und deshalb

---

[7] Vgl. Brenna Ehrlich: Madonna, Material Girl. In: *Rolling Stone*, 3.8.2021, au.rollingstone.com/music/music-lists/best-music-videos-28407/madonna-material-girl-28455/ (11.12.2022). Die Redaktion rankt *Material Girl* auf Platz 54 der besten 100 Musikvideos aller Zeiten.

[8] Howard Hawks (Regie): GENTLEMEN PREFER BLONDES. USA 1953.

[9] Vgl. für die folgende Analyse Jan-Oliver Decker: *Madonna: Where's That Girl? – Starimage und Erotik im medialen Raum*. Kiel 2005, 76–91.

[10] Das Video realisiert damit im Sinne von Genette ein Pastiche, eine ernsthafte Nachahmung (Gérard Genette: *Palimpseste. Die Literatur auf zweiter Stufe*. Frankfurt/M. 1993, 39–47).

für sich selbst sorgt, ihre Karriere voranbringt und materielle Sicherheit und Unabhängigkeit der Liebe vorzieht. Die diese Bühnenpersona verkörpernde Sängerin im Video zeigt sich dagegen jenseits der Performance auf der Bühne für die Filmaufnahmen als nahbare Freundin, die am Set mit den fiktiven Mitarbeitenden der Filmproduktion Karten spielt und sich gerade auf den Mann einlässt, der es romantisch ernst mit ihr meint und nicht nur versucht, sie als eine Art Prostituierte mit materiell wertvollen Geschenken zu kaufen. Auch hier zeigt sich also, dass Madonna mit Hilfe der Simulation von Inszenierungsweisen des Stars Marilyn Monroe oppositionelle Zeichenkomplexe an ihre Person bindet: Sie ist zwar an einer ernsthaften Beziehung interessiert, bekennt sich aber auch zum materiellen Erfolg der eigenen Leistung. Sie ist eine selbstbewusste Frau, die sich aus freien Stücken für einen Mann entscheidet, der ihr gefällt, weil sie als erfolgreicher Star unabhängig von den materiellen Zuwendungen von Männern ist.

Diese Botschaft ist vor dem Kontext der Produktionszeit zu verorten. Die Ära von Ronald Reagan (1981–1989) ist einerseits durch ökonomische Liberalisierung und gleichzeitig durch die Rückbesinnung auf konservativ-religiöse Werte und Normen bestimmt (der ökonomischen Freiheit werden im Gegenzug moralische Werte unterlegt, um eine Selbstregulation der Märkte zu suggerieren). In diesem Zusammenhang wird *Material Girl* gerade von den Feminist:innen um Camille Paglia als Inbegriff einer selbstbestimmten weiblichen Position gelesen, die für sich selbstbewusst nicht nur eine gleichberechtigte Position einfordert, also genau die gleichen Karriereziele vertritt wie die Männer, sondern auch die Männer als Objekte des eigenen Aufstiegs benutzt und als erotisch wählende Frau die Männer dominiert.[11]

Das Etikett des ‚Material Girl‘ haftet später Madonna vor allem in den populären Diskursen über die Künstlerin dauerhaft an und identifiziert den Star als erfolgreiche Karrierefrau, die sich nimmt, was sie will, und autonom ihr eigenes Image weiter vorantreibt. Im Video zu *Express Yourself* (David Fincher, 1989)[12] wird Madonna zur Ratgeberin der Frauen, denen sie empfiehlt, sich selbst auszudrücken, um sich selbst zu verwirklichen. Mit *Justify My Love* (Jean-Baptiste Mondino, 1990),[13] *Erotica* (Fabien Baron, 1992)[14] und ihrem Buch *Sex*[15] wird Madonna zum Inbegriff der Künstlerin, die eine aktive weibliche Sexualität als künstlerisches Ausdrucksmittel an ihre Starpersona bindet. Diesem Image bleibt sie bis heute treu und ist aktuell

---

[11]Vgl. Wakako Masuda: Analyzing 1980's Gender and Materiality: Madonna's *Material Girl* (2013), core.ac.uk/download/pdf/235233823.pdf (17.4.2025).

[12]Madonna: *Express Yourself*. Sire 1989.

[13]Madonna: *Justify My Love*. Sire 1990.

[14]Madonna: *Erotica*. Maverick/Sire/Warner Bros. 1992.

[15]Madonna: *Sex*. Mit Fotografien von Steven Meisel und Fabien Baron. Beverly Hills, CA/New York, NY 1992.

deshalb Opfer von *ageism* in den sozialen Medien.[16] Zugleich ist sie der Referenzpunkt für mehrere Generationen nachfolgender Künstler:innen wie Britney Spears und Lady Gaga und als Queen of Pop der letzte heute noch produzierende Megastar der 1980er Jahre.

[16]Vgl. Jan-Oliver Decker: Madonna multimodal. Körper und Starpersona im digitalen Zeitalter. In: Hans Krah/Romina Seefried (Hg.): *Schriften zur Kultur- und Mediensemiotik Online 12/2023: Multimodalität,* 225–256. https://www.kultursemiotik.com/wp-content/uploads/2023/01/Multimoda-litaet_Krah_Seefried.pdf

Live Aid (1985)

Nicolas Pethes

Live Aid ist der Name zweier Konzerte, die am 13. Juli 1985 parallel im Wembley-Stadion in London (mit dem Untertitel Feed the World) sowie im John-F.-Kennedy-Stadion in Philadelphia stattfanden und von dem Sänger der irischen Band Boomtown Rats, Bob Geldof (unterstützt durch Midge Ure von Ultravox), organisiert wurden. Die Veranstaltungen schlossen an Geldofs Supergruppen-Projekt Band Aid an, das unter Beteiligung der meisten namhaften Künstlerinnen und Künstler aus Großbritannien zu Weihnachten 1984 mit der Single *Do They Know It's Christmas?*[1] (und dem Refrain „Feed the world") für Geldspenden zur Linderung der massiven Hungersnot in Äthiopien geworben hatte. Im März darauf veröffentlichte das Parallelunternehmen USA for Africa die Single *We Are the World*,[2] die Michael Jackson und Lionel Richie geschrieben und mit zahlreichen US-amerikanischen Musikerinnen und Musikern in Los Angeles aufgenommen hatten. Auslöser dieser in der Geschichte der Popmusik beispiellosen Zusammenarbeit und Solidaritätsdemonstration war der Fernsehbericht über die „biblical famine"[3] in Äthiopien von Michael Buerk mit den schockierenden Bildern des kenianischen Kameramanns Mohammed Amin, den Geldof am 23. Oktober 1984 in der BBC gesehen hatte,[4] woraufhin er Band Aid initiierte und im Dezember 1984 auch nach Afrika reiste.[5]

---

[1] Band Aid: *Do They Know It's Christmas?* Phonogram 1984.

[2] USA for Africa: *We Are the World*. CBS/Columbia 1985.

[3] Siehe youtube.com/watch?v=XYOj_6OYuJc, hier 0:50 (25.8.2025).

[4] Vgl. Bob Geldof (mit Paul Vallely): *Is that it?* Harmondsworth 1986, 269–271.

[5] David Blundy/Paul Vallely: *With Geldof in Africa. Confronting the Famine Crises*. London 1985.

Neben dem beträchtlichen Erfolg als Benefizkonzert mit einer Spendensumme von insgesamt ca. 150 Millionen Pfund war Live Aid auch ein globales TV-Ereignis, das trotz einer Reihe von Pannen bei der Satellitenübertragung sechzehn Stunden lang mehr als 1,5 Milliarden Zuschauer und Zuschauerinnen in 150 Ländern erreichte. Auf diese Weise war es weitaus sichtbarer und einflussreicher als Vorläufer wie das Concert for Bangladesh (1971) oder die No-Nukes-Konzerte (1979) in New York City. Es wurde aber auch von Nachfolgeprojekten wie dem unter dem Eindruck von Live Aid zur Unterstützung US-amerikanischer Farmer jährlich organisierten Farm Aid Festival oder Nelson Mandelas 70th Birthday Tribute am 11. Juni 1988 im Wembley-Stadion nicht erreicht. Und auch das Reenactment Live 8 von Bob Geldof und Bono von U2 als Protest gegen den G8-Gipfel 2004 oder das 2014 zur Unterstützung des Kampfs gegen Ebola in Westafrika initiierte Revival Band Aid 30 blieben weit hinter der Bedeutung ihres Vorbilds zurück.

Das Original von 1985 gilt heute als „perhaps the most famous concert ever staged",[6] das allerdings als Live-Event zugleich von seinem Status als TV-Ereignis und folglich von den Vorstellungen des Produzenten Michael C. Mitchell geprägt war: „[T]he concerts needed to be organised as a televisual rather than a live musical event."[7] Auf eigens für den schnellen Wechsel der Bands installierten drehbaren Bühnenaufsätzen präsentierte Live Aid eine Abfolge jeweils ca. 15-minütiger Auftritte:[8] Den Auftakt in England machte nach dem *royal salute* für die in der königlichen Box anwesenden Prinz Charles und Prinzessin Diana Status Quo, gefolgt von Style Council, den 1985 schon weit über dem Zenit ihres Erfolgs befindlichen Boomtown Rats mit Bob Geldof, Adam Ant sowie Ultravox mit Midge Ure. Nach dem Auftritt von Spandau Ballet eröffnete, moderiert von Jack Nicholson, Joan Baez das Konzert in den USA, anschließend traten abwechselnd in London und Philadelphia zahlreiche weitere große Namen auf – u.a. Sting, Bryan Ferry, Paul Young, U2, Dire Straits, David Bowie, Elton John und George Michael sowie Paul McCartney in London und in Philadelphia u.a. Bryan Adams, The Beach Boys, The Pretenders, Madonna, Tom Petty and The Heartbreakers, The Cars, Neil Young, Eric Clapton, Duran Duran, Mick Jagger und Tina Turner sowie Bob Dylan mit einem allerdings denkwürdig schlechten Auftritt mit Keith Richards und Ron Wood – immer wieder unterbrochen von Satelliten-Einspielungen aus anderen Ländern, so z.B. um halb fünf Uhr nachmittags vom deutschsprachigen Projekt Band für Afrika mit *Nackt im Wind*[9] aus Köln. Nach Bowies Auftritt um halb acht wurden auf seinen

---

[6] Simon Frith et al.: *The history of live music in Britain, 3: 1985–2015, from Live Aid to Live Nation.* London 2021, 7.

[7] Ebd., 15.

[8] Vgl. die komplette Setlist auf liveaid.free.fr (25.8.2025).

[9] Band für Afrika: *Nackt im Wind.* CBS 1985.

Wunsch die Filmaufnahmen gezeigt, die Brian Stewart für die kanadische Fernsehanstalt CBC in Äthiopien gemacht hatte, unterlegt von dem Song *Drive*[10] der Cars mit der sprechenden Liedzeile „Who's gonna pick you up when you fall?"

Bemerkenswert waren außerdem die zahlreichen Band-Reunions anlässlich von Live Aid – so traten Status Quo, The Who, Black Sabbath und immerhin drei Mitglieder von Led Zeppelin das erste Mal nach ihren jeweiligen Trennungen wieder gemeinsam auf, desgleichen Crosby, Stills, Nash and Young. Als einer der besten Liveauftritte der Rockgeschichte gilt der inzwischen im Freddy-Mercury-Biopic BOHEMIAN RHAPSODY[11] minutiös nachgestellte Auftritt von Queen mit einem Medley aus den Songs *Bohemian Rhapsody, Radio Ga Ga, Hammer to Fall, Crazy Little Thing Called Love, We Will Rock You* und *We Are the Champions*[12] sowie Mercurys charismatischem Wechselgesang mit dem Publikum. Die größte Pointe der Konzerte bleibt aber Phil Collinss' Auftritt auf beiden Bühnen, den ein Flug mit der Concord ermöglichte. Beschlossen wurde die Veranstaltung mit Ensemble-Performances von *Do they know it's Christmas?* in England und *We are the World* in den USA.

Nicht minder auffällig als dieses beeindruckende Lineup war das Fehlen erfolgreicher Künstlerinnen und Künstler der 1980er Jahre – darunter Michael Jackson, Stevie Wonder, Prince, Bruce Springsteen, Talking Heads sowie Boy George, der Geldof ursprünglich den Vorschlag zu einem Livekonzert gemacht hatte. Kritisiert wurde aber vor allem, dass in London außer B. B. King als Einspieler aus den Niederlanden und Sade keine Schwarzen Musikerinnen und Musiker beteiligt waren,[13] und auch in Philadelphia war ihre Zahl (mit den Four Tops, Billy Ocean, Ashford and Simpson, Kool and the Gang, Patti Labelle sowie Run-D.M.C als einzigem Hip-Hop-Act) überschaubar; der einzige lateinamerikanische Künstler war Carlos Santana. Diese Lücke ist ein Fingerzeig auf die übergeordnete Problematik, dass die gegen die Folgen der eigenen Kolonisierungspolitik gerichtete Hilfsaktion der westlichen Welt konzeptuell, organisatorisch und musikalisch ohne jegliche Repräsentanz Afrikas über die Bühnen ging – eine Problematik, zu der sich (allerdings nie belegte) Gerüchte über veruntreute Spendengelder, die an den äthiopischen Diktator Mengistu Haile Mariam gelangt und für Waffenkäufe der Volksbefreiungsfront von Tigray eingesetzt worden sein sollen, gesellten.

Das Vermächtnis von Live Aid ist daher ein gespaltenes: Auf der einen Seite belegt es, dass Popmusik nicht nur Bestandteil einer profitorientier-

---

[10]Cars: *Drive*. Elektra 1984; Warner Music Vision: LIVE AID/FEED THE WORLD. USA 2004, DVD 2, Kap. 19, 1:26:56–1:30:53.

[11]Bryan Singer (Regie): BOHEMIAN RHAPSODY. USA/Großbritannien 2018.

[12]Queen: *Bohemian Rhapsody*. EMI 1975; *Radio Ga Ga*. EMI 1983; *Hammer to Fall*. EMI 1984; *Crazy Little Thing Called Love*. EMI 1979; *We Will Rock You*. EMI 1977; *We Are the Champions*. EMI 1977.

[13]Vgl. Geldof: *Is that it?*, 364f.

ten Unterhaltungsindustrie ist. Der immense Erfolg des Konzerts und die enorme Spendenbereitschaft der TV-Zuschauer und -Zuschauerinnen, zu der Anekdoten von britischen Ehepaaren gehören, die ihre Eheringe einsandten oder ihr Eigenheim verkauften, zeigen, dass Empathie und Solidarität ‚pop' und Superstars selbstlos sein können. In seiner Autobiografie *Is that it?* schreibt Geldof: „Somehow something had gone right. Cynicism and greed and selfishness had been eliminated for a moment."[14] Der Titel des Buchs bezieht sich auf den Augenblick, in dem Geldof in der markanten Pause des Songs *I Don't Like Mondays*[15] nach der vielsagenden Zeile „And the lesson today is how to die" die Faust in den Sommerhimmel über Wembley reckte und sich fragte, ob der 13. Juli 1985 tatsächlich „the day music changed the world" sei. Die Konzerte seien als „global jukebox"[16] auch eine Absage an nationalistische Politik gewesen und hätten Rock 'n' Roll als eine „‚internationalist' art form" präsentiert, die den „primal pulse" aller Menschen weltweit bediene.[17] Geldof wurde im Nachgang mit dem Spitznamen „Saint Bob" versehen, zweimal für den Friedensnobelpreis vorgeschlagen und als moralisches Gewissen der westlichen Welt ikonisiert.[18] Und noch im Beiheft der zum Weihnachtsfest zwanzig Jahre nach *Do they know it's Christmas?* veröffentlichten DVD-Box Live Aid/Feed the World,[19] die die wichtigsten Auftritte beider Konzerte sowie Tagebucheinträge von Geldofs Afrikareise und seinen Text für das Programmheft dokumentiert, resümiert der britische Publizist und Koautor von Geldofs Autobiografie, Paul Vallely: „It was a miracle. And on three different levels: technologically, emotionally and politically. [...] Music, culture and politics became one."

In seiner Analyse der Verantwortung der westlichen Industrieländer für die Verschuldung und Verarmung der afrikanischen Staaten hatte derselbe Paul Vallely allerdings bereits 1990 beanstandet, dass Wohltätigkeitsveranstaltungen durch ihren emotionalen Appell an Mitleid und Moral der westlichen Welt den notwendigen analytischen Blick auf die Ursachen der Missstände verstellten: „Geldof, for all his skill as a populist, found no way of moving the issue on from one of charity to one of justice."[20] Der Wahrnehmung von Live Aid als erfolgreichster Benefizveranstaltung aller Zeiten, für die die nach den Veranstaltungen gegründeten Stiftungen Band Aid Trust und Live Aid Foundation bis heute Geld beziehen, darunter auch die Einnahmen der über eine Million Mal verkauften DVD-Box, steht daher auf der anderen

---

[14] Ebd., 389.

[15] The Boomtown Rats: *I Don't Like Mondays*. Ensign 1979.

[16] Geldof: *Is that it?*, 330.

[17] Ebd., 242.

[18] Vgl. ebd., 301, 369.

[19] Warner Music Vision: Live Aid/Feed the World. USA 2004.

[20] Paul Vallely: *Bad Samaritans. First World Ethics and Third World Debt*. London 1990, 12.

Seite die Frage nach den politischen Implikationen des Ereignisses entgegen, das sein Ziel der Hilfe für die damals so genannte ‚Dritte Welt' in Gestalt eines Unterhaltungsevents für die ‚Erste' umsetzte. Insofern die globale Inszenierung westlicher Hilfsbereitschaft mit eben den technologischen und wirtschaftlichen Mitteln erfolgte, die für die katastrophale Ungleichheit der Lebensmittel und Lebensverhältnisse mit verantwortlich sind, war Live Aid keineswegs der Tag, an dem die Musik die Welt veränderte, sondern auch ein Paradebeispiel für *white saviorism* und die Simultaneität der „unabashed admission of Western political responsibility for global poverty and injustice, and the equally unabashed enjoyment of Western technological and cultural power".[21] Geldof selbst hat versucht, diese Nähe zum *performative activism* als Bestandteil der dialektischen Strategie seines Unternehmens zu rechtfertigen: „I had wanted to use an aspect of the West's technological advancement to show how ridiculous it was that we could stage something like this and still people starved."[22] Tatsächlich hat der von Vallely geforderte Umschlag „from charity to justice" aber bis heute nicht stattgefunden, weil westliche Politik zwar Mitleid und Hilfsbereitschaft signalisiert, nicht aber die politischen Ursachen wiederkehrender Hungersnöte in Ostafrika adressiert, die von den dortigen autoritären Regimen weniger bekämpft als für Machtkämpfe instrumentalisiert werden.[23]

Bei allem Bemühen um das Selbstbild eines moralischen Weltereignisses wird man Live Aid daher vor allem als Produkt einer spezifisch westlichen Popkultur betrachten müssen. Neben ihrer Verbindung mit den eindrücklichen Spendensummen und humanitären Hilfeleistungen sind die Konzerte vor allem auf einer visuellen Ebene im kollektiven Gedächtnis der 1980er Jahre verankert, in denen – kurz nach dem Start des Musikvideo-Senders MTV und exakt zwanzig Jahre vor der Gründung von YouTube – Fernsehübertragungen von Bandauftritten ein äußerst rares Gut waren. Für Zeitgenossen war Live Aid daher zumindest auch eine spektakuläre Zusammenschau von Stars, deren Musik hier nicht nur akustisch, sondern auch visuell rezipiert werden konnte. In diesem bis heute einmaligen Ineinander von persönlichem Engagement, moralischem Appell, finanziellem Interesse, medialer Inszenierung, populärem Starkult, blinden Flecken des Postkolonialismus und massenhafter Musikbegeisterung besteht die bleibende Bedeutung des 13. Juli 1985.

---

[21] Frith et al.: *History*, 13.

[22] Geldof: *Is that it?*, 338.

[23] Peter Gill: *Famine and Foreigners: Ethiopia Since Live Aid*. Oxford 2012.

Public Enemy: *It Takes a Nation of Millions to Hold Us Back* (1988)

Dustin Breitenwischer

Musiker wie Grandmaster Flash und Afrika Bambaataa verdeutlichten bereits in der Gründungsphase des Hip-Hop zu Beginn der 1980er Jahre, dass dieser immer auch eine sozial und politisch engagierte Kulturpraxis ist und sich mit didaktischem und pädagogischem Anspruch auch als solche zu erkennen geben sollte. Kaum eine Gruppe verschrieb sich diesem Ethos mit mehr Herzblut als die New Yorker Gruppe Public Enemy um die Musiker Chuck D und Flavor Flav mit ihrem zweiten Studioalbum. Bereits der Titel *It Takes a Nation of Millions to Hold Us Back*[1] lässt erahnen, dass es hier im Wesentlichen um reformorientierte Mobilisierung und antiautoritären Widerstand geht. Noch deutlicher als auf ihrem kommerziell und in den Kritiken weniger erfolgreichen Debütalbum *Yo! Bum Rush the Show* (1987)[2] strebten Public Enemy mit ihrem zweiten Album gerade nicht danach, im Popgeschäft Fuß zu fassen, sondern als Sprachrohr einer bestimmten Bevölkerungsgruppe zu fungieren. Wie die Gruppe immer wieder betonte, sollte das Album ein Hip-Hop-Äquivalent zu Marvin Gayes *What's Going On*[3] sein, das seinerzeit die Stimmung der Bürgerrechtsbewegung der 1960er Jahre musikalisch einfing und in souliger *smoothness* verewigte.[4] Zwar verkaufte die Gruppe mehr als eine Million Exemplare des Albums, das zudem in die Top 50 der Billboard Charts kletterte, doch ging es Public Enemy vornehm-

---

[1] Public Enemy: *It Takes a Nation of Millions to Hold Us Back.* Def Jam 1988.

[2] Public Enemy: *Yo! Bum Rush the Show.* Def Jam/Columbia 1987.

[3] Marvin Gaye: *What's Going On?* Tamla 1971.

[4] Siehe hierzu Russell Myrie: *Don't Rhyme for the Sake of Riddlin': The Authorized Story of Public Enemy.* Edinburgh 2008 sowie den Beitrag von Judith Preiß in diesem Band.

© Der/die Autor(en), exklusiv lizenziert an
Springer-Verlag GmbH, DE, ein Teil von Springer Nature 2026
C. Jürgensen und G. Kaiser (Hrsg.), *Eine Kulturgeschichte der Popmusik*,
https://doi.org/10.1007/978-3-662-72524-5_55

lich darum, die US-amerikanische Nation mit ihrem über Jahrhunderte gewachsenen System der Unterdrückung, Entrechtung und Entmenschlichung
der Schwarzen Bevölkerung zu konfrontieren.[5] Wie bei Gaye werden Sound
und Text zu sich gegenseitig verstärkenden Kräften: Zum einen haben Chuck
D, das Produktionsteam um The Bomb Squad und Starproduzent Rick Rubin eine Beatlandschaft geschaffen, in der Jazz, Funk, Soul, scharfe Scratches
und harte, kompromisslose Drums virtuos und stadiontauglich mit den Traditionen afroamerikanischer Musik spielen. Zum anderen haben Chuck D
und Flavor Flav in Tracks wie *Bring the Noise* oder *Rebel Without a Pause*
lautstark und pointiert Texte gerappt, die in Wortlaut und Gebaren gleichermaßen an Malcolm X, die Black Panthers mit Huey P. Newton und Bobby
Seale oder auch an Gil-Scott Heron erinnern.[6] „Playing the role, I got soul,
too / Voice my opinion with volume", rappt Chuck D beispielsweise in *Rebel
Without a Pause*, dessen Titel freilich eine Anspielung auf den Filmklassiker
Rebel Without a Cause (1955)[7] ist. Zwar ist das Album musikalisch deutlich
agiler, temporeicher und insofern gewollt massentauglicher als das Debüt,
doch wird auch hier jedwede Vorstellung von Pop als anschmeichelnder
oder hedonistischer Wohlfühlmusik radikal unterminiert. Bereits auf dem
Cover inszenieren sich Public Enemy als Gefängnisinsassen, denen scheinbar nur Einhalt geboten werden kann, indem man sie wegsperrt. Musik wird
kurzerhand zum Akt des zivilen Ungehorsams erklärt, dessen Bestrafung im
Sinne des Freiheits- und Selbstermächtigungskampfes würdevoll akzeptiert
wird. Es geht Public Enemy nicht um kleinere innerkulturelle Grabenkämpfe, sondern um das große Ganze einer Bewegung. Album und Cover von *It
Takes a Nation of Millions to Hold Us Back* entfalten in epischer Breite und
poetischer Tiefe, was die Gruppe zwei Jahre später in dem Song *Fight the
Power*[8] eindringlich als Teil des Soundtracks zu Spike Lees internationalem
Filmerfolg Do the Right Thing[9] verdichten wird: ein Sprachrohr für die
Belange der Marginalisierten zu sein.[10] Dabei nimmt *It Takes a Nation of
Millions to Hold Us Back* seine politischen Anliegen genauso ernst wie seine
Rolle in der pluralistischen Geschichte des Genres, das sich Ende der 1980er
Jahre in der Hochphase seines sogenannten Goldenen Zeitalters befand, das,
so wollen es die Chroniken, Mitte der 1990er Jahre sein Ende fand. So unter-

---

[5] Siehe hierzu Tricia Rose: *Black Noise: Rap Music and Black Culture in Contemporary America*. Hanover, NH 1994.

[6] Siehe hierzu Brian Coleman: *Check the Technique: Liner Notes for Hip-Hop Junkies*. New York, NY
2007.

[7] Nicholas Ray (Regie): Rebel Without a Cause (dt.: ...Denn sie wissen nicht, was sie tun). USA 1955.

[8] Public Enemy: *Fight the Power*. Motown 1989.

[9] Spike Lee (Regie): Do the Right Thing. USA 1989.

[10] Siehe hierzu Shea Serrano: *The Rap Year Book: The Most Important Rap Song from Every Year Since
1979, Discussed, Debated, and Deconstructed*. Mit Illustrationen von Arturo Torres und einem Vorwort
von Ice-T. New York, NY 2015.

Cover von Public Enemys *It Takes a Nation of Millions to Hold Us Back*, Records / Alamy

streicht insbesondere Chuck D in seinen Texten den Anspruch, Hip-Hop auch als Schwarz-nationalistische Kritik an einer vornehmlich von Weißen dominierten Musikindustrie zu verstehen, während ein Track wie *Party for Your Right to Fight* eine fast schon liebevolle Hommage an den beim selben Label erschienenen Beastie-Boys-Klassiker *(You Gotta) Fight for Your Right (to Party!)*[11] ist. Außerordentliche Vitalität erfahren die Gruppe und insbesondere auch ihr zweites Album durch die Unterschiedlichkeit der Protagonisten. Mögen sie sich textlich und programmatisch auch nah sein, bilden der in dunklen Farben gekleidete und wenig glamouröse Chuck D, der in grollendem Bass seine Texte wie ein Prediger intoniert, und der Sonnenbrille, schrille Trainingsanzüge und auffällige Kopfbedeckungen tragende Flavor Flav, der mit eher kreischender, comicartiger Stimme rappt, in Sound und Performance zwei ästhetische Gegensätze. Gerade vor diesem Hintergrund erscheint die musikalische Komplexität von Public Enemy nach wie vor als spannungsgeladenes und im Grunde zeitloses Protest- und Popereignis, das sich in kaum einem Symbol so schön ausdrückt wie in der mittlerweile zum Markenzeichen gewordenen übergroßen Uhr, die Flavor Flav wie den Zünder einer tickenden Zeitbombe um den Hals trägt.

---

[11] Beastie Boys: *(You Gotta) Fight for Your Right (to Party!)*. Def Jam/Columbia 1986.

Love Parade (1989)

Zara Zerbe

Am 1. Juli 1989 tanzten etwa 150 Raver zu Acid-House-Beats von einem improvisierten Lautsprecherwagen über den Kurfürstendamm im damals noch geteilten Berlin. Zu diesem Zeitpunkt ahnte niemand, dass die Love Parade ein Jahrzehnt später als Sinnbild für diverse Phänomene der Pop- und Gegenwartskultur dienen würde: für das Wahlkampf-beeinflusste Berliner Stadtmarketing, die etwas geschichtsvergessene Nach-Wende-Euphorie und für die kommerzielle Ausschlachtung von Jugendkulturen, die 2010 zu dem Unglück in Duisburg führte, bei dem 21 Menschen ums Leben kamen.

Die Idee, die Techno-Party vom Kellerclub auf die Straße zu verlagern, stammt von dem DJ Matthias Roeingh, besser bekannt unter seinem Künstlernamen Dr. Motte, und der Konzeptkünstlerin Danielle de Picciotto. Da die Technoparade als Veranstaltungskonzept noch nicht existierte, wurde die erste Love Parade als politische Demonstration angemeldet. Das Versammlungsrecht bot sich hier als die verwaltungstechnisch unkomplizierteste Möglichkeit an, um mit einer größeren Menschenmenge die Straße beanspruchen zu können/dürfen. Das Motto der Demonstration war „Friede, Freude, Eierkuchen" – oder, wie Dr. Motte in verschiedenen Interviews rückblickend erklärt: „Friede für den Weltfrieden, Freude für die Musik und Eierkuchen für die gerechte Nahrungsmittelverteilung."[1]

Dass die Love Parade sich in den folgenden Jahren im Rekordtempo von einer DIY-Szene-Veranstaltung zum Massenevent entwickeln sollte – die Be-

---

[1] Nina Apin/Bert Schulz: „Wir wollten diese Beglückung". Dr. Motte zum Loveparade-Jubiläum (2014), taz.de/Dr-Motte-zum-Loveparade-Jubilaeum/!5039001/ (27.8.2024).

C. Jürgensen und G. Kaiser (Hrsg.), *Eine Kulturgeschichte der Popmusik*,
https://doi.org/10.1007/978-3-662-72524-5_56

sucherzahlen stiegen 1990 auf 2.000 und 1991 bereits auf 6.000 Gäste –, steht im Zusammenhang mit dem Fall der Berliner Mauer: Nach der Wende hatte auch die tanzwütige Jugend aus dem Berliner Ostteil Zugang zu der Veranstaltung. Gleichzeitig gelangte Acid House, das für den Berliner Sound prägende Subgenre des Detroit Techno, zu einem denkbar günstigen Zeitpunkt über den Atlantik. Mehr als einen Bass-Synthesizer und einen Drumcomputer brauchte es nicht, und auf die kühlen, elektronischen Klänge des Acid House hatten z. B. Kraftwerk das Publikum bereits vorbereitet. Somit traf ein zugänglicher Musikstil auf eine Stadt, in deren Osten nach der Wende diverse Gebäude leer standen, die sich unkompliziert in temporäre und bald auch feste Party-Locations verwandeln ließen – wie zum Beispiel die ‚Ständige Vertretung‘ im Keller des Künstlerhauses Tacheles, die Ostberlins erster fester Technoclub sein sollte.[2] Dank der oft ungeklärten Besitzverhältnisse vieler Gebäude zeigten die Ordnungsämter wenig Elan, diese Entwicklung zu unterbinden.

Bei subkultureller Nischenvegetation sollte es mit der Berliner Technoszene jedoch nicht bleiben. Dafür sorgte die „Ausweitung der Partyzone"[3] aus den Kellern auf die Straße, welche die Love Parade seit ihrer Gründung unaufhaltsam befeuerte. Die jährlichen Besucherzahlen der Veranstaltung stiegen ab 1992 schnell in den sechsstelligen Bereich, und die Paradewagen, die zunächst von einzelnen Clubs bespielt wurden, standen bald szenefremden Sponsoren zur Verfügung. Seit 1993 begann sich die Musikindustrie verstärkt bei der Love Parade zu engagieren, was dazu führte, dass sich Teile der Technoszene bereits von der Veranstaltung distanzierten, weil sie die Kommerzialisierung ihrer Subkultur befürchteten – zurecht, wie sich in den folgenden Jahren herausstellen sollte. Schließlich zeichnete sich hier eine typische Verlaufsform der Popmusikgeschichte ab: Ähnlich wie beim Punk machte sich der Markt auch hier die massentaugliche Version eines Szeneprodukts zu eigen.

Zwar betonten die Veranstalter um Dr. Motte bei ihrer Konzeption stets „den sozialen Approach des House- und Techno-Movements als friedliches, antimilitaristisches, antirassistisches, völkerverbindendes vereinendes Ereignis",[4] die Berliner Stadtverwaltung versuchte ab 1994 dennoch, eine Genehmigung der Love Parade nach dem Versammlungsrecht zur politischen Meinungsäußerung zu unterbinden. Die Begründung: Die Love Parade entspreche weder formal noch inhaltlich den ‚üblichen‘ Vorstellungen einer politischen Demonstration, weil es bei den bisherigen Veranstaltungen „zu

---

[2] Christian Meyer-Pröpstl: Die Geschichte von Techno und der Loveparade, (2022) bpb.de/themen/recht-justiz/513688/die-geschichte-von-techno-und-der-loveparade/ (21.8.2024).

[3] Christian Kemper: *Mapping Techno. Jugendliche Mentalitäten der 90er*. Frankfurt/M. 2004, 99.

[4] Technomedia Futurepages, 1996/97, 12, zit. nach Gabriele Klein: *Electronic Vibration. Pop Kultur Theorie*. Wiesbaden 2004, 35f.

keinerlei [...] politischen oder öffentlichkeitsrelevanten Aussagen" gekommen sei, „weder durch das Zeigen von Transparenten, dem Verteilen von Flugblättern, noch durch Ansprachen".[5] Nachdem Dr. Motte & Co. mithilfe eines Rechtsanwalts erfolgreich Einspruch gegen die Absage eingelegt hatten, unternahmen sie im Folgejahr den Versuch, das politische Profil der Love Parade zu schärfen. Bei der überpünktlichen Anmeldung der 1995er Ausgabe nahm Roeingh unter dem Motto „Love Parade Berlin – Peace on Earth" konkreten Bezug auf die damals aktuellen militärischen Konflikte: „Mit dieser Demonstration wollen wir für einen ungeteilten Frieden auf der ganzen Welt demonstrieren. Insbesondere fordern wir einen sofortigen Waffenstillstand in Bosnien, Tschetschenien und Mexiko."[6]

Nicht nur in Nebensätzen drohten die Organisatoren der Love Parade und verschiedene Szenemedien damit, ihr Demonstrationsrecht im Zweifel einzuklagen. So hieß es im Magazin *Frontpage*: „Dann wird sich zeigen, dass Techno keineswegs unpolitisch ist und alle Raver konsumgeil-desinteressiert, sondern Kämpfer für eine größere Freiheit in dieser Gesellschaft."[7]

Darüber hinaus gab es noch einen pragmatischen Grund, aus dem die Love Parade das Grundrecht auf Versammlungsfreiheit weiterhin beanspruchen wollte: So lagen die Kosten für die Müllentsorgung bei der Stadtverwaltung, wohingegen sie bei einer kommerziellen Veranstaltung selbst für diesen teuren Posten hätten aufkommen müssen. Die Berliner Öffentlichkeit erlangte so betriebliche Übung in der Diskussion um Fragen der Stadtreinigung nach Großevents. Als die Behörden Roeinghs Antrag wiederholt ablehnten, sprang der Berliner Senat für die Love Parade in die Bresche – im bevorstehenden Wahlkampf schien dies für alle Parteien eine günstige Gelegenheit, sich als „Partei für Jugendkultur" zu profilieren.[8]

Mit ihrer zunehmenden Professionalisierung verbaute sich die Love Parade längerfristig die Möglichkeit, ernsthaft für politische Anliegen einzutreten. Die Gründung der Love Parade GmbH, später Planetcom GmbH, die zur Sicherung der Markenrechte und für die Akquisition finanzieller Mittel für die Durchführung der Veranstaltung gegründet wurde, führte nach sich jährlich wiederholender Diskussion um das Demonstrationsrecht im Jahr 2001 dazu, dass dem Event der Status als politische Veranstaltung endgültig aberkannt wurde.[9] Der Berliner Techno-Underground, dem Mainstream immer einen Schritt voraus, hatte das Event zu diesem Zeitpunkt längst

---

[5] Erik Meyer: Zwischen Parties, Paraden und Protest. Zur politischen Soziologie der Techno-Szene. In: Ronald Hitzler/Michaela Pfadenauer (Hg.): *Techno-Soziologie. Erkundungen einer Jugendkultur.* Opladen 2001, 51–68, hier 55.

[6] Ebd.

[7] Frontpage 1/1995, zit. nach Meyer: Zwischen Parties, Paraden und Protest, 56.

[8] Meyer: Zwischen Parties, Paraden und Protest, 56f.

[9] Joachim Gauger: „Spaßveranstaltung" ohne Demo-Status (2001), laut.de/News/Loveparade-Spassveranstaltung-ohne-Demo-Status-29-06-2001-586 (21.8.2024).

abgeschrieben. Stattdessen ging man 1997 zur Hate Parade und ab 1998 zur Fuckparade, die als Gegenveranstaltung zur Love Parade stattfand[10] und auf der vornehmlich Hardcore-Technostile wie Gabber oder Hardstyle gespielt wurden. Die Veranstalter kritisierten in ihren Aufrufen regelmäßig, dass die Macher der Love Parade ihre große Reichweite nicht für den Erhalt kleinerer Technoclubs einsetzten, denen, nachdem Berlin zur Bundeshauptstadt umgewidmet wurde, allmählich doch die Ordnungsämter zu Leibe rückten – und dass die Planetcom GmbH in ihrer Profitorientierung schlicht zu geizig für Müllentsorgung, sanitäre Anlagen und Umweltschutzmaßnahmen bei ihrem Event sei.[11]

Während das Musikfernsehen Techno bald für sein Programm entdeckte – bei MTV gab es 1996 erstmals eine Live-Übertragung der Love Parade –, reagierten die übrigen Medien auf die neue Jugendkultur mit popkultureller Überforderung. Dass Raver, anders als z.B. die 68er oder Punks, keine Systemkritik artikulierten oder offen gegen den Status Quo rebellierten, erzeugte vor allem beim Feuilleton Argwohn. Die Techno-begeisterten jungen Menschen, die in Scharen zur Love Parade und Technoparaden in anderen Städten pilgerten, galten in der Berichterstattung als stumpfe Hedonisten, die „nicht viel mehr als schlucken, bumsen und tanzen"[12] wollten und – Skandal – nicht einmal Texte in ihrer monotonen, repetitiven Musik unterbrachten. Die Raver „schweigen [...] Sie sprühen keine Parolen an die Wände und verfassen keine Texte zu ihrer Musik", so ein entrüsteter Kommentar in der *Neuen Zürcher Zeitung* zur seit 1992 stattfindenden Züricher Street Parade, „[d]ie Street Parade als Demonstration für ‚Love, Peace and Unity'? [...] Ein Witz [...]."[13] Spaßorientierung allein schien den vornehmlich älteren Feuilletonisten verdächtig, also wurden allerhand Deutungsversuche unternommen[14] – wie zum Beispiel „das endlose Tanzen" als „einzige Möglichkeit, Einigkeit und Recht und Freiheit zu finden" und die Love Parade als „Leistungsschau der Wiedervereinigung, ein Triumphmarsch für Helmut Kohl",[15] so Cordt Schnibben 1996 im Spiegel.

Ganz falsch lag er damit nicht: Mit dem Überschreiten des Kipppunkts hin zum Massenevent schien die Love Parade vor allem in der internationalen Wahrnehmung zum Symbol für ein Deutschland zu werden, das seine eigene Geschichte überwunden hatte und nun öffentlichkeitswirksam auf der Straße tanzte. Dazu war Techno der erste unproblematische deutsche

---

[10] Bzw. stattfindet: Die Fuckparade wird seit 1998 jährlich veranstaltet und ist, anders als die Love Parade, noch nie ausgefallen.

[11] Meyer: Zwischen Parties, Paraden und Protest, 58–61.

[12] Cordt Schnibben: Die Party-Partei. In: *Der Spiegel*, Juli 1996, 92.

[13] *Neue Zürcher Zeitung*, 9.8.1996, 36. Zit. nach Klein: Electronic Vibration, 15.

[14] Klein: Electronic Vibration, 15.

[15] Schnibben: Die Party-Partei, 92.

Exportschlager seit langem – nicht umsonst sollte „Technokultur in Berlin" im März 2024 einen Eintrag ins Bundesweite Verzeichnis Immateriellen Kulturerbes der Deutschen UNESCO-Kommission bekommen.[16] Eine Positionierung von den Machern der Love Parade zum Thema Rave-Nationalismus blieb aus, wenngleich Dr. Motte in einem *Spiegel*-Artikel zum 20. Jubiläum des Events angab, „in solchen Kategorien nicht zu denken."[17] Ein nachträgliches Symptom dieser Debatten ist der Track *Wir Sind Wir*[18] – im Alternativtitel als „Deutschlandlied" deklariert – von Paul van Dyk und Peter Heppner. Der 2004 veröffentlichte Track kombinierte den Trance-Sound, den van Dyk als Urgestein der Berliner Club-DJ-Szene mitgeprägt hatte, in radiotauglicher Länge mit Textzeilen wie „Wir sind wir! Wir stehen hier! / Aufgeteilt, besiegt und doch / Schließlich leben wir ja noch", die wohl so etwas wie ein neues deutsches Selbstwertgefühl nach dem ‚überwundenen Leid' der NS- und der Nachkriegszeit darstellen sollten. Van Dyk und Heppner ernteten viel Kritik dafür, „Nationalismus in windelweichen Pop"[19] zu verpacken. Nichtsdestotrotz wurde der Song beim Staatsakt zum 15. Tag der Deutschen Einheit in einer Orchesterversion zusammen mit dem Deutschen Filmorchester Babelsberg aufgeführt.[20] In den Party-Patriotismus, den die Herrenfußball-WM 2006 in Deutschland mit Public-Viewing-Events und Deutschland-Autofähnchen implementierte, fügte er sich ebenso nahtlos ein.

Die Love Parade hatte ihren Zenit zu diesem Zeitpunkt deutlich überschritten. Zwar waren der Parade im Jahr 1999 gut 1,5 Millionen Menschen von der Siegessäule zum Brandenburger Tor gefolgt, durch den Verlust des Status als politische Demonstration wuchsen den Veranstaltern die Reinigungs- und Sicherheitskosten jedoch über den Kopf. Nach abgesagten Veranstaltungen in den Jahren 2004 und 2005 wurde die Planetcom GmbH in letzter Sekunde vor dem Bankrott gerettet – durch Rainer Schaller, den damaligen Geschäftsführer von McFit, der das Event als steuerlich absetzbare Marketing-Maßnahme für seinen Konzern nutzte. Offiziell als Neustart vermarktet, zog die Parade 2007 in die Metropole Ruhr um, wo sie fortan in wechselnden Städten stattfinden sollte. 2010 nahm sie mit dem Unglück in Duisburg ihr bekanntermaßen tragisches Ende. Die Veranstaltung fand auf dem Gelände des dortigen Güterbahnhofs statt. Durch Missmanagement der Besucherströme kam es am Eingangsbereich zu einem Gedränge, bei dem insgesamt 21 Menschen ums Leben kamen und etliche hundert Gäste zum

---

[16]Unesco: Immaterielles Kulturerbe. Technokultur in Berlin (2024), unesco.de/kultur-und-natur/immaterielles-kulturerbe/immaterielles-kulturerbe-deutschland/bundesweites-3 (21.8.2024).

[17]Iris Hellmuth: Die erste Love Parade: „Wir donnerten unseren Sound in die Stadt" (2009), spiegel.de/geschichte/20-jahre-love-parade-a-949857.html (21.8.2024).

[18]Paul van Dyk/Peter Heppner: *Wir Sind Wir*. Universal 2004.

[19]Jörg Sundermeier: Wo „wir" stehen. In: *taz. Die Tageszeitung*, 4.8.2004, 16.; Vgl. auch: Georg Diez: Böhse Enkelz. Neuer deutscher Pop. In: *Frankfurter Allgemeine Zeitung*, 23.8.2004.

[20]Kemper: *Mapping Techno*, 209f.

Teil schwer verletzt wurden. Dass die Love Parade im Schatten dieser Katastrophe nicht mehr weitergeführt werden konnte, lag auf der Hand.

Seit 2022 gibt es in Berlin eine Nachfolgeveranstaltung der Love Parade
namens „Rave The Planet". Mit mehreren 100.000 Teilnehmer:innen und um
politischen Party-Universalismus bemühten Mottos wie „Love is stronger",
„Music is the Answer" oder „Together Again" klingt es, als würde das neue
Team – um keinen geringeren als Dr. Motte – an die Love Parade vor dem
Verlust ihrer kommerziellen Unschuld anknüpfen wollen. Die Müllproble-
matik, so heißt es, sei bei der Neuauflage jedoch kein Thema mehr.[21]

---

[21] Siehe ravetheplanet.com (27.8.2024). Laut der Website finden nach jeder Veranstaltung Clean-up-
Aktionen statt.

Kraftwerk (1970)

Bob Marley (1979)

ABBA (1974)

Ramones (1976)

Patti Smith (1975)

Lorna Luft, Jerry Hall, Andy Warhol, Debbie Harry, Truman Capote und Paloma Picasso im Studio 54 (1979)

Nena (1985)

Michael Jackson (1982)

Madonna (1984)

Freddie Mercury, Queen (Live Aid 1985)

Love Parade (2003)

IV. 1990 bis 2006

Panorama:
Friede, Freude und ein Stück vom Kuchen – oder die (Un)Endlichkeit der Freiheit rund um die Jahrtausendwende: Popmusik zwischen 1990–2006

Antonius Weixler

Das Ende

Wann beginnt eigentlich das Ende? Und was kommt danach? Wenn es nach Francis Fukuyama geht, markieren der Mauerfall und der Untergang der Sowjetunion mit dem damit einhergehenden Ende der Blocktrennung in Ost und West den endgültigen Sieg des Liberalismus – und die 1990er Jahre dadurch nicht weniger als das *Ende der Geschichte*, so der Titel seines Aufsatzes aus dem Sommer 1989.[1] Das Ende der *Popmusik*-Geschichte dürfte für viele allerdings erst am 5. April 1994 gekommen sein. Oder nein, doch erst am 8. April – oder vielleicht sogar schon am 4. März? Am 4. März 1994 jedenfalls fällt Kurt Cobain nach einer Überdosis Rohypnol in Rom im Hotel The Westin Excelsior ins Koma und überlebt nur knapp. Seine Frau Courtney Love und sein Management zwingen ihn daraufhin zum Entzug, doch Cobain flieht am 1. April aus der Drogenklinik in Los Angeles, die sich ausgerechnet Exodus Recovery Center nennt. Love lässt ihn daraufhin per Vermisstenanzeige suchen und beauftragt sogar einen Privatdetektiv. Zweimal durchsuchen Freunde das Haus am 171 Lake Washington Boulevard East in Seattle, Washington, aber erst ein Elektriker, der eine Sicherheitskamera anbringen soll und dafür in das *greenhouse* über der Garage steigen muss, findet den seit drei Tagen toten Kurt Cobain, der sich am 5. April nach einer Überdosis Heroin mit einer Schrotflinte ins Gesicht geschossen

---

[1] Francis Fukuyama: *The End of History and the last Man*. London 1992; dt.: *Das Ende der Geschichte. Wo stehen wir?* München 1992.

© Der/die Autor(en), exklusiv lizenziert an
Springer-Verlag GmbH, DE, ein Teil von Springer Nature 2026
C. Jürgensen und G. Kaiser (Hrsg.), *Eine Kulturgeschichte der Popmusik*,
https://doi.org/10.1007/978-3-662-72524-5_57

hatte. Am 8. April geht dann die Nachricht um die Welt, dass die „Stimme einer Generation", wie dies Sabine Christiansen in den *Tagesthemen* formuliert und dabei den ihr offenkundig unbekannten Cobain eher wie „Coben" ausspricht,[2] verstummt sei.

Aber so ein Tod ist ja immer ‚nur' das Ende eines Lebens und zugleich – und ungleich wichtiger – der Beginn des Mythos. Das trifft gerade im Fall von Kurt Cobain zu, der bei seinem Tod ausgerechnet 27 Jahre alt ist und damit in dem Alter, in dem man als Rockstar nun mal sterben muss, um zum Mythos und Mitglied im *Club 27*[3] zu werden, so wie Brian Jones, Jimi Hendrix, Janis Joplin und Jim Morrison vor und Amy Winehouse nach ihm.

Zum Mythos Cobain gehört neben vielem anderen, dass er für eine ganze Generation deshalb ein Held war, weil er mit seiner Musik nicht nur den Grunge miterfunden und der Welt damit die bisher vielleicht letzte große Revolution und Innovation in der Rockmusikgeschichte geschenkt hat, sondern auch die adoleszente Teenageangst so emotional und authentisch wie kaum je zuvor auszudrücken vermochte. Der Kern dieses Grunge-Gefühls ist eine Mischung aus harten, verzerrten Gitarren, einem rohen, aber immer hochemotionalen Sound gepaart mit existenzialistischen Texten über Selbstentfremdung, Einsamkeit, Sinnlosigkeit und dem Gefühl, nicht in diese Welt zu passen, und das alles von Kurt Cobain mit einer verzweifelt-dringlichen wie gleichgültig-enerviert klingenden Stimme in die Welt (meist mehr) geschrien (als gesungen). „I'm so happy 'cause today I found my friends / They're in my head / I'm so ugly but that's ok 'cause so are you", heißt es etwa in *Lithium* auf dem Album *Nevermind*.[4] Der *Pennyroyal Tea* wiederum ist ein „herbal abortiv", also ein Abbruchssud, der als Mittel für eine Selbstauslöschung besungen wird: „Sit and drink Pennyroyal Tea / Distill the life that's inside of me".[5]

Entsprechend verzweifelt und ebenso emotional reagiert die Fangemeinde auf den Tod von Cobain, sodass sich im Frühsommer 1994 allein in den USA angeblich 68 Nachahmersuizide verzeichnen lassen, aber so ein ‚Cobain-Fieber' darf bei einer richtigen Mythologisierung ja auch nicht fehlen.[6] Bis heute halten sich verrückte Verschwörungstheorien, die immer wieder seine Frau Courtney Love in ein Zwielicht zu rücken suchen, weshalb 2014 die Fotos von vier bis dato noch nicht entwickelten Filmrollen mit Tatortbildern im Internet veröffentlicht wurden, selbstredend ohne allzu heftige

---

[2] o.A.: Video: Tagesthemen berichtet 1994 über den Tod von Kurt Cobain. In: *Rolling Stone*, 5.4.2025, rollingstone.de/tagesthemen-berichtet-1994-ueber-den-tod-von-kurt-cobain-364395/ (1.3.2025).

[3] Die Liste ließe sich noch deutlich verlängern, eine beeindruckende Anzahl an Mitgliedern in diesem Club findet sich auf Wikipedia: en.wikipedia.org/wiki/27_Club (1.3.2025).

[4] Nirvana: Lithium. Auf: *Nevermind*. DGC/Sub Pop 1991.

[5] Nirvana: *Pennyroyal Tea*. Geffen 1994.

[6] Vgl. Ian Halperin: *Who Killed Kurt Cobain. The Mysterious Death of an Icon*. Secaucus, NJ 1998; dt. *Mordfall Kurt Cobain. Was bisher verschwiegen wurde*. München 2004.

traumatisierende Details zu zeigen.[7] Was man seitdem also im weltweiten Netz sehen kann, ist, dass Cobain an jenem 5. April immer noch das Patientenarmband des Exodus Recovery Centers trägt ebenso wie ein Flanellhemd, zerschlissene Stonewashed Jeans, weiße Socken und Golden Goose Star-Sneaker. Ein weiteres Bild ist von hoher Symbolkraft, zeigt es doch einen nicht mehr ganz jungen Ermittler, der sich ein aus heutiger Sicht geradezu monströs großes Mobiltelefon – einen grauen Knochen, wie man lange gerne sagte – ans Ohr hält. Und so sieht man auf diesen Bildern Anfang und Ende zugleich: den modischen Style einer an ihr Ende gekommenen Pop-Strömung und die noch ein wenig klobige Chiffre eines mediengeschichtlichen Neuanfangs. Diese Jahre markieren den Beginn der Mobilfunkära, die dann mit der Vorstellung des iPhones 2007 auch schon wieder zu Ende geht und dem Smartphone die Bühne überlasst.

Die Phase der Popmusikgeschichte von 1990 bis 2006 ist durchweg geprägt von dieser Dichotomie aus Ende und Aufbruch. Mit Blick auf Neunziger und Nullerjahre haben wir es grundsätzlich mit nicht weniger als dem Ende der Geschichte (zumindest, wenn man Fukuyama zustimmen mag) und mit dem Beginn eines Jahrzehnts einer nie gekannten und allumfassenden Freiheit[8] zu tun. Das Ende des einen Jahrtausends ist zudem zugleich natürlich der Beginn eines neuen, und dieser Jahrtausendbeginn mit den Anschlägen von 9/11 und deren Folgen markieren dann als historische Wegmarke auch schon wieder das Ende dieser vielleicht größten je erlebten Freiheit.

Es ist zugleich eine Zeit der enormen Beschleunigung der Medien- und Moderevolutionen: Innerhalb von fünfzehn Jahren sieht die Popgeschichte erst den Aufstieg der CD zum Leitmedium und dann ihre jähe Marginalisierung, sieht den Durchbruch des Musikfernsehens und sein Verschwinden, sieht eine letzte Hochphase von gitarrengesättigtem Rock 'n' Roll und seine Verdrängung in die subkulturelle Indie-Nische, sieht eine Marktdominanz von neuen Phänomenen wie *compilations*, gecasteten Boy- oder Girl-Bands und ihr schon bald folgendes Absinken in den Schlamm der Musikgeschichte, sieht den Anfang von digitaler Musik und illegalen MP3-Tauschbörsen und ihr Ende durch das iPhone und Streaming-Bezahldienste.

Gerade diese letzte Entwicklung verändert die Popmusik, ihre Songstrukturen und Kompositionen, aber auch die Rezeption auf eine derart nachhaltige Weise, dass dies zumindest im Popmusikalischen die vielleicht tiefgreifendste (und irgendwie leiseste) Medienrevolution aller Zeiten ist. Der Aufstieg von Spotify ruiniert den Indie- und Alternative-Musikmarkt, für Musiker:innen ist es in Zeiten des Streamings und der Marktmacht der Schwedischen (inzwischen in Luxemburg registrierten) Heuschrecke kaum noch möglich, mit

---

[7] Vgl. Crimesider Staff: Kurt Cobain death scene photos. In: *CBS News*, cbsnews.com/pictures/new-kurt-cobain-death-scene-photos/ (1.3.2025).

[8] Vgl. Jens Balzer: *No Limit. Die Neunziger – das Jahrzehnt der Freiheit*. Berlin 2023.

ihrer Kunst Geld zu verdienen. Wenn man so will, erzählt das viel über den Kapitalismus generell, der sich am Beispiel von Spotify zu Tode siegt, da Marktmacht und Geld in einer einzigen Firma konzentriert sind, dadurch letztlich aber das Produkt killt.[9] Seitdem gibt es zwar noch Variationen, aber keine allzu ausgeprägten musikästhetischen Innovationen mehr. Spotify ist das Ende der Musikgeschichte, wie wir sie kannten; mindestens aber das Ende, der hier in diesem Kapitel erzählten Musikgeschichte: Gegründet wird Spotify am 23. April 2006.

Der Anfang oder: Weltgeschichte wird gemacht

Aber fangen wir noch einmal von vorne an. Am Beginn der hier interessierenden Epoche steht ein Ereignis von welthistorischer Dimension. Doch wer oder was hat eigentlich zum Sturz der Berliner Mauer geführt? Nun, wenn man dem populärsten popkulturellen Mythos glauben mag, dann kann es darauf nur eine Antwort geben: David Hasselhoff. Sein *Looking for Freedom*[10] bringe das Glücksversprechen von Freiheit derart prägnant auf den Punkt („I've been looking for freedom / I've been looking so long"), dass die Ostdeutschen gar nicht anders konnten, als sich ihren Weg in den Westen freizudemonstrieren. Der Mythos von ‚The Hoff' als Mauersprenger hat sich so stark ins kollektive Gedächtnis eingeschrieben, dass sogar das Auswärtige Amt ihm 2017 zu seinem 65. Geburtstag in einem zugleich augenzwinkernden und irgendwie ernsthaften Tweet mit den Worten gratuliert: „In Zeiten, in denen wieder Mauern gebaut werden, einfach mal an die erinnern, die sie eingerissen haben: Happy birthday, @DavidHasselhoff!"[11]

Die Popularität dieser Anekdote resultiert sicherlich aus deren paradoxer Konstellation: Ein geradezu absurd schlichter Popschlager eines nicht gerade für seine Charakterdarstellungen bekannt gewordenen ‚Schauspielers' soll den größten historischen Umbruch der jüngeren Geschichte ausgelöst haben? Das ist einfach zu gut, um nicht wahr zu sein. Und doch steckt vielleicht eben auch ein kleiner Funken Wahrheit dahinter und zeigt mit Blick auf die Popmusik zweierlei: Zum einen transportiert Popmusik (und Popkultur generell) stets (und in ihren schlichteren Botschaften vielleicht sogar besonders erfolgreich) bestimmte Normen und Werte, und zum anderen tragen die so vermittelten Botschaften zu gesellschaftlichem Wandel bei. Wenn im Herbst 1989 *Die Mauer* und damit alle Mauern und Stacheldrähte zwischen

[9] o.A.: Wie überleben Indie-Artists mit Spotify und Co? In: *Arte Tracks*. arte.tv/de/videos/117787-013-A/ tracks/; Interview: Ina Plodroch im Gespräch mit Stephan Karkowsky: Wie Spotify die Musikindustrie verändert. In: *Deutschlandfunk Kultur*, 5.1.2018, deutschlandfunkkultur.de/das-ende-des-musik-downloads-wie-spotify-die-musikindustrie-100.html (Zugriff allesamt: 1.3.2025).
[10] David Hasselhoff: *Looking for Freedom*. White Records 1988.
[11] Vgl. Post auf der Plattform X von @AuswaertigesAmt vom 17.7.2017, 16.23 Uhr.

Ost und West, zwischen sozialistischem Ostblock und kapitalistischem Westen fallen, dann fallen damit die Grenzen zwischen einer zumindest offiziell popmusikdistanzierten, ja popmusikfeindlichen Welt im sogenannten Osten und der Welt des Westens, denn was war in dieser dichotomen Welt der Westen denn anderes als vor allem die Welt der Popmusik und Popkultur? Daher war die Beatmusik ein erklärter Klassenfeind der DDR-Führung, von Walter Ulbricht auf die unfreiwillig komische Sentenz gebracht: „Ist es denn wirklich so, dass wir jeden Dreck, der vom Westen kommt, kopieren müssen? Mit der Monotonie des Je-Je-Je [gemeint ist natürlich eher ein: Yeah Yeah Yeah; AW] und wie das alles heißt, sollte man doch Schluss machen."[12]

So gesehen transportiert *Looking for Freedom* wohl so etwas wie das prototypische ‚Versprechen' der westlich-kapitalistischen Popkultur, die dominant US-amerikanisch geprägt ist. In Wirklichkeit handelt es sich dabei – Ironie der Geschichte – aber lediglich um eine deutsche Interpretation dieser US-Kultur, denn der Schlager stammt aus einer deutschen Feder, von Songschreiber Horst Nußbaum, besser bekannt unter dem pseudo-amerikanischen – man will als Deutscher ja nicht deutsch klingen in der Popmusik – Pseudonym Jack White. Nußbaum-White wiederum produziert das Lied schon 1978 und bereits damals in zwei Versionen, auch das für diese Zeit ein typisch ‚deutscher' Pop-Move, englischsprachige Musik in einer deutschen Coverversion herauszubringen. Und selbst die englische Version *Looking for Freedom*[13] ist nur eine gefakte Internationalität, denn Sänger Marc Seaberg heißt eigentlich Franz Seeberger und stammt aus dem oberfränkischen Wichsenstein (kein Scherz!). Erfolgreicher in den Charts des Jahres 1978 ist allerdings die deutschsprachige Version, die unter dem Titel *Auf der Straße nach Süden* von Tony Marshall geträllert wird.[14]

Hasselhoffs Version ist also ein Cover des Covers, erneut aus deutscher Produktion, denn Produzent des Hits zur Wende ist 1988 wieder Jack White. Die neue Version hat also den Startvorteil, dass die Melodie schon bekannt ist, und diese Bekanntheit wird jetzt mit einer neuen Botschaft kombiniert, die nicht mehr die Sehnsucht nach dem Süden besingt, wie noch bei Marshall, sondern die nach dem Westen, nach westlicher Popkultur. Die Lyrics stimmen dabei überraschenderweise eher einen Abgesang auf das amerikanisch-kapitalistische Glücksversprechen an, wenn es eingangs heißt: „I was born a rich man's son / I had everything that money could buy / But freedom, I had none". Die nicht näher spezifizierte Freiheit, die das lyrische Ich hier sucht, wird im Verlauf der weiteren Geschichte nie erreicht, es bleibt

---

[12] Vgl. Silke Wünsch: Die Beatles und die DDR – Schluss mit dem Yeah Yeah Yeah. In: *Deutsche Welle Kultur*. 23.10.2013, dw.com/de/schluss-mit-dem-yeah-yeah-yeah-die-beatles-und-die-ddr/a-67150417 (1.3.2025).

[13] Marc Seaberg: *Looking for Freedom*. Ariola 1978.

[14] Tony Marshall: *Auf der Straße nach Süden*. Ariola 1978.

bei der sehnsüchtigen Suche, der Weg ist offenkundig das Ziel. So desillusionierend also die Lyrics eigentlich sind, vor allem Hasselhoffs überdreht optimistischer Vortrag im Refrain wird seine Wirkung nicht verfehlt haben.

Im Fall von The Hoff mag ohnehin sein symbolisches Kapital die eigentliche Botschaft des Songs sein: Denn wenige Jahre vor dem Mauerfall wird das Privatfernsehen in der BRD eingeführt, und KNIGHT RIDER mit Hasselhoff in der Hauptrolle wird einer der ersten Serienhits des westdeutschen RTL Plus.[15] Diese Serie ist der Traum schlechthin für alle irgendwie autoaffinen und/oder dem US-Fernweh Zugeneigten.

Hasselhoff und White haben dann entweder schlicht das Glück, zufällig zur richtigen Zeit den richtigen Song parat zu haben, oder aber sie haben einen untrüglichen Riecher. Denn anders als die diversen anderen Songs zum Mauerfall sind sie im Herbst 1989 mit der Veröffentlichung der Single direkt zur Stelle, als Günter Schabowski in der schlampig vorbereiteten Pressekonferenz den berühmtesten Versprecher der Weltgeschichte herausstottert und damit die Maueröffnung am 9. November auslöst. Ein ähnlich untrügliches Gespür für den Moment zeigt Hasselhoff noch ein weiteres Mal, als er wenig später in der ZDF-*Silvestershow* auftritt. In dieser lässt er sich vor dem Brandenburger Tor und den Mauerresten, auf denen sich in den Armen liegende Menschen das neue Jahr herbeifeiern, in einem Kran mit blinkender Lichterkette um seine Lederjacke gewickelt über die Menschenmassen heben, gleichsam als symbolisierter Heilsbringer der westlichen Popkultur.

Dass in den Jahren rund um 1989 ein heftiger *Wind of Change* durch Europa weht, realisieren natürlich auch andere Musiker:innen und Bands. Selten dürfte ein historisches Ereignis so oft und in so unterschiedlichen Popmusikgenres thematisiert worden sein, wie der Mauerfall und das Ende des Kalten Krieges. Marius Müller-Westernhagen darf dabei für sich reklamieren, mit seiner Freiheitshymne der Erste gewesen zu sein. *Freiheit* erscheint bereits 1987 auf seinem elften Studioalbum mit dem Titel *Westernhagen*, und so kann er mit geradezu perfektem Timing reagieren, als sich die Ereignisse überschlagen; als Single erscheint der Song nämlich genau zwei Wochen vor dem 3. Oktober 1990 und der sogenannten Wiedervereinigung der beiden deutschen Staaten.[16]

Der mit Abstand erfolgreichste Wendesong, die erfolgreichste Single des Jahres 1991 und „bis heute der weltweit erfolgreichste[] Song aus Deutschland"[17] – ist aber ein anderer. Klaus Meine, so will es die Legende, hat am 13. August 1989 beim Moscow Music Peace Festival, dem „Woodstock der

---

[15] Glen A. Larson: KNIGHT RIDER. USA 1982–1986.

[16] Marius Müller-Westernhagen: Freiheit. Auf: *Westernhagen*. WEA 1987; Marius Müller-Westernhagen: *Freiheit*. Warner Bros. 1990.

[17] Christine Lehnen: „Wind of Change" – ein Stück (Rock)geschichte. In: *Deutsche Welle / dw.com*, 3.2.2021, dw.com/de/wind-of-change-scorpions-jubiläum-30-jahre/a-56410137 (1.9.2025).

UdSSR",[18] mit den Scorpions gerade vor 300.000 Menschen gesungen – die Hannoveraner waren eine der ersten westlichen Bands, die in der Sowjetunion spielen durften –, als er bei einem Spaziergang noch ein wenig die abendliche Stimmung der damals noch sowjetrepublikanischen Hauptstadt einsaugen will. Dabei wird er zu Liedzeilen inspiriert, die seitdem jeder sofort mitsummen kann – oder zumindest mitpfeifen, denn der Song beginnt mit einer berühmten Pfeifmelodie: „I follow the Moskva / Down to Gorky Park / Listening to the wind of change". Und weiter heißt in der zweiten Strophe: „The world is closing in / And did you ever think / That we could be so close, like brothers?"[19] Die brüderliche Völkerverständigung und -umarmung gipfelt sodann in einem Refrain mit höchstem Geschichtspathos: „Take me to the magic of the moment / On a glory night / Where the children of tomorrow dream away (Dream away) / In the wind of change."

Veröffentlicht wird die Pathos-Powerballade im November 1990 auf dem Album *Crazy World*,[20] als Single dann im Februar 1991 ausgekoppelt, weshalb es dann ‚erst' im Jahr 1991 die erfolgreichste Single des Jahres ist (im Wendejahr 1990 war das noch Matthias Reim mit *Verdammt, ich lieb' Dich*[21]). Die Scorpions nehmen eine spanische[22] und eine russische[23] Version des Songs auf, und gerade in der (dann bald schon ehemaligen) Sowjetunion wird das Lied zu einer Hymne des Wandels, die Band erhält dafür sogar höchste Staatsehren und wird im Dezember 1991 von Michail Gorbatschow zu einer Audienz in den Kreml eingeladen, in Polen erhalten sie einen Friedenspreis.[24]

Die Zeitenwende des Mauerfalls wird popmusikalisch aber auch international ausgiebig aufgearbeitet, mit neuen und alten Liedern. Roger Waters bringt am 21. Juli 1990 Pink Floyds Rockoper *The Wall*, ursprünglich schon 1979 veröffentlicht, im damals noch unbebauten Niemandsland zwischen Potsdamer Platz und Brandburger Tor zur Live-Aufführung.[25] Der Gig ist in mehrfachem Wortsinne ‚mauernsprengend', nicht nur, weil die Performance acht Monate nach dem Mauerfall an historischem Ort den vielen Mauernmetaphern in den Lyrics des Albums noch weitere, welthistorische Konnotationen hinzufügt. Im Lied *The Trial*, dem vorletzten Song des Konzeptalbums, wird die Hauptfigur Pink, die sich nach und nach mit „another brick in the wall"[26] von der Außenwelt abgeschottet hat, von einem Richter – in

---

[18] Ebd.

[19] Scorpions: *Wind of Change*. Mercury 1990.

[20] Scorpions: *Crazy World*. Mercury 1990.

[21] Matthias Reim: *Verdammt, ich lieb' Dich*. Polydor 1990.

[22] Scorpions: *Vientos de Cambio*. Mercury 1991.

[23] Scorpions: *Ветер Перемен*. Mercury 1991.

[24] Vgl. Lehnen: Wind of Change.

[25] Roger Waters: *The Wall (Live in Berlin)*. Mercury 1990.

[26] Pink Floyd: *The Wall*. EMI 1979.

der Verfilmung zu *The Wall* von Gerald Scarfe kongenial als ‚Arsch mit Ohren‘ bebildert[27] – dazu verdonnert, die Mauer wieder einzureißen. *The Trial* endet mit einem 15 Mal wiederholten, im Chor befehlend gesungenen „Tear down the wall". Diese „bricks" in der Mauer stehen, folgt man der Story der Rockoper, für staatliche Instanzen wie Lehrer oder Staatsanwälte, generell für konservative gesellschaftliche Werte, allerdings auch für weibliche Autoritäten wie die Mutter oder für misogyne Kritik an untreuen Geliebten.[28] In der Live-Aufführung in Berlin wird, wie bei den meisten Live-Shows von *The Wall*, im Laufe der Show und der einzelnen Songs eine Mauer aus mobilen Bausteinen errichtet, die dann am Ende zum „tear down the wall" spektakulär wieder eingerissen wird.[29] Im Jahr 1990 ist das *die* Musikshow weltweit schlechthin, entsprechend ‚mauernsprengend‘ sind Budget, Vermarktung mit Live-CD und -Videokassette, aber auch die Liste der Gäste, die Roger Waters bei seinem Auftritt begleiten: Neben den Scorpions und Van Morrison, Joni Mitchel, Cyndi Lauper, Sinéad O'Connor, Bryan Adams, Marianne Faithfull, Ute Lemper und noch vielen anderen hat auch die Marschkapelle der Gruppe der Sowjetischen Streitkräfte in Deutschland (GSSD) einen Gastauftritt. Waters spielt das Album *The Wall* mit seinen Gästen vollständig, mit einer kleinen Ausnahme, denn anstatt der Schlussnummer *Outside the Wall* spielt er das Lied *The Tide is Turning* von seinem Soloalbum *Radio K.A.O.S.* (1987),[30] in dem es heißt: „Who is the best / Who holds the aces / The East / Or the West / This is the crap our children are learning / But oh, oh, oh, the tide is turning."

Der Mauerfall inspiriert aber auch zu neuen Songs. In Deutschland ist etwa der Brite (und spätere Ehemann Heidi Klums) Seal 1991 mit *Crazy* besonders erfolgreich („And through a fractal on a breaking wall / I see you my friend and touch your face again / Miracles will happen as we trip"[31]) oder zwei Jahre später die Pet Shop Boys mit ihrem Village-People-Cover von *Go West* („Go West / Life is peaceful there"[32]). Hierzulande weniger bekannt, dafür in anderen Ländern in vorderen Chartsregionen vertreten, sind noch Jesus Jones mit *Right Here, Right Now* („Right here, right now / Watching the world wake up from history"[33]) als Wendesonginterpreten zu nennen.

---

[27] Alan Parker (Regie): *Pink Floyd The Wall*. Großbritannien 1982; DVD 1999 Tin Blue Ltd.

[28] Vgl. Christoph Jürgensen/Antonius Weixler: „The Real Me" – Die Geburt des Konzeptalbums aus dem Geist des Bildungsromans. In: Michael Eggers (Hg.): *Literaturpop. Zur pop- und rockmusikalischen Rezeption literarischer Texte*. Baden-Baden 2024, 209–234.

[29] Vgl. Zano Ackermann: Rocking the Culture Industry/Performing Breakdown: Pink Floyd's The Wall and the Termination of the Postwar Era. In: *Popular Music and Society* 35:1 (2012), 1–23, hier 15–17.

[30] Roger Waters: The Tide is Turning. Auf: *Radio K.A.O.S.* Columbia/EMI 1987.

[31] Seal: *Crazy*. ZTT 1990.

[32] Pet Shop Boys: *Go West*. Parlaphone 1993. Original: Village People: *Go West*. Casablanca 1979.

[33] Jesus Jones: *Right Here, Right Now*. Food/EMI/SBK 1990.

Nicht nur, aber auch was die Popmusik betrifft, war die sogenannte Wiedervereinigung eher eine Übernahme der DDR durch die BRD, anders gesagt: Nach 1990 hat es die ostdeutsche Musikszene zunächst schwer auf der (nun gesamtdeutschen) Bühne. Zwar haben einzelne Bands wie Karat oder die Puhdys ihre alten Fans noch mit neuen Konzerten und Alben versorgt, auch Silly, Stern-Combo Meißen oder die Klaus Renft Combo touren weiter (und bis heute), doch allzu viele neue oder alte Bands vermögen ihren Weg aus Ostdeutschland nicht in die gesamtdeutsche Aufmerksamkeitsökonomie zu finden. Es gibt allerdings eine große Ausnahme von der Regel, dass für ostdeutsche Musiker:innen die Wende das Ende aller Karriereträume war: Die Prinzen. Die fünf Männer der Combo, ausgebildet und sozialisiert im Leipziger Thomanerchor,[34] feiern mit ihrem A-Capella-Pop bereits in den letzten Jahren der DDR, damals noch unter dem Bandnamen Die Herzbuben, einige Erfolge, etwa mit Coverversionen von *Du hast den Farbfilm vergessen*[35] oder von The Whos *My Generation*.[36] Nach der Wende wird die Band *with a little help of a west-german friend*, nämlich Annette Humpe, produziert, auch nennen sie sich nun Die Prinzen, um nicht mit den damals ebenso größte Charterfolge feiernden Wildecker Herzbuben verwechselt zu werden. So neu aufgestellt, landet die ostdeutsche Boyband ab 1991 große Erfolge mit Hits wie *Gabi und Klaus* (1991),[37] *Küssen verboten* (1992)[38] oder, ihrem größten Hit, *Alles nur geklaut* (1994).[39] Die Prinzen sind eine der erfolgreichsten deutschen Bands der Dekade.

Die Band ist bis in die Gegenwart aktiv, insbesondere ihre beiden Frontmänner Tobias Künzel und Sebastian Krumbiegel sind als repräsentative Stimmen gefragte Gesprächspartner in Talkshows, wenn es um die Befindlichkeit jener ostdeutschen Generation geht, die noch in der DDR sozialisiert wird und die Wende dann im frühen Erwachsenenalter erlebt. Für Ostdeutsche und Osteuropäer generell wie für die Popmusiker:innen aus den bald so genannten ‚neuen Bundesländern‘ ändert sich nach dem 3. Oktober 1990 sehr viel bis fast alles – entsprechend revolutionär war der Umbruch dieser ‚Wende‘ –, aber auch im ‚alten‘ Westen ist die Zeit nach 1990 von zahlreichen Medienrevolutionen und Modeveränderungen geprägt, die wiederum auf die Popmusik auf eine bisher nie gekannte Art und Weise zurückwirken.

---

[34] Die berühmte eine Ausnahme von der Regel: Eines der Mitglieder, Jens Sembdner, war Mitglied im Dresdner Kreuzchor, nicht im Thomanerchor.

[35] Die Herzbuben: Du hast den Farbfilm vergessen. Auf: *Die Großen Erfolge '89*. Amiga 1990; Nina Hagen: *Du hast den Farbfilm vergessen*. Amiga 1974.

[36] Die Herzbuben: *My Generation*. Edition BARBArossa 1989; The Who: *My Generation*. Brunswick 1965.

[37] Die Prinzen: *Gabi und Klaus*. Hansa 1991.

[38] Die Prinzen: *Küssen verboten*. Hansa 1992.

[39] Die Prinzen: *Alles nur geklaut*. Hansa 1993.

Zuhandenheit und Affordanz oder: Von Medien- und Moderevolutionen

Am 10. Oktober 2007 geschieht Unerhörtes: Radiohead – die seit ihrem Debüt 1993 zu den innovativsten Kräften im Alternative Rock zählen und immer wieder historische Meilensteile liefern, es wird später noch von ihnen die Rede sein – stellen ihr siebtes Studioalbum *In Rainbows*[40] unter der Adresse inrainbows.com zum legalen und kostenfreien Download ins Netz. Jeder soll dabei so viel bezahlen, wie er/sie möchte („pay what you want"), und das konnten eben auch nur null Pfund sein. Hintergrund dieser Aktion ist, dass mit dem Vorgängeralbum *Hail to the Thief* (2003),[41] der Albumtitel spielt unverkennbar auf die Internetpiraterie à la Napster an, der Plattenvertrag von Radiohead mit EMI ausläuft und das Management nach neuen Wegen vorbei an den üblichen Vermarktungskanälen sucht. So wird *In Rainbows* sozusagen in zwei Popmusikkulturen zugleich veröffentlicht: Für die alte Kultur gibt es immer noch eine physische Platte mit Cover, gestaltet von Stanley Donwood, mit Booklet und ein paar Stickern, und für die neue Download-Kultur eine ZIP-Datei mit zehn Tracks in einem nicht sehr qualitätsvollen 160 kbit/s-MP3-Format, einmal als Kunst also und einmal als vollverfügbare Datei. Die Resonanz war überwältigend, sowohl bei den Kritiker:innen, die *Time* etwa nennt es „easily the most important release in the recent history of the music business",[42] als auch bei den Nutzer:innen. *In Rainbows* wird bis zum 10. Dezember, als das Downloadfenster wieder geschlossen wird, weltweit über zwei Millionen Mal heruntergeladen, wobei angeblich sechzig bis siebzig Prozent gar nichts dafür bezahlen und der Rest durchschnittlich um die sechs Pfund blecht, was für Radiohead aber dennoch direkt Einnahmen in Höhe von drei Millionen Pfund generiert, und das ja ohne große Material- oder PR-Ausgaben.[43] Aber auch die physische Version als CD und Vinyl wird ein großer Erfolg und eines der meistverkauften Alben des Jahres 2008, bis heute sind ca. drei Millionen Einheiten abgesetzt:[44] eine Marktrevolution als Megaerfolg.

Für einen kurzen Moment in der Geschichte ist eine Band damit in zwei ‚Kulturen', die sich eigentlich kaum miteinander vertragen, zugleich erfolgreich. *In Rainbows* markiert damit die Schwelle der wohl größten Kultur-

---

[40] Radiohead: *In Rainbows*. Self-Released [später: XL/TBD] 2007.

[41] Radiohead: *Hail to the Thief*. Parlophone 2003.

[42] Josh Tyrangiel: Radiohead says: pay what you want. In: *Time*, 1.10.2007, time.com/archive/6908484/radiohead-says-pay-what-you-want/ (1.3.2025).

[43] New In Rainbows Numbers Offer Lessons for Music Industry. In: *Wired*, 31.7.2008, wired.com/2008/07/new-in-rainbows/; radiox.co.uk/teatures/the-most-unusual-album-releases-of-all-time/ (1.3.2025).

[44] Paul Thompson: Radiohead's *In Rainbows* Successes Revealed. In: *Pitchfork*, 15.10.2008, pitchfork.com/news/33749-radioheads-in-rainbows-successes-revealed/ (1.3.2025).

revolution in der jüngsten Popmusikgeschichte, und dass das Album zudem auch noch musikästhetisch die Schwelle zwischen gitarrenlastigem Alternative-Rock davor und dem seitdem dominanten Elektro-Alternative markiert, unterstreicht seine Bedeutung nur noch mehr.

Um das Ausmaß dieser Kulturrevolution zu verstehen, muss man sich verdeutlichen, dass sich mit den unterschiedlichen Medien und Tonträgern zugleich die Distributions- und Verteilkanäle verändern. Philosophisch gesprochen ändert sich damit die Zuhandenheit,[45] mediensoziologisch gesprochen die Affordanz[46] der Musik. Wenn man als Teenager eine LP oder CD kaufen will, dann muss man sich natürlich gut überlegen, für welche Band oder welche Künstler:innen man das Taschengeld ausgeben mag. Entsprechend gut durchdacht muss die Wahl für ein Genre, für eine Band, für ein Album sein: In dieser ‚Kultur‘ ist das stets auch – und sogar gerade – die Wahl und Entscheidung für eine spezifische, genreabhängige Jugendkultur. Nur in einem solchen Setting kann überhaupt ein Diskurs darüber entstehen, dass Popmusik jetzt gerade und im Hier und Jetzt mindestens das allerwichtigste auf der Welt ist. Und nur in solchen Kontexten, in denen Musik in einem zusammenhängenden Albumkontext verkauft und thematisiert wird, kann ein Diskurs darüber entstehen, dass das erste Album einer Band eine ‚Marke‘ setzt, die zweite Platte dann eigentlich immer enttäuscht und das dritte Album letztlich darüber entscheidet, ob eine Band ‚Epoche‘ machen, mehr als nur ein *one hit* oder *one album wonder* bleiben wird. Solchen gerne epischen Diskussionen hat Nick Hornby in *High Fidelity* ein Denkmal gesetzt, ein Roman, der nicht zufällig 1995 erscheint und 2000 verfilmt wird, dann schon mit erkennbar elegischem Grundsound auf eine sich schon im Verschwinden befindende Musik- und Diskurskultur.[47]

Aber nicht nur Radiohead schreiben Mediengeschichte in dieser Zeit: 1991 stellt das Fraunhofer-Institut eine revolutionäre technische Innovation vor. Dem deutschen Forschungsinstitut ist es gelungen, Musik zu digitalisieren und sie dabei so zu komprimieren, dass nur die nötige und hörbare akustische Information abgespeichert wird, sodass die dafür benötigte Datenmenge relativ gering ausfallen kann: das „MPEG-1 Audio Layer-3"-Format ist geboren, seit Juli 1995 kurz „MP3" genannt.[48] Ab 1993 beginnt zudem

---

[45] Vgl. Martin Heidegger: *Sein und Zeit* [1927]. Tübingen 2001. Mit Zuhandenheit meint Heidegger im Wesentlichen die grundlegenden Merkmale von Dingen, wie sie dem Menschen im alltäglichen Umgang begegnen.

[46] Vgl. James J. Gibson: The theory of affordances. In: Robert Shaw/John Bransford (Hg.): *Perceiving, Acting and Knowing*. New York, NY 1977, 67–82; James J. Gibson: *Wahrnehmung und Umwelt*. 1982/1979 München. Gibson beschreibt damit die Handlungsmöglichkeiten, die sich durch ein Objekt ergeben, also welche Aktionen durch bestimmte Objekte evoziert werden.

[47] Nick Hornby: *High Fidelity*. London 1995; Stephen Frears (Regie): High Fidelity. USA/Vereinigtes Königreich 2000.

[48] Vgl.: Fraunhofer Institut für Integrierte Schaltungen IIS: „30 Jahre .mp3: Drei Zeichen die die Welt veränderten", 25.6.2025, iis.fraunhofer.de/de/magazin/panorama/2025/30-jahre-mp3.html (1.3.2025).

die kommerzielle Internetnutzung, wobei 1998 gerade einmal 10 Prozent der Bevölkerung „schon drin sind", wie Boris Becker in einer Werbung für einen Anbieter legendär beckert, dann aber mit steilem Anstieg: 2000 sind 29 Prozent online, 2003 wird die 50-Prozent-Marke geknackt und 2006/2007 sind dann 2/3 der Deutschen im Netz.[49]

Eine weitere historische Wegmarke wird am 1. Juni 1999 gerissen durch die Neugründung des Peer-to-Peer-Dateientauschdiensts Napster durch Shawn Fanning und Sean Parker. Was nach der Erfindung der MP3, mit der Verbreitung des Internet und nun mit Napster als Dienst ab sofort möglich wird, ist, dass man beinahe unbegrenzt Musik tauschen und sie sich ‚aus dem Netz ziehen' kann. Musik ist damit vom physischen Objekt, für dessen Besitz man in einen Laden gehen und Geld ausgeben musste, zur entmaterialisierten, digitalen, grenzenlos und kostenlos (wenn auch zunächst noch illegal) verfügbaren Datei geworden. Über Nacht hat sich der bisher übliche Verbreitungs- und Distributionsweg für Popmusik komplett verändert, hat sich ihr ökonomischer Wert gleichsam pulverisiert. Der Dienst wird in dieser illegalen Form zwar nur bis Juli 2001 betrieben, schon Ende 2000 schließt Napster einen Kooperationsvertrag mit Bertelsmann, ab 2005 versucht sich die Firma als legale Vermarktungsbörse. Doch entscheidend sind die Jahre 1999 bis zur Schließung im Juli 2001, denn innerhalb dieser wenigen Monate lässt Napster den Musikmarkt förmlich implodieren.[50]

Überhaupt wird in ‚unseren' anderthalb Jahrzehnten das Musikbusiness durch die Medienrevolutionen einmal auf links gedreht: Während sich zum Zeitpunkt der deutschen Wiedervereinigung Vinyl, CD und Kassetten den Markt relativ harmonisch zu ca. je einem Drittel teilen, hat gemessen am Gesamtumsatz in Deutschland die Musikkassette ihren Höhepunkt am Marktanteil im Jahr 1991, die CD im Jahr 1997 und das Musikvideo 2004.[51] 1990 durchbricht der Musikmarkt erstmals in seiner Geschichte die 2-Milliarden-Euro-Umsatz-Schallmauer (in Euro umgerechnet, den es damals freilich noch nicht gibt) und erreicht 1997 seinen historischen Höhepunkt mit ca. 2,7 Milliarden, bleibt auf diesem Plateau dann für ein paar Jahre stabil, bevor er zur Jahrtausendwende regelrecht einbricht, von 2000 bis 2003 sehr schnell auf 1,75 Milliarden sinkt und sich bis 2014 gar auf unter 1,4 Milliar-

---

[49] Hansjörg Leichsenring: 50 Jahre Internet – Wachstum ohne Grenzen? Entwicklung der Internetnutzung in Deutschland und der Welt, 30.8.2019, der-bank-blog.de/50-jahre-internet/studien/digitalisierung/37657123/ (1.3.2025).

[50] Im Jahr 2000 dominieren CDs noch auf dem Musikmarkt, ihr Anteil an allen verkauften Tonträgern liegt bei ca. 90 Prozent, geht bis 2007 in den USA auf 82 Prozent zurück, liegt 2012 dann nur noch bei 34 Prozent in den USA, bei 43 Prozent in Großbritannien und bricht dann bis zu den 2020er Jahre auf unter 5 Prozent ein. Vgl. musikindustrie.de/wie-musik-zur-karriere-werden-kann/markt-bestseller/musikindustrie-in-zahlen-2024 (1.3.2025).

[51] Vgl. Florian Drücke/Bundesverband der Musikindustrie: *Musikindustrie in Zahlen. 2014*, musikindustrie.de/fileadmin/bvmi/upload/06_Publikationen/MiZ_Jahrbuch/bvmi-2014-jahrbuch-musikindustrie-in-zahlen-epaper.pdf (1.3.2025).

den halbiert.[52] Anders formuliert: Das Jahr 2006 ist insofern eine historische Wegmarke, als es den endgültigen Umbruch zur Digitalisierung der Musik markiert, und diese Digitalisierung lässt den Musikmarkt innerhalb weniger Jahre um gut ein Drittel schrumpfen, was nicht nur ökonomische, sondern auch und sogar vor allem kulturelle Folgen hat.

Zusammen mit weiteren technischen Innovationen verändert sich die Wertigkeit von Musikbesitz radikal.[53] Ab Mitte der 1990er werden CD-Brenner zunehmend billiger, 1997 stellt Philips den CDR 870, einen bezahlbaren Audio-CD-Recorder vor. Jetzt können CDs zu Hause gebrannt werden, sowohl mit normalen Musikdateien als auch mit Dateien im MP3-Format, wodurch man 150 bis 200 Songs auf eine CD bekommt. 2001 zirkulieren dann erstmals mehr gebrannte als verkaufte CD-Alben.[54] Ebenfalls 2001 bringt Apple mit dem iPod einen transportablen Musikplayer auf den Markt, der beliebig oft und mit immer neuer Musik geladen werden kann (im Unterschied zur einmal gebrannten CD), 2003 geht der iTunes Store an den Start als eine legale Alternative zum illegalen Musikdownload. Bis 2010 steigt die Zahl der illegal heruntergeladenen Songs auf 900 Millionen. Mit Spotify, gegründet als legale Alternative zur Musikpiraterie, beginnt das Zeitalter des Streamings. Ab sofort muss niemand mehr Songs herunterladen, wodurch der Besitz von Songs im MP3-Format obsolet wird.

Die kulturellen Folgen, die all diese Medienrevolutionen für die Popmusik, aber auch für die Jugend- und Alltagskultur bedeuten, sind gravierend. Auf den ersten Blick mag strukturell über all die Jahre und austauschbaren Medien- und Datenträger ja durchaus eines gleich geblieben sein: Egal ob Mixtape auf dem Walkman, selbstgebrannte CD, gespeicherte Musiksammlung auf dem iPod oder Playlist von Spotify, es ändern sich nur die Möglichkeiten, aber immer kann man sich seine Musik individuell zusammenstellen, sein eigener DJ, Sammler, Archivar sein – und kann ‚seine' Musik mit den besten Freund:innen oder vor allem natürlich mit der großen Liebe teilen, siehe Mixtape-Kultur. Und doch könnten die (jugend- und musik-)kulturellen Unterschiede größer kaum sein. Auf eine einfache Formel für Kauf und Besitz gebracht: Umso zeitaufwendiger die Produktion, desto wertvoller (im ideellen, nicht nur monetären Sinne) das Produkt, desto sentimentaler die Erinnerung daran, desto stärker die Hoffnung auf ein Comeback, was sich etwa seit einigen Jahren an der neuen Liebe zu Vinyl zeigt.

Eng damit zusammen hängt der Status, den eine LP- oder CD-Sammlung in einem Kinder-, Jugend- oder Wohnzimmer einnimmt. Eine stattliche LP-Sammlung war einmal ein Statussymbol, später hat eine gute CD-Sammlung

---

[52]Vgl. ebd.

[53]Vgl. Robert Seifert: *Popmusik in Zeiten der Digitalisierung. Veränderte Aneignung – veränderte Wertigkeit*. Bielefeld 2018, 189–216.

[54]Vgl. Drücke/Bundesverband der Musikindustrie.

an dieser Werthaftigkeit noch relativ strukturanalog teil: Lernt man jemanden neu kennen, entscheidet der kritische Blick auf und über die LP- und/oder CD-Musiksammlung letztlich nicht unwesentlich darüber, ob man die Frau, den Mann oder eine:n Freund:in fürs Leben gefunden hat, oder dem DJ-Ötzi-Fan mit seiner *Anton aus Tirol*-Platte[55] oder der/dem *Schnappi, das kleine Krokodil*-Käufer:in[56] – das sind die erfolgreichsten Singles der Jahre 2000 und 2005 in Deutschland – lieber freundlich, aber doch distanziert-bestimmt noch ein gutes Leben wünscht. Zur Präsentation der Sammlung gehört natürlich das passende Möbelstück, für die Einrichtung eines Jugendzimmers eine damals prägende Wahl, wobei das Design der CD-Ständer der 1990er Jahre sicherlich so ziemlich zum schlimmsten gehört, was die Menschheit in der Möbelweltgeschichte hervorgebracht hat. All das verschwindet, wenn man Musik über eine App streamt.

Was die Ritualisiertheit angeht, kommt natürlich nichts an den Umgang mit der klassischen LP heran. Das Blättern in der Plattensammlung, das Ritual, die Platte aus der Hülle zu nehmen, wofür man ja überhaupt schon wissen und gelernt haben muss, wie und wo man diese Dinger anfassen darf, die richtige Seite durch Drehen und Besehen zu finden, auf den Plattenteller zu legen, mit der Schallplattenbürste zu reinigen, den Spieler einzuschalten (und darauf zu achten, ob 33 oder 45 eingestellt ist), die Nadel in die genau richtige Position zu bringen, auf den Hebel drücken, aufs erste Knacken im Lautsprecher zu hören, bevor der Sound dann kickt, das ist ein Prozedere von beinah unschlagbarem Ritualwert. Zuhandenheit und Affordanz, von denen schon die Rede war, sind hier durchchoreografiertes Ritual.

Auch die Musikkassette fordert noch Zeit und Muße, beim Aufnehmen wie beim Abspielen, und wer, der je eine Kassette besaß, kann sich nicht daran erinnern, mit einem Stift endlos in der Spule drehend einen Bandsalat beseitigt zu haben oder den einen Song spulend zu suchen? Ebenso muss eine CD aus der Hülle geholt und im Player positioniert werden, aber danach wird alles spielend leicht, erstmals lassen sich bei ihr einzelne Lieder zielsicher anwählen, lassen sich einzelne Songs in Dauerschleife hören – wobei diese ‚Repeat One'-Funktion für so manche pubertäre Identitätsentwicklung eine ziemlich bedeutende Neuerung gewesen sein dürfte.

Schon mit den CD-Brennern verschwinden nicht nur die stolz präsentierten Sammlungen aus den Jugend- und Wohnzimmern (für Gebranntes gibt es kleine Taschen, in denen man dutzende der handbeschrifteten CDs mittragen kann), auch diese Entwicklung verstärkt sich mit Download und Streaming noch einmal. Was damit aber vor allem verschwindet, ist das Album als eine zusammenhängende künstlerische Einheit mit einer Song-

---

[55]DJ Ötzi: *Anton aus Tirol*. EMI Austria 2000.
[56]Schnappi [i.e. Joy]: *Schnappi, das kleine Krokodil*. Polydor 2004.

Dramaturgie, bei LPs noch mit der Wahl, was auf die A- und was auf die B-Seite kommt. Besonders gravierend ist der Bedeutungsverlust aber für das Albumcover, das vom großformatigen LP- zum kleineren CD-Format schon marginalisiert wird, sowie das Booklet (mit abgedruckten Lyrics, Bandfotos und -geschichten), das beim Streaming sogar ganz wegfällt. So etwas wie Konzeptalben und Rockopern, also Alben, die einen engen dramaturgischen und narrativen Zusammenhang der Songs aufweisen, weil sie eine Geschichte erzählen wollen, widersprechen den Hörgewohnheiten im Streamingzeitalter – wodurch sie natürlich umso seltener werden und dadurch inszenatorisch als ästhetisches Hochwertphänomen umso mehr Distinktionsgewinn versprechen.[57]

Der Albumzusammenhang wird allerdings schon vor dem Streamingzeitalter von *compilations* aufgelöst, ein Phänomen, das in den Neunzigern seinen kommerziellen und kulturellen Höhepunkt feiert. Die *Now That's What I Call Music*-Reihe beginnt 1983 und hat inzwischen 121 Volumes erreicht,[58] die *KuschelRock* startet 1987 und ist derzeit bei der Nr. 37 angekommen,[59] die *Bravo Hits* legen 1992 los und erreichen bis 2021 satte 115 Ausgaben.[60]

Mit der Digitalisierung und im Zeitalter von Streaming und YouTube bestimmt dann nicht mehr die Band oder die Plattenfirma die Reihenfolge der Songs auf einem Album oder einer *compilation*, jetzt übernimmt der Algorithmus die kaum durchschaubare Kontrolle, welches Lied man als nächstes hört (oder zumindest welches einem vorgeschlagen wird). Und weil man schnell weiterklickt, wenn einem etwas nicht direkt gefällt, ändert sich mit dem Streaming auch die Songstruktur, Lieder werden ab sofort anders gebaut. Letztlich verschwindet mit Spotify das Intro aus der Musikgeschichte, Songs müssen jetzt einfach schnell ballern und ‚da' sein, ein Pink-Floyd-esker Songaufbau oder langsame Fade-ins funktionieren in dieser Welt nicht mehr.

Wenn man der Digitalisierung etwas Positives abgewinnen möchte, dann kann man vielleicht so etwas wie eine Demokratisierung von Produktion und Angebot nennen.[61] Durch digitale Tools wird eine Do-it-Yourself-Musikproduktion relativ normal und für alle erschwinglich. Auch gibt es keine Plattenfirmen, Labels, Verkaufsmärkte und Radiostationen als Gatekeeper mehr, jeder kann jetzt Musik veröffentlichen, ein Prinzip, für das vor allem YouTube steht, schon im Namen ausgedrückt, was ja so viel wie ‚du sendest' heißt. Diese tendenziell globale Reichweite aller ist allerdings um den Preis der niedrigen Margen für die Künstler:innen erkauft. Etablierte Bands reagieren darauf, indem ihre Konzerte teurer werden. Auch das ist eine Folge des

---

[57]Vgl. Jürgensen/Weixler: The Real Me, 209–234.

[58]*Now That's What I Call Music*. Universal 1983-heute.

[59]Various Artists: *KuschelRock*. CBS/Columbia; später Sony 1987-heute.

[60]Various Artists: *Bravo Hits*. EastWest 1998–2021.

[61]Vgl. Seifert: *Popmusik in Zeiten der Digitalisierung*, 317.

Streamingzeitalters: Die dauerverfügbare Kunst ist nahezu völlig entwertet, die einmalig-authentische Live-Kunst wird zur eigentlichen Ware.

Kommen wir noch einmal auf die Folgen für die Jugendkultur zurück und was es auch bedeutet, wenn man sich mit dem wenigen Taschengeld bewusst für eine Band, ein Genre und damit für eine Subkultur entscheiden muss: Wenn wir eine Schulklasse zu Beginn der 1990er Jahre besuchen, dann werden wir dort Jungs mit Vokuhila- sowie Mädels mit Föhn-Frisuren treffen, vielleicht sogar noch Kids in Stonewashed Jeans oder sogar schon welche in Baggy-Pants oder in Oversized-Marken-Pullis. In der Pause wird man sich über Musik unterhalten, man wird Mixtape-Kassetten und bald selbstgebrannte CDs tauschen, vor allem aber wird man von der Mode- auf den Musikgeschmack und umgekehrt schließen können. Nun wird kaum jemand, der nicht als Berliner Hyperretro-Hipster reüssieren will, den Frisuren oder Jeansschnitten dieser Zeit nachtrauern, aber um was es hier eigentlich gehen soll, das ist der Status der Popmusik für die Jugendkultur generell, und dieser wird sich innerhalb von etwas mehr als einem Jahrzehnt deutlich ändern. Ist bereits im Beitrag über die 1980er Jahre in diesem Band über die Revolution, die das Mixtape und der Walkman angestoßen haben, von einer Privatisierung der persönlichen Musikarchive und einer neuen Unübersichtlichkeit die Rede, so verstärken und beschleunigen sich diese Entwicklungen in den Neunzigern noch einmal kategorial: Aus der Unübersichtlichkeit wird die Gleichzeitigkeit des Ungleichzeitigen und ein Nebeneinander der Stile, eine Parallelität unendlicher Möglichkeiten, sowohl in ästhetischer als auch in technischer Hinsicht.

Zu Beginn der Neunziger ist die Popmusik noch ein zentraler Faktor für die Wahl der Kleidung, der Frisuren, für den Freundeskreis, generell für den jugendkulturellen Lebensentwurf, und damit ja für nichts weniger als die eigene Identität, die man bekanntlich vor allem mit Beginn der Adoleszenz ausbildet, politische Orientierungen wie Fragen der Diätetik – und das meint jugendkulturell gemünzt natürlich u. a.: die Wahl und Art des Drogenkonsums – eingeschlossen. Mitte der Nullerjahre hingegen setzt eine Entwicklung ein, durch die Popmusik vom genrebezogenen Identitätsstifter tendenziell zu einem „Hintergrundrauschen"[62] und bloßen Alltagsbegleiter wird. In den Neunzigern ist die Identifikation mit einem bestimmten popmusikalischen Genre deshalb so entscheidend, weil es in der Jugendkultur um Distinktion geht, man will eben anders sein als all die anderen in der Klasse, selbst wenn dann alle/viele letztlich genauso aussehen, wie ihre Pop-Idole, die sie sich auf Postern und/oder Starschnitten ins Kinderzimmer hängen. Ab Mitte der Nullerjahre geht es tendenziell nicht mehr um Distinktion, sondern um Inklusion, man will sich nicht mehr von den anderen unterscheiden und

---

[62] Ebd., 318.

nicht mehr anecken, dazu wird die Angst vor einem Shitstorm viel zu groß, jetzt will man dazugehören. Überhaupt ist die Abgrenzung von den Eltern für die Millennial-Generation kein großes Thema, entsprechend braucht es keine Identifikation mit bürgererschreckendem *Sex, Drugs and Rock 'n' Roll* mehr.[63]

Paralyseparty: Grunge und Generation X

Dass Grunge als der Seattle-Sound der ‚big four' Nirvana, Pearl Jam, Soundgarden und Alice in Chains gilt, erzählt uns viel über den Einfluss von Produzenten und Labels auf Musiktrends. In der Westküstenstadt im hohen Norden der USA hat sich über die mittleren und späten 1980er Jahre hinweg eine feine, gar nicht so kleine Indie- und Underground-Musikkultur etabliert, aber in welcher halbwegs großen Großstadt wäre das je anders? Dass sich daraus ein eigenständiger, unverwechselbarer Sound entwickelt – der, mit Bourdieu gesprochen, eine neue, bisher nicht bekannte Position im popmusikalischen Feld freilegt und besetzt –, ist dann schon etwas ungewöhnlicher, und liegt vor allem an einem Label und einem Produzenten: Unter dem Dach des Labels Sub Pop finden Bands wie Green River, The Melvins und Mudhoney zusammen, die heute kaum noch jemand kennt, die aber für die Entwicklung des Grunge-Sounds eine zentrale Rolle spielen. Produziert werden die meisten Sub-Pop-Platten von Jack Endino, bei dem ein gewisser Kurt Cobain sein erstes Demo aufnimmt und der dann auch Nirvanas Debütalbum *Bleach* abmischt.[64] Endino beschreibt den von ihm mitentwickelten Sound einmal als „seventies-influenced, slowed-down punk music",[65] und gerade zum Punk gibt es nicht nur aus Produzentensicht große Ähnlichkeiten. Der ‚dreckig' und unpoliert klingende Sound von Punk und Grunge resultiert zumindest anfänglich aus den einfachen, billigen und schnellen Produktionen, das macht beide Stile perfekt für Indie-Bands mit kleinen Budgets und *low key* Do-it-Yourself-Ideal.[66] Diesen Sound ‚Grunge' zu nennen, war dann nur eine Marketingstrategie von Sub Pop, also letztlich bewusstes Label-Making.

---

[63] Laut J.J. Arnett erfolgen die typischen Abgrenzungsschritte vom Elternhaus wie Auszug, Berufs- und Partnerwahl sowie die eigene Familiengründung immer später, ein Phänomen, das er „Emerging Adulthood" nennt. Vgl. Jeffrey Jensen Arnett: Emerging adulthood: A theory of development from the late teens through the twenties. In: *American Psychologist* 55/5 (2000), 469–480.

[64] Nirvana: *Bleach*. Tupelo/Sub Pop 1989.

[65] Michael Azerrad: Grunge City: The Seattle Scene. For real rockers, Seattle is the ultimate Wet Dream. In: *Rolling Stone*, 16.4.1992, rollingstone.com/music/music-news/grunge-city-the-seattle-scene-250071/ (1.3.2025).

[66] Catherine Strong: *Grunge: Music and Memory*. London 2016, 18.

Name und Sound sind so neu dabei nicht. Dass Kurt Cobain in seinem Abschiedsbrief etwa Neil Young zitiert,[67] ist durchaus als Traditionsverhalten zu verstehen, denn der kanadische Altrocker wird als der „Godfather of Grunge" bezeichnet.[68] Dieses Label verdankt er neben Cobain noch Sonic Youth und anderen, die ihn als wichtigstes Vorbild nennen,[69] mit Pearl Jam macht er 1995 sogar eine ganze Platte, *Mirror Ball*.[70] Das hat deshalb einige Berechtigung, weil die Bezeichnung ‚Grunge' schon viel älter als die Indie- und Underground-Strömung aus Seattle ist. Wann immer seit den 1970er oder -80er Jahren Bands mit unsauber gespielten Gitarrenriffs, Rückkoppelungen oder anderen Techniken versuchen, den üblichen und oft allzu glatten, im Studio perfekt polierten Rocksound zu irritieren, wird das als ‚grunge' im Sinne von ‚rau', ‚dreckig' beschrieben. Neben The Velvet Underground, den MC5, Iggy and the Stooges galten eben Neil Young und seine Begleitband Crazy Horse als Vorreiter dieser schroffen Gitarrenverzerrung.

Damit sich aus dieser produktiv-gärenden Mischung an der Peripherie, weit abseits der großen popmusikalischen und popkulturellen Zentren der USA, etwas entwickeln kann, das über den Großraum Seattle hinaus wirkt und weltweit Wellen schlägt, braucht es einerseits einen Megahit, wie ihn Nirvana mit *Smells Like Teens Spirit* 1991 abliefern.[71] Andererseits hilft natürlich ein Album, dass das musikalisch-ästhetische Genie des einen Hits bestätigt und produktiv weiterträgt, das unterscheidet ein *one hit wonder* von einer global wirksamen Musikgattung. *Nevermind* ist so ein Geniestreich, wie er wohl nur selten in der Musikgeschichte gelungen ist, aber diese Geschichte wird an einer anderen Stelle erzählt. Endgültig zum globalen Genre-Phänomen wird Grunge, weil auch andere Bands aus Seattle den unverwechselbaren Sound weiter festigen und auf epochemachenden Alben popularisieren, allen voran sind hier Pearl Jam mit dem Album *Ten* (1991),[72] Soundgarden mit *Badmotorfinger* (1991)[73] und Alice in Chains mit *Dirt* (1992)[74] zu nennen. Ihr Erfolg macht den Alternative Rock und speziell Grunge zu Beginn der 1990er zur erfolgreichsten und populärsten Rockgattung der Zeit.

Grunge ist aber viel mehr als ‚nur' eine Musikrichtung, Grunge ist *der* Sound einer ganzen Generation, der *Generation X*, die gerne mal ‚Lost Ge-

---

[67] Im Abschiedsbrief schreibt Cobain: „I'm too much of an erratic, moody baby! I don't have the passion anymore, and so remember, it's better to burn out than to fade away. Peace, love, empathy. Kurt Cobain". Er zitiert damit Neil Young mit seinem Song *Hey Hey My My*, auf: Neil Young & Crazy Horse: *Rust Never Sleeps*. Reprise 1979.

[68] Steve Martin: The Godfather of Grunge. In: *Pulse!* (Dezember 1991), hyperrust.org/Words/Pulse1191.html (1.3.2025).

[69] Vgl. ebd.

[70] Neil Young: *Mirror Ball*. Reprise/Epic 1995.

[71] Nirvana: *Smells Like Teen Spirit*. Sub Pop 1991.

[72] Pearl Jam: *Ten*. Epic 1991.

[73] Soundgarden: *Badmotorfinger*. A&M 1991.

[74] Alice in Chains: *Dirt*. Columbia 1992.

neration', „*slacker*' oder ‚MTV Generation' genannt wird. Ihr populärster Name geht auf *Generation X. Tales for an Accelerated Culture* (1991) von Douglas Coupland zurück, einer Novellensammlung im klassischen Stil des *Decamerone*, in der sich eine Reihe von Figuren, die im Coachella Valley in Kalifornien leben, gegenseitig Geschichten aus ihren desillusionierten Leben erzählen.[75] Lauter Novellen vom Scheitern daran, nach erfolgreichem Universitätsabschluss irgendwie im Leben anzukommen. Stattdessen hängen die Protagonisten in unterbezahlten, unqualifizierten Jobs fest und zelebrieren ihre Quarter-Life-Crisis bzw., wie es im Text heißt, den „Mid-Twenties Breakdown".[76] Der Text ist gespickt mit solchen Wortneuschöpfungen, die das Lebensgefühl dieser Zeit kongenial ausdrücken, wie etwa dem „Meism"[77] als eine Jeder-ist-sein-Personal-Jesus-Ersatzreligion, dem „Boomer Envy"[78] als Bewusstsein des Wohlstandsabstiegs oder dem „Decade Blending" als Beschreibung des generationellen Kleidungsstils, in dem der eigene Stil dadurch entsteht, dass man Klamotten aus unterschiedlichen Jahrzehnten und Szenen zusammenshoppt, etwa grungetypisch Baumfällerhemden mit Skaterschuhen kombiniert.[79]

Generell wird die Generation X in der Soziologie als jene Kohorte der grob zwischen 1965 und 1980 Geborenen beschrieben, die z. T. erlebt, dass beide Elternteile berufstätig sind, dass die Scheidungsrate steigt – eine Generation also, die zwar mit mehr Wohlstand, aber weniger behütet allein vor dem Fernseher aufwächst.[80] Die erste wohlstandsverwahrloste Generation mithin, die einerseits als Friedensgeneration aufwächst, wobei andererseits diese Aussicht auf Freiheit zu Zukunftsangst und dem Gefühl einer generellen Sinnlosigkeit führt.

Hinzu kommt noch, dass nach dem Mauerfall zwar der Kapitalismus über den Sozialismus siegt, jener Kapitalismus bei einbrechender Konjunktur (Stichwort ‚Einigungskrise') aber ziemlich frei dreht und seine ökonomische, wettbewerbliche Verdrängungslogik auch noch auf letzte gesellschaftliche Bereiche und Institutionen ausweitet, was zu einer ausgeprägten wirtschaftlichen Depression bei jungen Menschen führt, die diese ökonomischen Zwänge auszubaden haben: Zwar in einigem Wohlstand aufgewachsen, wird

---

[75] Douglas Coupland: *Generation X. Tales for an Accelerated Culture*. New York, NY 1991.

[76] Ebd., 27. Dort definiert als: „A period of mental collapse occurring in one's twenties, often caused by an inability to function outside of school or structured environments coupled with a realization of one's essential aloneless in the world."

[77] Ebd., 126. Dort definiert als: „A search by an individual, in the absence of training in traditional religious tenets, to formulate a personally tailored religion by himself."

[78] Ebd., 21: Dort definiert als: „Envy of material wealth and long-range security accrued by older members of the baby boom generation by virtue of fortunate births."

[79] Ebd., 15. Dort definiert als: „In clothing: the indiscriminate combination of two or more items from various decades to create a personal mood".

[80] Vgl. Guido Jablonski: *Generation X. Selbst- und Fremdbeschreibung einer Generation. Eine literaturwissenschaftliche Studie*. Düsseldorf 2002.

dieser Generation schnell klar, dass sie vermutlich wirtschaftlichem Abstieg entgegenblickt. Der Konsumverzicht der Generation X ist damit Zwang, Reaktion und Rebellion zugleich.[81]

Grunge trifft also den Nerv dieser Generation. Wenn wir in die Lyrics der Grunge-Klassiker reinhören, dann hören wir vor allem in die Innenwelt von angsterfüllten, an sich selbst verzweifelten, sozial entfremdeten („something in the way"[82]), vernachlässigten, isolierten („I'm so lonely"[83]), ja psychisch oder von Sucht traumatisierten Figuren („It is now my duty to completely drain you / I travel through a tube and end up in your infection / Chew your meat for you"[84]). Coupland nennt dies „Option Paralysis"[85] und einen „Cult of Aloneness".[86] Bei aller Introspektion zeigt sich zwar der Wunsch nach Freiheit und sozialer Integration, doch irgendwie passt man einfach nicht in diese Welt. Die prägenden Sänger des Grunge wie Kurt Cobain, Eddie Vedder und Chris Cornell transportieren dieses Gefühl allein schon durch ihre Stimmen und ihren Gesang, diese „smells like teen[]"-Angst wird weltweit verstanden, selbst wenn man den Lyrics nicht immer zu folgen vermag: Als „borderline out-of-tune vocals"[87] wird der Grungegesang einmal bezeichnet, gerade deshalb passt das zu den Lyrics über das out-of-tune- und Nicht-Dazuzugehören-Gefühl der Jugendlichen: „Teenage angst has paid off well".[88]

Auch modisch ist Grunge in erster Linie eine Anti-Konsum- und Anti-Style-Bewegung: „the less you spent on clothes, the more ‚coolness' you had".[89] Dass Flanellhemden zur Grunge-Tracht werden, liegt übrigens daran, dass in den Second-Hand-Läden in und um Seattle vor allem die Klamotten der Holzfäller der Region besonders billig zu bekommen waren. Vom Punk wird dabei nicht nur das Anti-Konsumistische übernommen, sondern auch die bewusst ungepflegte Erscheinung, häufig mit langen, ungewaschenen und konsequent ungekämmten Haaren.

Kurt Cobain und Courtney Love werden zum stilprägenden Power-Couple, was die *Vogue* stil- und trendsicher erkennt und die beiden schon 1993 zum Shooting bittet. Das schlampig-schnoddrige Outfit von Cobain mar-

---

[81] Erneut findet Coupland prägnante Formulierungen für dieses Generationengefühl. So führe die getrübte Zukunftsaussicht zu Gegenwartsflucht oder einem „Now Denial" (Coupland: *Generation X.*, 41) und die „diminishing expectations of material wealth" zu einer Philosophie der „Lessness" (ebd., 144), also zu einer Verweigerung, das Leben als eine Anhäufung von Statussymbolen zu begreifen.

[82] Zit. nach Nirvana: Something in the Way. Auf: *Nevermind.* Sub Pop/DGC 1991.

[83] Zit. nach Nirvana: *Lithium.* Sub Pop/DGC 1992.

[84] Zit. nach Nirvana: Drain You. Auf: *Nevermind.*

[85] Coupland: *Generation X*, 139: Dort definiert als: „The tendency, when given unlimited choices, to make none."

[86] Ebd., 69.

[87] Bill Clark: Deep Cuts: Grunge. In: *Bullz-eye*, bullz-eye.com/2007/04/29/deep-cuts-grunge/ (1.3.2025).

[88] Nirvana: Serve the Servants. Auf: *In Utero.* DGC 1993.

[89] Catherine Strong/Derek Scott/Stan Hawkins: *Grunge: Music and Memory*. Farnham 2011, 2, 19.

kiert für den Kolumnisten Alex Frank gar eine androgyne „antithesis of the macho American man". Frank erklärt weiter: „He was an avowed feminist and confronted gender politics in his lyrics. At a time when a body-conscious silhouette was the defining look, he made it cooler to look slouchy and loose, no matter if you were a boy or a girl. And I think he still represents a romantic ideal for a lot of women."[90] Und Julianne Escobedo Shepherd ergänzt über Cobains Stil: „Not only did he make it okay to be a freak, he made it desirable."[91]

Courtney Love wiederum, auch das lässt sich am *Vogue*-Shooting sehr schön ablesen, steht Patin für den sogenannten „kinderwhore style", den sie zusammen mit ihrer früheren Mitbewohnerin und Sängerin der Band Babes in Toyland, Kat Bjelland, kreiert. Gerne verwendet für diesen Stil werden sogenannte ‚Babydoll'-Negligés und -Nachthemden, niedliche Kleider mit Peter-Pan-Kragen, knielange Strümpfe oder zerrissene Strumpfhosen, kombiniert mit möglichst auffälligem, meist knallrotem Lippenstift sowie tief schwarzem Makeup um die Augen. So entsteht eine Mischung, die sowohl niedlich und süß, als auch punkig, sexy und verrucht wirkt. Love will damit die „psychosexual aspects of rock music" verändern, sie versteht ihren Stil als eine subversive Ironisierung weiblicher Mode für den männlichen Blick (Stichwort *male gaze*, wie man das später nennen wird), so in einem Interview 1994.[92] Und die kanadische Sängerin Barber-Way wird 2017, dann also bereits aus der Retrospektive, ihre „Kinderwhore Education" als „intentionally taking the most constraining parts of the feminine, good-girl aesthetic, inflating them to a cartoon level, and subverting them to kill any ingrained insecurities" beschreiben.[93] Für sie steht dieser Modestil für eine emanzipative Geste, da die Musikerinnern in diesen Outfits „tall and confident" auf der Bühne stehen, mit ihren Gitarren „like weapons" und dazu „whip-smart feminist lyrics"[94] singend oder grölend.

Erstmals ist damit ein Stil und eine Performanz in der Welt, in der Frauen objektifizierende und sexualisierende Modeformen, die für den männlichen, begehrenden Blick entworfen wurden, einsetzen und durch performative, fast schon parodistische Überzeichnung zu einer emanzipativen Geste des feministischen Empowerments wenden. Dieser Move, aus einer negativen oder objektifizierenden Fremd-, eine positive Selbstbeschreibung zu machen, ist in der Popmusik für Sängerinnen seitdem strukturbildend (und etwa gegen-

---

[90] Zit. nach Chioma Nnadi: Why Kurt Cobain Was One of the Most Influential Style Icons of Our Times. In: *Vogue*, 8.4.2014, vogue.com/article/kurt-cobain-legacy-of-grunge-in-fashion (1.3.2025).

[91] Zit. nach ebd.

[92] David Fricke: Courtney Love: Life Without Kurt. In: *Rolling Stone*, 15.12.1994, rollingstone.com/music/music-news/courtney-love-life-without-kurt-81520/ (1.3.2025).

[93] Mish Way: My Kinderwhore Education. In: *Vice*, 20.7.2015, i-d.co/article/my-kinderwhore-education/ (1.3.2025).

[94] Ebd.

wärtig besonders ausgeprägt im Deutschrap von Frauen zu beobachten).
Kurt Cobain und Courtney Love stehen damit zwar nicht direkt am Beginn,
aber doch für eine in den neunziger Jahren in großer Breite einsetzende und
sich seitdem immer weiter auffächernde Ausdifferenzierung von Geschlechterrollen gerade auch in und durch die Popmusik. Love und ihre Band Hole
wiederum sind beileibe nicht die einzigen, die im Popbusiness mit innovativer Ästhetik, Performance und Selbstinszenierung Geschichte schreiben, und
das überdies mit feministischem Empowerment verbinden, im Gegenteil,
jetzt und hier in unserer Geschichte ist die Zeit der neuen Frauen und der
vielen neuen Frauenbilder im globalen Popland.

Dritte Welle und „Genderless Women" – neue Frauen im Popland

Kastration gehöre zu Hause zu ihren alltäglichen Aufgaben, wird einem
sichtlich geschockten Jay Leno, Host der *Tonight Show*, und einer vermutlich kaum weniger geschockten US-Öffentlichkeit 1993 von einer jungen
Frau aus Dorset erklärt, und das sei gar nicht so schwer: „you have to ring
their testicles with a rubber band [...] and after about two weeks, they drop
off."[95] Was war passiert? Alles beginnt damit, dass PJ Harvey ihren Live-
Auftritt in der *Tonight Show* alleine bestreiten muss, nur von ihrer Gitarre
begleitet, da sie sich kurz nach Erscheinen ihres Debütalbums von ihren
Bandmitgliedern getrennt hat. Alleine, doch unvergleichbar selbstbewusst
auf der Showbühne steht also eine zierliche Frau im goldenen Cocktailkleid,
mit knallrotem Lippenstift und gegelten Haaren, und performt den Titelsong *Rid of Me*, zu Beginn noch ganz ruhig singend: „You're not rid of me,
mmm / You're not rid of me".[96] Zusammen mit der Wehklage „I beg you,
my darling / don't leave me, I'm hurting" steigert sich der Gesang nach
und nach zur immer rockiger werdenden Gitarre bis zur am Ende vielfach
wiederholten, selbstbewussten Forderung „lick my legs, I'm on fire / lick
my legs of desire". Ihr Falsetto-Gesang klingt dabei für manche „involuntary
and unnaturally girlish, a genderless being's impression of women".[97] Leno
weiß sich nach dem Auftritt dieser wortgewaltigen Ausnahmedichterin und
nicht minder innovativen Ausnahmemusikerin nicht anders zu helfen, als sie
auf Hausfrauendasein und Klischeemädchenrollen zu reduzieren und fragt
also in typischer Altmännerschmierigkeit danach, ob sie zu Hause auf der
Schafsfarm in England auch immer noch brav bei der Hausarbeit helfe. Die

---

[95] Siehe youtube.com/watch?v=KBZoL8wpZzU&list=RDKBZoL8wpZzU&start_radio=1 (1.3.2025).

[96] PJ Harvey: *Rid of Me*. Island 1993.

[97] Judy Berman: Albums: Rid of Me. PJ Harvey. In: *Pitchfork*, 16.9.2018, pitchfork.com/reviews/albums/
pj-harvey-rid-of-me/ (1.3.2025).

Antwort mit der Kastration ist vielen natürlich viel zu spitz und schlagfertig, mit so viel weiblichem Selbstbewusstsein kommen nicht alle Kritiker klar, „castrating bitch-queen" ist einer der Beinamen, den sie seitdem kaum noch loswird.[98]

PJ Harvey will keine Feministin sein, grenzt sich sogar immer wieder explizit davon ab – es gehe „nicht um die Geschlechter, sondern ums Leben" sagt sie einmal –, und doch strahlt sie diese intensive, „nackte, rohe, selbstbestimmte Sexualität" aus.[99] Als Polly Jean Harvey von Hippieeltern auf einer Schaffarm großgezogen und schon früh musikalisch in allen möglichen Stilen und Richtungen sozialisiert, mischt die Singer-Songwriterin in ihren Songs Punk und Grunge, Pop und Rock, Jazz, Goth und Trip-Hop, dazu ist sie eine der poetischsten Dichterinnen der Popmusikgeschichte. Schon für ihr punkiges Debütalbum *Rid of Me* (1993) wird sie von der Kritik gefeiert, ihre direkten, sehr emotionalen, sexuell expliziten Lyrics sind neu und rau, verstören daher auch nicht selten, manche nennen sie gar ein kreischendes Klageweib („screeching harridan").[100]

Harvey reagiert auf solche und andere nicht gerade freundliche Spitznamen, indem sie sich einfach immer wieder neu erfindet: Auf dem zweiten Album *To Bring You My Love* (1995)[101] spielt sie fast alle Instrumente selbst und inszeniert sich nach ihrem eher punkigen Debüt jetzt als ‚Blues-Vamp', für das vierte Album *Stories from the City, Stories from the Sea* (2000)[102] wird sie dann zur „plötzlich unerwartet lebensbejahenden Rockröhre".[103] Für dieses Album bekommt sie den renommierten Mercury Music Price, ist überhaupt die erfolgreichste Künstlerin in der Geschichte des Preises, seit sie ihn 2011 für das Album *Let England Shake* erneut bekommt.[104] „England, you leave a taste / A bitter one", singt sie darauf im Song *England*, überhaupt setzt sie sich hier besonders kritisch und poetisch mit ihrem Heimatland und seinem Krieg gegen den Terror auseinander, auf mit Autoharp gespielten Songs, die an mittelalterliche Pestlieder erinnern („Death was everywhere"[105]) und dabei Nationalmythen kühl-morbid dekonstruieren: *The Glorious Land* ist hier eines, das die Söhne und Töchter im Krieg zerstört: „what is the glorious fruit of our land? / Its fruit is deformed children. / What is the glorious fruit of our land? / Its fruit is orphaned children."[106]

---

[98] Sophie Rüesch: PJ Harvey. In: Juliane Streich (Hg.): *These Girls. Ein Streifzug durch die feministische Musikgeschichte.* Mainz 2019, 178–179.

[99] Ebd., 178.

[100] Berman: Albums. Rid of Me.

[101] PJ Harvey: *To Bring You My Love.* Island 1995.

[102] PJ Harvey: *Stories from the City, Stories from the Sea.* Island 2000.

[103] Rüesch: PJ Harvey, 178.

[104] PJ Harvey: *Let England Shake.* Island 2011.

[105] PJ Harvey: All and Everyone. Auf: Ebd.

[106] PJ Harvey: *The Glorious Land.* Island 2011.

Die Neunziger sind nicht nur eine Dekade immer neuer Rollenbilder, es ist auch eine Zeit der Theorieimpulse und -diskussionen. In dieser Hinsicht beginnt das Jahrzehnt im März 1990 mit der Veröffentlichung von Judith Butlers *Das Unbehagen der Geschlechter* (engl. *Gender Trouble: Feminism and the Subversion of Identity*), mit dem die sogenannte Dritte Welle des Feminismus einsetzt, eine Selbstbezeichnung, die auf einen Essay von Rebecca Walker aus dem Januar 1992 mit dem Titel *Becoming the Third Wave*[107] zurückgeht. Butler stellt die aus den Gender Studies bereits etablierte Unterscheidung von ‚Sex' und ‚Gender' in Frage, indem sie diese Kategorien entbiologisiert und um den Aspekt des Begehrens erweitert, um so die performative Dimension in den Geschlechteridentitäten in den Blick zu nehmen, Stichwort: „Doing Gender".[108] Damit ist der Grundstein der Queer Studies gelegt. Mit Naomie Wolfs *Fire with Fire* (1994)[109] und Angela McRobbies *Postmodernism and Popular Culture* (1997)[110] werden Theorien zu einem medienaffinen Feminismus einerseits und zum Verhältnis von Feminismus und Popkultur andererseits geliefert, sprich, es wird diskutiert, wie ein gegenwartsgesättigter und aktueller Feminismus aussehen kann und soll. Kimberlé Crenshaws *Mapping the Margins* (2000) schließlich überführt diese Dritte Welle dann weiter in die Intersektionalitätsdebatte.[111] Während für neue Frauenbilder und weibliche Emanzipation also eine theoriegesättigte Debatte von Bibliotheksstärke entsteht, bleiben junge Männer diskursiv in dieser Zeit etwas auf der Strecke. Für den popkulturellen Diskurs ungleich wichtiger in dieser Zeit ist wohl außerdem Cris Evatts *Männer sind vom Mars, Frauen von der Venus* (1994; engl. *Opposite Sides of the Bed*),[112] in dem die Geschlechterklischees allerdings bestätigt und ausgetreten werden. Dass das Buch ein Weltbestseller in den Neunzigern ist, zeigt im Umkehrschluss deutlich, dass die Rollenunsicherheit eines der dominanten Themen der Zeit ist.

Natürlich kennt die hier interessierende Phase auch zahlreiche Sängerinnen, die große Erfolge feiern, indem sie, ähnlich wie Evatt, die bestehenden Geschlechterrollen eher reproduzieren und bestätigen und deren Besonderheit darin liegt, in stimmlicher Virtuosität neue Maßstäbe zu setzen, wie Whitney Houston oder Mariah Carey, oder das Modell des Popsternchens neu aufzulegen wie Britney Spears. Auch in Deutschland kann man mit Mädchenpop à la Lucilectric oder Blümchen ziemlich große Erfolge feiern. International erweist sich Pop mit Latin-Einflüssen für Jennifer Lopez, Sha-

---

[107] Rebecca Walker: Becoming the 3rd Wave. In: *Ms*, Jan/Feb 1992, 86.

[108] Vgl. Judith Butler: *Das Unbehagen der Geschlechter*. Frankfurt/M. 1991.

[109] Naomie Wolf: *Fire with Fire. New Female Power and How It Will Change the Twenty-First Century*. Toronto 1994.

[110] Angela McRobbie: *Postmodernism and Popular Culture*. London 1994.

[111] Kimberlé Crenshaw: Mapping the Margins. Intersectionality, Identity, Politics, and Violence against Women of Color. In: *Stanford Law Review* 43/6 (Juli 1991), 1241–1299.

[112] Cris Evatt: *Männer sind vom Mars, Frauen von der Venus*. Landsberg am Lech 1994.

kira oder Nelly Furtado als Erfolgsformel. Deutlich feministischere Impulse setzen demgegenüber die Singer-Songwriterinnen Alanis Morissette, die in *Jagged Little Pill* (1995)[113] mit cleveren Texten und mal ironischem, mal wütendem Tonfall ein weibliches Gegenstück zum Grunge-Pathos markiert, oder Tori Amos, die persönliche Traumata und gesellschaftliche Tabus thematisiert.

Generell sind die Neunziger und Nullerjahre die große Zeit des feministischen Empowerments im Pop, und das in nahezu jeglicher intersektionalen Hinsicht, also bezüglich der Kategorien *sex, gender, race, class* und *body*. Insbesondere die feministische subkulturelle Bewegung der Riot Grrrls versucht seit Beginn der 1990er Jahre, die männliche Dominanz in der Popmusik zu brechen und auf vielfältige Art und Weise Frauenrollen postmodern-emanzipatorisch zu dekonstruieren.

Nun ist das *sex* in der intersektionalen Kategorienreihe durchaus vielfältig les- und interpretierbar, auch hierhin zeigt sich die Popmusik ungemein wandelbar. Und da Pop sich einerseits für die Oberfläche interessiert, und es andererseits immer um mehr als nur Musik geht, kommt es jeweils darauf an, welche Bands und/oder Sänger:innen das sexyste Angebot für ein Rollenmodell liefern, dem man nacheifern, das man in Style, Frisur und Klamotten reproduzieren will, das man sich als Poster ins Jugendzimmer hängt, um es mehr oder weniger heimlich, dabei aber immer deutlich sexualisiert anzuhimmeln.[114] Das ist ja der eigentliche Kern des *sex* im *Sex, Drugs and Rock 'n' Roll.*

Madonna, die schon in den 1980er Jahren zum Megastar aufgestiegen war und die Poplandschaft in den 1990ern weiterhin dominiert, ist mit am erfolgreichsten darin, diese *sex*-Message des Pop besonders deutlich und explizit auszubuchstabieren, dabei aber zugleich heteronormative Blickregime durch Überzeichnung zu dekonstruieren. Kaum eine Künstlerin beherrscht diesen postmodernen „doppelten Code"[115] so sicher wie sie, die Queen of Pop setzt immer wieder neue Maßstäbe im inszenatorischen und immer wieder skandalträchtigen Spiel von Identitäten und ‚Körperpolitik'.

Madonnas ganz persönliche neunziger Jahre beginnen insofern wohl am 13. April 1990 in Tokio, dort, beim Auftakt ihrer Welttournee Blond Ambition World Tour, trägt sie zur Performance von *Like a Virgin*[116] erstmals das von Jean Paul Gaultier designte, goldene Korsett mit kegelförmigem BH. Mit diesem Auftritt schreiben Gaultier und Madonna nicht nur Mode- und Performancegeschichte, Madonna treibt damit ihre Rolle als Sexikone auf

---

[113] Alanis Morisette: *Jagged Little Pill.* Maverick/Reprise 1995.

[114] Vgl. Diedrich Diederichsen: *Über Pop-Musik.* Köln 2014, XXIV.

[115] Vgl. Charles Jencks: *Was ist Postmoderne?* [*What is Post-Modernism?*; 1986] Zürich/München 1990, 14.

[116] Madonna: *Like a Virgin.* Sire 1994.

eine, nunja, kegelförmige Spitze. 1991 erscheint dann der Film IN BED WITH MADONNA (Originaltitel: TRUTH OR DARE[117]), 1992 bringt sie *Erotica*[118] heraus, ein Konzeptalbum rund um das Thema Sex, sekundiert durch den Bildband *SEX*,[119] 1993 mit dem Erotikthriller BODY OF EVIDENCE[120] einen weiteren Film, der allerdings grandios floppt. Die Liste ließe sich noch länger fortführen, auf ihrer The-Girlie-Show-Tournee ab 1993 zeigt sie sich etwa als Domina, doch ist diese Welle der Masken- und Rollenwechsel mittels immer noch schrillerer Sexposen – wie dem ikonischen Griff in den Schritt, einer Pose, die bis dahin Männern vorbehalten war – irgendwann selbst bei ihr totgeritten. Aber Madonna wäre nicht die Queen of Pop, wenn sie sich nach der Geburt ihres ersten Kindes (1996) und ihrem 40. Geburtstag (1998) nicht noch einmal mit dem Album *Ray of Lights*[121] völlig neu erfunden hätte, in Sound und Rolle: Seit diesem Album „kann bei Madonna exemplarisch beobachtet werden, was es bedeutet, als Pop-Musikerin älter zu werden" mit „ressentimentgeladenen Kritiken" und „Beschreibungen wie ‚rüstig' (was selbst bei über 70-jährigen Pop-Musikern fast nie zu lesen ist)."[122]

An kaum einer Künstlerin ist so viel und kontrovers diskutiert worden, ob die vielen Masken, Rollen, Performances und Inszenierungsstrategien noch „gegen patriarchale Unterdrückungen und die damit verbundenen Blickregime gewendete[] ‚Body Politics'" sind oder doch nur „neoliberale[] Marktstrategien" für den *male gaze*.[123] Da Madonnas große Zeit zudem mit großen Theorieimpulsen aus Dekonstruktion und Poptheorie zusammenfällt, wird ihre Kunst wie die kaum einer anderen in akademischen Zirkeln gefeiert und diskutiert, so ausführlich, dass gar von den *Madonna Studies* die Rede ist.[124]

Sex als erste der oben aufgeführten intersektionalen Kategorien gehört, wie schon erwähnt, ja zu so etwas wie dem Markenkern der Popmusik, so voller Anzüglichkeiten und Anspielungen ist sie in allen ihren Gattungen und Phasen. Umso erfrischender ist eine Künstlerin, die dieses älteste aller Popthemen so unverkrampft und offen, so lustig und spektakulär wild auf die Bühne bringt, wie die in Berlin lebende Kanadierin Peaches. In ihren *Teaches of Peaches*, so der Titel des Debüts, wird Sexualerziehung noch einmal auf ein ganz neues Level gehoben.[125] *Fuck the Pain Away* heißt der Opener des Albums so direkt wie programmatisch, denn Sex wird hier zum Allheil-

[117] Alek Keshishian (Regie): TRUTH OR DARE. USA 1991.

[118] Madonna: *Erotica*. Maverick 1992.

[119] Madonna: *SEX*. München 1992 (engl. 1992).

[120] Uli Edel (Regie): BODY OF EVIDENCE. D/USA 1993.

[121] Madonna: *Ray of Lights*. Maverick 1998.

[122] Didi Neidhart: Madonna. In: Streich (Hg.): *These Girls*, 158.

[123] Neidhart: Madonna, 159.

[124] Vgl. ebd., 157–159.

[125] Peaches: *Teaches of Peaches*. Kitty-Yo 2000.

mittel schlechthin: „Sucking on my titties like you wanted me / Calling me all the time / Like Blondie, check out my Chrissy behind / It's fine all of the time / Like sex on the beaches / What else is in the teaches of Peaches?"[126]

Aber *sex* meint ja gerade nicht nur Sexualität, sondern auch sexuelle Orientierung, und so ziemlich alle Versionen und Spielarten, natürlich von *gender* noch obendrein, werden von Peaches im Lauf ihrer Karriere abgearbeitet, und das in unvergleichlich spaßig überdrehten Performances. Auf dem Cover des zweiten Albums *Fatherfucker* (2003)[127] etwa posiert sie mit Bart, in ihren Liveshows hingegen meist und gern mit Genitaloutfits, Ganzkörperanzügen mit Hoden und/oder umgeschnallten Dildos oder in Kostümen, die mit Brüsten vollbehangen sind. Männer singen ja auch ständig darüber, dass Frauen mit ihren Ärschen und Brüsten wackeln sollen, daher fordert sie zum Schwanzwackeln auf, so sieht Gleichberechtigung nach den *Teaches of Peaches* aus. „[N]ie konnte man zu Gender-Theorie besser tanzen", resümiert Juliane Streich dazu treffend,[128] Peaches punkiger Electroclash, auf einfachem Soundcomputer eingespielt, macht einfach Bock. Die Chicks on Speed sind ihr dabei nicht nur musikalisch Schwestern im Geiste, mit ihnen zusammen spielt Peaches *We don't play Guitars*[129] ein.

Aber wir wollen uns ja auch noch die Emanzipationsbewegungen bezüglich der anderen intersektionalen Kategorien ansehen: Schon einige Jahre vor Peaches sorgt Deborah Anne Dyer alias Skin mit ihrer Band Skunk Anansie und ihren hochpolitischen Botschaften über Queerness und Diversität für Furore. Als „Angry Black Lesbian" wird sie daraufhin tituliert, ihr Gegenprogramm zum Britpop auch schon mal „Clit-Rock" genannt und als „an amalgam of heavy metal and black feminist rage" bezeichnet.[130] Auf ihrem Debütalbum *Paranoid & Sunburnt* (1995)[131] singt sie im programmatischen Song *Intellectualise my Blackness* darüber, dass heteronormative weiße Männer der Mehrheitsgesellschaft ihr Schwarzsein nur intellektualisieren, „to make it easier for his whiteness", mit schlechten, rassistischen Witzen, die das N-Wort beinhalten, inklusive, so weiter im Song. Ein weiterer Meilenstein in der Musikgeschichte sind dann Gossip mit ihrer Frontfrau Beth Ditto, die der Riot Grrrl-Bewegung entstammt. 1999 gegründet, wird vor allem ihr drittes Album *Standing in the Way of Control*[132] zum Hit, im Titelsong protestiert die Frauenband gegen Pläne der US-Regierung, nicht allen

---

[126] Peaches: *Fuck the Pain Away*. Kitty-Yo 2000. Peaches' Album erscheint beim Kitty-Yo-Label von Raik Hölzel, einem der spannendsten Indie-Label der Neunziger, das Bands wie Surrogat, Gonzales, Maximilian Hecker und Kante hervorbringt.

[127] Peaches: *Fatherfucker*. XL Recordings 2003.

[128] Juliane Streich: Peaches. In: Dies. (Hg.): *These Girls*, 213.

[129] Chicks on Speed: *We Don't Play Guitars (feat. Peaches)*. Chicks on Speed 2003.

[130] Zit. nach: Birte Fritsch: Skunk Anansie. In: Streich (Hg.): *These Girls*, 207–208.

[131] Skunk Anansie: *Paranoid & Sunburnt*. Virgin 1995.

[132] Gossip: *Standing in the Way of Control*. Back Yard Recordings, Kill Rock Stars 2006.

das gleiche Recht auf Ehe zu gewähren.[133] Beth Ditto lebt nicht nur offen lesbisch und ist für ihre kämpferischen feministischen Parolen bekannt, sie wird zudem zur Ikone für Bodypositivity sowie zu einer Vorkämpferin für eine Revolution auch in der Produktion: Für ihr erstes Soloalbum schart sie ein rein weiblich-lesbisches Team um sich.[134]

Ganz anders stellt sich die Frage und Aufgabe der feministischen Selbstermächtigungen noch einmal für Schwarze Frauen, gerade auch in Amerika. Zwar fordert die Theorieikone bell hooks, dass man die Vorstellung Schwarzer weiblicher Körperbilder entsexualisieren solle, doch allen voran Beyoncé überschreibt die Vorstellung einfach nochmal mit einem ganz anderen Bild, nämlich mit einem *black feminism*, der genau das will, nämlich „elegant und sexy" sein. Anstatt, wie in den USA oft üblich, beständig „kriminalisiert, entmenschlicht und objektifiziert" zu werden, stellt sie eine dezidiert selbstbewusste „[S]chwarze Weiblichkeit" und Sexualität aus und wird so zu einer der ganz großen feministischen Ikonen der Epoche.[135] Begonnen hat ihre Karriere mit Destiny's Child, wo sie in *Independent Women Part I*, für eine Neuverfilmung von CHARLIE'S ANGELS eingespielt, schon die ökonomische Unabhängigkeit von Frauen besingt: „All the women who're independent / [...] All the honeys who makin' money / [...] All the mamas who profit dollars / Throw your hands up at me."[136] Beyoncés Debütalbum *Dangerously in Love* (2003) mit dem Megahit *Crazy in Love* ist eines der meist verkauften Alben der Zweitausender, es macht sie zugleich zu einer der einflussreichsten Künstler:innen ‚unserer' Zeit.[137] Ihre Solokarriere steht nicht nur für weibliches Empowerment, sondern setzt neue Maßstäbe im R 'n' B, und sie hat darin wiederum Schwestern im Geiste in Missy Elliot, mit der sie auch zusammenarbeitet, sowie in Lauryn Hill und M.I.A., die ähnlich Innovatives im Hip-Hop leisten. Insbesondere Lauryn Hill gilt als die Queen of Hip-Hop sowie als ein „Sinnbild einer bewussten, intelligenten Weiblichkeit", und das ganz ohne die eigentlich lange Zeit obligatorischen, engen und sexy Outfits,[138] sondern einfach durch ihre Texte und ihr Charisma. Ihrer kurzen, aber steilen Karriere mit The Fugees folgt eine noch kürzere und noch steilere Karriere als Solokünstlerin. Mit gerade mal einem Album legt sie ihr ganzes Lebenswerk vor, *The Miseducation of Lauryn Hill* (1998)[139] schreibt Popgeschichte als erstes Hip-Hop-Album überhaupt, das den Grammy für das Album des Jahres bekommt, sie ist zudem als erste Frau für elf Grammys

---

[133]Vgl. Hengameh Yaghoobifarah: Beth Ditto. In: Streich (Hg.): *These Girls*, 249–251.

[134]Vgl. ebd.

[135]Lea Espinoza Garrido: Beyoncé. In: Streich (Hg.): *These Girls*, 232–233.

[136]Destiny's Child: *Independent Women Part I.* Columbia 2000.

[137]Beyoncé: Crazy in Love. Auf: *Dangerously in Love.* Columbia 2003.

[138]Anastasia Hartleib: Lauryn Hill. In: Streich (Hg.): *These Girls*, 198–199.

[139]Lauryn Hill: *The Miseducation of Lauryn Hill.* Ruffhouse 1998.

nominiert (wovon sie fünf gewinnt). Danach zieht sie sich mit 25 Jahren ins Privatleben zurück, trifft die Lebensentscheidung, ab sofort vor allem Mutter sein zu wollen, und bekommt sechs Kinder, fünf davon mit einem Sohn von Bob Marley.

Die Erfindung neuer Männlichkeiten oder: Die Ehre des Mannes wird an der Rockgitarre verteidigt

„Arschloch!" schallt es zu Beginn des Jahrzehnts durch die Jugendzimmer und Walkmankopfhörer, womit Die Ärzte Springerstiefel-Nazis meinen, die „Störkraft und die Onkelz" hören und dabei ihre vergebliche Sehnsucht und ihren unerhörten *Schrei nach Liebe* in Hass auf alles nicht heteronormativ und weiß Deutsche ummünzen. Schon da machen die linken Berliner Spaß-punker klar, dass für sie Xenophobie vor allem ein Männlichkeitsproblem ist, freilich eines von dummen Losern, die noch nicht einmal wissen, wie man „Attitüde schreibt".[140] Aber nicht nur solche Männer sind irgendwie mehr oder weniger ein ‚Problem', denn schließlich sind ja einfach alle Män-ner letztlich Schweine, erklären uns Die Ärzte dann 1998, denn „Sie wollen alle nur das eine". Ja, so wird der warnende Zeigefinger für alle „Mädchen" in der *Ein Schwein namens Männer* betitelten Single erhoben: „Ausnah-men gibt's leider keine / [...] weil Männer nun mal so sind".[141] Ähnlich wie schon Grönemeyer mit seinem *Männer*-Hit (1984)[142] werden von der Berliner Combo plumpe Männerklischees aneinandergereiht, beim Ehren-Bochumer allerdings mit eher ernstem Timbre, da will sich jemand doch erkennbar in die in den 1980er Jahren schon virulente Diskussion rund um neue und alte Männerrollen wie Machos und Chauvis, Softies und *Neue Männer braucht das Land*, dem NDW-Lied von Ina Deter (1982),[143] einschreiben, ohne aller-dings diskursiv allzu komplexen Input dazu zu liefern. Als klug und clever galt das damals trotzdem. Allzu großen diskursiven Input wollen Die Ärzte sicherlich auch nicht liefern, ihnen geht es um den Spaß Spaß Spaß an den Quatsch-Klischees („Männer sind Autos / nur ohne Reserverad"). Und doch treffen sie offenkundig einen Nerv der Zeit, *Ein Schwein namens Männer* wird einer der größten Hits des Jahres 1998, nur noch übertroffen vom Titanic-Welthit[144] *My Heart Will Go On* von Céline Dion[145] sowie von, längst

---

[140] Die Ärzte: *Schrei nach Liebe*. Metronome 1993.

[141] Die Ärzte: *Ein Schwein namens Männer*. Hot Action 1998.

[142] Herbert Grönemeyer: *Männer*. EMI 1994.

[143] Ina Deter: *Neue Männer braucht das Land*. Fontana 1982.

[144] James Cameron (Regie): Titanic. USA 1997.

[145] Céline Dion: *My Heart Will Go On*. Columbia 1997.

der Gnade des Vergessens anheimgefallen, Oli P. mit seinem Grönemeyer-Cover *Flugzeuge im Bauch*[146] auf Platz 2 der Jahrescharts.

Neue Männer braucht also eigentlich das Land und die Welt, gerade in dieser Zeit. Denn die klassischen Männlichkeitsideale geraten nicht nur durch die Emanzipation und den Feminismus unter Druck, sondern auch noch durch andere weltpolitische Entwicklungen nach dem Mauerfall und dem Ende der jetzt schon vielfach zitierten Geschichte. Schließlich sind wir mit dem Ende des Kalten Krieges endgültig im Zeitalter des Postheroischen angekommen.[147] Nur, was für eine Rolle sieht die Welt dann für junge Männer in ihrer Adoleszenzphase noch vor, wenn man weder als Krieger und Soldat das eigene Land zu verteidigen und beschützen braucht noch die Familie als Hort der patriarchalen Machtausübung übrigbleibt und man(n) ja eh nicht mehr als alleiniger Versorger der Familie gefragt ist? Anders als für den Feminismus der Dritten Welle weiß die Theorie in dieser Zeit überraschend wenig Antworten für die verunsicherten *boys and men* – aber die Popmusik weiß sie, indem sie reichlich unterschiedliche, auch emanzipierte Männlichkeiten vorführt, und dabei den *loser*, den *creep* und den *nerd* ebenso aufwertet, wie ganz neue Dandy-Modelle im Metrosexuellen erfindet, den *lad* als Kumpel-modell aktualisiert oder in den Skatern die neuen Helden-Abenteurer als *Lords of the Boards*, so ein Hit von Guano Apes, bezeichnenderweise mit einer Frontfrau als Sängerin, feiert.[148]

Diese neuen – und die alten, nicht verschwundenen – Männlichkeiten sind vielleicht ein Grund dafür, dass ‚unsere‘ Epoche zwischen 1990 und 2006 die bisher letzte Hochphase des gitarrenlastigen Rocks ist. Denn kaum eine popkulturelle Geste ist so männlich-sexuell konnotiert, wie die mal lässig, mal lasziv, mal aggressiv und mal streichelnde Performanz des Rock-Gitarrenspiels, eines Instruments, das (in seiner klassischen Form) zudem ja einem weiblichen Körper nachgezeichnet ist. Aber die Geschichte der E-Gitarre wird in diesem Buch schon an anderer Stelle erzählt. Dass der Hip-Hop und vor allem der Gangsta-Rap die Männlichkeitsgeste ins Hypermaskuline übertreibt und dafür dann keine Gitarren mehr, sondern nur noch Bikini-Girls und dicke Autos als Staffage braucht, ist lediglich ein anderes, strukturell aber analog gelagertes Kapitel in dieser Popgeschichte.

Auch in diesem Strang der Musikhistorie ist Grunge und sein Aufstieg zur wichtigsten Gattung im Alternative Rock die entscheidende Zäsur, zumindest was zwei Strömungen der gitarrenlastigen Rock-Genres betrifft, die zudem sehr unterschiedliche Männlichkeitsmodelle repräsentieren. Zum einen wäre da der klassische Heavy Metal oder Pop Metal mit Bands wie Metallica, Man-owar, Sepultura, Scorpions oder Bon Jovi. Ihr Sound rund um die große,

---

[146] Oli P.: *Flugzeuge im Bauch*. Hansa/RTL Musikedition/BMG 1998.
[147] Vgl. Herfried Münkler: Heroische und postheroische Gesellschaften. In: *Merkur* 61 (2007), 742-752.
[148] Guano Apes: *Lords of the Boards*. Supersonic/BMG 1998.

adrenalin-gesättigte, maskuline Stadionrockgeste, garniert durch einen Style mit einer Mischung aus Ritter und Cowboy in Lederrüstung mit Lederkutte und hauteng geschnürter Lederhose sieht gegen den locker-lässigen Holzfällerstil des Grunge doch plötzlich sehr altbacken und seltsam gefällig aus. Grunge ist zudem das vorläufige Ende des eher psychedelischen Postpunk-Pop, der in der britischen Uni-Band The Soft Boys ihre selbstbezeichnendsten Vertreter:innen findet, die wiederum u. a. stilbildend für R.E.M.[149] sind. Es wird aber auch nicht lange dauern, bis die globale Popularität dazu führt, dass man sich in Anti-Grunge-Kampagnen an dem Seattle-Sound abarbeitet. Eine ganz andere Art der Reaktion, nämlich als affirmative Reproduktion und Weiterentwicklung, setzt ab Ende der 1990er Jahre mit Post-Grunge ein, mit Bands wie den Foo Fighters (rund um Nirvana-Schlagzeuger Dave Grohl), Bush, Creed, Nickelback oder Puddle of Mud.

Wenn die Grunge-Fans im Holzfällerhemd rumlaufen, verkörpern sie damit kaum kernige, kräftige Waldarbeiter, vielmehr stellen sie in ihrer langhaarigen Ungepflegtheit eine Weltabgewandtheit aus, dass sie zur protestantischen Arbeitsethik weder willens noch brauchbar sind: Ein Baum ist mit solchen *slackern* kaum zu fällen. Die Grundstimmung des Grunge ist „ein Gefühl des Gefangenseins, gefangen zwar in einem mehr oder weniger bequemen Alltag, aber um den Preis der fortwährenden Abhängigkeit."[150] Der Grunge feiert einen anderen Sozialtypus des Männlichen, den Rumhänger, den *slacker* und den *loser*. *I Hate Myself and I Want to Die*[151] singen Nirvana zwar auch ironisch in ihrem Song für die *compilation* mit dem Titel *The Beavis and Butt-Head Experience* 1993, doch die Ironie in diesem Song entsteht durch die gnadenlos ehrliche Introspektion. Die Hymne schlechthin liefert 1994 Beck mit seinem *Loser*, in dem das Verliererdasein im Refrain sogar zweisprachig ausbuchstabiert wird: „Soy un perdedor / I'm a loser baby, so why don't you kill me?"[152] Als Single war dieser Song ein derartiger Welthit, dass Beck bereits als *one hit wonder* galt und wohl als solcher in die Geschichte eingegangen wäre, wenn es sich bei Beck Hansen nicht um einen, ja vielleicht gar *den* genialsten Soundtüftler der neunziger Jahre handeln würde, der mit seinen weiteren Alben wie *Odelay* (1996)[153] oder *Sea Change* (2002)[154] experimentelle, Folk, Funk, Soul, Hip-Hop, Country und psychedelischen Rock grandios amalgamierende Meisterwerke der alternativen Musik

---

[149]Vgl. Mark Deming: The Soft Boys Biography. In: *Allmusic*, allmusic.com/artist/mn0000501802 (1.3.2025).

[150]Peter Wicke und Wieland & Kai Erik Ziegenrücker: *Handbuch der populären Musik. Geschichte, Stile, Praxis, Industrie.* Mainz 2007, 296.

[151]Nirvana: *I Hate Myself and I Want to Die.* Meteor 1994.

[152]Beck: *Loser.* Bong Load/DGC 1993.

[153]Beck: *Odelay.* DGC/Bong Load 1996.

[154]Beck: *Sea Change.* DGC/Geffen 2002.

vorgelegt hat; ein Werk, das zurecht mit inzwischen sieben Grammys ausgezeichnet worden ist.

Überhaupt ist 1994 auch jenseits von Beck so etwas wie das Loser-Jahr schlechthin, mit Songs wie Green Days *Basket Case*,[155] in dem neurotische Unsicherheit auf Lebensinkompetenz trifft, oder The Offsprings *Self Esteem*,[156] in dem es gerade um das Fehlen jeglichen Selbstbewusstseins geht, sowie NOFX mit *Linoleum*[157] über ein besitzloses, unglamouröses Verliererleben, Silverchair mit *Tomorrow*[158] als einer Hymne gegen die Erfolgreichen dieser Welt, Weezer mit *The World Has Turned and Left Me Here*,[159] und schließlich Pearl Jam mit dem selbsterklärenden Songtitel *Nothingman*.[160]

In der Gewinnergeschichte der Verliererrolle werden nach dem großen Loser-Jahr 1994 den sich verloren und entfremdet Fühlenden im Emocore und Emopop noch zahlreiche weitere Hymen gewidmet. Mit *Teenage Dirtbag* gelingt Wheatus 2000 ein Welthit in dieser Richtung,[161] und auch in der zweiten großen Welle des Indie- und Alternative-Rock der 2000er Jahre liefern The Strokes mit *Trying Your Luck* (2001),[162] Modest Mouse mit *Bukowski* (2004),[163] The National mit *All the Wine* (2005)[164] und Cage the Elephant mit *Ain't No Rest for the Wicked*[165] weitere Versionen der Verlierer- und *underachiever*-Erzählung.

Radiohead wiederum stellen auch in dieser Loser-Liste insofern eine Ausnahme dar, als sie mit *Creep* und dem im Song synonym verwendeten „weirdo" die Sozialfigur noch weiter ausdifferenzieren.[166] Der Song *Creep* ist ein großer Welterfolg und es gibt so viele Coverversionen davon, dass die vom Erfolg genervte Band ihn live lange nicht mehr performt.[167] *Creep* steht am Beginn der Erfolgsgeschichte von Radiohead, die mit einer britischen Variante des Grunge beginnen und sich in der Folge durch Anleihen bei

---

[155] Green Day: *Basket Case*. Reprise 1994.

[156] The Offspring: *Self Esteem*. Epitaph 1994.

[157] NOFX: Linoleum. Auf: *Punk in Drublic*. Epitaph 1994.

[158] Silverchair: *Tomorrow*. Murmur 1994.

[159] Weezer: The World Has Turned and Left Me Here. Auf: *Weezer*. Geffen 1994.

[160] Pearl Jam: Nothingman. Auf: *Vitalogy*. Epic 1994.

[161] Wheatus: *Teenage Dirtbag*. Columbia 2000.

[162] The Strokes: *Trying Your Luck*. RCA 2001.

[163] Modest Mouse: *Bukowski*. Epic 2004.

[164] The National: All the Wine. Auf: *Cherry Tree*. Brassland 2005.

[165] Cage the Elephant: *Ain't No Rest for the Wicked*. Relentless 2008.

[166] Radiohead: *Creep*. Parlophone 1992.

[167] Die Single *Creep* erscheint im September 1992, ein halbes Jahr vor dem Debütalbum *Pablo Honey*, und ist für den *Rolling Stone* eine der besten Debütsingles jemals: Sie landet auf Platz 16 der Liste (Rob Sheffield et al.: The 100 Greatest Debut Singles of All Time. In: *Rolling Stone*, 19.5.2020, rollingstone. com/music/music-lists/greatest-debut-songs-singles-990470/billy-ray-cyrus-achy-breaky-heart-995056/ [1.3.2025]). Der Song enthält Riffs von Albert Hammonds und Mike Hazlewoods *The Air That I Breathe* (Polydor 1974), die seit einem angedrohten Copyright-Verfahren auch in den Credits des Songs genannt werden. Vgl. Radiohead: *Pablo Honey*. Parlophone 1992.

u. a. elektronischer Musik, Krautrock und Britpop in die vorderste Reihe der Avantgarde des Alternative Rock spielen und dort lange bleiben. *Creep* stellt in unserer Loser-Liste zudem noch eine Ausnahme dar, weil sich hier ein Künstler so dezidiert mit seiner Männlichkeit und seinem Begehren, das im Song dann *creepy* wird, auseinandersetzt, wie selten zuvor. Oder wie Thom Yorke in einem Interview erläutert:

> I have a real problem being a man in the '90s. Any man with any sensitivity or conscience toward the opposite sex would have a problem. To actually assert yourself in a masculine way without looking like you're in a hard-rock band is a very difficult thing to do. It comes back to the music we write, which is not effeminate, but it's not brutal in its arrogance. It is one of the things I'm always trying: to assert a sexual persona and on the other hand trying desperately to negate it.[168]

Wie also kann man seine Männlichkeit noch ausleben, wenn einerseits die Arroganz der rampensäuigen Rockgeste, die im Hard Rock zum inszenatorischen Grundinventar gehört, zum hohlen Topos geworden ist? Wenn man andererseits seine sexuelle Persönlichkeit mit emotionaler Tiefe zeigen will, ohne dabei jedoch effeminiert zu wirken? Und mehr noch, sich in seinem sexuellen Begehren zeigen will (und das ja auch kaum negieren kann, gerade als Jugendlicher), das aber zugleich nie allzu offen der Begehrten gegenüber zeigen kann und will. In *Creep* hört sich das dann so an:

> When you were here before, couldn't look you in the eye
> You're just like an angel, your skin makes me cry
> You float like a feather in a beautiful world
> I wish I was special, you're so fuckin' special
>
> But I'm a creep, I'm a weirdo
> What the hell am I doin' here?
> I don't belong here.

In der Radiohead-Geschichtsschreibung gibt es einige Diskussionen und Gerüchte darüber, welches Girl Thom Yorke hier heimlich anhimmelt und besingt, ob sie in Oxford, der Stadt, in der Yorke und die anderen Radioheads studieren, etwa eher in der Little Clarendon Street oder doch eher im Stadtteil Jericho gesehen wurde. Aber das ist letztlich nur biografistische Detailhuberei, wichtiger ist vielmehr, dass wir es hier nicht mehr mit einem Ich zu tun haben, das, wie bei den US-amerikanischen Grunge-Losern, sich irgendwie entfremdet fühlt, sondern mit einem, das sich erst im Moment des Begehrens seiner Unzulänglichkeit bewusst wird. Nur weil das perfekte, an-

---

[168] Jim Sullivan: Creep stumbles onto fame. In: *The Boston Globe*, 8.10.1993.

gehimmelte und engelsgleiche Girl so „special" ist, erscheint das Ich in dieser „beautiful world" als ein „creep" und „weirdo", als jemand, der nicht in diese Welt gehört. Die eigene (männliche) Identität wird hier erst im Moment des Begehrens – bzw. in dem Moment, in dem der *male gaze* beginnt – zum Problem.

Radiohead sind sicherlich in vielerlei Hinsicht eine Ausnahmeerscheinung, etwa darin, dass sie mit *Pablo Honey* so etwas wie die einzige Grunge-Platte einer britischen Band machen, wobei sie diesen Pfad direkt mit dem zweiten Album *The Bends*[169] schon wieder verlassen und mit der dritten Platte, *Ok, Computer*,[170] dann eines der großen Meisterwerke der Popgeschichte vorlegen, mit dem sie sich nicht nur vom Grunge, sondern auch vom sonstigen Britpop in aller hörbaren Deutlichkeit ins elektronisch-rockig Alternative absetzen. An dieser Sonderstellung der Oxforder mag es liegen, dass sie mit dem *creep* und dem *weirdo* eine britische Spielart des Losers oder Welt- und Sozialentfremdeten hervorbringen, der Britpop ist sonst eher geprägt von einer ausgeprägten Anti-Grunge- und Anti-US-Ideologie, was sich allem voran in einem Männlichkeitsideal zeigt, das nichts mit Grunge anzufangen weiß: dem coolen *lad*.

Der *lad* im Cool Britannia oder Britpop als ein Manifest der *Britishness*

Es mag im Rückblick etwas überraschen, welch große Provokation es für die britische Musikseele gewesen ist, dass mit Grunge plötzlich ein globales Rockphänomen die Welt erobert, das nicht von der britischen Insel stammt. Die *british response* – nämlich der Britpop – fällt vielfältig und gewaltig aus und ist zudem so etwas wie die letzte große Musikinnovation mit Welterfolg des Vereinigten Königreiches. Diese Geschichte ist zudem ein interessantes Beispiel dafür, wie erstens die Neunziger nach Ende des Kalten Krieges eine Zeit zunächst der Unsicherheit und sodann der Neuerfindung des Nationalen sind; auch Nationen müssen ‚ihren' Platz in dieser neuen Welt nach dem vermeintlichen Ende der Geschichte erst finden, das merkt ein Land ganz besonders, das sich einerseits immer schon als exzeptionell in der Welt verstanden hat.[171] Andererseits zeigt die Geschichte des Britpop, wie die Pop-

---

[169] Radiohead: *The Bends*. Parlophone 1995.

[170] Radiohead: *Ok, Computer*. Parlophone 1997.

[171] Würde man die Geschichte dieses britischen Exzeptionalismus im 20. Jahrhundert erzählen wollen, müsste man, um nur die allerjüngsten Entwicklungen zu skizzieren, etwa Winston Churchill mit seinen zahlreichen Büchern und Reden nennen, der als historische Figur heute noch für ein unbeugsames, heroisches UK steht, das sich einige Jahre ganz allein der Hitler-Diktatur und der deutschen Unterwerfung des europäischen Kontinents entgegenstellte. Kürzer formuliert: Großbritannien war eine der prägenden Mächte jener Weltordnung, die mit dem Mauerfall zu Ende ging.

musik dafür instrumentalisiert wird, das Nationale neu zu interpretieren, gerade wenn es darum geht, das Nationalgefühl auf coole Art und Weise zu aktualisieren.

Die *Vanity Fair* hat im März 1997 den kongenialen Riecher, den britischen Exzeptionalismus, der sich in der inoffiziellen Nationalhymne vom *Rule, Britannia!* ausdrückt,[172] in den *pun* vom ‚Cool Britannia‘ umzudichten, mit Liam Gallagher und Patsy Kensit in einem Bett mit Union-Jack-Bettwäsche liegend auf dem Cover.[173] Damit bringt die Zeitschrift auf den Punkt, was sich in den Jahren davor entwickelt hat: Alles beginnt damit, dass die Zeitschrift *Select* Stimmung gegen Grunge macht, indem sie die angeblich überlegene britische Musiktradition feiert. Auf dem Cover prangt ein Foto von Brett Anderson vor dem Union Jack und unter Schlagzeilen wie „Yanks Go Home" und „The Battle for Britain", ohne Absprache mit dem Suede-Sänger übrigens.[174] Im Editorial fordert dann *Select*-Autor Andrew Harrison, dass man wieder stolz die Fahnen schwenken solle.[175]

Es ist dieser Diskurs im UK der 1990er Jahre, den Tony Blair für seine Erneuerung der Labour-Partei und dem ‚New Labour‘-Slogan sowie seinen historischen Wahlsieg 1997 perfekt zu nutzen weiß, und es ist dieser Diskurs, der zum berühmten UK-Dress von Geri Halliwell von den Spice Girls führt, bei den Brit Awards am 24. Februar 1997 getragen, womit der Union Jack endgültig von einer Landesflagge zur popkulturellen Ikone wird. Tony Blair gewinnt die Unterhauswahlen nur wenige Tage nach diesen Brit Awards, am 1. Mai. Und zwischen diesen beiden Daten, im März 1997, erscheint eben das berühmte Cover der *Vanity Fair*, das die Stimmung des nationalen Aufbruchs dieser Zeit auf den Punkt bringt.

Letztlich spielen die Britpop-Bands mit ihren Songs durch, was *Britishness* in den 1990er Jahren heißt, allen voran Blur und Oasis, auch deswegen kommt es zwischen diesen beiden Bands zu ihrem berühmten, epischen Beef. In der Inszenierung geht es ihnen u. a. darum, wer sich noch klarer und polemischer von Grunge absetzen kann, ob Damon Albarn von Blur mit seinem Manifest „for the return of Britishness" – „If punk was about getting rid of hippies, then I'm getting rid of grunge"[176] – oder die Gallagher-Brüder.

Damit nach diesem längeren Einleitungsbogen wieder zurück zu Männlichkeiten und Rollenmodellen: denn während Blur und die anderen Londoner Britpop-Bands wie Suede, Pulp, St. Etienne oder The Verve clevere, auf die eigene britische Musiktradition metadiskursiv und intertextuell verwei-

---

[172] Thomas Augustine Arne/James Thomson/David Mallet. *Rule, Britannia!* 1740.

[173] *Vanity Fair*. März 1997.

[174] Vgl. Cover der *Select* vom April 1993.

[175] Zit. nach John Harris: *Britpop! Cool Britannia and the Spectacular Demise of English Rock*. Cambridge, MA 2004, 88.

[176] Ebd., 90.

sende, mithin etwas verkopfte Rock- und Popmusik für eine saturierte Mittelschicht machen, stehen Oasis für den prolligen, sich mit den Jungs im Pub treffenden, sich selbst als cool und sein eigenes Land als *great* empfindenden *lad*. Für Markus Kavka waren Oasis die ersten, „die sehr sehr lässige Musik mit erfrischendem Proletentum kombinierten".[177] Um diesen Markenkern zu etablieren, müssen sich die Arbeiterjungs aus Manchester gleich mehrfach abgrenzen, eben von Londoner Yuppies wie von Blur ebenso wie von den *slackern* und *losern* aus Seattle.

Das alles lässt sich wohl am besten an *Live Forever*[178] ablesen, *der* Britpop-Hymne schlechthin, 2007 vom *New Musical Express* (*NME*) und dem britischen Radiosender XFM in einer Umfrage zur besten Indie-Hymne aller Zeiten gewählt.[179] Der Entstehungsmythos zu diesem Song weiß zu berichten, dass Noel Gallagher die Arbeit an *Live Forever* 1991 beginnt, als er gerade für eine Baufirma in Manchester malocht, nach einem Arbeitsunfall aber einen weniger anstrengenden Job im Lager der Firma ausüben darf. Diese etwas dröge Arbeit lässt ihm genügend Zeit, um nebenbei Songs zu schreiben, und als er *Shine a Light* von den Stones hört, ändert er die Hauptzeile von „May the good Lord shine a light on you" zu „Maybe I don't really want to know".[180] Bemerkenswert an dieser Geschichte ist die Working-Class-Heroisierung vom armen, einsamen Künstler, dessen Körper von der entfremdeten Lohnarbeit zerschunden ist, diese Verletzung durch harte Arbeit aber Kreativität freisetzt. Fun ist hier kein Stahlbad, sondern das Stahlbad ist Grundlage für den Fun, könnte man Adornos berühmtes Diktum variieren. Nicht die Muse küsst hier den Künstler, sondern die den Körper zerschleißende Arbeit.

Noel hört also einen Stones-Song, erkennt Ähnlichkeiten mit seinen eigenen Kompositionen und variiert das in einer Art und Weise, dass das Traditionsverhalten immer noch hörbar bleibt. Diese Selbstgenealogisierung ist für Oasis strukturell typisch: Zumeist läuft ihr Traditionsverhalten allerdings nicht über die Stones, sondern, wie könnte es anders sein, die Beatles.[181] Das Traditionsverhalten von Oasis dient nicht nur dem Anschluss, wie oben an-

---

[177]Vgl. Jennifer Weist/Markus Kavka: Oasis vs. Blur: der Britpop-Battle. In: *Fuck you very, very much! Die größten Beefs im Musikbiz.* ARD-Podcast, 7.3.2024, ardaudiothek.de/episode/fuck-you-very-very-much-die-groessten-beefs-im-musikbiz/oasis-vs-blur-der-britpop-battle/ard-kultur/13206741/ (1.3.2025).

[178]Oasis: *Live Forever*. Creation 1994.

[179]Vgl. David Cribb: ‚Live Forever' Greatest Song Ever. Oasis top a poll by Q magazine to find the greatest song of all time, 28.8.2006, digitalspy.com/music/a36366/live-forever-greatest-song-ever/ (1.3.2025).

[180]The Rolling Stones: Shine a Light. Auf: *Exile on Main St.* Rolling Stones Records 1972.

[181]Der Beatles-Bezug und die Selbstinszenierung als Beatles-Nachfolger wird von Oasis daher auch gerne mal schamlos offen markiert, am deutlichsten vielleicht bei *Don't Look Back in Anger*, der zweiten Nummer-eins-Single von Oasis, das mit einem Riff von John Lennons *Imagine* beginnt (John Lennon: *Imagine*. Apple 1971). Aber auch bei *Live Forever* zeigt sich ein Lennon-Bezug, hier jetzt allerdings über das Cover der Single, auf dem das Elternhaus von John Lennon in der Menlove Avenue 251 in Woolton, Liverpool zu sehen ist.

gedeutet, sondern ebenso sehr der Abgrenzung, nämlich vom Grunge; und auch diese Abgrenzung gehört zur Gründungserzählung von *Live Forever*. Denn Noel hört nicht nur die Stones, sondern auch *I Hate Myself and I Want to Die* von Nirvana:

> At the time [...] it was written in the middle of grunge and all that, and I remember Nirvana had a tune called „I Hate Myself and I Want to Die", and I was like [...]: „Well, I'm not fucking having that." [...] Seems to me that there was a guy who had everything, and was miserable about it. And we had fuck-all, and I still thought that getting up in the morning was the greatest fuckin' thing ever, 'cause you didn't know where you'd end up at night. And we didn't have a pot to piss in, but it was fucking great, man.[182]

In einem anderen Interview ergänzt er noch, „he's writing songs saying he hates himself and wants to die! My way of thinking was, 'Well, I fuckin' love myself, and I'm gonna live forever, man!'"[183] Damit werden in den Lyrics von *Live Forever* die Verse „Maybe I just wanna fly / Wanna live, I don't wanna die" zum Anti-Grunge-Manifest von Oasis. Steht Nirvana für die Depression eines vereinzelten, verzweifelten Individuums, stehen *Live Forever* und Oasis für einen in der Gruppe gelebten Klassenstolz und für Lebensbejahung, eben trotz Armut und materieller Not („not a pot to piss in") jeden Morgen voller Zuversicht und Optimismus aufzustehen im Wissen, am Abend wieder den Spaß seines Lebens mit seinen *lads* im Pub zu haben. Das, was Noel am Nirvana-Song so abstößt, ist folglich die hypochondrische Dekadenz des vom Leben übersättigten Seattle-Dandys.

Die weitere Geschichte der Band ist schnell erzählt: Oasis' zweites Album *What's the Story Morning Glory* ist ihr Megaseller, mittlerweile über 22 Millionen Mal verkauft. Auf dem Album finden sich ihre größten Hits wie *Wonderwall, Some Might Say, Roll with It, Don't Look Back in Anger* oder *Champain Supernova*.[184] Mit diesen beiden ersten Alben liegt ihr Kernwerk bereits vor, die nachfolgenden Alben gehen zwar alle auf 1 in den britischen Charts, aber vergleichbare Erfolge stellen sich nicht mehr ein.

Letztlich ist diese erste Welle des Britpop 1995 und mit *What's the Story Morning Glory* schon zu Ende, es folgen indes noch zwei weitere, sehr unterschiedliche Nachspiele. Epilog Teil I: Zum einen entsteht, als das Vereinigte Königreich 2016 nach der Brexit-Abstimmung erwacht, mit der Zeit eine Debatte darüber, wie es zu dieser Entscheidung kommen konnte. Und eine These, die vor allem rund um 2018 breit diskutiert wird, ist, ob es eine

---

[182] Oasis: *Stop the Clocks* [Bonus DVD]. Columbia 2006.

[183] Simon Halfon (Hg.): Oasis Supersonic. The Complete, Authorised and Uncut Interviews. London 2021, 174.

[184] Oasis: *What's the Story Morning Glory*. Creation 1995.

direkte Linie vom Britpop der 1990er Jahre zum Brexit 20 Jahre später gibt.[185] Das ist natürlich gegen die Intention letztlich aller Britpop-Künstler:innen, die sich mehrheitlich für einen Verbleib in der EU ausgesprochen haben. Und überhaupt kann man eine Popgattung nicht für Entwicklungen, die sich viele Jahre später und aufgrund vieler anderer, oft globaler Entwicklungen ergeben, verantwortlich machen. Aber man kann eben gewisse strukturelle Verbindungen sehen, etwa in der Reaktualisierung des Nationalen, das zudem als cool semantisiert wird, gepaart mit einer Nostalgie vergangener Größe. Hinzu kommt, dass Britpop die Abgrenzung von der Elite und dem Establishment zelebriert, auch dies von Oasis deutlich stärker als von den anderen Bands. Der Brexit wie die Wahl Trumps und das Wiedererstarken der Populisten lässt sich ganz wesentlich mit einer Anti-Establishment-Haltung gerade auch der Arbeiterklasse erklären. Im Falle des UK spielt auch eine Rolle, dass die Globalisierung und die EU-Integration ebenso wie die ganze Wokeness-Kultur rund um den Postkolonialismus und die damit vorgetragene Kritik am britischen Empire letztlich alles Angriffe auf die Ideologie des Britischen Exzeptionalismus sind. Die Brexit-Abstimmung ist folglich ein *backlash*, ein Verteidigungskampf gegen diese Entwicklungen der Nuller und 2010er Jahre.[186]

Kommen wir damit zum Epilog der Britpop-Geschichte, Teil II, wobei dieser chronologisch früher ist. Denn der Beginn der Nullerjahre ist auch die Zeit einer zweiten großen Welle des Britpop oder Post-Britpop mit Bands wie Travis und ihrem Album *The Man Who* (1999),[187] Coldplay mit *Parachutes* (2000),[188] Stereophonics, Kaiser Chiefs oder Kasabian. Besonders erfolgreich und einflussreich sind dabei die Schotten von Franz Ferdinand, die den Britpop mit Disco versöhnen, die Leute also zum Tanzen bringen wollen. Diese Innovation entsteht folglich durch ein Crossover, auf dem Debütalbum *Franz Ferdinand* (2004) vielleicht am schönsten auf der Single *Take Me Out* zu hören, mit diesem spektakulären Rhythmuswechsel mitten im Song (so im Studio live eingespielt), der fast jeden *lad* weg von der Pub-Bar und auf die Tanzfläche bringt.[189]

---

[185] Vgl. John Harris: Cool Britannia: where did it all go wrong? Twenty years after Labour's landslide win, did the patriotism and triumphalism of 1997 sow the seeds of Brexit? In: *The New Statesman*, 1.5.2017, newstatesman.com/politics/2017/05/cool-britannia-where-did-it-all-go-wrong (1.3.2025).

[186] Diederichsen sieht in Oasis ein Beispiel für „postheroische Pathologien" und für die „weniger heroischen Jahre der Pop-Musik", sie stünden damit für einen „Gegenkulturalismus ohne Gegenkultur" (Diederichsen: *Über Pop-Musik*, 420). Politisch führt die Abgrenzung gegen die Eliten zudem oft dazu, dass man sich nichts von Experten erklären lassen will, sondern stattdessen dem glaubt, was man glauben will, entgegen allen Fakten. Die Abgrenzung von den anderen und das Feiern der eigenen Gemeinschaft zeigt sich erneut auf der *Live Forever*: „Maybe I don't really wanna know", denn: „Maybe you're the same as me / We see things they'll never see."

[187] Travis: *The Man Who*. Independiente 1999.

[188] Coldplay: *Parachutes*. Parlophone 2000.

[189] Franz Ferdinand: *Take Me Out*. Domino 2004.

Nu Metal / Crossover

Die Neunziger und beginnenden Zweitausender sind nicht nur die Jahre der *loser, slacker, creeps* und *lads*, sondern auch eine Zeit der großen Wut. Sie drückt sich vor allem in unterschiedlichen Crossover-Spielarten des Nu Metal aus, einer Gattung, die sich auf dem Höhepunkt der Grunge-Welle und aus diesem heraus als *next big thing* im Alternative Rock entwickelt und als Oberbegriff dient für zahlreiche neue Untergattungen und Label wie Nu Rock, Post-Grunge, Hardcore Funk, Independent, Groove Metal, Jazzcore oder Funk Metal. Als Meilenstein des Genres gilt das fünfte Album der Red Hot Chili Peppers, *Blood Sugar Sex Magic*, im September 1991 veröffentlicht, mit den Hits *Give it Away* und *Under the Bridge*, auf dem Sänger Anthony Kiedis, Bassist Flea, Gitarrist (und einer der besten seines Fachs) John Frusciante sowie Schlagzeuger (und auch er einer der besten seines Fachs) Chad Smith Rock, Rap, Funk und Punk miteinander vermischen.[190]

Die letztgültige Anti-Establishment-Protesthymne für die größte Wut schlechthin liefern 1992 Rage Against the Machine mit *Killing in the Name*.[191] Der Song ist so einfach wie eingängig, textlich wird kein allzu großer Aufwand an politischer Komplexität oder gar Storytelling betrieben, stattdessen dominiert die Wiederholung, die einem die Parolen förmlich ins Gedächtnis prügelt. Das „Now you do what they told ya" wird etwa allein rund zwanzig Mal (mit leichten Veränderungen) wiederholt, bevor es final variiert wird ins „Fuck you, I won't do what you tell me!", auch das zwölf Mal wiederholt, womit der Mehrheitsgesellschaft ein Dutzend Mal das „Fuck you" entgegengebrüllt wird, bevor ein finales „Motherfucker!" den Protest abschließt. Der Song erscheint im November 1992 als Single sowie auf dem Debütalbum und damit nur wenige Monate nach den Unruhen, die im April und Mai in LA wüten als Reaktion auf den Freispruch derjenigen Polizisten, die in einem rassistischen Gewaltexzess Rodney King nach einer Polizeikontrolle brutal zusammenschlagen. *Killing in the Name* protestiert gegen diese Polizeigewalt und sieht zudem verschwörungsraunerisch die Polizei von LA grundsätzlich vom Ku-Klux-Klan unterwandert: „some of those that work forces / are the same that burn crosses" und „you justify those that died / by wearing the badge, they're the chosen whites". Die Wut („Rage"!) gegen das System („the Machine") wird zur Rassismuskritik, die, so will uns der Song klarmachen, in der *White-Supremacy*-Ideologie nur die Spitze des grundsätzlich rassistischen amerikanischen Gesellschaftseisberges darstelle. Überhaupt ist die Solidarität mit den Marginalisierten zentral für weite Teile des Nu Metal, was sich im besseren Falle in gegenkultureller und politischer Kritik äußerst, in weniger

---

[190] Red Hot Chili Peppers: *Blood Sugar Sex Magic*. Warner Bros. 1991.
[191] Rage Against the Machine: *Killing in the Name*. Epic 1992.

besseren die damit verbundenen Opfernarrative aber auch arg schnell ins Verschwörungserzählerische kippen lässt.

Das Album *Rage Against the Machine* mit weiteren Hits wie *Bullet in the Head* oder dem Opener *Bombtrack* ist auch deshalb ein Meilenstein, weil sich der Crossover aus Rock, Rap und Funk nie wieder so wütend anhört wie hier. Musikalisch innovativ ist der Sound des Albums insbesondere wegen Tom Morello, einem der großen Gitarrengenies, der den sogenannten Toggle-Kill-Switch erfindet, mit dem er auf der Rockgitarre den Sound des Scratchens imitieren kann, der zentral für Hip-Hop ist und für den es eigentlich Plattenteller und DJs braucht. Bassist Tim Commerford slappt dazu den Bass wie im Funk. Damit war eine ungemein eingängige, energiegeladene, die Wut des Hip-Hop mit der Energie des Rock und dem Soul des Funks galvanisierende Verbindung in der Welt.

Die vielen Subgenres im Nu Metal führen zudem vor, dass sich „postheroische Pathologien"[192] durchaus mit harter Männlichkeit und entsprechend hartem, ja härtestem Rock vertragen. Doch es geht hier gar nicht um das hypermaskulin Harte, auch wenn die Musiker in den Nu-Metal-Videos gerne mit ihren nackten, muskelgestählten und tätowierten Oberkörpern posieren, auch lange Haare und vor allem üppige dunkle Bärte gehören zum Grundinventar. Im Nu Metal zeigt sich eher ein Gegenentwurf zum klassischen Männlichkeitsstereotyp, denn das vermeintlich Harte drückt in Wirklichkeit Wut aus, und hinter der Fassade der ja klassisch männlich konnotierten Wut kann man(n) sich dann umso verletzlicher zeigen.

Als Wegbereiter dieser Art des Nu Metal gilt das Debütalbum von Korn unter dem fast mit dem Bandnamen identischen Titel *KoЯn* von 1994.[193] „Are you ready" brüllt Sänger Jonathan Davies einleitend im Opener, bevor dann die typische Mischung aus Metalrock, Alternative und gerappten Lyrics den Crossover-Stil aus hartem Rock und gerapptem Text eröffnet.[194] Überhaupt wird die Stimme zum zentralen Crossover-Instrument, in ihrer Intonation werden alle möglichen Stillagen gemixt, vom Singen, Schreien, Flüstern bis hin zum Rappen. Insbesondere aber erzählt Davies auf dem Album offen von seinen Traumata und seinen Depressionen, was – Achtung: Triggerwarnung – den offenen Umgang mit sexuellem Missbrauch in der Kindheit einschließt. So singt er im Song *Daddy*: „Little child, looking so pretty / Come out and play, I'll be your daddy / Innocent child, looking so sweet / I'll rape your mind, and now your flesh I reap" und schließt im Refrain dann weiter an: „You raped, I feel dirty / It hurt as a child / Tied down, ‚That's a good boy' / And fucked your own child / I scream, no one hears me."

---

[192] Diederichsen: *Über Pop-Musik*. 420.
[193] Korn: *KoЯn*. Immortal/Epic 1994.
[194] Zit. nach Korn: Blind. Auf: *KoЯn*.

Da ist keine Männlichkeit mehr, die soldatische Stärke ausstellen will, sondern im Gegenteil eine solche, die Emotionen und die eigene Verletzlichkeit maximal wütend in die Welt hinausschreit. Diese Mischung verfängt Ende der 1990er und Anfang der 2000 Jahre weltweit, ja vielleicht transportieren Bands wie Soundgarden, Temple of Dog oder Audioslave – alles Bands rund um den Sänger, Gitarristen und Songwriter Chris Cornell – oder nach der Jahrtausendwende dann Linkin Park rund um Frontmann Chester Bennington – so etwas wie *das* spezifische Gefühl dieses *Fin de Siècles*: wütende Verletzlichkeit. So offen, ehrlich und authentisch Cornell und Bennington ihre Depressionen und Angststörungen thematisieren und in ihren Songs verarbeiten, es hilft ihnen nicht, beide zerbrechen schließlich doch daran. Weil sie eng befreundet sind, singt Bennington, nachdem Cornell sich im Mai 2017 das Leben nimmt, auf dessen Beerdigung und begeht dann nur zwei Monate später im Juli 2017 ebenfalls Suizid.

Die Männer im Nu Metal sind Traumatisierte, Opfer von Gewalt und Misshandlung, von Depressionen und Zwangsattacken, Selbstverletzungen und Suizidgedanken, die Lyrics sind dominant Opfernarrative. Nun gibt es eine jahrtausendalte Traditionslinie, die die Vergemeinschaftung qua Opfernarrative einigermaßen perfektioniert hat: gemeint ist das Christentum, das in den USA mit allen seinen privat-evangelikalen, naiven Bibelauslegungen die Alltags- und Popkultur (mindestens implizit) prägt, wie kaum in einem anderen westlichen Land. Daher mag es nicht so sehr überraschen, wenn im Nu Metal (und allen seinen Untergattungen) ein weiteres Männlichkeitsmodell fröhliche Urständ feiert: das des Eingeweihten oder gar Priesters, wenn auch eines Priesters des Dunklen und des Schmerzes.

Billy Corgan etwa, Sänger von The Smashing Pumpkins, inszeniert sich qua Priestersoutane, die er in Videos und bei Live-Auftritten trägt, als der Hohepriester und Stellvertreter Gottes auf Alternative-Rock-Erden, damit aber zum Hohepriester des Depressiven, Melancholischen, Selbstzerstörerischen. In den Songs erzählt er von Panikattacken und Suizidgedanken, die er auf Misshandlungen in seiner Kindheit durch seinen Vater und seine Stiefmutter zurückführt, privat engagiert er sich daher für Opfernetzwerke. The Smashing Pumpkins kombinieren eine expressionistische Ikonografie, etwa mit *Mellon Collie and the Infinite Sadness* (1995),[195] mit melancholischem, psychedelischem Gitarrenrock, zu dem Billy Corgans nasaler Gesang die perfekt intonierte Ergänzung liefert.

Ein weiterer Hohepriester des Melancholischen ist Nick Cave, wobei er sogar den Rollenwechsel vom Drogen-*slacker* zum eingeweiht Sendenden vollzogen hat. Auch Cave legt eine Ausnahmekarriere hin, saugt aus seinen Lebensstationen Australien, England, Deutschland und Brasilien mu-

---

[195] The Smashing Pumpkins: *Mellon Collie and the Infinite Sadness*. Virgin 1995.

sikalische Eindrücke, um sie als charismatischster aller Weltenbummler in Avantgardekunst zu übersetzen, und das in so ziemlich allen möglichen Medien und Künsten. Mit seinen The Bad Seeds (mit Blixa Bargeld von den Einstürzenden Neubauten an der Gitarre) und mit Kylie Minogue und PJ Harvey, mit der er Anfang der 1990er Jahre eine stürmisch-intensive (wie anders wäre das bei den beiden auch denkbar?) Beziehung hat, legt er Mitte des Jahrzehnts mit *Murder Ballads*[196] eines seiner erfolgreichsten Alben vor – in diesen modernen Moritaten[197] (engl. *murder ballads*) kommt seine Kunst des avantgardistisch Morbiden ganz zu sich –, und mit dem mit Minogue performten *Where the Wild Roses Grow*[198] gelingt ihnen gar ein Welthit.

Neben diesen Männlichkeitsrollen rund um Ängste und Traumata gibt es noch eine zweite große Strömung, die Jugendkultur vor allem als Spaß und Sport versteht, also den Fun an der Rebellion zelebriert und dabei insbesondere das Rollenmodell des furchtlosen Skaters pflegt. Den *Lords of the Boards*, die, wenn man dem Albumtitel glauben darf, *Proud like a God* (1997) sind, wird dabei ausgerechnet eine Sängerin (Sandra Nasić), und das von einer Band aus Göttingen, Guano Apes, eine der ikonischen Hymnen liefern.[199] Die Band trifft damit den Nerv einer Skater- und Snowboarderkultur, die sich in den 1980er Jahren etabliert mit Magazinen wie *Trasher* (ab 1981), Videospielen wie *Tony Hawk* (ab 1995) oder Bands wie Dead Kennedys, Black Flag oder Suicidal Tendencies. Die Göttinger gehören zusammen mit den Münsteranern von H-Blockx, die 1994/95 mit der Single *Risin' High*[200] und dem Debütalbum *Time To Move* einen Überraschungserfolg landen können, zu den frühen Vertreter:innen einer Fun- und Skate-Punk-Kultur.[201]

In dieser Subkultur wird Sportlichkeit ganz anders als im Mainstream abgefeiert, deftigste und in Videos mit großem Stolz und aller Explizitheit ausgestellte Verletzungen inklusive. Das macht den Kern der Skater-Männlichkeit eigentlich schon aus, jeden auch noch so offenen doppelten Beinbruch und jede noch so schmerzhafte Landung auf den Eiern beim Frontside Tailslide – so etwas wie der klassische Trick und Move der Skater – als Megafun abzulachen; und damit eine bei allen Verletzungen schmerzbefreite und unverletzbare Ritterlichkeit auszustrahlen. Nur mit Narben von einoperierten Stahlplatten ist man ein wahrer Skaterboy. Paradigmatisch vorgeführt wird dieses Männlichkeitsideal von der MTV-Jackass-Welt, die als Serie des Musiksenders rund um den Posterboy Johnny Knoxville beginnt (mit Spike

---

[196] Nick Cave and the Bad Seeds: *Murder Ballads*. Mute 1996.

[197] Vgl. Markus Hirte: Mordballaden: Vom Schinderhannes zu Rammstein und Nick Cave. In: Britta Lange/Martin Roeber/Christoph Schmitz-Scholemann: *Verbrechen und Sprache*. Berlin/Boston, MA 2021, 109–136.

[198] Nick Cave and the Bad Seeds and Kylie Minogue: *Where the Wild Roses Grow*. Mute 1995.

[199] Guano Apes: *Proud like a God*. BMG 1997.

[200] H-Blockx: *Risin' High*. Sing Sing 1993.

[201] H-Blockx: *Time To Move*. Sing Sing 1994.

Jonze als Ideengeber und Produzent) und mit JACKASS: THE MOVIE von 2002 bis 2013 ganze fünf Sequels in die Kinos bringt.[202]

Stilprägend für den Skater-Style und den Spaß-fokussierten Crossover aus Postpunk und Rap, garniert mit Baggy Pants und rückwärts getragenen Baseball-Caps, Vans, DCs oder Etnies, werden u.a. Limp Bizkit rund um den Frontmann Fred Durst. Nachdem ihr zweites Album *Significant Other* 1999 schon ordentlich absahnt und in den USA und Kanada auf die 1 geht,[203] wird vor allem ihr drittes Studioalbum *Chocolate Starfish and the Hot Dog Flavored Water*, im Oktober 2000 veröffentlicht, ein Megaseller, der in fast allen relevanten westlichen Ländern Platz 1 der Charts erklimmt und eine ganze Reihe von ebenso erfolgreichen Singles enthält, von *Take a Look Around* über *My Generation, Rollin (Air Raid Vehicle), My Way* bis zu *Boiler*.[204] Damit ist dieser Crossover-Stil aber auch schon wieder zu Tode geritten, die Nachfolger floppen allesamt. Limp Bizkit steht für eine Musik, die jeglichen ideologischen Überbau verabschiedet und mit einem nicht allzu spezifischen, irgendwie gegen die Regeln zu sein ersetzt, und dies mit energischen, eingängigen Riffs und noch eingängigeren und schlichten Mitgröhl-Refrains verbindet. Zusammen mit der noch krawalligeren (und noch schlichteren) Bloodhound Gang stehen sie für die Spaßrebellen unter den Skatern.

Schwäche und Stärke – Schule und Härte

Wie unterschiedlich Männerbilder in den Neunzigern in der Popmusik ausgestaltet werden, lässt sich vielleicht mit der Gegenüberstellung zweier typisch deutscher Gattungsinnovationen aus dieser Zeit anschaulich machen, die einerseits für Schwäche und andererseits für Härte stehen. Die Bands der Hamburger Schule wie Tocotronic, Die Sterne oder Blumfeld propagieren eine „Ästhetik der Schwäche",[205] Tocotronics Werk beginnt etwa mit der Absage an jegliche sportliche Tätigkeit[206] und findet in der *Kapitulation*[207] dann seine programmatische Vollendung. Demgegenüber wollen sich die Rockmusiker:innen aus Deutschland ganz und gar nicht so verletzlich zeigen wie im

---

[202]Beginn der Reihe: Jeff Tremaine (Regie): JACKASS: THE MOVIE. USA 2002.

[203]Limp Bizkit: *Significant Other.* Interscope 1999.

[204]Limp Bizkit: *Chocolate Starfish and the Hot Dog Flavored Water.* Interscope 2000.

[205]Jens Ole Schneider: Décadence-Pop. Tocotronic und die Ästhetik der Schwäche. In: Denise Dumschat-Rehfeldt et al. (Hg.): *„Eins zu eins ist jetzt vorbei." Popschreibweisen seit 2000.* Berlin 2023, 195–211.

[206]Im Song *Ich wünschte ich würde mich für Tennis interessieren* steht der Titel eigentlich schon für sich, das Ich ergänzt aber noch, dass es „doch schon immer alle Ballsportarten hasse" (Tocotronic: Ich wünschte ich würde mich für Tennis interessieren. Auf: *Wir kommen, um uns zu beschweren.* L'Age D'Or 1996). Im Song *Freiburg* heißt ähnlich: „Ich weiß nicht, wieso ich euch so hasse / Fahrradfahrer dieser Stadt" (Tocotronic: Freiburg. Auf: *Digital ist besser.* L'Age D'Or 1995).

[207]Tocotronic: *Kapitulation.* Vertigo 2007.

Nu Metal, sondern stattdessen lieber Härte in jeglicher Spielart ausstrahlen. In der internationalen Wahrnehmung machen dann weniger die Hamburger Indiebands ‚Schule‘, als vielmehr die Bands dieser „Neue Deutsche Härte" (oder NDH)[208] genannten Gattung. Letztlich verbindet man aus ausländischer Perspektive mit deutscher Popmusik eine Vorstellung von *Germanness*, die auf Spielarten des Technischen oder des Hart-Militärischen basiert, sprich harte Beats elektronisch erzeugter Musik oder harte Rockgitarrenriffs von (gerne posthumane und/oder soldatische Rollen spielenden) Hart-Rockern.

‚Diese‘ Geschichte beginnt der Legende nach in einer Dorfkneipe in einem Minikaff in Nordwestmecklenburg, als in Hohen Viecheln ein paar Musiker, die in den letzten Jahren der DDR in unterschiedlichen Punkbands wie First Arsch oder Feeling B gespielt haben, zusammenkommen und schwerstbetrunken ein Lied über die Flugschaukatastrophe von Ramstein im Jahr 1988 schreiben, bei der drei Maschinen in die Zuschauermenge stürzten und siebzig Menschen starben. Freilich ‚komponierten‘ die Musiker den Song nicht, um die Katastrophe zu betrauern, sondern vielmehr um sie maximal provokativ abzufeiern. Als sei das noch nicht genug der Provokation, nennen sie ihre neue Band zunächst Rammstein Flugschau, mit einem zweiten ‚m‘ in Rammstein, angeblich ein Schreibfehler aus Unwissenheit, aber natürlich vor allem eine Programmatik qua Onomatopoesie: Das sehr hart gesungene ‚R‘ mit dem doppelten ‚m‘ rammt gleichsam einen vermeintlich maximal harten Sound in den damals noch weich-poppigen Musikmarkt-Block: „Rammstein / Ein Mensch brennt / Fleischgeruch in der Luft / Rammstein / Ein Kind stirbt / Rammstein / Die Sonne scheint", heißt es zu Beginn des Liedes, das der Band den Namen gibt und das auf ihrem Demotape wesentlich dafür sorgt, dass die Band einen Plattenvertrag bekommt.[209] Das Lied wird zum *signature song* des Debütalbums *Herzeleid*, Single und Album werden zeitgleich am 24. September 1995 veröffentlicht.[210]

Der Name ‚Neue Deutsche Härte‘ ist allerdings jünger als der Sound selbst, Rammstein haben dieses Rockrad nicht neu erfunden, aber sie haben es ungemein erfolgreich gemacht. Im Jahrzehnt der Crossovermixe ist die Neue Deutsche Härte nicht eindeutig festzulegen, letztlich ist es so etwas wie harte Gitarren mit etwas anderem, also einer Rockgitarre + X. Dieses X kann mal für Punk stehen, wie bei Fleischmann, die mit ihrem dritten Album *Fleischwolf* von 1993 zu den Pionieren der Neuen Deutschen Härte zählen.[211] Oder es kann mal eher für eine elektronische Synthesizer-Musik im

---

[208] Axel Schmidt/Klaus Neumann-Braun: *Die Welt der Gothics. Spielräume düster konnotierter Transzendenz.* Wiesbaden 2004, 269.

[209] Zit. nach Rammstein: *Rammstein.* Motor Music 1995.

[210] Rammstein: *Herzeleid.* Motor Music 1995.

[211] Fleischmann: *Fleischwolf.* Noise 1993.

Stile der Neuen Deutschen Welle (NDW) – auf die der Genrename NDH ja anspielt – stehen wie bei Joachim Witt oder Oomph!, die ab 1994 erste Erfolge feiern. Einerseits lässt sich zur NDH damit eine Traditionslinie von Kraftwerk und Deutsch-Amerikanische Freundschaft (D.A.F.) ziehen, andererseits eine, die stärker von Dark Wave und der Neuen deutschen Todeskunst (NDT) kommt, einer sich Ende der 1980er Jahre ausprägenden Subgattung des Postpunk, für die die Einstürzenden Neubauten prägend sind; in dieser Traditionslinie stehen eher Bands wie Das Ich oder Goethes Erben.

Aus dem Schatten der Subkultur ins Rampenlicht des Musikmarktes wird die Neue Deutsche Härte aber vor allem durch den Erfolg von Rammstein gespült. Der Durchbruch gelingt der Band rund um Frontmann Till Lindemann mit dem zweiten Album *Sehnsucht*, das 1997 erscheint und bis heute ihre meistverkaufte Platte ist.[212] Nicht unwesentlich für ihren weltweiten Erfolg dürfte ein Ritterschlag aus demselben Jahr gewesen sein: David Lynchs Film LOST HIGHWAY (1997)[213] beginnt mit dem Lied *Rammstein*.

Die Band wird in den Jahren danach zu einer der bekanntesten und erfolgreichsten deutschsprachigen Bands weltweit, ihre acht Studioalben sind deutlich über zehn Millionen Mal verkauft worden, und seit 2019 sind sie mehr oder weniger dauernd auf Tournee durch die Stadien der Welt. Ein Grund für diesen Erfolg dürfte darin liegen, dass Rammstein die Meister einer Mischung aus Provokation und Ironie sind. Provozierend sind sie in ihren Lyrics und Videos dadurch, dass sie beständig moralisch-ethische Grenzen überschreiten, sei es durch sexualisierte Gewalt, sei es durch rechte oder gar nationalsozialistische Codes, diese ‚Botschaften' in den Texten und Inszenierungen allerdings beständig ironisieren oder gar dekonstruieren. In akademischen Diskursen kommt durchaus gut an, wie clever und komplex Selbst- und Fremdwahrnehmungen, Othering und Selbstothering sowie Codes, Diskurse und Narrative bei Rammstein in ihr Gegenteil verkehrt werden.[214] Von Kritiker:innen wird ihnen hingegen vorgeworfen, dass diese doppelten Codes von einem Großteil der Fans eher schlichter rezipiert werden und die ironische Ebene gerade im Live-Erlebnis eher als eine referenzielle Botschaft gelesen und besungen wird.[215]

Ebenfalls wird der Band notorisch vorgeworfen, dass sie, indem sie mit faschistoider Symbolik und rechter Ikonografie ‚spielt', diese reproduziert, wenn nicht sogar affirmiert, zumindest aber doch markt- und damit salon-

---

[212] Rammstein: *Sehnsucht*. Motor Music 1997.

[213] David Lynch (Regie): LOST HIGHWAY. USA 1997.

[214] Vgl. Kerstin Wilhelm u. a.: *Rammsteins „Deutschland"*. Pop – Politik – Provokation. Berlin 2022.

[215] Wer Rammsteins *Deutschland* mit dem in den Lyrics sehr kompliziert Subjekt- und Objektebenen dekonstruierenden Refrain „Deutschland, Deutschland über allen" einmal live erlebt hat, wird dies bestätigen können, die Ironie und durchaus deutliche nationalismuskritische Ebene – die gerade im Video zu dem Song, einem fast zehnminütigen Dekonstruktions-Parforce-Ritt durch deutsche Nationalmythen, herausgearbeitet wird – geht im Live-Gegröhle der gerne stiernackigen, rein weißen Massen dann ziemlich unter (Rammstein: *Deutschland*. Rammstein GBR/Vertigo/Universal Music 2019).

fähig macht. Rechtsrock-Bands haben diese Strategie, gerade in den Neunziger- und Nullerjahren, perfektioniert, allen voran wohl die Böhsen Onkelz und Frei.Wild. Gelten die Böhsen Onkelz in den Neunzigern zunächst als rechte Rockband, versuchen sie sich später immer wieder von diesem Image zu distanzieren. In ihren Lyrics bleiben nationale Themen und insbesondere anti-elitär-populistische (nach dem Motto ‚wir hier unten gegen die da oben‘) Opfernarrative aber weiterhin dominant.[216] Strukturell sehr ähnlich ist das im Fall der Südtiroler Band Frei.Wild, die sich immer wieder dagegen wehren, in die rechte Ecke gestellt zu werden, die die Botschaften ihrer Lieder aber fast durchweg eine andere Sprache sprechen lassen. Frei.Wild, deren Debütalbum *Eines Tages* 2002 erscheint,[217] stehen zudem so sehr wie kaum eine andere Band dafür, wie Rechtsrock den Weg in den Mainstream findet, wie sich an den Nominierungen für den Echo-Musikpreis zeigt. 2013 wird die Nominierung von Frei.Wild nach Protesten mehrerer Bands, allen voran von Kraftklub, noch zurückgezogen, 2016 erhalten die Südtiroler dann aber den Echo in der Kategorie Rock/Alternative National.

Auch der Rechtsrock dieser und anderer Art gehört zu den neunziger Jahren dazu.[218] Generell darf man nicht vergessen, dass die Jahre nach der Wende nicht nur das „Jahrzehnt der Freiheit“ sind, sondern auch die sogenannten ‚Baseballschläger-Jahre‘. Unter diesem Begriff wird das Erstarken von rechtnationalistischen Kräften nach 1990 gefasst, die in einer Reihe von rassistischen Mordanschlägen kulminiert, wofür Rostock-Lichtenhagen, Mölln, Hoyerswerda und Solingen zu negativen Symbolorten geworden sind.[219]

---

[216] Vgl. Martin Rehfeldt: „Wir sind einfach gleich wie ihr ... von hier.“ Spielarten der Identifikation im Deutschrock nach 2000. In: Denise Dumschat-Rehfeldt et al. (Hg.): *„Eins zu eins ist jetzt vorbei.“ Popschreibweisen seit 2000*. Berlin 2023, 169–194.

[217] Frei.Wild: *Eines Tages*. Mindcomunicazione 2002.

[218] Vgl. Martin Büsser: *Wie klingt die Neue Mitte. Rechte und reaktionäre Tendenzen in der Popmusik*. Mainz 2001.

[219] Im Zuge dieser Entwicklungen treten vermehrt rassistische und offen nationalsozialistische Rockbands in der alternativen Subkultur auf, Bands wie Störkraft, Landser, Noie Werte, Endstufe, Kategorie C, Hassgesang oder Tätervolk. Entwickelt hat sich der Rechtsrock aber bereits Ende 1970er und Anfang der 1980er Jahre aus der britischen Skinszene. Zu den Pionieren dieser Subgattung gehört die britische Band Screwdriver rund um den Sänger Ian Stuart Donaldson, die auch Mitbegründer des rechtsextremen Skinhead-Netzwerkes Blood & Honour sind. Donaldson und Screwdriver entwickeln bereits in den 1980er Jahren die Strategie, CDs auf Schulhöfen zu verteilen, um so Jugendliche zu rekrutieren, eine Strategie, die deutschsprachige Rechtsrock-Bands kopieren.
Die Geschichte ‚dieser‘ hässlichen Neunziger des rechten Deutschrocks beginnt am 3. Oktober 1991, also dem ersten Jahrestag der deutschen Einheit, mit einem Rockkonzert in Werben bei Cottbus. Die Partei Deutsche Alternative hat dort das Who-is-Who dieser Subkultur eingeladen, neben Screwdriver spielen Störkraft, Tonstörung und Radikahl. Screwdriver sind dabei zusammen mit anderen Neonazi-Skins am Abend zuvor „Sieg Heil“ rufend und randalierend durch die Stadt gezogen und haben einen Mann mit Messerstichen lebensgefährdend verletzt, schlicht weil er irgendwie ‚links‘ aussah. Bundesweit kommt es an diesem 3. Oktober in zwanzig Orten zu rassistischen Angriffen auf migrantisch gelesene Menschen, unrühmlicher Höhepunkt der Übergriffe, die in diesen Jahren täglich stattfinden, liegt bei 78 Anschlägen an einem einzigen Tag zu Anfang 1991. Vgl. Ulrich Herbert: *Geschichte der Ausländerpolitik*. München 2001; Balzer: *No Limit*, 93–107.

Stellvertretend für die Zivilgesellschaft reagiert die deutsche Pop- und Rockmusikgemeinschaft auf das Erstarken des Rechtsextremismus zwar, aber auf eine Art, die eher gut gemeint als gut gemacht ist. Am 13. Dezember 1992 findet in Frankfurt/Main ein Konzert unter dem Motto „Heute die! Morgen du!" statt, auf dessen Setlist allerdings keine Musiker:innen mit Migrationsbiografien vertreten sind. Stattdessen findet sich Deutschrock à la Scorpions und Marius Müller-Westernhagen, die einzige Hip-Hop-Crew sind die Stuttgarter Spaßrapper der Fantastischen Vier. Stephan Remmler von Trio erblödet sich gar, ein Stück mit dem Titel *Mein Freund ist N*****[220] zu singen, und wer glaubt, dass das N-Wort damals noch keine diskriminierende Bedeutung hatte, hätte 1993 nur im Schwerpunktheft des Magazins *Weibblick* zum Thema „Schwarze Deutsche" die Beiträge von Eleonore Wiedenroth zu lesen brauchen.[221]

Hip-Hop

Eine angemessenere Antwort auf den erstarkten Rassismus in den Neunzigern muss und kann eigentlich nur aus dem Hip-Hop kommen, jener Subkultur Schwarzer Jugendlicher aus den Ghettos der USA, die seit ihren Anfängen in den 1980er Jahren dafür steht, den marginalisierten und diskriminierten Jugendlichen eine Stimme zu geben. „Denn noch nie seit ich denken kann, war's so schlimm wie heut", heißt es daher entsprechend in *Fremd im eigenen Land* von Advanced Chemistry, das im Oktober 1992 erscheint, zwei Monate nach den Ausschreitungen in Rostock-Lichtenhagen.[222] Die Heidelberger Hip-Hop-Gang, bestehend aus Torch (eigentlich Frederik Hahn), Toni-L (Toni Landomini) und Linguist (Kofi Yakpo), bringen in ihren Songs die Gefühle aller, die (post)migrantische Biografien haben, auf den Punkt: „Nicht anerkannt, fremd im eigenen Land / Kein Ausländer und doch ein Fremder". Hip-Hop lebt seit seinen Anfängen davon, dass er sowohl für regionale (für das eigene Ghetto, die eigene Straße, den eigenen Block) als auch gruppenidentitäre Zwecke angeeignet wird, was am Slang, an der lokalen und sozialen Ausformung der Jugendsprache, erkennbar wird. Advanced Chemistry machen genau das, indem sie als erste Hip-Hop-Gruppe auf Deutsch über ihre Diskriminierungserfahrungen rappen. Bald werden weitere solche Gruppen folgen, etwa Exponential Enjoyment, Mikrophone Mafia oder Fresh Familee. Auf Dauer wird dieses Genre das Deutsche selbst verändern, denn wer als Jugendlicher hip klingen will, der orientiert sich in

---

[220]Vgl. Balzer: *No Limit*, 120–122; Stephan Remmler: Mein Freund ist N****. Auf: *Vamos*. Mercury/Phonogram 1993.

[221]Vgl. Balzer: *No Limit*, 120–122.

[222]Advanced Chemistry: *Fremd im eigenen Land*. MZEE 1992.

Intonation und Phraseologie an (post)migrantischen Soziolekten, schlicht weil die im Deutschrap so ‚real‘, ‚derbe‘ etc. klingen – oder wie auch immer gerade das aktuelle jugendsprachliche Synonym für *street credibility* und Authentizität ist. Seit dieser Zeit und bis heute sind Hip-Hop und Rap damit die wichtigsten und relevantesten Formen für marginalisierte Gruppen, um sich auszudrücken und sich Gehör zu verschaffen.

Zur Wahrheit gehört aber auch, dass diese Spielart des Hip-Hop im Mainstream und bei der Mehrheit der Musikhörer:innen lange nicht so richtig viel Resonanz findet, deutlich erfolgreicher mit Hip-Hop und Rap in Deutschland sind andere. Anders betrachtet: Sprechgesang findet zuallererst in der eigenen Peergroup Gehör, und das bedeutet in Deutschland, dass weiße Mittelstands-Jungs aus dem vielleicht politischsten Genre der Popmusik eine tendenziell politik- und botschaftsbefreite Partymusik machen. Durch den Erfolg von den Fantastischen Vier, Fettes Brot, Deichkind oder Blumentopf ändert sich das Genre selbst. In den 1970er Jahren war Hip-Hop eine Widerstandskultur, geboren aus der postindustriellen Verelendung und Verslumung von ganzen Vierteln wie etwa der Bronx. In diesem Genre können sich die sozial abgehängten Jugendlichen ohne groß Instrumente beherrschen zu müssen und in dezentraler und antihierarchischer Produktion ausdrücken, Hip-Hop wird so ästhetisch und kunstsoziologisch zur idealen Kunstform der Ermächtigung und Selbstbehauptung der Marginalisierten. Während es durch das Distributionssystem der Plattenfirmen und Radiostationen – Stichwort Bottle-Neck- und Gatekeeper-Funktionen – nicht einfach ist, in den Rock- und Popmainstream zu kommen, Popmusik also wie jede professionelle Kunst vor allem eine Kunst *von oben* ist (trotz aller oft gegenteiliger, dissidenter Selbstinszenierung in den Lyrics), ist Hip-Hop eigentlich eine Jugend- und Popkultur *von unten*. Mit dem deutschen Spaßrap wird daraus ein Genre aus der Mitte und für die Mitte der Mehrheitsgesellschaft.

Die Appropriation funktioniert in diesem Fall deshalb sehr gut, weil Rap per se eine *message music* ist, bei der die Texte im Vordergrund stehen, eine Musik also, bei der es „so viel Text pro Zeiteinheit" wie „nie zuvor" gibt.[223] Diese „Lust an Kommunikation", am „endlose[n] Reden und Argumentieren" und nicht zuletzt an der möglichst originellen sprachspielerischen Pointe lässt sich somit mit Ghetto-spezifischen Themen wie Kriminalität, Drogen und Armut und im Soziolekt ausgedrückt ebenso verbinden wie mit anderen und dann eher ‚nur‘ jugendsprachlich vorgetragenen Themen.[224] Die Themen, die die Fantas, Fettes Brot, Blumentopf etc. in ihren Liedern ver-

---

[223] Günther Jacob: *Agit-Pop. Schwarze Musik und weiße Hörer.* Berlin 1993, 183.

[224] Diedrich Diederichsen über das Verhältnis der Pop-Musik zum Neuen, das dann zum Traditionellen wird: „Es sind Traditionen, die zwar ihre ursprüngliche Legitimation verloren, aber (nicht nur) den westlichen gesellschaftlichen Mainstream gewonnen haben. In der Pop-Musik ist das Neue zum Wert geworden, der aber als Werteorientierung fortbesteht bzw. sich verselbstständigt hat." Diedrich Diederichsen: *Über Pop-Musik.* Köln 2014, XIV.

arbeiten, decken dabei so ziemlich das gesamte breite Feld mittelständischer europäischer Jugendlichkeit ab, von Alltags- und Beziehungsthemen („Ist es die da, die da am Eingang steht? / Oder die da, die dir den Kopf verdreht? / [...] Nein, es ist die Frau, die freitags nicht kann"[225]) bis hin zu gelegentlicher Kritik an politischen Ereignissen wie dem Irak-Krieg. Blumentopf bedankt sich gar in aller Ironie bei George W. Bush, denn „ganz Deutschland ist dankbar, / denn wären Sie nicht so aggressiv hätten wir Stoiber als Kanzler, / und wenn's 'ne Frage gibt, in der sogar Herr Schröder konsequent bleibt / ist das nur eins Ihrer vielen Verdienste an der Menschheit."[226] Auf solch eine Botschaft können sich letztlich alle einigen.

Aber ist das überhaupt noch Hip-Hop? Die Kernrhetoriken wie Dissen, Boasting und Signifying sucht man bei den deutschen, weißen Mittelstands-Rappern in jedem Fall vergebens, und natürlich gibt es dafür keinerlei Respekt auf der Straße. Dass man sich als weißer Rapper diesen Respekt durchaus verdienen kann, zeigt einer der einflussreichsten und kommerziell erfolgreichsten Rapper aller Zeiten, ach, nicht nur in diesem Genre, sondern einer der kommerziell erfolgreichsten Musiker:innen aller Zeiten überhaupt, mit mittlerweile sagenhaften 415 Millionen verkauften Tonträgern. Die Rede ist von Eminem, dessen Künstlername auf die sehr schlampige Aussprache der Initialen seines bürgerlichen Namens, MM für eigentlich Marshall Bruce Mathers III., zurückgeht. Sein Debütalbum *The Slim Shady LP* (1999)[227] und vor allem das bahnbrechende *The Marshall Mathers LP* (2000),[228] beide von Dr. Dre, *der* Westcoast-Legende schlechthin, produziert, machen ihn als weißer Künstler in einem von afroamerikanischen Rappern dominierten Genre zum Superstar. Das Billboard-Magazin kürt ihn zum einflussreichsten Musiker der Nullerjahre in den USA, seine Alben *The Marshall Mathers LP* und *The Eminem Show* (2002)[229] sind beide in den Top Ten der meistverkauften Alben dieses Jahrzehnts.

Was Eminem so einzigartig macht, ist seine lyrische Brillanz mit immer vielschichtigen, immer hart provokanten, immer schnell und kompliziert über Assonanzen und Konsonanzen gereimten Texten, die noch dazu, und das ist seine eigentliche Innovation, komplexe Geschichten erzählen, wie etwa die von einem Auftritt beim Battle-Rap in *Lose Yourself*, dem Titelsong seines Autofiktionsfilms 8 MILE:[230]

---

[225] Die Fantastischen Vier: *Die da*. Sony 1992.

[226] Blumentopf: Danke Bush! Auf: *Gern geschehen*. Four Music 2003.

[227] Eminem: *The Slim Shady LP*. Aftermath Entertainment/Interscope 1999.

[228] Eminem: *The Marshall Mathers LP*. Aftermath Entertainment/Interscope 2000.

[229] Eminem: *The Eminem Show*. Aftermath Entertainment/Interscope 2002.

[230] Curtis Hanson (Regie): 8 MILE. USA 2002.

Look, if you had one shot or one opportunity
To seize everything you ever wanted in one moment
Would you capture it or just let it slip?
Yo
His palms are sweaty, knees weak, arms are heavy
There's vomit on his sweater already, mom's spaghetti
He's nervous, but on the surface, he looks calm and ready
To drop bombs, but he keeps on forgetting
What he wrote down, the whole crowd goes so loud
He opens his mouth, but the words won't come out[231]

Eminem ist der Geschichtenerzähler in einem Genre, das zuvor durch Boasting und Dissen geprägt war. Dabei beherrscht Eminem auch das Beleidigen des Kontrahenten wie kein anderer, kommt er doch schließlich aus dem Battle-Rap, bei dem es um die originellste, heftigste Verschmähung des Battle-Gegners geht. Doch weil er, der tatsächlich aus armen Verhältnissen stammt, sich und seine Herkunft einfach selbst schon am härtesten beleidigt, bleibt dem Gegner keine Angriffsfläche mehr. Eminem ist schlicht der Meister in diesem genreflexiven Move, die Beleidigungsmuster selbst zu bedienen, die eigentlich der Battle-Kontrahent aufrufen müsste. Seine Texte sind darüber hinaus hochkomplex, vielschichtig und rasend schnell, schnellste Ebenen- und Erzählerwechsel inklusive: Denn bei den provokativen Texten, die ethische Grenzen mehr als strapazieren, weiß man nie, ob hier gerade Eminem oder The Slim Shady oder Stan zu einem spricht, um nur die bekanntesten seiner vielen Ich-Personas aufzuzählen. Die Erzähler wechseln so schnell wie die Reimschemata, wodurch mehrere Meta-Ebenen übereinander zirkuliert werden, denn welche Aussageinstanz fragt denn z. B. eigentlich „Will the Real Slim Shady please stand up?",[232] und wer rappt dann über den Stan in der dritten Person?

Aber zurück zu den Hip-Hop-Kernkompetenzen des Dissens, Boastings und des Signifying. Um das auch in Deutschland und mit deutschen Texten zu hören, muss man wieder direkter auf die Straße, und wo gäbe es mehr Straße in Deutschland als in Berlin? Für den Durchbruch von hartem, deutschsprachigen ‚Straßenrap' steht vor allem das Hip-Hop-Label Aggro Berlin, 2001 von Specter (Spiros Droulias), Halil Efe und dem Produzenten Spaiche rund um Künstler wie Sido, B-Tight und Bushido (der das Label aber 2004 schon wieder verlässt) gegründet. Aggro Berlin setzt von Beginn an auf Skandalisierung und Provokation, aber auch auf neue Marketingstrategien, wie etwa diejenige, dass das Label jahrelang eigene Sampler, *Aggro Ansagen* genannt, auf den Markt bringt. Auf der *Aggro Ansage*

---

[231] Eminem: *Lose Yourself.* Shady/Interscope 2002.
[232] Eminem: *The Real Slim Shady.* Aftermath Entertainment/Interscope 2000.

Nr. 1[233] sind Bushido, Sido, B-Tight und Fler vertreten, die EP bleibt aber vor allem wegen Sidos ziemlich lustigem *Arschficksong* in Erinnerung: „Yeah, aah yeah, a-a-a-a-arschfick / Den Leuten fällt es auf wir reden ständig über Scheisse (iih) / Egal ob flüssig, fest, braune oder weiße (ääh) / Sie fragen ob ich nur über Analsex reden kann / Doch es geht nicht anders, ich bin der Arschfickmann." *Aggro Ansage Nr. 3*[234] (Dezember 2003) wird der erste kommerziell erfolgreiche Sampler des Labels, was an einem Skandal liegt, der Aufmerksamkeit erzeugt. Aufmerksamkeitsspiel, erster Akt: Zwar mahlen die behördlichen Mühlen langsam, aber ein Jahr nach der Veröffentlichung, im Dezember 2004, wird *Aggro Ansage Nr. 3* von der Bundesprüfstelle für jugendgefährdende Medien indiziert. Aufmerksamkeitsspiel, zweiter Akt: Wie immer bei großer Radikalität und schriller Provokation schüttet die Kultur- und Medienlandschaft bei Skandalen eine erhebliche Menge der kostbaren Währung Aufmerksamkeit aus, und so ebnet dieser Sampler dem Gangsta-Rap den Weg in den Mainstream und zum Massenphänomen, ein Weg, der mit den Debütalben von Bushido (*Vom Bordstein bis zur Skyline*, 2003)[235] und Sidos *Maske*[236] mit dem Hit *Mein Block* (2004) als Wegmarken hier nur sehr kurz angeteasert ist. Am 1. April 2009 kündigt das Label, das den Deutschrap radikalisiert und kommerzialisiert, sein Ende an, viele Künstler:innen haben inzwischen eigene Wege eingeschlagen, Sido und Bushido etwa reüssieren inzwischen vorwiegend als Personen des Medienlebens und als TV-Show-Kandidaten.

Berliner Schule: Techno und Rave

Aggro Berlin hat zwar in der deutschsprachigen Hip-Hop-Szene ‚Schule' gemacht, doch die ‚Berliner Schule' benennt eine ganz andere Musikrichtung. Techno ist ja nicht ohne Berlin und Berlin nicht mehr ohne Techno denkbar, der Mythos vom so freien wie verruchten ‚Babylon Berlin', in der die Nächte in Darkrooms und Kinky Clubs durchgefeiert werden mit dem Berghain als dem fraglos weltbesten Club, hängt wesentlich mit der Geschichte des Techno in den 1990er Jahren zusammen.

Techno ist letztlich das Resultat einiger Sommer (und Winter) der Anarchie direkt nach der Wende. Sicher, die Geschichte von Techno beginnt schon vor 1990 und in Arbeiterstädten wie Detroit und Birmingham. Doch in der ‚Berliner Schule' wäre die Entwicklung so nicht möglich gewesen, hätte es nicht in den heute innerstädtischen, damals noch Ostberliner Stadt-

---

[233] Various Artists: *Aggro Ansage Nr. 1*. Aggro Berlin 2002.

[234] Various Artists: *Aggro Ansage Nr. 3*. Aggro Berlin 2003.

[235] Bushido: *Vom Bordstein bis zur Skyline*. Aggro 2003.

[236] Sido: *Maske*. Aggro Berlin 2004.

teilen nach dem Mauerfall so viel Leerstand gegeben. Diese nicht mehr bewohnten Räume werden zu Orten maximaler Freiheit, zu Räumen, die ganz neu beschrieben werden konnten und wollten.[237] In den Worten des US-amerikanischen Kulturtheoretikers Peter Lamborn Wilson alias Hakim Bey war Berlin damals so etwas wie eine „Temporäre Autonome Zone".[238] Andreas Rossmann, der später die Clubs Planet und E-Werk gründet, erinnert sich: „Es gab so viele billige große Wohnungen, so viel Leerstand, dass man jeden Monat umziehen konnte".[239]

Während im Westen Berlins die Wohnungen damals schon knapp werden, gibt es in den Ostteilen von Mitte ein Aufbruchsgefühl, das auch deshalb so intensiv ist, weil es zugleich als Befreiung spürbar wird von der kurz zuvor noch durchgestandenen Repression einer staatlichen Diktatur. Dieser Freiraum im doppelten Sinne als Leerstand und politische Freiheit wird dann als erstes von einer Partyszene gefüllt, für die man keine Bühne für Bands mit großer Ausrüstung aufbauen muss, es genügen ein Stromanschluss und gute DJs.

Ganz so frei waren die aufgesuchten Orte der Technopioniere aber auch wieder nicht, namentlich nicht frei von Geschichte. Die Techno-Szene konnte sich eben nur in Berlin so entwickeln, wie sie sich entwickelt hat, schon die Namen der prägenden Clubs tragen die Patina der Geschichte in sich: Tresor, Bunker, Ostgut, Exit, Boudoir. Die vielleicht schönste unter all den Gründungsgeschichten erzählt der Gründungsmythos des Clubs Tresor, der am 18. März 1991 in der Leipziger Straße im Niemandsland direkt am Mauerstreifen, nach der Wende weder so richtig West noch so richtig Ost, eröffnet wird. Der Club wird im Tresorraum, also einer Stahlkammer, im ehemaligen Kaufhaus Wertheim eingerichtet, zwischen rostigen Rohren und schimmeligen Wänden. Die Betreiber des Clubs, Dimitri Hegemann, Johnnie Stieler und Achim Kohlberger, beschreiben die Entdeckung des leerstehenden Tresorraumes als fast schon magische Ersterkundung eines *lost place*: Als sie den Raum zum ersten Mal betreten, „kam uns Luft entgegen, die vierzig bis fünfzig Jahr alt war, das war sofort eine extrem intensive Atmosphäre."[240] Als ähnlich intensiv beschreiben auch die Besucher:innen der ersten Stunde das Betreten des Tresorraumes und ihre Partynächte dort. Der Abstieg in den Club gleiche einem „Abstieg in ein Stahlwerk" oder „Bergwerk oder

---

[237] Siehe die Homepage von Ben de Biel mit Bildersammlungen, die die Stimmung in Berlin in den Jahren 1990–1995 wunderbar einfangen: bendebiel.com/berlin-1990-1995/ (1.3.2025); vgl. zudem Ulrich Gutmair: *Die ersten Tage von Berlin. Der Sound der Wende.* Stuttgart 2013. Der „Guerillakampf um leerstehende Häuser", wie es im Umschlagtext heißt, ist auch eines der zentralen Themen in Lutz Seilers Roman *Stern 111* (Berlin 2020).

[238] Zit. nach Balzer: *No Limit*, 64.

[239] Felix Denk/Sven von Thülen: *Der Klang der Familie.* Berlin 2014, 87; Vgl. dazu auch Balzer: *No Limit*, 59.

[240] Denk/von Thülen: *Der Klang der Familie*; Vgl. auch Balzer: *No Limit*, 56.

vielleicht in einen Berg, der ganz aus Stahl gebaut wurde. Die Bässe jedenfalls bringen die Hosenbeine und Röcke zum Flattern und die Nasenflügel zum Beben, man kann sich in der Musik und in der Gesamtsituation sofort verlieren und Stunden um Stunden darin verweilen."[241]

Unmittelbarer und intensiver kann man kaum eintauchen in die Geschichte dieser Stadt, in das Sediment eines Berlins, dass irgendwie ja auch beides war, *Babylon* und *Germania*, und danach Frontstadt und Symbol der Freiheit für die einen, Hauptstadt der DDR und Ort der Volkspaläste für die anderen. Für die Szene ist „Techno der Ausdruck des Posthistoire", so Jens Balzer in Variation von Fukuyamas Diagnose.[242] Die Menschen kommen als Individuen und gehen dann im harten Basssound in der Masse auf. Techno sei der „Soundtrack der Wiedervereinigung", da es sich um eine Form der Popmusik handele, aus der – „zumindest für einen historischen Moment – alle Geschichte getilgt worden ist."[243]

Die Entwicklung hin zum spezifisch deutschen Techno-Sound, der bald dann so genannten ‚Berliner Schule', ist dabei natürlich keine Schöpfung aus dem geschichtslosen Nichts, vielmehr werden bestehende Strömungen aufgenommen, variiert und aktualisiert. Das lässt sich am Beispiel des Ufo-Clubs zeigen, dem Vorgänger-Club des Tresor, von den bereits genannten Kohlberger und Hegemann kurz vor der Wende 1988 in Kreuzberg im Keller eines maroden Altbaus gegründet. Aufgelegt haben dort so ziemlich alle, die in der Szene Rang und Namen haben, DJs wie Dr. Motte, Jonzon, Rok, Tanith, Mijk van Dijk, Discomo oder Kid Paul. Gespielt wird vor allem Acid House, erkennbar am Smiley-Emoticon, da Acid und Ecstasy so zusammengehören, wie einst die Hippies und LSD. Dieser Musikstil ist in den 1980er Jahren in Städten dies- und jenseits des Atlantiks geprägt worden, die wie wenig andere ihrer jeweiligen Länder für harten Stahl- und Maschinenbau stehen, und diesen *Working-Class*-Heroismus in elektronische Musik transferieren: Detroit und Birmingham. Die Berliner Szenepioniere, allen voran Johnnie Stieler und Wolle Neugebauer (alias Wolle XDP), sind angefixt von diesem „harten, dunklen, martialischen Sound, der in den Achtzigern von Industrialbands [...] entwickelt worden ist, von der Deutsch Amerikanischen Freundschaft (D.A.F.), von Front 242 und Meat Beat Manifesto – und von jungen DJs aus Detroit wie Jeff Mills, Blake Baxter und Kevin Saunderson" weiterentwickelt wird.[244] Der Detroiter Stil, Techno genannt, kombiniert das Technisch-Elektronische mit etwas typisch US-amerikanischem: dem Soul. Um sich vom Detroiter Stil und vor allem vom amerikanischen Soul zu distanzieren und die Musik zudem deutscher, härter klingen zu lassen, nennen die Berliner

---

[241] Balzer: *No Limit*, 55.

[242] Ebd., 55–56.

[243] Ebd., 63.

[244] Ebd., 57.

ihren Stil anfangs „„Tekkno‘, mit zwei knallenden, seelenlos deutschen ‚k‘ in der Mitte".[245] Und da Popmusik ja auch immer über die Logik der Überbietung und Steigerung des eben noch Angesagten lebt, finden sich bald schon Schreibweisen mit drei ‚k‘ in der Mitte: Tekkkno.[246]

Vor diesem Stil muss gewarnt werden, oder vielleicht besser: der will entsprechend umworben sein als neu, gefährlich und zeitgemäß entgrenzend. Stieler und Wolle XDP kündigen ihre „Tekknozid" genannten Partys ab 1990 daher mit einer Warnung an:

> Warnung: Tekknozid ist kein neues Synonym für Disco. Härteste Techno-Beats aus House, Industrial, Hip-Hop, Electronic Body Music (E.B.M), New Beat und Acid wirken im Zusammenspiel von psychedelischen Licht- und Effektinstallationen auf das Unterbewusstsein. In totaler Ekstase verlieren sich die Grenzen von Zeit und Raum. Visionen aus dem Unterbewusstsein eröffnen den Blick in den Cyberspace, jenen undefinierbaren Datenraum hinter Monitoren, Synthesizern und Satellitenantennen.[247]

Die Überbietungslogik des Popmarktes macht vor Techno, Tekno, Tekkno oder gar Tekkkno nicht halt. Schon bald bilden sich nicht nur besonders harte, sondern besonders maskuline Spielarten aus, und auch die, nun ja, Verschmelzung der Individuen zu einer feiernden Masse lässt sich in dieser Hinsicht immer noch steigern und überbieten. Die ‚Gabber‘ oder ‚Gabba‘ genannte, besonders harte Variante des Techno/Tekkkno wird zur Begleitung, zum Verstärker und Soundtrack für Fetischpartys in Darkrooms, die ebenfalls ein zentraler Bestandteil vom Mythos der Partyhauptstadt Berlin sind. Wie kein anderer Club steht dafür der Bunker, ein Club im ehemaligen Hochbunker in der Reinhardtstraße, in dem sich heute die Kunstsammlung von Christian Boros befindet.

Dass Techno/Rave über die neue gesamtdeutsche Hauptstadt hinaus Beachtung findet, ja zur vielleicht „wichtigsten Jugendkultur der Neunzigerjahre"[248] wird, liegt neben vielen regionalen Szeneclubs und vereinzelter Musikvideo- und Hiterfolge vor allem an einer Veranstaltung, die 1989 begründet wird und im Laufe der 1990er Jahre zu einer der größten Musikveranstaltungen der Welt anwächst: der Love Parade. Ihre Geschichte, die an anderer Stelle ausführlicher erzählt wird, liest sich wie eine typische Erzählung über den Erfolg in der Popmusik mit einem Beginn in einer Subkultur, dem stetigen Anwachsen des Erfolges, an dem dann viele andere auch Teil haben wollen, und schließlich Verrat an den Idealen in der Überkommerzialisierung. Auf

---

[245] Ebd.

[246] Philipp Anz/Arnold Meyer: Die Geschichte von Techno. In: Philipp Anz/Patrick Walder (Hg.): *techno*. Reinbek bei Hamburg 1999, 27.

[247] Zit. nach Balzer: *No Limit*, 58.

[248] Ebd., 63.

solche Verlaufsformen folgt meist langer Abstieg, währenddessen man aber noch ein paar Jahre lang richtig gut Kohle mit dem Label und dem Ruf des Subkulturellen machen kann. Anfang und Ende der Love Parade zeigen diese ewig gleiche Poperzählung allerdings besonders drastisch und dramatisch, insofern diese Parade der Liebe mit größtmöglichem Friedenspathos unter dem Motto ‚Friede, Freude, Eierkuchen' beginnt und in der schlimmsten Katastrophe 2010 in Duisburg endet.

Boybands und Castingshows

Nicht nur neue Männer braucht das Popland, sondern auch New Kids (on the Block), und der Markt liefert und sagt: Take That! Es war sicherlich schon immer eine Spur zu romantisch gedacht, dass Pop- und Rockbands sich gründen, weil beste Schulfreunde in einer Garage oder einem Keller jahrelang vor sich hinjammen, und dann wie aus dem Nichts den großen internationalen Durchbruch feiern. Dieser schöne Traum ist schon durch die Fernsehsitcom THE MONKEES (USA 1966–1968),[249] die von einer für diese Serie gecasteten Rock-'n'-Roll-Band handelt, im kalten Licht der zynischen Medienrealität desillusioniert worden. Dennoch sind erst die Neunziger dasjenige Jahrzehnt, in dem zunächst gecastete Boy- und Girlbands[250] den Markt überschwemmen, bevor um die Jahrtausendwende der Schritt zur Gründung der Bands selbst noch in die Medienöffentlichkeit gezerrt wird, sprich Castingshows zu einem global verbreiteten Phänomen werden. Apropos schöner Traum: Der Erfolg der Brüdercombo The Moffats sowie des Großfamilienunternehmens The Kelly Family, die in Deutschland einen Fanhype auslösen, lässt sich wohl vor allem vor dem Hintergrund und als vermeintlich authentisch wirkendes Gegenmodell zu dieser neuen Castingkultur verstehen.

Die Neunziger der gecasteten Bands beginnen schon am 24. April 1989, als der Gouverneur des Staates Massachusetts, Michael Dukakis, eine der höchsten Auszeichnungen der Stadt Boston an eine Gruppe fünf junger Männer verleiht, indem er den Tag kurzerhand zum „New Kids on the Block Day" ernennt, er wird seitdem jährlich gefeiert.[251] Selten erfahren Bands solch öffentlichkeitswirksame Meriten von höchsten staatlichen Seiten, und das in diesem Fall sogar schon am Beginn ihrer Karriere nach ersten, vorsichtigen Erfolgen. Der große Durchbruch wird der Band erst 1990 mit dem

---

[249] THE MONKEES. USA 1966–1968.

[250] Vgl. grundlegend dazu: Verena Jendro: *Das Phänomen der Boygroups. Erscheinungsweisen und Analyse der Hintergründe.* Marburg 1999.

[251] Matt Juul: In 1989, Dukakis declared April 24 New Kids on the Block Day. Here's how the band is celebrating its 35th anniversary. In: *The Boston Globe*, 24.4.2024, bostonglobe.com/2024/04/24/arts/new-kids-on-the-block-day-joey-mcintyre/ (1.3.2025).

Megaseller *Step by Step* gelingen,[252] mit dem sie zum damals wichtigsten Pop-Act nicht nur des US-Marktes werden, mit mittlerweile über achtzig Millionen verkauften Platten. Die New Kids sind zu diesem Zeitpunkt mit ihren zierlichen zwanzig Jahren schon alte Haudegen, denn gegründet wird die Band 1984 vom Produzenten Maurice Starr, der davor mit einem anderen R-'n'-B-Bandprojekt, New Edition, gescheitert war, und jetzt eine neue Gruppe gründen will, nur dieses Mal mit braven und vor allem und anders als bei der letzten Band: ausschließlich mit weißen Jungs. Diese weißen, braven Mittelstands-Boys singen brave Songs über seichten Herzschmerz, mit ersten Singleerfolgen wie *Please Don't Go Girl* (1988)[253] und *I'll be Loving You (Forever)*, ihrem ersten Nummer-eins-Hit (1989).[254] „I love you / I guess I always will", heißt es so eindeutig wie austauschbar in *Please Don't Go Girl*, „Girl, you're my best friend / Girl, you're my love within / I just want you to know / That I will always love you / Ooh baby". Die Kernbotschaft der Lieder, der Herzschmerz, soll offenkundig durch keine allzu störende emotionale Komplexität verwischt werden, überhaupt sind die Choreografie und Tanzeinlagen mindestens ebenso wichtig, um die hyperemotionalen Anhimmeleien großer Mädchenmengen zu evozieren.

Nicht mehr die Introspektion der von der Jugend, vom Elternhaus oder von ersten Drogenerfahrungen traumatisierten jungen Männer steht im Vordergrund, hier liegt der Fokus vielmehr voll auf den Girls, die nur darauf warten, endlich von einem Boy gefunden und geliebt zu werden, der zudem als einzige Botschaft mitbringt, dass er nur an das eine Girl denkt, da sie die schicksalshafte *one-and-only*-Liebe seines Lebens sei. Diese Botschaft kommt bei den Mädchen und jungen Frauen an; und wohl nicht nur bei ihnen. Denn da es sich um brave, gepflegte Mittelstandsjungs handelt, die zudem jeglichen Drogenkonsum, testosterongeladene Gewalt- und Machtfantasien oder selbst harmlose Kraftausdrücke ablehnen, ist dieses Männerideal ein Traum aller Schwiegermuttis und Schwiegervatis. Wenn dann sogar noch ein Engagement gegen Drogenkonsum hinzukommt – und weil Amerika nun mal so ist, wie es ist, mag die Tatsache, dass diese Botschaft von weißen Jungs kommt, auch nicht ganz unwichtig sein – dann wird man eben von Politikern mit einem „New Kids on the Block Day" als Feiertag belohnt.

Zweifellos ist die Popmusikgeschichte voll von Männercombos, die brav gescheitelt und lange Zeit sogar in Anzug und mit Krawatte nette Liebeslieder trällern. Neu an diesem Männertypus ist, dass der muskelbepackte Körper nicht die Stärke und Virilität eines Anführers ausstrahlen soll, sondern vor allem zum Objekt des weiblichen Begehrens wird. Entsprechend ist das Ideal nicht mehr der bodygebildete Kämpfer, sondern der durch einen

---

[252] New Kids on the Block: *Step by Step*. CBS 1990.

[253] New Kids on the Block: *Please Don't Go Girl*. CBS 1988.

[254] New Kids on the Block: *I'll be Loving You (Forever)*. CBS 1989.

Sixpack ästhetisch und arabesk verzierte Mann; in der Sixpack-Disziplin hat wohl Peter André im Video zu *Mysterious Girl* (1996) die ewig gültige Benchmark gesetzt („And girl I wanna make you mine / I want to be with a woman just like you / And no doubt I'm the only man / Who can love you like I can").[255]

Der Mann, der Sexobjekt sein will, muss natürlich etwas dafür tun, da ist es mit einem Sixpack allein noch lange nicht getan, da ist von Haarstyling, Klamotten, Haut- und Bartpflege, Parfümierung, um nur das absolute (sprich: bare) Minimum zu nennen, noch ganz geschwiegen. Für diesen neuen Männertypus, diesen ‚New Man on the Block', muss ein neuer Begriff her, denn dieses Männerbild eines heterosexuellen, ausgiebig gepflegten und auf sein Äußeres und die Kleidung achtenden Mannes, scheint vielen allzu neu zu sein, dabei ist es eigentlich nur eine Reaktivierung des Dandys und Gentleman alter Schule, freilich gänzlich ohne deren Intellektualität und ohne homoerotische Implikationen: 1994 entsteht dafür dann der Begriff des Metrosexuellen.[256] Entsprechend kann für diese zeitgenössische Reaktualisierung eines britischen Ideals und Mythos auch nur ein Engländer Rollenmodell stehen, was dann dankenswerterweise ein Fußballer übernimmt. Wobei, eigentlich ist David Beckham in dieser Hinsicht weniger Nationalspieler der *Three Lions* und wichtiger Spieler des damaligen englischen Dauermeisters Manchester United, als im Erstberuf vor allem Freund und Ehemann eines Girlband-Mitglieds, von Posh Spice Girl Victoria Beckham, geborene Adams.

Aber zu den Spice Girls gleich mehr, zunächst zurück in die Chronologie der Ereignisse. Der Megaerfolg von den New Kids on the Block, die 1990 selbst Madonna, Michael Jackson und Bill Crosby als die bestverdienenden Medienschaffenden der westlichen Popkultur in den Schatten stellen, bleibt natürlich nicht unbeobachtet – und ruft etliche Nachfolger:innen auf den Plan, eigentlich stellt es den Popmarkt völlig auf den Kopf: Denn plötzlich wollen alle den Erfolg planen können und dafür Bands am Reißbrett entwerfen, und später, in gleichsam einer ‚zweiten Welle' dieser popmusikalischen Produktions- und Vermarktungslogik, wird die Konstruktion am Reißbrett eben als Castingshow selbst zum massenmedialen Erfolgsprodukt. Die ersten Nachfolgeprojekte bleiben dann sozusagen erstmal in der Familie Wahlberg, die New Kids on the Block mit u.a. Donnie Wahlberg in der Combo, werden kopiert von Marky Mark and the Funky Bunch mit seinem Bruder Mark

---

[255] Peter André: *Girl*. Mushroom 1995.

[256] Mark Simpson/Jan Euringer: Here come the mirror men. In: *The Independent*, 15.11.1994, archiviert vom Original (nicht mehr online verfügbar) am 19.2.2007; abgerufen am 31. Dezember 2010 (englisch, Artikel auch veröffentlicht im Buch von Mark Simpson: *It's a Queer World*. Vintage, London 1996: Dort definiert als: „Metrosexual man, the single young man with a high disposable income, living or working in the city (because that's where all the best shops are), is perhaps the most promising consumer market of the decade." Vgl. web.archive.org/web/20070119202843/http://www.marksimpson.com/pages/journalism/mirror_men.html (1.3.2025).

Wahlberg. Jenseits des großen Teichs feiern noch Boyz II Men, Backstreet Boys und NSYNC, mit denen Justin Timberlake seinen Durchbruch hatte, große Erfolge.

Popgeschichte wird von Boy- und Girlbands aber auch diesseits des großen Teichs geschrieben. Ein gewisser Nigel Martin-Smith aus Manchester etwa will den Erfolg der New Kids einerseits kopieren, andererseits aber eine (noch) breitere Zielgruppe ansprechen, weshalb er als Partner für den jungen Singer-Songwriter Gary Barlow in einem Casting nach weiteren guten Sängern unterschiedlichen Alters sucht. Fündig wird er bei Howard Donald, schon 22 Jahre alt, und Robbie Williams, noch zarte 16, und ergänzt sie durch Mark Owen und den gelernten Breakdancer Jason Orange. Geboren ist die Gruppe Kick It, die schon bald in Take That umbenannt wird und ab 1991 erste kleinere Single-erfolge feiert, 1993 gelingt der Durchbruch mit gleich drei Nummer-eins-Hits im Vereinigten Königreich: *Pray, Relight My Fire* und *Babe*.[257] Insgesamt kommen Take That auf 12 Nummer-eins-Singles im UK, verkaufen über vierzehn Millionen Singles alleine in ihrem Heimatland und gelten offiziell als „Artist with the most Number 1 singles on the UK charts."[258]

Aber was sagen solche Zahlen und Daten schon groß aus? Natürlich nicht allzu viel über die Bedeutung, die solch eine Band für das Leben von Millionen von Teenagern hat. Und wenn man als Gradmesser dafür wiederum das Ausmaß an Gekreische, Tränen und Massenhysterie nimmt, dann ist Take That die einzige von allen Boybands, die es in der langen Geschichte der Popmusik auch nur halbwegs mit den Beatles und der Beatlemania aufnehmen kann. Sicher, die Unterschiede sind dabei nicht zu vernachlässigen. War die Beatlemania ein globales Phänomen, bleiben Take That doch vor allem ein europäisches Ding. Und während die Ansammlungen von Fanmassen bei den Liverpoolern für das Establishment ein Schock war, das entsprechend pathologisiert wurde, siehe die Begrifflichkeiten des ‚Hysterischen' rund um diese Fankultur, wird ein solches Fantum in den 1990er Jahren von den Erwachsenen nur noch belächelt und als ein PR-Phänomen akzeptiert.

Aber auch diese Geschichte endet natürlich irgendwann; an einem grauen Februartag des Jahres 1996, dem 13. ausgerechnet, geben Take That ihre Trennung bekannt. Ein TV-Ereignis von mindestens nationaler Tragweite, die BBC und MTV übertragen die Pressekonferenz live, die Samariter richten eine Seelsorge-Hotline ein, an die sich suizidgefährdete Teenies wenden können. ‚Ausgerechnet' der 13. in diesem Februar noch in einem weiteren Sinne, denn das ist der Geburtstag von Robbie Williams, der die Band wegen der

---

[257] Take That: *Pray*. RCA/BMG 1993; Take That: *Relight My Fire*. RCA/BMG 1993; Take That: *Babe*. RCA/BMG 1993.

[258] Justin Meyers: Artists with the most Number 1 singles on the UK chart. In: *Official Charts.com*, 25.7.2025, officialcharts.com/chart-news/artists-with-the-most-number-1-singles-on-the-uk-chart__23765/ (1.3.2025).

notorischen ‚unüberbrückbaren Differenzen' (vulgo: Drogenkonsum) schon ein halbes Jahr vorher verlassen hatte.

Der Hype rund um gecastete Bands ist in dieser Zeit eh schon weitergezogen. Das Heart Management hat Mitte der Neunziger nämlich die Idee, den Jungsgruppen eine Mädchenband entgegenzustellen. 1994 werden von diesem Management die Spice Girls gegründet, mit einem ‚Girl Power'-Mantra als Markenkern versorgt, die die fünf Girls je unterschiedlich repräsentieren sollen. Dafür gibt es klare Rollenvorgaben: Es gibt eine Scary Spice (Mel B), eine Sporty Spice (Mel C), das süße, kleine Baby Spice (Emma Bunton), Ginger Spice (Geri Halliwell) und Posh Spice (Victoria Beckham). An den Erfolg von Take That reichen sie zwar nicht ganz heran, sind aber mit neun Nummer-eins-Hits die mit Abstand erfolgreichste Girlgroup aller Zeiten. Schon ihre erste Single *Wannabe* schlägt ein und wird 1996 in 37 Ländern zur Nummer 1.[259] Die Trendwelle um Girlgroups können in Deutschland eine Weile Tic Tac Toe erfolgreich reiten, sie sind hierzulande nach den Spice Girls die erfolgreichste Girlband, mit über vier Millionen verkauften Platten allein in Deutschland.

Mit der Jahrtausendwende geht die Zeit der gecasteten Bands zu Ende, die feldsoziologische Position dieses Popphänomens wird dann strukturanalog von den Castingshows übernommen. In Amerika beginnt ab 2002 die Sendung *American Idol* dem Musikmarkt Solo-Karrieren wie diejenige von Kelly Clarkson oder Adam Lambert zu bescheren, in Großbritannien entstehen aus der Sendung *Popstars* Bands wie Girls Aloud oder One True Voice. In Deutschland startet 2000 *Popstars*, die ersten Gewinner No Angels sind inzwischen wieder vereint und treten in Schlagershows auf, etwa derjenigen, die von Giovanni Zarella moderiert wird, der seine Karriere bei Bro'Sis beginnt, jener Band, die 2001 aus *Popstars* hervorgeht. Ab 2002 läuft dann *Deutschland sucht den Superstar* mit Alexander Klaws als erstem Gewinner, inzwischen ist DSDS auf 22 Staffeln angewachsen und hat dabei etliche Wandlungen durchlaufen. Die bedeutsamste ist wohl, dass die Gewinner:innen mittlerweile eigentlich wirklich egal sind, popmusikalisch vollkommen irrelevant bleiben und schnell wieder vergessen werden (kaum ein:e Gewinner:in der letzten fünf Jahre erreichte mit ihren Singles noch die Top Ten), der Weg ist in dieser Show inzwischen das Ziel, das Ziel (oder wer gewinnt) selbst interessiert dann nicht mehr.

Crossing all over

Was bleibt also von ‚unseren' anderthalb Jahrzehnten der Popmusikgeschichte? Was legt man auf, wenn man diese Zeit als Retroparty feiern will? Wahrscheinlich nichts von dem bisher hier Beschriebenen, sondern erstmal: Eurotrash,

---

[259] Spice Girls: *Wannabe*. Virgin 1996.

auch als Eurodance bekannt. Diese neue Disco-Welle ist vor allem auf dem europäischen Kontinent erfolgreich, die Brit:innen und Amerikaner:innen können damit weniger anfangen. Die Songs sind schematisch gebaut, immer singt eine Frau eingängige, nicht allzu komplizierte Refrainzeilen, immer rappt ein Mann die Strophentexte, daher auch ‚Marafrasi‘ genannt: Mann rappt, Frau singt. Snap!, eine Frankfurter Eurodance- und Trance-Gruppe mit wechselnden Sängerinnen und Sängern rund um die Produzenten Michael Münzing und Luca Anzilotti, gelten als Erfinder dieses Eurodancestils, indem sie Hip-Hop mit Dance und Trance kombinieren. Mit *The Power*[260] gelingt ihnen im Frühjahr 1990 ein erster Hit, der aber noch etwas anders, deutlich Trance-lastiger ist, eigentlich ist erst 1992 *Rhythm Is a Dancer* der erste richtige große Eurodance-Hit.[261] Damit ist eine Erfolgsformel rund um einen monotonen 4/4-Takt bei 120 bis 150 BPM, hymnischen Synthie-Sounds und ballernder Basslinie sowie einfachen Lyrics über universelle, aber simple Emotionen rund um Liebe, Freiheit, Party und einfach generell über den Spaß am Leben gefunden. Aber schlichte Parolen – siehe Scooter mit *Hyper Hyper* (1994)[262] – waren in der Popmusikgeschichte ja noch nie Problem oder gar Erfolgsverhinderungsgrund. Neben Snap! gelingen Dr. Alban mit *It's My Life* und *Sing Halleluja*, 2 Unlimited mit *No Limit*, Culture Beat mit *Mr. Vain*, Haddaway mit *What Is Love* und vielen anderen in der Kernphase von 1993 bis 1995 große Hits.[263]

Diese Erfolge zeigen zweierlei: zum einen, tanzen will der Mensch, auch viele Jahre nach der großen Disco-Zeit. Und zum anderen, die hier interessierende Zeit der Popmusikgeschichte ist musikästhetisch vielleicht vor allem die große Zeit des Crossover. Das, was in dieser Zeit ‚gecrossed‘ wird, mag mal die Mischung aus Tradition und Neuem sein, wie im Britpop, sehr dominant ist es aber ein Crossing mit Rap, sei es im Nu Metal, sei es im ‚Marafrasi‘. Damit sind die Neunziger die Zeit, in denen sich der Sprechgesang von der Subkultur in den Mainstream bewegt, seitdem und bis heute ist das ja so etwas wie *die* dominante, vielleicht heute sogar einzig wirklich relevante Popmusikkunstform. Wobei, nicht ganz allein die einzige, denn ‚unsere‘ Epoche endet mit dem Beginn einer neuen Ära: Am 24. Oktober 2006 erscheint das Debütalbum einer gewissen Taylor Swift.

---

[260] Snap!: *The Power.* Logic 1989.

[261] Snap!: *Rhythm Is a Dancer.* Logic 1992.

[262] Scooter: *Hyper Hyper.* Club Tools 1994.

[263] Dr. Alban: *It's My Life.* Logic/Ariola 1992; Dr. Alban: *Sing Halleluja.* Arista/Logic 1993; 2 Unlimited: *No Limit.* Byte/ToCo International 1992; Culture Beat: *Mr. Vain.* Dance Pool 1993; Haddaway: *What Is Love.* Coconut 1992.

Nirvana: *Nevermind* (1991)

Oliver Ruf

Die Gründung von Nirvana im Jahr 1987 stand unter keinem besonderen Vorzeichen: Kurt Cobain und Krist Novoselic (zu denen etwas später Dave Grohl als Schlagzeuger hinzustieß) überführten mehrere erfolglose Schulbandformierungen[1] in ein neues Line-up, ein popgeschichtlich typisches Manöver, und sie wollten vordergründig, was alle wollen: Glück, Glanz, Ruhm. Aber der Anspruch von Sänger und Gitarrist Cobain ging weiter, er wollte nicht einfach Erfolg haben, sondern Epoche machen.[2] Dieses hochgespannte Ziel erreichten Nirvana nach einem Achtungserfolg mit ihrem Debütalbum *Bleach* (1989)[3] dann mit ihrer zweiten Platte zwei Jahre danach: Am 10. September 1991 wurde der Titel *Smells Like Teen Spirit*[4] als Single veröffentlicht; am 24. September 1991 erschien das zugehörige zweite Studioalbum *Nevermind*.[5] Nicht allein, dass dieses schnell in den US-amerikanischen Charts aufsteigen konnte (und ebenfalls schnell den Platin-Status für eine Million verkaufte Exemplare erhielt), auch die sich anschließende Tournee in Europa sowie der damit verbundene UK-Charts-Einstieg demonstrierten, wie enorm und folgenreich sich die Musik Nirvanas weltweit verbreitete.

Denn das Album war nicht nur ein Verkaufserfolg, sondern wesentlich mitverantwortlich für die Herausbildung einer (nicht nur) musikalischen

---

[1] Carrie Borzillo-Vrenna: *Kurt Cobain und Nirvana Chronik. Tagebuch einer Karriere.* Innsbruck 2004, 16.

[2] Michael Azerrad: *Nirvana – Come As You Are.* Innsbruck [8]1994, 68.

[3] Nirvana: *Bleach.* Tupelo/Sub Pop 1989.

[4] Nirvana: *Smells Like Teen Spirit.* DGC/Sub Pop 1991.

[5] Nirvana: *Nevermind.* DGC/Sub Pop 1991.

Subkultur, die als eigenes Genre im Verlauf der 1990er Jahre zu einem überaus populären Musikstil avancierte: Grunge. Diese Stilform gilt bis heute als Ausdruck einer bestimmten Art des *underground*, dessen örtliche Provenienz in der Bezeichnung ‚Seattle-Sound' angezeigt wurde und eine Mischung aus Punk-, Garagen- und Hard-Rock beschreibt. Damit einher ging eine populärkulturelle Musikästhetik, für die in instrumentaler Hinsicht ein verzerrter, heruntergestimmter und Riff-basierter Sound mit dröhnendem, akustisch rückkoppelndem E-Gitarren-Feedback und harten bzw. ‚schwerfälligen' Basslines zur Unterstützung der Songmelodien kennzeichnend ist.[6] Im Grunge artikulierte sich gleichsam eine ‚Ästhetik des Hässlichen',[7] die als Anti-Haltung auf den Lebensstil von Akteuren wie Rezipienten übertragen wurde, einschließlich alternativer Mode: Alles hatte rau und dreckig, roh und ungeschliffen zu sein. So erreichten Kleidungsstücke wie etwa grob-karierte Flanellhemden, die bis dahin vornehmlich Vertreter:innen der sogenannten ‚Arbeiterklasse' getragen hatten, oder lange, ungekämmte bzw. ‚wild' getragene Haare geradezu einen ikonografischen Status, zeichenhafter Ausdruck der Verweigerung aller gesellschaftlichen Forderungen nach Anpassung und Einbindung in das zweckrationale große Ganze. Gegen das Glatte und Elegante des Mainstreams gerichtet, sollten hier die Tiefen und Abgründe, die ‚Verderbtheit' der realen Welt freigelegt respektive hör- und sichtbar, nachspürbar gemacht werden. Grunge besang mithin den selbst erfahrenen bzw. erlebten Weltschmerz, und dies ausdrücklich nicht als reine Pose oder bloße Attitüde, sondern als tief empfundenen Ernst.

Nevermind war, trotz rasch einsetzender Kommerzialisierung, ein ausschlaggebender Impuls und Katalysator für diese Haltung zur Welt. Denn ein Erfolg am Markt ist dem Ansehen in der Subkultur nicht gerade zuträglich, und *Nevermind* hatte erheblichen Erfolg: Nachdem Nirvana am 6. Dezember 1991 im Rahmen der in Großbritannien beliebten *Tonight with Jonathan Ross Show* des Fernsehsenders Channel 4 gespielt hatte, stieg *Smells Like Teen Spirit* auf Platz 7 der UK-Single-Charts ein. Am 11. Januar 1992 erreichte *Nevermind* die Spitze der US-Album-Charts – und verdrängte damit Michael Jacksons Album *Dangerous*[8] von dieser Position. Am selben Abend traten Nirvana zum ersten Mal in der amerikanischen Late-Night-Show *Saturday Night Live* auf, was zu einem legendären Fernsehereignis avancierte. *Smells Like Teen Spirit* war zuvor bereits auf Platz 6 der US-Single-Charts verzeichnet worden. Dem Song wurde schließlich am 1. April 1992 Platin-Status zugesprochen. Diese Erfolgsgeschichte von *Nevermind* wurde

---

[6]Vgl. Jim Berkenstadt/Charles R. Cross: *Nirvana, Nevermind*. New York, NY/London/Sydney 1998.

[7]Heiner F. Klemme/Michael Pauen/Marie-Luise Raters (Hg.): *Im Schatten des Schönen. Die Ästhetik des Hässlichen in historischen Abläufen und aktuellen Debatten*. Bielefeld 2006; Karl Rosenkranz: *Ästhetik des Hässlichen* [1990]. Hg. und mit einem Nachwort von Dieter Kliche. Stuttgart 2015; Güsken, Jessica: *Beispiele des Hässlichen in der Ästhetik (1750-1850)*. Göttingen 2022.

[8]Michael Jackson: *Dangerous*. Epic/MJJ Productions 1991.

der Band aber gewissermaßen nicht negativ ausgelegt, etwa als Verrat an den Idealen der Alternativkultur, sondern eröffnete (gemeinsam mit dem Durchbruch ähnlich ausgerichteter Bands wie Pearl Jam, Alice in Chains oder Soundgarden) gerade die Etablierung von Grunge und trug dergestalt zur Formierung einer immer stärker sich ausprägenden, global ausstrahlenden Jugendkultur bei. Für diesen Effekt war zudem das zu diesem Zeitpunkt wirkmächtige Musikfernsehen in Gestalt des Senders MTV wenigstens mitverantwortlich. Für *Smells Like Teen Spirit* wurde Nirvana auf den 9. MTV Video Music Awards am 9. September 1992 in Los Angeles in den Kategorien Best Alternative Music Video und Best New Artist Video ausgezeichnet. Nirvana spielten einen weiteren Song von *Nevermind* (*Lithium*) live und zerstörten im Anschluss ihr Equipment (wobei Krist Novoselic mit dem von ihm selbst weggeworfenen Bass am Kopf verletzt und kurz ohnmächtig wurde). Kurt Cobain bespuckte beim Verlassen der Bühne das Klavier von Elton John, das er für dasjenige von Axl Rose hielt. Mit dem Sänger der zeitgleich ebenfalls außerordentlich erfolgreichen Hard-Rock-Band Guns n' Roses hatte er sich zuvor gestritten.

Das Ende der noch jungen Band war damit aber fast schon gekommen: Am 8. Januar 1994 spielte Nirvana in der Center Arena von Seattle ihr letztes Konzert in den Vereinigten Staaten. Am 6. Februar begann eine Europatournee in Cascais. Das Ende dieser Tour war ursprünglich für den 8. April in Dublin geplant, doch fand das Konzert schließlich in Deutschland statt: am 1. März im *Terminal 1* des ehemaligen Flughafens München-Riem. Dieses wurde in Ausschnitten auf dem deutschen Musik-TV-Sender VIVA gesendet. Einen Monat später verließ Kurt Cobain - gegen ärztliche Anordnungen - nach einem Krankenhausaufenthalt das Exodus Recovery Center in Marina del Rey, Los Angeles, und brach damit seinen letzten Versuch eines Drogenentzugs ab. Eine Woche später, am 8. April, wurde er tot in seinem Haus in Seattle aufgefunden. Er hatte sich bereits am 5. April 1994 mit einer Schrotflinte im Heroinrausch erschossen. Das musikalische Erbe der Band wird von Cobains Witwe Courtney Love sowie den beiden Bandmitgliedern Dave Grohl und Krist Novoselic verwaltet. *Nevermind* ist bis heute weltweit rund 30 Millionen Mal verkauft worden und zählt zu den meistverkauften Musikalben überhaupt. Das Musikmagazin *Rolling Stone* führt *Nevermind* auf Platz 4 der *500 besten Alben aller Zeiten* (als höchstplatziertes Album aus den 1990er Jahren).[9]

Die Bedeutung des Albums hat auch etwas damit zu tun, wie darin ‚Lärm‘ als Medium von Musik neu inszeniert wurde. Die Gebrochenheit und Überzogenheit, die in erster Linie dem Ausdruck von Rebellion dient, wird von

---

[9] Markus Brandstetter: Rolling Stone hat gewählt: Die 500 besten Alben aller Zeiten. In: *Rolling Stone*, 12.3.2024, rollingstone.de/rolling-stone-hat-gewaehlt-die-500-besten-alben-aller-zeiten-2-2681047/34/ (9.9.2025).

Laut-Leise-Effekten als eine Art Energieentladungs-Stop-and-Go-Methode erzeugt: Grunge bedeutet auf *Nevermind*, die Signifikanz von Wut und Zorn musikalisch aus einem Refrain kommend in leise Verse gleiten zu lassen, um dann durch den Einbruch von Gitarren und mit dem korrelierenden Gesang aufgebrochen zu werden sowie in einem wiederkehrenden aufbrausenden Refrain zu münden. So zeigt *Nevermind* eine gewisse Formelhaftigkeit dieser Musik als Zeitgegenwart: verwundbar bzw. melancholisch-sensibel (und mit Zügen eines solchen Pop-Punks durchaus radiotauglich) sowie zugleich lärmend bzw. organisch-‚hart': unbändig gebrochen.

Die einzelnen Songs auf *Nevermind* sind weniger im Hinblick auf ihre Textgestaltung als in Hinsicht auf ihre generelle musikalische Dimension beachtenswert. Denn charakteristisch für Grunge ist die innovierende Vermischung von alternativem Punk, Heavy Metal und Hardrock, die mindestens die melodische Nähe zur Popmusik sucht. In dieser Hinsicht ist Grunge Glamrock-Bands der 1970er Jahre verwandt, eine Verwandtschaft übrigens, die die Grunge-Szene in Seattle Ende der 1980er Jahre ausdrücklich bekannte.[10] Dennoch enthält *Nevermind* sicherlich eine Reihe von Tracks, die als solche herausstechen und erwähnenswert sind, deren Kontexte aber nicht weniger exzeptionell erscheinen. So ist beispielswiese die Namensgebung von *Smells Like Teen Spirit* auf ein gleichnamiges Deodorant zurückzuführen, das die damalige Freundin von Kurt Cobain offenbar benutzte, sodass dieser selbst danach roch. Das Musikvideo von *In Bloom*, die vierte und letzte Singleauskopplung im November 1992, zeigt einen Auftritt von Nirvana in schwarz-weiß, Anzüge tragend und an US-amerikanische TV-Abend-Sendungen der 1960er Jahre erinnernd, bei dem die Band am Ende ihre Instrumente wiederum zertrümmert: eine Handlung, die eines der wiederkehrenden Stilmerkmale von Nirvana darstellt – auch ein Tribut an die lange Tradition der Instrumentenzerstörung auf Bühnen (etwa bei The Who, Jimi Hendrix und anderen). Zu Beginn des Songs *Territorial Pissings* ist – sinnbildlich – die Refrain-Textzeile aus dem Song *Get Together*[11] der Youngbloods zu hören: ein berühmter Schlager der Hippie-Ära von 1969, der damit sowohl referenziert als auch unterlaufen wird. Das Video zur zweiten Singleauskopplung, *Come As You Are*, zeigt neben einer Performance des Songs Cobain, der auf einem Kronleuchter schaukelt, sowie verschiedene Einzelbilder und Szenen wie etwa einen Revolver, eine Befruchtung, einen Hund mit einer Halskrause, der eine Treppe herunterklettert, und die Szene, aus der vermutlich das Cover des Albums entstanden ist: ein nacktes Baby, das einem Dollarschein an einer Angel hinterherschwimmt.

Und nicht nur die Songs sind ikonisch geworden, das Cover der Platte gehört gleichfalls längst zum Erbe der Popkultur: Zu sehen ist auf die-

---

[10]Azerrad: *Nirvana – Come As You Are*, 112.
[11]The Youngbloods: *Get Together*. RCA Victor 1969.

Cover von Nirvanas *Nevermind*, Records / Alamy

sem Cover von *Nevermind* der zum damaligen Zeitpunkt vier Monate alte Spencer Elden (*7. Februar 1991), der Sohn eines mit dem Fotografen John Chapple befreundeten Paares, die hierfür 200 US-Dollar erhielten. Zu erkennen ist dabei gut sichtbar und mithin unzensiert auch das Geschlechtsteil des Babys, wobei es auch einen alternativen Coverentwurf gegeben hatte. Neben verschiedenen Parodien dieses Covers (etwa von Weird Al Yankovic oder mit der Comicfigur Bart Simpson, der nackt auf einen Angelhaken mit einem Krusty-Dollar zuschwimmt) sowie auch der zehn Jahre späteren Cover-Motiv-Wiederholung (wiederum mit Spencer Elden) ist eine relevante Fußnote der Covergeschichte, dass weitere zwanzig Jahre später Elden Klage gegen Dave Grohl, Krist Novoselic und die Plattenfirma Universal wegen des Verstoßes gegen Bundesgesetze zur Kinderpornografie einreichte. Behauptet wurde von ihm, dass er sich durch die jahrzehntelange Verwendung des Bildes sexuell ausgebeutet fühle, obwohl er dieses ja selbst als Teenager und später auch als Erwachsener nachgestellt hatte. Da jedoch am 30. Dezember 2021 die Frist verstrichen war, zu den Einlassungen der Beklagten Stellung zu nehmen, wurde die Anklage aus formellen Gründen vom U.S. District Court Central California abgewiesen und ferner endgültig eingestellt, da Elden insgesamt zu lange gewartet habe, um die ursprüngliche Klage einzureichen, die damit richterlich als unzeitgemäß erklärt wurde.

Wenn Nirvana sich von Anfang an musikalisch wie musikindustriell, modisch wie performativ, verbal wie optisch, schüchtern wie lautstark derart am Grenzbereich von Kunst und Kommerz bewegt hat, dann auch deshalb, um die Differenz verschiedener musikalischer Strömungen, Haltungen und Abgrenzungen nicht nur auszuloten, sondern vehement zu überschreiten, um sie sogleich wieder zu versöhnen, dann wieder zu zerstören und zusammenzufügen, wieder zu desavouieren und so weiter und so fort. Vor allem die bereits erwähnte Spannung zwischen Punk, Rock und Pop war der Anlass, eine eigene Identität als Stars einerseits zu forcieren (und sie finanziell auszureizen), andererseits permanent in Frage zu stellen, letztlich (wofür der Suizid Cobains eine tragische Pointe darstellt) zu vernichten.[12] Konventionen im sogenannten Musikgeschäft wurden dazu gebrochen, freilich mit einem gewissen Grad an Selbstinszenierung und Selbststilisierung, selbst Verweigerung ist ja eine Form der Inszenierung, man entkommt ihr schlechterdings nicht. So spielte Nirvana anlässlich der Charts-TV-Show *Top of the Pops* am 27. November 1991 in den Studios der BBC in London *Smells Like Teen Spirit* trotz Halbplayback überaus langatmig und daher nicht synchron zu der dazu im Studio abgespielten Musik. Cobain fasste seine Gitarre nur gelegentlich an, umklammerte das Mikrofon oder breitete die Arme aus – ein offensichtlicher Protest gegen die eigene Vermarktung im Fernsehen, die Nirvana zur selben Zeit qua zugesagter Teilnahme selbst beförderte. Bei anderen TV-Auftritten spielte die Band auch oftmals nicht die mit der Fernsehformat-Regie abgesprochenen Songs, was dazu führte, dass die auf dem Bildschirm eingeblendeten Songtitel nicht zu den gespielten Songs passten.

Die Suizidentscheidung Cobains wurde durch diese Ambivalenz bzw. dieses problematische Spiel mit kommerziellen Bedingungen im Übrigen explizit beeinflusst. In seinem Abschiedsbrief heißt es, dass ihn gerade nicht das manische Gebrüll der Menge und die damit verbundene Anbetung durch eine Masse an Fans berührte, dass er dies nicht lieben und nicht genießen konnte so wie andere Rockstars. Darum bewunderte und beneidete er sie. Der skizzierte Erfolg hatte schließlich insgesamt eine gesamtgesellschaftlich prägende, kulturelle Wirkung. So gilt Nirvana bis heute als Sprachrohr einer ganzen Generation, gerade weil damit der Indierock mainstreamfähig wurde und die Blütezeit des Grunge begann. In erster Linie Kurt Cobain initiierte hierfür eine „neue Zeitrechnung"[13] des Rock 'n' Roll, und zwar auf die eigene, ‚schmutzige' Art und Weise – und verabschiedete diesen Rock 'n' Roll zugleich. Mit *Nevermind* wurden hierzu Punk, Postpunk und Indierock nachhaltig popularisiert, sodass die Musikindustrie nicht mehr die gleiche war wie zuvor: „Alles war ab nun entweder prä- oder post-Nirvana".[14] Oder treffender gesagt: Alles war nun entweder prä- oder post-Cobain. Als im Juni 2011 zum ersten Mal seit achtzehn Jahren die Akkorde von *Smells Like Teen Spirit* von den verbliebenen Bandmitgliedern erklangen, als sie in Kalifornien zusammen für einen Auftritt der Band Foo Fighters übten, konnte es daher nicht verwundern, dass sie den Song ohne Gesang spielten – und im Zuge dessen ein Gefühl des Unheimlichen, des Numinosen und Gespenstischen verbreiteten: Der Geist von Kurt Cobain, er spukt seit *Nevermind* anziehend wie unaufhaltsam umher.

---

[12] Azerrad: *Nirvana – Come As You Are*, 119.

[13] Ebd., 10.

[14] Ebd.

Wu-Tang Clan: *Enter the Wu-Tang (36 Chambers)* (1993)

Dustin Breitenwischer

Enter the Wu-Tang (36 Chambers)[1] ist das außerordentliche erste Album einer im Hip-Hop nach wie vor einzigartigen Gruppe. Bestehend aus den neun Mitgliedern Ghostface Killah, GZA, Inspectah Deck, Masta Killa, Method Man, Raekwon, RZA, U-God und dem 2004 verstorbenen Ol' Dirty Bastard, von denen Mitte der 1990er Jahre fast jedes auch mit Debütsolo-alben reüssierte, setzte der Wu-Tang Clan gesamtästhetisch neue Maßstäbe im seinerzeit schon international florierenden Hip-Hop.[2] Auf einer Stufe mit *Sgt. Pepper's Lonely Hearts Club Band*[3] der Beatles oder *Nevermind*[4] von Nirvana, hat das Debütalbum des Wu-Tang Clan Genregrenzen verschoben, seinen ganz eigenen und nach wie vor unverkennbaren Sound geschaffen und gilt deshalb auch jenseits des Hip-Hop als Meisterwerk.

Bereits sein Cover lässt erahnen, dass der Wu-Tang Clan den Hip-Hop stilistisch auf noch unerkundetes Terrain lenken wollte. Zu sehen sind sechs weiß maskierte und in dunkle Kapuzenpullover gekleidete Figuren, die sich hintereinander aufgereiht in Richtung Kameraauge anpirschen. Das gelbe „W", das schnell zum ikonischen Label des Clans werden sollte, prangt als ausgeleuchtetes Objekt im Hintergrund des Bildraums und ist außerdem in der rechten unteren Ecke schriftlich abgebildet. „The Wu is comin' through", wie GZA es so passend im Track *Clan in da Front* bemerkt. Modisch, performativ und

---

[1] Wu-Tang Clan: *Enter the Wu-Tang (36 Chambers)*. Loud 1993.

[2] Siehe hierzu Brian Coleman: *Check the Technique: Liner Notes for Hip-Hop Junkies*. New York, NY 2007.

[3] The Beatles: *Sgt. Pepper's Lonely Hearts Club Band*. Parlophone 1967.

[4] Nirvana: *Nevermind*. DGC/Sub Pop 1991.

© Der/die Autor(en), exklusiv lizenziert an
Springer-Verlag GmbH, DE, ein Teil von Springer Nature 2026
C. Jürgensen und G. Kaiser (Hrsg.), *Eine Kulturgeschichte der Popmusik,*
https://doi.org/10.1007/978-3-662-72524-5_59

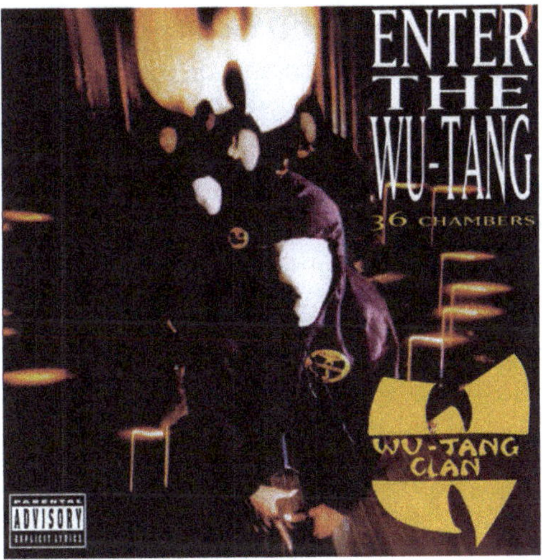

Cover *Enter the Wu-Tang (36 Chambers)* von Wu-Tang Clan, Records / Alamy

bildästhetisch verschmelzen im Gebaren der Maskierten und in der Gestaltung des Bildraums Hip-Hop-typische Posen und ostasiatische Kampfsportkunst.[5] Dementsprechend setzt *Enter the Wu-Tang (36 Chambers)* auch weder mit einem im Hip-Hop so beliebten Intro ein, in dem man beispielsweise einem Gespräch der Musiker lauscht, noch mit einem musikalischen Beitrag einer seiner Mitglieder. Vielmehr eröffnet das Album ein Mitschnitt aus der Tonspur des Trash-Kung-Fu-Films TEN TIGERS OF KWAN TUNG,[6] um mit dessen Hilfe in die titelgebenden 36 Kammern einzuladen, die wiederum auf einen Kampf- sportfilm rekurrieren, Lau Kar-leungs 36 CHAMBERS OF SHAOLIN.[7] Die Über- schneidung von afroamerikanisch tradierten Musikstilen und chinesischer Kung-Fu-Ästhetik sollte dann auch das Werk aller Wu-Tang-Musiker prägen, sich aber nirgends so konsequent und konsistent zeigen wie im Falle von *Enter the Wu-Tang (36 Chambers)*. Der zugegebenermaßen stille New Yorker Stadt- teil Staten Island, aus dem einige der Mitglieder stammten, wurde kurzerhand zum Zentrum einer Schwarzen Shaolin-Romantisierung.[8]

In den Texten von Tracks wie *C.R.E.A.M.* oder *Tearz*, die inhaltlich zwi- schen obszönem Straßenrap, humorvollem Battle Rap und alltagsphiloso- phischem Conscious Rap mäandern, wird die Kung-Fu-Mystik aber bemer- kenswerterweise nicht aufgerufen.[9] Die im Grunde recht konventionellen

---

[5] Siehe hierzu Martin Lüthe: 'The Wu Is Comin' Through.' The Wu-Tang Clan and Hybrid Ethnic Identities in Rap Music. In: Josef Raab (Hg.): *New World Colors: Ethnicity, Belonging, and Difference in the Americas.* Trier 2014, 129–144.

[6] Chang Cheh (Regie): TEN TIGERS OF KWAN TUNG. Hongkong 1980.

[7] Lau Kar-leung (Regie): 36 CHAMBERS OF SHAOLIN. Hongkong 1978.

[8] Siehe hierzu Eva Ries: *Wu-Tang is Forever: Im engsten Kreis der größten Band der Welt.* Elsbethen 2022.

[9] Siehe hierzu Shea Serrano: *The Rap Year Book: The Most Important Rap Song from Every Year Since 1979, Discussed, Debated, and Deconstructed.* Mit Illustrationen von Arturo Torres und einem Vorwort von Ice-T. New York, NY 2015.

Hip-Hop-Texte über das Leben im Großstadtghetto oder die im sogenannten ‚Battle‘ verhandelte Abwertung imaginierter Konkurrenten, wie man sie auch von anderen Musiker:innen kennt, werden vielmehr vor der in Sound und Bild dargelegten ostasiatischen Eleganz aufgeworfen. Als Bindeglied beider Welten dienen die avantgardistischen und bisweilen genialen Beatproduktionen von Rapper-Produzent RZA. Wie kaum jemandem vor ihm gelang es RZA, die blechernen und oftmals eher oberflächlich scheppernden Drumsounds und die tief in Echokammern grollenden Bässe derart organisch mit den melodisch und harmonisch perfekt austarierten Soulsamples von Otis Redding, The Jackson 5 oder Syl Johnson zu arrangieren, dass sie dem grölend-lallenden Rap eines Ol’ Dirty Bastard ebenso entsprechen konnten wie dem geschmeidig dahingepredigten Sprechgesang eines GZA. Selbst Barbra Streisands *The Way We Were*[10] findet dank RZA Platz im musikalischen Fundament des Clans. Die Beatproduktionen, der Einsatz von Filmtonspuren und das immer neue Arrangement der neun Rapper bilden ein polyphones Großereignis und zementieren bis heute die musikalische Ausnahmestellung des Albums.[11]

Es verwundert deshalb nicht, dass der Clan – eher untypisch für den Hip-Hop der frühen und mittleren 1990er Jahre – komplett auf das Engagement von Featureparts verzichtet hat. So sehr der Titel im Stile von *Alice im Wunderland* oder des *Zauberers von Oz* eine Einladung an die Hörer:innen ist, dem Clan in die Untiefen der 36 Kammern zu folgen, so sehr grenzte er sich (zumindest ästhetisch) vom Rest der Hip-Hop-Szene ab. Gleichzeitig diente das Album zahlreichen Musiker:innen als Inspiration, die eigene Musik in einer vergleichbaren musikalischen und narrativen Integrität zur Entfaltung zu bringen. Das prominenteste Beispiel hierfür ist die französische Gruppe IAM, die mit *L’école du micro d’argent*[12] ein Album veröffentlichte, das in seiner musikalischen und ikonografischen Expressivität eine außerordentliche Würdigung und eine bemerkenswerte europäische Übersetzung der Wu-Ästhetik ist. Der Wu-Tang Clan selbst begann schon kurz nach der Veröffentlichung des Debüts damit, seine gerade erst ausformulierte Welt in ein Merchandise-Imperium zu übersetzen und den Stil des Clans zu einer globalen Marke zu machen. Musikalisch konnte der Clan jenseits einiger bahnbrechender Soloalben aber kaum mehr in voller Stärke glänzen. Dem zweiten Album *Wu-Tang Forever*[13] fehlt als Doppelalbum mit weit mehr als 20 Tracks die Konsequenz und es ist insofern deutlich erratischer. Das Album spielt zwar noch mit dem Faible für chinesischen Kung-Fu, inszeniert sich aber globaler und vor dem Hintergrund der Gruppen- und Soloerfolge

---

[10]Barbra Streisand: *The Way We Were*. Columbia 1973.

[11]Siehe hierzu Dustin Breitenwischer: *Die Geschichte des Hip-Hop. 111 Alben*. Ditzingen ³2025.

[12]IAM: *L’école du micro d’argent*. EMI/Delabel/Virgin 1997.

[13]Wu-Tang Clan: *Wu-Tang Forever*. Loud/RCA 1997.

mit größerem Appeal für den Mainstream. Im Jahr 2015 griff der Clan den Kunstanspruch seines Debütalbums auf und veröffentlichte nur eine einzige Pressung seines Albums *Once Upon a Time in Shaolin*,[14] das in der Wahl des Titels und seines sechs maskierte Figuren zeigenden Coverbildes eine Hommage an das eigene Debüt ist und mit einem Verkaufspreis von 2 Millionen Dollar nebenbei noch zum teuersten Album der Geschichte wurde.[15]

---

[14] Wu-Tang Clan: *Once Upon a Time in Shaolin*. Self-released 2015.
[15] Vgl. z.B.: Cord Radke: Schwarzes Gold: Die Top Ten der wertvollsten Schallplatten, https://www.stereo.de/news/schwarzes-gold-die-top-ten-der-wertvollsten-schallplatten/ (15.6.2025).

Portishead: *Dummy* (1994)

Rahel Simon

Als Portisheads Debütalbum *Dummy* 1994 auf dem Label Go! Beat erschien und rasch die Bars und Studentenwohnheime eroberte, resultierte dieser Erfolg aus Sicht der Band aus einem großen Missverständnis. Jenes Album, das weit über die 1990er Jahre hinaus Support für emotionale Unwägbarkeiten zwischen Beziehungsanbahnung, Lebenskrisen und Abwasch bieten sollte, und das den Trip-Hop zusammen mit Massive Attack und Tricky aus der flirrenden Musikszene des sonst eher ruhigen Hafenstädtchens Bristol in die Welt trug, war ursprünglich als ein störrisches, raues, avantgardistisches Album konzipiert.[1] Stattdessen wurde es erst einmal ein kommerzieller Erfolg: Unmittelbar nach Erscheinen stieg das Album in die britischen Charts ein, blieb dort fast ohne Unterbrechung 77 Wochen, kletterte bis auf Platz 2 und erhielt ein Jahr später zweifach Platin sowie den prestigeträchtigen Mercury Prize.[2] Verantwortlich für diesen steilen Aufstieg war vor allem die Rotation von *Sour Times* und *Numb* im internationalen Musikfernsehen sowie auf verschiedenen Radiostationen der BBC.[3] Portisheads jazziger Slo-Mo Hip-Hop fand seine Fans in London, Chicago und Oer-Erkenschwick, was zeigt, dass die von der Band intendierte Unzugänglichkeit des Albums nicht in dieser Form wahrgenommen wurde. Im Gegenteil - durch die Anleihen am Alternative Rock, Hip-Hop und Jazz sowie durch die Einflüsse elektronischer Tanzmusik erwies sich *Dummy* als erstaunlich anschlussfähig an eine

---

[1] Vgl. R.J. Wheaton: *Dummy*. 33 ⅓, Vol. 85. New York, NY 2011, 129, 132.
[2] Tony Marcus: Sour times is now. *Mix Mag*, Okt. 1997, zit. nach ebd., 12.
[3] Ebd.

Cover *Dummy* von Portishead, Records / Alamy

Bandbreite popmusikalischer Hörgewohnheiten und konnte widerspruchs-
frei als „sexy chill out music",[4] aber auch als „an invitation to a nightmare"[5]
rezipiert werden.

Warum Geoff Barrow, dem Portishead-Gründer und Chief Executor of
Sound and Samples, all dies so „bizarre"[6] und deplatziert erschien, zeigt die
Entstehungsgeschichte des Albums. *Dummy* ist ein Nerd-Album, das nach
jahrelanger, solipsistischer Vorproduktion entstand, die kein Mittel zum
Zweck, sondern vielmehr ein eigenes Entwicklungsstadium des Albums war.[7]
Für die spezifisch suppig-knistrige Klangästhetik betrieben Portishead großen
Aufwand: Nächtelang hatte Barrow Flohmarktvinyls und Dachbodenfunde
durchgehört, gesampelt, geloopt und arrangiert.[8] Aus Urheberrechtsgründen
ließ er dann manche Samples von befreundeten Musikern neu einspielen,
Jazzmusiker Adrian Utley steuerte seine Jimi-Hendrix-inspirierten Gitarren-
parts bei. Anschließend schickten Barrow und Utley das analog und mit
Hilfe von Dave McDonald aufgenommene Tape zu Beth Gibbons, die ihre
Spur im Schlafzimmer einsang und in das Instrumental mischte. Das Tape
wurde auf Vinyl gepresst – zur Authentizitätserhaltung mit allen Nebenge-
räuschen – und einer physikalischen Alterung im Schnelldurchlauf unterzogen, um das Knistern, Rauschen und Kratzen echter LP-Patina zu erzeugen.
Das Ergebnis ist der Portishead-typische Retro-LoFi-Sound, dessen in lasziver

---

[4]Jude Rodgers: 'Dummy wasn't a chillout album. Portishead had more in common with Nirvana'. In:
The Guardian, 24.8.2019, theguardian.com/music/2019/aug/24/portishead-dummy-wasnt-a-chillout-al-
bum-25th-anniversary-geoff-barrow-adrian-utley-beth-gibbons (6.1.23).
[5]Interview mit Adrian Utley. In: *Watt* 54 (1997). zit. nach Wheaton: *Dummy*, 11.
[6]Rodgers: 'Dummy wasn't a chillout album. Portishead had more in common with Nirvana'.
[7]Vgl. Wheaton: *Dummy*, 147.
[8]Ebd., 70.

Trägheit geloopte Beats von furiosen Soul- und verwegenen Italo-Western-samples durchbrochen werden. Hinzu kommen die emotionalen Nachtseiten in Gibbons' poetisch-hermetischem Songwriting, das um die großen Existenzkonstituenten kreist: Liebe und Verlust, Treue und Verrat, das Ich und die Anderen. Die Texte verschließen sich dabei konsequent narrativen Strukturen und gewichten den Klang der Worte stärker als ihre Bedeutung: Gibbons stellt bedeutungsoffene Fragmente in den Raum („You don't get something for nothing" auf *It Could Be Sweet*), die in ihrer Allgemeingültigkeit ein niederschwelliges emotionales Identifikationsangebot unterbreiten. Und immer wieder besingt sie mal stimmgewaltig, mal in kindlicher Unschuld, zurückgenommen und zart, dann wieder wütend und fauchend, aber immer ganz „Lady of Woe" (*Numb*) die Orientierungslosigkeit des Subjekts, das mit seiner Identität („Who am I and what and why / 'Cause all I have is my memory of yesterday" – *Sour Times*) auch den Anschluss an die Gesellschaft verloren hat und unfähig ist, Teil von ihr zu sein („This life is a farce / I can't breath through this mask" – *It's a Fire*[9]). Was Gibbons aber nicht hindert, trotzig zu verkünden, dass Aufgeben keine Option sei: „Refuse to surrender / Strung out until ripped apart" (*Mysterons*).

Das Widerständige aber auch Anschlussfähige und damit Unverwechselbare lässt *Dummy* – auch wenn das eigentliche genre-gründende Album *Blue Lines* (1991)[10] von Massive Attack ist, an dem Barrow an der Peripherie mitgearbeitet hatte – zu *dem* Signature-Album des Trip-Hops werden. Damit trägt es ein Label, das in Bristol mit Nachdruck abgelehnt wurde. Nicht, weil dieser Begriff – geprägt vom *MixMag* Magazin[11] – Substanzmissbrauch insinuierte, sondern weil er den Schwerpunkt des facettenreichen Musikstils auf seinen Hip-Hop-Einfluss legte und so nicht zuletzt auch den Vorwurf kultureller Aneignung begünstigte: Weiße Musiker machen Schwarze Musik – im wahrsten Sinne des Wortes – salonfähig.[12] Zudem rief das griffige Label inspirationsbefreite Nachahmer auf den Plan:[13] Trip-Hop wurde bald in den Mainstream durchgereicht. Derweil entwickelten sich seine Pioniere weiter. Portishead produzierten 1997 den Nachfolger *Portishead*,[14] der spröder und gereifter klingt, aber doch immer noch an verbreitete Hörgewohnheiten anschließt. Danach gingen sie auf Tour, auf der auch das orchesterbegleitete Live-Album *Roseland NYC Live*[15] entstand und eindrücklich zeigt, dass Por-

---

[9] Der Song ist auf der US-Veröffentlichung enthalten (Portishead: It's a Fire. Auf: *Dummy*. Go! Discs/London Records/Go! Beat 1994).

[10] Massive Attack: *Blue Lines*. Virgin 1991.

[11] Vgl. Phil Johnson: *Straight outa Bristol. Massive Attack, Tricky and the roots of trip-hop*. London 1996, 17.

[12] Vgl. Wheaton: *Dummy*, 187.

[13] Interview with Adrian Utley. In: *Watt* 54 (1997), zit. nach Wheaton: *Dummy*, 194.

[14] Portishead: *Portishead*. Go! Beat 1997.

[15] Portishead: *Roseland NYC Live*. Go! Beat 1998.

tishead eher eine Rockband als ein *dance act* ist. Ihr bisher letztes Album löste dann ein, was sich Portishead von *Dummy* versprochen hatten: *Third* (2008)[16] ist ein sperriges Album, dessen Reiz in der Verweigerung von allem Erwartbaren liegt und dessen Schönheit sich erst nach mehrmaligem Hören entfaltet. Dieses Album ist alles, aber kein Trip-Hop mehr.

---

[16] Portishead: *Third*. Island/Mercury 2008.

Blumfeld

Till Huber

Die Band Blumfeld wurde 1990 von Eike Bohlken (Bass), Jochen Distelmeyer (Gesang, Gitarre) und Andre Rattay (Schlagzeug) in Hamburg gegründet. Benannt nach Franz Kafkas Erzählung *Blumfeld, ein älterer Junggeselle* (1915),[1] wird schon in der Wahl des Bandnamens das intertextuelle Verfahren des „Diskurspop"[2] angezeigt. Mit dem Projekt Die Bienenjäger war der aus Bielefeld stammende Distelmeyer vor der Gründung von Blumfeld in der ostwestfälischen Musikszene um das Label Fast Weltweit aktiv, zu der auch die später im Kontext der sogenannten Hamburger Schule reüssierenden Musiker:innen Bernd Begemann (Die Antwort), Bernadette Hengst (Die Braut haut ins Auge) und Frank Spilker (Die Sterne) gehörten.[3] Eike Bohlken war in Hamburg als Bassist der Punkband Die Erben tätig. Die Wendung vom Punk- hin zum Indierock vollzog er gemeinsam mit Andre Rattay in der Band Der Schwarze Kanal, die 1988 das Album *Der endgültige Abschluß des Erdgasröhrengeschäfts*[4] veröffentlichte. Es erschien auf dem von Pascal Fuhlbrügge und Carol von Rautenkranz gegründeten Label L'Age D'Or, das zusammen mit Alfred Hilsbergs Plattenfirma ZickZack/What's So Funny About die meisten Veröffentlichungen der Hamburger Schule hervorbrachte.

---

[1] Franz Kafka: Blumfeld, ein älterer Junggeselle. In: Max Brod (Hg.): *Franz Kafka. Gesammelte Werke. Bd. 8: Beschreibung eines Kampfes. Novellen – Skizzen – Aphorismen aus dem Nachlass* [1936]. New York, NY/Frankfurt/M. 1946, 141–172.

[2] Till Huber: *Blumfeld und die Hamburger Schule. Sekundarität – Intertextualität – Diskurspop.* Göttingen 2016.

[3] Vgl. zur Vorgeschichte der Hamburger Schule: Moritz Baßler et al. (Hg.): *Stadt.Land.Pop. Popmusik zwischen westfälischer Provinz und Hamburger Schule.* Bielefeld 2008.

[4] Der Schwarze Kanal: *Der endgültige Abschluß des Erdgasröhrengeschäfts.* L'Age D'Or 1988.

Mit dem Begriff ‚Hamburger Schule' werden in Anspielung auf die Frankfurter Schule neben Blumfeld Bands wie Cpt. Kirk &., Die Sterne, Huah!,
Kolossale Jugend und Ostzonensuppenwürfelmachenkrebs bezeichnet, die
sich Ende der 1980er Jahre in Hamburg jeweils um einen intellektuell und
fast schon hermetisch, vorwiegend in deutscher Sprache dichtenden Songschreiber und Frontmann formierten.[5] Die Deutschsprachigkeit der Lyrics
wurde dabei – genauso wie die Bildung einer Schule – nicht als programmatisch verstanden. Vielmehr ging es den Bands darum, das Deutsche in ver-
klausulierter und abstrahierter Weise „wie eine Fremdsprache"[6] zu benutzen.
Diese poetologische Ausrichtung entspricht dem von Diedrich Diederichsen
proklamierten Konzept einer „Sekundarität" deutschsprachiger Popmusik als
„Bezugnehmen, Imitieren, Fixiertsein auf anglo-amerikanische Vorbilder".[7]
Deutsche Popmusik reflektiere demnach ständig ihre Zweitrangigkeit im Verhältnis zum ‚echten' angloamerikanischen Pop. Gerade die gescheiterten Versuche, etwas Eigenständiges zu schaffen, machen deutsche Popmusik aus
Diederichsens Sicht so interessant und führen zu einer eigenwilligen Ästhetik, die dieses Scheitern – wie eben auch im Fall der Hamburger Schule – offen zur Schau stellt.

Im Zuge dieser Diskursivierung von Pop konstituiert sich das lyrische Ich
der Hamburger Schule über das ‚Außen', d.h. den gesellschaftlichen Kontext
und reflektiert ideologiekritisch das Verhältnis von Individuum und Gesellschaft (vgl. den Blumfeld-Albumtitel *L'Etat et Moi*[8]). Zudem verortet es sich
innerhalb einer Fülle von intertextuellen Referenzpunkten. Die Genese aus
dem kulturellen Kontext ist auch Thema der Texte selbst, wenn sich das
Blumfeld-Ich in *Eine eigene Geschichte* (1994)[9] inmitten einer Zitatfülle als
„Nichts mit was drumrum" bezeichnet. Die kritischen Lyrics werden – eine
Errungenschaft der Neuen Deutschen Welle – gerade auch als ästhetisches
Gebilde wahrgenommen, was von den deutschen Polit-Rockbands der 1960er
und 1970er Jahre noch abgelehnt wurde.[10] Blumfeld und die Hamburger
Schule verstehen sich als linkspolitisch, vermeiden allerdings parolenhafte
und appellative Lyrics im Stil des Politrock. Verwenden die genannten Bands
doch Parolen, werden diese ‚diskursiv' als Zitate ausgestellt. Auf diese Weise
kann die Hamburger Schule dem hohen Komplexitätsniveau poststruktu-

---

[5] Die fehlende Sichtbarkeit von Frauen im Umfeld der Hamburger Schule problematisiert der Band:
Jochen Bonz/Juliane Rytz/Johannes Springer (Hg.): *Lass uns von der Hamburger Schule reden. Eine
Kulturgeschichte aus der Sicht beteiligter Frauen.* Mainz 2011.

[6] Jochen Distelmeyer in: Carsten Klook: Welt oder Leben. In: *Szene Hamburg* 10 (1994), 40-41.

[7] Diedrich Diederichsen: Deutschland – Noiseland. Begleitheft zur Compilation: *Geräusche für die 90er.
What's So Funny About 1990.*

[8] Blumfeld: *L'Etat et Moi.* Big Cat 1994.

[9] Blumfeld: Eine eigene Geschichte. Auf: Ebd.

[10] Vgl. Till Huber: „Unsere Ästhetik ist die politische Effektivität". Pop- und Kunstfeindlichkeit im Politrock-Diskurs der ‚1968er Jahre'. In: Martina Kopf/Sascha Seiler (Hg.): *Die 1968er Jahre. Utopie und
Desillusion in Literatur, Film und Musik.* Heidelberg 2023, 125-136.

ralistischer Theorie, die in den frühen 1990er Jahren im Popdiskurs der einflussreichen Musikzeitschrift *Spex* hoch im Kurs stand, gerecht werden. So wird das Ton Steine Scherben-Diktum „Macht kaputt, was Euch kaputt macht" zu „Macht verrückt, was Euch verrückt macht"[11] und adressiert nun nicht mehr den Klassenkampf auf der Straße, sondern vielmehr die unsichtbaren Machtstrukturen und ihre Auswirkungen auf das Subjekt.

Auf musikalischer Ebene inszenieren sich die Hamburger-Schule-Bands *prima facie* weniger experimentell als in den Songtexten. Der in der Rezeption häufig verwendete Begriff „Schrammelrock"[12] verweist auf Einfachheit und einen nachlässigen Gestus von Shoegazer- und Indierock-Bands in Abgrenzung zu traditionellen ‚energetischen' bis virtuosen Rockposen. Schon die erste Blumfeld-Single *Ghettowelt*[13] lässt aber erkennen, dass auch Dissonanz, Polyharmonik und rhythmische Komplexität als Stilmittel eingesetzt werden.[14] Zeigte sich die Band in der Frühphase noch von gitarrenlastigen US-amerikanischen und britischen Indierock-Gruppen wie The Fall, My Bloody Valentine, Pavement und Sonic Youth beeinflusst, so wird das musikalische Spektrum Ende der 1990er Jahre unter Einbeziehung von Synthesizern in Richtung Pop erweitert.

Die Veröffentlichung des Blumfeld-Debütalbums *Ich-Maschine* (1992)[15] fällt in das Jahr, in dem in Rostock-Lichtenhagen mehrere hundert Rechtsextreme im Beisein tausender jubelnder Schaulustiger ein Heim für Asylbewerber:innen angriffen. Auf das Ereignis folgten, befeuert durch die von der CDU/CSU angeführte ‚Asyldebatte', in der ganzen Bundesrepublik rassistische Pogrome. Im linken Umfeld der Hamburger Schule führten diese Ereignisse zu einer starken Politisierung: Mit den sogenannten Wohlfahrtsausschüssen formierte sich ein anti-nationalistisches Bündnis bestehend aus Musiker:innen, Journalist:innen und Künstler:innen. Neben der gemeinsamen Publikation *Etwas Besseres als die Nation* (1994)[16] fuhren die Beteiligten, darunter auch die Band Blumfeld, im Juni 1993 nach Ostdeutschland, um unter demselben Titel Konzerte, Lesungen und Diskussionen zu veranstalten. Bereits kurz nach den Ereignissen in Rostock war Diederichsens Essay *The Kids are not Alright* erschienen, in dem er Zweifel am Widerstandspotenzial von Pop artikulierte. Ausgangspunkt war seine Beobachtung,

---

[11] Blumfeld: *Eine eigene Geschichte.*

[12] Vgl. Thomas Groß: Scheibengericht: Sonic Youth/Hannes Wader/Hallelujah Ding Dong Happy Happy/Baby you know/The Schramms/Galliano. In: *die tageszeitung*, 3.8.1992, 13; Harald Peters: Dummes Ding. Das neue Blumfeld-Album „Old Nobody" und was es nicht bedeutet. In: *Jungle World 5*, 27.1.1999, 26.

[13] Blumfeld: *Ghettowelt*. What's So Funny About 1991.

[14] Vgl. Huber: *Blumfeld und die Hamburger Schule*, 155–163.

[15] Blumfeld: *Ich-Maschine*. What's So Funny About 1992.

[16] Wohlfahrtsausschüsse (Hg.): *Etwas Besseres als die Nation. Materialien zur Abwehr des gegenrevolutionären Übels*. Berlin/Amsterdam 1994.

dass sich innerhalb der politisch indifferenten Popkultur der 1990er Jahre nun auch Nazis auf das Zeicheninventar der Pop-Subkulturen beriefen und sich der „Unterschied zwischen Nazis und ihren Gegnern"[17] zu nivellieren schien. Folgerichtig lieferte die Band Blumfeld mit *Ich-Maschine* einen Angriff auf das System Pop und dessen Markt- und Emotionalisierungsstrategien, der neben aller Kritik auch die eigene Verstricktheit mit diesem System thematisiert.

Das Album verweigert sich auf ganzer Linie den Erwartungen an ein Popprodukt. So wird das etablierte Format des Protestsongs in *Von der Unmöglichkeit, ‚Nein' zu sagen, ohne sich umzubringen* aufgegriffen und in einen reflexiven Modus überführt. Widerständigkeit wird zunächst zwar noch artikuliert („ich will morden / den Apparat, der Dich und mich / bloß Apparat sein läßt"), der kämpferische Gestus des lyrischen Ichs wechselt dann aber in eine zweifelnde, interrogative und autoaggressive Reflexion über die Möglichkeiten des Neinsagens. Das Liebeslied *Viel zu früh und immer wieder; Liebeslieder* ist zugleich eine Reflexion über Liebeslieder. Emphatische Liebeserklärungen („Laß Sturm und Nacht sich nur gegen Dich verschwör'n / ich bin da") sind Zitaten aus Matthias Reims Schlager *Ich hab' geträumt von dir* (1990)[18] nebengeordnet, der droht, den Diskurs des lyrischen Ichs zu infiltrieren („Matthias Reim [oder auch: Matthias' Reim] weiß, wer ich bin"). Dabei grenzt sich das lyrische Ich vom Mainstream ab und beschwört die subkulturelle Innovationskraft: Sein Wort sei „mehr als bloß ein Klang / den irgendein Depp sonst sang". Auch in *Laß uns nicht von Sex reden* findet sich diese Diskursivierung des Mainstream-Pop, wenn Salt ’n’ Pepas *Let’s Talk About Sex* (1991)[19] aufgegriffen wird. Die kritische Aneignung von Produkten der Massenkultur setzt sich auf dem Folgealbum *L’Etat et Moi* (1994) fort, wenn die Elvis-Köpfe des Covers von *50,000,000 Elvis Fans Can’t Be Wrong* (Elvis Presley, 1959)[20] durch Fotos von Menschen aus der Hamburger Szene ‚überschrieben' werden. Hier ist nun nicht mehr der ‚King' zu sehen (auf den der veränderte Ausspruch Ludwigs des XIV. im Albumtitel noch verweist), vielmehr wird das Cover auf das persönliche Umfeld hin angepasst. Die Popikone schlechthin wird von einem vielstimmigen Kollektiv ‚bekämpft' (vgl. den auch mit rüstungspolitischen Implikationen versehenen Titel *Superstarfighter*, in dem das Kollektiv im Chor den Vers „davon handeln wir" singt).

Diskurspop stellt auf *L’Etat et Moi* den Versuch dar, eine als problematisch empfundene Rock-Sozialisation mithilfe von prozesshaften identitäts-

---

[17] Diedrich Diederichsen: The Kids Are Not Alright. Abschied von der Jugendkultur. In: *Spex* 11 (1992), 28–34, hier 30.

[18] Matthias Reim: *Ich hab' geträumt von dir*. Polydor 1990.

[19] Salt ’n’ Pepa: *Let’s Talk About Sex*. FFRR/Next Plateau 1991.

[20] Elvis Presley: *50,000,000 Elvis Fans Can’t Be Wrong*. RCA Victor 1959.

politischen Konzepten zu öffnen. Im Vergleich zu *Ich-Maschine* findet sich eine Zunahme an intertextuellen Verweisen, die ein veritables ‚Text-Ich‘ generieren. Im bekanntesten Blumfeld-Song *Verstärker* favorisiert dieses Ich einen „Text, der kein Behälter Sarg sein mag". Das lyrische Ich fungiert als Diskursknotenpunkt und buchstabiert die emanzipatorische Qualität von Intertextualität programmatisch aus – als kommunikatives Moment, das aus der Isolation herausführt. Auch dient das vielstimmige Konzept als Schutz vor den ideologischen Naturalisierungen des Pop – „I killed nature with a groove", heißt es in dem gesprochenen Gedicht *L'etat et moi (Mein Vorgehen in 4, 5 Sätzen)*. In diesem Sinne lassen sich einige Verse auch als kritischer Kommentar auf die deutsche Wiedervereinigung verstehen: „Wenn alles ineinanderpasst / hat alles nichts mehr zu bedeuten" (*Eine eigene Geschichte*). Mit Kerstin Grether lässt sich *L'Etat et Moi* als optimistische Reaktion auf Diederichsens Befund zur Lage der Subkulturen wie auch auf die Grunge-Depressivität der 1990er Jahre lesen. Es handle sich um „eine Kritik am Modell ‚In Utero‘ von Nirvana, ein gedanken- und gefühlswissenschaftlicher Versuch, das Resignative, Unbewegliche, die Melancholie abzulehnen".[21]

Das fünf Jahre später erscheinende Album *Old Nobody*[22] markiert im doppelten Wortsinn einen Scheitelpunkt der Bandgeschichte. In neuer Besetzung (Eike Bohlken verließ die Band und verfolgt fortan eine wissenschaftliche Karriere als Philosoph; der Keyboarder Michael Mühlhaus und der Bassist Peter Thiessen wurden neu aufgenommen) läutet das Album nicht nur die ästhetische Wende vom Diskursrock zu einer eingängigeren Spielart von Pop mit einfachen Songstrukturen und melodiösem Gesang ein. Auch die Outfits und markanten Seitenscheitel der Band auf dem Albumcover verweisen auf eine mögliche neue Angepasstheit, die zugleich als 80er-Jahre-Zitat (‚Popper-Frisuren‘) gelesen werden kann. Die Zäsur bei Blumfeld korrespondiert mit weitreichenden Veränderungen in der deutschen Independent-Szene Ende der 1990er Jahre: Die Dichotomie Indie vs. Mainstream verschwindet zugunsten eines *Mainstream der Minderheiten*,[23] auch finden sich verstärkt Kooperationen von Indiebands mit elektronischen Acts. So remixt DJ Koze (d. i. Stefan Kozalla) Blumfelds *Tausend Tränen tief*[24] – einen Song im Stil von George Michaels *Jesus to a Child*,[25] der mit schlagerhaften Elementen die Fangemeinde polarisierte (die Verse „So wie Du ein Teil von mir / bin ich ein Teil von Dir" erinnern an Marianne Rosenbergs *Er gehört*

---

[21] Kerstin Grether: Macht verrückt, was euch verrückt macht. In: *Spex* 10 (1994), 24–29, hier 26.

[22] Blumfeld: *Old Nobody*. Rough Trade/Big Cat/ZickZack 1999.

[23] Tom Holert/Mark Terkessidis: *Mainstream der Minderheiten. Pop in der Kontrollgesellschaft*. Berlin 1996.

[24] Blumfeld: Tausend Tränen tief. Auf: *Old Nobody* bzw. DJ Koze präsentiert Blumfeld/Steve Bug Loverboy Remix von Tausend Tränen tief. Auf: *Music Is Okay*. Yo Mama's 2000.

[25] George Michael: *Jesus to a Child*. DreamWorks SKG 1995.

zu mir[26]). Auch andere Songs von *Old Nobody* wie z. B. *The Lord of Song* orientieren sich am Schlager und am Mainstream-Pop, das intertextuelle Verfahren bleibt dabei aber über weite Strecken bestehen und erzeugt mit Zitaten von Ingeborg Bachmann, Rolf Dieter Brinkmann und Else Lasker-Schüler ein doppelt codiertes Hybrid aus Schlager und E-Lyrik.

Auf den Folgealben *Testament der Angst* (2001), *Jenseits von Jedem* (2003) und *Verbotene Früchte* (2006)[27] lässt sich eine Glättung der früheren musikalischen wie verbaltextlichen Dissonanzen konstatieren. Die Bezüge zur linken Kulturkritik scheinen hier und da noch auf, wie z. B. im Song *Die Diktatur der Angepassten* (2001),[28] dessen Diktion an Adornos und Horkheimers Kulturindustrie-Kapitel aus der *Dialektik der Aufklärung*[29] erinnert. Vielfach thematisieren die jüngeren Blumfeld-Songs privates Glück und Einheit mit der Natur, teilweise mit geradezu existenzialistischen Anklängen (*Atem und Fleisch*, 2006).[30] In *Schnee* (2006)[31] setzt sich das lyrische Ich in Harmonie mit der Umwelt in Szene und beobachtet, wie „die Eisblumen blühen". An die Stelle des intervenierenden Diskurspop tritt nun eine konfliktarme Poetik, die Rainald Goetz dazu veranlasst, zu bemerken: „[E]s ist okay, dass die Band sich auflöst".[32] Distelmeyer habe „keine neuen Lieder mehr, er hat keine Haltung zur Welt und keine Worte, keine Melodien keine Sehnsüchte und keinen Zorn."[33] Der Authentizitätsanspruch des Projekts Blumfeld habe in die Erschöpfung geführt, Distelmeyers „schmerzliche Geschichte des Wegs in die Reife"[34] sei auserzählt. In der Tat sind seit der Abschiedstournee 2007, die von der Live-DVD *Nackter als nackt*[35] flankiert wurde, keine neuen Songs der Band veröffentlicht worden. Distelmeyer legte zwei Soloalben und ein Album mit Coverversionen vor.[36] 2014 kam es zu einer Reunion-Tour mit Eike Bohlken anlässlich des 20-jährigen Jubiläums von *L'Etat et Moi*; 2018 folgte eine Tour mit dem Titel *Love Riots Revue*.

---

[26] Marianne Rosenberg: *Er gehört zu mir*. Philips 1975.

[27] Blumfeld: *Testament der Angst*. EastWest/ZickZack 2001; Blumfeld: *Jenseits von Jedem*. WEA/Zick-Zack 2003; Blumfeld: *Verbotene Früchte*. Columbia/Sony BMG Music Entertainment 2006.

[28] Blumfeld: Die Diktatur der Angepassten. Auf: *Testament der Angst*.

[29] Max Horkheimer/Theodor W. Adorno: Kulturindustrie. Aufklärung als Massenbetrug. In: Dies.: *Dialektik der Aufklärung. Philosophische Fragmente* [1944]. Frankfurt/M. 1973, 108–150.

[30] Blumfeld: Atem und Fleisch. Auf: *Verbotene Früchte*.

[31] Blumfeld: Schnee. Auf: Ebd.

[32] Rainald Goetz: Wilhelm Meisters Wanderjahre. Dienstag, 1. Mai 2007, Berlin. In: Ders.: *Klage*. Frankfurt/M. 2014, 121–122, hier 121.

[33] Ebd.

[34] Ebd.

[35] Harry Rag (Regie): Nackter als nackt. Deutschland 2007.

[36] Jochen Distelmeyer: *Heavy*. Columbia 2009; Jochen Distelmeyer: *Gefühlte Wahrheiten*. Four Music 2022; Jochen Distelmeyer: *Songs from the Bottom Vol. 1*. Four Music 2016.

Blur vs. Oasis (1995)

Antonius Weixler

Das hatte es selbst zu den Hochzeiten der Rivalität zwischen den Beatles und den Stones nicht gegeben: Am 14. August 1995 und damit am selben Tag bringen sowohl Blur als auch Oasis neue Singles heraus. Gebrochen war damit nicht weniger als ein ehernes musikgeschäftliches *Gentleman's* (oder eher: *Businessman's) Agreement*, sich terminlich nicht in die Quere zu kommen, um sich nicht unnötig Verkaufszahlen und Aufmerksamkeit zu stehlen. Doch im Fall von Blur vs. Oasis erweist sich dieser Affront als spektakulärer PR-Coup. Sogar die damals noch ziemlich seriös-spießige BBC berichtet in ihren 6-Uhr-Nachrichten (mit einem sichtlich enervierten *anchorman*) vom „Biggest Charts War in 40 Years",[1] die *New Musical Express (NME)* wiederum titelt von der „British Heavyweight Championship"[2] mit Porträts von Damon Albarn und Liam Gallagher, stilisiert als Boxer, auf dem Cover. Eine Woche lang in diesem August 1995 sind Land und Presse förmlich elektrisiert vom popmusikalischen *battle of Britpop* um die britische Chartskrone, der am Ende einen eindeutigen Sieger findet: *Country House*[3] verkauft sich in dieser Woche 274.000 Mal, von Oasis' *Roll with It*[4] gehen gerade mal 216.000 Stück über die Ladentheke (beides aber auch für damalige Verhältnisse enorme Verkaufszahlen).

Die (halb)offizielle Inthronisierung der wöchentlichen Chartsieger erfolgte im UK damals noch durch einen Liveauftritt in der allsonntäglichen BBC-

---

[1] Vgl. youtube.com/watch?v=qDeZq7RVt1Q (1.3.2025).
[2] Vgl. *NME*: Cover vom 12. August 1995.
[3] Blur: *Country House*. Food/Parlophone 1995.
[4] Oasis: *Roll with It*. Creation 1995.

Show *Top of The Pops* (TOTP). Blurs Triumphperformance wird dabei von Pulp-Sänger Jarvis Cocker fast schon flehentlich mit einem „We don't want a civil war"[5] anmoderiert, was Blur-Bassist Alex James jedoch nicht davon abhält, provokativ ein Oasis-Shirt zu tragen. Dieser Auftritt markiert nicht nur einen der an Höhepunkten nicht gerade armen und von den Medien angeheizten legendären Fehde zwischen Blur und Oasis, sondern auch den Höhepunkt der gesamten Britpop-Ära. Und auch diese Ära insgesamt kennt einen eindeutigen Sieger; oder um ein weiteres Mal im (in diesem Zusammenhang von allen Seiten so gern benutzten) Sprachbild des Bellizistischen zu bleiben: Blur gewann die Single-Schlacht, aber Oasis den Britpop-Krieg:[6] Das am 11. September 1995 veröffentlichte Blur-Album *The Great Escape*[7] erreicht zwar kurz Platz 1 der Albumcharts, wird aber deutlich übertroffen vom am 29. September veröffentlichten *What's the Story (Morning Glory)*.[8] Das Oasis-Album bricht mehrere Rekorde, u. a. ist es damals das Album mit den meisten Verkäufen in der ersten Woche und gehört mit inzwischen über 22 Millionen Kopien zu den fünf erfolgreichsten Alben der britischen Musikgeschichte.

Die Geschichte dieser Fehde kann hier freilich nur in Ausschnitten erzählt werden: Der Streit beginnt wohl im The Good Mixer in Camden, einem Pub, das das zweite Wohnzimmer des Blur-Gitarristen Graham Coxon ist, und in dem damals u. a. auch Madness, Suede, The Verve und The Auteurs regelmäßig abhängen. Im Mai 1994 schlagen die Gallagher-Brüder dort auf und pöbeln Coxon an: „Nice music, shit clothes". Auch ein „cunt" soll gefallen sei, bevor Coxon sich beim Wirt beschwert und die Gallaghers rauswerfen lässt.[9] Generell sind an den Eskalationen eigentlich immer die Gallaghers Schuld, während Blur sich äußerlich gern brav und nett geben, aber doch auch die Meister der subtilen Provokation sind. Während Noel und Liam also bei Auftritten bei TOTPs oder bei den Brit Awards provozieren (sie singen etwa *Parklife*[10] mit dem Refrain „Shite Life"), deeskalieren Blur und Albarn öfter, etwa als sie bei den Brit Awards 1995 absahnen und in einem „shout out" dann aber „love and respect to Oasis" zelebrieren;[11] manche wollen freilich dabei einen ironischen Unterton gehört haben.

---

[5] *Top of The Pops* 1995, youtube.com/watch?v=ITK-tin8bLM (2.9.2025).

[6] Vgl. Rose Harmon: The Clash Between Oasis and Blur: The Rivalry Explained. In: *Medium*, 20.1.2021, medium.com/the-rise-to-fame/the-clash-between-oasis-and-blur-and-how-it-relates-to-the-current-unrest-in-america-part-one-e43f656cd52d (1.3.2025).

[7] Blur: *The Great Escape*. Virgin/Food/Parlophone 1995.

[8] Oasis: *What's the Story (Morning Glory)*. Creation 1995.

[9] Vgl. Sarah Hallam: #5: Nice Music, Shit Clothes. In: *Music & Beans,* 15.1.2021, sarahhallam.substack.com/p/5-nice-music-shit-clothes (1.3.2025).

[10] Blur (Starring Phil Daniels): *Parklife*. Food 1994.

[11] Vgl. Jennifer Weist/Markus Kavka: Oasis vs. Blur: der Britpop-Battle. In: *Fuck you very, very much! Die größten Beefs im Musikbiz*. ARD-Podcast, 7.3.2024, ardaudiothek.de/episode/fuck-you-very-very-much-die-groessten-beefs-im-musikbiz/oasis-vs-blur-der-britpop-battle/ard-kultur/13206741/ (1.3.2025).

Doch auch Albarn wird es nach einer Party mit weiteren Pöbeleien im Mai 1995 zu bunt, d.h. der Plan, im August des Jahres in die Single-Schlacht mit den Rivalen zu ziehen, geht ironischerweise von Blur aus. Dass sie das Chartsduell für sich entscheiden, liegt auch am größeren Marketingbudget und der breiteren Veröffentlichung auf vielen unterschiedlichen Tonträgern. Oasis dagegen hatten sogar Probleme mit ihren Platten und den Barcodes, es war also auch ein Duell ungleicher finanzieller und technischer Bedingungen.[12]

Ihren Höhe- oder Tiefpunkt erreicht die Rivalität dann im September 1995, als Noel dem *Observer* ein Interview gibt und über Albarn und James sagt: „I hate that Alex and Damon. I hope they catch Aids and die."[13] So völlig überzogen diese Entgleisung ist, sie hat letztlich zur Befriedung des Streits beigetragen, denn Noel hat sich direkt danach entschuldigt und auch Liam und Damon haben sich noch im November dieses Jahres versöhnt. Noel und Damon werden später sogar noch ganz gute Freunde, gemeinsame Auftritte inklusive. So performen sie 2013 für ein Benefizkonzert *Tender*[14] und 2017 den Gorillaz-Song *We Got the Power*[15] zusammen.[16] Noel und Liam wiederum werden ihre Streitenergie bald danach in einen epischen, jahrzehntelangen Bruderkampf gegeneinander kanalisieren.

Warum aber eskalierte dieser ewig-alte Kampf um Aufmerksamkeit und *fame* im popmusikalischen Feld gerade zwischen diesen beiden Bands derart abenteuerlich? Nun, mit Liam könnte man als einfache Antwort geben: So ist das im Rockbusiness halt, da müsse es eben Rivalität geben.[17] Aber so einfach ist es wohl nicht. Ein genauerer Blick zeigt nämlich, dass in diesem Fall Faktoren zusammenspielen, wie sie wohl nur in diesen Jahren Mitte der 1990er, nur in diesem Land und nur in einer spezifischen historischen Medienkonstellation – die Popkultur fand damals in Magazinen wie *NME* und *Select* statt,[18] und diese Magazine brauchen Material – möglich waren. So inszenieren sich Blur und Oasis einerseits beide als spezifisch Britisch, deklinieren also durch, was *Britishness* in den 1990er Jahren bedeutet. Und indem sie dies tun, symbolisieren sie andererseits damit nicht weniger als *den* Grundkonflikt des Landes mit seiner spezifischen Mischung aus Zentralis-

---

[12] Vgl. Weist/Kavka: Oasis vs. Blur.

[13] Interview von Miranda Sawyer mit Noel Gallagher im *Observer*. Zit. nach Daniel Rachel: *Don't Look Back in Anger. The rise and fall of Cool Britannia, told by those who were there*. London 2019, 23; das Zitat wird auch ausführlich thematisiert in: Weist/Kavka: Oasis vs. Blur; siehe auch o.A.: Timeline: Blur v Oasis after Britpop. In: *BBC News*, 16.8.2005, news.bbc.co.uk/2/hi/entertainment/4151510.stm (1.3.2025).

[14] Blur: *Tender*. Food 1999.

[15] Gorillaz: *We Got the Power*. Parlophone/Warner Bros. 2017.

[16] Vgl. Weist/Kavka: Oasis vs. Blur.

[17] Vgl. ebd.

[18] Dies behauptet der damalige *Select*-Redakteur Andrew Harrison. Vgl. Robert Rotifer: Ist Britpop Schuld am Brexit-Desaster? In: *Rolling Stone*, 31.1.2020, rollingstone.de/britpop-brexit-deaster-1677469/ (1.3.2025).

mus und Klassenbewusstsein. Oasis gegen Blur, das steht für Norden gegen Süden, Arbeiterstadt Manchester gegen Hauptstadt London, Unten gegen Oben, Arbeiterklasse gegen Establishment und intellektuelles (Bildungs-)Bürgertum sowie nicht zuletzt hypermaskuline, proletarische (und tendenziell etwas prollige) Pubkultur gegen bourgeoise Mittelklasse. Oasis ist zudem der letzte musikalische Export der so stolzen Musikstadt Manchester, der es zu Weltruhm gebracht hat. Und mehr noch, das besonders Britische am Britpop ist eben auch, dass es der letzte große Musikexport von der Insel war, das letzte Mal, dass britische Musik einen (fast) weltweit erfolgreichen Stil prägte. Dabei ergab sich der Erfolg eher dadurch, dass der Stil so neu gar nicht war, sondern dass Bands wie Oasis, Blur, aber auch Suede, Pulp, Ash oder The Verve sich auf den Kern des britischen Popsounds der 1960er und 1970er Jahre konzentrieren, Anleihen aus Glamrock, Punk und Indie aus dieser Zeit spielerisch-ironisch mit einfließen lassen und das alles zeitgemäß aktualisieren, um sich damit vor allem gegen Grunge, den großen gemeinsamen Gegner, zu positionieren.

Aber zurück zur Rivalität: Oasis kommen von (fast) ganz unten: Der Vater der Gallagher-Brüder war ein gewalttätiger Trinker, vor dem die Mutter mit den Söhnen flieht, eine Kindheit geprägt von Alkohol, Armut, Arbeitslosigkeit und Gewalt. Als Liam von Gitarrist Paul ‚Bonehead' Arthurs gefragt wird, ob er nicht Sänger seiner damaligen Band werden wolle, und er daraufhin seinen Songs schreibenden Bruder Noel mit an Bord holt, die beiden die Band förmlich kapern und in Oasis umbenennen, hatten beide Brüder gerade die Schule abgebrochen und schlugen sich mit Gelegenheitsjobs durch. Aber „a working class hero is something to be", wie schon John Lennon ironisch konstatiert,[19] auch dies hat ja etwas sehr Britisches an sich. Die Gallaghers stehen so idealtypisch für diesen Klassenstolz, wie vielleicht nur wenige andere, Kneipenschlägereien, Saufgelage und Pöbeleien als inszenatorischem Grundinventar des Sex, Drugs and Rock 'n' Roll inklusive. Ganz anders dagegen die Bandmitglieder von Blur, die allesamt aus dem Großraum London stammen: Albarns Vater war Unidozent, die Mutter Malerin, der Vater von Gitarrist Coxon Berufsmusiker, er selbst studierte Kunst zusammen mit einigen der prägendsten Köpfe der Young British Artists (u. a. mit Damien Hirst, mit dem Blur später auch Musik machten). Insofern ist es nur konsequent, wenn Albarn nach seinem Erfolg mit Blur und seinem Elektroprojekt Gorillaz beginnt, Opern zu komponieren. Insgesamt stehen Blur also für eine behütete, fast schon klischeehafte Hochkultur (auch wenn die andere Hälfte von Blur ebenfalls der Arbeiterklasse entstammt).

Diese sehr unterschiedliche (Klassen-)Herkunft spiegelt sich auch in den Musikstilen wider: Oasis machen einfach, Blur denken sich was dabei. Albarn

---

[19] John Lennon: Working Class Hero. Auf: *John Lennon/Plastic Ono Band*. Apple/EMI 1970.

und Co waren von Beginn an ironischer, witziger und selbstreflektierter als Oasis, ja mit *Parklife*[20] etwa wollen sie ganz bewusst auch künstlerisch „einen Unterschied machen" und zur „wesentlichen Band der 90er werden".[21] Das Album ist ein wilder, anspielungsreicher, bisweilen auch etwas verkopfter Mix aus Stilen und Genres, aus New Wave, Punk und Mods-Anleihen, es ist spielerisch und ironisch oder anders gesagt: alles, was Oasis nicht ist. Nur in einem gleichen sich die Bands, in ihrem Bezug auf die britische Popmusiktradition Beatles'scher Prägung.

Wenn es um die Neuinterpretation des Nationalen geht, kommt noch ein weiterer Rivalitätsfaktor zwischen den beiden Bands hinzu: Blur sind die programmatischen Vorreiter, Oasis die später dazukommenden Neulinge, ein klassischer Verdrängungswettbewerb in einem Business, das immer das Neue sucht und feiert. Aber der Reihe nach: Die Fokussierung auf sich selbst und die eigene Kultur/Nation wird für Blur zum Befreiungsschlag, als ihre Karriere fast schon wieder vorbei zu sein schien, ja bevor sie überhaupt erst richtig begonnen hatte. Denn als Blur rund um ihr Debütalbum *Leisure*[22] 1991 auf zwei US-Touren gehen, will sie dort einfach keiner hören. Ihre Shoegaze-Musik wirkt arg in die Jahre gekommen, die Kids in den Staaten hören Grunge, das ist das Neue, Raue, Harte. Und zu all dem Frust kommt auf der US-Tour noch die Sehnsucht nach der Heimat dazu: Erst im Außen wird man sich oft bewusst, was man eigentlich im Inneren ist, oder auf Blur gemünzt: was es heißt, britisch zu sein. *This is a Low*[23] soll der Legende nach denn auch geschrieben worden sein, als Blur in einem Hotelzimmer in den USA sehnsüchtig den BBC-Wetterbericht hörten, aber die Briten und (ihr Reden übers) Wetter, das ist ja eh ein ganz eigener Nationalmythos.

Zurück in London, hatten sich nicht nur Blur, sondern das ganze Land (oder doch zumindest der popkulturelle Diskurs dort) verändert. Einerseits waren sie zwischenzeitlich von Suede als angesagtester Band abgelöst worden, andererseits hatte der Pop den Nationalismus für sich entdeckt. Die bereits genannten Magazine spielen hier eine entscheidende Rolle. So macht die *Select* Stimmung gegen Grunge, indem sie die angeblich überlegene britische Musiktradition feiert und diese These mit einem Foto von Suede-Sänger Brett Anderson vor dem Union Jack unter Schlagzeilen wie „Yanks Go Home" und „The Battle for Britain" garniert.[24] Ergänzt wird das Ganze durch ein flammendes Editorial von *Select*-Autor Andrew Harrison, der fordert, dass man wieder stolz die Fahnen schwenken solle: „A flag should

---

[20]Blur: *Parklife*. Food 1994.

[21]Vgl. Weist/Kavka: Oasis vs. Blur.

[22]Blur: *Leisure*. Food/parlophone 1991.

[23]Blur: *This Is a Low*. Food 1995.

[24]Vgl. *Select*: Cover vom April 1993.

represent the best in a country".[25] Über die Suede-Gitarristin (und späte-re Elastica-Gründerin) Justine Frischmann kommt Albarn mit dieser neuen Anti-Grunge-Rhetorik in Kontakt und ist nicht nur sofort angefixt, nein, er erfindet sich letztlich komplett neu, veränderte Frisur und neue Klamotten inklusive. Ab sofort trägt er Fred-Perry-shirts und Dr.-Martens-Schuhe, ein Stil, den Frischmann dann wiederum von ihm kopiert. Sie erinnert sich, wie sie und Albarn sich darüber einig waren, wie wenig Nirvana ihnen zu sagen hatte. So sei die Idee für „some sort of manifesto for the return of Britishness"[26] entstanden. Dieses Manifest liest sich denn auch in aller Deutlichkeit als Anti-Grunge und Pro-Britisch: „We are different, we are together and we are strong and we are not going to take this shit, we are ambitious, and we are proud to be British and fuck America, fuck all your music."[27]

Das Album, an dem Blur zu dieser Zeit arbeitet, trägt eine Zeitlang gar den Arbeitstitel *England vs. America*, wird dann aber als *Modern Life Is Rubbish*[28] veröffentlicht. In Sicht auf die Programmatik ist das sogar der passendere Titel, denn für ihren „return of Britishness" will die Band die reiche britische Musiktradition aktualisieren, und das geht am besten, wenn die Gegenwart des amerikanisch geprägten *way of life* kritisiert wird. Reaktivierung der Tradition kombiniert mit Gegenwartskritik, das ist, wie John Harris schreibt, die typische Blur-Mischung aus Dystopie und Romantik.[29] Kein Song bringt das wohl so schön auf den Punkt wie *For tomorrow* auf *Modern Life Is Rubbish* (1993). Denn während der Boy und das Girl aus dem 20. Jahrhundert, die hier sentimental aufgerufen werden, eher freudig in die Zukunft blicken („holding on for tomorrow"), heißt es über uns Gegenwärtige: „But we're lost on the Westway". Womit weniger die Londoner Westautobahn gemeint ist, als vielmehr die ganze westliche Lebensweise der medial gefütterten Wohlstandsverwahrlosung: „Through the door and to his room (la-la, la-la, la-la, la-la-la) / Then he puts the TV on (la-la, la-la, la-la, la-la-la) / Turns it off and makes some tea (la, la, la-la-la) / Says 'Modern life, well it's rubbish' (la-la, la-la, la-la, la-la-la)". Und entsprechend bitter klingt der wortgleiche Blick in die Zukunft nun: „I'm holding on for tomorrow ('row, 'row)". Dieses Album bildet zusammen mit *Parklife* (1994) und *The Great Escape* (1995) eine Art Trilogie über *Britishness*, also britischen Zeitgeist, was sich schon auf den Albumcovern ausspricht: mit dem nostalgisch-sehnsüchtigen Gemälde (im romantischen Stil) einer Mallard-Dampflokomo-

---

[25] John Harris: *Britpop! Cool Britannia and the Spectacular Demise of English Rock.* Cambridge, MA 2004, 88.

[26] Ebd., 79.

[27] In einem anderen Interview ergänzt Albarn: „If punk was about getting rid of hippies, then I'm getting rid of grunge." Ebd., 90.

[28] Blur: *Modern Life Is Rubbish*. Food 1993.

[29] Harris: *Britpop!*, 89.

tive, einem Windhundrennen und einem Yachtausflug drei quasi-mythische Ikonografien britischen Lebens.

Dergestalt ist das popmusikalische Feld also schon auf neu-nationalistische Weise bestellt, als 1994 Oasis' *Definitely Maybe*[30] in die Läden kommt und, mit 86.000 Platten in der ersten Woche, zum bestverkauften Debüt der britischen Chartgeschichte wird. Zwar berufen sich auch Oasis auf die britische Musiktradition, auf *Don't Look Back in Anger*[31] (ihre zweite Nummer-eins-Single) sogar schamlos offen, beginnt der Song doch mit einem Riff von John Lennons *Imagine*.[32] Auch in ihrer Arroganz und ihrem Sendungsbewusstsein stehen sie Blurs Manifest nicht allzu viel nach, oder wie Noel Gallagher es formuliert: „If you don't want to be bigger than The Beatles, then it's just a hobby."[33] Doch wie anders als Blur hört sich das alles an. Die Musik von Oasis ist geprägt von ungemein eingängigen, aber doch eher simplen Riffs, die Texte haben keine ausgeprägte Botschaft (außer vielleicht das Hier und Jetzt zu feiern: „I'm feeling supersonic / give me gin and tonic"[34]), insgesamt sind es Hymnen zum Mitsingen (oder falls gerade im Pub: -grölen), aber es sind eben auch Hymnen der Einfachheit.[35]

Aber Pop ist ja nicht nur Musik, sondern auch Performance und Style: Und hier erweisen sich Oasis als wahre Meister einer ganz eigenen Art, gerade durch die Intonation von Liam, der die Songs in einer unverschämten und betörenden Mischung aus Lässigkeit und Größenwahn vorträgt. Aber auch diese Mischung ist ja etwas sehr spezifisch Britisches, weshalb Britpop, Oasis und überhaupt die damals in diesem Zuge entstehende Welle des ‚Cool Britannia', die auch Tony Blair später so instinktsicher zu reiten wusste, inzwischen gerne auch eine Mitschuld für die jüngste Spirale der Renationalisierung und für den Brexit gegeben wird[36] – aber um es mit einer weiteren Spitze von Blur gegen Oasis im Song *Country House* zu sagen: „that's a different story".

---

[30] Oasis: *Definitely Maybe*. Creation 1994.

[31] Oasis: *Don't Look Back in Anger*. Creation 1995.

[32] John Lennon: *Imagine*. Apple 1971.

[33] Interview von Cliff Jones mit Noel Gallagher: „If you don't want to be bigger than The Beatles, then it's just a hobby": Noel Gallagher. In: *Guitar* (September 1994), wiederveröffentlicht auf *Guitar.com*: guitar.com/features/interviews/noel-gallagher-archival-interview/ (1.3.2025).

[34] Oasis: *Supersonic*. Helter Skelter/Creation 1994.

[35] Oder um es mit Diedrich Diederichsen zu sagen: Oasis sei ein Beispiel für „postheroische Pathologien" und für die „weniger heroischen Jahre der Pop-Musik", sei ein „Gegenkulturalismus ohne Gegenkultur", sprich die Gegenkultur wird hier nur noch ausgestellt, aber nicht mehr richtig gelebt, das ist keine Rebellion, sondern nur noch eine „Style- und Abgrenzungsgemeinschaft[]". Diedrich Diederichsen: *Über Pop-Musik*. Köln 2014, 420.

[36] Vgl. Rotifer: Ist Britpop Schuld am Brexit-Desaster?

East Coast vs. West Coast im Hip-Hop der 1990er Jahre

Dustin Breitenwischer

Die Geschichte der Popmusik ist seit jeher vom Streben nach Distinktion gekennzeichnet. Im Hip-Hop aber wurde der Kampf um die musikalische und kulturelle Deutungshoheit in den 1990er Jahren an seine Grenzen und weit darüber hinausgetrieben. Zwar war der Hip-Hop anfänglich noch von der von Afrika Bambaataa und seiner Zulu Nation propagierten Logik einer universal geltenden und global wirkenden Gemeinschaftlichkeit geprägt, die ihren Ausdruck im ständig sich beflügelnden kreativen Miteinander der viel beschworenen *four elements* (dem harmonischen Zusammenspiel von DJing, Rap, Graffiti und Breakdance) finden sollte. Doch bildeten sich in den kulturellen Zentren der USA bereits in den frühen 1980er Jahren je eigene Variationen dieser neuartigen Musik und Kultur aus. Besonders eindrucksvoll entwickelte sich diese Rivalität im Streit zwischen der Ost- und der Westküste der USA, in dem sich New York als Geburtsstätte des Hip-Hop von der in Musik, Mode und Gebaren deutlich divergierenden Hip-Hop-Kultur Kaliforniens herausgefordert sah.

In und um New York etablierte sich in den mittleren 1980er Jahren der raue und minimalistische *boom bap*, der das dominierende Zusammenspiel von Bass Drum und Snare beschreibt. In Timberland-Boots und Baggy Pants gekleidet, nutzten Hip-Hop-Pioniere wie Run-D.M.C., KRS-One oder EPMD diesen Sound, um dem von Härte und Kompromisslosigkeit geprägten Lebensgefühl der Ostküstenmetropole musikalisch gerecht zu werden. Zwischen San Francisco und Los Angeles zeigte man sich währenddessen noch deutlich verspielter. Statt auf die Schlagkraft eindringlicher Bässe zu setzen, verband z.B. die World Class Wreckin Cru um Dr. Dre und DJ

Yella den neuartigen Sprechgesang mit der Ästhetik der spektakulären Disco-
kultur, bevor sie Ende der 1980er Jahre die glitzernden Latex-Kostüme und
choreografierten Tänze gegen Khakihosen, Chucks und schwarze Sonnen-
brillen tauschten.

Als das sogenannte ‚Goldene Zeitalter des Hip-Hop', das von den frühen
1980er bis Mitte der 1990er Jahre reichte, allmählich seinem Ende entgegen-
ging, änderte sich also auch im sonnigen und glamourösen Kalifornien die
Stimmung, und Musiker wie Ice-T oder die Gruppe N.W.A (kurz für N****z
Wit Attitudes) um die Musiker Arabian Prince, DJ Yella, Dr. Dre, Eazy-E,
Ice Cube und MC Ren nutzten Hip-Hop nun auch als Möglichkeit, das
Leben inmitten von Gangrivalität, Drogenhandel und rassistisch motivier-
ter Polizeigewalt zu reflektieren.[1] Archetypisch rückte der *gangsta* und mit
ihm die Gewalt ins Zentrum des Hip-Hop-Selbstverständnisses der Westküste. Manche Hip-Hopper:innen bekannten sich in ihren Texten und ihrer
Kleidung zu den in Los Angeles dominierenden Gangs Bloods und Crips
und machten Mitglieder dieser Gangs kurzerhand zu ihrer Entourage. Damit drang der Machtanspruch, das ökonomische und symbolische Kapital
und auch die oftmals blutig endenden Auseinandersetzungen rivalisierender
Gruppierungen in die eigentlich spielerische Kulturpraxis des Hip-Hop ein
und ließ sich kaum wieder verdrängen. Diese Nähe zur Bandenkriminalität
sollte dem Hip-Hop Mitte der 1990er Jahre nicht nur in Kalifornien zum
Verhängnis werden, sondern entwickelte sich in der Rivalität der Küsten zu
einem nationalen Problem.

Insbesondere in New York reagierte man mit Häme auf die plötzlich in
Los Angeles artikulierte Härte und den von kalifornischen Rapper:innen
postulierten Anspruch, den Hip-Hop nach den eigenen Vorstellungen zu
gestalten. Das Hip-Hop-Credo des ‚Keepin' it real', das gegen synthetischen
Plastikpop ins Feld geführt wurde und seit den Anfängen der Hip-Hop-
Kultur darum bemüht war, Künstler:innen und Fans im Bannkreis einer
bestimmten Vorstellung von Authentizität, Glaubwürdigkeit und Autorität
zu vereinen, wurde im Kampf der Küsten ungeniert ad absurdum geführt.
In sogenannten *diss tracks* von einigen zu jenem Zeitpunkt tonangebenden
Musiker:innen diente die Artikulation der Hip-Hop-üblichen Allmachts- und
Distinktionsfantasien nicht mehr nur der eigenen Profilierung und Selbst-
überbietung im Angesicht eines fiktiven Gegenübers, sondern richtete sich
gegen tatsächlich existierende Kontrahent:innen. Die Beleidigung wurde zum
Geschäftsmodell, und tatsächlich garantierte die Verbalisierung von Konkurrenz die maximale Aufmerksamkeit, sodass diese in Wort, Bild und Tat
öffentlichkeitswirksam in Funk und Fernsehen zirkulierte.[2]

---

[1] Siehe hierzu Ben Westhoff: *Original Gangstas: The Untold Story of Dr. Dre, Eazy-E, Ice Cube, Tupac
Shakur, and the Birth of West-Coast Rap.* New York, NY 2016.
[2] Siehe hierzu Dustin Breitenwischer: *Die Geschichte des Hip-Hop. 111 Alben.* Ditzingen [3]2025.

Wie und wann genau der Konflikt zwischen Ost- und Westküste, zwischen New York und Los Angeles begann, ist zwar nicht zweifelsfrei belegt, doch gilt vielen der vom New Yorker Rapper Tim Dog veröffentlichte Track *Fuck Compton*[3] als Initialzündung der spektakulär inszenierten Rivalität. In dem Track wendet sich Tim Dog in persiflierenden Kostümen und bewusst ungelenk verzerrten Textzitaten gegen die aus Compton, Kalifornien, stammende Gruppe N.W.A, die drei Jahre zuvor mit *Straight Outta Compton*[4] eines der wichtigsten Alben der Hip-Hop-Geschichte vorgelegt hatte. Mit Versen wie „Take your Jheri curls, take your black hats / Take your wack lyrics and your bullshit tracks" attestiert Tim Dog den Musikern von N.W.A einen Mangel an Authentizität, Härte und heteronormativer Männlichkeit in deren Rap und Gebaren, was, so will es der u. a. von Hypermaskulinität befeuerte Stolz im Hip-Hop, von diesen nicht unbeantwortet gelassen werden konnte.

Die Unterschiede in der Musik waren an diesem Punkt längst zur Nebensache geworden. So war zwar auffällig und in der ästhetischen Kontrastierung durchaus interessant, dass sich Hip-Hop an der Ostküste vornehmlich als Mischung aus *boom bap*, Soul-Samples und Popharmonien entwickelte, wohingegen man an der Westküste auf den sogenannten G-Funk, eine Mischung aus Synthie-Orgel und Funk-Elementen, setzte. Doch waren die agonistischen Ästhetiken im Kampf der Küsten kaum mehr als eine Frage des Geschmacks und werden erst in heutigen musik- und pophistorischen Kategorisierungen und Kanonisierungen in den Mittelpunkt des Interesses gerückt. Im damals vorherrschenden Konflikt fokussierte man sich hingegen auf das Delegitimieren des Gegners, und so kam es ungeachtet der musikalischen Vielschichtigkeit im US-amerikanischen Hip-Hop zu immer neuen und wüster werdenden Behauptungen, Beschimpfungen und Anschuldigungen. Die ständig sich überbietenden Tracks führten letztlich dazu, den Konflikt auch jenseits der Musikstudios eskalieren zu lassen.

Eine erste Eskalationsstufe der Gewalt zündete 1994, als der eigentlich aus New York stammende, zu diesem Zeitpunkt aber fest in Kalifornien etablierte Rapper Tupac ‚2Pac' Shakur in einem Manhattaner Studio einen Track einspielen wollte und in der Lobby des Gebäudes angeschossen und ausgeraubt wurde. In der Folge beschuldigte 2Pac seinen früheren Freund The Notorious B.I.G. und dessen Mitstreiter, für das Attentat verantwortlich zu sein. Spätestens jetzt hatte der Konflikt der Küsten seine eigentlichen Hauptdarsteller und die Musiklabels Bad Boy Records des Produzenten und Rappers Sean ‚Puff Daddy' Combs aus New York und das in Los Angeles ansässige Death Row Records des gangaffiliierten Managers Suge Knight wurden zu Schaltzentralen der kulturellen Kriegsführung.

---

[3] Tim Dog: *Fuck Compton*. Ruffhouse 1991.
[4] N.W.A: *Straight Outta Compton*. Ruthless/Priotity 1989.

Nur einige Monate nach dem Überfall auf 2Pac kam es im August 1995 bei der mittlerweile legendären Verleihung der Hip-Hop-eigenen Source Awards in New York zum Eklat. Der Veranstaltungssaal wurde zum Pulverfass, in dem Suge Knight bei einer Dankesrede Puff Daddy beleidigte und Death-Row-Musiker:innen wie The Lady of Rage, Snoop Doggy Dogg, Dr. Dre und Nate Dogg ein mehr als zehnminütiges, die Westküste zelebrierendes Medley spielten – mitten in der Stadt des Feindes. Zudem ergriff Snoop Doggy Dogg das Mikrofon und beschimpfte das Ostküstenpublikum, bevor Puff Daddy kurz vor Ende der Zeremonie mehr oder weniger aufrichtig dazu aufrief, die Fans im Saal sollen doch bitte alle Musiker:innen, auch die von der Westküste, feiern. Doch es war bereits zu spät: Die Source Awards ließen den Konflikt vollends entflammen.

Er eskalierte insofern weiter, als er sich von Bad Boy und Death Row auf andere Musiker:innen aus den jeweiligen Regionen übertrug und diese sich entweder selbst provoziert fühlten oder sich einfach nur solidarisch und loyal echauffierten: Die bei Death Row unter Vertrag stehende Gruppe Tha Dogg Pound veröffentlichte beispielsweise den Track *New York, New York*,[5] der zwar nicht explizit als *diss track* zu verstehen ist, doch nachdem es beim Videodreh in einem New Yorker Studio im Dezember 1995 zu einem Anschlag auf die Gruppe und ihre Crew kam, fügte Tha Dogg Pound dem Video eine Szene hinzu, in der Snoop Doggy Dogg im Stile Godzillas die Skyline der Stadt dem Erdboden gleichmacht. Hierauf taten sich die New Yorker Gruppen Capone-N-Noreaga und Mobb Deep sowie der Rapper Tragedy Khadafi für den Track *LA, LA*[6] zusammen, in dem gegen Tha Dogg Pound gerichtete Entführungs- und Mordfantasien verhandelt werden. Und nachdem 2Pac seinen im Wesentlichen gegen The Notorious B.I.G. und Puff Daddy gerichteten *diss track Hit 'Em Up*[7] veröffentlichte, revanchierte sich wiederum die vom Track ebenfalls angesprochene New Yorker Gruppe Mobb Deep auf ihrem Album *Hell On Earth* mit dem Stück *Drop a Gem on 'Em*.[8]

Der Konflikt der Küsten offenbarte häufig die niederträchtigeren und entwürdigenden Seiten der Beteiligten, was sich nicht zuletzt in der tragischen Figur der Sängerin Faith Evans manifestierte. Die Ehe- und dann Ex-Frau von The Notorious B.I.G. geriet im sexistischen und misogynen Gepose der zumeist männlichen Kontrahenten in die verbale Schusslinie, als sie sich, mittlerweile von ihrem Ehemann getrennt, dazu bereit erklärte, einen Part in einem Song von 2Pac zu singen. Dieser streute in der Folge das Gerücht, ein sexuelles Verhältnis mit Evans gehabt zu haben, was er in *Hit 'Em Up* in

---

[5]Tha Dogg Pound: *New York, New York*. Death Row/Interscope 1995.

[6]Capone-N-Noreaga feat. Mobb Deep und Tragedy Khadafi: *LA, LA*. Penalty 1996.

[7]2Pac feat. Outlaw Immortalz: *Hit 'Em Up*. Death Row/Interscope 1996.

[8]Mobb Deep: Drop a Gem on 'Em. Auf: *Hell On Earth*. Loud/RCA 1996.

dem Vers „You claim to be a player, but I fucked your wife" bekräftigte. Im September 1996 wurde 2Pac unter nach wie vor ungeklärten Umständen in Las Vegas erschossen. Eine ironische Volte der Konfliktgeschichte zwischen Death Row und Bad Boy ist von hier aus, dass Evans nach der Ermordung von The Notorious B.I.G. (im März 1997) gemeinsam mit Puff Daddy den auf einem Cover von *Every Breath You Take*[9] von The Police basierenden Track *I'll Be Missing You*[10] veröffentlichte. Im Frühjahr 1997, als die internationale Hip-Hop-Community noch um 2Pac und The Notorious B.I.G. trauerten, luden Snoop Doggy Dogg und Puff Daddy schließlich zu einer Pressekonferenz, in der sie den Konflikt für beendet erklärten. Dass in diesem Zusammenhang von einem Waffenstillstand gesprochen wurde,[11] unterstreicht noch einmal die Maßlosigkeit der Rivalität.

In der Popgeschichte erscheint die Rivalität als eine der großen Seifenopern, die ihre Akzente im Spannungsfeld zwischen Melodrama, Groteske und brutalem Realismus setzte. Im Hip-Hop des 21. Jahrhunderts ist der Konflikt zwischen Ost- und Westküste kaum mehr als eine romantisierte Erinnerung und darf auch nur als Teil der vielschichtigen und polyphonen Geschichte des US-amerikanischen Hip-Hop der 1990er Jahre verstanden werden. Denn zum einen gab es an beiden Küsten zahlreiche Musiker:innen innerhalb und außerhalb des Mainstreams, die, wie z.B. The Roots, Gang Starr, Cypress Hill oder Jurassic 5, jenseits des Konflikts wirkten. Und zum anderen entwickelten sich jenseits der beiden Küsten immer neue Strömungen im Hip-Hop, die sich weder in den Konflikt einmischen wollten, noch an den Ästhetiken der Küstensounds orientiert waren, wie die Musik von Gruppen wie Outkast oder Geto Boys verdeutlicht.

---

[9]The Police: *Every Breath You Take*. A&M 1983.

[10]Puff Daddy und Faith Evans feat. 112: *I'll Be Missing You*. Bad Boy/Arista 1997.

[11]Jerry Crowe: Rap Artists Call for Truce in Hip-Hop Rivalry. In: *Los Angeles Times*, 13.2.1997, abrufbar unter: latimes.com/archives/la-xpm-1997-02-13-me-28375-story.html (13.6.2025).

Beck: *Odelay* (1996)

Kevin Kempke

Schon das kurios-schöne Cover von Becks *Odelay* (1996)[1] lässt sich als selbstreflexive Pointe lesen: Zu sehen ist ein prächtiges Exemplar der für ihren Wischmopp-Look berühmten Hunderasse Komondor, das gerade dabei ist, majestätisch über eine Hürde zu springen. Das Foto hält den Moment fest, in dem sich der Hund auf dem Höhepunkt seiner Flugbahn befindet und sich anschickt, das Hindernis in zotteliger Glorie zu überqueren. Ob es dem Tier gelingen wird, auch die Hinterbeine über die Stange zu setzen, lässt sich nicht erkennen, aber es sieht ganz gut aus. Ist es zu naheliegend, in dem Hund, der so schwer an seiner Fellpracht zu tragen hat, ein Alter Ego Becks zu sehen? Schließlich stellt dieses Album in der Karriere Becks, der von der Bürde der Tradition einerseits, vom Erwartungsdruck des Shooting-Stars andererseits belastet ist, eine ähnlich absurde Prüfungssituation dar, deren Ausgang sich genau im Moment der Veröffentlichung von *Odelay* in der Schwebe befindet.

Odelay ist Becks fünftes Album, aber in gewisser Weise auch sein zweites, denn mit diesem Album galt es den ganz unerwarteten Erfolg von *Mellow Gold* (1994),[2] das – von der Hitsingle *Loser* getragen – Becks Ruhm begründete, zu bestätigen. Mit ordentlichem Erfolg: *Odelay* erreichte Doppel-Platin. Es handelt sich um eine Standardsituation der Popmusik: Der erste große Erfolg bringt den Wechsel aus einer lokalen Independent-Szene zu einem Major-Label (in Becks Fall Geffen); der häufig in ostentativer Ab-

---

[1] Beck: *Odelay*. DGC/Bong Load 1996.
[2] Beck: *Mellow Gold*. DGC/Bong Load 1994.

Cover von Becks *Odelay*, buecher.de

setzung vom Mainstream errungene Distinktionsgewinn muss nun vor den Augen einer Weltöffentlichkeit gleichermaßen bewahrt und transformiert werden. Beck entscheidet sich dazu, das Prinzip seiner *slacker*-Hymne *Loser* zu radikalisieren und bei *Odelay* auf der Grenze zwischen Ironie, Ernst und ironischer Überaffirmation zu wandeln. Parodie und Pastiche sind die leitenden verfahrenstechnischen Prinzipien. Nun findet allerdings eine erhebliche Ausweitung der Einflusszone statt, die im Video zu *The New Pollution*, der dritten Single von *Odelay*, auch bildlich in Szene gesetzt wird, durch ein Potpourri von pasticheartig zusammengefügten Auftrittsvignetten – von der Mod-Ästhetik über den Hair Metal der 1980er bis hin zu einer Kraftwerk-Parodie durchschreitet Beck verschiedene popkulturelle Stationen, die auf *Odelay* alle im musikalischen Gedächtnis präsent gehalten und appropriierend transformiert werden.

Besonders deutlich wird dieses Verfahren in *Where it's at*, das nicht umsonst die erste Single von *Odelay* und auf dem Album in zentraler Mittelposition platziert ist. Während der Song – getragen von einem evokativen Orgel-Riff und einer souverän zwischen Lässigkeit und Konzentration changierenden *rhythm section* – musikalisch cool und kontemporär daherkommt, greift Beck motivisch und konzeptuell tief in die Klischeekiste des frühen Hip-Hop der 1980er Jahre, obwohl das Genre Mitte der 1990er eigentlich schon ganz woanders war. Reinszeniert wird in *Where it's at* die Geburt des Hip-Hop aus dem Geiste der Blockparty, bei der „two turntables and a microphone" ausreichen, um eine gleichermaßen obercoole wie begeisterungsfähige Menge zum Tanzen zu bringen. Der Song verschreibt sich der Evokation eines jener erfüllten Momente der Popmusik, bei der Zeit und Raum sich übereinanderzulegen scheinen, und beschreibt ihn zugleich: Genau hier und jetzt ist *where it's at*, hier spielt die Musik. Im Chorus wird gemeinsam geklatscht („just clap your hands") und vielstimmig die titelgebende Phrase gesungen. Das liest sich deutlich peinlicher als es tatsächlich klingt, aber der Eindruck, dass insbesondere der Text mit seiner etwas erzwungenen *Rock-to-the-Beat*-Emphase vielleicht eher gut gemeint als gut ist, legt sich auch beim Hören des sehr lässig groovenden Songs nicht. Das liegt noch nicht einmal daran, dass hier Elemente einer Schwarzen Subkultur von dem Weißen Anti-Folker Beck aufgenommen werden, sondern eher daran, dass die zitierten Versatzstücke so offensichtlich uncool miteinander montiert werden.

Aber das ist Prinzip. Wenn man der späteren Erzählung von John King bzw. ,King Gizmo' – eine Hälfte des legendären Produzentenduos Dust Brothers, mit denen Beck große Teile des Albums geschrieben und aufgenommen hat – glauben darf, waren solche Effekte der Fremdscham, die man heute so treffend ,cringe' nennt, Teil des Konzepts: „We would listen to stuff and either sample it or get inspired by it. [...] It was usually pretty ridiculous stuff. We'd be like, 'God, it's so not cool' that it made us laugh. And then we'd try to make a song that was as not cool as the sample we heard."[3] Im Fall von *Where it's at* stammen die Hauptsamples aus *Needle to the Groove*[4] von Mantronix, einem Hip-Hop-Hit von 1985, aus dem das Stichwort der zwei *turntables* plus Mikrofon stammt und einem obskuren Aufklärungsvideo aus den 1960er Jahren für Jugendliche, das immer wieder für kuriose *one-liner* ausgeschlachtet wird („What about those who swing both ways? AC/DCs?").

Becks Geheimnis besteht wohl darin, diese demonstrative (und daher nur vermeintliche) Uncoolness so zu wenden, dass sie ziemlich souverän wirkt. Das liegt nicht zuletzt daran, dass *Odelay* auch abseits des erprobten Sampleteppichs ein sehr solides musikalisches Fundament hat. Anders als das Album, das den Ruf der Dust Brothers begründete – *Paul's Boutique*[5] von den Beastie Boys – ist *Odelay* nicht komplett aus Samples und Drumtracks zusammengesetzt, sondern verbindet im Studio eingespielte Instrumente auf ziemlich nahtlose Weise mit Fremdmaterial. Neben Songs, die emblematisch für den dichten Samplestil der Dust Brothers stehen, etwa *High 5 (Rock the Catskills)*, ist *Odelay* von einer Vielzahl von Einflüssen geprägt: Country (*Lord Only Knows*), Blues (*Devils Haircut*) und Folk (*Ramshackle*) sind besonders präsent. Becks Anti-Folk-Vergangenheit kommt besonders in den rätselhaften und dichten Texten zum Tragen, die von ihrem Autor selbst mal

---

[3] Anna Oseran: How the Dust Brothers Saved Beck from Becoming a One-Hit Wonder with Odelay (17.6.2016), pitchfork.com/thepitch/1195-how-the-dust-brothers-saved-beck-from-becoming-a-one-hit-wonder-with-odelay/ (10.1.2023).

[4] Mantronix: *Needle to the Groove*. Sleeping Bag 1985.

[5] Beastie Boys: *Paul's Boutique*. Capitol 1989.

als höherer Unsinn,[6] mal als ganz ernsthaft tiefgründige Lyrics eingeordnet werden. Vielleicht bedeuten sie etwas, vielleicht auch nicht, jedenfalls klingen sie oft bedeutungsschwanger („She's got a cigarette on each arm / She's got the lily-white cavity crazes / She's got a carburetor tied to the moon / Pink eyes looking to the food of the ages") und umspielen auffällig oft die Grenze zwischen Stillstand und Neuanfang, Überdruss und Energie, Epigonalität und Originalität („An open road where I can breathe / Where the lowest low is calling to me / I can pull myself back up, back down / Stuck together like a ready-made"). Nicht nur darin fügen sie sich bestens in dieses postmoderne Album par excellence, das – im gleichen Jahr wie David Foster Wallaces *Infinite Jest*[7] erschienen – Zeugnis davon ablegt, was passiert, wenn sich leicht nerdige junge Männer im kulturellen Archiv austoben.

---

[6] „Most of the vocals on [Odelay] were scratch vocals, [...] We just grew attached to them." (Sean Michaels: Beck's Odelay is utter nonsense. In: *The Guardian*, 7.2.2008, theguardian.com/music/2008/feb/07/news.beck [10.1.2023]).
[7] David Foster Wallace: *Infinite Jest*. Boston, MA u. a. 1996.

Spice Girls: *Wannabe* (1996)

Anna Seidel

Nachdem das zugehörige Musikvideo schon im Mai *on air* gegangen war, veröffentlicht die englische Popgruppe Spice Girls im Juli 1996 beim Major-Label Virgin ihre Debüt- und schließlich Hitsingle *Wannabe*. Der Song wird in mehr als dreißig Ländern zum Nummer-eins-Hit. Mit ihrem initialen Erfolg und einem Einstieg in die Top 100 auf Platz 11 überstrahlen die Spice Girls in den US-Charts sogar den bis dato erfolgreichsten UK-Pop-Export: die Beatles.[1] Die waren 1963 mit *I Want to Hold Your Hand*[2] nur auf Platz 12 eingestiegen. Entsprechend lässt sich der Neologismus ‚Spicemania' für den Hype um die neue Popgruppe erklären. Die Single gewinnt 1997 den British Single of the Year-Award bei den Brit Awards – und wird vom *New Musical Express* im selben Jahr als Worst Single of the Year ausgezeichnet.[3]

Der Name lässt es erahnen: Die Spice Girls sind eine Girlgroup. Das Phänomen Girlgroup ist mit Vorläufern im Jazz der 1920er und 1930er Jahre (Lil Hardin's All-Girl Band, Harlem Playgirls, The Andrew Sisters) und einer Konjunktur im R 'n' B und Rock 'n' Roll der 1950er und 1960er Jahre (The Chordettes, The Exciters, The Shangri-Las) wahrlich nichts Neues. Und doch sind die Spice Girls in gewisser Weise Pionierinnen. Sie sind die erste von vielen ab Mitte der 1990er Jahre auf den Plan tretenden Girlgroups und stellen den zu diesem Zeitpunkt längst erfolgreich an ein junges Publikum

---

[1] Vgl. Elizabeth Eva Leach: Vicars of 'Wannabe': authenticity and the Spice Girls. In: *Popular Music* 20/2 (2001), 143–167, hier 148.

[2] The Beatles: *I Want to Hold Your Hand*. Parlophone 1963.

[3] Siehe brits.co.uk/history/the-brits-1997 (23.8.2025) und nme.com/nme-awards/awards-history/1997-606156 (19.12.2023).

vermarkteten Boygroups wie etwa Take That ein weibliches Pendant zum Anschwärmen und Nacheifern zur Seite. Im Vergleich mit den männlichen Entsprechungen können die Spice Girls außerdem etwas in Anschlag bringen, das sich unmittelbar aus der sogenannten Dritten Welle des Feminismus herleiten und auf eine leicht kommodifizierbare Losung bringen lässt: ‚Girl Power‘. Feministische Forderungen sind bei den Spice Girls längst verwässert und gehen in Kaufanreizen, nicht nur für Slogan-T-Shirts, auf. Was bei The Who auf dem Album *The Who Sell Out* (1967)[4] mit dem gigantischen Odorono-Deoroller in der Achsel auf dem Albumcover und dem entsprechenden Song auf der LP noch ein Scherz war, wird hier zur Marketingrealität: Die Spice Girls schließen einen Vertrag mit der Deodorantmarke Impulse ab und bringen ihren eigenen Duft auf den Markt.

Die Spice Girls sind, so könnte man sagen, der fleischgewordene Popfeminismus. Dabei handele es sich, so Benjamin von Stuckrad-Barre in einer seiner Kolumnen, um einen postmodernen Feminismus, „der nicht mehr diskutierte, sondern diktierte.“[5] Die Gruppe ist eines von vielen popfeministischen Phänomenen der Zeit, wie etwa der sogenannten ‚Chick Lit‘ mit den entsprechenden Franchises (etwa Helen Fieldings *Bridget Jones's Diary*, 1996)[6] oder der kommerziell erfolgreichen Variante der aus der Punk-Subkultur erwachsenen ‚Riot Grrrl‘-Bewegung, wie sie sich Mitte der 1990er Jahre mit Courtney Love und ihrer Band Hole präsentiert.

Die proklamierte ‚Girl Power‘ kommt bei den Spice Girls in der Formation fünf zusammengecasteter Akteurinnen daher, die nicht nur dank der Looks eine gewisse Diversität suggerieren, sondern auch aufgrund der Spitznamen und den damit zugeschriebenen (Charakter-)Eigenschaften, mit denen sie die britische Presse recht früh in der Karriere bedenkt: Aus Geri Halliwell wird Ginger Spice, aus Emma Bunton wird Baby Spice, aus Victoria Beckham, damals noch Adams, wird Posh Spice, aus Melanie Chisholm aka Mel C. wird Sporty Spice und aus Melanie Brown aka Mel B. wird Scary Spice. Fans und Verehrer:innen werden also gleich mehrere Angebote zur Identifikation und zur Projektion gemacht – das hatte sich Talentmanager Bob Herbert gut überlegt. Als Individuen werden die Frauen zu Beginn ihrer Karriere freilich dennoch kaum wahrgenommen, das Wörtchen ‚Gruppe‘ im Terminus Girlgroup darf strapaziert werden. Schon materialästhetisch wird dank des mehrstimmigen Gesangs die Gemeinschaft betont. Die Gemeinschaft wird auch inhaltlich hervorgehoben, und zwar selbst dann, wenn es um die in der Hitsingle *Wannabe* besungene prospektive romantische Zweierbeziehung geht. So heißt es etwa an prominenter Stelle, nämlich im Refrain: „If you

---

[4] The Who: *The Who Sell Out*. Track/Decca 1967.

[5] Benjamin von Stuckrad-Barre: Spice Girls [1998]. In: Ders.: *Remix. Texte 1996–1999*. Köln 1999, 154–159, hier 155.

[6] Helen Fielding: *Bridget Jones's Diary*. London 1996.

wanna be my lover, you gotta get with my friends / Make it last forever, friendship never ends". Es ist die etwas zahmere Version einer ‚Bros before Hoes'-Botschaft, wie sie sich etwa bisweilen im Hip-Hop präsentiert, wenn betont werden muss, dass keine Frau sich in die Männerfreundschaft hineindrängen könne. Bei den Spice Girls fehlt allerdings die Abwertung des begehrten Gegenübers. Während der gemeinsam performte Song nahelegt, dass es sich bei den „friends" um weibliche Freunde handelt, eben die singenden Spice Girls als Freundinnen, ist anhand der Lyrics nicht klar, ob besungener „lover" männlich oder weiblich ist.

Das Video erzählt ohnehin eine andere Geschichte und die ist schnell erzählt: Die Spice Girls kommen in einer Event-Location an, in der (wie die Outfits und Gesten markieren) reiche Menschen feiern. Sie crashen die Party *Wannabe* singend – und verschwinden wieder. Elizabeth Eva Leach beschreibt das Video in ihrer Analyse als „artful in its artlessness" und liest es als Authentizitätsmarker für das Gesamtkonzept.[7] Die Spice Girls sind eine Gruppe, „authentic in their ordinariness and [...] ironic in their attitude to fame".[8] Ist der grüne Doppeldeckerbus, in den die Spice Girls am Ende ihres ersten Musikvideos ganz unprätentiös einsteigen, an dieser Stelle noch ein Beleg für „ordinariness" und ihr ironisches Verhältnis zum Erfolg, wird ein Jahr später ein Bus zum (wenn auch hier nicht ganz unironischen) Erfolgssymbol. Im Film SPICE WORLD (1997)[9] fahren die Spice Girls mit einem aufwendig ausgebauten und in Union-Jack-Optik lackierten Doppeldecker-Tourbus die nicht mehr ganz so ordinären Orte *Top-of-the-Pops*-Bühne, Buckingham Palace und Royal Albert Hall ab. Wenn auch den Fans solch eine Erfolgsgeschichte persönlich verwehrt bleibt – immerhin die Tanzschritte aus dem Video können sie in Dance-for-Fans-Kursen lernen.

---

[7] Leach: *Vicars*, 153.
[8] Ebd.
[9] Bob Spiers (Regie): SPICE WORLD. Großbritannien 1997.

Daft Punk: *Around the World* (1997)

Till Huber

Around the World[1] erschien als zweite Single des Albums *Homework*[2] von Daft Punk. Vom Debüt des 1993 in Paris gegründeten Duos, bestehend aus Thomas Bangalter und Guy-Manuel de Homem-Christo, wurden mehr als zwei Millionen Exemplare verkauft. Die beiden Musiker partizipierten damit am Erfolg des French House (auch: Filter House), einer heterogenen Strömung, die mit Acts wie Pépé Bradock, Cassius, Étienne de Crécy, Benjamin Diamond, Dimitri from Paris, Motorbass und Bob Sinclair assoziiert wird. Im Spektrum der Stilrichtung finden sich einerseits Tracks, die ‚handgemachte' Disco- und Funkelemente aus vorangegangenen Dekaden aufgreifen. So basiert die French-House-Hymne *Music Sounds Better with You* (1998)[3] von Stardust auf einem Sample aus Chaka Khans *Fate* (1981).[4] Andererseits sind minimalistische Produktionen wie *Flat Beat* (1999)[5] von Mr. Oizo erfolgreich, die sich an zeitgenössischen Electronica orientieren. Auch wenn Daft Punk vielfach auf Funk und Disco verweisen und gar mit Giorgio Moroder und Nile Rodgers zusammenarbeiten, repräsentiert *Around the World* die elektronische Seite der Strömung. Der Track fungiert als elegantes und ‚kühles' Pendant zur ‚überhitzten' ersten Single *Da Funk*,[6] die mit Sirenen, Straßenlärm und verzerrten Sounds in Richtung Acid House tendiert. Als

---

[1] Daft Punk: *Around the World*. Virgin 1997.
[2] Daft Punk: *Homework*. Virgin 1996.
[3] Stardust: *Music Sounds Better with You*. Roulé 1998.
[4] Chaka Khan: Fate. Auf: *What Cha' Gonna Do for Me*. Warner Bros 1981.
[5] Mr. Oizo: *Flat Beat*. F Communications/Slip Music/Electroshit 1999.
[6] Daft Punk: *Da Funk*. Soma/Virgin 1996.

untypischer House-Track erweist sich *Around the World*, da die Hi-Hat zur 4-to-the-floor-Bassdrum streckenweise in geraden Achtelnoten und nicht im Offbeat gespielt wird. Diese Art von elektronischem ‚Rock-Rhythmus‘ findet sich gelegentlich in erfolgreichen Dance-Produktionen der 1990er Jahre, etwa in Armand van Heldens *The Funk Phenomena* (1996).[7]

Die einzelnen Elemente im minimalistisch instrumentierten *Around the World* lassen sich genau benennen: Neben dem Drumcomputer, der anfänglich durch einen Tiefpass-Filter erklingt, enthält der Track eine an Kraftwerk erinnernde Synthesizer-Melodie, eine ebenfalls mit Synthesizer gespielte Bass-linie (später ergänzt um eine zweite Basslinie), eine Single-Note-Funkgitarre sowie eine Vocoder-Stimme. Letztere wiederholt sich melodisch und verbaltextlich; der einzige Vers lautet „Around the World" und wird insgesamt 144 Mal ‚gesungen‘ (in der Radio-Version 80 Mal). Durch den Vocoder-Gesang wie auch durch die Tatsache, dass Daft Punk seit Ende der 1990er Jahre nur mit Masken oder Roboterhelmen auftreten und selten Interviews geben, stehen Bangalter und Homem-Christo für eine neuartige Form der Popstar-Persona. Diese verweigert sich dem traditionellen Bild eines menschlichen Popstars, insofern sie nicht am Gesicht oder an einer markanten Stimme als Celebrity erkannt werden kann und zudem nicht durch ihre (sexy) Körperlichkeit in Erscheinung tritt (wie z.B. David Bowie, Mick Jagger, Madonna oder Britney Spears).

Nicht nur auf der Ebene des Gesangs dominiert in *Around the World* das Prinzip des Repetitiven und Zirkulären. Es gibt kein Strophe-Refrain-Schema, lediglich kleine Variationen in der Instrumentierung. Nach einem Breakdown erfolgt das Wiedereinsetzen des Beats (Drop) auf die Sekunde genau – gleichsam achsensymmetrisch – in der Mitte des Tracks. Kreisförmig gestaltet sich auch das Cover der Vinyl-Maxi: Ein mittig platziertes Foto der Erdkugel hat exakt die Größe einer 12"-Schallplatte.

Auf spektakuläre Weise wird Zirkularität auch im Musikvideo des Regisseurs Michel Gondry in Szene gesetzt, das mit seiner aufwendigen Choreografie den musikalischen Minimalismus des Songs konterkariert. Insgesamt sind 20 Tänzer:innen zu sehen, die sich in fünf Gruppen à vier Personen auf einer kreisförmigen Bühne bewegen. Der schwarze Hintergrund enthält sechzig illuminierte Kreise, deren Farbwechsel auf die Musik abgestimmt ist. Wiederum kommen Verkleidungen zum Einsatz, wenn jede Gruppe tanzend ein Element des Songs nachbildet: Hip-Hop-Tänzer:innen in Trainingsanzügen repräsentieren eine Treppe auf- und ablaufend die Basslinie, Mumien stehen für den Beat, Synchronschwimmerinnen stellen den Lauf der Synthesizer-Melodie dar, Skelette verweisen auf die Funkgitarre. Eine Gruppe von Robotern, die den Vocoder-Gesang verkörpert, verweist zugleich auf

---

[7] Armand van Helden Presents Old School Junkies: *The Funk Phenomena*. Henry Street Music 1996.

Cover von Daft Punks *Around the World,* discogs.com

die Maskierung der Bandmitglieder selbst, allerdings tritt Daft Punk hier als Vierergespann auf und avanciert zu einer Art ‚Fab Four' der elektronischen Musik. Der leichte Zeitraffer sorgt dafür, dass die Bewegungen unnatürlich aussehen, ebenso trägt die extravagante kaleidoskopartige Choreografie zur Künstlichkeit bei. Sie erinnert an Musical-Filme von Busby Berkeley,[8] die Susan Sontag als Beispiel für „[e]chtes Camp"[9] hervorgehoben hat. Daneben erinnern der schwarze Hintergrund, der Fokus auf Geometrie und die Verkleidungen an Oskar Schlemmers *Triadisches Ballett* (1912) – eine triadische Ordnung bleibt allerdings aus.

Wie der Titel antizipiert, wurde *Around the World* weltweit zum Erfolg. Eine Coverversion im Latin-Stil hat Señor Coconut 2008 eingespielt.[10] In dieser Adaption wird die Basslinie des Originals zum dominierenden melodischen Element und als solches von Bläsern und Vibrafon übernommen. Im Erscheinungsjahr von *Homework* wurden mehrere offizielle Remixes veröffentlicht: Die 12"-Maxi enthält das *Motorbass Vice Mix* auf der CD-Single ist *Tee's Frozen Sun Mix* von Todd Terry enthalten. Zusätzlich erschien die Doppel-12" „*Around the World*". „*Ricantstructed*" *by Masters at Work*[11] (das sind ‚Little' Louie Vega und Kenny ‚Dope' Gonzales). Eine weitere limitierte Maxi enthält einen Remix von I:Cube sowie das *Miami Remix* von Motor-

---

[8]Vgl. Michael Fleig: Michel Gondry und Spike Jonze – Auteurs des Musikvideos. In: Kathrin Dreckmann (Hg.): *Musikvideo Reloaded. Über historische und aktuelle Bewegtbildästhetiken zwischen Pop, Kommerz und Kunst.* Berlin/Boston, MA 2021, 125–144, hier 129.

[9]Susan Sontag: Anmerkungen zu ‚Camp'. In: Dies.: *Kunst und Antikunst. 24 literarische Analysen.* Frankfurt/M. 1982 (engl. 1964), 322–341, hier 329.

[10]Señor Coconut and his Orchestra: *Around the World with Señor Coconut and his Orchestra.* [PIAS] 2008.

[11]Daft Punk: *Around the World* ("*Ricantstructed*" *by Masters at Work*). Virgin 1998.

bass.[12] Neben den Remixern aus dem französischen Umfeld (I:Cube und Motorbass) entscheiden sich Daft Punk somit für einen Schulterschluss mit den wohl prominentesten Vertretern der New Yorker House-Szene, mit denen man sich nun offenbar auf Augenhöhe befindet. Die repetitive Struktur des Tracks sowie die fehlenden harmonischen Variationen mögen der Grund dafür sein, dass *Around the World* nicht Teil des Daft-Punk-Medleys war, das die Blaskapelle der französischen Armee bei einem Staatsbesuch von Donald Trump bei Emmanuel Macron 2017 zum Besten gab.

---

[12] Daft Punk: *Around the World* (Vinyl, 12", Limited Edition). Virgin 1997.

The Notorious B.I.G.

Dustin Breitenwischer

Der aus Brooklyn, New York stammende Christopher Wallace, das einzige Kind jamaikanischer Einwander:innen, lebte und starb als Wunderkind des Hip-Hop. Nach einer von Gewalt und Armut geprägten Karriere als jugendlicher Drogendealer und einem kurzen Gefängnisaufenthalt entwickelte sich Wallace zunächst als ‚Biggie Smalls' und schließlich als ‚The Notorious B.I.G.' zu einer prägenden Figur im Ostküsten-Hip-Hop der frühen 1990er Jahre.

Mithilfe seines Freundes und Produzenten Sean Combs (alias ‚Puff Daddy' bzw. ‚P. Diddy'), dem Gründer des Labels Bad Boy Records, und den Mitstreiter:innen der von Wallace mitbegründeten Gruppe Junior M.A.F.I.A. (zu der auch die Rapperin Lil' Kim gehörte) reüssierte Biggie, wie er gemeinhin genannt wurde, im Jahr 1994 mit dem Album *Ready to Die*.[1] Allein mit diesem Album, das sich zweifelsohne auf demselben hohen musikalischen Niveau wie Ice Cubes *AmeriKKKas Most Wanted* (1990)[2] und Nas' *Illmatic* (1994)[3] befindet, wurde der damals 22-Jährige zu einer lebenden Legende des noch jungen Popgenres. Tracks wie *Juicy*, *Big Poppa* oder das von DJ Premier (Gang Starr) produzierte *Unbelievable* bestachen unmittelbar mit Hit- und Evergreen-Potenzial, bildeten den Zeitgeist ab und waren ihrer Zeit voraus. Insbesondere das autobiografische *Juicy* hat bei Kritiker:innen und

---

[1] The Notorious B.I.G.: *Ready to Die*. Bad Boy/Arista 1994.
[2] Ice Cube: *AmeriKKKas Most Wanted*. Lench Mob/Priority 1990.
[3] Nas: *Illmatic*. Columbia 1994.

Fans einen bleibenden Eindruck hinterlassen.[4] Hier verbindet sich alles, was den Hip-Hop von The Notorious B.I.G. auszeichnet: erschütternde Authentizität, anrührende Fragilität, selbstübersteigernder Hedonismus und das außerordentliche Gespür für Sprache, Witz und Rap-Poesie. Verse wie „Born sinner, the opposite of a winner / Remember when I used to eat sardines for dinner" oder „Phone bill about two Gs flat / No need to worry, my accountant handles that"[5] haben sich in das kulturelle Gedächtnis des Hip-Hop eingebrannt. Bemerkenswert ist die Eleganz, mit der der schwergewichtige und schwer atmende Wallace auf seinem Debütalbum unterschiedliche Genrefacetten des Hip-Hop betont: Düster, verspielt, smooth und dann wieder furchteinflößend entfaltet er seine Erzählwelten auf den exzellenten und außerordentlich professionellen Beatproduktionen von Combs und Easy Mo Bee, unterstützt nur von ausgewählten Feature-Acts wie dem damals noch aufstrebenden Wu-Tang Clan-Mitglied Method Man im Track *The What*. Dabei bildeten der Rapper Biggie und sein Produzent Puff Daddy von Beginn an ein kongeniales und komplementäres Gespann, das unverhohlen den Anspruch erhob, den Hip-Hop zu dominieren.[6] Die beiden brauchten und bedingten sich, und wenngleich The Notorious B.I.G. an das Ausnahmewerk *Ready to Die* in der Folge nicht mehr anknüpfen konnte, überzeugte auch sein zweites noch zu Lebzeiten veröffentlichtes Soloalbum *Life After Death* (1997)[7] Fans und Kritiker:innen, insofern auch dieses Album mit Tracks wie *Hypnotize*, *What's Beef?* oder *Going Back to Cali* Glanzlichter der Hip-Hop-Geschichte setzte.

Wobei dem Rapper aus Brooklyn gerade das Verhältnis zum in *Going Back to Cali* besungenen Westküstenstaat Kalifornien zum Verhängnis werden sollte. Der Konflikt zwischen The Notorious B.I.G. und seinem früheren Freund Tupac ‚2Pac' Shakur bildet mittlerweile ein zentrales Kapitel der Popgeschichte. Zahlreiche Mythen ranken sich um die Rivalität zwischen Ost- und Westküste, letztlich aber richtet sich die Erzählung dieses längst befriedeten Streits noch immer an den Protagonisten Wallace und Shakur aus. Beide galten ihrerzeit als Hoffnungsträger im Hip-Hop, und beide fielen der ultimativen Eskalation des Konflikts zum Opfer. Nachdem 2Pac am 3. September 1996 im Alter von 25 Jahren in Las Vegas von unbekannten Tätern auf offener Straße erschossen wurde, erlag The Notorious B.I.G. am 9. März 1997 im Alter von 24 Jahren in Los Angeles den Folgen eines sogenannten *drive-by shootings*, als er in einem Geländewagen sitzend von mehreren Ku-

---

[4] Siehe hierzu Shea Serrano: *The Rap Year Book: The Most Important Rap Song from Every Year Since 1979, Discussed, Debated, and Deconstructed. Mit Illustrationen von Arturo Torres und einem Vorwort von Ice-T*. New York, NY 2015.

[5] The Notorious B.I.G.: Juicy. Auf: *Ready to Die*.

[6] Siehe hierzu Justin Tinsley: *It Was All a Dream: Biggie and the World That Made Him*. New York, NY 2022.

[7] The Notorious B.I.G.: *Life After Death*. Bad Boy/Arista 1997.

geln getroffen wurde. Die Täter konnten auch in diesem Fall nicht gefasst werden, es ist aber von einem Racheakt für den Mord an 2Pac auszugehen. „I swear to God I feel like death is fuckin' callin' me", heißt es im Song *Suicidal Thoughts* (1994).[8] The Notorious B.I.G. machte den Tod auf tragische und fast schon prophetische Weise zum stillen Gravitationszentrum seines Schaffens.[9] Zwar stemmen sich stimmungsgeladene und hedonistische Tracks wie *Big Poppa* oder *Mo Money Mo Problems* immer wieder gegen die Aura des Morbiden und die Vorhersehung des Fatalen, die sich ja bereits in den Titeln *Ready to Die* und *Life After Death* ausdrücken, doch sind im Pophedonismus von The Notorious B.I.G. *carpe diem* und *memento mori*, Aufgalopp und Abgesang nicht voneinander zu unterscheiden.

The Notorious B.I.G. erschütterte die Szene wie eine Naturgewalt, doch war es ihm nicht vergönnt, sein Können breiter zu entfalten. Mit *Born Again* (1999)[10] und *Duets: The Final Chapter* (2005)[11] veröffentlichte Puff Daddy nach Biggies Tod zwei weitere Alben, die dem Sprechgesangstalent von The Notorious B.I.G. huldigen und ihn, wie z. B. im Track *Dead Wrong*, postum mit legitimen Erben, wie dem damals emporfliegenden Eminem, zusammenbringen. Es galt, Biggies kulturellen Einfluss zu würdigen, an die Qualität von *Ready to Die* und *Life After Death* konnten die nachgelassenen Alben aber nicht heranreichen. Ein außerordentlich kitschiges Denkmal setzten Puff Daddy und Biggies Ex-Frau, die Sängerin Faith Evans, dem Über-Rapper schließlich mit dem Track *I'll Be Missing You* (1997),[12] der eine melodramatisch anmutende R 'n' B-Coverversion von *Every Breath You Take* von The Police (1983)[13] ist und als international erfolgreiche Hit-Single zwar dem Status, ob seiner zweifelhaften musikalischen Qualität aber nicht dem Können von The Notorious B.I.G. gerecht wird.

---

[8] The Notorious B.I.G.: Suicidal Thoughts. Auf: *Ready to Die*.

[9] Siehe hierzu Dustin Breitenwischer: *Die Geschichte des Hip-Hop. 111 Alben*. Ditzingen ³2025.

[10] The Notorious B.I.G.: *Born Again*. Bad Boy/Arista 1999.

[11] The Notorious B.I.G.: *Duets: The Final Chapter*. Bad Boy/Atlantic 2005.

[12] Puff Daddy und Faith Evans feat. 112: *I'll Be Missing You*. Bad Boy/Arista 1997.

[13] The Police: *Every Breath You Take*. A&M 1983.

Wacken Open Air

Niels Penke

5th Avenue, Motorslug, Sacred Season, Axe 'n Sex[1] und Wizzard waren die Zugpferde der ersten Auflage des Wacken-Open Airs (stilisierte Schreibweise W:O:A), eines zweitägigen Festivals mit einheimischen Bands, wie es sie viele gab und immer noch gibt. Aber was an zwei Tagen im August des Jahres 1990 mit kaum eintausend Besucher:innen und einer Bühne in der Kiesgrube begann, ist zwischenzeitlich zu einem weltweit bekannten Event geworden, das seit Jahrzehnten alljährlich Anfang August bis zu zweihundert Bands und über 80.000 Besucher:innen anzieht. Das Wacken-Festival in der kleinen 1900-Einwohner-Gemeinde Wacken im Westen Schleswig-Holsteins ist in dreißig Jahren ebenso zur Institution im Heavy Metal wie zur eigenen Marke geworden, die Rock und Metal in nahezu all ihren Erscheinungsformen weit über Szenegrenzen hinaus bekannt gemacht hat. Für die Popularisierung des Metals wie auch dessen Etablierung im Mainstream hat das Festival so viel geleistet wie nur wenige andere Akteur:innen oder Institutionen. Damit verbunden ist wiederum eine beispiellose Kommodifizierung durch ein beständig wachsendes Merchandise-Angebot, dessen Produkte weltweit getragen werden, klar wiedererkennbar sind und dadurch Stilgemeinschaften stabilisieren, sowie durch ein Firmennetzwerk, das durch verschiedene Veranstaltungsformate die Marke Wacken über Norddeutschland hinaus als ‚global village' (so Holger Hübner, Mitbegründer des Festivals) zu transzendieren versucht. Wacken firmiert damit einerseits als ein Garant, der die Popularität des Metals hochhält, viele Klischees (Grölen, Saufen, Matsch

---

[1] Seit 1991 heißt die Band Ax 'n Sex.

C. Jürgensen und G. Kaiser (Hrsg.), *Eine Kulturgeschichte der Popmusik*,
https://doi.org/10.1007/978-3-662-72524-5_68

zelebrieren, nichts geht ohne *mano cornuta*) pflegt und vielen Menschen Einstiege in Musik und Szene(n) ermöglicht. Andererseits ist Wacken aber auch zum Gegenstand der Kritik am Ausverkauf und der Verwässerung des Metals geworden, der vor allem szeneintern starke Distinktionsbestrebungen provoziert hat.

Holger Hübner und Thomas Jensen sind die Initiatoren des Festivals, die durch Unterstützung ihrer Familien- und Freundeskreise, des örtlichen Motorradclubs und einer Spedition die ersten Jahre in DIY-Manier bestritten. Sie gründeten bereits 1990 die Stone Castle Rockpromotions, in deren Namen das Festival bis 1999 organisiert wurde, hatten jedoch mit großen finanziellen Risiken und Rückschlägen zu kämpfen, ehe das Unternehmen in der größeren ICS (International Concert Service) GmbH aufging und dauerhaft in die Erfolgsspur kam. Das sukzessive Wachstum des Festivals ist dabei als glückliche Kooperation zu verstehen, die aus dem Dorf (Hübner und Jensen stammen beide aus Wacken) viel Unterstützung erfahren hat – nicht zuletzt von den Landwirten, die ihr Land zunächst als Campingplatz (dies sollte Wacken von Festivals wie dem Monsters of Rock unterscheiden), später als Festivalgelände zur Verfügung stellten und sich um die Etablierung des Festivals im ländlichen Raum bemühten – Wacken ist bis heute kein strategisch günstig liegender Ort und mit dem ÖPNV nur beschwerlich zu erreichen, auch wenn seit 2002 ein Sonderzug, der Metal Train, im Einsatz ist. Das bis heute verwendete Stierschädel-Logo (*Bullhead*) von Mark Ramsauer verweist auf den landwirtschaftlichen Hintergrund, auf den auch in späteren Formaten wie der Zeltbühne Bullhead City Circus oder der Corona-bedingten Ersatzveranstaltung Bullhead City (2021) Bezug genommen wurde.

Zur erfolgreichen Entwicklung des Festivals gehört zweifelsohne ein gutes Gespür bei der Bandauswahl, bei der man seit 1992 ebenso auf namhafte Größen wie auf vielversprechende Newcomer:innen setzt. Die Traditionspflege des klassischen Heavy Metal durch die prominente Platzierung altgedienter und beliebter Formationen (Iron Maiden, Judas Priest, Blind Guardian, Doro oder Saxon) hat somit die zahlreichen Öffnungen gegenüber neuen Stilen (des extremen Metals, Crossover-Phänomenen, aber auch sporadisch Punk- und Hip-Hop-Acts) und Szenen (Gothic und Mittelalterrock durch eine eigene *medieval stage*) stets abgefedert und das Standbein des Festivals immer in der Nähe seiner Ursprünge gehalten. Auch die Verpflichtung spektakulärer oder kontroverser Headliner:innen – Rockbitch (1997), Böhse Onkelz (2004), *Star Search*-Sieger Martin Kesici (2005), Roberto Blanco (2011), Rammstein gemeinsam mit Heino (2013) – trug dazu bei, das traditionelle Rockfestival musikalisch breit aufzustellen und weitreichende mediale Aufmerksamkeit zu generieren. Dies gilt ebenfalls für die Etablierung skurriler Bands und Musiker:innen im Programm. Als Stammgäste fungieren die humorigen Torfrock, die bis 2022 sieben Mal zu Gast waren, bereits achtzehn

Mal trat der Heimorgelsolist Mambo Kurt auf und der Musikzug der Freiwilligen Feuerwehr Wacken eröffnet unter dem Namen Wacken Firefighters seit 2000 das Festival. Es geht mit diesen breitgefächerten Verpflichtungen um die größtmögliche Integration von Stilen, Szenen und Zielgruppen (bis hin zu Kindern und Senior:innen), ohne in völlige Beliebigkeit zu verfallen. Vielmehr baut man stets auf plausible Anschlussmöglichkeiten, die den Metal sozial wie ästhetisch an neue Kontexte anschließen – die aber dabei mehrheitsfähig bleiben.

Die Programmerweiterung und die Rekrutierung von möglichst vielen Teilnehmenden wie von unterschiedlichen Zielgruppen hat sich in zahlreichen Events niedergeschlagen, die Wacken in sein Festivalangebot implementiert hat. Die wechselnde Anzahl und Ausrichtung der Bühnen ermöglichen unterschiedliche stilistische Schwerpunkte. Volksfestartige Bühnen, das einem Mittelaltermarkt ähnliche Wackinger-Areal oder das postapokalyptische, an die Filmreihe MAD MAX[2] angelehnte Wasteland mitsamt der Wastelandstage, stellen nahtlose Übergänge von Musik- und Rahmenprogramm dar. Immer neue Events ermöglichen wiederum neue Allianzen mit anderen Szenen (Mittelalter, LARP, Cosplay) und deren führenden Unternehmen. Stellt der W:O:A Soccercup noch kein Unikum dar, ist der seit 2013 stattfindende Gottesdienst Full Metal Church ebenso einzigartig wie der Fisherman's Friend StrongmanRun, der Metal und Extremsport zusammenbringt. Auch das Full Metal Gaming Village folgt dieser Integrationsbestrebung im Hinblick auf Videospiel-Communities. All diese Formate finden unter dem organisatorischen Dach des Festivals vor Ort in Wacken statt, während die Full Metal Cruise seit 2013 Kreuzfahrten mit unterschiedlichen Zielen (Spanien, Frankreich, England, Norwegen u. a.) und wechselndem musikalischem Konzertaufgebot an Bord wie an Land aufbietet.

Die dieser Entwicklung zugrundeliegende Professionalisierung ist auf dem Festivalsektor beispiellos. Ein ähnliches Firmenkonsortium mit zahlreichen Ablegern und dezentralen Veranstaltungsformaten, die auch eine Eventisierung über die Musik hinaus betreiben, ist aus keiner vergleichbaren Veranstaltung hervorgegangen. Dies betrifft auch die beständig weiter ausgebauten Merchandise-Angebote, die von den ikonischen, festivaleigenen T-Shirts, über ein großes CD- bzw. DVD-Sortiment, zahlreiche Bücher und das Festival flankierende Printmedien bis hin zu einem eigenen Metal-Kochbuch reichen. Diese von den Organisatoren ausgehende Selbst-Medialisierung (seit 2006 wird auch das eigene Internetradio *Wacken Radio* betrieben) korreliert mit einer von außen kommenden Berichterstattung über das Festival, die sich an-

---

[2]George Miller (Regie): MAD MAX. Australien 1979; MAD MAX II – DER VOLLSTRECKER. Australien 1981; MAD MAX – JENSEITS DER DONNERKUPPEL. Australien 1985; MAD MAX: FURY ROAD. USA/Australien 2015; FURIOSA: A MAD MAX SAGA. Australien 2024; MAD MAX: THE WASTELAND. Australien, Veröffentlichung für 2026 geplant.

fangs noch auf die szenespezifische Fachpresse (u. a. *Rock Hard*) beschränkte, sich aber in Folge des Dokumentarfilms Full Metal Village[3] auf das öffentlich-rechtliche Fernsehen (NDR, 3SAT, ARTE) erweiterte. Sung-hyungs Doku markiert den Auftakt zu einer beispiellosen Publizität des Festivals, die nicht nur in weiteren Dokumentationen aktualisiert wurde, sondern auch im (linearen wie Online-)Fernsehen eine reiche Abbildung durch Berichte und Konzertübertragungen erfahren hat. Das allgemeine Wachstum des Festivals, seine stete Kommodifizierung und die nicht für alle nachvollziehbare Integration verschiedener Szenen, Genres und ästhetischer Gemeinschaften wird in Teilen der Metalszene als Ausverkauf wahrgenommen. Wacken zeigt eine Tendenz des Gefräßigen (dem ökonomischen Prinzip ebenso wie den populärkulturellen Stil- und Szenegemeinschaften nach), sich alles Mögliche, zu dem es plausible Möglichkeiten der Integration und Verbindung gibt, einzuverleiben und unter dem Namen ‚Wacken‘ zu vereinen.

Obwohl für die Organisation und Durchführung des Wacken Open Air über 5.000 Mitarbeitende tätig sind, die letzten siebzehn Auflagen (oft binnen kürzester Zeit) komplett ausverkauft waren und das Festival für einige Superlative gesorgt hat (2017 kam erstmals die einen Kilometer lange Bier-Pipeline zum Einsatz, die es ermöglicht, innerhalb einer Stunde 10.000 Liter Bier auszuschenken), ist das Wacken Open Air nicht (mehr) das größte Rock- und Metalfestival. Das Hellfest im französischen Clisson und das Graspop Metal Meeting im belgischen Dessel verzeichnen zwar mehr Bands und Besuchende – doch sind beide nicht so weit über *Szenegrenzen* hinaus bekannt. Dass Wacken auch für Rock- und Metalbands einen herausragenden Stellenwert genießt, bezeugen altgediente Bands, die dem Festival die Treue halten oder prominente Comeback-Shows geben, mehr noch aber sprechen die zahlreichen, häufig auch über die Bandbiografie hinaus bedeutenden Live-Alben und -DVDs (Hypocrisy, Nightwish, Bloodbath, Dimmu Borgir, Grave Digger, Savatage, Tygers of Pan Tang, Ministry, At the Gates, Deep Purple, Scorpions, Saxon, Sabaton, Doro, Emperor) für das hohe Standing des Festivals und die Marke Wacken.

All dies hat wiederum Kritik und Ablehnung erfahren, da Wacken für Teile der Metalszene zum Synonym einer Entwicklung geworden ist, die diese aus verschiedenen Gründen nicht wollen – nicht die steigenden Kosten, die Ausschlüsse produzieren, nicht die fortschreitende Eventisierung und Pflege einer Spaßkultur, die eine weithin anschlussfähige Schnittmenge aus exzessivem Alkoholkonsum und kollektivem Eskapismus anbietet und es so den Besuchenden ermöglicht, für einige Tage in einer Party- und Rauschgemeinschaft aufzugehen, auch nicht das allzu bunte Rahmenprogramm, das die Bands und ihre Musik in den Hintergrund treten lasse. Auch aus Dis-

---

[3] Cho Sung-hyung (Regie): Full Metal Village. Deutschland 2006.

tinktionsgründen wird gegenüber populären Bands wie Sabaton oder Ghost und ihren Fans der keineswegs seltene ‚Mainstream'-Vorwurf erhoben, gegen die sich eine traditionsbewusste Underground-Attitüde behaupten möchte.

Vom Underground sind auch die großen Hauptbühnen des Festivals denkbar weit entfernt. Auf diesen spielt sich nach wie vor ab, was als Indikator für bleibende Geschmäcker wie auch für Trends und steigende oder fallende Popularität dienen kann. Doch die Popularität des Festivals insgesamt ist ungebrochen. Obwohl Wacken 2023 (fast) ins Wasser fiel und ein großer Teil der Ticketinhaber:innen nach Hause geschickt werden musste, trübte das den Vorverkauf für 2024 keineswegs – die 85.000 Tickets waren trotz höherer Preise in wenigen Stunden ausverkauft.

Wacken versucht seit mehreren Jahrzehnten den ‚glokalen' Spagat: den regionalen Bezug und das familiäre Image bei beständiger weltweiter Expansion beizubehalten ebenso wie die eigene Geschichte, die prägenden Bands und Musiker:innen in einer gelebten Tradition als Teil von Wacken zu erhalten. Viele Karrieren begannen in Wacken, nahmen dort Wendepunkte, feierten spektakuläre Comebacks oder auch ihren Abschied. Den teilnehmenden Bands der ersten Auflagen wie Motorslug, Sacred Season, Kilgore, Life Artist, Shanghai'd Guts oder Skyline hat der Mythos Wacken hingegen wenig genutzt. Sie sind heute weitestgehend vergessen – 5th Avenue allerdings waren wiederholt im *billing* und kamen zuletzt 2024 in den Genuss der Aufmerksamkeit eines großen Publikums, als Teil einer lebendigen Traditionspflege, auf die sich wiederum viele Anhänger:innen des Metals und seiner Szene verständigen können.

Napster (1999)

Oliver Ruf

Der Kategorie des ‚Austauschs' ist ein Prinzip eigen, das sich etwa daran beobachten lässt, wie sehr eine Kultur des Schenkens bzw. eine Schenkökonomie ein soziales System strukturiert, katalysiert und fortlaufend motiviert. Dazu geht es nicht zwingend darum, Güter oder Dienstleistungen finanziell zu entlohnen, als vielmehr ohne direkte oder zukünftige erkennbare monetäre Gegenleistung weiterzugeben. Es findet hier nicht zwingend ein Handel mittels einer Geldwährung statt, sondern das Tauschen von sogenannten ‚Gaben'.[1] Diese kulturelle Form der Weitergabe setzt sich dabei auch in medienbasiert konstituierten Gegenwartstechnologien fort, die explizit daraufhin angelegt sind, dasjenige, was gegeben, (an)genommen und erwidert wird als übergebene Übertragungen aufzufassen, die auf Prozesse, Ereignisse und Akte der ‚Gebung' hin angelegt sind. Dafür ist die Musiktauschbörse Napster ein treffendes Beispiel und zugleich der Höhepunkt einer entsprechenden, insbesondere popkulturell induzierten Medienentwicklung. 1999 gegründet, diente Napster vor allem dem Zweck, MP3-Musikdateien über das Internet zu verteilen, mithin wieder-, weiter- und fortgeben zu können: Die Napster-Software durchsuchte den Computer, auf dem sie installiert war und benutzt wurde, nach diesen Dateiformaten und gab die Resultate an einen Zentralserver über eine Internetverbindung weiter, der jene dort mit Suchanfragen und Dateiangeboten anderer Nutzer:innen vernetzte. Es folgte die Rückmeldung der angefragten Ergebnisse an die IP-Adressen der so verbundenen Compu-

---

[1] Siehe dazu Frank Hillebrandt: *Praktiken des Tauschens. Zur Soziologie symbolischer Formen der Reziprozität.* Wiesbaden 2009.

ter, denen auf diese Weise die gesuchte Musikdatei offeriert werden konnte, um Musikstücke wechselseitig zu kopieren. Dadurch erwies sich Napster als Einlösung einer transitorischen Idee, d.h. als Erscheinung, die in miteinander verbundenen Musikdatenbanken den ihr selbst eingeschriebenen Mechanismus aus Anfrage, Annahme und Erwiderung repräsentiert: kostenfrei, jedoch nicht ohne Risiko. Denn die Ökonomie der Musikindustrie, die die Rechte der so getauschten Musik-‚Gaben‘ verwaltete, führte letztlich dazu, dass Napster im Juli 2001 – nach zahlreichen Rechtsprozessen, bei denen es auch um den Vorwurf ging, illegale Raubkopien von Musik zu verbreiten (etwa der Heavy-Metal-Band Metallica, der Popsängerin Madonna oder auch des Hip-Hoppers Dr. Dre, vor allem aber des Musikverbandes Recording Industry Association of America RIAA) – abgeschaltet wurde.

Die Nutzung von Napster basierte also insgesamt nicht auf betriebswirtschaftlichen Strategien, sondern darauf, dass keine direkte Gegenleistung für die angebotene Musik verlangt wurde. Es formierte sich ein sozialer Raum, der auf kulturellen Praktiken des Mediengebrauchs-Austauschs beruhte.[2] Die Produktions- und Rezeptionslogik von Napster entsprach mithin dem Grundmuster von Großzügigkeit und selbstloser Verschwendung – eine Handlungskonstruktion, die aus kulturwissenschaftlicher Sicht immer beziehungs- und gemeinschaftsstiftend wirken kann.[3] Es nimmt daher kein Wunder, dass die Napster-Community über eine gewisse Zeit als die am schnellsten wachsende Nutzer:innen-Gemeinschaft des Internets galt. Man könnte sagen: Napster trug aufgrund des (medien-)kulturellen Symbolgrads dieser Plattform dazu bei, dass sich so etwas wie eine ‚Internet-Gesellschaft‘ überhaupt ausbilden konnte. Verbunden war diese durch wechselseitige Achtung, Anerkennung und Ehrerbietung, die durch das kostenfreie Zur-Verfügung-Stellen eines eigenen, stark subjektivierten Gutes – das eigene digitale Musikarchiv – angezeigt wurde. Die Dankbarkeit, die hierfür induziert war und die dann doch als eine Form der immateriellen Gegenleistung verstanden werden kann, beförderte, so gesehen, die Entwicklung des World Wide Webs, da die damit ausgetauschten Daten im Allgemeinen nicht nur ein Geben und Nehmen, sondern auch eine Erwiderung in welcher Gestalt auch immer bedeuten. Eine negative Folge bestand in diesem Zusammenhang allerdings darin, dass sich durch den Musik-‚Gabentausch‘ via Napster auch stets eine implizite Verpflichtung ergeben hatte. Denn damit sollte immer auch das Funktionieren der eigenen (und ggf. illegal kopierten) Musikdateien aufrechterhalten werden. Das kann als eine Art Bring- und Holschuld gegenüber dieser Medientechnik angesehen werden, was weitere Bindungen

---

[2] Siehe dazu auch Georg Mein/Markus Rieger-Ladich (Hg.): *Soziale Räume und kulturelle Praktiken. Über den strategischen Gebrauch von Medien.* Bielefeld 2004.

[3] Vgl. Marcel Mauss: *Die Gabe. Form und Funktion des Austauschs in archaischen Gesellschaften* [1925]. Frankfurt/M. 2009.

evoziert: wenn nicht finanziellen, dann doch in vielen Fällen emotionalen Charakters. Andererseits wurde durch Napster in positiver Hinsicht das Ideal einer freien, gemeinschaftlich geleiteten, wechselseitigen Unterstützung für die Musikrezeption jenseits von Marktinteressen umgesetzt. Dass dies am Ende auch zerstörerische Züge aufweisen und zum Ruin der Plattform führen kann, da die übermäßige Reziprozität den Wert der ausgetauschten Ressourcen schließlich dekonstruiert,[4] erweist den schmalen Grat, der mit derartigen medienhistorischen Ereignissen beschritten wird. Zwar genießen auch in digitalen Sozialkulturen diejenigen nach wie vor das meiste Ansehen, die der Gemeinschaft die größten Geschenke bereiten, ohne etwas dafür zu erwarten, doch handelt es sich dabei meist um eine Illusion, da auch dieser Austausch zu einer Kybernetisierung führt, „bei der die Beeinflussbarkeit der User an Dritte als Ware verkauft wird."[5]

---

[4] Vgl. Frank Adloff/Steffen Mau (Hg.): *Vom Geben und Nehmen. Zur Soziologie der Reziprozität.* Frankfurt/M. 2005.

[5] Oliver Nachtwey/Simon Schaupp: Ungleicher Gabentausch – User-Interaktionen und Wertschöpfung auf digitalen Plattformen. In: *Kölner Zeitschrift für Soziologie und Sozialpsychologie* 3 (2022), 59–80.

The Strokes: *Is This It* (2001)

Julia Ingold

Die Strokes machen einfach Rockmusik. Mit lässiger Distanz spielen die fünf New Yorker Jungs aus gutem Hause auf ihrem Debütalbum *Is This It*[1] in 36 Minuten alle möglichen Rock-'n'-Roll-Gesten des 20. Jahrhunderts durch: von den Ramones bis zum radiotauglichen Britpop. „[T]he title track is the Velvets' ‚I'm Waiting For The Man', ‚Last Nite' is Tom Petty's ‚American Girl' and ‚Barely Legal' – lyrically and musically – is a sleazy, close cousin of something off Iggy's ‚Lust For Life'",[2] hieß es im *New Musical Express* über die erste EP, die so erfolgreich kursierte, dass die Strokes ihr Debütalbum direkt bei einem Major-Label (RCA) platzieren konnten.[3] Selbstbewusst und selbstreflexiv benennen sich Julian Casablancas (Gesang), Nikolai Fraiture (Bass), Albert Hammond Jr. (Gitarre, ja, es ist der Sohn von *It Never Rains in Southern California*[4]-Albert Hammond), Fabrizio Moretti (Schlagzeug) und Nick Valensi (Gitarre) nach dem Tätigkeitsverb für das Gitarrenspiel als programmatisches Statement: Hier ist Rockmusik Handarbeit am Instrument. Das ist auf der live eingespielten Aufnahme hörbar, die den Reiz der Unmittelbarkeit hat, weil sie von Produzent Gordon Raphael, der schon die EP gemacht hatte, sofort abgemischt wurde.[5] Das hatte offensichtlich

---

[1] The Strokes: *Is This It*. RCA/BMG 2001.

[2] Hamish MacBain: A Decade In Music – How The Strokes Defined The Noughties. In: *NME* (17.12.2009), nme.com/blogs/nme-blogs/a-decade-in-music-how-the-strokes-defined-the-noughties-772036 (27.8.2024).

[3] Vgl. Dave Simpson: The Strokes: how we made Is This It. In: *The Guardian*, 24.3.2015, theguardian.com/culture/2015/mar/24/how-we-made-is-this-it-the-strokes (27.8.2024).

[4] Albert Hammond: *It Never Rains in Southern California*. Epic/Mums 1972.

[5] Vgl. Dave Simpson: The Strokes.

C. Jürgensen und G. Kaiser (Hrsg.), *Eine Kulturgeschichte der Popmusik*,
https://doi.org/10.1007/978-3-662-72524-5_70

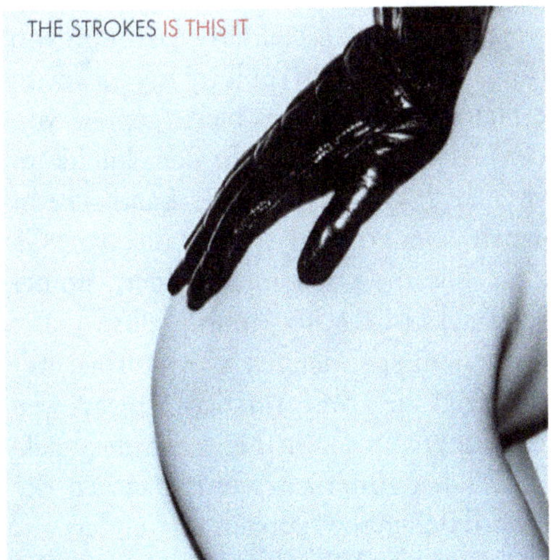

Cover *Is This It* von The Strokes, David Lichtneker / Alamy

Appeal, denn nach *Is This It* klingt die Gitarrenarbeit im gesamten Indiepop der 2000er Jahre wie die der Strokes.

Die Band eröffnet das Album ganz klassisch mit dem Titeltrack. Der fragt „Is this it?" nach einer belanglosen Romanze. Es folgt *The Modern Age* mit seinem apodiktisch wirkenden Titel, das mit seinen Gitarrensoli eine klare Hommage an die Beatmusik der 1970er Jahre darstellt. *Soma*, der nächste Song, ist die Droge aus Aldous Huxleys *Brave New World* (1932),[6] die alle ruhig stellt und glücklich macht, so wie das Konsum und Hedonismus im darauffolgenden *Barely Legal* auch tun: „I wanna steal your innocence / To me, my life, it don't make sense / These strange manners, I love 'em so / Why won't you wear your new trenchcoat?" Das Video zum nächsten Track, *Someday*, scheint hauptsächlich aus Amateurvideoaufnahmen der Band und ihrer Freund:innen, wie sie Nächte in Bars durchfeiern, zusammengeschnitten zu sein. Im Chorus singt Casablancas: „I see alone we stand, together we fall apart". Das trägt die anschließende Nummer *Alone, Together* direkt im Titel, um in der Indiediskohymne *Last Nite* als Ende einer bedeutungslosen Beziehung weiter ausbuchstabiert zu werden. Die dreifache Epipher „don't understand / [...] can't understand / [...] won't understand" dominiert den Refrain, an den thematisch direkt *Hard to Explain* anknüpft. Mit einem in Rock-'n'-Roll-Manier vorgetragenen „Ow! Haha, I meant, ah! / Haha, no, I didn't mean that at all" eröffnet Casablancas danach *New York City Cops*, das übrigens aus Respekt für die Polizeiarbeit am und nach dem 11. September vom US-CD-Release im Oktober 2001 noch gestrichen und durch *When It Started*

---

[6] Aldous Huxley: *The Collected Works of Aldous Huxley. Bd. 5 Brave New World* [1970]. London 1977.

ersetzt wurde.[7] Der vorletzte Song *Trying Your Luck* bietet das Maximum von dem, was in diesem *modern age* an Hingabe möglich ist: „I'll try my luck with you". Die musikalische und textliche Haltung des Albums bleibt geprägt von distanzierter Gleichgültigkeit, wenn der Geliebten und mit ihr dem Publikum am Ende nonchalant freigestellt wird: *Take It or Leave It*. Die Band scheint keine Rock-Revolution im Sinn zu haben, sondern entlässt ihre Idee von Gitarrenmusik ergebnisoffen in den Äther. Die nie unbedingt, sondern immer distanziert umworbene Geliebte all der Tracks ist die Rockmusik selbst.

Das legendäre Plattencover steht in einem spannenden Wechselspiel mit musikalischem Konzept und Lyrics. Es zeigt die großformatige, schwarz-weiße Reproduktion eines Polaroids des Fotografen Colin Lane mit der nackten Hüftpartie einer Frau im Profil.[8] (In den Amerikas wurde dagegen der Ausschnitt eines Fotos mikroskopischer Teilchenbewegungen verwendet, was eventuell an der Rücksicht auf den prüden amerikanischen Markt lag.[9]) Die Frau auf dem eigentlichen Cover ist leicht vornübergebeugt, die intimen Stellen verschwinden hinter dem vorderen Oberschenkel, lassen sich aber durch eine feine Schattenlinie erahnen. Auf dem Po ruht die Hand der Frau in einem Lederhandschuh von Chanel, was Assoziationen zu einer Edel-Domina und mit ihr zu The Velvet Underground hervorruft. „I just want to misbehave / I just want to be your slave", singt Casablancas in *Barely Legal*. Abgesehen von der sexistischen Tradition des weiblichen Körpers als (Bild-) Objekt liegt hier ein grandioses Werk der Fotokunst vor. Das Cover ist dekadent, aber erwachsen in seiner minimalistischen Erotik und grafischen Ruhe. Es steht im Kontrast zu den Dive-Bar-Szenarien, die das Video zu *Barely Legal* suggeriert. Es gibt dem Gesamtkunstwerk Rockalbum einen doppelten Boden: Geht es hier etwa doch nicht nur um die übliche adoleszente Sinnkrise der netten Jungs von nebenan, sondern um die Exzesse einer Oberschicht, die mit der Verschwendungssucht ernst macht? *Stroking* kann nicht nur das Anschlagen der Gitarrenseiten und zärtliches Streicheln meinen, sondern auch Peitschenhiebe. Einfach Rockmusik machen die Strokes vielleicht doch nicht, sondern sie erinnern subtil und ein wenig nostalgisch daran, dass Rockmusik seit jeher auch den Soundtrack zu kompromisslosem Genuss geliefert hat und immer schon selbst ein Exzess war.

---

[7] Vgl. die in den USA veröffentlichte Platte The Strokes: *Is This It*. RCA 2001.

[8] Vgl. Arun Starkey: The Cover Uncovered: The story behind The Strokes' 2001 classic ‚Is This It'. In: *Far Out Magazine*, 11.4.2021, faroutmagazine.co.uk/the-strokes-is-this-it-story-behind-the-cover (27.8.2024).

[9] Vgl. ebd.

iPod (2001)

Oliver Ruf

Musik einzuschließen, um sie nah bei sich zu haben, am eigenen Körper, und sich so von seiner Umwelt regelrecht abzukapseln, kann in medienmaterieller Hinsicht bedeuten, sich eine technische Verbindung zu einem Musikabspielgerät an den Kopf und dort an die Ohren zu legen. Während diese Einkapselung lange über sogenannte ‚Kopfhörer' erfolgte, die mittels Kabel an einen Kassettenrekorder oder CD-Spieler angeschlossen waren, löste die Firma Apple im Jahr 2001 regelrecht eine Revolution aus, als sie eine Serie tragbarer digitaler Mediengeräte vorstellte, die den bezeichnenden Namen iPod (von engl. *pod* = ‚Kapsel') trug und mit der es möglich war, Audiodateien unterwegs wiederzugeben. Verknüpft waren diese Geräte mit der Apple-eigenen, kostenlosen Software iTunes, die den Musikabspieler iPod mit multimedialen ‚Inhalten' (Musik, Bilder, Videos, Adresskontakte und Spiele) befüllte. Dazu war es notwendig, das Gerät mit einer ‚geräumigen' Festplatte als Speichermedium zu produzieren. Gleichzeitig sollte das Produktäußere des iPods die besondere Apple-Gestaltung aufweisen,[1] d.h. besonders schön und zugleich besonders funktional sein sowie eine ‚intuitive', taktil-induzierte Bedienung ermöglichen. Das Design stammte von Jonathan Ive, der es an Designklassiker der Firma Braun bzw. von deren Chefdesigner Dieter Rams anlehnte, beispielsweise an den Taschenrechner ET66 (1987), die Plattenspieler-Kombination SK4 (1956), die Lautsprechereinheit LE1 (1959) und vor allem an den Transistor-Taschenempfänger T3 (1958).[2] 2002 wurde der

---

[1] Siehe dazu Felix Torkar: *Apple Design. Eine Analyse.* Stuttgart 2020.

[2] Dazu näher Oliver Ruf: Kleine Form. Designtheorie und -geschichte eines Medienentwurfs. In: Ders./ Uta Schaffers (Hg.): *Kleine Medien. Kulturtheoretische Lektüren.* Würzburg 2019, 19–34.

iPod mit dem Red Dot Design Award ausgezeichnet,[3] wegen der bewussten ‚Schlichtheit‘ des Designs, der Benutzerfreundlichkeit sowie Funktionalität des iPods. Auf der Benutzer:innenoberfläche wurde diese Benutzung und Funktion des iPods durch das visuell und haptisch nachvollziehbare, berührungsempfindliche ‚Blättern‘ durch eine Musikbibliothek von potenziell tausenden Musikstücken mittels der eigenen Finger auf einem so genannten *touch screen* realisiert. Begünstigt wurde eine solche Handhabung bei den ersten, farblich im schlichten Weiß gehaltenen iPod-Generationen durch einfache geometrische Formen (Kreise und Rechtecke) sowohl beim Objekt selbst als auch auf dessen *graphical user interface*.[4]

Dieses Konzept, einen portablen Musikabspieler mit einem dazugehörigen Onlinemusikvertrieb auf den Markt zu bringen, revolutionierte zudem als Mediengerät die Mediennutzung insgesamt. Die Navigation in den Musikabspiellisten wurde dadurch ermöglicht, dass – genauso wie das Regeln der Lautstärke und das Anwählen bestimmter, gewünschter Stellen innerhalb eines Liedes – ein bewegliches *scrollrad* (‚*touch wheel*‘) bedient werden konnte, das zunächst mechanisch, dann aber digital funktionierte: durch die Handhabung des Displays mittels der Hand. Diese Steuerung wurde zum einen durch eine im Kopfhörerkabel angebrachte Fernbedienung ergänzt, zum anderen später durch Blue-Tooth-Technologie kabellos tragbare Ohrhörer (‚EarPods‘), die mit ihrer weißen Farbe und ihrem der Physiognomie des menschlichen Ohres entsprechenden Design schnell ein Markenzeichen der iPod-Nutzer:innen wurden. Mit dieser Entwicklung verbunden war eine Verkleinerung des Gehäuses (iPod mini), die ihrerseits auf eine nochmals gesteigerte Mobilität hin angelegt war. Das *touch wheel* und Tasten waren dabei erstmals unter einer Oberfläche (‚*click wheel*‘) verborgen und es standen weitere Gehäusefarben zur Auswahl. Der iPod war damit mehr als ein Gerät zum Abspielen von Musikdateien, das in Akkulaufzeit und Volumen stetig leistungsstärker wurde: Zugleich avancierte er zu einer Art Schmuck und Statussymbol (ersichtlich auch an den unterschiedlichen Versionen als iPod nano oder iPod shuffle). Auch die Einführung eines Farbbildschirms und die Möglichkeit der Video-Wiedergabe beförderten die Evolution einer Medienkultur, die mit iPod (und auch iTunes) einsetzte und die diesen schließlich auch zum Teil eines medienkommunikativen Wandels machte, der letztlich mit der Etablierung des iPhones, das die iPod-Technologie als Smartphone-Phänomen komplettierte,[5] einen Höhepunkt erreichte und de-

---

[3] Siehe dazu auch Ina Grätz/Sabine Schulze (Hg.): *Apple Design*. Ostfildern 2011.

[4] Vgl. Harald Klinke: Apple-Design. Die Kunst der Produktgestaltung zwischen Userzentrierung und Ästhetik. In: *kunsttexte* 1 (2010), 1–7.

[5] Vgl. Ruf: Smartphone-Theorie. Eine medienästhetische Perspektive. In: Ders. (Hg.): *Smartphone-Ästhetik. Zur Philosophie und Gestaltung mobiler Medien*. Bielefeld 2018, 15–31.

ren Verbreitung mit der Einführung des iPads als Tabletcomputer weiter gesteigert werden konnte.

Musik wurde mit dem iPod tatsächlich nahbarer, indem sie leicht und geradezu umfassend abrufbar und konsumierbar wurde: individuell personalisiert, mithin den eigenen Vorlieben entsprechend, und ortsungebunden. So war der iPod, dessen Herstellung 2022 vollständig eingestellt wurde, da all seine Funktionen mittels iPhone und iPad ausgeübt werden konnten, was jenen quasi unbrauchbar machte, Ausdruck eines bestimmten, (auch) medienhistorisch erzeugten Lebensgefühls, einer Haltung, die Musikrezeption subjektivieren sollte und – wie die Rezeption von Popmusik unter mediengeschichtlichen Bedingungen es geradezu immer schon tat – zur Ausbildung des eigenen Identitätsbewusstseins diente. Während zuvor Platten-, CD- und Musikkassettensammlungen diesen Zweck erfüllten, deren Bestand aufgrund ihrer Materialität grundsätzlich limitiert war, konnte mit dem iPod nun die Idee umgesetzt werden, potenziell unendlich viele Musikstücke zur Verfügung zu haben, diese in Abspiellisten zu sortieren und so eine in Dateien gespeicherte, komplexe Musikdatenbank zu erstellen. Parallel zu einem solchen Subjektivierungseffekt diente der iPod aber auch zur weiteren Etablierung einer Verbindung von Populärkultureffekten und Medienmarketing. So gab es etwa mehrere Spezialeditionen bzw. Sondermodelle des Geräts zur Popmusikband U2, die eine schwarze Front mit einem blutroten *click wheel* und eine Gravur der Unterschriften der vier Bandmitglieder auf der Rückseite aufwiesen. Käufer:innen eines solchen ‚besonderen‘ iPods erhielten dabei einen Rabatt auf *The Complete U2*[6] im iTunes-Music Store. Bei der zweiten Version dieser iPod-Variante erhielt man beim Kauf einen Gutschein für 30 Minuten exklusives U2-Videomaterial wiederum aus dem iTunes-Store. Hinzu kommen Benefizfassungen (iPod nana Product Red) zugunsten der HIV/AIDS-Stiftung Global Funds, Kooperationen mit dem Sportartikelhersteller Nike (Nike+iPod-Paket) und eine Edition zur wiederum populären Fantasy-Roman- und -Filmreihe *Harry Potter*, die ein eingraviertes Emblem auf der Rückseite hatte und zum Start der entsprechenden Hörbücher in iTunes 2005 lanciert wurde. Mit anderen Worten: Der iPod begleitete auf diese Weise die globale medienkulturelle Musikökonomisierung und wurde dabei selbst zu einem regelrechten Musikmedien-‚Kult‘.[7]

---

[6]U2: *The Complete U2* (digitales Boxset). Island/Interscope 2004.

[7]Siehe dazu Yasukani Notomi: *iPod. Das Buch zum Kult-Player*. Sebastopol, CA 2005.

The White Stripes: *Elephant* (2003)

Julia Ingold

Die White Stripes sind die Erfüllung und das Ende der Rockmusik des 20. Jahrhunderts, und *Elephant*[1] von 2003 ist die Summe ihres Werks. Es ist das vierte Studioalbum der Band, die ihre Ursprünge in der Detroiter Garage-Rock-Szene Ende der 1990er Jahre hat. Aufgenommen wurde *Elephant* in den kleinen Londoner Toe Rag Studios, den *liner notes* zufolge mit jahrzehntealter analoger Technik auf einem 8-Spur Tonbandgerät ohne digitale Nachbearbeitung. Produziert hat es Jack White, Sänger und Gitarrist der Band, selbst. Damit bleibt die Zwei-Mensch-Band (Jacks zunächst als Schwester ausgegebene Ex-Frau, Meg, agiert an den Drums und singt bisweilen) ihrem Minimalismus treu, der ihre Werkbiografie von Beginn an prägt, der Konzentration auf Gitarre, Schlagzeug und Gesang als essenzielle Bestandteile ihrer Songs. Nur bei *In the Cold, Cold Night* ertönt auf einmal zart im Hintergrund eine Hammond-Orgel. *I Want to Be the Boy to Warm Your Mother's Heart* ist ein zum Klavier gesungenes Stück. Der Sound ist durchgängig roh, durchsetzt vom leichten Rauschen des analogen Studioequipments. Jack Whites Stimme klingt nicht unmittelbar, sondern wie durch alte Aufnahmegeräte gefiltert.

Die White Stripes kehren zurück zu den Anfängen des Rock 'n' Roll. Die Band markiert diese Rückkehr explizit mit dem einzigen Coversong der Scheibe, *I Just Don't Know What to Do with Myself*, der Adaption eines von Hal David und Burt Bacharach geschriebenen und komponierten Klassikers. Die bekanntesten Vorgängeraufnahmen, zum Beispiel von Dusty Spring-

---

[1] The White Stripes: *Elephant*. XL/V2/Third Man 2003.

C. Jürgensen und G. Kaiser (Hrsg.), *Eine Kulturgeschichte der Popmusik*,
https://doi.org/10.1007/978-3-662-72524-5_72

Cover *Elephant* von The White Stripes, Alex Hinds / Alamy

field,[2] interpretieren das Lied als gefühlvolle Popballade einer verlassenen Person. Meg und Jack White machen es zu einem Rocksong mit einer meist verzerrten Gitarre, die manchmal zu weichen Surf-Harmonien übergeht. Im schwarz-weißen Musikvideo von Sofia Coppola räkelt sich Kate Moss in Unterwäsche beim Poledance, um das Lied endgültig seiner romantischen Dimension zu entfremden. Ein traditioneller Bluessong, für das 21. Jahrhundert angereichert mit dem Erbe der rotzigen Rockmusiken des 20. Jahrhunderts von Garage Rock über Punk bis Grunge: Die White Stripes werden generell mit Bands wie The Strokes oder The Libertines zu der Retrorock-Welle Anfang des 21. Jahrhunderts gerechnet. Aber ihre Tracks gehen nicht im allgemeinen Rauschen der Indie-Diskos der 2000er Jahre unter, sondern beweisen, dass sich originärer Blues noch nicht erschöpft hat. Nach ihnen jedoch setzt sich das Leben des Blues nicht mehr im Weißen Indierock fort, dessen Playlists in entsprechenden Clubs Mitte der 2020er Jahre nicht anders besetzt sind als Mitte der 2000er Jahre, sondern im Schwarzen R 'n' B, der eng mit Hip-Hop verschwistert seit den 2010er Jahren die Charts, den Mainstream und die popmusikalische Entwicklung dominiert.

Elephant enthält mit *Seven Nation Army* den bis heute vielleicht letzten großen Song der Rockmusikgeschichte, der Deep Purples *Smoke on the Water*[3] vom Thron des ikonischsten Gitarrenriffs stößt. Dieser Song wie alle anderen Songs des Albums spielen in einer zeit- und ortlosen Kleinstadt Nordamerikas, die es so schon hundert Jahre vor der Aufnahme gab. Wenn man das Gegröle im Fußballstadion ausblendet, dann kommen bei *Seven Nation Army* passable Blues-Lyrics mit einem selbstreflexiven Twist zum

---

[2] Dusty Springfield: *I Just Don't Know What to Do with Myself*. Philips 1964.
[3] Deep Purple: *Smoke on the Water*. Purple/Warner Bros 1972/1973.

Vorschein: „I'm gonna work the straw / Make the sweat drip out of every pore / And I'm bleedin', and I'm bleedin', and I'm bleedin' / Right before the Lord / All the words are gonna bleed from me / And I will think no more." Das einzige moderne Element in den Lyrics des gesamten Albums ist das Telefon. Ansonsten erzählt diese „opera" (*Seven Nation Army*) düstere Märchen von verwahrlosten Kindern, obsessiven Liebhabern, Drogen, Lolitas, Inzest und hohlen Romanzen in Form von Rollenlyrik, etwa wenn Meg singt: „You make me feel a little older / Like a full grown woman might" (*In the Cold, Cold Night*) oder Jack: „But it's a fact that I'm the seventh son" (*Ball and Biscuit*).

Dieses düstere Märchenland eines Weißen Nordamerikas zur Zeit des *gilded age* wird auch vom Plattencover aufgerufen, das sich in das strikte Style-Konzept der White Stripes fügt: Seit ihren Anfängen ist alles in schwarz, weiß und rot gehalten, vom Plattendesign über Outfits und Haartracht der Musiker:innen bis zum Equipment bei Auftritten und Musikvideos. Die verbreitetste Variante des *Elephant*-Covers zeigt ein von Rot dominiertes, übersättigtes Foto in grober Körnung. Die Band ist in einer Art ‚Redbox' abgelichtet, die von oben links dramatisch mit einem Spot beleuchtet wird. Meg sitzt links, Jack rechts auf einer antiken Reisetruhe, die mit mehreren Scharnieren und Schlössern versehen ist. Meg trägt ein langes, weißes Kleid und wischt sich mit einem Taschentuch theatralisch die Augen. Ob an ihrem rechten Fuß eine Fessel angebracht ist oder dort nur ein Lasso liegt, lässt die Aufnahme nicht deutlich erkennen. Im Hintergrund liegt ein Schädel auf dem Boden. Im Vordergrund liegen noch die Erdnüsse, die der titelgebende „Elephant" eben noch gefuttert hat. Eine illusionistische Zirkustruppe scheint im Aufbruch zu sein. Die anachronistischen Requisiten – Jack trägt das unifarbene Kostüm eines Westernshow-Akteurs mit Fransen und hält einen Cricketschläger in der Hand – stellen die Künstlichkeit der Szene aus. Eine Story lässt sich aus der gestellten Szene nicht ableiten. In *Black Math* heißt es: „I'm writing down things that I don't understand". Dass die Bandmitglieder auf diesem rätselhaften Cover eine Truhe bewachen, kann als hermeneutische Aufforderung verstanden werden.

Die stilisierte Schauerromantik und der einzige von Meg gesungene Track sind es, die sich im Rückblick als visionär erweisen, während Jack mit seiner Gitarre und als Produzent das Repertoire der dreckigen und harten Rockmusikgeschichte aufruft, virtuos und innovativ weiterentwickelt, sodass es keine weitere Band mehr toppen wird. Zerbrechliche Frauenstimmen sind seit Joni Mitchell, spätestens aber seit Kate Bush ein etabliertes Phänomen im Popbetrieb. Vom minimalistischen Fisher-Price-Elektropop CocoRosies über Aldous Hardings Gothicfolk aus Neuseeland bis zu Popstars wie Lana del Rey und Billie Eilish: Seit den 2000er Jahren begleiten dunkle ‚Opern' verletzlicher Frauen mit narrativen Tracks in Gothic-affinen Settings mal mehr mal weniger prominent den Mainstream.

Spotify (2006)

Oliver Ruf

Der Wunsch, Musik immer wieder neu zu entdecken, mithin zu identifizieren und – in geradezu unaufhörlichem Ausmaß – rezipieren zu können, kann als essenzielles popkulturelles Begehren klassifiziert werden. Denn Popkultur hat immer auch etwas mit einem solchen Mechanismus zu tun: mit dem Wunsch nach (hier: musik-rezipierender) Erfüllung in Form von Popularisierung, was naturgemäß nie zu einem Ende kommen kann. Die Plattform Spotify (aus engl. *to spot* = entdecken sowie *to identify* = identifizieren) ist aus dieser kulturtheoretischen Sicht das Resultat einer solchen Verbreitungs- und Aufnahmebewegung: ein Anbieter von Audio-Streamings, d.h. von live abspielbaren Musikaudiotheken, die statt einzelnen Plattenkäufen ein Plattformabonnement erfordern, wodurch auf diesem Weg Millionen Songs online gehört und/oder auf entsprechenden Medienendgeräten heruntergeladen werden können. Spotify tritt damit als eine Art globaler Musikkatalog auf – als eine Musikdatenbank, die man mittels der dazu gehörenden App nach Musik- und weiteren Audiotiteln wie Podcasts durchsuchen bzw. jene auffinden und vor allem auch auflisten sowie mit anderen teilen kann. Spotify ist damit gewissermaßen die Einlösung der Vorstellung einer genuinen Manifestation des Populären, da dadurch die Erstellung von Rankings und eine damit belegbare ‚Beachtung von Vielen' neu möglich werden.[1] Zudem ermöglicht es diese Plattform, Musik massenhaft zu verbreiten und auf diesem Weg auch die Distribution (und Nutzung) von Musikprodukten grund-

---

[1] Siehe dazu Niels Werber et al.: Getting Noticed by Many: On the Transformations of the Popular. In: *Arts* 12.1, 39 (2023), doi.org/10.3390/arts12010039 (21.8.2025).

sätzlich zu transformieren: Spotify zählt im Jahr 2025 696 Millionen aktive Nutzer:innen bei 276 Millionen zahlenden Abonnent:innen; es sind über 100 Millionen Musiktitel darauf abrufbar.[2] Keine andere Mediathek verfügt über derart viele Nutzungen und Angebote.

Als medientechnisches Phänomen, das erst durch die Zugriffslogik permanent verdateter Abspielgeräte möglich wurde, kann Spotify schließlich als Referenzpunkt popkultureller Strukturen aufgefasst werden. Diese entsprechen nicht nur dem Prinzip des Popdiskurses, so viele Nutzer:innen wie nur möglich erreichen zu wollen (und deren Begehren nach Musik buchstäblich zu befriedigen). Vielmehr adressieren jene zugleich permanent die Bestandteile eines wachsenden funktionalen Systems, das dann ‚Pop‘ heißt. Mit Spotify avanciert dieses System zu einer Songabspielfabrik, die sich geradezu nahtlos in den wiederum dazu gehörigen Diskurs einer ‚Schlussverwertung‘ von Popkulturzeugnissen einfügt und die damit den Logiken einer Disziplinar- bzw. Kontrollgesellschaft[3] entspricht: Diese ist darauf angelegt, dass sich die einzelnen Subjekte mittels der eigenen, mobilen Mediennutzung regelrecht selbst steuern[4] – beeinflusst zugleich von Algorithmen, die ständig Vorschlagslisten anbieten.

Spotify dient dergestalt ebenfalls als eine Form der Selbstregulierung mittels Musikrezeption, die ihrerseits zur Identitätsbildung[5] beiträgt – so wie soziale Zugehörigkeitsgesten[6] zu bestimmten Musikkulturen als Teil der Persönlichkeitsentwicklung aufgefasst werden können.[7] Das gilt im Übrigen etwa auch für Plattensammlungen, die der Playlist von Spotify vorangegangen sind. Mit Spotify als Medium sowie durch dessen implizite Benutzung durch die einzelnen Nutzer:innen als regelrechte Popularisierungsmaschine werden allerdings inklusive wie exklusive Zugänge zu gesellschaftlichen, medienkulturell induzierten Codes vor allem im Digitalen produziert, d.h. dort herstell- und erlebbar gemacht. Der Alltagsreflex, weniger Datenträger mit Musik (wie Schallplatten, Musikkassetten oder CDs) in ein medientechnisches Gerät einzulegen, als vielmehr – in den allermeisten Fällen – das eigene Smartphone hierfür zu verwenden, zeigt, wie sehr Spotify zu den Bestandtei-

---

[2] Vgl. Spotifys eigene Angaben auf Spotify Investors: investors.spotify.com/home/default.aspx (21.8.2025).

[3] Vgl. einmal mehr Michel Foucault: *Überwachen und Strafen. Die Geburt des Gefängnisses.* Frankfurt/M. 1994; Gilles Deleuze: Postskriptum über die Kontrollgesellschaften. In: Ders.: *Unterhandlungen. 1972–1990.* Frankfurt/M. 1993, 254–262.

[4] Vgl. Oliver Ruf: „Selbst-Fern-Steuerung“. Zur ästhetischen Theorie (mobiler) medialer Artefakte. In: Torsten Erdbrügger/Liane Schüller/Werner Jung (Hg.): *Mediale Signaturen von Überwachung und Selbstkontrolle.* Bern et al. 2022, 105–126.

[5] Siehe dazu Rolf Eickelpasch/Claudia Rademacher: *Identität.* Bielefeld 2004.

[6] Vgl. George H. Mead: *Geist, Identität und Gesellschaft.* Frankfurt/M. 1973.

[7] Vgl. Renate Müller: *Soziale Bedingungen der Umgehensweisen Jugendlicher mit Musik. Theoretische und empirisch-statistische Untersuchung zur Musikpädagogik.* Essen 1990.

len einer regelrechten ‚Smartphone-Kultur' gehört;[8] zugleich fügt sich Spotify somit in ein Mediennutzungsspektakel ein, das weniger die unmittelbare Erfahrung der in einem Augenblick erlebten Begegnung anvisiert als vielmehr eine potenziell immer abruf- und einschaltbare Hör-Umwelt impliziert. Das Begehren dieser Umwelt stellt dabei selbst eine Art popkulturelles Moment dar. Dieses erfordert aber auch das (ggf. implizite) Akzeptieren eines solchen Funktionierens, das auf Kommerzialisierung hin angelegt ist.

Diese Entwicklung von Populärkultur, die auf rein kommerzielle Produktion zielt, ist auch angesichts der Ausgangsszene von Spotify erstaunlich. Als die Plattform 2006 im schwedischen Stockholm von Daniel Ek, Martin Lorentzon und Andreas Ehn als Start-up entwickelt und 2008 endgültig gestartet wurde, war das auch die Reaktion auf einen immens angestiegenen Dunkelbereich an illegalen Raubkopien von Musikproduktionen, die ohne Honorierung der Musiker:innen sowie der Vergütung der Plattenlabel unter den Rezipient:innen weiter gereicht wurden. Möglich war ein solches Unterlaufen der Verdienstmöglichkeiten mittels Musikdistribution wiederum durch eine rasant voranschreitende, medientechnische Entwicklung, die sowohl das Kopieren wie das Versenden von Musikdateien immer leichter machte. Spotify sollte diese Entwicklung auf legalem Weg bedienen, d.h. diese Art von Musikpiraterie unterlaufen. Dieses Ziel wurde erst in demjenigen Moment erreicht, als mobile Datenvolumen realistisch nutzbar und in den Mobilfunkverträgen der einzelnen Anbieter bezahlbarer wurden, was den massiven Erfolg von Spotify endgültig beförderte. Das Geschäftsmodell von Spotify ist vor diesem Hintergrund denn auch darauf angelegt, ein kostenloses (mit Werbeunterbrechungen versehenes) oder durch kostenpflichtige Abonnementverträge reguliertes Angebot zur Verfügung zu stellen, das abzählbar unendlich viele Musikwiedergabelisten intendiert. Auch wenn die einzelnen Musikstücke entweder lizensiert oder von Musiklabels eingespeist werden, unterstreichen sie in der Gesamtschau dabei die Idee, ein neues Geschäftsmodell der Musikvermarktung mit dem Anspruch auf vollumfängliche Zugänglichkeitsfiktionen und einer Revolution des Musikkonsums zu verbinden. Übersehen wird, dass dabei auf Spotify jedoch auch Vieles nicht vorkommt und damit noch stärker in Vergessenheit zu geraten droht, weil man glaubt, dass Spotify vollständig sei – was es dort nicht gibt, scheint es auch nicht (mehr) zu geben. In einer solchen ökonomischen, technologischen und netzpolitischen Hinsicht ist die Geschichte von Spotify mindestens bemerkenswert.

Daher ist es nicht verwunderlich, dass sich sowohl ein Sachbuch wie auch dessen Verfilmung als Streaming-Serie von Netflix mit der Fantasie ‚Spotify' auseinandergesetzt hat: Buch (*The Spotify Play* von Sven Carlsson und Jonas

---

[8] Siehe dazu Oliver Ruf: Ästhetische Mobilität oder: Smartphone-Kultur. In: Oliver Ruf (Hg.): *Smartphone-Ästhetik. Zur Philosophie und Gestaltung mobiler Medien.* Bielefeld 2018, 9–12.

Leijonhufvud)[9] und Serie (THE PLAYLIST von Per-Olav Sørensen)[10] demonstrieren gleichermaßen den Maschinenraum dieser Story: in Kellern ebenso wie in Konferenzräumen und auf Unternehmensfluren. In Buch und Film geht es um die Rettung der Musikindustrie im Zeitalter der Internetpiraterie, indem ein Angebot für Nutzer:innen mit neuen Verwertungsmöglichkeiten für Plattenfirmen nicht nur zusammengeführt, sondern technologisch ausgereift umgesetzt werden konnte. Auch in der Realität wird diese Geschichte von Spotify fortwährend erzählt. Die medienkulturelle Wirklichkeit zeigt insbesondere, dass Spotify als erfolgreichster Streamingdienst und Datensammler zwar nicht die Popmusik als solche verändert hat, aber durchaus die Art, wie sie gehört wird, und zugleich, wie das Verhältnis jedes Einzelnen zu dieser Art des Musikhörens ausfällt: in Form einer Beziehung der Abhängigkeit, und zwar vor allem dadurch, dass damit flexibel auf die eigenen Bedürfnisse (als Favoriten) bzw. wiederum auf das eigene ‚Musikbegehren' reagiert wird – automatisiert wie generativ.

Bei Spotify geht es mithin immer um Abspiellisten (und nicht mehr um ein Album, das gehört wird), um die subjektivierten Playlists, aber auch um Stimmungsverstärker, um Individualisierung, um Technologieanwendung, um Datenverkauf, um Gewinnmaximierung – und dann nur am Rande um Musik. Diese existiert, dank Spotify, nicht mehr als materieller Besitz respektive als materialisiertes Artefakt (beispielsweis nicht mehr in der Form als kauf- und sammelbare Platte), sondern als größte virtuelle Plattensammlung der Welt, die – dank Smartphonetechnik – in die Hosentasche passt. Musik-Zusammenstellungen (*compilations*) nehmen daher nicht mehr die Gestalt von Hit-Sammlungen an, sondern die Erscheinung von effektiven, auf die individuellen Nutzer:innen passenden Mixtapes. Diese gibt es allerdings nicht mehr außerhalb der Plattform; ohne die Software sind sie schlicht nicht wiederzugeben. Spotify ist auch deshalb eine Art digitales Musikgefängnis, das den Musikmarkt sowohl überwacht als auch kontrolliert, da die hier installierten Einschließungs- und Ausschließungsabläufe exklusiv sind. Die ostinat neue (Wieder-)Entdeckung von Musik hat ihren Preis. Oder anders gesagt: Der Gewinn ihres Begehrens ist nicht ohne den Verlust von Freiheit zu erhalten.

---

[9] Sven Carlsson/Jonas Leijonhufvud: *The Spotify Play. How CEO and Founder Daniel Ek Beat Apple, Google, and Amazon in the Race for Audio Dominance.* New York, NY 2021 (schwed. 2019).
[10] Per-Olav Sørensen (Regie): THE PLAYLIST. Schweden 2022.

Kurt Cobain (1993)

Beth Gibbons, Portishead (1995)

Damon Albarn, Noel Gallagher und Graham Coxon (2013)

Spice Girls (Paris 1996)

Daft Punk (2006)

Radiohead (1997)

The Notorious B.I.G. (1995)

Wacken (2023)

Taylor Swift und Beyoncé (2025)

V. Gerade. Eben. Jetzt.

Ein Ausblick oder: Die neue Dominanz der Frauen in der Popmusik

Jörn Glasenapp

Ende August 2024 machte die Nachricht die Runde, die Reunion von Oasis, der bei weitem populärsten Britpop-Band, stehe bevor. 2025, so hieß es, werde die Band wieder live auftreten. Neues Songmaterial oder gar ein neues Album werde es allerdings nicht geben. Letzteres wurde größtenteils mit Achselzucken quittiert – erwartungsgemäß, muss man sagen. Schließlich ging es spätestens seit Ende der 1990er Jahre auf Konzerten der nicht nur in musikalisch-künstlerischer Hinsicht geradezu provozierend statischen Band genaugenommen allein um die Songs der ersten zwei Alben, allen voran natürlich die beiden Welthits, *Wonderwall*[1] und *Don't Look Back in Anger*[2] vom zweiten Longplayer *(What's the Story) Morning Glory* (1995). Die Vorfreude darauf, sie endlich wieder im Kreise Zigtausender mitsingen bzw. -grölen zu können, während die so lange notorisch zerstrittenen Gallagher-Brüder wiedervereint auf der Bühne stehen, kannte keine Grenzen – zumal bei männlichen Musikfans der Gen X. Manche:r hingegen fragte sich: Wie schlecht muss es um die Rockmusik bestellt sein, wenn die Ankündigung eines reinen Nostalgie-Spektakels zum größten Ereignis des laufenden Rockmusikjahres avanciert? Die Antwort in aller Kürze: sehr schlecht.

„Die Jahrzehnte während Dominanz heterosexueller weißer Männer an elektrisch verstärkten Instrumenten ist an ihr Ende gekommen",[3] schrieb Jens Balzer 2016. Dem ist uneingeschränkt zuzustimmen, doch kann man es

---

[1] Oasis: Wonderwall. Auf: *(What's the Story) Morning Glory?* Creation 1995.
[2] Oasis: Don't Look Back in Anger. Auf: *(What's the Story) Morning Glory?* Creation 1995.
[3] Jens Balzer: *Pop. Ein Panorama der Gegenwart.* Berlin 2016, 12.

© Der/die Autor(en), exklusiv lizenziert an
Springer-Verlag GmbH, DE, ein Teil von Springer Nature 2026
C. Jürgensen und G. Kaiser (Hrsg.), *Eine Kulturgeschichte der Popmusik*,
https://doi.org/10.1007/978-3-662-72524-5_74

allgemeiner, zudem drastischer formulieren: Was Diskursrelevanz anbelangt, ist Rockmusik seit mittlerweile gut zwei Jahrzehnten, genauer: Seit mit *Is This It* (2001)[4] von den Strokes das letzte bedeutende Rock-Album erschien und der Song *Seven Nation Army* (2003)[5] von den White Stripes den Beweis antrat, dass auch im neuen Jahrtausend noch gloriose Gitarrenriffs geschrieben werden können, mehr und mehr in die Bedeutungslosigkeit abgerutscht. Mittlerweile steht Rock, wenn es nicht gerade um Missbrauchs- und Vergewaltigungsvorwürfe wie jene gegen Till Lindemann von Rammstein geht,[6] sondern um relevante Albumreleases, Tourneen oder Preisverleihungen, komplett im Schatten von Pop, und zwar Pop, für den maßgeblich junge Frauen verantwortlich zeichnen.

Dass mit dem, wie es bei Balzer heißt, „Konkurs des klassischen maskulinen Rock-Heroismus"[7] nicht jeder in die Jahre gekommer Rocker souverän umzugehen vermag, bewies neben dem rüpelhaften Noel Gallagher, der nicht müde wird, Adeles Songs zu haten, auch der vom einstigen Nirvana-Drummer zum Frontmann der Foo Fighters aufgestiegene Dave Grohl. Bei einem Londoner Konzert der Band stachelte er die Menge gegen die im Rahmen ihrer phänomenal erfolgreichen Eras Tour zeitgleich im Wembley Stadium spielende Taylor Swift dadurch auf, dass er insinuierte, sie und ihre Band hangelten sich – im Gegensatz zu den Foo Fighters – am Playback-Sicherheitsseil durch ihre Shows: „I tell you, man, you don't want to suffer the wrath of Taylor Swift. So we like to call our tour the ,Errors Tour.' We've had more than a few eras, and more than a few fucking errors as well. Just a couple. That's because we actually play live. [...] You guys like raw, live rock 'n' roll music, right? You came to the right fucking place."[8] Die Reaktion der großenteils männlichen Foo-Fighters-Fans fiel erwartungsgemäß aus: Man quittierte Grohls Worte mit zustimmendem Johlen.

Der letztlich unbedeutende Vorfall bewies: Mag die Musikkritik um rockistische Positionen auch bereits seit einiger Zeit einen weiten Bogen machen,[9] die Überzeugung, Rock sei ungeschliffen und echt, ehrlich, handgemacht und irgendwie rebellisch, ist nach wie vor sehr verbreitet. Ebenso die Ansicht, Pop komme aus der Retorte, sei glatt und künstlich und etwas für Angepasste bzw. kulturindustriell Verstrahlte, die sich nicht daran stör-

---

[4]The Strokes: *Is This It*. BMG 2001.

[5]The White Stripes: Seven Nation Army. Auf: *Elephant*. XL/V2/Third Man 2003.

[6]Vgl. Daniel Drepper/Lena Kampf: *Row Zero. Gewalt und Machtmissbrauch in der Musikindustrie*. Köln 2024.

[7]Balzer: *Pop*, 16.

[8]Storyful Viral: Foo Fighters' Dave Grohl Takes Swipe at Taylor Swift (2024), youtube.com/ watch?v=lVV0iu5Ee7c (25.5.2025).

[9]Bereits 2006 hieß es in einem vielbeachteten Beitrag von Jody Rosen: „Most pop critics today would just as soon be accused of pedophilia as rockism." Jody Rosen: The Perils of Poptimism (6.5.2006), slate. com/culture/2006/05/does-hating-rock-make-you-a-music-critic.html (25.5.2025).

ten, dass das, für was sie sich begeistern, nichts als Ware sei und auch und vor allem deswegen jedwede Form von Begeisterung partout nicht verdiene. Die nostalgische Imprägnierung des Rockismus ist unübersehbar. Dass er zumal bei männlichen Musikern und Musikliebhabern fortgeschrittenen Alters anzutreffen ist, die, wann immer sich die Gelegenheit bietet, das Früher-war-alles-besser-Lamento anstimmen, überrascht nicht im Mindesten. Und auch über den – nicht selten explizit gemachten – rockistischen Schulterschluss mit Theodor W. Adornos sich so bequem gegen die jüngeren Generationen und deren angebliche Geschmacksverirrungen in Stellung bringen lassenden Invektiven gegen das Populäre, seine Macher:innen und seine Konsument:innen, die „von der Kulturindustrie trainierten Gabenempfänger",[10] kann man sich nicht wirklich wundern.

Doch nun zum zweifelsohne größten Ereignis des Popmusikjahres 2024, zur bereits genannten Eras Tour von Taylor Swift, die diese vom Pop-Megastar zu einem kulturellen Phänomen hat werden lassen, vergleichbar mit den Beatles zu Zeiten der Beatlemania (1963–1965). Dass Swifts Welttournee im Gegensatz zur Ankündigung der anstehenden Oasis-Reunion eine außerordentliche und nicht nur popkulturelle Bedeutung erlangte, wird niemand ernsthaft in Zweifel ziehen können. Die Ticketeinnahmen aus den insgesamt 149 Shows, die von März 2023 bis Dezember 2024 weltweit stattfanden, beliefen sich auf über zwei Milliarden Dollar, was kein:e Musiker:in und keine Band on the road zuvor auch nur in Ansätzen erreichte. Wo immer Swift auftrat, profitierte das regionale Gastgewerbe in erheblichem Maße, kam es – Stichwort ‚Swiftonomics' – zu einem erheblichen Umsatzboom. Kein Wunder also, dass sogar Staatschefs bei Swift anklopften, sie möge doch bitte auch einen Tour-Stopp in ihren Ländern einlegen. „It's me, hi. I know places in Canada would love to have you. So, don't make it another cruel summer. We hope to see you soon",[11] twitterte beispielsweise Kanadas Premier Justin Trudeau und bewies damit, dass er die weit verbreitete Praxis, Swift-Songtitel bzw. -Lyrics en passant und unmarkiert im eigenen Sprechen bzw. Schreiben unterzubringen, souverän beherrschte.

Die Kritik war sich einig: The Eras Tour, deren jeweils knapp dreieinhalbstündige Shows Swifts Schaffen Album für Album bzw. Ära für Ära Revue passieren ließen, war eine performerische Leistungsschau sondergleichen, mit der sich der seit geraumer Zeit größte Popstar der Welt im Zenit seines Könnens präsentierte. Unschwer ließ sie sich als multimediale Coming-of-Age-Erzählung lesen, als Plattform der autobiografischen Selbstreflexion einer Künstlerin, die – nicht linear, aber emotional durchaus kohärent – ihre

---

[10]Max Horkheimer/Theodor W. Adorno: *Dialektik der Aufklärung. Philosophische Fragmente.* Frankfurt/M. 2000, 170.

[11]Justin Trudeau: x.com/JustinTrudeau/status/1676761275483734020?lang=de (25.5.2025).

Reifung vom glitzernden Country-Girl und „poet laureate of adolescence"[12] zur souveränen Popikone und zum Mastermind ihrer eigenen Weltkarriere nachzeichnete. Ihre vielfach mit ihr erwachsen gewordenen, größtenteils weiblichen Fans, die ‚Swifties', lud sie dabei gleich mit zur je eigenen biografischen Rückschau ein – und zur Feier all dessen, was unter dem Begriffsdach *Girlhood*, *Girldom* oder *Girliness* Platz findet (und in einer patriarchalen Gesellschaft gern abgewertet wird). Einmal mehr betätigte sie sich somit als die wirkmächtige Aktivistin „in the cause of feminine loudness",[13] die der Swift-begeisterte Autor und Popjournalist Rob Sheffield in ihr erkennt und deren rekordesprengende Tour neben Greta Gerwigs Kinoblockbuster BARBIE (2023),[14] einer weiteren weiblichen Entwicklungserzählung, maßgeblich dafür verantwortlich zeichnete, dass bereits das Jahr 2023 von vielen in popkultureller Hinsicht als „year of the girl" tituliert wurde.[15]

Die weibliche Dominanz bestätigte sich auch im Februar 2024 bei der 66. Ausgabe der Grammy-Verleihung. War es bei den Grammys lange Zeit Usus, Frauen bei den Auszeichnungen zu ignorieren, so gingen diesmal die zentralen Preise ausnahmslos an Musikerinnen. Nichts anderes hatte man erwartet. Es waren nämlich so gut wie keine Männer nominiert.[16] Erhielten Billie Eilish (für ihren BARBIE-Song[17] *What Was I Made For?* [2023][18]) und Miley Cyrus (für ihren verhalten groovenden Dance-Track *Flowers* [2023][19]) die Auszeichnungen in den Kategorien *Song of the Year* bzw. *Record of the Year*, so durfte sich Taylor Swift über den *Album of the Year*-Grammy (für ihren zehnten Longplayer *Midnights* [2022][20]) freuen, den sie damit zum vierten Mal verliehen bekam. Dies war vor ihr noch niemandem gelungen, weder Frank Sinatra noch Stevie Wonder noch Paul Simon. Diese hatten den prestigeträchtigsten aller Grammys jeweils ‚nur' dreimal gewonnen.

---

[12] Kevin Evers: *There's Nothing Like This. The Strategic Genius of Taylor Swift*. Boston, MA 2025, 45.

[13] Rob Sheffield: *Heartbreak Is the National Anthem. How Taylor Swift Reinvented Pop Music*. London, VK 2024, 2.

[14] Greta Gerwig (Regie): BARBIE. USA 2003.

[15] Vgl. u. a. Nora Princiotti: 2023 Was the Year of the Girl (2023), theringer.com/2023/12/28/pop-culture/taylor-swift-eras-tour-barbie-2023-year-of-the-girlhood-girl-dinner (25.5.2025).

[16] Das war in den 2010er Jahren noch ganz anders: Bloß ca. zehn Prozent der Nominierten waren damals weiblichen Geschlechts, was aus Sicht Neil Portnows, des mittlerweile längst zurückgetretenen Präsidenten der ausrichtenden Recording Academy, kein Anlass zum Überdenken der Auswahl-Praxis war. Die Frauen, so erklärte er aalglatt, müssten sich halt mehr reinhängen. Vgl. hierzu Rebecca Nicholson: And the Grammy for Most Patronising Comment Goes to … Neil Portnow (2018), theguardian.com/commentisfree/2018/feb/04/grammy-most-patronising-comment-neil-portnow (25.5.2025). Seine Worte blieben vielen lange im Gedächtnis. Noch bei den Grammys 2024, bei der sie mit ihrer All-female-Band Boygenius gleich drei Grammys gewann, äußerte sich Phoebe Bridgers über den – durch Missbrauchsvorwürfe noch zusätzlich – in die Defensive geratenen Portnow wie folgt: „I know you're not dead yet but when you are rot in piss."

[17] Gerwig: BARBIE.

[18] Billie Eilish: What Was I Made For? Auf: *Barbie the Album*. Atlantic 2023.

[19] Miley Cyrus: *Flowers*. Sunset Sounds 2022.

[20] Taylor Swift: *Midnights*. Republic 2022.

„Die 66. Grammys sind auch deswegen ein so signifikanter Moment in der neueren Popgeschichte, weil sich in ihnen die Zeitenwende der Popmusik hin zu weiblicher Emanzipation und Hegemonie am deutlichsten manifestiert",[21] kommentierte Andreas Borcholte den denkwürdigen Abend, den Swift durch die Ankündigung ihres elften Albums, *The Tortured Poets Department*,[22] sogar noch denkwürdiger machte. Das mit seinen 31 Tracks regelrecht kolossale Werk, mit dem Swift einmal mehr u. a. als Beziehungsanatomin zu großer Form aufläuft, erschien im April 2024 und wurde sogleich in die noch anstehenden Shows der laufenden Eras Tour integriert. Dass Swift mit ihm wieder einmal alle Verkaufs- und Streaming-Rekorde brach, überraschte niemanden. Von einer Müdigkeit in Sachen Swift, einer „Swift fatigue", die manch Pressevertreter:in herbeischreiben wollte,[23] konnte keine Rede sein.

Vermag auch niemand die von Borcholte angesprochene Zeitenwende so mustergültig und vollumfänglich zu verkörpern wie die Ende 2023 vom Time Magazin zur *Person of the Year* gewählte Swift, so steht außer Frage, dass die Rede von einer solchen Zeitenwende auch ohne sie vollauf berechtigt wäre. Denn wer wollte ernsthaft in Frage stellen, dass die bedeutenden diskursprägenden Popalben der letzten Zeit nahezu ausnahmslos von Frauen stammen, und zwar solchen, die nicht mehr, wie einst die zum Paradebeispiel weiblicher Entmündigung im Popbusiness avancierte Britney Spears oder die TikTok-Sängerin Kesha, in kreativer Hinsicht unter der Obhut, Vormundschaft oder Knute von Männern stehen, sondern die in großer Eigenwilligkeit ihre eigene künstlerische Vision umsetzen? Oder anders: In das Haus weiblicher künstlerischer Souveränität, das Madonna bereits in den 1980er Jahren errichtete, sind mittlerweile eine Vielzahl äußerst erfolgreicher Nachfolgerinnen eingezogen.

Zuvorderst ist hier natürlich an Beyoncé zu denken, die aus ihrer Bewunderung für Madonna nie einen Hehl gemacht hat. Jahrelang meinten viele, und zwar nicht ohne Grund, in ihr eine Galionsfigur des mittlerweile so vielgeschmähten *Lean-in-* oder *Girlboss*-Feminismus zu erkennen.[24] Beyoncés Schaffen gilt spätestens seit ihrem fünften, schlicht *Beyoncé*[25] betitelten Album von 2013 als Beweis dafür, dass sich Pop und große Kunst keineswegs auszuschließen haben. Mancher freilich sperrt sich gegenüber dieser

---

[21] Andreas Borcholte: Das Femininomenon (2024), spiegel.de/kultur/musik/taylor-swift-charli-xcx-billie-eilish-und-beyonce-haben-das-musikjahr-2024-definiert-a-ba45bc22-5e8d-4a91-98a3-c8a80ec98e6f (25.5.2025).

[22] Taylor Swift: *The Tortured Poets Department*. Republic 2024.

[23] Vgl. Matt Stevens/Shivani Gonzales: Taylor Swift Has Given Fans a Lot. Finally Too Much? (2024), nytimes.com/2024/04/22/arts/music/taylor-swift-album-fatigue.html (25.5.2025).

[24] Zum *Lean-in-* oder *Girlboss*-Feminismus und seiner Bedeutung in der Popkultur vgl. Verena Bogner: *Not Your Business, Babe! Alles, was du als Frau über die Arbeitswelt wissen musst*. Köln 2023, 144–161 und Sophie Gilbert: *Girl vs. Girl. Wie Popkultur Frauen gegeneinander aufbringt*. München 2025, 253–280.

[25] Beyoncé: *Beyoncé*. Columbia 2013.

Erkenntnis, so beispielsweise der einstige Blumfeld-Chef Jochen Distelmeyer. Weitgehend in Vergessenheit geraten, versuchte sich dieser vor nicht allzu langer Zeit dadurch zurück ins Gespräch zu bringen, dass er in einem Beitrag für den deutschen *Rolling Stone* das alte, schon auf Madonna und Hillary Clinton projizierte Angstbild von der überambitionierten Frau aus der misogynen Mottenkiste holte und der arbeitsfreudigen Beyoncé, wie übrigens Taylor Swift auch, kurzerhand einen „unschönen Ehrgeiz"[26] unterstellte.

Anlass zu seiner Invektive war das Erscheinen der Songs *Texas Hold 'Em*[27] und *16 Carriages*,[28] die im Vorfeld von *Cowboy Carter* (2024)[29] erschienen, Queen Beys epischem achtem Studioalbum, auf dem sich der Superstar ausgiebig mit dem Country-Genre befasst. Untertitelt mit „Act Two", bildet es den zweiten Teil einer geplanten Album-Trilogie, die mit dem Vorgänger *Renaissance* (2022),[30] „Act One", eröffnet wurde. Das allseits gefeierte Werk ist ein Partyalbum durch und durch, allerdings das einer äußerst meinungsführenden Musikologin mit klarer Schwarzer Agenda. Beyoncé bedient sich auf ihm nämlich ausgiebig bei der 1980er-Jahre-Disco- und House-Musik queerer Schwarzer Künstler:innen, aber vor allem schwuler Schwarzer Männer, denen sie dergestalt jene Sichtbarkeit verleiht, die man ihnen jahrzehntelang vorenthalten hat. Wir haben es also mit einer Mission der Rückgewinnung zu tun, einem Versuch, Musikgeschichte neu zu schreiben, bzw. einer kulturellen Gegen-Aneignung, wie sie Schwarze Musiker:innen spätestens seit *Fight the Power* (1989)[31] von Public Enemy immer wieder praktizieren.[32]

Auch *Cowboy Carter* steht im Zeichen des musikalischen *Reclaiming*. Diesmal allerdings war die Herausforderung im Vergleich zu *Renaissance* insofern ungleich größer, als es hier mit Country um eine Form von Musik ging, bei der die herausragende Bedeutung Schwarzer Künstler:innen bislang sträflich übersehen bzw. bewusst heruntergespielt wurde. Spätestens seit den 1920er Jahren wird Country als ein ‚weißes' Genre, zudem, anders als Disco und House, als ein musikalischer Ausdruck wahrgenommen, in dem sich die amerikanische ‚Seele' bzw. das, was die Vereinigten Staaten ausmache, ungebrochen gespiegelt findet. Was damit gemeint sein könnte, brachte der einstige US-Präsident George Bush, Sr. einmal wie folgt auf den Punkt: „To listen to a country and western song is to hear the story of America set to music. It is a story of patriotism and hard work, a story of faith, opportunity,

---

[26] Jochen Distelmeyer: Pferde auf der Wiese. In: *Rolling Stone*, 4/2024, 44–45, hier 45.

[27] Beyoncé: *Texas Hold 'Em*. Columbia 2024.

[28] Beyoncé: *16 Carriages*. Columbia 2024.

[29] Beyoncé: *Cowboy Carter*. Columbia 2024.

[30] Beyoncé: *Renaissance*. Columbia 2022.

[31] Public Enemy: *Fight the Power*. Motown 1989.

[32] Vgl. hierzu Jens Balzer: *Ethik der Appropriation*. Berlin 2022, 31–41.

and achievement. Most of all, it is the story of people whose love of freedom is equalled only by their love of life itself.“[33]

Das Star-Spangled Banner, das Beyoncé als in Nationalfarben gekleidete Rodeo-Queen auf dem Cover von *Cowboy Carter* präsentiert, zeigt unmissverständlich: Wir sollen ihr Album, anders als *Renaissance*, als ein dezidiert amerikanisches Werk begreifen, das mit Blick auf Bushs Worte durchaus als anschlussfähig durchgehen kann und will. Freilich sollte uns nicht entgehen, dass die Flagge in Beyoncés Hand beschnitten wurde, und zwar auf eine Weise, dass das Blau nicht zu sehen ist. Die Gerechtigkeit, die es im Farbspektrum des US-Banners repräsentiert, bleibt somit außen vor, was vielsagend ist. Schließlich geht es Beyoncé bei ihrem *Reclaim*-Bemühen erneut, pathetisch gesagt, um nichts anderes als Gerechtigkeit bzw. darum, dass endlich ins allgemeine Bewusstsein tritt, was informierte Kreise längst wissen: dass das zutiefst hybride Country-Genre neben diversen anderen eben auch afroamerikanische Wurzeln hat und dass Schwarze Musiker:innen bei der Entwicklung des Genres einen entscheidenden Beitrag leisteten.

Erwartungsgemäß – denn ein weiteres Mal konnte man ihn ihr beim besten Willen nicht vorenthalten – gewann Beyoncé mit *Cowboy Carter* 2025 den heißbegehrten *Album of the Year*-Grammy.[34] Das Album setzte sich damit nicht nur gegen Swifts *The Tortured Poets Department* durch, sondern u. a. auch gegen Sabrina Carpenters *Short n' Sweet* (2024),[35] Charli XCXs *Brat* (2024)[36] sowie Chappell Roans *The Rise and Fall of a Midwest Princess* (2023),[37] Alben also, die das Pop-Jahr 2024 auch jenseits der rein musikalischen Sphäre auf eine Weise bestimmten, wie man es zuvor kaum für möglich gehalten hatte. Besonders für *Brat* galt dies, ein Hyperpop-Opus der Extraklasse, das – wie ein paar Jahre zuvor Billie Eilishs Millionenseller *When We All Fall Asleep, Where Do We Go?* (2019)[38] – belegte, dass es auch

---

[33] George Bush, Sr.: Proclamation 6358. Country Music Month, 15.10.1991, presidency.ucsb.edu/documents/proclamation-6358-country-music-month-1991 (25.5.2025).

[34] Zuvor war Beyoncé bereits viermal für den Hauptpreis nominiert worden, den dann schließlich Taylor Swift (2010), Beck (2015), Adele (2017) und Harry Styles (2023), also allesamt weiße Künstler:innen, erhalten hatten. Nach Natalie Cole, Whitney Houston und Lauryn Hill war Beyoncé erst die vierte Schwarze Frau, die den *Album of the Year*-Grammy gewann. Dass die Grammy Awards seit ihrer Einführung im Jahr 1957 in der Kritik stehen, Schwarze Künstler:innen zu benachteiligen, ist hinlänglich bekannt. Vgl. u. a. Ira Madison Ill: The Grammy Awards Are Racist as Hell (2018), thedailybeast.com/the-grammy-awards-are-racist-as-hell/ (25.5.2025).

[35] Sabrina Carpenter: *Short n' Sweet*. Island 2024.

[36] Charli XCX: *Brat*. Atlantic 2024.

[37] Chappell Roan: *The Rise and Fall of a Midwest Princess*. Amusement 2023.

[38] Billie Eilish: *When We All Fall Asleep, Where Do We Go?* Darkroom/Interscope 2019. Ihr Longplayer-Debüt darf darüber hinaus als ein Schlüsselwerk gelten, wenn man den Bedeutungsschwund der zumeist patriarchal besetzten *Gatekeeper*-Instanzen im Musikbusiness veranschaulichen möchte: Mithilfe erschwinglicher Aufnahmetechnik spielte die damals 17-jährige Billie das Album zusammen mit ihrem Bruder Finneas O'Connell in dessen Schlafzimmer ein – und profilierte sich mit ihm als Queen of Bedroom Pop. Dass dessen DIY-Charakter speziell Musikerinnen den selbstbestimmten Karrierebeginn erleichtert, liegt auf der Hand.

Pop-Alben, die alles andere als mainstreamig klingen, in den Mainstream bzw. den Spitzenbereich der Verkaufs- und Streaming-Charts schaffen können. Mit seiner zwischen experimenteller, mitunter aggressiver Kantigkeit und süßem Melodieexzess changierenden Quirligkeit, aber auch ob seines streng kuratierten, aufs Beste mit dem Zeitgeist abgestimmten Rollouts sorgte *Brat* für Furore. Seiner Schöpferin, die bereits seit Ende der 2000er Jahre im Geschäft ist und u. a. für den unverwüstlichen Party-Welthit *I Love It* (2012)[39] verantwortlich zeichnete, verhalf es nicht nur zum großen internationalen Durchbruch, sondern es ließ sie zum vielleicht angesagtesten Popstar der Gegenwart werden. Das Giftgrün des rigoros minimalistisch gehaltenen Covers wurde zur Trendfarbe der Saison, und nachdem Charli XCX, die mit bürgerlichem Namen Charlotte Emma Aitchison heißt, im Sommer 2024 ihren legendären „kamala IS brat"-Tweet gepostet hatte, sprang sogar das Wahlkampfteam der US-Demokrat:innen auf den *Brat*-Zug auf, in der Hoffnung, eine „Brat-ification of Kamala Harris"[40] könnte deren Erfolgschancen gegenüber Donald Trump erhöhen. Überhaupt setzte man auf demokratischer Seite sehr auf die *endorsements* aus dem politisch größtenteils progressiv-liberalen Popbereich, allen voran auf das Taylor Swifts, das zwar im September kam, den Wiedereinzug Trumps ins Weiße Haus aber bekanntlich nicht verhindern konnte.

„The Pop Girls Ruled 2024."[41] So der Titel eines Artikels der Musikjournalistin Nora Princiotti, in dem sie behauptet, letztlich sei in der jüngsten Vergangenheit nicht so sehr die etwa für Swift so typische „relatability" Trumpf gewesen, d.h. die offensiv kommunizierte Vorstellung vom Star als Mensch wie du und ich, sondern stattdessen „ideosyncrasy", also eine schrille künstlerische und/oder die jeweilige Star-Persona betreffende Eigenwilligkeit. Neben Charli XCX bestätige dies, so Princiotti, insbesondere Chappell Roan. Deren u. a. von Dan Nigro produziertes, bereits im September 2023 erschienenes *The Rise and Fall of a Midwest Princess*[42] brauchte lange, bis es zündete, doch als es das dann endlich tat, zündete es wie wenige andere Alben und machte die stimmgewaltige Roan, die stets tief in die Camp-Trickkiste greift und im Stile einer Dragqueen performt, zur queeren Popikone und zum größten queeren Popstar nach Billie Eilish. Ihre kraftvollen, mitunter sexuell expliziten Songs („Knee-deep in the passenger seat and you're eating me out / Is it casual now?", heißt es in *Casual*) sind melodramatisch, melodieselig und mitreißend und laden unverhohlen zum Mitsingen ein,

---

[39] Icona Pop/Charli XCX: *I Love It*. TEN 2012.

[40] Shirley Li: The Brat-ification of Kamala Harris (2024), theatlantic.com/culture/archive/2024/07/kamala-harris-brat-memes/679205/ (25.5.2025).

[41] Nora Princiotti: The Pop Girls Ruled 2024 (2024), theringer.com/2024/12/31/music/year-in-pop-music-2024-charli-xcx-brat-sabrina-carpenter-taylor-swift-beyonce (25.5.2025).

[42] Chappell Roan: *The Rise and Fall of a Midwest Princess*. Island 2023.

so wie der euphorische Cheer-Banger *Hot To Go!*, der längst als *Y.M.C.A.*[43] der Gen Z gilt. Einer der größten Fans Roans ist übrigens der ebenfalls zur Flamboyanz neigende schwule Sir Elton John. Diesen erklärt Distelmeyer – als würden Songmeisterwerke wie *Rocket Man* (1972)[44] oder *Goodbye Yellow Brick Road* (1973)[45] nicht existieren – in seinem oben bereits zitierten, adornitisch grundierten Beitrag zum „größten Pop-Missverständnis".[46] Was immer damit gemeint sein mag, etwas Positives wird es nicht sein. Man wird den Eindruck nicht los, hier melde sich ein zutiefst gekränkter Mann zu Wort,[47] dem die neue Welt des Pop ein Graus ist.

***

Am 4. Juli 2025 war es dann so weit: Nach 16 Jahren Live-Abstinenz betraten Oasis wieder die Bühne. Das Principality Stadium in Cardiff, die erste Station auf der Reunion-Tour, war natürlich restlos ausverkauft, so wie auch alle folgenden Shows. Erwartungsgemäß bildeten die Songs von den beiden ersten Alben das Rückgrat des Auftritts, *Don't Look Back in Anger* und *Wonderwall* wurden als Zugabe zwei und drei gespielt. Der *Guardian* sprach von einem „shameless trip back to the 90s"[48] und meinte es anerkennend. Zudem sammelte er Stimmen einiger Fans, die dabei waren, darunter die eines gewissen Lloyd Williams aus London. Sein Votum: „[I]t was pure nostalgia. [...] This was our Eras Tour."[49]

---

[43] Village People: Y.M.C.A. Auf: *Cruisin'*. Casablanca 1978.

[44] Elton John: *Rocket Man*. US 1972.

[45] Elton John: *Goodbye Yellow Brick Road*. DJM 1973.

[46] Distelmeyer: *Pferde auf der Wiese*, 45.

[47] Vgl. in diesem Zusammenhang Tobias Haberl: *Der gekränkte Mann. Verteidigung eines Auslaufmodells*. München 2022.

[48] Alexis Petridis: A Shameless Trip Back to the 90s for Britpop's Loudest, Greatest Songs (2025), theguardian.com/music/2025/jul/05/oasis-review-playlist-oasis-big-on-the-first-two-albums-with-little-left-to-chance (25.5.2025).

[49] Zit. nach Alfie Packham: 'This Was Our Eras Tour!' The Joy and Camaraderie of the Oasis Reunion Gigs (2025), theguardian.com/music/2025/jul/10/this-was-our-eras-tour-guardian-readers-on-seeing-oasiss-comeback-gigs (25.5.2025).

Anhang

Diskografie

ABBA: *Ring Ring*. Polar/Epic/Atlantic 1973.
ABBA: Waterloo. Auf: *Waterloo*. Polar 1974.
ABBA: *Gold – Greatest Hits*. Polydor/Polar 1992.
ABBA: *Voyage*. Polar 2021.
AC/DC: *Highway to Hell*. Atlantic 1977.
AC/DC: *Back in Black*. Atlantic 1980.
- Hells Bells
Ace, Johnny: *Pledging My Love*. Duke 1954.
Advanced Chemistry: *Fremd im eigenen Land*. MZEE 1992.
Afrika Bambaataa and The Soul Sonic Force: *Planet Rock*. Tommy Boy 1982.
Alice Cooper: *School's Out*. Warner Bros. 1972.
Alice Cooper: *I'm Eighteen*. Warner Bros. 1974.
Alice in Chains: *Dirt*. Columbia 1992.
Alien Ant Farm: *Movies*. DreamWorks 2001.
Allison, Mose: Young Man Blues. Auf: *Back Country Suite for Piano, Bass and Drums*. Prestige
    1957 (der Song trägt hier den Titel *Back Country Suite for Piano, Bass and Drums: Blues*).
Anka, Paul/Odia Coates: *One Man Woman/One Woman Man*. United Artists 1974.
Armand van Helden Presents Old School Junkies: *The Funk Phenomena*. Henry Street Music
    1996.
Arne, Thomas Augustine/James Thomson/David Mallet: *Rule, Britannia!* 1740.
Arnold, Eddy: *I Wanna Play House With You*. RCA Victor 1951.
Ärzte, Die: *Schrei nach Liebe*. Metronome 1993.
Ärzte, Die: *Ein Schwein namens Männer*. Hot Action 1998.
B.B. King: *Rock Me Baby*. Kent 1964.
Baez, Joan: *We Shall Overcome*. Vanguard 1963.
Ball, Bentley: *Jesse James*. Columbia 1919.
Band Aid: *Do They Know It's Christmas?* Phonogram 1984.
Band für Afrika: *Nackt im Wind*. CBS 1985.
Band, The: *Music from Big Pink*. Capitol 1968.
- Tears of Rage

© Der/die Herausgeber bzw. der/die Autor(en), exklusiv lizenziert an
Springer-Verlag GmbH, DE, ein Teil von Springer Nature 2026
C. Jürgensen und G. Kaiser (Hrsg.), *Eine Kulturgeschichte der Popmusik*,
https://doi.org/10.1007/978-3-662-72524-5

Band, The: *The Weight*. Capitol 1968.
Beach Boys, The: *Surfin' U.S.A.* Capitol 1963.
Beach Boys, The: *Beach Boys ' Party!* Capitol 1965.
Beach Boys, The: California Girls. Auf: *Summer Days (And Summer Nights!!).* Capitol 1965.
Beach Boys, The: *Best of the Beach Boys.* Capitol 1966.
Beach Boys, The: *Pet Sounds.* Capitol 1966.
- Caroline, No
- Don't Talk (Put Your Head on My Shoulder)
- God Only Knows
- I Just Wasn't Made for These Times
- I'm Waiting for the Day
- Let's Go Away for a While
- Sloop John B
- That's Not Me
- Wouldn't It Be Nice
Beach Boys, The: *Good Vibrations.* Capitol 1966.
Beach Boys, The: *M.I.U. Album.* Reprise 1978.
Beach Boys, The: *Pet Sounds.* DCC Compact Classics 1995.
Beach Boys, The: *The Pet Sound Sessions.* Capitol 1996.
Beastie Boys: *Licensed to Ill.* Def Jam/Columbia 1986.
Beastie Boys: *(You Gotta) Fight for Your Right (to Party!).* Def Jam/Columbia 1986.
Beastie Boys: *Paul's Boutique.* Capitol 1989.
Beatles, The: *The Beatles Live! at the Star-Club in Hamburg, Germany; 1962.* Bellaphon 1977.
Beatles, The: *Please Please Me.* Parlophone 1963.
- P.S. I Love You
- Twist and Shout
Beatles, The: *With the Beatles.* Parlophone 1963.
- All My Loving
Beatles, The: *Do You Want to Know a Secret.* Parlophone 1963.
Beatles, The: *From Me to You.* Parlophone 1963.
Beatles, The: *I Wanna Be Your Man.* Parlophone 1963.
Beatles, The: *I Want to Hold Your Hand.* Parlophone 1963.
Beatles, The: *She Loves You.* Parlophone 1963.
Beatles, The: *And I Love Her.* Parlophone 1964.
Beatles, The: *Ain't She Sweet/Cry for a Shadow.* Amiga 1965.
Beatles, The: *Help!* Parlophone 1965.
- I Need You
- I've Just Seen A Face
- Yesterday
- You Like Me Too Much
- You've Got To Hide Your Love Away
Beatles, The: *Help!/I'm Down.* Parlophone 1965.
Beatles, The: *It Won't Be Long/Devil in Her Heart.* Amiga 1965.
Beatles, The: *Rubber Soul.* Parlophone 1965.
- Drive My Car
- Girl
- If I Needed Someone
- In My Life
- Michelle
- Nowhere Man
- Think for Yourself
- What Goes On
- You Won't See Me

Beatles, The: *Sweet Georgia Brown/Why*. Amiga 1965.
Beatles, The: *The Beatles*. Amiga 1965.
Beatles, The: *1962–1966*. Apple 1973.
Beatles, The: *Revolver*. Parlophone 1966.
- Eleanor Rigby
- Tomorrow Never Knows
Beatles, The: *Sgt. Pepper's Lonely Hearts Club Band*. Parlophone 1967.
- A Day in the Life
- Getting Better
- Lovely Rita
- Lucy in the Sky with Diamonds
- She's Leaving Home
- When I'm Sixty-Four
- With a Little Help From My Friends
- Within You Without You
Beatles, The: *Strawberry Fields/Penny Lane*. Parlophone 1967.
Beatles, The: *I Am the Walrus*. Parlophone 1967.
Beatles, The: *Magical Mystery Tour*. Parlophone 1967.
- Run for Your Life
Beatles, The: *The Beatles*. Apple 1968.
- Back in the U.S.S.R.
- Birthday
- Revolution
- Yer Blues
Beatles, The: *Abbey Road*. Apple 1969.
Beatles, The: *Come Together*. Apple 1969.
Beatles, The: *Let It Be*. Apple 1970.
Beatles, The: *1967–1970*. Apple 1973.
Beatles, The: 12-Bar Original. Auf: *Anthology 2*. Apple 1996.
Beck: *Loser*. Bong Load/DGC 1993.
Beck: *Mellow Gold*. DGC/Bong Load 1994.
- Loser
Beck: *Odelay*. DGC/Bong Load 1996.
- Devils Haircut
- High 5 (Rock the Catskills)
- Lord Only Knows
- Ramshackle
- The New Pollution
- Where it's at
Beck: *Sea Change*. DGC/Geffen 2002.
Benatar, Pat: *Love Is a Battlefield*. Chrysalis 1983.
Berry, Chuck and His Combo: *Maybellene*. Chess 1955.
Berry, Chuck and His Combo: *Roll Over Beethoven*. Chess 1956.
Berry, Chuck: *You Can't Catch Me*. Chess 1956.
Berry, Chuck: *Johnny B. Goode*. Chess 1957.
Berry, Chuck: *Sweet Little Sixteen*. Chess 1958.
Berry, Chuck: *Back in the U.S.A*. Chess 1959.
Berry, Chuck: *Let It Rock*. London Records/London American Recordings 1960.
Beyoncé: Crazy in Love. Auf: *Dangerously in Love*. Columbia 2003.
Beyoncé: *Beyoncé*. Columbia 2013.
Beyoncé: *Renaissance*. Columbia 2022.
Beyoncé: *16 Carriages*. Columbia 2024.

Beyoncé: *Cowboy Carter*. Columbia 2024.
Beyoncé: *Texas Hold 'Em*. Columbia 2024.
Big Mama Thornton: *Hound Dog*. Peacock 1953.
Black Sabbath: *Black Sabbath*. Vertigo 1970.
Black Sabbath: *Paranoid*. Vertigo 1970.
- Electric Funeral
- Fairies Wear Boots
- Hand Of Doom
- Iron Man
- Paranoid
- Planet Caravan
- Rat Salad
- War Pigs
Blink-182: *All the Small Things*. MCA 1999.
Blondie: *Blondie*. Private Stock 1976.
Blondie: *X-Offender*. Private Stock 1976.
Blondie: *Plastic Letters*. Chrysalis 1977.
Blondie: *Parallel Lines*. Chrysalis 1978.
- Heart of Glass
Blood, Sweat & Tears: *And When I Die*. Columbia 1969.
Blumentopf: Danke Bush ! Auf: *Gern geschehen*. Four Music 2003.
Blumfeld: *Ghettowelt*. What's So Funny About 1991.
Blumfeld: *Ich-Maschine*. What's So Funny About 1992.
- Laß uns nicht von Sex reden
- Viel zu früh und immer wieder; Liebeslieder
- Von der Unmöglichkeit, ‚Nein' zu sagen, ohne sich umzubringen
Blumfeld: *L'Etat et Moi*. Big Cat 1994.
- Eine eigene Geschichte
- L'etat et moi (Mein Vorgehen in 4, 5 Sätzen)
- Superstarfighter
- Verstärker
Blumfeld: *Old Nobody*. Rough Trade/Big Cat/ZickZack 1999.
- Tausend Tränen tief
- The Lord of Song
Blumfeld: *Testament der Angst*. EastWest/ZickZack 2001.
- Die Diktatur der Angepassten
Blumfeld: *Jenseits von Jedem*. WEA/ZickZack 2003.
Blumfeld: *Verbotene Früchte*. Columbia/Sony BMG Music Entertainment 2006.
- Atem und Fleisch
- Schnee
Blur: *Leisure*. Food/parlophone 1991.
Blur: *Modern Life Is Rubbish*. Food 1993.
- For tomorrow
Blur: *Parklife*. Food 1994. (Album)
Blur (Starring Phil Daniels): *Parklife*. Food 1994. (Single)
Blur: *Country House*. Food/Parlophone 1995.
Blur: *The Great Escape*. Virgin/Food/Parlophone 1995.
Blur: *This Is a Low*. Food 1995.
Blur: *Tender*. Food 1999.
Booker T. & the M.G.'s: *Green Onions*. Stax 1962.
Boomtown Rats, The: *I Don't Like Mondays*. Ensign 1979.
Bowie, David: *David Bowie*. Deram 1967.
Bowie, David: *Space Oddity*. Philips/Mercury 1969. (Album)

Bowie, David: *Space Oddity*. Philips/Mercury 1969. (Single)

Bowie, David: *The Man Who Sold the World*. Mercury 1970.

Bowie, David: *Hunky Dory*. RCA Victor 1971.

Bowie, David: *The Rise and Fall of Ziggy Stardust and The Spiders from Mars*. RCA Victor 1972.

Bowie, David: Starman. RCA Victor 1972.

Bowie, David: *Aladdin Sane*. RCA Victor 1973.

Bowie, David: *Young Americans*. RCA/RCA Victor 1975.

Bowie, David: *Station to Station*. RCA Victor 1976.

Bowie, David: *Low*. RCA/RCA Victor 1977.

Bowie, David: *V-2 Schneider*. RCA 1977.

Bowie, David: *Earthling*. Virgin 1997.

Bowie, David: *Blackstar*. ISO/Columbia/Sony Music 2016.

Bragg, Billy & Wilco: All You Fascists. Auf: *Mermaid Avenue: The Complete Sessions*. Elektra 1998

Brauer, Helga /Hemmann-Quintett: *Mister Brown aus USA*. Amiga 1959.

Brauer, Helga und Die Flamingos /Rundfunktanzorchester Leipzig: *Heute tanzen alle jungen Leute*. Amiga 1959.

Brenston, Jackie and His Delta Cats: *Rocket 88*. Holiday 1951.

Brown, James with the Famous Flames: *Please, Please, Please*. Federal 1956.

Brown, James & The Famous Flames: *Shout and Shimmy*. King 1962.

Brown, James: *James Brown Show – Live at the Apollo*. King 1963.

- Bewildered
- I Don't Mind
- I Found Someone
- I Love You, Yes I Do
- I Want You So Bad
- I'll Go Crazy
- Lost Someone
- Night Train
- Think
- Try Me
- Who Does Everything Happen to Me
- Why Do You Do Me
- You've Got the Power

Brown, James: *Out of Sight*. Smash 1966.

Brown, James & The Famous Flames: *Cold Sweat*. King 1967.

Brown, James: *Live at the Apollo Vol. II*. King 1968.

Brown, James: *Hot Pants*. Polydor 1971.

Brown, James: *Revolution of the Mind. Recorded live at the Apollo Vol. III*. Polydor 1971.

Brown, James: *Live at the Apollo 1995*. Scotti Bros. 1995.

Browne, Jackson: *Late for the Sky*. Asylum 1974.

Buffalo Springfield: *For What It's Worth*. Atco 1966.

Buggles, The: *Video Killed the Radio Star*. Island 1979.

Bunyan, Vashti: *Just Another Diamond Day*. Philips 1970.

- Diamond Day
- Hebridean Sun
- Iris' Song For Us
- Jog Along Bess

Bürger Lars Dietrich: Heute tanzen alle jungen Leute. Auf: *D.D.R. – Dietrichs Demokratische Republik*. Amiga/Sony Music 2014.

Bushido: *Vom Bordstein bis zur Skyline*. Aggro 2003.

Byrds, The: The Bells of Rhymney. Auf: *Mr. Tambourine Man*. Columbia 1965.

Byrds, The: *Sweetheart of the Rodeo*. Columbia 1968.

Cage the Elephant: *Ain't No Rest for the Wicked.* Relentless 2008.
Cale, J.J.: *Naturally.* A & M 1971.
Cale, J.J.: *Cocaine.* Shelter 1977.
Can: *Monster Movie. (Made in a Castle with Better Equipment).* Music Factory 1969.
Can: *Soundtracks.* Liberty 1970.
Can: *Tago Mago.* United Artists 1971.
- Aumgn
- Bring Me Coffee or Tea
- Halleluwah
- Mushroom
- Oh Yeah
- Paperhouse
- Peking O.
Can: *Ege Bamyasi.* United Artists 1972.
Can: *Spoon.* United Artists 1972.
Can: *Future Days.* United Artists 1973.
Canned Heat: *Going Up the Country.* Liberty 1968.
Capone-N-Noreaga feat. Mobb Deep und Tragedy Khadafi: *LA, LA.* Penalty 1996.
Captain Beefheart & His Magic Band: *Trout Mask Replica.* Straight 1969.
- Ant Man Bee
- Dachau Blues
- Frownland
- Hair Pie: Bake 1
- Hair Pie: Bake 2
- Moonlight on Vermont
- Neon Meate Dream Of A Octafish
- The Dust Blows Forward 'n the Dust Blows Back
Carlos, Wendy/Rachel Elkind: Theme from A Clockwork Orange (Beethovania). Auf: *Music from the Soundtrack. Stanley Kubrick's "A Clockwork Orange".* Warner Bros. 1971.
Carpenter, Sabrina: *Short n' Sweet.* Island 2024.
Carpenters: *Please Mr. Postman.* A&M 1974.
Cars: *Drive.* Elektra 1984.
Carter Family, The: *Wildwood Flower.* Victor 1928.
Cash, Johnny: *I Walk the Line.* Sun 1956.
Cash, Johnny & The Tennessee Two: *Big River.* Sun 1957.
Cash, Johnny: *Johnny Cash with His Hot an Blue Guitar.* Sun 1957.
- Cry! Cry! Cry!
- (I Heard That) Lonesome Whistle
Cash, Johnny and the Tennessee Two: *You're the Nearest Thing to Heaven.* Sun 1958.
Cash, Johnny: *Johnny Cash Sings the Songs that Made Him Famous.* Sun 1958.
Cash, Johnny: *Five Feet High and Rising.* Auf: Songs of Our Soil. Columbia 1959.
Cash, Johnny: *Greatest!* Sun 1959.
Cash, Johnny: *Hymns.* Columbia 1959.
Cash, Johnny: *I Got Stripes.* Columbia 1959.
Cash, Johnny: *Johnny Cash Sings Hank Williams.* Sun 1960.
- Come In Stranger
- Folsom Prison Blues
- Give My Love To Rose
- Hey, Good Lookin'
- I Can't Help It (If I'm Still In Love With You)
- I Could Never Be Ashamed of You
- I Love You Because
- I Walk The Line

- Mean Eyed Cat
- Next In Line
- Straight A's in Love
- You Win Again
Cash, Johnny: *Ride this Train*. Columbia 1960.
Cash, Johnny: *Wide Open Road*. Sun 1964.
Cash, Johnny: *At Folsom Prison*. Columbia 1968.
- Folsom Prison Blues
Cash, Johnny: *At San Quentin*. Columbia 1969.
Cash, Johnny: *Hurt*. American Recordings/Lost Highway 2003.
Cash, Johnny: *Sings Hank Williams and Other Favorite Tunes*. Varèse Sarabande 2003.
- (I Heard That) Lonesome Whistle
- Cold, Cold Heart
- Come in Stranger
- I Love You Because
- Wide Open Road
Cave, Nick and the Bad Seeds and Kylie Minogue: *Where the Wild Roses Grow*. Mute 1995.
Cave, Nick and the Bad Seeds: *Murder Ballads*. Mute 1996.
Čermák, Ota: *Alfa-Lipsi*. Supraphon 1960.
Charles, Ray: *What'd I Say*. Atlantic 1959.
Charles, Ray: *Ray Charles in Person*. Atlantic 1960.
Charli XCX: *Brat*. Atlantic 2024.
Checker, Chubby: *The Twist*. Parkway 1960.
Checker, Chubby: *Let's Twist Again*. Parkway 1961.
Chic: *Le Freak*. Atlantic 1978.
Chic: *Good Times*. Atlantic 1979.
Chicks on Speed: *We Don't Play Guitars (feat. Peaches)*. Chicks on Speed 2003.
Cindy & Bert: *Der Hund von Baskerville*. Cornet 1971.
CKY: *96 Quite Bitter Beings*. Distant 1999.
Clash, The: *The Clash*. CBS 1977.
Clash, The: *Give 'Em Enough Rope*. CBS 1978.
Clash, The: *London Calling*. CBS 1979. (Album)
- Lost in the Supermarket
Clash, The: *London Calling*. CBS 1979. (Single)
Cline, Patsy: *I Fall To Pieces*. Decca 1961.
Clueso: *Chicago*. Four Music 2006.
Cluster: *Sowieso*. Sky 1976.
Cocker, Joe: With a Little Help from My Friends. Auf: *With a Little Help from My Friends*. A&M 1969.
Cohen, Leonard: *Death of a Ladies' Man*. Warner Bros. 1977.
Cohn, Marc: Walking in Memphis. Auf: *Marc Cohn*. Atlantic 1991.
Coldplay: *Parachutes*. Parlophone 2000.
Coldplay: *Talk*. Parlophone 2005.
Collins, Judy: *Both Sides Now*. Elektra 1968.
Cooke, Sam: *Wonderful World*. Keen 1960.
Cooke, Sam: *A Change Is Gonna Come*. RCA Victor 1964. (Single)
Cooke, Sam: *A Change Is Gonna Come*. RCA Victor 1964. (Album)
- A Change Is Gonna Come
Costello, Elvis: *Less Than Zero*. Stiff 1977.
Costello, Elvis: *My Aim Is True*. Stiff 1977.
Costello, Elvis & The Attractions: *This Years Model*. Radar 1978.
Costello, Elvis: *Night Rally*. Auf: *This Years Model*. Radar 1978.

Country Joe and the Fish/Pete Krug: I-Feel-Like-I'm-Fixin'-To-Die Rag. Auf: *Songs of Opposition (Rag Baby Talking Issue, Vol. 1, Issue A)*. Rag Baby 1965.

Cream: *Sunshine of Your Love*. ATCO 1968.

Crickets, The: Oh, Boy! Auf: *The "Chirping" Crickets*. Brunswick 1957.

Crickets, The: *That'll Be the Day*. Brunswick 1957.

Crickets, The: *Peggy Sue Got Married*. Coral 1960.

Crosby, Bing: *White Christmas*. Decca 1942.

Crosby, Stills, Nash & Young: *4 Way Street*. Atlantic 1973.

Crudup, Arthur: *That's All Right (Mama)*. RCA Victor 1946.

Crudup, Arthur: *That's All Right*. RCA Victor 1947.

Culture Beat: *Mr. Vain*. Dance Pool 1993.

Cybotron: *Clear*. Fantasy 1983.

Cyrus, Miley: *Flowers*. Sunset Sounds 2022.

Daft Punk: *Da Funk*. Soma/Virgin 1996.

Daft Punk: *Homework*. Virgin 1996.

Daft Punk: *Around the World*. Virgin 1997.

Daft Punk: *Around the World* (Vinyl, 12", Limited Edition). Virgin 1997.

Daft Punk: *Around the World* ("Ricantstructed" by Masters at Work). Virgin 1998.

Damned, The: *New Rose*. Stiff 1976.

Davis, Miles: Flamenco Sketches. Auf: *Kind of Blue*. Columbia 1959.

Davis, Miles: *Filles de Kilimanjaro*. CBS 1969.

Davis, Miles: *In a Silent Way*. CBS/Columbia 1969.

Davis, Miles: *Bitches Brew. Directions in Music by Miles Davis*. Columbia 1970.
- Bitches Brew
- John McLaughlin
- Miles Runs the Voodoo Down
- Pharao's Dance
- Sanctuary
- Spanish Key

De La Soul: *3 Feet High and Rising*. Tommy Boy 1989.

Deep Purple: *Smoke on the Water*. Purple/Warner Bros 1972/1973.

Denver, John: *Back Home Again*. RCA Victor 1974.

Depeche Mode: *Just Can't Get Enough*. Mute 1981.

Depeche Mode: *People Are People*. Mute 1984.

Depeche Mode: *Some Great Reward*. Mute 1984.

Derek and The Dominoes: Layla. Auf: *Layla and Other Assorted Love Songs*. RSO 1970.

Destiny's Child: *Independent Women Part I*. Columbia 2000.

Deter, Ina: *Neue Männer braucht das Land*. Fontana 1982.

DeVille, Willy: *Miracle*. A&M 1987.

Dion, Celine: *My Heart Will Go On (Love Theme From 'Titanic')*. Columbia 1997.

Dire Straits: *Brothers in Arms*. Vertigo 1985.
- Money for Nothing
- Ride Across the River
- So Far Away
- Walk of Life

Distelmeyer, Jochen: *Heavy*. Columbia 2009.

Distelmeyer, Jochen: *Songs from the Bottom Vol. 1*. Four Music 2016.

Distelmeyer, Jochen: *Gefühlte Wahrheiten*. Four Music 2022.

DJ Koze präsentiert Blumfeld/Steve Bug Loverboy Remix von Tausend Tränen tief. Auf: *Music Is Okay*. Yo Mama's 2000.

DJ Ötzi: *Anton aus Tirol*. EMI Austria 2000.

Donovan: *Sunshine Superman*. Epic 1966.

Doors, The: *Break on Through (to the Other Side)*. Elektra 1967.
Doors, The: *Light My Fire*. Elektra 1967.
Doors, The: The End. Auf: *The Doors*. Elektra 1967.
Doors, The: When the Music's Over. Auf: *Strange Days*. Electra 1967.
Dr. Alban: *It's My Life*. Logic/Ariola 1992.
Dr. Alban: *Sing Halleluja*. Arista/Logic 1993.
Drake, Nick: *Pink Moon*. Island 1972.
Dubianski, René: *Lipsi Nr. 1*. Amiga 1959.
Dyk, Paul van /Peter Heppner: *Wir Sind Wir*. Universal 2004.
Dylan, Bob: *Bob Dylan*. Columbia 1962.
Dylan, Bob: Blowin' in the Wind. Auf: *The Freewheelin' Bob Dylan*. Columbia 1963.
Dylan, Bob: The Times They Are a-Changin'. Auf: *The Times They Are a-Changin'*. Columbia 1964.
Dylan, Bob: *Bringing It All Back Home*. Columbia 1965.
- It's All Over Now, Baby Blue
- Maggie's Farm
- Mr. Tambourine Man
- Subterranean Homesick Blues
Dylan, Bob: *Like a Rolling Stone*. Columbia 1965.
Dylan, Bob: *Subterranean Homesick Blues*. Columbia 1965. (Single)
Dylan, Bob: *Blonde on Blonde*. Columbia 1966.
Dylan, Bob: *John Wesley Harding*. Columbia 1967.
Dylan, Bob: *Planet Waves*. Asylum 1974.
Dylan, Bob: *Blood on the Tracks*. Columbia 1975.
Dylan, Bob and The Band: *The Basement Tapes*. Columbia 1975.
Dylan, Bob: *Desire*. Columbia 1976.
Dylan, Bob: *The Bootleg Series Vol. 4: Bob Dylan Live 1966: The 'Royal Albert Hall' Concert*. Columbia 1998.
Dylan, Bob: *Love and Theft*. Columbia 2001.
Dylan, Bob: *The Bootleg Series Vol. 11: The Basement Tapes Complete*. Columbia 2014.
Eilish, Billie: *When We All Fall Asleep, Where Do We Go?* Darkroom/Interscope 2019.
Eilish, Billie: What Was I Made For? Auf: *Barbie the Album*. Atlantic 2023.
Eminem: *The Slim Shady LP*. Aftermath Entertainment/Interscope 1999.
Eminem: *The Marshall Mathers LP*. Aftermath Entertainment/Interscope 2000.
Eminem: *The Real Slim Shady*. Aftermath Entertainment/Interscope 2000.
Eminem: *Lose Yourself*. Shady/Interscope 2002.
Eminem: *The Eminem Show*. Aftermath Entertainment/Interscope 2002.
Eurythmics: *Sweet Dreams (Are Made of This)*. Auf: Sweet Dreams (Are Made of This). RCA 1983.
Fairport Convention: *Unhalfbricking*. Island 1969.
- A Sailor's Life
Fairport Convention: *Liege & Lief*. Island/A&M 1969.
Fall, The: *Repetition*. Auf: Bingo-Master's Break-Out! Step-Forward 1978.
Fall, The: *Live at the Witch Trials*. Step-Forward 1979.
Fall, The: *Grotesque (After the Gramme)*. Rough Trade 1980.
Fall, The: *This Nation's Saving Grace*. Baggers Banquet 1985.
Fall, The: *The Complete Peel Sessions 1978–2004*. Castle Music 2005.
- Black Monk Theme
- Futures and Pasts
- Hark The Herald Angels Sing
- Industrial Estate
- Jingle Bell Rock
- Mother-Sister!
- Rebellious Jukebox

Fantastischen Vier, Die: *Die da*. Sony 1992.
Fehlfarben: *Monarchie und Alltag*. EMI Electrola/Welt 1980.
- Apokalypse
- Das war vor Jahren
- Ein Jahr (es geht voran)
- Gottseidank nicht in England
- Grauschleier
- Militürk
- Paul ist tot
Fifth (5th) Dimension: *Wedding Bell Blues*. Soul City 1969.
Flamingos, Die/Martin-Möhle-Combo: *Alle tanzen Lipsi*. Amiga 1959.
Flamingos, The: *I'll Be Home*. Checker 1956.
Fleischmann: *Fleischwolf*. Noise 1993.
Flying Burrito Brothers, The: *The Gilded Palace of Sin*. A & M 1969.
Frankie Goes to Hollywood: *The Power of Love*. ZTT 1984.
Franklin, Aretha: *I Never Loved a Man the Way I Love You*. Atlantic 1967.
Franklin, Aretha: *Respect*. Atlantic 1967.
Franklin, Aretha with James Cleveland & The Southern California Community Choir: *Amazing Grace*. Atlantic 1972.
Franz Ferdinand: *Take Me Out*. Domino 2004.
Frei.Wild: *Eines Tages*. Mindcomunicazione 2002.
Fulson, Lowell: *Reconsider Baby*. Checker 1954.
Gang of Four: *Entertainment!* EMI 1979.
Garland, Judy: *Over the Rainbow*. Auf: *Musical and Dramatic Selections Recorded Directly from the Track of M-G-M's Technicolor Film "The Wizard of Oz"*. MGM 1956.
Gaye, Marvin/Tammi Terrell: *Ain't No Mountain High Enough*. Tamla 1967.
Gaye, Marvin: Yesterday. Auf: *That's the Way Love Is*. Tamla 1969.
Gaye, Marvin: *What's Going On*. Tamla 1971.
- Flyin' High (In The Friendly Sky)
- God Is Love
- Inner City Blues (Make Me Wanna Holler)
- Mercy Mercy Me (The Ecology)
- Right On
- Save the Children
- What's Happening Brother
- Wholy Holy
Gaynor, Gloria: *Never Can Say Goodbye*. MGM 1975.
- Honey Bee
- Never Can Say Goodbye
- Reach Out I'll be There
Genesis: *Foxtrot*. Charisma 1972.
- Supper's Ready
Genesis: *The Lamb Lies Down on Broadway*. Charisma 1974.
George Baker Selection: *Paloma Blanca*. Warner Bros. 1975.
Godfathers of Threatt, The: *Terminator X and the Godfathers of Threatt/Super Bad*. P.R.O. Divison 1994.
Gorillaz: *We Got the Power*. Parlophone/Warner Bros. 2017.
Grandmaster Flash & the Furious Five: *Superrappin'*. Enjoy 1979.
Grandmaster Flash & the Furious Five: *The Adventures of Grandmaster Flash on the Wheels of Steel*. Sugar Hill 1981.
Grandmaster Flash & the Furious Five: *The Message*. PRT/Vogue/Sugar Hill 1982.
Grandmaster Flash & The Furious Five: The Message. Auf: *The Message*. Sugar Hill 1982.

Grateful Dead: *Live/Dead*. Warner Bros. 1969.
- Dark Star
Grateful Dead: *American Beauty*. Warner Bros. 1970.
Grateful Dead: *Workingman's Dead*. Warner Bros. 1970.
Great Society, The: *Conspicuous Only in Its Absence*. Columbia 1968.
Green Day: *Basket Case*. Reprise 1994.
Grönemeyer, Herbert: *Gemischte Gefühle*. Intercord 1983.
Grönemeyer, Herbert: *Musik nur, wenn sie laut ist*. Intercord 1983.
Grönemeyer, Herbert: *4630 Bochum*. EMI 1984.
- Alkohol
- Amerika
- Bochum
- Flugzeuge im Bauch
- Jetzt oder nie
- Männer
Grönemeyer, Herbert: *Männer*. EMI 1984.
Grönemeyer, Herbert: *Mensch*. Grönland/EMI 2002. (Album)
Grönemeyer, Herbert: *Mensch*. Grönland/EMI 2002. (Single)
Grönemeyer, Herbert: *Live in Bochum*. Universal Music/Grönland 2016.
Guano Apes: *Proud like a God*. BMG 1997.
Guano Apes: *Lords of the Boards*. Supersonic/BMG 1998.
Guthrie, Woody: Jesus Christ. Auf: *The Asch Recordings, Vol. 4: Buffalo Skinners*. Smithsonian
    Folkways 1999.
Haddaway: *What Is Love*. Coconut 1992.
Hagen, Nina: *Du hast den Farbfilm vergessen*. Amiga 1974.
Haley, Bill and the Saddlemen: *Rock the Joint*. Essex 1952.
Haley, Bill and His Comets: *(We're Gonna) Rock Around the Clock*. Decca 1954.
Haley, Bill and His Comets: *Rock Around the Clock*. Decca 1955.
Hammond, Albert: *It Never Rains in Southern California*. Epic/Mums 1972.
Hammond, Albert/Mike Hazlewood: *The Air That I Breathe*. Polydor 1974.
Hancock, Herbie: *Head Hunters*. Columbia 1973.
- Sly
Harrison, George: *All Things Must Pass*. Apple 1970.
Harrison, George & Friends: *The Concert for Bangladesh*. Apple 1971.
Harrison, George: *Dark Horse*. Apple 1974.
Hasselhoff, David: *Looking for Freedom*. White Records 1988.
Havens, Richie: Freedom. Auf: *Richie Havens on Stage*. Stormy Forest 1972.
Hayes, Isaac: *Hot Buttered Soul*. Universal 1969.
Hayes, Isaac: *Shaft*. Stax 1971.
H-Blockx: *Risin' High*. Sing Sing 1993.
H-Blockx: *Time To Move*. Sing Sing 1994.
Herzbuben, Die: *My Generation*. Edition BARBArossa 1989.
Herzbuben, Die: Du hast den Farbfilm vergessen. Auf: *Die Großen Erfolge '89*. Amiga 1990.
Hill, Lauryn: *The Miseducation of Lauryn Hill*. Ruffhouse 1998.
Hollies, The: *Stay with the Hollies*. Parlophone 1964.
Holly, Buddy and the Three Tunes: *That'll Be the Day*. Decca 1957.
Holly, Buddy: *I'm Gonna Love You Too*. Coral 1957.
Holly, Buddy: *Peggy Sue/Everyday*. Coral 1957.
Holly, Buddy: *Buddy Holly*. Coral 1958.
Holly, Buddy: *Listen to Me*. Coral 1958.
Holly, Buddy: *Peggy Sue Got Married*. Coral 1959.
Holm, Michael: *Tränen lügen nicht*. Ariola 1974.

Hooker, John Lee: *Stuttering Blues*. Rockin' 1953.
Howlin' Wolf: *Killing Floor*. Chess 1965.
Huey Lewis and The News: *The Power of Love*. Chrysalis 1985.
Hüsker Dü: *Zen Arcade*. SST 1984.
Hüsker Dü: *Candy Apple Grey*. Warner Bros. 1986.
Husky, Ferlin: *Gone*. Capitol 1957.
IAM: *L'école du micro d'argent*. EMI/Delabel/Virgin 1997.
Ice Cube: *AmeriKKKas Most Wanted*. Lench Mob/Priority 1990.
Ice-T: *Rhyme Pays*. Sire 1987.
- Intro/Rhyme Pays
- 6 'N the Mornin'
Icona Pop/Charli XCX: *I Love It*. TEN 2012.
Iggy and The Stooges: *Raw Power*. Columbia 1973.
Iggy Pop: *The Idiot*. RCA Victor 1977.
- Tiny Girls
Ike & Tina Turner: *River Deep – Mountain High*. Philles 1966.
Impressions, The: *Gypsy Woman*. ABC-Paramount 1961.
Impressions, The: *People Get Ready*. ABC-Paramount 1965.
Incredible String Band, The: *The Hangman's Beautiful Daughter*. Elektra 1968.
Isley Brothers, The: *Shout*. RCA Victor 1959.
Jackson, Mahalia and the Falls-Jones Ensemble: Take My Hand Precious Lord. Auf: *Bless This House*. Columbia 1956.
Jackson, Michael: *Thriller*. Epic 1982.
- Beat It
- Billie Jean
- Thriller
Jackson, Michael: *Dangerous*. Epic/MJJ Productions 1991.
Jackson, Michael: *HIStory*. Epic 1995.
Jam, The: *Going Underground*. Polydor 1980.
Jefferson Airplane: *Jefferson Airplane Takes Off*. RCA Victor 1966.
Jefferson Airplane: *Surrealistic Pillow*. RCA Victor 1967.
Jefferson Airplane: *Somebody to love*. RCA Victor 1967.
Jefferson Airplane: *White Rabbit*. RCA Victor 1967.
Jesus Jones: *Right Here, Right Now*. Food/EMI/SBK 1990.
Jimi Hendrix Experience, The: *Hey Joe*. Auf: *Are You Experienced?* Reprise 1967.
- Red House
Jimi Hendrix Experience, The: *Purple Haze*. Track 1967.
Jimi Hendrix Experience, The: *Electric Ladyland*. Reprise/Track 1968.
Jimi Hendrix Experience, The: Star Spangled Banner. Auf: *Woodstock. Music from the original soundtrack and more*. Atlantic 1970
Jimi Hendrix Experience, The: Killing Floor. Auf: *On the Killing Floor*. The Swingin' Pig 1989.
Jimmy Liggins & His Drops of Joy: *Cadillac Boogie*. Specialty 1948.
John, Elton: *Rocket Man*. US 1972.
John, Elton: *Goodbye Yellow Brick Road*. MCA/DJM 1973. (Album)
John, Elton: *Goodbye Yellow Brick Road*. DJM 1973. (Single)
John, Elton: *Greatest Hits*. DJM 1974.
John, Elton: *Lucy in the Sky with Diamonds*. DJM 1974.
Jones, Tom: *What's New Pussycat?* Decca/Parrot 1965.
Joplin, Janis: *Me And Bobby McGee*. Columbia 1971.
Jordan, Louis and His Tympany Five: *Ain't That Just Like a Woman*. Decca 1946.
Joy Division: Digital. Auf: *A Factory Sample*. Factory 1979.
Joy Division: Glass. Auf: *A Factory Sample*. Factory 1979.

Joy Division: *Transmission*. Factory 1979.
Joy Division: *Unknown Pleasures*. Factory 1979.
- Disorder
- I Remember Nothing
- Insight
- Interzone
- New Dawn Fades
- Shadowplay
- She's Lost Control
- Wilderness
Joy Division: *Closer*. Factory 1980.
- Isolation
Joy Division: *Dead Souls*. Auf: Licht und Blindheit. Sordide Sentimental 1980.
K.S. Experience: Electronic Dance. Auf: *Techno! (The New Dance Sound of Detroit)*. Virgin/10 1988.
Kefurt, Miroslav und Gruppe: *Podzimní-Lipsi* (,Herbst-Lipsi'). Supraphon 1960.
Khan, Chaka: Fate. Auf: *What Cha' Gonna Do for Me*. Warner Bros 1981.
King Crimson: *In the Court of the Crimson King. An Observation by King Crimson* [1969]. Universal Music 2019.
- 21st Century Schizoid Man
- Epitaph
- I Talk to the Wind
- In the Court of the Crimson King
- Moonchild
King Crimson: *Live in Hyde Park*. Discipline Global Mobile 2002.
King, Carole: *Tapestry*. Ode 1971.
Kinks, The: *You Really Got Me*. Pye 1964.
KISS: *I Was Made for Lovin' You*. Casablanca 1979.
Korn: *KoЯn*. Immortal/Epic 1994.
- Blind
- Daddy
Kraftwerk: *Ralf und Florian*. Philips 1973.
Kraftwerk: *Autobahn*. Philips 1974.
Kraftwerk: *Radio-Aktivität*. Kling Klang et al. 1975.
- Radioaktivität
Kraftwerk: *Trans Europa Express*. Kling Klang/EMI Electrola 1977.
- Metall auf Metall
Kraftwerk: *Die Mensch·Maschine*. Capitol/Kling Klang/EMI Electrola 1978.
Kraftwerk: *Die Roboter*. Kling Klang/EMI Electrola 1978.
Kraftwerk: *Computerwelt*. Kling Klang/EMI Electrola 1981.
- Computerwelt
- Nummern
Kraftwerk: Numbers. Auf: *Computerworld*. Warner Bros. 1981.
Kraftwerk: *Der Katalog*. Kling Klang/EMI 2009.
Kuldne Trio: Lipsi. Auf: *74 Parimat Laulu*. Hitivabrik 2002.
KuschelRock. CBS/Columbia; später Sony 1987–heute.
Kuti, Fela (Anikulapo-): *The Complete Works Of Fela Anikulapo-Kuti*. Knitting Factory 2016.
- Zombie
- Underground System
- Yellow Fever
- Alagbon Close
- Teacher Don't Teach Me Nonsense

- Highlife Time
- Ololufe Mi
- My Lady Frustration
- Lady
- Expensive Shit
- He Miss Road
- Army Arrangement
- Coffin for Head of State
- Shuffering and Shmiling
- Sorrow, Tears and Blood
- Perambulator
Lauper, Cyndi: *Girls Just Want to Have Fun*. Portrait 1983.
Led Zeppelin: Communication Breakdown. Auf: *Led Zeppelin*. Atlantic 1968.
Led Zeppelin: *Led Zeppelin II*. Atlantic 1969.
Led Zeppelin: Ramble On. Auf: *Led Zeppelin II*.
Led Zeppelin: *Whole Lotta Love*. Atlantic 1969.
Led Zeppelin: Immigrant Song. Auf: *Led Zeppelin III*. Atlantic 1970.
Lee, Peggy: *Fever*. Capitol 1958.
Lennon, John: Working Class Hero. Auf: *John Lennon/Plastic Ono Band*. Apple/EMI 1970.
Lennon, John: *Imagine*. Apple 1971. (Album)
Lennon, John: *Imagine*. Apple 1971. (Single)
Lennon, John & Yoko/Plastic Ono Band: *Some Time in New York City*. Apple 1972.
Lennon, John: *Rock 'n' Roll*. Apple 1975.
- Just Because
Lennon, John/Yoko Ono: *Double Fantasy*. Geffen 1980.
- Beautiful Boy
- (Just like) Starting Over
- Watching the Wheels
Lewis, Jerry Lee: *Great Balls of Fire*. Sun 1957.
Limp Bizkit: *Significant Other*. Interscope 1999.
Limp Bizkit: *Chocolate Starfish and the Hot Dog Flavored Water*. Flip/Interscope/Universal 2000.
- My Generation
- My Way
- Rollin (Air Raid Vehicle)
- Take a Look Around
Lincoln, Abbey: Africa. Auf: *People in Me*. Philips 1973.
Lindenberg, Udo: *Daumen im Wind*. Telefunken 1972.
Lindenberg, Udo & das Panikorchester: *Alles klar auf der Andrea Doria*. Telefunken 1973.
- Cello
- Dr. Chicago
- Du heißt jetzt Jeremias
- Er wollte nach London
- Ganz egal
- Nichts haut einen Seemann um
- Wir wollen doch einfach nur zusammen sein
Lindenberg, Udo & das Panikorchester: Jonny Controlletti. Auf: *Ball Pompös*. Telefunken 1974.
Lindenberg, Udo & das Panikorchester: *Votan Wahnwitz*. Telefunken 1975.
Lindenberg, Udo & das deutsche Filmorchester Babelsberg: *{Belcanto}*. Polydor 1997.
Lindenberg, Udo: *Das Beste ... Mit und ohne Hut*. Telefunken 2000.
Lindenberg, Udo: *Panikpräsident*. Hansa 2003.
Lindenberg, Udo: *Stark wie zwei - Live*. Starwatch Music 2008.

Lindenberg, Udo: *MTV Unplugged – Live aus dem Hotel Atlantic (Doppelzimmer Edition)*. Starwatch Music/Warner Music Group Central/Warner Music Entertainment 2011.
Linkin Park: *One Step Closer*. Warner Bros. 2000.
Little Junior Parker: *Mystery Train*. Sun 1953.
Little Richard: *Tutti Frutti*. Specialty 1955.
Little Richard: *Long Tall Sally*. Specialty 1956.
Little Richard: *Rip It Up*. Specialty 1956.
Little Richard: *She's Got It*. Specialty 1956.
Little Richard: *Here's Litte Richard*. Specialty 1957.
Little Richard: *Jenny, Jenny*. Specialty 1957.
Little Richard: *Keep A-Knockin'*. Specialty 1957.
Little Richard: *Lucille*. Specialty 1957.
Little Richard: *Good Golly, Miss Molly*. Specialty 1958.
Little Richard: *The King of the Gospel Singers*. Mercury 1961.
Little Richard: *A Whole Lotta Shakin' Goin' On*. Vee Jay 1964.
Little Richard: *Little Richard Is Back*. Vee Jay 1964.
Lovin' Spoonful, The: Younger Generation. Auf: *Everything Playing*. Kama Sutra 1967.
Madonna: *Holiday*. Sire 1983.
Madonna: *Madonna*. Sire 1983.
Madonna: *Like a Virgin*. Sire 1984. (Album)
– Material Girl
Madonna: *Like a Virgin*. Sire 1984. (Single)
Madonna: *La Isla Bonita*. Sire 1987.
Madonna: *Express Yourself*. Sire 1989.
Madonna: *Like a Prayer*. Sire 1989.
Madonna: *Justify My Love*. Sire 1990.
Madonna: *Erotica*. Maverick/Sire/Warner Bros. 1992.
Madonna: *Ray of Light*. Maverick 1998.
Magma: *Mëkanïk Dëstruktïẁ Kömmandöh* [1973]. Seventh 2017.
Male: *Zensur & Zensur*. Modell Musik 1979.
Manilow, Barry: *Mandy*. Bell 1974.
Mantronix: *Needle to the Groove*. Sleeping Bag 1985.
Marley, Bob and the Wailers: *Trenchtown Rock*. Tuff Gong 1971.
Marley, Bob and the Wailers: No Woman, No Cry. Auf: *Natty Dread*. Island 1974.
Marley, Bob and the Wailers: So Jah Seh. Auf: *Natty Dread*. Island/Tuff Gong 1974.
Marley, Bob and the Wailers: War. Auf: *Rastaman Vibration*. Island 1976.
Marley, Bob and the Wailers: *Jamming*. Island 1977.
Marley, Bob and the Wailers: *Confrontation*. Island/Tuff Gong 1983.
Marshall, Tony: *Auf der Straße nach Süden*. Ariola 1978.
Martha & the Vandellas: *Dancing in the Street*. Stateside/Gordy 1964.
Martin-Möhle-Combo: *Willibalds Lipsi*. Amiga 1959.
Martyn, John: *Solid Air*. Island 1973.
Marusha: *Somewhere over the Rainbow*. Low Spirits 1994.
Marvelettes, The: *Please Mr. Postman*. Tamla 1961.
Massive Attack: *Blue Lines*. Virgin 1991.
Max Roach His Chorus and Orchestra: It's Time. Auf: *It's Time*. Impulse! 1962.
Mayfield, Curtis: *Curtis*. Curtom 1970.
– Move On Up
– The Other Side of Town
– We the People Who are Darker Than Blue
Mayfield, Curtis: *Super Fly*. Curtom 1972.
MC Lyte: *Lyte as a Rock*. First Priority Music/Atlantic 1988.
– 10% Dis

MC5: *Kick Out the Jams*. Auf: Kick Out the Jams. Elektra 1969.

McCartney, Paul/Wings: *Junior's Farm/Sally G*. Apple 1975.

McCartney, Paul: *Press to Play*. Parlophone 1986.

McCartney, Paul: *Flowers in the Dirt*. Parlophone 1989.
- My Brave Face
- Put it There

Michael, George: *Jesus to a Child*. DreamWorks SKG 1995.

Mitchell, Joni: *Song to a Seagull*. Reprise 1968.

Mitchell, Joni: Both Sides, Now. Auf: *Clouds*. Reprise 1969.

Mitchell, Joni: *Big Yellow Taxi/Woodstock*. Reprise 1970.

Mitchell, Joni: *Ladies of the Canyon*. Reprise 1970.
- Woodstock

Mitchell, Joni: *Blue*. Reprise 1971.
- A Case of You
- All I Want
- Blue
- California
- Carey
- Little Green
- My Old Man
- The Last Time I Saw Richard

Mitchell, Joni: *Court and Spark*. Asylum 1974.

Mitchell, Joni: *Misles of Aisles*. Asylum 1974.

Mitchell, Joni: The Boho Dance. Auf: *The Hissing of Summer Lawns*. Asylum 1975.

Mitchell, Joni: *Coyote*. Asylum 1976.

Mitchell, Joni: *Hejira*. Asylum 1976.
- Hejira

Mitchell, Joni: Paprika Plains. Auf: *Don Juan's Reckless Daughter*. Asylum 1977.

Mitchell, Joni: Both Sides Now. Auf: *Both Sides Now* [Promo 1999]. Reprise 2000.

Mitchell, Joni (featuring the Joni Jam): *At Newport*. Rhino 2023.

Mittagspause: Ernstfall. Auf: *Mittagspause*. Pure Freude 1979.

Mittagspause: Militürk. Auf: *Mittagspause*. Pure Freude 1979.

Mobb Deep: Drop a Gem on 'Em. Auf: *Hell On Earth*. Loud/RCA 1996.

Model 500: *No Ufo's*. Metroplex 1985.

Modern Lovers, The: Roadrunner. Auf: *The Modern Lovers*. Home Of The Hits 1976.

Modest Mouse: *Bukowski*. Epic 2004.

Monks, The: I Hate You. Auf: *Black Monk Time*. International Polydor Production 1966.

Monroe, Bill & His Blue Grass Boys: *Blue Moon of Kentucky*. Columbia 1946.

Morissette, Alanis: *Jagged Little Pill*. Maverick/Reprise 1995.

Morrison, Van: *Astral Weeks*. Warner Bros. 1968.

Morrison, Van: Sweet Thing. Auf: *Astral Weeks*. Warner Bros. 1968.

Mothers of Invention, The: *Freak Out!* Verve 1966.

Mothers of Invention, The: *Absolutely Free*. Verve 1967.

Mr. Oizo: *Flat Beat*. F Communications/Slip Music/Electroshit 1999.

Muddy Waters: *Rollin' Stone*. Chess 1950.

Muddy Waters: *You Need Love*. Chess 1962.

Müller-Westernhagen Marius: Freiheit. Auf: *Westernhagen*. WEA 1987.

Müller-Westernhagen, Marius: *Freiheit*. Warner Bros. 1990.

N.W.A: *Straight Outta Compton*. Ruthless/Priority 1989.
- Fuck Tha Police
- Gangsta Gangsta
- Parental Discretion Iz Advised

Nas: *Illmatic*. Columbia 1994.
Nash, Graham: *Chicago*. Atlantic 1971.
National, The: All the Wine. Auf: *Cherry Tree*. Brassland 2005.
Nena: *Nur geträumt*. CBS 1982.
Nena: *99 Luftballons*. CBS 1983.
Nena: *Made in Germany*. Laugh + Peas 2009.
New Kids on the Block: *Please Don't Go Girl*. CBS 1988.
New Kids on the Block: *I'll be Loving You (Forever)*. CBS 1989.
New Kids on the Block: *Step by Step*. CBS 1990.
Newman, Randy: *Sail Away*. Reprise 1972.
– Political Science
Nico: *I'm not Sayin'*. Immediate 1965.
Nicole: *Ein bisschen Frieden*. Jupiter 1982.
Nine Inch Nails: *Hurt*. TVT/Interscope/Nothing 1995.
Nirvana: *Bleach*. Tupelo/Sub Pop 1989.
Nirvana: *Nevermind*. DGC/Sub Pop 1991.
Nirvana: *Smells Like Teen Spirit*. DGC/Sub Pop 1991.
Nirvana: *Come As You Are*. DGC/Sub Pop 1992.
Nirvana: *Lithium*. Sub Pop/DGC 1992.
Nirvana: *I Hate Myself and I Want to Die*. Auf: *The Beavis and Butt-Head Experience* (1993).
Nirvana: *In Utero*. Geffen Records 1993.
– Come As You Are
– Drain You
– In Bloom
– Lithium
– Serve the Servants
– Something in the Way
– Territorial Pissings
Nirvana: *Pennyroyal Tea*. Geffen 1994.
NOFX: Linoleum. Auf: *Punk in Drublic*. Epitaph 1994.
Notorious B.I.G., The: *Ready to Die*. Bad Boy/Arista 1994.
Notorious B.I.G., The: *Life After Death*. Bad Boy/Arista 1997.
Notorious B.I.G., The: *Born Again*. Bad Boy/Arista 1999.
Notorious B.I.G., The: *Duets: The Final Chapter*. Bad Boy/Atlantic 2005.
Now That's What I Call Music. Universal 1983–heute.
Nyro, Laura: *New York Tendaberry*. Columbia 1969.
– Captain for Dark Mornings
Nyro, Laura: *Eli and the Thirteenth Confession*. Columbia 1968.
– Emmie
Oasis: *Definitely Maybe*. Creation 1994.
Oasis: *Live Forever*. Creation 1994.
Oasis: *Supersonic*. Helter Skelter/Creation 1994.
Oasis: *(What's the Story) Morning Glory?* Creation 1995.
– Champain Supernova
– Don't Look Back in Anger
– Roll with It
– Some Might Say
– Wonderwall
Oasis: *Don't Look Back in Anger*. Creation 1995.
Oasis: *Roll with It*. Creation 1995.
Oasis: *Wonderwall*. Helter Skelter/Creation/Epic 1995.
Offspring, The: *Self Esteem*. Epitaph 1994.
Oldfield, Mike: *Tubular Bells*. Virgin 1973.

Oli P.: *Flugzeuge im Bauch.* Hansa/RTL Musikedition/BMG 1998.
OPM: *Heaven Is a Halfpipe.* Atlantic 2000.
Orbison, Roy: *Oh, Pretty Woman.* Monument 1964.
P.O.D.: *Youth of a Nation.* Atlantic 2001.
Palmer, Robert: *Mercy Mercy Me.* EMI 1990.
Papa Roach: *Between Angels and Insects.* DreamWorks 2001.
Patti Smith Group: *Because the Night.* Arista 1978.
Patti Smith Group: *Wave.* Arista 1979.
Peaches: *Fuck the Pain Away.* Kitty-Yo 2000.
Peaches: *Teaches of Peaches.* Kitty-Yo 2000.
Peaches: *Fatherfucker.* XL Recordings 2003.
Pearl Jam: *Ten.* Epic 1991.
Pearl Jam: Nothingman. Auf: *Vitalogy.* Epic 1994.
Pentangle: *Basket of Light.* Transatlantic 1969.
Pentangle: *Cruel Sister.* Transatlantic 1970.
- Jack Orion
Perkins, Carl: *Blue Suede Shoes.* Sun 1956.
Perkins, Carl: *Birth of Rock and Roll.* Smash/America 1986.
Pet Shop Boys: *Go West.* Parlaphone 1993.
Pink Floyd: *See Emily Play.* EMI Columbia 1967.
Pink Floyd: *The Piper at the Gates of Dawn.* EMI Columbia 1967.
- Bike
Pink Floyd: Several Species of Small Furry Animals Gathered Together in a Cave and Grooving
    with a Pict. Auf: *Ummagumma.* Harvest 1969.
Pink Floyd: *Atom Heart Mother.* Harvest 1970.
Pink Floyd: *Meddle.* Harvest 1971.
- Echoes
Pink Floyd: *Obscured by Clouds.* Harvest 1972.
Pink Floyd: *The Dark Side of the Moon.* Harvest 1973.
- Brain Damage
- Breathe
- Eclipse
- Money
- Speak to Me
- The Great Gig in the Sky
- Time
- Us and Them
Pink Floyd: *Wish You Were Here.* Harvest 1975.
- Shine On You Crazy Diamond (Parts 1–5).
- Welcome to the Machine
- Wish You Were Here
Pink Floyd: *Animals.* Harvest 1977.
Pink Floyd: *The Wall.* Harvest 1979.
- The Trial
Pixies: *Surfer Rosa.* 4AD/Rough Trade 1988.
- Where Is My Mind?
PJ Harvey: *Rid of Me.* Island 1993.
PJ Harvey: *To Bring You My Love.* Island 1995.
PJ Harvey: *Stories from the City, Stories from the Sea.* Island 2000.
PJ Harvey: *Let England Shake.* Island 2011.
- All and Everyone
- England

PJ Harvey: *The Glorious Land.* Island 2011.
Plastic Ono Band: *Give Peace a Chance.* Apple 1969.
Police, The: *Outlandos d'Armour.* A&M 1978.
- Roxanne
- So Lonely
Police, The: *Message in a Bottle.* A&M 1979.
Police, The: *Regatta de Blanc.* A&M 1979.
Police, The: *Don't Stand so Close to Me.* A&M 1980.
Police, The: *Every Breath You Take.* A&M 1983.
Portishead: It's a Fire. Auf: *Dummy.* Go! Discs/London Records/Go! Beat 1994.
Portishead: *Portishead.* Go! Beat 1997.
Portishead: *Roseland NYC Live.* Go! Beat 1998.
Portishead: *Third.* Island/Mercury 2008.
Presley, Elvis: *Blue Moon of Kentucky.* Sun 1954.
Presley, Elvis: *That's All Right (Mama).* Sun 1954.
Presley, Elvis: *That's All Right.* Sun 1954.
Presley, Elvis: *Baby, Let's Play House.* Sun 1955.
Presley, Elvis: *Elvis Presley.* RCA Victor 1956.
Presley, Elvis: *Heartbreak Hotel.* RCA Victor 1956.
Presley, Elvis: *Hound Dog.* RCA Victor 1956.
Presley, Elvis: *Shake, Rattle And Roll/Lawdy, Miss Clawdy.* RCA Victor 1956.
Presley, Elvis: *Elvis' Christmas Album.* RCA Victor 1957.
Presley, Elvis: *50,000,000 Elvis Fans Can't Be Wrong.* RCA Victor 1959.
Presley, Elvis: *Elvis is Back!* RCA Victor 1960.
Presley, Elvis: *Return to Sender.* RCA Victor 1962.
Presley, Elvis: *Crying in the Chapel.* RCA Victor 1965.
Presley, Elvis: *How Great Thou Art.* RCA Victor 1967.
Presley, Elvis: Baby What You Want Me to Do. Auf: *Elvis.* RCA Victor 1968.
Presley, Elvis: *If I Can Dream.* RCA Victor 1968.
Presley, Elvis: *From Elvis in Memphis.* RCA Victor 1969.
Presley, Elvis: *An American Trilogy.* RCA Victor 1972.
Presley, Elvis: *Burning Love.* RCA Victor 1972.
Presley, Elvis: *Fool.* RCA Victor 1973.
Presley, Elvis: *My Way.* RCA 1977.
Presley, Elvis: *Unchained Melody.* RCA 1978.
Presley, Elvis: *A Boy from Tupelo. The Complete 1953-55 Recordings.* Drei CDs, mit Begleitbuch hg. von Ernst Mikael Jørgensen. Follow That Dream 2012.
Pretty Things: *S.F. Sorrow.* EMI Columbia 1968.
Price, Lloyd: *Lawdy Miss Clawdy.* Specialty 1952.
Prince: *1999.* Warner Bros. 1982.
Prince and the Revolution: *Purple Rain.* Warner Bros. 1984.
Prince: *Sign "O" The Times.* Paisley Park 1987.
- I Could Never Take the Place of Your Man
- Sign "O" The Times
- Slow Love
- The Cross
Prince: *The Black Album.* Warner Bros. 1994.
Prince's Band: *Beale Street Blues.* Columbia 1917.
Prinzen, Die: *Gabi und Klaus.* Hansa 1991.
Prinzen, Die: *Küssen verboten.* Hansa 1992.
Prinzen, Die: *Alles nur geklaut.* Hansa 1993.
Public Enemy: *Yo! Bum Rush the Show.* Def Jam/Columbia 1987.

Public Enemy: Bring the Noise. Auf: *It Takes a Nation of Millions to Hold Us Back*. Def Jam 1988.

Public Enemy: *It Takes a Nation of Millions to Hold Us Back*. Def Jam 1988.
- Party for Your Right to Fight
- Rebel Without a Pause

Public Enemy: *Fight the Power*. Motown 1989.

Public Enemy: *Fight the Power (Extended Version)*. Motown 1989.

Puff Daddy und Faith Evans feat. 112: *I'll Be Missing You*. Bad Boy/Arista 1997.

Queen: *Bohemian Rhapsody*. EMI 1975.

Queen: *We Are the Champions*. EMI 1977.

Queen: *We Will Rock You*. EMI 1977.

Queen: *Crazy Little Thing Called Love*. EMI 1979.

Queen: *Another One Bites the Dust*. EMI 1980.

Queen: *Radio Ga Ga*. EMI 1983.

Queen: *Hammer to Fall*. EMI 1984.

Radiohead: *Creep*. Parlophone 1992.

Radiohead: *Pablo Honey*. Parlophone 1992.

Radiohead: *The Bends*. Parlophone 1995.

Radiohead: *Ok, Computer*. Parlophone 1997.

Radiohead: *Hail to the Thief*. Parlophone 2003.

Radiohead: *In Rainbows*. Self-Released [später: XL/TBD] 2007.

Rage Against the Machine: *Rage Against the Machine*. Epic 1992.
- Bombtrack
- Bullet in the Head
- Killing in the Name

Rammstein: *Herzeleid*. Motor Music 1995.

Rammstein: *Rammstein*. Motor Music 1995.

Rammstein: *Sehnsucht*. Motor Music 1997.

Rammstein: *Deutschland*. Rammstein GBR/Vertigo/Universal Music 2019.

Ramones: *Ramones*. Sire 1976.
- Blitzkrieg Bop
- I Don't Wanna Go Down to the Basement
- Judy Is a Punk
- Now I Wanna Sniff Some Glue

Red Hot Chili Peppers: *Blood Sugar Sex Magic*. Warner Bros. 1991.
- Give it Away
- Under the Bridge

Redding, Otis: *Otis Blue/Otis Redding Sings Soul*. Volt 1965.

Redding, Otis: *Respect*. Volt 1965.

Reed, Jimmy: *Baby What You Want Me to Do*. Vee-Jay 1959.

Reed, Lou: *Transformer*. RCA Victor 1972.

Reed, Lou: *Walk on the Wild Side*. RCA Victor 1972.

Reed, Lou: Heroin. Auf: *Rock N Roll Animal*. RCA Victor 1974.

Reed, Lou: *Metal Machine Music*. RCA Victor 1975.

Reed, Lou: *New York*. Sire 1989.
- Dirty Blvd

Reed, Lou: Modern Dance. Auf: *Ecstasy*. Reprise 2000.

Reed, Lou/Metallica: *Lulu*. Warner Bros. 2011.

Reim, Matthias: *Ich hab' geträumt von dir*. Polydor 1990.

Reim, Matthias: *Verdammt, ich lieb' dich*. Polydor 1990.

Remmler, Stephan: Mein Freund ist N****. Auf: *Vamos*. Mercury/Phonogram 1993.

Richie, Lionel: *Can't Slow Down*. Motown 1983.

Righteous Brothers, The: *You've Lost That Lovin' Feelin'*. Philles 1965.
Roan, Chappell: *The Rise and Fall of a Midwest Princess*. Amusement 2023.
- Casual
- Hot To Go!
Robbins, Marty: *A White Sport Coat (and a Pink Carnation)*. Columbia 1957.
Rolling Stones, The: *(I Can't Get No) Satisfaction*. Decca 1965.
Rolling Stones, The: *Mother's Little Helper*. London Records 1966.
Rolling Stones, The: Under My Thumb. Auf: *Aftermath*. Decca 1966.
Rolling Stones, The: *Beggars Banquet*. Decca 1968.
- Street Fighting Man
- Sympathy for the Devil
Rolling Stones, The: *Honky Tonk Women*. Decca 1969.
Rolling Stones, The: *Let It Bleed*. London Records/Decca 1969.
- Gimme Shelter
Rolling Stones, The: *You Can't Always Get What You Want*. Decca 1969.
Rolling Stones, The: Sister Morphine. Auf: *Sticky Fingers*. Rolling Stones 1971.
Rolling Stones, The: Shine a Light. Auf: *Exile on Main St.* Rolling Stones Records 1972.
Rolling Stones, The: Miss You. Auf: *Some Girls*. Rolling Stones 1978.
Ronettes, The: *Be My Baby*. Philles 1963.
Rosenberg, Marianne: *Er gehört zu mir*. Philips 1975.
Roxy Music: *For Your Pleasure*. Island 1973.
- Bogus Man
- Do The Strand
- For Your Pleasure
- In Every Dream Home a Heartache
Run-D.M.C.: *Raising Hell*. Profile 1986.
Run-D.M.C.: My Adidas. Auf: *Raising Hell*. Profile 1986.
Run-D.M.C.: Walk this Way. Auf: *Raising Hell*. Profile 1986.
Rundfunk Tanzorchester Berlin: *Fräulein Li*. Amiga 1959.
Rundfunk Tanzorchester Leipzig: *6 aus 49*. Amiga 1959.
Rundfunk Tanzorchester Leipzig: *Messe Lipsi*. Amiga 1959.
Rythim Is Rythim: It Is What It Is. Auf: *Techno! (The New Dance Sound Of Detroit)*. Virgin/10 1988.
Salt 'n' Pepa: *Hot Cool & Vicious*. Next Plateau 1987.
- I'll Take Your Man
- Push It
Salt 'n' Pepa: *Let's Talk About Sex*. FFRR/Next Plateau 1991.
Sam & Dave: *Soul Man*. Stax 1967.
Sanderson, Richard: *Reality*. Barclay 1980.
Santana: Evil Ways. Auf: *Santana*. CBS/Columbia 1969.
Schnappi [i.e. Joy]: *Schnappi, das kleine Krokodil*. Polydor 2004.
Schwarze Kanal, Der: *Der endgültige Abschluß des Erdgasröhrengeschäfts*. L'Age D'Or 1988.
Scooter: *Hyper Hyper*. Club Tools 1994.
Scorpions: *Crazy World*. Mercury 1990.
Scorpions: *Wind of Change*. Mercury 1990.
Scorpions: *Vientos de Cambio*. Mercury 1991.
Scorpions: *Ветер Перемен*. Mercury 1991.
Scott-Heron, Gil: *Small Talk at 125th & Lennox*. Flying Dutchman 1970.
Scott-Heron, Gil: The Revolution Will Not Be Televised. Auf: *Pieces of a Man*. Flying Dutchman 1971.
Scott-Heron, Gil: *The Revolution Will Not Be Televised*. Flying Dutchman 1971.
Seaberg, Marc: *Looking for Freedom*. Ariola 1978.
Seal: *Crazy*. ZTT 1990.

Searchers, The: *Sweets for My Sweet*. Atlantic 1961.
Searchers, The: *Meet the Searchers*. Pye 1963.
Sedaka, Neil: *Laughter in the Rain*. Polydor 1974.
Seekers, The: *The Carnival Is Over*. Columbia 1965.
Señor Coconut and his Orchestra: *Around the World with Señor Coconut and his Orchestra*. [PIAS] 2008.
Setlur, Sabrina: *Nur mir*. Pelham Power Productions/Epic 1997.
Sex Pistols: *Anarchy in the U.K.* EMI 1976.
Sex Pistols: *God Save the Queen*. Virgin 1977.
Sex Pistols: *Never Mind the Bullocks. Here's the Sex Pistols*. Virgin/Warner Bros. 1977.
Shirelles, The: *Will You Love Me Tomorrow*. Scepter 1961.
Shirley Collins and the Albion Country Band: *No Roses*. Sanctuary 1971.
- Poor Murdered Woman
Sido: Arschficksong. Auf: *Aggro Ansage Nr. 1*. Aggro Berlin 2002.
Sido: *Maske*. Aggro Berlin 2004.
Sido: *Mein Block*. Aggro Berlin 2004.
Silverchair: *Tomorrow*. Murmur 1994.
Simon & Garfunkel: *Sounds of Silence*. Columbia 1966.
Simon, Paul: The Late Great Johnny Ace. Auf: *Hearts and Bones*. Warner Bros 1983.
Simone, Nina: *In Concert*. Philips 1964.
Simone, Nina: Backlash Blues. Auf: *Nina Simone Sings the Blues*. RCA Victor 1967.
Simone, Nina: *To Be Young, Gifted and Black*. RCA Victor 1969.
Simone, Nina: Are You Ready? Auf: *Summer of Soul (...Or, When the Revolution Could Not Be Televised) - Original Motion Picture Soundtrack*. Legacy/Sony Music 2022.
Sinatra, Frank: *In the Wee Small Hours* [Capitol 1955]. WaxTime 2012.
- Glad to Be Unhappy
- I Get Along Without You Very Well
- In the Wee Small Hours of the Morning
- Mood Indigo
- This Love of Mine
- What Is This Thing Called Love?
Sinatra, Frank: *Strangers in the Night*. Reprise 1966.
Siouxsie and the Banshees: *The Scream*. Polydor 1978.
Siouxsie and the Banshees: *Love In a Void*. Polydor 1979.
Skunk Anansie: *Paranoid & Sunburnt*. Virgin 1995.
- Intellectualise my Blackness
Sly and the Family Stone. Dance to the Music. Auf: *Dance to the Music*. Epic 1968.
Sly and the Family Stone: *Stand!* Epic 1969.
Sly and the Family Stone: *There's a Riot Goin' On*. Epic 1971.
- Africa Talks to You "The Asphalt Jungle"
- Brave and Strong
- Family Affair
- Luv n' Haight
- Poet
- Thank You for Talkin' to Me Africa
- There's a Riot Goin' On
Small Faces, The: You Need Loving. Auf: *Small Faces*. Decca 1966.
Smashing Pumpkins, The: *Mellon Collie and the Infinite Sadness*. Virgin 1995.
Smith, Patti: *Hey Joe (Version)/Piss Factory*. Mer 1974.
Smith, Patti: *Horses*. Arista 1975.
- Break It Up
- Gloria

Smith, Patti: *Easter.* Arista 1978.
–   Because the Night
Smith, Patti: *Trampin'.* Columbia 2004.
Smith, Patti: *Twelve.* Columbia 2007.
Smiths, The: *The Queen Is Dead.* Rough Trade 1986.
–   The Queen Is Dead/Take Me Back to Dear Old Blighty (Medley)
Smiths, The: *Strangeways, Here We Come.* Rough Trade 1987.
Smiths, The: *I Know It's Over.* Rough Trade 1988.
Snap!: *The Power.* Logic 1989.
Snap!: *Rhythm Is a Dancer.* Logic 1992.
Soft Machine: *Third.* CBS 1970.
Sonic Youth: *Daydream Nation.* Enigma/Blast First 1988.
Sonic Youth: *Goo.* DGC 1990.
Sonics, The: Have Love Will Travel. Auf: *Here Are The Sonics!!!* Etiquette 1965.
Sonics, The: Strychnine. Auf: *Here Are The Sonics!!!* Etiquette 1965.
Sonny & Cher: *I Got You Babe.* Atco 1965.
Soundgarden: *Badmotorfinger.* A&M 1991.
Spice Girls: *Wannabe.* Virgin 1996.
Springfield, Dusty: *I Just Don't Know What to Do with Myself.* Philips 1964.
Springsteen, Bruce: *Born to Run.* Columbia 1975.
Springsteen, Bruce: *Born in the U.S.A.* Columbia 1984.
–   No Surrrender
–   Glory Days
Stardust: *Music Sounds Better with You.* Roulé 1998.
Starr, Ringo: *Goodnight Vienna.* Apple 1974.
Starr, Ringo: *Only You.* Apple 1974.
Starship: *We Built This City.* Grunt 1985.
Starship: *Nothing's Gonna Stop Us Now.* Grunt 1987.
Streisand, Barbra: *The Way We Were.* Columbia 1973.
Strokes, The: *Trying Your Luck.* RCA 2001.
Strokes, The: *Is This It.* RCA/BMG 2001.
–   Alone, Together
–   Barely Legal
–   Hard to Explain
–   Is This It
–   Last Nite
–   New York City Cops
–   Soma
–   Someday
–   Take It or Leave It
–   The Modern Age
–   Trying Your Luck
–   When It Started
Strong, Barrett: *Money (That's What I Want).* Tamla 1959.
Sugarhill Gang: *Rapper's Delight.* Sugar Hill 1979.
Sugarhill Gang: *Sugarhill Gang.* Sugarhill 1980.
Sum 41: *Fat Lip.* Island 2001.
Summer, Donna: *Love to Love You Baby.* Atlantic 1975.
Summer, Donna: *I Feel Love.* Atlantic 1977.
Sweet, The: *Teenage Rampage.* RCA Victor 1974.
Swift, Taylor: *Midnights.* Republic 2022.
Swift, Taylor: *The Tortured Poets Department.* Republic 2024.
T. Rex: *Children of the Revolution.* EMI 1972.

Take That: *Babe*. RCA/BMG 1993.
Take That: *Pray*. RCA/BMG 1993.
Take That: *Relight My Fire*. RCA/BMG 1993.
Talking Heads: *Talking Heads: 77*. Sire 1977.
- Don't Worry About the Government
Talking Heads: *More Songs About Buildings and Food*. Sire 1978.
Talking Heads: *Fear of Music*. Sire 1979.
- Drugs
- Zimbra
Talking Heads: *Remain in Light*. Sire 1980.
- Once in a Lifetime
Televison: *Little Johnny Jewel*. Ork 1975.
Televison: *Marquee Moon*. Elektra 1977.
Temptations, The: My Girl. Auf: *The Temptations Sing Smokey*. Gordy 1965.
Tha Dogg Pound: *New York, New York*. Death Row/Interscope 1995.
Them: *Gloria*. Decca 1964.
Them: *The Angry Young Them*. Decca 1965.
Thomas, Rufus: *Bear Cat*. Sun 1953.
Thompson, Richard and Linda: *Shoot Out the Lights*. Hannibal 1982.
Tim Dog: *Fuck Compton*. Ruffhouse 1991.
Tocotronic: Freiburg. Auf: *Digital ist besser*. L'Age D'Or 1995.
Tocotronic: Ich habe geträumt, Ich wäre Pizza essen mit Mark E. Smith. Auf: *Wir Kommen Um Uns Zu Beschweren*. L'Age D'Or 1996.
Tocotronic: Ich wünschte ich würde mich für Tennis interessieren. Auf: *Wir Kommen Um Uns Zu Beschweren*. L'Age D'Or 1996.
Tocotronic: *Kapitulation*. Vertigo 2007.
Ton Steine Scherben: *Macht kaputt, was euch kaputt macht*. Self-released 1970.
Ton Steine Scherben: *Warum geht es mir so dreckig?* David Volksmund Produktion 1971.
- Macht kaputt was euch kaputt macht
Ton Steine Scherben: *Keine Macht für Niemand*. David Volksmund Produktion 1972.
- Der Traum ist aus
- Die letzte Schlacht gewinnen wir
- Keine Macht für Niemand
- Komm schlaf bei mir
- Mensch Meier
- Rauch-Haus-Song
- Schritt für Schritt ins Paradies
- Wir müssen hier raus
Travis: *The Man Who*. Independiente 1999.
Trio: *Da da da ich lieb dich nicht du liebst mich nicht aha aha aha*. Mercury 1982.
Troggs, The: *Wild Thing*. Fontana 1966.
Two (2)Pac feat. Outlaw Immortalz: *Hit 'Em Up*. Death Row/Interscope 1996.
Two (2) Unlimited: *No Limit*. Byte/ToCo International 1992.
U2: *The Joshua Tree*. Island 1987.
- I Still Haven't Found What I'm Looking For
- Where the Streets Have No Name
- With or Without You
U2: *The Complete U2* (Boxset). Island/Interscope 2004.
Ultravox: *Ha!-Ha!-Ha!* Island 1977.
Ultravox: *Systems of Romance*. Island 1978.
Ultravox: Dancing With Tears in My Eyes. Auf: *Lament*. Chrysalis 1984.
USA for Africa: *We Are the World*. CBS/Columbia 1985.

Valens, Richie: *La Bamba*. Del-Fi 1958.

Varèse, Edgar: Poème électronique [1958]. Auf: *Music of Edgar Varèse*. Columbia 1960.

Various Artists: *C86*. New Musical Express/Rough Trade 1986.

Various Artists: *KuschelRock*. CBS/Columbia; später Sony 1987–heute.

Various Artists: *Techno! (The New Dance Sound Of Detroit)*. Virgin/10 1988.

Various Artists: *Aggro Ansage Nr. 1*. Aggro Berlin 2002.

Various Artists: *Aggro Ansage Nr. 3*. Aggro Berlin 2003.

Various Artists: *Bravo Hits*. EastWest 1998–2021.

Various Artists: *Red Hot + Riot*. MCA 2002.

Various Artists: *Red Hot + Fela*. Knitting Factory 2013.

Velvet Underground, The: *The Velvet Underground & Nico*. Verve 1967.
- Heroin
- I'm Waiting for the Man
- Venus in Furs

Velvet Underground, The: Sister Ray. Auf: *White Light/White Heat*. Verve 1968.

Velvet Underground, The: Train Round the Bend. Auf: *Loaded*. Polydor 1970.

Village People: Y.M.C.A. Auf: *Cruisin'*. Casablanca 1978.

Village People: *Go West*. Casablanca 1979.

Vlach, Karel und Orchetser: *Pražske-Lipsi* („Prager Lipsi"). Supraphon 1960.

Wagner, Richard: Siegfried. Auf: *Der Ring des Nibelungen*. Interpretiert von den Wiener Philharmonikern. London Records 1967.

Wailers, The: *Burnin'*. Island 1973.

Wailers, The: *Catch a Fire*. Island 1973.

Waits, Tom: What's he building. Auf: *Mule Variations*. Epitaph 1999.

Waters, Roger: The Tide is Turning. Auf: *Radio K.A.O.S.* Columbia/EMI 1987.

Waters, Roger: *The Wall (Live in Berlin)*. Mercury 1990.

Weezer: The World Has Turned and Left Me Here. Auf: *Weezer*. Geffen 1994.

Wham: *Last Christmas*. Epic 1984.

Wheatus: *Teenage Dirtbag*. Columbia 2000.

White Stripes, The: *Elephant*. XL/V2/Third Man 2003.
- Ball and Biscuit
- Black Math
- I Just Don't Know What to Do with Myself
- I Want to Be the Boy to Warm Your Mother's Heart
- In the Cold, Cold Night
- Seven Nation Army

Who, The: *I Can't Explain*. Decca 1964.

Who, The: *My Generation*. Brunswick 1965.

Who, The: *A Quick One*. Reaction 1966.

Who, The: *The Who Sell Out*. Track/Decca 1967.

Who, The: *Tommy*. Polydor/Decca/Track 1969.

Williams, Hank With His Drifting Cowboys: *Move It On Over*. MGM 1941.

Williams, Hank: *Lost Highway*. MGM 1949.

Williams, Hank And His Drifting Cowboys: *I Can't Hel It (If I'm Still in Love with You)*. MGM
   1951.

Williams, Hank with His Drifting Cowboys: *(I Heard That) Lonesome Whistle*. MGM 1951.

Williams, Hank Jr.: *Family Tradition*. Elektra/Curb 1979.

Williams, Larry: *Dizzy, Miss Lizzy*. Specialty 1958.

Wonder, Stevie: *Shoo-Be-Doo-Be-Doo-Da-Day*. Tamla 1968.

Wonder, Stevie: *We Can Work It Out*. Tamla Motown 1970.

Wonder, Stevie: *Innervisions*. Tamla Motown 1973.
- Don't You Worry 'Bout A Thing
- Living for the City

Wu-Tang Clan: *Enter the Wu-Tang (36 Chambers)*. Loud 1993.
- Clan in da Front
- C.R.E.A.M.
- Tearz
Wu-Tang Clan: *Wu-Tang Forever*. Loud/RCA 1997.
Wu-Tang Clan: *Once Upon a Time in Shaolin*. Self-released 2015.
Yes: Heart of the Sunrise. Auf: *Fragile*. Atlantic 1971.
Yes: *Tales from Topographic Oceans*. Atlantic 1973.
Young, Neil: *Heart of Gold*. Reprise 1971.
Young, Neil: *Harvest*. Reprise 1972.
Young, Neil: *The Needle and the Damage Done*. Reprise 1972.
Young, Neil: *Time Fades Away*. Reprise 1973.
Young, Neil: *On the Beach*. Reprise 1974.
Young, Neil: *Tonight's the Night*. Reprise 1975.
Young, Neil & Crazy Horse: Hey Hey My My. Auf: *Rust Never Sleeps*. Reprise 1979.
Young, Neil: *Freedom*. Reprise 1989.
- Rockin' in the Free World
Young, Neil: *Mirror Ball*. Reprise/Epic 1995.
Youngbloods, The: *Get Together*. RCA Victor 1969.
Zoff: *Es wär' so schön gewesen*. Jupiter 1981.

Film und Fernsehen

Anderson, Mike B. (Regie): The President Wore Pearls (S15/E03). In: THE SIMPSONS. USA 2003.

Badham, John (Regie): SATURDAY NIGHT FEVER. USA 1977.

Bascuñán, Rodrigo/Wheeler, Darby (Regie): HIP-HOP EVOLUTION. Kanada 2016–2020.

Bava, Mario (Regie): BLACK SABBATH. DIE DREI GESICHTER DER FURCHT. Italien/Frankreich 1963.

Benedek, Laslo (Regie): THE WILD ONE. USA 1953.

Binder, Steve (Regie): ELVIS '68 COMEBACK SPECIAL. USA 1968.

Brooks, Richard (Regie): BLACKBOARD JUNGLE. USA 1955.

Carné, Marcel (Regie): LES ENFANTS DU PARADIS. Frankreich 1945.

Cavalier, Alain (Regie): DIE HÖLLE VON ALGIER. Frankreich 1964.

Cheh, Chang (Regie): TEN TIGERS OF KWAN TUNG. Hongkong 1980.

Christopher, Mark (Regie): STUDIO 54. USA 1998.

Coppola, Francis Ford (Regie): PEGGY SUE GOT MARRIED. USA 1986.

Corbijin, Anton (Regie): CONTROL. Vereinigtes Königreich 2007.

Curtiz, Michael (Regie): KING CREOLE. USA 1958.

Demme, Jonathan (Regie): STOP MAKING SENSE. USA 1984.

Dörrie, Doris (Regie): MÄNNER. Deutschland 1985.

Edel, Uli (Regie): BODY OF EVIDENCE. Deutschland/USA 1993.

Fincher, David (Regie): FIGHT CLUB. USA 1999.

Fincher, David (Regie): THE GAME. USA 1997.

Frears, Stephen (Regie): HIGH FIDELITY. USA/Vereinigtes Königreich 2000.

Garbus, Liz (Regie): WHAT HAPPENED, MISS SIMONE ? HER STORY. HER VOICE. USA 2015.

Gerwig, Greta (Regie): BARBIE. USA 2003.

Gilliam, Terry (Regie): FEAR AND LOATHING IN LAS VEGAS. USA 1998.

Gramaglia, Michael/Fields, Jim (Regie): END OF THE CENTURY. THE STORY OF THE RAMONES. USA 2005.

Hanson, Curtis (Regie): 8 MILE. USA 2002.

Hawks, Howard (Regie): GENTLEMEN PREFER BLONDES. USA 1953.

Heitker, Norbert (Regie): WACKEN – DER FILM. Deutschland 2014.

Herzog, Werner (Regie): STROSZEK. Deutschland 1977.

Hilton, Simon (Regie): PINK FLOYD – THE MAKING OF THE DARK SIDE OF THE MOON. Vereinigtes Königreich 2003, youtube.com/watch?v=jUBnS5G34IM (9.8.2025).

© Der/die Herausgeber bzw. der/die Autor(en), exklusiv lizenziert an Springer-Verlag GmbH, DE, ein Teil von Springer Nature 2026
C. Jürgensen und G. Kaiser (Hrsg.), *Eine Kulturgeschichte der Popmusik*, https://doi.org/10.1007/978-3-662-72524-5

Hodges, Mike (Regie): FLASH GORDON. Großbritannien 1980.

Howard, Ron (Regie): EIGHT DAYS A WEEK. THE TOURING YEARS. 2 Disc Special Edition. Großbritannien/USA 2016.

Kar-leung, Lau (Regie): 36 CHAMBERS OF SHAOLIN. Hongkong 1978.

Kazan, Ella (Regie): JENSEITS VON EDEN. USA 1955.

Kelly-Husain, Sara (Regie): 25 YEARS LOUDER THAN HELL. THE W:O:A DOCUMENTARY. USA 2015.

Keshishian, Alek (Regie): TRUTH OR DARE. USA 1991.

King, Henry (Regie): JESSE JAMES. USA 1939.

Kleiser, Randal (Regie): GREASE. USA 1978.

Klick, Roland (Regie): DEADLOCK. Deutschland 1970.

Kubrick, Stanley (Regie): A CLOCKWORK ORANGE. Großbritannien 1971.

Lacy, Susan (Regie): WOMAN OF THE HEART AND MIND. Großbritannien/USA 2003.

Landis, John (Regie): THE BLUES BROTHERS. USA 1980.

Landis, John (Regie): THRILLER. USA 1983.

Landres, Paul/Vivarelli, Piero (Regie): GO, JOHNNY, GO. USA 1959.

Larson, Glen A. (Regie): KNIGHT RIDER. USA 1982–1986.

Laughton, Charles (Regie): THE NIGHT OF THE HUNTER. USA 1955.

Lee, Spike (Regie): DO THE RIGHT THING. USA 1989.

Lester, Richard (Regie): A HARD DAYS NIGHT. Großbritannien 1964.

Lester, Richard (Regie): HELP! Großbritannien 1965.

Lewis, Bill T. (Regie): FELA. USA 2008.

Luhrmann, Baz (Regie): ELVIS. Australien/USA 2022.

Lynch, David (Regie): LOST HIGHWAY. USA 1997.

Macdonald, Kevin (Regie): MARLEY. USA/Großbritannien/JAM 2012.

Mahoney, Brian (Regie): THE LOOKING GLASS MURDERS. Großbritannien 1970, faroutmagazine.co.uk/david-bowie-the-looking-glass-murders-watch-1970/ (29.8.2025).

Maysles, David/Maysles, Albert/Zwerin, Charlotte (Regie): GIMME SHELTER. USA 1971.

Michelin, Fabrice (Regie): IN NIGERIA: FELA KUTI ERFINDET DEN AFROBEAT. Frankreich 2023.

Miller, George (Regie): FURIOSA: A MAD MAX SAGA. Australien 2024.

Miller, George (Regie): MAD MAX – JENSEITS DER DONNERKUPPEL. Australien 1985.

Miller, George (Regie): MAD MAX II – DER VOLLSTRECKER. Australien 1981.

Miller, George (Regie): MAD MAX. Australien 1979.

Miller, George (Regie): MAD MAX: FURY ROAD. USA/Australien 2015.

Miller, George (Regie): MAD MAX: THE WASTELAND. Australien, Veröffentlichung für 2026 geplant.

Parker, Alan (Regie): PINK FLOYD THE WALL. Großbritannien 1982; DVD 1999 Tin Blue Ltd.

Parks, Gordon Jr. (Regie): SHAFT. USA 1971.

Peeble, Melvin van (Regie): SWEET SWEETBACK'S BAADASSSSS SONG. USA 1971.

Pennebaker, Donn Alan (Regie): MONTEREY POP. USA 1967.

Pennebaker, Donn Alan (Regie): WOODSTOCK DIARY. USA 1994.

Pennebaker, Donn Alan (Regie): SWEET TORONTO. (PEACE FESTIVAL). Kanada 1971.

Petersen, Wolfgang (Regie): DAS BOOT. Deutschland 1981.

Pinoteau, Claude (Regie): LA BOUM – DIE FETE. Frankreich 1980.

Questlove (Regie): SUMMER OF SOUL (...OR, WHEN THE REVOLUTION COULD NOT BE TELEVISED), USA 2021.

Rag, Harry (Regie): NACKTER ALS NACKT. Deutschland 2007.

Ray, Nicholas (Regie): REBEL WITHOUT A CAUSE. USA 1955.

Richardson, Tony (Regie): KELLY, DER BANDIT. Großbritannien 1970.

Roeg, Nicolas (Regie): THE MAN WHO FELL TO EARTH. Großbritannien 1976.

Schamoni, Peter (Regie): FRÜHLINGSSINFONIE. Deutschland 1983.

Schroeder, Barbet (Regie): LA VALLÉE. Frankreich 1972.

Scorsese, Martin (Regie): ROLLING THUNDER REVUE: A BOB DYLAN STORY. USA 2019.

Scorsese, Martin (Regie): NO DIRECTION HOME. BOB DYLAN. Großbritannien/USA 2005.

Sears, Fred F. (Regie): AUSSER RAND UND BAND. USA 1956.

Sebring, Steven (Regie): PATTI SMITH: DREAM OF LIFE. USA 2007.

Singer, Bryan (Regie): BOHEMIAN RHAPSODY. USA/Großbritannien 2018.

Snyder, Zack (Regie): SUCKER PUNCH. USA/Kanada 2011.

Sørensen, Per-Olav (Regie): THE PLAYLIST. Schweden 2022.

Spiers, Bob (Regie): SPICE WORLD. Großbritannien 1997.

Stone, Oliver (Regie): PLATOON. USA 1986.

Sung-hyung, Cho (Regie): FULL METAL VILLAGE. Deutschland 2006.

Sydow, Rolf von (Regie): DAS MESSER. BRD 1971.

Tchai-Gadjieff, Stephane/Flori, Jean-Jacques (Regie): FELA KUTI – MUSIC IS THE WEAPON. Frankreich 1982.

Temple, Julien (Regie): THE GREAT ROCK 'N' ROLL SWINDLE. Vereinigtes Königreich 1980.

THE MONKEES. USA 1966–1968.

The Rolling Stones: THE STONES IN THE PARK [1969]. Großbritannien 2021.

Thorpe, Richard (Regie): JAILHOUSE ROCK. USA 1957.

Tremaine, Jeff (Regie): JACKASS: THE MOVIE. USA 2002.

Tyrnauer, Matt (Regie): STUDIO 54 – DIE LEGENDÄRSTE DISCO ALLER ZEITEN. USA 2018.

Wadleigh, Michael (Regie): WOODSTOCK – 3 DAYS OF PEACE & MUSIC. USA 1970.

Warner Music Vision: LIVE AID/FEED THE WORLD. USA 2004.

Webb, Robert D. (Regie): LOVE ME TENDER. USA 1956.

Wheeler, Darby/Bascunan, Rodrigo (Regie). HIP-HOP EVOLUTION. Kanada 2016.

Zemeckis, Robert (Regie): BACK TO THE FUTURE. USA 1985.

Literatur

[N.N.]: Grundy banned. In: *The Guardian*, 3.12.1976, theguardian.com/theguardian/1976/dec/03/greatinterviews (7.11.2022).

[N.N.]: What a fucking rotter. In: *The Guardian*, 15.9.2007, theguardian.com/theguardian/2007/sep/15/greatinterviews (7.11.2022).

ABBAs offizielle Website: In Focus: Waterloo!, abbasite.com/articles/waterloo-39-years-since-abbas-breakthrough/ (12.12.2022).

Ackermann, Zano: Rocking the Culture Industry/Performing Breakdown: Pink Floyd's The Wall and the Termination of the Postwar Era. In: *Popular Music and Society*, 35:1 (2012), 1–23.

Adloff, Frank/Mau, Steffen (Hg.): *Vom Geben und Nehmen. Zur Soziologie der Reziprozität.* Frankfurt/M. 2005.

Adofo, Christian: *A Quick Ting on Afrobeats.* London 2022.

Adorno, Theodor W.: *Noten zur Literatur.* Frankfurt/M. 1974.

Adorno, Theodor W.: On Popular Music. In: Institute of Social Research (Hg.): *Studies in Philosophy and Social Science.* New York, NY 1941, IX, 17–48.

Afolayan, Adeshina/Falola, Toyin: *Fela Anikulapo-Kuti. Afrobeat, Rebellion and Philosophy.* New York, NY 2022.

Amburn, Ellis: *Buddy Holly. A Biography.* New York, NY 1995.

Ammon, Frieder von: Nie wieder Surfmusik. Jimi Hendrix: Are You Experienced. In: Gerhard Kaiser/Christoph Jürgensen/Antonius Weixler (Hg.): *Younger Than Yesterday. 1967 als Schaltjahr des Pop.* Berlin 2017, 70–87.

Ankeny, Jason: Grandmaster Flash. In: Vladimir Bogdanov (Hg.): *All Music Guide to Electronica: The Definitive Guide to Electronic Music.* San Francisco, CA 2001, 221–222.

Anz, Philipp/Meyer, Arnold: Die Geschichte von Techno. In: Philipp Anz/Patrick Walder (Hg.): *techno.* Reinbek bei Hamburg 1999, 10–28.

Apin, Nina/Schulz, Bert: „Wir wollten diese Beglückung". Dr. Motte zum Loveparade-Jubiläum (2014), taz.de/Dr-Motte-zum-Loveparade-Jubilaeum/!5039001/ (27.8.2024).

Arnett, Jeffrey Jensen: Emerging adulthood: A theory of development from the late teens through the twenties. In: *American Psychologist*, 55/5 (2000) 469–480.

Artmann, H. C.: *Das suchen nach dem gestrigen tag* [1964]. München 1978.

Auerochs, Bernd: Die blutige Taube. Versuch über Patti Smith. In: Albert Meier/Alessandro Costazza/ Gérard Laudin (Hg.): *Kunstreligion. Ein ästhetisches Konzept der Moderne in seiner historischen Entfaltung. Bd. 3: Diversifizierung des Konzepts um 2000. Berlin/Boston, MA 2014, 203–220.

Austerlitz, Saul: *Just A Shot Away. Peace, Love, and Tragedy with the Rolling Stones at Altamont.* New York, NY 2018.

Azerrad, Michael: Grunge City: The Seattle Scene. For real rockers, Seattle is the ultimate Wet Dream. In: *Rolling Stone*, 16.4.1992, rollingstone.com/music/music-news/grunge-city-the-seattle-scene-250071/ (1.3.2025).

Azerrad, Michael: *Nirvana – Come As You Are.* Innsbruck [8]1994.

Baldwin, James. *The Fire Next Time.* New York, NY [3]1963.

Balzer, Jens: Vor 60 Jahren erschien Nina Simones Protestsong *Mississippi Goddam.* In: *Rolling Stone*, Februar 2024, 57–61.

Balzer, Jens: *No Limit. Die Neunziger – das Jahrzehnt der Freiheit.* Berlin 2023.

Balzer, Jens: *Ethik der Appropriation.* Berlin 2022.

Balzer, Jens: *Schmalz und Rebellion. Der deutsche Pop und seine Sprache.* Berlin 2022.

Balzer, Jens: *Das entfesselte Jahrzehnt: Sound und Geist der 70er.* Berlin 2019.

Balzer, Jens: Meister des Neinsagens. In: *Die Zeit*, 25.1.2018.

Balzer, Jens: *Pop. Ein Panorama der Gegenwart.* Berlin 2016.

Balzer, Jens: Fehlfarben – „Grauschleier". In: *Rolling Stone*, 30.1.2015, rollingstone.de/111-songs-fehlfarben-grauschleier-360189/ (1.8.2025).

Banks, Jack: *Monopoly Television: MTV's Quest to Control the Music.* New York, NY 1996.

Barber, Simon: The Brill Building and the Creative Labour of the Professional Songwriter. In: Katherine Williams, Justin Williams (Hg.): *The Cambridge Companion to the Singer-Songwriter.* Cambridge 2016, 67–77.

Bärfuss, Lukas: *Koala.* Göttingen 2014.

Barnes, Mike: *A New Day Yesterday. UK Progressive Rock & The 70s.* London 2024.

Barnett, David: A Racial Divide, Diminished: What Was On The Radio In 1963. In: *National Public Radio* (10.7.2013), npr.org/2013/07/10/200465359/a-racial-divide-diminished-what-was-on-the-radio-in-1963 (30.8.2024).

Bärnthaler, Thomas/Reichardt, Lars: Ich gehe mit den Verstorbenen, die ich liebe durchs Leben. In: *Süddeutsche Zeitung*, 10.11.2022, 12–17.

Baßler, Moritz: Das Böse im System des Pop? Ästhetische und politische Urteile am Beispiel des Schlagers und Neoschlagers. In: Immanuel Nover und Kerstin Wilhelms (Hg.): *The Sound of Germany. Textpraxis. Digitales Journal für Philologie,* Sonderausgabe 5 (2021), dx.doi.org/10.17879/36029758144 (17.5.2023).

Baßler, Moritz: Camp: Susan Sontag. In: Ders./Eckhard Schumacher: *Handbuch Literatur & Pop.* Tübingen 2020, 84–95.

Baßler, Moritz: Soloalbum (1998). In: Moritz Baßler/Eckhard Schumacher (Hg.): *Handbuch Literatur & Pop.* Tübingen 2020, 524–537.

Baßler, Moritz et al. (Hg.): *Stadt.Land.Pop. Popmusik zwischen westfälischer Provinz und Hamburger Schule.* Bielefeld 2008.

Baudelaire, Charles: Die künstlichen Paradiese. In: Friedhelm Kemp/Claude Pichois (Hg.): *Charles Baudelaire. Sämtliche Werke/Briefe. In acht Bänden. Bd. 6: Les Paradis artificiels. Die künstlichen Paradiese.* München/Wien 1991, 53–187.

Baudrillard, Jean: *Simulation et simulacres.* Paris 1981.

Baxter, Richard L. et al.: A content analysis of music videos. In: *Journal of Broadcasting & Electronic Media* 29/3 (1985), 333–34.

Beatles, The: *Anthology.* San Francisco 2000.

Bebnowski, David: *Generation und Geltung. Von den ‚45ern' zur ‚Generation Praktikum' - übersehene und etablierte Generationen im Vergleich.* Bielefeld 2012.

Beckett, Samuel: *Worstward Ho.* New York, NY 1983.

Beeber, Steven Lee: *The Heebie Jeebies at CBGB's. A Secret History of Jewish Punk.* Chicago, IL 2006.

Bego, Mark: *Aretha Franklin. Queen of Soul.* Übers. von Ronit Jariv. Hamburg 2012 (amer. 1989).

Berendse, Gerrit-Jan: „And the Beat Goes On": Die Beat Generation und der neue Realismus in der DDR. In: *GDR Bulletin* 21 (1994), H. 2, 1–6.

Berg, Sibylle: *GRM. Brainfuck*. Köln 2019.

Berkenstadt, Jim/Cross, Charles R.: *Nirvana, Nevermind*. New York, NY/London/Sydney 1998.

Berman, Judy: Albums. Rid of Me. PJ Harvey. In: *Pitchfork*, 16.9.2018, pitchfork.com/reviews/albums/pj-harvey-rid-of-me/ (1.3.2025).

Bernstein, Jonathan et al.: The 500 Greatest Songs of All Time. In: *Rolling Stone*, 16.2.2024, rollingstone.com/music/music-lists/best-songs-of-all-time-1224767/the-kinks-waterloo-sunset-2-1225324/ (16.9.2024).

Bernstein, Jonathan et al.: The 500 Greatest Songs of All Time. In: *Rolling Stone*, 16.2.2024, rollingstone.com/music/music-lists/best-songs-of-all-time-1224767/daddy-yankee-feat-glory-gasolina-1225288/ (8.4.2025).

Bernstein, Jonathan et al.: The 500 Greatest Songs of All Time. In: *Rolling Stone*, 6.2.2024, rollingstone.com/music/music-lists/best-songs-of-all-time-1224767/bob-dylan-blowin-in-the-wind-3-1225238/ (15.8.2025).

Bernstein, Jonathan et al.: The 500 Greatest Albums of All Time. In: *Rolling Stone*, 31.12.2023, rollingstone.com/music/music-lists/best-albums-of-all-time-1062063/the-rolling-stones-let-it-bleed-2-1063192/ (17.9.2024).

Bernstein, Jonathan et al.: The 500 Greatest Albums of All Time. In: *Rolling Stone*, 31.12.2023, rollingstone.com/music/music-lists/best-albums-of-all-time-1062063/jay-z-the-blueprint-3-1063183/ (26.8.2025).

Bernstein, Jonathan et al.: The 500 Greatest Songs of All Time. In: *Rolling Stone*, 16.9.2021, au.rollingstone.com/music/music-lists/best-songs-of-all-time-30065/blue-oyster-cult-dont-fear-the-reaper-30118/ (26.10.2022).

Bernstein, Jonathan et al.: The 500 Greatest Songs of All Time. In: *Rolling Stone*, 16.9.2021, au.rollingstone.com/music/music-lists/best-songs-of-all-time-30065/erykah-badu-tyrone-30119/ (10.1.2023).

Berry, Chuck: *The Autobiography*. New York, NY 1987.

Bertrand, Michael B.: *Race, Rock and Elvis*. Champaign, IL 2000.

BestSellingAlbums.org: PARANOID by BLACK SABBATH sales and awards, bestsellingalbums.org/album/5462? (19.8.2025).

Bielefeldt, Christian: Rock 'n' Roll. In: Thomas Hecken/Thomas S. Kleiner (Hg.): *Handbuch Popkultur*. Stuttgart 2017, 25–30.

Bielefeldt, Christian: ,Kiss Me Ting-A-Ling'. Rock'n'Roll-Gesang bei Little Richard, Chuck Berry und Elvis Presley. In: Martin Pfleiderer (Hg.): *Stimme, Kultur, Identität. Vokaler Ausdruck in der populären Musik der USA, 1900–1960*. Bielefeld 2015, 335–369.

Bielefeldt, Christian: „Bring It On Home to Me". Anfänge des Soulgesangs. In: Martin Pfleiderer et. al. (Hg.): *Stimme Kultur Identität. Vokaler Ausdruck in der populären Musik der USA, 1900–1960*. Bielefeld 2015, 371–423.

Bielefeldt, Christian: Rock'n'Roll-Gesang bei Little Richard, Chuck Berry und Elvis Presley. In: Martin Pfleiderer et. al. (Hg.): *Stimme Kultur Identität. Vokaler Ausdruck in der populären Musik der USA, 1900–1960*. Bielefeld 2015, 335–370.

Blake, Mark: Wish You Were Here. In: *Pink Floyd. Their Mortal Remains*. London 2017, 228 237.

Blake, William: And did those feet in ancient time. In: Ders.: *Blake. The Complete Poems* [1971]. Hg. von W. H. Stevenson. London/New York, NY 1989, 491.

Blundy, David/Vallely, Paul: *With Geldof in Africa. Confronting the Famine Crises*. London 1985.

Blush, Steven: *When Rock Met Disco: The Story of How the Rolling Stones, Rod Stewart, Kiss, Queen, Blondie, and More Got Their Groove on in the Me Decade*. Essex, CT 2023.

Bockris, Victor/Malanga, Gerard: *up-tight. The Velvet Underground Story*. London u. a. 2002.

Bogdanov, Vladimir u. a. (Hg.): *All Music Guide to Soul*. San Francisco, CA 2003.

Bogner, Verena: *Not Your Business, Babe! Alles, was du als Frau über die Arbeitswelt wissen musst*. Köln 2023.

Bohn, Chris: A computer date with a showroom dummy. In: *New Musical Express*, 13.6.1981, 31–33.

Bonz, Jochen/Juliane Rytz/Johannes Springer (Hg.): *Lass uns von der Hamburger Schule reden. Eine Kulturgeschichte aus der Sicht beteiligter Frauen.* Mainz 2011.

Bootle, Emily: *Prom 45: Mississippi Goddam: A Portrait of Nina Simone is a thrilling celebration of a musical icon*, 22.8.2019, newstatesman.com/culture/music/2019/08/prom-45-mississippi-goddam-portrait-nina-simone-thrilling-celebration (15.3.2025).

Borcholte, Andreas: Das Femininomenon (2024), spiegel.de/kultur/musik/taylor-swift-charli-xcx-billie-eilish-und-beyonce-haben-das-musikjahr-2024-definiert-a-ba45bc22-5e8d-4a91-98a3-c8a80ec98e6f (25.5.2025).

Borcholte, Andreas: Döntjes mit Bob Dylan (2019), spiegel.de/kultur/tv/rolling-thunder-revue-von-martin-scorsese-doentjes-mit-bob-dylan-a-1272447.html (20.6.2025).

Bormann, Arnold: Tanzmusik in Theorie und Praxis. In: *Musik und Gesellschaft* (1954), H. 9, 336.

Borzillo-Vrenna, Carrie: *Kurt Cobain und Nirvana Chronik. Tagebuch einer Karriere.* Innsbruck 2004.

Bourdieu, Pierre: *Die Regeln der Kunst. Genese und Struktur des literarischen Feldes.* Frankfurt/M. 2001 (frz. 1992).

Bourdon, Jérôme: Unhappy engineers of the European soul: The EBU and the Woes of Pan-European television. In: *International Communication Gazette* 69/3 (2007), 263–280.

Bowman, Durrell: *Experiencing Peter Gabriel. A Listener's Companion.* Lanham, MD 2016.

Boyd, Joe: *And The Roots of Rhythm remain. A Journey through Global Music.* London 2024.

Boyd, Joe: *White Bicycles. Making Music in the 60s.* London 2006.

Bragg, Billy: The Joe I Knew. In: Antonino D'Ambrosio (Hg.): *Let fury have the hour. Joe Strummer, Punk, and the movement that shook the world.* New York, NY 2012, 223–225.

Brandstetter, Markus: Rolling Stone hat gewählt: Die 500 besten Alben aller Zeiten, 12.3.2024, rollingstone.de/rolling-stone-hat-gewaehlt-die-500-besten-alben-aller-zeiten-2-2681047/ (7.8.2025).

Brandstätter, Markus: 40 Jahre „Monarchie und Alltag". Fehlfarben-Gründungsmitglied Thomas Schwebel im Interview (1.10.2020), udiscover-music.de/popkultur/40-jahre-monarchie-und-alltag-fehlfarben-interview (1.8.2025).

Brasch, Thomas: Kargo. Frankfurt/M. 1977, 97f.

Brecht, Bertolt: *Bertolt Brechts Hauspostille.* Frankfurt/M. 1999

Breitenwischer, Dustin. *Die Geschichte des Hip-Hop. 111 Alben.* Ditzingen ³2025.

Breitman, Georg (Hg.): *By Any Means Necessary – Speeches, Interviews, and a Letter by Malcolm X.* New York, NY ⁴1971.

Brinkmann, Rolf Dieter /Rygulla, Ralf-Rainer (Hg.): *Acid. Neue amerikanische Szene.* Berlin/Schlechtenwegen 1969.

Brössel, Stephan: ‚The evil of the Thriller': Multimodalität am Beispiel von Michael Jacksons *Thriller.* In: Hans Krah/Romina Seefried (Hg.): *Multimodalität als ‚Medialität zweiter Ordnung'. Lesarten eines text-, bild-, medienübergreifenden ‚Dispositivs'* (2023), 117–145.

Brunner, Tobias: „Hat Spotify 750 000 Songs von Independent-Artists gelöscht?", *Lyrics. Die Schweizer Hip-Hop-Plattform*, 13.1.2021, lyricsmagazin.ch/artikel/hat-spotify-750000-songs-von-independent-artists-geloscht (1.3.2025).

Büro des Präsidiums des Ministerrates der DDR (Hg.): Anordnung über die Programmgestaltung bei Unterhaltungs- und Tanzmusik. In: *Gesetzblatt der Deutschen Demokratischen Republik,* Teil I, Nr. 4, 1958. Berlin 1958, 38–39.

Burroughs, William S.: *Junky.* New York, NY 1977. Zuerst veröffentlicht als William Lee (Pseudonym): Junkie. New York, NY 1953.

Bush, George Sr.: Proclamation 6358. Country Music Month, 15.10.1991 (1991), presidency.ucsb.edu/documents/proclamation-6358-country-music-month-1991 (25.5.2025).

Bush, John: Gil Scott-Heron. In: Vladimir Bogdanov u.a. (Hg.): *All Music Guide to Soul.* San Francisco, CA 2003, 603.

Bush, John: Superfly. In: Vladimir Bogdanov u. a. (Hg.): *All Music Guide to Soul*. San Francisco, CA 2003, 452.

Buskies, Gunther/Jonas Engelmann (Hg.): *Monarchie und Alltag. Ein Fehlfarben-Songcomic*. Mainz 2022.

Büsser, Martin: *Wie klingt die Neue Mitte. Rechte und reaktionäre Tendenzen in der Popmusik*. Mainz 2001.

Butler, Judith: *Das Unbehagen der Geschlechter*. Frankfurt/M. 1991.

Cameron, Keith: Anger Management. In: *Mojo the Music Magazine*, Oktober 2011, 77.

Camus, Albert: La Chute [1956]. In: Ders.: *Œvres complètes*. Bd. 3: 1948–1956. Hg. von Raymond Gay-Crosier et al. Paris 2008, 695–765.

Carles, Philippe/Comolli, Jean-Louis: *Free Jazz – Black Power*. Übers. von Frederica und Hansjörg Pauli. Frankfurt/M. 1973 (frz. 1971).

Carlin, Peter Ames: *Catch a Wave. The Rise, Fall & Redemption of the Beach Boys' Brian Wilson*. New York, NY 2006.

Carlsson, Sven/Jonas Leijonhufvud: *The Spotify Play. How CEO and Founder Daniel Ek Beat Apple, Google, and Amazon in the Race for Audio Dominance*. New York, NY 2021 (schwed. 2019).

Carr, Ian: *Miles Davis. The Definitive Biography* [1982]. Revised Edition. London 1998.

Carroll, Lewis: *Alice's Adventures in Wonderland* [1865]. In: Ders.: *Alice in Wonderland Collection. All Four Book*, Los Angeles, CA 2016, 7–83.

Carter, Jimmy: *Statement by the President on the Death of Elvis Presley (1977). The American Presidents Project,* presidency.ucsb.edu/documents/statement-the-president-the-death-elvis-presley (25.5.2025).

Cash, Johnny: *Cash. The Autobiography. With Patrick Carr*. London 2006.

Chandler, Adam: What Happened to Nina Simone ? A new documentary explores the High Pristess of Soul's inimitable voice in song and activism. In: *The Atlantic*, 27.6.2015, the-atlantic.com/entertainment/archive/2015/06/nina-simone-and-mississippi-goddam/396923/ (15.3.2025).

Clark, Bill: Deep Cuts: Grunge. In: *Bullz-eye*, bullz-eye.com/2007/04/29/deep-cuts-grunge/ (1.3.2025).

Clerc, Benoît: *David Bowie. Alle Songs. Die Geschichten hinter den Tracks*. Bielefeld 2021.

Cobain, Kurt: *Tagebücher*. Übers. von Clara Drechsler/Harald Hellmann. Köln 2008.

Cohen, Scott: Motorhead is the Loudest Band on Earth. In: *Spin*, 10.2.1986.

Cohodas, Nadine: *Mississippi Goddam* – Nina Simone 1964. Added to the National Registry: 2018, loc.gov/static/programs/national-recording-preservation-board/documents/Mississippi-Goddam.pdf (15.3.2025).

Cohodas, Nadine: *Princess Noire. The Tumultuous Reign of Nina Simone*. New York, NY 2010.

Coleman, Brian. *Check the Technique: Liner Notes for Hip-Hop Junkies*. New York, NY 2007.

Collins, John: *Fela: Kalakuta Notes*. London 2015.

Coupland, Douglas: *Generation X. Tales for an Accelerated Culture*. New York, NY 1991.

Courrier, Kevin: *Trout Mask Replica*. London 2007.

Crenshaw, Kimberlé: Mapping the Margins. Intersectionality, Identity, Politics, and Violence against Women of Color. In: *Stanford Law Review*. 43/6 (Juli 1991), 1241–1299.

Cribb, David: ‚Live Forever' Greatest Song Ever. Oasis top a poll by Q magazine to find the greatest song of all time, 28.8.2006, digitalspy.com/music/a36366/live-forever-greatest-song-ever/ (1.3.2025).

Crimesider Staff: Kurt Cobain death scene photos. In: *CBS News*, cbsnews.com/pictures/new-kurt-cobain-death-scene-photos/33/ (1.3.2025).

Cross, Charles R.: *Room Full of Mirrors. A Biography of Jimi Hendrix*. New York, NY 2005.

Crouse, Richard: *Big Bang, Baby. Rock Trivia*. Toronto/Oxford 2000.

Dale, Pete: *Year zero for British punk was 1976 – but there had long been anarchy in the USA*. In: The Conversation, 23.6.2016, theconversation.com/year-zero-for-british-punk-was-1976-but-there-had-long-been-anarchy-in-the-usa-61329 (4.10.2023).

Dallach, Christoph: *Future Sounds. Wie ein paar Krautrocker die Popwelt revolutionierten*. Berlin 2021.

Dalton, David/Kaye, Lenny: *Rock 100. The Greatest Stars of Rock's Golden Age*. New York, NY 1999.

Daniel, Anna/Hillebrandt, Frank: Die multiple Formation der Popmusik. Eine praxissoziologische Perspektive. In: Dies.: (Hg.): *Die Praxis der Popmusik, soziologische Perspektiven*. Wiesbaden 2019, 1–42.

Davies, Ray: *X-Ray. The Unauthorized Autobiography*. Woodstock/New York, NY 1995.

Davis, Miles /Troupe, Quincy: *The Autobiography*. New York, NY 2011.

De Quincey, Thomas: *The Works of Thomas De Quincey. Vol. 2: Confessions of an English Opium Eater 1921-1856*. Hg. von Grevel Lindop. London 2000.

Decker, Jan-Oliver: Madonna multimodal. Körper und Starpersona im digitalen Zeitalter. In: Hans Krah/Romina Seefried (Hg.): *Schriften zur Kultur- und Mediensemiotik Online 12/2023: Multimodalität*, 225–256. https://www.kultursemiotik.com/wp-content/uploads/2023/01/Multimodalitaet_Krah_Seefried.pdf

Decker, Jan-Oliver: Starmythen. Mythische Stars als ‚Trickster' im 20. und 21. Jahrhundert am Beispiel von Marlene Dietrich, Marilyn Monroe, Madonna und Michael Jackson. In: Stephanie Wodianka/Juliane Ebert (Hg.): *Inflation der Mythen? Zur Vernetzung und Stabilität eines modernen Phänomens*. Bielefeld 2016, 79–108.

Decker, Jan-Oliver: *Madonna: Where's That Girl? – Starimage und Erotik im medialen Raum*. Kiel 2005.

Deleuze, Gilles: Postskriptum über die Kontrollgesellschaften. In: Ders.: *Unterhandlungen. 1972-1990*. Frankfurt/M. 1993, 254–262.

Deming, Mark: The Soft Boys Biography. In: *Allmusic*, allmusic.com/artist/mn0000501802 (1.9.2015).

Denisoff, R. Serge.: *Inside MTV*. New York, NY 1988.

Denk, Felix/Thülen, Sven von: *Der Klang der Familie*. Berlin 2014.

DeRogatis, Jim: *The Velvet Underground. An Illustrated History of a Walk on the Wild Side*, Minneapolis, MN 2009.

Detering, Heinrich: *Bob Dylan*. Stuttgart 2016.

Detering, Heinrich: *Die Stimmen aus der Unterwelt. Bob Dylans Mysterienspiele*. München 2016.

Detering, Heinrich: Elvis Presley. In: Peter Kemper (Hg.): *Von Abba bis Zappa. Die Klassiker des Rock und Pop*. Stuttgart 2015, 413–427.

Detering, Heinrich: Der Schamane in Las Vegas: Elvis als Serienheld (1969-1977). In: Frank Kelleter (Hg.): *Populäre Serialität. Narration - Evolution - Distinktion*. Paderborn 2012, 75–96.

Diederichsen, Diedrich: 3 × Deutschland: Ausland, Kosmos, Nichtdrüben. In: Markus Joch/Christoph Jürgensen/Gerhard Kaiser (Hg.): *Protestpop und Krautrock*. Berlin 2024, 11–24.

Diederichsen, Diedrich: *Über Pop-Musik*. Köln 2014.

Diederichsen, Diedrich: *Pop - deskriptiv, normativ, emphatisch*. In: Charis Goer/Stefan Greif/Christoph Jacke (Hg.): *Texte zur Theorie des Pop*. Stuttgart 2013, 185–195.

Diederichsen, Diedrich: *Musikzimmer. Avantgarde und Alltag*. Köln 2005.

Diederichsen, Diedrich: Breakfast for Children - Produktive Missverständnisse - Woodstock. In: Ders.: *Freiheit macht arm. Das Leben nach Rock'n'Roll 1990-93*. Köln 1995.

Diederichsen, Diedrich: The Kids Are Not Alright. Abschied von der Jugendkultur. In: *Spex* 11 (1992), 28–34.

Diederichsen, Diedrich: Deutschland - Noiseland. Begleitheft zur Compilation: *Geräusche für die 90er*. What's So Funny About 1990.

Diederichsen, Diedrich: Lou Reed - Im Bauch von New York. In: *Spex. Magazin für Popkultur*, März 1989, 46–50.

Diehl, Matt: It's a Joni Mitchell Concert, Sans Joni. In: *Los Angeles Times*, 22.4.2010, latimes. com/archives/la-xpm-2010-apr-22-la-et-jonimitchell-20100422-story.html (17.8.2024).

Dietrich, Gerd: *Kulturgeschichte der DDR. Bd. 2: Kultur in der Bildungsgesellschaft 1958–1976.* 2., überarb. Aufl. Göttingen 2019.

Diez, Georg: Böhse Enkelz. Neuer deutscher Pop. In: *Frankfurter Allgemeine Zeitung*, 23.8.2004.

Distelmeyer, Jochen: Pferde auf der Wiese. In: *Rolling Stone*, 4/2024, 44–45.

DJ Semtex: *Hip Hop Raised Me*. Mit einem Vorwort von Chuck D. Zürich 2018.

Dolan, Jon: Lou Reed, Sänger von The Velvet Underground und Rock-Pionier, ist tot. In: *Rolling Stone*, 28.20.2013, rollingstone.de/lou-reed-saenger-von-the-velvet-underground-und-rock-pio-nier-ist-tot-361225/ (6.2.2016).

Döpfner, Mathias/Thomas Garms: *Neue Deutsche Welle: Kunst oder Mode*, Frankfurt/M./Berlin/Wien 1984.

Drepper, Daniel/ Kampf, Lena: *Row Zero. Gewalt und Machtmissbrauch in der Musikindustrie.* Köln 2024.

Drücke, Florian/Bundesverband der Musikindustrie: *Musikindustrie in Zahlen. 2014*, musikindus-trie.de/fileadmin/bvmi/upload/06_Publikationen/MiZ_Jahrbuch/bvmi-2014-jahrbuch-musik-industrie-in-zahlen-epaper.pdf (1.3.2025).

Duffett, Mark: Sworn. In: Today, Bill Grundy And The Sex Pistols. In: Ian Inglis (Hg.): *Popular Music and Television in Britain*. Farnham u. a. 2010, 85–104.

Dundy, Elaine: *Elvis und Gladys*. Mississippi, MS 1986.

Duve, Karen: *Dies ist kein Liebeslid*. Berlin 2002, 45.

Dylan, Bob: *Chronicles. Volume One*. Hamburg 2004.

Easlea, Daryl: *Das Leben und die Musik von Peter Gabriel*. Höfen 2014.

Easlea, Daryl: Booklet von The Fall: *The Complete Peel Sessions 1978–2004*. Castle Music 2005.

Eder, Bruce: Curtis. In: Vladimir Bogdanov u. a. (Hg.): *All Music Guide to Soul*. San Francisco, CA 2003, 452.

Edmonds, Ben: *What's Going On? Marvin Gaye and the Last Days of the Motown Sound*. Edinburgh 2001.

Edvardsen, Tommy/ Larsen, Atle Simen. *Elvis Presley: Fashion For A King*. Oslo 2011.

Ege, Moritz: *Schwarz werden. ‚Afroamerikanophilie‘ in den 1960er und 1970er Jahren*. Bielefeld 2007.

Ehnert, Günter. *Hit Bilanz: Deutsche Chart Singles 1956–1980*. Hamburg 1990, 374.

Ehrlich, Brenna: Madonna, Material Girl. In: *Rolling Stone*, 3.8.2021, au.rollingstone.com/music/music-lists/best-music-videos-28407/madonna-material-girl-28455/ (11.12.2022).

Eickelpasch, Rolf/Claudia Rademacher: *Identität*. Bielefeld 2004.

Elder, Lee Erica: #328: Sonic Youth, "Daydream Nation" (1988) (2021), thers500.com/albums/328-sonic-youth-daydream-nation-1988 (1.9.2025).

Elflein, Dietmar: *Schwermetallanalysen. Die musikalische Sprache des Heavy Metal*. Bielefeld 2010.

Eliot, T. S.: Philip Massinger [1920]. In: Ders.: *The Complete Prose of T. S. Eliot*. Hg. von Anthony Cuda und Ronald Schuchard. Kritische Ausgabe. Bd. 2: *The Perfect Critic (1919–1926)*. Baltimore, MD/London 2021, 244–259.

Ellis, Ian: *Rebels with Attitude. Subversive Rock Humorists*. Berkeley 2008.

Eno, Brian: Edges and Center. In: Anton Corbijn (Hg.): *Everybody Hurts*. München 2003, 212–224.

Espinoza Garrido, Lea: Beyoncé. In: Juliane Streich (Hg.): *These Girls. Ein Streifzug durch die feministische Musikgeschichte*. Mainz 2019, 232–233.

Evatt, Cris: *Männer sind vom Mars, Frauen von der Venus*. Landsberg am Lech 1994.

Evers, Kevin: *There's Nothing Like This. The Strategic Genius of Taylor Swift*. Boston, Mass. 2025.

Falkenhagen, Charlott: Der Film ELVIS zwischen *Appropriation* und *Appreciation*. Impulse für eine bilinguale Auseinandersetzung mit Buz Luhrmanns Biopic im Musikunterricht. In: Claudia Hartling/Susanne Vollberg (Hg.): *Leidenschaft Filmmusik. Theorie – Praxis – Vermittlung*. Marburg 2024, 317–332.

Ferchhoff, Winfried: Musikalische Jugendkulturen in den letzten 65 Jahren. 1945–2010. In: Robert Heyer/Sebastian Wachs/Christian Palentien (Hg.): *Handbuch Jugend – Musik – Sozialisation*. Wiesbaden 2013, 19–123.

Fiedler, Leslie: *Cross the Border, Close the Gap*. In: *Playboy*, Dezember 1969.

Fielding, Helen: *Bridget Jones's Diary*. London 1996.

Fields, Danny: *My Ramones*. London 2018.

Fisher, Mark: *Gespenster meines Lebens. Depression, Hauntology und die verlorene Zukunft*. Berlin 2015.

Fleig, Michael: Michel Gondry und Spike Jonze – Auteurs des Musikvideos. In: Kathrin Dreckmann (Hg.): *Musikvideo Reloaded. Über historische und aktuelle Bewegtbildästhetiken zwischen Pop, Kommerz und Kunst*. Berlin/Boston, MA 2021, 125–144.

Fleischer, Laura Patrizia/Hecken, Thomas: Beat. In: Thomas Hecken/Thomas S. Kleiner (Hg.): *Handbuch Popkultur*. Stuttgart 2017, 30–35.

Foucault, Michel: *Überwachen und Strafen. Die Geburt des Gefängnisses*. Frankfurt/M. 1994.

Frank, Josh/Ganz, Caryn: *Fool the World: The Oral History of a Band Called Pixies*. New York, NY 2006.

Fraunhofer Institut für Integrierte Schaltungen IIS: „30 Jahre .mp3: Drei Zeichen die die Welt veränderten", 25.6.2025, iis.fraunhofer.de/de/magazin/panorama/2025/30-jahre-mp3.html (1.3.2025).

Freud, Sigmund: *Das Unheimliche* [1919]. Ditzingen 2020.

Fricke, David: 20 Essential Grateful Dead Shows (2020), rollingstone.com/feature/grateful-dead-shows-david-fricke-247878/ (19.8.2025).

Fricke, David: Courtney Love: Life Without Kurt. In: *Rolling Stone*, 15.12.1994, rollingstone.com/music/music-news/courtney-love-life-without-kurt-81520/ (1.3.2025).

Fricke, David: Zen Arcade (1985), rollingstone.com/music/music-album-reviews/zen-arca-de-205974/ (9.8.2025).

Fricke, David: AC/DC: wired for success. In: *Circus*, Januar 1979, 26–27.

Fricke, David/Fields, Danny: *Hey Ho Let's Go! The Anthology liner notes*. Booklet. Rhino Entertainment/Sire 1999.

Frith, Simon et al.: *The history of live music in Britain, 3: 1985–2015, from Live Aid to Live Nation*. London 2021.

Frith, Simon: Euro pop. In: *Cultural Studies* 3/2 (1989), 166–172.

Fritsch, Birte: Skunk Anansie. In: Juliane Streich (Hg.): *These Girls. Ein Streifzug durch die feministische Musikgeschichte*. Mainz 2019, 207–208.

Frömberg, Wolfgang: Vier Tracks in zwölf Stunden. Eine Session für John Peel (1939–2004). In: *Spex. Das Magazin für Popkultur* 283/12 (2004), 46.

Fuchs, Walter: *Die Geschichte der Country-Music. Zentren, Stile, Lebensläufe*. Bergisch-Gladbach 1980.

Fukuyama, Francis: *The End of History and the last Man*. London 1992; dt.: *Das Ende der Geschichte. Wo stehen wir?* München 1992.

Fukuyama, Francis: The End of History? In: *The National Interest* 16 (1989), 3–18.

Fulford-Jones, Will: Frank Sinatra. In The Wee Small Hours (1955). In: Robert Dimery (Hg.): *1001 Alben. Musik, die Sie hören sollten, bevor das Leben vorbei ist*. 5., aktualisierte Aufl. Zürich 2010, 22.

Garner, Ken: *The Peel Sessions. A story of teenage dreams and one man's love of new music*. London 2007.

Gauger, Joachim: „Spaßveranstaltung" ohne Demo-Status (2001), laut.de/News/Loveparade-Spassveranstaltung-ohne-Demo-Status-29-06-2001-586 (27.8.2024).

Gehlen, Dirk von: *Mashup*. Berlin 2011.

Geldof, Bob (mit Paul Vallely): *Is that it?* Harmondsworth 1986.

Genette, Gérard: *Palimpseste. Die Literatur auf zweiter Stufe*. Frankfurt/M. 1993.

Gibson, James J.: *Wahrnehmung und Umwelt*. 1982/1979 München.

Gibson, James J.: The theory of affordances. In: Robert Shaw/John Bransford (Hg.): *Perceiving, Acting and Knowing*. New York, NY 1977, 67–82.

Giersdorf, Jens Richard: *Volkseigene Körper. Ostdeutscher Tanz seit 1945*. Bielefeld 2014 (engl. 2013).

Giessen, Hans W.: Eine frühe mediale Beschäftigung mit der Genderproblematik aus der Männerperspektive – zu Herbert Grönemeyers Popsong ‚Männer‘ und seinen Folgen. In: *Studia theodisca* 19 (2012), 113–129.

Gilbert, Pat: *Passion Is a Fashion. The Real Story of The Clash*. London 2004.

Gilbert, Sophie: *Girl vs. Girl. Wie Popkultur Frauen gegeneinander aufbringt*. München 2025.

Gill, Peter: *Famine and Foreigners: Ethiopia Since Live Aid*. Oxford 2012.

Gillett, Charlie: *The Sound of the City*. New York, NY 1970.

Gilroy, Paul: „Could You Be Loved?" Bob Marley, Anti-Politics and Universal Sufferation. In: *Critical Quarterly* 47 (2005), H. 1, 226–245.

Goethe, Johann Wolfgang von: *Goethes Werke. Hamburger Ausgabe in 14 Bänden*. Bd. 12: Schriften zur Kunst, Schriften zur Literatur, Maximen und Reflexionen. 7., überarbeitete Auflage. Hg. von Erich Trunz. München 1973.

Goetz, Rainald: Wilhelm Meisters Wanderjahre. Dienstag, 1. Mai 2007, Berlin. In: Ders.: *Klage*. Frankfurt/M. 2014, 121–122.

Goetz, Rainald: *Rave*. Frankfurt/M. 1998.

Goldberger, Paul: New York in the 1970s. In: Ian Schrager /Paul Goldberger/Bob Colacello: *Studio 54*. New York, NY 2017, 11–15.

Goldschmidt, Aenne/Lettow, Rosemarie/Fritsch, Albin: *Der Tanz in der Laienkunst*. Halle (Saale) 1952.

Goldstein, Jürgen: Nick Drake. Eine Annäherung. Berlin 2025.

Goodall, Howard: 'Painters, Pipers, Prisoners'. The Musical Legacy of Pink Floyd. In: *Pink Floyd. Their Mortal Remains*. London 2017, 81–112.

Grabowsky, Ingo: Die ZDF-Hitparade und ihre Bedeutung für die Populäre Musik. In: Andreas Tichler (Hg.): *Die Chronik der ZDF-Hitparade: Die Ära Dieter Thomas Heck von 1969–1984*. Wien 2020, 16–20.

Granata, Charles L.: *Brian Wilson und die Beach Boys. Die Entstehung von Pet Sounds*. Höfen 2003.

Grasskamp, Walter: *Das Cover von Sgt. Pepper. Eine Momentaufnahme der Popkultur*. Berlin 2004.

Grätz, Ina/Schulze, Sabine (Hg.): *Apple Design*. Ostfildern 2011.

Gray, Michael: *The Bob Dylan Encyclopedia*. London/New York, NY 2006.

Grether, Kerstin: Macht verrückt, was euch verrückt macht. In: *Spex* 10 (1994), 24–29.

Gronow, Pekka: The Record Industry: The Growth of a Mass Medium. In: *Popular Music* 3 (1983), 53–75.

Gröschel, Roland: Als Bill Haley noch Klassenfeind war. In: *taz*, 19.6.1990, 23.

Groß, Thomas: Scheibengericht: Sonic Youth /Hannes Wader/Hallelujah Ding Dong Happy Happy/Baby you know/The Schramms/Galliano. In: *die tageszeitung*, 3.8.1992, 13.

Großmann, Rolf: Phonographic Work. Reading and Writing Sound. In: Jens Gerrit Papenburg/ Holger Schulze (Hg.): *Sound as Popular Culture. A Research Companion*. Cambridge 2016, 355–366.

Großmann, Rolf: Die Geburt des Pop aus dem Geist der phonographischen Reproduktion. In: Christian Bielefeldt et al. (Hg.): *Popmusicology. Perspektiven der Popmusikwissenschaft*. Bielefeld 2008, 119–134.

Grotum, Thomas: Die Bill-Haley -Tournee 1958. „Rock 'n' Roll Panic" in der Bundesrepublik Deutschland. In: Bodo Mrozek/Alexa Geisthövel/Jürgen Danyel (Hg.): *Popgeschichte. Bd. 2: Zeithistorische Fallstudien 1958–1988*. Bielefeld 2014, 19–38.

Grow, Kory: 100 Greatest Metal Albums of All Time. In: *Rolling Stone*, 21.6.2017.

Guesdon, Jean-Michel/Philippe Margotin: *Led Zeppelin. All the Songs – The Story Behind Every Track* [frz. 2018]. New York, NY 2018.

Guesdon, Jean-Michel/Margotin, Philippe: *Beatles Total. Die Geschichten hinter den Songs.* 2. Aufl. Bielefeld 2014.

Gulla, Bob: *Icons of R&B and Soul. An Encyclopedia of the Artists who Revolutionized Rhythm.* Westport 2008.

Guralnick, Peter: *Careless Love. The Unmaking of Elvis Presley.* Boston, MA 1999.

Guralnick, Peter: *Last Train to Memphis. The Rise of Elvis Presley.* Boston, MA/New York, NY/ London 1994.

Guralnick, Peter: *Sweet Soul Music. Rhythm and Blues and the Southern Dream of Freedom.* New York, NY 1986.

Güsken, Jessica: *Beispiele des Hässlichen in der Ästhetik (1750-1850).* Göttingen 2022.

Gutmair, Ulrich: Kebabträume in der Mauerstadt. In: *Merkur* 864/5 (2021), 9–27.

Gutmair, Ulrich: *Die ersten Tage von Berlin. Der Sound der Wende.* Stuttgart 2013.

Haberl, Tobias: *Der gekränkte Mann. Verteidigung eines Auslaufmodells.* München 2022.

Haden-Guest, Anthony: *The Last Party. Studio 54, Disco & the Culture of the Night.* New York, NY 2009 [1997].

Haemmerli, Thomas: *Trau keinem über sechzig. Entrüstung eines Nachgeborenen.* In: *NZZ Folio,* 1.7.1993.

Haffke, Maren: *Archäologie der Tastatur. Musikalische Medien nach Friedrich Kittler und Wolfgang Scherer.* Paderborn 2019.

Haffke, Maren: Was weiß Musik über Medien? Medienarchäologie, Akustik und musikalisches Wissen im Anschluss an Friedrich Kittler. In: Bettina Schlüter/Axel Volmar (Hg.): *Von akustischen Medien zur auditiven Kultur. Zum Verhältnis von Medienwissenschaft und Sound Studies.* Siegen 2015, 31–50.

Halfon, Simon (Hg.): *Oasis Supersonic. The Complete, Authorised and Uncut Interviews.* London 2021.

Hall, Stuart: Die Frage der kulturellen Identität. In: Ders.: *Rassismus und kulturelle Identität. Ausgewählte Schriften 2.* Hamburg 1994, 180–222.

Hallam, Sarah: #5: Nice Music, Shit Clothes. In: *Music & Beans,* 15.1.2021, sarahhallam.substack. com/p/5-nice-music-shit-clothes (1.3.2025).

Halperin, Ian: *Who Killed Kurt Cobain. The Mysterious Death of an Icon.* Secaucus, NJ 1998; dt. *Mordfall Kurt Cobain. Was bisher verschwiegen wurde.* München 2004.

Hamilton, Jack: The Unknowable Joni Mitchell (Nov. 2017), theatlantic.com/magazine/archive/2017/11/the-unknowable-joni-mitchell/540618/ (26.8.2024).

Hamilton, Jack: *Just around Midnight. Rock and Roll and the Racial Imagination.* Cambridge/ London 2016.

Hanowell, Holger: *Johnny Cash. 100 Seiten.* Stuttgart 2022.

Harmon, Rose: The Clash Between Oasis and Blur: The Rivalry Explained. In: *Medium,* 20.1.2021, medium.com/the-rise-to-fame/the-clash-between-oasis-and-blur-and-how-it-relates-to-the-current-unrest-in-america-part-one-e43f656cd52d (1.3.2025).

Harrington, Joe S.: *Sonic Cool. The Life & Death of Rock'n'Roll.* New York, NY 2002.

Harrington, Richard: Springsteen's Debt to Orbison (1987), washingtonpost.com/archive/lifestyle/1987/01/28/springsteens-debt-to-orbison/4d419e26-b86b-493f-a0ed-c961199f19f5/ (30.7.2025).

Harris, James F.: *Philosophy at 33 1/3 rpm. Themes of Classic Rock Music.* Chicago, IL 1993.

Harris, John: Cool Britannia: where did it all go wrong? Twenty years after Labour's landslide win, did the patriotism and triumphalism of 1997 sow the seeds of Brexit? In: *The New Statesman,* 1.5.2017, newstatesman.com/politics/2017/05/cool-britannia-where-did-it-all-go-wrong (1.3.2025).

Harris, John: *The Dark Side of the Moon. The Making of the Pink Floyd Masterpiece.* London et al. 2005.

Harris, John: *Britpop! Cool Britannia and the Spectacular Demise of English Rock*. Cambridge, MA 2004.

Hartleib, Anastasia: Lauryn Hill. In: Juliane Streich (Hg.): *These Girls. Ein Streifzug durch die feministische Musikgeschichte*. Mainz 2019, 198–199.

Hartman, Kent: *The Wrecking Crew: The Inside Story of Rock & Roll's Best-Kept Secret*. New York, NY 2012.

Hecken, Thomas/Kleiner, Thomas S. (Hg.): *Handbuch Popkultur*. Stuttgart 2017.

Hegemann, Helene: *Patti Smith*. Köln 2021.

Heidegger, Martin: *Sein und Zeit* [1927]. Tübingen 2001.

Hellmuth, Iris: Die erste Love Parade: „Wir donnerten unseren Sound in die Stadt" (2009), spiegel. de/geschichte/20-jahre-love-parade-a-949857.html (21.8.2024).

Herbert, Ulrich: *Geschichte der Ausländerpolitik*. München 2001.

Herrenbrück, Sigrid: 40 Jahre offizielle deutsche Charts: Eine Musikinstanz feiert Jubiläum, 29.8.2017, musikindustrie.de/presse/presseinformationen/40-jahre-offizielle-deutsche-charts-eine-musikinstanz-feiert-jubilaum (19.12.22).

Hertsgaard, Mark: *The Beatles. Die Geschichte ihrer Musik*. München 1996.

Hertsgaard, Mark: *A Day In The Life. The Music and Artistry of The Beatles*. New York, NY 1995.

Heylin, Clinton: *Bob Dylan: Behind The Shades. The 20ᵗʰ Anniversary Edition*. London 2011.

Hilburn, Robert: *Johnny Cash. The Life*. London 2013.

Hill, Sarah: Ending it all. Genesis and Revelation. In: *Popular Music* 32 (16.5.2013), 197–221.

Hillebrandt, Frank: *Praktiken des Tauschens. Zur Soziologie symbolischer Formen der Reziprozität*. Wiesbaden 2009.

Hiller, Joachim: New York Dolls: Dancing Naked Monkeys (2006), ox-fanzine.de/interview/new-york-dolls-2224 (1.8.2025).

Hinners, Andreas: *Progressive Rock: Musik zwischen Kunstanspruch und Kommerz*. Marburg 2005.

Hinrichs, Peter: *Wacken. Ein Dorf wird Metropole und Marke*. Göttingen 2011.

Hirte, Markus: Mordballaden: Vom Schinderhannes zu Rammstein und Nick Cave. In: Britta Lange/Martin Roeber/Christoph Schmitz-Scholemann (Hg.): *Verbrechen und Sprache*. Berlin/ Boston, MA 2021, 109–136.

Hofacker, Ernst: *Die 70er: Der Sound eines Jahrzehnts*. Ditzingen 2020.

Hofacker, Ernst: *1967. Als Pop unsere Welt für immer veränderte*. Ditzingen 2016.

Hoffmann, Ulrich: *Grönemeyer. Biografie*. Hamburg 2003.

Höfig, Eckhart: *Heimat in der Popmusik. Identität oder Kulisse in der deutschsprachigen Popmusikszene vor der Jahrtausendwende*. Gelnhausen 2000.

Hofmann, Hans-Georg: „Die Tanzmusik muss neue Wege gehen." Bemerkungen zur kulturtheoretischen Diskussion der Tanz- und Unterhaltungsmusik in der DDR in den 1950er und 60er Jahren und zu ihrem Einfluss auf die Musikpraxis. In: Mathias Spohr (Hg.): *Geschichte und Medien der „gehobenen Unterhaltungsmusik"*. Zürich 1999, 147–163.

Hogan, Peter: *The Rough Guide to the Velvet Underground*. London 2007.

Holden, Stephen.: Madonna Video Goes Too Far for MTV. In: *The New York Times*, 28.11.1990, 13.

Holert, Tom/Mark Terkessidis (Hg.): *Mainstream der Minderheiten. Pop in der Kontrollgesellschaft*. Berlin 1996.

Holl, Ute: Kittler on Music. In: Jeffrey Champlin/Antje Pfannkuchen (Hg.): *The Technological Introject. Friedrich Kittler between Implementation and the Incalculable*, New York, NY 2018, 209–230.

Hook, Peter: *Unknown Pleasures. Die Joy Division Story*. Berlin 2013 (engl. 2012).

Horkheimer, Max/Adorno, Theodor W.: *Dialektik der Aufklärung. Philosophische Fragmente*. Frankfurt/M. 2000.

Horkheimer, Max/W. Adorno, Theodor: *Dialektik der Aufklärung. Philosophische Fragmente*. In: Theodor W. Adorno: *Gesammelte Schriften*. Bd. 3. Hg. von Rolf Tiedemann. Frankfurt/M. 1997.

Horkheimer, Max/W. Adorno, Theodor: Kulturindustrie. Aufklärung als Massenbetrug. In: Dies.: *Dialektik der Aufklärung. Philosophische Fragmente* [1944]. Frankfurt/M. 1973, 108–150.

Horn, Katrin: It Wasn't God Who Made Konkey Tonk Angles. Geschlechterrollen und Klassenzugehörigkeit in Country Music, 1927–1963. In: Martin Pfleiderer u. a. (Hg.): *Stimme, Kultur, Identität. Vokaler Ausdruck in der populären Musik der USA, 1900–1960*, 303–332.

Hornberger, Barbara: Neue Deutsche Welle. In: Oliver Seibt/Martin Ringsmut/David-Emil Wickström (Hg.): *Made in Germany. Studies in Popular Music*. Oxfordshire 2020, 135–144.

Hornberger, Barbara: *Geschichte wird gemacht. Die Neue Deutsche Welle. Eine Epoche deutscher Popmusik*. Würzburg 2011.

Hornby, Nick: *High Fidelity*. Köln 2016 (engl. 1995).

Hornby, Nick: Say something outrageous. In: *The Guardian*, 15.9.2007, theguardian.com/theguardian/2007/sep/15/greatinterviews1 (7.11.2022).

Hornby, Nick: *High Fidelity*. London 1995.

Hoskyns, Barney: *Across the Great Divide. The Band and America*. London 2003.

Hosokawa, Shuhei: *Der Walkman-Effekt*. Berlin 1987.

Huber, Till: „Unsere Ästhetik ist die politische Effektivität". Pop- und Kunstfeindlichkeit im Politrock-Diskurs der ‚1968er Jahre'. In: Martina Kopf/Sascha Seiler (Hg.): *Die 1968er Jahre. Utopie und Desillusion in Literatur, Film und Musik*. Heidelberg 2023, 125–136.

Huber, Till: *Blumfeld und die Hamburger Schule. Sekundarität – Intertextualität – Diskurspop*. Göttingen 2016.

Hummler, Shantala: Patti Smith. In: Juliane Streich (Hg.): *These Girls*. Mainz 2019, 81–84.

Hunter-Tilney, Ludovic: How Sweden became a pop music powerhouse (2013), ft.com/content/55f7bdf6-40c4-11e3-ae19-00144feabdc0 (5.12.2022).

Huxley, Aldous: *The Collected Works of Aldous Huxley. Bd. 5: Brave New World*. [1970]. London 1977.

Ikeji, Linda: *Fela's Last Days*, lindaikejisblog.com, 2.8.2018 (6.1.2025).

Ill, Ira Madison: The Grammy Awards Are Racist as Hell (2018), thedailybeast.com/the-grammy-awards-are-racist-as-hell/ (25.5.2025).

Inaba, Mitsutoshi: *Willie Dixon: Preacher of the Blues*, Lanham, MD/Toronto/Plymouth, MA 2011.

Interview mit Adrian Utley. In: *Watt* 54 (1997).

Iommi, Tony: *Iron Man. My Journey Through Heaven and Hell with Black Sabbath. As Told to TJ Lammers*. London 2012.

Jablonski, Guido: *Generation X. Selbst- und Fremdbeschreibung einer Generation. Eine literaturwissenschaftliche Studie*. Düsseldorf 2002.

Jacob, Günther: *Agit-Pop. Schwarze Musik und weiße Hörer*. Berlin 1993.

Janssen, Wiebke: *Halbstarke in der DDR: Verfolgung und Kriminalisierung einer Jugendkultur*. Berlin 2010.

Janssen, Wiebke: „Heute, tanzen alle jungen Leute, im Lipsi-Schritt, nur noch im Lipsi.Schritt..." – SED und Jugend in den fünfziger Jahren. In: *Hallesche Beiträge zur Zeitgeschichte* 6 (1999), 58–74.

Jeansonne, Glen/Luhrssen, David/Sokolovic, Dan: *Elvis Presley, Reluctant Rebel. His Life and our Times*. Santa Barbara, CA 2011.

Jefferson, Margo: Ripping off Black Music. From Thomas „Daddy" Rice to Jimi Hendrix. In: *Harper's Magazine* 246 (1973), 40–45.

Jencks, Charles: *Was ist Postmoderne?* [*What is Post-Modernism?*; 1986] Zürich/München 1990.

Jendro, Verena: *Das Phänomen der Boygroups. Erscheinungsweisen und Analyse der Hintergründe*. Marburg 1999.

Jesudason, David: Grace Slick and Jack Casady of Jefferson Airplane: how we made White Rabbit. In: *The Guardian*, 23.8.2021, theguardian.com/music/2021/aug/23/grace-slick-and-jack-casady-of-jefferson-airplane-how-we-made-white-rabbit (6.9.2023).

Johansson, Ola. *Songs from Sweden*. Singapur 2020.

Johnson, Phil: *Straight outa Bristol. Massive Attack, Tricky and the roots of trip-hop*. London 1996.

Johnstone, Nick: *Lou Reed. In His Own Words*. London 2005.

Jones, Alan/Kantonen, Jussi: *Saturday Night Forever. The Story of Disco*. Edinburgh/London 1999.

Jones, Cliff; Interview mit Noel Gallagher: „If you don't want to be bigger than The Beatles, then it's just a hobby": Noel Gallagher. In: *Guitar* (September 1994), wiederveröffentlicht auf Guitar.com: guitar.com/features/interviews/noel-gallagher-archival-interview/ (1.3.2025).

Jones, Dylan: *David Bowie. Ein Leben*. Reinbek bei Hamburg 2018 (engl. 2017).

Jones, LeRoi: *Blues People – Schwarze und Ihre Musik im weissen Amerika*. Übers. von einem Berliner Studentenkollektiv. Darmstadt 1969 (engl. 1963).

Jooß-Bernau, Christian: *Das Pop-Konzert als para-theatrale Form. Seine Varianten und Bedingungen im kulturell-öffentlichen Raum*. Berlin/New York, NY 2010.

Jørgensen, Ernst Mikael (Hg.): Begleithandbuch zu Elvis Presley: A Boy From Tupelo. The Complete Recordings. Follow That Dream 2012.

Jørgensen, Ernst Mikael. *Elvis Presley: A Life in Music. The Complete Recording Sessions*. New York, NY 1998.

Jost, Christofer: Gimme Shelter (The Rolling Stones). In: Michael Fischer/Fernand Hörner/Christofer Jost (Hg.): *Songlexikon. Encyclopedia of Songs*, songlexikon.de/songs/gimmeshelter, 07/2012 (16.9.2024).

Jürgensen, Christoph: Die ich rief, die Geister. The Beach Boys *Smiley Smile / Smile Sessions*. In: Gerhard Kaiser/Christoph Jürgensen/Antonius Weixler (Hg.): *Younger than yesterday – 1967 als ‚Schaltjahr' des Pop*. Berlin 2017, 200–217.

Jürgensen, Christoph/Antonius Weixler: „The Real Me" – Die Geburt des Konzeptalbums aus dem Geist des Bildungsromans. In: Michael Eggers (Hg.): *Literaturpop. Zur pop- und rockmusikalischen Rezeption literarischer Texte*. Baden-Baden 2024, 209–234.

Jürgensen, Christoph/Gerhard Kaiser: White Album/Blackbox – Popkulturelle Inszenierungsstrategien bei den Beatles und Stuckrad-Barre. In: *LiU (Literatur im Unterricht)*, 1 (2011), 17–39.

Juul, Matt: In 1989, Dukakis declared April 24 New Kids on the Block Day. Here's how the band is celebrating its 35th anniversary. In: *The Boston Globe*, 24.4.2024, bostonglobe.com/2024/04/24/arts/new-kids-on-the-block-day-joey-mcintyre/ (1.3.2025).

K.K.: Appell an den Urmenschen. Eine Trümmerschau von der neuen USA-Kulturwoge im Sportpalast. In: *Berliner Zeitung*, 13.12.1956, 3.

Kafka, Franz: Blumfeld, ein älterer Junggeselle. In: Max Brod (Hg.): *Franz Kafka. Gesammelte Werke. Bd. 8: Beschreibung eines Kampfes. Novellen – Skizzen – Aphorismen aus dem Nachlass* [1936]. New York, NY/Frankfurt/M. 1946, 141–172.

Kaiser, Gerhard: English Wildness. Pink Floyd: The Piper at the Gates of Dawn. In: Ders./Christoph Jürgensen/Antonius Weixler (Hg.): *Younger Than Yesterday. 1967 als Schaltjahr des Pop*. Berlin 2017, 52–69.

Kaiser, Gerhard: „Make them vomit". *Heroin* von *The Velvet Underground*. In: *LiLi 46.2* (2016), 186–190.

Kaiser, Gerhard/Christoph Jürgensen/Antonius Weixler (Hg.): *Younger Than Yesterday. 1967 als Schaltjahr des Pop*. Berlin 2017.

Kaiser, Gerhard/Christoph Jürgensen/Antonius Weixler: Younger Than Yesterday. 1967 als Schaltjahr des Pop. In: Dies. (Hg.): *Younger Than Yesterday. 1967 als Schaltjahr des Pop*. Berlin 2017, 7–10.

Kaiser, Vea: Himmlischer Sex. Aretha Franklin: *I Never Loved a Man the Way I Love You*. In: Gerhard Kaiser/Christoph Jürgensen/Antonius Weixler (Hg.): *Younger than yesterday. 1967 als Schaltjahr des Pop*. Berlin 2017, 167–181.

Kane, Daniel: "Nor did I socialise with their people": Patti Smith, rock heroics and the poetics of sociability. In: *Popular Music 31/1* (2012), 105–123.

Kaplan, James: *Sinatra. The Chairman*. London 2017.

Kärki, Kimi: 'Matter of Fact it's all Dark': Audiovisual Stadium Rock Aesthetics in Pink Floyd 's The Dark Side of the Moon Tour, 1973. In: Russell Reising (Hg.): *'Speak to Me': The Legacy of Pink Floyd 's The Dark Side of the Moon*. Hampshire/Burlington, VT 2005, 27–42.

Karlen, Neal: Prince Talks (1990), rollingstone.com/music/music-news/prince-talks-189956/2/ (9.8.2025).

Karppinen, Anne: *The Songs of Joni Mitchell. Gender, Performance and Agency*. London/New York, NY 2016.

Keil, Charles: *Urban Blues*. Chicago, IL 1966.

Kelleter, Frank: Aus der schönen Pophölle. The Velvet Underground & Nico. In: Gerhard Kaiser/ Christoph Jürgensen/Antonius Weixler: *Younger Than Yesterday. 1967 als Schaltjahr des Pop*. Berlin 2017, 30–35.

Kemper, Christian: *Mapping Techno. Jugendliche Mentalitäten der 90er*. Frankfurt/M. 2004.

Kemper, Peter: *Jimi Hendrix. Leben – Werk – Wirkung*. Frankfurt/M. 2009.

Kemper, Peter: Rockender Ruhrpott-Rebell. In: *FAZ*, 29.10.1984, 21.

Keogh, Pamela Clarke: *Elvis Presley. The Man. The Life. The Legend*. New York, NY 2004.

King, Martin Luther: I Have a Dream. In: Martin Luther King Jr./James Melvin Washington (Hg.): *I Have a Dream. Writings and Speeches that Changed the World*. New York, NY 1992, 101–106.

Kittler, Friedrich A.: Weltatem. Über Wagners Medientechnologie [1986]. In: Ders.: *Die Wahrheit der technischen Welt. Essays zur Genealogie der Gegenwart*. Hg. von Hans Ulrich Gumbrecht. Frankfurt/M. 2016, 160–180.

Kittler, Friedrich A.: *Grammophon. Film. Typewriter*. Berlin 1986.

Kleff, Michael (Hg.): *Hard Travelin'. Das Woody Guthrie Buch. Songtexte und Essays*. Aus dem Amerikanischen von Harry Rowohlt. Heidelberg 2002.

Klein, Gabriele: *Electronic Vibration. Pop Kultur Theorie*. Wiesbaden 2004.

Klein, Gabriele/Friedrich, Malte: *Is this real? Die Geschichte des Hip-Hop*. Frankfurt/M. 2003.

Klemme, Heiner F./Pauen, Michael/Raters, Marie-Luise (Hg.): *Im Schatten des Schönen. Die Ästhetik des Hässlichen in historischen Abläufen und aktuellen Debatten*. Bielefeld 2006.

Klinke, Harald: Apple-Design. Die Kunst der Produktgestaltung zwischen Userzentrierung und Ästhetik. In: *kunsttexte* 1 (2010), 1–7.

Klook, Carsten: „Welt oder Leben". In: *Szene Hamburg* 10 (1994), 40–41.

Kopp, Bill: *Reinventing Pink Floyd. From Syd Barrett to the Dark Side of the Moon*. Lanham, MD et al. 2018.

Korsgaard, Mathias: *Music video after MTV: Audiovisual studies, new media, and popular music*. New York, NY 2017.

Kort, Michelle: *Soul Picnic. The Music and Passion of Laura Nyro*. New York, NY 2002.

Koselleck, Reinhart: Einleitung. In: Otto Brunner u. a. (Hg.): *Geschichtliche Grundbegriffe*. Bd. 1, Stuttgart 1972, XIII–XXVII.

Kreps, Daniel: Michael Jackson 's 51st Birthday Celebrated at Global Tributes. In: *Rolling Stone* (31.8.2009), rollingstone.com/music/music-news/michael-jacksons-51st-birthday-celebrated-at-global-tributes-243743/ (17.8.2023).

Kreuzer, Gundula. 2017. Kittler's Wagner and Beyond. In: *Journal of the American Musicological Society* 70/1 (2017), 228–233.

Kristal, Hilly: What Does CBGB Stand For?, cbgb.com/history-by-hilly (20.8.2025).

Krohn, Philipp/Löding, Ole: *Sound of the Cities. Eine popmusikalische Entdeckungsreise*. Zürich/Berlin 2015.

Kruse, Jürn: Leute, tanzt den Lipsi. In: *taz*, 7.5.2009, taz.de/!5163551 (25.6.25).

Kühne, Cornelia/Noßack, Juliane (Hg.): *David Bowie. Stardust Interviews. Ein Leben in Gesprächen*. Zürich 2021.

Kuntz, Danielle M.: Aretha Franklin. In: Carl L. Bankston III (Hg.): *Great lives from history. African Americans*. Bd. 2. Pasadena, CA/Hackensack, NJ 2011, 614–617.

Kupfer, Alexander: *Göttliche Gifte. Kleine Kulturgeschichte des Rausches seit dem Garten Eden.* Stuttgart/Weimar 1996.

Laarmann, Jürgen: Tear Down This Wall: Reunification and the Explosion of Techno in Berlin (5.9.2018), daily.redbullmusicacademy.com/2018/09/techno-and-the-fall-of-the-wall (1.3.2025).

Landau, Jon: Growing Young with Rock and Roll. In: *The Real Paper*, Mai 1974, 22.

Lawrence, Tim: *Love Saves the Day: A History of American Dance Music Culture, 1970–1979.* New York, NY 2003, 75–81.

Leach, Elizabeth Eva: Vicars of 'Wannabe': authenticity and the Spice Girls. In: *Popular Music* 20/2 (2001), 143–167.

Ledbetter, Les: John Lennon of Beatles Is Killed; Suspect Held in Shooting at Dakota. In: *The New York Times*, 9.12.1980, 1.

Leeds, Alan: [Begleitheft zu]: *Live at the Apollo*, CD, Polydor 2004.

Lehnen, Christine: „Wind of Change" – ein Stück (Rock)geschichte (3.2.2021), dw.com/de/wind-of-change-scorpions-jubiläum-30-jahre/a-56410137 (1.9.2025).

Leichsenring, Hansjörg: 50 Jahre Internet – Wachstum ohne Grenzen? Entwicklung der Internet-nutzung in Deutschland und der Welt, 30.8.2019, der-bank-blog.de/50-jahre-internet/studien/digitalisierung/37657123/ (1.3.2025).

Lemme, Helmuth: *Elektrogitarren: Technik und Sound.* Aachen 2003.

Lesarten eines text-, bild-, medienübergreifenden ‚Dispositivs' (2023), kultursemiotik.com/forschung/publikationen/schriftenreihe-online/ [i. Dr.].

Levy, Aidan: *Dirty Blvd.: The Life and Music of Lou Reed.* Chicago, IL, 2016.

Levy, Joe (Hg.): *Rolling Stone. Die 500 besten Alben aller Zeiten.* Wiesbaden 2008.

Lewis, Miles Marshall: *There's a Riot Goin' On* [2006]. New York, NY/London/Dublin ⁶2021.

Lhamon, W. T.: *Deliberate Speed. The Origins of a Cultural Style in the American 1950's.* Boston, MA 2002.

Li, Shirley: The Brat-ification of Kamala Harris (2024), theatlantic.com/culture/archive/2024/07/kamala-harris-brat-memes/679205/ (25.5.2025).

Libraby of Congress: Michael Jackson, the Muppets and Early Cinema Tapped for Preservation in 2009 Library of Congress National Film Registry (29.12.2009), loc.gov/item/prn-09-250/ (17.8.2023).

Library of Congress: Complete National Recording Registry Listing, loc.gov/programs/national-recording-preservation-board/recording-registry/complete-national-recording-registry-listing/ (10.1.2023).

Lidl: Lidl-Rockshop. In: *Rolling Stone*, Mai 2018, 7.

Lietz, Thomas/Honeit, Rebekka/Rauhut, Stefan: Die Rundfunknutzung Jugendlicher in der DDR. In: *Jahrbuch für Kommunikationsgeschichte* 8 (2006), 194–219.

Lilkendey, Martin: *100 Jahre Musikvideo. Eine Genregeschichte vom frühen Kino bis YouTube.* Bielefeld 2017.

Lindner, Bernd: Jugendkultur in der DDR zwischen Staatsgründung und Mauerbau. In: *bpb – Deutschland Archiv* (2011) 5: Kultur, bpb.de/themen/deutschlandarchiv/53890/jugendkultur-in-der-ddr-zwischen-staatsgruendung-und-mauerbau/ (31.3.2025).

Lischka, Konrad/Meusers, Richard: Indie-Labels beklagen winzige Umsätze bei Spotify. In: *Der Spiegel*, 21.11.2011, spiegel.de/netzwelt/web/musik-streaming-indie-labels-beklagen-winzige-umsaetze-bei-spotify-a-798953.html (1.3.2025).

Littlejohn, John: Wenn eine Band lange Zeit lebt. Puhdys, Politics, and Popularity. In: *German Politics & Society* 35 (2017), H. 2: Sounds German? Popular Music in Postwar Germany at the Crossroads of the National and Transnational, 80–98.

Lohr, Miriam: *Das Fan-Star-Phänomen. Musikstars und ihre Fans im Austausch. Elvis Presley und Michael Jackson zum Beispiel.* Marburg 2008.

Lordi, Emily J.: *The Meaning of Soul. Black Music and Resilience since the 1960s.* Durham 2020.

Love, Mike: *Good Vibrations: My Life as a Beach Boy.* New York, NY 2016.

Lüthe, Martin: 'The Wu Is Comin' Through:' The Wu-Tang Clan and Hybrid Ethnic Identities in Rap Music. In: Josef Raab (Hg.): *New World Colors: Ethnicity, Belonging, and Difference in the Americas*. Trier 2014, 129–144.

Lynskey, Dorian: *33 Revolutions per minute. A History of Protest Songs*. London 2012.

MacAdams, Lewis: *Birth Of The Cool: Beat, Bebop and the American Avant-Garde*. New York, NY 2001.

MacBain, Hamish (Hg.): *The Story of Joy Division and New Order*. NME Special Collectors Magazine. London 2012.

MacBain, Hamish: A Decade In Music – How The Strokes Defined The Noughties. In: *NME*, 17.12.2009, nme.com/blogs/nme-blogs/a-decade-in-music-how-the-strokes-defined-the-noughties-772036 (27.8.2024).

MacDonald, Ian: *Revolution in the Head. The Beatles' Records and the Sixties*. London ³2008.

MacLeod, Sean: *Leaders of the Pack. Girl Groups of the 1960s and Their Influence on Popular Culture in Britain and America*. Lanham, MD et al. 2015.

Madonna: *Sex*. Mit Fotografien von Steven Meisel und Fabien Baron. Beverly Hills, CA/New York, NY 1992.

Madonna: *SEX*. München 1992 (engl. 1992).

Makower, Joel: *Woodstock. The Oral History*. New York, NY 1989.

Malcolm X: The Founding Rally of the OAAU (New York, June 28, 1964). In: Georg Breitman (Hg.): *By Any Means Necessary – Speeches, Interviews, and a Letter by Malcolm X*. New York, NY ⁴1971, 63–64.

Maplethorpe, Dale: The Led Zeppelin vocal performance Robert Plant called „exaggerated“. In: *Far Out*, 19.1.2024, online: faroutmagazine.co.uk/the-led-zeppelin-vocal-performance-robert-plant-called-exaggerated (10.8.2025).

Marcus, Greil: *Bob Dylans Like a Rolling Stone. Die Biographie eines Songs*. Köln 2005.

Marcus, Greil: *Basement Blues. Bob Dylan und das alte, unheimliche Amerika*. Hamburg 1998.

Marcus, Greil: Let it Bleed. In: *Rolling Stone* (1969), Nr. 49.

Margaritoff, Marco: Inside The Text Of Kurt Cobain's Heartwrenching Suicide Note (2024), allthatsinteresting.com/kurt-cobain-suicide-note (3.9.2025).

Margotin, Philippe/ Jean-Michel Guesdon: *Pink Floyd – alle Songs: Die Geschichten hinter den Tracks*. Bielefeld 2018.

Marom, Malka: *Joni Mitchell. In Her Own Words*. Toronto 2014.

Marshall, Ben/Townshend, Pete/Daltrey, Roger: *The Who. The Official History*. London 2015.

Martin, Steve: The Godfather of Grunge. In: *Pulse!* (Dezember 1991), hyperrust.org/Words/Pulse1191.html (1.3.2025).

Mason, Nick: *Inside Out. A Personal History of Pink Floyd*. London 2017.

Mason, Nick: *Inside Out. Mein persönliches Porträt von Pink Floyd*. Schlüchtern 2005.

Masino, Susan: *Family Tradition. Three Generations of Hank Williams*. Milwaukee, WI 2011.

Masuda, Wakako: Analyzing 1980's Gender and Materiality: Madonna's *Material Girl* (2013), core.ac.uk/download/pdf/235233823.pdf (17.4.2025).

Mauder, Ulf: ‚Dr. Eurovision' über den ESC – Massenware statt Markantes, 25.5.2012, stern.de/kultur/musik/eurovision-song-contest/-dr—eurovision—ueber-den-esc-massenware-statt-markantes-3672348.html (30.11.2022).

Mauss, Marcel: *Die Gabe. Form und Funktion des Austauschs in archaischen Gesellschaften* [1925]. Frankfurt/M. 2009.

Mayfield, Todd /Travis Atria: *Traveling Soul. Die Curtis-Mayfield -Biographie*. Frankfurt/M. 2021.

McCartney, Paul: *Lyrics. 1956 bis heute*. Bd. 1, 2. Aufl., München 2022.

McCartney, Paul: *Lyrics. 1956 bis heute*. Hg. mit einer Einleitung von Paul Muldoon. München 2021.

McDonnell, Evelyn/Powers, Ann (Hg.): *Rock she wrote. Women write about Rock, Pop, and Rap*. London 1995.

McDonough, Jimmy: *Shakey: Neil Young's Biography*. New York, NY 2002.

McLaren, Malcolm: Searching for a way to break the rules. In: *The Guardian*, 15.9.2007, theguardian. com/theguardian/2007/sep/15/greatinterviews2 (15.11.2022).

McNeil, Legs/McCain, Gillian: *Please kill me. The uncensored oral history of punk*. New York, NY 1996.

McRobbie, Angela: *Postmodernism and Popular Culture*. London 1994.

Mead, George H.: *Geist, Identität und Gesellschaft*. Frankfurt/M. 1973.

Medovoi, Leerom: *Rebels. Youth and the Cold War Origins of Identity*. Durham 2005.

Mein, Georg/Markus Rieger-Ladich (Hg.): *Soziale Räume und kulturelle Praktiken. Über den strategischen Gebrauch von Medien*. Bielefeld 2004.

Meltzer, Marisa: *Girl power. The nineties revolution in music*, New York, NY 2010.

Melville, Herman: Billy Budd. In: Raymond W. Weaver (Hg.): *The Works of Herman Melville. Standard Edition Vol. VIII: Billy Budd and Other Prose Pieces*. London/Bombay/Sydney 1924, 1–114.

Mendívil, Julio: *Ein musikalisches Stück Heimat*. Bielefeld 2008.

Mercer, Kobena: Monster Metaphors. Notes on Michael Jacksons *Thriller*. In: *Screen* 27/1 (1986), 26–43.

Meyer, Erik: Zwischen Parties, Paraden und Protest. Zur politischen Soziologie der Techno-Szene. In: Ronald Hitzler/Michaela Pfadenauer (Hg.): *Techno-Soziologie. Erkundungen einer Jugendkultur*. Opladen 2001, 51–68.

Meyer-Pröpstl, Christian: Die Geschichte von Techno und der Loveparade (2022), bpb.de/themen/recht-justiz/513688/die-geschichte-von-techno-und-der-loveparade/ (21.8.2024).

Meyers, Justin: Artists with the most Number 1 singles on the UK chart (25.7.2025), officialcharts. com/chart-news/artists-with-the-most-number-1-singles-on-the-uk-chart__23765/ (1.3.2025).

Michaels, Sean: Beck's Odelay is utter nonsense. In: *The Guardian*, 7.2.2008, theguardian.com/music/2008/feb/07/news.beck (10.1.2023).

Middleton, Richard: All Shook Up? Innovation and Continuity in Elvis Presley's Vocal Style (1979). In: Ders.: *Musical Belongings. Selected Essays*. Farnham 2009, 1–11.

Middleton, Richard: *Studying popular music*. Milton Keynes/Philadelphia, PA 1990.

Miklitsch, Robert: *Roll Over Adorno. Critical Theory, Popular Culture, Audiovisual Media*. New York, NY 2006.

Miles, Barry: *Zappa*. Berlin 2005.

Miller, Bill: *Cash. An American Man*. Hg. von Mark Vancil/Jakob Joye. New York, NY 2004.

Mitton, Simon: *Cambridge Enzyklopädie der Astronimie*. Gütersloh 1978 (engl. 1977).

Monk, Katherine: *Joni: The Creative Odyssey of Joni Mitchell*. Vancouver/Berkeley, CA 2012.

Moore, Carlos: Fela Kuti. *This Bitch of a Life. Die autorisierte Biografie*. Berlin/Zürich 2011 (überarb. Neuausgabe engl. 2009, urspr. frz. und engl. 1982).

Moore, Scotty/Dickerson, James: *That's Alright Elvis: The Untold Story of Elvis's first Guitarist and Manager, Scotty Moore*. New York, NY 1997.

Moore, Thurston: Introduction. In: *Mix Tape. The Art of Cassette Culture*. New York, NY 2004, 9–13.

Morgan, Sam: *Biography of Little Richard*. LibriHouse 2024 [E-Book].

Moroder, Giorgio: The Making of 'I Feel Love' (2017), port-magazine.com/music/the-making-of-i-feel-love/ (30.7.2025).

Moskowitz, David: *The Words and Music of Bob Marley*. Westport, CT 2007.

Mott, Toby: New York City, Hip Hop in the Daisy Age, Summer 1989 (1989), hypergallery.com/blogs/blog/new-york-city-hip-hop-in-the-daisy-age-summer-1989 (8.8.2025).

Mrozek, Bodo: *Jugend – Pop – Kultur. Eine transnationale Geschichte*. Frankfurt/M. 2019.

Müller, Renate: *Soziale Bedingungen der Umgehensweisen Jugendlicher mit Musik. Theoretische und empirisch-statistische Untersuchung zur Musikpädagogik*. Essen 1990.

Müller, Tobi: Pop und kulturelle Aneignung. Als Techno plötzlich hessisch war. In: Die Zeit (2022), zeit.de/kultur/musik/2022-04/kulturelle-aneignung-musik-popkultur/komplettansicht (6.9.2025).

Müller, Tobi: *Play. Pause. Repeat. Was Pop und seine Geräte über uns erzählen*. Berlin 2021.

Münkler, Herfried: Heroische und postheroische Gesellschaften. In: *Merkur* 61 (2007), 742–752.

Mürdter, Barbara: *Woody Guthrie. Die Stimme des anderen Amerika*. Berlin 2012, 119–144.

Mürdter, Barbara/Bempreiksz, Kai: John Peel. „Ich wollte einfach nur DJ sein". In: *Spex. Das Magazin für Popkultur* 283/12 (2004), 42–45.

Murrell, Nathaniel Samuel: *Chanting Down Babylon. The Rastafari Reader*. Philadelphia, PA 1998.

Myers, Marc: How Jefferson Airplane 's Grace Slick Wrote 'White Rabbit'. In: *Wall Street Journal*, 31.5.2016, wsj.com/articles/how-jefferson-airplanes-grace-slick-wrote-white-rabbit-1464712102 (6.9.2023).

Myrie, Russell: *Don't Rhyme for the Sake of Riddlin': The Authorized Story of Public Enemy*. Edinburgh 2008.

Nachtwey, Oliver/Schaupp, Simon: Ungleicher Gabentausch – User-Interaktionen und Wertschöpfung auf digitalen Plattformen. In: *Kölner Zeitschrift für Soziologie und Sozialpsychologie* 3 (2022), 59–80.

Narváez, Peter: Chuck Berry as Postmodern Composer-Performer. In: Cathy Lynn Preston (Hg.): *Folklore, Literature, and Cultural Theory. Collected Essays*. New York, NY 1995, 169–186.

NASA: Golden Records Sounds and Music, science.nasa.gov/mission/voyager/golden-record-contents/sounds/ (8.4.2025).

Neidhart, Didi: Madonna. In: Juliane Streich (Hg.): *These Girls. Ein Streifzug durch die feministische Musikgeschichte*. Mainz 2019, 157–158.

Nelson, Paul: *Ramones*. In: *Rolling Stone*, 29.7.1976.

Nelson, Sean: *Court and Spark* [2007]. New York, NY/London/Oxford 2022.

New Musical Express: *Ramones: Ramones / Leave Home / Rocket To Russia / Road To Ruin. Four reissues from the original NYC punk kings*. In: *NME*, 12.9.2005. nme.com/reviews/reviews-nme-5280-330260 (4.10.2023).

Niasseri, Sassan: David Bowie: „Ziggy Stardust" – die Rolling-Stone-Titelstory. In: *Rolling Stone*, 9.1.2025, rollingstone.de/david-bowie-50-jahre-ziggy-stardust-die-rolling-stone-story-2470453/ (6.4.2025).

Nice, James: *Shadowplayers. The Rise and Fall of Factory Records*. London 2010.

Nicholson, Rebecca: And the Grammy for Most Patronising Comment Goes to … Neil Portnow (2008), theguardian.com/commentisfree/2018/feb/04/grammy-most-patronising-comment-neil-portnow (25.5.2025).

Nnadi, Chioma: Why Kurt Cobain Was One of the Most Influential Style Icons of Our Times. In: *Vogue*, 8.4.2014, vogue.com/article/kurt-cobain-legacy-of-grunge-in-fashion (1.3.2025).

Nolan, David: *I Swear I Was There. Sex Pistols, Manchester and the Gig That Changed the World*. London 2016, 3.

Norman, Philip: *Jimi. Die Hendrix-Biografie*. Übers. von Stefan Rohmig. München 2020 (engl. 2020).

Norman, Philip: *Buddy. The Definitive Biography of Buddy Holly*. London 2009.

Notomi, Yasukani: *iPod. Das Buch zum Kult-Player*. Sebastopol, CA 2005.

o.A.: 50 Greatest Live Albums of All Time, rollingstone.com/music/music-lists/50-greatest-live-albums-of-all-time-173246/the-replacements-the -shit-hits-the-fans-1985-154247/ (26.1.2024).

o.A.: 500 Greatest Songs of All Time. In: *Rolling Stone*, 11.12.2003, rollingstone.com/music/music-lists/500-greatest-songs-of-all-time-151127/the-velvet-underground-heroin-160472/ (4.9.24).

o.A.: Auch Menschen. Mit seiner letzten Langspielplatte ‚Bochum' hat Herbert Grönemeyer einen Hit gelandet. In: *Der Spiegel* 35 (26.8.1984).

o.A.: Bald singt bei uns ein Computer. Aus der Hexenküche von Kraftwerk. In: *Bravo*, 9.10.1975.

o.A.: Die 100 besten Songs der Rolling Stones. In: *Rolling Stone*, 7.9.2023, rollingstone.de/die-100-besten-songs-der-rolling-stones-617018/ (17.9.2024).

o.A.: Introduction. In: Patrick Huber/Steve Goodson/David M. Anderson (Hg.): *The Hank Williams Reader*. Oxford/New York, NY 2014, 3–15.

o.A.: Led Zeppelin 's Whole Lotta Love voted best guitar riff. In: *BBC online*, 25.8.2014, bbc.com/news/entertainment-arts-28929167 (10.8.2025).

o.A.: New In Rainbows Numbers Offer Lessons for Music Industry. In: *Wired*, 31.7.2008, wired.com/2008/07/new-in-rainbows/ (1.3.2025).

o.A.: *Spex. Das Magazin für Popkultur* 283/12 (2004).

o.A.: The 100 Best Albums of the Last Twenty Years. In: *Rolling Stone*, August 1987.

o.A.: Timeline: Blur v Oasis after Britpop. In: *BBC News*, 16.8.2005, news.bbc.co.uk/2/hi/entertainment/4151510.stm (1.3.2025).

o.A.: Wie überleben Indie-Artists mit Spotify und Co? In: *Arte Tracks*, arte.tv/de/videos/117787-013-A/tracks/ (1.3.2025).

o.A.: Ein Geheimzirkel erobert die Welt (2008), spiegel.de/geschichte/die-pioniertage-des-techno-a-949509.html (9.8.2025).

o.A.: Buhrufe in der „ZDF-Hitparade" - ein Nachthemd mischt die Schlagerwelt auf. In: *Stern*, 3.8.2022, stern.de/kultur/tv/buhrufe-in-der-zdf-hitparade–ein-nachthemd-mischt-die-schlager-welt-auf-9385784.html (16.10.23).

o.A.: Video: Tagesthemen berichtet 1994 über den Tod von Kurt Cobain. In: *Rolling Stone*, 5.4.2025, rollingstone.de/tagesthemen-berichtet-1994-ueber-den-tod-von-kurt-cobain-364395/ (1.3.2025).

O'Brien, Geoffrey: *Sonata For Jukebox. Pop Music, Memory, and the Imagined Life*. New York, NY 2004.

O'Connor, John Kennedy: *The Eurovision Song Contest: The Official History*. London 2010.

Olaniyan, Tejumola: *Arrest the Music! Fela and His Rebel Art and Politics*. Bloomington, IN 2004.

Olsson, Ulf: *Listening for the Secret. The Grateful Dead and the Politics of Improvisation*. Oakland, CA 2017.

Oseran, Anna: How the Dust Brothers Saved Beck from Becoming a One-Hit Wonder with Odelay (17.6.2016), pitchfork.com/thepitch/1195-how-the-dust-brothers-saved-beck-from-becoming-a-one-hit-wonder-with-odelay/ (10.1.2023).

Pabst, Eckhard: Das Monster als die genrekonstituierende Größe im Horrorfilm. In: Heinrich Wimmer/Norbert Stresau (Hg.): *Enzyklopädie des phantastischen Films*. Meitingen 1995, 1–18.

Packham, Alfie: 'This Was Our Eras Tour!' The Joy and Camaraderie of the Oasis Reunion Gigs (2025), theguardian.com/music/2025/jul/10/this-was-our-eras-tour-guardian-readers-on-seeing-oasiss-comeback-gigs (25.5.2025).

Palmer, Robert: *Blues & Chaos. The Music Writing of Robert Palmer*. Hg. von Anthony DeCurtis. New York, NY 2009.

Papenburg, Jens Gerrit: Rockmusik, Musikdrama, Disco. Klanggeschichte der Medien nach Friedrich Kittler. In: Jens Schröter/Till A. Heilmann (Hg.): *Friedrich Kittler. Neue Lektüren*. Wiesbaden 2022, 145–169.

Pareles, Jon: POP VIEW; Prince Twice Is Still Prince Charming (1988), nytimes.com/1988/05/22/arts/pop-view-prince-twice-is-still-prince-charming.html (9.8.2025).

Pegg, Nicholas: *The Complete David Bowie*. London 2016, 482Poole, Buzz: *Workingman's Dead*. London 2016.

Pelly, Jenny: Hejira (4.12.2022), pitchfork.com/reviews/albums/joni-mitchell-hejira/ (17.8.2024).

Peters, Harald: Dummes Ding. Das neue Blumfeld -Album „Old Nobody" und was es nicht bedeutet. In: *Jungle World* 5, 27.1.1999, 26.

Peterson, Richard A./Davis Jr., Russel B.: The contemporary American radio audience. In: *Popular Music & Society* 6/2 (1978), 169–183.

Petras, Ole: *Wie Popmusik bedeutet. Eine synchrone Beschreibung popmusikalischer Zeichenverwendung*. Bielefeld 2011.

Petridis, Alexis: A Shameless Trip Back to the 90s for Britpop's Loudest, Greatest Songs (2025), theguardian.com/music/2025/jul/05/oasis-review-playlist-oasis-big-on-the-first-two-albums-with-little-left-to-chance (25.5.2025).

Petridis, Alexis: The birth of uncool (2006), theguardian.com/music/2006/oct/25/popandrock (14.08.2025).

Phillips, Sankey/Wilson, Dave: Joni Mitchell: Interview-shy songstress overcomes phobia and ruminates. In: *zigzag*, (Feb. 1977), jonimitchell.com/library/originals/jmOriginal_657.pdf (21.8.2024).

Plodroch, Ina, im Gespräch mit Stephan Karkowsky: Wie Spotify die Musikindustrie verändert. In: *Deutschlandfunk Kultur*, 5.1.2018, deutschlandfunkkultur.de/das-ende-des-musik-downloads-wie-spotify-die-musikindustrie-100.html (1.3.2025).

Poiger, Uta G.: Rock 'n' Roll, Kalter Krieg und deutsche Identität. In: Konrad Jarausch/Hannes Siegrist (Hg.): *Amerikanisierung und Sowjetisierung in Deutschland 1945–1970*. Frankfurt/M. 1997, 275–290.

Politbüro des Zentralkomitees der Sozialistischen Einheitspartei Deutschlands: Der Jugend Vertrauen und Verantwortung. Kommuniqué zu Problemen der Jugend in der Deutschen Demokratischen Republik. In: *Neues Deutschland*, 21.9.1963, 1–3.

Posener, Alan/Posener, Maria: *Elvis Presley. Mit Selbstzeugnissen und Bilddokumenten dargestellt*. Reinbek bei Hamburg 1993.

Povey, Glenn: *The Complete Pink Floyd. The Ultimative Reference*. New York, NY 2016.

Powell, Aubrey (Hg.): *Vinyl. Album. Cover. Art. Hipgnosis – Das Gesamtwerk*. Hamburg 2018.

Powers, Ann: *Travelling: On the Path of Joni Mitchell*. London 2024.

Press, Joy/Reynolds, Simon: *Sex Revolts. Gender, Rock und Rebellion* [1995]. Mainz 2020.

Priddey, Neil: *Led Zeppelin. The Complete UK Vinyl Discography*, 2015.

Primavesi, Patrick et al.: Körperpolitik in der DDR. Tanzinstitutionen zwischen Eliteförderung, Volkskunst und Massenkultur. In: *Denkströme. Journal der Sächsischen Akademie der Wissenschaften*, H. 14 (2015), 9–44, denkstroeme.de/heft-14/s_9-44_primavesi-raschel-jacobs-wehren (31.3.2025).

Princiotti, Nora: The Pop Girls Ruled 2024 (2024), theringer.com/2024/12/31/music/year-in-pop-music-2024-charli-xcx-brat-sabrina-carpenter-taylor-swift-beyonce (25.5.2025).

Princiotti, Nora: 2023 Was the Year of the Girl (2023), theringer.com/2023/12/28/pop-culture/taylor-swift-eras-tour-barbie-2023-year-of-the-girlhood-girl-dinner (25.5.2025).

R® Moritz: Der Plan. *Glanz und Elend der Neuen Deutschen Welle*. Kassel 1993.

Rachel, Daniel: *Don't Look Back in Anger. The rise and fall of Cool Britannia, told by those who were there*. London 2019.

Radke, Cord: Schwarzes Gold: Die Top Ten der wertvollsten Schallplatten, stereo.de/news/schwarzes-gold-die-top-ten-der-wertvollsten-schallplatten/#:~:text=Hier%20die%20Top-Ten%20der%20teuersten%20Schallplatten%20weltweit%20mit,Welt%20vom%20New%20Yorker%20Hip-Hop-Kollektiv%20Wu-Tang%20Clan%20stammt (15.6.2025).

Ramones: *Hey Ho Let's Go! The Anthology*. Rhino Entertainment/Sire 1999 [Sticker auf Cover des Boxsets, s. Discogs: discogs.com/de/release/1533810-Ramones-Anthology-Hey-Ho-Lets-Go/image/SW1hZ2U6MTcxNDcxOTY= (20.8.2025)].

Ramsey, Guthrie P.: *Race Music – Black Cultures from Bebop to Hip-Hop*. Berkley, CA/Los Angeles, CA/London 2003.

Rauhut, Michael: Raus aus der Spur. Brachte Rockmusik die Mauer ins Wanken? In: Dominik Schrage/Holger Schwetter/Anne-Kathrin Hoklas (Hg.): *„Zeiten des Aufbruchs" – Populäre Musik als Medium gesellschaftlichen Wandels*. Wiesbaden 2019, 183–202.

Rauhut, Michael: *Beat in der Grauzone. DDR-Rock 1964 bis 1972 – Politik und Alltag*. Berlin 1993.

Rawlings, Terry: *Mod – A Very British Phenomenon*. London 2000.

Raykoff, Ivan: *Another Song for Europe: Music, Taste, and Values in the Eurovision Song Contest*. London 2020.

Reckwitz, Andreas: *Die Gesellschaft der Singularitäten. Zum Strukturwandel der Moderne*. Frankfurt/M. 2017.

Rehding, Alexander: Discrete/Continuous: Music and Media Theory after Kittler. In: *Journal of the American Musicological Society* 70/1 (2017), 221–256.

Rehfeldt, Martin: „Wir sind einfach gleich wie ihr … von hier." Spielarten der Identifikation im Deutschrock nach 2000. In: Denise Dumschat-Rehfeldt et al. (Hg.): *„Eins zu eins ist jetzt vorbei." Popschreibweisen seit 2000*. Berlin 2023, 169–194.

Reichardt, Sven: *Authentizität und Gemeinschaft. Linksalternatives Leben in den siebziger und frühen achtziger Jahren*. Berlin 2014.

Reiser, Rio: *König von Deutschland. Erinnerungen an TON STEINE SCHERBEN und mehr*. Köln 2016.

Reiser, Rio: *König von Deutschland. Erinnerungen an TON STEINE SCHERBEN und mehr*. Köln 1994.

Reising, Russell: Introduction: Life on the Dark Side of the Moon. In: Ders. (Hg.): *'Speak to Me': The Legacy of Pink Floyd's The Dark Side of the Moon*. Hampshire/Burlington, VT 2005, 1–11.

Reynolds, Simon: *Glam. Glitter Rock und Art Pop von den Siebzigern bis ins 21. Jahrhundert*. Mainz 2017.

Reynolds, Simon: *Retromania. Warum Pop nicht von seiner Vergangenheit lassen kann*. Mainz 2012 (engl. 2011).

Reynolds, Simon: *Rip It Up and Start Again: Schmeiß Alles Hin und Fang Neu An: Post-Punk 1978–1984*. Höfen 2007 (engl. 2005).

Reynolds, Simon: *Rip It Up And Start Again. Postpunk 1978–1984*. London 2005.

Reynolds, Simon: ‚Even as a child I felt like an alien'. In: *The Observer*, 22.5.2005, theguardian.com/music/2005/may/22/popandrock1 (12.12.2023).

Richards, Keith: *Life*. London 2010.

Ries, Eva. *Wu-Tang is Forever: Im engsten Kreis der größten Band der Welt*. Elsbethen 2022.

Ripani, Richard J.: *The New Blue Music. Changes in Rhythm & Blues, 1950–1999*. Mississippi, MS 2006.

Ritz, David: *Divided Soul: The Life of Marvin Gaye*. New York, NY 1985.

Robertson, John: Narky Mark. In: *New Musical Express*, Februar 1998, 50–52.

Robertson, Matthew: *Factory Records. The Complete Graphic Album*. London 2006.

Rogers, Jude: 'Dummy wasn't a chillout album. Portishead had more in common with Nirvana'. In: *The Guardian*, 24.8.2019, theguardian.com/music/2019/aug/24/portishead-dummy-wasnt-a-chillout-album-25th-anniversary-geoff-barrow-adrian-utley-beth-gibbons (6.1.23).

Rolling Stone (Hg.): *Cash. Von der Redaktion des Rolling Stone*. München 2005.

Rolling Stone: *Die 500 Besten Alben Aller Zeiten*. August 2023.

Rolling Stone: *The 100 Best Albums of The Last 20 Years*. August 1987.

Romanowski, Patricia: Laura Nyro. In: Barbara O'Dair (Hg.): *Trouble Girls. The Rolling Stone Book of Women in Rock*. New York, NY 1997, 137–142.

Rosa, Hartmut: *When Monsters Roar and Angels Sing. Eine kleine Soziologie des Heavy Metal*. Stuttgart 2023.

Rose, Tricia: *Black Noise: Rap Music and Black Culture in Contemporary America*. Hanover, NH 1994.

Rosen, Jody: The Perils of Poptimism (2006), slate.com/culture/2006/05/does-hating-rock-make-you-a-music-critic.html (25.5.2025).

Rosenkranz, Karl: *Ästhetik des Hässlichen* [1990]. Hg. und mit einem Nachwort von Dieter Kliche. Stuttgart 2015.

Roth, Jürgen/Seiler, Michael: *Deep Purple: Die Geschichte einer Band*. Höfen ²2007.

Rotifer, Robert: Ist Britpop Schuld am Brexit-Desaster? In: *Rolling Stone*, 31.1.2020, rollingstone.de/britpop-brexit-deaster-1677469/ (1.3.2025).

Rudnick, Lois Palken et al. (Hg.): *American Identities: An Introductory Textbook*. Malden, MA 2006.

Rüesch, Sophie: PJ Harvey. In: Juliane Streich (Hg.): *These Girls. Ein Streifzug durch die feministische Musikgeschichte*. Mainz 2019, 178–179.

Ruf, Oliver: „Selbst-Fern-Steuerung". Zur ästhetischen Theorie (mobiler) medialer Artefakte. In: Torsten Erdbrügger/Liane Schüller/Werner Jung (Hg.): *Mediale Signaturen von Überwachung und Selbstkontrolle*. Bern et al. 2022, 105–126.

Ruf, Oliver: Kleine Form. Designtheorie und -geschichte eines Medienentwurfs. In: Ders./Uta Schaffers (Hg.): *Kleine Medien. Kulturtheoretische Lektüren*. Würzburg 2019, 19-34.

Ruf, Oliver: Smartphone-Theorie. Eine medienästhetische Perspektive. In: Ders. (Hg.): *Smartphone-Ästhetik. Zur Philosophie und Gestaltung mobiler Medien*. Bielefeld 2018, 15-31.

Ruf, Oliver: Ästhetische Mobilität oder: Smartphone-Kultur. In: Oliver Ruf (Hg.): *Smartphone-Ästhetik. Zur Philosophie und Gestaltung mobiler Medien*. Bielefeld 2018, 9-12.

Runowicz, John Michael: *Forever Doo-Wop. Race, Nostalgia, and Vocal Harmony*. Massachusetts, MA 2010.

Ryan, Thomas: *American Hit Radio. A History of Popular Singles From 1955 to the Present*. Rocklin, CA 1996.

Sartre, Jean-Paul: *Geschlossene Gesellschaft. Stück in einem Akt* [frz. 1944]. Reinbek bei Hamburg 1986.

Savage, Jon: *1966 – The Year The Decade Exploded*. London 2015.

Savage, Jon: *England's Dreaming. Anarchie, Sex Pistols, Punk Rock*. Übers. von Conny Lösch. Berlin ²2003 (engl. 1992).

Savage, Jon: *England's Dreaming: Anarchy, Sex Pistols, Punk Rock and Beyond*. New York, NY ²1993.

Savio, Peter: A Conversation with Chuck Berry. In: *Rolling Stone* 42 (1972).

Sawchuck, Kimberly: Towards a Feminist Analysis of "Women in Rock Music": Patti Smith's "Gloria". In: *Atlantis. Critical Studies in Gender, Culture, and Social Justice*. Vol. 14, No 2 (1989), 44-54.

Schäfer, Frank: *1966 – Das Jahr, in dem die Welt ihr Bewusstsein erweiterte*. Wien 2016.

Schäfer, Frank: *Woodstock '69. Die Legende*. St. Pölten/Salzburg 2009.

Schäfer, Martin: *Johnny Cash*. Frankfurt/M. 2008.

Schaffner, Nicholas: *Saucerful of Secrets. The Pink Floyd Odyssey*. London 1991.

Schiller, Dietmar: „It's been a long time coming": Popmusik und Politik aus dem Blickwinkel der Politikwissenschaft. In: Ders. (Hg.): *A Change Is Gonna Come: Popmusik und Politik. Empirische Beiträge zu einer politikwissenschaftlichen Popmusikforschung*. Berlin 2012, 7-26.

Schiller, Melanie: 99 Luftballons/99 Red Balloons (1983). In: Sarah Hill (Hg.): *One-Hit Wonders: An Oblique History of Popular Music*. London/New York, NY 2022, 159-168.

Schiller, Melanie: Heino, Rammstein and the double-ironic melancholia of Germanness. In: *European Journal of Cultural Studies* 23/2 (2020), 261-280.

Schiller, Melanie: *Soundtracking Germany*. New York, NY 2020.

Schmidt, Axel/Neumann-Braun, Klaus: *Die Welt der Gothics. Spielräume düster konnotierter Transzendenz*. Wiesbaden 2004.

Schmidt, Irmin: Aber ich darf die zerstörten Gebäude nicht betreten. In: Max Dax: *„Was ich sah, war die freie Welt"*. Berlin 2022, 71-84.

Schneider, Jens Ole: Décadence-Pop. Tocotronic und die Ästhetik der Schwäche. In: Denise Dumschat-Rehfeldt et al. (Hg.): *„Eins zu eins ist jetzt vorbei." Popschreibweisen seit 2000*. Berlin 2023, 195-211.

Schnibben, Cordt: Die Party-Partei. In: *Der Spiegel*, Juli 1996, 92.

Schober, Ingeborg: Kraftwerk. Die Kinder von Krupp und Grundig. In: *Musikexpress* 4 (1979), 72-78.

Schrage, Dominik/Schwetter, Holger/Hoklas, Anne-Kathrin: Einleitung: Musikalische Eigenzeiten und gesellschaftliche Umbrüche seit den 1960er Jahren. In: Dies. (Hg.): *„Zeiten des Aufbruchs". Populäre Musik als Medium gesellschaftlichen Wandels*. Wiesbaden 2019, 1-29.

Schrager, Ian: A Conversation with Ian Schrager. In: Ian Schrager/Paul Goldberger/Bob Colacello: *Studio 54*. New York, NY 2017, 31-37.

Schreiner, Claus: *Schöner fremder Klang – Wie exotische Musik nach Deutschland kam. Band 3: Afrobeat, Salsa, Reggae & Co. (1975-2000)*. Berlin 2022.

Schubert, Maria: „Oh Freedom!" Afroamerikanische Freiheitsklänge in der DDR. In: Michael Fischer/Christofer Jost (Hg.): *Amerika-Euphorie – Amerika-Hysterie. Populäre Musik* made in USA *in der Wahrnehmung der Deutschen 1914-2014*. Münster/New York, NY 2017, 257-275.

Schuh, Michael: Die Erfindung einer eigenen deutschen Popkultur. In: *laut.de*, laut.de/Fehlfarben/Alben/Monarchie-und-Alltag-47354 (1.8.2025).

Schulze, Gerhard: *Erlebnisgesellschaft*. Frankfurt/M./New York, NY 1993.

Schumacher, Eckard: Rainald Goetz: Subito (1983). In: Moritz Baßler/Eckhard Schumacher (Hg.): *Handbuch Literatur & Pop*. Tübingen 2020, 439–451.

Schütze, Dennis: *Spieltraditionen, Personalstile und Signature-Licks der Rock and Roll-Gitarre: Auf der Suche nach den stilprägendsten und einflussreichsten Instrumentalparts einer Ära*. [Digitale Originalausgabe], 2012.

Scott King, Coretta: *Mein Leben mit Martin Luther King*. Übers. von Christa Wegen. Stuttgart 1970 (engl. 1969).

Scott-Heron, Gil: *The Last Holiday. A Memoir*. Edinburgh 2017.

Seidel, Anna: Ein Gewebe aus Ikonen. Patti Smiths „Buch der Tage" (30.5.2023), pop-zeitschrift.de/2023/05/30/ein-gewebe-aus-ikonen-autorvon-anna-seidel-autordatum30-5-2023/ (12.12.2023).

Seifert, Robert: *Popmusik in Zeiten der Digitalisierung. Veränderte Aneignung – veränderte Wertigkeit*. Bielefeld 2018.

Seiler, Lutz: *Stern 111*. Berlin 2020.

Seiler, Sascha et al.: Genesis: Foxtrot. In: *Rock. Das Gesamtwerk der größten Rock-Acts im Check*. Bd. 2. Aschaffenburg 2014.

Selvin, Joel: *Altamont. The Rolling Stones, the Hells Angels and the Inside Story of Rock's Darkest Day*. New York, NY 2016.

Selvin, Joel: *San Francisco. The Musical History Tour: A Guide to Over 200 of the Bay Area's Most Memorable Music Sites*. San Francisco, CA 1996.

Selvin, Joel et al. (Hg.): *The Haight. Love, Rock, and Revolution: The Photography of Jim Marshall*. San Rafael, CA 2014.

Serrano, Shea: *The Rap Year Book: The Most Important Rap Song from Every Year Since 1979, Discussed, Debated, and Deconstructed*. Mit Illustrationen von Arturo Torres und einem Vorwort von Ice-T. New York, NY 2015.

Shapiro, Harry/Caesar Glebbek: *Jimi Hendrix – Electric Gypsy. Die Biographie*. Köln 1993.

Sharma, Amit et al.: The 50 Greatest Riffs of All Time. In: *Total Guitar*, 4.6.2021, guitarworld.com/features/greatest-guitar-riffs-of-all-time/6 (10.8.2025).

Sharp, Ken. *Elvis, Vegas '69. The Story of the King's Return to the Concert Stage*. Chicago, IL 2009.

Sheffield Rob: *Heartbreak Is the National Anthem. How Taylor Swift Reinvented Pop Music*. London 2024.

Sheffield, Rob: *Dreaming The Beatles. The Love Story of One Band and the Whole World*. New York 2017.

Shelton, Robert: *No Direction Home. The Life and Music of Bob Dylan*. London 1986.

Shewey, Don: Madonna. In: *Rolling Stone*, 19.9.1983, rollingstone.com/music/music-album-reviews/madonna-101406/ (11.12.2022).

Shonk, Kenneth L./McClure, Daniel R.: Waveless: MTV and the "Quiet" Feminism of the 1980s. In: Kenneth L. Shonk/Daniel R.McClure (Hg.): *Historical Theory and Methods through Popular Music, 1970–2000. Pop Music, Culture and Identity*. London 2017, 171–198.

Shumway, David R.: Joni Mitchell and the Literature of Confession. In: Ryan Hibbett (Hg.): *Lit-Rock: Literary Capital in Popular Music*. New York, NY et al. 2022, 65–77.

Sichtermann, Kai et al.: *Keine Macht für Niemand*. Berlin 2000.

Sichtermann, Kai/Jens Johler/Christian Stahl: *Keine Macht für Niemand. Die Geschichte der Ton Steine Scherben*. Berlin 2000.

Simone, Nina/Cleary, Stephen: *I put a spell on you. The autobiography of Nina Simone, with Stephen Cleary*. New York, NY 2003.

Simpson, Dave: The Strokes: how we made Is This It. In: *The Guardian*, 24.3.2015, theguardian.com/culture/2015/mar/24/how-we-made-is-this-it-the-strokes (27.8.2024).

Simpson, Mark/Jan Euringer: Here come the mirror men. In: *The Independent*, 15.11.1994.

Simpson, Mark: *It's a Queer World*. London 1996.

Skai, Hollow: *Alles nur geträumt*. Höfen 2009.

Smith, Patti: Oath. In: Dies.: *Early Work*. New York, NY 1994, 7.

Smith, Patti: *Just Kids* [2010]. London 2012.

Smith, Patti: Masked Ball [Rezension zu Bob Dylans *Planet Waves*] [1974]. In: Evelyn McDonnell/ Ann Powers (Hg.): *Rock she wrote. Women write about Rock, Pop, and Rap*. London 1995, 213–215.

Smith, Patti: *Just Kids*. London 2010.

Smith, Patti: *Seventh Heaven*. New York, NY 1971.

Smith, Patti: *Witt*. 1973. New York, NY 1973.

Smith, Patti: *Buch der Tage*. Köln 2022 (engl. 2022).

Smith, Suzanne E.: *Dancing in the Street. Motown and the Cultural Politics of Detroit*. Cambridge/London 1999.

Smith, Erin Sweeney: Post-imperialism, imaginary geography and the women of Led Zeppelin's IV. In: *Popular Music*, Vol. 36, No. 3 (October 2017), 410–426.

Snider, Charles: *The Strawberry Bricks Guide to Progressive Rock*. o.O. [3]2020, 79.

Söffner, Jan: Non-Representational Mimesis. Grönemeyer with Plato. In: *Etnofoor* 22/1 (2010), 91–102.

Sontag, Susan: *Anmerkungen zu ‚Camp'* [1964]. In: Charis Goer/Stefan Greif/Christoph Jacke: *Texte zur Theorie des Pop*. Stuttgart 2013, 41–60.

Sontag, Susan: Anmerkungen zu ‚Camp'. In: Dies.: *Kunst und Antikunst. 24 literarische Analysen*. Frankfurt/M. 1982 (engl. 1964), 322–341.

Sontag, Susan: Gegen Interpretation. In: *Kunst und Antikunst*. Frankfurt/M. 1991, 11–22.

Sontag, Susan: *Notes on „Camp"*. London 1964.

Soocher, Stan: *Baby You're a Rich Man: Suing the Beatles for Fun & Profit*. Lebanon, NH 2015, 129–130.

Spicer, Mark: Large-Scale Strategy and Compositional Design in the Early Music of Genesis. In: Walter Everett (Hg.): *Expression in Pop-Rock Music. Critical and Analytical Essays*. New York, NY [2]2008, 313–344.

Spotify Investors: investors.spotify.com/home/default.aspx (21.8.2025).

Stadler, Gustav: In Search of Lost Chords: Joni Mitchell, The Last Waltz, and the Refuge of the Road. In: Ruth Charnock (Hg.): *New Critical Readings*, 104–119.

Stahl, Heiner: Agit-Pop. Das Jugendradio DT 64 in den swingenden 60er Jahren. In: Klaus Arnold/Christoph Classen (Hg.): *Zwischen Pop und Propaganda. Radio in der DDR*. Berlin 2004, 229–247.

Starkey, Arun: The Cover Uncovered: The story behind The Strokes' 2001 classic ‚Is This It'. In: *Far Out Magazine*, 11.4.2021, faroutmagazine.co.uk/the-strokes-is-this-it-story-behind-the-cover (27.8.2024).

Steinfeld, Thomas: Nachwort. In: David Yaffe: *Joni Mitchell. Ein Porträt*. Berlin [2]2020 (engl. 2017), 553–562.

Steinfeld, Thomas: *Riff. Tonspuren des Lebens*. Köln 2000.

Stephens, Gregory: *On Racial Frontiers. The New Culture of Frederick Douglass, Ralph Ellison and Bob Marley*. Cambridge 1999.

Stevens, Matt/Gonzales, Shivani: Taylor Swift Has Given Fans a Lot. Finally Too Much? (2024), nytimes.com/2024/04/22/arts/music/taylor-swift-album-fatigue.html (25.5.2025).

Stilwell, Robynn: Music of the Youth Revolution. Rock Through the 1960's. In: Nicholas Cook/ Anthony Pople (Hg.): *The Cambridge History of Twentieth Century Music*. Cambridge 2004, 418–452.

Streich, Juliane: Peaches. In: Dies. (Hg.): *These Girls. Ein Streifzug durch die feministische Musikgeschichte*. Mainz 2019, 212–213.

Strong, Catherine: *Grunge: Music and Memory*. London 2016.

Strong, Catherine/Derek Scott/Stan Hawkins: *Grunge: Music and Memory*. Farnham 2011.

Strongman, Phil: *Pretty Vacant. A History of Punk*. London 2007.

Stubbs, Stubbs: *Future Days*. London 2014.

Stuckrad-Barre, Benjamin von: *Panikherz*. Köln 2016.

Stuckrad-Barre, Benjamin von: Spice Girls [1998]. In: Ders.: *Remix. Texte 1996–1999*. Köln 1999, 154–159.

Sturm, Rüdiger: Elvis Costello: "I Didn't Have Some Big Blueprint" (2022), the-talks.com/interview/elvis-costello/ (5.8.2025).

Sullivan, Jim: Creep stumbles onto fame. In: *The Boston Globe*, 8.10.1993.

Sullivan, Steve: *Encyclopedia of Great Popular Song Recordings*. Bd. 1. Lanham, MD u. a. 2013, 543–544.

Sundermeier, Jörg: The Fall – Extricate. In: Jonas Engelmann (Hg.): *Damaged Goods. 150 Einträge in die Punk-Geschichte*. Mainz 2016, 231–233.

Sundermeier, Jörg: Wo „wir" stehen. In: *taz. Die Tageszeitung*, 4.8.2004, 16.

Tamarkin, Jeff: *Got a Revolution! The Turbulent Flight of Jefferson Airplane*. New York, NY 2003.

Tannenbaum, Rob/Marks, Craig: *I want my MTV: The uncensored story of the music video revolution*. New York, NY 2011.

Taylor, Timothy D.: His Name Was in Lights: Chuck Berry's 'Johnny B. Goode'. In: *Popular Music* 11/1 (1992), 27–40.

Taylor, Tom: The Story Behind the Song: Elvis Costello's genre-defying debut 'Less Than Zero' (2021), faroutmagazine.co.uk/the-story-behind-the-song-elvis-costellos-genre-defying-debut-less-than-zero/ (14.8.2025).

Teipel, Jürgen: *Verschwende deine Jugend: Ein Doku-Roman über den deutschen Punk und New Wave*. Berlin 2001.

Teipel, Jürgen: *Verschwende deine Jugend. Ein Doku-Roman über den deutschen Punk und New-Wave*. Erweiterte Fassung. Frankfurt/M. 2012.

Thompson, Dave: *Dancing Barefoot. The Patti Smith Story*. Chicago, IL 2011.

Thompson, Paul: Radiohead's *In Rainbows* Successes Revealed. In: *Pitchfork*, 15.10.2008, pitchfork.com/news/33749-radioheads-in-rainbows-successes-revealed/ (1.3.2025).

Tilgner, Wolfgang: *Open Air. Monterey, Woodstock, Altamont*. Berlin 1988.

Tinsley, Justin: *It Was All a Dream: Biggie and the World That Made Him*. New York, NY 2022.

Tomaševskij, Boris: Literatur und Biographie. In Jannidis, Fotis et al. (Hg.): *Texte zur Theorie der Autorschaft*. Stuttgart 2003, 49–61.

Top of The Pops 1995, youtube.com/watch?v=ITK-tin8bLM (2.9.2025).

Torkar, Felix: *Apple Design. Eine Analyse*. Stuttgart 2020.

Toynbee, Jason: *Bob Marley: Herald of a Postcolonial World?* Cambridge 2007.

Trampert, Lothar: *Jimi Hendrix. Der Musiker hinter dem Mythos*. Augsburg ²1998.

Tunzi, Joseph A. *Elvis Concerts*. Chicago, IL 2008.

Tyrangiel, Josh: Radiohead says: pay what you want. In: *Time*, 1.10.2007, time.com/archive/6908484/radiohead-says-pay-what-you-want/ (1.3.2025).

Unesco: Immaterielles Kulturerbe. Technokultur in Berlin (2024), unesco.de/kultur-und-natur/immaterielles-kulturerbe/immaterielles-kulturerbe-deutschland/bundesweites-3 (21.8.2024).

Vallely, Paul: *Bad Samaritans. First World Ethics and Third World Debt*. London 1990.

Victor, Adam: *The Elvis Encyclopedia*. New York, NY 2008.

Vincent, Richard C./Davis, Dennis K./Boruszkowski, Lilly Ann: Sexism on MTV: The portrayal of women in rock videos. In: *Journalism Quarterly* 64/4 (1987), 750–941.

Vincentelli, Elisabeth: The Year Abba channeled Phil Spector and conquered the world (2018), salon.com/2018/03/31/the-year-abba-channeled-phil-spector-and-conquered-the-world/ (5.12.2022).

Vognar, Chris: The Day Disco Was Demolished. In: *The New York Times*, 29.10.2023, nytimes.com/2023/10/29/arts/television/the-war-on-disco-pbs.html (11.6.2024).

Völker, Florian: *Kälte-Pop. Die Geschichte des erfolgreichsten deutschen Popmusik-Exports.* Berlin/Boston, MA 2023.

Vuletic, Dean: *Postwar Europe and the Eurovision Song Contest.* London 2019.

Waldman, Tom: *We All Want to Change the World. Rock and Politics from Elvis to Eminem.* Lanham, MD 2003.

Walker, Michael: *Laurel Canyon: The Inside Story of Rock-and-Roll's Legendary Neighborhood.* New York, NY 2006.

Walker, Rebecca: Becoming the 3rd Wave. In: *Ms,* Jan/Feb 1992, 86.

Wall, Mick: *Lou Reed. The Life.* London 2013.

Wallace, David Foster: *Infinite Jest.* Boston, MA u. a. 1996.

Walter, Klaus: Patti Smith: Horses. In: Jonas Engelmann (Hg.): *Damaged Goods. 150 Einträge in die Punk-Geschichte.* Mainz 2016, 24–28.

Ward, Brian: *Just My Soul Responding. Rhythm and Blues, Black Consciousness, and Race Relations.* Los Angeles, CA 1998.

Warhol, Andy/Hackett, Pat: *POPism. The Warhol '60s.* New York, NY/London 1980.

Warwick, Jacqueline: *Girl Groups, Girl Culture. Popular Music and Identity in the 1960s.* New York, NY/London 2007.

Watts, Michael: Oh You Pretty Thing. In: *Melody Maker,* 22.1.1972, 19.

Wawzenek, Bryan: When the Ramones Made Their CBGB Debut. In: *UCR,* 16.8.2014, ultimateclassicrock.com/ramones-cbgb-debut (3.10.2023).

Way, Mish: My Kinderwhore Education. In: *Vice,* 20.7.2015, i-d.co/article/my-kinderwhore-education/ (1.3.2025).

Wegmann, Thomas: Postmoderne und Pop-Literatur: Die Fiedler-Debatte. In: Moritz Baßler/Eckhard Schumacher (Hg.): *Handbuch Literatur & Pop.* Tübingen 2020, 31–41.

Weigel, David: *Progressive Rock. Pomp, Bombast und Tausend Takte.* Höfen 2018.

Weingarten, Christopher R. et al.: The 100 Greatest Metal Albums of All Time, rollingstone.com/music/music-lists/the-100-greatest-metal-albums-of-all-time-113614/ (4.10.2023).

Weinstein, Deena: *Heavy Metal: A Cultural Sociology.* New York, NY 1991.

Weist, Jennifer/Markus Kavka: Oasis vs. Blur: der Britpop-Battle. In: *Fuck you very, very much! Die größten Beefs im Musikbiz.* ARD-Podcast, 7.3.2024, ardaudiothek.de/episode/fuck-you-very-very-much-die-groessten-beefs-im-musikbiz/oasis-vs-blur-der-britpop-battle/ard-kultur/13206741/ (1.3.2025).

Weixler, Antonius: Fly sein. Jefferson Airplane: „Surrealistic Pillow". In: Gerhard Kaiser/Christoph Jürgensen/Antonius Weixler (Hg.): *Younger Than Yesterday. 1967 als Schaltjahr des Pop.* Berlin 2017, 182–199.

Welch, Chris: *Led Zeppelin: Dazed and Confused.* Glasgow 1998.

Welch, Chris/Nicholls, Geoff: *John Bonham. A Thunder Of Drums.* London 2001.

Wenner, Jann S.: Jagger Remembers. In: *Rolling Stone* (1995), Nr. 723.

Werber, Niels et al.: Getting Noticed by Many: On the Transformations of the Popular. In: *Arts* 12.1, 39 (2023), doi.org/10.3390/arts12010039 (21.8.2025).

Werner, Craig: *Higher Ground. Stevie Wonder, Aretha Franklin, Curtis Mayfield and the Rise and Fall of American Soul.* New York, NY 2004.

Westhoff, Ben: *Original Gangstas: The Untold Story of Dr. Dre, Eazy-E, Ice Cube, Tupac Shakur, and the Birth of West-Coast Rap.* New York, NY 2016.

Wexler, Jerry/David Ritz: *Rhythm and the blues. A life in American music.* New York, NY 1993.

Wheaton, R.J.: *Dummy.* 33 ⅓, Vol. 85. New York, NY 2011.

White, Charles: *The Life and Times of Little Richard. The Authorised Biography* [1988]. London, New York, NY 2003.

Wicke, Peter: *Rock und Pop. Von Elvis Presley bis Lady Gaga.* Nördlingen ²2017.

Wicke, Peter: Elvis Presley: Hound Dog. In: Michael Fischer/Fernand Hörner/Christofer Jost (Hg.): Songlexikon. Encyclopedia of Songs (2011), songlexikon.de/songs/hounddog (6.9.2025).

Wicke, Peter: Der Tonträger als Medium der Musik. In: Holger Schramm (Hg.): *Handbuch Musik und Medien.* Konstanz 2009, 49–88.

Wicke, Peter: Franklin, Aretha. In: Ludwig Finscher (Hg.): *Die Musik in Geschichte und Gegenwart. Allgemeine Enzyklopädie der Musik* Zweite, neubearbeitete Ausgabe. Bd. 7. Kassel u. a. 2002, 17–18.

Wicke, Peter: *Vom Umgang mit Popmusik.* Berlin 1993.

Wicke, Peter/Ziegenrücker, Wieland/Ziegenrücker, Kai Erik: *Handbuch der populären Musik. Geschichte, Stile, Praxis, Industrie.* Mainz 2007.

Wild, David: Melancholy Meets the Infinite Sadness. In: *Rolling Stone,* 6.3.1997, rollingstone. com/music/music-features/morrissey-interviews-joni-mitchell-melancholy-meets-the-infinite-sadness-91681/ (21.8.2024).

Wile, Howard: Tangled up in *Blue*: The Shadow of Dylan and Stylistic Swerves in Early-Seventies Joni Mitchell. In: Ruth Charnock (Hg.): *Joni Mitchell. New Critical Readings.* New York, NY et al. 2019, 141–163.

Wilentz, Sean: *Bob Dylan und Amerika.* Stuttgart 2012.

Wilhelm, Kerstin u. a.: *Rammsteins „Deutschland". Pop – Politik – Provokation.* Berlin 2022.

Wilke, Thomas: Soul/Funk. In: Thomas Hecken/Thomas S. Kleiner (Hg.): *Handbuch Popkultur.* Stuttgart 2017, 53–57.

Willander, Arne: Der Universalgelehrte des Rock'n'Roll: Zum 70. Geburtstag des fabelhaften Elvis Costello (2024), rollingstone.de/der-universalgelehrte-des-rocknroll-zum-geburtstag-des-fabelhaften-elvis-costello-369909/ (5.8.2025).

Williams, Paul: *Rock and Roll. The 100 Best Singles.* New York, NY 1993.

Wilson, Brian: *Ich bin Brian Wilson. Autobiografie.* Köln 2017.

Wilson, Carl: Chords of Inquiry. How Joni Mitchell created her own tradition (2017), bookforum. com/print/2403/how-joni-mitchell-created-her-own-tradition-18474 (17.8.2024).

Witzel, Frank: The Inner Groove of Sgt. Pepper. Die Beatles und ihr Übergangsritus. In: Gerhard Kaiser/Christoph Jürgensen/Antonius Weixler (Hg.): *Younger Than Yesterday. 1967 als Schaltjahr des Pop.* Berlin 2017, 11–28.

Wohlfahrtsausschüsse (Hg.): *Etwas Besseres als die Nation. Materialien zur Abwehr des gegenrevolutionären Übels.* Berlin/Amsterdam 1994.

Wolf, Naomie: *Fire with Fire. New Female Power and How It Will Change the Twenty-First Century.* Toronto 1994.

Wolf, Tom: *Das gemalte Wort. Moderne Kunst am Wendepunkt.* Frankfurt/M./München 1975 (engl. 1975).

Wolk, Douglas: *33 1/3. Live at the Apollo.* New York, NY 2004.

Wünsch, Silke: Die Beatles und die DDR – Schluss mit dem Yeah Yeah Yeah. In: *Deutsche Welle Kultur,* 23.10.2013, dw.com/de/schluss-mit-dem-yeah-yeah-yeah-die-beatles-und-die-ddr/a-67150417 (1.3.2025).

Yaffe, David: *Joni Mitchell. Ein Porträt.* Berlin ²2020 (engl. 2017).

Yaffe, David: *Reckless Daughter. A Portrait of Joni Mitchell.* New York, NY 2017.

Yaghoobifarah, Hengameh: Beth Ditto. In: Juliane Streich (Hg.): *These Girls. Ein Streifzug durch die feministische Musikgeschichte.* Mainz 2019, 249–251.

Yokobosky, Matthew: *Studio 54. Night Magic.* New York, NY 2020.

Young, Rob: *Electric Eden. Unearthing Britain's Visionary Music.* London 2011.

Zabel, Sebastian: König und Anarchist. In: *Rolling Stone,* August 2016, 13.

Zahn, Robert von: Can und der musikalisch-elektronische Aufbruch ab 1968. In: Uwe Husslein (Hg.): *Pop am Rhein.* Köln 2008, 83–94.

Zylka, Jenni: „Zigarette und Bierglas, zack. Das war schon heavy". In: *Spiegel,* 11.12.2011, spiegel. de/kultur/tv/dieter-thomas-heck-zigarette-und-bierglas-zack-das-war-schon-heavy-a-794195.html (16.10.23).

Herausgeber- und Autorenverzeichnis

Herausgeber

Christoph Jürgensen, Professor für Neuere deutsche Literaturwissenschaft und Literaturvermittlung, Otto-Friedrich-Universität Bamberg

Gerhard Kaiser, Apl. Prof. und Lehrkraft für besondere Aufgaben, Neuere deutsche Literaturwissenschaft, Georg-August-Universität Göttingen

Autorinnen und Autoren

Dr. Frieder von Ammon, Professor für Neuere deutsche Literaturwissenschaft mit Schwerpunkt Literatur des 20. Jahrhunderts und der Klassischen Moderne, Ludwig-Maximilians-Universität München

Dr. David-Christopher Assmann, Privatdozent und Inhaber einer Heisenberg-Stelle für Neuere deutsche Literaturwissenschaft, Otto-Friedrich-Universität Bamberg

Dr. Anna Bers, Wissenschaftliche Mitarbeiterin, Neuere deutsche Literaturwissenschaft, Georg-August-Universität Göttingen

Dr. Christian Bielefeldt, Musikwissenschaftler, Universität Basel

Dr. Dustin Breitenwischer, Juniorprofessor für Amerikanistik, Universität Hamburg

Dr. Jan-Oliver Decker, Professor für Neuere Deutsche Literaturwissenschaft und Mediensemiotik, Universität Passau

Dr. Heinrich Detering, Professor em. für Neuere deutsche Literatur und Vergleichende Literaturwissenschaft, Georg-August-Universität Göttingen

Prof. Dr. Anke Detken, Apl. Prof. und Leitung der Seminarbibliothek, Neuere deutsche Literaturwissenschaft, Georg-August-Universität Göttingen

Dr. Denise Dumschat-Rehfeldt, Lehrkraft für besondere Aufgaben, Otto-Friedrich-Universität Bamberg

Dr. Michael Eggers, freier Literaturkritiker und Literaturwissenschaftler, Köln

C. Jürgensen und G. Kaiser (Hrsg.), *Eine Kulturgeschichte der Popmusik*,
https://doi.org/10.1007/978-3-662-72524-5

Dr. Marc Fabian Erdl, Autor und Berufsschullehrer, Köln

Dr. Jörn Glasenapp, Lehrstuhl für Literatur und Medien, Otto-Friedrich-Universität Bamberg

Dr. Torsten Hoffmann, Professor für Neuere Deutsche Literatur, Universität Stuttgart

Dr. Till Huber, Wissenschaftlicher Mitarbeiter, Philipps-Universität Marburg

Dr. Julia Ingold, Wissenschaftliche Mitarbeiterin, Christian-Albrechts-Universität zu Kiel

Dr. Ingo Irsigler, Wissenschaftlicher Mitarbeiter, Christian-Albrechts-Universität zu Kiel

Dr. Markus Joch, Full Professor, Department of German Literature, Keio University Tokyo

Dr. Christoph Jürgensen, Professor für Neuere deutsche Literatur und Literaturvermittlung, Otto-Friedrich-Universität Bamberg

Dr. Gerhard Kaiser, Apl. Prof. und Lehrkraft für besondere Aufgaben, Neuere deutsche Literaturwissenschaft, Georg-August-Universität Göttingen

Dr. Kevin Kempke, Wissenschaftlicher Mitarbeiter, Neuere deutsche Literatur II, Universität Stuttgart

Dr. Tom Kindt, Professor am Department für Germanistik, Université de Fribourg

Dr. Katerina Kroucheva, Wissenschaftliche Mitarbeiterin der Abteilung Komparatistik des Seminars für Deutsche Philologie, Georg-August-Universität Göttingen

Nora Leidinger, Mitarbeiterin im niederländischen Ministerium für Bildung, Kultur und Wissenschaft

Dr. Victor Lindblom, Doktorassistent am Department für Germanistik, Université de Fribourg

Dr. Albert Meier, Professor em. für Neuere deutsche Literaturwissenschaft, Christian-Albrechts-Universität zu Kiel

Dr. Jürg Martin Meili, Lehrperson für Geschichte und Politik an der Berufsfachschule Uster

Dr. Immanuel Nover, Privatdozent und Akademischer Rat am Institut für Germanistik der Universität Koblenz

Hendrik Otremba, Autor, Musiker und Künstler, Dozent für Creative Writing am Deutschen Seminar der Universität Zürich

Dr. Niels Penke, Privatdozent für Neuere deutsche Literaturwissenschaft, Universität Siegen und Leite des von der VW-Stiftung geförderten Projekts *Eco-Folk*

Dr. Nicolas Pethes, Professor am Institut für deutsche Sprache und Literatur I, Neuere deutsche Literaturwissenschaft, Universität zu Köln

Judith Preiß, Wissenschaftliche Mitarbeiterin an der Professur für Grundschulpädagogik, Universität Erfurt

Dr. Martin Rehfeldt, Postdoc-Berater am Graduiertenzentrum Trimberg Research Academy (TRAc), Otto-Friedrich-Universität Bamberg

Dr. Heiko Reusch, Professor für Medienmanagement und Journalismus an der Hochschule Macromedia,

Dr. Oliver Ruf, Forschungsprofessor für Medienästhetik, Hochschule Bonn-Rhein-Sieg, Deutschland

Dr. Matthias Schaffrick, Wissenschaftlicher Mitarbeiter im SFB „Transformationen des Populären", Universität Siegen

Dr. Melanie Schiller, Professor of Contemporary Media Cultures, Dept. of Arts and Culture, Radboud University (Niederlande)

Dr. Anna Seidel, Wissenschaftliche Mitarbeiterin am Fritz-Hüser-Institut für Literatur und Kultur der Arbeitswelt, Dortmund

Dr. Rahel Simon, Lektorin beim Wallstein Verlag, Göttingen

Dr. Claus Telge, Lektor für deutsche Sprache und Literatur, Université de Liège

Dr. Florian Völker, Leibniz-Zentrum für Zeithistorische Forschung Potsdam

Dr. Antonius Weixler, Lehrkraft für besondere Aufgaben, Bergische Universität Wuppertal

Dr. Markus Wiegandt, Lehrkraft für besondere Aufgaben, Universität Leipzig

Dr. Kerstin Wilhelms, Wissenschaftliche Mitarbeiterin für Neuere deutsche Literatur, Universität Münster

Zara Zerbe, Autorin, Kiel

Abbildungsnachweise der Bildstrecken

Panorama: „Hardly Been Born":
Die Anfangsjahre der Popmusik 1954–1965

Little Richard (1960)	Siegfried Loch - K & K / Kontributor / Getty Images
Chuck Berry (1968)	Michael Ochs Archives / Freier Fotograf / Getty Images
Elvis Presley (1957)	JJs / Alamy
The Supremes (1964)	Michael Ochs Archives / Freier Fotograf / Getty Images
Der Lipsi	© Deutsche Fotothek / Erich Höhne & Erich Pohl
Johnny Cash (1965)	Silver Screen Collection / Kontributor / Getty Images
James Brown (1964)	Michael Ochs Archives / Freier Fotograf / Getty Images
Nina Simone (1969)	Jack Robinson / Kontributor / Getty Images
Pete Townshend (The Who, 1965)	Chris Morphet / Kontributor / Getty Images

Panorama: Between a Bang and a Whimper:
Versuch über die Sattelzeit der Popmusik 1965–1975

The Beatles (1963)	Fiona Adams / Kontributor / Getty Images
Aretha Franklin (1968)	Jack Robinson / Kontributor / Getty Images
The Velvet Underground (1969)	Pictorial Press Ltd / Alamy
Jimi Hendrix (1967)	Paul Ryan / Kontributor / Getty Images
Vashti Bunyan (1965)	Evening Standard / Freier Fotograf / Getty Images
Joe Cocker / Woodstock (1967)	Fotos International / Kontributor / Getty Images
The Rolling Stones (1968)	Mark and Colleen Hayward / Kontributor / Getty Images

© Der/die Herausgeber bzw. der/die Autor(en), exklusiv lizenziert an
Springer-Verlag GmbH, DE, ein Teil von Springer Nature 2026
C. Jürgensen und G. Kaiser (Hrsg.), *Eine Kulturgeschichte der Popmusik*,
https://doi.org/10.1007/978-3-662-72524-5

Led Zeppelin	Jay Dickman / Kontributor / Getty Images
Captain Beefheart (1973)	Ginny Winn / Kontributor / Getty Images
David Bowie (1971)	Michael Ochs Archives / Freier Fotograf / Getty Images
Marvin Gaye (1980)	Rob Verhorst / Kontributor / Getty Images

Panorama: Born to run, born to dance, born to rhyme. Die neue Unübersichtlichkeit 1975–1990

Kraftwerk (1970)	Kraftwerk / Kontributor / Getty Images
Bob Marley (1979)	Charles Steiner / Kontributor / Getty Images
ABBA (1974)	Olle Lindenborg / Kontributor / Getty Images
Ramones (1976)	Michael Ochs Archives / Freier Fotograf / Getty Images
Patti Smith (1975)	Charles Steiner / Kontributor / Getty Images
Lorna Luft, Jerry Hall, Andy Warhol, Debbie Harry, Truman Capote und Paloma Picasso im Studio 54 (1979)	Robin Platzer / Kontributor / Getty Images
Nena (1985)	Peter Bischoff / Freier Fotograf / Getty Images
Michael Jackson (1982)	Ron Galella / Kontributor / Getty Images
Madonna (1984)	New York Daily News Archive / Kontributor / Getty Images
Freddie Mercury, Queen (Live Aid 1985)	Pete Still / Kontributor / Getty Images
Love Parade (2003)	Avalon / Kontributor / Getty Images

Panorama: Friede, Freude und ein Stück vom Kuchen – oder die (Un)Endlichkeit der Freiheit rund um die Jahrtausendwende: Popmusik zwischen 1990–2006

Kurt Cobain (1993)	Vinnie Zuffante / Freier Fotograf / Getty Images
Beth Gibbons, Portishead (1995)	Paul Natkin / Kontributor / Getty Images
Damon Albarn, Noel Gallagher und Graham Coxon (2013)	PA Images / Alamy
Spice Girls (Paris 1996)	Tim Roney / Kontributor / Getty Images
Daft Punk (2006)	Spencer Weiner / Kontributor / Getty Images
Radiohead (New York 1997)	Bob Berg / Kontributor / Getty Images
The Notorious B.I.G. (1995)	New York Daily News Archive / Kontributor / Getty Images
Wacken (2023)	Axel Heimken / Kontributor / Getty Images
Taylor Swift und Beyoncé (Grammys 2025)	Amy Sussman / Staff / Getty Images

Register